York Minster XVI A 6 Grosseteste, Sermons, wr for Thomas
Rotherham (d. 1483) by same scribe as CUL Ff. 3. 15 also
(signed Schaw) for R.

MEDIEVAL MANUSCRIPTS
IN BRITISH LIBRARIES

MEDIEVAL MANUSCRIPTS IN BRITISH LIBRARIES

BY N. R. KER
AND
A. J. PIPER

IV

PAISLEY–YORK

CLARENDON PRESS · OXFORD
1992

Oxford University Press, Walton Street, Oxford OX2 6DP

Oxford New York Toronto
Delhi Bombay Calcutta Madras Karachi
Petaling Jaya Singapore Hong Kong Tokyo
Nairobi Dar es Salaam Cape Town
Melbourne Auckland
and associated companies in
Berlin Ibadan

Oxford is a trade mark of Oxford University Press

Published in the United States
by Oxford University Press, New York

British Library Cataloguing in Publication Data
Ker, N. R. (Neil Ripley) 1908–1982
Medieval manuscripts in British libraries.
4, Paisley–York
1. Manuscripts – Catalogues, indexes
I. Title II. Piper, A. J.
011.31
ISBN 0–19–818196–5

Library of Congress Cataloging in Publication Data
Data available

Typeset by Pentacor PLC, High Wycombe, Bucks.
Printed and bound in
Great Britain by Biddles Ltd,
Guildford and King's Lynn

PREFACE

The present volume begins with Paisley and ends with York. A fifth volume is envisaged, containing addenda and indexes. Three of the fifty-one 'larger collections' mentioned in the Preface to volume I are in the P–Z section of the alphabet, all of them cathedral libraries. For Salisbury and Worcester descriptions are provided only for manuscripts added to their collections since the existing catalogues were made, but all the manuscripts are described for York, which is exceptional among the large cathedral collections in being formed since the Reformation. There are in fact two further collections covered by this volume that qualify as 'larger collections' in having more than fifty manuscripts. One is the collection of the English province of the Society of Jesus at Stonyhurst College, which is typical of Roman Catholic collections in having a preponderance of Books of Hours and similar material: another collection of this kind is that of Ushaw College, and a third was to be found until recently at Upholland College, which had previously shared with Ushaw the function of training Catholic priests in the northern province. The other larger collection is that of the Carthusian priory of St Hugh's Parkminster at Partridge Green, chiefly comprising later medieval Carthusian manuscripts of German origin, especially from the houses at Erfurt and Buxheim; many of these came on the market in the later nineteenth century and after purchase were apparently lodged in England by the Order, at a time when its future in France was uncertain

Almost all the smaller collections belong to institutions of nine kinds: cathedrals; religious communities; universities; Roman Catholic schools and colleges; other schools; public libraries, art galleries, museums and record offices; properties belonging to the National Trust; churches; ecclesiastical archives. Three collections fall outside these categories. The cathedrals, in addition to Salisbury, Worcester and York, are Peterborough, Ripon, Rochester, St Albans, Southwell, Truro, Wells (subsuming the Vicars Choral) and Winchester. The religious communities, in addition to the Carthusians of Parkminster and the Society of Jesus, are Quarr Abbey, Ryde Convent, Syon Abbey at South Brent, and Stanbrook Abbey; elements of the Syon collections go back to the early years of the house in the fifteenth century. The universities are Reading, Sheffield and St Andrews. The Roman Catholic schools and colleges are at Tollerton, Upholland, Ushaw and Ware. The other schools at Rugby, Shrewsbury, Southampton and Winchester. The public libraries, art galleries, museums and record offices are at Paisley, Perth, Peterborough (Central Library and Museum), Plymouth, Preston, Reading, Saffron Walden, Sheffield (Central Library and Graves Art Gallery), Shrewsbury, Southampton (Record Office and Tudor House

Museum). Stafford (William Salt Library), Taunton, Trowbridge, Truro, Warrington, Wigan, Wisbech (Town Library and Fenland Museum), Worthing, and Yeovil. The properties belonging to the National Trust are Petworth, Saltram House at Plymouth, Powis Castle, Snowshill Manor and Stourhead. The churches are St John's Kirk in Perth, Ranworth, Reigate parish church, Romsey, Steeple Ashton, Stirling, Swaffham, Tiverton, Wimborne and Wollaton. The ecclesiastical archives are those of St Albans archdeaconry, now kept at Hertford. The other institutions are the Gentlemen's Society in Spalding, the municipal corporation of Queensborough, and St George's Chapel at Windsor.

As in previous volumes, fragments of medieval manuscripts are only included when they form part of larger books or can be regarded with some confidence as the remains of books belonging to known medieval libraries. In the latter category fall the fragments at Southwell and Worcester. Ker also intended that those associated with post-medieval records of the St Albans archdeaconry should be included.

This volume follows the first three in using one Bible as a specimen of the common French type, and referring to it in other descriptions for its detailed list of contents; here that Bible is Ushaw College MS 2. For method and practices of description every attempt has been to conform to those used in previous volumes; these are set out in the Preface to Volume I, refined in Volume II by the introduction of 'med.' as an explicit indication when a dating in the middle years of a century is being proposed, and, for collation, explained in detail in the Preface to Volume III.

Neil Ker died in August 1982. Proofs of Volume III were then reaching him, and thanks to his literary executor, Professor Andrew Watson, the volume appeared during the following year. Ker's papers included substantial materials towards the completion of his astonishing undertaking; virtually all have been used in the course of preparing the present volume. Many descriptions were in their final form; these covered the collections at Perth, Saffron Walden, Stonyhurst, Wimborne and Winchester Cathedral. Other descriptions were in a less finished state or had only reached a preliminary stage. There were no materials in Ker's papers for the manuscripts at Parkminster, Petworth, Plymouth, Powis Castle, Reading, Ripon, South Brent, Trowbridge, Truro or Worthing, or for the fragments at Worcester Cathedral.

A substantial grant from the British Library Board provided the means to enter Ker's materials in machine-readable form in Durham. Much of the travelling involved in preparing descriptions of the manuscripts not seen by Ker and in checking both these and all of Ker's descriptions was done during a period of sabbatical leave from Durham; the expenses of this and of subsequent journeys were covered by a generous grant from the British Academy. Almost everywhere I went I was met with unfailing helpfulness and my debts, like those of Neil Ker before me, are greatest in the places where I spent longest: to Mr L. S. Colchester at Wells, Mrs Barbara Carpenter-Turner at Winchester Cathedral, Paul Yeats-Edwards at Winchester College, Father Michael Sharratt at Ushaw, Mr James Lawson at Shrewsbury School, Father F. J. Turner S. J. at Stonyhurst, Mr Bernard Barr at York, and Brother Gabriel at Parkminster. All of them gave freely of time on which there were many other claims. In several places helpfulness extended to hospitality of a more material kind, notably at Quarr Abbey, Rugby School, Ushaw College, Shewsbury School, Upholland, Syon Abbey and Stonyhurst College. Special mention must be made of St Hugh's Parkminster: I made visits amounting in all to over ten weeks, invariably being greeted with a warmth, flexibility and consideration for which I am immensely grateful.

The Manuscripts Advisory Committee of the Standing Conference of National and University Libraries has given steady support to the continuation of Ker's project. Dr Nigel Palmer of Oriel College Oxford and Professor Volker Honemann of Göttingen University were persuaded to visit Parkminster to resolve questions posed by numbers of the manuscripts of German origin. At all times Professor Andrew Watson has supplied judicious counsel; he also read through the final typescript and Dr Malcolm Parkes commented on part of it. In Durham I have benefited from the support of my colleagues and the resources of the University Library, but above all from the constant encouragement, practical advice, and wide experience of Dr Ian Doyle.

ALAN J. PIPER
University of Durham

CONTENTS

LIST OF LIBRARIES AND MANUSCRIPTS

s before the short title shows that the name of the scribe or illuminator of all or part of the manuscript is known. *f* shows that the contents include fragments of manuscript used in binding: these are not taken into account in giving the short title and date. The country or place of origin is noted after the date, and also, in italics, the provenance, if the manuscript belonged to a particular institution in the Middle Ages or was then in a particular part of a country or was in a country different from that in which it originated. Bold type shows that a manuscript was both written in (or for) and belonged to a particular institution. An asterisk before a pressmark or short title shows that the manuscript in question is kept in a library other than that to which it belongs.

PAISLEY. RENFREW DISTRICT MUSEUM and ART GALLERY

Horae BVM (Paris). s. xv med. France.
*s*Psalterium. AD 1483. Scotland. **Arbuthnott.**
*s*Missale. AD 1492. Scotland. **Arbuthnott.**
*s*Horae BVM (Sarum). s. xv/xvi. Scotland. **Arbuthnott.**

PARTRIDGE GREEN, Sussex. ST HUGH'S CHARTERHOUSE, Parkminster

aa.3 (A.2).	*f*Graduale Carth. s. xv ex. Germany. *Buxheim, Ord. Carth.*
aa.7 (D.155).	*s*J. ab Imola, Super Clementinas. s. xv ex. Germany. *Buxheim, Ord. Carth.*
aa.8 (A.5).	Breviarium festivale OC. AD 1321. **Morimondo.**
aa.9 (A.45).	Bernardus; etc. (*A*) s. xiv/xv. Rhineland. (*B*) AD 1465. **Trier, Ord. Carth.**
aa.10 (A.7).	Graduale Carth. s. xv¹. Catalonia (?).
aa.12 (D.151).	L. de Saxonia, Vita Christi i. s. xv¹. Germany. *Frenswegen, OSA (Windesheim).*
bb.3 (B.71).	*s*Flores temporum; Hostiensis; etc. AD 1397. Germany (Augsburg ?). *Buxheim, Ord. Carth.*
bb.6 (A.6).	Graduale Carth. s. xv ex. Rhineland. *Roermond, Ord. Carth.*
bb.7 (A.39).	Graduale. s. xv¹. France, for use in Evreux diocese.
bb.8 (C.100).	*f*Psalmi, etc., cum glossis. s. xv². Germany. *Buxheim, Ord. Carth.*
bb.10 (A.34).	Missale Carth. s. xv in. Spain.
bb.11 (B.69).	Statuta Ord. Carth. s. xv ex. Germany. *Buxheim, Ord. Carth.*
bb.12 (D.174)	Jac. de Paradiso. AD 1457. Germany (**Duderstad**).
bb.13–14 (D.153,152).	L. de Saxonia, Vita Christi. s. xv². Rhineland (?). *Strasbourg, St Nicholas OSB.* (?).
bb.15 (D.157).	Statuta Colon.; P. Lombardus; etc. s. xiv ex.; AD 1453. Germany, part for province of Cologne, part for its diocese of Münster. *Dülmen, Ord. Carth.*

bb.16 (D.150).   N. Kempf; etc. AD 1473. Germany.

cc.1 (D.162).   *sf*J. Hagen, In Proverbia, etc. AD 1456–75. Germany. *Erfurt, Ord. Carth.*

cc.2 (D.163).   *sf*J. Hagen, In Psalterium, etc. AD 1472–5. **Erfurt, Ord. Carth.**

cc.3 (D.164).   *sf*J. Hagen, Super Josue. AD 1458. Germany. *Erfurt, Ord. Carth.*

cc.4 (D.165).   *sf*J. Hagen. AD 1466–75. Erfurt, Ord. Carth.

cc.5 (D.166).   *sf*J. Hagen, In Cantica Canticorum, etc. AD 1455–75. **Erfurt, Ord. Carth.**

cc.6 (D.167).   *s*J. Hagen, In Genesim i–xxvi. By AD 1475. Germany. *Erfurt, Ord. Carth.*

cc.7 (D.168).   *sf*J. Hagen, Sermones. AD 1460–75. Germany. *Erfurt, Ord. Carth.*

cc.8 (D.169).   *sf*J. Hagen, In Marcum, etc. AD 1464–75. **Erfurt, Ord. Carth.**

cc.9 (D.170).   *s*J. Hagen. AD 1454–75. **Erfurt,** and **Eisenach, Ord. Carth**.

cc.10 (D.171).   *sf*J. Hagen. AD 1454–75. **Erfurt, Ord. Carth.**

cc.11 (D.172).   *sf*J. Hagen. AD 1455–75. *Erfurt, Ord. Carth.*

cc.12 (D.159).   Jac. de Paradiso; J. Gerson; J. Hagen; etc. AD 1475–6; s. xv^2. Germany. *Buxheim, Ord. Carth.* (?).

cc.13 (D.160).   *f*Jac. de Paradiso. AD 1460–1; s. xv ex. Germany. *Buxheim, Ord. Carth.* (?).

cc.14 (D.161).   *s*N. de Blonie; H. de Hassia; M. Lochmeier; Jac. de Paradiso. AD 1492–1516. Germany, part at Erfurt, part **Huysberg OSB (Bursfeld).**

dd.1 (D.156).   Raph. de Pornassio, Opera. AD 1470. Genoa.

dd.5 (C.106).   Breviarium Brigittinum (frags.). s. xv med. Germany.

dd.6 (D.203).   Vita S. Catharine (frag.). s. xiii^2. Italy.

dd.7 (D.180).   Dion. Carthus., Expositio hymnorum. AD 1468 (?). Germany.

dd.9 (D.173).   *sf*Ps.-Bonaventura; Jac. de Paradiso; J. Hagen; etc. AD 1465 (?), 1473. Germany, part at **Stettin, Ord. Carth.** *Erfurt, Ord. Carth.*

dd.10 (A.33).   Graduale Carth.; etc. s. xii. SE (?) France.

dd.11 (A.19).   Graduale Carth. s. xv ex. Germany. *Buxheim, Ord. Carth.* (?).

dd.12 (D.175).   *f*Rud. de Biberaco; Jac. de Paradiso; etc. s. xv^2. Germany. *Rebdorff OSA.*

dd.13 (D.182).   Bart. Brixiensis, Apparatus in Decretum; P. de Liazariis. s. xiv med. N. Italy or S. France.

dd.15 (B.57).   *f*Statuta Ord. Carth. AD 1428 and 1448. Germany. *Buxheim, Ord. Carth.*

dd.16 (B.58).   *f*Statuta Ord. Carth. s. xv med. Germany. *Buxheim, Ord. Carth.* (?).

dd.18 (B.60).	Statuta Ord. Carth. (part in German). s. xv med. Germany. *Nördlingen, Ord. Carth.* (?).
dd.19 (B.61).	(*f*)Statuta Ord. Carth. s. xv^{I}. Germany. *Buxheim, Ord. Carth.* (?).
dd.21 (C.104).	*f*Mechtild. de Hackeborn; etc. AD 1463; s. xv ex. Germany. *Buxheim, Ord. Carth.* (?).
dd.22 (C.103).	*f*Florilegium theologicum (part in German). s. xv med.; AD 1455, 1458. *Erfurt, Ord. Carth.*
dd.23 (A.52).	Graduale. s. xiii/xiv. France, for use in Rheims diocese. *Mont-Dieu, Ord. Carth.*
dd.24 (C.108).	*f*Theologica. s. xv^{I}–med. Germany. *Nördlingen, Ord. Carth.*
dd.25 (A.36).	Ordinale, Obsequiale, etc., Carth. AD 1500–s. xvi in. **Basel, Ord. Carth.**
ee.3 (A.31).	Breviarium Carth. s. xii^2. For **Escala de Dios, Ord. Carth.** (?). *Paular, Ord. Carth.*
ee.4 (C.122).	Preces, etc. s. xv/xvi. Germany. *Buxheim, Ord. Carth.* (?).
ee.5 (A.21).	*s*Psalterium, etc., Carth. (part in German). s. xv^2; AD 1513. **Buxheim, Ord. Carth.**
ee.6 (A.22).	Diurnale Carth. s. xv in. Germany. *Buxheim, Ord. Carth.* (?).
ee.7 (A.24).	Psalterium; Horae BVM (Utrecht); etc. s. xv in. Netherlands.
ee.8 (A.38).	*f*Horae BVM (Utrecht). s. xv^{I}. Netherlands, for OSA nuns.
ee.12 (A.32).	Officia, preces, etc. AD 1504–9. **Füssen, OSB (Kastl); Buxheim, Ord. Carth.**
ee.13 (C.141).	Preces, etc. s. xiii ex.; s. xv. NE France; Rhineland. *Trier, Ord. Carth.*
ee.14 (A.44).	Psalterium Carth., etc. s. xv^{I}. Italy. *Asti, Ord. Carth.*
ee.18 (A.28).	*s*Matutinale Carth. s. xiii/xiv. Germany or Austria. *Seitz, Ord. Carth.* (?).
ee.19 (A.25).	Horae BVM; Breviarium Carth. s. xiv^2. Rhineland. *Cologne, Ord. Carth.*
ee.22 (C.120).	Preces. s. xv/xvi. Germany.
ee.24 (C.126).	Sermones, etc.; Vocabulary *Abstractum* (Latin and German). s. xv^2. Germany. *Buxheim, Ord. Carth.*
ee.25 (A.29).	Breviarium Carth. s. xiv^{I}. Italy.
ee.26 (A.30).	Breviarium Carth. AD 1415. For **Porta Celi, Ord. Carth.** (?). *Paular, Ord. Carth.*
ee.27 (A.37).	Officium defunctorum Carth. AD 1522–3. Germany. *Buxheim, Ord. Carth.* (?).
ee.28 (A.23).	*f*Officia Carth. s. xv^{I}. Germany, for use in Augsburg diocese. *Buxheim, Ord. Carth.*
ee.29 (A.27).	Obsequiale, etc., Carth. s. xvi^{I}. Germany. *Buxheim, Ord. Carth.* (?).

ee.30 (B.76).   ƒOrdo visitationis (part in Italian), etc. Ord. Carth.; Missae. s. xv¹. For **Genoa, Ord. Carth.**

ff.1 (D.154).   ƒJoh. de Segovia, De sancta conceptione BVM. s. xv². Germany.

ff.2 (A.12).   ƒLectionarium, pars hiem., Carth. s. xv med. Austria (?). *Mauerbach, Ord. Carth.*

ff.5 (A.11).   Lectiones, etc., de sanctis. AD 1443. Germany, for Ord. Carth. *Buxheim, Ord. Carth.* (?).

ff.10 (D.176).   sCloud of Unknowing, etc., (in English). s. xvi in. **London, Ord. Carth.**

gg.1 (B.78).   Statuta antiqua Carth. i, etc. Before AD 1368. France (?).

gg.2 (B.79).   Statuta antiqua Carth. ii–iii, etc. Before AD 1368. France (?).

hh.3 (B.66).   ƒOrdo electionis Ord. Carth. etc. s. xv med. **Buxheim, Ord. Carth.**

hh.4 (B.65).   Ordo visitacionis Ord. Carth., etc. s. xv/xvi. Germany. *Buxheim, Ord. Carth.* (?).

hh.5 (B.74).   ƒStatuta Carth., etc. AD 1437–s. xv ex. Germany. *Buxheim, Ord. Carth.* (?).

hh.6 (D.158).   ƒSermones; etc.; Matt. Cracov. s. xv¹. Germany, part for Ord. Carth. *Amorbach, OSB.* (?).

jj.17 (D.181).   H. de Hassia, De proprietatibus religiosorum. s. xv med. Germany.

oo.7 (A.17).   Obsequiale Carth., etc. s. xvi in. Germany. *Buxheim, Ord. Carth.* (?).

oo.8 (D.179).   ƒQuaedam in passione Christi. s.xiv/xv; s. xv². Germany, for Ord. Carth. *Buxheim, Ord. Carth.*

oo.14 (A.20).   Breviarium Carth. s. xv/xvi. France, for Dijon Ord. Carth.

pp.3 (B.70).   Ordo visitationis, etc. Ord. Carth. s. xv/xvi. N. France. *Rouen, Ord. Carth.* (?).

pp.8 (A.26).   Misc. liturg. s. xvi in. Rhineland. *Hagenau* (?).

PERTH

PERTH MUSEUM AND ART GALLERY

460. sƒJac. de Vitriaco, Sermones. AD 1481. **Korsendonk, OSA.**
461. Horae BVM (Besançon). s. xv med. France.
462. Biblia. s. xiii med. England. *OFM* (?); *Lincoln diocese* (?).

ST JOHN'S KIRK

1. Augustinus. s. xv med. England.
2. Horae BVM (Rouen). s. xv/xvi. France.
3. sBreviarium OC, Pars aestivalis. s. xiii–AD 1491. France/Germany.

PETERBOROUGH, Northamptonshire

CATHEDRAL

*1. Liber Rob. de Swaffham. s. xiii med. **Peterborough, OSB.**
*3. Pharetra, etc. s. xiv in. England. *Peterborough, OSB* (?).
*4. P. Lombardus, Sententiae. s. xiv in.
*5. Liber Hen. de Pytchley. s. xiii ex. **Peterborough, OSB.**
*8. Clement of Lanthony (in English). s. xv in. England. *Syon, Ord. Brig.* (?).
*9. *f*W. Lyndwood, etc. s. xv ex. England.
*10. Biblia. s. xiii med. England.
*15. Catalogus librorum, etc. s. xiv ex. **Peterborough, OSB.**
*33. Lapidary, etc. (in English). s. xv med. England.
*38. Matheus glo.; Marcus glo. s. xii ex. England.

CENTRAL LIBRARY

*s*Ailred, Vita Edwardi regis, etc.; Lydgate, Poems (in English). s. xv ex. Westminster (?).

MUSEUM AND ART GALLERY

1. Horae BVM (Paris). s. xiv/xv. N. France.
2. Horae BVM (Paris). s. xv/xvi. N. France.
3. Horae BVM (Troyes). s. xv ex. N. France.
4. Horae BVM (Autun). s. xv med. N. France.
5. Horae (in Netherlandish). s. xv med. Low Countries.
6. Horae BVM (Rome). s. xv ex. N. Italy, for Franciscan use.
7. Recipes, etc. (in Anglo-Norman). s. xiii ex. England.

PETWORTH HOUSE, Sussex

Chaucer, Canterbury Tales (in English). s. xv$^\text{I}$. England.

PLYMOUTH, Devon

CITY MUSEUM AND ART GALLERY

C1/S37/9.   Horae BVM (Rome). s. xv$^\text{I}$. France.
C1/S37/10. Horae BVM (Rome). s. xv$^\text{I}$. Low Countries, for England.
C1/S37/11. *s*W. Peraldus, OP, Sermones; etc. s. xiii^2. England. *Durham Cathedral Priory.*

SALTRAM HOUSE

Antiphonale. s. xiv ex. Italy.

POWIS CASTLE, Welshpool, Montgomeryshire

Horae BVM (Sarum). s. xv med. Low Countries, for England.

PRESTON, Lancashire. HARRIS MUSEUM AND ART GALLERY

Psalterium, etc. s. xiii^2. England.

QUARR ABBEY, Isle of Wight

Digestum vetus, cum apparatu. s. xiv in. England. *Oxford.*

QUEENBOROUGH, Kent. TOWN HALL
*Statuta Angliae; Registrum brevium. s. xiv in. England. *Kent*; *Queenborough*.

RANWORTH, Norfolk. PARISH CHURCH
Antiphonale. s. xv². England. *Ranworth church*.

READING, Berkshire
BOROUGH MUSEUM AND ART GALLERY
40.74. Radbertus, De benedictionibus patriarcharum; etc. s. xii med. England.
    Reading OSB.

UNIVERSITY LIBRARY
2087. Horae BVM (Paris). s. xv¹. Northern France.

REIGATE, Surrey. PARISH CHURCH, CRANSTON LIBRARY
889.   Horae BVM (Utrecht). s. xv med. Low Countries.
1117. Bernard Gui; etc. s. xiv². England. *Kent* (?).
2322. Horae, etc. s. xv med. England, for Franciscan nuns. *London, The*
    Minories.
2444. Biblia. s. xiii med. England. *Cambridge*.
2449. Kalendarium et Psalterium. s. xv med. Verona region.
Meditaciones. s. xv med. England.

RIPON, Yorkshire. CATHEDRAL
*1. Biblia. s. xiii². France (?).
*2. Anselm, etc. s. xiii¹. England. *Newcastle, OP*.
*3. Apocalypsis et Epistolae catholicae, cum glossis. s. xii med. England.
    Bridlington OSA.
*4. In Apocalypsim; Threni Ieremie, cum glossis. s. xii med. England.
*5. Hugo de S. Victore; P. Riga, Aurora. s. xii med.; s. xii/xiii. England.
*6. Ps.-Bonaventura, Meditationes vite Christi. AD 1400. **Frieston, OSB**.
    Mount Grace, Ord. Carth.
*8. Psalterium Eboracense. AD 1418. **Ripon**.
*9. Horae BVM (Sarum). s. xiv². Low Countries, for England. *OFM* (?).
*Archives 432. Breviarium Eboracense (frag.). s. xv med. England. *Cottingham*
    Church.

ROCHESTER, Kent. CATHEDRAL
A.2.12. P. Lombardus, Sententiae. s. xiii/xiv. England. *Rochester Cathedral*
    Priory.
*A.3.5. *Textus Roffensis*. s. xii¹. **Rochester Cathedral Priory**.
A.3.13. Bonaventura; Augustinus; etc. s. xv in. England.
A.3.16. Augustinus. s. xii in. **Rochester Cathedral Priory**.
A.3.18. Psalterium. s. xv in. England, for Rochester diocese.
Horae BVM (Rome). s. xv². Italy.

ROMSEY, Hampshire. PARISH CHURCH

Psalterium, etc. s. xv[1]. England, for Franciscan use. *Winchester Abbey OSB nuns (Nunnaminster).*

RUGBY SCHOOL, Warwickshire

Bloxam 1005. Biblia. s. xiii med. England (?).
Bloxam 1006. Biblia. s. xiii ex. England.
Bloxam 1007. sBiblia, pars ii. AD 1463. Utrecht, etc.
Bloxam 1008. J. Mandeville (in English); etc. s. xv[2]. England.
Bloxam 1009. Missale festivale (Sarum). s. xv[1]. England. *Wallington chapel (Surrey).*
Bloxam 1010. Pontificale. s. xv med. Italy.
Bloxam 1011. Kalendarium; Preces; etc. s. xv med. France, for Besançon region (?).
Add.2.   Biblia. s. xiv in. France.
Add.3.   Missale (Sarum). s. xv ex. England, for Lincoln diocese.

RYDE, Isle of Wight. CONVENT OF ST CECILIA

Excerpta patrum, i. s. xiii in. Flanders (?). *Villers, OC.*

SAFFRON WALDEN, Essex. TOWN LIBRARY

E.1101/3473.   Horae BVM; etc. (in Netherlandish). s. xv in. Low Countries.
E.1102/3474.   Horae BVM. s. xv med. France.
E.1103/3475.   Horae BVM, with addition in Provençal. s. xv in. S. Netherlands. *Provence.*
E.1104/3476.   Manuale (Sarum), preces, etc. s. xiv/xv. England.
E.1360.   J. Calderinus, Repertorium utriusque iuris. AD 1428. Bologna/Low Countries. *Parc, Ord. Praem.* (?).
E.1360A/3501. sBartolus de Saxoferrato, Lectura in Digestum novum. AD 1449. Italy. *Germany* (?).
E.00 (i–ii).   Biblia. s. xiv[2]. Netherlands. *Elsegem, OP* (?).

ST ALBANS, Hertfordshire.

CATHEDRAL

Catechetica (in English). s. xv med. England. **Peculiar of St Albans.**

ARCHDEACONRY OF ST ALBANS RECORDS, Hertfordshire Record Office

Fragments: see pp. 239–40.

ST ANDREWS, Fife. UNIVERSITY LIBRARY

BR.65.A9.   Augustinus. s. xii ex. Britain. *St Andrew's, OSA.*
BR65.A9S2.   Ps.-Augustinus, Sermones ad fratres in eremo. s. xiv med. Italy.
BS.1443.F6.   Psalter and Canticles (in Netherlandish). s. xv med. Netherlands.
BT.77.G8.   W. Autissiodorensis, Summa Sententiarum. s. xiii ex. France.

BX.2033.A00.   Psalterium, etc. s. xv[I]. England.
BX.2080.F6.   Horae BVM (Besançon). s. xv med. France.
BX.2095.B00.   Vigilie mortuorum, etc. s. xvi in. NE France (?).
KF.51.R4.   Regiam maiestatem, etc. s. xv ex. Scotland.
M.2148.G7–1350.   Graduale. s. xv med. France (?), for Franciscan use.
PA.3895.P6.   *sf*Aristoteles, Politica. s. xv med. England. *Deer, OC.*
PA.6295.A2.A00.   Cicero, Opera philosophica. s. xv ex. France (?). *Scotland.*
B.763.D7.   J. Duns Scotus, Quodlibeta, De primo principio. s. xv med.
                  Low Countries.

SALISBURY, Wiltshire. CATHEDRAL

197. Augustinus. s. xi/xii. **Salisbury Cathedral.**
198. Augustinus. s. xi/xii. **Salisbury Cathedral.**
221. Passionale i (Jan.–June). s. xi ex. **Salisbury Cathedral.**
222. Passionale ii (June–Oct.). s. xi ex. **Salisbury Cathedral.**
223. Vitae sanctorum. s. xii in. **Salisbury Cathedral.**
224. Breviarium Sarisburiense, cum notis. *c.* AD 1320. England. *Bedwyn Church*
     (?).

SHEFFIELD, W. Yorkshire

CENTRAL LIBRARY

Jackson 1302. *f*Miscellanea medica . s. xv ex.–xiv[I]. England.
M.D.3500.   *f*Explanationes verborum, etc. s. xvi in.; *c.* AD 1522.

GRAVES ART GALLERY

R.0031. P. Diaconus, Homiliarium. s. xi. Spain.
R.3544. Horae BVM (—). s. xiv in. NE France (?).
R.3545. *f*Psalterium. s. xiii med. NE France. *Gouy-en-Ternois (near Arras),*
        OSA.
R.3546. Biblia, etc. s. xiii med. France. *Ord. Carth.*
R.3547. *f*Preces, etc. s. xvi in. Italy.
R.3548. Horae BVM (Paris). s. xv ex. France.
R.3549. Missale, cum notis. s. xiv[I]. France, for Paris diocese. *Vincennes Castle*
        chapel (?).
R.3550. Cookery recipes, etc. (in Italian). s. xvi in.; AD 1501–2. Italy; partly
        Padua (?).
R.3551. Biblia. s. xiii med. France.
R.3552. Lectionarium. s. xii[2]. **Ottobeuren, OSB.**
R.3553. (*s*)Decretales Gregorii noni, etc. s. xiii ex. Italy, for de Rossi of Pisa (?).

UNIVERSITY LIBRARY

 5. Pseudo-Turpin. s. xiii ex. S. France.
32. (*s*)*f*Ovid, Epistulae Heroidum. s. xv med. Italy. *School book*
44. Psalterium. s. xii med. Italy.
60. *s*J. de Voragine, Legenda sanctorum, ii; cum suppl. s. xv[2]. Italy: Milan (?),
    for Servite use (?).
66. Guerricus de S. Quentino (?), In Apocalypsim, pars. s. xiii[2]. Italy.

87. Epistolarium. s. xii². N. Spain (?), for Carthusian use (?).

SHREWSBURY, Shropshire.

SHROPSHIRE LIBRARIES, LOCAL STUDIES DEPARTMENT

12692. Letter of Prester John, etc. (in French and Latin). s. xiii ex. England.

SHREWSBURY SCHOOL

For evidence connecting MSS 7, 9, 13, 22–5, and 27 with Chester, *and MSS 5, 6 (?), 21, and 36 with* Lichfield, *see note before the description of MS 1 below.*

1. Sapientia, Ecclesiasticus, cum glossis. s. xiii in. England. *Chester, OP.*
2. *f*Biblia. s. xiii². England.
3. *f*Sermons, etc. (in English). s. xv²; AD 1484. England. *Coventry and Lichfield diocese.*
4. *s*Versus grammaticales, etc. s. xv ex. England.
5. De moribus. s. xv ex. England.
6. Cantanda in processionibus; play-parts (largely in English). s. xv in. England, for Coventry and Lichfield diocese (?).
7. Gregorius Magnus, etc. s. xiii med. England. *Chester, OSB.*
8. *s*W. Lyndwood. s. xv med./AD 1453–4. England.
9. Gilbertus de Tornaco, Sermones de sanctis. s. xiv in. England (?).
10. *f*Rosarium theologie. s. xv med. England.
11. Hours, etc. (in Welsh). s. xiv/xv. S. Wales.
12. Apocalypsis, Epistolae Catholicae, cum glossa. s. xii med. England. *Buildwas, OC.*
13. Homelie. s. xv¹. England.
14. *s*Equivoca. s. xvi in. England.
15. Gregorius Magnus, Dialogi. s. xiii². England. *Hereford, OFM.*
16. Medulla grammatice, etc. s. xiv². England: E. Anglia (?).
17. Vetus Testamentum i. s. xii/xiii. England.
18. Mattheus, Johannes, cum glossa. s. xii/xiii. France (?).
19. Biblia. s. xii/xiii. England. *Shropshire.*
20. P. Lombardus, Sententiae. s. xii ex. France. *England.*
21. Gregorius Magnus, Liber pastoralis. s. xi/xii. England. *Durham Cathedral Priory* (??).
22. Gilbertus Porretanus, In Psalterium. s. xii². England.
23. Floretum + Rosarium theologie. s. xv med. England.
24. P. Comestor, Historia scholastica; etc. s. xii/xiii. England. *Chester, OP.*
25. Compendium theologie veritatis; R. Rolle. s. xiv². England.
26. Cyprian; Bachiarius. s. xii¹. England: **Christ Church Canterbury** (?).
27. Hugo de S. Caro, In Apocalypsin. s. xv med. England.
28. Harmonia evangeliorum, cum glossa. s. xiii in. England.
29. Beda, Homiliae. s. xii². England. *Lenton, OSB* (?).
30. *f*Graduale, OSA. s. xii ex. England. *Haughmond, OSA.* (?).
31. Julianus Toletanus, etc. s. xii ex. England.
32. R. de Pennaforti, Summa de penitentia; etc. s. xiii². England. *Shrewsbury, OFM.*

33. Note psalterii. s. xii/xiii. England. *Wombridge, OSA.*
34. *f (s)*Barth. de S. Concordio, Summa de casibus conscientiae. s. xv med. England.
35. Lucas glo. s. xii/xiii. England. *Chester, OP.*
36. *(s)*Notabilia; L. Brunus Aretinus, De bellis. s. xv². Germany (?). *England.*
37. Juvenalis, Satirae, cum scholiis. s. xii in. England.
46. Evangeliarum claustrale. AD 1501. S./W. Germany, for OC/Ord. Carth.
48. Simon Tornacensis, Disputaciones. s. xii ex. France. *Amiens, Celestines.*

SNOWSHILL MANOR, Gloucestershire

*1. Johannes Herolt, Sermones; etc. AD 1462. Germany. *Erfurt, Ord. Carth.*
*2. Lectionarium. s. xv². S. Germany/Switzerland, for OP.
*3. Horae BVM (le Mans). s. xv¹. N. France.

SOUTHAMPTON

CITY RECORD OFFICE

SC. 15/-. G. Ripley, Compound of Alchcmy (in English), s. xv/xvi. England.

KING EDWARD VI GRAMMAR SCHOOL

Biblia. s. xiii in. England.

TUDOR HOUSE MUSEUM

988.1983. Antiphonale. s. xiv². N. Italy.
603.1985. Hours of BVM (in Netherlandish). s. xv ex. Low Countries.

SOUTH BRENT, Devon. SYON ABBEY, Ord. Brig.

1. Processionale Brigittinum. s. xv med. **Syon, Ord. Brig.**
2. Horae. s. xv med. **Syon, Ord. Brig.**
3. Breviarium Brigittinum. s. xiv/xv. N. Italy.
4. Horae BVM (Sarum). AD 1424 (?); s. xv¹. England, in part for Ord. Brig. (?).
5. Horae BVM (Rome). s. xv in. N. Italy.
6. Breviarium Brigittinum. s. xv¹. **Syon, Ord. Brig.**
7. De S. Anna; Regulae Salvatoris; etc. s. xv². Germany, for Ord. Brig.
Fragments: see pp. 348–9.

SOUTHWELL MINSTER, Nottinghamshire

5. *f*Biblia. s. xiii¹. France (?). *Newcastle, OP.*
7. *f*J. Mirk, Festial (in English); etc. s. xv ex. England.
Fragments: see pp. 352–3.

SPALDING, Lincolnshire. GENTLEMEN'S SOCIETY

M.J.3.   J. Wallensis, Communeloquium; Summa abstinentiae. s. xv med. England.
M.J.11. Missale (Sarum). s. xv med. England, for Lincoln diocese. *Spalding, OSB* (??).
M.J.13. Statuta Angliae; etc. s. xiii/xiv. England. *Crowland, OSB.*
M.J.14. *(s)*Fasciculus morum; etc. s. xv med. England.
M.J.15. Biblia. s. xiii med. England (?). *Haughmond, OSA.*

STAFFORD. WILLIAM SALT LIBRARY
Statuta Angliae. s. xiv¹. England.

STANBROOK ABBEY, Callow End, Worcestershire
1. Psalterium, etc. s. xiii/xiv. NE France.
2. Horae BVM (Rome). s. xv med. NE France (?).
3. Haymo, Homiliarium; etc. s. xiv med. England. *Wiltshire.*
4. Horae BVM (Rome). s. xiv ex. N. France.

STEEPLE ASHTON, Wiltshire. PARISH CHURCH
Horae BVM (Coutances; York). s. xv in. France; England.

STIRLING. KIRK SESSION
*Graduale. s. xv/xvi. Italy.

STONYHURST COLLEGE, Lancashire
1. J. Froissart, Croniques, i–iv (in French). s. xv in. France. *England.*
2. Missale Cisterciense. s. xv med. England, for Winchester diocese (?).
3. Missale (York). s. xiv/xv. England. *Tatham church.*
4. sMissale. AD 1472. Utrecht, for Liège diocese.
5. ƒMissale. s. xv². Low Countries, for Liège diocese. *Tongres area.*
6. Evangelia glosata. s. xiii¹. England. *Hartland, OSA.*
7. Gregorius, Homeliae in Ezekielem. Between AD 1168 and 1183. **St Albans, OSB.**
8. Haymo, Homiliae. s. xii/xiii. England. *Stanlow/Whalley, OC.*
9. Calendarium; Psalterium. s. xiii²; s. xv med. England. *Tarrant, OC nuns.*
10. Officia liturgica. s. xv ex. N. Italy, for Hieronymite nuns in Bergamo diocese.
11. Bartholomaeus de S. Concordio, Summa de casibus conscientiae; N. de Anesiaco. s. xv med. Germany. *Hildesheim.*
12. Epistolae paparum; W. Horborch, Decisiones rotae romanae. s. xv med. Germany.
13. Biblia. s. xiii¹. England.
14. Sermones. s. xiv ex. England. With MS 17, *Oxford.*
15. Latin–English vocabulary. s. xv in. England.
17. Huguitio, Magnae derivationes; etc. s. xiv in. England. With MS 14, *Oxford.*
18. Bernardus, Epistolae; etc. s. xv med. Low Countries (?).
20. Bernardus, Epistolae; Summa Raymundi versificata; etc. s. xv med.; AD 1458. Germany. *St Michael, Hildesheim, OSB.*
21. Rhetorica ad Herennium. AD 1445. France (?).
22. Taxatio ecclesiastica. s. xiv ex. England.
23. ƒThree kings of Cologne, 'Mellybe', etc. (in English). s. xv¹. England.
24. Henry duke of Lancaster, Livre des saintes medicines (in French). s. xiv². England.
25. Berengaudus, In Apocalypsin; etc. s. xii med. England.

26. H. Huntingdonensis, Historia anglorum; etc. s. xii²–xiii in. England. *Exeter* (?).
27. G. Alverniensis, Summa de divinis officiis; etc. (partly in French). s. xiv in. England.
28. *f*Horae BVM (St Omer). s. xv². N. France.
[29. Horae BVM (Rouen).—given to Red Cross sale 1942.]
30. *f*W. de Lanicia, OFM, Dieta salutis; Speculum Christiani; etc. s. xv med. England.
31. W. Hilton, Scale of Perfection, bk. 1 (in English). s. xvi¹. England.
32. Horae BVM (Sarum). s. xv¹. N. France. *England.*
33. Horae BVM (Paris). s. xv¹. France.
34. Horae BVM (Paris). s. xv in. France.
35. Horae BVM (Sarum). s. xv¹. England.
36. Horae BVM (Sarum). s. xv¹. England. *London* (?); *Yorkshire/Lancashire* (?).
37. Horae BVM (Rome). s. xv². France. *England.*
38. Horae BVM (Bourges). s. xv med. France.
39. Horae BVM (Troyes). s. xv med. France.
40. *f*Breviarium (Sarum). s. xiv/xv. England. *Bath and Wells diocese* (?).
41. Processionale. s. xiv/xv. England, for Lichfield diocese (?).
[42. Horae BVM. England.—missing.]
43. Life of St Katherine, Passion, Charter of the Abbey, etc. (in English). s. xv med. England.
44. Breviarium aestivale (Sarum). AD 1380 (?). England, for Ashridge Bonhommes (?).
45. Preces, etc., cum picturis. s. xvi in. France.
46. Psalterium, etc. s. xiv in. England (?), for OSA (?); SW France (?).
47. Horae BVM (Tournai). s. xv ex. Low Countries, for Tournai diocese.
48. Horae BVM (Evreux ?). s. xiv¹. England.
49. Ps.-Augustinus, De spiritu et anima; etc. s. xv¹. England.
50. Horae BVM (—). s. xiv/xv. France.
51. Psalterium, etc. s. xii/xiii. S. Low Countries. *OSB.*
52. Breviarium (Sarum). s. xv¹–xv ex. England.
53. Horae BVM (Rome). s. xv². France, for Tours diocese.
[54. Psalterium. s. xiv. England.—missing.]
*55. Evangelium S. Iohannis. s. vii/viii. Northumbria. *Durham Cathedral Priory.*
57. Horae BVM (Sarum). s. xv¹. England.
58. Bonaventura, etc. s. xv². Low Countries (?). *England.*
59. Horae BVM (Rome). s. xv ex. France.
60. Horae BVM (Sarum). s. xv². Low Countries: Ghent (?), for England.
61. Kalendarium (Sarum), Psalmi penitentiales, preces, etc. s. xv¹. Britain, for Caernarvon (?).
62. Horae BVM (Rome). s. xiv med. Low Countries, for Franciscan nuns (?).
63. Horae BVM (Utrecht) (part in Netherlandish). s. xv ex. Low Countries, for OSA (?).
64. Arma Christi (*roll*) (in English). s. xv med. England.

65. *Initial* O *in frame*. s. xv med. Venice (?).
67. Psalterium. s. xv¹. N. Italy.
68. *f*Collectanea contemplativa, etc. s. xv med. Low Countries, **Roermond Ord. Carth.** (?).
69. De vitiis et virtutibus; J. Beleth; etc. s. xii med.–xiii/xiv. England.
70. Horae BVM (Sarum). s. xv in. Low Countries, for England. *England*.
71. Psalterium (Sarum). s. xv¹. England.
72. *s*G. Herilacensis; J. Müntzinger; etc. AD 1439. Alsace.
73. Horae, etc. s. xv². S. Low Countries.
74. Horae BVM (Utrecht) (in Netherlandish). s. xv ex. Low Countries.
75. Horae BVM (le Mans). s. xv¹. France.
76. Distinctiones biblicae; Gilbertus Tornacensis. s. xv med. Germany.
77. Devotions (in Netherlandish). s. xv med. Low Countries, for Utrecht diocese (?).
78. Processionale festivale. s. xv². **Dominican nuns, Poissy**.
79. Horae BVM (Sarum). s. xiv². England.
80. (*s*)Repetitiones in Digestum infortiatum, 1421. s. xv¹. N. Italy.
81. *s*Conradus de Brundelsheim, OC, Sermones hiemales de tempore. AD 1423. Germany. *St Peter, Erfurt, OSB*.
82. *sf*Lectiones; J. de Voragine, Sermones quadragesimales; etc. AD 1395. Germany.
83. N. Vulpius, Epitome in Valerium Maximum. s. xv med. Italy. *Pisa, OP*.
84. *f*Bernardus, In Cantica Canticorum; etc. s. xiv med. Italy. *Verona, OFM*.
85. Vita parva Christi; J. de Quedlinburg, Articuli lxv. s. xv med. Germany.
B.vii.9. Horae BVM (Rome). s. xv in. N. Italy.

STOURHEAD HOUSE, Wiltshire.

Horae BVM (Tours). s. xiv/xv. N. France.

SWAFFHAM, Norfolk. PARISH CHURCH OF SS PETER AND PAUL

*f*Horae BVM (Sarum). s. xiv/xv. N. France or Flanders, for England.

TAUNTON. SOMERSET COUNTY RECORD OFFICE

DD/SAS C/1193/66. R. Higden, Polychronicon. s. xiv/xv. England. *Keynsham, OSA*.

DD/SAS C/1193/68. Horae BVM (Dominican). s. xv¹. England. *Dartford, OP. nuns*.

DD/SAS C/1193/70. Biblia. s. xiii med. France. *England*.

DD/SAS C/1193/74. Theologica. s. xii¹. England.

TIVERTON, Devon. PARISH CHURCH OF ST PETER

Horae BVM (Sarum). s. xv in.; AD 1438. England; Bristol.

TOLLERTON, Nottinghamshire. ST HUGH'S COLLEGE

Graduale. s. xv med. Low Countries, for Franciscan use. *St Agnes, Hoorn*.

TROWBRIDGE. WILTSHIRE COUNTY RECORD OFFICE

WRO.1230. ƒStatuta Angliae; Registrum brevium; etc. s. xiv in. England. *Marlborough.*

TRURO, Cornwall.

CATHEDRAL

*Graduale. s. xiv/xv. N. Italy, for male religious use.

ROYAL INSTITUTION OF CORNWALL

De Pass 144' 1923/1. Horae BVM (Rome), with rubrics etc. in Italian. s. xv med. *Florence (?).*

UPHOLLAND COLLEGE, Lancashire.

165. Augustinus, etc. s. xv in. England. *Oxfordshire.*
Hornby 2. Breviarium. s. xiv med. England.

USHAW, Durham. ST CUTHBERT'S COLLEGE
 1. Biblia. s. xiii med. France.
 2. Biblia. s. xiii med. France (?). *Italy* (?).
 3. ƒBiblia. s. xiv med. England.
 4. Biblia. s. xii/xiii–xiii. Italy. *Germany* (?).
 5. Missale (Sarum). s. xv med. England. *Esh chapel.*
 6. ƒG. Monemutensis, etc. s. xii²; s. xii/xiii. England.
 7. ƒPsalterium, etc. s. xiii med. England. *Norwich Cathedral Priory.*
 8. Psalterium; Manuale. s. xv in. England. *Essex* (?).
 10. sHorae BVM (Sarum). AD 1409. Bruges, for England.
 11. Horae BVM (Sarum). s. xv². Low Countries, for England.
 12. Horae BVM (Sarum). s. xv¹. Low Countries, for England.
 13. Horae BVM (Sarum). s. xv med. England.
 14. Horae BVM (Sarum). s. xv in. Low Countries, for England.
 15. Horae BVM (Sarum). s. xv¹. England.
 16. Horae BVM (Sarum). s. xv¹. England.
 17. Horae BVM (Besançon). s. xv/xvi. France.
 18. Missale (Sarum). s. xiv². England. *Eastwell church.*
 19. Compendium theologice veritatis. s. xv¹. Netherlands. *Bethlem nuns, Utrecht.*
 20. Horae BVM (Bourges). s. xv². France.
 21. Horae BVM (Rouen). s. xv². France.
 22. Horae BVM (Rome). s. xv². NE France (?).
 23. Horae BVM. s. xv med. France, part for Sées diocese, part for Bourges diocese.
 24. Horae BVM (Coutances). s. xv med. France.
 26. Vita beate virginis Marie et salvatoris rhythmica. s. xiii ex. Germany or Low Countries.
 27. Prayers, etc. (in German). s. xv/xvi. S. Germany.
 28. ƒSpeculum christiani (parts in English), etc. s. xv med. England.

29. Preces (*roll*). AD 1485–1509. England.
30. Horae BVM (Toul). s. xv/xvi. Rhineland (?).
31. Horae, etc. s. xvi in. Germany, for religious use.
32. Gregorius, Moralia i. s. xii². **Villars, OC.**
33. J. Herolt, OP, Sermones; etc. AD 1468. Germany.
34. Antiphonale. s. xiv¹–xvi. NE (?) Italy.
35. Graduale. s. xv med. NW Italy, for Franciscan use.
36. Eberhardus Bethuniensis, Grecismus. s. xiii ex. England.
41. Officium mortuorum, etc. s. xiii med. S. Netherlands, for OSA. *Parc, OSA.*
42. Meditationes Pseudo-Bernardi, etc. s. xiv ex. England.
43. Horae BVM (Sarum). s.xv¹ and med. Low Countries, for England; England.

WARE, Hertfordshire. ST EDMUND'S COLLEGE
 82. *s*Expositio missae. AD 1448. Germany.
327. Missale, cum notis. s. xv med. Low Countries, for Utrecht diocese.
333. Horae BVM (Rome). s. xv ex. Flanders.
Missae. s. xv ex. France, for Lyons diocese.

WARRINGTON, Lancashire. PUBLIC LIBRARY
 9. Breviarium (Sarum), s. xiv ex.–xv in. England. *Lichfield diocese* (?).

WELLS CATHEDRAL, Somerset
 1. Comment. in Constitutiones Clementinas, etc. s. xiv ex. England.
 2. Registrum brevium. s. xv med. England.
 3. Isidorus, Etymologiae. s. xiii med. England.
 4. *f*Biblia. s. xiii¹. France (?). *England.*
 5. *s*Psalterium. AD 1514. England, for Sir John Huddleston's executor. *Hailes,*
    OC.
 6. J. Chrysostomus, Homiliae in Matthaeum. AD 1517. England, for Sir John
    Huddleston's executor, for **Hailes, OC.**
 7. S. Benedicti Regula (in Latin and English) (frag.) s. xi med. England.
 8. Horae (in German). s. xv². Germany.
VC/I. Novum Testamentum. s. xiii ex. England.
VC/II. Hugo Floriacensis, etc. s. xii². England. *Garendon, OC.*

WIGAN, Lancashire. PUBLIC LIBRARY
34933. *f*Gregorius Magnus, Dialogi; etc. s. xiii ex. Italy. *Assisi, OFM.*
36646. Jeronimus; etc. s. xiii med. England
37901. *s*Baldus de Ubaldis, Super usibus feudorum; etc. AD 1436. Italy.
38346. *f*Albertus de Saxonia, Sophismata. AD 1398. Padua. *Feltre, OFM.*
*39562. H. de S. Victore; Bernardus; etc. s. xv ex. S. France (?).
*39569. De accentibus, etc. s. xii med. Italy (?).
42365. *s*Paulus Nicoletti Venetus, Logica parva. AD 1439–40. Crete, by a
         German.
42411. Onosander, De optimo imperatore. s. xv². N. Italy: Milan (?).
*M.733. Graduale. s. xv/xvi. Italy, for Aosta diocese.

WIMBORNE MINSTER, Dorset

ƒRegimen animarum. s. xiv med. England.

WINCHESTER, Hampshire

CATHEDRAL

1. + BL MS Cotton Tiberius D.iv, pt. 2, ff. 158–66. Beda, Historia ecclesiastica; etc. s. x/xi. England. *Winchester* (?).
2. Augustinus, In Johannem; etc. s. xii in. England. *Winchester Cathedral Priory.*
3. Vitae SS Nicholai et Elphegi; De morte H. Blesensis. s. xii med. England. *Winchester* (?).
4. Cassiodorus, In Psalmos. s. xii med. England. *Winchester Cathedral Priory.*
5. Jeronimus, In Isaiam. s. xii med. England.
6. G. Autissiodorensis, Summa aurea. s. xiii[1]. France (?). *England.*
7. Miscellanea. s. xii/xiii–xiii in. England.
8. Zacharias Chrysopolitanus, Ord. Praem., Unum ex quattuor. s. xii[2]. England: Winchester (??).
9. Martinus Polonus; Dares Phrygius; etc. s. xiv[1]. England. *Southwell Minster.*
10. Vita S. Godrici. s. xv in. England. *Durham Cathedral Priory.*
11. Odo de Cheriton; J. de Voragine. s. xiv/xv. England.
12. N. Trivet, Annales (abbrev.). s. xiv[2]. England.
13. Eliz. Schonaug., Revelationes; Vitae SS Edwardi et Thomae. s. xii/xiii. England.
14. Vitas Patrum, ii. s. xii[2]. England. *Winchester Cathedral Priory* (?).
15. ƒVersus grammaticales; Theodulus; Avianus; Promptorium parvulorum (Latin and English). s. xv med. England. *Winchester Cathedral Priory.*
16. Concordantiae Bibliorum. s. xiv[2]. England.
17. Biblia. s. xii[2]. England: Winchester (?).
18. Registrum brevium; Statuta Angliae; etc. s. xiv in. England.
20. Hegesippus. s. xii[2]. England. *Winchester* (?).
27. Haymo, In epistolas Pauli. AD 1348. Germany (?).
29. Officium mortuorum, etc. s. xv in. England.

WINCHESTER COLLEGE

1. Compotus manualis. s. xv[2]. England.
2. Miscellanea theologica. s. xvi in. England. *Eton College.*
3. Comment. et questiones in Hippocraten. s. xv med. Italy. *England.*
4. William of Canterbury, Vita et miracula S. Thome. s. xii/xiii. England. *Winchester College.*
5. Paschasius Radbertus, In Lamentationes. s. xii in. England: Winchester (?).
6. Josephus, Antiquitates. s. xii[2]. England. *Merevale, OC.*
7. ƒP. Lombardus, Sententiae. s. xiii[1]. France. *England: Cambridge* (?).
8. Tabula martiniana. s. xv med. England.
9. J. de Voragine, Legenda sanctorum. s. xiv in. England.
10. Psalterium, etc. s. xv in. England.
11. Odo de Cheriton, Sermones. s. xv med. England. *Winchester College.*

12. Petrus de Crescentiis. s. xv in. France. *England*.
[13. Thomas Malory, Morte d'Arthur—sold.]
13A. Genealogia regum anglorum. s. xv². England.
13B. Genealogia regum Anglorum. s. xv². England.
14A. P. Comestor, Historia scholastica. s. xiii in. France. *England*.
14B. P. Comestor, Historia scholastica; etc. s. xii/xiii. France (?). *England*.
15. R. Higden, Polychronicon. s. xiv ex. England. *Winchester College*.
17. Clemens Lanthon., Super Evangelia i. AD 1432. Gloucester, for **Winchester College**.
*18. Smaragdus, etc. s. xii². England. *Winchester Cathedral Priory* (?).
20. Augustinus, De doctrina christiana; etc. s. xii². England. *Newburgh, OSA*.
22. Evangelia; W. de Nottingham, Harmonia. s. xv med. England.
24. Medica. s. xiii in. England.
26. Medica (partly in French verse). s. xiii/xiv. England.
27. R. Higden, Polychronicon. s. xv: AD 1478 (?). England.
28. Biblia. s. xv med. England.
29. Biblia. s. xiii². France (?). *England*.
33. South English Legendary, etc. s. xv med. England.
38. Taxatio ecclesiastica. s. xiv². England. *Winchester College* (?).
39. J. de Rupescissa, R. Lull, R. Bacon. s. xv ex. England: Oxford (?).
40. Palladius. s. xii med. England.
40A. Basil, Homeliae in Psalmos (frag.). s. viii². France (?).
40B. Evangelium S. Matthei (frag.). s. xii med. England (?).
41. Leonardo Bruni, etc. s. xv med. England.
42. New Testament (in English). s. xv in. England.
43. Avicenna, etc. s. xv med. Low Countries; England.
44. Petrus de Crescentiis. s. xv med. England.
45. Tractatus de medicina. s. xiv/xv. England.
48. Horae BVM (Sarum). s. xv in. England.
50. A. de Saxonia, etc. s. xv/xvi. England: Oxford (?).
51. Synonyma. s. xv/xvi. England.
102. Horae BVM (Rouen). s. xv². France.

WINDSOR, Berkshire. ST GEORGE'S CHAPEL
1. R. Rolle, etc. s. xv med. England.
2. R. de S. Victore; N. de Hanapis. s. xv in. England.
3. Horae BVM (—). s. xv/xvi. Germany.
4. ƒNew Testament (in English). s. xv¹. England.
5. Gregorius, etc. s. xii in. England. *Canterbury Cathedral Priory/Canterbury College Oxford*.
Schorn Horae BVM (Sarum). s. xv¹. England.

WISBECH, Cambridgeshire
TOWN LIBRARY
1. Prosper, De vita contemplativa et activa. s. xii in. Christ Church Canterbury (?). *Bury, OSB*.

2.   Epistolae Pauli, cum glossa P. Lombardi. s. xii ex. England (?).
3A. Antiphonale. s. xii. England (?). *England*.
3B. Sententie diverse; Lectionarium. s. xiv/xv. England.
4.   Florus, In Epistolas Pauli. s. xii med. England.
5.   Innocentius III, De officiis missarum; etc. s. xiii. England. *Ramsey, OSB*.
6.   Ps.-Ammonius, Harmonia evangeliorum. s. xiii in. England.
7.   ƒSpeculum humane saluationis; etc. s. xiv ex. England. *Cambridge*.
8.   Wycliffite homilies on the epistles and gospels (in English). s. xiv ex. England.
9.   Prosper; Bede; Smaragdus. s. xii[1]. England.

WISBECH AND FENLAND MUSEUM

Munby 1. Johannes glos. s. xii ex. France or (?) England.
Walker 1. Horae BVM (Paris). s. xv[1]. France.
Walker 2. Horae BVM (Rome). s. xv med. France.
Walker 3. Horae BVM (Coutances). s. xiv med. France.
Walker 4. Horae BVM (Sarum). s. xv in. England.
Walker 5. Horae BVM (Poitiers ?). s. xv in. N. France.
Walker 6. Antiphonale in processionibus. s. xv med. Italy, for mendicant use.

WOLLATON, Nottinghamshire. PARISH CHURCH

*Breviarium (Sarum). s. xv med. England, for Sir Thomas Chaworth. *Wollaton church*.

WORCESTER CATHEDRAL

Q.101. Ordinarium et Canon missae. s. xv/xvi. Italy.
Q.102. Horae BVM (Troyes). s. xv med. France.
Q.103. Hours (in Netherlandish). s. xv ex. Netherlands.
Q.104. Horae BVM (Sarum) et Psalterium. s. xv med. England.
Q.105. Biblia. s. xiii[1]. S. France (?). *OP, Tours region (?)*.
Q.107. Evangelistarium. s. xiii[2]. England (?), for OP. *Worcester, OP (?)*.
Q.108. Horae BVM (Cologne). AD 1527 (?). Rhineland.
Fragments: see pp. 678–89.

WORTHING, Sussex. PUBLIC LIBRARY.

*Registrum brevium. s. xv[1]. England.

YEOVIL, Somerset. HENDFORD MANOR HALL MUSEUM

Orationes in articulo mortis (*roll*). s. xv med. England, for Yeovil almshouse.

YORK MINSTER

XVI.A.6.   sR. Grosseteste, Sermones, etc. s. xv[2] (before Apr. 1483). England, for Thomas Rotherham. *Rotherham College*.
XVI.A.7.   Josephus, Antiquitates. s. xii med. England.
XVI.A.8.   Boethius, De trinitate, etc., cum comment. G. Porretani; etc. s. xii ex. England. *York Minster (?)*.
XVI.A.9.   Missale Eboracense. s. xv in. England.

XVI.D.2.   Commentaries on the Sunday gospels (in English). s. xv in.
England.

XVI.D.5.   Aegidius Romanus, De regimine principum. s. xiv/xv. England.
Oxford or Cambridge.

XVI.D.6.   H. de Bracton, De legibus et consuetudinibus Angliae. s. xiv in.
England. *Canterbury, St Augustine's OSB*.

XVI.D.9.   W. Peraldus, OP, Sermones. s. xiv/xv. England. *Durham Cathedral
Priory*.

XVI.D.10.   R. de S. Victore, In Danielem; etc. s. xiii ex. England.

XVI.D.13.   Biblia. s. xiii¹. England. *York, St Martin's church Coney Street*.

XVI.D.14.   ƒBoethius, De consolatione philosophiae (in French). s. xv¹.
France.

XVI.E.32.   Medical recipes, etc. (in English). s. xiv ex.–xv in. England.

XVI.G.23.   sP. Calo de Clugia, OP, Legenda sanctorum; Nova legenda Angliae.
AD 1454 (?). England. *York Minster*. Copied by Henry Neve (signed)

XVI.I.1.   sCollectanea patristica, etc. s. xv med. **Durham Cathedral
Priory**.

XVI.I.3.   Missale Eboracense. s. xv med. England.

XVI.I.4.   Psalmi glosati; Cantica glosata. s. xii med. England.

XVI.I.5.   P. Lombardus, In Psalmos; etc. s. xiii in. England.

XVI.I.6.   2 Paralipomenon glosatus. s. xii ex. England.

XVI.I.7.   ƒPsalmi et cantica, cum glossis; etc. s. xii med. England, for
OSA. (?). *Byland, OC*.

XVI.I.8.   Ieronimus, etc. s. xii². England. *Rievaulx, OC*.

XVI.I.9.   Speculum spiritalium. s. xv¹. England, **Mount Grace, Ord.
Carth.** (?).

XVI.I.10.   (s)Guido de Columna, Historia destructionis Troiae. s. xiv¹: AD
1338 (?). Italy. *England*.

XVI.I.11.   Augustinus, De baptismo parvulorum; Gemma ecclesiae. s. xii ex.
England. 'Sh[ir]burn' *Hospital*.

XVI.I.12.   Historica Dunelmensia, etc. s. xiv in.–med. England, **Durham
Cathedral Priory** (?).

XVI.K.2.   P. Riga, Aurora. s. xiii¹. England.

XVI.K.3.   Berengaudus, In Apocalypsin. s. xii². England.

XVI.K.4.   Opuscula Augustini, Bernardi, etc. s. xiv¹. England, **Durham
Cathedral Priory** (?).

XVI.K.5.   W. Hilton, OSA, etc. s. xiv/xv. England. *Coventry, Ord.
Carm.* (?).

XVI.K.6.   Horae BVM (York). s. xv in. York (?).

XVI.K.7.   Manuel des pecchez; Chasteau d'Amour (in French). s. xiii–xiv¹.
England.

XVI.K.8.   Concordantiae Bibliae. s. xiii med. England (?). *England*.

XVI.K.10.   Berengaudus, In Apocalypsin. s. xiii¹. England. *Hereford, OSB*.

XVI.K.12–14. Fables of Marie de France, etc. (in French). s. xiii med.–xiii².
England.

XVI.K.16. Collationes quadragesimales, etc. s. xv in. England, for York diocese.

XVI.K.19. *f*Horae BVM (Paris), etc. s. xv[1]. France, for N. Brittany.

XVI.L.4. Origenes, In Iosuam; etc. s. xii in. France (?).

XVI.L.8. (*s*)J. Mirk; G. de Lanicea; etc. s. xv[1]. England.

XVI.L.12. Catechetica (in English). s. xv med. England.

XVI.L.18. *s*Vitae Bernardi Clarevall.; etc. AD 1481. Venice. *signed G. Bonardo Morosini*

XVI.L.34. Psalterium. s. xiii ex. Low Countries (?).

XVI.M.4. Manuale, cum notis. s. xv in. England, for York diocese.

XVI.M.6. Cicero, De inventione rhetorica; etc. s. xii med. England. *Leicester, OSA.*

XVI.M.7. Comment. in Ciceronem. s. xii med. England. *Leicester, OSA.*

XVI.M.9. Johannes glosatus. s. xii[2]. England.

XVI.N.2. Jo. Michael Nagonius, Pronostichon. AD 1496–1502. England.

XVI.N.3. 'La luminere as lais', etc. (in French and Latin). s. xiii ex. England, in part for Norwich diocese (?).

XVI.N.4. Pseudo-Cicero, Cicero. s. xii med. England. *Oxford or Cambridge (?).*

XVI.N.5. Biblia. s. xiii[1]. France (?).

XVI.N.6. Biblia. s. xiii med. England.

XVI.N.7. New Testament (in English). s. xv in. England

XVI.N.8. Psalterium. s. xiii med. W. Germany/Low Countries, for OSA. (?). *Durham Cathedral Priory.*

XVI.N.9. Horae BVM (Paris). s. xv[1]. N. France.

XVI.N.10. Biblia. s. xiii med. France (?). *England.*

XVI.O.1. New Testament (in English). s. xiv/xv. England.

XVI.O.9. Breviarium; Missale (pars). s. xiv med.–xiv/xv. England, for York diocese.

XVI.O.10. Herbal; medical and kitchen recipes (in English). s. xv[2]. England.

XVI.O.11. *s*J. Mirk, OSA, Manuale sacerdotis. s. xv med. England.

XVI.O.12. Breviarium ad usum Sarum, pars hiemalis. s. xv med. England.

XVI.O.19. Psalterium. s. xiii[2]. England, for OSB (?).

XVI.O.22. Horae BVM s. xiv in. Flanders (?).

XVI.O.23. Breviarium, pars aestivalis. s. xv in. England, for York diocese.

XVI.O.24. Horae BVM (Sarum). s. xv[1]. Low Countries, for England.

XVI.O.35. Horae BVM (Rome). s. xv/xvi. France, for Lyons diocese (?).

XVI.P.5. Bartolus de Saxoferrato, Lectura Codicis. s. xiv/xv. Italy, Bologna (?). *England, York Minster (?).*

XVI.P.6. Bartolus de Saxoferrato, Lectura Digesti novi. s. xiv/xv. Italy, Bologna (?). *England, York Minster (?).*

XVI.P.7. *s*Bartolus de Saxoferrato, Lectura Digesti veteris. AD 1401. Bologna. *England, York Minster (?).*

XVI.P.8. Cinus de Pistoia, Lectura Codicis. s. xiv/xv. England. *York Minster (?).*

XVI.P.12. Homiliarium aestivale de tempore. s. xii med. England.

XVI.Q.1. Gregorius Magnus, Moralia in Job i. s. xi ex. England.

XVI.Q.2.	Gregorius Magnus, Moralia in Job ii. s. xii in. England.
XVI.Q.3.	Biblia, pars ii. s. xii med. England. *York Minster.*
XVI.Q.4.	Biblia, pars iii. s. xii med. England. *York Minster.*
XVI.Q.5.	Ezekiel glosatus. s. xii ex. France. *Durham Cathedral Priory.*
XVI.Q.7.	Philippus de Greve, Sermones. s. xiii¹. England.
XVI.Q.14.	Laurentius Dunelm., etc. s. xii/xiii–xiii in. England.
XVI.Q.15.	Huguitio, Magnae derivationes. By AD 1279 (?)/s. xiv in. England, for York Minster.
Add. 1.	sEvangelia, etc. (York Gospels). s. x ex.–xi in. England. *York Minster.*
Add. 2.	Horae Eboracenses (Bolton Hours). s. xv¹. England, for John Bolton of York (?).
Add. 3.	Manuale. s. xv/xvi. Germany. *Nuremberg, St Laurence church.*
Add. 5.	(s)Horae BVM (Rome). s. xv². France.
Add. 6.	Horae BVM (Rome). s. xv². France, for Angers diocese.
Add. 7.	Thomas Aquinas, In librum iv Sententiarum ; etc. AD 1286. Paris, for Citeaux OC.
Add. 8.	(s)Pseudo-Isidorus, Collectio decretalium. AD 1469. France, for Simon Radin.
Add. 14.	Leonardo Bruni, Della prima guerra punicha (in Italian). s. xv². Italy.
Add. 22.	'Liber practice in Registr' alicuius Episcopi'. s. xv in. England, Lincoln diocese (?).
Add. 30.	Missale. s. xv med. England, for York diocese.
Add. 33.	sN. Weigel, De indulgentiis; etc. AD 1476. Germany, partly at Studerenheim. *Erfurt, St Peter's OSB* (?).
Add. 34.	f'Tractatus de gratia dei', Mainauer Naturlehre; etc. (partly in German). s. xiv². Germany. *Erfurt, St Peter's OSB.*
Add. 35.	Sermones, etc. s. xv med. Germany. *Erfurt, Ord. Carth.*
Add. 54.	Horae BVM (Sarum). s. xiv ex. England.
Add. 67.	Horae BVM (York). s. xv in. England.
Add. 68.	Breviarium. s. xiv med. England, for York diocese.
Add. 69.	Breviarium, cum notis. s. xv². England, for York diocese.
Add. 70.	Breviarium. s. xv¹. England, for Harewood church.
Add. 115.	Breviarium. s. xv med. England, for York diocese.
Add. 256.	P. Pictaviensis, Genealogia Christi; etc. (*roll*). s. xiv ex. England.
Add. 383.	Breviarium. s. xv in. England, for York diocese.
Add. 533.	Historia ecclesiae Eboracensis (*tabula*). s. xiv/xv. York, for the Minster (?).
Add. 534.	De etatibus mundi etc. (*tabula*). s. xiv/xv. York, for the Minster (?).

SIGNS AND ABBREVIATIONS

IN quotations from the manuscripts: round brackets are used to show words or letters added to the text after it was written; square brackets are used where the text is illegible as a result of damage or where the space for an initial letter has not been filled and no guide-letter is visible.

Acta Sanctorum	J. Bollandus, *Acta sanctorum quotquot toto orbe coluntur,* . . . (Antwerp, 1643- (in progress)).
AFH	*Archivum Franciscanum Historicum.*
AFP	*Archivum Fratrum Praedicatorum.*
AH	*Analecta hymnica Medii Aevi,* ed. G. M. Dreves *et al.,* 55 vols. (Leipzig, 1886–1922).
Alexander and Temple	J. J. G. Alexander and E. Temple, *Illuminated Manuscripts in Oxford College Libraries,* . . . (Oxford, 1985).
Allen, *Writings*	H. E. Allen, *Writings ascribed to Richard Rolle* (1927).
Anal. Boll.	*Analecta Bollandiana.*
Ancient Libraries	M. R. James, *Ancient Libraries of Canterbury and Dover* (1903).
Andrieu	M. Andrieu, *Le Pontifical romain au moyen âge,* 4 vols., Studi e Testi, 86–8, 99 (1938–42).
Aristoteles Latinus	G. Lacombe *et al., Aristoteles Latinus*: Codices. Pars prior (Rome, 1939). Pars posterior (Cambridge, 1955).
ASOC	*Analecta sacri Ordinis Cisterciensis.*
Bale, *Index*	J. Bale, *Index Britanniae scriptorum,* ed. R. L. Poole and M. Bateson, Anecdota Oxoniensia, Medieval and Modern Series, 9 (Oxford, 1902).
Beichner	*Aurora Petri Rigae Bibliae versificata,* ed P. E. Beichner, Univ. of Notre Dame Publications in Medieval Studies, xix (1965).
Bévenot	M. Bévenot, *The Tradition of Manuscripts: A Study in the Transmission of St. Cyprian's Treatises* (Oxford, 1961).
BGPTM	*Beiträge zur Geschichte der Philosophie und Theologie des Mittelalters.*
BHL	*Bibliotheca Hagiographica Latina,* Ediderunt Socii Bollandiani (1898–1901).

Biblia sacra	*Biblia sacra iuxta Latinam vulgatam versionem . . . iussu Pii PP XI . . . edita* (Rome, 1926– (in progress)).
BJRL	*Bulletin of the John Rylands Library.*
BL	British Library, London.
Bloomfield	M. W. Bloomfield *et al.*, *Incipits of Latin Works on the Virtues and Vices, 1100–1500.* Mediaeval Academy of America Publications, lxxxviii (1979).
BLR	*Bodleian Library Record.*
BMC	*Catalogue of Books Printed in the Fifteenth Century now in the British Museum* (1908– (in progress)).
BN	Bibliothèque Nationale, Paris.
Bohic	C. Bohic, *Chronica Ordinis Cartusiensis 1084–1510*, 4 vols. (Parkminster, 1911–54).
Brev. ad usum Sarum	*Breviarium ad usum Sarum*, ed. F. Procter and C. Wordsworth, 3 vols. (Cambridge, 1882–6).
Brev. Ebor.	*Breviarium ad usum insignis ecclesiae Eboracensis*, ed. S. W. Lawley, 2 vols., Surtees Soc., lxxi, lxxv (1880–3).
Briquet	C. M. Briquet, *Les Filigranes*, 4 vols. (2nd edn. Leipzig, 1923).
Bursill-Hall	G. L. Bursill-Hall, *A Census of Medieval Latin Grammatical Manuscripts*, Grammatica speculativa: Sprachtheorie und Logik des Mittelalters, iv (1981).
Campbell	M.-F.-A.-G. Campbell, *Annales de la typographie néerlandaise au XVe siècle* (The Hague, 1874–90).
CAO	R. J. Hesbert and R. Prévost, *Corpus antiphonalium officii*, 6 vols., Rerum ecclesiasticarum documenta, Series maior, Fontes vii–xii (1963–79).
Carth.	Carthusianus/Carthusiensis.
Cat. Buxheim/Waldbott-Bassenheim: 1883	*XXX. Carl Förster'sche Kunstauction—Catalog der Bibliothek des Ehem. Carthäuserklosters Buxheim—des Herrn Hugo Grafen von Waldbott-Bassenheim—20 September 1883.*
Cat. of Romances	H. L. D. Ward and J. A. Herbert, *Catalogue of Romances in the Department of Manuscripts in the British Museum*, 3 vols. (1883–1910).
Catt. Vett.	*Catalogi veteres librorum ecclesiae cathedralis*

	Dunelm., Surtees Soc., vii (1838).
CC	*Corpus Christianorum.*
CLA	E. A. Lowe, *Codices Latini antiquiores. II Great Britain and Ireland* (2nd edn. 1972).
Clavis	E. Dekkers, *Clavis Patrum Latinorum*, Sacris Erudiri, iii (1951; 2nd edn.. 1961).
CMA	[E. Bernard], *Catalogi Manuscriptorum Angliae et Hiberniae* (Oxford, 1697).
CSEL	Corpus scriptorum ecclesiasticorum Latinorum.
Dearden, 'John Ruskin'	J. S. Dearden, 'John Ruskin the Collector, with a Catalogue . . . ', *Library*, 5th series 21 (1966), 124–54.
de Bruyne, *Préfaces*	[D. de Bruyne], *Les Préfaces de la Bible* (Namur, 1920).
de Bruyne, *Sommaires*	[D. de Bruyne], *Sommaires, divisions, et rubriques de la Bible latine* (Namur, 1914).
de Haas and Hall	E. de Haas and G. D. G. Hall, *Early Registers of Writs*, Selden Soc., lxxxvii (1970).
Distelbrink	B. Distelbrink, *Bonaventurae scripta*, Subsidia Scientifica Franciscalia v (Rome, 1975).
DNB	*Dictionary of National Biography.*
Dolezalek	G. Dolezalek, *Verzeichnis der Handschriften zum römischen Recht bis 1600*, 4 vols. (Frankfurt-am-Main, 1972).
EBSB	J. B. Oldham, *English Blind-Stamped Bindings* (Cambridge, 1952).
EETS	Early English Text Society.
EHR	*English Historical Review.*
Emden, *BRUC*	A. B. Emden, *A Biographical Register of the University of Cambridge to 1500* (Cambridge, 1963).
Emden, *BRUO*	A. B. Emden, *A Biographical Register of the University of Oxford to* AD 1500, 3 vols. (Oxford, 1957–9).
Floyer	J. K. Floyer and S. G. Hamilton, *Catalogue of Manuscripts . . . of Worcester Cathedral*, Worcestershire Historical Soc., xx, (1906).
Forshall and Madden	*The Holy Bible made from the Latin Vulgate by John Wycliffe and his Followers*, ed. J. Forshall and F. Madden, 4 vols. (1850).
Gibson	S. Gibson, *Early Oxford Bindings*, Bibliographical Society Illustrated Monographs x (1903).

GKW	*Gesamtkatalog der Wiegendrucke* (1925– (in progress)).
Glorieux	P. Glorieux, *Répertoire des maîtres en théologie de Paris au xiiie siècle*, 2 vols. Études de philosophie médiévale, xvii–xviii (1933–4).
Goff	F. R. Goff, *Incunabula in American Libraries* (New York, 1964).
Gunner	W. H. Gunner, *Archaeological Journal*, 15 (1858), 62–74.
Hain	L. Hain, *Repertorium bibliographicum*, 2 vols. (Stuttgart, etc., 1826–38).
HBS	Henry Bradshaw Society.
Hohmann	T. Hohmann, 'Initienregister der Werke Heinrich von Langenstein', *Traditio*, 32 (1976), 399–426.
HMC	Historical Manuscripts Commission.
Horae Ebor.	*Horae Eboracenses*, ed. C. Wordsworth, Surtees Soc., cxxxii (1920).
Hoskins	E. Hoskins, *Horae Beatae Mariae Virginis* (1901; republ., 1969).
IMEP	*The Index of Middle English Prose*, ed. A. S. G. Edwards (Cambridge, 1984–(in progress)).
IMEV	C. Brown and R. H. Robbins, *Index of Middle English Verse* (New York, 1943). *Supplement*, by R. H. Robbins and J. L. Cutler (Lexington, 1965).
James, *Catalogue . . .*	M. R. James, *Descriptive Catalogue of Manuscripts in the Fitzwilliam Museum* (Cambridge, 1895).
Jolliffe	P. S. Jolliffe, *A Check-list of Middle English Prose Writings of Spiritual Guidance*, Pontifical Institute of Mediaeval Studies, Toronto, Subsidia Mediaevalia, ii (1974).
Kauffmann	C. M. Kauffmann, *Romanesque Manuscripts 1066–1190*, A Survey of Manuscripts Illuminated in the British Isles, ed. J. J. G. Alexander, iii (1975).
Ker, *MLGB*	N. R. Ker, *Medieval Libraries of Great Britain*, Royal Historical Soc., Guides and Handbooks, No. 3 (2nd edn. 1964).
Klapper	Joseph Klapper, *Der Erfurter Kartäuser Johannes Hagen*, Erfurter Theologische Studien ix–x (1960–1).
LALME	*Linguistic Atlas of Later Middle English*, ed.

A. McIntosh *et al.* (Aberdeen, 1986– (in progress)).

Långfors

A. Långfors, *Les Incipit des poèmes français antérieurs au xviᵉ siècle* (Paris, 1917).

Leroquais

V. Leroquais, *Les Livres d'heures manuscrits de la Bibliothèque nationale*, 2 vols., plates, and supplement (1927–43).

Lieftinck, *Maatschappij*

Codices 168–360 Societatis cui nomen Maatschappij der Nederlandsche Letterkunde descripsit G. I. Lieftinck, Bibliotheca Universitatis Leidensis, Codices Manuscripti, V. i (Leiden, 1948).

Lyell Cat.

A. C. de la Mare, *Catalogue of the Collection of Medieval Manuscripts bequeathed to the Bodleian Library, Oxford, by James P. R. Lyell* (Oxford, 1971).

Madre

A. Madre, *Nikolaus von Dinkelsbühl: Leben und Schriften . . .* , BGPTM 40. iv (1965).

Manuale Ebor.

Manuale et processionale ad usum insignis ecclesiae Eboracensis, ed. W. G. Henderson, Surtees Soc., lxiii (1875).

Manuale Sarum

Manuale ad usum percelebris ecclesie Sarisburiensis, ed. A. J. Collins, HBS, xci (1960).

MBDS

Mittelalterliche Bibliothekskataloge Deutschlands und der Schweiz, ed. P. Lehmann *et al.* (Munich, 1918—(in progress)).

Mearns, *Canticles*

J. Mearns, *The Canticles of the Christian Church, Eastern and Western* (Cambridge, 1914).

Meertens

M. Meertens, *De Godsvrucht in de Nederlanden*, pts. i–iii, vi (1930–4).

Meier

L. Meier, *Die Werke des Erfurter Kartaüsers Jakob von Jüterbog*, BGPTM xxxvii. 5 (1955).

MERT

Medieval and Early Renaissance Treasures in the North West [Catalogue of an Exhibition at the Whitworth Art Gallery, University of Manchester, 1976] (Manchester, 1976) (manuscripts described by J. J. G. Alexander).

MGH

Monumenta Germaniae historica.

Missale Ebor.

Missale ad usum insignis ecclesiae Eboracensis, ed. W. G. Henderson, 2 vols., Surtees Soc., lix–lx. (1874).

Missale Romanum	*Missale Romanum Mediolani 1474*, ed. R. Lippe, 2 vols., HBS, xvii, xxxiii (1899, 1907).
Missale Sarum, Burntisland edn.	*Missale ad usum insignis et praeclare ecclesiae Sarum. Labore ac studio F. H. Dickinson* (Burntisland, 1861–83).
MLR	*Modern Language Review.*
MMBL	N. R. Ker, *Medieval Manuscripts in British Libraries* (Oxford, 1969– (in progress)).
Morgan	N. J. Morgan, *Early Gothic Manuscripts*, 2 vols., A Survey of Manuscripts Illuminated in the British Isles, ed. J. J. G. Alexander, iv (1982–8).
Mynors	R. A. B. Mynors, *Durham Cathedral Manuscripts to the End of the Twelfth Century* (1939).
Newcourt, *Repertorium*	R. Newcourt, *Repertorium ecclesiasticum parochiale Londinense . . .* , 2 vols. (London, 1708–10).
Notices et extraits	*Notices et extraits des manuscrits de la Bibliothèque du Roi* (or *impériale*, or *nationale*), 42 vols. (1787–1938).
NT	New Testament.
OC	Ordo Cisterciensis.
OESA	Ordo Eremitarum Sancti Augustini.
OFM	Ordo Fratrum Minorum.
Oldham	Either, according to context, J. B. Oldham, *English Blind-Stamped Bindings* (Cambridge, 1952); or id., *Blind Panels of English Binders* (Cambridge, 1958).
Oldham (1959)	J. B. Oldham, 'Shrewsbury School Library', *Library*, 5th series 14 (1959), 81–99.
OP	Ordo Fratrum Praedicatorum.
Ord. Brig.	Ordo Brigittanorum.
Ord. Carm.	Ordo Carmelitarum.
Ord. Carth.	Ordo Carthusiensium.
Ord. Clun.	Ordo Cluniacensium.
Ord. Praem.	Ordo Praemonstratensium.
OSA	Ordo Sancti Augustini.
OSB	Ordo Sancti Benedicti.
OT	Old Testament.
PCC	Prerogative Court of Canterbury.
Pelzer, *Cat.*	A. Pelzer, *Codices Vaticani Latini*, ii. 1 *Codices 679–1134* (1931).
Pfaff, *New Liturgical Feasts*	R. W. Pfaff, *New Liturgical Feasts in Later Medieval England* (Oxford, 1970).

PG	J. P. Migne, *Patrologia Graeca*.
Piper	A. J. Piper, 'The Libraries of the Monks of Durham', in *Medieval Scribes, Manuscripts and Libraries: Essays presented to N. R. Ker*, ed. M. B. Parkes and A. G. Watson (London, 1978).
PL	J. P. Migne, *Patrologia Latina*.
PMLA	*Publications of the Modern Language Association of America*.
Potthast	A. Potthast, *Regesta Pontificum Romanorum*, 2 vols. (1874–5).
PS	*Processionale ad usum Sarum*, ed. W. G. Henderson (1882).
RB	*Revue Bénédictine*.
RES	*Review of English Studies*.
Rézeau	P. Rézeau, *Répertoire d'incipits de prières françaises de la fin du moyen âge* (Geneva, 1986).
RH	U. Chevalier, *Repertorium Hymnologicum*, 6 vols. (1892–1921).
Rietstap	J.-B. Rietstap, *Armorial général* (2nd edn. 1884–7). Plates (1903–26), and Supplement (1926–51) by V. and H. Rolland.
Römer	F. Römer, *Die handschriftliche Überlieferung der Werke des heiligen Augustinus*, II, *Grossbritannien und Irland*, 2 vols: i Werkverzeichnis; ii Verzeichnis nach Bibliotheken. Österreichische Akademie der Wissenschaften, Phil.-Hist. Klasse, Sitzungsberichte 276, 281 (Vienna, 1972).
Rosenthal, *Cat.* (1884)	*1084. Bibliotheca Carthusiana* (1884). Catalogue XL de Ludwig Rosenthal's Antiquariat à Munich.
RS	Rolls Series.
RTAM	*Recherches de théologie ancienne et médiévale*.
Sackur	E. Sackur, *Sybillinische Texte und Forschungen* (1898).
SAO	*Sancti Anselmi opera*, ed. F. S. Schmitt, 6 vols. (1946–61).
Sarum Missal	*The Sarum Missal, edited from Three Early Manuscripts*, ed. J. W. Legg (Oxford, 1916).
SBO	*Sancti Bernardi Opera*, ed. J. Leclercq et al. (1957–(in progress)).
Schenkl	H. Schenkl, *Bibliotheca Patrum Latinorum Britannica*, 3 vols. (1891–1908).

Schneyer, *Rep.*   J. B. Schneyer, *Repertorium der lateinischen Sermones des Mittelalters für die Zeit von 1150–1350*, 9 vols. *BGPTM*, xliii (1969–79).

Schulte   J. F. von Schulte, *Die Geschichte der Quellen und Literatur des canonischen Rechts*, 3 vols. (Stuttgart, 1875–80).

Shirley, *Cat.*   W. W. Shirley, *Catalogue of the Original Works of John Wyclif* (1865).

Sinclair   Either, for nos. 1–2373, K. V. Sinclair, *Prières en ancien français.* (Hamden, Conn., 1978); or, for nos. 2375–3875, id., *French Devotional Texts of the Middle Ages* (London, 1979); with, for nos. 3876–5375, . . . *First Supplement* (London, 1982).

Singer and Anderson   D. W. Singer and A. Anderson, *Catalogue of Latin and Vernacular Alchemical Manuscripts in Great Britain and Ireland*, 3 vols. (Brussels, 1928–31).

Sonet   J. Sonet, *Répertoire d'incipit de prières en ancien français*, Société de publications romanes et françaises, liv (Geneva, 1956).

Sonet–Sinclair   Sonet (above) taken in conjunction with Sinclair (above).

SOPMA   T. Kaeppeli, *Scriptores ordinis Praedicatorum Medii Aevi* (1970– (in progress)).

SR   *Statutes of the Realm.* References are to edn. 1810–28.

STC   A. W. Pollard and G. R. Redgrave, *A Short-title Catalogue of Books printed . . . 1475–1640* (1926).

Stegmüller   F. Stegmüller, *Repertorium Biblicum Medii Aevi*, 11 vols. (Madrid, 1950–80).

Stegmüller, *Sent.*   F. Stegmüller, *Repertorium commentariorum in Sententias Petri Lombardi*, 2 vols. (Würzburg, 1947).

Stöhlker   F. Stöhlker, *Die Kartause Buxheim*, 4 vols. (1974–86).

Sum. Cat.   *Summary Catalogue of Western Manuscripts in the Bodleian Library*, 7 vols. (Oxford, 1895–1953).

Taylor   J. Taylor, *The Universal Chronicle of Ranulf Higden* (1966).

Test. Ebor.   *Testamenta Eboracensia*, 5 vols., Surtees Soc., [iv], xxx, xlv, liii, lxxix (1836–84).

Theele

J. Theele, *Die Handschriften des Benediktiner-klosters S. Petri zu Erfurt* (1920).

Thomson, *Grosseteste*

S. H. Thomson, *The Writings of Robert Grosseteste* (Cambridge, 1940).

Thorndike and Kibre

L. Thorndike and P. Kibre, *A Catalogue of Incipits of Mediaeval Scientific Writings in Latin* (2nd edn. 1963).

VCH

Victoria County History.

Vising

P. S. Vising, *Anglo-Norman Language and Literature* (Oxford, 1923).

Walther, *Sprichwörter*

H. Walther, *Lateinische Sprichwörter und Sentenzen des Mittelalters*, Carmina Medii Aevi posterioris Latina, ii, 9 vols. (Göttingen, 1963–86).

Walther, *Versanf.*

H. Walther, *Initia carminum ac versuum medii aevi posterioris Latinorum*, Carmina Medii Aevi posterioris Latina, i (Göttingen, 1959).

Weale

W. H. J. Weale, *Bookbindings and Rubbings of Bindings in the National Art Library, South Kensington Museum* (1898).

Wells, *Manual*

H. J. Wells, *A Manual of the Writings in Middle English 1050–1400* (New Haven, 1916). Nine supplements (1919–51).

Wickersheimer

E. Wickersheimer, *Dictionnaire biographique des médecins en France au moyen âge* (1936).

Wilkins

D. Wilkins, *Concilia Magnae Britanniae et Hiberniae, . . .* (London, 1737).

Wilmart

A. Wilmart, *Auteurs spirituels et textes dévots* (1932; repr. Paris, 1971).

Wordsworth and White

Novum Testamentum . . . Latine, ed. J. Wordsworth, H. J. White, *et al.* (Oxford, 1889–1954).

Zumkeller

A. Zumkeller, *Manuskripte von Werken der Autoren des Augustiner-Eremiten-Ordens in mitteleuropäischen Bibliotheken*, Cassiciacum, xx (1966).

PAISLEY. RENFREW DISTRICT MUSEUM AND ART GALLERY

Horae   s. xv med.

1. ff. 1–12ᵛ Full calendar in French in gold and alternating blue and deep pink.

Feasts in gold include Genevieve (3 Jan.) and Yves (19 May).

2. ff. 13, 14 (added bifolium) pictures on the facing pages showing the shape and the length of the wounds of Christ, 'que longis fist', with verses in French, (*a*) f. 13ᵛ 'Icy en ceste pourtraiture . . . Des mains au mauuais sathanas', 17 lines; (*b*) 'Cest icy la vraye longour . . . Constantinoble en verite', 8 lines.

ff. 13, 14ᵛ blank.

3. ff. 15–19 Inicium sancti euuangelii .S. iohannem In principio . . .

Sequentiae of the Gospels.

4. ff. 19–22ᵛ Obsecro te . . . Masculine forms.

5. ff. 22ᵛ–26 O intemerata . . . orbis terrarum. De te enim . . . Masculine forms.

f. 26ᵛ blank.

6. ff. 27–84ᵛ Hours of B.V.M. (use of Paris).

7. ff. 85–100ᵛ Penitential psalms and Litany.

8. ff. 101–102ᵛ Hours of the Cross, lacking the first leaf.

9. ff. 103–105ᵛ Hours of the Holy Spirit.

10. ff. 106–110ᵛ Doulce dame de misericorde mere de pitie . . . mercy et repos amen. Aue maria.

The 15 Joys.

11. ff. 111–113ᵛ les v plaies Doulz dieu doulz pere sainte trinite . . . puisse morir Pater noster.

12. ff. 114–53 Office of the dead.

13. ff. 153ᵛ–159 Memoriae of B.V.M, Angels, John Baptist, Peter and Paul, James, John ev., Philip and James, Martin, Nicholas, Matthew, Simon and Jude, and Margaret.

f. 159ᵛ blank.

ff. ii + 159 + iii. 168 × 120 mm. Written space 96 × 62 mm. 15 long lines. Ruled in pink ink. Collation: 1¹² 2² 3⁸ 4⁴ 5–11⁸ 12² 13–14⁸ 15⁸ wants 1 before f. 101 16⁸ 17⁸ wants 4, 5 after f. 118 18–19⁸ 20⁶ 21–22⁸. Thirteen 8- to 10-line pictures remain: 8 to art. 6, and one before arts. 7, 9–12

(10 Angel holding out bowl to B.V.M. and Child, 11 Christ on rainbow showing wounds); see also art. 2 above. Initials: (i, ii) 3- and 2-line, in pink or blue patterned with white, on gold grounds; (iii, iv) 2- and 1-line, in gold, on blue and pink grounds patterned with white. Borders of gold ivy-leaves and coloured flowers, full, with bands of solid decoration, on picture-pages; three-quarters on pages with 2-line initials. Binding of s. xix, covered with crimson velvet, stamped with a shield bearing three fleurs-de-lis. Secundo folio (f. 14) *Cest icy*.

Written in France. 'Oportet Mory Fratres' in capitals, s. xv/xvi, followed by an erasure, f. 159. No. 911 in an English catalogue, *c.* s. xix, see slip inside front cover. Bookplate of James Jamieson Lamb, Underwood Cottage, Paisley, inside front cover. Given by James Wallace of Glasgow.

Psalterium   1483

1. ff. 1–12ᵛ Calendar in red and black.

Feasts in red include Terrenanus (12 June), Dedicatio ecclesie de abberbuthnot (3 Aug.), and obit of David Arbuthnot of that ilk (8 Oct.) 1470. The calendar is nearly the same as that of the Arbuthnott Missal, see next description, but a little less full and ungraded. Apart from Clare, an addition, the only saint here but not in the Missal is Macharius (12 Nov.) 'duplex festum'; both the Missal and the Hours, see below, have Maurice at this date. The battle of Pinkie in 1547 and the death of James IV at Flodden in 1513 are entered (7, 9 Sept.).

2. (*a*) ff. 13–122 Psalms 1–150; (*b*) ff. 122ᵛ–132ᵛ Ferial canticles, followed by Te deum, Benedicite, Benedictus, Magnificat, Nunc dimittis, and Quicumque vult; (*c*) ff. 132ᵛ–136ᵛ Litany.

(*c*) 29 confessors, (10–15) Terrenanus, Paladeus, Ninian, Servanus, Duthac, Kentigern, (29) Monan, cf. Arbuthnott Hours.

3. ff. 136ᵛ–142 Office of the dead.

After his colophon, see below, the scribe wrote the couplet 'Ter quinquagenos dauid canit ordine psalmos/Uersus bis mille. sexcentos. sex. canit ille', Walther, *Versanf.*, no. 19209, f. 142. On f. 142ᵛ, s. xvi, 'Stet liber hic donec fluuios formica marinos/Ebibat. et totum testudo perambulat orbem./Robertus de Arbuthnot'.

ff. iii + 142 + ii. Thick parchment. ff. ii, iii are a medieval pastedown and flyleaf. 212 × 147 mm. Written space 148 × 98 mm. 21 long lines. Collation: 1¹² 2–17⁸ 18 two. Quires 2–14 signed a–m. Well written. Initials: (i) 4-line, at the eight main divisions of the Psalter, blue on coloured and gold grounds, the Beatus initial is historiated (David kneeling); (ii, iii) in two sizes, red. Three-quarter page borders on pages with initials of type (i). Contemporary binding of wooden boards covered with brown leather bearing a pattern of six stamps (oak leaves (22 × 11 mm.), repeated to form a rectangle enclosing an inhabited foliage roll (16 mm. wide) repeated four times, with facing swans (13 × 13 mm.) across the ends, and, outside the rectangle, a lion, a unicorn (both 17 × 12 mm.), and a five-petalled flower (9 mm. diameter)); a clasp now missing from the back cover. Secundo folio (f. 14) *mee.non est*.

Written by James Sibbald for Robert Arbuthnot of the ilk in 1483, according to the colophon in the main hand on f. 142: 'Hunc librum fecit scribi et finiri quarto die marcij Anno domini Millesimo quadrigentesimo octuagesimo secundo Indictione prima per manum Iacobi sybbalde capellani Honorabilis vir Robertus arbuthnot de eodem filius quondam Bone memorie ac deo deuoti Dauid arbuthnot de eodem. quorum animabus propicietur ihesus christus Amen'. 'Liber iste psalmorum dauitticorum ad sacrum sacellum Gloriose Virginis spectat eidemque libere a Roberto arbuthnot eiusdem fundatore traditus Anno domini 1506' (f. iiiᵛ). For the later history and a description, see W. Macgillivray under next description below.

Missale 1492

A missal, the whole text of which is printed as *Liber Ecclesie Beati Terrenani de Arbuthnott*, [ed. A. P. Forbes] (Burntisland, 1864). Described by W. Macgillivray, 'Notices of the Arbuthnott Missal, Psalter and Office of the Blessed Virgin', *Proceedings of the Society of Antiquaries of Scotland*, 3rd series 2 (1892), 89–104. See also *Trésors des bibliothèques d'Écosse* (Brussels, 1963), no. 36. Art. 15 is in Scots.

1. ff. 6–11^v Calendar in red and black, graded (up to 9 lections).

edn. pp. ciii–cxiv. Added feasts are Marnoc ep. (1 Mar.), translation of Mary Magdalene (19 Mar.), Presentation of B.V.M. in red over an erasure (21 Nov., not in Arbuthnott Psalter or Hours), Drostan abb. (14 Dec.). Added obits of Elisabeth Strathauchin wife of Andrew Arbuthnot in Pitcarlis, 23 July 1542, and of James Sibbald 'quondam vicarii de arbuthnot scribe publice satis correcti testantibus missalibus huius ecclesie sancti terrenani', 22 Aug. 1507.

2. f. 12–95^v Temporal, Advent–Easter Eve.

edn. pp. 1–154.

3. ff. 96–102^v Ordinary and Canon of Mass.

edn. pp. 154–64.

4. ff. 102^v–152^v Temporal, Easter–Sunday before Advent.

edn. pp. 165–262.

5. ff. 152^v–154^v In dedicatione ecclesie . . . Explicit temporale.

edn. pp. 263–8.

6. ff. 154^v–211 Sanctoral, Vigil of Andrew–Katherine.

edn. pp. 269–400.

7. ff. 211–27 Common of Saints.

edn. pp. 401–33.

8. ff. 227–39 Votive masses.

edn. pp. 434–60.

9. ff. 239–40 Missa sponsalium.

edn. pp. 460–2.

10. ff. 240–244^v Ad missam pro defunctis.

edn. pp. 462–72.

11. ff. 244^v–246^v Oraciones generales, in trigintali aureo, and Missa contra mortalitatem quam dominus papa clemens sextus fecit . . . ij^c et xl dies indulgentie.

edn. pp. 472–7.

12. f. 247 (after Sibbald's colophon and in his hand) Masses for David and Chad.

edn. pp. 477–8.

13. f. 247^{rv} (added in another hand) Mass, In presentacione beate marie uirginis gloriosissime.

edn. pp. 478–9.

A preliminary quire in the main hand contains:

14. f. 1^{rv} Oratio sancti Thome de aquino ante missam a sacerdote flexis genibus si placet Omnipotens et misericors deus ecce accedo . . .

Prayers for priest before, during, and after mass, edn. pp. xci–xciii.

15. f. 2^{rv} Excommunicatio generalis quater in anno . . . Of ye autorite of god . . .

ed. pp. lxx–lxxi.

16. f. 2^v Isti sunt dies solemnitur obseruandi per annum . . . His diebus ieiunare debemus . . .

ed. pp. xciii–xciv.

17. f. 3^{rv} Benediction of salt and water.

ed. pp. xcv–xcvi.

18. ff. 3^v–4^v Missa de nomine ihesu.

ed. pp. xcvi–c.

19. ff. 5^{rv} Mass sent by St Michael to St Boniface pope, with rubric conveying indulgences.

ed. pp. c–cii.

20. f. 5^v Mnemonic verses, De terminatione orationum.

ed. p. cii.

ff. i + 249 + i. Thick parchment. 395 × 278 mm. Written space 272 × 178 mm. 2 cols. 32 lines. Collation: 1⁶ wants 1 2–10¹⁰ 11¹⁰ wants 4 (blank or picture) after f. 98 12–25¹⁰ 26⁶ wants 5 (probably blank) after f. 248. Quires 2–25 signed a–z, R in blue. Written in textura, except ff. 1–2ᵛ which are in secretary by the same hand (. . . Quod Iacobus sybbalde. Orate pro eo). f. 98ᵛ is a full page picture of a bishop (Terrenanus) blessing, probably preceding a Crucifixion picture now missing (cf. the Arbuthnott Hours below). Initials: (i) in colours on gold and coloured grounds, with three-quarter page borders, historiated at Christmas, Easter, Ascension, Pentecost, Trinity, Andrew (in boat), and Assumption of B.V.M.; (ii) blue or red, in art. 3 alone blue with red ornament or red with blue-grey ornament. A few cadels, some touched with red. Contemporary (?) binding of wooden boards, rebacked, covered with brown leather bearing a similar pattern to the Arbuthnott Hours below, with two stamps (five-petalled flower (9 mm. diameter) as on Hours, fleur-de-lis (10 × 10 mm.)); metal strips round corners, a central clasp on the back cover. Secundo folio (f. 2) *Excommunicacio*, (f. 13) *Sed indiuinum*.

Written by James Sibbald for Robert Arbuthnot, according to inscriptions dated 22 Feb. 1491 [1492] on ff. 98, 247, see edn. pp. 158, 477. 'Liber sancti (*or* beati) terrenani' at the head of each recto, and 'Ecclesie de arbuthnot' at the head of each verso, except ff. 1, 2, 247ᵛ–249ᵛ. Together with the Arbuthnott Psalter and the Arbuthnott Book of Hours, sold by the representatives of Viscount Arbuthnott, Sotheby's 10 Dec. 1897, bought by Archibald Coates of Woodside, and given by him to the town of Paisley.

Horae

Noticed *Liber Ecclesie Beati Terrenani de Arebuthnott* [ed. A. P. Forbes], (Burntisland, 1864), pp. lxxxv–vi. *Trésors des bibliothèques d'Écosse* (Brussels, 1963), no. 34.

1. ff. 1–6^v Calendar in red and black, almost identical with that in the Arbuthnott Missal, see above.

Added, f. 2, obit of Dame Marie Keithe, spouse to Sir Robert Arbuthnot, 1619.

2. ff. 9–27 Hours of B.V.M. (use of Sarum), with Hours of the Cross worked in.

Memoriae in Lauds: Holy Spirit, Trinity, Holy Cross, Michael, John Baptist, Peter and Paul, Andrew, John ev., Laurence, Blase (Aue presul honestatis, *RH*, no. 2056), Christopher (O marthir christofore pro saluatoris honore, *RH*, no. 30685), Nicholas, Terrenanus (Felix pater mochellius. Felix mater mochellia . . .), Ninian (Gaudium fidelibus cunctis generale. Pictis ac britonibus, not in *RH*), Anthony conf. and abb., Katherine, Relics, All Saints, peace.

3. f. 27 Gaude virgo mater christi . . .

Five Joys, *RH*, no. 7017.

4. f. 27^v Salue regina.

5. f. 28 Salutacio deuota ad beatam uirginem mariam. Gloria sanctorum decus angelorum . . . , *RH*, no. 7284.

f. 28^v blank.

6. ff. 30–37^v Penitential psalms and Litany.

In the Litany the confessors are Silvester, Leo, Jerome, Augustine, Gregory, Ambrose, Terrenanus, Paladeus, Ninian, Martin, Nicholas, Duthac, Servanus, Kentigern, Anthony, Monan.

7. ff. 38–49^v Office of the dead.

8. ff. 49^v–56^v Sequitur commendacio animarum.

9. ff. 57–59^v Incipiunt psalmi passionales domini nostri iesu christi . . . ueritatis. V Adoramus te christe Or Deus qui manus tuas et pedes . . .

Pss. 21–30:6, cues only to 22–4, 26, 29.

10. ff. 60–5 O Domine ihesu christe eterna dulcedo te amancium . . . Gratias tibi ago domine ihesu christe qui passionem tuam inchoasti . . .

Fifteen Oes of St Bridget.

11. ff. 65^{rv} Sanctus bernardus dixit quod quicumque hos octo uersus quolibet die . . . Illumina oculos meos . . . Omnipotens deus qui ezechie regi . . .

Verses of St Bernard, followed by the usual prayer.

12. ff. 67–69^v Adorations, salutations and prayers at mass, preceded by a notice, f. 65^v, Nota bene Sanctissimus dominus noster papa modernus dominus Sixtus quartus composuit quartam et quintam subscriptorum suffragiorum oraciunculas Et cum hoc omnes indulgencias hic legentibus perantea concessas duplicauit. Summa ergo indulgenciarum xx M annorum et xxx. cum diebus xxiij. (*a*) f. 67^{rv} O domine ihesu christe adoro te in cruce pendentem . . . Domine ihesu christe fili dei viui qui pendens . . . , Seven Oes of St Gregory; (*b*) f. 67^v Oracio sancti Augustini ad corpus christi. Aue principium nostri creationis . . . , *RH*, no. 2059; (*c*) ff. 67^v–68 Ad idem Salutatio bona. Aue uerum corpus natum de maria uirgine. Uere passum . . . , *RH*, no. 2175; (*d*) f. 68 Ad idem Salutatio. Aue ihesu christe uerbum patris. uirginis filius agnus . . . , *RH*, no. 1844; (*e*) f. 68^{rv} Si quis hanc

orationem—non decedet inconfessus—sciet finem suum per tres dies ante obitum suum. Aue uerum corpus natum. Aue etenim sanctissime sanguis, Aue redemptor . . . ; (f) ff. 68ᵛ–69 Johannes papa concessit xxx.Mᵃ dies indulgentie. scilicet .x.Mᵃ pro peccatis uenialibus et xx.Mᵃ pro peccatis mortalibus. Anima ihesu christi suspcipiat me . . . ; (g) f. 69 Oracio sancti thome de aquino de sacramento. Adoro te deuote latens ueritas . . . , RH, no. 519; (h) Omnibus confessis—dominus papa bonifatius concessit duo Mᵃ annorum indulgencie ad supplicationem philippi regis francie. Domine ihesu christe qui hanc sacratissimam carnem . . .

13. ff. 69ᵛ–70ᵛ Oratio beati bernardi de nomine ihesu. O bone ihesu. O dulcissime ihesu . . .

14. ff. 70ᵛ–71ᵛ Oratio sancti thome de aquino. Concede mihi misericors deus qui tibi placita sunt ardenter concupiscere . . .

15. ff. 71ᵛ–72ᵛ Oracio uenerabilis bede presbiteri de septem uerbis christi in cruce pendentis. Domine ihesu christe qui septem uerba . . .

16. ff. 72ᵛ–73ᵛ Oratio deuotissima ad beatam mariam in omni tribulacione. Aue gloriosa uirginum regina . . . , RH, no. 1828.

17. ff. 73ᵛ–74ᵛ Angelus ad uirginem subintrans in conclaue . . . , RH, no. 1067.

18. ff. 74ᵛ–76 Obsecro te . . . Feminine forms.

19. ff. 76–7 O intemerata . . . orbis terrarum. Inclina . . . Feminine forms.

20. ff. 77–80 Sequencia sancti euangelij secundum Marcum In illo tempore: respondens vnus de turba . . .

Mark 9:16–28, followed by the normal Sequentiae of the Gospels, in the order Luke, Matthew, Mark, John, and the prayer Protector in te sperancium . . .

Blank spaces on ff. 79ᵛ, 80 and the originally blank pages 80ᵛ, 81ʳᵛ contain about 60 obits of the family of Arbuthnott in hands of s. xvi–xvii in., the earliest being 1314. At the end is a notice of James Sibbald, vicar of Arbuthnot, 'scriba publicus correctissimus testantibus missalibus huius ecclesie beati Terrenanij multisque aliis voluminibus per eum scriptis'. See also art. 1 above.

ff. i + 80 + ii. Thick parchment. f. 81 is a medieval flyleaf. 276 × 192 mm. Written space 170 × 113 mm. 20 long lines. Collation: 1⁶ 2–8¹⁰; with ff. 7, 8, 29, and 66 single inserted leaves, rectos left blank. Quires 2–8 signed a–g. Written in the same hand as the Arbuthnott Psalter and Missal, see above. Crude full-page pictures after Calendar (f. 7ᵛ St Terrenanus), and before arts. 2, 6, 7, 8, 12 (ff. 8ᵛ, 29ᵛ B.V.M. crowned with Child on crescent moon in sunburst surrounded by a five-decade Rosary of red beads with gauds of pink roses with white centres, 37ᵛ above corpse and mourners soul borne up in sheet by angels to God, 56ᵛ Crucifixion, 66ᵛ Vision of Gregory: Innes Review, 7 (1956), pl. viii). Initials: (i) 4/5-line, in blue and pink patterned with white, on gold grounds; (ii) 3-line, in gold on blue and pink grounds with border sprays; (iii) red and blue; (iv, v) 2-, 1-line, red or blue. Capital letters in the ink of the text are touched with red. Three-quarter page borders on pages with pictures or initials of type (i). Contemporary (?) binding of wooden boards covered with brown leather, repaired, bearing a panel containing triple diagonal fillets with a floral stamp at the intersections as on the Arbuthnott Missal, and two other stamps (fleur-de-lis, 22 × 14 mm., and foliage, 18 × 18 mm.). A clasp on the back cover. Secundo folio (f. 10) magnificentia tua.

Written in the same hand as Arbuthnott Psalter and Missal, see above; for a woman, see arts. 18, 19. For the later history and a description by W. McGillivray, see Arbuthnott Missal above.

PARTRIDGE GREEN.
ST. HUGH'S,
PARKMINSTER
(Ord. Carth.)

The old arrangement of the manuscripts by subject has been replaced by an arrangement based on size; the former numbers are given for each manuscript in brackets ( ).

aa.3 (A.2). *Graduale Carth.*   s. xv ex.

1. ff. I. i–cxxvii Temporal, Advent–23rd Sunday after octave of Pentecost.

Four confessors in Easter Eve litany, f. lxxxv^v, (4) Bruno. Type (i) initials to *A*d te (Advent 1^v), *P*uer (Christmas), *E*cce (Epiphany), *R*esurrexi (Easter), *U*iri (Ascension), *S*piritus (Pentecost), and *C*ibauit (Corpus Christi).

2. ff. I. cxxvii^v–cxxviii^v In dedicacione ecclesie.

3. ff. I. cxxviii^v–II. xxviii^v Sequitur de Sanctis Et primo de sancto anthonio, ending with Martin.

Type (i) initials to *D*e uentre (John Baptist), *G*audeamus (Assumption of B.V.M.), and *O*s iusti (Bruno 'patrono nostro').

4. f. II. xxix B.V.M., beginning imperfectly in gradual [*Benedicta et v^{e}nerabilis*].

5. ff. II. xxix–xxxii officium pro defunctis.

6. ff. II. xxxii–xxxvii Settings of Kyrie (three: Festiuale, Dominicale, Feriale), Gloria (two: Festis Candelarum, Dominicale), Credo, Sanctus (two), Agnus (two), Benedicamus (two), Ite missa est (two), Flectamus, Gloria patri (eight tones).

7. f. II. xxxvii^{rv} Cues, with cross-references, for votive masses, Trinity–Peace, not noted.

ff. 165. Original foliation (1), i–cxxviii, i–xxvii, xxix–xxxvi, (xxxvii). Binding strips cut from manuscripts include two s. x and one s. xii noted. 416 × 300 mm. Written space 308 × 189 mm. 9 long lines + 4-line staves. Collation: 1–19^8 20^8 wants 5 (f. II. xxviii) 21^8 wants 7, 8 (blank). Initials: (i) 3-line + staves, in arts 1 and 3 (see above) and to arts. 2 and 5, red, green, pink, or brown, crudely historiated (ff. I. i, kneeling Carthusian with book, blessed by God, with scroll 'Misere baltazar'; I. cviii (Corpus Christi) a haloed kneeling man with staff and rosary attended by angel with Host and a Carthusian monk), some with marginal prolongations in colours; (ii) 1-line + stave, blue or red, with red ornament; (iii) 1-line + stave, red, blue, or, occasionally, green. A few cadels contain figures, e.g. f. I. x. Binding, original (?), of partly bevelled wooden boards covered with white skin bearing a pattern of fillets and ten stamps: Agnus dei, evangelist symbols (each 24 mm. in diameter), a shield (quarterly, 1 and 4, a net (?), 2 and 3, two salmon hauriant addorsed), two scrolls ('aue maria', 'malla (?)'), foliage, fleur-de-lis; two clasps. Secundo folio *Off' Ad te*.

Written in Germany for Carthusian use. 'A.126 V.1280 V.189' in purple ink, s. xix, on paper label on front cover. 'G.W.B.D.' blue rubber-stamp, f. I.i, as found in several Buxheim books sold by von Waldbott-Bassenheim in 1883, see *Cat. Buxheim / Waldbott-Bassenheim: 1883*. Cf.

no. 2532 in the catalogue for this book, although there are twelve not nine historiated initials. 'Gross folio 8288' in pencil, s. xix, f. 1; and cf. note in German inside front cover.

aa.7 (D.155). *J. ab Imola, Super Clementinas*   s. xv ex.

1. (quire 1) ff. 2–7^v nouum nichil esse vna est omnium fere scientia que ut in eterno vera est . . . sed omissum ex causa etc.

Preface to art. 2. ff. 1^{rv} and 8^{rv} blank.

2. ff. 9–298^v Abbates Glo sumat et diuidit. cle diuiditur in duas partes quia primo duplex prohibicio . . . naturalem equitatem casus erit. F. depositi. l. bona fides Explicit feliciter Lectura ymole super apparatu et tex de etc Hass uff hass Scripta ac completa per me Sebastianum muratoris de füssen tunc temporis Studentem in alma vniuersitate bas' sub expensis honorabilis viri domini Hylprandi Brandenburg de bibraco. Iuris Pontificii alumpni deo etc. Siuij.

ff. 299–300^v blank.

ff. ii + 300 + i. Flyleaves medieval. Paper; the written area burnished prior to writing. 389 × 290 mm. Written space c.252 × 180 mm. 2 cols. c.59 lines. Collation: 1^8 2–25^{12} 26^4. Quires 7–25 signed f–z a, with the leaves in the first half of these quires numbered p^m, 2^m, 3^m, 4^m, v^m, vi^m. Written in hybrida. Initials: 14/6-line, red. Capital letters in the ink of the text lined with red. Binding, original (?), of partly bevelled wooden boards covered with white skin bearing a faint pattern of quintuple fillets and small stamps, including a square four-petalled flower (9 × 9 mm.), a dog (oblong), flowers behind a fence (oblong) and a scroll 'meister (?)'; eight-lobed metal centrepiece, stamped ('ihs', 20 mm. diameter, ringed by 8 five-petalled flowers, 15 mm. diam.), and lobed metal corner-pieces, stamped with the two centrepiece stamps, a small flower (10 mm. diam.) and an Agnus dei (25 × 19 mm.); two decorated clasps, one catch missing; contents (?) label, across top of the front cover, now missing; '6[.]' in red, on paper label at foot of spine. Secundo folio (f. 3) *In arabia*.

Written, see above, by a named student at Basle University, paid by the Carthusian who brought it to the Charterhouse of Buxheim: 'Ti Lectura Iohannis de Imola super Clementinis Liber Cartusien' In Buchshaim prope Memmingen proueniens a confratre nostro domino Hilprando Brandenberg de Bibraco continens lecturam Iohannis de Imola super Clementinis Oretur pro eo et pro quibus desiderauit', s. xv, f. i; Brandenburg's bookplate of angel holding a shield (azure, an ox ambulant argent), stuck to f. i; on Brandenburg (d. 1514) and his connection with Buxheim, see Stöhlker, iii. 842–8. Red Buxheim number on spine, but no sign of later ink number either inside or out. 'PHILOBIBLOU KEIMHLION' in large red Greek letters, s. xviii (?), inside front cover. 'Howel Wills E Coll: Ball apud Isiacenses', inside front cover; see Jos. Foster, *Alumni Oxonienses 1715–1886* (1888), 1578, for Wills, a commoner at Balliol from 1874. Item 930 in an English sale-catalogue, see cutting stuck inside front cover. 'A.II.22.' added in ink inside the blue circle of a small printed label, inside front cover.

aa.8 (A.5). *Breviarium festivale Cistercianum.*   1321

1. ff. 1^{rv}, 3^{rv}, 2^{rv}, 5^{rv}, 4^{rv}, 6^{rv} Calendar, in red and black, graded (up to xii lc).

Added, s. xvi, Franca (26 Apr.), 'Dedicatio s. Marie Murimundi', Zenobius (2, 23 May).

2. ff. i–cxliiii Breuiarium hoc *festiuum est.* sancte Marie *de Monasterio Morimundi* mediolanensis. *quod inceptum fuit* Anno domini M°CCC°xxj°. *die sabbato xiij° die mensis Iunii. et primo De sancto Stephani.*

A single series, Stephen–Thomas ap.; includes, ff. lxxviiii–lxxxiii^v, 'In Festiuitate sancte corone spinee' (12 lections). The heading is written in red and blue, the blue shown above by italics. Hugh abb. [of Cluny, 29 Apr.], added, s. xiv, f. xlii^v margin, but in art. 1 in the main hand. For the misplacing of ff. xlviiii and lvi see Collation below.

3. ff. cxliiii^v–clxx Common of saints.

Cf. art. 5 below.

4. (a) ff. clxx–clxxi^v Cantica; (b) ff. clxxi^v–179 Hymnalia.

(a) Canticles for common of apostles or martyrs, a martyr or confessor, B.V.M. and all virgins, and (cues only) either feast of Cross; (b) hymns for arts. 2–3.

5. ff. 184–185^v Set of lections for common of a virgin.

Cf. art. 3 above.

6. (added, s. xiv) ff. 179–81 Cantica: (a) In purificacione sancte Marie (Populus qui ambulabat, Letare ierusalem, Urbs fortitudinis), and cues (three each) of Cross and of Dedication; (b) In dominicis diebus per totum annum; (c) Common of saints.

7. (added, s. xiv) ff. 181^v–182^v Qualiter comemorationes sanctorum agantur per totum annum, Stephen–Scholastica.

8. (added, s. xv) f. 183 Pedibus conculabitur, Inueste poderis quam habebat, Spoliauit me gloria mea.

Also a few notes, including obit of Batista de Malletis, abbot of Morimondo, 19 Sept. 1462; one refers to the pope's visit to Pavia and Milan, Oct. 1443. f. 183^v blank, save for a few scribbles.

ff. i + 191 and 2 slips + i. Original foliation (1–6), i–xl, xlviiii, xli–xlviii, lvi, l–lv, lvii–clxxviii, (179–85). 398 × 298 mm. Written space 301 × 202 mm. 2 cols. 29 lines. Collation: 1^6 2/5 and 3/4 transposed 2–6^8 7^{10} + 1 slip (f. xlv*) inserted after 6 1/10 (ff. xlviiii/lvi) is the misplaced outermost bifolium of quire 8 8^6 9–19^8 20^8 + 1 slip (f. cl*) inserted after 6 21–23^8 24^6 + 1 leaf (f. 181) after 4 25^2. Initials: (i) unfilled spaces; (ii, iii, iv) red. In places capital letters in the ink of the text are lined with red, or, in lections, splashed with yellow. Binding of s. xix. Secundo folio (f. ii) *nibus beatus.*

Written in Italy at the Cistercian abbey of Morimondo (Lombardy), see art. 2. Note in English, s. xix (?), inside front cover.

aa.9 (A.45). *Bernardus, etc.*   s. xiv/xv and 1465

Arts. 5–8 are marked in red with accents.

1. ff. 1–20^v Exposicio Bernardi Super ewangelium Missus est Incipit prologus beati Bernardi abbatis: super ewangelium missus est etc. Scribere me aliquid et deuotio iubet—Secundum lucam In illo tempore: Missus est—nomen virginis maria. Et reliqua Omelia lectionis eiusdem: beati bernardi abbatis. Quid sibi uoluit ewangelista tot propria nomina rerum . . . qualecumque opusculum deuotissime destinaui Explicit—.

PL clxxxiii. 55–88. The latter part of the second homily is conspicuously marked in red for 8 lections 'In festo Sancti Ioseph', starting at *PL* col. 66 section 12.

2. ff. 21–26ᵛ Incipit sermo origenis: super ewangelium Maria stabat etc. Maria stabat ad monumentum plorans. In presenti sollempnitate locuturus auribus . . . et hec dixit michi, cui est honor—seculorum.

Pseud., pr. Merlin (Paris, 1519), iii, ff. 129–131ᵛ.

3. ff. 27–32 Incipit legenda de Theophilo qui abnegauit christum, sed postea meruit reconciliari: per intercessionem marie. Factum est priusquam incursio fieret execrande persarum . . . optime disponens: migrauit ad dominum. Cui—seculorum: amen.

BHL, no. 8121 (Eutychianus, tr. Paul diac. Neapolitanus); pr. Acta Sanctorum, Feb. 4.

4. (a) ff. 32–42 Incipit sermo primus beati Bernardi abbatis: de assumptione marie uirginis gloriose. Uirgo hodie gloriosa celos ascendens . . . ihesus cristus filius tuus dominus noster: qui est super omnia benedictus deus in secula amen; (b) ff. 42–47ᵛ Sermo primus beati Bernardi abbatis: in natiuitate s. marie. Signum magnum apparuit—Vehementer quidem nobis dilectissimi. vir vnus et mulier . . . preelecta et preparata altissimo filio qui est—in secula:

(a) PL clxxxiii. 415–30 (sermones i–iv); (b) ibid. 429–38. f. 32ᵛ (4⁸) blank, but no gap in text.

5. ff. 48–214 (begins imperfectly) illis ambobus prelibatis—(f. 48ᵛ) Incipiunt cantica canticorum salomonis. Obserua in primis . . . inquit lucis ambulate. Expliciunt sermones beati bernardi abbatis: super cantica canticorum.: Finitus est liber iste per quemdam fratrum professum domus sancti albani ordinis carthus' extra muros treuerens' crastina die annunciacionis beate marie semper virginis anno domini Millesimo quadringentesimo sexagesimo quinto. orate pro scriptore. (Et pertinet liber ad domum supradictam.)

PL clxxxiii. 785/9 up–1198.

6. ff. 214–18 Incipit epistola beati bernardi abbatis ad dominum matheum albinensis (ecclesie) episcopum: de villico iniquitatis.;. Reuerentissimo domino —Quod a roma per dominum seruulum . . . vbi propensius postulo misericord-iam dei. Ualete. Secundum lucam—Homo quidam erat diues—Omelia (lectionis eiusdem) beati bernardi abbatis clareuall'.;. Huius sancti ewangelii lectio quante sit vtilitatis . . . eterna tabernacula recipi mereamur: per—amen. Explicit omelia beati bernardi abbatis: de villico iniquitatis.:.

PL clxxxiv. 1021–32 (pseud.), see Scriptorium, 26 (1972), 294–7.

7. ff. 218–228ᵛ Incipit omelia super ewangelium. stabat iuxta crucem ihesu. etc. Secundum iohannem.:. Stabat—Sermo pauperis fratris predicatoris.:. Sicut cristiane religionis defectus precipue ex ariditate . . . vt illa te tandem assumat in gloriam suam: vbi regnat—amen. Explicit omelia—.

Edn. Sacris Erudiri, xiii. 394–437 (Odo de Morimond).

8. ff. 228ᵛ–234ᵛ Incipit omelia venerabilis alberti magni. episcopi: super ewangelium extollens vocem quedam mulier de turba etc. Secundum lucam [11: 27]. In illo tempore—Omelia lectionis eiusdem venerabilis alberti magni. episcopi.:. Rem valde presumptuosam humane infirmitati, sed admodum

graciosam et delectabilem cristiano pectori . . . et deliciis affluamus ab omnimoda gloria tua: amen. Explicit omelia—.

Not identified.

ff. ii + 235 (foliated at bottom right: 1–48, 48*, 49–234) + ii. 387 × 277 mm. Collation: 1–5⁸ 6⁸ wants 8 (blank) after f. 47 7¹² wants 1, 2 before f. 48 8–24¹⁰ 25¹⁰ wants 9, 10 (blank). Quires 7–25 signed a–t.

A, ff. 1–47: written space 290 × 191 mm. 2 cols. 32 lines. Written in textura. Punctuation includes flex, by addition in art. 1. Initials: (i) historiated *H* from s. xiii service-book, formerly pasted to f. 1; (ii) red and blue, with red and blue saw-pattern to the left of the written space; (iii) 4/2-line, red. Capital letters in the ink of the text lined with red.

B, ff. 48–234: written space 279 × 196 mm. 2 cols.. 43 lines. Written in hybrida, by one dated hand. Initials: (i) cuttings from manuscript (f. 214) or printed books, some missing, or, f. 48ᵛ, 3-line gold *O* on ground of deep pink and blue patterned with white and green, with marginal ornament in red and green, including an angel playing a lute, or, ff. 214 and 218, 9- and 7-line, blue patterned with white, on ground of pink and green patterned with white, yellow, and green; (ii) red or blue. Capital letters in the ink of the text lined with red.

Binding of s. xix, by J. Leighton, Brewer St. Secundo folio *quippe cristus.*

Written, A, in the Rhineland; B, at the Charterhouse of Trier in 1465, see art. 5 above. 'Iste liber est domus sancti Albani martiris ordinis Carthusien' extra muros ciuitatis treuer', *c.*1465, f. 1; i.e. on the older section. Cutting from an English sale-catalogue stuck inside front cover.

aa. 10 (A.7). *Graduale Carth.*   s. xvᴵ

1. (quires 1–22) ff. i–clxxviᵛ Temporal, Advent–23rd Sunday after octave of Pentecost.

Apparently three confessors originally in Easter Eve litany, altered to include Bruno, f. cxxiii. Initials of types (i) and (ii) to *Ad* te (Advent 1), *Puer* (Christmas), *Domine* (Palm Sunday), *Resurrexi* (Easter), *Uiri* (Ascension), and *Spiritus* (Pentecost). Added, f. clxxviᵛ, 24th Sunday introit cue, note 'Vt supra' for 25th Sunday.

2. ff. clxxviᵛ–ccxxxiiᵛ (Incipit proprium sanctorum–Introitus) (f. clxxvii) Et enim . . .

Stephen–Thomas, Cosmas and Damian, Marcellinus and Petrus, with 'In dedicacione ecclesie' between All Saints and relics, ff. ccxxviiᵛ–ccxxix. Initials of type (ii) to *De* ventre (John Baptist), and *Benedicite* (Michael). Cues with cross-references for 'festo beati Brunonis', f. ccxxiiiᵛ. In the absence of a section for the Common of saints, there are cross-references to openings elsewhere in the Sanctoral itself.
Additions include 'Sancti illefonsi episcopi', s. xv, f. clxxxiiiiᵛ margin; 'S. francisci de paula', Leocadia, s. xvi, ff. cxciiii foot, ccxxxiᵛ margin.

3. ff. ccxxxiiᵛ–ccxxxiiii In ueneratione beate marie.

4. f. ccxxxiiiiʳᵛ Super edomadam officium misse de angelis.

Cues with cross-references, not noted.

5. ff. ccxxxiiiiᵛ–ccxxxviii Pro defunctis.

6. ff. ccxxxviiiᵛ–ccxliiii (*a*) Sunday set of Kyrie, Gloria, Credo, Sanctus, Agnus,

Ite missa est, Benedicamus, Flectamus; (*b*) ferial Kyrie; (*c*) festal Kyrie, Gloria, Sanctus, Agnus.

7. ff. ccxliiii–ccxlvii Pro ecclesia Introitus Saluos nos fac . . .

8. ff. ccxlvii–ccxlix Gloria patri (eight tones), and Laudate deum.

ff. 3 and ccxlix appear to be rejected leaves, with text and staves, but no notation.

ff. iii + 248 + ii. Foliated s. xv/xvi, (1–3), i–ccxlix, (250); another, inaccurate, foliation of similar date occurs on some leaves. ff. 1 and 250 were medieval pastedowns; ff. 2–3 and 249, medieval flyleaves. Offsets on the front and back boards from a noted service-book. 360 × 256 mm. Written space *c*.277 × 165 mm. 8–9 long lines + 5-line stave. Collation: 1¹⁰ wants 1 (blank) 2–3⁸ 4⁸ 2 and 7 singletons 5⁸ 2 and 7 singletons 6⁸ 2 and 7 singletons 7–15⁸ 16⁸ + 1 leaf (f. cxxv) after 3 17–21⁸ 22⁶ 23⁸ 3 and 6 singletons 24⁸ 3 and 6 singletons 25–31⁸. Quires 2–22 signed b–y; 23–8, a–f. Initials: (i, ii) 3-line + staves (f. 1) and 2-line + staves, shaded purple or pink with red or mauve and red ornament, or, ff. c, cxli, cxcix, red and purple with ornament of both colours; (iii) 1-line + stave, red with purple ornament, or purple with red ornament. Cadels and capital letters in the ink of the text filled with yellow. Binding, s. xvi (?), of re-used bevelled wooden boards covered with brown leather bearing a roll and stamps; 2 clasps. Secundo folio *salutare tuum*.

Written in Catalonia (?). In Spain, s. xv and xvi, see art. 2 additions; note in Spanish, s. xvii (?), f. ccxlviiiᵛ. 'Anfang Folio 4890ᵃ' in pencil, s. xix, f. 3. Probably Rosenthal, *Cat.* (1884), no. 579–150 marks, (cf. note, 'Foll 1–249', f. 2ᵛ).

aa.12 (D.151). *L. de Saxonia, Vita Christi i*   s. xv¹

Incipit prologus in librum de vita ihesu christi in euangelio tradita Fundamentum aliud nemo et potest ponere—(f. v) Incipit liber—De plenitudine itaque ewangelij. viui scilicet boni . . . et ex hoc percipiat occasionem ruine sibi imminentis. per (*ends imperfectly, in cap. 34*).

Stegmüller, no. 5437. The missing quire (ff. lxi–lxx) contained the last few words of cap. 15—beginning of cap 18. The text has been carefully corrected over erasures. f. 4, see below. f. 4ᵛ blank.

ff. iv + 119 + iii. Medieval foliation: (1–4), i–lx, lxxi–cxxix, (cxxx–cxxxii). f. 4 is a medieval flyleaf, containing the latter part (P—Z) of an index ' . . . Zelum domus dei omnes habeamus cv. a b.'. 353 × 245 mm. Written space 250 × *c*.158 mm. 2 cols.. 49 lines. Collation: 1–11¹⁰ 12¹⁰ wants 10. One quire missing after 6. Quires 1–8 signed a–f (h)–j; in each quire the first leaf is signed 'primum', the rest in arabic numerals. Written in a set cursiva. Punctuation includes flex. Initials: (i) f. i, 11-line *F*, blue and gold with red and blue ornament, and a gold bar the height of the written space with red and blue decoration; (ii) f. v, 7-line *D*, red and blue with ornament of both colours; (iii, iv) 4- and 1-line, red or blue. Capital letters in the ink of the text lined with red. Binding of s. xix. Secundo folio *ris tui*.

Written in Germany. 'liber monasterii nemoris beate marie virginis prope northorne ordinis canonicorum regularium. quem nobis legauit et donauit venerabilis et deuotus sacerdos dominus Iohannes Royssmyt hic sepultus', s. xv, f. 4ᵛ, the *ex libris* of Frenswegen (Westphalia), a member of the Windesheim congregation.

bb.3 (B.71). *Flores temporum; Hostiensis; etc.* 1397

1. (*a*) ff. 1–29 Incipiunt excerpta Cronicarum Marie virginis indignis ego sacrista uel edicius ordinis fratrum minorum scire desiderans—Cronicas diuersas et multas studiose perlegi ex quibus omnibus ab inicio seculi vsque ad annum gratie Millesimum CCxCij^m—opusculum flores temporum nuncupaui. De prima etate Prima dies seculi estimatur fuisse dominica post medium mensis Marcii . . . Item Rotwil exusta est. 1290 Hyemps calidissima—niuecadente; (*b*) f. 29^rv Si kalendas Ianuarii fuerit in die dominico hyemps bona erit . . . piscibus hora noctis 6 plena que est kl aprilis. Anno domini M°CCC°.97. Explicit Cronica compendiosa et laudabilis. Recepta et acceptata de diuersis Cronicis integralibus In die Sancte christine virginis et martiris per manus Io. Wigg viceplebanum Ecclesie Aug'

(*a*). MGH, *Scriptorum*, xxiv. 230–49. Here the popes down to Stephen IV are regularly interspersed among the emperors; then after Conrad I, Pascal – John XII; after Henry II, the entry (A) for 959 and Leo IX – Victor II; after Conrad III, Stephen IX – Innocent III; after the couplet for 1212, Honorius IV – Urban IV; after William of Holland, Clement IV – Nicholas IV; finally Rudolph I. f. 29^v col. b blank.

2. (*a*) ff. 30–69^v Misericors et miserator dominus cuius misericordie non est numerus misericorditer semper agens ac salutem peccatorum sitiens—duas naues siue tabulas—(*list of 23 chapters*)—Qvid sit penitencia secundum Augustinum Penitentia est quedam dolentis vindicta . . . Euge serue bone et fidelis quia super pauca—omnia secula seculorum Amen; (*b*) ff. 69^v–72^v De remissionibus Hic videndum est Quid sacerdos remittat—(*list of 6 points*) Qvid remitterit sacerdos in penitencia videtur quod nichil . . . interuenientibus ad earundem societatem nos perducere—Amen. Anno domini M°C°C°C°lxxxxvij° In die decollacionis Sancti Io Baptiste Rescriptus est presens tractatus videlicet de penitenciis et remissionibus Receptus de Summa Hostiensis.

Bloomfield, no. 3082 (extract from Hostiensis, Summa Aurea v).

3. (filling space remaining in quire 7) (*a*) ff. 73–8 Tractatus multum bonus et laudabilis super Ewangelium In principio Erat verbum. In principio Erat verbum etc. In hiis verbis aduertenda est Et eorum veritas dei gracias Et virtus Quantum ad ueritatem nota in uerbis singulis profunditatem . . . qui sunt in vestibulis dei multi decores domini latent; (*b*) f. 78^rv Alia exposicio super Ewangelium Iohannis scilicet In principio erat In principio erat verbum Hic ostendat inseperabile verbum . . . ratione anchonomasice principium supponit preteritum (?); (*c*) ff. 78^v–81 Tractatus bonus de corpore christi. Angelorum esca nucriuisti populum tuum—suauitatem [Wisd. 16: 20] Apoc 16 Ad litteram loquitur de manna secundum spiritum vero de Eucharistia . . . Et eternitas horum trium etc.

f. 81^v blank.

4. On the pastedowns notes in the main hand include, at the front the couplet Cum sis in missis humilis . . . ; at the back O mater christi que semper virgo fuisti Subuenias isti . . . (33 lines), Ignari medici me dicunt esse nociuum . . . (10 lines), and the couplet Edicunt reges indicit festa sacerdos . . . (Walther, *Sprichwörter*, no. 6953b).

ff. i + 81. f. i is a medieval flyleaf. Paper; parchment strengtheners at quire-centres, from a manuscript in quire 6. 302 × 210 mm. Written space c.236 × 160. Frame ruling. 2 cols.. c.45 lines. Collation: 1^{12} + 2 slips stuck to 2 2–4^{12} 5^{12} wants 12 after f. 59 6^{12} 7^{12} wants 11, 12 (blank). Written in a set cursiva. Initials: 3- or 2-line, red. Medieval binding of chamfered wooden boards covered with white skin bearing a pattern of fillets; five bosses on each cover, missing, with protective leather buffer-pads inside covers; two strap-and-pin fastenings, missing. Title written across top of front cover, and along bottom edge from spine 'Excerpta cronicarum Confessione ostiensis'; '29[.]' in red, at the foot of the spine, with '59' in ink below it, are Buxheim Charterhouse numbers. Secundo folio Cyceronis.

Written by a named member of the Augsburg clergy, partly in 1397, see arts. 1b, 2b. 'Iste liber est domini Ioha[. . .]', c. 1400, perhaps in the main hand, f. i^v. 'Aulae B. V. MARIAE in Buxheim' in ink, s. xvii, f. 1 top; 'LIX' in ink, inside front cover, corresponding to the later Buxheim number on the spine, see above. Note in German of number of leaves, in pencil, s. xix, inside front cover. No. 2[4]41 in 1883 Buxheim sale-catalogue, see MS aa.3 above.

bb.6 (A.6). *Graduale Carth.*   s. xv ex.

1. ff. i–xciiii^v Temporal, Advent–23rd Sunday after octave of Pentecost.

Type (i) initials to Ad te (Advent 1), Puer (Christmas), Ecce (Epiphany), Resurrexi (Easter), and Spiritus (Pentecost).

2. ff. xciiii^v, ciii–cxi Sequitur de sanctis, then beginning imperfectly (f. ciii) in Purification of B.V.M. tract 'est gracia', and ending imperfectly in 'In solempnitate Angelorum' offertory 'ascendit fu'.

3. f. cxx Nicene Creed, beginning imperfectly.

4. f. cxx^{rv} (added, s. xvi) In solemnitate Transfigurationis domini.

ff. ii + 104 + iv. Original foliation, now missing ff. xcv–cii and cxii–cxix. 342 × 253 mm. Written space c. 245 × 167 mm. 9 long lines + 4-line staves. Collation: 1–11^8 12^6 13^8 14^{10} wants 2–9 (ff. cxii–cxix). One quire missing after 12. Quires 7–8 signed g–h. Initials: (i) 2-line + staves, in art. 1, blue with open decoration and red ornament, or, f. xvi, red with open decoration and blue and red ornament; (ii) 1-line + stave, alternately red and blue. Cadels and capital letters in the ink of the text lined with red. Binding, s. xvii, of bevelled wooden boards covered with stamped brown leather; two clasps, missing; thick strips of reversed leather round spine, protecting bands, fixed to boards with metal strips. Secundo folio Populus syon.

Written in the Rhineland. 'Ex Cartusia Ruremundensi', s. xvii, f. 1, the ex libris of Roermond Charterhouse. 'Puttick and Simpson 11th April 1889 Sale of Sir I. L. Goldsmid Bart £2/17/6 H.R.R.' in pencil, inside front cover; 'Dono dedit huic domui Hon. V. Herbertus Rigg Eques Iudex in Cowfold (Wallhurst Manor) anno Dni 1895', on label, f. i.

bb.7 (A.39). *Graduale*   s. xv^1

Arts. 1–3 are on quires 1–10.

1. ff. xxxxi–cxviii Temporal, beginning imperfectly in Passion Sunday gradual 'doce me'–25th Sunday after Pentecost.

In the first Easter Eve litany, Quintin last of five martyrs, Aquilinus first of three confessors, f. lix; in the second, Landulf last of four confessors, f. lx; in the third, Audeon second of three confessors, f. lxi^v. Type (i) initials to *Resurrexi* (Easter), *Spiritus* (Pentecost), *Benedicta* (Trinity), *Ego sum panis* ('die eucaristie').

2. ff. cxviii–vi^{xx} In dedicatione ecclesie.

3. f. vi^{xx}rv (added) De beata maria Sequencia Mittit ad virginem non quemuis angelum . . . (*RH*, no. 11653).

4. ff. vi^{xx}i–ix^{xx}viii^v Sanctoral, Andrew–Saturninus.

Includes Transfiguration, Aquilinus ep. 'omnia de communi' [15 Feb.], Maximus and Venerandus [25 May] with sequence Ad celsi regis gloriam . . . (*RH*, no. 101), Leutfred abb. [21 June], Thurian [13 July], translation of Aquilinus [13 × 20 July], Germanus ep. [31 July] with sequence Gloriosis cum modulis . . . (*RH*, no. 7354), and Landulf [13 Aug.]. Type (i) initials to *Dominus secus* (Andrew), *Scitote quoniam* (Germanus), *Gaudeamus* (Assumption of B.V.M.), and *Gaudeamus* (All Saints). Bifolium missing after f. viii^{xx}iii contained part of office of Laurence. The cross-references by leaf-number to art. 9 are in the main hand in the body of the text and employ the current foliation.

5. f. ix^{xx}viii^v (added in space, s. xvi) Sanctus, and Agnus.

6. ff. ix^{xx}ix–ix^{xx}x^v Sebastian.

7. ff. ix^{xx}x^v–ix^{xx}xii Sequentia dicenda in tempore paschali Surgit christus . . . (*RH*, no. 19918).

8. f. ix^{xx}xii^v (added in space, s. xv) Sanctus, and Agnus.

9. ff. ix^{xx}xiii–ii^cviii^v Common of saints, ending imperfectly in Martyrs second offertory 'Mirabilis de'.

ff. ii + 165 + ii. Original foliation: xxxxi–lxxv, lxxvii–viii^{xx}iii, viii^{xx}vi–(ii^cviii). 328 × 245 mm. Written space 228 × 149 mm. 10 long lines + 4-line stave. Collation: 1–4⁸ 5⁸ wants 4 (f. lxxvi) 6–15⁸ 16⁸ wants 4–5 (ff. viii^{xx}iv and viii^{xx}v) 17–21⁸. Five (?) quires missing before 1. Initials: (i) 2-line + staves, in arts 1 and 4 and to art. 9, blue and gold with blue and red ornament, or, ff. vi^{xx}i and ix^{xx}xiii, shaded pink or blue on decorated gold grounds; (ii, iii) 1-line + stave, and 1-line, red or blue. Cadels and capital letters in the ink of the text filled with yellow. Binding of s. xix.

Written for use in the diocese of Evreux, see arts. 1 and 4. Notes in French, s. xvii, ff. lxxviii, xx^{xx}xiii, etc. 'George Souxveuly (?)' in pencil, s. xix, f. lix.

bb.8 (C.100). *Psalterium, etc., cum glossis*   s. xv²

The lay-out of the entire manuscript, except arts. 2(*a*), 4(*a*) and 5, provides space for interlinear and marginal glosses, but these occur somewhat spasmodically; they may be written in the same hand as the main texts.

1. (quires 1–2) ff. 2–28 (*gloss:*) Sciendum quod pasca multiplicatur (?) Primo pro tota septimana seu septem diebus azimorum ut in actibus Volens post pasca producere eum—(*text:*) ¹Appropinquabat autem dies festus azimorum qui dicitur pasca ⁽ᵉ⁾Erat autem pasca et azima post biduum ᵐEt factum est cum consummasset ihesus sermones . . . signantes lapidem cum custodibus Et sic est finis concordancie textus passionis christi Magistri reuerendi Iohannis gersonis

Œuvres complètes, ix (1973), 348–68. The passages from each of the Gospels are identified where they start with red superscript letters: *m* for Matthew, *r* Mark, *l* Luke and, *i* John. No glosses on ff. 17ᵛ–27. f. 28ᵛ blank.

2. (*a*) ff. 29–32 [S]icut olim manna habuit delectamentum et omnem saporem suauitatem [*cf.* Wisd. 16: 20] Sic carmen huius libri habet omne spirituale documentum Et est conuertibile ad omnem sensum . . . scit quousque perueniat Non exaudit ad voluntatem sed exaudit ad salutem Hec augus; (*b*) ff. 33ᵛ–191ᵛ Hys premissis tamquam exhortaciones ad psallendum et cantandum—Nunc ad aliqualem exposicionem psalmorum procedamus premittendo ut communiter circa quemlibet psalmum quis auctor ipsius psalmi que materia que intentio que sentencia in generali Beatus vir etc (f. 33 *marg. gloss:*) Beatus vir Autor huius psalmi proprie ignoratur—(*text:*) Beatus vir qui non abijt . . . spiritus laudet dominum

(*a*). Prologue to (*b*). (*b*) The material is derived, with verbal changes, from Ludolph of Saxony, *In Psalmos* (Stegmüller, no. 5428), including his descriptive titles in red to Pss. 18 and 34–150; after Ps. 62: 6 (f. 84, i.e. 8¹) the glossing is very spasmodic, but Pss. 85, 101, 118: 1–96, and 141 are fully treated. Ps. 117 ends at f. 157ʳ/2, with the rest of the leaf having none of the main text, but a passage on Ps. 118 based on Ludolph in the glossing script, and, added in space at the foot of f. 157ᵛ, one headed 'Cantor parisiensis in opere suo super psalterium scribit de sancto augustino hoc'; there is a similar space, shorter and unfilled, at the end of Ps. 118. The text of Ps. 142 is not present in its place. ff. 32ᵛ–33 blank.

3. ff. 192–212 Gratiarum actio de magnis beneficys exhibitis populo scilicet tempore gracie incarnacionis et primum aduentus cristi (*gloss:*) Confitebor tibi etc Autor cantici ysayas propheta Titulus hic est Canticum ysaye et est sensus Iste tractatus est canticum quod inuitat nos ad internam mentis exultacionem—(*text:*) Confitebor tibi domine . . . saluus esse non poterit

Ferial canticles, Benedicite, Benedictus, Magnificat, Nvnc dimittis, and Qvicunque wlt; cf. Stegmüller, nos. 5434–6 (Ludolph of Saxony), perhaps here extracted and adapted as in art. 2. Red titles as in art. 2. ff. 212ᵛ–213ᵛ blank.

4. (*a*) ff. 214–216ᵛ Exposicio per pulchra et deuota dulcissimi fratris et doctoris ludolfi ordinis kart' super canonem misse In nomine domini Amen Exigis a me frater dulcis in domino ut circa canonem misse aliquas tibi meditaciones compendiosas depingam—laus et honor per etc [A]nte omnia scire volo tuam caritatem quod si lingwis loquerer angelorum . . . (f. 215ᵛ) tibi tam aduerse contingere quin fuerit salubre [H]ys igitur premissis pro nouo obserua quod omni hora ante officium . . . quod non valeo supple quod non facio Gracia plena; (*b*) ff. 218–227ᵛ Te igitur clementissime pater . . . Pax domini sit semper vobiscum

(*a*). Here only the opening sentence and the second half of the text corresponds with that in P. Blomevenna, *Enchiridion sacerdotum* (Cologne, 1532), ff. lxxxix and xci–xciijᵛ (John of Brunswick, Ord. Carth.); the first half comprises eight 'cave' sections. (*b*). Only two glosses, the first beginning In hac parte prima canonis dirigitur peticio ad deum quod has oblaciones accepter . . . ff. 217ʳᵛ and 228ʳᵛ blank.

5. f. 1 Quamuis deuocionis christiane principalis causa sit omnipotens deus . . . ad in visibilium amorem rapiamur

Nine lines, in the glossing hand. f. 1ᵛ blank.

ff. 220 with 8 inserted half-leaves, see collation below. Paper; parchment strengthener from manuscript at the centre of quire 1. Pastedowns from s. xii manuscript (text on sin): written space *c.* 130 mm. wide; 2 cols.; red 2-line initials. 317 × 217 mm. Written space *c.*170 × 107, or, ff. 218–227ᵛ, 120 × 75 mm. 11, or, ff. 218–227ᵛ, 6, long lines, spaced to allow for interlinear gloss. The written space is framed by a pair of lines, 2 mm. apart, cf. below MS hh.6 ff. 74–120; likewise the outer edges of every page. Collation: 1¹⁴ + 1 half-leaf bifolium (ff. 3/14) between 2/ 13 and 3/12 2¹² wants 10–12 (blank) after f. 28 + 1 half-leaf (f. 20) between 3 and 4 and 1 half-leaf bifolium (ff. 23/26) between 5/8 and 6/7 3⁸ wants 1, 2 (blank ?) before f. 29 7 after f. 32 4–5¹² 6¹² + 1 half-leaf bifolium (ff. 62/67) between 4/9 and 5/8 7–13¹² 14¹⁴ 15–17¹² 18¹² wants 7 (blank ?) after f. 212 and 12 (blank) after f. 216 + 1 half-leaf (f. 207) between 1 and 2 19¹². Quires 1–17 numbered at right foot of final verso beside catchword, secundus–xviiiᵘˢ. Written in hybrida, perhaps by one hand. Initials: (i) 3- or 2-line, red, or, ff. 29 and 218, unfilled spaces; (ii) 1-line, red. Capital letters in the ink of the text lined with red. Binding of medieval bevelled wooden boards, covered with brown leather bearing a pattern of triple fillets and one small stamp (a six-pointed star); rebacked; two clasps. Secundo folio (f. 3) *dixerunt*.

Written in Germany. 'Cartusianorum + in Buxheim' in deep pink, s. xvii (?), f. 2; 'Aule B. V. MARIAE In Buxhaim' in ink, s. xvii (?), f. 1. Pencil note in German of number of leaves, s. xix, with '14290' added, on slip stuck to front hinge strip.

bb.10 (A.34). *Missale Carth.* s. xv in.

Arts. 2, 4–6, and 8 comprise collects, secrets, and postcommunions only; arts. 12–16, introits, graduals, offertories, and communions, written smaller and in two columns, with 'a que entray los yntroitus' in place of a catchword at the end of quire 21, f. cliiiiᵛ, referring to the start of art. 12. There are few epistles and gospels. Noted prefaces in arts. 2–3.

1. ff. 1–6ᵛ Calendar in black, graded (up to xii lc., Candele).

Feasts of twelve lessons include Ildefonsus (23 Jan.). On 27 April 'Hic fit intencionem pro amblardo episcopo'. Added feasts include Visitation of B.V.M., and octave (2, 9 July), Bruno (6 Oct.).

Arts. 2–11 are on quires 2–21.

2. ff. i–lviᵛ Temporal, Advent–24th Sunday after octave of Pentecost.

Includes the blessings *Super populum* on Lent week-days, 'orationes die sabbato pentecostes ante decensum fontis' f. xliii, and noted prefaces for Christmas 'Missa in nocte', Epiphany, Easter Eve, Ascension, Vigil of Pentecost, Trinity. Type (ii) initials to Christmas 'Missa in nocte' and 'Ad missam maiorem', Easter, and Pentecost. The rubrics for the Christmas masses are 'Missa in nocte ad sanctam mariam', 'In aurora ad sanctam anastasiam', and 'Ad missam maiorem ad sanctum petrum', and there are similar stations on many other days, e.g. Wednesday after Easter 'ad sanctum laurencium foris murum'.

3. ff. lviᵛ–lxiiii Prefaces (noted) de apostolis, de cruce, in quadragesima, and de sancta maria, and (f. lixᵛ) canon of the Mass.

4. ff. lxiiii–cxi Incipiunt orationes per circulum anni in nathaliciis sanctorum ad missas.

Stephen–Thomas ap., including Anne. Type (ii) initials to Stephen, Annunciation of B.V.M., John Baptist, and the Assumption and the Nativity of B.V.M. Added, s. xv, In dedicatione sancti michaelis basilice [29 Sept.], Visitation of B.V.M., and, f. cii^v, a cross-reference 'quere in fine tocius istius libri' for Bruno that leads to nothing now present.

5. ff. cxi–cxiii^v Common of saints.

6. ff. cxiii^v–cxiiii Missa in aniuersario dedicacionis.

7. ff. cxiiii–cxxiii Full propers for masses of Trinity, Holy Spirit (two), Cross, and B.V.M. (three).

The introits, etc. are repeated in art. 15 below.

8. ff. cxxiii–cxliii^v Masses: Pro extirpacione scismatis, ad poscenda suffragia sanctorum, pro pace, pro stabilitate loci, pro concordia fratrum, pro pace ecclesie, pro rege, pro pace, pro uiuis et defunctis, pro salute uiuorum, pro quacumque tribulacione, ad pluuiam postulandam, pro infirmis, pro iter agentibus, pro amicis (two), pro prelatis uel congregacionibus, ad poscendam serenitatem, pro gratiarum actione, pro domino papa, pro episcopo, pro familiaribus, alia in tribulacione, in tempore belli, contra paganos, pro mortalitate sedanda, pro sacerdote propria, alia propria sacerdotis, alia sacerdotis, alia sacerdotis, ad lacrimas postulandas, pro peccatis, pro temptacione carnis, ad gratiam sancti spiritus promerendam, ad malas cogitaciones uitandas, ad deum diligendum uel pro sapiencia, ad impetrandam pacienciam, pro se et sociis ac cunctis religiosis, pro peste animalium, contra tempestates, pro salute uiuorum et requie defunctorum, missa generalis coleta et eciam hec dicitur in die parasceue quando sacerdos orat sub silencio in missa, pro tranquilitate ecclesie sancti agni.

9. ff. cxliii^v–clii Ad officium defunctorum.

Eleven sets of collect, secret, and postcommunion, the sixth Pro cunctis fratribus ordinis, are preceded by two sets of the other propers. Cf. art. 16 below.

10. ff. clii–cliii^v De nouicio monacho suscipiendo . . . Super nouicium monachum uel laycum . . . De nouicio laco benedicendo . . .

11. ff. cliii^v–cliiii^v Gloria in excelsis, and Credo in unum deum.

12. ff. clv–clxxxv^v Temporal, Advent–25th Sunday after octave of Pentecost.

Cues only for last two Sundays. Type (ii) initials to *Puer* (Christmas) and *Spiritus* (Pentecost).

13. ff. clxxxv^v–clxlvi^v Sanctoral, Stephen–Thomas ap.

14. f. clxlvi^v In anniuersario dedicacionis ecclesie.

15. ff. clxlvi^v–cxcvii^v Introits, etc. for masses of Trinity (cue only), Angels (cross-reference only, to Michael), Holy Spirit (four), Cross (two), and B.V.M. (six).

Partly repeated in art. 7 above.

16. ff. cxcvii^v–cxcviii Ad officium defunctorum.

Repeated in art. 9 above.

17. (*a*) ff. cxcviii–cxcix^v In die sollempnitatis corporis et sanguinis domini nostri ihesu christi; (*b*) ff. cxcix^v–cc Regula ad celebrandum ij^{arum} missarum infra

octauas corporis christi . . . Sacerdos uero qui primam missam cantauit . . . reuertitur ad sedem suam Bonifacius prior cartusiensis.

(*a*). Full propers. (*b*) largely corresponds, with much verbal variation, to (178)–(180) of De officio diaconi in *Late Fifteenth-Century Carthusian Rubrics*, ed. J. Hogg, in *Analecta Cartusiana*, 4 (1971), 75–6; Boniface Ferrar was elected prior-general in 1402, remaining in office so far as Clementinist Spain was concerned until 1416.

18. f. cc^v (added, s. xv) Preces dicende post pater noster pro pace regni et ecclesie stabilitate

ff. 207. Original foliation: (1–6), i–cxi, cxi–cc. 316 × 220 mm. Written space *c.* 206 × 141 mm. 18, or, f. clv, 25, long lines; ff. clv^v–cc, 2 cols., 25 lines. Collation: 1^6 2–12^8 13^8 wants 7 (blank) after f. xciiii 14–18^8 19^4 20–26^8 27^6. Initials: (i) 7- and 9-line, to arts. 2 and 12, red and purple with open and black decoration, and purple and red ornament; (ii) 6/3-line, in arts. 2, 3 (Te igitur), and 4, and to art. 13, red with black decoration and purple ornament, or purple with open decoration and red ornament; (iii, iv) 3- and 2-line, as (ii); (v) 1-line, red or purple, with ornament of the other colour. Capital letters in the ink of the text filled with yellow. Original (?) binding, of bevelled wooden boards covered with red leather bearing knot-patterns and stamps, partly gilt, similar in style to MS ee.30 below; two clasps. Secundo folio *et salutare*.

Written in Spain. A rubbing (?) of an impression of the seal of John abbot 'de fontanis albis', f. 1^v foot.

bb.11 (B.69). *Statuta Carthusiana* s. xv ex.

1. ff. 1–82^v Incipiunt capitula prime partis consuetudinum ordinis cartusien*sis* Primum De diuino officio, vno eodemque modo—(f. 1^v) 1. De diuersis institutis in diuino officio Incipit prima pars consuetudinum ordinis cartusien*sis*, de diuino officio vno eodemque modo—non inmutandis Capitulum primum Primum capitulum hanc habet continenciam . . . Pecunia data pro emendis redditibus—alios nullatenus expendatur Deo gracias Explicit secunda pars antiquarum consuetudinum ordinis cartusiensis.

Statuta antiqua (1259), i–ii. Lists of chapters before each part: ii, f. 47. A few marginal notes, s. xv/xvi, including, f. 10^v, 'Festum compassionis Marie . . . Vide Ordinaciones Annorum 1488 Et 1489'. One leaf missing after f. 43.

2. ff. 82^v–100^v Incipit prologus in nouas constituciones ordinis cartusien*sis* Post olim editam compilationem . . . cura nobis sufficiat susceptarum Explicit 3^a nouarum constucionum ordinis cartusien*sis*.

Statuta nova (1368). Lists of chapters before each part: ii, f. 89^v; iii, f. 97^v.

3. ff. 100^v–112^v Incipiunt capitula tercie partis antiquarum constitucionum ordinis cartusien*sis* Ca^m primum De diuino officio fratrum laycorum—(f. 101) xxxiiij De monialibus nostri ordinis Incipit tercia pars nouarum (*sic, expunctuated by dots above word*) constucionum ordinis cartusien*sis* de diuino officio fratrum laycorum et quando ad ecclesiam superiorem conueniant C. primum Que ad monachorum pertinet consuetudinem . . . Ideo attendentes vtilitatem—roboris firmitate perpetuo permanere.

Statuta antiqua (1259), iii. ff. 105^{rv} and 113^r blank.

4. (a) ff. 113ᵛ–115ᵛ [A]bsentes chori circa deus in adiutorium quando intrare possunt et quando non C xlv f Actus . . . Officium subdyaconi qualiter peragatur 43 per totum (*ends imperfectly: two leaves torn out*); (b) ff. 116–20 (*begins imperfectly*) Diebus quibus . . . Vxoriti ad ordinem non recipiantur 23 o.

Indexes to parts (a) i, and (b) ii, of the *Statuta antiqua* and the *Statuta nova*, found in a slightly fuller version in MS dd.16 art. 4 below, etc. Parts i–ii in arts. 1–2 above, but not part iii, have the appropriate marginal letters subdividing each chapter.

5. ff. 120ᵛ–121 [C]alixtus Episcopus seruus seruorum dei Dilectis filys priori maioris domus Carthu*si*e et vniuersis fratribus Carthusien*sis* ordinis—Cum ad celebrandum . . . Millesimo quadringentesimo quinquagesimo octauo—.

Pr. Bohic, iv. 220–23.

6. ff. 121ᵛ–122ᵛ Residuum de tempore in refectorio legendum secundum modum secundum ordinem Ca*r*tus' Dominica in aduentu Residuum omelie beati gregory iij columbe . . . (f. 122ᵛ) Cum omelia a capite legenda est lector pronunciet . . . in ecclesia die suo legetur in refectorio etc.

List of readings, and rules for reader's conduct, in the refectory.

7. f. 123 Form of absolution.

f. 123ᵛ blank.

8. f. 124 Nota quod subsequencia a quolibet sacerdote celebraturo diligenter sunt obseruanda . . . Hore canonice diurne quam eciam nocturne persoluende sunt . . .

On attitudes of mind before and during divine office.

9. (a) f. 124ᵛ [A]d totius iuris volumina vniuersaliter cognoscenda quousque sic dicam inducendo . . . ; (b) f. 125 [R]eges sub diuersis et a diuersis . . . centum et vna cause 30.

On the books of (a) the canon law, down to Gregory IX; (b) the civil law.

10. f. 125 Form of petition for admission of a Carthusian brother, dated Buxheim 1485.

11. f. 125ᵛ Tabula de imponendis hystorys in qua consideranda est littera dominicalia istius anni—A Hystoria regum semper imponitur in dominica infra octauas corporis christi . . . Ibidem imponitur hystoria Numquam fallit istud.

On OT readings during Pentecost season; cf. MSS dd.15 art. 2, dd.18 art. 8, dd.19 art. 4 below.

12. Pastedowns and f. iʳᵛ Miscellaneous notes, including, on the front pastedown, a form of recognizance by John lechner 'plebanus parrochie in britt*er*berg Constans' dyos' that the monks of Buxheim Ord. Carth. 'accomodarunt librum sic uel intytulatum'; on the back pastedown, in a hand not identifiable elsewhere in the book, 'Dies professionis mee anno xvᶜ septimo ipsa die thome apostoly'.

ff. i + 125. Paper; parchment strengtheners at quire-centres, from a manuscript. 302 × 212 mm.

Written space 212 × 138 mm. *c*.37 long lines. Frame ruling. Collation: 1–3¹² 4¹² wants 8 after f. 43 5–8¹² 9¹⁴ 10¹² wants 7–8 after f. 115 11¹² wants 5–9 after f. 123 12 pasted down. Quires 5–10 numbered at top centre of first recto, Quintus–decimus. Punctuation includes flex. Initials: (i) f. 47ᵛ, pencil sketch for inhabited (man and devil) 9-line A; (ii) 2- line, red. Capital letters in the ink of the text lined with red. Original (?) binding of bevelled wooden boards covered with white skin; two clasps. 'Statuta Cartusiensium', s. xv, written across top of front cover. '529' in red, at foot of spine, 'CCI' in ink below. Secundo folio *ordinis generalibus*.

Written in Germany. Belonged to Buxheim Charterhouse by s. xv ex., see arts. 10 and 12 above; its numbers on the spine, see above, and 'Cartusianorum + in Buxheim' in pink, s. xvii (?), f. 1. 'Folio 14540' in pencil, at foot of front pastedown. *Cat. Buxheim/Waldbott-Bassenheim: 1883*, no. 2743. Rosenthal, *Cat.* (1884), no. 1191–100 marks.

bb.12 (D.174). *Jac. de Paradiso* 1457

f. iʳᵛ 'Tractatus in hoc libro contenti', s. xv, gives the title and opening words of twenty-nine items, each with a folio reference, omitting arts 17, 20, 24–5 (written in a separate hand, perhaps later than the list), and 34; entries refer to the blank leaves after arts. 21, 22, and 26, see below.

Arts. 1–2 are on quires 1–2.

1. ff. 4–18 (*beginning*, 'Maiestate ewangelica' *see f. i, missing*) et deus nostre industrie Dicit enim Augustinus libro Conf' Nemo deum amittit nisi qui eum dimittit . . . facere et dare id quod poscimus Ihesus—amen. Hec scripta de triplici statu hominum scilicet prelatorum actiuorum et contemplatiuorum— mihi gloriam per hoc optando Amen.

Meier, no. 43.

2. ff. 18ᵛ–24ᵛ (de celebracione festorum) Qvoniam circa obseruanciam diuin- orum preceptorum omni menti humane . . . non dubitaret sibi formam hanc esse obseruandam etc.

Meier, no. 67 (De sanctificatione sabbati).

Arts. 3–21 are on quires 3–14.

3. ff. 25–34 Cvm effrenatam numerositatem humanorum passionum . . . omni- um saluatorem recto itinere pergamus Ihesum cristum—Amen

Meier, no. 17; 'de passionibus animorum et eorum refrenacionibus', f. i. Repeated in art. 31.

4. ff. 34ᵛ–44 De veritate dicenda aut tacenda. Sepe numero pulsatus a me ipso et ab aliis incitatus voluebam . . . a lectore meis scriptis grato Amen

Meier, no. 72.

5. ff. 44–55ᵛ Incipit tractatus ad Carthusien' de eorum statu fine atque excel- lentia Ut verbis propheticis te pudicissimam uirtutem O animam Cuiuslibet religiosi Carthusien' . . . omnem lacrimam ab oculis electorum Ad quam nos perducere—Amen.

Meier, no. 88 (Collationes).

6. ff. 56–67^v Incipit tractatus summe bonus Et intitulatur Igniculus deuocionis Dormitauit anima mea pre tedio confirma me in verbis tuis Vox est . . . christo adiuuante qui est via veritas et vita per secula benedictus Amen

Meier, no. 28.

7. ff. 67^v–75^v Incipit tractatus multum vtilis de causis deuiacionis religiosorum et de remediis eius et qualitate suscipiendorum ad religionem etc. Nouit ille quem cordis secreta non latent quam ardenti desiderio . . . det et facere et perficere Ihesus christus—Amen

Meier, no. 50.

8. ff. 75^v–78 De interdicto Religiosorum Ad amputandum errores et ad scandala submouenda . . . id fieri potuit secundum predictos doctores Hec dicta—collecta omnia exdictis Iohannis Calderini decretorum doctoris famosi.

Meier, no. 1.

9. ff. 78–88 De cogitacionibus et earum qualitate Cvm quodam tempore tumultibus . . . ut vellet et astitit ut perficere potuit christus—amen

Meier, no. 20.

10. ff. 88^v–97 Colloquium hominis ad animam suam Uerbum secretum michi est ad te O sponsa summi regis filia . . . te donante te conseruante qui es via veritas et vita Ihesu—Amen Fiat ita mi pater etc.

Meier, no. 82.

11. ff. 97^v–103^v De contractibus ad reempcionem et ad vitam Post multiplicia Insignum doctorum florida scripta. tam diuinorum quam humanorum . . . ab omnibus auertere dignetur Ille qui est via veritas et vita Ihesus—Amen

Meier, no. 59.

12. ff. 103^v–106^v De particione reddituum inter religiosos Fama fidedignorum diiuulgante (*for* divulgante) referuntur . . . nisi caritatis mercedem reposco qui est deus—Amen.

Meier, no. 32.

13. ff. 106^v–115 De dignitate pastorum et cura pastorali Aspiciens a longe siue sine paraloyzacione . . . ut vigilent concedere dignetur princeps pastorum christus—Amen.

Meier, no. 8.

14. ff. 115^v–124^v De septem statibus mundi Recumbens olim super dulcissimum pectus ihesu . . . in officialis trinitatis Ad quod perducat ihesus—Amen finis huius

Meier, no. 69.

15. ff. 124^v–136^v De habitibus acquisitis et infusis ac de caritate Non ignorant diuinarum litterarum solliciti scrutatores . . . . magna nimis gen xv [:1] Quam omnibus prestante dignetur christus per secula benedictus Amen

Meier, no. 47.

16. ff. 136ᵛ–140ᵛ Uisum est quibusdam deuotis religiosis michi imponere onus solucionis . . . expedit confiteri ea omnia sub clauibus concludendo Hec m' (?) visa sunt sine preiudicio aliorum Currente anno domini 1449° Auctorizante in ecclesia militante domino Nicolao pape quinto.

Meier, no. 87 (De anno jubileo); 'de Missis de uotiuis in meritis', f. i.

17. ff. 140ᵛ–142 Scimus olim a spiritu sancto dictum indictum quod sancto prophete . . . ipso reponendo Amen Currente Anno domini 1449

Meier, no. 75 (Avisamentum ad papam pro reformatione ecclesie).

18. ff. 142ᵛ–147 Omne quod plurimorum oculis se offert . . . cuiuslibet sanius sencientis

Meier, no. 52 (De recepcione monialium); 'De religiosorum recepcionibus et proprietatibus', f. i.

19. ff. 147ᵛ–150 Quidam religiosi regulariter viuentos (sic) ipsum causante malicia . . . (f. 149) Saluo iudicio sanius senciencium Anno domini currente 1450 autorizante domino Nicolao papa v° Quidam mercator bone fame apud vicinos nunquam de vicio usure suspectus . . . salue correcione sanius sencientis

Meier, no. 64; 'De eodem', f. i.

20. ff. 150–152ᵛ Filia cuiusdam laici nuper defuncta in vita disposuit . . . penarum animabus per missas dimittitur

Meier, no. 34 (De missis votivis pro defunctis).

21. ff. 153–157ᵛ De comparacione religionum Venerabilis bona ventura in suo apologetico . . . christus vere pauperum amator per secula benedictus Amen etc

Meier, no. 23. f. 158ʳᵛ blank, also apparently ff. 159–66 now removed, see f. i 'papirus ad decem folia 158'.

22. (quires 15–16) ff. 167–186ᵛ Non incassum discipulus ille quem diligebat ihesus in cena super pectus . . . volo nisi vt ardeat Quod nobis prestacio dignetur ipse qui hoc dixit ihesus per secula benedictus Amen Finis huius tractatuli de mundi contemptu siue de conflictu inter diuinum et mundanum amorem

Meier, no. 49. ff. 187–90 now removed, apparently blank, see f. i 'papirus ad 4ᵒʳ folia 187'.

Arts. 23–5 are on quire 17.

23. ff. 191–197ᵛ Tractatulus de instruccione noui predicatoris Medice cura te ipsum. luc' quarto [: 23] Hanc auctoritatem ewangelicam cuilibet volenti incipere onus et opus predicacionis . . . Ex hinc promorali doctrina ex dictis reuendorum doctorum

24. ff. 197ᵛ–202 Epistola beati Bernhardi Abbatis ad seuerinum de caritate primo tangitur de insuperabilitate caritatis Amice in christi ihesu visceribus dilecto domino Seuerino Sancti dyonisij suppriori. Leuam sponsi subcapite . . . pauca suscipiat caritas tua etc valete dilecte mi

Four sections, ii–iv headed De Insaciabilitate amoris, Quod amor videt Incessabiliter amatum, and De amoris inseparabilitate.

25. (*a*) f. 202^{rv} Epistola beati Augustini Episcopi ad beatum Cirillum Ihero-
solimitanum episcopum de magnificencijs Eximij doctoris Beati Ieronimi
Augustinus Certe ego loquor et non tacebo eximium . . . candidus et
pulcherrimus cum christo sine fine regnaturus; (*b*) ff. 202^v–203 De sompnis
Augustinus sepe homo inspiratur diuino mysticoque instincta . . . homo magis
mediate ipsum poterit capere et haurire

(*a*). cf. *BHL*, no. 3847; the text here diverges markedly at points from *PL* xxii. 281/4 up–286/9.
f. 203^v blank.

26. (quires 18–19) ff. 204–25 Quodlibetum fallaciarum humanarum Capite
nobis volpes—Canticorum ii [: 15] Qvoniam secundum phisicarum legum sanctiones diuersis morbis . . . fletus et stridor dencium A qua nos preseruet Ihesus
per secula benedictus Amen Anno 1458 In octaua pe. et pau. tempore Calixti
pape 3 Laus deo pax viuis Requies eterna defunctis

ff. 225^v–228^v blank: 'papirus ad 4^{or} folia' f. i.

Arts. 27–8 are on quire 20.

27. ff. 229–235^v Reddite omnibus debita Cui tributum—ad ro xxiij [*for* 13 v. 7]
Sanctus paulus vas electionis certissimus de sua fide . . . retinuerit dispensacionem
talium uel eciam sui confessoris aut plebani

'De reddicionibus ac satisfactionibus debitorum necnon de creditoribus', f. i.

28. ff. 235^v–240 De cognicione demonum De Energuminis et obsessis per
malignos spiritus In finem consolacionis eorum sine preiudicio cuiuslibet sanius
sencientis . . . ab eodem petatur et ad hoc inducatur Hec sunt practicata Anno
1457 in opido duderstad super obsessum etc

f. 240^v blank, probably also f. 241^{rv} now removed.

Arts. 29–32 are on quires 21–5.

29. ff. 242–7 De statu securiori in cedendi in hac vita Istis nostris infaustis
diebus inquibus habundauit iniquitas . . . si quis uero sanius senserit huic non
prescripsi. Anno domini currente 1450 domino Nicolao papa quinto auctorizante
Explicit tractatulus—

Meier, no. 41.

30. ff. 247–75 Incipit tractatus de bona uoluntate Cvm omnium fructuum
nobilitas exradicis generositate ortum trahat . . . vicissitudines et deo gratiarum
actiones postulat rependi Amen 1457 Explicit tractatus—

Meier, no. 19.

31. ff. 275–86 De tollerancia iniuriarum De causis multorum viciorum et
remedis eorum et precipue de intollerancia iniuriarum Capitulum primum Cvm
effrenatam numerositatem humanarum passionum . . . saluatorem recto itinere
pergamus ihesum—Amen

Meier, no. 17. Repeating art. 3.

32. ff. 286^v–300^v Isaac sanctus patriarcha olim legitur egressus ad vesperam . . .

desiderans vtrique mercede non fraudabimur Quam nobis prestare dignetur ihesus—Amen Explicit tractatus de arte curandi vicia eximy doctoris iacobi carthusiensis domus in erdfford

Meier, no. 40. f. 301, now removed, was probably blank.

Arts. 33–4 are on quires 26–31.

33. ff. 302–57 De oculo religiosorum In nomine domini nostri ihesu christi amen. Multorum deo militare cupiencium . . . acciones referens per inmensas Cui laus resonet et gloria sine fine mensura Amen Et sic est finis huius tractatus Anno domini milesimo quadringentesimo quinquagesimo octauo in profesto trium Regum.

Meier, no. 45.

34. ff. 357–368ᵛ Incipit tractatus de perfeccione religiosorum Cvm cognicio et desiderium finis secundum aristotilis doctrinam . . . *ends imperfectly*.

Meier, no. 15. f. 369 mostly torn away, blank.

ff. i + 346. Medieval foliation: (i) 4–71, (71*), 72–158, 167–86, 191–221, 223–32, 234–40, 242–300, 302–11, 313–20, 322–42, 344–62, 364–8, (369). Paper; parchment strengtheners at quire-centres. 314 × 218 mm. Written space 242 × 142 mm. 2 cols. 47–8 lines. Collation 1¹² wants 1–3 (ff. 1–3) 2–13¹² 14¹² wants 4–12 (blank) after f. 158 15¹² 16¹² wants 9–12 (ff. 187–90, blank) 17¹² + 1 leaf (f. 203) after 12 18–19¹² 20¹² wants 12 (f. 241, blank) 21–24¹² 25¹² wants 12 (f. 301, blank) 26¹² 27¹² wants 7 (f. 321) 18¹² 29¹² wants 5 (f. 343) 30¹² 31¹² wants 1 (f. 363) and 7–12 after f. 368. Changes of hand at ff. 25, 167, 191, 197ᵛ, 204, 229, 235ᵛ, and 242. Initials: red. Capital letters in the ink of the text lined with red. Binding of square-cut wooden boards, covered with stamped white skin, s. xvi; five flat-topped bosses on each cover; two strap-and-pin fastenings, straps missing. Ring and three links of chain attached to staple at top centre of back cover.

Written in Germany, arts. 28 and 30 in 1457, and 26 in 1458; art. 28 at Duderstadt (nr. Hildesheim). 'Comparatum pro vij flor' ii lb', s. xv/xvi (?), on back pastedown. 'Poss Ebern III' in ink, s. xviii (?), inside front cover, refers to the chained (see above) parish library at Ebern (nr. Würzburg); 'Nr III' in ink, at the top of the spine.

bb.13 (D.153). *L. de Saxonia, Vita Christi i*   s. xv²

Uniform with MS bb.14 below, which has notes and distinctive pointing hands by the same early annotator as here; he made notes on the back of a torn letter, now between ff. 512 and 513, addressed 'zu Strassburg', and, f. 111, remarks on John Baptist 'primus heremita' and 'monachorum princeps'.

Incipit prologus In meditaciones de vita ihesu cristi in ewangelio tradita pars prima Fvndamentum aliud nemo potest ponere—(f. 9ᵛ) Incipit liber—de plenitudine itaque ewangelii vini. scilicet boni . . . in viam veritatis et iusticie ac salutis eterne. Amen. Laus tibi christe etc.

Stegmüller, no. 5437. ff. 582ᵛ–584ᵛ blank, save for a few notes by the early annotator on f. 584ᵛ.

ff. ii + 584. Original foliation: (i–ii), 1–300, 300–31, 333–406, 406–534, 536–82, (583–4). 295 × 215 mm. Written space c.204 × 125. Frame ruling. 31–5 long lines. Collation: 1–48¹² 49¹² wants

7–10 (blank) after f. 582. Written in a set cursiva, by the same hand as MS bb.14 below. Punctuation entirely by /, mostly stroked with red. Initials: (i) f. 1, 6-line, shaded blue, enclosing Christ-child in ink and colour wash, extended into marginal foliage in pink and blue; (ii) 3-line, red or, a few, blue, some with a little ornament, or unfilled spaces. Capital letters in the ink of the text lined with red, except ff. 553ᵛ–564. Original (?) binding, uniform with MS bb.14 below, of slightly bevelled wooden boards covered with white skin bearing a simple pattern of triple fillets; two strap-and-pin fastenings, missing. Secundo folio *consweuit*.

Written in the Rhineland (?). Two inscriptions, s. xv, upside-down inside the front cover: 'Mon' sancti Nicolai'; the other, difficult to read in full, '[. . .] est per Ioh Syᵈ de calupernia—feria sexta post Iubilate CCCC° xj° (*sic*)', perhaps in the hand of the early annotator, as also perhaps notes on the back pastedown 'vj d de R etc', 'vjd de t'. Traces of a red seal on front and back pastedowns. 'Collegii S. Petri junioris Argentinae', s. xvii, f. 1 top, i.e. St-Pierre-le-Jeune in Strasbourg; cf. inside front cover under bookplate. 'O.2.7', s. xvii or xviii, f. i. Armorial bookplate 'Hopetoun', with 'G 22' in pencil on it, inside front cover.

bb.14 (D.152). *L. de Saxonia, Vita Christi ii*   s. xv²

Uniform with MS bb.13 above, which has notes and distinctive pointing hands by the same early annotator as here; he used three loose slips, now between ff. 18 and 19.

1. (*a*) ff. iᵛ–iii Incipit registrum ewangeliorum tocius anni. dominica prima aduentus Cvm appropinquaret ihesus iherusalem luce xix parte 2ª ca° [xxviij° *deleted*] (26° et 27°) . . . ; (*b*) f. iiiʳᵛ Incipit registrum ewangeliorum de sanctis . . . ; (*c*) f. iiiᵛ Incipit commune ewangeliorum . . . ; (*d*) ff. iiiᵛ–iv Dedication, Trinity, B.V.M., Corpus Christi, Dead.

Index to the treatment of gospel pericopes in the *Vita Christi*. f. i blank.

2. (*a*) f. ivʳᵛ Incipiunt capitula prime partis huius libri de vita christi; (*b*) f. vʳᵛ Incipiunt capitula secunde partis huius libri de vita christi.

f. viʳᵛ blank.

3. ff. 1–531 Prima pars huius libri que precedit nullam de passione mencionem . . . omnis indigencie corporis et anime singulorum. Amen.

Stegmüller, no. 5437. ff. 531ᵛ–532ᵛ blank, save for a few notes on f. 532ᵛ by the early annotator.

ff. 526. Original foliation: (i–vi), 1–124, 135–220, 222–432, 434- 531, (532). Paper; parchment strengtheners at quire-centres. 292 × 224 mm. Written space *c*.204 × 130 mm. Frame ruling. 33–43 long lines. Collation: 1–27¹² 28¹⁴ 29–43¹² 44¹² wants 8–11 (blank) after f. 531. Written in a set cursiva, by the same hand as MS bb.13 above. Punctuation entirely by /, mostly stroked with red. Initials: (i) f. 1, 9-line, shaded blue, enclosing minstrel and two monkeys in ink and colour wash, extended into marginal foliage in blue, green, pink, and orange; (ii) as MS bb.13 above. Capital letters in the ink of the text lined with red. Binding uniform with MS bb.13 above. Secundo folio *Quem me esse*.

Written in the Rhineland (?). 'Collegii S. Petri junioris Argentinae', s. xvii, inside front cover and f. vi. 'O. 2.8.', s. xvii or xviii, f. i. Armorial bookplate, 'Hopetoun', inside front cover, with 'G 22' in pencil on it, inside front cover.

bb.15 (D.157). *Statuta Coloniensia; P. Lombardus; etc.* s. xiv ex., 1453

1. Statutes of archbishops of Cologne: (*a*) ff. 2–12 Siegfried [of Westerburg, 1275–97]; (*b*) Henry [of Virneburg], (*i*) ff. 12–15 1307 quarta die mensis Marcij qui est crastinum dominice, (*ii*) ff. 15–18 feria 2ᵃ post dominicam Inuocauit 1306, (*iii*) ff. 18–19 1308 in die beati remigij, (*iv*) ff. 19–24 no date, (*v*) ff. 24–25ᵛ 1316 in crastino dominice Inuocauit, (*vi*) ff. 25ᵛ–27 1317 crastino Inuocauit; (*c*) Conrad [of Hochstaden], (*i*) ff. 28–29ᵛ 1247 in vigilia beatorum fabiani et sebastiani, (*ii*) ff. 29ᵛ–35 quarta ydus marcurij (*sic*) 1260; (*d*) ff. 35ᵛ–48 Engelbert [of Falkenburg], 1266 vj Idus Iunii; (*e*) Walram [of Juliers], (*i*) f. 50ʳᵛ 'Datum ut supra' at the end, (*ii*) ff. 50ᵛ–51ᵛ crastino Inuocauit 1335, (*iii*) f. 51ᵛ 1335 crastino Inuocauit, (*iv*) ff. 51ᵛ–53 In vigilia Michahelis 13–7, (*v*) ff. 53–4 In crastino beati Remigij 1339; (*f*) ff. 54–6 William [of Gennep (?), 1349–62], M°ccc°lxxprimo (*sic*) penultima die mensis septembris; (*g*) Frederick [of Saarwerden], (*i*) ff. 58–63 1371 crastino beati Remigij, (*ii*) f. 63ʳᵛ 1371 die penultima mensis Septembris, (*iii*) ff. 63ᵛ–64ᵛ 1396 Crastino beati Mathei apostoli et ewangeliste, (*iv*) ff. 64ᵛ–65 no date.

(*a–b*) are on quires 1–3, (*c–d*) on quires 4–5, (*e–f*) on quire 6, and (*g*) on quire 7; ff. 1ʳᵛ, 27ᵛ, 48ᵛ–49ᵛ, 56ᵛ–57ᵛ, and 65ᵛ blank. (*f*) *recte* (?) 1361: includes a bull of Innocent [VI] of 29 Apr. 1359.

Arts. 2–3 are on quire 8.

2. ff. 66–70ᵛ De Monialibus.

A collection of extracts from e.g. Regula beati Augustini, Ex statutis ord', synodal legislation, Ex Concilio lat'; cf. art. 4 below. f. 66ʳᵛ is blank save for the title. f. 70 mostly cut away.

3. ff. 71–2 (*a*) De nullitate postulationis illius de Werthem; (*b*) De validitate prouisionis episcopi facte illi de Horst; (*c*) Littera prouisionis.

(*a,b*). Citations of canon law. (*c*). Provision by John bishop of Münster of (Anne) de Horst nun of (Ad Maccabeos, Cologne) as abbess of the Benedictine nunnery of S. Maria Transaquas Münster, Friday after Corpus Christi 1461. f. 72ᵛ blank.

4. (quire 9) ff. 73–4 Fifteen decrees concerning the visitation of nunneries, the last 'Pro visitacione in vynnenberghe quia illa domus quam inhabitat pro presenti soror Horstele'.

Note, in the hand of ff. 66–70ᵛ, at the head of f. 73 'Ista reformatio pueriliter et debiliter concepta fuit tempore domini Hinrici de Moerse episcopi Mon' aliquantulum ad practicam posita sed fere nichil boni ex ea sequebatur'; Henry de Muers was bishop of Münster 1424–50, and Vinnenberg a Benedictine nunnery in his diocese, near Warendorf (Westphalia). f. 74ᵛ blank.

Arts. 5–8 are on quire 10.

5. ff. 75–76ᵛ *beginning imperfectly* (at Bk. 2 dist. xi) . . . 49 Post resurrectionem *De premio beatorum quorum unus* - In celo sancti *Peruersa voluntas dampnatorum* - Sed mali penis truciandi Hic oritur questio 50

Verses on the subject of each distinction of P. Lombardus, *Liber Sentenciarum*; above the verses, written much smaller (indicated by italics above) are brief summaries of the content of each distinction, and in the side margins the opening words and number of each distinction. Two distinctions per line.

6. ff. 76ᵛ–77 Nota versus super Sentenciarum O fons splendoris vas dulcorum sed amoris Nexus spes . . . Gloria seu pena per secula perpetuetur

Twenty-four lines only; cf. Stegmüller, *Sent.*, no. 14; Distelbrink, no. 179.

7. f. 77 Quinque attributa patris primitas . . . filij . . . Spiritus sancti— conseruator cunctorum.

A distinctio. ff. 77ᵛ–78 blank.

8. ff. 78ᵛ–79ᵛ Ex libro ymago mundi Sona habitabilis que dicitur solstiualis medioterraneo mari in tres partes . . . loca de syra (*a*) Versus aquilonem anne- ctuntur hee regiones Mons Caucasus . . . (*b*) India . . . (*c*) Egiptus . . . (*d*) Europa . . . (*e*) Affrica . . .

A geographical compendium, written up the page; all but the first eight lines arranged topographically in columns (*a–e*), (*d–e*) on f. 79ᵛ.

9. (quires 11–26) (*a*) ff. 81–270ᵛ Cvpientes aliquid de penuria—(f. 81ᵛ) Incipiunt capitula primi libri Omnis doctrina—(f. 83) Ueteris ac noue legis continenciam . . . via duce peruenit Explicit textus libri sentenciarum magistri Petri de senis Episcopi Parisiensis finitus anno domini MᵒCCCCᵒliijᵒ; (*b*) f. 80ᵛ Incipiunt distinctiones—Prima frui id est (?) perscripta sequens termini (?) dat 2 vnum Altera per rationes . . . Nona beatificat comprobatque nouissima dampnat; (*c*) f. 270ᵛ Isti sunt alij errores—Primus Diuina essentia nec a se nec ab angelo videtur nec videbitur . . . Opposite proposiciones istis erroribus . . . 10 Malus angelus et adam—possent proficere Data fuit sentencia parisius anno domini 1200 in octaua epyphanie a domino Wylhelmo episcopo parisien'.

(*a*). *PL* cxcii. 521–962. Lists of unnumbered distinctions precede each book: 2, f. 140 (16¹); 3, f. 188; 4, f. 222ᵛ. ff. 80, 271ʳᵛ and spaces on ff. 80ᵛ and 270ᵛ contain various theological notes in the main hand.

10. (quire 27) ff. 272–283ᵛ Ieremias propheta destruccionem ierusalem futuram predixit presentem vidit preteritam deplorauit—Quomodo sedet—Huic sentencie bene prescribitur Aleph quod interpretatur doctrina vera—allegorice de ecclesia —Moraliter de anima . . . post presentes lamentaciones ad carmen eterne iocunditatis perueniat quo nos perducat quj viuit et regnat amen Expliciunt treni.

Stegmüller, nos. 7831–2 (Stephen Langton). The space at the foot of f. 283ᵛb is filled with a short note on Christmas masses.

Arts. 11–16 are on quires 28–9.

11. f. 284ʳᵛ Ascendam in palmam et apprehendam etc Cantica canticorum vij [: 8] De palma contemplacionis palma angusta est inferius superius lata quia anima que wlt ascendere . . . cum virtutibus postremum transmigrantur ad iherusalem celestem vbi perueniuntur ad solium salemonis etc (explicit sermo aliquis (?) de cantica canticorum)

cf. Schneyer, *Rep.*, vii. 632 no. 272, also 88 no. 132, 98 no. 265, and ix. 886 no. 199.

12. ff. 284^v–297^v Incipit exposicio heimonis super cantica canticorum (f. 285) Osculetur me osculo oris suj Salemon inspiratus diuino spiritu composuit hunc libellum de nupcijs christi et ecclesie et quodammodo epythalamum fecit . . . nostra conuersacio in celis est Et alibi christi bonus odor sumus in omni loco

Stegmüller, no. 3079 (? Haimo of Auxerre); *PL* lxx. 1056–106, cxvii. 295–358. The space at the foot of f. 297^{v}b is filled with a two-line note on 'Nycolaite'.

13. (*a*) ff. 298–299^v [D]ominus noster et saluator bene omnibus prouidens hanc oracionem ad capacitatem ingenij vniuscuiusque composuit Componitur enim breuibus . . . liberemur ab hoc seculo et deo nostro seruiemus cuj est honor et gloria in secula seculorum Amen; (*b*) ff. 299^v–300 Simbolum grece id est collatio siue iudicium—Credo in deum Aliud est credo deo . . . credo quia in hac carne in qua nunc sumus in die iudicij consurgemus vitam eternam Amen.

(*a*). Bloomfield, no. 8243 (unidentified).

14. ff. 300–301^v Prima ala est confessio non laudis vnde dictum est Confitemini d q b quoniam in seculum misericordia eius sed criminis . . . libertate eternaque fruari beatitudine Amen. (*b*) f. 301^v Caritas est motus animi ad fruendum deo propter ipsum . . . (15 lines); (*c*) ff. 301^v–302 Quatuor modis in ewangelio cognoscimus allegoriam . . . eterna luce illuminand' Item cum exaltatus fuero a terra o t a m ipsum [John 12: 32] omnia foris trahenda etc.

(*a*). *PL* ccx. 273–80 (Alanus de Insulis, De sex alis Cherubim).

15. ff. 302^v–303^v hec sunt animalia etc Esitius (?) in glo Quicquid a deo factum est ipsa institucionis auctoritate mundum est In animalibus generaciones pinguntur hominum et actus et voluntas . . . ad preceptorum suorum obedienciam promociones et deuociones reddat Hec est lex predicta

16. f. 304^{rv} [P]ropositi tenor exigit circa deum et circa spiritum creatum et circa sacramenta ecclesiastica et circa virtutes et vicia . . . *ending imperfectly.*

ff. i + 304 + i. 278 × 210 mm. Written space *c*.216 × 148. 2 cols, except ff. 67–79^v. 31–63 lines. Collation: 1–2^{12} 3^4 wants 4 (blank) after f. 27 4^{12} 5^{12} wants 10, 11 (blank) after f. 48 6–7^8 8^8 5 (f. 70) mostly cut away, wants 8 (blank) after f. 72 9 two (ff. 73–4) 10^6 wants 4, 5 (blank) after f. 77 + 1 leaf (f. 79) after 6 11–28^{12} 29^{12} wants 10–12. Changes of hand at ff. 2^{v}b/18, 28, 50, 66, 71, 73, 75, 78^v, and 80. Initials: ff. 28–48, in ink, *I*s in the form of a fish; ff. 81–285, red. Capital letters in the ink of the text lined with red, ff. 81–282 with gaps. Binding, s. xv, of square-cut wooden boards covered with brown leather, the front cover bearing a pattern of double fillets and stamps, including symbols of Mark and Luke, five-petalled rose, 'ihs', and 'iohs' (round), fleur-de-lis between two birds (oblong), wishbone with two-lobed leaves, and at foot 'H', and heart-shaped 'G', with a later (?) roll along the hinge on the back cover; rebacked; two clasps, missing. Secundo folio *uel prelate*.

Written in Germany, art. 1 in the province of Cologne, and perhaps, like arts. 3–4, in its diocese of Münster; art. 9 in 1453, arts. 10-the end being in the same hand. 'Librum hunc Fratres Cartusiani prope Dalmaniam sibi vendicant', s. xv/xvi, f. 1, refers to the Charterhouse near Dülmen (Westphalia) founded in 1476.

bb.16 (D.150). *N. Kempf; etc.*   1473

1. ff. 1–38ᵛ Completus est iste tractatus per magistrum Nicolaum Kämpf de argentina priorem in gemnico ordinis carthusiensium in Austria Tractatus de proponentibus religionis ingressum et de anno probacionis usque ad professionem inclusiue. Capitulum primum de diuersis modis quibus deus inspirat ut ad ipsum conuertantur. Conuertimini ad me et salui eritis ysa 55 [Isa. 45: 22] Quamuis diuina miseracio multisque variis modis . . . ueteres declinas mores et con-suetudines etc. Amen.

D. Martin, 'The Writings of Nikolaus Kempf of Strassburg, ca.1437–1468', pp. 127–54 in *Die Kartäuser in Österreich*, i, *Analecta Cartusiana*, lxxxiii (1980), lists (p. 132) thirteen copies in Austria and Munich. Part 2, f. 22ᵛ.

2. ff. 38ᵛ–50ᵛ Lex peribit a sapientibus et consilium a senioribus Ezech 7° [: 26] Ab exordio mundi fuit in qualibet re publica semper uita humana duplici iudicio regulanda scilicet iudicio dei et hominum . . . in his et in alijs cui semper humiliter me submitto. Amen (Correxi vtcumque potui)

The Dominican author states his purpose as being 'discutere modum et ordinem reformandi deformata in ordine nostro scilicet predicatorum', f. 38ᵛ.

3. ff. 50ᵛ–51ᵛ Sequitur Registrum ordinar' Accepcio personarum non debet habere locum in promocionibus Adulacio in prelatis . . . Ydemptitas morum valet ad duo in religione E' Deo gracias Explicit Anno 1473.

Alphabetical index to art. 2, without references.

ff. i + 51 + i. 310 × 216 mm. Written space 222 × 134 mm. Frame ruling. 2 cols. *c*.35 lines. Collation: 1¹² wants 1–2 2–4¹² 5 five (ff. 47–51). Punctuation sparse, includes flex. Initials: red. Capital letters in the ink of the text lined with red. Binding of s. xix. Secundo folio *sed impedire*.

Written in Germany, in 1473 (see art. 3). 'Kaempf, Nicol LB (?) 264812', s. xix, f. 1. Pencil note in German of the number of pages, s. xix, f. 1.

cc.1 (D.162). *J. Hagen, In Proverbia, etc.*   1456–1475

Arts. 2–3 are in the very current hand of the author, as MS cc.4 below, *q.v.*; he amplified the note of contents, f. i, with a reference to art. 3.

1. ff. 1–300 In nomine domini nostri ihesu christi Incipit exposicio super parabolas Salomonis Parabole salomonis Liber iste diuiditur in titulum et in tractatum tractatus incipit ibi: timor domini Titulus autem dicitur atitan id est illuminacio . . . ad quorum consorcium non perducat beata trinitas ut cum aliis sanctis virginem mariam laudemus in secula seculorum Amen (*added by John Hagen:* Explicit exposicio super prouerbia salamonis—Io indaginis alias hagen— 1456 Et mixti sunt—Amen)

Stegmüller, no. 4635 (no details known); cf. Klapper, ii. 153/5 (sub anno 1457).

2. ff. i–ivᵛ Apologia Et prologus in prouerbia salomonis In nomine et auxilio domini nostri ihesu christi scripsi (*marg:* 1456) ante plures annos sub prioratu domus ysnacen' ordinis nostri carthusien' super prouerbia salomonis et ecclesias-

ten Excopiata cum hic exposicio super prouerbia salomonis in sensu litterali et mistico . . .

3. ff. 300ᵛ–304ᵛ and back pastedown In nomine Ihesu christi et auxilio eius invocato Incipit de concepcione beatissime matris dei Descendi in domum figuli —placuit oculis suis Ieremie xviij [: 3–4] Hodie in christo carissimi illuxit nobis dies redempcionis . . . *ending damaged*.

4. The pastedowns are cut from leaves of a mass-book, s. xii, written space 163 mm. wide, 2-line red initials; at the front Gospels (Luke 10: . . . –20, John 1: 29– 34, Matt. 3: 13– . . .) during the octave of Epiphany (?), at the back (raised) epistles and gospels of Christmas Day.

ff. iv + 300 + iv. Medieval foliation: (i–iv) 1–300, (301–4). Medieval flyleaves. Paper; parchment strengtheners at quire-centres, from same (?) manuscript as pastedowns, see art. 4 above. 211 × 147 mm. Written space *c.* 173 × 106 mm. Frame ruling. *c.*30 long lines. Collation: 1–25¹². Written in hybrida. Initial: f. 1, 3-line, red. Capital letters in the ink of the text lined with red. Original (?) binding of square-cut wooden boards, covered with brown leather bearing a pattern of triple fillets and 5 stamps: 2 five-petalled flowers, Agnus Dei (round, also on MS dd.22 below) fleur-de-lis (lozenge, also on MSS cc.2–3, 11, dd.22 below), and crowned B.V.M. and Child (in arcade, also on MSS cc.11, dd.22 below); rebacked; plain metal strips on outer corners and along edges near hinges, as on MS cc.11 below; five bosses on each cover, missing; two clasps, missing. 'C.40' and 'Exposicio prouerbiorum', each between a pair of horizontal red lines, s. xv, on paper labels across top of front cover. Secundo folio *et salomoni*.

Written in Germany, art. 1 not before 1456, and arts. 2–3 by John Hagen (d. 1475). 'Carthuthusien' [*sic*] prope Erfford', f. i, 'Carthusien' prope Erfford', ff. 139 and 304ᵛ, all in the hand of the note of contents, f. i, which was also responsible for a similar inscription datable before Hagen's death (1475), MS cc.3 f. iii below; C.40 in the Erfurt Charterhouse catalogue, *MBDS*, ii. 284–5, and see label on front cover. Rosenthal, *Cat.* (1884), no. 711–120 marks. '174' in pencil, s. xix (?), inside front cover.

cc.2 (D.163). *J. Hagen, In Psalterium, etc.* 1472, –1475

The entire manuscript is in the author's very current hand, as MS cc.4 below, q.v.

'fr Io indag (carthu)—suffragia' is written beside the list of contents, which does not include art. 1, f. i.

1. Front pastedown, f. iʳᵛ and (?) f. 1 lower margin De prophetis et de differencia illorum tractatus Indaginis In nomine et adiutorio ihesu christi Incipit de prophetis [et] differencia illorum Propheta magnus—[. . .] vj [Luke. 7: 16] Hoc de christo proprie intelligitur qui fuit propheta . . .

2. (quires 1–21) ff. 1–250ᵛ Questiones super psalterio Iohannis Indaginis Cart[. .] In nomine domini nostri ihesu christi invocato devotissime auxilio [. . .] incipiunt questiones super psalterium Prius auxiliante eodem christo scripsi super prima quinquagena quadruplicem sensum 2° a principio inchoando psalterij usque in finem et super cantica posita in fine psalterij ac super magnificat benedictus etc quadruplicem exposicionem 3° iterum in alio loco super prima

quinquagena 4° super toto psalterio et cantica in fine vnam breuem id est anagoicam exposicionem in vno volumine nunc quinto intendo auxiliante christo scribere questiones breues super psalterio—Primo queritur quomodo dauid beatus vir . . . in pena iusta ille inflicta a que dei filius nos liberet expliciunt questiones psalterii (anno 1472 in carthusia erffordie)

Stegmüller, no. 4631 (no details known).

3. ff. 251–3 In nomine ihesu christi Incipit super psalterium declaracio quedam de certis vocabulis notandum autem quod sepe emendatum est psalterium sed per imperitos translatores . . . corrigendum ubi non est eme[. .]

No entry in Stegmüller, etc.

4. ff. 253–351 Exposiciones prologorum qui continentur in Biblia In nomine ihesu christi Incipit exposicio super prologos biblie Prior[es] duos scripsi et exposui ante genesim et ibi videantur nunc sequitur consequenter super Iosue et super alios libro Succurrere christe cum beata maria virgine Tandem finito penthatcuco moysi Hic prologus diuiditur in partes quinque principales . . . post predictos ego in quadruplici sensu exposui et in alio volumine questiones super toto libro scripsi adiuuante nos christo—Amen Explicit exposicio prologorum super libros vtriusque testamenti—

Cf. Stegmüller, no. 4597 (*Expositiones omnium prologorum et prophetarum totius Bibliae*, no details known), also art. 5 below.

5. ff. 351ᵛ–353 In nomine et adiutorio christi Incipit de propheciis ex quo in hoc volumine ponuntur questiones super psalterium . . . *ending illegibly.*

Cf. Stegmüller, no. 4597, see art. 4 above.

6. ff. 353ᵛ–354ᵛ and back pastedown In nomine et auxilio christi Incipit de laude diuina de qua totum est psalterium ideo (?) post [. . .] in fine concludit omnis spiritus laudes . . . *ending illegibly.*

ff. i + 352 and 1 inserted slip + i. Paper; parchment strengtheners at quire-centres from s. xiii manuscript. 220 × 160 mm. Written space c.195 × 130 mm. No ruling. c. 40 long lines. Collation: 1¹² 2¹⁰ 3–23¹² 24⁶ 25–26¹² 27¹² + 1 slip (f. 316) between 11 and 12 28–30¹². Quires 1–21 23 numbered at top left of first recto, 1–21 2; 25–30 at top right of first recto, 3–viii. Written in the same current hand. Initials: red, none after f. 179ᵛ. Capital letters in the ink of the text lined with red, ff. 1–119. Original binding of square-cut wooden boards covered with brown leather bearing a pattern of quadruple fillets and 5 stamps: five-petalled rose (as on MS dd.9 below), five-petalled rose (round), fleur-de-lis (as on MSS cc.1 above, cc.3, 11 below), foliage (as on MSS cc.3, dd.22 below) (lozenges), and four-petalled flower; one clasp, missing. '[.] 35', s. xv, on paper label at top of front cover, the number preceded by a red letter, probably 'C', cf. 'C 35' in white paint on spine, with traces of paper contents label on top section of spine. Secundo folio *4° in concilio.*

Written by John Hagen (d. 1475), art. 2 in 1472 at the Erfurt Charterhouse. 'Liber iste est fratrum carthus' prope erffordiam', f. 1 top, s. xv ex.; C.35 in the Erfurt Charterhouse catalogue, *MBDS* ii. 284, and see label on front cover and number on spine; 'Cartusiae Erford', s. xvii (?), f. i. Pencil note in German of number of leaves, s. xix, on front pastedown.

cc.3 (D.164). *J. Hagen, Super Josue* 1458

Art. 2 and notes in art. 1 are in the author's very current hand, as MS cc.4 below, q.v.

1. ff. 1–196ᵛ Incipit exposicio quadruplex super Iosue *Confortare et esto robustus tu enim introduces populum meum ad terram lacte et melle manantem Ita scribitur Iosue primo capitulo secundum lxx interpretum translationem et idem sensus quodamodo in nostra habetur translacione . . . et felices maneant prestante domino nostro—Amen Et hic nunc sit finis huius exposicionis quia varietas negociorum et breuitas temporis non permittit diligencius istam materiam perscrutari—*Item finitus est liber iste per me Iohannem Hössel De Onolczbach Anno domini Mᵒccccᵒlviij. In vigilia Sancti Thome.

Stegmüller, no. 4606 (no details known); 'Exposicio quadruplex super Iosue Io *indaginis*' in his own hand, f. iii.

2. ff. iiiʳᵛ and 196ᵛ–206 In nomine ihesu christi Incipiunt questiones super Iosue *Succurrere christe cum beata virgine Primo queritur quare hunc librum Iosue iudei ponunt . . . de morte moysi* Explicit.

No entry in Stegmüller, etc. f. 206ᵛ blank, save for a faint Explicit note.

3. ff. i and 207 are parts of leaves from a noted (neums) missal, s. xii, written space 135 mm. wide, plain red initials; f. i 1st Sunday after octave of Epiphany, f. 207 2nd Sunday after octave of Epiphany. Parts of other leaves from the same manuscript were used as pastedowns in MSS cc.11 and possibly cc.4 below.

ff. ii + 205 and 1 slip + iii. Medieval foliation: (i–iii), 1–197, (198–207). ff. i and 207 are raised parchment pastedowns, see art. 3. Paper; parchment strengtheners at quire-centres, from the same (?) manuscript as the pastedowns. Medieval flyleaves; f. ii, parchment. 208 × 152 mm. Written space 156 × 103 mm. Frame ruling in drypoint. *c.*31 long lines. Collation: 1–7¹² 8¹⁰ 9–12¹² 13¹⁰ 14¹² + 1 slip (f. 155*) between 4 and 5 15–16¹² 17¹² wants 12 after f. 198 18⁶. Quires 1–17 numbered at the foot of the first recto in red, i–xvii. Written in cursiva. Initials: (i, ii) 4- and 3-line, red. Capital letters in the ink of the text lined with red. Original (?) binding of square-cut wooden boards covered with brown leather bearing a pattern of triple fillets and 11 stamps: five-petalled flower (3 mm. diameter), bird (7 mm. diam.), bird (11 mm. diam., also on MS cc.11 below), lion (10 mm. diam.), five-petalled rose (18 mm. diam., also on MS dd.22 below), fleur-de-lis (also on MS dd.22 below), fleur-de-lis (also on MSS cc.1–2 above, and cc.11 below), foliage (as on MS cc.2 above) (lozenges), dart-pierced heart (square, 8 mm., also on MS dd. 22 below), four-petalled flower, and foliage-and-spike (also on MS dd.22 below); five bosses on each cover, missing; two clasps, missing. 'Super Iosue quadruplex festis (?) Cum iij q[. . .] questionibus super eodem' and 'C X', s. xv, on paper labels across the top of the front cover; 'C 10' in white paint on spine, with traces of paper contents (?) label on top section of spine. Secundo folio *et beniuolencia.*

Written in Germany, art. 1 by a named scribe in 1458, art. 2 subsequently by John Hagen (d. 1475). 'Carthusien' Erffordie', ff. iii and 207, both in the same hand, the former predating the attribution note written round it by Hagen himself, see art. 1; inscriptions in the same hand occur in MSS cc.1 above, cc.10, cc.11, and perhaps cc.7 below. 'Presens libellus est fratrum carthus' prope erfford'', f. iᵛ, 'Carthusiensiu*m* Erffordie', f. 112, both s. xv ex; C.10 in the Erfurt Charterhouse catalogue, *MBDS* ii. 280, and see labels on the front cover and number on the spine. Pencil note in German of number of leaves, s. xix, f. iᵛ. 'No 359 Bülows Cat', s. xix, f. ii.

cc.4 (D.165). *J. Hagen*   1466, 1468, –1475

The entire manuscript is in the very current hand of the author: he signs at ff. 96^v and 144^v, and added 'legentes hic sint memores in oracionibus fr Io hag' carth' above his list of contents, f. i. For facsimiles, see A. G. Watson, *Catalogue of Dated and Datable Manuscripts—British Library* (1979), pl. 532 (AD 1453); and A. G. Watson, *Catalogue of Dated and Datable Manuscripts—Oxford Libraries* (1984), pl. 672 (AD 1468).

1. ff. i–ii^v In nomine ihesu christi Incipiunt questiones super epistolas ad thimoteum et titum . . .

2. (quires 1–8) ff. 1–96^v In nomine domini nostri ihesu christi Incipit quadruplex exposicio super epistolam primam b. apostoli pauli ad thimoteum Succurrere christe cum b. virgine Huic epistole premittitur argumentum seu breuis prologus in quo ostenditur . . . viuos et mortuos qui est benedictus deus in secula Explicit per manus Io haghen alias *indaginis*

Stegmüller, no. 4714 (no details known).

3. (quires 9–12) ff. 97–144^v In nomine domini ihesu christi Incipit quadruplex exposicio super epistolam 2^m ad thimoteum Succurrere o christe Huic epistole premittitur breuis prologus seu argumentum . . . Explicit per manus Io *indaginis* alias haghen carthusien'—

Stegmüller, no. 4715 (no details known).

4. f. 145^{rv} (inserted slip) In nomine ihesu christi Incipiunt questiones super epistolam ad titum quas alibi latius scripsi hic breuiter Primo quare promisit . . . ad gloriam eternam Amen

No entry in Stegmüller, etc.

Arts. 5–6 are on quires 13–16.

5. ff. 146–84 In nomine ihesu christi Incipit exposicio Epistole beati pauli apostoli ad Titum quadruplex Succurrere christe—Reuerentissimo in christo patri ac domino domino Ieronimo Archiepiscopo Cretensi Apostoliceque sedis legato cum potestate de latere in partibus almanie slesie polonie pruczie bohemie etc frater Io. H. Carthusien' in domino dominorum salutem—(f. 146^v) Paulus seruus dei hec epistola diuiditur sicut alie . . . eternaliter viuit et regnat in secula seculorum Amen.

Stegmüller, no. 4716 (no details known).

6. ff. 184–193^v Incipit epistola pauli apostoli ad philemonem PPaulus (*sic*) vinctus ihesu christi Hec epistola sicut alie diuiditur in 3^{es} partes . . . ab omnibus malis et perducat ad vera et eterna bona in celo Amen Explicit epistole ad philemonem quadruplex exposicio in carthusia erffordie et ante annos quatuor latius exposui cum adiunctis questionibus cum epistola ad titum sed ad manum non habeo ideo iterum hec scribo.

Stegmüller, no. 4717 (no details known).

7. (quires 17–28) ff. 194–337^v In nomine ihesu christi Incipit exposicio quadruplex super Epistolam ad hebreos Deus hebreorum vocauit nos—(exodi quinto) [: 3] Licet namque sit deus omnium . . . eternam gloriam ad quam filius dei—perducat Amen Explicit exposicio quadruplex super epistolam ad hebreos anno 1466 in vigilia assumpcionis marie—ad carthusiam prope erffordiam quia scripda est per monachum professum eiusdem domus—(orate pro fratre Io *indaginis* carth' alias haghen).

Stegmüller, no. 4718 (no details known).

8. (quires 29–30) ff. 338–361^v In nomine ihesu christi Incipit tractatus de dicenda veritate Veritatem tuam et salutare tuum—(ps^o 39) [: 11] propheta regius gloriatur in domino quod veritatem . . . accipiam eternum eodem prestante christo Explicit in carthusia erfford' 1468

Fifteen chapters.

9. (quire 31) ff. 362–373^v In nomine ihesu christi Incipit de via perfectionis Super omnia autem caritatem—dicit sanctus paulus apostolus (Coll tercio) [: 14] hortans omnes fideles . . . ut det tibi gaudia presentis vite et future Explicit in carthusia erffordie anno 1468

Nine chapters.

10. (quires 32–3) ff. 374–397^v In nomine ihesu christi Incipit de statu religiosorum et maxime quo ad proprietatis vicium Et erant illis omnia communia —opus erat actus quarto [: 32–5] et capitulo 2° Iste erat modus viuendi sanctorum et fidelium in iherusalem in principio primitiue ecclesie . . . ad eternam vitam perducat quia sola saluat electio (?) per ihesum—Explicit in carthusia prope erfford' anno 1468

11. ff. 398–400^v In nomine ihesu christi Incipiunt questiones super Epistolam ad hebreos Succurrere christe ihesu Primo quot modis deus loquitur homini . . . Primo quare sit deus responditur quia numquam finietur Alias questiones circa textum et in spirituali alio volumine scripsi questiones super omnes epistolas pauli latius Explicit

No entry in Stegmüller, etc.

ff. ii + 396 and 1 slip + iii. Paper; parchment strengtheners at quire-centres, some from a service-book, s. xii, noted (neums), perhaps the same as the missing pastedowns, see offsets inside both covers. ff. i–ii and 398–400 are medieval flyleaves. 217 × 160 mm. Written space *c.* 180 × 110. No ruling. *c.*30 long lines. Collation: 1–11^{12} 12^{12} + 1 slip (f. 145) after 12 13–33^{12}. Quires 2–8 numbered at the top right of the first recto, 2–viii; 10–12, 2–4; 14–16, 2–4; 18–28, 2 –xii. Written in John Hagen's very current hand. Initials: red, or unfilled spaces. Original (?) binding of square-cut wooden boards covered with brown leather bearing a pattern of triple fillets; two clasps, missing. 'Exposicio quadruplex super epistolas pauli ad [. . .] thitum et philemonem. ad [. . .] tractatibus et questionibus', 'C 87', s. xv, each between a pair of horizontal red lines, on paper labels across the top of the front cover; 'C 87' in white paint on spine, with traces of paper contents (?) label on top section of spine. Secundo folio *saluator.*

Written by John Hagen (d. 1475), arts. 6–10 at the Erfurt Charterhouse, art. 7 in 1466, and arts. 8–10 in 1468. C.87 in the Erfurt Charterhouse catalogue, *MBDS* ii. 291, and see labels on front cover and number on spine as on Erfurt Charterhouse books; 'Cartusia Erfurd', s. xvii (?), f. i.

cc.5 (D.166). *J. Hagen, In Cantica Canticorum, etc.*   1455–75

The entire manuscript is probably in the author's hand, as MS cc.4 above, *q.v.*; arts. 7–8 are certainly in his very current hand, with arts. 1–6 less current.

1. (quires 1–4) ff. 1–48ᵛ Incipit Exposicio allegorica super Cantica Canticorum et dicitur carmen dragmaticon Et est carmen in quo diuerse persone in amatorio cantico introducuntur . . . odoribus sanctorum perfruantur te sponso ecclesie prestante qui cum—Amen Expliciunt allegorie super Cantica canticorum.

Stegmüller, no. 4640 (no details known).

2. (quires 5–9) ff. 49–108ᵛ Incipit exposicio tropologica super Cantica canticorum Tropologia nupcias in hoc cantico celebrat quando anima docetur quod vires inferiores . . . inchoata ibi compleantur per te sponsum gloriosum qui cum— seculorum explicit tropologia super Cantica canticorum.

Stegmüller, no. 4639 (expositio moralis, no details known).

Arts. 3–4 are on quires 10–12.

3. ff. 109–40 Incipit anagogica exposicio super Cantica Canticorum Est autem anagogia quando exponitur de eterna vita scilicet quomodo ecclesia militans coniungitur triumphanti ecclesie . . . inimicorum id est angelorum lapsorum in eternum prestante eodem sponso ecclesie qui benedictus in secula Explicit Anagogia super Cantica Canticorum.

Stegmüller, no. 4641 (no details known).

4. ff. 140ᵛ–144ᵛ In nomine domini nostri ihesu christi Incipit tractatus de contemplacione collectus per quemdam in carthusia erfford' pro quo fiat oratio ad deum Hec est vita eterna ut cognoscant—Iohannis xvii [: 3] Licet enim deus sit immensus incomprehensibilis et inenarrabilis quia habitat lucem inaccessibilem . . . plene saciari valeat eodem sponso prestante—eternus explicit tractatus paruulus de contemplacione dei

Arts. 5–6 are on quires 13–20.

5. ff. 145–229ᵛ Incipit breuis exposicio super Cantica Canticorum (de beatissima maria matre christi et filio eius) Multi doctores et expositores super Cantica copiose scripserunt exponendo nunc de ecclesia et christo . . . confluent omnes gentes ut salue fiant in eternum Amen Placeat igitur tibi o regina celi— benedictus Amen.

Stegmüller, no. 4637.

6. ff. 230–40 Sermo de concepcione virginis marie (uel de natiuitate eiusdem) Liber generacionis ihesu christi mathei primo Carissimi licet ad laudandum virginem mariam necessario inveniatur ydoneus . . . ad locum suum rediit videre mereantur prestante eodem verbo quod cum—Amen.

Arts. 7–8. are on quires 21–4. f. 241ʳᵛ blank.

7. ff. 242–68 In nomine domini nostri ihesu christi Amen Incipit exposicio super

librum Ione prophete Sicut Ionas fuit in ventre ceti—filius hominis in corde terre
Ista sunt verba veritatis organo humanitatis prolata . . . ad vite fontes aquarum
potabit eos in secula seculorum Amen.

Stegmüller, no. 4676.

8. ff. 268^v–288^v Incipit exposicio super abdiam prophetam in nomine domini
nostri ihesu christi Et habet capitulum vnicum quia propter breuitatem eius non
diuiditur. Et dicitur communiter fuisse dispensator regis . . . in montem celestis
syon et erunt ipsi regnum domini quia dominus deus regnabit in eis in secula
seculorum Explicit exposicio quadruplex super abdiam prophetam In ysenacho
finita anno 1455 4^a feria post festum palmarum

Stegmüller, no. 4674. ff. 289–290^v blank.

9. The back pastedown is part of a parchment bifolium from a formulary, s. xiv,
including documents issued in the name of the duke of Sicily; the front
pastedown, now missing, was apparently the same to judge by the offsets.

ff. 288 + ii. Paper. 212 × 147 mm. Written space c. 170 × 105 mm. No ruling. 23–41 long lines.
Collation: 1–12^{12} 13^8 14–19^{12} 20^{16} 21–24^{12}. Quires 1–4 numbered at the top left of first recto, 1–
4; 6–9, 2–5; 10–12, 1–3; 14–20, 2–8. Written in a current hand. Initials: red. Capitals in the ink
of the text lined with red in quires 1–6 and in art. 3. Original (?) binding, as MSS cc.6 and cc.9
below, square-cut wooden boards covered with brown leather bearing a pattern of single fillets
and of a small circle stamp used in sixes, threes, and singly; five bosses on each cover, missing;
two clasps, missing. 'Exposicio quadruplex super cantica. orum. Item [. . .] de beata Maria
virgine Item exposicio super Ionam et Abdiam prophecis. Tractatus de contemplacione', 'C 42',
s. xv, the latter between a pair of horizontal red lines, on paper labels across top of front cover; 'C
4[.]' in white paint on spine, with traces of paper contents (?) label on top section of spine.
Secundo folio et quia vbera.

Written, in part at least, by John Hagen (d. 1475), art. 8 not before 1455. 'pertinet ad erffordiam
carthusiam', in Hagen's hand, f. 288^v; C.42 in the Erfurt Charterhouse catalogue, MBDS
ii. 285, and see labels on front cover and number on spine.

cc.6 (D.167). J. Hagen, In Genesim i–xxvi   Before 1475

The entire manuscript is in the author's very current hand, as MS cc.4.

1. ff. 2–13^v, 16–302^v Prohemium super genesim et super totam sacram
scripturam Ego ex ore—Hec verba secundum sensum litteralem videntur dicta
de sapiencia increata . . . (f. 62) In principio Istud est inicium tocius diuine
scripture Et est ipsa diuina scriptura totaliter de deo qui quandoque consideratur
ut creator et gubernator . . . ut requiescat ad modicum cum sponso suo domino
nostro ihesu christo (require sequencia in alio volumine).

Stegmüller, no. 4601.

2. (added) (a) ff. i^{rv} and 1^{rv} Prima pars Io hagen alius indaginis Carthusien' super
genesim et completa est per ipsum tota biblia in sensu quadruplici . . . ad veram
salutem perducat feliciter Amen quicumque studet in hiis oret pro Io. hagen
carth'; (b) ff. 14–15^v Hec duo folia sunt interposita et ne vacant aliqua hic dicenda
et ponenda sunt de intellectu et expositione sacre scripture . . .

ff. 302 and 1 slip. Medieval foliation: (i) 1–20. Paper. 215 × 145 mm. Written space c. 195 × 125 mm. No ruling. c.43 long lines. Collation: 1¹² + 2 bifolia (ff. i, 1, 14–15) round the outside 2–3¹² 4⁸ 5¹² + 2 leaves (ff. 60–1) after 12 6–17¹² 18¹² + 1 parchment slip (f. 212) between 6 and 7 19–25¹². Quires 1–5 and f. 60 numbered in green at top of first recto, 1–6; 6–25, Primus–20. Written in a current hand. Initials: red and green. Capital letters in the ink of the text touched with red. Binding as MS cc.5 above, the upper cover also bearing a faint square stamp and a rectangular lion rampant stamp; rebacked. 'A Exposicio quad' super gen [. . .]', 'C. III', s. xv, on paper labels across the top of the front cover. Secundo folio (f. 3) *sine (?) videtur*.

Written by John Hagen (d. Erfurt Charterhouse, 1475). 'Liber iste est fratrum Carthus' prope Erfford', s. xv², inside front cover; C.3 in the Erfurt Charterhouse catalogue, *MBDS* ii. 279–80, see label on front cover; 'Cartusiae Erford', s. xvii (?), f. i. Pencil note in German of number of leaves, s. xix, inside front cover.

cc.7 (D.168). *J. Hagen, Sermones*   1460–75

The entire manuscript is in the author's very current hand, as MS cc.4 above, *q.v.* f. ii has a note by Hagen on his sermons De tempore and De sanctis in this, and other, volumes, and f. ii^v one in red on the arrangement of this volume.

1. (quire 1) ff. 1–12^v Anno domini 1460 In die pasche Sermo Ihesum queritis—marci xvi [: 6] et in euangelio hodierno Hodie dilectissimi illuxit dies quam fecit dominus Hodie audiamus vocem ysaie 66 . . . Expliciunt sermones de festo pasche collecti erffordie in carthusia anno 1460

2. (quire 2) ff. 15–26^v anno 1460 In nomine domini ihesu christi Incipit sermo habitus in die Penthe[costes] . . .

3. (quires 3–15) ff. 27–182^v Sermo primus in sollempnitate paschali . . . (f. 47^v) De sancto marco . . . (f. 50) In festo philippi et iacobi . . . (f. 52^v) De invencione sancte crucis . . . (f. 59^v) In rogacionibus seu letaniis . . . (f. 61^v) In die ascensionis domini . . . (f. 66^v) Sermo primus in festo penthecostes . . . (f. 84^v) de beatissima trinitate . . . (f. 93^v) De corpore christi . . . (f. 101^v) De sancto Iohanne baptista . . . (f. 107^v) De sancto petro apostolo et paulo . . . (f. 111^v) De sancta margareta—virgine ac martire . . . (f. 116^v) De sancta maria magdalena . . . (f. 123^v) De sancto Iacobo apostolo . . . (f. 130) De sancto [*del.:* stephano] laurencio martire glorioso . . . (f. 134^v) De sancto bartholomeo apostolo . . . (f. 141^v) Item alius sermo de eodem . . . (f. 143^v) In festo decollacionis Io baptiste . . . (f. 146^v) De sancto matheo apostolo et euangelista . . . (f. 148^v) De sancto michahele et angelorum commemoracione . . . (f. 155^v) In festo apostolorum symonis et iude . . . (f. 159) De omnibus sanctis . . . (f. 166) de animabus . . . (f. 170^v) De sancto martino episcopo . . . (f. 180) de eodem . . . (f. 180^v) De sancta Elizabeth . . . (f. 181^v) De sancta katherina virgine et martire . . . Expliciunt sermones de sanctis anno domini 1460. carthusia erffordie

Sermons on major feasts and saints' days, Easter–November, complementing art. 7 below. A note, added s. xv ex., 'Duo alij sermones de sancto Martino habentur C.14', f. 170^v, cf. *MBDS* ii. 281/24–5 (Erfurt Charterhouse catalogue).

4. (quire 16) (a) f. 183 In hoc sexterno (sequenti) continetur sermo de christi natiuitate—scriptus per me et collectus Jo H carthusien' anno 1460 in carthusia

prope erffurdiam Et anno 1468 alium prolixiorem de eadem natiuitate christi collegi et de sancto stephano qui hic subiunguntur . . . ; (b) ff. 183–183*ᵛ Nota eciam quod in predicando passiones et legendas sanctorum bonus predicator adere debet allegaciones et flores . . . ; (c) ff. 184–195ᵛ In nomine domini nostri ihesu christi Hodie nati pastoribus manifestati et uniuerso mundo in tribus regibus reuelati In christo predilecti hodie dominus verbum suum quod per ysaiam antea promiserat . . . ; (d) f. 196ʳᵛ Populus qui ambulabat in tenebris . . .

(a). Refers to the subjunction of arts. 5–6; (b) observations on preaching, mainly written in red; (d) a short sermon.

5. (quires 17–18) ff. 197–220ᵛ In nomine patris et filij et spiritus sancti Amen Sermo in natiuitate christi Fluuius egrediebatur de loco voluptatis—gen 2° [: 10] In christo carissimi hodie nobis illuxit dies redempcionis nostre reparacionis antique et felicitatis eterne . . . errford' in carthusia anno 1468

6. (quires 19–20) ff. 221–244ᵛ In nomine ihesu christi sermo in natali stephani prothomartiris Heri carissimi celebrauimus diem quo filius dei venit in hunc mundum Hodie celebramus diem quem stephanus exiit . . . Explicit sermo de sancto stephano in carthusia prope erffurt anno 1468—

Arts. 7–9 are on quires 21–33.

7. ff. 245–399ᵛ In nomine domini nostri ihesu christi Incipit prologus in sermones de sanctis per anni circulum Scribit beatus paulus apostolus sancto tito ut per ciuitates constituat presbiteros et dicit ut sit potens exhortari in sana doctrina [1: 5, 9] . . . (f. 249) Nunc autem antequam ad sermones accedamus notanda sunt aliqua in generali de festis Unde primo notandum quod festa sunt primo instituta in ecclesia . . . (f. 262) De sancto Andrea apostolo . . . (f. 267ᵛ) De sancta barbara virgine et martire . . . (f. 271ᵛ) De sancto nycolao confessore et pontifice . . . (f. 274ᵛ) Item de eodem . . . (f. 278ᵛ) De concepcione virginis marie . . . (f. 279ᵛ) De sancta lucia virgine et martire . . . (f. 282) De sancto thoma apostolo . . . (f. 288) Item alius sermo . . . (f. 288ᵛ) In vigilia natiuitatis christi . . . (f. 292) In festo natiuitatis christi sermo primus . . . (f. 297ᵛ) Sermo 2ᵘˢ . . . (f. 302ᵛ) Sermo 3ᵘˢ . . . (f. 307ᵛ) Sermo quartus de euangelio spiritualis intellectus . . . (f. 312ᵛ) Sermo 5ᵘˢ . . . (f. 316) Sermo sextus . . . (f. 321ᵛ) De sancto steffano prothomartire . . . (f. 333ᵛ) De sancto Iohanne euangelista . . . (f. 352ᵛ) In circumcisione domini . . . (f. 359ᵛ) In epiphania domini primus sermo . . . (f. 365) Item sermo de eodem . . . (f. 367ᵛ) de Paulo primo heremita et de sancto anthonio . . . (f. 369) Item de eodem . . . (f. 370ᵛ) De sancta agnete agatha et dorothea . . . (f. 373ᵛ) De sancto vincencio martire . . . (f. 378ᵛ) De conuersione sancti pauli apostoli . . . (f. 380) De sancto mathia apostolo . . . (f. 380ᵛ) de sancto mathia . . . (f. 385) Vita sancti gregorij pape scripta est a domino Iohanne cardinali—(f. 385ᵛ) Sermo de sancto gregorio papa . . . (f. 388) De sancto benedicto abbate . . . (f. 389ᵛ) Sermo de eodem . . . (f. 392ᵛ) De sancto ambrosio episcopo mediolanensi . . . (f. 393) De sancto georgio . . . (f. 393ᵛ) de sancto georgio martire . . . (f. 396ᵛ) Et est notandum quod inferius non habentur de beata virgine quoniam in speciali volumine scripsi de omnibus festis beate marie varios sermones cum prologo et de arte et modo ac regulis predicandi Exposui ibidem epistolas et euangelia que in

festis gloriose semper virginis . . . (f. 398) De sancto augustino sermo breuis . . .

Sermons on major feasts and saints' days, November–April, complementing or, f. 398, supplementing, art. 3 above, with general preliminary matter. For the sermons on B.V.M., mentioned f. 396ᵛ, see art. 8.

8. f. 400 In hoc volumine continentur sermones (ad populum) de sanctis quos ego frater Io H Carthusien' auxiliante christo composui et scripsi ad gloriam dei —Sermones autem de beatissima virgine maria hic non posui sed in alio quodam volumine (*marg:* H 62 O 109) . . .

The marginal addition refers to entries in the Erfurt Charterhouse catalogue, *MBDS* ii. 401–2 and 505.

9. ff. 400ᵛ–401ᵛ Sancti leguntur . . .

On the example of the saints, written extremely currently in red.

10. ff. i, 402 (raised parchment pastedowns), from a sermon manuscript, s. xiii, as in MSS cc.10, and perhaps also cc.8, below; 2 cols, outer 187 × c.50 mm.; 39 lines, first above top ruled line.

ff. ii + 396 and 2 slips + iii. Medieval foliation: (i–ii), 1–12, (15), 16–175, 178–306, 306–400, (401–2). ff. ii, 400–1 are medieval flyleaves. Paper; parchment strengtheners at quire-centres, some from a service-book, s. xii. 214 × 160 mm. Written space c. 195 × 125 mm. No ruling. c.35 long lines. Collation: 1–2¹² 3¹² + 1 slip (f. 29*) between 3 and 4 4¹² 5¹⁰ 6–15¹² 16¹⁴ + 1 slip (f. 183*) between 1 and 2 17–33¹². Quires 4–15 numbered at top left of first recto, 2–xiii; 22–33, 2–xiii. Written in John Hagen's very current hand, as MS cc.4 above. No initials. Capital letters in the ink of the text lined with red, ff. ii, 59ᵛ–66, 274ᵛ–277ᵛ, 333ᵛ–338, 352ᵛ–367. Original (?) binding of square-cut wooden boards covered with dark brown leather bearing a pattern on the upper cover of triple fillets and 3 stamps: four-petalled flower, three-pointed leaf, and scroll 'he[.]ans aliud (?)'; rebacked; five bosses on upper cover, missing; two clasps, missing. Secundo folio *qui sunt in.*

Written by John Hagen (d. 1475), arts. 1–3 not before 1460 and arts 4–6 not before 1468. 'Liber iste est fratrum carth' prope Erfford', f. 244ᵛ, perhaps in the same hand as a similar inscription datable before Hagen's death (1475), MS cc.3 f. iii above; 'Liber iste est fratrum carthus' prope Erffordiam', f. iᵛ, s. xv ex.; ff. 245–end may be represented in the Erfurt Charterhouse catalogue by O.98, *MBDS* ii. 504, but the manuscript was foliated right through by Hagen, and the front cover lacks any trace of a numbered label. Pencil note in German of number of leaves, s. xix, f. iᵛ.

cc.8 (D.169). *J. Hagen, In Marcum; etc.*   1464–75

The entire manuscript is in the author's very current hand, as MS cc.4 above, *q.v.* Art. 4 added after the *ex libris*, also 'Exposicio quadruplex super marcum oretur Ihesus pro fratre Io. indag' Carthusien' on f. 1.

1. ff. 9–397ᵛ (prohemium uel prefacio) Reuerentissimo in christo patri ac domino domino Ieronimo archiepiscopo Cretensi legato sedis apostolice cum potestate legati de latere in partibus polonie pruszie etc frater Iohannes indaginis—(f. 10) In nomine domini ihesu christi Incipit exposicio quadruplex super Euangelistam marcum Succurrere christe feliciter Leo rugiet quis non timebit Amos tercio [: 8] Non solum per leonem marcum quia a clamore inchoat suum euangelium . . .

eodem domino nostro ihesu christo sponso ecclesie feliciter prestante qui cum—
in secula benedictus Explicit in carthusia aput finurbe erfurd' anno millesimo
quadringentesimo sexagesimo quarto quinto ydus septembris indictione xij—
(orate pro Io indag' Carthu).

Stegmüller, no. 4692 (no details known); Hieronymus Landini, archbishop of Candia (1459–93).

2. ff. 398–401 In nomine ihesu christi Incipit breuis exposicio super apok' Io
apostoli principium liber promittit audienti et seruanti beatitiudinem ut inde
audiens discat opera . . . ante xvi annos copiose glosaui apok' in multiplici sensu
et post scripsi questiones super eodem libro nunc hic breuiter ego frater Io
indaginis Alias Hagen carthusien' petens oraciones in christo.

No entry in Stegmüller, etc. Described in the Erfurt Charterhouse catalogue as 'per Johannem
Jndaginis extracta ex sentenciis Victorini', *MBDS* ii. 290/1.

3. ff. 401ᵛ–405ᵛ In nomine ihesu christi Incipit de spiritu sancto ex scriptis
didimi Ieronimi etc. Sanctus Ieronimus dum rome esset aliqua de spiritu sancto
proposuit scribere summo pontifici damaso Ecce . . . eterna gaudia transeamus
Prestante christo ihesu domino nostro explicit tractatus de spiritu sancto (Jo H[. .])

4. (added) ff. 1–8ᵛ In nomine ihesu christi Incipit Ieronominianus abbreuiacio
Ieronimi super marcum Succerere christe ut omnia procedant de vultu tuo
scribenda . . . cum omni creatura [. . .]it per christum dominum nostrum
Explicit—.

Abbreviation of *PL* xxx. 609–68 (Pseudo-Jerome, In Marcum).

5. ff. i, 406 (raised parchment pastedowns) from a sermon manuscript, s. xiii,
perhaps as in MS cc.7 above; 2 cols., outer 174 × 57 mm.; 29–35 lines, first
above top ruled line. One sermon (f. i) is Geoffrey Babion, In adventu domini,
Schneyer, *Rep.*, ii, 150 no. 1.

ff. i + 405 + i. Paper; parchment strengtheners at quire-centres, from law manuscript, s. xiii.
217 × 159 mm. Written space c. 190 × 120 mm. No ruling. c.35 long lines. Collation 1⁸ 2¹² + 1
leaf (f. 9) before 1 3–32¹² 33¹⁶ 34⁸. Quires 3–33 numbered at the top left of the first recto, 2–
xxxii. Written in a very current hand. Initials: red. Capital letters in the ink of the text lined with
red, ff. 9–146. Original (?) binding of square-cut wooden boards covered with brown leather
bearing a pattern of triple fillets; two clasps, missing. 'Sensus qua super Marcum euangelistam',
'C.74.', s. xv, the former between horizontal red lines, on paper labels across the top of the front
cover; 'C:74' in white paint on spine. Secundo folio (f. 2) *contra peccata*, (f. 11) *Ibi scripsit*.

Written by John Hagen, art. 1 in 1464 at the Erfurt Charterhouse. 'liber Carthusiensium prope
Erffordiam', f. 1, 'Iste liber pertinet ad carthusienses erffurd in thuringia—', f. 9, both by
Hagen; C.74 in the Erfurt Charterhouse catalogue, *MBDS* ii. 289–90, and see labels on front
cover and number on spine. '399' in pencil, s. xix, f. iᵛ, cf. notes in German of number of leaves
found in many other Parkminster manuscripts.

cc.9 (D.170). *J. Hagen*   1454–75

The entire manuscript is in the author's very current hand, as MS cc.4 above,
q.v. Arts. 1–3 are on quires 1–14.

1. ff. 1–26 Incipit exposicio super librum Iudith de beatissima virgine maria

exponendo ut promisimus in alia exposicione quadruplici que sic incipit non est talis mulier super terram Sic etc nunc inchoamus dicentes In nomine domini nostri ihesu christi Non est talis mulier super terram In aspectu In pulchritudine In sensu verborum o nobilissima . . . ad eterna festa peruenire valeamus quo auxilio o piissima regina celorum benedicta in secula seculorum (Amen explicit exposicio libri Iudith ad beatam virginem applicata in carthusia prope ysenac' anno 1455 6ª feria ante letare *added in hand of text*).

Stegmüller, no. 4620 (no details known).

2. ff. 26ᵛ–36ᵛ Circa passionem domini nostri ihesu christi sunt aliqua notanda Vtile est passionem domini nostri ihesu christi frequenter meditari In corde . . . ad gloriam dei omnipotentis et vtilitatem legencium sunt conscripta quo sit deus —Amen finitum et terminatum est hoc opus feria 2ª post quasi modo geniti anno 1455.

Cf. Stegmüller, no. 4732 (Tractatus circa Passionem Domini in Pasca); the date of completion given here is in the week after the first Sunday after Easter. Cf. art. 7 below.

3. (*a*) ff. 37–153 In nomine domini nostri ihesu christi Incipit exposicio quadruplex super librum iudith composita in carthusia prope ysenachum ad laudem dei ac vtilitatem legencium Non est talis mulier—in sensu verborum Iudith xi Adesto michi domine ihesu christe propter ineffabilem tuam bonitatem —(f. 37ᵛ) Liber isto intitulatur iudith a vidua sancta que auxiliante deo vicit eum qui invincibilis videbatur . . . semper beati manebunt ad quam beatitudinem nos perducat ihesus—Amen Explicit—composita in carthusia prope ysenachum anno domini 1455 quinta feria ante letare in xlª Quicumque hec legerit pro editore aput deum oret; (*b*) ff. 153ᵛ–166ᵛ In nomine ihesu christi Incipiunt diuisiones et questiones libri Iudith scilicet si queritur de ordine historie . . . omnibus diebus uite illius et postea [. . .] eternam pacem in gloria

Stegmüller, no. 4621 (quadruplex expositio cum quaestionibus).

4. ff. 167–291 Incipit exposicio super librum iudicum Iuste iudicate filii hominum Ita dicit regius propheta ymmo dominus deus per prophetam exhortans omnes filios hominum ad iustum iudicium faciendum—(f. 167ᵛ) Post mortem iosue In isto libro describitur condescensus domini ad populum . . . ad celestem iherusalem [. . .] celo et habitabunt ibi in secula seculorum Amen Explicit—collecta (et finita) erffordie in carthusia anno 1454° in die (praxedis virginis).

Stegmüller, no. 4607. Originally only six lines were written on f. 279, then deleted and repeated with slightly different phraseology on f. 280; the space on f. 279ʳᵛ was later filled with notes.

5. (filling quire 25) ff. 291–292ᵛ Exposicio humilis breuis super ruth In primo capitulo narratur peregrinacio elimelech et conuersio ruth . . . diues et nobilis alios multos.

Cf. art. 6 below.

6. (quire 26) ff. 293–304ᵛ Incipit liber ruth qui sic dicitur a ruth gentili muliere que ad fidelem populum transiuit . . . ad quam nos ipse sponsus ecclesie christus perducat Amen explicit super librum ruth exposicio quadruplex.

Stegmüller, no. 4608. A note added at the head of f. 293 refers back to art. 5.

7. ff. 305–326ᵛ and back pastedown Incipit tractatus de passione domini nostri ihesu christi In die parasceue Egredimini filie syon—Canticorum tercio [v. 11] Dilectissimi in christo ihesu hodie illuxit nobis dies salutis in qua dominus noster operatus est salutem . . . et est maxima exultacio sanctorum ad vis[. .]do perductorum in secula seculorum.

Cf. art. 2 above.

ff. i + 326. f. i is the raised parchment pastedown. Paper; parchment strengtheners at the centre of quire 14, from a manuscript. 215 × 146 mm. Written space 170 × 103 mm. or more. Vertical bounding lines in quires 7–12; otherwise no ruling. 27–46 long lines. Collation: 1–2¹² 3¹⁰ 4–24¹² 25⁶ 26¹² 27¹⁶ 28⁶. Quires 4–13 numbered at the top of the first recto, pᵘˢ–x; 15–25, 1–11. Written in a current hand. No coloured initials. Capital letters in the ink of the text touched with red in quire 26. Original binding as MS cc.5 above. 'C.XI.', 'Quadruplex exposicio super Iudith Iudicum Ruth In principio tamen libri hab[. . .]o libri iudith de beata virgine [. . .]e libri habetur tractatus de passione domini [. . .]', s. xv, on paper labels across the top of the front cover; 'C:11' in white paint on spine. Secundo folio *non est talis*.

Written by John Hagen (d. 1475), art. 4 in 1454 at the Erfurt Charterhouse and arts. 1 and 3(a) in 1455 at the Eisenach Charterhouse. C.11 in the Erfurt Charterhouse catalogue, *MBDS* ii. 280/31–7, cf. labels on the front cover and the number on the spine. Note in German, s. xix, f. iᵛ.

cc.10 (D.171). *J. Hagen*   1460, 1454–75

The entire manuscript is in the very current hand of the author, as MS cc.4 above, *q.v.*; he signed at f. 271ᵛ, and wrote a note of contents and 'orent legentes hic pro fratris Io *in*dag' carthusien' anima ihesum' on f. 1.

1. (quire 1) ff. 1–14ᵛ In nomine ihesu christi Incipiunt Notabilia et questiones super epistolam pauli ad romanos—Ideo succurrere christe—Thema in epistolas pauli potest sumi ex iudicum xiiij vbi legitur quod sampson descendit in tampnatho . . . rebelles et inobedientes nisi coacti namque vix uel modo hodie obediunt christo et—

No entry in Stegmüller, etc.

2. (quires 2–23) ff. 15–271ᵛ In nomine domini nostri ihesu christi Incipit prologus super Epistolas sancti Pauli Apostoli ihesu christe succurrere Fecit deus duo luminaria magna—genes' primo capitulo [v. 16] Mistice possunt verba intelligi de pudipibus apostolorum quorum vnus in circumcisione alius in prepucio . . . sine dubio habebunt premia in celo prestante—Amen Explicit exposicio quadruplex super Epistolam beati Pauli Apostoli ad Romanos per manus fratris Iohannis (*inda*gi*n*is alias) Haghen prioris in ordine carth'

Cf. Stegmüller, no. 4702 (no details known).

3. (quires 24–7) ff. 272–320ᵛ Incipit in nomine ihesu christi prologus O clementissime altissime potentissime sapientissime Et omnium bonorum plenissime deus—(f. 273/1) In nomine domini nostri ihesu christi Incipit soliloquium ad deum de deo et de omnibus que procedunt a deo Deus quis similis erit tibi? Certe non similis tui in diis domine et non est secundum opera tua . . . clementer

perpetualiter omnia disponis in regno tuo qui es deus—Amen Explicit erffordia in Carthusia anno 1460 in [*del.*: sexagesima] septuagesima

Prologue and seven sections. 'Soliloquium tocius Theologie' according to label, s. xv, on front cover. ff. 321–322ᵛ blank.

4. The front pastedown and f. 323 are two leaves from a sermon manuscript, s. xiii, as in MSS cc.7 and perhaps cc. 8 above. At the front one sermon apparently starts 'o altitudo diuitiarum sapientie dei etc [Rom. 11: 33] Diues est dominus quia v mundos habet unum super nos id est celum . . . '. f. 323 has at the head '.d.cccc.'.

ff. 320 + iii. Medieval foliation: 1–40. ff. 321–2 are medieval flyleaves. f. 323 is the raised parchment pastedown. Paper; parchment strengtheners at quire-centres, from manuscripts. 218 × 164 mm. Written space *c.* 185 × 120 mm. No ruling. *c.*28 long lines. Collation: 1¹⁴ 2–19¹² 20⁴ + 1 leaf (f. 235) after 4 21–23¹² 24¹² + 1 leaf (f. 272) before 1 25–27¹². Quires 3–23 numbered at the top right of the first recto, 2–xviii xviii–xxi; 25–7, at the top left, 2–4. Written in John Hagen's very current hand, as MS cc.4 above. Initials: red. Original (?) binding of square-cut wooden boards, covered with brown leather; one clasp, missing. 'C 84', 'Super epistolam ad Romanos exposicio quadruplex Soliloquium tocius Theologie', s. xv, on paper labels across the top of the front cover; 'C: 84' in white paint on spine. Secundo folio *quia difficilior*.

Written by John Hagen (d. 1475), art. 2 after 1454 when he first held office as a Carthusian prior and art. 3 in 1460 at the Erfurt Charterhouse. 'pertinet ad erffordiam in Carthusiam', by Hagen, f. 271ᵛ; 'Carthusien' prope erfford est liber iste', f. 322, in the same hand as a similar inscription datable before Hagen's death (1475), MS cc.3 f. iii above; 'Hic liber est ordinis carthus' Et primo pertinet ad domum Saluatoris que est erfurd', s. xv ex., on front pastedown; C.84 in the Erfurt Charterhouse catalogue, *MBDS* ii. 291/10–11, and see numbers on front cover and spine; 'Cartusiae Erford', s. xvii (?), f. 1 foot. Pencil note in German of number of leaves, s. xix, on front pastedown.

cc.11 (D.172). *J. Hagen*   1455–75

Arts. 13–14 are in Hagen's very current hand, as MS cc.4 above, *q.v.*; he entered marginal notes throughout the manuscript. The front pastedown contains a list of contents, and notes by Hagen 'questiones super xij prophetas vide in alio volumine in xij sexternis', 'legentes hoc orent pro anima fratris Io *in*daginis hagen . . . '; for the former cf. his notes on f. i 'Nota exposiciones prologorum ad xij prophetas et omnes libros biblie posui in alio volumine . . . ' and at the end of art. 12.

1. ff. 1–44 In Nomine domini nostri ihesu christi Amen Incipit exposicio Super ozee prophetam Uverbum domini quod factum est ad ozee prophetam iste loquitur ad duodecim tribus loquitur ad decem tribus comminatoria et ad duos tribus promissoria . . . videndum et amandum atque degustandum perueniet per dominum—Amen Explicit exposicio quadruplex super ozee prophetam etc. Hec autem collecta sunt in magnis curis et sollicitudinibus interuenientibus animam compositoris addmersa rapientibus Idcirco non ut voluit set ut potuit hec scripsit (*added by John Hagen:* In prioratu domus carthusie ysenacen' originali scripsi ego frater Io *in*dag' orare rogo pro me qui hec legitis)

Stegmüller, no. 4671. Allegoria, f. 26^v; Tropologia, f. 36; Anagogia, f. 41^v.

2. ff. 44^v–75 In nomine domini nostri ihesu christi Incipit Iohel propheta Uerbum domini—fatuel Hunc prophetam dicunt hebrei prophetasse ad regnum iuda . . . amando laudabunt: laudando exultabunt in secula seculorum Amen Explicit exposicio quadruplex super Iohel prophetam composita in cathusia prope ysenochu*m* Anno domini 1455 in profesto barnabe apostoli in magnis curis et negociis—

Stegmüller, no. 4672. Allegoria, f. 54^v; Tropologia, f. 64^v; Anagogia, f. 72. f. 75^v blank.

3. ff. 76–123^v Incipit Exposicio Super Amos prophetam Uerba amos Propheta iste non fuit pater ysaie quamuis eisdem temporibus prophetauit . . . gaudeant gaudio magno et inenarrabili in secula seculorum Amen Explicit exposicio quadruplex Super amos prophetam: pro quo deus sit benedictus in secula

Stegmüller, no. 4673. Allegoria, f. 90; Tropologia, f. 104^v; Anagogia, f. 116. In the first part the commentary on cap. 8 ends 'hodie sunt ibi anno christi 1455', f. 88.

4. ff. 124–36 Incipit Exposicio Super Abdiam prophetam In nomine domini nostri ihesu christi Et habet capitulum vnicum quia propter breuitatem eius non diuiditur Et dicitur communiter fuisse dispensator regis . . . quia dominus deus regnabit in eis in secula seculorum Amen Explicit Exposicio quadruplex super Abdiam prophetam. Pro quo laudetur Deus benedictus in seculo seculorum

Stegmüller, no. 4674. Allegoria, f. 129; Tropologia, f. 132; Anagogia, f. 134^v.

5. ff. 136^v–152^v In nomine domini nostri ihesu christi Incipit exposicio super librum Ione prophete Sicut Ionas fuit in ventre ceti—in corde terre Ista sunt verba veritatis organo humanitatis prolata . . . ad vite fontes aquarum potabit eos in secula seculorum Amen Explicit Exposicio super Ionam prophetam

Stegmüller, no. 4676. Allegoria, f. 142; Tropologia, f. 149^v; Anagogia, f. 151^v.

6. ff. 153–200 In nomine domini nostri ihesu christi Amen Incipit micheas propheta Verbum domini quod factum est ad micheam etc. Liber iste diuiditur in duas partes Primo ponitur prohemium . . . ad terram promissionis in celo. ad quam nos perducat—Amen Explicit exposicio super micheam prophetam collecta in carthusia prope ysenacen'

Stegmüller, no. 4678. Allegoria, f. 168^v; Tropologia, f. 185; Anagogia, f. 192^v.

7. ff. 200^v–226^v Incipit exposicio super prophetam Naum Onus niniue Iste propheta prophetauit contra niniue ciuitatem magnam que licet permansit . . . et congaudent mutuo de societate sanctorum et gaudebunt in secula—benedicto in secularum Explicit exposicio super Naum prophetam etc

Stegmüller, no. 4679. Allegoria, f. 205^v; Tropologia, f. 215^v; Anagogia, f. 220.

8. ff. 227–254^v Incipit abacuck propheta Et predicauit ac prophetauit contra baibilonem. Duabus tribubus transductis in babilonem . . . gaudio inenarrabili et perfecte ac plene beata erit in secula seculorum Amen Explicit exposicio quadruplex super abacuck prophetam etc

Stegmüller, no. 4680. Allegoria, f. 233^v; Tropologia, f. 242; Anagogia, f. 248^v.

9. ff. 255–286^v Incipit Exposicio super zophoniam prophetam Verbum domini— ad zophoniam Sophonias iste prophetauit in diebus Iosie regis iuda. qui optimus inter reges fuit . . . quicumque recte desideratur in eternum habebitur per christum—seculorum Explicit exposicio quadruplex Super zophoniam prophetam

Stegmüller, no. 4681. Allegoria, f. 264^v; Tropologia, f. 273; Anagogia, f. 279.

10. ff. 287–297^v Incipit Aggeus propheta In anno secundo darij etc propheta iste a domino deo missus ad populum iudeorum fortiter arguit ipsum . . . Sancti autem domum dei constituent et cum eo in eternum manebunt Amen

Stegmüller, no. 4682. Allegoria, f. 290; Tropologia, f. 294^v; Anagogia, f. 296.

11. ff. 298–361^v Incipit propheta zacharias In mense octauo anno secundo darij regis etc Ponit hic primo prophecie tempus quia in anno 2° . . . Ille habebit omnia que hic meruit quia premiabitur in secula seculorum Explicit Exposicio anagoica super zachariam prophetam etc

Stegmüller, no. 4683. Allegoria, f. 324^v; Tropologia, f. 344; Anagogia, f. 353.

12. ff. 362–89 Incipit malachias propheta etc Onus verbi domini in malachiam prophetam Primo ponit hic prohemium in quo ponit officium prophete . . . et exultando laudent et glorificent beatum ac gloriosum deum in secula seculorum benedictum Amen Explicit exposicio quadruplex super malachiam prophetam pro quo deus qui gracia inchoandi continuandi et finiendi dedit sit benedictus Amen (Et eciam rvbricans sit particeps laborum precedencium Amen) (*added by John Hagen:* Explicit exposicio quadruplex super xij prophetas minores Et in alio volumine scripsi diuisiones et questiones super eisdem Item in alio exposui prologos horum prophetarum petens suffragium oracionum ego frater Io h Carthusien')

Stegmüller, no. 4684. Allegoria, f. 370; Tropologia, f. 377; Anagogia, f. 383^v. For Hagen's added note, cf. those on front pastedown and f. i, above; the other volumes mentioned are identified in the entry for this book in the Erfurt Charterhouse catalogue as C.67 and C.36, *MBDS* ii. 288/9–14.

13. ff. i–iv^v In nomine ihesu christi Incipit super xij prophetas prolog[us] Duodecim porte ciuitatis duodecim margarite apok xxi [: 21] Hec est ciuitas sancta iherusalem id est ecclesia que de celo . . . et nos rogans ut mereamur cum eo transire in celum suum regnum—Amen

Not Stegmüller, no. 4670.

14. Two sermons: (*a*) ff. 389^v–396 Sermo in concepcione gloriosissime ac beatissime virginis marie: singularis atque precipue adiutricis et domine nostre. Editus a f I h Carth' Succurrere christe precibus et meritis matris tue atque omnium sanctorum ut omnia scribenda de vultu tuo procedant sine errore in tuo amore Hec est dies—ait propheta regius [Ps. 117: 24] omnium prophetarum eximius . . . ad te et filium tuum feliciter transeamus prestante eodem filio tuo cum patre—Amen Explicit sermo de concepcione marie; (*b*) ff. 396^v–399^v Item sermo in concepcione beatissime virginis marie I h Carthusien' Tronum fecit sibi rex salomon—3 Reg x [: 18–20] Hec verba apte applicari ad hodiernum sollem-

pnitatem que est de concepcione virginis marie possunt Salomon pacificus . . .
operibus bonis cum leticia cordis usque in finem Amen

(*a*). A modern transcription is kept with the manuscript.

15. The pastedowns are consecutive leaves from the same manuscript as those in
MS cc.3 above; at the front, Felix (14 Jan.) and rubric to Marcellus p. and m. (16
Jan.), whose introit–postcommunion is at the back (raised).

ff. 404 + i. f. 400 is the raised parchment pastedown, from the same manuscript as in MS cc.3
above. Original foliation: (i–iv), 1–17, (17*), 18–389, (390–400). Paper; parchment strengtheners at
quire-centres, from a manuscript. 217 × 156 mm. Written space 168 × *c.*110 mm. Frame ruling
in drypoint. *c.*31 long lines. Collation: 1⁴ 2–3¹² 4¹⁰ 5–6¹² 7¹⁰ 8–10¹² 11¹⁰ 12–13¹² 14¹⁰ 15–17¹²
18¹⁰ 19–22¹² 23–24¹⁰ 25¹² 26¹⁰ 27¹² 28¹⁰ 29–30¹² 31–32¹⁰ 33–34¹² 35¹⁰ 36¹² 37⁴. Quires 2–30
numbered at top left of first recto, primus–24 24–8. Written in hybrida. Initial, f. 1, red.
Original (?) binding of square-cut wooden boards covered with brown leather bearing a pattern
of triple fillets and 9 stamps: five-petalled flower (3 mm. diameter), bird (as on MS cc.3 above, 11
mm. diam.), six-point star and dots (12 mm. diam.), fleur-de-lis (as on MSS cc.1–3 above,
lozenge), B.V.M. and Child (oval), crowned Virgin and Child (as on MS cc.1 above, in arcade),
six-petalled flower (square, 11 mm.), four-petalled flower, and 'laus deo'; metal strips, bosses
and clasps as on MS cc.1 above. 'C. 66', 'Quadruplex exposicio super duodecim prophetas
minores', s. xv, each between parallel red lines, on paper labels across the top of the front cover;
'C:66' in white paint on spine, with traces of paper contents label on top section of spine.
Secundo folio *vltra ad ozee*.

Written in Germany, between 1455 (composition of arts. 2–3) and 1475 (death of John Hagen).
'Carthusien' prope Erfford', front pastedown and f. 200, 'Carthusien' prope Erffordiam', f. 400,
all in the same hand as a similar inscription datable before Hagen's death (1475), MS cc.3 f. iii
above; C.66 in Erfurt Charterhouse catalogue, *MBDS* ii. 288/9–14, and see numbers on front
cover and spine. Pencil note in German of number of leaves, s. xix, inside front cover.

cc.12 (D.159). *Jac. de Paradiso, J. Gerson, J. Hagen, etc.*   1475, 1476, s. xv²

The list of contents on the front pastedown is in hand (*A*) and is headed 'Secuntur
tractatul[.] eximij doctoris Iacobi de paradiso monachi professi et vicarij domus
erfforden' ordinis Carth' Qui fuit prius abbas in ordine Cistersien'; arts. 1–9, 12–
15, and 19 are attributed to him, 10–11 to Gerson, 16–18 to John Hagen, and 20
to Bernard.

1. f. i Venerabiles patres visitatores domorum ordinis Carthusiensis tuscie
narrauerunt Quod quidam Iuuenis decem annorum . . .

A resurrected youth reports Heaven as filled with 'personis huius habitus', i.e. Carthusians. ff.
iᵛ–iiiᵛ blank.

Arts. 2–4 are on quires 1–7, hand (*A*).

2. ff. 1–31 De laude ordinis carthusiensis Ut verbis propheticis te pudicissimam
turturem o animam Cuiuslibet religiosi Carthusien' . . . que abstersura est
omnem lacrimam ab oculis electorum Ad quam nos perducere—Amen Explicit
tractatus de laude ordinis Carthusiensis Egregij ac eximij doctoris Iacobi monachi

professi domus saluatoris in erffordia eiusdem ordini (Qui fuit prius Abbas in ordine Cistercien')

Cf. Meier, no. 88 (Collationes). f. 31^v blank.

3. ff. 32–44 De Paucitate saluandorum NNunc ex prioribus laute tractatis omnibus seculi etatibus . . . et in erudicionem negligentibus ex fonte caritatis

No entry in Meier, but cf. no. 21 for the section beginning f. 36^v, De Statu religiosorum Non superfluum videri debet . . . f. 44^v blank.

4. ff. 45–81 De Arte bone moriendi Omnes morimur et quasi aque dilabimur in terram . . . amabimus et gaudebimus. gaudebimus et laudabimus Quod nobis concedere dignetur Ille qui est vita veritas et via christus Ihesus per secula benedictus Amen

Meier, no. 53. In the space on f. 81 are two extracts, from Gregory and Augustine, on 'meditacio mortis'. ff. 81^v–81*^{v} blank.

Arts. 5–7 are in hand (B), and arts. 5–6 on quires 8–9.

5. (a) ff. 82–87^v De quottidie aut frequenter celebrantibus De quottidie aut frequenter celebrantibus Post predicta non incassum videor mihi aliquid ocy surripuisse . . . alius motus quam ipsa ambulacio sua; (b) ff. 87^v–90 Capitulum septimum De acquisicione virtutum Ars acquirendi virtutes multum . . . Concupiscibilis indonis (?) exercicys suauior etc Deo gratias

(a). Cf. Meier, sub no. 81. f. 90^v blank.

6. (a) ff. 91–103^v De veritate dicenda et tacenda sub peccato mortali Sepe numero pulsatus ame ipso et ab alys incitatus voluebam.in mente . . . reportare a lectore meis scriptis grato Amen; (b) ff. 103^v–105 Capitulum decimum ostendit quod omnibus morituris et agonisantibus assistunt deus angeli et dyaboli Non debet indubium reuocari . . . actus nostros reuadamus periculum etc

(a). Meier, no. 72. f. 105^v blank.

7. (quire 10) ff. 106–19 De dignitate pastorali et cura pastorali Aspiciens a longe sine tamen p[ar]aloyacione . . . thadescit Quibus ut uigilent concedere dignetur princeps pastorum christus ihesus per secula benedictus Amen

Meier, no. 8. f. 119^v blank.

8. (quire 11, hand C) ff. 120–7 De missarum celebracionibus doctor Iacobus Carthusien' Non incassum invigilare expedit istis periculosis temporibus . . . ymo attrahere sed indignos ut digni fiant informare Mei scribentis clementiam omnipotentis—nos ducat Amen 1476

No entry in Meier. ff. 127^v–127**^{v} blank.

9. (quires 12–14, hand D) ff. 128–164^v Tractatus peroptimus de amimabus (sic) exutis a corporibus editus a fratre iacobo doc. ordinis carthusien' ertfordie Rogamus uos ne terramini per spiritum Verba sunt apostolica ad plebem thessalonicam . . . superfluitate caritate instigante ad hoc pro quo deus sit benedictus in seculorum secula Amen

Meier, no. 70.

Arts. 10–11 are in hand (A).

10. (a) f. 165^{rv} Incipit tractatus pro ordine Carthusien' super non esu carnium Compositus per solempnem sacre theologie professorem actu parisien' legentem dominum Iohannem Gerson Cancellarium ecclesie parisien' Anno domini M° cccc° primo Egregio viro Io de gonnat' qui olim in seculo miles Nunc in christi seruitute cum preclara Carthusien' familia . . . suffragia egens et mendicus expostulo; (b) ff. 165^v–180 Grandis et mira est s. iohannis abstinencia . . . crapula et ebrietate dominum meum Ihesum christum qui est benedictus in secula seculorum Amen Explicit Deo gratias.

(a). *Œuvres complètes*, ed. Glorieux, ii (1960), 44; (b) Ibid. iii (1962), 77–95. f. 180^v is filled with four extracts on abstinence from meat, from Johannes Andree, the Decretum, Arnoldus de Villa Nova 'In tractatu pro ordine Carthusien', and the Rule of St Benedict.

11. ff. 181–190^v (a) Tractatus breuis de discrecione religiosorum magistri Iohannis gerson Uberius quam necesse erat respondere conatus sum questiunculis missis Domine guillelme pater . . . ordinaria que videatur Ceterum de meis que petuntur opusculum quasi nomine religionis proposui . . . et ut recommendatus in id ipsum Reuerendis patribus in christo dilectissimis dominis priori magno (f. 181^v) et vicario et Iohanni gabini et Iohanni place*n*tis et oswaldo de Baua*r*ia Et venerabili nouicio michaeli hartrut Necnon ceteris omnibus de sancta domo vestra—Scriptum lugduni x^a die nouembris 1422—(b) Celebris religionis Carthusien' professori domino Guillelmo quondam medico domini Saluciarum Cardinalis patri meo et fratri jn christo dilectissimo Epistola de perfectione religionis et moderamine Gratia vobis et pax jn christo ihesu Vtique dicetis mihi per similitudinem Medice cura teipsum . . . scripsisse contenta sit Benevale— Scriptum lugduni penultima octobris Anno 1422°; (c) f. 190^v (added) Conclusio eppilogans Respondere vberius quam necesse erat conatus sum Gwilhelme pater . . . ordinaria que si placeat videatur.

(a). A divergent and longer version of (c), with a slightly later date than (b); (b) *Œuvres complètes*, ed. Glorieux, ii (1960), 232–45/4 (Ep. 49), eighteen copies listed (p. xxv); (c) Ibid. ii. 245, two sources (p. xxv).

12. ff. 191–9 Tractatus de statu Securiorj incedendi in hac vita doctoris Iacobi In Carthusia Erfurden' Istis nostris infa(u)stis diebus In quibus habundauit iniquitas . . . putaui veritate vera autem caritate scripsi Si quis vero sanius senserit huic non scripsi anno domini currente 1450 domino Nicolao papa quinto autorisante completum in Carthusia prope ertfurdia*m* etc. Anno lxxv°

Meier, no. 41.

13. ff. 199^v–227 Igniculus deuocionis Dormitauit anima mea pre tedio Confirma me . . . Ideo spiritu sancto conducente et christo adiuuante qui est via veritas et vita Per secula benedictus Amen.

Jac. de Paradiso: Meier, no. 28.

14. ff. 227–234^v Super Tercio precepto decalogi Tractatus magistri Iacobi Carthusien' Qvoniam circa obseruanciam diuinorum preceptorum omni menti humana . . . non preiudicans sanius sentienti Currente Anno domini M°cccc°lxiij

per magistrum Iacobum Intheologia Cartusiensem editus Et ego gotchalc*us* gresemu*n*t de messchede sacre scripture professor legi—Ego fridericus schön sacre theologie professor—Ego frater heinricus ludowici sacre theologie professor ad cuius rei euidenciam hoc manibus propriis exaraui Ego Iohannes guderman sacre scripture professor conformiter approbo omnem huius tractatuli doctrinam tamquam veram et katholicam In cuius signum hec propria manu conscripsi.

Jac. de Paradiso: Meier, no. 67 (De sanctificatione sabbati). On the associations of Gresemund, Schone, Ludovici, and Gutirmann with the Erfurt Charterhouse, see references in Klapper.

15. ff. 234^v–239^v Cvm animaduerterem inter quosdam opinionum varietatem de sanctificatione sabbati quo ad certas condiciones . . . ad illa ibidem latius pertractata Anno domini M°cccc°lviij°. Hoc auctorisante sanctissimo patre et domino nostro nicolao quinto Edita per Iacobum Cartusiensem et theologie maystrum etc.

Jac. de Paradiso: Meier, no. 14 (De inchoatione festorum).

16. ff. 239^v–255 Tractatus super tercio precepto decalogi editus a domino Iohanne t. hagen indaginis ordinis Carth' erfurdie professor In nomine domini nostri ihesu christi Incipit exposicio super tercio precepto de sabbati sanctificacione Memento ut diem sabbati—Hec sunt uerba domini dei que locutus est ad filios israel . . . de sabbato pectoris ad sabbatum eternitatis transeamus Amen Compilatum Erfurdie Incartusia Anno domini etc 1459

17. ff. 255^v–284^v In nomine domini nostri ihesu christi Incipit tractatus absolucionis a sentencia excommunicacionis et alys censuris. siue ab homine siue a Iure latis et ab omnibus peccatis in articulo mortis per quemdam patrem Cartusien' Erfordie editus Iohannes indaginis vocatum Tibi dabo claues regni celorum—M^t xvj [: 19] Et per hec uerba in persona petri dedit christus ecclesie sue claues regni . . . deus diligentibus se ut ea possideant in secula seculorum. Prestante domino nostro—Amen

18. ff. 285–297^v De missis votiuis pro defunctis sequuntur dubia et soluciones Filia cuiusdam layci nuper defuncta in vita disposuit . . . licet vterque finaliter a pena liberetur etc Et tantum de illo etc.

Jac. de Paradiso: Meier, no. 34. The contents-list on the front pastedown brackets this item with the two preceding it under the name 'Iohannes Indaginis'.

19. ff. 298–386 Passio christi ex quatuor ewangelijs collecta Oblaturus in tabernaculo tuo quod est ecclesia O indulgentissime ihesu . . . in hac vita cum omnibus desiderantibus inpingwari Amen

Jac. de Paradiso: Meier, no 51.

20. f. 386^v Speculum Monachorum Beati Bernhardi [P]etis ame mi frater karissime quodnumquam et nusquam asuo prouisore . . . in celo sedem sibi elegit collocare (*abandoned after 11 lines*)

ff. 387–391^v blank, save for a note on parts of speech on f. 389^v.

ff. ii + 397 and 1 slip. Original foliation: (i–iii), 1–33, 33–81, (81*), 82–103, 103–110, 112–127, (127*, 127**), 128–212, 212–300, (301–391). Paper; parchment strengtheners at the centres of quires 1–2, 32–33. 208 × 158 mm. Written space *c.* 142 × 102. Frame ruling. 25–36 long lines. Collation: 1–4¹² 5¹⁰ 6¹² 7¹⁴ 8–9¹² 10¹² + 2 leaves (ff. 118, 119) after 12 11¹⁰ 12–13¹² 14¹² + 1 leaf (f. 164) after 12 15¹² 16¹² + 1 slip (f. 183*) between 7 and 8 17–33¹². Written in hybrida, by five hands: (*A*) ff. 1–81 and 165–190ᵛ; (*B*) 82–119; (*C*) 120–7; (*D*) 128–164ᵛ and 208ᵛ–386ᵛ; and (*E*) 191–208. Initials: red. Capital letters in the ink of the text lined with red. Original (?) binding of square-cut wooden boards covered with brown leather bearing a pattern of double fillets and 5 stamps; five bosses with decorative base-plates on each cover, forming identical corner-pieces in each corner; one clasp, missing. Traces of red Buxheim Charterhouse number at the foot of the spine. Secundo folio *vineas multiplices.*

Written in Germany, art. 12 in 1475 and art. 8 in 1476; art. 11(*c*) probably in the hand of the annotator, *c.*1490, of MS hh.5 below. 'Aulae B. V. + MARIAE in Buxheim', s. xvii (?), f. 1 top; Buxheim Charterhouse number on spine, and '15' in ink, s. xvii (?), at foot of front pastedown. Rosenthal, *Cat.* (1884), no. 698–300 marks.

cc.13 (D.160). *Jac. de Paradiso*   1460, 1461–s. xv ex.

A contemporary Registrum contentorum opusculorum fratris iacobi de paradyso ord' Cart', f. 1, lists the contents in the order arts. 1–2 (quires 1–4), 8–11 (quires 13–24), 3–7 (quires 5–12); they were renumbered as they now stand, s. xv/xvi. f. 1ᵛ blank.

1. ff. 2–33ᵛ Magister Iacobus doctor sacre pagine Carthusien' Sequitur tractatus de arte bene moriendi valde bonus et multum utilis et primo de paradiso Omnes morimur et quasi aque dilabimur in terram . . . amabimus et gaudebimus et laudabimus quod nobis concedere dignetur ille qui est via veritas et vita cristus— Amen

Meier, no. 53.

2. ff. 33ᵛ–49 Tractatulus de cogitacionibus et [*del.*: aliarum] (earum) qualitate Dum quodam tempore tumultibus accionum manualium sepositis . . . reddenda ab eo qui ei Inspirauit ut vellet et astitit ut perficere potuit Cristus Ihesus deus et homo persecula benedictus Amen Deo gracias

Meier, no. 20. f. 49ᵛ blank.

3. ff. 50–67ᵛ Corona ordinis Cartusiensis Incipit tractatus magistri Iacobi de Paradyso doctoris sacre pagine ordinis cartusiensis de laude et excellencia ordinis cartusiensis Capitulum primum. Ut verbis propheticis te pudicissimam turturem o anima cuiuslibet religiosi Cartusiensis digne deo . . . que abstersura est omnem lacrimam ab oculis electorum Ad quam—Amen Explicit corona ordinis Cartusien' de excellencia eiusdem Edita per quendam doctorem sacre pagine qui diu fuit in ordine cistercien' abbas sed ob maiorem perfectionem intrauit ord' Cart' in Erfordia Anno domini 1461.

Jac. de Paradiso became a Carthusian at Erfurt, in 1442.

4. ff. 67ᵛ–83ᵛ Incipit alius tractatus eiusdem doctoris Iacobi de Paradyso De causis deuiacionis religiosorum et de remedys eius et qualitate suscipiendorum ad religionem Nouit ille quem cordis secreta non latent quam ardenti desiderio . . . Orandum igitur est ut qui dedit intelligere det et facere et perficere Ihesus christus per secula benedictus Amen Explicit cautela in susceptione nouiciorum

cum cauterio prudencie Iacobi de paradyso doctoris Anno domini 1461 in profesto sancti Sabaldi confessoris

Meier, no. 50.

5. ff. 84–103 Incipit igniculus deuocionis Iacobi de paradyso doctoris Dormitauit anima mea pretedio confirma me in verbis tuis . . . Ipso spiritu sancto conducente et christo adiuuante qui est via veritas et vita per secula benedictus Amen.: Explicit Igniculus deuocionis fratris Iacobi de Paradyso Anno domini 1461 tercio die septembris

Meier, no. 28.

6. ff. 103^v–119^v Incipit Tractatus fratris Iacobi de Paradyso De causis multorum viciorum et remedys eorundem Et precipue de Intollerancia iniuriarum Capitulum primum de quo principalis est intencio in presenti: Cvm effrenatam numerositatem humanarum passionum . . . recto itinere pergamus Ihesum christum per secula benedictum Amen Explicit (tractatus) de intollerancia iniuriarum 1461

Meier, no. 16.

7. ff. 120–141^v Incipit tractatus fratris Iacobi de Paradyso doctoris sacre pagine De arte curandi vicia Capitulum primum Isaac sanctus patriarcha olim legitur egressus ad vesperam ad meditandum . . . vtrique mercede non fraudabimur Quam nobis prestare dignetur ihesus christus per secula benedictus Amen: Explicit tractatus de modo curandi vicia fratris Iacobi de Paradyso ordinis Cartusien' Anno 1461 18 die septembris

Meier, no. 40. f. 142^{rv} blank.

8. ff. 143–162^v Incipit tractatus alter qui intitulatur de perfectione religiosorum Cvm cognicio et desiderium finis secundum aristotilis doctrinam cuilibet operanti . . . spes reposita est mercedis etc. Et sic est finis illius Tractatus 1460

Meier, no. 15.

9. ff. 162^v–267^v Incipit tractatus Iacobi de Paradyso doctoris de oculo religiosorum In nomine domini nostri Iesu christi Amen:—Multorum deo militare cupiencium . . . acciones referens per inmensas Cui laus resonet et gloria sine fine mensura Amen

Meier, no. 45.

10. ff. 267^v–274 De approbacione et confirmacione statutorum ordinis Carthu' per sedem apostolicam Ad faciendum fidem indubitatam omnibus hesitantibus . . . (f. 273^v) se diligentibus promisit daturum Iesus—Amen Sunt hec dicta subcorrectioni sancte matris ecclesie—Tu sancte romane ecclesie . . . sollicita fueris obseruatrix.

Meier, no. 2.

11. ff. 274^{rv}, 276–289^v Regula Directiua Religionis ordinis Carthusien' Eximius prophetarum dauid torrente voluptatis potatus . . . sicut in alys scriptis meis non prescripsi sensibus aliorum me periciorum paratus Amen Deo gratias

Meier, no. 29. f. 275^{rv} blank.

12. The pastedowns are pieces cut from leaves of a mass-book, s. xii, written space 135 mm. wide, plain red initials; at the front Ascentiontide, at the back a group of collects.

ff. 289. Paper; parchment strengtheners at quire-centres, from a service-book, s. xii, noted (neums). 207 × 158 mm. Written space *c.* 155 × 100 mm. Frame ruling. *c.*30 long lines. Pricking in quire 13. Collation: 1–3¹² 4¹² + 1 leaf (f. 49) after 12 5–11¹² 12¹² wants 9–11 (blank) after f. 141 13–23¹² 24¹⁴ + 1 leaf (f. 275) before 1. Leaves numbered 1–6 at the bottom right of the recto in the first half of quires 1 (red) and 6–12, and also the second half in quire 6. Written in hybrida or, ff. 2–49, cursiva; by three hands, changing at ff. 50 and 143. Initials: red. Capital letters in the ink of the text lined with red. Original (?) binding of chamfered wooden boards covered with brown leather bearing a pattern of triple fillets and faint stamps; two clasps, with decorative fittings as on MS aa.7 above. Two paper labels (press-mark (obscured) and list of contents), s. xv/xvi (?) on front cover. Secundo folio *tollerabilius.*

Written in Germany, art. 8 in 1460 and arts. 3–7 in 1461. 'Ex Bibliotheca NS. PP. Cartusianorum in Buxheim' in pink, and 'Buxheim' in ink, s. xvii (?), f. 1; characteristic Buxheim Charterhouse labels on front cover, and '17' in ink, s. xvii (?), foot of front pastedown. Note in German of number of leaves, inside front cover, 'Quart 29508', f. 1, both in pencil, s. xix. Rosenthal, *Cat.* (1884), no. 696–300 marks.

cc.14 (D.161). *N. de Blonie, H. de Hassia, M. Lochmeier, Jac. de Paradiso*   1492, 1511, 1516

Arts. 1–4 are on quires 1–16.

1. ff. 1–161ᵛ Tractatus sacerdotalis de sacramentis deque diuinis officiis et eorum administracionibus. Prologus. Medice curate ipsum Luce iiij ca. Sicut ait Gregorius prima parte sui pastoralis capitulo ii Quis autem cogitationum vulnera occulciora . . . largire dignetur tempore oportuno Suscipe completi laudes—nos toto robore mentis. Amen Finit tractatus perutilis. De administratione sacramentorum. de exposicione officii misse. de dicendis horis canonicis deque censuris ecclesiasticis canonice obseruandis scriptus per me humilem Fratrem Iohannem Heymberch professum monasterii beatissime virginis Marie In huysborch Anno domini incarnacionis Millesimo quingentesimo vndecimo In profesto beati Marci euangeliste.

Bloomfield, no. 3038 (Nic. de Blonie); Hain, nos. 3251–9.

2. ff. 161ᵛ–175ᵛ Secreta sacerdotum que in missa teneri debent multum utilia Collecta per eximium sacre theologie professorem Henricum de Hassia edita. Questiones de celebratione missarum pro defunctis multum utiles per Iacobum ordinis Cartusiensis ac sacre theolige (*sic*) professorem eximium edite Incipiunt secreta sacerdotum magistri Henrici de hassia que sibi placent uel displicent in missa etc Per egregium sacre theolige et iuris canonici doctorem magistrum Michahelem Lochmeyer correcta et in hanc formam redacta Sacerdotes plures circa officium misse aliter procederent . . . per talem uel consimilem modum cogite Expliciunt secreta sacerdotum

Pr. 1498, etc.; Goff, nos. H.30–6. For the *Questiones* referred to in the heading, see art. 3.

3. ff. 175^v–190 Incipiunt questiones perutiles De celebracione missarum pro defunctis Primo queritur. Vtrum decem uel viginti misse—Filia cuiusdam layci nuper defuncta in vita disposuit . . . magna quam in parrochia parua. Expliciunt questiones de celebracione uel valore missarum pro defunctis.

Jac. de Paradiso: Meier, no. 34.

4. ff. 190–191^v Quibus temporibus orandum sit . . . custoditur vallatur hec omnia VL.

f. 192^{rv} blank.

5. ff. 193–314^v Directorium contemplatiuorum. cum tractatulo de effusione cordis. Incipit prologus in librum appellatum Directorium contemplatiuorum necessario ante ipsum librum propter aliqua legendus Directorium contemplatiuorum sub vulgari lingua quasi sepultum repperi . . . concedat amabilis maiestas sapientia et bonitas pater et—Amen Deo gracias Finitur nobilissimum directorium contemplatiuorum editum in theutonico a venerabili patre Henrico Herp ordinis minorum de obseruancia traductum nuper in latinam linguam—.

Trans., together with art. 6, i.e. the 'tractatulus' referred to in the heading, by P. Blomevenna, pr. Cologne 1509. For observations on the printed text, see art. 10 below.

6. ff. 314^v–343 Incipit prologus in tractatum de effusione cordis. Hortatur nos psalmista ad cordis effusionem—(f. 315) Deus hominem ad ymaginem et similitudinem . . . per passiones mortem et amorem ihesu christi—Amen Explicit tractatus—Anno M°.CCCCC° xvj° 5ta feria Ipso die s. briccii confessoris.

See art. 5 above.

7. ff. 343–7 Incipit rosarium gloriossime genitricis dei semper virginis marie Notum sit omnibus christi fidelibus quod quicumque singulis septimanis . . . Conclusio rosarii—Orantibus rosarium tuum ipsius matris Aue benignissime ihesu.

8. ff. 347–349^v Remedium circa distractiones in diuinis Attentio fit ad tria Primo ad verba ne omittantur . . . semper gustare concedat dominus noster—Amen Hec ad peticionem cuiusdam uenerabilis patris ordinis predicatorum succinctim prout incidit descripta sunt saluo semper iudicio melius sentiencium.

9. ff. 349^v–351^v Item de stabilitate cordis humani et remedio Multa super cordis instabilitate et distractionibus presertim sub diuinis laudibus . . . iuxta mensuram profectus curari morbum instabilitatis. Deo gratias

10. ff. 351^v–355 Ista visa sunt adijcienda ad correctorium mendarum directorij contemplatiuorum prius impressum. Item aa. folio quarto latere primo linea prima inepta leticia etc lege in inepta leticia in inordinata . . .

Corrigenda, listed quire by quire, cf. art. 5 above. On f. 352, after eight lines headed 'Ricardus de sancto victore in de archa mistica de contemplacione loquens ait', a note begins 'Quia in exemplari ex quo libelli isti impressi sunt. quedam in margine scripta. quedam etiam cancellata et dimittenda. imprimendo ex errore inserta sunt . . . '; this could not be said of art. 5 above. f.

355^{rv} contains two quotations from Gregory, In Job, on 'sepulchrum'; f. 356 largely cut away, leaving a few letters from six lines at the top of the recto.

11. ff. 357–373^v .Incipiunt quedam deuota et motiua atque multum vtilia exercicia passionis dominice secundum articulos distincta per venerabilem patrem dominum Theodoricum de Herxen compilata Ad dominice passionis memoriam frequentandam singulariter ipsius meditacionis fructus . . . pro aditu paradisi reserando se totum impendit.

Pr. Deventer, 1492; Goff, no. H.134.

12. ff. 373^v–379^v Incipit deuote quedam consideracio passionis dominice de quatuor modis respicien(di) in faciem christi cum oratione notabibili (sic) continente totam seriem passionis domini nostri ihesu christi Respice in faciem christi tui. Bene et optime . . . (f. 377) Collige serue dei. semper pro parte diei— (6 lines)—Intrantem celos cumque sibi iungit amore. De passione domini oratio Domine ihesu christe rex glorie. creator celi et terre . . . sancta et indiuidua trinitas in qua tü viuis et regnas gloriosus deus per omnia secula Amen.

13. f. 380^{rv} List of 'vulnera christi': 'Repperi scriptum sancte brigitte'.

14. ff. 380^v–397 Serta deifere virginis tria incipiunt. Uirginis deifere certum triplex siue crinale. quod eciam psalterium scilicet trinitatis solet appellari videlicet Lilarium. Rosarium. Violarium. nouiter collectum—A quodam fratre Theoderico monasteriensj ordinis minorum de obseruancia regularj—Prologus Cum nouissimis his diebus habundet iniquitas . . . (f. 387) Incipit Rosarium . . . (f. 392) Incipit Violarium . . . in morte ab omnibus nos defende periculis Per d. n. ihesum christum—benedictus et supergloriosus Amen Finit Violarium virginis

Dietrich Kolde, *Rosarium triplicium florum beatissimae Virginis* (Cologne, c.1493). f. 397^v blank.

15. ff. 398–404^v Incipit collatio in die assumptionis virginis marie Qvoniam in hodierno diuine et gloriosissime virginis marie assumptionis festo omni celeberrimo . . . Et quoniam ipsa nunc fruitur presentia fruitur.

ff. 405–406^v (34^{10,12}) blank.

16. Sermons: (*a*) quire 35 (i) f. 407 the last four lines of a letter 'Scriptum ex Erffor^a per—fratrem Georgium'; (ii) ff. 408–12 In Nomine domini nostri ihesu cristi Amen Spiritu ambulate et carnis desideria non perficietis etc Ad Gallatas quinto [:16] in epistola Hodierna Reuerendi in christo patres ac domini magistri doctores ceterique fratres deum timentes . . . corpus nostrum configuratum corpori claritatis sue in eterna patria Ad quam—Amen; (*b*) quire 36 (i) f. 413 Venerabilis (pater) transmitto v. p. sermonem in precedenti capitulo ann[. . .] per patrem nostrum—et per fratrem [. . .] Heinricum Anholt prout v. p. comiserat excopiatum . . . Anno domini etc lxxxsexto per fratrem [. . .] Georgium ad sanctum petrum in Erffor^a —; (ii) ff. 414–22 Beati oculj qui vident que vos videtis luce decimo [: 23] origenaliter—Reuerendj et colendissimj patres et domini abbates Ceterique in hoc celeberrimo cetu patrum et fratrum sincerissime congregatj . . . vt tandem irreuerberatis obtutibus in lumine tuo te

videre mereamur facie ad faciem in futuro in gloria sempiterna Quod ipse etc; (c)
(quire 37) ff. 423–8 In nomine domini Amen Filioli mei non diligamus verbo—
Prime Iohannis iij° [: 18] originaliter et recitatum est in officio presentis dominice
epistolariter, Reuerendi in christo patres et domini prestantissimi ceterique in
christo ihesu religiosi amici karissimi cum summus pater . . . post legittimum
certamen corona coronati perpetua regnare possimus eternaliter Amen Tu autem
Deo gracias; (d) (quire 38) ff. 431–6 Anno 1492 erffordie Videns ihesus ciuitatem
fleuit—luce 19 [: 41] Venerabiles ac religiosi patres quamuis mihi verecundum sit
coram v. p. exordiri sermonem . . . qui sua clemencia vniuersos condidit sanctos:
dominus noster ihesus—in vnitate glorifica gubernans ac moderans secula
cuncta, Amen.

(a, b, c, and d) each form separate quires in different hands and contain one sermon each. (a,i)
and (b,i) are in a further hand and appear to represent parts of covering letters accompanying
arts. (a,ii) and (b,ii); the details in (b,i) indicate that the meetings at which the sermons were
preached were chapter-meetings, see 'abbates' (b,ii), of the Benedictine Congregation of
Bursfeld, of which St Peter's Abbey Erfurt was a leading member, (b) no later than 1486 and (d)
in 1492. f. 407 contains two sentences of a draft document in German written down the page. ff.
407ᵛ, 412ᵛ, 413ᵛ, 422ᵛ, 428ᵛ–430ᵛ, and 436ᵛ blank.

ff. 436. Paper. 208 × 160 mm. Written space 150–7 × 100–10 mm. No ruling; bounding lines
formed by folding on some leaves. 25–40 long lines. Collation: 1–14¹² 15¹² 12 largely cut away
16–29¹² 30¹² 8 largely cut away 31–33¹² 34¹² wants 3 after f. 398 11 (blank) after f. 405 35⁶ 36¹⁰
37⁸ 38⁸ wants 8 7 pasted down. Quires 1–14 signed a–o; 17–33, a–r. Changes of hand at ff. 161ᵛ,
398, 408, 413, 414, 423, and 431. Initials: red. Capital letters in the ink of the text lined with red.
No decoration after f. 397. Original (?) binding of square-cut wooden boards covered with white
skin; metal strips as on MS cc.1 above; five bosses on upper cover, four on lower; two clasps,
missing. Paper contents label, s. xv/xvi (?), on top section of spine. Secundo folio *toleranda*.

Written in Gemany, art. 16(d) in 1492, or shortly thereafter, at Erfurt, and, like art. 16(a–c), for
dispatch (?) to a house of the Benedictine Congregation of Bursfeld, with the scribe of art.
16(b,ii) perhaps named in art. 16(b,i); art. 1 in 1511 by a named monk of Huysberg OSB
(Bursfeld Congreg.); art. 6 in 1516. Pencil note in German of number of leaves, s. xix (?), f. 1 top.

dd.1 (D.156). *Raphael de Pornassio* [1470]

'Tractatus magistri Raphaelis de Ianua', s. xv, p. ii. Titles added to arts. 9 and
11–30, s. xv², correspond to those in the list of contents, s. xv/xvi, in which arts.
18 and 19 are entered in reverse order, p. iv. The date, history, and content of the
manuscript are fully discussed by Creytens, *AFP* 49 (1979), 145–92, numbering
the pieces as below.

1. pp. 1–25 Incipit liber de potestate Concilij Reuerendi Magistri Raphaelis de
Pornasio ordinis predicatorum. ad dominum Iohannem de casanoua Cardinalem
tituli sancti Sixti Transmissum per uos dubium Reuerendissime pater et domine
continebat Numquid concilium a papa conuocatum et ab eodem confirmatum
habeat potestatem a pape potestate distinctam—que in singulis capitulis
continentur—*list of 21 chapters*—(p. 2) Capitulum primum in quo ponuntur
rationes tenentium partem affirmatiuam Qui igitur de proposito dubio partem
affirmatiuam secuntur. solent in seu assertionis robur . . . Et qui plenius de hac

materia cupit uidere habeat beatum thomam in fine libri contra errores grecorum ad vrbanum papam. Que omnia causa breuitatis omitto. Que autem dicta sunt omnia sancte Romane ecclesie et vestre correctioni dimitto. Explicit.

2. pp. 26–9 Responsio ad Rationes basiliensis Concilij ad Eundem Cardinalem Detulit ad me Reuerendissime pater et domine. Nuncius vester copiam xij^{me} sessionis instantis basiliensis synodi—Capitulum primum in quo ponitur primum fundamentum Synodi pro assertione sua. Uidenda igitur sunt ipsius sentencie fundamenta . . . dicta constitutio nullius est roboris uel momenti donec a sede apostolica roboretur Explicit

Four chapters.

3. pp. 29–40 Responsio eiusdem ad eundem. Que sit illa ecclesia cui omnes fideles obedire tenentur. Excellentie vestre transmissum dubium continebat. Vtrum papa cum cardinalibus aut ipse cum vniuersitate prelatorum in generali synodo congregatorum aut ipsa sola synodus sine papa. vel papa cum uniuersa multitudine fidelium sit illa sancta catholica et apostolica ecclesia . . . vni ecclesie siue ecclesie vno modo dicte conuenire. In quibus siquid minus recte dictum est: Vestra Reuerendissima Paternitas corrigat et emendet Explicit

4. pp. 41–56 De communi et proprio ad fratrem dominicum Comitem Cedulam tuam Nepos et frater karissime dubia quedam statum religionis nostre concernentia suscepi—Primo nanque declarandum postulas. Numquid fratres moderni dici debeant proprietarij pro eo quod libros . . . Articulus 36. Vtrum presidentes in ordine contra rebelles—prout in prefato capitulo Columbarien' continetur Explicit.

5. pp. 57–9 Defensionis Euangelice liber Reuerendi Magistri Raphaelis de pornaxio Ianuen'. Ad fratrem Iohannem Mutium papie studentem. Literis tuis insinuare curasti fore non nullos in papiensi studio qui de humanarum literarum notitia sese iactant. insultantque tibi plerumque . . . Quicquid enim ille de suis factis et dictis non legere uoluit. Hoc scribendum illis tanquam suis manibus Imperauit. Explicit

6. pp. 60–8 Declaratio et solutio quarumdam questionum notabilium. Cedulam uestram Illustrissime princeps quedam dubia continentem super quibus petebas per me responderi—Primum dubium siue prima questio erat. Propter quam causam fuit necessarium dominum nostrum yesum christum crucifigi . . . Questio xx^a Quare permittit deus quod infideles dominentur fidelibus—si patienter et constanter et perseueranter tollerant usque in finem. Amen.

7. pp. 69–95 Liber de Arte Magica ualde notabilis. Magistri Raphaelis de pornasio. Contingit interdum inuenire non nullos adeo sensibus—Capitulum primum in quo assignatur nominis significatio. De magica igitur intendentibus: primum inuestigandum occurrit de ipsa nominis ratione. Sic enim docuit cicero . . . sed palam loquatur et scribat. ut veritas magis ac magis concussa splendescat. Amen: Explicit

p. 95 mostly cut away; p. 96 blank.

8. (quires 7–9) pp. 97–141 Incipit tractatus de prerogatiuis domini nostri yesu christi [R]eligiosissimis Venerantissimisque in christo Patribus Vniuersis Sacre Cartusie ordinis. Frater Raphael de pornaxio sacre pagine humilis professor ordinis predicatorum cum humilitate se totum. Quosdam indiscreta quadam humilitate tacentes—(p. 98) (Doctor primus.) [M]agister sententiarum dominus scilicet Petrus Lombardus Episcopus parisiensis. li° 3°. di. 3ª ca° primo sic habet. Queritur etiam de carni uerbi . . . (p. 140) [M]agister Stephanus parisiensis Episcopus—Scripsit preterea Romanus Pontifex litteras apostolicas vniuersitati studij tholosani sancti doctoris extollens gloriam et approbans apostolica auctoritate doctrinam cuius Rescripti Copia nondum ad manus meas peruenit. Explicit.

p. 141 partly cut away; p. 142 blank.

Arts. 9–10 are on quire 10.

9. pp. 143–6 (De statu anime salomonis) Dum pro ut plurimum soletis vno dierum festorum intermissis causarum strepitibus pro spiritalibus . . . Nichilque de penitentia eius uel in eum Indulgentia dei omnino commemorat. Explicit

10. pp. 147–57 (Regulae ad Intelligentiam Sacrae Scripturae, *s. xvii*) Significasti dilecte frater ac nepos quod transcursis hijs qui dicuntur philosophie libris—tanquam directiue regule annotata Nullus hominum ita locutus est ut in omnibus ab omnibus intelligeretur . . . nobis ad huc nescientibus solis angelis in secreto sunt cognita.

p. 158 blank.

Arts. 11–24 are on quire 11.

11. pp. 159–61 (De retentione annuali) Reuerendissimo in christo patri ac domino .d. Iohanni sacrosancte Romane ecclesie Episcopo Cardinali. frater Raphael de pornaxio ordinis predicatorum cum humilitate se ipsum. Excellentie uestre susceptis litteris duo uidi in illis dubia contineri quibus mandabat uestra sufficiencia mee ingnorantie respondere. Primum. Nunquid consuetudo de annatis seu fructibus primi anni dignitatum seu beneficiorum ecclesiasticorum Romane ecclesie persoluendis a diu obtenta sit rationabilis et iusta . . . non confrigendam sed tuendam et defensandam ac conseruandam accepit. Valeat vestra Excellentissima dominatio. cuius correctioni iam dicta committo.

12. pp. 161–2 (De voti simplicis commutatione) Reuerentissime pater ac domine. Michi transmissam cedulam vestram suscepi quedam ut sequitur continentem. Iuuenis quidam annorum xviij credens se morbo pestifero sauciatum uouit deo quod si non decederet de illo morbo religionem Cartusiensium ingrederetur . . . In dubijs autem tutior pars est insequenda. Ex quibus patet theologos intellectos in hac parte non discrepare. a uestris doctoribus canonistis

13. pp. 162–3 (De ordinato a Symoniaco) Uenerande pater Prior. Pridem uestras suscepi litteras quibus petebatis ad quedam uobis dubia responderi. In quo si tardius uotis uestres satisfeci—Primo namque querebatis. An Episcopus in conferendo beneficium exigens aliquid a suscipiente symoniam committat . . .

Super quibus tamen omnibus potestis exquirere conscilium doctorum

14. pp. 163–4 (De plenarie absolutionis efficata) Uestras honorande pater suscepi litteras dubia continentes Primum numquid habens auctoritatem a sede apostolica absoluendi plenarie contribuentes ad aliquod . . . que ex suis litteris oriuntur pertinet declaracio. Cuius interpretationi semper cedendum esset.

15. pp. 164–6 (De venditione ad tempus) Cum nuper priuatum colloquium haberemus vir Egregie in dubium uertebatis. Nunquid uobis liceret uendere ad tempus merces uestras pro cariori foro . . . sicut illi qui soluit de pecunia numerata non est usuria.

16. pp. 166–7 (De transitu ad obseruantialiem statum) Didici ex tuis te de communi statu et iam antiquato modo uiuendi ad eum qui de nouo inuentus est obseruantialis dicitur fore translatum . . . legas et legendo doctus fias. Vale.

17. p. 167 (De hijs qui cum christo surrexerunt) Optare uos pridie dixistis nosce quid tenendum uobis esset de resurrectione eorum qui cum christo resurrexisse leguntur presertim cum audiueritis quosdam predicatores dicentes quod surrexerunt iterum morituri . . . surrexerunt eos preseruare ne dolorem mortis sentirent:

18. p. 168 (De Iure funerali) Casus per uos transmissus talis erat. Quidam ciuis habens domicilium in ciuitate se transfert in villam salubrioris aeris . . . querat sacerdos manibus sibi victum: (finis)

19. pp. 169–72 (Ad Auinionensem presulem et eius clerum. de Conceptione) Id egistis Patres ac domini alias omni cultu ac veneratione dignissimi ut in dei ecclesia cuius uos columnas esse professi estis. iam nichil sit solidum . . . que a deo ad solam sedem apostolicam pertinent quod in generali mandato aut quantumcumque ampla et plena legati auctoritate non ueniunt. Valete

20. p. 172 (De Precepto et prohibitione) Inter cetera venerabilis pater que humilitas uestra pridie declarari petebat. id temporis breuitate . . . que in ordinationibus apponi solent ad maiorem artitudinem exprimendam Valete Finis

21. pp. 172–4 (De Mutuo) Quoniam ut ait poeta terentius. Omnes passim deteriores fimus licentia pro serenitate conscientiarum subinferam de mutuo . . . cum id sine dampno suo possint efficere. Nam illos concernit preceptum domini. Mutuum date nichil inde sperantes

22. pp. 174–6 (De venditione ad tempus) In uenditione et emptione ad tempus siue ad credentiam occurrit alius casus licitus . . . Sola enim intentio facit usurarium et intellige cum effectu ut dicit glossa finalis eiusdem .C. Consuluit. Sic etiam expectatio. xiiij. q. 3. cº. Si quis clericus finis

23. pp. 176–7 (De Cambijs) In materia etiam cambiorum occurrunt aliqui casus liciti. ut petrus habens pecunias Ianue et indigens illas habere in brugijs . . . ut dicit dominus franciscus triuixinus in sua questione de cambijs Et ideo caueant sibi tales ne sub nomine cambij mutuum prestent. Finis

24. pp. 177–8 (De decimis) Ex litteris uestris cognoui quod cum inter uos et nobiles pornaxij innouata esset questio de decimarum solutione . . . plus autem esse constat alienis decimis gaudere quam proprias prestare. Explicit de decimis

Arts. 25–30 are on quires 12–13.

25. pp. 179–91 (Tractatus notabilis de flagellis christianorum ad fratres orientales) Aduenientium relatu percepi animum vestrum anxium fore ex hijs flagellis que modernis temporibus . . . qui cum multo peiores simus patribus nostris. ipsi tamen ab ipso mitius flagellamur: Explicit.

26. pp. 192–3 (De diuina trinitate) cvm in festo Sancte Trinitatis ad cellulam meam declinassetis: quesiuistis. Numquid vltra fidem cui firmiter inheretis— Prima regula. In deo nullum est accidens . . . semper Intelligendo semper amauit. Ideoque semper fuit trinitas personarum Explicit

27. pp. 193–4 (De nominibus yhesu) significasti te optare per me doceri quomodo tibi scribendum esset nomen christi. Cum videas alios scribere per C. ut Cristus. Alios per .X. ut Xpus . . . ut in originalibus manu prefatorum doctorum scriptum inuenerunt. Vale. Explicit

28. p. 194 (De Emptione Iurium) [Q]voniam tam scribendo quam uobiscum conferendo tenui que Ius quod quis habet supra redditum pecunialem . . . id ius rite in alterum omni titulo in alterum transferre potest. Explicit

29. pp. 195–202 (De hereticis post Christum) [P]lacuit Reuerende P. V. edoceri a me qui potius a uobis edoceri debuissem qui in ecclesia heretici fuerint—(1) Manes persa. vnde manichei dicti sunt . . . (94) Frater Michael de Cesena—Qui tandem Antipapa Captus et Auinionem deductus abiurauit heresim perpetuo carceri mancipatus: Explicit

30. pp. 203–5 (De Electione diuina) dvm pridie Nobilitas vestra humilitatem meam visitare dignata fuisset. meque libro incumbentem comperisset. quesiuit quis liber. queue lectio foret. librum esse satis intuitu dignum dixi Qui Clementis itinerarium uocaretur . . . Vel certe dura ceruice resistentes per yeremiam mereamur audire. Indurauerunt ceruices suas. noluerunt reuerti. Explicit

p. 206 blank.

ff. ii + 103 + i. Paginated, s. xv/xvi (?): (i–iv), 1–206, (207–8); pp. i–97 have a modern pencil foliation, 1–51. pp. i–iv are medieval parchment flyleaves. 238 × 170 mm. Written space 186 × 118 mm. 38–9 long lines. Collation: 1^{10} 2^4 $3–4^{10}$ 5^4 $6–8^{10}$ 9^4 wants 4 (blank) after p. 142 of which the lower part (blank) is cut away 10^{10} wants 9–10 (blank) after p. 158 $11–12^{10}$ 13^6 wants 5–6 (blank). Quires signed, s. xv/xvi, A–N. Initials: (i) red; (ii) 2-line, red or, p. 2, blue, or unfilled spaces. Binding of parchment; spine painted red. Secundo folio *pape iam*.

Written in Italy; at Genoa, completed in 1470, as Creytens shows. 'Ex Bibliotheca Ill^{mi} et R^{mi} DD. Andreae Du Saussay Episcopi et Comitis Tullensis An 167. defuncti', p. 1 top; 'Dono et Liberalitate Neptis ac Haeredis ejusdem D^i Illustriss. R^{mique} Domini Du Saussay Tullensis Episcopi Dominae de LEspy (1680)', p. 2 foot; the beneficiaries were the Dominicans of Paris, see Creytens. 'No dd 1838' in pencil, s. xix, inside front cover. 'Phillipps MS 11076' in ink, p. i; '11076', printed spine-label. 'LB XIX 322803' in pencil, s. xix, inside front cover.

dd.5 (C.106). *Breviarium Brigittinum (frags.)*   s. xv med.

The principal rubrics are in German, e.g. 'Prym', 'Freytag'.

(*a*) ff. 1–16ᵛ quod post hanc vitam . . . Cantemus—que deuorauit [Exod. 15: 7];
(*b*) f. 17ʳᵛ Fiant filii eius orphani [Ps. 108: 9]—iniquitatem: quoniam [Ps. 6: 9];
(*c*) ff. 18–19ᵛ cia fuit. cum eiusdem sacratissima virginis anima . . . Sicut adipe et
[Ps. 62: 6]; (*d*) f. 20ʳᵛ nomen eius solius [Ps. 148: 13] . . . carbonibus [Ps. 119: 4];
(*e*) f. 21ʳᵛ eos Emitte manum tuam [Ps. 143: 6] . . . stellarum; et omnibus [Ps.
146: 4]; (*f*) ff. 22–23ᵛ ultent Propter dauid [Ps. 131: 9]—corporis salute gau

HBS xcvi. (*a*) 72/28–91/5 (Thursday lection i–Friday Lauds ps.); (*b*) 94/4–20 (Friday, None ps.
– Vespers ps.); (*c*) 103/28–105/25 (Saturday, lection iii – Lauds ps.); (*d*) 105/25–107/12
(Saturday, Lauds ps. – Prime ps.); (*e*) 108/1 up – 109/2 (Saturday Vespers pss.); (*f*) 110/4–1 up,
114/15–19, 31/19–24, 10–17, 32/1–9, 24/2–5, 23/8 up – 1 up, 24/12–17, Benedicamus virginis filio
—angelice potestatis—domino voce—pro natiuitate—celesti domino—domino suam matrem,
111/11–16, 111/26–31, 112/9–15, Precibus et meritis, In omnibus requiem, Concede nos famulos
tuos (*ending imperfectly*) (Saturday Compline, etc.). Psalms and canticles given in full.

ff. i + 23 + i. 245 × 177 mm. Written space 200 × 130 mm. 32 long lines. Collation: 1–2⁸ 3 two
(ff. 17–18, a bifolium, probably⁸ wants 2–7: text runs on from f. 18ᵛ to f. 19) 4 four (ff. 19–22,
two bifolia, probably⁸ wants 2, 4–5 and 7: gaps in text between ff. 19/20, 20/21 and 21/22, but
runs on ff. 18ᵛ/19 and 22ᵛ/23) 5 one (f. 23, perhaps⁸ wants 2–8: text runs on from f. 22ᵛ). Initials
(i) f. 9ᵛ, 6-line, blue with red ornament; (ii–iv) 3-, 2-, and 1-line, red. Capital letters in the ink of
the text lined with red. Binding of s. xix.

Written in Germany. 'Quart 30004', inside front cover, 'Anfang', f. 1, both in pencil, s. xix; the
latter with a note in French describing the item as 'Psalterium S. Rosarium Virg. Mariae'.

dd.6 (D.203). *Vita S. Catharine (frag.)*   s. xiii²

cit beata caterina fac quoduis audeo—Tunc furore replet imperator iussit
expoliare eius regalem purpuram. et sic bubullis . . . Decollata est autem sancta
caterina mensis nouembris die uicesimo quinto .vj. feria—in secula seculorum.

ff. ii + 4 + ii. 237 × 165 mm. Written space 153 × 100 mm. 21 long lines. Collation: 1⁴. Seven
10-line pictures filling the full width of the writing space, crudely executed in ink-line and colour
wash. Capital letters in the ink of the text filled with pale brown. Binding, s. xx, of thin green
card.

Written in Italy. 'donné en 1921—par Mʳ. Fr. Cariage de Vesoul (France)', f. i.

dd.7 (D.180). *Dionysius Carthus., Expositio hymnorum*
s. xv ex.: 1468 (?)

Implemini spiritu sancto loquentes—In hac saluberrima diuini apostoli exhortacione
—(f. 2) Exposicio ymni Conditor alme siderum Articulus primus Laudare deum
commune est comprehensoribus . . . indesinenter compensantes. ac totis viribus
venerantes ad laudem—Amen Explicit Expositio ymnorum. Fratris dionisii
ordinis Carthusiensis. Scriptum anno domini. 1468°. Circa sancti anthonii.

Opera omnia, xxxv: *opera minora*, iii (1908), 15–131; perhaps composed in 1468.

ff. i + 84 + i. Paper. 208 × 150 mm. Written space 155 × 90 mm. Frame ruling. c.30 long lines, first above top line of frame. Collation: 1–2¹² 3–8¹⁰. Written in hybrida, by one hand. Initials: (i) 5/3-line, red with open decoration; (ii) 1-line, red. Capital letters in the ink of the text lined with red. Binding of inward-bevelled wooden boards covered with brown leather, s. xvii; two clasps, neither complete. Secundo folio *aliquid prout*.

Written in Germany, perhaps in 1468. 'Dyonyisius Hz (?) XVII 284541' in pencil, s. xix, f. i.

dd.9 (D.173). *Ps.-Bonaventura, Jac. de Paradiso, J. Hagen, etc.* 1465 (?), 1473

Arts. 1–2 are on quires 1–4.

1. ff. 1–44ᵛ Liber primus stimulus amoris beati bernhardi In nomine crucifixi Maria Liber iste qui stimulus amoris dicitur indulcissimum et pium dominum Ihesum saluatorem—Quo homo libet christi passionem debet meditari—(*list of 14 chapters of bk. 1*)—Currite gentes . . . Pya in correctis Dulcis in electis Amen —Passio debilitat spolians—Illuminat ornat rcuocat ct rcscrat.

'Quem diuersi diuersis doctoribus asscribunt aliqui beato Bernardo Alij alijs Sed verisimilius quod sit Bonaventure' according to contents-list on front pastedown; cf. Distelbrink, nos. 217–18. The space remaining on f. 44ᵛ was filled with short extracts from Augustine, Gregory, Bernard, etc., under the heading 'Item autoritates pulchre': half of f. 45ʳ, originally blank, contains a note on meditation, largely comprising two extracts, one from Albertus Magnus, the other from Bernard.

2. f. 45ᵛ Penwork drawing: instruments of the Passion (cross, spear, crown of thorns, goad, reed, and rope); a square in the centre of the cross depicts the five main, and many lesser, wounds of Christ, with a cartouche on each side, 'Karitas' 'Paciencia' 'Humilitas' 'Obediencia'; to the lower part of the upright of the cross a heart is fixed by a sword labelled in red 'O maria' and with a scroll 'Et tuam ipsius animam pertransibit gladius doloris', to which a male half-figure points, above whom B.V.M. with a sword at her heart 'O maria'.

3. (quire 5) ff. 46–59ᵛ Ihesus et maria Incipit tractatus De ymitacione christi Capitulum primum Qvi sequitur me non ambulat in tenebris Hec verba christi Quibus ammonemur qualiter vitam eius . . . vim intuleris Tu autem Domine miserere nostri Amen solamen sit sancti spiritus amen Deo gratias Laus tibi virgo maria Gloria fine carens sit tibi pya parens 1473 In die popl (?) MARIA.

Thomas à Kempis, bk. 1.

Arts. 4–8 are on quire 6.

4. ff. 60–7 Ihesus et maria Incipiunt meditaciones optime de passione domini nostri Ihesu christi In deuteronomio legitur quod cum sanctus moyses daret populo precepta legis . . . omni tempore et hora digne querendus est dominus noster—Amen

5. f. 67ʳᵛ Sequitur aliud de passione domini nostri Ihesu christi Qvi ergo in cruce et passione domini gloriari desiderat sedicla meditacione debet in ea persistere . . . accipiet tua vota et acceptabit tua facta.

6. ff. 67ᵛ–69 Preambulum utilissimum passionem dilectissimi Ihesu christi

visceriose meditari volenti Ihesus et maria Humilieris eciam in actu abiecciora misteria et que aly dedignantur . . . in eum ligwas suas et manus Hec in quadam generalitate sunt dicta

A passage concerning a revelation of the 5,475 wounds of Christ includes two sentences in East Central German dialect, f. 68.

7. ff. 69–70 Sequitur profundissima meditacio Diuinum istud caput multeplici spinarum densitate depressatur . . . ut auertetur indignacionem tuam a nobis et consedere nos faceret in celestibus etc Deo gratias Gloria—Amen Gloria fine carens sit tibi pija parens.

8. ff. 70ᵛ–73 Incipit tractatulus beati Bernhardi de honestate vite religiose Qvoniam ut ait apostolus jᵃ ad chor' xiiij capitulo [v. 40] Omnia—fiant in vobis Quedam a vestris formitutibus (?) in scolis christi exercitatis audiui . . . feceris incola celle verus eis (?) et monachus perfectus eris Deo gratias et maria Gloria fines carens sit tibi pya parens.

f. 73ᵛ, originally blank, contains notes in two hands, s. xv².

Arts. 9–13 are on quire 7.

9. ff. 74–7 Vtrum transgrediens statuta religionis circa indifferencia peccet mortaliter Responsio secundum henricum de gandauo in suo quotlibeto Circa institucionem statutorum religiosorum duo sunt consideranda Scilicet institucionis forma et Intencio instituentis . . . (f. 74ᵛ) Vtrum religiosus absque omni peccato soluendo penarum adiunctarum possit transgredi statum penalia . . . (f. 76) Vtrum omnia que in regula beati Augustini continentur cadunt sub precepto . . . cui veritas melius in hoc apparuerit Ecce hec sentit henricus de gandauo

The Erfurt Charterhouse catalogue refers to other excerpts from Henry of Ghent, *Quodlibeta*, in A.45 and H.63, *MBDS* ii. 261/37–8 and 402/16. f. 77ᵛ blank.

10. f. 78 De confessione generali Nouiciorum et professorum nouo priore electo . . .

Thirteen lines of a *quaestio*.

11. f. 78ʳᵛ Modus conferendi spirituali beneficia benefactoribus Collator elemosinarum debet sic dicere Dilecte domino ego do et assigno uobis libere et sponte in elemosinam tot et tanta . . .

12. (a) ff. 79–82 De approbacione vel acceptacione ordinis Carthusien' per sedem apostolicam et Statutorum eius et priuilegijs eiusdem Ad faciendum fidem indubitatam omnibus hesitantibus . . . Quam se diligentibus promisit Ihesus—Amen Per Sacre theologie professorem; (b) f. 82ʳᵛ Prerogatiue speciales Religionis Carthusien' Tu immediata Sacrosancte Romane Ecclesie filia predilecta . . . dummodo Iurium celle diligens fueris obseruatrix

Jac. de Paradiso: Meier, no. 2.

13. ff. 82ᵛ–83 Sequitur Copia publicacionis ac Intimacionis Reuerendi in christo patris ac domini d Alani Cardinalis etc publicantis et intimantis ordini Carth' Commissionem Sanctissimi in christo patris et domini d. Calixti pape tercij Indulgentis dicto ordini remissionem omnium peccaminum ad instar anni Iubilei —Alanus—Religiosis nobis in christo dilectis Prioribus Presidentibus et Conuent-

ibus fratribus et personis tocius ordinis Carth'—Noueritis quod pridie Sanctissimus in christo pater . . . cedula—Pro felici triumpho sancte militantis Ecclesie contra Teucros . . . die uero ueneris penultima mensis Maij—Calixti pape tercij Anno eius primo [1455] De mandato prefati domini et Reuerendi patris et domini Cardinalis A kuczifert (?) subscripsi

The document is printed Bohic, iv. 208–12. f. 83ᵛ blank.

Arts. 14–15 are on quire 8.

14. f. 84ʳᵛ O maria Quicquit agis prudenter agere respice finem Cvm de presentis exilij miseria mortis transitus . . . socy sui dilecti aduentum desiderandum (?) exspectat.

15. ff. 85–91ᵛ (Joannis de Indagine, *s. xvii*) In nomine iesu cristi et marie matris eius Amen [U]olens purgari a peccatis gratiam impetrare et indulgenciam consequi salutarem inscripturisque illuminari . . . Viriliter igitur age et confortaberis Ama deum et amaberis ineternum Deo gracias amen Bernardus (?) Vere humilis non wlt humilis predicari sed uilis reputari.

f. 92ʳᵛ blank.

16. (quire 9) ff. 93–103ᵛ Incipit tractatus de edificacione bone consciencie Sequitur prologus Beati mundo corde—mathei quinto [: 8] Quoniam igitur karissimi totus finis hominis est beatitudo eterna que testante . . . ut obitum beatum obtineas et peruenias ad locum immortalitatis et felicitatis ac iocunditatis eterne Amen Deo gracias

Vere turbatur nimis hic qui plurima fatur Et conculatur . . . maculis qui plurima fatur (12 lines), and Qui raro fatur fatusque suos moderatur corde quietatur . . . Dictis ornatur post mortem glorificatur (11 lines), are quoted as 'venerabilem metrum', f. 102ʳᵛ. f. 104ʳᵛ blank.

Arts. 17–20 are on quires 10–11.

17. ff. 105–8 In nomine christi Incipit tractatus De pollucionibus Succurrere christe cum beata virgine et sanctissimo Iohanne Si quisque inter vos homo nocturno pollutus sit—lauetur Deutoⁱʲ xxiij [: 10–11] Quoniam qui viciose polluitur dando . . . vulnerum christi auferuntur peccata confitentis ac confessoris per eundem christum dominum nostrum Amen.

18. ff. 108ᵛ–114ᵛ Incipit de eodem qualiter impedit et qualiter non hic morbus celebracionem misse et de preparacione ad missam Ubi primo notandum quod in accessu ad celebrandum homo primo . . . suscipiamus eum cum Zacheo et iugiter in eo perseueremus quj est benedictus in secula Amen.

A second tract on pollution.

19. ff. 115–19 Incipit in nomine christi de oracione et disposicione orantis Oportet sine intermissione orare diuina scriptura (luce 18) [*cf.* v. 1] Hoc tunc implemus quando in bono proposito semper perseueramus . . . ad eterna gaudia feliciter transeat prestante christo—Amen Explicit 1465 circa festum symonis et iude in carthus' prope stettin

20. ff. 119ᵛ–128ᵛ Incipit in nomine christi tractatus de valore continuacione et attencione oracionis succurrere christe cum beata virgine et sanctis omnibus

Multum valet oracio iusti assidua dixit frater domini sanctus Iacobus apostolus [*cf.* 5: 16] Quia oracio est mentis ascensus in deum . . . liberantur ab omnibus malis et perducantur ad omnia bona Amen id est fiat feliciter Explicit anno 1465 orate pro Io haghen

21. (quires 12–16) ff. 129–188ᵛ In nomine ihesu christi Incipit informacio vie salutatis et responsio ac solucio dubiorum Ego a te debeo baptisari et tu venis ad me [Matt. 3: 14] Dixit magnus baptista Iohannes ad ihesum At ille preire id est permitte modo id est nunc hec impleri . . . *apparently ends imperfectly*.

The Questiones and Dubia are: (f. 151ᵛ) Vtrum demones in hunc aerem caliginosum tanquam in carcarem detrüsi, (f. 158) de originali peccato vbi magna est difficultas de modo contrahende peccatum illud ut imputeretur ad culpam animabus, (f. 170ᵛ) de presencia dei et sciencia quomodo stare possit cum libero arbitrio, (f. 177ᵛ) Vt tamen melius hec materia intelligatur de presciencia et predestinacione, (f. 181) De paruulis autem quorum alij baptizati statim moriuntur et saluantur, (f. 186) utrum consuetudo introducatur sine intencione introducendi illam, (f. 187ᵛ) vtrum monasterium teneatur pro debitis sui monachi contractis in seculo. f. 189ʳᵛ blank.

22. The front pastedown is part of a parchment leaf of a law (?) manuscript, s. xiii, largely concealed by a piece of paper stuck to it, on which is an analytical list of contents, s. xv², and the *ex libris*.

23. A marker, now between ff. 45 and 46, is a cutting from a letter in German, written in the name of Anna heincz zeichartin, s. xv².

ff. 188 + i. Paper; parchment strengtheners at quire-centres. 215 × 160 mm. Written space *c.* 165 × 105 mm. Frame ruling, ff. 84–104ᵛ, and, by drypoint, ff. 46–73; or, ff. 1–45 and 74–82, vertical bounding lines only; otherwise, none. *c.*40 long lines. Collation: 1¹² wants 1 2¹⁰ 3–4¹² 5–6¹⁴ 7¹⁰ 8¹² wants 10–12 (blank) after f. 92 9–16¹². Quire 11 numbered at the top right of the first recto, 2; 13–16, 2–5. Written in a set cursiva, or, from f. 105 onwards, in John Hagen's very current hand, as MS cc.4 above, *q.v.*. Five hands, changing at ff. 46 (5¹), 74 (7¹), 85 (8²), and 105 (10¹). Initials: red, a few with ornament in red and, f. 46, ink. Capital letters in the ink of the text lined with red, up to f. 129. Original (?) binding of square-cut wooden boards covered with brown leather bearing a pattern of quadruple fillets and 6 stamps: 3 five-petalled flowers (4 mm. diameter, 13 mm. as on MS cc.2 above, and 18 mm. as on MS cc.3 above), fleur-de-lis (as on MS cc.3 above, lozenge), arrow-pierced heart (approx. square, 13 mm.), four-petalled flower; two clasps, missing. 'Stimulus amoris etcetera', 'D.9. (Secundus)', s. xv, on paper labels across the top of the front cover. Secundo folio *salcem volo*.

Written in Germany; arts. 17–21 by John Hagen de Indagine (d. Erfurt Charterhouse, 1475) and arts. 19–20 probably in 1465 at the Stettin Charterhouse, which he left in 1467; art. 3 in 1473; art. 1 perhaps by 'NICOLAVS ARNAW', the name written in red at the foot of f. 1, probably by the rubricator, who was perhaps also the scribe. 'Iste libellus est domus sancti Saluatoris fratrum Carth' prope Erfford', s. xv², front pastedown; in the Erfurt Charterhouse catalogue the entry D '9 secundo. Stimulus amoris [. . .]' was erased, *MBDS* ii. 310/33 n., cf. label on front cover. 'XV 255887' and note in German of number of leaves, in pencil, s. xix, on front pastedown.

dd. 10 (A.33). *Graduale Ord. Carth.; etc.* s. xii

Facsimiles of ff. 150ᵛ–151 (21st Sunday after octave of Pentecost), 99ᵛ–100 and 16ᵛ–17: *Paléographie musicale*, i (Solesmes, 1889), pl. xii–xiv.

Arts. 1–9 are on added preliminary quires.

1. ff. 1–7 In christi nomine incipit liber dialogus musice artis .D. Qvid est musica? M. Bene modulandi scientia. et facilis ad canendi perfectionem uia . . . que omnia haec te figura docebit

i	iii	v	i	iii	v	vij
A	B	C	D	E	F	G
ii	iiij	vi	ii	iiii	vi	viii

PL cxxxiii. 759–72 (pseud. Odo of Cluny, Dialogus de arte musice).

2. f. 7ᵛ Ter terni sunt modi quibus omnis cantilena contexitur scilicet unisonus . . . Si quem delectat eius hunc modum esse cognoscat

Noted.

3. ff. 7ᵛ–8ᵛ Short pieces on computation: (*a*) Claues terminorum; (*b*) Clauis ideo uocatur. quia per ipsam ad terminum intratur . . . ubi in martyrologio sunt affixe; (*c*) Argumentum qualiter obseruare debeamus aduentum domini; (*d*) Argumentum ad terminos inueniendos. A xvi. kl Februarij usque in xvi kl Martij . . . terminum pentecosten; (*e*) f. 8 Legimus in epistolis grecorum quod post passionem sanctorum apostolorum sanctus pachomius abba in egypto cum monachis suis in orationem dominum rogauit ut ostenderet eis quomodo pascha deberent celebrare—Nonẹ aprilis. norunt quinos . . . (line 19:) Quindenẹ constant. tribus adeptis; (*f*) Concurrentem de bissexto per decem nouenalis uersiculo lunge simul . . . Omnes uero menses viii. idus habent; (*g*) (added, s. xii) Ratio ad inueniendam lunam. Si uis scire cuiuslibet lunẹ ẹtatem infra mensem . . . ; (*h*) f. 8ᵛ Expositio ad xlᵐᵃᵐ inueniendam Quando currit Nulla Inuenies xl ad viii ebdomadam . . . Gratuito cẹli fert aurea dona fideli.

(*a*). A table; (*h*) set out in columns and enclosed in a penwork frame.

4. f. 8ᵛ (added, s. xii) In commemoratione beate Marie aNᵉ Salue Sancta parens enixa puerpera regem qui celum terramque regit in secula seculorum (*RH*, no. 18197) Ps . . .

Noted. The same as f. 13ʳᵛ below.

5. f. 9 (*beginning imperfectly*) qualiacumque hic et in psalterio . . . Nota karissime quanti separatim in scedula subscribo. Legitur enim ut audiui in arte lectoria . . . Ergo ascendare censeo recensui. corripitvr Recensitvm

On reading aloud.

6. ff. 9–15ᵛ (added, s. xii²) Offices (noted): Tractus in annuntiatione dominica Aaue maria . . . (f. 9ᵛ) Feria vᵃ pasche Uictricem . . . (f. 10ᵛ) Feria viᵃ—Eduxit . . . (f. 11) Sabbato—Eduxit . . . Feria iiᵃ et iiiᵃ Rogationum—Exaudiuit . . . (f. 11ᵛ) Feria vᵃ pentecostes—Rrepleatur . . . In com' Sancte trinitatis (f. 12) Benedicta . . . (f. 12ᵛ) Mensis septembris tertia ebdomada Feria iiiiᵃ—Exultate . . . (f. 13) Feria viᵃ Letetur . . . In commemoratione beate marie Salve sancta parens . . . (as art. 4 above) . . . (f. 13ᵛ) Offitium defunctorum feria iiiᵃ—(f. 14) Requiem . . . (f. 14ᵛ) Feria iiiiᵃ ieiuniorum in aduentu Rorate . . . (f. 15) Feria viᵃ —Prope esto . . .

7. f. 15ᵛ (added, s. xii ex.) Intret in conspectu . . .

Martyrs introit (noted) and cues with original cross-references to texts elsewhere in the manuscript.

8. f. 16 Domine non secundum peccata . . .

Tract (noted), as f. 60 below; crossed out. The top two lines are Ps 63: 11 with two alleluias, the end of an unidentified gradual (?).

9. f. 16ᵛ (added, s. xii/xiii) In Natale Sancti Marci euangeliste et Sancti vgonis. Ant. Protexisti . . . co. Letabitur iustus (? *ends imperfectly*)

10. ff. 17–154 Temporal, Advent Sunday–23rd Sunday after octave of Pentecost.

The communio of the 23rd Sunday is in the main hand on an inserted slip, f. 153ᵛ (recto blank); for its other items there are only cues, see art. 13(b) below. The Pentecost alleluia and versus Veni sancte spiritus reple are on an inserted slip, f. 131 (verso blank); alleluia versus of Sundays after octave of Pentecost, see art. 14 below. As well as the regular Christmas season saints, Purification of B.V.M., Agatha, and Annunciation of B.V.M. follow 3rd Sunday after Epiphany (ff. 42–46ᵛ), and Philip and James 4th Sunday after octave of Easter (ff. 124–125ᵛ).
ff. 25–27ᵛ, completely erased and not rewritten, contained Advent 4 gradual 'caro nomen'—Christmas missa in nocte communio 'In splendoribus sanctorum'. The Palm Sunday antiphon Collegerunt and introit Domine ne elonge are written in different hands over an erasure, ff. 99ᵛ–100 (for facsimile, see above). The tract Domine non secundum peccata is on an inserted leaf, f. 60ʳᵛ (s. xiii), beside 1st Monday of Lent. cf. art. 8 above. Added cross-references include 'Aue Maria quere in principio libri', f. 46, see art. 6 above, and 'Popule me—in fine libri', f. 113, see art. 16 below; also to material for saints.

11. Sanctoral: (a) ff. 154–66 Vigil of John Baptist–Michael; (b) ff. 167ᵛ–172ᵛ Simon and Jude–Andrew, commemoration of Paul, Vincent, Agatha alleluia; (c) ff. 173ᵛ–180ᵛ vigil of Assumption of B.V.M., Matthew, All Saints (vigil and day, supplementing ff. 169–70), Martin (supplementing f. 170), and Benedict.

The gradual Dilexisti and alleluia Specie tua are in the main hand on an inserted slip, f. 162ʳᵛ, beside Nativity of B.V.M. An inserted leaf, f. 164ʳᵛ (s. xii ex.), contains Maurice, followed by the first two lines of Michael which are erased from the foot of f. 163ᵛ. After John Baptist the gradual Ecce quam bonum is partly erased and entirely without music, f. 156ᵛ. Andrew cues and communio in full (noted) added, s. xii ex., in the lower margins of ff. 178ᵛ–179. Agnes, see art. 24 below.

12. ff. 166ᵛ–167ᵛ In dedicatione ecclesie.

13. ff. 172ᵛ (a) Feria iiii in pentecosten; (b) Dominica xxiii.

(b) complements the end of art. 10.

14. ff. 181–2 Alleluia versus of Sundays after octave of Pentecost.

Cf. art. 10.

15. ff. 182ᵛ–184 Ad mandatum. a. Dominus ihesus postquam cęnauit . . .

16. f. 184ʳᵛ Ad crucem adorandam .R. Popule me . . .

Cf. the cross-reference at f. 113 in art. 10.

17. ff. 184ᵛ–185ᵛ In missa defunctorum

18. ff. 185ᵛ–190 Te deum, Dominus uobiscum, Te decet laus, Asperges me,

Kyrieleison (Super septimanam, Dominicis diebus, and Sollemnibus diebus), Hymnus angelicus Gloria in excelsis, Credo in unum deum, Dominus uobiscum —Sursum corda—Sanctus—Pater noster—Pax domini—Agnus dei—Ite missa est—Humiliate capita uestra deo.

19. ff. 190ᵛ–191ᵛ Letania in sabbato sancto et in uigilia pentecosten.

20. ff. 191ᵛ–192 Hymns: Iam lucis orto sydere, Nunc sanctę nobis spiritus, Rector potens, Rerum deus (two tones), Deus creator, Æterne rerum.

21. ff. 192–194ᵛ Tones i–viii of Laudate dominum de cęlis, Benedictus dominus deus israel, and Gloria patri.

Each preceded by a different antiphon or psalm-cue.

22. f. 195 Two tones of Magnificat, and, without notation, Dirigatur domine and Benedictus qui uenit.

23. f. 195ʳᵛ (added, s. xii ex.) Hymn: Mysterium ęcclesię.

24. f. 196ʳᵛ (added, s. xii ex.) Agnes.

A reject leaf, intended as a bifolium in a small book, containing on the lower half of the verso the January page of a Calendar written upwards.

25. ff. 197–199ᵛ (added leaves, s. xii med.) Tonale, beginning imperfectly.

The headings are Sexta differentia, Septima differentia, Octava differentia (f. 197); Secunda diem, Tercia diem, Qvarta diem, Qvinta diem, Finis. In responsoriis (f. 198ᵛ); f. 199ʳᵛ contains Tones ii–viii 'In responsoriis' and 'Invitatoriis'.

26. f. 199ᵛ (added, s. xii²) Oportet rudos. nouosque cantores qui ad aliqua cantandi peritiam peruenire cupiunt. primum manualem dinoscere . . . quia duos habeat tonos; Fit (ends imperfectly).

ff. i + 196 and 3 slips + i. Foliated, s. xii, at the top of the outer margin on versos of ff. 17–182, except inserted leaves (ff. 60, 131, 153, 162, and 164), i–cxxi, cxxiii–clxii; continued on ff. 183–5, clxiii–clxv; ff. 9ᵛ–16ᵛ are lettered in red, .a.–.h., at the top left or, f. 16ᵛ, top right. 244 × 164 mm. Written space 167 × 96 mm., or, ff. 1–7, 200 × 136 mm. 7 long lines + 4 lines used for notation; ff. 1–7, 2 cols., 33 lines. Collation: 1⁸ 2 three (ff. 9–11) 3⁴ 4 one (f. 16) 5–9⁸ 10⁸ + 1 leaf (f. 60) added between 3 and 4 11–18⁸ 19⁸ + 1 slip (f. 131) added between 1 and 2 20⁸ 21⁸ + 1 slip (f. 153) between 6 and 7 22¹⁰ + 1 slip (f. 162) added between 6 and 7 + 1 leaf (f. 164) added between 7 and 8 23¹² 24⁴ 25¹⁰ wants 9, 10 after f. 191 26⁴ + 1 leaf (f. 196) added after 4 27⁴ wants 4. Quire 5 numbered at end, i; 7 at beginning and end, iii; 8 at beginning, iii, and at end, iiii; 9–21 at beginning and end, v–xvii; 22 at beginning, xviii; 24 at end, xxi. ff. 1–7 and 17–156ᵛ are by one hand. Initials: red or green, some with a little ornament of the other colour. Some capital letters in the ink of the text following initials touched with red or green, others with red. Binding of s. xix. Secundo folio Maius spatium.

Written in south-eastern (?) France. '[. . .] of Rosenthal Bibl. Lit. XIV n° 158' in pencil, s. xix, f. i, refers presumably to a catalogue of the Munich bookseller. 'O F F F' in pencil, s. xix or xx, inside front cover. '179441' in pencil, s. xx, f. 1 foot.

dd.11 (A.19). *Graduale Carth.* s. xv ex.

Seventy-four blank flyleaves at the front. Arts. 1–2 are on quires 1–10.

1. ff. i–cxiiii Temporal, Advent–23rd Sunday after octave of Pentecost.

Type (i) initials to *Ad* te (Advent 1), *Puer* (Christmas), *Uiri* (Ascension), *Spiritus* (Pentecost), and *Domine* ne (1st Sunday after octave of Pentecost). Palm Sunday starts a new quire (7), f. lxviii, with a space of three lines left at the foot of f. lxvii^v; similarly Easter (quire 8), f. lxxxi, with space left on f. lxxx^v.

2. f. cxiiii^{rv} In dedicacione ecclesie.

3. ff. cxv–cxxxvii^v Sanctoral, Anthony–Thomas ap.

Includes entry 'sub honore agaunensium martirum', 22 × 27 Sept. Type (i) initials at the beginning, and to *De* uentre (John Baptist).

4. ff. cxxxvii^v–cxxxviii^v De beata uirgine maria Introitus Salue sancta parens enixa puerpera regem qui celum terramque regit in secula seculorum (*RH*, no. 18197).

5. ff. cxxxviii^v–cxl^v Tractus De profundis quando presens est mortuus—in officio pro clunacensibus Respice . . . Item pro defunctis Requiem . . .

6. ff. cxl^v–cxliiii Settings of Kyrie (three), Gloria in excelsis (two), Credo in unum deum, Sanctus (two), Agnus (two), Asperges, and Ite missa est (two).

7. ff. cxliiii^v–cxlv^v Ad mandatum Dominus ihesus postquam cenauit . . .

8. ff. cxlv^v–cxlvii In parasceue ad crucem adorandam Popule meus . . . Consilium.

9. ff. cxlvii–cxlviii Credo quod redemptor meus viuit . . . oculus meus ut videat bona Nec.

10. f. cxlviii^{rv} (added, s. xvii ?) Cues for masses.

f. cxlix^{rv} blank.

ff. lxxiv + 149 + xv. Original foliation: (1–74), i–cxxxix; continued, s. xv, in ink, cxl–cxlvii[i], (149–64). Paper; parchment strengtheners at quire-centres, from manuscripts. 208 × 143 mm. Written space 170 × *c.*114 mm. 9 long lines + 4-line stave. Collation: 1–3^{12} 4^{12} wants 7 (blank) after f. xlii 5–6^{10} 7^{12} + 1 leaf (f. lxxx) after 12 8–9^{12} 10^{10} 11–12^{12} 13^{12} wants 12 (blank). Written in hybrida, except ff. xxxvii–xxxviii (4^{1,2}) textura. Initials: (i) in arts. 1 and 3 and to art. 4, red, with red and, f. xi^v, ink ornament; (ii, iii) red or, f. ci, green. Cadels lined with red. Binding, s. xvii, German, of partly bevelled wooden boards covered with white skin, heavily stamped around a small central panel (B.V.M. and Child, headed 'Salvator' on the front cover; 'S. Brvno' on the back cover); two clasps. '482' in red, at the foot of the spine, with '202' in ink below. Secundo folio *mei et enim.*

Written in Germany for Carthusian use. Buxheim Charterhouse numbers on the spine, see above; 'N. 202', f. 1. 'Anfang Quart 28518' in pencil, s. xix, f. i. Perhaps, with the first block of flyleaves not counted, Buxheim sale-catalogue (1883), no. 2531, see MS aa.3 above.

dd.12 (D.175). *Rud. de Biberaco, Jac. de Paradiso, etc.*   s. xv²

ff. i–ii contain an analytical list of contents, s. xv.

1. (quire 1–9) ff. 1–84ᵛ Incipit Itinerarium mentis in deum doctoris Eum qui venit ad me. non eiciam foras Iohannis vi° [: 37] Augustinus de cognicione vere vite dicit. Cum christus via veritas . . . omnis impetus eius feliciter in eternitate terminatur. Ad quam domum eternitatis nos perducat conducat et inducat qui est trinus—Amen.

Rudolph of Biberach, *De septem itineribus eternitatis*, pr. in Bonaventura, *Opera*, ed. Peltier, xiv; Distelbrink, no. 109. 'Itinerarium eternitatis cuiusdam marquardi' in contents-list, f. i. ff. 85–86ᵛ blank.

2. ff. 87–105 Incipit tractatus de causis multorum viciorum et remediis eorundem. et precipue de intollerancia iniuriarum De quo principalis sit intencio in presenti primum capitulum Cvm effrenatam numerositatem humanarum passionum . . . omnium saluatorem recto itinere pergamus ihesum—Amen.

Jac. de Paradiso: Meier, no. 17.

3. ff. 105–128ᵛ Incipit tractatus magistri Iacobi de paradiso qui intitulatur Igniculus deuocionis Dormitauit anima mea pre tedio confirma me [Ps. 118: 28] —Intranti michi ortulum sacrarum religionum . . . cristo adiuuante qui est via veritas et vita Per secula benedictus Amen.

Meier, no. 28. Three sayings from *Vitas patrum* added at the foot of f. 128ᵛ, s. xv.

4. ff. 129–148ᵛ De causis deuiacionis religiosorum et de remediis eius et de qualitate suscipiendorum ad religionem. Nouit ille quem secreta cordis non latent quam ardenti desiderio . . . ut qui dedit intelligere det et facere et proficere ihesus —Amen Explicit cautela in suscepcione nouiciorum cum cauterio prudencie Per me Io l. finitus sed non inceptus Amen.

Jac. de Paradiso: Meier, no. 50.

5. f. 148ᵛ (added in space at foot, s. xv) Selig ist der man den sein hant nert/. . . Aller seligst ist der. der zeit gen hyemel fert (4 lines).

Monorhyme, 6 lines, written as prose, on blessedness.

6. ff. 149–152ᵛ Sermo magistri Nicolai dinckelspuel de humilitate:—Qvi se humiliat exaltabitur scribitur Mathei 23 capitulo [: 12] Karissimi quia thema nostrum loquitur de humiliacione siue humilitate . . . sed magis amabile verbum respondit Ecce ancilla—verbum tuum Amen Ipsa adiuuet me in omni tribulacone (*sic*) etc Ihesus Maria Amen.

Sermones de vitiis et virtutibus, no. 6a, see Madre, p. 193 n. 25. ff. 153–154ᵛ ruled but blank, the latter mostly cut away.

The pastedowns are parts of leaves from an antiphonal (neums), s. xii², from 2nd Sunday in Lent at the back.

ff. ii + 154. Medieval foliation. ff. i–ii are medieval flyleaves. 250 × 180 mm. Written space c. 185 × 114 mm. 30–1 long lines. Collation: 1–7¹⁰ 8–9⁸ 10¹⁰ 11 ten (ff. 97–106: two singletons, ff. 97 and 105, the latter a supply, and four bifolia, ff. 98/106, 99–104) 12–15¹⁰ 16⁸. Quires 4–9 signed d–j; 10–16, a–g. In quires 11–15 there are erratic signatures on the versos at the foot of the inner margin, b–d, etc. Quires 11, 13 numbered at the end. The first word or two of quires 11–14 repeat those at the end of the previous quire. Written in hybrida, by several hands, less formal from f. 90^v onwards; the scribe identified on f. 148^v, at the end of art. 4, began his stint on f. 146^v; on ff. 25^v–79 the descenders of the bottom line of writing extend in decorative scrolls or flourishing in the bottom margin. Initials: (i) f. 1, 5-line, green patterned with black and yellow, on purple ground patterned with red, with marginal ornament in colours including the words 'maria virgo' and a pink scroll at the top 'Ihesu. fili dei. miserere mei' in blue and pink; (ii) 3/2-line, red or blue, some with pink or green ornament and/or blobs of gold, or, f. 69, on deep pink and gold ground; (iii) 1-line, blue or red. Capital letters in the ink of the text lined with red. Original (?) binding of square-cut wooden boards covered with white skin bearing 3 stamps, coloured red or black, and, on the front cover only, a roll; plain metal corner- and side-pieces; five bosses on front cover, four on back, missing; two clasps. 'P 9', s. xv (?), in centre of front cover; 'O 94 (in red) [. . .] in Deum et plu[. . .]', s. xv, on paper label across the top of the front cover; later contents lists on paper stuck to two upper sections of the spine. Secundo folio penetrat.

Written in Germany, art. 4 in part by 'Io. l.'; art. 5, added s. xv, in Bavarian dialect. 'Iste liber est Monasterii sancti Iohannis Baptiste / In Rebdorff Eystetensis dyocesis', s. xv, inside front cover, erased, is the ex libris of the Augustinian abbey of Rebdorff (Bavaria), founded 1159; 'Rebd', s. xv (?), on the upper edge of the leaves, reading from the spine. 'O.94', s. xv (?), f. i foot, and cf. cover, above. Cutting from an English bookseller's catalogue stuck inside front cover. 'Chardin' in pencil, s. xix, inside front cover; '£11–11–0' in pencil, s. xix, inside front cover. Chardin sale, 9 Feb. 1824; acquired by Phillipps via Priestley and Weale. 'Phillipps MS 789', f. i, and cf. rubber-stamp of lion rampant 'Sir T. P. Middle Hill', with '789' added, f. ii^v.

dd.13 (D.182). *Bart. Brixiensis, Apparatus in Decretum; P. de Liazariis* s. xiv med.

1. ff. 6–390 Incipit concordia discordancium canonum ac primum de iure constitucionis nature et humane. Hvmanum genus—[*gloss:*] Quoniam nouis super uenientibus causis nouis . . . patrem facientem [*gloss:*]—quicumque audiet loquetur. et que uentura sunt annuntiabit. Io.

f. 5 is a leaf inserted to serve as title-page, s. xvii, blank on the verso.

2. ff. 2–4^v, 390^v–391 Incipit breuiarium ad omnes materias in iure canonico inueniendas [V]erborum superficie penitus reserata . . . et utrum ipso iure sint excommunicati transgressores .e. q. omnes etc sicut

f. 391^v blank, save for the first two entries, Aaron Abbas, of an index.

3. ff. 392–3 Qvoniam faciendi libros plures nullus est finis ecces xij [: 12] Ideo Ego paulus de liazarijs—breuissimam diuisionem uoluminis decretorum compilandam assumpsi. Que nomen repertorij atque continuacionis sortitur effectum . . . Scientie asquitos (?) in numero electorum ad eterna gaudia—Amen. Repertorium siue continuatio facta super decretum per dominum paulum de liazarijs:—

Divisio decreti, see Schulte, ii. 247. f. 393^v blank.

4. (quire added s. xvi ?) ff. 4a–4i^v List of distinctiones and causae of art. 1.

ff. 4j–4l^v blank.

ff. ii + 3 + 12 + i (f. 5) + 388 + i. The modern pencil foliation omits the paper quire added between ff. 4 and 5. f. 1 is a medieval parchment flyleaf. 238 × 175 mm. Written space 136–42 × 80–3 mm. for text; up to 230 × 157 mm. for gloss, using the same ruling as the text. 43 long lines of text. Collation: 1^4 wants 1 2^{12} 3 one (f. 5) 4^{12} 5^{12} + 1 leaf (f. 29) between 11 and 12 6–13^{12} 14^{12} + 1 leaf (f. 132) between 5 and 6 15–35^{12} 36 two. Initials: (i) 5/4-line, red and blue, with ornament in red or (/and, occasionally) blue; (ii, iii) 4- and 2-line, red or blue, with ornament of the other colour; (iv) 1-line, red or blue. Binding, s. xviii, of plain yellowish calf. Secundo folio (f. 3) *quod habet*, (f. 7) *ut diliges*.

Written in northern Italy or southern France. '23 agusti anni 1444 dat' d. R. (?) M. per f. R.', f. 390 foot. 'N° R^{ijc} (?)', s. xvii (?), inside front cover.

dd.14 (B.62) *Cartae Capituli Generalis Ord. Carth.*, 1504–13

dd.15 (B.57). *Statuta Ord. Carth.*   1428 and 1448

1. ff. 1–8^v Incipit registrum prime partis antiquarum Et prime partis nouarum constitucionum ordinis Carthusiensis Absentes chori qirca deus in adiutorium quando intrare possunt 45f Actus . . . Ysaias ex integro leg' in choro 21f.

Index to part i of the *Statuta antiqua* and the *Statuta nova*, as in MS dd.16 art. 4(*a*) below. There are no corresponding marginal letters subdividing chapters of this part in arts. 3 and 4 below. f. 9^{rv} blank.

2. f. 10^{rv} Quando quelibet hystoria debeat imponendi Hystoria Loquere domine scilicet Regum imponitur semper in octaua trinitatis . . . hystoria imponitur in ipsis kalendis 1428.

Cf. MS bb.11 art. 11 above.

3. ff. 11–115^v, 118–128^v .1428. Assit principio sancta maria meo. Incipiunt capitula prime partis consuetudinum ord. car. Capitulum primum De diuino officio. vno eodemque modo—(f. 12) l. de diuersis institutis in diuino officio Incipit prima pars consuetudinum ordinis cartusiensis, de diuino officio. vno eodemque modo—non inmutandis Capitulum primum Primum capitulum hanc habet continenciam . . . (f. 128) nullatenus expendatur Ut periculosis personarum nostri ordinis vagacionibus—quis se valeat excusare.

Statuta antiqua (1259), i–ii, with the final supplementary section. List of chapters before part ii, f. 77^{rv}.

4. ff. 128^v–159 Incipit prologus in nouas constituciones ordinis carthusiensis Post olim editam compilationem . . . cura nobis sufficiat susceptarum Expliciunt noue constituciones ordinis carthusiensis ad terciam partem statutorum pertinentes Deo Gratias.

Statuta nova (1368), i–iii. List of chapters before each part: ii, f. 138^v; iii, f. 153^v.

5. (added, 1448) ff. 159^v–169^v [A]bbates et episcopos qualiter suscipimus 9a [A]bbates ad ordinem recepti . . . Vxorati ad ordinem non recipiantur 230 1448 2° nonas Iuny.

Index to part ii of the *Statuta antiqua* and the *Statuta nova*, as in MS dd.16 art. 4(*b*) below. In arts. 3 and 4 above this part does have the appropriate marginal letters subdividing each chapter.

6. ff. 116–117ᵛ (on inserted leaves) Calixtus Episcopus seruus seruorum dei—
Cum ad celebrandum . . .

The bull of 1458, as MS bb.11 art. 5 above, pr. Bohic, iv. 220–3.

ff. 169. Paper; parchment strengtheners at quire-centres, from a manuscript in quires 10–13. Parchment pastedowns from a breviary, s. xii, noted (neums). 216 × 146 mm. Written space 157 × 90 mm. 26–7 long lines. Collation: 1⁸ 2¹² + flyleaf (f. 9) before 10 3–9¹² 10¹² + 1 bifolium (ff. 116–17) inserted between 10 and 11 11–13¹² 14⁸ 15⁶. Quires 6–8 signed at foot of inner margin on rectos. Written in hybrida. Punctuation includes flex. Initials: red, or, f. 2ᵛ, blue. Capital letters in the ink of the text lined with red. Original (?) binding of bevelled wooden boards covered with pink leather; one clasp. Contents label, s. xvii (?), at top of spine; '113' in red, on label at foot of spine, with '47' overwritten in ink. Secundo folio *Collecta*.

Written in Germany, arts. 2 and 3 above in 1428, and art. 5 in 1448. The pastedowns here and in MS ee.28 below are from the same manuscript; MS ee.28 has an s. xv *ex libris* of the Buxheim Charterhouse; Buxheim Charterhouse numbers on the spine, see above, and, 'N 47' in ink, f. 1 foot; 'Buxheim +' in ink, s. xvii (?), f. 1. 'Quart 28693' in pencil, s. xix, f. 1. Rosenthal, *Cat.* (1884), no. 1200–100 marks.

dd.16 (B.58). *Statuta Ord. Carth.* s. xv med.

1. ff. 1–109ᵛ Incipiunt capitula prime partis consuetudinum ordinis carthusien*sis* Primum De diu[in]o officio vno eodemque modo—(f. 2) 50ᵐ De diuersis institutis in diuino officio Incipit prima pars consuetudinum ordinis carthus' de diuino officio vno eodemque modo—non inmutandis capitulum primum Primum capitulum hanc habet continenciam . . . coram sponso earum domino ihesu christo.

Statuta antiqua (1259), i–iii; the supplementary section to part ii, see MS dd.15 art. 3 above, is on an inserted slip, f. 97. Each part is preceded by a list of chapters: ii, f. 56; iii, f. 96ᵛ.

2. ff. 109ᵛ–128ᵛ Incipit prologus in nouas constitutiones ordinis carthusiensis Post olim editam compilationem . . . cura nobis sufficiat susceptarum Explicit.

Statuta nova (1368), i–iii. Each part is preceded by a list of chapters: ii, f. 116; iii, f. 125. ff. 129–134ᵛ blank.

3. (quire 13). ff. 135–44 (a) He sunt prerogatiue et libertates prioris carthusie atque domus eiusdem quas habent preceteris domibus et prioribus . . . ; (b) f. 136 Hic est modus procedendi ad eleccionem—Sciencie debent priores . . . ; (c) f. 138ᵛ Item casus electionem faciendam annichilantes . . . ; (d) f. 139 Priores per [h]os casus amittunt obedientiam sed capitulum potest rehabilitare . . . ; (e) f. 139 Priuilegia romanorum pontificum concessa vniuerso ordini carthus' . . . ; (f) f. 141 Modus sew forma legendi statuta in domo carthusie . . . ; (g) f. 142ᵛ Contra vicium proprietatis in religione . . . ; (h) f. 143ᵛ Mala de excommunicacione veniencia . . . ; (i) f. 144 Secundum modus ordinis premissio misereatur . . .

ff. 144ᵛ–146ᵛ blank.

4. (a) ff. 147–150ᵛ Incipit registrum super primas partes consuetudinum et nouarum constitucionum Absentes chori circa deus in adiutorium quando intrare

possunt et quando non. xlv.f. Actus . . . Ysaias ex integro legitur in choro. 21.f. Explicit registrum primarum parcium consuetudinum et nouarum constitucionum; (b) ff. 150ᵛ–155 Sequitur registrum super secundas partes consuetudinum et nouarum constitucionem [A]bbates et episcopos qualiter suscipimus 9.a. Abbates ad ordinem recepti . . . Vxorati ad ordinem non recipiantur 23.o. Explicit registrum 2ᵉ partis antiquarum consuetudinum et 2ᵉ partis nouarum constitucionum.

Indexes to (a) part i, and (b) part ii, of the *Statuta antiqua* and the *Statuta nova*; cf. MSS bb.11 art. 4, dd.15 arts. 1 and 5, dd.18 art. 5, and hh.5 art. 4. Parts i–ii, but not part iii, have the appropriate marginal letters subdividing each chapter in arts. 1 and 2 above.

5. (added on blank pages at the end, s. xv²) ff. 155ᵛ–156ᵛ (a) On indulgences; (b) Forma absolucionis secundum bulle tenorem; (c) f. 156 Modus legendi statuta in carthusia. Circa annum domini 1450 . . . ; (d) Forma generalis scribendi diffinitoribus per priores; (e) f. 156ᵛ Item modus legendi statuta et ewangelia; (f) notes of ordinances, etc., of the Carthusian General Chapter.

ff. 155 and 1 slip. Paper; parchment strengtheners at quire-centres. Parchment pastedowns, from leaves of the Sanctoral section of a service-book listing cues for mass-propers, s. xiv¹ (written space 150 mm. wide; 2 cols.; initials: red). 209 × 147 mm. Written space 153 × 100–4 mm. Frame ruling. 28–34 long lines. Collation: 1¹² 2 three (ff. 13–15) 3¹⁴ 4 two (ff. 30–1) 15¹⁴ 16¹⁴ + 2 leaves (ff. 46–7) before 1 7–8¹² 9¹² + 1 slip (f. 97) between 11 and 12 10–13¹² 14¹⁰. Three main hands: ff. 1–61ᵛ, set cursiva; 62–143 and 155ᵛ, current hybrida; 147–55, hybrida. Punctuation includes flex, in parts by addition. Initials: red. Capital letters in the ink of the text lined with red. Original (?) binding of bevelled wooden boards covered with white pigskin; one clasp. Contents label, s. xvii (?), on top section of spine. Fragment of paper label at foot of spine with traces of red number (?) and ink number (?) below. Secundo folio *de infirmis*.

Written in Germany, art. 4 perhaps by the same hand as MS dd.19 art. 4 below. Buxheim Charterhouse numbers (?) on the spine, see above, and, 'N.146', inside front cover; 'Cartusianorum + in Buxheim' in pink, s. xvii (?), f. 1 top. 'Quart 30107' in pencil, s. xix, at foot inside front cover and f. 1. Buxheim sale, 1883, no. 2744, see MS aa.3 above. Rosenthal, *Cat.* (1884), no. 1193–80 marks.

dd.18 (B.60). *Statuta Ord. Carth. (partly in German)*   s. xv med.

Arts. 4 and 10 contain passages in German.

1. ff. 1–166 Incipiunt capitula prime partis consuetudinum ordinis Carthus' De diuino officio vno eodemque modo—50 De diuersis in(f. 2)stitutis in officio diuino (f. 2ᵛ) Incipit prima pars consuetudinum ordinis Carthusiensium de diuino officio vno eodemque modo—non inmutandis capitulum primum (f. 3) Primum capitulum hanc habet continenciam . . . coram sponso earum domino Ihesu christo. Explicit tercia pars consuetudinum ordinis carth' Ad sciendum quo anno legi debeat prima pars—incepta fuit in domo Carthusie Anno domini Mº cccº xxxvi.

Statuta antiqua (1259), i–iii. Space left at the end of part ii, f. 143ᵛ, for (?) the supplementary section, cf. MS dd.15 art. 3 above. Lists of chapters before each part: ii, f. 79; iii, f. 142ᵛ. Part i is quite heavily annotated, including references to chapter ordinances and *cartae* 1420–43, e.g. ff. 10, 70; cf. art. 2 below.

2. ff 166–98 Incipit prologus in nouas constituciones ordinis cart' Post olim editam compilacionem . . . cura nobis sufficiat susceptarum:, Ihesus Maria:,

Statuta nova (1368), i–iii. Lists of chapters before each part: ii, f. 176ᵛ; iii, f. 192. Annotations in part i include references to chapter ordinances 1417–48, cf. art. 1 above. f. 198ᵛ blank.

3. f. 199ʳᵛ Primo omni anno legitur secunda pars statutorum antiquorum et incipit in festo omnium sanctorum . . . ut vacare talibus non possit.

On the arrangement of readings from the *Statuta*, cf. note at the end of art. 1 above.

4. (*a*) ff. 200–202ᵛ Hortamur et obsecramus in domino priores vniuersos etc ex 2ᵃ parte nouarum c vᵒ Wir manen vnd bitten in got dem herren all priores vnd der nunnen vicarien vnd priorissin . . . ob erß dem oder disem gebe etc Hec sufficiant de antiquis; (*b*) f. 201ᵛ (added, s. xv) Lieben brûd' diß woch sint xx anniuers' et j placebo Ouch heut enphôht ir die palmen . . . alß ir wol wißt; (*c*) f. 202ᵛ Sequuntur noua statuta Cum detestandum sit. et antea Hortamur omnes priores etc (*d*) f. 203 Lieben brüder bitten got fur die gantz cristenheit . . . Sprech ieglicher dz gemeyn gewonlicher gebett

Short extracts from (*a*) the *Statuta antiqua* and (*c*) the *Statuta nova* (heading only), each with a German translation; (*b*) on lay brothers' observances in Holy Week, 6 lines; (*d*) suffrages. Note, added s. xv ex., 'breuem pro fratre in hassia', f. 203. ff. 203ᵛ–204ᵛ blank.

5. ff. 205–210ᵛ Incipit registrum super primam partem consuetudinum et nouarum constitucionum Absentes chori circa deus in adiutorium quando intrare possunt et quando non. xlv.f. Actus . . . Ysaias ex integro legitur in choro. xxj.f. Explicit registrum prime partis consuetudinum et nouarum constitucionum; (*b*) ff. 210ᵛ–221 Sequitur registrum super secundam partem consuetudinum et nouarum constitucionem Abbates et episcopos qualiter suscipimus ix.a. Abbates ad ordinem recepti . . . Vxorati ad ordinem non recipiantur xxiij.o. Ihesus maria Explicit registrum 2ᵉ partis antiquarum consuetudinum Et 2ᵉ partis nouarum constitucionum. Nota non habetur hic registrum super terciam partem consuetudinum antiquarum nec super terciam partem nouarum constitucionum.

Indexes to (*a*) part i, and (*b*) part ii, of the *Statuta antiqua* and the *Statuta nova*, as MS dd.16 art. 4 above. These parts, but not part iii, have the appropriate marginal letters subdividing each chapter in arts. 1 and 2 above.

6. f. 221ᵛ Notes on liturgical forms to be used on various occasions.

7. ff. 222–3 Miscellaneous notes. f. 223ᵛ blank.

8. ff. 224–5 Tabula de imposicione hystoriarum dominicalium.

As MS bb.11 art. 11 above. ff. 225ᵛ–228 blank.

9. f. 228ᵛ Nota quinque littere includuntur in illa diccione dauid que bene considerante ostendunt seu indicant quinque dicciones ostendentes condiciones quas in se habere debet quilibet prelatus . . .

The words are Docilis, Agilis, Vera humilitas, Iocundus, and Discrecio.

10. f. 229ʳᵛ and back pastedown. Miscellaneous notes, including on the latter 12 lines of German verse written as prose 'Erbarmhercziger trost ich man dich das du hast erlöst . . . hilf mir an der jüngsten not Amen', and a date 'Anno 1446

septuage^a die xiii mensis februarii' i.e. Septuagesima Sunday 1446.

11. On the front pastedown, partly over erasures, is a copy, s. xv, of a form of introduction by Andrew and his fellow Carthusians to the bishop of Augsburg's vicar-general for bearers of a petition.

The bishop, named as Peter and described as cardinal, is Peter of Schaumberg, bishop 1424–69, cardinal from 1439. Nördlingen and Buxheim were the two Charterhouses in the diocese of Augsburg; this manuscript has none of the characteristic signs of Buxheim provenance.

ff. 228 + i. Paper; parchment strengtheners at quire-centres, some from a manuscript. f. 229 is a medieval parchment flyleaf. 215 × 152 mm. Written space c. 146 × 90 mm. Frame ruling. 22–8 long lines. Collation: 1–19¹². Quires 2–4 numbered at bottom left of first recto, 2–4; 7–12 at bottom right of last verso, 7–12. Punctuation only by point. Initials: red. Capital letters in the ink of the text lined with red. Original (?) binding of slightly bevelled wooden boards covered with white leather; two clasps; note of contents (?), s. xv, on back cover. Secundo folio *stitutis*.

Written in Germany, with passages in Franconian (?) dialect in arts. 4 and 10. Belonged perhaps, s. xv, to the Nördlingen Charterhouse, see art. 11 above. Pencil notes in German, s. xix, inside front cover.

dd.19 (B.61). *Statuta Carthusiana*   s. xv^I

1. ff. 1–99^v Incipiunt capitula prime partis consuetudinum ordinis carthusiensis Primum De diuino officio vno eodemque modo—(f. 1^v) l. De diuersis institutis in officio diuino Incipit prima pars consuetudinum ordinis charthus'; de diuino officio vno eodemque modo—non mutandis Cappitulum primum Primum cappitulum hanc habet continenciam . . . coram sponso earum domino ihesu christo Explicit tercia pars antiquarum constitucionum.

Statuta antiqua (1259), i–iii, and see art. 3 below. Lists of chapters before each part: ii, f. 44; iii, f. 86^v.

2. ff. 99^v–131^v Incipit prologus in nouas constituciones ordinis cartusien*sis*. Post olim editam compilacionem . . . cura nobis sufficiat susceptarum amen amen.

Statuta nova (1368) i–iii. Lists of chapters before each part: ii, f. 106; iii, f.127.

3. (added) ff. 131^v–132 + Vt periculosis personarum nostri ordinis vagacionibus . . . quis se valeat excusare

The supplementary section to *Statuta antiqua*, ii, cf. MS dd.15 art. 3; there is a cross-reference 'Ibi caret et quere In ultimo post totum opus cum tali signo +' on f. 86^v. ff. 132^v–138^v blank.

4. (added) f. 1 Historia Loquere domine scilicet Regum inponitur semper in octaua trinitatis . . .

As MS bb.11 art. 11 above.

5. (added) f. 1^v De suffragiis misse.

Four-line note.

6. (added, s. xv) f. 139^{rv} Miscellaneous notes, including, f. 139 upside-down at foot, 6-line medical recipe in German, Contra raucitatem Nota nim gersten vnd súnd die mit wasser . . . morgen fröen'.

ff. 130. Original foliation in red: (i), 1–109, 120–131, (132–139). Front pastedown, missing, from a noted service-book, s. xi (?), see offsets inside front cover. 216 × 146 mm. Written space c. 155 × 97 mm. Frame ruling. 28–38 long lines. Collation: 1–5¹² 6¹⁰ 7¹² 8¹⁴ 9–10¹² 11¹² wants 7 (blank) after f. 135 10 (blank) after f. 137. Quire 7 signed, 2. Punctuation includes flex. Several hands. Initials: red. Capital letters in the ink of the text lined with red. Original (?) binding of bevelled wooden boards covered with white leather; two clasps, missing. 'Statuta [. . .]', s. xv (?), written at top of front cover; contents label, s. xvii (?), in top section of spine; '114' in red, on paper label at foot of spine, '4[8]' below in ink. Secundo folio (f. 2) *accidit*.

Written in Germany, art. 4 added by the same (?) hand as MS dd.16 art. 4 above; an addition in art. 6 is in Swabian dialect. Buxheim Charterhouse numbers on the spine, see above, and, 'N. 48', f. i; 'Cartusianorum + in Buxheim' in pink, s. xvii (?), f. 1 top. 'Anfang Quart 28831' in pencil, s. xix, f. i, and cf. f. 1.

dd.21 (C.104). *Mechtildis de Hackeborn, etc.*   1463–s. xv ex.

1. (quires 1–8) ff. iii^v–v, vi^v–vii^v, 1–83^v Incipiunt capitula primi libri sacre virginis Mechtildis qui intitulatur Liber spiritualis gratie in quo ponuntur reuelaciones de festis per circulum anni. In annunciacionis dominice die A (2)— (f. vii) De Laudabili conuersacione huius virginis Expliciunt capitula libri spiritualis gratie (f. vii^v) Incipit Prefacio in Librum qui dicitur spiritualis gratia Benignitas et humanitas domini et Saluatoris nostri—non verba Item alia prefacio Liber iste licet totus de reuelacionibus et visionibus dici possit—(f. 1) dignetur renouare Incipit liber gratie spiritualis Fvit virgo quedam ab infancia a deo in benediccionibus preuenta . . . patres nostros meliores erunt Explicit Liber spiritualis gratie Deo gratias Finito libro Laus et gratiarum—Amen Qui scripsit scribat et semper cum domino—

Five books, ending with Part 5 cap. xxx, ed. Solesmensium monachorum (1877), pp. 1–369. There is some abbreviation; also omission, e.g. 3. lii(ult.)–4. iv, viii, x–xii, xiv, xvii–xx, xxiv, xxvii, xxxi, xxxiii, etc. Part 2, f. 41; 3, f. 53^v; 4. v, f. 66^v; 5, f. 75. ff. ii–iii, v^v–vi, and 84–87^v blank.

2. (quires 9–11) ff. 88–123^v Incipit prologus libri qui appellatur Diadema monachorum Hvnc modicum operis nostri libellum de multorum dictis orthodoxorum—officio ponimus capitulum primum Secuntur capitula istius libri optimi i De Oracione ii—99 De martirio quod in pace ecclesie fit (f. 89) Incipit liber sancti smaragdi Abbatis qui vocatur diadema De Oracione c^m j^m Hoc est remedium eius qui viciorum temptamentis . . . puritate spirituale gaudium habere mereamur Amen Explicit tractatus smaragdi abbatis qui appellatur diadema vtilis valde pro monachis *Feria* 3^a post benedicti 1463°

PL cii. 593–690.

3. (quires 12–14) ff. 124–157^v Lector quisquis es hunc libellum legens— memoriam habeat Explicit prologus Incipit liber scintillarum de diuersis voluminibus In Primis De Caritate Dominus ihesus dicit in ewangelio Maiorem caritatem . . . homo nutritur ac pascitur Amen Explicit liber scintillarum id est sentenciarum 1463°

Defensor. *PL* lxxxviii. 599–718; *CC* cxvii. xxxv, 2–234.

4. (quires 15–16) ff. 158–79 gwidonis Incipit hÿstoria de quadam anima: vtilissimam Incipit libellus de anima guidonis vtilissimus Avgustinus in libro de fide ad petrum dicit quod miraculum—Anno sue incarnacionis M.ccc°.xxiiij° sexta decima die mensis septembris in ciuitate olesti que iam baiona vocatur . . . vos religiosi illam hÿstoriam frequentissime legite Explicit miraculum de missa dominus gregorius Et sic est finis Amen Explicit libellus de anima gwidonis vtilissimus.

f. 179ᵛ blank.

5. (quires 17–21) ff. 180–229ᵛ [Q]voniam attestante scriptura ecclesiastici c°. 3 9° narracionem antiquorum sapiens exquiret Ideo spiritus sancti adiutorio inuocato —(f. 180ᵛ) [A]nno dominice Incarnacionis M° octogesimo secundo . . . expirauit Anno domini M°cccc°lxxxj° die xiiij february hora primarum presentibus multis religiosis etc.

'Cronica priorum carthusie' in contents-list, f. iᵛ. An extended version of the chronicle *Quoniam*, see A. Wilmart, 'La Chronique des premiers chartreux', *Revue Mabillon*, xvi (1926), 109–10, 114–15, pr. in an interpolated version E. Martène and U. Durand, *Veterum scriptorum* . . . *amplissima collectio*, vi (1729), 151–216. The final section here, from f. 226ᵛ/4, corresponds to the passage on Antoine Dellieux, prior-general 1472–81, quoted from 'antiquum Chronicon ms Majoris Cartusiae', L. le Vasseur, *Ephemerides Ordinis Cartusiensis*, i (1890), 187–90.

ff. 230–235ᵛ blank.

6. The pastedowns are parts of a single (?) paper leaf and contain the end of an astronomical text, the final paragraph 'Nota de motu draconis . . . quod nodi mouebantur'; s. xv, written space 145 mm. wide, 2 cols. (1 blank on the exposed side).

7. f. i is part of a parchment bifolium containing astronomical tables, s. xv; two, 'Medius motus capitis draconis in annis collectis' and 'Porcio Mercurij in annis christi collectis', refer to a sequence of years running '1008, 1032 . . . 1440, 1464'. A list of contents, s. xv, is written in a space on the verso.

ff. ii + 239 + i. Original foliation in red: (i–vii), 1–83, (84–235). Paper. Flyleaves medieval; f. i, parchment. 208 × 140 mm. Written space 156–71 × 86–107 mm. Frame ruling. 22–38 long lines. Collation: 1⁸ + 2 leaves (ff. 4–5) after 8 2¹⁰ 3–11¹² 12⁸ + 2 leaves (ff. 132–3) after 8 13–15¹² 16¹⁰ 17¹² wants 1 (blank ?) before f. 180 18¹⁰ 19¹² 20¹⁰ 21¹². Quires 17–21 lettered at the bottom right of text on first recto, a–e. Initials: (i) f. viiᵛ, 10-line, green, with red and ink ornament; (ii) red, or, from f. 180 onwards, unfilled spaces, or, in art. 1, alternately green, with spaces unfilled after f. 10. Capital letters in the ink of the text lined with red on ff. iiiᵛ–176. Original (?) binding of square-cut wooden boards covered with brown leather bearing a pattern of fillets and 9 stamps, including a fleur-de-lis, an eagle (lozenges); metal strips round corners and along edges near hinges; five bosses on each cover, missing; one clasp, decorated on both main metal pieces with the face of Christ. Contents label, s. xvii (?), at top of spine; '57' in red, '20' below in ink, on a label at the foot of spine. Secundo folio (f. iv) *Qualiter deus*.

Written in Germany, arts. 2–3 in 1463 and art. 5 not before 1481. 'Pater dedit mihi postridie (?) Anthonij', s. xvi (?), on front pastedown. '+ Cartusianorum Aulae B. V. MARIAE in Buxheim', f. ii, s. xvii (?); Buxheim Charterhouse numbers on spine, see above; '20' in ink, s. xvii (?), f. ii foot. Buxheim sale-catalogue (1883), no. 2612, see MS aa.3 above. Rosenthal, *Cat.* (1884), no. 917–100 marks.

dd.22 (C.103). *Florilegium theologicum (partly in German)*
s. xv med., 1455, 1458

See art. 1 for the short passages in German.

1. ff. I. 16–90 with inserted slips (see collation below) Short pieces and extracts from a variety of sources.

As well as the Fathers, particularly Chrysostom, and later Christian writers, the sources include, to take f. I. 19*ʳᵛ as an example, Seneca, Martial, Gaufredus, Terence, Cicero, Quintilian, Ovid, and Lucan. The list of contents, added s. xv ex., f. I. 1ʳᵛ, attempts an analysis, using the current foliation, that starts at f. 16:

De frequentacione celebracione misse et abstinencia eiusdem 16

Secuntur multa bona notabilia per longum passum sparsim collecta de diuersis materiis et precipue pro amore solitudinis silencij celle et pro custodia sensuum valencia 18 30

Discussio vite proprie 21

De disciplina corporis 23

Doctrine pro supportacione frenorum defectuum 24 Lege diligenter hic 36 63

Quatuordecim raciones que faciunt vigilanter eas meditantem conari iugiter ad proficiendum et perfectionem attingendum (ff. I. 26ᵛ–27 Quia dominus noster multis modis nos hortatur ad vigilandum . . . periculum veniendi ad penas illas)

Decem que disponunt hominem vt deo placeat (ff. I.27ᵛ–28ᵛ Ut homo amplius proficiat— Primo studeat quantum possit se villissimum repentare . . . clamet et dicat)

Exercitacio ad seipsum humiliandum et infimum omnium reputandum 29

Resignacio sui quis fiat wlgariter 30 *(see below)*

De leuitate et risu vitandis 31

Quedam generalia remedia contra vicia exstirpanda 32

Quomodo inter prospera et aduersa homo se conseruet immobilem 32 Et ibidem quod contra gulam in exstirpacione viciorum primo pugna est assumenda

Temptacio quid sit et quomodo fiat Et quod quinque modis ei resisteri 34 39 40 41 51 54 57 58

De actuali et habituali dulcedine spiritus 36 120

Exercicia quedam communia Religiosi qui wlt in virtutibus proficere 37

De temptacionibus contra fidem remedia 39

De horis canonicis dicendis secundum formam ecclesie et quando in eis mortaliter peccatur 42

Quot modis quis deum temptat 46

Quare tribulari permittuntur et clamantes quandoque (non) statim exaudimur 46

Post hec multa notabilia collecta sunt pro diuersis materijs que indigent speciali registracione propter sui breuitatem et varietatem materie

Que sint necessaria volenti proficere in vita spirituali et deo seruire 56

Ira carnis et animi differunt 59 ibidem de duplici ira et concupsicencia et omni viciosa passione

De contemptu quando sit mortalis et de differencia eius 61

Alios arguimus in his que facimus 63

Secuntur a folio 64 vsque ad 91 multa et optima documenta de varijs materijs scilicet de oracione de pugna carnis et spiritus De cogitacionibus et ceteris multis que valent religioso viro sed hic non possunt signari propter eorum confusam posicionem Indigent autem speciali registracione per litteras alphabeti ·

Short passages in German occur on f. I. 29*ᵛ verses (*a*) on solitude Syt dicke alleyne / so blibet

uwir h*e*rcze reyne . . . (6 lines, written as prose); (*b*) on the five qualities of perfection Czyt
vorliesen selden / Nicht wedir schelden . . . (9 lines); (*c*) Complecio omnium virtutum Czungen
binden / Herczen twingen / . . . (5 lines); f. I. 30 Magnus Albertus sp*r*ach zcu eyn*er* syner
geistlichin tochtir. du salt sterbin an drien dy*n*gen Das irste du salt dyn selbis also ledig stehn . . .
das liebeste syn Amen; Wysse das vorgenckliche liebe erdischer dinge. ey*n* vorgiftniße ist des
tufels . . . ; and also f. I. 184ᵛ De mundo et eius consuetudine Ich habe betrachtit ma*n*neche
stundt / Was die werlde gewesen kundt / . . . Das sollit .Y[r]. mir Inwarheid gloübin (21 lines,
partly written as prose).

ff. I. 54*, 54**, and 64* are smaller leaves, written in a different hand from the rest of the
manuscript, but similar in content to the adjoining matter. ff. I. 131–132ᵛ, I. 184ᵛ, II. 51ᵛ–53ᵛ,
II. 122ᵛ–124, II. 136ᵛb, II. 142ᵛ, and art. 7 contain similar matter to this art., filling spaces at the
end of longer pieces; also the slips inserted in art. 5. f. I. 2ʳᵛ blank.

2. ff. I. 90ᵛ–108 Primus tractatulus intitulatur Philosophia spiritualis necessaria
et salutaris pro sui ipsius cognicione preoculis semper habenda Et asscribitur
Venerando magistro Iohanni gerson Cancellario Parisien' Sacre theologie doctori
dignissimo et famosissimo (f. I. 91) Cogitanti michi philosophari de et super vera
et profunda ac salubri suiipsius perfecta cognicione Occurit primo obiectio
admanus Illud quod scribitur in principio libri de spiritu et anima . . . tacta et
prefata debite sibi suomodo singlariter applicauerit et sic est finis. Explicit—
Anno 1458 In vigilia sanctorum apostolorum Symonis et Iude

Twenty chapters, listed f. I. 90ᵛ. An added note, f. I. 108, 'non videtur ex stilo fuisse Gersonis'
in the hand of John Hagen (?), d. Erfurt Charterhouse 1475, cf. MSS cc.1–11 above.

3. ff. I. 108–21 Sequencia per xii folia scripta sunt de libro qui intitulatur
Stimulus amoris Decalogus humilitatis perfecte Non est dubium si quis bene suos
defectus et maliciam suam recognosceret . . . Ex hac siquidem proficit ad
cognicionem omnium celestium terrestrum et infernorum Registrum capitulorum
Decalogus—De actuali a sensibili dulcedine—consueuit adesse.

Cf. Distelbrink, nos. 119, 217–19.

4. ff. I. 121ᵛ–131 Exerptum ex Soliloquio cuiusdam deuoti Religiosi A cordis
multiplicitate ad vnum summum bonum se continue recolligentis Volens a cordis
dispersione se colligere respiciat semper ad finem omnium Et renuat consolari ab
aliquo citra deum Capitulum Primum In omnibus que occurunt que mouent uel
mouere possent semper habebo respectum ad finem . . . (f. I. 130ᵛ) impediatur
vnum per aliud Sed in utrisque animus cum domino sit omnia in omnibus Amen
et sic est finis Registrum capitulorum Caᵐ jᵐ Uolens a cordis—Quid precipue cor
exonerat et liberum reddit Caᵐ 20ᵐ

Gerlach Peters (1378–1411), ed. J. Strange (Cologne, 1849).

ff. I. 131–132ᵛ contain extracts from the Collationes of Abbots Pafnutius, Serapion, and Daniel,
cf. arts. 1 and 5. f. I. 137ʳᵛ blank, also presumably ff. I. 133–6 now removed.

5. ff. I. 138–84 (collectum ex sermonibus abbatis Isaac syrie) Speculum
solitariorum De fuga et contemptu mundi. Caᵐ. pᵐ. Quia tantis insidiarum
tendiculis hoc tempore mundus iste densatus est. vt quisquis huius sacri
heremitici ordinis desiderat . . . (f. I. 183) In veritate videbit anima tua
insemetipsa lumen christi et inseculum non obtenebrescet. Cui sit honor—
Amen. Sequitur Registrum Capitulorum et materiarum eiusdem Speculi De fuga
—oculis suis anteponat 39ᵐ.

f. I. 184ᵛ is filled with brief extracts, including a passage in German, see art. 1 above, also the inserted slips (ff. 139*, 148, 166, and 175).

6. (a) ff. II. 1–51 Gregorius in moralibus; (b) ff. II. 54–122 (Hic in sequentibus seruatur ordo librorum moralium magis quam in prioribus); (c) ff. II. 125–136ᵛ Sequuntur puncta exerpta hincinde ex omelijs beati Gregorij super Ezechielem; (d) ff. II. 137–142ᵛ (Nota diligenter quod hoc registrum tantum deseruit materie collecte post medium huius voluminis vbi quotacio foliorum incipitur scribi per rubrum Quia precedentia folia habent aliam quotacionem scriptam per incaustum)

(a–b) comprise extracts from Gregory, Moralia in Job; in (b) these follow the order of the source, but, as indicated in the list of contents (f. I. 1ᵛ) and the note added at the head of (b), there is no apparent order to the extracts in (a). (d) is a subject-index to (a–c), which have the sections lettered appropriately. The spaces remaining on ff. II. 51ᵛ–53ᵛ, II. 122ᵛ–124, II. 136ᵛb, and II. 142ᵛ contain extracts from other sources, as in art. 1. ff. II. 124ᵛ, 143 blank.

7. ff. II. 143ᵛ–148ᵛ 'Doctrine vtiles contra murmur' tribulaciones et pro jnjuria pacienter sustinenda Pro temerario iudicio vitando Pro penitencia agenda' according to contents-list (f. I. 1ᵛ).

Extracts, as in art. 1.

ff. ii + 311 and 8 slips. Medieval foliation: 1–2, 16–30, 30–64, 64–76, 78–132, 137–150, 152–184; continuing in red, 1–107, 107–148; of the former, ff. 148, 166, and 175 are slips, see collation below. Paper; parchment strengtheners at quire-centres, some from a service-book, s. xii. 212 × 146, 150, or 155 mm. Written space c. 172 × 110 mm. Vertical bounding lines only. 2 cols. c.40 lines. Collation: 1¹⁴ wants 1–11 before f. 16 + 1 slip (f. 17*) between 13 and 14 2¹² + 2 slips (ff. 19*/29*) between 1/12 and 2/11, (f. 21*) between 3 and 4 3–4¹² 5¹² + 3 slips (ff. 54*/64* and 54**) between 1/12 and 2/11, (ff. 58*/60*) between 5/8 and 6/7 6–10¹² 11¹² wants 8–11 (ff. 133–6, blank) 12¹² + 1 slip (ff. 139*/148) between 2/11 and 3/10 13¹² 14¹² + 1 slip (ff. 166/175) between 2/11 and 3/10 15–27¹². Written in hybrida, in one hand. Initials: red. Capital letters in the ink of the text lined with red, the more important also touched with yellow. Original (?) binding of square-cut wooden boards covered with brown leather bearing a pattern of triple fillets and 11 stamps: five-petalled flower (3 mm. diameter, 5 mm. diam.), bird (6 mm. diam.), Agnus dei (11 mm. diam., as on MS cc.1 above), five-petalled rose (18 mm. diam., as on MS cc.3 above), fleur-de-lis (as on MS cc.1 above), foliage (as on MS cc.2 above) (lozenges), dart-pierced heart (square, 8 mm., as on MS cc.3 above), B.V.M. and Child (in arcade, as on MS cc.1 above), four-petalled flower, foliage-and-spike (as on MS cc.3 above); five bosses on each cover, missing; two clasps, missing. 'Speculum solitariorum cum quibusdam excerptis seu dictis sanctorum doctorum liber optimus', in red, '[. . .] collector vocat Speculum solitar' Collationes Isaac syrie Abbatis Abbreuiate . . . ', s. xv, on paper labels across the top of the front cover. Secundo folio (f. 17) *Similitudo*.

Written in Germany, partly in 1455 (finis est 1455, f. II. 122) and 1458 (dates to art. 2; Explicit 1458 omnium sanctorum, f. I. 109ᵛ), with short passages in East Central German dialect, probably by a Carthusian ('pro amore solitudinis silencii celle' f. I. 18). 'Ad Carthus' prope Errford pertinet (hic liber)', s. xv², f. 1; 'H 125' in the Erfurt Charterhouse catalogue, *MBDS* ii. 424/19–37.

dd.23 (A.52). *Graduale*   s. xiii/xiv

1. ff. 2–5ᵛ, 7ʳᵛ Calendar, March–December, in red and black, graded (up to xii lc' et cap.).

Feasts in red include 'Festum Reliquiarum ecclesie superioris' (8 Nov.); in black Gibrianus conf.

(8 May), Hugh (17 Nov.). Additions, s. xvi, include 'dedicatio cappelle beati bernardj' (7 May), 'dedicatio ecclesie inferioris' (8 Aug.), 'beati brunonis sol sermo' (6 Oct). with octave. f. 6 is a blank modern supply-leaf.

2. (quires 2–16) ff. 8–126^v Temporal, Advent–23rd Sunday after Trinity.

Type (ii) initials to *Puer* (Christmas), *Ecce* (Epiphany), *Resurrexi* (Easter), *Uiri* (Ascension), *Spiritus* (Pentecost), *Benedicta* (Trinity), and *Cibauit* ('In sacramento altaris'); (iv) to Palm Sunday, and octave of Easter. Single leaves missing after ff. 38, 98, and 109; the first replaced by a blank modern supply leaf, f. 39. f. 107 is a redundant modern supply leaf; the text on f. 108, largely left unnoted, repeats that on f. 106^v all but the first two words.

3. ff. 127–60 Sanctoral, Stephen, beginning imperfectly one syllable before offertory, –Thomas ap.

Full office for Remigius [1 Oct.], ff. 155^v–156^v. Single leaves lost before ff. 128 and 134, both replaced with blank modern supply leaves. Type (ii) initial to John Baptist, (iii) to Peter and Paul, (iv) to Exaltation of Cross. In the absence of a Common of saints items are cross-referenced within the Sanctoral by means of interlined numbers corresponding to the red foliation, that refers in fact to openings rather than leaves.

4. ff. 160–161^v In dedicatione ecclesie.

5. f. 161^v Cues for masses of the Holy Spirit (two).

6. Masses (two) for the dead: (*a*) f. 162^{rv} Respice . . . communio Ego sum resurrectio—; (*b*) f. 163^{rv} Anime eorum . . . communio Lux eterna—.

(*b*) i.e. starting with gradual verse.

7. ff. 163^v–167^v Settings of Kyrie, Kyrie and Gloria in excelsis (two), Credo in unum deum, Sanctus, Agnus, Ite (two), Benedicamus (two), Requiescant, Flectamus, Sanctus, *ending imperfectly*.

f. 168 is a blank modern supply leaf.

8. f. 169^{rv} Litany, beginning imperfectly 'Sancte philippe'.

ff. ii + 162 and 6 modern supply leaves + ii. Modern pencil foliation, (i), 1–170, (171); traces of medieval foliation in red at the head of ff. 8–161, 163, 164: (i)–xci, (xciii), cii, ciiii–clv, clviii, clix. 224 × 153 mm. Written space 181 × 112 mm. 7 long lines + 4-line stave. Collation: 1^6 wants 1 before f. 2 + 1 superfluous modern supply (f. 6) between 5 and 6 2–4^8 5^8 wants 8 replaced by modern supply (f. 39) 6–9^8 10–11^{10} 12^8 wants 8 after f. 98 13^8 14 three (ff. 107–9, f. 107 is a superfluous modern supply) 15^8 16^8 + 1 leaf (f. 126) after 8 17 eight (ff. 127–34, ff. 130/ 131 form the central bifolium, and ff. 127/134 a modern supply for leaves lost to judge by the medieval foliation and gaps in text) 18–20^8 21 seven (ff. 159–65, of which ff. 159–61 and 163–5 are the three outer bifolia) 22 four (ff. 166–9, f. 168 is a modern supply). Initials: (i, ii) 3-line + staves, f. 8, and 2-line + staves, in arts. 2 and 3 and to art. 4, in shaded blue, on grounds of pink and blue patterned with white, historiated (f. 8 Christ stands on an altar receiving a haloed child from a haloed king; f. 108^v, Trinity, Father seated with Dove at his mouth holding Crucifix; f. 109^v, Corpus Christi, Christ points St Peter and other saints to host and chalice on altar), with, f. 8, the ground extended as a bar down left margin and across foot, where it supports a man with shield spearing a lion with its head on a seated woman's lap; (iii, iv) 2-line + staves, and 1-line + stave, red and blue, with ornament of both colours; (v) 1-line + stave, red or blue, with ornament of both colours; (vi) f. 169, 1-line, alternately red and blue. Cadels splashed with yellow; many have faces or birds-heads in profile. Binding of s. xix. Secundo folio (f. 9) *meam deus*.

Written in France, for use in the diocese of Rheims, see arts. 1 and 3. 'liber montis dei (ordinis carthus' R*emens*' dioc')', s. xv, f. 169ᵛ; 'Iste liber mon*tis* dei ordinis carthus' remens' dioc', s. xv, f. 7ᵛ; *ex libris* of the Charterhouse of Mont-Dieu (Picardy). Note in French, s. xix or xx, f. iᵛ.

dd.24 (C.108). *Theologica* s. xvⁱ–med.

f. ii contains a list of contents, s. xv, listing arts 1–7, 11, 13, 15, and 16. ff. iiᵛ–ivᵛ blank.

1. (quires 1–2: hand *A*) ff. 1–16ᵛ [D]e imitacione christi et contemptu omnium vanitatum mundi—*list of 24 chapters*—(f. 1ᵛ) [Q]vi sequitur me non ambulat in tenebris dicit dominus et hec sunt verba christi quibus amonemur . . . ipsi vim intuleris deo gratias.

Thomas à Kempis, book i. ff. 17–19ᵛ blank.

2. (quires 3–4: hand *B*) ff. 20–42 Incipit Tractatus beati Bernhardi abbatis de passione domini nostri ihesu christi Ihesu benigne. uitis uera: lignum uite quod in medio paradisi est . . . diuinitatis ymaginem reformemur Amen.

PL clxxxiv. 635–665/8 up, 667/3–22, 708/11 up–715/ult., 725/25–727/10. ff. 42ᵛ–44ᵛ blank.

3. (quires 5–7: hands *C* and *D*) ff. 45–80 In nomine domini nostri ihesu christi Incipit prologus in librum Synonimorum etc beati ysidori hyspan*iensis* Episcopi (Tractans de spirituali profectione) In subsequenti hoc libro qui nuncupatur synonima id est multa verba—(f. 45ᵛ/1) Anima mea in angustijs est: spiritus meus estuat . . . tu michi supra vitam meam places. Amen

PL lxxxiii. 825–68. Two brief quotations added, s. xv, f. 80 foot. f. 80ᵛ blank.

4. (quire 8: hand *E*) ff. 81–89ᵛ (De octo beatitudines) [B]eatitudines sunt habitus virtutum consumati Et dicuntur beatitudines quia ponunt hominem extra statum hominum communem . . . vitam corporalem ad christum imitandum et hoc fit ex magna misericordia et veritate (*last two words deleted*)

Bloomfield, no. 0609 (Ioh. Marienwerder). ff. 90–92ᵛ blank.

Arts. 5–9 are on quires 9–12 (hand *A*).

5. ff. 93–124ᵛ Incipiunt meditaciones cuiusdam carthusiensis super missam In nomine domini Amen Exigis a me frater dulcis in domino vt circa canonem misse aliquas tibi meditaciones compendiosas depingam . . . Pater non iudicat quemquam Per quintum paterni regni collacionem sic enim dicit de hys qui a dexteris erunt Venite benedicti—Amen Explicit meditacio super missam cuiusdam carthusiensis

Substantially different from the version pr. P. Blomevenna, *Enchiridion sacerdotum* (Cologne, 1532), ff. lxxxix–cxiij (John of Brunswick).

6. ff. 124ᵛ–126ᵛ Extractatu magistri mathei Consciencia Quia dicis quod si sim indispositus debeo me disponere Queso vt eciam quomodo id agere debeam . . . proviatico datum est nobis corpus domini nostri ihesu—Amen.

From Matthew of Cracow, Dialogus consciencie et rationis; Hain, nos. 5803–7.

7. (*a*) ff. 126ᵛ–129ᵛ De sacramento misse In missa corpus christi et sanguis ymolatur passio christi presentatur suffragium omnium sanctorum imploratur . . . nichil me contriscet nisi mea; (*b*) ff. 129ᵛ–131ᵛ Meditacio de passione domini Cogitemus de creatore nostro quod ad ymaginem et similitudinem suam nos formauit gratis et ex nichilo . . . qui pro salute nostra hec omnia operatus est Amen; (*c*) ff. 131ᵛ–133ᵛ Nota quomodo resistamus dyabolo Notandum quod modus conuenientissimus repugnandi serpenti infernali est contericio capitis eius . . . si quis secreta immundarum cogitacionum reuelauerit sanctis ac beatissimis patribus

8. ff. 133ᵛ–135ᵛ Qualiter homo studeat proficere amplius in bono vt deo magis possit placere Primo studeat regiliosus (*sic*) quantum potest se vilissimum reputare et indignum omni beneficio dei . . . ipsum non dimittam et sine me recedere non valebit

9. f. 135ᵛ De seruicio misse Ad missam libenter ministra quia hoc est officium angelicum Ipsi angeli domino suo vbique . . . diuine dignacionis et dilectionis ad hominem Explicit

10. Short pieces (added, s. xv): (*a*) f. 136 Notandum. si quis se certa estimacione ceteris inperfectiorm reputauerit. torrens melle . . . Augustinus—pro differenda morte moriturus In te; (*b*) f. 136ᵛ Interrogacio facta est ad quinque monachos videlicet Quomodo fidelius deo seruiatur Respondus primus Per odium mundi . . . Qui passionem christi non obliuiscitur deus eius seruus est; (*c*) ff. 136ᵛ–137 Abba pater. omnia tibi possibilia [Mark 14: 36] . . . in hora mortis nostre condole nobis pie ihesu miserys et malis nostris.

ff. 137ᵛ–140ᵛ blank.

Arts. 11–17 are on quires 13–19 (hands *F* and *A*).

11. (*a*) f. 141 bona ventura Evigilabo igitur miser. et oculis meis sine fine plorabo dum sum in hac valle miserie . . . et in eis insponsam assumari; (*b*) ff. 141ᵛ–143 Brief extracts under the headings Caritas, Humilitas, De lacrimis, De confessione, De oratione, De silencio, De stultiloquio, De peccato, De bonis temporalibus, Casus episcopales

'Excerpta ex stimulo amoris cum diuersis auctoritatibus diuersorum doctorum catholicorum', according to contents-list, f. ii. (*b*) the last section concerns offences requiring episcopal absolution.

12. f. 143 Aue salus nostre spei ihesu christi fili dei Qui de celo descendisti incarnari dum cupisti . . . fecisti Et te tuis prescitisti.

RH, no. 2095.

13. ff. 143ᵛ–148ᵛ Ex reuelacionibus sancte brigitte. de dominica passione Inminente tempore passionis ihesu christi lacrime erant in oculis eius et sudore in corpore . . . in corde eius suauiter renouetur Hec suprascripta de dominica passione sunt Ex reuelacionibus sancte brigitte

14. f. 148ᵛ (filling space) (*a*) Preciosa et optima dei margarita virgo walpurga

admirabilis conuersacione . . . ; (*b*) Nota sic concludebat beatus augustinus sermones quando populis predicabat Conuersa ad dominum deum patrem . . .

15. ff. 149–158ᵛ Ecce descripsi tripliciter Prov iij [*cf.* 22: 20] Cum omnis scientia gerat trinitatis insigne . . . est fons vite gratia diuina irrigans per quam possunt acquiri. et non aliter Explicit paruum bonum. bone venture

Distelbrink, no. 18 (De triplici via).

16. ff. 158ᵛ–222 Augustinus Nichil sic probat spiritalem virum quam peccati alieni tractacio . . . se diligi quam cum admonet cogitque contempni

'Item multa bona de virtutibus inserendis et vicijs exstirpandis etc', according to contents-list, f. ii. Falls into three parts: ff. 159–92 extracts, mostly brief, from the Fathers *et al.*, arranged under an alphabetical series of subject headings, written in red in the margin, De adulacione—De zelo bonorum; ff. 192–215 rather longer extracts, with headings in the text in red, De regione mortuorum—Attende arrogans terribile valde exemplum; ff. 215ᵛ–222 extracts of similar length to those of the second part, without headings. There are some connecting passages between the extracts in the second and third parts.

17. Short pieces: (*a*) f. 222ᵛ Ex sermone quarto beati bernhardi abbatis de ieiunio; (*b*) ff. 222ᵛ–223 Qualiter predicator se debet disponere Volens igitur deuote predicare duo debet facere Primum est vt se ad hoc prius disponat . . . ; (*c*) f. 224ʳᵛ Ex moralibus beati gregory.

f. 223ᵛ blank.

ff. iv + 224. ff. 20–41 have a s. xv/xvi foliation, 1–22. Paper; parchment strengtheners at quire-centres, from a manuscript, s. xiii, in quires 2–6. 213 × 153 mm. Written space 142–70 × 88–116 mm. Frame ruling. 24–37 long lines. Collation: 1¹² 2⁸ wants 6 (blank) after f. 17 3¹² wants 1 (blank ?) before f. 20 4¹⁴ 5–19¹². The leaves in the first half of quires 1–2, 9–12, and 15–19 are numbered on the rectos at the top right, 1–6. Written in cursiva, or, ff. 20–42, hybrida, by six hands: (*A*) ff. 1–16ᵛ, 93–137, 156ᵛ–224 (quires 1–2, 9–12, 14⁴–19); (*B*) 20–42 (quires 3–4); (*C*) 45ʳᵛ, 56ʳᵛ (5¹, ¹²); (*D*) 46–55ᵛ, 57–80 (5²⁻¹¹, 6–7); (*E*) 81–89ᵛ (quire 8); (*F*) 141–156ᵛ (13–14⁴). Initials: red, ff. 20–45ᵛ, or unfilled spaces. Capital letters in the ink of the text lined or filled with red, ff. 20–45ᵛ, 56, 141–202ᵛ. Binding from a single sheet of thick parchment reinforced on the spine with a double thickness of brown leather, s. xv (?), as MS hh.3 below. '279' in red at the foot of the spine. Secundo folio *presentem*.

Written in Germany. 'Iste liber est Carthusiensium domus ortichristi prope nordling', s. xv, f. i, *ex libris* of the Nördlingen Charterhouse. 'Carthusiae in Buxheim', s. xvii (?), f. i; Buxheim Charterhouse number on spine, see above; 'N. 105' in ink, s. xvii (?), f. i foot; washed out Buxheim (?) *ex libris* in pink, f. 1 top. Pencil note in German of number of leaves, s. xix, inside front cover.

dd.25 (A.36). *Ordinale, Obsequiale, etc., Carth.*   1500–s. xvi in.

Passages in German occur in art. 2.

1. ff. ii–v Index to arts. 1–2, with few of the spaces left for folio-references filled in.

ff. vᵛ–viiiᵛ blank.

2. (*a*) ff. 1–52 (medieval ink foliation [37]–88) De Officio Sacerdotis Ebdomodarii

aliqua generalia [. .] ord' Cartusien' In Matutinis Et alys horis dato signo a
presidente cum Incipienda est hora . . . (f. 31) De Tercia et Missa . . . finita
lectione Memoriam fecit—circa idem festum; (*b*) ff. 53–88ᵛ (medieval ink
foliation 1–36) In aduentu domini priuatis diebus Capitulum ad nocturnum In
diebus illis saluabitur iuda . . . de festo santi andree vide i an cij.

The latest *Carta* cited is that of 1496, f. 41; under the feasts of Margaret and Mary Magdalene
reference is made 'prout anno domini 1500 per me ordinatum fuit et conuentui expositum atque
acceptatum', f. 86. The section Pro Capitulo fratrum laicorum includes passages in German, the
first beginning 'Ir lieben brieder Seydemal wir gesament sind . . . ', f. 20ʳᵛ. Some material is
noted. ff. 3ᵛ, 30ᵛ, 52ᵛ, and 89ʳᵛ blank.

3. ff. 90ᵛ–99ᵛ Incipit ordinarium de officio dÿaconatus Regulam in primis nota
Quis dyaconatum in conuentu facere debeat . . . De interrogacionibus
Ewangeliorum et Epistolarum—in ordinario sacerdotis in matutinis Et infa (*sic*)
de Epistolis deo gracias.

'Ite missa est', etc., noted, f. 98. f. 100ʳᵛ blank.

4. (quire 11) ff. 102–14 (sacriste Institutio) In nomine Ihesu—et Sancte
Margarete inclite nostre patrone Dilectus in eisdem filius d. N. Sacrista nouellus
de mandato Venerabilis patris Prioris informacionem acceptet recentem vt infra
patebit eandem obseruanda donec forte aliqua pro temporis ac status huius
domus exigen' videbuntur mutanda presidenti dumtaxat Primo generaliter
hortatur cum plura sint ab ipso pro cultu . . . Dominica in qua Iob incipitur—
propter prologi prolixitatem Alia non mutantur Explicit 2ᵃ pars Et sic per totum
annum tempora pulsandi habentur distincta non sine labore tratinata.

There follows a short letter, 'Dilecte Sacrista . . . ', about the rules for ringing the bell. ff. 101ʳᵛ,
114ᵛ blank.

5. ff. 115–38 Obsequiale domus vallisbeate Margarete In basilea ordinis
Cartusien' Modum continens egrotum fratrem In ordine Cartusien' visitandi
Inungendi et communicandi Morientique assistendi Ac defunctum sepeliendi
sumptum ex ordinis eiusdem Statutis et glosa eorundem Necnon ex domorum
nonnullarum consuetudinibus . . . propter confessiones Carta 1420 De Beneficiis
spiritualibus singulorum fratrum vide in Rodolo Explicit obsequiale anno domini
1500 infra octauas pasce deo gratias.

Responsories noted.

6. ff. 138–40 De Modo Nouicium recipiendi ad habitum ordinis Nec non ad
professionem Indutus Nouicius et preparatus ducitur ad ecclesiam . . . domine
ihesu christe qui es via etc ut supra Cetera vide Instatutis.

ff. 140ᵛ–148ᵛ blank, save for a later note on f. 148ᵛ.

ff. i + 155 + i. Medieval foliation in ink: (i–viii) (37)–88, 1–36, 89–100, (101–48); partial
medieval foliation in red on ff. 1–88, 141–8: 1–88, 87–94. Paper. 218 × 154 mm. Written space
160 × 98 mm. Mostly only frame ruling. 27–31 long lines. Collation: 1⁸ wants 1 before f. ii 2¹²
3¹⁰4⁸ 5¹⁰ 6–10¹² 11¹⁴ 12–13¹² 14¹² wants 11, 12 (blank). Quires 12–13 signed in red, a–b. Leaves
in quires 5–6 numbered at bottom right of recto, 1–12. Initials: red, or, arts 1 and 5, alternately
blue and red, in two sizes, 2- and 1-line, in art. 5. Capital letters in the ink of the text lined with

red. Binding modern; original (?) sewing. Secundo folio (f. 2) *Diuini verbi*, (f. 54, i.e. ink '2') *ad elevacionem*.

Written for the Basel Charterhouse, art. 5 in 1500. 'Carthusiensium in Basilea minorj', s. xvi in., f. i. 'G.W.B.D.', rubber-stamp. f. ii, as in MS aa.3 above. 'Anfang' and note in German of the number of leaves, f. ii, 'Quart 29362', f. iii, all in pencil, s. xix.

ee.3 (A.31). *Breviarium Carth.*   s. xii²

1. f. I (added, s. xii/xiii) Prayer to B.V.M., largely illegible through being pasted down.

A date (?) on the top line, 'mille CC iiii^or'.

2. (added) Hymns (*a*) (s. xii ex.) (i) f. I^v in paschali tempore Hic [est dies verus dei] . . . se solam gemat; Gloria; (ii) f. II in ascensione domini Optatus uotis omnium sacratus . . . celos scandere Gloria tibi domine; (*b*) f. II^v (s. xii/xiii) (ymnus beate marie M)isterium ecclesie. hymnum christo referimus . . . pacem et indulgentiam Gloria—

RH, nos. 7793, 14177, 11828.

Arts. 3–4 are on an added quire.

3. ff. 1–6^v (s. xiv in.) Calendar in black; gradings (up to xii lc', cap', candel') added.

Original entries include 'ypapanti domini' (2 Feb.), 'Celebritas sancti pauli' (30 June), and Hugh [of Lincoln] (17 Nov.). Additions include Ildefonsus (23 Jan.); 'hic fiat tricenarium pro': 'regina francie' (5 Mar.), 'Amblardo episcopo' (27 Apr.), Petro de Castro and 'rege ennrico', (11 and 22 Dec.), the latter presumably referring to Henry IV of Castile (d. 1474); and a few obits: Andreas prior Sancti Trinitatis (11 Mar.), 'Inclitus dominus Iohannes quondam rex castelle fundator istius sancte Marie de Paulari' (9 Oct.) (cf. MS ee.26 art. 1 below) referring to John I (d. 1390), and Petrus Fernandi de maiorito (18 Dec.); many days are marked with 'o', up to four on some days, presumably referring to obits recorded elsewhere.

4. (added, s. xiv in.) f. 7 (*a*) Minuimur quinquies in anno Post oct' pasche . . . Ter trinis diebus in anno operamur Secunda ebdomada post oct' pasche . . . ; (*b*) Prayers: Deus cuius miseracione, Acciones nostras, and Fidelium.

f. 7^v blank.

5. (added quire, s. xiv) ff. i–x Hymns: Advent, Christmas, Quadragesima, Passion Sunday, Easter (as f. I^v above), Ascension (as f. II above), Pentecost, B.V.M. 'Aue maris stella dei mater alma atque semper uirgo' *RH*, no. 1889, Corpus Christi, John Baptist, Exaltation of Cross, 'In festo xij leccionum Christe redemptor omnium conserua tuos famulos' *RH*, no. 2959.

Added on f. x^v are a cross-reference in Spanish to art. 7 'las otros ymnos . . . desta letania', and cues of the penitential psalms, with the antiphon Ne reminiscaris.

6. ff. xi–xiv^v (Letania).

Twelve martyrs, (11–12) Maurice Dionysius; thirteen confessors, (9) Hugh [of Grenoble, d. 1132, can. 1134]. Only three prayers, Deus cui proprium, Pretende, and Fidelium.

7. ff. xiv^v–xviii Ferial hymns.

8. ff. xviii–xxxi^v Canticles.

The final set of three has the rubric 'de uirginibus', rather than B.V.M.

9. ff. xxxi^v–xxxviii In agenda defunctorum.

10. ff. xxxviii–xlviii, li–lxxix^v Collects and chapters of Temporal, Advent–24th Sunday after octave of Pentecost.

The collects for Sunday after Epiphany, ff. lii^v–liii, are Omnipotens sempiterne deus qui cęlestia –Familiam tuam, headed iii–vi, with Dominica vii Conserua populum on an inserted slip, f. 52*^v (recto blank). The collects and chapters of Corpus Christi are on an added leaf, f. lxxv^{rv}, while other forms of the day and the collect of Anne are on a second added leaf, f. lxxv*^{rv}; both s. xiv.

11. (inserted bifolium) (a) ff. xlix–l (s. xii ex.) Preces ad primam. Repleatur os meum laude . . . Pro afflictis et captiuis—Et clamor meus ad te; (b) f. l^{rv} (s. xii/ xiii) in i° noct. Suscipe domine ihesu christe deprecationem seruorum tuorum . . . In tribulatione—diuina misericordia.

(a). Versicles and responds following the Creed, including confession and absolution in the 'dei genitrix' form; (b) Benedictiones lectionum, without the special Christmas provision for nocturn 3, cf. art. 19 below. The text at the foot of f. xlviii^v originally continued on the top two lines of f. li; these were erased and the text rewritten at the top of f. xlix.

12. ff. lxxix^v–civ Collects and chapters of Sanctoral, Stephen–Thomas ap.

Inserted slips provide for the octaves of Stephen et al. (f. 81*^{rv}) and John Baptist (f. 88*^{rv}), both s. xii/xiii; and for offices of Exaltation of Cross (f. 97*^{rv}) s. xiii, Maurice (f. 98*, verso blank) s. xiii, 11,000 Virgins (f. 99*^{rv}) s. xiv, and Relics (f. 102*^{rv}). Hugh of Lincoln, added in margin of f. ciii^v, s. xiii.

13. ff. civ^v–cviii Collects and chapters of Common of saints.

14. ff. cviii–cix In dedicatione ęcclesię: collects and chapters.

15. f. cix^{rv} Antiphons at Prime, Terce, and Sext of Cathedra S. Petri (cues only), Vincula S. Petri (cues only), and Decollation of John Baptist.

16. ff. cix^v–cxi^v Ferial cursus of Matins, Monday–Saturday, without psalms.

17. (quire 16) ff. cxii–cxv^v In hoc libello continentur antiphonę ad uesperas. ad laudes. et ad horas.

Ferial cursus, Monday–Saturday. The title is at the end.

Arts. 18–25 are on quire 10, added s. xiv.

18. ff. cxvi–cxx^v Antiphons at Prime–None: Temporal (Advent–octave of Corpus Christi), Cathedra S. Petri, octave of John Baptist, Vinculis S. Petri, octave of Assumption of B.V.M., and Common of saints.

19. ff. cxx^v–cxxi Benedictiones lectionum.

Cf. art. 11 above, here with Christmas provision.

20. ff. cxxi–cxxii Monday Prime, cues only for psalms.

21. f. cxxii^v Iste preces dicuntur ad omnes horas diei uel noctis (cues only).

22. ff. cxxii^v–cxxiv Cues of hymns, collects, chapters, antiphons, etc. for ferial cursus of Prime–None, Monday–Saturday.

23. f. cxxiv (added, s. xiv) In commemoracione sancti pauli.

Prime–None antiphons.

24. f. cxxiv^v (added, s. xiv) In offitio generali pro benefactoribus nostris . . . In offitio capituli generalis . . . In offitio cluniancen' . . . In offitio animarum . . . In offitio fratrum ordinis nostri . . .

A rubric.

25. f. cxxv (added, s. xiv) Dominico die In laudibus dicuntur psalmi sequentes.

Cues, Sunday–Saturday.

26. f. cxxv^{rv} Versicles for Common of saints.

f. cxxv^v was pasted down.

ff. ii + 134 and 7 slips. Foliated, s. xiv: (I–II, 1–7), i–ixii, lxii–lxxv, (lxxv*), lxxvi–c, cii–ciiii, ciiii–cxxiv, (cxxv). f. I is a raised medieval pastedown; f. II a medieval flyleaf. 164 × 116 mm. Written space 113 × 80 mm. Ruled in drypoint. 15 long lines, first above the top ruled line. Collation: 1 seven (ff. 1- 7, of which ff. 1/7 and 4/5 are bifolia) 2^{10} 3–6^8 7^8 + 1 bifolium (ff. 49–50) between 6 and 7, 8^8 + 1 slip (f. 52*) before 1 9^8 3 and 6 singletons 10^8 + 2 leaves (ff. lxxv, lxxv*) sewn between 7 and 8 11^8 + 1 slip (f. 81*) between 5 and 6 12^8 + 1 slip (f. 88*) between 4 and 5 13^8 + 3 slips (ff. 97*, 98*, 99*) between 5 and 6, 6 and 7, and 7 and 8 14^8 3 and 6 singletons + 1 slip (f. 102*) between 1 and 2 15^2 + 1 leaf (f. cix) before 1 16^4 17^{10} 10 formerly pasted down. ff. 1–4 are numbered with red dots, .— . . . .; quires 3–14 numbered at the end, ii–xiii. Initials: red. Medieval binding of bevelled wooden boards covered with worn white leather; one clasp. Secundo folio (f. ii) *tuum. lumenque.*

Written for Carthusian use in Spain, and so presumably for Escala de Dios (Tarragona), founded in 1163, the only Charterhouse south of the Pyrenees before 1269. Subsequently at the Charterhouse of Paular, founded from Escala in 1390, see art. 3. 'Escribiose antes de mediado el Siglo x[. .] es digno de aprecio', s. xvi (?), on front cover. '269697' in pencil, s. xix or xx, f. I^v top.

ee.4 (C.122). *Preces, etc.*   s. xv/xvi

A collection of devotional pieces, many very brief. Physically there are five sections: arts. 1, 2–7, 8–11, 12–15, and 16–17; twelve smaller blocks of material can be discerned from differences of script, hand, and use of colour, and each of these is represented by a single article below, taking arts. 2–7 as one block. The rubrics referring to papal indulgences in arts. 4, 5, 12, 17 are mostly crossed out, but not art. 9(*c*).

1. Short pieces, written in at different times and not necessarily in order: (*a*) Front pastedown Nota cum quis sentit se percussu peste . . . ; (*b*) Front pastedown Item augustinus super illud psalmum Benedictus deus dicit Qui non amouit a me . . . ; (*c*) f. 1 Bernardus ad E[u]genium Dicimus tres sed non ad

preiudicium vnitatis . . . ; (d) f. 1 Sequencie (?) conclusio diei Igitur peracto
completorio . . . Domine ihesu christi obsecro te ut propter illam summam
humilitatem et caritatem . . . ; (e) f. 1ᵛ Oratio pro peccatis Supplicum te deus
omnipotens pater deprecor . . . Alia oratio Solue me domine de vinculis
peccatorum . . . ; (f) f. 1ᵛ *filling space* Nota in reuelacionibus Birgitte habetur j
libro Capitulo xxxij de quodam qui delectatur in tantum de peccato . . . ; (g) ff. 2–
3 Oratio ad communicandum breuis ex Hainrico patre [*for* priore] basiln' Ad
preciosum corporis et sanguinis tui conuiuium . . . (f. 2ᵛ) Post sacram
communionem Ignosce tu fons pietatis domine . . . ; (h) f. 3 Nota cautelam ponit
Gabriel b[iel] circa adoracionem hostie si celebrans non esset sacerdos . . . ; (i) ff.
3ᵛ–4 Verba birgitte ad deum ex 4 li Capitulo lx Benedictus sis tu creator et
redemptor . . . ; (j) f. 4 Nota Gabriel biel in exposicione canonis ponit et dicit
Celebracio prolatis verbis . . . ; (k) ff. 4ᵛ–6ᵛ Nota orationes caritatiue pro alys sunt
faciende Nota ex pane quotidiano Primo pro parentibus O saluator sanctum
exaudi me ad te orantem . . . Pro amicis Amicis meis eciam opto perpetuam
salutem . . . Pro benefactoribus Benefactoribus insuper meis deprecor . . . Pro
uotis et commissis Omnibus adhuc . . . Pro ecclesia catholica Eciam humiles
preces ad te prosterno . . . Pro animabus fidelium Animarum eciam omnium
fidelium defunctorum . . . Pro omnibus creaturis Domine et sunt alie creature
que viuunt de tua gracia . . . ; (l) ff. 6ᵛ–7 De concepcione virginis Marie
suffragium Tota pulchra es corpore . . . Oratio Concepcionem sanctam virginis
Marie venerantes . . . ; (m) f. 7ʳᵛ Oratio beati Augustini in fine meditacionum
suorum ponitur Domine deus omnipotens patrum nostrorum Abraham. ysaac
. . . ; (n) f. 7ᵛ Petrus de Compostela Episcopus fecit Salue Regina; (o) f. 8 Crimen
habet noctis pollucio si jacuisti . . . vel lusit tibi demon (4 lines); (p) f. 8 Item Sola
humilitas est que disponit ad dignificacionem . . . ; (q) f. 8 Deum time de te non
sperans . . .

(g) cf. art. 17(a) below. (h,j) In 1485 or later Biel (d. 1495) wrote Canonis missae expositio, ed.
H. A. Oberman and W. J. Courtenay (1963–7); cf. art. 15(b) below. (n) Quoted from Jac. de
Voragine (?), see *Dictionnaire d'archéologie chrétienne et de liturgie*, xv. 717.

2. f. 8ᵛ (a) Cum in mane surgis antequam quod agis Protestor pro presenti o
domine quod omnia bona opera . . . ; (b) Nota secundum Pe de Pal. Expedit in
omni confessione . . .

(b) Cf. (?) sermons erroneously attributed to Petrus de Palude, pr. Strasburg, 1483, etc. (Goff,
P.503–28).

3. ff. 9–13 Oratio de mane Gracias ago tibi domine ihesu christe omnipotens
semper deus qui me in hoc nocte . . . Alia oratio de mane Domine ihesu christe
esto mihi adiutor et consolator . . . Benignissime ihesu christe respice super me
oculis misericordie . . . Oratio de mane dicenda de quinque vulneribus christi
Domine ihesu christi fili dei viui Rogo te per quinque uulnera . . . Domine ihesu
christe qui in oratione tua ab angelo confortari . . . Ihesu christe crucifixe qui pro
nobis factus es obediens . . . Pro peccatis oratio. Deus clemencie deus
misericordie deus indulgencie . . . Oratio dicenda pro conseruacione que
promisimus etc. Ad te fontem et mare magnum . . . Oratio ad diuinum auxilium
implorando Gracias ago tibi domine sancte pater omnipotens eterne deus qui me

miserum peccatorem . . . Oratio Anima mea desiderauit te in nocte . . . Post completorium oracio Domine ihesu christe omnipotens semper deus quicquid in hac die . . . Oratio eodem tempore Gracias tibi ago domine omnipotens deus et pater qui dignatus es . . . Oratio de proprio profectu Domine misericordie subleuator mee miserie . . .

4. ff. 13^v–31^v Prayers at mass: Anima christi sanctifica me. Corpus christi salua me . . . Quicumque sequentem orationem jeiunus dixerit—triginta dies indulgenciarum habebit etc Deprecor o clemens et imperialis domina sancta maria . . . Quicumque omni die per circulum anni xv pater noster—cum sequenti oratione etc. Domine deus pater omnipotens conditor celi et terre . . . Orationes sequentes ante accessum altaris dicende sunt Ad gloriosam mensam dulcissimi conuiuy tui domine . . . Alia oracio ante missam Domine ihesu christe fili dei viui miserere mihi misero peccatori . . . Oratio boneventure Da nobis quesumus omnipotents et misericors deus . . . Oratio sancti thome de aquino de sacramento Adoro te deuote latens veritas . . . De sequenti oratione quinque milia annorum indulgencie sunt Domine ihesu christe omnipotens eterne deus qui hanc sacratissimam carnem . . . Oratio subeleuacione dicenda etc Aue verum et venerandum corpus domini nostri . . . In elevacione sanguinis Aue sanctissimus sanguinis (sic) domini nostri . . . Domine ihesu christe propter illam amaritudinem . . . Oratio sequens ante communionem dicenda etc. Domine deus meus non sum dignus ut intres sub tectum meum . . . Alia oratio ante missam Domine ihesu christe redemptor mundi propicius esto . . . Alia oratio ante missam dominus sanctissimus Iohannes papa xxii confirmauit a quindecim antecessoribus suis indulgenciam—Aue verum corpus et sanguis domini nostri ihesu christi Aue spes nostra Aue salus . . . Oratio bona ante misse celebracionem dicenda Uerum dico non mihi parco sic multociens plenus peccatis . . . (f. 23) Secuntur orationes post missam pro graciarum actione dicende etc. O beata et indiuidua trinitas vnus deus indeficiens . . . Alia deuota oratio post missam Domine ihesu christe propter tuam immensam misericordiam et pietatem . . . Alia pro gratiarum actione post missam Saturatus ferculis cibis sacrosanctis . . . ducatum prestat Amen (RH, no. 18697); Oratio deuota post missam Eya nunc ora pyssime deus ut sit mihi dulcissimum . . . Oratio alia pro graciarum actione Gratias ago tibi domine ihesu christe qui me miserum peccatorem . . . Oratio bona in presencia corporis christi in missa dicenda Aue quem desidero quem auide requiro . . . ductor esto mihi (RH, no. 2064, here in extended form); Hanc sequentem orationem confecit sanctissimus papa Benedictus xij dans eam deuote dicentibus dierum xv milia et xv^{cim} dies pro indulgencia—et est oratio de passione domini Culter qui circumcidisti sacrosanctam carnem christi . . . Item legitur de oratione sequenti Celestinus papa dum missam celebraret sub corporale litteris aureis scriptam invenit Et quicumque—Regina clemencie maria vocata diuersis antiquitus . . . (RH, no. 17165).

5. ff. 31^v–40^v Prayers to B.V.M.: Septem gaudia beate virginis Gaude virgo stella maris sponsa christi singularis . . . (RH, no. 7037); Deus qui beatam virginem mariam matrem tuam gloriosissimam in conceptu . . . Oratio de confessione ad beatam virginem continens septem gaudia ipsius—marg: note about Thomas of

Canterbury and the prayer—Sancta et perpetua virgo maria domina et adiutrix mea . . . Gaude maria que tue solius glorie plenitudo . . . Oratio de beata virgine maria distincta per tria aue maria. Et per tria principalia gaudia ipsius virginis pro bona vita et bono fine dicenda. ymnus Maria mater gratie mater misericordie tu nos ab hoste protege in hora mortis suscipe. Flecte genua. Aue—O dulcissima dei genitrix virgo maria flexis genibus . . . Oratio ad beatam virginem mariam— Benedicta sis sancta maria et benedicta sit illa hora in qua in hunc mundum concepta es . . . De Aue maria que post completorium beate virgine—Recordare virgo benedicta sanctissime passionis et mortis dilectissimi fily tui . . . Oratio bona de beata virgine. Sanctissima gloriosissima et pyssima virgo maria Ego indignus . . . Deuota salutacio virginis marie Ave plena gratia virgo fecundata . . . (*RH*, no. 2033); De beata virgine Deprecor te sancta maria dei pietate plenissima . . . Alia oratio de beata virgine In manus tuas o sancta maria commendo animam meam et corpus meum . . . Oratio sequens beati thome de acquino de gaudys quibus iam fruitur beata virgo in celo Gaude flore virginali Que honore speciale transscendis . . . (*RH*, no. 6810); Domine dulcissime ihesu christe qui beatissimam genitricem tuam . . .

6. f. 40ᵛ In introitu ecclesie Salue sancta ciuitas. benedicat te beata trinitas . . . Oratio (*the rest gone*).

ff. 41–2 torn out, leaving a little of the inner ends of the lines on f. 42ʳᵛ.

7. (*a*) f. 43ʳᵛ *beginning imperfectly* [*presumably* Ave ihesu christe] Aue ihesu christe laus angelorum gloria sanctorum . . . Ave ihesu christe lumen celi . . . Domine ihesu christe fili dei viui te supplex queso in hac hora . . . ; (*b*) f. 43ᵛ (filling space) (i) Bernardus Sexaginta et ducenta superaddito milia quinque Tot fertur christus pro nobis wlnera . . . ; (ii) Nota in reuelacionibus birgitte libro 8 habetur Si homo in extremis positus diceret toto corde O deus penitet me toto corde . . .

8. (*a*) ff. 44–52ᵛ Nota psalterium beate virginis per meditaciones deuotas primo dic Credo in deum Ave virgo vite lignum que perenni laude dignum . . . et uobiscum ineternum conregnemus. amen—Oratio Deus qui beatissimam virginem mariam in conceptu et partu . . . ; (*b*) ff. 52ᵛ–53 Sequitur quedam prosa de omnibus septem gaudys beate virginis marie. Gaude virgo que de celis iuxta vocem gabrielis . . . ; (*c*) ff. 53–56ᵛ Aliud psalterium beate virginis Ave maria gratia plena—Ita totaliter dicendo angelicam salutacionem et sic ad omnes alios articulos Aue virgo sancta et casta mente . . . ; (*d*) f. 56ᵛ (filling space) O felicissima et omni laude dignissima virgo maria . . .

(*a*). *RH*, no. 2276; Distelbrink, no. 186 (dubia vel spuria). (*b*) *RH*, no. 7026.

9. (*a*) f. 57 Nota post quinque pater noster dic sequentem orationem Domine ihesu christe fili dei viui suscipe hanc orationem in amore illo . . . Salutacio wlnerum christi O salutifera wlnera dulcissimi amatoris mei . . . ; (*b*) f. 57 Oratio sancti bernardi ad ihesum O bone ihesu domine in me cognosco naturam . . . ; (*c*) ff. 57ᵛ–58ᵛ Item Innocencius papa iiij concessit cuilibet illas tres orationes—prima pro collecta 2ª pro secreta 3ª pro Comple*ndum* O domine ihesu christe fili dei viui

qui pro redempcione nostra nasci . . . Alia oratio Auxiliemur . . . Tercia oratio Domine deus de deo lumen de lumine . . . ; (d) ff. 58ᵛ–60 Ad dominum nostrum ihesum christum de quinque doloribus potissimis O amantissime ihesu moueo te illius agonis qui inter animam et corpus tuum . . . ; (e) f. 60 (filling space) (Birgitta) Qui desiderat celestia: necesse est . . . (3 lines).

10. ff. 60ᵛ–64ᵛ Carmen dicolon Tetrastrophon Exsapphico Endeca syllabo et adonio dimetro (Sebast: Brant) Stirpis humane sator et redemptor Lapsus . . . homo iudicare Secla per ignem Pater noster.

Cf. *GKW*, no. 5067 (Basel, not before 1494). One leaf missing after f. 62.

11. (a) f. 65 Nota in tractatu domini Iohannis Ruysborech Sacramentum est adorandum ut habetur in Roseto de Schala communionis Ti vj folio 35 Adoro te naturalem dei filium omnium rerum primum principium . . . ; (b) f. 65ᵛ Domine ihesu christe qui preciosa morte tua et preciosa passione . . . ; (c) f. 66 Ex reuelacionibus birgitte libro 4° capitulo lxxxix—Domine deus omnipotens qui omnes ducis ad bonum . . . ; (d) f. 66ᵛ Oratio Sancti bernardi O dulcissime domine ihesu christe qui ardentissimo amore amplexatus es . . . ; (e) f. 66ᵛ Oratio Mechildis O bone ihesu laudo te: et quicquid . . . ; (f) f. 66ᵛ Bernardus O bone ihesu doce me quererere te . . . ; (g) f. 67 Nota pater Arnoldus buderic calc' habebat consideracionem in uel post missam Corpus animam carnem et sanguinem vitam et mortem offero tibi . . . ; (h) f. 67 Pro gratiarum actione Domine ihesu christe pro me passe . . . ; (i) ff. 67ᵛ–68 Oratio humilis et contriti spiritus Ad te domine leuaui animam meam qui habitas in celis . . . ; (j) f. 68ᵛ Ex Roseto Titulo 19 fo. 128 O christe pro me passe qui solus succurere potes. O diues . . . ; (k) f. 68ᵛ Pro gratiarum actione Gratias tibi domine ihesu christe tibique domina nostra sancta Maria. O uos veri parentes nostri . . . ; (l) f. 69ʳᵛ Nota Rosarium ex Roseto Titulo vicesimo fol. cxxxiij Primo dat modum orandi—Esto habeas pre oculis articulum de flagellacione leges in hunc modum Rosarium . . . ; (m) ff. 70–76ᵛ Predicta es: Maria a prophetis predicta et multipliciter prefigurata O desiderantissima domina: da mihi . . . qui te semper canimus Aue Maria; (n) f. 76ᵛ (filling space) Tibi domine ihesu et sanctissime matri tue virgini Marie commendo animam meam . . . ; (o) f. 77ʳᵛ Oratio Gersonis breuiter continens duodecim consideraciones ex 4ᵗᵒ li quasi in fine Cerne domine quod non in iusticys meis offerere volo oracionem meam ante te . . . ; (p) ff. 77ᵛ–78 Ad introitum misse O dulcissima miseratrix peccatorum assiste michi . . . ; (q) f. 78ᵛ Oratio mane dicenda pro digna sui officy execucione Omnipotens et misericors deus de cuius . . . ; (r) f. 78ᵛ Non vox sed uotum . . . (3 lines); (s) f. 79ʳᵛ Pater noster Et pius in creacione (?) . . . Sed libera nos a malo presenti preterito et futuro; (t) f. 79ᵛ Aue nobilissima dei creatura virgo mater Maria. Aue gratia plena . . . ; (u) f. 80ʳᵛ Oratio quottidie ad deum pro salute anime necessarys Omnipotens semper deus et misericors pater . . . ; (v) ff. 80ᵛ–85 Oratio Anshclini pro constancia bonorum et exstirpacione malorum *mortis* Domine sancte pater omnipotens eterne deus qui fragilitatem . . . ; (w) ff. 85ᵛ–87ᵛ Oratio ad passionem christi O Pie ihesu recordare Quam penaliter et quam care. In ligno crucis . . . ; (x) ff. 87ᵛ–89ᵛ Oratio ad virginem Mariam O virgo virginum regina angelorum: spes desperatorum . . . ; (y) ff. 90–92ᵛ

Oratio ad deum pro caritate impetranda O deus saluator meus qui ex amore venisti ad nos . . . ; (z) ff. 93–5 Ihesus Marie filius Ad spiritum sanctum oratio beati Amshelini episcopi O diuini nuncinis (?) amor patris omnipotentis . . . ; (aa) ff. 95ᵛ–96ᵛ De sancta Anna O felix o sanctissima Anna genitricis domini mater Que inter omnes mulieres . . . ; (bb) ff. 97- 100ᵛ Letania ad preparacione misse (quam Iohannes de turrecre[mata] posuit) Primo ad patrem oratio Pater de celis deus qui filium tuum vnigenitum misisti . . . ; (cc) f. 100ᵛ (filling space) Nota precipue de festo vel sancto quorum celebramus solemnia ut dicit Iohannes de turrecremata Dic ergo O sancte dei vel Sancta quem uel quam diuinitas tanta vestiuit gloria . . .

(a,j,l). Cf. J. Maubernus, Rosetum exercitiorum spiritualium: Goff, M.706 (Zwolle, 1494), 707 (Basle, '1404' ? for 1504); for copies presented to the Basel Charterhouse in 1504, see *BMC* iii. 779. (g) Buderic d. c.1444. (m) 50 articles, each followed by an Ave, every tenth by a Pater noster. (w) *RH*, no. 13405 (in two St Gall MSS).

12. (a) ff. 101–20 Urbanus episcopus seruus seruorum dei significamus tam presentibus quam futuris Quod oracionum presencium suffragia dicens est penitus supportatus a canonicis horis vrgente necessitate. Insuper Centum et quadraginta dies vere indulgencie decantanti has horas non fictas. sed per spiritum sanctum nobis transmissas misericorditer in domino relaxamus O domine deus omnipotens O sancta et indiuidua nobilissima trinitas O beata et benedicta incommutabilis et incomprehensa diuinitas . . . vt in die consummacionis mee consumatus inueniar apud te. Amen; (b) ff. 120ᵛ–121 O Bone Ihesu. Illumina oculos meos . . . O Thetragramathon Fac mecum—solatus es me. V. Domine exaudi. Oratio. Omnipotens sempiterne deus qui regi ezechie . . .

(a) One long prayer for each of the daily offices; (b) memoria on the Verses of St Bernard.

13. ff. 121ᵛ–125 Missus est gabriel—Aue—Missus—Aue—Missus—Aue maria. Imperatrix reginarum. dominus tecum. Laus sanctarum animarum . . . (f. 125) Deprecor ergo beatissimam pyssimam misericordissimam castissimam speciosissimam dei genitrix . . .

14. (a) ff. 125ᵛ–127 Dic hanc orationem dummodo fit eleuacio corporis christi Domine rex omnipotens deus eterne Ego offero tibi vnigenitum filium tuum . . . ; (b) ff. 127ᵛ–128 De sancta anna et parantela ac amicis et cognatis dei matris Benedicite dominum cum iubilo semper . . . Sancti tui beatissimeque genitricis tue domine ihesu christe cognati . . . ; (c) ff. 128ᵛ–129 De Sanctis Ioseph et Johanne Euangeliste Letamini semper in domino vos virtuosissimi virgenei virj . . . Meritis sanctorum Ioseph nutricy nostri saluatoris ac Iohannis . . . ; (d) f. 129ʳᵛ Ad proprium angelum quotidianum suffragium Angeli eorum in celis semper vident faciem patris mei . . . Angelorum illustratio et animarum hominum . . .

(b). A memoria, the prayer referring to Joseph, Cleophas, Salome Alpheus, Zebedeus, Hismeria (mother of Elizabeth), Elizabeth, and Zacharias. (c) A memoria.

15. (filling quire 14) (a) f. 130 Quare corpus christi et sanguis statim eleuatur post consecracionem Responsio primo ad representandum quod christus in alta cruce . . . ; (b) ff. 130ᵛ–131 Nota Gabrielem Biel super Can[onem misse] super pastum Oremus preceptis Loquitur ibi adattencionem habendam in oracione . . . ;

(*c*) f. 131ᵛ Augustinus in libro Manuale Dicit quis enim es tu etc Scio cui credidi quia in caritate nimia adoptauit me . . .

(*b*). Cf. art. 1(*h,j*) above.

16. ff. 132–4 Pro defunctis Oratio dominica. Pater noster qui es in celis O omnipotentissime pater indulge animabus . . .

Seven clauses, each with a prayer.

17. (*a*) ff. 134ᵛ–135ᵛ De Sanctissima trinitate ex Hainrico quondam prioris Basilen' Sanctus. Sanctus—Tibi laus et gloria tibi gratiarum actio beatissima trinitas . . . Oremus Karitas tua illa domine ihesu christe qua per tuam dignacionem cognoscimus . . . ; (*b*) ff. 135ᵛ–136ᵛ Oratio Sixti papa iiij Ad gloriosam virginem mariam—Ave sanctissima Maria mater dei: regina celi: porta paradisi . . . Alexander papa 6ᵗᵘˢ concessit—publicauit Anno M quadragesimo nonagesimo 4ᵗᵒ Ave gratia plena: dominus tecum tua gratia sit mecum . . . Nicolaus papa quintus dedit omnibus—Ave maria libera me ab omni amaritudine mentis et corporis . . . ; (*c*) f. 136ᵛ Quomodo inmaculatissime concepcionis seu illarum duarum predictarum orationum fructus debet impetrarj Rogo te purissima scilicet (?) dulcissima virgo Maria mater misericordie: ut non abhoreas . . . 2ª oratio a principio posita Aue sanctissima ut supra etc.; (*d*) f. 137ʳᵛ Notandum iste due orationes sequentes ponuntur in 4ᵗᵒ libro Sancte birgitte Capitulo lxxiiij de quodam milite armato etc O domine deus omnipotens benedictus sis tu quia me creasti . . . (Notandum) Secunda oratio O domine deus omnipotens scio me omnia habere a te: et sum te nichil esse et posse . . . ; (*e*) Back pastedown De sancto liberio contra calculum Cristi presul egregius hic pro nobis Liberius orat deum . . . Deus qui beatum liberium pium pontificem tuum . . . ; (*f*) Back pastedown Nota per pulchrum dyalogum . . . In reuelacionibus Birgitte libro 4ᵗᵒ Capitulo 4°; (*g*) Back pastedown Multi literati . . .

(*a*). Henry Arnoldi de Alleveldia, prior of the Basel Charterhouse until 1480; cf. art. 1(*g*) above. (*e*) A memoria; cf. *RH*, no. 3108. f. 138ʳᵛ blank.

ff. 138. Paper; parchment reinforcing slips. 148 × 105 mm. Written space 96–123 × 59–74 mm. ff. 101–123ᵛ ruled in pink, 21 long lines; otherwise frame ruling, some in drypoint, *c*.25 long lines. Collation: 1⁸ 1 pasted down 2–3¹² 4¹² 10 and 11 (ff. 41–2) mostly torn out 5¹² 6⁸ wants 8 after f. 62 7⁴ 8¹² 9¹⁴ 10⁸ 11⁸ wants 1 before f. 101 12–14⁸ 15⁸ 8 pasted down. Art. 12 written in fere-textura. Initials: red, some with ink ornament, and, art. 8, alternately blue. Capital letters in the ink of the text lined with red. Original (?) binding of wooden boards chamfered top and bottom and covered with pink skin; one clasp. '17[.]' in red at the foot of the spine, '66' overwritten in ink. Secundo folio *Oratio ad* or *Ad preciosum*.

Written in Germany. 'Cartusiae Buxianae +' in pink, s. xvii (?), inside front cover; cf. numbers on spine. 'Anfang', 'Oktav 37592', f. 1, and note in German of number of leaves, on slip stuck to f. 1, all in pencil, s. xix.

ee.5 (A.21). *Psalterium, etc. Carth. (partly in German)* s. xv² and 1513

The older leaves, from an antiphonal, are in arts. 9, 10, and 12; they were subsequently rearranged and substantially augmented, probably largely by the Buxheim Carthusian who entered personal details in art. 15. The foliation reflects a previous arrangement; here the items are listed in the order in which they now stand.

Arts. 9–12 and 22 are noted, see also art. 19. Arts. 8 and 16 are in German (Swabian dialect), see also arts. 5 and 15.

1. f. i + fold-out Horum foraminum festis hic prepositorum claüülus ostendit numerum responsiorum . . . eciam festum felicis et adaucti Deo gratias Amen.

A table indicating by letters, a–g, the responsories for saints of the Common. Verso blank.

2. ff. iii–v^v Tempore bine refectionis ad prandium.

Benedictiones mensae.

3. ff. v^v–vi Qüando fiunt opera communia congregatis fratribus in Cimiteri(o) vel galilea Et Incipiat presidens psalm(um) De profündis . . .

Preces in operibus communibus.

4. ff. vi^v–vii Preces pro pace ecclesie Ps Ad te leüaüi . . .

5. f. vii Preces pro priore eligendo Ps Ad te leüaüi . . . Benedicamus domino, Deo gratias, nichil sine caüsa Ich gib mein stim. aüch zů jm. etc.

f. vii^v blank

6. Computistical rules: (a) f. viii Quando anno in qüo volüeris septüagesimam Inüenire aüreus nümerus . . . Quando per 19 post Idüs febrüary; (b) f. viii^v Litteram dominicalem ad annum propositüm scire si cüpis . . . qüoniam perpetüo dürabit.

(b) refers to the use of a table running from the year 1490.

7. f. ix^{rv} Preces in minütione generali.

8. f. ix^v Auicenna der wyß haiden. Thůt vß maisterschafft beschaiden . . . Ist zů der gesünthaitt gůtt

Rules for bloodletting in 10 lines of German verse, written as prose.

9. ff. 210–35^v Hymnal, noted.

All leaves except ff. 210–11 and 220 are from the older book; ff. 234^v–235^v contain various other forms, noted.

10. ff. 235^v–243^v Te deum, Te decet laus, Asperges me, Kyrie (three), Gloria in excelsis (two), Credo in vnum deum, Sanctus (two), Agnus dei (two), Ite missa est (two), Benedicamus domino (two), Requiescant in pace, Flectamus genua, Gloria patri (eight, and a further eight 'Super Responsorijs'), all noted.

All from the older book.

11. ff. 244^v–245 Gloria patri (ten), noted.

ff. 244 and 245^v blank. f. 246 missing.

12. ff. 247–261^v Incipit commune sanctorum, musical items only, noted.

All from the older book. ff. 249 and 255 missing.

13. ff. 262–265^v De apostolis in primo noctürno psalmo Celi enarrant . . .

Index to art. 19 by folio-number for psalms proper to apostles, martyrs, a martyr, confessors, B.V.M. and other virgins, Corpus Christi, and Maundy Thursday–Holy Saturday.

14. f. 1 Tabula signorum lüne seü minütionum.

Golden Numbers across the top; Signs of the Zodiac down the side, each with two lines, or, Cancer, Scorpio, and Pisces, three.

15. ff. 1ᵛ–25 Calendar in red and black, with Carthusian gradings.

Feasts in black include Ulrich ep. (4 July). Additions include patriarchs and prophets, and among saints Erhard ep., Adelhaid v. (8, 30 Jan.), Künegündis Imperatrix et v., Rüpert ep. (3, 27 Mar.), 'Translatio seü canonisatio sancti vdalrici episcopi aügüstn' semper feria secunda post octaüas pasce peragitur' f. 8, 'georgy aügsperger bistum', Hilgard Imperatricis (24, 30 Apr.), Sophie v., Bernhardinus conf. (15, 20 May), Loÿ 'epi conf. et aurifabri' (25 June), Hainricus 'Imperatoris apud nos In büxia' (13 July), Oschwaldus r. and m. (5 Aug.), Richard Imperatoris, Dedicatio ecclesie augusten' (18, 28 Sept.), Simpertus abb. and ep. aügusten nepos Karoli magni, Gallus abb., Wolfgang ep. (13, 16, 31 Oct.), Othmar abb., Cůnrad ep. and conf. constancie (16, 26 Nov.), Otilia v., Adelhaid Imperatricis (13, 17 Dec.).

Added obits, 'soror elizabet 1514' (27 Feb.), 'caspar br[. .] 1510' (5 Mar.), 'Soror eüfeᵃ 1503 (vxor seyfrids cum viro eodem an[. .])' (27 Apr.), 'gertru[. .] soror [. .]' (11 June), 'regln von vlm 1515' and 'ger[. .] vxo[. .] rüdo[. .]' (both 9 July), 'preceptoris mei Ioh' brandt doctoris theologie O 1493 in lieptzk' (25 Aug.), 'patris mei 1502 (Math[. .] stainbac[. .])' (30 Aug.), 'matris mee 1513 (ann[. .] stainbäch)' (26 Oct.), 'els' von mindelh' ([. .] ha[. .] stainbache) (4 Dec.), 'Erhardi Velin Iunioris nota bene pro tribus fratribus' (22 Dec.), 'küngund b[. .] 1515 (filia soror[. .])' (30 Dec.), and 'elsius symons 1500 (v[. .] stainbach)' (31 Dec.), are in the same hand as the added personal anniversaries, 'adüentus ad büxia 1485' (6 Apr.), 'dies natiuitatis mee 1459' (8 Apr.), 'dies professionis mee 1486' (8 May). Apart from the date of birth (here 8 Apr., not 2 Dec., 1459), the details match those given for Ulrich Stainbach of Memmingen, who died as procurator of the Buxheim Charterhouse on 30 Nov. 1538, see Stöhlker, iv. 748–60.

The calendar proper occupies the rectos of the leaves; each facing verso is divided into fifteen columns: 'Numerus' i.e. the day of the month, 'Littere', 'Ciclüs coniunctionum' and 'Cicliüs oppositionum' both headed '1513' and both covering three columns, a column giving for each day the first few letters of the name of a saint of that day, and, each with one column for hours and one for minutes, 'Quantitas dierum', 'Solis ortus', and 'Solis occasus'; notes in German occur at the foot of some versos.

16. f. 25ᵛ Vom waren laüff der Sünnen Der Sünnen ware stat im cirkel der 12 himelischen zaichen vindestü beschriben . . . ob den graden Im kalendar

Directions in German for using the table for calculating solstices, 1513–34, at the foot.

17. f. 26 Si vis scire interüallum id est numerum septimanarum que sunt a festo natiuitatis . . .

A table.

18. f. 26ᵛ Brief calendrical verses: (a) Seqüüntur officia 12 mensium. Pocula Ianüarius amat: . . . ; (b) Qüatüor partes anni Dat clemens hyemem: . . . ; (c) Complexiones quatüor parcium anni Estas sicca calens: . . . ; (d) Ieiünia quatüor temporum anni Post crucem: Post cineres . . . ; (e) Equinoctia et solsticia anni Lampert Gregori: est ad equarta diei: . . . ; (f) Annus partitur in ebdomadas vt sequitur Sex sunt ad püri: bis sex sunt vsque philippi . . .

(b) Walther, *Sprichwörter*, no. 4968, here ending 'aütümnat symphorians'; (c) Ibid., no. 668a, here ending 'ver sistit hümensque'.

19. ff. 43^v–181^v Psalter, Matins and Lauds, Sunday–Saturday.

Cues and, ff. 88–89^v, Venite noted. ff. 58–73, starting with the canticles of Sunday third nocturn, contain 'cantica dicenda diebus dominicis et festis 12 lec' per anni circulum in tercijs noctürnis'. 'Commemorationes ad lau*des*' follow Sunday lauds, ff. 84^v–86. f. 43^r blank, also f. 86^v save for later pen-trials.

20. ff. 182–95 Psalter, Prime, Monday–Saturday.

21. ff. 195^v–196 Psalter, Compline.

Pss. 90 and 133 only.

22. ff. 196^v–197^v Inüitatoria Et primo de apostolis . . . dominica in ramis palmarum—

Noted cues of Common of saints and Temporal.

ff. i + 242. Foliated, s. xv/xvi: (i–ix), 210–245, (247), 248, 250–251, (252–254, 256–257), 258–265, (1–26, 43), 44–197. There is a fold-out attached to f. i. Paper. 200 × 140 mm. Written space 134 × 99 mm., 20 long lines; or, ff. 212–61, *c.* 167 × 115 mm., 9 long lines + 4-line stave. Collation impracticable. Initials: (i, ii) 2- and 1-line, red. Capital letters, ff. 212^v–261, filled with red. Binding, s. xvi, of leaves from manuscripts pasted together and stained black on the outside, with spine of white leather, and a metal clasp-piece as on MS aa.7 above attached at the centre of the front cover. '269' in red at the foot of the spine, '128' below in ink.

Written in Germany; augmented partly by an identifiable Carthusian of Buxheim in 1513, see arts. 15–16. 'Cartusiae Buxianae +' in pink, s. xvii (?), f. iii foot, see also f. ii; Buxheim Charterhouse numbers on spine, see above; 'N.128' in ink, s. xvii (?), f. ii foot. 'Anfang', f. i, '30864 Quart 30864', f. i^v, both in pencil, s. xix. Rosenthal, *Cat.* (1884), no. 145–100 marks.

ee.6 (A.22). *Diurnale Carthusianum*   s. xv in.

1. f. 1 De sancto Iohanne baptista Aue Iohannes preclare qui baptizas dominum orare pro me . . .

2. f 1 (added, s. xv) Anima christi Sanctifica me. corpus christi salua me . . .

f. 1^v blank.

3. ff. 2–8^v Hymnal.

4. ff. 9–14^v Calendar in red and black, graded (up to 12 l', Cp, Cand.).

Obits added in the original hand: 'fratris mei hainrici' 11 June, 'aui mei' (16 Oct.), 'sororis mei katherine' 'Iacobi spe*n*gler sacerdotis filius (*sic*) sororis mee' (10, 24 Nov.).

Arts. 5–7 are on quires 2–3.

5. f. 15 (*a*) In ii^o nocturno priuatis diebus Inter vestibulum et altare plorabunt sacerdotes . . . ; (*b*) Ad 5^e wlnera christi pater noster Aue caput . . .

(*a*) Ash Wednesday 'ad nocturnum' chapter, as in art. 8 below. f. 15^v blank.

6. ff. 16–36^v Temporal, Saturday before Advent Sunday–4th Sunday after octave of Epiphany.

7. ff. 37–39^v oratio ante missam Domine ihesu christe fili dei viui miserere mihi

misero peccatori . . . Sequitur alia oracio Ave sanctissimum corpus dominicum in
hoc sacramento contentum . . . Sequitur oracio pro graciarum accio (*sic*) Gracias
ago tibi domine ihesu christe qui me miserum peccatorem . . . An O sacrum
conuiuium—Deus qui nobis sub sacramento mirabili . . .

Arts. 8–9 are on quires 4–6.

8. f. 40^{rv} Lenten chapters.

9. ff. 41–78^v Temporal, Septuagesima Sunday–25th Sunday after octave of
Pentecost.

f. 66 cut out, contained Ascension. f. 65^v blank.

Arts. 10–17 are on quires 7–9.

10. ff. 79–97 Sanctoral, Andrew–Relics.

Cf. art. 12 below.

11. ff. 97–102^v Incipit commune de sanctis et primo de apostolis.

12. ff. 102^v–107^v Collects of Sanctoral, Nicholas–Saturninus.

Cf. art. 10 above. Anne added, s. xv, f. 105 foot.

13. ff. 108–110^v Ferial cursus: Terce, Sext, and None.

14. ff. 110^v–116 Terce, Sext, and None of B.V.M.

15. ff. 116–18 Chapters and prayers.

16. f. 118^v Aue caro christe que pro me passa fuisti . . . (*in red*).

17. f. 118^v (added, s. xv) [M]emento salutis auctor . . .

Arts. 18–19 are on quire 10.

18. Prayers: (*a*) ff. 119–120^v Oracio beati Ambrosii optima de corporali passione
Domine iesu christe fili dei uiui creator et resuscitator . . . ; (*b*) ff. 121–122^v
Sequitur alia oracio de passione Culter qui circumcidisti sacrosanctum carnem
christi . . . ; (*c*) ff. 122^v–123^v Item dominus papa Io xxii confirmat—Aue verum
corpus et sanguis domini nostri . . . ; (*d*) f. 124^{rv} In eleuacione Aue uerum corpus
domini nostri ihesu christe natum ex maria . . . Dulcissime domine ihesu christe
. . . De oracione prescripta sunt tres anni indulgenciarum—Augustinus Ista die
dyabolus non nocebit ei; (*e*) f. 124^v Domine ihesu christe qui hanc sacratissimam
carnem . . . Amen ad supplicacionem regis francie philippi papa bonifacius ii
dedit—Indulgenciam; (*f*) f. 125 Precor te amantissime domine iesu christe
propter illam eximiam caritatem . . . De hac oracione papa benedictus xii—tot
dies indulgentiarum que fuerunt wlnera in corpore christi; (*g*) f. 125^v O nuda
humanitas O magnum martirium . . . ; (*h*) ff. 125^v–126^v Oracio bona et optima de
trinitate O sancta trinitas deus ex quo omnia et in quo omnia . . .

19. ff. 127–128^v Letania ordinis, ending imperfectly in fourth prayer 'Omnipotens sempiterne deus qui uiuorum . . . quos'.

ff. 128. Paper; parchment strengtheners at quire-centres. 150 × 107 mm. Written space 106 × 75 mm. Frame ruling. 22 long lines. Collation: 1¹⁴ 2¹² + 1 leaf (f. 15) before 1 3¹² 4¹² + 1 leaf (f. 40) before 1 5¹² 6¹⁴ wants 2 (f. 66) 7¹² 8–9¹⁴ 10¹² wants 11–12. Written in hybrida. Initials: (i, ii) 2- and 1-line, red. Capital letters in the ink of the text lined with red. Original (?) binding of slightly bevelled beechwood boards covered with partly worn away white skin; one clasp, missing, 'aue' and flower on remaining metal fitting. '186 (?)' in red at foot of spine, '[. .]' overwritten in ink. Secundo folio (f. 3) *dicens*, (f. 17) *nomen quod*.

Written in Germany. 'Cartusiae Buxheim', s. xvii (?), f. 2; 'Cartusianorum in Buxheim +' in pink, s. xvii (?), f. 15ᵛ; Buxheim Charterhouse number(s) on spine, see above. 'Oktav 38078' and note in German of number of leaves, inside front cover, 'Anfang', f. 1, all in pencil, s. xix.

ee.7 (A.24). *Psalterium, Horae B.V.M., etc.*   s. xv in.

Arts. 1–9 are on quire 1, all added, s. xv², in the same hand as arts. 13 and 23, and marginal additions in art. 22.

1. f. 1 Notes recording death of Pope Calixtus III in 1458, the election of his successor, and 'primam missam meam' on 24 Aug. 1460 in 'dyepenbeck'. Also a few liturgical forms.

2. f. 1ᵛ (*a*) Two collects 'que dicitur ad omnes horas': De sancto francisco—Deus qui ecclesiam tuam beati francisci meritis . . . De sancta fide—Deus qui presentem diem beate fidis virginis . . . ; (*b*) three circular computistical diagrams.

(*b*). 35 mm., 49 mm., and 52 mm. in diameter: the smallest divided into sixteen segments '1–8, indictio, 9–15'; the next into twenty-four segments and three concentric rings, the outer labelled 'Aureus numeri', the next 'Littere Anni' and the inner 'Embolismus'; the largest divided into thirty-two segments and three rings, the outer 'Ciclus solarum', the next 'littere domini[cales]', and the inner 'Numerus'.

3. f. 2 In ista tabula inueniuntur ebdomade concurrentes infra natiuitatem christi et dominicam qua cantatur Usto michi [*i.e.* Quinquagesima].

7 columns (Littere dominicales) × 19 lines. f. 2ᵛ blank.

4. ff.3–4ᵛ Oracio beati Augustini Episcopi Quicumque sequentem orationem sancti Augustini Triginta diebus flexis genibus—O dulcissime domine ihesu christe vere deus qui de sinu patris . . .

5. f. 5ʳᵛ Sequuntur benedicciones quando nouem lecciones leguntur.

6. ff. 6–9ᵛ Cursus beate Marie virginis diebus ferialibus.

7. f. 9ᵛ Antiphona de sancta Gertrude (two).

8. f. 10 Capitula de quatuor doctoribus.

9. f. 10ᵛ Collects of Mark ev., Florebert conf. and pont., and Vitus.

Floribert bp. of Liège.

Arts. 10–13 are on quires 2–11.

10. ff. 11–118 Liturgical psalter.

Type (i) initials to Pss. 1, 26, 38, 52, 68, 80, 97, and 109.

11. ff. 118^v–121^v Incipit completorium cotidianum.

Includes seasonal material.

12. ff. 121^v–129^v Sequntur vlterius psalmi psalterii ordinarie.

Ferial canticles, Te deum, Benedicite, Benedictus, Magnificat, Nunc dimittis, Quicumque uult 'vt supra in primis'.

13. (added, as arts. 1–9) (a) ff. 129^v–130 Ps. 142; (b) f. 130^{rv} Modus tenendi de beata Maria tempore paschali.

Arts. 14–20 are on quires 12–16.

14. ff. 131–168^v Hic Incipit commune officium de appostolis.

Includes lections. Seasonal material, beginning f. 163^v.

15. ff. 168^v–172^v In commemoracione beati pauli [ap.].

Includes lections.

16. ff. 172^v–176^v In ueneracione beate marie virginis.

17. f. 176^v Oracio de beata maria O Benedicta virgo maria filia dei patris . . .

18. ff. 176^v–178^v Secuntur suffragia.

Cross, B.V.M., apostles, John Baptist, John ev., Lambert, All Saints, peace, Peter ap., Apollonia (prayer only, no antiphon), Anthony, Laurence, B.V.M.

19. ff. 179–183^v Incipiunt hore beate virginis: use of (Utrecht).

20. Prayers: (a) ff. 184–185^v Incipit oracio beati ambrosij de passione domini deuota et proficua Domine Ihesu criste fili dei viui creator et suscitator . . . ; (b) ff. 185^v–186 Incipit oracio venerabilis bede presbiteri de septem verbis vltimis domini nostri Ihesu cristi Domine Ihesu criste qui septem verba in die ultimo . . . ; (c) ff. 186^v–187 Oracio deuota de saluatori nostro O Ihesu fili virginis Marie plenus misericordie et pietate O dulce Ihesu . . . ; (d) f. 187^{rv} Quicumque hanc oracionem deuote dicerit vi^m dies indulgentiarum et vi^c obtinebit Arma cristi sanctifica me corpus cristi salua me sangwis . . . Deus qui voluisti pro redemptione mundi . . . ; (e) ff. 187^v–188 Oracio deuota de nostra domina O intemerata . . . ; (f) f. 188^v De sancto francisco Ant Crucis arma fulgentia nocte franciscus dormiens . . . (RH, no. 25068) Deus qui mira crucis misteria in bono confessore francisco . . . ; (g) f. 188^v Oracio de domina Maria mater pia . . .

Arts. 21–4 are on quires 17–18.

21. ff. 189–95 Hic incipiunt vigilie defunctorum.

Lectio ix is Ecce mysterium . . . (1 Cor. 15: 51–7).

22. ff. 195^v–200^v Incipiunt septem psalmi (cues only) . . . Incipiunt lethanie.

Twenty-nine martyrs, (13–18) Quintin Luca Tymotee Lambert George Gerion. Further prayers added, as arts. 1–9, ff. 199–200 margins.

23. (added, as arts. 1–9) (a) f. 200^v Ego dixi . . . ; (b) ff. 200^v–204 De sancto lamberto.

(b). Full office.

24. ff. 204–5 (added, s. xv ex.) [O]bsecro te . . .

ff. 205ᵛ–207ᵛ blank.

ff. 207. Paper. 143 × 110 mm. Written space *c*. 83 × 65 mm. Frame ruling. 2 cols.. *c*.30 lines. Collation: 1¹⁰ 2–12¹² 13¹⁰ 14–17¹² 18¹² wants 8–12 (blank). In quires 3–11, 13, and 15–16 there are catchwords between leaves 2 and 3, 4 and 5, and in some cases between 8 and 9, and 10 and 11. Initials: (i) *c*.12-line, red with pink ornament; (ii–iv) 3-, 2-, and 1-line, red. Capital letters in the ink of the text lined with red. Binding of pasteboards covered with part of a document, s. xviii, in Dutch. Secundo folio *Et tu*.

Written in the Low Countries, for secular or mendicant use (9 lections in art. 14, cf. art. 5, also rubrics ff. 105, 121ᵛ). Arts. 1–9 etc. added s. xv², by a priest who celebrated his first mass at Diepenbeek (art. 1.). 'Hz XX 347885' and note in German of number of leaves, in pencil, s. xix, inside front cover.

ee.8 (A.38). *Horae B.V.M.*   s. xv¹

1. ff. 1–10 Calendar, nearly full, in red and black, graded (up to ix l', Duplex).

Most months do not start a new page. Feasts in red include Poncian (14 Jan.), Pancras, Seruacius (12, 13 May), Boniface, Odulph, Lebuin (5, 12, 25 June), Augustine (28 Aug.) also octave, Lambert (17 Sept.), Remigius German and Vedast, Victor and Gereon (1, 10 Oct.), Willibrord (7 Nov.); and in black Guntram rex (28 Mar.), Wiro ep. (8 May), Quiryn ep. and m. (4 June), Frederic ep. and m. (18 July), 'duorum ewaldorum mrm', Regenfled v. (3, 8 Oct.), and Ratbod ep. (29 Nov.). f. 10ᵛ blank.

2. (quire 2) ff. 11–16ᵛ Matins of B.V.M. to third antiphon, followed by Pss. 44, 45, 86, 95, 96, 97, with antiphons.

ff. 17–18ᵛ blank.

Arts. 3–13 are on quires 3–9.

3. ff. 19–48 Incipiunt hore de domina.

Use of Utrecht. Seasonal materials begins f. 45ᵛ.

4. f. 48ʳᵛ (added, s. xv) Memento nostri domine in beneplacito populi tui . . . Te deprecamur omnipotens sempiterne deus. visita habitacionem istam . . . Adiutorium—Sit nomen—Celesti benedictione benedicat . . .

Compline prayers.

5. ff. 49–51 Memoriae of Augustine, Francis, Anthony, Agnes, Katherine, and Martin.

6. ff. 51–4 Incipiunt hore sancta cruce.

7. ff. 54ᵛ–65ᵛ Incipiunt septem psalmi penitenciales. Oremus pro peccatis et gligenciis nostris Domine ne memineris . . . , followed (f. 61ᵛ) by Letanie.

Twenty confessors, (11–12) Seruatus Willibrord . . . (19–20) Lebuin Odulph.

8. ff. 65ᵛ–90ᵛ Incipiunt vigilie defunctorum.

Four leaves missing after f. 66. Lectio ix is Fratres si in hac vita . . . , 1 Cor. 15: 19–31.

9. ff. 90ᵛ–92 In professione sororum cantantur psalmi isti.

Pss. 14, 50 (cue only), 47.

10. ff. 92ᵛ–94 Hymns: Svmmi largitor, Ad cenam agni, O vere digna hostia, Criste qui lux es.

11. f. 94 Beatissima virgo maria cuidam religiosa(o *interlin. in red*) sibi valde deuoto cum ingenti lumine apparens dixit ei vt hanc oracionem sequentem se signando contra diabolum diceret Benedicat me deus pater qui cuncta c(re)auit ex nichilo . . .

12. f. 94ᵛ O Florens rosa mater domini speciosa . . . pro nobis iugiter ora.

RH, no. 12991.

13. f. 94ᵛ Hec est preclarum vas paracliti . . .

Arts. 14–17 are on quires 10–12.

14. f. 95ʳᵛ Oracio deuota de domina nostra Obsecro te . . . A Ad virginem mariam Gaude dei genitrix virgo immaculata . . .

15. ff. 95ᵛ–99ᵛ Incipit rosarium beate marie virginis pater Qvem virgo carens . . . Ave sanctissima maria Mater dei Regina celi Porta paradisi . . .

16. ff. 99ᵛ–111 Quando itur ad sepulturam. Libera me domine de morte eterna . . .

f. 110 'Ad myssam'.

17. ff. 111–112ᵛ De sancto spiritu anᵃ Ueni sancte spiritus reple tuorum corda fidelium . . . Ymnum Ueni creator spiritus mentes . . . De sancte michaelis ymnum Criste sanctorum decus . . . de beata agnete et iᵃ virgine ymnum Ihesu corona virginum . . .

f. 113ʳᵛ blank.

The pastedowns are parts of leaves from two different mss., grammar at the front, law at the back.

ff. i + 113 + i. Paper. 142 × 105 mm. Written space 88 × 69 mm. 21 long lines. Collation 1¹⁰ 2⁸ 3–6¹² 7¹² wants 1–4 before f. 67 8¹⁴ 6–7 and 9–10 cancelled before and after f. 80 9¹⁰ 10¹² 5, 7–8 cancelled before and after f. 99 11⁸ 12². Initials: (i) ff. 19, 55, and 66, 8-, 5-, and 6-line, blue with open decoration, and ornament in red and green with gold-centred flowers; (ii) 5/3-line, red with open decoration; (iii, iv) 2- and 1-line, red. Capital letters in the ink of the text lined with red. Original (?) binding of bevelled wooden boards covered with brown leather bearing a pattern of triple fillets and 2 small stamps; one clasp, missing. Secundo folio (f. 12) *mea regi*.

Written in the Low Countries for the use of Augustinian nuns (arts. 1, 9) in the diocese of Utrecht. 'Mr H. O. Feith Dit boekje heeft . . .', s. xix, f. i.

ee.12 (A.32). *Officia, preces, etc.*   1504–9

An indication of the relative frequency with which different parts of the book were used is provided by the soiling conspicuous in arts. 8, 10, 13, 15, 19, 23, and 26.

1. (quire 1) ff. ii–xiii^v Calendar in red and black, graded.

The gradings range from 'In summis' for Epiphany, feasts of B.V.M., Benedict (21 Mar.) and Magnus 'patronis nostri' (6 Sept.), 'xij lc', 'vij lu^m', 'v lu^m, to 'an^a. Feasts in red include Benedict (21 Mar.), Ulrich ep., commemoracio benedicti (4, 11 July), Hilaria Digna Eunomia (12 Aug.), Magnus, Wenszlay (6, 28 Sept.), Gallus abb., Narcissus ep. (16, 29 Oct.), Othmar abb. (16 Nov.); and in black, Dedicacio sancti georgy in Swau[. .] (15 Feb.). Added in red, Bruno 'primus Carthusiens' Candelare' (6 Oct.).

Personal occasions, entered in the main hand, in black, 'professus 1502' (2 Dec.); and in red, 'actollitus 1502' (17 Dec.), 'subdiaconus 1503', 'diaconus 1504' (11, 23 Mar.), 'Sacerdos 1504' (21 Sept.), 'primicias celebraui 1504' on a slip stuck in at 15 Oct., and, added, 'professus sum in ordine Carthu anno 1509 et erat dominica Quasi modo' (15 Apr.).

Arts. 2–7 are on quires 2–6.

2. ff. 1–16^v Incipit ymnus ad primas Iam lucis . . .

Ferial cursus of Prime.

3. ff. 17–18^v Terce, Sext, and None, without psalms.

4. (a) ff. 19–39^v Ferial cursus of Vespers; (b) ff. 39^v–45 Antiphons and versus of Pentecost season OT lections, Kings–Prophets.

5. ff. 45–56^v Gospel pericope, antiphons, and collect of Sundays 1–25 after Trinity.

6. ff. 56^v–58^v Sequitur recessus altaris

Comprising Benedicite, cues of Ps. 150, Nunc dimittis, and antiphons, and three prayers (Deus qui tribus pueris, Da nobis quesumus deus viciorum nostrorum flamas, and Acciones quesumus deus aspirando). Cf. art. 15. ff. 59–60 blank.

7. f. 60^v Aue maria aue Castissima . . . Dolorosissima gratia plena.

Ten superlatives.

8. ff. 61–69^v Fifteen Oes of St Bridget (*heavily soiled*).

9. ff. 70–71^v Salue sancta facies nostri redemptoris . . . (*RH*, no. 18189) Deus qui nobis lumen vultus tui memoriale . . .

A memoria.

10. ff. 72–7 Quicumque sub scriptum oracionem xxx diebus deuote dixerit in honore sanctissime passionis domini nostri Ihesu christi Et in honore beatissime virginis marie matris eius quecumque licita pecierit misericorditer obtinebit: quod experimento sepius probatum est Sancta maria perpetua virgo virginum mater misericordie . . . (*soiled*)

11. ff. 77–83 Sequuntur nunc oraciones multum deuote ante sanctam communionem dicende (f. 77^v) O Dulcissime atque amantissime domine Ihesu christe quem nunc deuote desidero suscipere . . . (f. 78^v) O Fons tocius misericordie qui numquam manare cessas veni hodie . . . (f. 80) Ave sanctissima caro christi et sangwis Aue summa dulcedo . . . (f. 80^v) Ad mensam dulcissimi conuiuii tui pie domine Ihesu christe . . . (f. 82^v) Domine Iesu criste pater misericordissime rogo corde toto . . .

12. ff. 83–4 Papa pius secundus—O Adoranda maiestas bonitas immensa summe deus . . . Ave domina sancta maria mater dei regina celi porta paradisi . . .

13. ff. 84–85ᵛ Incipiunt septem gaudia beate marie semper virginis Gaude virgo mater Ihesu christi sola meruisti esse tante dignitatis . . . oratio Graciam tuam quesumus domine mentibus etc. (*very heavily soiled*).

14. ff. 85ᵛ–86 O domine Ihesu christe adoro te in cruce pendentem et coronam spineam in capite portantem . . .

Five Oes.

15. ff. 86–93 Sequitur accessus altaris Sancti spiritus assit nobis gratia—ymnus Ueni creator spiritus mentes tuorum . . . (*soiled*).

The hymn is followed by Psalms 83-6, 115-16 cues, 118: 169 cue, 129 cue, antiphon, chapter, versiculi, and the prayers Avres tue pietatis mitissime deus inclina, Deus cui omne cor, Ure igne, Mentes nostras, Assit nobis, Deus qui corda fidelium (cue only), Omnipotens sempiterne deus fac me tibi, Deus cui proprium est (cue only), Omnipotens sempiterne deus qui me peccatorem, and Consciencias nostras. Cf. art. 6.

16. ff. 93–101 Sequitur penitencia quotidiana secundum consuetudinem nostre obseruancie (castellenciam videlicet) sicut patet ordinate.

An office of the Benedictine Congregation of Kastl. f. 101ᵛ blank.

17. ff. 102–108ᵛ Pss. 24, 26, 21, and 78.

18. ff. 108ᵛ–123 Sequuntur psalmi penitentiales cum (f. 115) letania.

Cues only of Pss. 50 and 129. Twenty-five confessors: (13, 14) Wilibald Udalric . . . (22, 23) Magnus Othmar.

19. ff. 123–54 Vigilie mortuorum (*heavily soiled*).

Adapted to Carthusian use by sticking pieces of paper over the forms to be superseded; that on f. 137ᵛ has lifted, revealing the original lection ix of the office of the dead as 'F [*recte* V]ir fortissimus iudas collacione facta duodecim milia dragmas argenti misit Iherosolimam . . . '. A second office begins on f. 148ᵛ, after an unfilled space, for a rubric (?); lection ix is Fratres ecce uobis misterium . . . (1 Cor. 15: 51–2).

20. ff. 154–62 Suffragia cottidiana necnon et consueta per totum annum.

Cross, B.V.M., Magnus, apostles, martyrs, Benedict, peace, and All Saints, at Vespers and Lauds. The provision for Magnus is on ff. 155, 156ᵛ–157, and 160ʳᵛ.

21. ff. 162–163ᵛ Benedictiones ad lectiones de tempore . . . De sanctis . . . De beata virgine . . .

Not those of Carthusian use.

22. ff. 164–171ᵛ Noted forms: Ante diem festum pasche, Mandatum nouum do uobis, Hoc corpus quod pro uobis, Induta est caro mea, Paucitas dierum, and Libera me domine de morte.

23. ff. 172–84 Pss. 117 and 118 (*soiled*).

24. ff. 184–186ᵛ Pss. 119–27.

Of Pss. 119: 4 - 127: 3 only as much of each verse is given as could be fitted on one line.

25. ff. 186ᵛ–189 Pss. 95–7.

26. ff. 189–97 Rosarium beatissime dei genitricis virginis marie quod sequitur compositum est per quendam chartusien' In domo treueren'—qui obytt Anno domini 1431 in predicta domo—(f. 191) Aue maria—tecum etc. Quem concepisti de spiritu sancto non per carnis opera . . . (*very heavily soiled*).

Adolf of Essen, d. Trier Charterhouse 1439; the *Cartae* record no deaths there in 1431 or 1432. f. 197ᵛ blank, save for '[A]ve sancta anna mulier preclara cum Ioachim marito tuo'.

27. ff. 198–221 Chapters, collects, antiphons, etc. of Common of saints.

No lections. f. 221ᵛ blank.

28. ff. 222–5 Directions on the reception of collects, i.e. their order on various occasions, 'Hic in buxia', In festis candelarum—Pro monachatu.

ff. 225ᵛ–227ᵛ blank, save for a pen-trial on f. 225ᵛ.

29. f. 228 (added, s. xvi) Two prayers: Da quesumus domine populo tuo salutem, and Da nobis domine quesumus perseuerantem in tua uoluntatate (*sic*).

f. 228ᵛ '1505 galli', otherwise blank.

ff. i + 240 + i. Original foliation: (i–xiii), 1–60, (61–229). Paper, heavily soiled from use in parts. 103 × 75 mm. Written space c. 75 × 50 mm. Frame ruling. 13–17 long lines. Collation: 1–6¹² 7¹⁴ wants 1 (blank ?) before f. 61 8–19¹² 20¹² wants 12 (blank). Written in a set cursiva; changes of hand at f. 198 and on f. 213. Initials: (i, ii) 2- and 1-line, red. Capital letters in the ink of the text lined with red. Binding of s. xx; one original (?) clasp. Secundo folio (f. 2) *populi meditati*.

Written between 1504 and 1509 by a monk of the Benedictine abbey of Füssen (Swabia), whose founding abbot and patron was Magnus, see art. 1 and also arts. 16, 18, and 20; transferred by the writer on becoming a Carthusian in 1509, see art. 1. Arts. 27–8 added early at the Buxheim Charterhouse. 'Buxheim +' in pink, s. xvii (?), f. ii top. 'Oktav 67217' in pencil, s. xix, f. ii foot.

ee. 13 (C. 141). *Preces, etc.*   s. xiii ex.; arts. 1–5, s. xv

1. (quire 1) (*a*) ff. 1–2 Rogo te domine per ipsum sacrosanctum misterium corporis et sanguinis tui quo cotidie in ecclesia tua pascimur et potamur . . . Ita vt neque esuriam neque siciam ineternum AMEN; (*b*) ff. 2–3ᵛ Anima mea anima misera et feda diligenter recollige ad te intrinsecus omnis sensus corporis tui . . . quas mala opera merentur me recipere scio; (*c*) ff. 3ᵛ–5 Uerum est quod asseris quia deus iudex iustus diligens equitatem malis operibus . . . purgate et emendate eterne vite felicitatem quam per peccatum amiseras reddere; (*d*) ff. 5–7 Cogita ergo et recogita tantam erga te tui creatoris benignitatem et erige te . . . in suis preceptis spernentes omnino obliuiscitur; (*e*) f. 7ʳᵛ Honorat nos in presenti vita coronat vero nos in futura facit nos reges . . . dum in terris conuersatur est copulata; (*f*) f. 8ʳᵛ Non satis fuit creatori nostro nos creare et creatos gubernare et angelos quociens nobis opus erat ad defensionem . . . adhuc in sacrificio altaris sui ministrare non desunt; (*g*) f. 8ᵛ Tv vero anima mea horum omnium dulci recordacione consolata et animata . . . vt finito temporali cursu ad eterna gaudia merearis ascendere Prestante—Amen.

2. (quires 2–5) (*a*) ff. 9–14ᵛ Ad te dulcissime et benignissime domine ihesu qui

fons pietatis es et misericordie potissimum me conuerto . . . tuamque inenarrabilem gloriam cum omnibus sanctis tuis in eterna felicitate possidere per eterna secula Amen; (*b*) ff. 14ᵛ–21 Dvlcissime et super omnia desideranda desiderande et suauissime domine ihesu christe Adesto supplicacioni mee . . . vbi te cum omnibus sanctis in eterna felicitate sine fine Possim laudare et benedicere AMEN; (*c*) ff. 21–4 (Item Oracio deuota et multum efficax ad dominum ihesum ante celebracionem uel post quando sibi tempus postulat deuote est dicenda et oranda) Svmme sacerdos et maior ceteris sacerdotibus domine ihesu christe cui adheret omnis sacerdos . . . quod ad dampnacionis periculum nos protrahit ex interioribus anime nostre proicimus; (*d*) ff. 24–7 O Immensa domini nostri ihesu christi pietas o admiranda et ineffabilis misericordia Si aliquis potens . . . per interualla sicut modo sed sine intermissione cum sanctis omnibus teipsum qui veritas et vita es possim comedere et bibere Amen; (*e*) ff. 27ᵛ–30 Benedico nomen tuum sanctum domine deus pater omnipotens et gracias tibi ago ex toto corde meo qui ad instruendam ignoranciam . . . misterio corporis et sanguinis eius quo cotidie in ecclesia tua sancta pascimur et potamur abluimur et sanctificamur; (*f*) ff. 30–31ᵛ Gracias tibi ago infinita misericordia domine deus noster pro omnibus miseracionibus tuis quibus miserabiliter . . . hec est spes mea et ideo tanta et talia dico ipse reconsiliet obsecro ipse absoluat; (*g*) ff. 31ᵛ–38 Benedico itaque nomen tuum et glorifico ex toto corde meo domine deus noster pro hac mirabili coniunctione diuinitatis et humanitatis . . . tibi inhiantes et suspirantes te esurientes et sicientes; (*h*) ff. 38–43ᵛ Deus meus vita mea dulcis cibus cordis mei dignare me laudare te Da michi lumen in corde . . . seculorum laus pro vniuersis benedictis tuis sit.

Arts. 3–5 are on quires 6–11.

3. ff. 44–68ᵛ (Contemplacio beati bernardi super passione domini) Sepcies in die laudem dixi tibi Rogasti me carissime vt aliquem modum contemplandi in passione domini tui monstrarem tibi secundum septem horas diei . . . sed ideo dico vt multas amicas christi habere vestram voluntatem sciatis.

PL xciv. 561–8 (Ps. Bede), with, before Hora Vespertina, extended 'Exclamationes' on the Seven Words from the Cross. A note is added, s. xv/xvi, in the same hand as the added title, 'ista famula christi forte fuit ketherinea de S[. . .]', f. 68.

4. ff. 68ᵛ–72 (Nota hic Rosarium de 33 pater noster etc.) Qvicumque voluerit specialem christi graciam adipisci et eius cotidie recordari dicat 33 Pater noster ad honorem et memoriam 33 annorum quibus ipse in mundo fuit—(f. 69ᵛ) Incipe Kyriel' Christeleys' Kyriel' Pater noster etc Et anime omnium fidelium defunctorum per misericordiam dei etc. Amore filij tui dilectissimi domini nostri ihesu christi quem pro salute mundi in sacre virginis vterum transmisisti . . . profer lumen cecis mala nostra pelle bona cuncta posce monstra te esse matrem AMEN

5. ff. 72ᵛ–88ᵛ (Planctus bernard[. . .] super compassione beate virginis ex doloribus quos in passione fi[. . .] sustin[. . .]) Quis dabit capiti meo aquam et oculis meis imbrem—consolans animam meam. O uos filie iherusalem sponse dilecte dei . . . ita forte possibile fuit angelos in morte dei sui dolere (f. 85) Ioseph

ab aramathia vir sanctus et iustus—Tunc illius exequiis angelorum milia milium decantabant . . . Tu sis benedicta ineternum et ultra cum ihesu filio tuo Qui cum patre—deus bonus per omnia s. s. AMEN

PL clxxxii. 1133–42. f. 89^{rv} blank.

Arts. 6–7 are on quires 12–13.

6. ff. 90–93^v xij vtiles lecciones de ymagine crucifixi Expandit librum coram me etc [*cf.* Ezek. 2: 9] Liber iste est ymago crucifixi in quo ipse pius magister xij lecciones proprio sanguine conscripsit . . . Studeamus ergo hic effici templum eius vt nos quandoque recipere dignetur pausandos cum omnibus sanctis in eterna requie Ihesus christus dominus noster qui cum p etc

7. ff. 93^v–109^v Incipit deuota passio domini nostri cum orationibus optimis Dato pacis et pacientie salutari mandato et disposito fratribus regno patris tui—vigilate mecum [Matt. 26: 38] Istas omnes infirmitates suscepisti in te ihesu . . . (f. 109) currentes nunciare discipulis [Matt. 28: 8] oratio Et nunc domine redemptor meus—(f. 109^v) Ans Recordor domine recordor pie illius et sancte mulieris— Benignissime suauissime quando mihi restaurabis—meum teporem inferuentis- simum tui Amen Amen

Arts. 8–13 are on quire 14.

8. ff. 110–111^v Deus pater quando misit filium suum ad nos redimendos—Pater noster qui es in celis Hic non est peticio sed inuocacio vnusquisque homo qui patrem clamat . . . Inde nos eripiat ihesus christus qui viuit—Amen.

Bloomfield, no. 8191 (Jac. Berengari); Schneyer, *Rep.*, iii. 878, no. 25.

9. f. 112 Ave maria gratia plena. Bernardus Ille solus taceat a tua laude. virgo maria. qui te fideliter inuocatam non sensitur adiutricem . . . Benedictus qui venit in nomine domini. beata virgo sic respondit angelo

10. ff. 112–13 De articulis fidei Articuli (sancte) fidei sunt xii. et xii fuerunt compositores. Petrus fuit primus—Petrus dixit Credo in deum patrem . . . male credentes et baptizare.

11. ff. 113–14 Decem sunt precepta legis Primum est ut credatur vnus deus creator omnium Istud mandatum transgreditur quisque colit ydola uel solem uel lunam . . . (f. 114) temporale mortem alterius desiderat Hec precepta non hominis sed dei omnipotentis omnes obseruamus . . . passio christi semel facta nec perditur facta quia non patietur

12. f. 114^{rv} Short pieces: (*a*) Ista sunt necessaria penitenti scilicet spes venie quam quia iudas non habuit . . . ; (*b*) Sacerdos abluat manus suas per quod signatur quod debet tergere opera carnis . . . ; (*c*) Aleph interpretatur doctrina Beth domus pacis . . . ; (*d*) Oporte ut vnusquisque diligat animam suam sicut diligit corpus suum . . . ; (*e*) Sanctus spiritus operat vii in anima. primo mortuam viuificat viuificatam purgat . . . ; (*f*) Triplex est uia vere paupertatis. prima est nihil habendi voluntas . . .

(b). On the spiritual significance of each action in vesting for mass.

13. Prayers: (a) f. 115^{rv} O Intemerata . . . , masculine forms; (b) ff. 115^v–116 Sancta ac perpetua virgo maria domina et aduocatrix mea . . . ; (c) f. 116 Gaude dei genitrix virgo immaculata. Gaude que gaudium ab angelo suscepisti . . . ; (d) f. 116 Deus in tuo nomine presta mihi sensum ad intelligendum et totam virtutem . . . ; (e) f. 116^{rv} oratio bona Domine ihesu christe qui viuis et regnas in trinitate da nobis pacem . . . ; (f) f. 116^v Beata et gloriose dei genitricis marie et sanctorum mychael' . . . Martini Sauini Gregorij Ieronimi Remigij Vedasti Gertrudis . . . ; (g) f. 116^v Salue salutis bauila et porta vite patula . . . ; (h) f. 117^{rv} oratio bona Ecce ad te confugio virgo nostra saluacio. spes salutis et venie. mater misericordie . . . Laudans deum per omnia Amen.

(g). Walther, *Versanf.*, no. 17149, here written as prose; (h) *RH*, no. 5087.

ff. i + 117 + i. 113 × 80 mm. Written space, ff. 1–88^v, 83 × 52 mm., 19 long lines; ff. 90–119^v, 95 × 63 mm., 25 long lines. Collation: 1–4^8 5^{10} + 1 leaf (f. 43) after 10 6–9^8 10^6 11^8 12–13^{10} 14^8. Changes of hand at ff. 90 (12^1) and 110 (14^1). Initials: 2-line, red, and, ff. 3^v–85, alternately blue. Capital letters in the ink of the text lined with red. Binding, s. xvii (?), from a sheet of stout parchment. Secundo folio *et intus*.

Written in north-east France (cf. art. 13f) and, arts. 1–5, the Rhineland. A piece of paper kept with the manuscript records an inscription on f. i, now obscured by re-agent 'It iste liber pertinet ad Frat' W^s de . . ge qui ipsum abstulit si . . . subtraxit de ista dom Sti Albani anathema sit don . . restituat i . . . domini M°CCCCI: cui . . . do . . . festo Sancti benedicti abbatis cum propria man', and includes a note in English, s. xx. 'Iste libellus pertinet ad domum sancti Albani ordine Carthusien' extra muros treueren', s. xv, f. i; 'Liber Carthusiens' prope Treuerim A.7 Contenta etc.' s. xv/xvi, f. i. Bookplate of 'G. J. de Bridoul J.U.D.', s. xvii (?), inside front cover. Bookplate of 'Alice Edleston Gainford' co. Durham, s. xx, f. 118^v.

ee.14 (A.44). *Psalterium Carth., etc.*   s. xv^1

1. ff. 1–122 Feria ij^a ant Seruite domino Incipit psalterium dauid . . . Explicit psalterium

Psalms 1–150, with cues for Prime antiphons only, cf. art. 6 below. In quire 9 rubrics on ff. 87 and 88 were erased and 5 lines left blank on f. 89^v, with the text running on without a break to f. 90. Type (i) initial to Ps. 109 (Sunday vespers); type (ii) to Pss. 20, 26, 32, 38, 45, 52, 59, 68, 73, 85, 95, 101, and 105.

2. ff. 122–35 Ferial canticles, followed by Benedicite, Benedictus, Magnificat, Nunc dimittis, 'Canticum fidei catholice editum a beato athanasio. Qvicumque uult', 'Canticum sanctorum ambrosii et augustini episcoporum: Te deum', Gloria in excelsis, Pater noster, and Credo in deum.

3. ff. 135–145^v Incipiunt cantica tocius anni videlicet dierum xii lc. Prima dominica de aduentu. ysaias. Ecce dominus . . . Non uocaberis—ierusalem laudem in terra.

4. ff. 145^v–156^v Incipiunt uero hymni tocius anni secundum ordinem cartusie. De aduentu Hymnus Conditor alme syderum . . . Christe qui lux es—Deo patri sit gloria.

5. ff. 156ᵛ–162ᵛ Incipit officium mortuorum.

6. ff. 162ᵛ–172ᵛ Ferial cursus, Saturday Vespers–Saturday Matins, *ending imperfectly* (second nocturn cue to Ps. 102).

Antiphons and psalms are indicated by cues, cf. art. 1 above.

ff. i + 172 + i. 192 × 136 mm. Written space 123 × 84 mm. 19 long lines. Collation: 1–8¹⁰ 9¹⁴ wants 10 (blank) after f. 89 10–16¹⁰ 17¹⁰ wants 10. Initials: (i) ff. 1 and 95, 6- and 4-line, shaded green, on decorated red and blue ground, that on f. 1 perhaps a crude later copy of f. 95; (ii) 4- or 3-line, red or blue, with open decoration and respectively mauve or red ornament, some enclosing a lozenge of yellow or green wash; (iii, iv) 2- and 1-line, alternately red and blue, with respectively mauve or red ornament in quire 1, some of type iii with added (?) ornament in brown, green or pink. 'PSALT' in ink, on the lower edge of the leaves, reading from the spine. Binding, s. xix, of parchment, painted, with a shield bearing the mongram 'DHN' on the front cover. Secundo folio *disciplinam*.

Written in Italy. '283 Monasterii Cartusie Ast', s. xv, f. 1, the *ex libris* of the Asti Charterhouse. Bookplate of 'Bibliotheca Visnievsciana', inside front cover, inscribed 'Michal Wisnieusky', s. xix. Monogram on front cover, see above.

ee. 18 (A.28). *Matutinale Ord. Carth.*   s. xiii/xiv

The standard arrangement of the material for a particular day in arts. 1–2 is invitatory, antiphons, responsories, and versus i–xii, followed by lections i–xii.

1. ff. 1–161ᵛ Temporal, Advent–25th Sunday after Corpus Christi/octave of Pentecost.

Single leaves missing after ff. 13, 16, 68, 75, 78, and 105, and two after f. 27.

2. ff. 162–237ᵛ Incipit proprium de sanctis, Andrew–Katherine 'per omnia sicut de sancta agatha'.

Provision includes Hermachoras and Fortunatus [12 July] 'sicut de sancto Iohanne et Paulo'. Single leaves missing after ff. 162 and 206.

3. ff. 237ᵛ–240ᵛ In dedicacione ecclesie.

4. ff. 240ᵛ–247 Incipit commune sanctorum.

The long final rubric ends 'Explicit matutinale domini sacriste [. . . *one or two words erased*]. sed pauper Iohannes de Marchpurga scripsit. Si in aliquo erraui parcat michi caritas uestra qualiscumque habuit et oret pro me sicut confidᵗ'. Two leaves missing after f. 240.

5. f. 247ᵛ (added, s. xiv/xv) Collect and cues of other propers for 11,000 Virgins, *ending imperfectly*.

Cf. art. 9(*a*).

6. (*a*) f. 248ʳ entirely erased; (*b*) f. 248ᵛ 5-line rubric in the main hand.

(*a*). Included collect for Hugh of Lincoln; there was no writing on the lowest four lines. (*b*) specifies propers for Sunday in octave of Corpus Christi; below this are three added lines, completely erased, and then an *ex libris* (?), see below. f. 249ʳ contains three added lines, erased; f. 249ᵛ ruled, but blank.

7. f. 250ʳᵛ (added, s. xiv ex.) List of saints, arranged by classes of the Common of Saints, with cues of four responsories beside each class.

8. (added, s. xv) (*a*) f. iii Cues of liturgical forms; (*b*) f. iii^v Brief prayers: Suscipe domine, Deus dei filius nos benedicere et adiuuare, and Ostende nobis domine misericordiam tuam et salutare tuum.

9. (added, s. xiv) (*a*) f. iv Cues for propers of 11,000 Virgins; (*b*) f. iv^v Prayers: [D]eus et pater domini mei ihesu christi cuius verbo celi firma sunt, and [D]omine deus omnipotens qui ex quinque panibus et duobus piscibus.

(*a*). Cf. art. 5.

ff. iv + 249 + ii. ff. 162–247 have a medieval foliation in red, made before the loss of leaves: 1, 3–46, 48–81, 84–90. ff. ii–iv and 250 are medieval flyleaves. 135 × 95 mm. Written space 97 × 63 mm. 22 long lines. Collation: 1 six (ff. 1–6, of which ff. 2/3 form the central bifolium) 2^8 wants 8 after f. 13 3^8 wants 4 after f. 16 4^8 wants 8 after f. 27 5^8 wants 1 before f. 28 6–9^8 10^8 wants 3 after f. 68 11^8 wants 3 after f. 75 7 after f. 78 12–14^8 15^8 wants 3 after f. 105 16–21^8 22^8 wants 5 after f. 162 23–27^8 28^8 wants 2 after f. 206 29–31^8 32^8 wants 5–6 after f. 240 33^8 wants 8 (blank). Quires 1–32 numbered at the end in red, i–xxxii. Initials: (i) f. 1, 4-line, red and blue with ornament of both colours; (ii) 4-line, red and blue, with ornament in red, blue or ink; (iii) 3-line, red or blue, some with ornament in red, blue, or ink; (iv, v) 2- and 1-line, red or blue, or, quires 10–12, green. Capital letters in the ink of the text lined with red. Medieval binding of square-cut wooden boards covered with flaking pink-stained skin; two strap-and-pin fastenings, missing. Secundo folio *Et R. Omel'*.

Written by a named scribe of Germanic origin, see art. 4. An erased *ex libris* (?), s. xiv or xv, f. 248^v, written north of the Alps, is partly legible '[. . .] Iohis (?) *in* [.]ey[. .] ord' Cartus[. . .]'; if the dedication is rightly read as St John, the Charterhouses at Diest by Zeelhen, Eppenburg (Hesse), Fribourg, and Seitz (Carinthia) are possibilities, among which the last is close to a cult-centre of Hermagoras, see art. 2, in the Gailtal. Small square (10 × 8.5 mm.) rubber-stamp 'E S.' with *E* reversed, f. ii.

ee.19 (A.25). *Horae B.V.M. et Breviarium Ord. Carth.*   s. xiv²

No lections in breviary sections. In arts. 12 and 13 longer, prescriptive, rubrics are written in black and underlined in red.

1. ff. iii–iv Benedictiones mensae.

2. f. iv^v (added, s. xv) Prayer, Adesto domine supplicacionibus nostris et viam . . .

Arts. 3–8 are on quires 1–3.

3. ff. v–x^v Calendar in red and black, with Carthusian gradings.

Added 'Professio mea anno 1549' (8 May), perhaps by the same hand as added the obit 'mater mea' in Feb.

4. ff. 1–11^v Hore beate Marie

The antiphon and chapter at Prime are Alleluia and Ego mater, and at None Alleluia and Et radicaui. Between Prime and Terce are the masses Nudum officium beate Marie virginis and Nudum officium in aduentu domini, ff. 5–8.

5. ff. 11^v–17 Incipit agenda defunctorum.

6. ff. 17^v–21 Preces ad omnes horas.

7. ff. 21^v–22 Benedicciones ad matutinas.

8. ff. 22ᵛ–30ᵛ Hymns.

9. ff. 31–159 Liturgical psalter.

Type (i) initials to Pss. 1, 20, 32, 45, 59, 73, 85, 101, and 109; type (ii) to Pss. 26, 38, 52, 68, 79, 95, and 105. Noted cues added in some margins, s. xv.

10. ff. 159–69 Ferial canticles, Benedicite, 'Canticum ambrosij et augustini Te deum', Magnificat, Benedictus, and Nunc dimittis.

11. ff. 169–173ᵛ Letania.

Added, s. xvi or xvii, 'Sancti tres reges' and 'Sancti machabei', f. 169ᵛ margin.

12. ff. 174–253 Temporal, Advent–25th Sunday after octave of Pentecost.

Type (i) initial to Ecce dies, f. 174; also, without ornament or infilling, to Populus (Christmas), Si consurrexistis (Easter), and Cum complerentur (Pentecost).

13. ff. 253–290ᵛ Sanctoral, Andrew–Saturninus.

Includes, ff. 261ᵛ–262, Common of a martyr and of martyrs 'Tempore paschali', between Hugh and Ambrose, and Tiburtius, Valerianus, et al. Type (i) initial, f. 253; type (ii) to Ecce ego, Ecce uirgo (Purification, Annunciation, of B.V.M.), Priusquam (vigil John Baptist), Petrus quidam (Peter and Paul), In omnibus requiem, Ego quasi (Assumption, Nativity, of B.V.M.), Sicut moyses (Exaltation of Cross), Factum est (Michael), Ego iohannes (All Saints), and Propiciare (Relics).

14. ff. 290ᵛ–292 De dedicacione ecclesie.

15. ff. 292–300 Common of saints.

16. ff. 300–301ᵛ Suffragia (a) ad laudes, (b) ad vesperas.

17. f. 301ᵛ (added, s. xv) De sancto brunone oracio

There is a cross-reference, 'require in fine libri', for this item, added f. 285 margin, where cues for other items are added.

18. f. 302ʳᵛ (added, s. xiv) Rubrics on chapters and collects.

19. ff. 302ᵛ–303ᵛ (added, s. xiv) Special offices: In omnibus laboribus, Pro habendo priore et pro vnitate ecclesie, In commendacione mortuorum, and Et sepelitur cum hijs.

20. ff. 303ᵛ–304 (added, s. xiv/xv) Two forms of absolution.

f. 304ᵛ blank save for pen-trials.

ff. i–ii and 305ʳᵛ contain an index of the days provided for in the manuscript, added s. xvi.

ff. iv + 308 + iii. Medieval foliation; (i–x), 1–304, (305). ff. i–iv and 303–5 are medieval flyleaves, ff. i and 305 of paper. 118 × 86 mm. Written space 86 × 59 mm. 20 long lines. Collation: 1–2¹² 3¹² 2 and 11 singletons 4–7¹² 8¹² 2 and 11 singletons 9–20¹² 21¹⁰ 22–25¹² 26¹⁰. Initials: (i) 6-line, red and blue, with red and mauve ornament partly infilled with green wash; (ii) 4-line, as (i), or, except in art. 9, some without ornament; (iii) 3-line, red with mauve ornament, or blue with red ornament, or, except in art. 9, some without ornament; (iv, v) 2- and 1-line, alternately red and blue. Capital letters in the ink of the text lined with red. Medieval binding of wooden boards covered with brown leather bearing a faint pattern of triple fillets and a roll; two clasps, missing. Secundo folio (f. 2) V Specie tua.

Written in the Rhineland. 'Cart' in Colo*n*', s. xv, f. iii; cf. Cologne additions, s. xvi or xvii, in art. 11. Cutting from English book-seller's catalogue kept with manuscript: '£10'. 'Phillipps MS 496' in blue ink, f. iii foot; rubber-stamp 'Sir T. P. Middle Hill' with Phillipps' crest above, '496' in ink, f. iv^v.

ee.22 (C.120). *Preces* s. xv/xvi

1. pp. 1–17 Sequuntur nunc quindecim orationes de passione domini reuelate sancte brigitte regina suetie—(p. 2) ne sitiat in eternum (p. 3/1) O Domine ihesu christe eterna dulcedo . . .

Fifteen Oes of St Bridget. Single leaves gone after pp. 2 and 10; the latter contained the seventh and eighth Oes, the former perhaps a picture. pp. 1–2 are entirely written in red.

2. pp. 17–18 Item post quinque pater noster semper dic oracionem sequentem. Domine ihesu christe fili dei viui: suscipe hanc orationem in amore illo superexcellenti . . .

3. p. 18 Item salutatio vulnerum. O Salutifera vulnera dulcissimi amatoris mei ihesu christi saluete . . .

4. pp. 18–30 Si quis habeat tribulationem vel paupertatem vel infirmitatem aut si sit in ira dei. vel detentus in carcare aut quacumque alia tribulatione. Si dicate xxx diebus hanc orationem—Eamque orationem composuit beatus Augustinus. Dvlcissime o domine ihesu christe verus deus qui de sinu dei patris omnipotentis missus es . . .

5. pp. 30–3 Salutationes ad omnia membra christi: quas qui deuote dixerit pro quolibet salue .ccc. dies indulgenciarum obtinebit. Salue tremendum cunctis potestatibus caput saluatoris nostri . . .

6. pp. 33–4 Notandum quod quicumque arma passionis christi deuote intuetur: eademque veneratur. si de peccatis suis vere confessus fuerit et contritus: habebit tres annos indulgentiarum a leone papa et a .xxx. summis pontificibus a quolibet centum dies. et a centum et .xxviij. episcopis a quolibet eorum .xl. Quas indulgencias confirmauit Innocencius quartus in concilio Lugdunensi et addidit ad hec ducentos dies Cruci clauis: corone spinee: flagellis . . . (*RH*, no. 3986) Oratio. Deus qui diuersarum penarum tuarum . . .

A memoria.

7. pp. 35–42 Item orationes de quinque doloribus beate marie quas sanctus anshelmus capellanus eius composuit incipientes singule a singulis litteris nominis .Marie.—(p. 36) Mediatrix dei et hominum et fons misericordie indesinenter effundens . . .

8. pp. 42–4 Item alie orationes de doloribus quinque beate marie Salue regina— O Sancta maria templum sancte trinitatis admoneo te illius angustie—cum symeon prophetauit dicens Et tuam animam pertransibit gladius . . . O sancta maria ammoneo te illius doloris—cum filium tuum perdideras et ioseph mediente . . . O Sancta maria moneo te illius miserie quam habuisti (*ends imperfectly, catchword:* cum filium)

9. pp. 45–8 (*begins imperfectly*) quem cum clamore valido clamando. Hely Hely lamazabathani . . . Hic pete quod vis. ET sicut certus sum quod ille nichil tibi negans honorat . . . vitam sempiternam. Amen.

10. pp. 49–54 Obsecro te . . .

An extended version. One leaf missing after p. 52; another presumably before p. 49, containing (?) a picture.

11. pp. 55–9 Item alia oratio de eadem similis efficatie cum predicta. Ad sanctitatis tue pedes dulcissima virgo. Maria corpore prostratus . . .

12. pp. 60–5 Sequuntur orationes de septem gaudijs corporalibus beate marie virginis: et debet dici. Aue maria. post quodlibet. Uirgo templum trinitatis deus summe bonitatis et misericordie . . . (*RH*, no. 21899) Oratio. Domine ihesu christe vnigenite summi patris: qui gloriosam virginem matrem tuam letificare . . .

13. pp. 65–6 Item alia oratio de eisdem septem gaudijs beate marie. Gaude virgo mater christe. que per aurem concepisti. gabriele nuntio. Gaude que a deo . . . (*RH*, no. 7014) Oratio. Deus qui beatissimam virginem mariam in conceptu et partu dilecti filij tui . . .

14. pp. 66–8 Item alia breuis de quinque gaudijs beate marie. et est beati Bernardi abbatis Clareuallis. Est tibi o pijssima quasi osculum imprimere hunc audire versiculum. Aue maria—tecum. Tociens enim oscularis . . . Versus deuotus. O dulcis amica dei rosa: vernans atque decora. Memor esto mei: dum mortis venit hora.

15. pp. 68–74 Item dicenti subscriptam orationem quam beatus gregorius papa orauit quando sibi dominus ihesus christus apparuit in figura que dicitur misericordia domini—In mea sunt memoria ihesu pie signacula que passionis tempore pertulisti . . . Oratio. Domine ihesu christe fili dei viui saluator mundi rex glorie . . .

A memoria.

16. pp. 74–8 Sequitur oratio sancti ambrosij de passione domini: quam anastasius papa primus confirmauit dans singulis eam dicentibus quingentos dies indulgentiarum Domine ihesu christe fili dei viui creator et resuscitator generis humani . . . in monumento a ioseph (*ends imperfectly*).

A bifolium missing after p. 78.

17. pp. 79–80 (*rubric missing*) Aue rosa sine spinis. tu quam pater in diuinis maiestate sublimauit et ab omni ve purgauit . . . , *RH*, no. 2084.

18. pp. 80–3 Quicumque sequentem oraciunculam quotidie deuote dixerit: sine penitencia et mistico corporis christi non decedet. sicut fuit reuelatum beato bernardo: cui ab angelo data est. Aue maria ancilla trinitatis. Aue maria pre electa dei patris . . . (*cf. RH*, nos. 1872, 35584) Oratio. Domina sancta maria suscipe hanc orationem in amorem et honorem sancti partus tui . . . Oratio Interueniat pro nobis domine ihesu christe nunc et in hora mortis . . .

19. pp. 83–6 Sequitur oratio venerabilis bede presbiteri de septem verbis vltimis —Domine ihesu christe qui septem verba vltimo die vite tue . . .

20. pp. 87–8 Item dic subsequentem orationem coram ymaginem pietatis christi flexis genibus et quinque pater noster cum tot aue maria et obtinebis xiiij. milia annos indulgenciarum a sancto gregorio papa qui hanc orationem composuit. Item .xij. pontifices quilibet eorum sex annos et sequitur. Oratio. Domine ihesu christe fili dei viui qui pendens in cruce pro peccatoribus dixisti patri tuo. Pater dimitte . . .

21. pp. 88–94 Item Reuelatio christi ad sanctam melechiadem sanctimonialem. vt habetur In libro eius de gracia spirituali dixit ei christus. Si quis aliquod horum gaudiorum meorum proferet—Primum Gaudium. Gaudo. adoro. magnifico. glorifico et benedico te ihesu bone in illo ineffabili gaudio . . .

22. pp. 94–6 Subscripte tres orationes habentur Rome in quadam capella que dicitur Sancte crucis septem romanorum—Domine ihesu christe: ego miser peccator rogo et ammoneo te pro tua nobili humanitate . . . Domine ihesu christe saluator et redemptor tocius mundi. Rogo et ammoneo te illius gaudij . . . Domine ihesu christe rogo et ammoneo te illius gaudij quod dilecta mater . . .

23. pp. 96–100 Sequitur planctus beate marie—septem annos indulgentiarum et xlª Carenas a bonifatio papa. Stabat mater dolorosa . . . Alia oratio de eodem Memento obsecro dulcissima mater et domina illius venerande stationis . . .

24. pp. 100–2 Sequitur oratio sancti gregorij pape de quinque vulneribus christi ihesu. Et quicumque hanc orationem cum deuotione dixerit. habebit quingentos annos indulgenciarum. Et est sciendum quod semper in fine vnius clausule debet dici. Pater noster. Aue ma. Ave manus dextera christi. perforata plaga tristi . . . Oratio. Concede quesumus omnipotens deus vt sanctissima vulnera dulcissimi filij tui . . .

A memoria; *RH*, no. 1869.

25. p. 102 Oratio pulcerrima. Salue sancta caro que deus est. libera me a morte perpetua . . .

26. pp. 102–3 Oratio. Domine deus qui liberasti susannam de falso crimine Ionam de ventre ceti. Danielem . . .

27. pp. 103–18 Sequitur oratio ante ymaginem corporis christi. Conditor celi et terre rex regum et dominus dominancium . . . (p. 108) Item sequitur alia pulcherrima et deuota Oratio. Ihesu christe summe deus sancte pater et rex meus tu me clemens audi reum . . . (*RH*, no. 28510) (p. 112) Alia Oratio. Uulneribus quinis me subtrahe christe ruinis . . . (p. 114) Item alia Oratio. In manus tuas domine ihesu christe commendo animam meam et corpus meum hodie . . . (p. 115) Alia oratio. Domine deus omnipotens pater et filius et spiritus sanctus. Da michi victoriam contra inimicos . . .

28. pp. 119–28 Incipit rosarium beate Marie virginis cum articulis vite christi— Et post decem clausulas semper dicantur. Pater noster. Credo in deum. Aue

maria. (p. 120) Suscipe rosarium virgo de auratum. ihesu per compendium vita decoratum. Aue ma. Quem virgo carens . . . , *RH*, no. 19951.

29. pp. 128–34 Sequuntur quinque deuotissime orationes. Ad quinque plagas domini nostri ihesu christi—Oratio Prima. Laus honor et gloria et gratiarum actio sit tibi pro sacratissimo vulnere dextre manus tue . . . Oratio. (p. 134) Saucia domine ihesu christe cor meum uulneribus tuis . . .

30. pp. 134–8 Quicumque hanc sequentem orationem deuote dixerit habet .xxxij. milia dierum indulgenciarum quos dedit papa iohannes. etc. Tibi deo crucifixo creatori redemptori et saluatori meo quinque vulneribus tuis . . .

31. pp. 138–45 Oratio ad dominum nostrum ihesum de quinque doloribus potissimis quas in sua beatissima passione sustinuit. O Amantissime ihesu moneo te illius agonis: qui inter animam et corpus tuum . . .

32. pp. 145–46 Oratio. Domine ihesu christe memento quod tu dixisti viuo ego et nolo mortem peccatoris. Ideo respice super me oculis tue misericordie . . .

33. p. 146 Bonifacius papa dedit omnibus sequentem orationem deuote dicentibus c. dies indulgentiarum. Ave maria alta stirps lilij castitatis. Aue profunda viola . . . , *RH*, no. 1871.

34. pp. 146–51 Sequitur oratio de omnibus membris beatissime virginis marie— O Dulcissima regina mundi dei genitrix virgo maria. dignare me laudare. adorare et benedicere . . .

35. pp. 151–2 Legitur in vita sancti bernardi abbatis Clareuallis. quod demon sibi semel apparuit—Illumina oculos meos . . . Perijt (*ends imperfectly*).

One leaf missing after p. 152.

36. pp. 153–5 (*beginning imperfectly*) trinitatis: sessione proxima. Gaude flore virginali. que honore speciali: transcendis splendiferum . . . secula. Amen. Aue maria gracia. Semper dicatur in fine cuiuslibet clausule. Versiculus. Speciosa facta es et suauis In delicijs tuis sancta dei genitrix. Oratio. Supplicationem seruorum tuorum deus miserator exaudi . . .

Cf. *RH*, no. 6810 (Seven Joys of B.V.M.).

37. pp. 155–6 Oratio deuotissima beati bernhardi abbatis Clareuallis—Salutatio ad pedes. Salue mundi salutare. salue salue ihesu care. cruci tue me aptare . . . *ends imperfectly*.

RH, no. 18073. One leaf missing after p. 156.

38. pp. 157–62 (*rubric missing*) Aue sanctissima maria. mater dei. regina celi, porta paradisi . . . (p. 157) Item pulchra. Oratio. O Bone et dulcissime ihesu per tuam misericordiam esto michi ihesus et quid est . . . (p. 159) Item alia pulchra Oratio. O Bone ihesu. o pijssime ihesu. o dulcissime ihesu filius virginis marie plenus misericordia et pietate . . .

39. pp. 162–4 (*a*) Item quicumque dixerit sequentem orationem Cencies et

quinquagesies ante ymaginem crucifixi quidquit Iustum petet impetrabit. Audi benigne ihesu christe pie celi lucifer cunctorum redemptio . . . ; (*b*) Oremus. Omnipotens sempiterne deus qui hoc dulcissimum nomen tuum ihesus ab eterno tibi elegisti . . . ; (*c*) Item alia Oratio. Adonay domine deus magne et mirabilis qui dedisti salutem in manu sancte marie . . .

40. pp. 164–5 Oratio sancti Augustini. Aspice ad me infelicem O pietas Inmensa respice in me crudelissimum . . .

41. (*a*) p. 166 De sequenti oratione sunt .xx^m. dierum indulgentie peccatorum mortalium et .xxiiij^m. peccatorum venialium. Domine ihesu christe precor te per lacrimas quas super iherusalem emisisti . . . ; (*b*) pp. 166–8 Item alia Oratio Aue cuius conceptio. solempni plena gaudio. celestia terrestria. noua replet gaudio . . . (*RH*, no. 1744) Oratio Deus qui nos conceptionis natiuitatis annunciationis purificationis presentationis visitationis et assumptionis beate marie . . . ; (*c*) pp. 168–74 Item Oratio deuota ad beatam mariam virginem. O Intemerata . . . orbis terrarum. De te enim . . . (Masculine forms); (*d*) pp. 174–84 Item alia oratio deuota ad beatam virginem mariam. MIssus est gabriel angelus ad mariam—Aue —Aue—Aue maria. Imperatrix reginarum. Dominus tecum. Laus sanctarum animarum. Dominus tecum . . . (p. 179) Uera virgo et mater que filium dei genuisti verum deum et verum hominem qui angelo nu[n]ciante . . . (p. 184) Oratio. Te deprecor ergo mitissimam pijssimam misericordiam castissimam speciosissimam dei genitricem . . .

(*b*). In the form of a memoria.

42. pp. 185–6 Item oratio in eleuatione vel post. vel aliunde coram ymagine crucifixi dicenda. quam qui deuote dixerit tot dies indulgentiarum acquiret quot fuerunt vulnera in corpore ihesu: tempore passionis eius. qui fuerunt sex mille sexcenta et sexaginta sex. quas indulgencias dominus Gregorius papa tercius conclusit ad instanciam regine anglie. Precor te amantissime domine ihesu christe propter illam eximiam caritatem qua humanum genus dilexisti . . . (*ends imperfectly*).

One leaf missing after p. 186.

43. pp. 187–9 (*rubric missing*) O Domine ihesu christe adoro te in cruce pendentem et coronam spineam in capite portantem . . . Oratio. Obsecro te domine ihesu christe vt passio tua sit virtus mea qua muniar et protegar . . .

44. pp. 189–90 Sanctus edmundus cantuariensis archiepiscopus sequentem orationem composuit—apparuit ei sanctus iohannes euangelista—O Intemerata et in eternum benedicta singularis et incomparabilis virg (*the rest missing*).

ff. 95. Paginated. 163 × 117 mm. Written space 106 × 67 mm. 19 long lines. Collation: 1^8 wants 2 after p. 2 and 7 after p. 10 2–3^8 4^8 wants 3 after p. 48 and 6 after p. 52 5^8 6^8 wants 4–5 after p. 78 7–10^8 11^8 wants 3 after p. 152 and 6 after p. 156 12^8 13^8 wants 6 after p. 186. Quire(s) after 3 missing. The presence of pictures may account for the removal of leaves. Initials: (i) 7/3-line, red and/or blue, with brown and, pp. 3, 19, and 190, green ornament; (ii, iii) 2- and 1-line, alternately red and blue. Capital letters in the ink of the text lined with red. Medieval binding, rebacked, of wooden boards covered with red leather bearing a faint pattern of double fillets and 1 round stamp: six-petalled flower (10 mm. diameter); two clasps, missing. Secundo folio *O Domine ihesu.*

Written in Germany. In one instance the word 'papa' appears to have been deliberately smudged out, p. 100. 'Fratrum Eremitorum S Augvstini in Oberndorf 20 Jul. 16.60', f. 1 top. 'E.N.O.' in pencil, s. xix (?), inside front cover.

ee.24 (C.126). *Sermones, etc.; Vocabulary (Latin and German)*
s. xv²

A collection of sermons, extracts under subject headings from the Fathers *et al.*, devotional items (arts. 10, 59, 63 and cf. 7, 78*b*, 79), a Latin–German vocabulary (art. 31), and other short items (arts. 55–6, 79), with no overall arrangement apparent. All, except arts. 33 and 55, in one (?) hand.

1. ff. 1–3ᵛ Miserunt iudei ab Ierosolimis sacerdotes et leuitas ad Iohannem—Iohannis primo [: 19] Crebrescente fama iohannis de magni (?) sanctitate varie de ipso erant oppiniones . . .

Schneyer, *Rep.*, iii. 804 no. 9 (Jordan of Quedlinburg).

2. f. 3ᵛ Item sol uisibilis septem habet proprietates precipuas que in christo sole inuisibili spiritualiter occurrunt Primo enim sol est igneus et ardentis . . .

Cf. arts. 3 and 5.

3. ff. 4–9ᵛ De natiuitate christi sermo bonus Ortus est sol Ps° 103 [: 22] Gregorius. Magna legendum (?) debet esse distracio. ut in sacro eloquio cum vnus quilibet sermo legitur. non vnam eandemque rem semper significare videatur . . .

Ibid., i. 719, no. 38 (Conrad of Brundelsheim).

4. ff. 9ᵛ–10ᵛ De humilitate beate marie virginis Ipsa enim dixit ad angelum dum diuinus conceptus ei nunciaretur Ecce ancilla domini In quo mire et perfectissima eius humilitas denotatur . . .

5. ff. 10ᵛ–12ᵛ Sermo de natiuitate christi pulcher Ortus est sol psalmo 103 [: 22] Gregorius Sepe in sacro eloquio dominus solis appellacione figuratur Sicut per prophetam malachiam ultimo [4: 2] dicitur Vobis timentibus nomen meum ortus est sol iusticie . . .

Ibid., i. 719, no. 39 (Conrad of Brundelsheim). Cf. art. 2. The space on f. 12ᵛ is filled with extracts.

6. ff. 13–14 Inspice et fac secundum exemplar—Exod. 25 [: 40] Que verba ad propositum nostrum applicando excitant nos ad duo Primo ad christi passionis deuotam inspectionem . . .

Sermon on the Passion.

7. ff. 14ᵛ–16ᵛ Ad salubriter igitur meditandam dominicam passionem domini nostri ihesu christi. Primo vera contrictione recordare peccata tua quibus cogitacionibus verbis . . . dic Domine ihesu christe qui ex summa humilitate . . .

dic Domine ihesu christe fili dei viui eterne beatitudinis condimentum . . . Post hec eruge te ad contemplandam veritatem dominice passionis et perspicati oculo . . .

8. ff. 17–19^v Dominica prima post octauas pasce Ego sum pastor bonus Iohannis x^o [: 14] In presenti vita nullus debet se laudare nec laudari velle ab alio. Et ratio est quia qui cogitat tempus preteritum suum ab ipso male peractum . . .

Ibid., iii. 226, no. 65 (Jacobus de Voragine); 436, no. 46 (Johannes Contractus).

9. ff. 19^v–22^v Sit omnis (homo) uelox ad audiendum—ad iram [Jas. 1: 19] In verbo premisso tria bona nobis insinuantur. Primum est desiderium audiendi verbum dei . . .

10. f. 23 Oracio deuota de sancta cruce Domine ihesu christe fili dei viui gloriose conditor mundi qui cum sis splendor glorie . . .

ff. 23^v–24 blank.

11. ff. 24^v–27 De ascensione domini Dominus quidem ihesus postquam locutus —Marci ultimo [16: 19] Hodie karissimi celebramus sollemnitate ascensionis dominice que est terminus et quasi clausura tocius salutis humane . . .

12. f. 27^{rv} Verses: (a) Effectus armorum passionum christi Lancea crux claui mors wlnera que tolleraui . . . crucifixus ita (4 lines); (b) Misterium christi in sacerdote celebrante O quicumque velis missam cantare sacerdos . . . pectora tonde (10 lines); (c) nota indulgencias ad aue maria Ad campanum tum pulsatus . . . Dies dantur totidem (10 lines).

13. ff. 27^v–28 Item pacem meam do vobis [John 14: 27] Et benedicit pacem meam do vobis pacem sanctorum a pace mundi que magis apparens est et ficta quam vera Ad cuius intellectum sciendum quod pax est tranquillitas ordinis . . .

14. ff. 28^v–34 Dum complerentur dies penthecostes act 2° [: 1] Spiritus sanctus fuit missus in discipulos propter vij disponencia ad suscepcionem spiritus sancti. Primo quia fuerunt quieti . . .

15. ff. 34^v–37 De sancta trinitas Amen Amen dico—testimonium nostrum non accipitis (Joh 3) [: 11] Sicut dicit beatus Ieronimus Grandes materias parua ingenia non sufferunt. Nulla enim materia grandior periculosiorque quam loqui de profundo misterio trinitatis . . .

Ibid., iii. 227, no. 85 (Jacobus de Voragine).

16. f. 37 (filling space) (a) De horologio dicit enim horologium Tempora notifico multis nec tempus nosco / Sic per me quod ego nescio scire queas; (b) Item lyra dicit . . .

17. ff. 37^v–40 De apostolis petro et paulo Hy sunt viri misericordie Ecci 44to [cf. v. 10] Geminatam hodierna festiuitatis leticiam que de beatissimorum petri et pauli glorificacione ac natali procedit . . .

18. ff. 40^v–41 De subditis notabile pulchrus Subditi debent esse ad prelatos et superiores suos quoscumque eciam malos valde reuerentes et obedientes . . .

19. ff. 41–42^v Estote misericordes luc 6 [: 36] Notandum quod licet deus potenciam sapienciam diuiciorum copiam Tamen non dixit Estote potentes . . .

20. f. 42^v de misericordia Misericordia est virtus per quam pro terrenis celestio mereamur Opera autem misericordie sunt xiiij videlicet vij corporalia et vij spiritualia . . .

Cf. art. 19.

21. ff. 43–4 De sancta maria magdalene Notandum quod spirituali ungentu quo peccator debet vngere christum per illud materiale intellectum necessario ex sex speciebus conficitur Prima species est rubor verecundie . . .

22. ff. 44^v–46^v Nota bene Iustificacio est motus ad iusticiam sicut albacio est motus ad albedinem . . . (f. 45) Nisi habundauerit iusticia vestra etc [Matt. 5: 20] Notandum quod iusticia phariseorum et scribarum deficebat in quinque in quibus nostra iusticia debet habundare Primo in corde . . .

23. ff. 46^v–47^v De ira bona et mala Item notandum quod triplex est ira scilicet commendabilis Tollerabilis et vituperabilis Prima est que cadit in prudentem . . .

24. ff. 47^v–49^v De sancto laurencio Item notandum quod laurencius leuita et martir genere hispanus a beato sixto romam deductus . . .

25. ff. 50–3 Super prologos Iob Item notandum quod sanctus Ieronimus bis transtulit istum librum . . .

26. ff. 53^v–57 In natiuitate christi Paruulus natus est nobis—ys 9 [: 6] Eccus [Eccles. 8: 6] Omni negocio—et opportunitas Et ideo deus pater qui tempora posuit in sua potestate cognouit tempus incarnacionis . . .

27. f. 57^v Quis vestrum habebit amicum etc [Luke 11: 5] Bernhardus Ego quidem amicum venientem ad me non alium intelligo quam meipsum Nemo quippe carior . . .

28. f. 58^{rv} (a) De oracione Bernhardus Tria videntur in hic necessaria quibus oracionis intencio firmiter est astringenda . . . ; (b) De modo orandi Idem (B) Sicut ergo egor ad medicum sic debet esse peccator ad creatorem suum . . .

Arts. 29–32 are on quire 6.

29. f. 59^r contains the end of a piece, the beginning missing.

30. f. 59^v Veni sancte spiritus Bernhardus dicit Tria sunt salutis nostre remedia scilicet Caritas fraterna . . .

31 ff. 60–71^v Abstractum gefreint. ge ainlitz. ab ge zogen . . . Zelotipus argwener arkner.

A late version of the common Vocabularium *Abstractum*. Further terms added, s. xv ex., f. 71^v.

32. f. 72^{rv} De vana gloria ex libris moralium.

33. (quire 7, not in the main hand) ff. 73–74^v Ad sciendum dictincionem et

differentiam inter peccatum mortale et veniale et ad cognoscendum quando peccatur mortaliter uel venialiter notanda sunt sequencia Peccatum secundum Augustinum Est dictum uel factum uel concupitum contra legem eternam . . .

Cf. art. 35.

Arts. 34–50 are on quires 8–9.

34. f. 75ʳ contains the end of a piece, the beginning missing.

35. ff. 75ᵛ–78 Ad cognoscendum differentiam inter peccatum mortale et veniale ponuntur regule sequentes Prima quando amor uel affectio ad creaturam tam ad se quam alia in tantum crescit uel est tam magnus . . .

Five rules, followed by 'Applicacio regularum' to each of the seven deadly sins separately: Bloomfield, no. 0291 (Matt. of Cracow / Hen. de Hassia ?). Cf. art. 33.

36. (a) ff. 78ᵛ–80ᵛ Exposicio oracionis dominice Nicolai de gorra[n] Sic ergo vos orabitis Mt vj [: 9] Excluso modo orandi indebito quo utuntur ethnici docet modum debitum breuem . . . liberator meus de inimicis meis iracundis Amen Optacio ad implecionis omnium petitorum etc; (b) ff. 80ᵛ–81ᵛ Alia exposicio eiusdem Aliter potest accipi numerus peticionum quia peticio aut pertinet ad bona patrie sic sunt tres prime aut ad bona vie sic sunt iiijᵒʳ ultime . . . quod in ista dominica non contineatur et concludatur oracione Hoc augustinus.

(a). Bloomfield, no. 8310.

37. f. 81ᵛ De iugo domini Tollite iugum meum—onus meum leue Mt xj [: 29–30] Tria primo sunt notanda videlicet Quid sit iugum quod ibi precipitur . . .

Schneyer, Rep., i. 120, no. 376 (pseud. Albertus Magnus).

38. ff. 82–83ᵛ Hec sunt signa caritatis in anima et luminis diuini Caritas paciens est intus in anima ad tolleranda aduersa Benigna est id est valde bona . . .

Cf. 1 Cor. 13: 4 seq. The eight lines at the head of f. 82 contain two brief extracts, while ff. 83ᵛ–84ᵛ contain passages on Disciplina, Crimen, Iudea, Septem gaudia in celebracione noui sacerdotis.

39. ff. 83ᵛ–85 Iacobus de voragine (de dilectione) Est dilectio naturalis qua omnes naturaliter homines deum diligunt et quamuis culpa mortalis extingwat . . . (de gloria domini) . . . (de tribulacione) . . . (nota de tribulacionibus) . . . (humiliacio tribulacionis) . . . (Meditacio iustorum) . . . (Coagulacio accipitur) . . .

40. ff. 85–6 Beatus bernhardus de reduplici cruce scilicet christi et dyaboli Est enim alia crux christi alia dyaboli Crux dyaboli vere crux est quia cruciat . . .

41. f. 86ʳᵛ De decem milibus martiribus Passi sunt xᵉ kl Iulij omnes vno die sub adriano imperatore et alijs sex regibus illum adiuuantibus . . .

42. ff. 86ᵛ–88 Simile est regnum celorum homini regi Mt 22 [: 2] Et quia sumus sensibilibus asweti. Ideo deus per sensibilia nos manuducit ad intellectibilia . . .

Ibid., iii. 231, no. 143 (Jacobus de Voragine). The final section appears to be an extract from Nicolas von Dinkelspuhl: it begins Item nota secundum Ny dinckelsp'.

43. ff. 88–89^v Symonis et Iude Symon frater vester—1 mach 2 [: 65] Bene dicit Nec studium actionis bone nec ocium contemplacionis sancte nec lacrima penitentis accepta . . .

Ibid., i. 745, no. 360 (Conrad of Brundelsheim).

44. ff. 89^v–90 Oportuit et te misereri—Mt 18 [: 33] Augustinus libro de salutaribus doctrinis sic ait Aliena debent a nobis esse omnia vicia . . .

45. ff. 90^v–92 Non est mortua puella sed dormit [Luke 8: 52] Augustinus super iohannem sermone 43 ait Natus est homo morturus es quo ibis ut non moriaris . . .

46. f. 92 Exyt edictum a cesare augusto luc 2° [: 1] Secundum leges et canones in factis arduis ut scriptura sit . . .

11 lines only.

47. ff. 92^v–96 In natiuitate domini Factum est cum essent ibi—in diuersorio [Luke 2: 6–7] Hic describitur partus virginis et condicio parui nascentis Vbi tangunt tria Primo est temporis periendi implecio . . .

Cf. ibid., iv 398–9, no. 51, and 480, no. 1048 (Odo of Chateauroux).

48. ff. 96^v–98 In Epiphanie domini Magi ad oriente venerunt Mt j^o [recte 2 v. 1] Solent magne veneracionis loca ab alienigenis et longe discantibus deuote visitari qui ab indigenis . . .

49. ff. 98–100 Nupcie facte sunt in chana galilee Iohannis 5to [recte 2 v. 1] Notandum quod secundum 4tem sacre scripture sensum 4tes sunt nupcie. scilicet carnalis copulacionis secundum sensum litteralem . . .

50. ff. 100–102^v De resurreccione domini Circa quam tria sunt nobis consideranda scilicet resurreccionis christi necessitatem qualitatem et veritatem . . .

Arts. 51–4 are on quire 10.

51. ff. 103–105^v Ego sum pastor bonus Iohannis 10 [: 14] In uerbis propositis et nobis pastor noster dominus sue videlicet sollicitudinis insinuacionem ponit . . .

52. ff. 105^v–107^v de ascensione domini sermo bonus Amice ascende superius luc 14 [: 10] Dicit Gregorius dominus noster ihesus christus volens nos docere quomodo celum ascenderemus fecit quod docuit et ascendit . . .

52*. ff. 107^v–109^v Cvm complerentur dies penthecostes—vehementis Actuum 2° [: 1–2] Patres et fratres in christo mihi karissimi In hijs uerbis duo possumus notare pro quantalacumque excitacione et promocione nostre deuocionis scilicet presentis festi denominacionem . . .

ff. 110–11 blank.

53. ff. 111^v–112^v, 114 (Dominica 7ma post penth) Qui facit voluntatem patris mei —Mt 7 [: 21] In diuersis diuersa legimus et in diuersis exerciciorum generibus diuersos sanctos ad regnum celorum legimus peruenisse In uerbis propositis vna nobis via proponitur . . .

54. ff. 113^{rv} (inserted slip), 114–115^v Redde quod debes Mt 23 [*recte* 18 v. 28]
Beatus augustinus dicit deus reddit malum pro malo scilicet penam pro peccato
quia iustus Item bonus pro malo scilicet peccatoribus graciam quia bonus . . .

Ibid., i. 736, no. 255 (Conrad of Brundelsheim).

Arts. 55–9 are on quire 11.

55. (on smaller leaves, conjoint with ff. 126–7 (blank), not in the main hand) ff.
116–117^v In aduentu domini usque ad vigiliam natiuitatis christi ysaiam legimus
tantum in ecclesia . . . In dominica tercia uel in kalendis nouembris—legatur in
refectorio Nota regulam generalem de imponendis historys . . . Nota specialis de
hijstorijs imponendis et de aduentu domini semper Hystoria loquere domine
scilicet regum imponitur . . .

Cf. MS bb.11 art. 11 above.

56. (*a*) f. 118^{rv} Vtrum festinanter uel tractim officium misse sit peragendum An
autem officium misse festinanter uel tractim peragendum sit certam regulam tibi
dare non possum Sunt enim quidam qui habent fantasias fluidas . . . iudicio super
alios complacere; (*b*) f. 118^v An frequenter vel interpolatim sit celebrandum
Vtrum eciam frequenter vel interpolatim sint a te diuina celebranda misteria non
plus consulo nisi quantum tibi cum sacrificio vita concordat . . . sacerdotali officio
fungencium participacione sacramenti etc.

The last line of (*b*) is repeated at the top of f. 132^r.

57. ff. 119–20 De paciencia Paciencia vera et perfecta est cum aliquis sustinet
iniurias pacienter non solum cum reus est sed eciam cum innocens est Exemplo
beati Iob . . .

58. ff. 120–121^v Obediencia uera et perfecta est ad deum Cum homo diligenter et
sepe recogitat quid maxime quolibet tempore et loco deo placeat . . .

59. ff. 122–5 Ave gemma virginum parens ab[s]que pari—Effice nos domine
tamque fructuosissimum lignum . . . Ave solis ciuitas—Conuerte domine oculos
cordis nostri—

Sixteen stanzas, most of 8 lines, each followed by a brief prayer. ff. 125^v–127^v blank.

Arts. 60–72 are on quire 12.

60. ff. 128–129^v Ex exhortacionibus sanctorum patrum Abbas moyses . . .

Short extracts, most attributed to an 'Abbas'.

61. f. 129^v Tria sunt per que possumus cognoscere perfectum spiritualem
Primum est si homo tam cito . . .

62. f. 130 Ductus est ihesus in desertum [Matt. 4: 1] id est in locum certaminis et
in quo pugnatur asperis . . .

63. ff. 130^v–131^v Prayers: Collecte pro peccatis (*a*) Exaudi quesumus omnipotens
deus preces nostras quas in conspectu . . . ; (*b*) Preueniat nos quesumus domine

misericordia tua . . . ; (c) Omnipotens sempiterne deus confitentibus tibi nobis
famulis tuis . . . ; (d) O miserator et misericors deus qui peccatorum
indulgenciam . . . ; (e) Omnipotens sempiterne deus qui facturam tuam pro
semper gubernas . . . ; (f) Sancta et indiuidua trinitas te deprecamur ac
deposcimus ut nos famulos tuos . . . ; (g) Omnipotens sempiterne deus qui facis
mirabilia magna . . . ; (h) De beata virgine in aduentu Deus qui uerbum tuum
beate marie virginis . . . ; (i) De omnibus sanctis in aduentu domini Porrige nobis
domine dexteram tue pietatis . . . ; (j) Pro Familiaribus Deus qui caritatis dona
per graciam sancti spiritus . . . ; (k) Pro famula Rege quesumus domine famulam
tuam et intercedente beata maria . . . ; (l) contra cogitaciones malas Omnipotens
mitissime deus respice propicius . . . ; (m) Deus qui illuminas omnem hominem
venientem in hunc mundum . . . ; (n) Contra temptaciones Vre igne sancti spiritus
. . . ; (o) oracio Domine adiutor noster et protector in tribulacionibus . . .; (p) Pro
papa Deus omnium fidelium pastor et rector famulum tuum . . . ; (q) pro rege
nostro Deus regnorum omnium et christiani maxime protector . . .

64. f. 132 Ex epistola beati Iacobi apostoli [1: 2–4] Omne gaudium—opus
perfectum habet Vir duplex animo inconstans est in omnibus vÿs suis . . .

The top line, deleted, repeats the last line of f. 118ᵛ.

65. ff. 132ᵛ–134 Extracts on Obediencia and De caritate.

66. f. 134ʳᵛ In exaltacione crucis Exaltaui lignum humile Eze 17 [: 24] Dicit
bernardus . . .

Short notes.

67. ff. 135ʳ, 138ʳᵛ De cruce spirituali Nunc sermo currat ad explanandam
crucem spiritualem in qua perfecti quique cum dilecto suo ihesus pendent
feliciter . . .

68. ff. 135ᵛ–137 In festo sancti Iohannis baptiste sermo Fuit homo missus a deo
—Ioh primo [: 6] Hec uerba dicta sunt ab ewangelista ad laudem et com-
mendacionem huius sanctissimi Iohannis bap In quibus verbis a tribus elegan-
tissime commendatur Primo a benignitatis affluencia . . .

69. f. 137ʳᵛ Item nota de sanctitate vite Iohannis baptiste et primo de asperitate
vestis . . .

70. ff. 138ᵛ–140 Verbum caro factum—[John 1: 14] In hys uerbis notantur tres
natiuitates christi quas eciam ponit augustinus prima est diuina 2ᵃ humana 3ᵃ
gratuita . . .

71. ff. 140ᵛ–143ᵛ In die epiphanie Mt jᵒ [recte 2 v. 2] Uenimus adorare eum Dicit
beatus Gregorius 25 moralium bene sancti viri scripture sacre testimonio reges
vocantur quia cunctis motibus carnis . . .

Schneyer, Rep., vi. 506 no. 15 (Oxford Bodleian Library MS Hamilton 47, from Erfurt
Charterhouse).

72. ff. 144–145ᵛ brief extracts.

Arts. 73–6 are on quires 13–14.

73. ff. 146–9 Alleluia. Apoc 19 [: 1–6] Hodie karissimi die resurrectionis dominice celebramus de quo dicitur ps (117) [: 24] Hec est dies—in ea Hodie enim christus summo mane omni honorabili multitudine angelorum veniens ruptis vinculis mortis . . .

74. ff. 149ᵛ–154 (In die pasce) Pasca nostrum ymolatus est christus 1 Cor 5 [: 7] Augustinus lux doctorum ostendens christi resurreccionem esse maximum miraculum . . . .

75. ff. 154ᵛ–160 In die pasce Maria magdalene et maria Iacobi—Marci ultimo [16: 1] Augustinus malleus hereticorum super psalmo 3 dicit Quod difficilius queritur solet dulcius inueniri Et licet magna sit leticia . . .

ff. 160ᵛ–161 blank.

76. ff. 161ᵛ–162ᵛ Expurgate uetus fermentum—azimi [1 Cor. 5: 7] Hodie dominice resurreccionis celebratur sollempnitas ideo in ewangelio legitur eius historia Et quia christi resurreccio nostram spiritualem nouitatem figurat . . .

Ibid., iii. 514, no. 75 (John Halgrin of Abbeville). ff. 163–169ᵛ blank.

Arts. 77–80 are on quire 15.

77. f. 170 Basilius beatus episcopus fuit castitate et multa abstinencia . . .

On the special virtues of SS Basil, Genevieve, Severinus, Dorothy, and Gertrude.

78. (a) f. 170ᵛ Dominica de passione ewangelium Quis ex uobis arguet . . . abraham vidisti. Dixit ergo eis ihesus *ending imperfectly*; (b) ff. 171–175ᵛ Augustinus dicit Certum est Aut occidas iniquitatem aut occideris ab iniquitate . . .

(a). John 8: 46–58. (b). On humility, including, ff. 172ᵛ–173, the prayer Ihesu mitis et vere paciencie forma et humilitatis exemplum repelle a me omnis fustus superbie . . .

79. ff. 175ᵛ–177 Quatuor exercicia celle Nota quatuor exercicia in quibus consistit tocius nostri ordinis summa Sunt autem Lectio Meditacio Oracio Actio . . .

Includes, f. 177, the prayer O diuine sapiencie abÿssus imperscrutabilis O tocius pietatis pellagus interminabile . . . f. 177ᵛ blank.

80. ff. 178–9 De sanctis petro et paulo apostolis sermo pulcher Principes iuda duces eorum—[Ps. 67: 28] Gregorius dicit Vnicuique nostrum ad summendam viuendi regulam precedencium patrum . . .

ff. 179ᵛ–185ᵛ blank, save for pen-trial on f. 184ᵛ.

ff. 183 and 1 slip + i. Paper; parchment slips at quire-centres. 159 × 115 mm. or less. Written space up to 120 × 90 mm. Frame ruling or none. 24–35 long lines. Collation: 1¹² 2¹⁰ 3–5¹² 6¹⁴ 7² 8–9¹⁴ 10¹² + 1 slip (f. 113) between 10 and 11 11¹² 12¹⁸ 13–14¹² 15¹⁶ wants 15 after f. 183. Quires 1–5 numbered in red at centre foot of first recto, 1–5; 8–12, 7–10 12; 15, 11. Initials: ff. 60–71 only, red. Capital letters in the ink of the text lined with red. Binding of a single sheet of parchment. Secundo folio *Interrogatus*.

Written in Germany, art. 79 in a Carthusian context, art. 31 in Swabian dialect. 'Ad buchshaym', f. 13 top, 'Iste libellus est fratrum in buxhaym ord Carth', f. 13 foot, both s. xv ex. 'Cartusiae Buxhei[.]', s. xvii, f. 1 foot. 'Anfang', 'Oktav 38084' twice, f. 1, and note in German of number of leaves, inside front cover, all in pencil, s. xix.

ee.25 (A.29). *Breviarium Carthusianum*   s. xiv^I

1. ff. 1–6^v Calendar in red and black, graded (up to xii lc', Candele).

Incipit .xij. embolismus enderadis, Incipit .iij. embolismus egcloadis, Locus clauium pasce (5, 6, 11 Mar.). Additions, s. xv: 'Circa festum beati marci fit tricenarium pro domino am̄blardo et suis' f. 2^v, 'Brunonis conf Cand' (6 Oct.); s. xvii (?): 'obitus d. Nich. phrys[.]' (11 Aug).

Arts. 2–6 are on quires 2–9.

2. ff. 7–72 Psalms 1–150.

Type (ii) initials to Pss. 1, 20, 32, 45, 59, 73, 80, 101, 109.

3. ff. 72–79^v Ferial canticles, followed by Benedicite, 'hymnus sancti ambrosii et sancti augustini Te deum', Benedictus, Magnificat, Nunc dimictis, Gloria in excelsis, Credo in deum, Credo in unum deum, Pater noster, 'fides sancti anastasii (*sic*) episcopi. Quicumque uult'.

4. ff. 79^v–81 Litany.

5. ff. 81–86^v Seasonal canticles.

6. ff. 87–93 Seasonal, festal, and ferial hymns.

ff. 93^v–94^v blank.

7. Capitula: (*a*) ff. 95–9 Incipiunt capitula per anni circulum. Sabbato in aduentu domini . . . ; (*b*) ff. 99–101^v Incipiunt capitula festiua. In festo sancti andree apostoli . . . In dedicatione ecclesie—; (*c*) ff. 101^v–102 Incipiunt capitula communa; (*d*) f. 102^{rv} Diebus dominicis.

8. Orationes: (*a*) ff. 102^v–115 Incipiunt orationes per anni circulum. Sabbato in aduentu . . . ; (*b*) ff. 115–24 Incipiunt orationes sanctorum per anni circulum. In vigilia Sancti andree . . . Saturninus—; (*c*) ff. 124–5 Incipiunt orationes comunes sanctorum; (*d*) f. 125 In dedicatione ecclesie; (*e*) ff. 125–126^v Ferial.

(*b*) Anne added, f. 119 margin.

9. ff. 126^v–127 Commemorationes, of Cross, B.V.M., John Baptist, and All Saints, (*a*) ad Laudes, (*b*) ad uesperas.

10. ff. 127–131^v Incipit officium beate Marie virginis secundum ordinem fratrum Cartusiensium.

11. ff. 131^v–134^v Agenda pro defunctis.

12. ff. 134^v–142 Ordo ad uisitandum infirmum, followed by funeral and burial.

13. ff. 142^v–206 Temporal, Advent–25th Sunday after octave of Pentecost.

Lections in art. 17 below.

14. ff. 206–219^v Sanctoral, vigil of John Baptist–All Saints, Relics.

Lections in art. 17 below.

15. ff. 219^v–221 Dedication.

16. ff. 221^v–230^v Common of saints, ending with a confessor.

17. (quires 22–34) Lections: (*a*) ff. 231–357 Advent–25th Sunday after octave of Pentecost; (*b*) ff. 357–386^v Incipiunt festiuitates sanctorum, Andrew–Nativity of B.V.M., ending imperfectly.

(*b*) There is an added cross-reference, f. 369 margin, to Martin, on what would have been f. 396 (now missing).

ff. i + 386 + i. ff. 144–386 have a medieval foliation in red: iii–ccxxxxv. 147 × 106 mm. Written space 93 × 72 mm. 2 cols.. 28 lines. Collation: 1^6 2–8^{12} 9^4 10^8 11^{12} 12^8 13–34^{12}. Initials: (i) f. 127, 6-line, orange and yellow patterned with white, on decorated ground of deep pink and blue, with blobs of gold; (ii) 6- or 3-line, red and blue with red ornament, or red with blue or, ff. 95–134 (quires 10–13), mauve ornament; (iv) 1-line, alternately red and blue. Capital letters in the ink of the text lined with red. Medieval binding of bevelled wooden boards covered with brown leather bearing a pattern of fillets and 3 small stamps: 2 circles, and a cross; rebacked; two fastenings, missing, but holes on back cover both for pins and for clasp-catches. Secundo folio (f. 8) *Quoniam tu domine*.

Written in Italy.

ee.26 (A.30). *Breviarium Carth.*   1415

Prescriptive rubrics are written in ink and underlined in red.

1. ff. 1^v–13 Calendar in black, graded (up to xii lc' and Candele Sermo).

'Candele in domo port' celi ad monachos alibi uero xii lc' (25 Jan.). Added: Ildefonsus (23 Jan.), 'tricenarium pro amblardo episcopo' (25 Apr.), 'Obiit inclitus princeps don Iohannes rex castelle fundator domus de paulari' (24 July), but cf. MS ee.3 art. 3 where John I's obit is entered on the day of his death, 9 Oct.

The regular material occupies the versos; each recto has three columns, headed 'littere prima communis lunea', 'hore', and 'puncta', cf. art. 2. below.

2. f. 13^v a.b.c.–s.t. Tabule duodecim retroscripte notant duodecim menses anni et monstrant ano die hora et puncto renouatur luna . . . xxix dies xii horas vii^{c}xxiii puncta. Et nota quod in mense ianuarii anno a natiuitate domini M^o.cccc^o.xv^o. quo istud fuit scriptum incepit currere littera c. (M^o d^o currit littera m.)

Cf. the rectos of art. 1 above.

3. ff. i–xcv^v Incipit psalterium pro collectano secundum ordinem cartusiensium.

No gap in the text where foliation jumps from xxxvi to xliii.

4. ff. xcv^v–cv Incipiunt cantica.

Ferial canticles, followed by Benedicite, Benedictus, 'Simbolum athanasi De fide catholica et dicitur semper in prima Qvicumque uult', Magnificat, Nunc dimittis, 'hymnus ambrosii et augustini Te deum', Credo in deum, Credo in unum deum, Pater noster, and Uenite.

5. Canticles: (*a*) ff. cv–cx seasonal; (*b*) ff. cx–cxii Common of saints.

6. f. cxii Incipiunt vii psalmi penitenciales (cues only).

7. ff. cxii–cxiiii^v Incipit letania.

8. ff. cxiiii^v–cxxiii Incipit per totum annum Tam pro festis quam pro ferialibus diebus.

Hymns.

9. ff. cxxiii–cxxiiii^v Sequntur alique regule in dicendis officiis obseruande.

10. ff. cxxiiii^v–ccxiiii Incipiunt officia diurna cum laudibus pro toto anno.

Temporal, Saturday before Advent–25th Sunday after octave of Pentecost.

11. ff. ccxiiii–ccxxi^v Sequuntur festa sanctorum et commemorationes per anni circulum.

Paul hermit–Hugh of Grenoble, and Ambrose. Under Thomas Aquinas the rubric, f. ccxviii^{rv}, refers to an indulgence granted by (Benedict XIII) 'me fratre bonifacio priore domus porte celi supplicante'; Boniface Ferrar became prior there in 1400, was elected prior-general of the order in 1402, and in 1410 continued at Boniface XIII's direction as head of the Clementinist allegiance, based at Vall de Cristo, until 1416, d. 1417.

12. ff. ccxxi^v–ccxxii^v Incipit comune sanctorum pro officiis tempore paschali.

13. ff. ccxxii^v–cclvi Sanctoral, Tiburtius Valerianus and Maximus–Thomas ap.

No gap in the text where foliation jumps from ccxlvi to ccli.

14. ff. cclvi–cclvii Sequitur pro communi sanctorum pro capitulis et orationibus psalmis et antiphonis tabula breuis.

15. ff. cclvii–cclxvii Sequitur commune in officiis sanctorum infra annum genera-liter.

16. ff. cclxvii–cclxvi^v (*foliation sic*) Dedication of church.

17. ff. cclxvi^v, cclxviii–cclxxvi^v Incipit officium beate marie semper uirginis infra annum quotidie dicendum.

Concludes with two masses.

18. ff. cclxxvi^v–cclxxix^v Benedictions.

19. ff. cclxxix^v–cclxxxvi Nota pro sequentibus officiis defunctorum—Incipit officium deffunctorum Et primo ad vesperas.

20. f. cclxxxvi (added, s. xv) Antiphons, with a preliminary note in Spanish.

f. cclxxxvi^v blank.

21. f. cclxxxviii^v (added, s. xvi) (*a*) anno de la en carnacion de nostro S. recibio fray pedro' de rucerezo el abito en rasita fria; (*b*) don gaspar de camudio hizo profesion dia de sancto thome apl'i anno de mjll y q°s y diez—prior don mateo de vegiis.

(*b*) Matthew de Vegiis, successively prior of Bologna, El Paular, Pavia, Milan, and Mantua, d. 1529, L. le Vasseur, *Ephemerides Ordinis Cartusiensis*, iv (1892), 449.

ff. iii + 289 + iii. Medieval foliation in red: (I–III, 1–13), i–xxxvi, xliii–lxxix, lxxxi, lxxx, lxxxiii, lxxxiii–lxxxvii, lxxxix, lxxxviii, xc–clxxxvi, clxxxvi–clxxxviii, cxc–ccxlvi, ccli–cclxv, cclxvii, cclxvi, cclxviii–cclxxxvi, (cclxxxvii–cclxxxix). Flyleaves medieval.155 × 114 mm. Written space 104 × 74 mm. Ruled in purple ink. 2 cols. 26 lines. Collation: 1¹⁴ wants 14 (blank) after f. 13 2–7¹² 8¹² 2/11 and 3/10 transposed 9–24¹². Initials: (i) 5/4-line, red with purple ornament, or purple with red ornament, both with open decoration; (ii–iv) 3-, 2-, and 1-line, alternately red with purple ornament and purple with red ornament. Capital letters in the ink of the text filled with darkish yellow. Medieval binding of wooden boards covered with brown leather bearing a faint pattern of fillets, 2 rolls, and 1 small stamp repeated to form a central panel of interlace; two clasps, missing. Secundo folio (f. ii) *dicunt anime*.

Written in Spain in 1415, probably for the Charterhouse of Porta Celi, NW of Valencia, see arts. 1–2 and 11. At the Charterhouse of El Paular, NW of Madrid, by s. xvi in., see arts. 1 and 21. 'Gabriel Sanchez Libreria—Madrid', rubber-stamp, f. iii^v. 'XV 255183' in pencil, s. xix or xx, inside front cover.

ee.27 (A.37). *Officium defunctorum Carth.*   1522 and 1523

1. ff. 1–31^v Sequitur vigilia defunctorum An^a Placebo . . . De profundis Collecte. vt supra. Scripta est 1522.

2. ff. 32–46^v Sequuntür Septem Psalmi, followed (f. 41) by Litany.

'Script'. 1523 Oretür pro scriptore caüsa dei', f. 46^v. ff. 47–48^v original ruling, used for later additions.

ff. ii + 48 + ii. 144 × 96 mm. Written space 104 × 61 mm. 17 long lines. Collation: 1–4^8 5^6 6^10. Punctuation includes flex. Initials: (i–iii) 3-, 2-, and 1-line, red. Capital letters in the ink of the text lined with red. Binding of pasteboards covered with white skin, s. xvi (?). '2(?)0' in red, on paper label at foot of the spine, '[. .]' in ink below. Secundo folio *eram pacificus*.

Written in Germany. Buxheim Charterhouse number(s) on the spine, see above. 'Fr Aegydio Guetmair 1618 Buxiae.', f. ii^v with a picture of Bruno pasted on top. 'Oktav 68030', inside front cover, 'Anfang', f. ii, both in pencil, s. xix. Buxheim sale-catalogue no. 2365, see MS aa.3 above. Rosenthal, *Cat.* (1884), no. 4–40 marks.

ee.28 (A.23). *Officia Ord. Carth.*   s. xv^1

1. f. 1 (added, s. xv) (*a*) Secreta Hostias tibi domine laudis offerimus . . . Compl. Beati archangeli tui michaelis . . . ; (*b*) Oratio pro puritate mentis et corporis et ornatu virtutum Domine ihesu christe. lux angelorum. vita beatorum . . .

2. f. 1^v (added, s. xv) de nominibus mensurarum Sciendum quod secundum papiam grauitas xvi granorum lentis fiat pondus quod dicitur scrupulus . . . Cados vero continet 3^es vrnas.

3. ff. 2–7^v Calendar in red and black, with Carthusian gradings.

Feasts in black include Vdalricus ep. and conf. (4 July: bp. of Augsburg). Added: 'dedicacio noue ec[clesie]' (26 May), s. xv; 'Anno domini M°cccc°3° in die sancti benedicti', f. 7^v foot.

4. f. 8 (added, s. xv) Six liturgical forms, perhaps chapters.

5. ff. 8^v–9 Collects: Pro recommendatis (five), Pro sacerdote, Pro famulo, Pro famula, Pro anniuersario, Pro patre et matre.

f. 9^v blank.

6. ff. 10–12 Litany.

From f. 11/1, where lines 1–7 are heavily deleted, is in a second hand, as in art. 10(*c,d*) below. f. 12^v blank.

7. (a) ff. 13–52 Temporal, Advent–25th Sunday after octave of Pentecost; (b) ff. 52–65ᵛ Sequitur de sanctis—Incipit de sanctis per circulum annum De festis sanctorum stephani Iohannis Innocentium . . . Thome apostoli —; (c) ff. 65ᵛ–66 In dedicacione ecclesie; (d) ff. 66–9 Incipit commune sanctorum

Antiphons and responsories, with cues of other items, for offices other than Matins. f. 49 mostly torn away.

8. (a) ff. 69–77ᵛ Incipiunt capitula per totum annum primo de sabbato in aduentu domini . . . In festo reliquiarum; (b) ff. 77ᵛ–79 Incipit commune sanctorum; (c) f. 79 In dedicacione ecclesie.

Chapters.

9. ff. 79–80 Ordinary chapters.

10. (a) ff. 80–92ᵛ Incipiunt orationes per anni circulum—Sabbato primo in aduentu domini . . . *ending imperfectly after* Sext collect 'In festo Eucharistie'; (b) ff. 93–102ᵛ Sanctoral, Fabian and Sebastian—Thomas ap.; (c) ff. 102ᵛ–103ᵛ Incipit commune sanctorum; (d) ff. 103ᵛ–104 In dedicacione ecclesie; (e) ff. 104–5 Ordinary collects; (f) f. 105ʳᵛ Ad suffragia.

Collects. f. 103 is a supply leaf, in the second hand of art. 6 above.

11. ff. 106–112ᵛ Hymns.

12. ff. 113–15 Lections and responsories of Office of the dead.

13. f. 115ᵛ (added, s. xv) Two prayers: (a) (Pro tribulacione) Deus qui contritorum non despicis gemitum . . . ; (b) Omnipotens sempiterne deus qui viuorum dominaris simul et mortuorum . . .

ff. 115. Paper, except f. 103; parchment strengtheners at quire-centres. Pastedowns from the same manuscript as those in MS dd.15 above. 147 × 104 mm. Written space c. 118 × 70 mm. 25 long lines. Collation: 1–3¹² 4¹² 8 cancelled after f. 43 5¹² 2 (f. 49) mostly torn away 6–7¹² 8¹⁰ wants 10 after f. 92 9¹⁰ 10 one (f. 103) 11¹². Quires 1, 4, and 8 numbered at left foot of first recto, primus 4 8. Written in hybrida. Initials: (i, ii) 2- and 1-line, red. Original (?) binding of chamfered wooden boards covered with white skin; one clasp, missing. '82' in red, on paper label at foot of the spine, '50' in ink below. Secundo folio (f. 14) *proprie per.*

Written in Germany, for Carthusian use, at one of the two Charterhouses in the diocese of Augsburg (Buxheim and Nördlingen), see art. 3. Bound in the same workshop as MS dd.15 above, see pastedowns. 'Iste liber pertinet ad domum aule marie in buxia', s. xv, inside front cover, the *ex libris* of the Buxheim Charterhouse; cf. numbers on spine, see above, and 'Cartusiae Buxianae' in pink, s. xvii (?), f. 2 top. 'Anfang', f. 1, 'Oktav 38042' and note in German of number of leaves, inside front cover, all in pencil, s. xix.

ee.29 (A.27). *Obsequiale, etc. Ord. Carth.*   s. xviᴵ

1. (quire 1) ff. 2–7ᵛ (a) De indulgencys maximis generaliter omnibus personis ordinis concessis omni die consequandis . . . utque Car 1487; (b) Sequitur breue

appostolicum patri Reuerendo missum In Carthusia Sixtus seruus seruorum dei
—Superiori anno . . . Die Vicesima septima Ianuarij Anno domini M°CCCC°lxxx[iiij]
Pontificatus nostri anno tercio decimo; (c) In primis sciendum quod olim Rome
fuerunt Mille quingente quinque ecclesie largissime indulgencijs dotate . . . ; (d)
Summa annorum cuislibet (sic) diei Centum octoginta milia ducenti septuaginta
duo anni . . . ; (e) Nota Carena est penitencia quadraginta dierum in pane et aqua
. . . ; (f) Item legitur quod beatus Gregorius papa et alij plures concesserunt
plurimas Indulgencias In stacionibus que Rome fiunt . . . Sequuntur nunc dies In
quibus est Stacio et plenaria remissio omnium peccatorum Omni die sabbato . . .

(b). Pr. Bohic, iv. 410–11. f. 1[rv] blank, save for a brief extract from Bernard added on recto, s.
xvi.

2. ff. 8–24[v] Incipiunt septem psalmi . . . (f. 17) Letania secundum Ordinem . . .

Cues only of Pss. 50 and 129.

3. ff. 24[v]–74[v] Incipit Agenda defunctorum An[a] Placebo . . .

4. ff. 75–89[v] Modus agendi circa Infirmum In extremis laborantem seu
morientem.

In the Litany the confessors are Silvester, Leo, Gregory, Jerome, Martin, Nicholas, Hilary,
Remigius, Ambrose, Augustine, Paul, Anthony, Hilarion, Benedict, Hugh, Hugh of Grenoble,
Bernard, Dominic, Francis, German, Leonard, Alexius, Onofrius, Servacius, Thomas Aquinis,
Jaspar, Melchior, Balthasar, Conrad, Wolfgang, Anselm, and Beatus, an extended version of the
standard Carthusian set.

5. ff. 89[v]–112[v] Defunctus Sepelitur hoc modo et Sequitur . . . in refectorio
excepto die parasceues Explicit obsequiale

Responsories (Credo quod redemptor, Ne abscondas, and Ne intres) noted.

6. Directions: (a) ff. 113–15 Item Nota de Collectis in missis et in agendis pro
Breuibus Capituli; (b) ff. 115[v]–116 De Collectis pro prece annua in missis et in
placebo; (c) ff. 116[v]–117 Nota de prece Cognatorum; (d) f. 117[rv] Sequuntur Nunc
misse defunctorum Ordinis nostri ex statutis fundate Et que Collecte earum; (e)
ff. 118–19 Nota Octo sunt misse defunctorum ordinis nostri; (f) f. 119 Collecte in
missis Benefactorum; (g) ff. 119[v]–120 Collecte in missis; (h) f. 120[rv] De missa
Tricenarij; (i) f. 120[v] Nota pro recente Mortuo; (j) ff. 121–2 Nota diebus quibus
celebrantur officia hec tria perpetua scilicet Benefactorum stephani Cluniacensium
et Capituli generalis; (k) f. 122 (added, s. xvi) Nota de officio [Taylarando del.]
(Thalayrandi) episcop[o del.](i).

(k) refers to the perpetual trental granted by the Order in 1359 to its protector, Taleyrand de
Périgord.

7. ff. 122[v]–123[v] Oratio de spiritu sancto Deus qui corda fidelium . . . An[a] de
Venerabili Sacramento O Sacrum conuiuium . . . Oratio Deus qui nobis sub
sacramento mirabili . . . Oratio pro peccatis nostris et loco presenti Ineffabilem
misericordiam tuam . . . Omnipotens eterne deus qui ezechie regi . . .

Arts. 8–9 are on quire 14.

8. ff. 124–130ᵛ Sequuntur Misse viuorum ex ordine magis consuete tam in Conuento quam in priuato

Directions: Missa de dominica, Missa festi xij l' non candelarum, Missa festi Capituli uel xij lᵐ tantum uel eciam de dominica infra ebdomadam, Missa festi Candelarum, Missa beati virginis, Missa de spiritu sancto ex charta, Missa de Sacramento infra Octauas Corporis Christi, Missa de sancta Trinitate super annum.

9. (*a*) ff. 130ᵛ–132 Nota de capitulo dominicis diebus et alijs festiuis diebus capituli quomodo collecte recipiuntur pro recommendacione personarum viuorum tam mortuorum; (*b*) f. 132ʳᵛ Nota de prece annua in capitulo et de coll' recipiend'

ff. ii + 132. Paper. 160 × 108 mm. Written space *c.* 112 × 76 mm. Frame ruling in pink ink. 16–18 long lines. Collation: 1⁸ wants 1 (blank ?) 2–9¹⁰ 10⁸ 11–12¹⁰ 13⁸ 14⁶ + 3 leaves (ff. 130–2) after 6. Quires 1–14 signed a a–m a. Initials: (i, ii) 4- and 3-line, blue, with, ff. 8–34ᵛ, deep pink ornament; (iii) 2-line, red or blue; (iv) 1-line, red. Capital letters in the ink of the text lined with red. Binding, s. xvi (?), of sheets of paper pasted together and stained black, with flap and string fastener from back cover. 'Obsequiale', s. xvi, on paper label across the top of the front cover; '184' in red, on paper label at foot of spine, '[. .]' in ink below. Preserved with the manuscript is a moveable parchment tab, in the shape of a shield, 60 × 35 mm., with a curved slit, so designed that the edge of a leaf could be pushed into it. Secundo folio *Salutem et.*

Written in Germany, for Carthusian use. 'Cartusianorum in Buxheim +' in pink, s. xvii (?), f. 1; cf. number(s) on the spine, see above. 'Anfang Oktav 38083', f. 1, and note in German of number of leaves, f. iiᵛ, all in pencil, s. xix.

ee.30 (B.76). *Ordo visitationis (partly in Italian), etc. Ord. Carth.; Missae* s. xvⁱ

MSS hh.4 and pp.3 below have texts parallel to those in arts. 1–2 and 4–5, but without the vernacular sections here on ff. 3ʳᵛ and 4ᵛ–10ᵛ.

1. ff. 1–18ᵛ Forma uisitandi domos ordinis Et primo congregentur in coloquio id est monachi. clerici. conuersi—Et tunc prior domus dicit benedicite. Tunc principalis uisitator uel qui agit uices suas dicit quod ex commissione . . . Capitulum xxx. secunde partis consuetudinum ordinis cartusiensis de uisitatoribus generalibus et priuatis et discordia inter domos ordinis terminanda. In nomine sancte et indiuidue trinitatis. Ob statum cartusiensis ordinis . . . (f. 1ᵛ) per capitulum legitime puniantur. Modo habemus persoluere preces que fiunt in generali capitulo dicendo. Ad te leuaui . . . (f. 2) Deus qui corda fidelium . . . Pretende domine famulis tuis . . . Actiones nostras . . . (f. 2ᵛ) Modo principalis uisitator dicit benedicite. quo sedente. ceteri similiter. deinde sequitur. Congregatis ut diximus monachos domus . . . Hic fit sermo—Leta forma uisitationis . . . (f. 3) eis auctoritate p[re]cipiat. Modo legatur in uulgari. Lecta la forma de la uisitatione. Moy p*er* auctoritate de dio e de li sum*m*i pontifici . . . (f. 3ᵛ) a tuti suy frati p*er* sua auctoritate. Et hic dicatur priori et omnibus quod ita precipitur sicut supra et dicatur priori quod et ipse illud idem precipiat omnibus presentibus subditis suis Quo facto sequitur in hac forma: Cum fiunt uisitationes

per ordinem in inquisitione seu probatione culparum . . . ex sola suspitione condemnent. Hic emittuntur conuersi et c^a. Facto precepto et allata precedentium uisitatorum (f. 4) carta et in conspectu omnium lecta etc Quedam ordinatio facta in capitulo generali de anno (*marg.:* 1417) pro uisitationibus fiendis Cum propter priorum nostri ordinis euagationes . . . (f. 4^v) sub titulo de reprehensione superius allegata inter noua statuta conscribatur Questo sie el quarto cap*itul*o de la *seconda* p*ar*te de le consuetudine del nostro sancto ordine de la Certosa de la reprensio*n*e. Per che el n*o*stro signor deo a comandato . . . (f. 8^v) Questo sequ*e*nte sie el primo cap*itu*lo d*e* la ij^a p*ar*te de le n*o*stre co*n*stitutio*n*e de la reprensione. Caduno chi portara calzari tagliati . . . la facultate deseruiere al don de certoxa o al capitulo gen*er*ale. (f. 11) Hic legitur carta precedentium uisitatorum. Qua lecta dicitur priori quod iusta solitum intendat . . . Interogationes autem fiende sunt iste Primo super pactionibus quas priores uisitationem timentes . . . (f. 12^v) nisi probari queat. Hic legitur ante recitationem Porro uisitatores ea que sibi insinuantur . . . nisi capitales habeat inimicos. Hoc fiat preceptum. Cum igitur uisitatores que nouerint scribenda . . . (f. 13) Legitur ante cartam Vniuersis igitur ac singulis que hincinde audierint . . . (f. 13^v) Legitur post cartam Ad hoc sciendum. uisitatores in itinere donec ad domos suas . . . (f. 14^v) in fine generalis capituli fieri consueuit De uisitatione priuata. Est et alia species uisitationis que fit quando pro neccessitate (*sic*) aliqua super annum emergente . . . (f. 15^v) contradictores sint extra conuentum et teneant ordinem. Casus absolutionis priorum ipso iure uel per sententiam. Qui recipit aliquid a nouicio. Capitulo xxiij secunde partis. Qui recipit . . . (f. 16^v) Non ualet electio. Que sepelit aliquem sine licentia capituli generalis. Qui portat . . . Casus absolutionis introducti per cartas capituli generalis. Si qua persona ordinis per se uel per alium impetret uel afferat litteras quorumcumque principum . . . Ex capituli viij. secunde partis nouarum constitutionum ordinis cartusie*n*sium de uisitatoribus. (f. 17) Cellantes uisitatoribus reuelanda non possint abloui (*sic*) per priores suos . . . nisi per capitulum generale uel priorem cartusie aut uisitatores alios reuocetur. Explicit quo ad actum uisitationis.

2. ff. 18^v–34^v Modus seruandus in electione priorum.: Conuocatis fratribus ieiunium triduanum continuum nisi festum . . . (f. 21^v) Et in refectorio comeditur. Incipit capitulum v$^{a·}$ secunde partis consuetudinum ordinis cartusiensiu*m*. de electione priorum et professionibus quas faciunt in capitulo generali. Cum priorem cuiuscumque domus ordinis nostri obire uel resignare . . . (f. 25) dare uel auferre priorem. Incipit capitulum .ij. secunde partis nouarum constitutionum ordinis cartussiensiu*m* de electionibus priorum. Conuentus domorum priores non habentium; triduanum ieiunium faciant . . . (f. 26) per confirmatores fuerit ad hoc deputatus. Ex capitulo xvj^o. prime partis consuetudinum ordinis cartussie*n*sium. de officio in electione prioris. Quando prior eligitur a pascha usque ad octaua pentecostes . . . (f. 26^v) nichil festiue preter missam celebramus. Ex capitulo vj^o. secunde partis consuetudinum ordinis cartussien' de priore et de eius officio. Cum monachus in aliam domum assumptus fuerit in priorem . . . pro suo crimine deponitur. Ex capitulo iij^o. secunde partis nouarum constitutionum ordinis cartussiensium. de priore et de eius officio. Prior quisque nouus in presentia predecessoris sui si uixerit . . . (f. 27) locus ei competens et

honestus extra cellam interim deputetur. Non possunt eligi de Iure. Excommunicati excommunicatione maiori et etiam minori. Suspensi . . . (f. 27ᵛ) nisi adsit consensus. Secundum uero constitutiones ordinis nostri non possunt eligi.: Ad subdiaconatum uero non promoti. non professi. . . . (f. 28) sed in amissa numquam sine licentia capituli generalis. Et secundum constitutiones nostras infrascripti non possunt eligere. Conuentus eligens scienter personam ineligibilem aut ita senio . . . durante illo impedimento uocem in conuentu habere non potest. Forma eligendi priores in ordine nostro ut infra. Scire debent priores qui uocantur pro electionibus faciendis siue confirmandis . . .

The letter-forms at the end retain no details of persons, places, or dates; the last are Excusatio de non ueniendo ad capitulum, Littera pro mittendo unum fratrem, Littera pro mittendo unum fratrem de domo ad domum, and Littera pro assignatione terminorum.

3. Sermons: (a) ff. 35–7 Stelle manentes—Iudicum vᵒ [: 20] Verba proposita fratres karissimi secundum moralem intellectum de religionis possunt intelligi . . . in obseruantia bone et sancte religionis. Quod nobis et uobis prestare—Amen; (b) ff. 37–41ᵛ Religio munda et inmaculata—Iacobi primo [: 27] Venerabiles et insignes patres et fratres in christo dilectissimi. Verba hec apostoli sacratissimo ordini nostro conueniunt quippe qui eximie securitatis . . . in habitu uilitatem. Et sic religio nostra erit munda et inmaculata apud deum et patrem qui—Amen; (c) ff. 41ᵛ–46ᵛ Ponam uisitationem tuam pacem. Ysaie xvjᵒ [recte 60 v. 17] Reginam celestis ierusalem matrem gloriosissimam regis regum in principio nostri sermonis pro gratia sancti spiritus impetranda . . . in uera et sincera dilectione qua christus nos dilexit. Vt tandem ad illam gloriam—Amen; (d) ff. 46ᵛ–49 Fratres tuos uisitabis—Pᵒ Regum xvijᵒ [: 18] Vnum uerbum communiter dicitur et est uerum. Velit uolit. uadit sacerdos ad synodum . . . Et contrictio in terminis tuis supple non erit amplius; (e) ff. 49–52 Corripiet me iustus—[Ps. 140: 5] Sicut dicit beatus Augustinus. Homo est res quedam summe deficiens deus . . . finito huius labilis uite cursu peruenire ualeatis ad portum eterne felicitatis. Vbi cum patre—Amen; (f) ff. 52–53ᵛ Eligamus nobis—Iob xxxiiijᵒ [: 4] Venerabiles in christo patres et fratres karissimi Sicut dicit beatus paulus apostolus. Omne quodcumque agimus [cf. Col. 3:17] . . . ut possit discernere uerum a falso et per eas habere aditum ad scientias pietatis.

(a–e) each have the rubric 'in uisitatione', and (f) 'in electione noui prioris'. The context of (b) is clearly a visitation of a religious house, and of (f) male religious. Cf. art. 6 below. For (d) cf. Schneyer, Rep., ix. 851, no. 64.

4. f. 54ʳᵛ (added, s. xv med.) Qualiter reconciliandi sunt qui reco[n]cilari debent de fuge Reconciliandus debet esse prostratus ad pedes prioris . . .

ff. 55–56ᵛ blank.

Arts. 5–6 are on quire 8. f. 57ʳᵛ blank.

5. ff. 58–60 Forma carte uisitationis.

6. ff. 60ᵛ–62 Sermo in uisitatione. Stetit ihesus in medio discipulorum suorum et dixit eis pax uobis. Luce xxiiijᵒ [cf. v. 36] Verba proposita sunt in euangelio beati luce. Possunt autem hec uerba exponi de negocio uisitationis. eo quod in eis satis

plene continetur id quod conuenit prelato seu uisitatori . . . qui habent pacem. efficiunter filij dei. qua dignitate nulla maior esse potest. Matheus. Beati pacifici quoniam etc [5: 9]

Quotes the Rule of St Benedict repeatedly. f. 62ᵛ blank.

7. ff. 63–64ᵛ (*a*) Prephatio de sanctissima trinitate; (*b*) Prephatio de beata uirgine Maria; (*c*) Prephatio dominicalis et ferialis; (*d*) Credo in unum deum; (*e*) Prephatio de ascensione domini.

8. ff. 65ᵛ–69ᵛ Canon and Ordo of Mass.

f. 65ʳ blank.

9. ff. 70–85ᵛ Masses: (*a*) uotiua de sanctissima trinitate; (*b*) de sancto spiritu; (*c*) in honore beate marie uirginis; (*d*) in Dominica iiijᵃ post octauam pasche; (*e*) de ascensione domini; (*f*) Dominica post ascensionem; (*g*) Dominica ij post octauam pasche; (*h*) De sancta Anna; (*i*) De beata maria magdalena; (*j*) De beate katerine uirginis et martiris; (*k*) pro deffunctis; (*l*) pro defuncto sacerdote; (*m*) pro unius defuncti; (*n*) pro muliere; (*o*) pro plurimorum defunctorum; (*p*) pro episcopis et sacerdotibus; (*q*) pro defunctis in congregatione; (*r*) pro benefactorum defunctorum; (*s*) pro cunctis fidelibus defunctis; (*t*) sancti michaelis archangeli; (*u*) De sancto raphaele archangelo; (*v*) Pro recomendatis; (*w*) Pro iter agentibus; (*x*) pro uiuis et defunctis.

(*h–j*, *l–s*, *u–x*). Collect, secret, and postcommunion only. For (*i*) the secret and postcommunion, Accepta sit tibi domine sacre plebis oblatio and Saciasti domine familiam tuam, have more personal alternatives added by the main hand in the lower margin, Salutaris hostie munus and Prebeat nobis domine beate marie magdalene salutiferam imitatio.

10. ff. 86–7 Nota quod dominus dominus N papa potestatem concessit et priori Cartusie et alijs xx prioribus—absoluendi personas ordinis a quibuscumque peccatis . . . circa hec opportunis. Forma absoluendi et dispensandi auctoritate huius priuilegij. Dominus noster ihesus christus per suam misericordiam te absoluat . . . que uelles confiteri si eorum memor esses quantum michi concessum est. In nomine patris—Amen. Deinde iniungat penitentiam et suspendat eum ad tempus ab executione ordinis—neque potest absolui de iure.

f. 87ᵛ blank.

11. The pastedowns are parts of a letter of confraternity issued by John prior of the Grande Chartreuse in favour of 'domin(o Presbitero Iacobo Piaxentino)', deleted: George de Columpnis and Barnabas de Sancto Blaxio.

ff. i + 87. 172 × 122 mm. Written space 116 × 80 mm. 23 long lines. Collation: 1–7⁸ 8⁶ 9⁸ + 1 leaf (f. 65) after 2 10–11⁸. Two hands, changing on f. 11. One full-page picture, on inserted leaf (f. 65), blank on recto: Crucifixion, in green and gold frame. Initials: (i, ii) 3- and 2-line, red with blue ornament, or blue with red ornament, a few without ornament; (iii) 1-line, red or blue. Capital letters in the ink of the text filled with darkish yellow. Medieval binding, rebacked, of inward bevelled wooden boards covered with brown leather bearing a pattern of quadruple fillets, a roll (plait), and stamps, forming in the centre a double fret surrounded by a circle formed by an s-shaped stamp repeated; two clasps, one missing. Secundo folio *Sequitur gloria*.

Written in Italy, for the Genoa Charterhouse, see the *ex libris* in the second main hand, f. 87^v, partly erased, but acceptably transcribed 'Iste liber est domus sancti [Bartholomei de Risparolio] ordinis cartussien' prope [Ianuam]' at the end of a long note in Italian, s. xix, f. i^{rv}.

ff. 1 (D.154). *Joh. de Segovia, De sancta conceptione B.V.M.*   s. xv^2

(*beginning imperfectly, in cap. 3*) sue stante communi lege non potuit contrahere originale . . . (f. 291) qui super omnes choros angelorum eam secum collocauit ineterno (?) perhenni Amen Explicit liber de sancta Concepcione virginis beatissime dei genitricis Marie distinctus in septem allegaciones prout in eo continetur coram patribus in sacro Basilien' Concilio generali Anno domini M° cccc° xlvij° In die sancti Othmari confessoris hora viii ad noctem etc Et sic est finis (Anno domini M° CCCC° xx[.]vj per Egregium in theologi[. . .] Iohannem de Segobia can[. .] Tolentani editus)

Allegacio 2, f. 22^v; 3, f. 53; 4, f. 73^v; 5, f. 94^v; 6, f. 145; 7, f. 210^v. Two leaves missing at the beginning, and all but the bottom inner corner of ff. 154–64. f. 291^v contains a list of chapters, ending imperfectly in Alleg. 1. xii.

Inside the back cover are pasted a bifolium from a volume of short sermons, one beginning [V]idi turbam magnam quam dinumerare nemo potest apo. [7: 9] Nota quod omnium sanctorum festiuitas instituta est iiij^{or} decausis Primo propter cuiusdam templi dedicationem . . . ; s. xiii, written space 121 × 90 mm., 2 cols., 35 lines. Also a piece of a leaf of a breviary, s. xiv, perhaps from the same manuscript as was used for the front pastedown, now missing, to judge by the offset inside the front cover.

ff. 291. Paper; parchment strengtheners at quire-centres. 318 × 218 mm. Written space *c.* 208 × 145 mm. Frame ruling. 2 cols. *c.*45 lines. Collation: 1^{12} wants 1, 2 2–12^{12} 13^{12} 12 largely torn away 14^{12} 1–10 largely torn away 15–24^{12} 25^{12} wants 6–12. Written in a set cursiva. One principal hand; others wrote parts of ff. 125^v, 126, 131, 192^{rv}, 194^v, 215, 242, 251^v–252. No punctuation. Initials: red. Capital letters in the ink of the text lined with red. Original (?) binding of chamfered wooden boards covered with white cloth bearing a pattern of fillets; five bosses on each cover, four missing; metal pieces on corners; two strap-and-pin fastenings, one pin remaining. Contents label, s. xv, across the top, and 'H (?)' in the centre, of the front cover; note of content across top and bottom edges of leaves, close to spine, to be read with spine uppermost; hole torn in top centre of back, as from chaining-staple. Secundo folio missing.

Written in Germany. Pencil note in German of number of leaves, inside front cover; 'Anfang . . . Folio 9109' in pencil, s. xix, f. 1.

ff. 2 (A.12). *Lectionarium Carth. pars hiemalis*   s. xv med.

Temporal, Advent–Sunday after Easter.

The provision varies: Advent 1, lections [ix]–xii and 'In refectorio'; Sunday in octave of Christmas, lections i–xii and 'In refectòrio'; which is followed by days 1–3 after Christmas, with lections 'in refectorio' i–iii. The lections are substantially longer than those of e.g. *Breviarium Ordinis Carthusiensis* (1491), where Advent 1 lections ix–xii amount to little more than half lection ix here. ff. 167–168^v blank.

ff. 168. Paper; parchment strengtheners at quire-centres, most from manuscripts. 286 × 210 mm. Written space *c.* 187 × 154. Frame ruling only, except quires 11–13. 2 cols. 33 lines.

Collation 1¹⁰ wants 1 2–16¹⁰ 17¹⁰ 10 pasted down. Quires 2–13 numbered at centre foot of first recto, 2–xiii; the first five leaves in quires 2–13 are numbered at the right foot of the recto, 1–5. Written in a poorly executed textura, changing to cursiva on f. 126ᵛ (137). The opening ff. 15ᵛ–16 has at the top of the outer margins 'cor' 'rect*um* *est*'; likewise ff. 1ᵛ–14, erased, and openings up to f. 55, with 'cor' continuing on versos to f. 74ᵛ. Initials: red, some with ink ornament. Original (?) binding of bevelled wooden boards covered with white leather; five bosses on each cover, nine missing; narrow metal strips round all eight corners, and two heavier, wider, pieces with a saw edge, along leading edges of both boards between the clasps; two clasps. 'Omelie hyemales de tempore', s. xv, written twice on front cover; 'L.ii.' with letter and points in red, s. xv, on paper label across the top of the front cover; '52' in red at foot of spine, 'CXCVII' in ink below. Secundo folio *Leuare itaque*.

Written in Austria (?). 'Iste liber est fratrum in Maurbach ord' Carthus' Omelie hyemales de tempore secundum ordinem Carthus', s. xv, f. 1; 'Iste liber est vall*is* omnium sanctorum in Maurbacho ordinis karthus' prope wienna*m*', s. xv, f. 5 foot. 'L ij', s. xv (?), f. 1 foot, cf. front cover. 'Cartusianorum in Buxheim +' in pink, s. xvii (?), f. 1 top; Buxheim Charterhouse numbers on the spine, see above. Note in German of number of leaves and 'Folio 14324' in pencil, inside front cover. Rosenthal, *Cat.* (1884), no. 639–60 marks.

ff.5 (A.11). *Lectiones, etc., de sanctis* 1443

Arts. 1–3 are on quires 1–2.

1. (*a*) ff. I. 1–2 Incipit proprium sanctorum; (*b*) f. I. 2 Sequitur commune sanctorum tempore Paschali; (*c*) ff. I. 2–5ᵛ Barnabas–In Sanctificacione beate virginis Que celebratur vi ydus Decembris; (*d*) ff. I. 6–8 Commune sanctorum.

Cues for musical items, not noted. (*a*) Conversion of Paul–Philip and James.

2. ff. I. 8ᵛ–9 Canticles of Common of saints.

3. Collects and gospels of Sanctoral: (*a*) ff. I.9ᵛ–18 Thomas bp. and m.—Thomas ap.; (*b*) f. 18 (added, s. xv) Peter and Paul, and Exaltation of Cross.

f. I. 18ᵛ blank.

4. ff. II. 1–153 Homilies of Sanctoral, Andrew–Katherine, Elizabeth.

The provision is for up to Lections i–xii and 'In Refectorio'. The lections are substantially longer than those of e.g. *Breviarium Ordinis Carthusiensis* (1491), where Andrew lections i–vi amount to lection i here, and lections ix–xii to four-fifths of ix here.

5. f. II. 153 (added in space, s. xv²) Lections on Stabat iuxta crucem.

6. Ympni nocturnales: (*a*) f. II. 153ᵛ de sanctis Primo de sancto Iohanne Baptista patrono nostro Antra deserti . . . In festiuitatibus beate Marie Misterium ecclesie . . . In exaltacione sancti crucis Crux fidelis . . . ; (*b*) f. II. 153ᵛ In festis sanctorum communis Christe redemptor . . . ; (*c*) f. II. 154 Feriatis diebus—Eterne rerum . . .

ff. II. 154ᵛ–156 blank.

7. (added, s. xv) Indexes to art. 4: (*a*) ff. II. 156ᵛ–157ᵛ Preliminary entries for a subject-index; (*b*) f. i Sermones et omelie beati Gregorii que habentur in hac legenda.

ff. ii + 174 + ii. Original foliation in red: (i–ii), 1–18, 1–145, 145–55, (156–7). Flyleaves medieval. 294 × 210. Written space 229 × c.158 mm. Frame ruling. 2 cols. c.37 lines. Collation: 1¹² 2⁶ 3–15¹². Quires 3–15 numbered at top right of first recto, 1–5 6–10 (in red) 11–13. Written in hybrida. Initials: red, a few with red ornament. Capital letters in the ink of the text filled or lined with red. Medieval binding of square-cut wooden boards covered with white skin bearing a pattern of triple fillets; two clasps, missing. '[. . .]ale de sanctis sine breuia/. . ./+ .10. [. .]', s. xv, on paper label across the top of the front cover; '523' in red, at foot of spine, 'CX[CVI]' in ink below. Secundo folio (f. I. 2) in sanctis eius, (f. II. 2) fragiles.

Written in Germany, 'Anno 1443. Iacobi' at the end of art. 4, for Carthusian use. '+ Cartusianorum in Buxheim' in pink, s. xvii (?), f. I. 1 top; cf. numbers on the spine, see above, and 'CXCVI', s. xvii (?), f. i. Note in German of number of leaves, inside front cover.

ff.10 (D.176). *Cloud of Unknowing, etc. (in English)*   s. xvi in.

MS Pa in the edition by P. Hodgson of arts. 1 and 2, *EETS* original series ccxviii (1944).

1. ff. i–lxvii^v Here begynnithe the prologge of this booke, whiche is callid the dyuyne clowde of vnknowing God to whom all hartes be opyn—(f. 2) Here beginnith the table of this boke—(f. 5^v) to worke in this worke Ca, lxxv. Finis tabulę (f. 6) Here begynnith' the boke of the dyuine clowde of vnknowing, Of iiij degrees of christen mennis lyuing, and of the course of his calling to whom this boke was made, Cap^m, primum, Goostly frende in god, I pray the and beseche the . . . all goddis louers in erthe, Amen Here endith' the boke callyd the dyuyne clowde of vnknowyng.

2. ff. lxviii–94 Here folowith' the pistle of pryuate cownsell Goostly frende in god as towching thyn inwarde occupation . . . that yt shall not muche erre. Finis. Iesu semper laudes resonent.

ff. 94^v–95^v blank.

ff. ii + 95 + ii. Original foliation of ff. 1–68: primum–lxviii. Paper. 190 × 137 mm. Written space 144 × 90 mm. Frame ruling. c.25 long lines. Collation: 1⁸ wants 1 (blank ?) 2–12⁸. Quires 1–9 signed A—J. Quires 10–11 lettered on first recto O M. Written in secretary. Initials: (i) f. 6, 8-line, blue with red ornament; (ii) ink, with ornament in ink. Capital letters in the text in red. Binding of s. xx. Secundo folio *disposed*.

Written in England, by a Carthusian executed in 1535: 'Liber domus salutacionis beatissime virginis Marie iuxta london ordinis Charthusiensis per M Chawncy quem exarauit sanctus Willelmus Exmewe', s. xvi, f. 95^v. 'W. Shaw Mason', s. xix, f. 1. 'ex libris Phillips MS 7197' on a lost flyleaf, and sold as item 162 in Phillips sale at Sotheby's 21–6 March 1895 for £12, see description in MS ff.9. 'Parkminster 1906' on spine.

gg.1 (B.78). *Statuta antiqua Carthusiana. i, etc.*   before 1368

MSS gg.1 and 2 are complementary volumes, decorated with flourishing by the same hand.

1. ff. 1–94^v Incipiunt capitula prime partis consuetudinum. cp.j. De diuino officio uno eodemque modo—(f. 2^v) l. De diuersis institutis in officio diuino.

Incipit prima pars consuetudinum ordinis cartusiensis de diuino officio uno eodemque modo—non inmutandis. capitulum primum. (f. 3) Primum capitulum hanc habet continentiam . . . non incipit modus interrogationis. nisi post circumflexum.

2. ff. 95–100 Statuta noua pertinentia ad primam partem consuetudinum. Si festum dedicationis transferri contingat . . . Declaramus quod quando occurrit anniuersarium presente defuncto—et alia more solito propter funus.

Seventy-one ordinances of the Carthusian General Chapter, numbered in the margin 1–61, 61–70; they correspond more closely than *PL* cliii. 1144–7, but less closely than ibid. 1129–33, to the collection ed. J. Hogg and M. Sargent, *Analecta Cartusiana*, 100: 1 (1982), 17–27/10. Cf. MS hh.5 art. 2*a* below.

3. (added, s. xiv^2) (*a*) f. 100 Omnibus quibus placuerint conceditur ut festum conceptionis beate marie . . . (*b*) ff. 100^v–101^v Conceditur omnibus domibus ordinis quod possint celebrare cum duodecim leccionibus festum patroni . . . Inter capitulum et terciam fiat tantum spacium ut due misse priuate— conuentuali misse interesse.

Further ordinances as in art. 2 above: (*a*) one; and, (*b*), in a different hand, nineteen, the sixteenth concerning trentals for Joanna queen of France 'in uita sua et post mortem'.

ff. i + 101 + i. 273 × 193 mm. Written space 194 × 131 mm. 21 long lines. Collation: 1–7^8 8 five (ff. 57–61) 9–11^8 12^{10} 13^6. Written in textura. Punctuation includes flex. Change of hand at f. 62 (9^1). Initials: (i) 4-line, red and blue, with ornament of both colours; (ii) 2-line, blue or red, with ornament of the other colour; ornament in the same (?) hand as MS gg.2 below. Capital letters in the ink of the text filled with yellow. Binding, s. xx, by Thompson, uniform with MS gg.2 below. Secundo folio (f. 2) *De festis*, (f. 4) *cis quam*.

Written in France (?), presumably before the promulgation of the *Statuta noua* in 1368, see art. 2, also MS gg.2 art. 3 below.

gg.2 (B.79). *Statuta antiqua Carthusiana. ii–iii, etc.*   before 1368

MSS gg.1 and 2 are complementary volumes, decorated with flourishing by the same hand.

Arts. 1–3 are on quires 1–8.

1. ff. 1–59^v Incipiunt capitula secunde partis consuetudinum ordinis cartusiensis. capitulum i. De triplici diuisione consuetudinum—(f. 1^v) De diuersis institutis capituli xxxii. Incipit secunda pars consuetudinum ordinis cartusiensis. De triplici diuisione consuetudinum et quando legantur. Capitulum primum. Anno domini millesimo. ducentesimo. quinquagesimo nono uisum est . . . in usus alios nullatenus expendatur.

Statuta antiqua, ii.

2. ff. 59^v–75 Hec sunt statuta noua ad secundam partem consuetudinum pertinentia. Ex decreto et precepto capituli generalis teneantur priores uel alii . . . Precipitur omnibus prioribus. uicariis—de omnibus contentis in cartis suis certi esse.

155 ordinances of the Carthusian General Chapter, the first part roughly corresponding to the collection ed. J. Hogg and M. Sargent, *Analecta Cartusiana*, 100: 1 (1982), 29–42; cf. MS hh. 5 art. 2*b* below.

3. (added, s. xiv²) ff. 75–77ᵛ nouissime additiones Nulla domus nostri ordinis panem alium . . . Declaratur quod habenti duplex officium non debetur cum primo nisi unus breuis tantum.

Thirty-nine ordinances of the Carthusian General Chapter, including Potestas absoluendi—durat quousque dicatur. Mᵒ.cccᵒ.lxxvij. xxᵃ nouembris.

Arts. 4–6 are on quires 9–11.

4. ff. 78–102 Incipiunt capitula tercie partis consuetudinum ordinis cartusiensis. De diuino officio fratrum laicorum—(f. 78ᵛ) De monialibus nostri ordinis xxxiii. Incipit tercia pars consuetudinum ordinis cartusiensis. De diuino officio fratrum laicorum et quando ad ecclesiam superiorem conueniant. Capitulum primum. Que ad monachorum pertinent consuetudines . . . coram sponso earum domino nostro ihesu christo.

Statuta antiqua, iii.

5. ff. 102–6 Statuta noua ad terciam partem pertinentia Priores non tenentur sequi consilium conuersorum uel redditorum . . . Caueat etiam priorissa ne sine licentia uicarii—penitus reuocantur.

Forty-four ordinances of the Carthusian General Chapter; cf. MS hh.5 art. 2*c* below. ff. 106ᵛ–107 blank.

6. (added) f. 107ᵛ Cum constitutum sit a capitulo generali cartusiensis ordinis. vt annis singulis a festo circumcisionis vsque ad quinquagesimam . . . vsque ad octauam diem reuersionis sue.

Form for the excommunication of monks and lay-brothers concealing goods 'vltra valorem trium solidorum turonensium'.

ff. i + 107 + i. 246 × 176 mm. Written space 182 × 120 mm. 27 long lines. Collation: 1⁸ + 2 leaves (ff. 1–2) before 1 2–7¹⁰ 8¹⁰ wants 8–10 (blank) after f. 77 9–11¹⁰. Written in textura. Punctuation includes flex. Initials: (i, ii) 4- and 3-line, red and blue, with ornament of both colours; (iii) 2-line, red or blue, with ornament of the other colour; ornament in the same (?) hand as MS gg.1 above. Capital letters in the ink of the text filled with yellow. Binding, s. xx, by Thompson, uniform with MS gg. 1 above. Secundo folio *semel ad minus*.

Written in France (?), presumably before the promulgation of the *Statuta nova* in 1368, see art. 2, also art. 3.

hh.3 (B.66). *Ordo electionis Carthusianus, etc.* s. xv med.

Art. 12 contains a little matter in German.

1. ff. 1–12 Excerpta de electione priorum ex tractatulo bono cuiusdam karthusiens' Tres sunt forme electionis. scrutinii. compromissi. et diuine inspiracionis. Qui contra dictas formas . . . nam simplicitati parcendum est etc.

Includes, ff. 8ᵛ–10, 'Sessio xii consilii basiliens*is*. decretum de electionibus—1433'.

2. ff. 12^v-16 Incipit modus et forma eligendi priorem alicuius domus seu monasterii ordinis nostri secundum consuetudines nostras. Post ieiunium trium dierum . . . Protestacio conuentualium de non admittendis in eptis—nec eorum vocibus uti in electione nostra.

3. ff. 16-17 Casus annullantes electionem prioris factam et impedientes fiendam Qui exigit aliquod a nouicio et exactio deuenit ad effectum . . . xxxii Qui ante electionem suam electioni de se faciende consensit inhabilem se reddit ad eandem etc.

4. ff. 17-18 Absolucio (a) excommunicacionis proprietatis et appostasie . . . (b) pro habentibus plenam remissionem a domino nostro (vrbano) papa (sexto) concessam in mortis articulo . . . (c) forma concilii Basiliensis . . .

5. f. 18^v De confessione et sigillo eius Item quidem frater incidit in peccatum ocultum . . .

Four paragraphs.

6. ff. 19-20^v De absolucionibus et dispensacionibus in ordine Carth Proposicio Prima Prior cuiuscumque domus ordinis carthus' . . .

Seven propositions, and supplementary notes.

7. f. 21 De requisitis ad bonum predicatorem Hic iam queritur inter dispensatores—1 Cor 4 [: 2] Sciendum ut ait beatus augustinus in sermone qui incipit Hodie sermo caritati vestre de nobis . . . pie uiuere in christo.

ff. 21^v-24^v blank.

8. ff. 25-8 Quis sit dignus prelacione Si rerum raritas precium facit nil in ecclesia preciosius . . . Quid cauendum sit predicatori Fides, spes. caritas—parcito tibi.

Ten paragraphs on prelates, and one on preachers; supplemented in the main hand, f. 28.

9. f. 28^v De Sigillo confessionis Queritur utrum confessor in omni casu teneatur celare peccatum . . . , *ending imperfectly, at the start of the seventh point, and all crossed out in red.*

10. ff. 29-31 De penitencia Bernhardus Initium reuertendi ad dominum penitencia est Primam habere dolere est . . . rationis oculos claudens.

11. f. 31^{rv} Augustinus ad fratres suos heremitas.

Two extracts.

12. ff. 31^v-74 Abbas Appollonius dixit Scietis uos proficere in uirtutibus— Apostasia est temerarius a statu fidei . . . Yppocrisis—Iob 13 [: 16] Non ueniet in conspectu eius omnis yppocrita.

Quotations from the Bible, Fathers, Bernard, Aquinas, etc., arranged under an alphabetical sequence of subjects.

ff. 74-75^v contain miscellaneous notes, including, f. 75^v two lines of German 'Causa arbitraria wlgariter ain ergebnun sach . . . also belibet es'. Two medical dicta of 'Doctor schrik', added, s. xv, f. 55^v.

13. f. 76^{rv} Secuntur regule Iuris bonifacii pape viii Beneficium ecclesiasticum non potest licite sine institucione canonica optini Possessor male fidei . . . obseruari In alternatiuis debitoris est electio et sufficit adimpleri, *ending imperfectly: ff. 77–80 missing.*

Single-line propositions, the first seventy-one remaining.

14. ff. 81–8 Paragraphs on miscellaneous topics: suffrages, beginning imperfectly; (f. 82) Qualiter debeat eligi in prelatum et qualiter electus debeat se habere; (f. 83^{v}) De confessione; (f. 85) De modo loquendi; (f. 88) Pena sacerdotis confessionem reuelantis.

15. ff. 88^{v}–89^{v} Sperne repugnando tu tibi contrarius esse . . . Sic bonus esto bonis ne te mala dampna sequantur (hec katho).

104 lines.

16. f. 90 Verses, etc.: (*a*) Mobile fundatum cito corruet edificatum . . . (3 lines); (*b*) Est michi vita grauis cognoscere que via nauis . . . (2 lines); (*c*) Vltra posse fieri non wlt deus ulla requiri; (*d*) Semel emissum volat irreuocabile verbum; (*e*) Exiguum munus cum dat tibi pauper amicus . . . (2 lines); (*f*) Principijs obsta. sero medicina paratur . . . (5 lines ?); (*g*) Quatuor ista timor odium dilectio census . . . (2 lines); (*h*) Sume dapes tacite domini concomitante timore . . . (5 lines).

(*d*). Cf. Walther, *Sprichwörter*, no. 27869; (*e–h*) Ibid., nos. 8463, 22418, 23692, 30643.

17. ff. 90–1 (Nota modum regularem viuendi metrice) Aurea uersifice patet hic tibi regula plane Si quis corde . . . jocosusque Non nimis existas sed gratus et obsequiosus.

45 lines.

18. f. 91^{rv} Nota super illo verbo Vos autem eritis mihi testes [Acts 1: 8]—Licet christus dedisset discipulis scripturarum intellectum . . . hec gregorius.

f. 92 blank.

19. ff. 92^{v}–93 Extracts from Ambrose, Bernard, etc.

ff. 93^{v}–99 blank.

20. ff. 99^{v}–100^{v} Secuntur tituli priuilegiorum ordinis nostri kartusien 1 Quod possumus recipere monachos alterius religionis . . . 45 De personis tam illegittimis quam de ordine mendicantium promouendis.

21. Inside the parchment sheet forming the cover are various notes in the main hand, the first inside the front cover '—supplicamus quatinus oretur pro anima fratris nostri domini N professi monasterii aule beate marie In Buchshaim ordinis karthus' aug' dyoc' Qui ingressus est viam vniuerse carnis In die palmarum Anno domini 1451'

22. ff. i and 101 (front and back flyleaves), are part of a paper bifolium from a breviary, written in cursiva, s. xv; f. 101^{v} has a few notes in the main hand.

ff. i + 96 and 1 slip + i. Medieval foliation in red: (i), 1–76, 81–100, (101). Flyleaves medieval, see art. 22 above. Paper; parchment strengtheners at quire-centres. 220 × 155 mm. Written space *c.* 162 × 108 mm. Frame ruling. 32–40 long lines. Collation: 1^{12} 2^{12} + 1 slip (f. 13*) between 1 and 2 3^{16} 7^{12} wants 1–4 (ff. 77–80) 8^{12}. Written in hybrida, perhaps by one hand varying in formality. Initials: red, and, f. 76^{rv}, alternately blue. Binding, as MS dd.24 above, from a single sheet of thick parchment reinforced on the spine with a double thickness of brown leather, s. xv, see art. 21 above. '285' in red, at foot of spine, '112' in ink below. Secundo folio *eligere*.

Written at the Buxheim Charterhouse, see art. 21. 'Cartusianorum +in Buxheim' in pink, s. xvii (?), f. 1 top; 'N. 112' in ink, inside front cover, and numbers on the spine, see above. Pencil note in German of number of leaves, inside front cover. Rosenthal, *Cat.* (1884), no. 519–60 marks.

hh.4 (B.65). *Ordo visitacionis, etc. Carthusianus*   s. xv/xvi

1. (*a*) ff. 2–4^{v} Ex secunda parte statutorum nostrorum de visitationibus generalibus—capitulum xxx^{m} quod sic incipit In nomine sancte et indiuidue trinitatis . . . ex sola suspicione condempnent; (*b*) ff. 4^{v}–5^{v} Sequitur addicio facta ad statuta Anno domini 1379. sub hiis verbis Cvm propter priorum ordinis nostri euagaciones . . . inter noua statuta conscribitur; (*c*) ff. 5^{v}–10 Deinde sequendo tenorem supra recitate addicionis Nunc legi debet capitulum quartum 2^{e} partis antiquorum statutorum intitulatum de reprehensione quod est tale Cvm dominus precepit non transgrediendos terminos . . . si necesse foret accusare; (*d*) ff. 10–13^{v} Sequitur etiam de reprehensione Capitulum primum 2^{e} partis nouorum statutorum huius tenoris Qvicunque incisos sotulares quos wlgariter estiuales . . . non est alicui facultas denegata; (*e*) ff. 13^{v}–16^{v} Vlterius legi debet capitulum octauum secunde partis nouorum statutorum Incipiendo in paragrafo sequenti ex secunda parte Celantes visitatoribus reuelanda, non possunt absolui per priores suos . . . aut visitatores alios reuocetur; (*f*) ff. 16^{v}–18^{v} Sequitur tenor carte patrum visitatorum qui hanc domum vltimo visitauerunt In nomine domine etc. Nunc redeandus ad capitulum xxx^{m} secunde partis antiquorum statutorum continuando lecturam eiusdem quam intercidimus in hoc paragrafo Facto precepto et allata precedentium visitatorum cartha . . . in publicum conprobari; (*g*) ff. 18^{v}–20 Et hic finitur lectura statutorum quantum ad horam presentem. Hic legitur pro recitacione vsque ad verbum vniuersis ergo Inquisicione facta si quid de priore vel de aliquo . . . studio attenciori procedant; (*h*) ff. 20–22^{v} Grossata cartha et sigillata tunc vocato conuentu visitator dicit Benedicite Et hic legit Vniuersis ergo vsque ad versum Quo facto Uniuersis ergo et singulis qui hinc inde audierint . . . sicut in fine generalis capituli fieri consueuit; (*i*) ff. 22^{v}–23^{v} *unfilled space for rubric* [D]ominus noster ihesus christus per suam misericordiam vos absoluat Et ego . . . reddendo gracias de humanitate inpensa Et sic est finis visitacionis.

(*a, f–h*) are from *Statuta antiqua*, ii. 30. ff. 23–36^{v} blank.

2. (quires 4–5) ff. 38–53 [T]res sunt forme eleccionis. scrutiny. compromissi et diuine inspiracionis—Primo electores congregentur et hoc in ecclesia. capitulo vel alio loco honesto . . . Electus non se ingerat administracionem ad quam electus est ante confirmacionem.

On the forms and conduct of elections of Carthusian priors. ff. 37^{rv}, 53^{v}–59^{v} blank.

3. ff. 60–108 Incipit reportorium ordinationum capituli generalis ordinis nostri carthusien*sis* per ordinem alphabeti: Abbatibus et episcopis ante ordinis nostri ingressum—vel non suscipiendis Ex carta Anno domini M°.cccc.26 Absoluendi auctoritatem . . . Vrbani extrauagans—46 Et etiam in recepcione monialium 80. Vide in Monialium.

The ordinances covered by the index range in date from [14]11 and 12 (Thome de aquino festum) to 1490 (Conuersis radi non dicunt grenones). For similar indices, see *Analecta Cartusiana*, 100: 1 (1982), 63–76; and ibid. 100: 2 (1983), 101–8. ff. 108ᵛ–114ᵛ blank, also in most cases a page between one head-letter and the next.

Arts. 4–7 are on quires 11–12.

4. ff. 116–22 De potestate priorum carth^e. Visitatorum et aliorum priorum quam habent in personas ordinis et quando et quando non habeant potestatem Et primo de forma sacramentali Sciendum quod forma absolucionis absoluta et sufficiens . . . Ignorans enim vt ait apostolus ignorabitur.

f. 115ʳᵛ blank.

5. ff. 122ᵛ–132ᵛ Solutio quorundam dubiorum de potestate ligandi atque soluendi personas sacre carthusiane religionis doctoris Iacobi de paradiso: Ad requisicionem quorundam deuotorum religiosorum precipue sacre carthusien' religionis . . . recursum ad apostolicam sedem etc hc doctor Iacobus de paradiso.

Meier, no. 5.

6. ff. 132ᵛ–135ᵛ Nota sequentia de auctoritate presidentium ordinis carthusiensis De absolutione sacramentali Nota primo quod ordinaria potestas . . . in quo quilibet sacerdos potest etc.

7. ff. 136–138ᵛ Modus absoluendi apostatam, followed by forms 'noui prioris pro nouiter professis' and 'in mortis articulo', with an added note on the latter, referring to the indults of Urban VI and Martin V.

8. (*a*) ff. 139–44 3ª stat. no. Incipiunt noue constituciones ad terciam partem consuetudinum pertinentes de clericis redditis cap. 1. [C]vm monachus etc reducitur cappam et cupucium nouiciorum . . . Moniales—c° presenti. 17. Explicit tercia pars nouarum constitucionum; (*b*) ff. 144ᵛ–150 3. stat. an. Incipit tercia pars antiquorum id est consuetudinum Capitulo .j. 2 officium scilicet matututinas . . . ordinarium sicut vicarii earum Explicit tercia pars antiquorum; (*c*) ff. 151–159ᵛ Incipiunt noue constituciones ad primam partem consuetudinum pertinentes capitulum primum 1 Quod in prima parte etc Hec statuta noua— 1372 1 Si duo festa capituli transferri contigerit Quando festum capituli . . . illius nudi officii Explicit prima pars nouarum consuetudinum ordinis carthusiensis; (*d*) ff. 160ᵛ–174 Incipiunt noue constituciones ad secundam partem consuetudinum pertinentes de reprehensione capitulum primum [Q]vicumque sotulares— Estiualli sunt calciamenta longa et alta a pedibus usque ad genua . . . 7 Declaramus quod illud statutum etc quod est c° 28 2^etis 18 Explicit secunda pars nouarum consuetudinum ordinis Carthusiens'.

Glosses, and ordinances of the Carthusian General Chapter, pertaining to (*a*) Statuta nova, iii, (*b*)

Statuta antiqua, iii, (c) Statuta nova, i, (d) Statuta nova, ii. The ordinances extend as late as 'carta capituli anni 1469', ff. 141, 171. (a–b) occupy quire 13; ff. 150ᵛ, 160, 174ᵛ blank.

ff. 174 and a slip. Paper. 206 × 156 mm. Written space c. 153 × 95 mm. Frame ruling, in pink ff. 1–36, or none. 21–38 long lines. Collation: 1¹² + 1 slip (f. 2*) between 2 and 3 2–3¹² 4¹⁰ 5–9¹² 10⁸ 11–15¹². Written in hybrida, or, ff. 116–138ᵛ, cursiva. Initials: red, or unfilled spaces. Capital letters in the ink of the text lined with red. No decoration ff. 38–53 or 139–74. Original (?) binding of partly bevelled wooden boards covered with light brown leather bearing a faint pattern of double fillets and stamps; two clasps, missing, 'mar' on both the metal pieces remaining on the front cover. '3(?)32' in red, at foot of spine, '147' overwritten in ink. Secundo folio (f. 3) *obseruacione*.

Written in Germany. Buxheim Charterhouse numbers on the spine, see above, and, 'N. 147', inside front cover; '+ Buxheim' in ink, s. xvii (?), f. 2. Note in German of number of leaves, inside front cover, 'Quart 29744', f. 2 foot, both in pencil, s. xix.

hh.5 (B.74). *Statuta Carthusiana, etc.* 1437–s. xv ex.

The margins and inserted slips in arts. 1 and 3 contain extensive annotations referring to subsequent legislation, in the same hand as arts. 4–6, written c.1490 probably, see art. 6. Art. 5 contains a little German.

1. ff. 11–143ᵛ Incipiunt capitula prime partis consuetudinum ordinis Cartusiensis capitulum primum. De diuino officio uno eodemque modo—(f. 12) l. De diuersis institutis in officio diuino. Incipit prima pars consuetudinum ordinis cartusiens*is*. De diuino officio vno eodemque modo—non mutandis. primum capitulum. Primum capitulum hanc habet continenciam . . . coram sponso earum domino ihesu christo.

Statuta antiqua (1259), i–iii; part ii ending with the supplementary section, as MS dd.15 art. 3 above. List of chapters before each part: ii, f. 77ᵛ; iii, f. 125ᵛ. f. 144ʳᵛ originally blank.

2. (a) ff. 145–9 Anno domini Millesimo tricentesimo tricesimo tercio. Iniunctum est omnibus prioribus—Si festum dedicacionis transferri contingat . . . Item pro tricennario de spiritu sancto—pro tricennario defunctorum; (b) ff. 149ᵛ–162ᵛ Ex decreto et precepto capituli generalis teneantur priores uel alii . . . Item priores ordinis caueant de cetero recipe ad mensam—cathedralium aduenissent; (c) ff. 163–165ᵛ Priores non tenentur sequi consilium conuersorum uel redditorum . . . Ordinatur quod famuli ordinis—si ibidem elegerint sepulturam; (d) ff. 166–8 Scire debent priores qui uocantur ad elecciones faciendas . . . concessorum supplemus In nomine patris—sancti; (e) ff. 168ᵛ–176 Indisposicione prioris est. uirum conuersi aliqui uel alii in mense . . . Quando uero post consonantem ponitur—ut corrodo abrado etc.; (f) ff. 176ᵛ–177 Nota quod sacerdos ebdomarius tenetur de omnibus missis . . . In die parasceues ad officium diuinum sic incipiuntur oraciones ut sequitur (*blank space of a page and a half*); (g) f. 178ʳᵛ Dat' per copiam sub sigillo secreto prioris domus sancti albani prope treuerim ordinis carth' Anno domini Mᵒ.CCC.xlv in crastino oct' epiphanie Vniuersis— Talayrandus miseracione diuina ecclesie sancti petri ad uincula presbiter cardinalis . . . ; (h) ff. 178ᵛ–191 Infirmi tociens inungi poterunt quociens con-

ualuerint . . . Item remanentes in ecclesia—alios antequam finierint dicenda. 1437.

(a–f, h) Ordinances of the Carthusian General Chapter, (a) up to f. 148ᵛ roughly corresponding to the collection ed. J. Hogg and M. Sargent, *Analecta Cartusiana*, 100: 1, 17–27/10, cf. MS gg.1 art. 2 above; (b) up to f. 160 corresponding to MS gg.2 art. 2 above, of which the first part roughly corresponds to the collection ibid. 100: 1, 29–42; (c) corresponding approximately to MS gg.2 art. 5 above. (g), dated 4 Nov. 1345, concerns Clement VI's indult for Carthusian confessions *in articulo mortis*, and is followed by the form of absolution.

3. ff. 191ᵛ–212 Incipit prologus in nouas constituciones ordinis carthusien*sis* Post olim editam compilationem . . . utantur hys uerbis declaramus et cetera.

Statuta nova (1368), i–ii; ii. 3, ff. 200ᵛ–201, completed by the annotator. List of chapters before each part: ii, f. 198. f. 212ᵛ originally blank.

4. (a) ff. 1–4 [A]bsentes chori quando intrant et quando non c. 45f Actus . . . Ysaias ex integro in choro legitur 21 f; (b) ff. 4–9 [A]bbates et episcopos qualiter suscipimus 9a Abbates ad ordinem recepti . . . Vxorati ad ordinem non recip 230.

Indexes to parts (a) i, and (b) ii, of the *Statuta antiqua* and the *Statuta nova*, as MS dd.16 art. 4 above.

5. ff. 9ᵛ–10ᵛ Miscellaneous notes, including, f. 10, 4 lines in German 'In allen hendlen soll ma*n* die driu ermessen . . . nach nutzp*er*kait' which translate the preceding extract De voto from Decretales bk. 3.

6. (quire 21) (a) ff. 213–215ᵛ ab anno domini 1412 vsque 90ᵐ—[A]vctoritas Capituli generalis 1414 [A]nunciacio b marie 18 . . . Visitaciones biennales sunt firmiter seruande 68; (b) ff. 216–231ᵛ 1411 Quia valde vitandum ne statuta et constituciones multiplicentur . . . 89—sub pena carceris nec ab ipsis appellare presumat.

(a) Index to (b) Ordinances of the Carthusian General Chapter, promulgated 1411–89, confirmed 1412–90, in chronological order and dated in the margin in pink, cf. *The Louber Manuale from the Charterhouse of Buxheim*, ed. J. Hogg and M. Sargent, *Analecta Cartusiana*, 100: 1 (1982), 102–172/3. ff. 232–233ᵛ blank.

ff. 233 and 25 slips. Paper: parchment strengtheners at quire-centres, from manuscripts. 201 × 145 mm. Written space 135 × 92 mm. Frame ruling. *c.*36 long lines. Collation: 1⁶ + 1 leaf (f. 4) after 3 2² 3¹⁰ + 1 leaf (f. 20) after 10 4¹² 5¹² + 1 slip (f. 42*) stuck to the back of 10 6¹² 7¹² + 1 slip (f. 65*) between 9 and 10 8¹² + 3 slips (ff. 71*, 73*, 74*) stuck between 3 and 4, 5 and 6, and 6 and 7 9¹² + 1 slip (f. 87*) stuck between 7 and 8 10¹² + 4 slips (ff. 94*, 97*, 102*, 103*) stuck between 2 and 3, 5 and 6, 10 and 11, and 11 and 12 11¹² + 5 slips (ff. 105*, 106*, 107*, 112*, 115*) stuck between 1 and 2, 2 and 3, 3 and 4, 8 and 9, and 11 and 12 12¹² + 1 slip (f. 122*) stuck between 6 and 7 13¹² 14¹⁰ 15–17¹² 18¹² + 4 slips (ff. 193*, 195*, 197*, 198*) stuck between 7 and 8, 9 and 10, 11 and 12, and to the back of 12 19 two (ff. 199–200) + 1 slip (f. 200*) stuck to the back of 2 20¹² + 4 slips (ff. 201*, 203*, 208*, 210*) stuck between 1 and 2, 3 and 4, 8 and 9, and 10 and 11 21²⁰ + 1 leaf (f. 223) after 10. Three hands, ff. 11–191, 191ᵛ–200 and 201–14, and the annotator's. Initials: red. Capital letters in the ink of the text lined with red. Medieval binding of chamfered wooden boards covered with white cloth; inside of back board entirely covered with thick paper pastedown bearing a large-scale foliage design in green, black, and white paint, perhaps following the split in the back board caused by the insertion of quire 21, which is not sewn on the bands but simply attached at head and tail; one clasp. '190' in red, at foot of spine. Secundo folio (f. 12) *giliis et.*

Written in Germany in 1437, see art. 2(h) above, and later supplemented. 'Pr- nurmb[. . .]', s.

xv ex., inside front cover. Buxheim Charterhouse number on the spine, see above, and 'N. 64', inside front cover; 'Cartusianorum + in Buxheim' in pink, s. xvii (?), f. 11 top. 'G.W.B.D.' rubber-stamp, f. 1, as MS aa.3 above. Note in German of number of leaves and 'Quart 29309' in pencil, s. xix, inside front cover. Rosenthal, *Cat.* (1884), no. 1192–60 marks.

hh.6 (D.158). *Sermones, etc.; Matt. Cracov.*   s. xv[1]

A list of contents, s. xv/xvi, f. i, has as its sixth item 'Sermo de penultima dominica post penth', apparently missing after f. 59, and as its ninth 'Vocabularius in regulam patris nostri benedicti', represented only by the heading on f. 72; art. 11 is not mentioned.

Arts. 1–2 are on quires 1–4.

1. ff. 1–39^v Hora est iam—In his verbis monet nos nuncius futuri videlicet paulus qui sitit salutem hominum quia doctor est gencium . . . dominica xxiiii Est puer hic qui habet—Quando christus semel deambulasset—angustiis effundere misericorditer prestare dignetur Qui—seculorum Amen Expliciunt sermones breues Per me [. .]nem Swar[.]appfell Numquam videat christum etc. D[.]lisi [. . .] etc finis adest vere Sriptor wlt precium habere.

Seventy-one sermons on epistles and gospels of the Temporal: Schneyer, *Rep.*, i. 386 'Bartholomaeus', a collection compiled by Ternarius de Hebratzfelden or Joh. Ludovici of Wurzburg, listed for MS Vat. lat. 9990, Pelzer, *Cat.*, ii. 1–2. 242–8. Here there are Vat. nos. 1–2, 4–40, 43–4, 46, 48, 51–74, also, after no. 27, Estote imitatores dei sicud filii karissimi Apostolus [Eph. 5: 1] carnales sepe solent patribus similes . . . ; after no. 33, Omni anno ante xl^a ymago crucifixi absconditur in ecclesia . . . ; after no. 40, Multum enim ualet deprecio iusti assidua In his uerbis ostendit beatus iacobus [5: 16] qualis debeat esse homo cuius oratio deo placeat . . . ; and after no. 69, Simile est regnum celorum Mt [? 22: 2] In hoc euangelio duo notare possumus Primo magnam dei largitatem Secundo quomodo homines debent se preparare ad illas celestes nupcias . . ., Schneyer, *Rep.* iv. 555, no. 99 (Peregrinus de Oppeln).

2. f. 40 (added, s. xv/xvi) Incredulus et quare deus vester legem moysi cassauit . . .

Six paragraphs, each starting 'Incredulus . . . ', and continuing in the margins of art. 3. ff. 40^v–42^v blank.

3. (quire 5) (*a*) ff. 43–44^v Ezechiel in visione dei qui vniuersum statum ecclesie futurum preuidit intercetera rotam in rota vidit et quatuor facies habuit . . . sed tu mutabis in me; (*b*) ff. 44^v–53^v Magnam fidem oportet esse in hoc sacramento corporis christi Cui omnes sensus . . . in bono proposita intuetur hic spiritualiter, *ending imperfectly.*

(*b*). 'Sermo de corpore christi', f. i.

4. (quires 6–7) ff. 54–59^v Notes for sermons: dominica proxima post ascensionem domini, In die penthecostes per predicatorem ante prandium, per predicatorem post prandium, Feria 2^a post penth per predicatorem, and, with added heading, (Sermo in die visitacionis marie virginis heydelberge predicatus).

'Sermo de sancto spiritu/Alius sermo de spiritu sancto/Sermo de uisitacione beate marie v', f. i.

5. (quire 8) Two sermons: (*a*) ff. 60–63^v Inter natos mulierum—Mt 11 [: 11] In hiis verbis yesus exprimit excellenciam sancti Iohannis baptiste . . . ut brachium

deponet optinuit; (*b*) ff. 63ᵛ–67 [T]ibi dabo claues regni celorum—Mt 16 [: 19] Ex hiis ostenditur quanta sit dignitas petri vnde in presenti sermone ad honorem . . . intuens autem in eum petrus.

'Sermo de sancto iohanni baptista/Sermo de sancto petro', f. i. ff. 67ᵛ–71ᵛ blank.

6. (quire 9) f. 72 Uocabularius In regulam s. benedicti.

Only the title. ff. 72ᵛ–73ᵛ blank.

7. (quires 10–13) ff. 74–120ᵛ Hymns: Conditor alme siderum, Uerbum superne, Uox clara ecce, Ueni redemptor gencium, A solis ortu, Agnoscat omne seculum, Corde natus, Hostis herodes, Quod chorus vatum, Ave maria stella dei, Fit porta, Petre pontifex, Summe largitor, Ex more docti, Avdi benigne conditor, Iam christus sol iusticie, Dei fide qua uiuimus, Qva christus hora, Ternis ter hominis, Ihesu quadregenarie, Clarum decus, Uexilla regis, Pange lingua—si prelium, Lustra sex, Rex christe factor, Magno salutis, O quam stupenda pietas, Cetus sequens et preuius, Te lucis auctor, Chorus noue, Avrora lucis rutilat, Claro paschali, Ad cenam agni, Rex eterne domine, [V]ita sanctorum deus angelorum, [F]estum nunc celebre magna que gaudia, [I]hesu nostra redempcio, [E]terne rex altissime, [V]eni creator spiritus, [I]am christus astra ascenderat, [B]eata nobis gaudia, [S]acris solempniis, [P]ange lingwa—corporis misterium, [V]erbum caro panem, [V]erbum supernum prodiens, [P]ange li[n]gwa—wlnerum, [F]it porta celi, [V]exilla regis, [U]t queant laxis, [A]urora luce et decores, [I]hesu christe auctor uite, [M]artires christi veneranda, [H]odie sancti martires, [O] quam glorifica, [Q]vem terra pontus, [G]aude uisceribus mater, [O] sancta mundi domina, [U]rbs beata iherusalem *ending imperfectly* 'permansuri sacris'.

Laid out for marginal and interlinear glosses, unused save for some interlinear glosses. ff. 121–127ᵛ (quire 14) blank.

8. ff. 128–32 Cum singulis personis nostri carthusiensis ordinis instituta nosce cupientibus eadem verbotenus . . . purgatur cicius premiatur copiosiosius quod nobis prestare dignetur.

'Statuta carthusiensium aliqua et cerimonialia', f. i.

9. ff. 132ᵛ–146ᵛ Remedia contra fraudem et illusiones demonum sunt hec scilicet si effectus non sequatur . . . cum submissione et presumpcione diuine voluntatis Expliciunt aliqua de supersticionibus.

10. ff. 146ᵛ–172ᵛ Sequitur tractatus magistri mathei de crakouia sacre theologie professoris de celebracione missarum et episcopi Wormaciensis [M]ultorum tam clericorum quam laycorum querela est non modica occupacio grauis . . . Ad quam consequendam pro viatico datum est nobis corpus domini nostri—amen (f. 172ᵛ) Explicit tractatus magistri mathei de cracouia sacre theologie professoris de celebracione missarum finitus anno domini Mᵒ ccccᵒ nono feria sexta sequente festum beati mathei appostoli hora conpletorii in castro limppurg et illo tempore fuit conuocacio prelatorum dyocesis herbipolen' ad herbipolim ad tractandum de materia neutralitatis concludende.

11. f. 172ᵛ Sequitur tractatus vtilis et necessarius de contractibus videlicet de

mutuacionibus emptoribus et vendicionibus licitis et illicitis magistri Heinrici de Hassia.

Only the title; not mentioned in list of contents, f. i; cf. Hohmann, no. 82.

12. f. ii (added, s. xv/xvi) 9 lines of a sermon on Hec est dies quam fecit dominus.

ff. ii + 172 and 1 slip. Flyleaves medieval. Paper; parchment strengtheners at quire-centres, some from manuscripts. The back pastedown is part of a leaf of service-book, s. xiii. 210 × 143 mm. Collation 1–3¹² 4 six (ff. 37–42) 5¹² wants 12 after f. 53 6⁴ 7 two (ff. 58–9) + 1 slip (f. 59*) after 2 8¹² 9 one (f. 72) 10¹² wants 1 later replaced with blank supply 11–13¹² 14⁸ wants 7 (blank) after f. 126 15¹² 16¹⁴ 17¹² 18¹² wants 8–12.
A: ff. 1–39. Written space c. 150 × 115 mm. Vertical bounding lines only. 2 cols.. 22–47 lines. Written in hybrida. Initials: (i) f. 1, 10-line, red with crude ornament in red and ink; (ii) 2-line, red. Capital letters in the ink of the text lined with red.
B: ff. 43–67. Written space c.170 × 117 mm. Vertical bounding lines only. 28 long lines. Written in cursiva. No decoration.
C: ff. 74–120ᵛ. Written space 90 × 74 mm, framed by a pair of lines, 2 mm. apart, cf. MS bb.8 above. 10 long lines, spaced to allow for interlinear gloss. Written in cursiva. Initials: (i) 3-line, red with red and ink ornament; (ii) 1-line, red. Capital letters in the ink of the text lined with red. No decoration after f. 96ᵛ (11¹²).
D: ff. 128–72. Written space c. 164 × 100 mm. Vertical bounding lines only. c.24 long lines. Written in a set cursiva. No decoration.
Medieval binding of bevelled wooden boards covered with thin brown skin and reinforcement of parchment on spine; one clasp, missing. Secundo folio *Tunc dicent.*

Written in Germany, perhaps in part for Carthusian use, see art. 8 above. Formed a single volume by s. xv/xvi, in Benedictine ownership, f. i list of contents. 'Ex Bib monasterii Amorb Ord S. Benedicti', i.e. Amorbach diocese of Würzburg (Herbipolensis), s. xviii, f. i. 'Sermones Anfang Quart 46903' in pencil, s. xix, f. i. 'Nr 23' in pencil, s. xx (?), f. i.

jj.17 (D.181). *H. de Hassia*   s. xv med.

Hic notat pulchra scripta de proprietariis Edita per Magistrum reuerendum (hainricum de hassia) Pro salute eorum qui vicia fugere cupiunt cum ad veritatis viam fuerint reformati . . . (f. 11) quantum ei opus et in christo ihesu domino nostro Amen Explicit Tractatus de proprietatibus [*del:* monachorum] Religiosorum Editus Per venerabilem magistrum Hainricum de Hassia doctorem sacre pagine.

Hohmann, no. 157. Notes on the things of the spirit, added, s. xv, f. 11ᵛ. f. 12ʳᵛ blank.

ff. 12. Paper. 207 × 142 mm. Written space 161 × 108 mm. Frame ruling. 26–8 long lines. Collation: 1¹². Initial: f. 1, 4-line, red. Capital letters in the ink of the text lined with red. Modern paper wrapper. Secundo folio *propter hunc.*

Written in Germany. 'Anfang Quart 27452' in pencil, s. xix, f. 1. Rosenthal, *Cat.* (1884), no. 612–10 marks.

oo.7 (A.17). *Obsequiale Carthusianum, etc.*   s. xvi in.

1. ff. 1–32 Quomodo Tractandus sit qui moritur et de sepultura defuncti Dum

frater aegrotans . . . propter confessiones cartha 1420. finis.

Responsories, ff. 22–4, noted. Credo in deum in German, added s. xvii (?), ff. 7ᵛ–8 lower margin.

2. ff. 32ᵛ–39 Sequuntur vigilie mortuorum.

3. f. 39 (added, s. xvi) Ps. 83.

4. ff. 39ᵛ–41 De nouicio Indutus nouicius et preparatus ducitur ad ecclesiam . . . qui mihi ministrat me sequatur; Qui viuis et regnas.

5. f. 42ᵛ (added, s. xvi) Benedictio panis uel laganorum . . . ouorum . . . casei . . . ad quodcumque volueris . . .

f. 42ʳ blank.

6. f. 41ᵛ (added, s. xvii) Nota Consuetudines speciales in Domo nostra Buxiana

ff. 42 + i. Early foliation. 231 × 167 mm. Written space 172 × 104 mm. 29 long lines. Collation 1² 2⁶ 3 one (f. 9) 3⁶ 4 6⁸ 7⁴ wants 4 (blank ?). Written in textura. Initials: ff. 1–2, 3-line, alternately red and blue, or, ff. 3–41, 2- and 1-line, red or, f. 39, blue. Capital letters in the ink of the text lined with red. Binding, s. xvi, of pasteboards covered with brown leather bearing a badly rubbed pattern of fillets and rolls; two ties, missing. Secundo folio *Oremus*.

Written in Germany. At Buxheim Charterhouse by s. xvii, see art. 6 above. 'G.W.B.D.', rubber-stamp, f. 1, as MS aa.3 above. 'Quart 29997' in pencil, inside front cover; 'Anfang' in pencil, f. 1, both s. xix.

oo.8 (D.179). *Quaedam in passione Christi*   s. xiv/xv–xv²

1. ff. 1–13ᵛ Inspice et fac secundum exemplar quod tibi in monte monstratum est exo 25 [: 40] Inspice exemplum dominice passionis diligenter hodie meditando . . . 65 Est sepultura. vna miseria humane condiciones—non habuerit locum in christo.

Abbreviation of Jordan of Quedlinburg, De passione domini.

2. f. 13ᵛ Augustinus uel berrnardus Cum me pulsat antiqua temporis cogitacio . . . securus et requiesco intrepidus.

Nine lines of prose.

3. ff. 14–19ᵛ Sstabat iuxta crucem Ihesu mater eius Omelia beati bernardi Sicut christiane religionis defectus precipue ex ariditate . . . sed ex illa homo accepit eam in sua.

4. ff. 20–33ᵛ De collecto dünkelspuhel super passionem domini Quamuis deuocionis christiane principalis causa sit deus. Iacobi 1 [: 17] omne datum optimum . . .

Extracts on the passion, including 'Vtrum passio christi fuerit maxima etiam passionis huius vite' f. 21ᵛ, cf. Nicolas von Dinkelspuhl, Serm. 34, in Madre; 'Questio vtrum christus voluntarie pati voluerit' f. 23ᵛ; and from Leo, Bede, Augustine, 'Sermo de Iuda traditione Suscepit dominus tristiciam nostram ut nobis largiretur leticiam suam. Et vestigijs . . . ' f. 29ᵛ, ending with a series of psalm-verses. f. 34 blank.

5. ff. 34ᵛ–35 bulla concessa ordini Car*tusiensi* Anni sanctissimi Iubelei anni incarnacionis domini 1450 Nicholas—Laudabilis et honoris . . . 12 kl february pontificatus nostri anno 3° etc.

Pr. Bohic, iv. 158–9. f. 35ᵛ blank. f. 36 contains theological notes; f. 36ᵛ, notes on the Passover.

6. ff. 37–44ᵛ Commendacio singularis beate virginis et dolore eius inestimabili quem habuit in passione filii ex horologio sapiencie. Stabat iuxta crucem ihesu mater eius. Tempore vernali cum ad alta celi . . . ergastulo exeuncium a te suscipiantur et ad illam celestem—Amen (genesius martir proxima die post bartholomei apostoli).

Henry Suso, bk. 1 cap. xvi. There are marginal notes, s. xv, in German on ff. 19 and 25.

ff. i + 44. Paper; parchment strengtheners at quire-centres, from a breviary, s. xii, noted (neums), also used to strengthen the hinges of the binding. Outer edges of all leaves affected by damp, with very little loss of text. 217 × 147 mm. Written space *c.* 165 × 105 mm. Vertical bounding lines only, or, quire 4, none. 35 long lines on a full page; *c.*27 in quire 4. Collation: 1–3¹² 4⁸. Written in a set cursiva, or, ff. 1–35, a later current hybrida; two hands. Punctuation includes the flex in the older section, f. 41ᵛ/1. No initials. Capital letters in the ink of the text lined with red. No decoration on ff. 15ᵛ–36ᵛ. Medieval binding of chamfered beechwood boards, bare except for white skin around spine bearing faint pattern of fillets and 2 stamps: one a six-petalled flower; no evidence of fastening; hinges, see above; '337' in red, at foot of spine, 'I[.]o' below in ink. Secundo folio *primus articulus*.

Written in Germany, the older section probably for Carthusian use, see punctuation, as well as the later section, see art. 5 above. 'Hic liber est fratrum cartusiensium in buchshaim', s. xv ex., f. i. 'Ti Excerpta de diuersis d 69', s. xv/xvi, back pastedown. 'Cartusiae + Buxianae' in pink, s. xvii (?), f. 1 top; 'N. 150' in ink, f. i, cf. numbers on spine above. Note in German of number of leaves, inside front cover, and 'Anfang Quart 29276', f. 1, both in pencil, s. xix.

OO.14 (A.20). *Breviarium Carth.* s. xv/xvi

Longer rubrics written in ink and underlined in red.

1. ff. 1–261 Temporal, Advent–25th Sunday after octave of Pentecost.

Includes lections, chapters, etc., and, ff. 181–5 'officium sancte trinitatis proprium pro domo sancte trinitatis prope diuionem approbatum per capitulum generale. anno domini Mº.cccº. nonagesimo Et a domino papa Clemente vijº confirmatum', cf. art. 2 below. Bifolia missing after ff. 64 and 189, and single leaves after ff. 68, 110, and 153. ff. 211ᵛ–212 left blank by mistake: 'deffectus scriptoris'.

2. ff. 261–374ᵛ Incipit cursus sanctorum per anni circulum secundum ordinem cartus'.

Andrew–Saturninus, and including In dedicacione ecclesie, ff. 300ᵛ–305, between Nereus, Achileus and Pancras (12 May), and Urban p. and m. (25 May), cf. the consecration on Trinity Sunday, 24 May 1388, of the Charterhouse of Holy Trinity Dijon, le Couteulx, *Annales Ordinis Cartusiensis*, vi (1887), 327, and art. 1 above. Bifolium missing after f. 277.

3. ff. 374ᵛ–407 In festis xii lectionum que propria capitula non habent . . .

Common of saints, beginning with a rubric on chapters.

4. ff. 407–8 Commemorations of Cross, B.V.M., John Baptist, and All Saints.

5. f. 408^{rv} Benedictiones dicende super annum (?) Ad lectiones.

ff. ii + 408 + ii. ff. 1–23 have a medieval foliation. Paper, except central bifolium of each quire and first leaf of last quire. 198 × 130 mm. Written space 153 × 79 mm. Frame ruling. 2 cols.. 27 lines. Collation 1–6^{10} 7^{10} wants 5–6 after f. 64 8^{10} wants 1 before f. 69 9–11^{10} 12^{10} wants 4 after f. 110 13–15^{10} 16^{10} wants 8 after f. 153 17–19^{10} 20^{10} wants 5–6 after f. 189 21–28^{10} 29^{10} wants 5–6 after f. 277 30–41^{10} 42^{8} wants 8 (blank). The catchwords are enclosed in drawings in ink touched with red and yellow, most illustrating the word itself or the text at that point, e.g. ff. 331^v 'fons', 311^v Peter and Paul. Initials: (i) f. 1, 2-line, red and blue with ornament of both colours; (ii) 1-line, red. Capital letters in the ink of the text filled with yellow. Binding of s. xx. Secundo folio *medicamine*.

Written in France for Carthusian use in the Dijon Charterhouse, see arts. 1–2. 'From the library of Robert Steele Wandsworth Common', printed label, s. xix or xx, inside the front cover.

pp. 3 (B.70). *Ordo visitationis etc. Carthusianus*   s. xv/xvi

See MS ee.30 above for manuscripts of similar content.

1. ff. 1–4^v Forma absoluandi a maiori excommunicatione Quia aliqui in forma absoluendi a maiori excommunicatione faciliter errare possent . . . alias te remicto diuine pietati et misericordie. In nomine patris etc.

2. ff. 5–43^v Sequitur breuis instructio pro visitacione facienda cum aplicatione statutorum Uius (*sic*) et ars docuit quod sapit omnis homo. Natura facit abilem . . . (f. 5^v) Caueant visitatores ne ante lectam commissionem et acceptationem visitationis aliquid faciant . . . (f. 6^v) Tunc appertis statutis legat sic Ex secunda parte consuetudinum ordinis cartusien' de visitatoribus capitulum xxx^m. In nomine sancte et indiuidue trinitatis ob statum cartusien' ordinis . . . (f. 7^v) Congregatis monachis domus—dicamus psalmum—Ad te leuaui . . . (f. 8) Deus qui corda fidelium . . . Pretende domine famulis tuis . . . (f. 8^v) Actiones nostras . . . Et sedentes continuat legere premissum capitulum. videlicet i^i. Uisitatores aliquam de obseruatione propositi—Hic de positis statutis fit sermo. et denunciat indulgentias de inde legit. Textus. Lecta deinde forma visitationis . . . (f. 9^v) ex sola suspitione condempnent (f. 10) Ex 2^a parte nouarum consuetudinum ordinis cartusien' de reprehentione. Capitulum primum. Quicunque incisos sotulares . . . (f. 11) in latitudine. Addicio. Cum propter priorum ordinis euagationes . . . non est alicui facultas (f. 13^v) denegata. Ex 2^a parte nouarum consuetudinum ordinis cartusien' de visitatoribus capitulo octauo. Celantes visitatoribus reuelanda . . . (f. 16^v) visitatores alios reuocetur Ex 2^a parte consuetudinum ordinis cartusien' de reprehencione. Capitulum (4)^m Cum dominus preceperit non trasferendos . . . (f. 26^v) In qua cedula ponatur talis titulus. Hic sunt collecta omnia de quibus inquisicio est fienda per visitatores tam de statutis nouis quam de ordinationibus capituli generalis. Ex statutis nouis capitulo 2^e partis fiat inquisicio. Vtrum in spaciamentis sit excessus . . . (f. 29^v) inquisicione facta sic dicendo. Ex 2^a parte consuetudinum ordinis cartusien'. de visitatoribus. c^o. xxx. Inquisitione facta si quid de priore . . . (f. 39) Carta igitur sic sigill[at]a vocatis et presentibus omnibus visitator dicat. Benedicite. Legat statutum de visitatoribus incipiendo in versu vniuersis ergo et singulis dicendo sic. Ex 2^a parte consuetudinum ordinis

cartusien' de visitatoribus. capitulo xxx°. Uniuersis ergo et singulis . . . Tunc
dicat parcatus nobis etc. Et sic est finis actus vistationis (*sic*) quando prior non
absoluitur.

3. ff. 44–63ᵛ De modo procedendi ad electiones priorum Scire debent priores qui
vocantur ad electionem faciendam in omnibus ordinatis . . .

Among the letter-forms at the end the last retains names and the date: summons by Gerard prior
of Vauvert, Paris, and Henry prior of St Katherin's [Antwerp] to Peter Rufus prior of Vallis
Benedictionis, Avignon, on his election as prior of the Grande Chartreuse, vigil of Pentecost
1494; the only other detail retained is in the licence for a transfer, by the prior of Vauvert, Paris,
principal visitor of the province of France, ff. 60–1.

4. ff. 63ᵛ–65 Primo prouetat cum effectu bonam emendationem deinde
prostrátus . . . et iniungit ei penitenciam

Forms for absolutions and reconciliation of serious malefactors.

5. ff. 65–7 Interrogationes que in visitationibus debent fiere. P°. Super
pactionibus Si precedens visitatio fuerit bene obseruata . . . De conuersis clericis
—in suo statu pro ut sunt obligati.

f. 67ᵛ blank.

6. ff. 68–85ᵛ Sequitur forma carte visitationis fiende quam visitatores secundum
suam discrectionem auguere uel minuere secundum quod materia requirit. In
nomine domini nostri ihesu christi Amen. Anno a natiuitate eiusdem. M°.CCCC°.
lxvi . . . sine personarum acceptione obseruari faciatis sub penis in statutis
contentis.

ff. v + 85 + iv. ff. ii–v (?) and 86–8 are medieval parchment flyleaves. 140 × 100 mm. Written
space 106 × 66 mm. Ruled in pink ink. 24 long lines. Collation: 1–5⁸ 6⁴ wants 3 (blank) after f.
42 7–10⁸ 11¹⁰. Quires 1–3 signed a–c; subsequent quires have traces of internal catchwords,
particularly from leaf 2 to leaf 3. Initials: (i, ii) 5- (ff. 1 and 44), and 3-line, blue and red; (iii, iv)
2- and 1-line, alternately blue and red. Binding, s. xv/xvi, of inwardly bevelled wooden boards
covered with brown leather bearing faint panels, 128 mm. high, of similar design; two clasps,
missing. Secundo folio *Esto ei*.

Written in northern France, for Carthusian use, in the province of France, see art. 3. 'Ex domo
rose [*or* rosc (?)]', s. xv/xvi, f. 88; cf. the Charterhouse at Rouen 'Rosa nostrae dominae'. 'E libris
Gulielmi Jo. D. Roper Hampstead. 1846 Vᵗᵒ Idus Junii', f. iv. 'From the Gresley collection'
according to a cutting from a bookseller's catalogue, stuck inside front cover, and cf. pencil note,
f. ii; the library of the Revd J. M. Gresley was sold by Sotheby, 10 Aug. 1866. '19587 MS Ph.' in
pencil, f. iiᵛ; 'Phillipps MS 19587', f. vᵛ.

pp.8 (A.26). *Misc. liturg.*   s. xvi in.

A collection of short pieces, and, ff. 4ᵛ–6ᵛ, 8ᵛ–10, 12, and 15ᵛ, extracts (including
'Socrates', Seneca, Chrysostom, Bernard).

1. f. 1ʳᵛ Ad [con (?) *eras.*]cludendum collectas Nota quando in collecta uel
oratione dirigitur sermo ad patrem . . .

On doxologies.

2. f. 2^{rv} Diüersis affectibus et intencionibus diüersi ad communicandum trahuntur vel celebrandum Primo aliqüos amor dej üt dilectum . . . Octauo Aliqüos caritas—semper interpellat pro nobis etc.

3. ff. 2^{v}–3 Quinque sunt miracula in sacramento altaris Primum est quod id est existencia sine apparencia . . .

4. f. 3^{v} Septem sunt effectus sacramenti altaris si digne sint Primus quod qualibet perceptiore semper sit homo sanctior . . .

5. ff. 3^{v}–4^{v} Hoc opus bona.Ventüra. Cardinalis dicitur compilasse in quo amonet quosdam sacerdotes minus caute et circumspecte celebrantes—Intensionis discussio j ne propter vanam gloriam celebret . . . excellentissime diüinitatis christi.

Distelbrink, no. 225 (dubia vel spuria).

6. ff. 7–8 Quindecim presbiteri nüper consedere / In quodam capitulo simul et dixere / Nosceas wlt ancillulas . . . Tunc üolo quod mecum dormiat mea concübina etc.

A version of Camden Soc. xvi (1841), pp. 174–7 lines 1–12, 61–4, and 69–120: Walther, *Versanf.*, no. 16011 (Consultatio sacerdotum de concubinis). f. 10^{v} blank.

7. f. 11^{rv} Sequencia in missa pro mortuis Dies ire dies illa . . .

8. ff. 12^{v}–13 Five forms certifying confession and absolution: (*a*) without names or dates; (*b*) by John Rot 'ordinis minorum lector et terminarius oppidi Sancti Galli' for John 'Rasoris' [cf. Scherer] and Barbara his wife on 14 Mar. 98; (c) by Heinrich Kolhe*r* MA 'rector ecclesie parochialis in' Freiburg dioc. Constance for John Scherer of Hagenau and Barbara his wife on 5th Sunday after Easter ('Vocem Iocunditatis') '94; (*c*) by Valentine O[F]M for John; (*d*) by John Laudenburg*en*' OFM Observ. vice-guardian of Pforzheim convent for John Schere*r* and his wife.

(*d*). John Ruell de Laudenburg occurs as vicar of the Pforzheim convent in 1486, and John de Laudenburck in 1493–4, *Analecta Franciscana*, viii. 761.

9. ff. 14–15 Nota quando locus aliquis Interdictus fuerit qualiter tü agere debeas curato' etc Si serüare velis interdictj bene formam / Versibus hys poteris breuiter cognoscere normam / . . . Nomine se dignum non estimat hoc si signum.

Fifty-four lines: Walther, *Versanf.*, no. 17970.

10. f. 16 Contra Impugnantes Chartusienses quomodo non sit ordo confirmatus.

11. f. 16^{v} De sepulturis nota

ff. 16. Paper. 156 × 110 mm. Written space *c*. 130 × 75 mm. Vertical bounding lines only. *c*.26 long lines. Collation: 1–2^{8}. No initials. Capital letters in the ink of the text lined with red, ff. 1–2, 4^{v}–6. Paper wrapper, s. xix. Secundo folio *Diuersis*.

Written in the Rhineland, in part by someone with access to the papers of John Scherer of Hagenau, see art. 8. Note in German of number of leaves, inside front cover, 'Anfang', f. 1, 'Oktav 68335', on front cover, all in pencil, s. xix.

PERTH.
MUSEUM AND ART GALLERY

460. *Jacobus de Vitriaco, Sermones* 1481

1. Dominica prima post octauas penthecostes. thema de introitu misse sumptum ex psalmo Domine in tua misericordia speraui . . . et suauitas sanctorum omnium. Ipsi honor et gloria in secula seculorum. Amen. Explicit quarta pars sermonum tripartitorum venerabilis magistri iacobi de vitriaco acconensis episcopi. scripta per fratrem anthonium de bergissuprazoma*m* conuentualem in korssendonck anno domini M°.cccc°.lxxxi°. in festo sancte gudule virginis post prandium hora 2ª.

The third part of the sermons of Jacques de Vitry, Sundays 1–25 after Pentecost, containing three sermons for each Sunday. The other two parts now Brussels, Bibl. Royale 508 (1928) and 362 (1927) were finished by the same scribe on 27 May 1474 and 4 Feb. 1478 respectively, see *Manuscrits datés conservés en Belgique*, iv (1982), nos. 545 and 577, and plates 892, 928–9. For the scribe, Antoon Vlaminx canon of Korsendonk d. 1504, see the article by E. Persoons in *National biografisch woordenboek*, col. 917.

2. The front and back pastedowns are parts of two bifolia from a copy of Ambrosius Autpertus, In Apocalypsim (Speculum parvulorum), including the opening of bk. 2 'Facilius in hac revelatione', Stegmüller, viii, no. 1274, and cf. viii, no. 1102. Two cols., in hybrida, s. xv in.

ff. i + 254. 330 × 225 mm. Written space 235 × 142 mm. 2 cols.. 43 lines. Collation: 1–31⁸ 32⁸ wants 7, 8 (probably blank). Written in hybrida. Punctuation includes flex (7). Initials: (i) f. 1, 7-line, gold with blue, green, and red ornament; (ii) 3-line, blue or red. Capital letters in the ink of the text are touched with red. Contemporary binding, now broken, like that of Brussels 362: wooden boards covered with brown leather bearing a pattern of intersecting fillets, enclosing on the front cover only five small round stamps with one square stamp in corners; five bands; five bosses on each cover and two strap-and-pin fastenings now missing; a parchment label inscribed 'Tercium volumen sermonum / Tripartitorum de tempore Iacobi / de vitriaco In korssendon*c*' set in a metal frame and covered by horn on the front cover. Secundo folio *diuiciarum*.

Written by a named scribe of the Augustinian priory of Korsendonk, near Turnhout, and completed on 8 Jan. 1482, see above. On f. i 'Liber Canonicorum regularium in Korssendonck prope tu*r*nout', and, in another hand, 'Qui scripsit *bergis* fuit *anthonius* vocitatus / Pro mercede cui dominus det gaudia celi / In quibus errauit *scriptor* veniam sibi poscit / Nam festina manus viciis obnoxia constat. /Tu qui suxisti de virgine virgineum lac / Celestis regni *scriptorem* participem fac / Hic liber est fratrum de korssendonck prope turnhout / Quem relegas missum quamtocius faciens'. Noted among Korsendonk manuscripts by A. Sanderus, *Bibliotheca Belgica manuscripta*, ii (1644), 56; cf. D. de Bruyne in *RB* 46 (1934), 113. Post-medieval number 'W.I' and 'N° 12' on the pastedowns at front and back. Ticket, *c.*1800, of 'J. Jacquelart, Libraire derrière la Maison-de-Ville, N° 1145, à *Bruxelles* . . . ' on the front pastedown. Acquired probably in the same way as No. 461 below. The 'Perth Museum' stamp, with accession number '1896', is on f. i.

461. *Horae*   s. xv med.

1. ff. 1–12^v Calendar in French in red and black.

Among entries in red are Gengou, Feru et Ferieu, Antide (11 May, 16, 17, June).

2. ff. 13–19^v Inicium sancti euuangelij secundum iohannem Gloria tibi domine In principio . . .

Sequentiae of the Gospels, John followed by the prayer Protector noster in te sperancium . . .

3. ff. 20–105^v Hours of the B.V.M. of the use of (Besançon).

4. ff. 106–110^v Obsecro te . . . Masculine forms.

5. ff. 110^v–115^v Cy commence vng oroison moult belle et deuote de nostre dame. O intemerata . . . orbis terrarum. Ex te enim . . .

6. ff. 116–121 Hours of the Cross.

7. ff. 121^v–125^v Cy commence les heures de sainct esperit.

8. ff. 126–150^v Penitential psalms and (f. 142) Litany.

Among 22 martyrs, Ferreole Ferruci (3, 4); among 21 confessors, Claudi (last).

9. ff. 151–89 Hic incipiunt uigilie mortuorum.

10. f. 189^v Deus omnipotens propicius esto michi peccatori . . .

The text and a 4-line heading have been erased.

ff. iv + 189 + iv. ff. 13–108, 110–93 have an old foliation: 1–179, 181. 195 × 140 mm. Written space 98 × 65 mm. 13 long lines. Collation: 1–2^6 3^8 wants 8 (probably blank) after f. 19 4–15^8 16^8 + 2 leaves (ff. 124–5) after 8 17–24^8. Some of the writing on the flesh sides did not take properly and has been retouched. Twelve 10-line pictures with continuous borders of ivy–leaves and flowers, not framed: eight in art. 3 and one before each of arts 6–9. Initials: (i) on picture pages and ff. 106, 110^v, 3-line, blue or pink, patterned in white, on decorated gold grounds; (ii, iii) 2-line and 1-line, gold on grounds of pink and blue patterned in white. Blue and pink line-fillers ornamented with gold and white. Capital letters in the ink of the text touched with yellow. French (?) red morocco binding, s. xviii.

Written in France. '200' in red, '142', f. iv^v, s. xviii (?). Belonged to the Perth Literary and Antiquarian Society, whose stamp bearing the date of foundation (12 June 1784) is on f. 1; the Society ceased to exist c.1914 and its holdings passed to the Museum, whose stamp and accession number '1895' is on ff. ii, iii, 191^v.

462. *Biblia*   s. xiii med.

1. ff. 1–324^v A Bible, without Prayer of Manasses or 3 Ezra, in the order, Genesis–2 Chronicles, Ezra, Nehemiah, Esther, Tobit, Judith, Job, Psalms, Proverbs, Ecclesiastes, Song of Songs, Ecclesiasticus, Wisdom, Isaiah, Jeremiah, Baruch, Ezekiel, Daniel, Minor Prophets, 1, 2 Maccabees, Gospels, Pauline Epistles, Acts, Catholic Epistles, Apocalypse.

Prologue to Proverbs begins a new quire (14), f. 159. The scribe wrote after Apocalypse, f. 324^v, 'Te deum laudamus. Perdit uigorem nimis scribens atque decorem corporis. expendit luminisque florem Est caro marcescens. fit pallidus et color hutus (?) Vt puto sit grauior omnibus iste labor'.

The prologues are 29 of the common set of 64 (see below, Ushaw College 2), and 12 others (all but one to Minor Prophets), marked *: Stegmüller, nos. 284 not divided into chapters, 285, 457, 482, 487, 491, 492, 494, 500, 510 + *Iohel qui interpretatur dominus deus . . . quando et micheas + *509, 512 (. . . sed audiendi uerbum dei), *516, *522, *525, *527, *529, *532, *535, *540, *545, 551, 590, 607, 624, 677 (. . . ab athenis), 684, 699, 707, 715, 728, 736, 747, 752, 765, 772 (. . . ab urbe roma), 780, 783, 793, *631.

Letters of the alphabet, a–d, a–e, a–f, or a–g, in the margins and between the columns, subdivided chapters on ff. 15ᵛ–60ᵛ, 78ᵛ–90, 159–72. An annotator marked Job to show where each book of Gregory, *Moralia*, begins.

2. (in the blank space after Psalms, s. xiii) f. 158ʳᵛ De sancto Andrea Ge. 4.G. tollens noe . . .

Lists of Bible readings for saints' days (38), Christmastide (7), Common of saints (7), and 'In dedicatione ecclesie', 'In translatione sanctorum', 'Ad solitarie viuentes', 'Ad religiosas personas', 'Ad prelatos', 'Ad subditos', 'De magnatibus et nobilibus', 'Ad ordinandos', and 'Ad infirmos'. References are by book and chapter and, at first only, letter divisions. Nineteen entries for Francis, eight for Edmund king and martyr. Much as in the Appleby Bible, see *MMBL* ii. 45.

3. (additions on leaves in front). (*a*) f. vi, s. xiii. Epistle lections, Advent–2nd Sunday in Lent. (*b*) f. iiᵛ, s. xiv. Directions for saying offices of B.V.M., and a list of the six feasts 'in quibus dicantur Mat' hora vesperarum'. (*c*) ff. iii–v, s. xiv. Table of gospel lections for the year, for saints and common of saints. (*d*) ff. vᵛ– vi, s. xv. Nota quomodo est contra singula vicia repugnanda per scripturam etc. Superbia. Turrim babel euertit Gen' lla . . . Luxuria . . . Baptistam decollauit Mᵃ 6. Mulier. Mulier compulit adam . . . Versus Adam sampsonem. sic dauid. sic Salamonem/Femina decepit. quis modo tutus erit.

(*a–c*) in one hand. (*d*) Lists of Bible readings under each deadly sin (Superbia–Luxuria), and Mulier.

4. (additions on leaves at the end). (*a*) f. 325ᵛ, s. xiv. Iohannes permissione diuina lincoln' episcopus dilecto filio domino M.Ca. . . . (*b*) f. 326, s. xv. Gen ex le nu deu . . . (8 lines). (*c*) f. 325, s. xviii. scribbles, including 'Richard Smartford is my name', followed in the same hand by an 8-line stanza, rhyming abababcc, 'To thee yet dere . . . thought thou wilt not be hers'.

(*a*) faded, mandate concerning tithes. (*b*) Walther, *Versanf.*, no. 7141. (*c*) the stanza, Octavia to Anthony, is printed in Leighton's catalogue, see below.

ff. vi + 316 + i. For ff. ii–vi, see above art. 3. Medieval foliation, which jumps from 49 to 60, includes ff. 325, 326. 205 × 145 mm. Written space 139 × 92 mm. 2 cols.. 58 or 59 lines. Collation: 1–11¹² 12¹⁰ 13⁶ 14–27¹². Initials: (i) ff. 1, 3, F and I in colours, decorated and I historiated with the six days of creation and God blessing the seventh day in seven gold-ground ovals, see below Leighton's catalogue for a slightly reduced facsimile; (ii) to books, some prologues, and ten psalms (the usual eight + 51, 101), red and blue with ornament of both colours; (iii, iv), 4-line to some prologues, 2-line to chapters, red or blue, with ornament of the other colour; (v) 1-line to verses of psalms, red or blue. Capital letters in the ink of the text are touched with red in places. Bound in purple velvet, s. xix. Secundo folio *surrecturus sum*.

Written in England. The manuscript is referred to by S. C. Cockerell, *The Work of W. de Brailes*

(Roxburghe Club, 1930), 26, because of the resemblance of the *I* on f. 3 to that in Dyson Perrins 5 (pl. xx *e*), now Oxford Bodleian Lib. MS lat. bibl. e.7; see also, Morgan, i. 115. Art. 2 points to Franciscan ownership, s. xiii; art. 4*a* to the Lincoln diocese perhaps, s. xiv. Belonged probably to Richard Smartford, see above art. 4*c*. No. 27 in J. and J. Leighton's *Catalogue of (335) Manuscripts* (*c*.1912), at £45, see cutting inside front cover. Given to the Corporation of Perth by J. A. Dewar, first Baron Forteviot, and placed in the Museum in 1938.

PERTH. ST JOHN'S KIRK

1. *Augustinus.*   s. xv med.

A manuscript that was read attentively in s. xv and furnished with neat 'Nota' marks, etc. in the margins. Arts. 4 and 5 are marked 'Corrigitur' at the end. f. iv^v contains a table of contents, headed Aug', s. xv ex.

1. ff. 1–17^v Incipit epistola prima beati Aug' ad inquisiciones Ianuarii presbiteri. Dilectissimo filio—De hijs que me interrogasti: mallem . . . (f. 4) expediam. Explicit epistola prima. Incipit 2^a ad inquisitiones Ianuarii. Dilectissimo filio— Lectis litteris . . . atque lecturam. Explicit epistola 2^a Augustini. ad inquisiciones Ianuarii.

PL xxxiii. 199–223 (Epp. 54, 55).

2. ff. 18–32^v Incipit sermo beati Augustini de decem cordis. Dominus et deus noster . . . illis inueniemus.

PL xxxviii. 75–91 (Sermo 9).

3. ff 33–5 Incipit admonitio beati Aug' per quam ostenditur. quantum bonum sit lectiones diuinas legere. et quantum malum sit ab earum inquisitione desistere. Propicio christo . . . in eternas perpetuitates. Quod ipse . . .

PL xl. 1339–41 (Sermo 56 ad fratres in eremo).

4. ff. 35^v–51^v Augustinus de vita christiana. ad quandam viduam. liber incipit. Ego peccator et ultimus . . . confirmamus (*corrected to* confirmemus) absentes.

PL xl. 1031–46. *Clavis*, no. 730 (Pelagius).

5. ff. 52–82 Incipit epistola quodwltdei diaconi ad augustinum. Domino uenerabili—Diu trepidus fui . . . (f. 53^v) Dilectissimo—Acceptis litteris caritatis . . . (f. 54^v) Domino—Vnum quidem . . . (f. 55) Domino—Cum mihi hec scribendi . . . (f. 57^v) Quod petis sepissime . . . quod capiti defuisset.

Augustine, De haeresibus, preceded by four letters, two from Quodvultdeus to Augustine and two vice-versa, and, ff. 56–7, a table of chapters 'i. Simoniam . . . lxxxx Eutichiam'. *PL* xlii. 15– 50 n. 2, cf. xxxiii. 997–1002 (Epp. 221–4).

6. ff. 82^v–90 Incipit liber beati aug' de cathaclismo. Quoniam in proximo est dies redemptionis nostre . . . orationibus pascar.

PL xl. 693–700.

7. ff. 90ᵛ–110 Incipit liber beati augustini ypponensis episcopi de vera et falsa penitencia. Capitulum primum. Quantum sit appetenda . . . in odorem suauitatis amen.

PL xl. 1113–30.

8. ff. 110ᵛ–117 Incipit sermo beati aug' ypponensis de excidio vrbis Rome. Intueamur primam lectionem . . . sustinere possitis.

PL xl. 715–24.

9. ff. 117ᵛ–119 Qualiter homo factus est ad ymaginem et similitudinem dei. Tanta dignitas humane conditionis . . . in secundo reformauit. Deo gracias.

PL xl. 805–6 (De spiritu et anima, cap. 35; cf. *PL* clxi. 967–9). The scribe noted in the margin of f. 118ᵛ 'lege pro hoc scot' et alios doctor[es]'.

10. ff. 119–122ᵛ Incipit liber beati aug' episcopi de .x. preceptis et decem plagis egipti. Non est sine causa . . . in sua set et alienam (*ending imperfectly*).

PL xxxix. 1783–1785/53.

ff. iv + 122 + iii. ff. iii, iv are medieval flyleaves. 163 × 118 mm. Written space *c.*108 × 69 mm. Frame ruling. 23–30 long lines. Collation: 1–15⁸ 16 two (ff. 121, 122). Quires 1–15 signed a–p. Written in a distinctive informal textura; *s* is a descender. 2-line blue initials. Binding of s. xviii. Secundo folio *continentius*.

Written in England. Shelfmarks, s. xviii, on the front pastedown are 'D.1.21' and 'Nº 3. Cl.2. Sh.6'; other MSS with similar shelfmarks are Manchester University Library 423 'Nº 1. Cl.2. Sh.6', Philadelphia University of Pennsylvania Lat.60 (William of Auxerre, Summa aurea) 'B.1.30' and 'nº 40. Cl.2. Sh.4', two Brudenell (Cardigan) MSS (lots 218, 221 in Sotheby's sale 12 Dec. 1966) now Oxford Bodleian Library Lat.class.e.48, and Brussels Bibl. Royale IV.463, and two MSS sold by Maggs in Oct. 1918 and later bought by S. C. Cockerell, 'Nº 2. Cl.2. Sh.6' (Augustine from Witham, stolen from P. C. Duschnes 1962, see *MLGB* p. 205), and 'Nº 2. Cl.2. Sh.7', see Cockerell *Book Handbook* (1950), 449. '5', f. iiiᵛ. Belonged to John Stirton, DD, minister of Crathie Aberdeenshire, in 1919, see f. i; given by him in 1926.

2. *Horae* s. xv/xvi

1. ff. 1–12ᵛ Calendar in French in gold, blue, and red.

Feasts in gold include Marcial, Martin (3, 4 July), and 'Rommain' (23 Oct.). Translation of relics of Anne (30 Jan.). Two couplets at the end of each month, 'En. ian. uier. *que*. les. roys. ve. n*us*. sont. . . . ', provide, like 'Cisioianus', one word or syllable for each day of the month; the lines are alternately red and blue.

2. ff. 13ᵛ–16ᵛ Inicium sancti euangelij Secundum Iohannem In principio . . .

Sequentiae of the Gospels, John followed by the prayers Protector in te sperancium . . . and Ecclesiam tuam . . .

3. ff. 17–19 Oratio de beate maria. Obsecro te . . . Masculine forms.

4. ff. 19–22 Deuota oratio de beata virgine maria. O intemerata . . . orbis terrarum. De te enim . . . Masculine forms.

f. 22ᵛ blank.

5. ff. 23–50 Hours of B.V.M. of the use of (Rouen). After Lauds memoriae of Nicholas and Katherine.

6. ff. 51–52ᵛ Hours of Cross.

7. ff. 53ᵛ–55 Hours of Holy Spirit.

f. 55ᵛ blank.

8. ff. 56–67 Penitential psalms and (f. 63ᵛ) Litany.

Among 16 confessors, Mellone Romane Audoene Ansberte Euodi (6–10). f. 67ᵛ blank.

9. ff. 68–86ᵛ Office of the dead.

10. Memoriae of B.V.M.: (*a*) ff. 87ᵛ–88 Aue cuius conceptio . . . ; (*b*) f. 88ʳᵛ Oratio deuotissima de beata virgine maria. Salue regina . . . Oratio Omnipotens sempiterne deus qui gloriose virginis . . . ; (*c*) ff. 88ᵛ–89 Alia oratio. Inuiolata integra es casta es maria . . . ; (*d*) f. 89ʳᵛ Oratio de beata maria. Aue regina celorum: aue domina angelorum . . . Dulcissime domine iesu christe qui beatissimam genitricem . . .

(*a–d*) *RH*, nos. 1744, 18147, 9093, 2070.

ff. 89. 180 × 120 mm. Written space 110 × 62 mm. 23 long lines. Collation: 1¹² 2¹⁰ 3–4⁸ 5¹⁰ wants 4 after f. 41 6–7⁸ 8⁴ 9–10⁸ 11⁸ wants 7, 8 (perhaps blank). Catchwords written vertically. Set hybrida. Full-page pictures larger than the written space with plain borders of gold paint on ff. 13 (St John), 23, 37, 40ᵛ, 43ᵛ, 45ᵛ, 47ᵛ, 50ᵛ, 53, 56 (David and Gad ★), 68 (three standing corpses and three men on horseback ★), 86 (B.V.M. and Child, with angel and a kneeling woman in red dress and black hood), for ★ cf. the subjects in a Rouen Hours, now Cambridge Fitzwilliam Museum 107, James, *Catalogue* . . . , pp. 248–9; on ff. 23, 56, and 68 the first two lines of arts. 5, 8, and 9 are included on a scroll in the picture. The picture for Sext (art. 5) was presumably on the leaf now missing. The picture for Lauds is a small one included in a continuous framed border of foliage, fruit, and flowers, f. 29ᵛ. The sign of the Zodiac and the occupation of the month in a two-compartment picture at the head of each page in art. 1. Initials: (i, ii) 3-line and 2-line, white and pink on grounds of gold paint; (iii) 1-line, gold on grounds of red or blue. Line-fillers in red or blue patterned with gold. Capital letters in the ink of the text touched with yellow. Except for the picture-pages and f. 29ᵛ, see above, each page has a framed side border of foliage, fruit, and flowers the height of the written space; the ground is gold paint, flecked with black. Binding of light brown calf, s. xvi/xvii; a double fillet along the edges encloses a wreath as centrepiece, angle-pieces, and a small ornament of flames in close diagonal rows, all gilt. Secundo folio (f. 14) *quot autem*.

Written in France for use in the Rouen diocese: 'RVAINE RONEE ME' on the pediment in the room depicted on f. 87 may have significance, cf. f. 56 'RVBVHENIE'. 'Carolus Elhus in vico Petilanio (?) maneses (?) e parochia Sancti Martini super renellam Rotomagensis', f. 21 lower margin, s. xvi. 'Batriarla (?) Saldanla', f. 1, s. xvii. Armorial book plate inside front cover, s. xvii/xviii (?) of Marques d'Angeja, probably Pedro Antonio de Noronha de Albuquerque, the first marques, 1661–1731, cf. *Grande Encyclopedia portuguesa et brasileira*, ii. 593–4, with reduced facsimile of the book plate. Given, as MS 1, in 1926.

3. *Breviarium Cisterciense, pars aestivalis* s. xiii–1491

The original s. xiii text (A) of arts. 5–9 was altered and added to in s. xiii/xiv (B), and in s. xv ex. (C), when many leaves of (A) and some of (B) were discarded; this

is clear from a partly erased medieval foliation and the thicker parchment
generally used for (C). Out of 169 leaves in arts. 6–9, 65 leaves of (A) remain,
written in the same hand as most of art. 5 and foliated in red; these leaves, with
63 leaves of (B), have a continuous foliation in black, running without many gaps
from i on f. 111 to cli on f. 277. 41 leaves of (C), added in 1491 probably, were
unfoliated. In arts. 6–9 the remaining leaves of (A) are xli, xlii (ff. 117–18), xlviii
(?), xlviiii (ff. 124–5), lii–lv (ff. 130–3), lxiiii–lxvi (ff. 155–7), lxx–cix (ff. 168–70,
176–212), cxii–cxxi (ff. 216–25), cxxiiii–cxxv (ff. 229–30). The (C) leaves are ff.
52–8, 63–4, 83–5, 119–23, 145–53, 158–63, 213–15, 226–8, 249–50, 259–62, 267,
270–5, 278–9.

1. f. 1^{rv} Exorcisms of salt and water.

Cf. art. 10 below.

2. ff. 1^v–2^v Per octauam assumptionis . . . Directions for services.

3. ff. 3–8 Calendar in red and black with some added (?) gradings.

Much altered. 'Commemoratio abbatum et episcoporum', 'Petri M', 'Dedicatio in alba
monachorum', 'Philippi regis' (erased), Dominic, 'Sequani abbatis' are among original entries
(11 Jan., 30 Apr., 12, 14 July, 4 Aug., 19 Sept.). One hand of (?) s. xv added in red, usually over
erasure (? of the same name in black), 'Wilhelmi episcopi', 'Ruperti abbatis' 'Commemoratio
monachorum', 'Visitacio s. marie', 'Spinea corona', Bernard, (with octave in black), Malachi,
Edmund 'epi' (Rich), Eligius (10 Jan., 29 Apr., 20 May, 2 July, 11, 20, 27 Aug., 5, 16 Nov., 1
Dec.), etc.; and in black, Hugh (of Cluny) conf., 'Wenezlai' (29 Apr., 28 Sept.). Another hand,
s. xv, added 'Eustasy abbatis luxouiensis' (29 Mar.).

4. ff. 9–11^v Collects, in two series: (a) Common of saints; (b) Incipiunt proprie
collecte sanctorum.

(a) Twenty-five collects, the first 'Da quesumus omnipotens deus ut qui beati N. martyris tui
. . . ', and the last 'Intercessio nos quesumus domine beati N. abbatis . . . patronicio
assequamur'; each is marked with a red letter, A–I, K–U, X, Z, ?, ?, ? ; (b) Thirty-five collects,
Marcellus–Saturninus (16 Jan.–29 Nov.), with, at the appropriate points, antiphons for octave
of Agnes, translation of Martin, octave of Laurence.

5. ff. 12^v–110*^{v} Temporal, Easter–25th Sunday after Pentecost.

Corpus Christi added (ff. 52–8), see above.

6. ff. 111–226 Sanctoral, Benedict–Eligius.

'Bernhardi abbatis', ff. 182–5, is (A). Visitation of B.V.M. and Anne, ff. 144^v–151^v, 158–62, are
(C). 'De spinea corona' is partly (B), ff. 171–174^v, and partly (C), ff. 175–6.

7. ff. 226–63 Common of saints.

The confessors for whom special sets of capitula and collects are provided are (i) Silvester,
Gregory, Augustine, and Martin, and (ii) Nicholas, William, Ambrose, Peter, Malachi,
Edmund, Remigius, and Julian, f. 245^{rv}.

8. ff. 263–267^v Monastic canticles, for (a) Easter, (b) Sundays 'preter festa
sanctorum', (c) Cross, (d, e) Apostles and Martyrs, two sets, (f) Virgins.

(a) Quis est iste, Venite et reuertamur, Expecta me; (b) Domine miserere nostri, Audite qui
longe, Miserere domine plebi; (c) Domine audiui, Pro iniquitate, Egressus es; (d) Vos sancti,
Fulgebunt, Reddet deus; (e) Beatus uir qui in sapientia, Benedictus vir, Beatus vir qui inuentus;

(*f*) Audite me, Gaudens gaudebo, Non vocaberis. Cf. Mearns, *Canticles*, pp. 87–92, especially the German Cistercian MS G.a (BL MS Add. 34650); also *MMBL* i. 257, ii. 37.

9. ff. 267ᵛ–279ᵛ Hymns, for (*a*) Easter, (*b*) Ascension, (*c*) Pentecost, (*d*) Corpus Christi, (*e*) 'In utroque festo sancte crucis', (*f*) John before Latin Gate, (*g*) 'In utroque festo s. iohannis bap', (*h*) Peter and Paul, (*i*) all feasts of B.V.M., (*j*) translation of Benedict, (*k*) Mary Magdalene, (*l*) Anne, (*m*) invention of Stephen, (*n*) Laurence, (*o*) 'De spinea corona', (*p*) Bernard, (*q*) Michael, (*r*) All Saints, (*s*) Martin, (*t*) Andrew, (*u*) Common of saints, (*v*) dedication.

(*a*) Hic est dies, Ad cenam agni, Chorus noue; (*b*) Optatus uotis, Ihesu nostra, Eterne rex altissime; (*c*) Iam christus, Beata nobis, Veni creator; (*d*) Verbum supernum, Pange lingua, Sacris sollempniis; (*e*) Hymnum dicamus, Crux fidelis, Vexilla regis; (*f*) Amore christi; (*g*) Almi prophete; (*h*) Apostolorum passio; (*i*) Misterium ecclesie, Aue maris stella, O quam glorifica; (*j*) Beata nobis gaudia anni reduxit orbita; (*k*) Magnum salutis; (*l*) A solis ortus, Clara diei, Lucis huius; (*m*) Stephani primi; (*n*) Apostolorum suparem; (*o*) cues: Fidem re, Crux fidelis, Uexilla; (*p*) Bernardus doctor inclitus, Iam regina discubuit (Vespers); (*q*) Misteriorum signifer; (*r*) Christum rogemus, Ihesu saluator, Sanctorum meritis; (*s*) Bellator armis; (*t*) Post petrum primum; (*u*) Eterna christi munera, Deus tuorum militum, Ihesu corona celsior (before the words 'Anni recurso . . . ' is 'Hic uersus non dicitur Iuliani Ruperti Petri Remigii et festis transpositis'), Ihesu corona uirginum; (*v*) Christe cunctorum, Hoc in templo (Terce). The hymns at matins are divided. All (C), except ff. 268–9, 276–7: a, b, c, q end, r, s, t, u ii start. At the end, f. 279ᵛ, the (C) scribe wrote 'Anno 1.4.9.1. frater Iohannes zurn de nypisheim'.

10. The front pastedown is perhaps a discarded leaf of the main manuscript. It contains part of the same text as art. 1 above.

ff. 281 + i. Modern part foliation: 1–110, 110*, 111–281. For medieval foliations from f. 111, see above. 170 × 125 mm. Written space *c*.125 × *c*.90 mm. 2 cols.. (A) 22, (B) 21, (C) 23–4 lines. Collation impracticable. The flex mark of punctuation is seldom used, except in arts. 1 and 8. Initials: (i) ff. 13, 18ᵛ, red and blue; (ii, iii) 2-line and 1-line, red or blue on (A) leaves, red on (B), (C) leaves. Germanic binding, s. xv ex., of wooden boards covered with brown leather bearing lozenges formed by crocketted 'wishbone' stamp, each containing a large fleur-de-lis stamp; 2 strap-and-pin fastenings missing. Secundo folio *noster. ut sicut.*

Written for Cistercian use, probably near the border between France and Germany, (C) leaves by a named scribe, see art. 11 above. Given by Revd J. Stirton in 1926, cf. MS 1.

MS 4 is a commentary on Zephaniah in a French humanist hand, s. xvi in., preceded by an introduction, 'Clarissimo principi Ioanni a Lotharingia [1498–1550] Cardinali. Ioannes Sallineus S. P. D. Cum Dauidis Cimhi in prophetas minores commentarios vertere . . . ' Formerly Phillipps 795 (from Chardin).

PETERBOROUGH. CATHEDRAL

The manuscripts are deposited in Cambridge University Library.

1. Liber Rob. de Swaffham   s. xiii med.

General cartulary of Peterborough Abbey, Davis, *MC*, no. 757, described

Lestorie des Engles, ed. T. D. Hardy and C. T. Martin, RS xci (1888), i. xlvii–lii, and, more fully, J. D. Martin, *The Cartularies and Registers of Peterborough Abbey*, Northants Record Soc. xxviii (1978), 7–12. Includes:

1. f. 3 (*a*) (M°cc°xxix) Dominus stephanus domini [pape *eras.*] capellanus ante pasca venit in angliam exigens decimas . . . (M.cc.xxx) Rex transiuit in britanniam Vigilia apostolorum philippi et iacobi . . . ; (*b*) In tempore eiusdem abbatis .a. iuerunt magnis sumptibus et expensis apud castrum de Mungumbri in Wallia . . . abbas perdidit tunc scutagium.

Extracts concerning the abbey's rights and dues. (*b*) has marginal notes 'Milites honoris Burgi', and 'Henricus rex iij'. f. 3ᵛ blank.

2. f. 4 Rex Sapientissimus Alfredus litterali et seculari sciencia strenuissime proditus . . . in tronum regni splendidissime collocatus

A brief account of the kings of England from Alfred to Henry II.

3. (*a*) ff. 17–35 Prologus subsequentis narracionis. Scripturus de loco qui quondam medeshamstede . . . Narracio fundamenti et destruccionis et restauracionis ecclesie sancti Petri de Burgo et ipsius fundatorum et restauratorum. Est nobile monasterium in regione gyuiorum . . . depositus est; (*b*) ff. 35ᵛ–42 De Abbate Benedicto et eius actibus Uenerabilis Abbas Burgi Benedictus ecclesie christi Cantuarie . . . Quatuor cultelli mensales.

(*a*) The Chronicle of Hugh Candidus, ed. Joseph Sparke, *Historiae Anglicanae scriptores varii* (1723), 1–94, also W. T. Mellows (1949); (*b*) continued from 1177 to 1246 in a different hand, ed. Sparke, pp. 97–122.

4. f. 53ʳᵛ Relatio Hedde abbatis quomodo incipiente christianitate in regione mediterraneorum anglorum iniciatum sit [in *erased*] medeshamstedense monasterium et subsequentibus priuilegiis confirmatum. De prima fundacione ecclesie Medeshamstedensis quod nunc Burc uocatur. Rex Alhfridus Regis peade sororem habebat reginam Kynesburgam . . . subtractis aliquibus uersibus causa breuiandi: hic inseruntur

W. Dugdale, *Monasticon Anglicanum* (1817–30), i. 375; this, with the thirty-three royal charters, Wulfhere–Richard I, that follow (ff. 53ᵛ–63ᵛ), are repeated in MS 5 ff. 39–56. The section ends (ff. 71ᵛ–80) with Magna Carta of John, Charter of the Forest of Henry III, Magna Carta of 1235, 'Sentencia data per B. Cant' Archiepiscopum et xiij suffraganeos suos', and Provisions of Merton.

5. (*a*) f. cclxxvii Decreta Willelmi Bastardi et emendaciones quas posuit in anglia. Hic eciam intimatur quid Willelmus rex anglorum. cum principibus suis . . . forisfacturam meam plenam; (*b*) ff. cclxxvii–cclxxxiᵛ Leges Edwardi quas Willelmus postea confirmauit. Post adquisicionem anglie Willelmus rex quarto anno . . . in foro regio empto mercato suo cum testibus et cognicione uendencium; (*c*) f. cclxxxiᵛ–cclxxxii Quomodo Willelmus Bastardus adquisiuit angliam. Primus normanie dux pollo. qui et robertus in baptismo dictus . . . huic successit stephanus nepos eius annis .xix.

(*a*, *b*) Articuli x of William I, and Leges Edwardi Confessoris, ed. F. Liebermann, *Die Gesetze der Angelsachsen*, i (1898), 486–8, and 627–70 col. b (retractatus), with these copies placed as *Pe* in the stemmata, ibid. iii (1916), 277, 340; (*c*) a brief history of the Norman dynasty down to Stephen.

6. ff. ccxcvii–cccxᵛ Statutes, etc.:

(*a*) f. ccxcviiʳᵛ De prouisione de Merton. De heredibus contra parentes abductis . . . languor nec ne etc. *SR* i. 3–4.

(*b*) ff. ccxcviiᵛ–cccᵛ Prouisio de Marleberge. *SR* i. 19–25.

(*c*) ff. ccci–cccvii Statute of Westminster I. In French. *SR* i. 26–39.

(*d*) ff. cccviiᵛ–cccviii Statute of the Jews. In French. *SR* i. 221.

(*e*) f. cccviiiʳᵛ E pur ceo ke la commune del Reume . . . outraiouse. *SR* i. 197(iii) Distraints of the Exchequer paras. 1–3, 5, 6, and 4.

(*f*) f. cccviiiᵛ Pur les grauunt Mescehefs e damagis e de seritysuns . . . en sun reaume.

(*g*) ff. cccviiiᵛ–cccixᵛ Writs Quo warranto.

(*h*) ff. cccixᵛ–cccxᵛ De cas .v. ley falie en ceshures. Cvm auant ces hures damages ne furent agardez en assise de nouele deseysine . . . en la curt le Rey. *SR* i. 47–8 (Statute of Gloucester caps. 1–8).

7. ff. cccxx–cccxxxix (quires 31–2) Incipit prefatio cuiusdam opusculi de gestis Heruuardi incliti Militis. Nonnullis apud nos scire desideramus . . . demum quieuit in pace. cuius anime propicietur deus amen. Explicit uita herwardi incliti Militis.

ed. Hardy and Martin, i. 339–404.

8. ff. cccxl–cccxliii (quire 33) In ciuitate romana sunt quinque ecclesie que patriarche dicuntur . . . Hardam. Surraquini.

'Descriptiones omnium prelatorum tocius christianitatis secundum quod continetur in curia romana', according to contents-list, f. 14ᵛ.

ff. viii + 382 + xii. The arabic foliation, s. xvii, repeats '63' on ff. xlvii and xlviii, and ends at '140' on f. cxxv of the medieval foliation which begins on f. 17 (4¹). 315 × 235 mm. Written space 230 × 162 mm. 34–5 long lines. Collation: 1⁴ 2⁸ 3⁴ 4–17¹² 18¹² wants 1 (f. clxix) 19–27¹² 28¹⁰ wants 7, 8, (blank) after f. ccxciv 29¹² 30⁸ wants 1 (blank) before f. cccix 31¹² 32⁸ 33⁴ 34¹² 12 (f. ccclv) detached 35¹² (all blank) wants 4 (f. ccclix) 36⁶ wants 4 (blank ?) after f. ccclxx. Quires 4–24 numbered i–xxi at front, s. xiii; quires 4–32, i–xxix front and back, s. xiv. Initials: (i) f. 17, 4-line, blue with red and blue ornament; (ii) f. cccxxʳᵛ, 3- or 4-line, blue and red; (iii) 2-line, blue or red, up to f. cccviiiᵛ with ornament of the other colour. Capital letters in the ink of the text touched with red. Binding of wooden boards covered with badly torn and rubbed stamped leather, s. xvi (?); spine reinforced later; two clasps, upper now missing; mark of chaining-staple (?) on ff. 1–3 at foot towards the spine. Secundo folio (f. 2) *ligat se soluere*, (f. 18) *to petro tanquam*.

Written presumably at Peterborough. Note of recovery from Cromwellian soldier in 1643, f. i, printed Hardy and Martin, p. xlviii.

3. *Pharetra, etc.* s. xiv in.

1. ff. 1–167 Incipit liber primus de deo. Gregorius in mor' li. ij. Deus ipse manet . . . prohibebitur. Explicit pharetra.

Pharetra, in four books, here anonymous, printed among the works of Bonaventura (ed. 1866), vii. 3–172; Bloomfield, no. 2530; Distelbrink, no. 178 (dubia vel spuria). The table of chapters of bk. 1 (f. 2) is preceded by a list of sources arranged under authors' names, imperfect at the beginning, since only a small strip of f. 1 remains.

2. ff 167ᵛ–180ᵛ Meditationes Augustini ad patrem. Dominus deus meus da cordi
meo . . . (f. 173) saluatorem meum. qui—amen. Recordacio quod ad ymaginem
et similitudinem dei facti sumus. Euigila anima mea euigila. exere spiritum . . .
(f. 180ᵛ) participes nos facere—Amen. Pater noster etc. Dicitur oratio dominica.
quare? quia dominus eam fecit . . . fides. spes. karitas.

Fifteen chapters. The first is *PL* xl. 901–9 (caps. 1–9); not listed Römer, i. 123–5. The last ends
with a note on the Pater noster etc., not in Bloomfield.

3. (*a*) ff. 181–94 Meditationes beati bernardi. Multi multa sciunt . . . deum glorie
qui uiuit—amen. (*b*) ff. 194ʳᵛ .c.xviij. De reparacione hominis interioris.
Perfectissima atque plenissima est iusticia . . . amabilis appareas. (*c*) ff. 194ᵛ–196
.c.xix. Parabola beati Bernardi de rege nobili et filiabus eius. Rex nobilis et
potens tres habuit filias . . . qui custodit eam. (*d*) ff. 196–9 .c.xx. Parabola de
ethiopissa quam filius regis duxit in vxorem. Filius regis supercelestis ierusalem
egressus est . . . fere nullos retinet cum hec sponsa paciatur. (*e*) 199–200ᵛ [I]nter
ierusalem et babilonem nulla pax est . . . ait quid est o oracio. Rec-, *ending
imperfectly.*

(*a*) Seventeen chapters. *PL* clxxxiv. 485–508. (*b*) Extract from pseudo-Augustine, De
salutaribus documentis, *PL* xl. 1047–8, often appended to (*a*). (*c*) *Bernardi Opera* (ed. 1586),
cols. 441–3. *PL* clxxxiii. 770–2 (Parabola v). (*d*) *Bernardi Opera* (ed. 1586), cols. 443–8. *PL* cxc.
961–6 (as Gilbert Foliot, Ep. 287). (*e*) a divergent version of *PL* clxxxiii. 761–4/37 (Parabola ii).
The running-title throughout is appropriate to (*a*). The same items occur together in BL Royal
8.B.viii art. 5, and Royal 8.D.iii (from Ramsey Abbey) art. 20.

ff. 200. 275 × 193 mm. Written space 198 × 145 mm. 2 cols.. 34 lines. Collation: 1¹² wants 1, 2;
3 (f. 1) is a small fragment 2–24⁸ 25⁸ wants 7, 8. Well written. Initials: (i) 4- or 5-line, red and
blue with ornament of both colours; (ii) 2-line, blue with red ornament. Medieval binding of
bevelled wooden boards covered with red skin; two strap-and-pin fastenings now missing; all
three fore-edges are painted with a design in red, blue, and green. Secundo folio (f. 3) *tante
bonitatis.*

Written in England. M. R. James suggested that this may be F.ix (no. 188) in the medieval
Peterborough catalogue, see James, 'Lists of MSS Formerly in Peterborough Abbey Library',
Bibliographical Society Transactions, Supplement, 5 (1926), 57. 'henricus Merriton', s. xvii, f.
138ᵛ. 'John Garland Lib' de Burgo Sancti (?) Petri . . . ', s. xvii, f. 167ᵛ. 'Liber Ecclesiae S. Petri
de Burgo Ex dono Carrier Thompson Gen. AD1717', f. 2; a similar note, f. 201ᵛ, dated 1716
describes Thompson as 'de Standground', cf. Stanground, Northants.

4. *P. Lombardus, Sententiae*   s. xiv in.

Cupientes aliquid . . . (f. 1ᵛ) Omnis doctrina est de rebus . . . (f. 4ᵛ) Vtrum
passiones sanctorum debeamus uelle. Expliciunt capitula primi libri. *top of f. 5
torn away* . . . (f. 411ᵛ) duce pervenit. Explicit liber quartus sententiarum.

PL cxcii. 521–962. Bk. 2, f. 120ᵛ; 3, 213ᵛ; 4, 283ᵛ. A table of chapters to bk. 1 (ff. 1ᵛ–4ᵛ)
unnumbered; bk. 2 (ff. 117–120ᵛ), numbered 1–270 by a much later hand; none to bks. 3 or 4.
Between the words fraterna and caritas in a sentence of bk. 4, D.4 (*PL* cxcii. 847/10) the scribe
copied in error, perhaps from the margin of his exemplar, a passage 'Sancta synodus decreuit nisi
pro pace facienda . . . uitiorum fere occidantur' that occupies all f. 291ʳ and has been crossed out
and marked 'vacat'. Distinction numbers in margins in ink and in red and blue. On ff. 5–9 and

27 the lines are numbered in fives between the columns, s. xiv in. Numerous marginal annotations, s. xiv and xv.

ff. v + 412 + ii. ff. iii–v are medieval parchment flyleaves. 223 × 155 mm. Written space 132 × 88 mm. 2 cols.. 31 lines. Collation: 1–2¹² 3¹⁰ 4–17¹² 18¹⁰ 19⁸ 20–35¹². Initials: (i) to books, red and blue with ornament of both colours; (ii) blue with red ornament; (iii) in chapter-lists, alternately red and blue. Capital letters in the ink of the text touched with red. Binding of s. xviii. Rust marks at head and foot of ff. iii–iv. Secundo folio *De ymagine*.

Written in England. 'dunsburi' (?), s. xvi, f. v. A scribble, s. xvi, 'at the pecok and the star yn fanchyrch street [? London]', f. 412. 'Thomas Burte me possidet ex dono Georgii Barstone', s. xvii in., f. v.

5. Liber Hen. de Pytchley   s. xiii ex.

Cartulary of Peterborough Abbey, Davis, *MC*, no. 756, described J. D. Martin, *The Cartularies and Registers of Peterborough Abbey*, Northants Record Soc. xxviii (1978), 15–16. Includes, ff. 39–56, the Relatio Hedde and thirty-three royal charters as in MS 1 art. 4 above.

8. *Clement of Lanthony (in English)*   s. xv in.

1. ff. 1–8 Þe prologe on a book maad of þe foure Gospeleries. Clement a prest of þe chirche of lantony gaderide . . . (f. 1ᵛ) what place of þe bible Here bigynnen þe chapitris of þᵉ first part cᵐ. pᵐ. Goddis kyndely sone . . . he stey in to heuene. Here enden þe Chapitris of þis book.

Prologue and table of chapters to art. 3 below. f. 8ᵛ blank.

2. ff. 9–12ᵛ In þe begynning of holy chirche it was forbodyn þat eny man schulde speke in strange langage . . . deþ ioyfully for þee and þy lawe: amen ihesu for þy mercy

A defence of the English translation of the scriptures; the second section also occurs in Oxford Allestree Library (at Christ Church) MS L.4.1, art. 1(*b*), see *MMBL* iii. 596.

3. 13–122ᵛ Oon of four: the first part: In the bigynnyng eþer first of alle þingis: was goddis sone . . . þat schulen be writun Here endiþ oon of foure: þat is o book of alle foure gospelris gaderid schor[t]ly in to o storye bi Clement of Lantony Blessid be þe holy trinite Amen

Cf. Wells, *Manual*, p. 407. Stegmüller, no. 1983. Marginal directions, s. xv/xvi, indicate the parts appointed for reading on Sundays and principal festivals and saints days, e.g. pt. 1, cap. 1 'on cristmas day at yᵉ iii mese'; pt. 5, cap. 2 was appointed for 'cananizacion of saynt birgitt', and pt. 5 cap. 10 for the 'natall and translacion of sant birgitte' (ff. 44ᵛ, 48ᵛ).

4. ff. 123ʳᵛ A greet clerk þᵗ men clepen Richard of seynt victorie in a book þat he makiþ of þe studie of Wisdom . . . bi þis figure þat folowiþ, (*ending abruptly, with half a page left blank*).

The first section of Benjamin minor, ed. P. Hodgson, *Deonise hid Diuinite*, EETS ccxxxi (1955), 11–15.

ff. iii + 123 + iv. Medieval parchment flyleaves. Medieval foliation of ff. 13–122: '1–110'. 210 ×

148 mm. Written space *c.* 130 × 80 mm. 30 long lines. Collation: 1⁸ 2⁴ 3–15⁸ 16⁸ wants 8 (blank ?). Arts. 1 and 3 written in textura; arts. 2 and 4 in anglicana. Initials: (i) arts 1 and 3, in gold, on grounds of pink and blue patterned with white, with daisy-bud ornament, extending on f. 13 as a frame at top and left; (ii) 2-line, or, arts. 2 and 4, 3-line, blue with red ornament. Binding of s. xvi in., with a double panel, Oldham's RO 3, on each cover, bordered by a roll, Oldham's RC.b (6). Secundo folio (f. 2) *by pe aungel*, (f. 14) *god: goynge.*

Written in England. The marginalia in art. 3 suggest some connection with the Bridgettine abbey of Syon. 'Liber Irelond', s. xv/xvi, f. 1.

9. *W. Lyndwood, etc.*   s. xv ex.

1. ff. 1–138 Incipiunt constituciones prouinciales. De summa trinitate et fide catholica. Pecham. Ignorancia sacerdotum et infra. Ne quis per ignoranciam . . . huius citacione personaliter apprehensi. Expliciunt—.

This and other copies listed by C. R. Cheney, *Jurist*, 21 (1961), 433–4. No apparatus. Some marginalia. Notes on ff. 53 and 58ᵛ direct the reader to passages concerning tithes from the gloss to Lyndwood on ff. 201ᵛ–202ᵛ.

2. ff. 138ᵛ–201 Notabilis tractatus de decimis. Decima est omnium bonorum licite adquisitorum pars deo data . . . habuit. hoc notatur hic per Io. in Add. Explicit tractatus de modo decimandi. Nunc feci finem. Deus det nobis gaudia Amen.

Mainly a commentary on Decretals, bk. 3, tit. xxx (De decimis).

3. ff. 201ᵛ–202ᵛ see art. 1 above.

4. ff. i–iv, 205, flyleaves, are from a commentary on Walter Map, Epistola Valerii ad Rufinum ne ducat uxorem, in which 'Iohannes (of Salisbury) in policraticon' is quoted; very closely written in a small English hand, s. xiv in.

ff. iv + 204 + i. For the flyleaves, see art. 4 above. 178 × 130 mm. Written space *c.* 120 × 80 mm., varying a good deal. 20 long lines. Collation: 1–15¹² 16¹⁰ 17⁸ 18⁶. Quires 2–7 signed b–g. Written in two hands of secretary type, ff. 148ᵛ–201 in the second and worse hand. Initials: red, decorated only on ff. 1 and 138ᵛ. Contemporary binding of wooden boards covered with stamped brown leather; the stamps are the letter *M*, a small fleuron, and a lozenge containing a pig (?) and tree; one clasp, missing. Secundo folio *venturi.*

Written in England. 'Memorandum quod ego I. B. *recepi* de playsted de redditu iiijˢ pro termino sancti Iohannis Baptiste', s. xv/xvi, f. 205. The names 'Edward Wyllyams' and 'Josephus Stamford', both s. xvii, on ff. 1 and 204 respectively.

10. *Biblia*   s. xiii med.

Morgan, i, no. 66, with facsimiles of initials on ff. 13 and 180 (plates 214–15).

A Bible in the order Genesis–2 Chronicles + Prayer of Manasses, Ezra, Nehemiah ('Esdras II'), Esther, Tobit, Judith, Job, Psalms, Proverbs, Ecclesiastes, Song of Songs, Wisdom, Ecclesiasticus, Isaiah, Jeremiah, Lamentations, Baruch, Ezekiel, Daniel, Minor Prophets, 1, 2 Maccabees, Gospels, Pauline Epistles. Jerome's prologues in front of Genesis, and Deut. 21: 17 – Judg. 3: 1 (be-

tween ff. 56 and 57) are missing, and everything after Col. 4: 13, except one leaf
(f. 352) containing 1 Tim. 2: 9 – 2 Tim. 1: 8; there are also numerous smaller
gaps where leaves have been abstracted for the sake of initials, probably twenty-
five in all, see collation below. f. 65, Judg. 3: 1 – 5:25, belongs before f. 57. f. 155^v,
at the end of Job, blank. Running titles, except to Psalms. Books, except Psalms,
are written continuously, the beginning of a new chapter being marked only by a
marginal chapter-number.

The remaining prologues are 29 of the common set of 64 (see below, Ushaw College 2) and 5
others (marked * here), with two ending imperfectly: Stegmüller nos. 323, 328, 330, 341 + 343,
332, 462, 456* (as prol. to Eccles. and ending 'que dum tenentur intereant' PL xxiii. 1014/16),
482, 487, 491, 492, 494 . . . , 500, 507, 511 + 510, 509*, 516*, 519 + 517, 522*, 524 . . . , 531,
540*, 539, 590, 685, 699, 707, 715, 728, 736, 772.

ff. ii + 352 + ii. 185 × 133 mm. Written space 126 × 88 mm. 2 cols.. 50 lines. Collation: 1^{12}
wants 1–3 2^{12} 6–9 misbound before 1 (f. 14) 3^{12} wants 12 after f. 32 4–5^{12} 6^{12} wants 1 before f. 57
2 (f. 65) misbound before conjoint leaf (11: f. 66) 7–12^{12} 13^{12} wants 4 after f. 142 9 after f. 146
14^{12} wants 7, 8 after f. 155 11 after f. 157 15^{12} wants 10 after f. 167 16^{12} wants 1 before f. 170 6, 7
after f. 173 17^{12} wants 5 after f. 182 11 after f. 187 18–23^{12} 24^{12} wants 1 before f. 262 12 after f.
271 25^{12} wants 1 before f. 272 4 after f. 273 6 after f. 274 8 after f. 275 12 after f. 278 26^{12} wants
12 after f. 289 27^{12} 28^{12} wants 7 after f. 307 29^{12} wants 3 after f. 314 30^{12} wants 4 after f. 326 31^{12}
wants 2 after f. 335 32^{12} wants five leaves after 6 (f. 351) probably 7, 8, 10–12. Good hand. Neat
initials, almost all by the main artist of the Stockholm Psalter, listed Morgan, no. 66: (i) to books
and to the divisions of the Psalms by Nocturns and by Fifties, in colours, historiated, on gold
grounds (about half have beeen removed); (ii) to prologues, in gold, with ornament in green and
pink and sometimes a little red and blue; (iii) to Psalms, alternately blue with red ornament and
gold with blue-green ornament; (iv) to psalm-verses, alternately blue and red. Line-fillers in the
Psalms in blue-green or red. Chapter numbers in margins in red or blue ornamented in both
colours. Binding of s. xix. Secundo folio *suam que concepit.*

Written in England. Initials ascribed by S. C. Cockerell, *The Work of W. de Brailes* (Roxburghe
Club, 1930), 14 n. 1, to the main artist of the Stockholm Psalter, whose work has also been found
in three other manuscripts, see Morgan, nos. 64, 65, 67, and 68.

15. *Catalogus librorum, etc.*   s. xiv ex.

1. ff. 1–19^v Matricularium librarie Monasterii Burgi sancti petri paucis libris non
examinatis. A Claudius super Matheum . . . Computacio annorum ab inicio
mundi vsque ad tempus Edwardi filii regis Eduuardi.

ed. M. R. James, 'Lists of MSS Formerly in Peterborough Abbey Library', *Bibliographical
Society Transactions, Supplement,* 5 (1926), 30–81.

2. ff. 19^v and 28^v Qualiter agitur cum iustis in extremis agit. Angelus sui custos
cum multitudine angelorum venit . . . , ending imperfectly with note of
continuation: 'require in 4 f^o ante [ma]tricularium'.

Three sections, the second concerning 'impius', the third 'De generali'.

3. ff. 20–8 Liber de Arte moriendi. Cum de presentis exilii miseria: transitus
mortis . . . habitacio tua in ierusalem celesti per eundem Explicit—.

Bloomfield, no. 1076.

4. f. 28ᵛ Demon. Hanc animam posco quia plenam crimine nosco . . . responsio patris

Eight lines of verse.

ff. ii + 28 + ii. Paper, except the outer bifolium of both quires. 285 × 108 mm. Written space *c.* 240 × 80 mm. 40–50 long lines. Collation: 1–2¹⁴. Written in anglicana. Capital letters in the ink of the text touched with red in art. 3. Binding of s. xix.

Written presumably at Peterborough. Leaves lost at the front, see note at the end of art. 2 above.

33. *Lapidary, etc. (in English)* s. xv med.

1. ff. 1–16ᵛ [T]hys is the boke þᵗ euax kyng of Arabye . . . Periot is a ston' Pᵗ us ly3t gren'.

Printed from this copy, J. Evans and M. S. Serjeantson, *English Medieval Lapidaries*, EETS cxc (1933), 63–118. f. 1 badly discoloured. ff. 17–20 are blank.

2. ff. 21–70ᵛ Albula Argiofara Gemma—Anglice perle . . . Vsyfur Minimum anglice Redlede—The Names of the Sinonymis of Z be had to for in A B C D S M and R her Endith the Sinonimis wᵗ the calandar goyng be for.

Dictionary of synonymous Latin names of metals, herbs, etc., with English equivalent of each name. The names are in numbered series under each letter of the alphabet, e.g. under A the numbers are 1–261, and under V they are 1–4. The index or 'calandar' occupies ff. 21–46. A memorandum for a copyist, s. xv/xvi, 'I pray you make all the haste you can in wryttynge thys boke', f. 20ᵛ.

3. ff. 71–111 Aurea Alexandrina . . . Zinziber Conditum

An antidotarium in tabular form, Thorndike and Kibre, with material added in blank spaces, including ff. 70ᵛ and 111ᵛ.

4. ff. 118–24, added s. xv ex.–xvi, miscellaneous recipes in Latin and English.

ff. iii + 124 + iii. Paper, except the outer and middle sheets of quire 2. 285 × 202 mm. Written space *c.* 193 × 130 mm. 2 cols. *c.*40 lines; art. 1, 43–50 lines. Frame ruling. Written in several mixed hands. Collation: 1¹⁶ 2¹² wants 2 (blank) after f. 17 3–8¹² 9¹⁴ 10¹² wants 12. Spaces left blank for initials in art. 1. Binding of s. xx by the Cambridge Binding Guild; without binding according to EETS cxc (1933), 10. Secundo folio *adamant*.

Written in England. 'M–2–9', s. xvii (?), f. 21 top.

38. *Matheus glo.; Marcus glo.* s. xii ex.

1. ff 1–33ᵛ Matthew 2:18 – 21:19, with gaps.

2. ff. 34–51 Mark 6:5 – 16:8.

Text in a central column with interlinear and marginal gloss; Ammonian sections entered in the margins.

ff. i + 51 + iii. 308 × 217 mm. Written space 215 × 150 mm; central text column varying in width, from 26 (f. 8ᵛ) to 86 (f. 44ᵛ) mm. Pricks in both margins. Continuous ruling: text on alternate gloss lines. Gloss in 47 lines. Collation: 1⁸('II') wants 1–3, 2⁸ 3⁸('IV') wants 1 before f.

14 and 3 after after f. 14 4^8('VII') wants 1, 2 before f. 20 5^8('IX') 6^8 7^8 wants 7, 8 after f. 47 8 four (ff. 48–51). Quires numbered, see Collation. Good hand. Initials: (i) to Pater noster (f. 15^v), red and blue with ornament of both colours; (ii) to some chapters, in red or blue, with ornament of the other colour; (iii) to verses, red or blue. Binding of s. xix.

Written in England. At Peterborough in 1849, see note on MS by T. Butler, clerk of the British Museum, copied on f. i by his uncle the dean of Peterborough.

PETERBOROUGH. CENTRAL LIBRARY

Ailred, Vita Edwardi regis, etc.; Lydgate, Poems   s. xv ex.

1. ff. 1–41 Incipit prologus in vita Sancti Edwardi Regis ad gloriosissimum Regem iuniorem Henricum Multum veterum studio fuisse didiscimus . . . (f. 1^v) optineas felicitatem. Explicit prologus Incipit epistola Eilfredi abbatis Reuall' Ad abbatem Westmonasterii laurencium (f. 2) Dilecto et diligendo et intimis visceribus . . . (f. 3^v) Gloriosi ac deo dilecti Regis Edwardi . . . corda commouit

BHL, no. 2423. *PL* cxcv. 737–90. Unnumbered list of chapters, ff. 2^v–3.

2. ff. 41–4 In translacione sancti Edwardi Confessoris. Gaudete fratres et omnium bonorum largitori deo gracias agite. quoniam illuxit nobis . . . sanctissimi confessoris sui regis edwardi uirtus fuerit. luce clarius declaratur. ipso prestante qui uiuit et regnat per omnia secula seculorum amen. In ill' Nemo lucernam accendit et Rel'. Lucerna est uerbum.

Presumably the homily prepared by Ailred for the translation in 1163, see *Walteri Danielis Vita Ailredi*, ed. F. M. Powicke, (1950), pp. xlviii, 41.

3. ff. 44–47^v De translacione gloriosi Regis et Confessoris Edwardi. Presidente Westmonasteriensi ecclesie venerabili uiro abbate laurencio . . . presidente iam dicto eiusdem loci reuerendo patre laurencio.

Account of translation in 1163, quoted verbatim by the Westminster monk, Richard of Cirencester, *Speculum historiale*, RS 30, ii. 319–27.

4. f. 48 Sequencia de Sancto Edwardo. Letetur ecclesia recolens magnalia . . . tuum habitaculum Amen. (*and in red:*) Libro Finito sit laus et gloria Christo/Qui scripsit Codicem Thomas Sandon nominatur / Edwardi meritis deus det sibi gaudia lucis/Atque placens Christo mundo sic degat in isto/Vt carnis morte. Celi pateant sibi porte/Reddat ei munus qui regnat trinus et vnus.

Sequence printed *AH* xl. 174, and *Missale Westmonaster.* i, ed. J. Wickham Legg, HBS v (1893), 739, from Abbot Litlington's missal.

5. f. 48^v Sequencia de Sancto Leonardo. In choro concordie votis vocis hodie maritet deuocio . . . Voti voces et camene pietatis plena plene iam dignanter accipe. amen.

6. ff. 49–52^v From tyme of Brute Autors dou specyfye/ . . . To whom god hath geven souerayn sufficiaunce / To reigne in Englond (*blank*) yere / Beryed at Chertsey thus sayth myn aucter.

Lydgate and continuator, Kings of England, 30 7-line stanzas, here anonymous and untitled. Ed. MacCracken, *Minor Poems of John Lydgate*, ii, EETS cxcii (1934), 710–16, not using this copy, and finding stanzas 1–15 on the Saxon kings only in BL MS Harley 372; the final couplet here is not as printed. *IMEV*, no. 882, listing this copy in Supplement. f. 53^{rv} blank.

7. ff. 54–63 Fro Cristys byrth complete ix C yere / . . . / Not to disdeyne the clauses when they rede.

Lydgate, Guy of Warwick, 74 8-line stanzas, here anonymous and untitled. Ed. MacCracken, op. cit. 516–38. *IMEV*, no. 875, listing this copy in Supplement. f. 63^v blank.

ff. viii + 63 + iii. Paper. Parchment strengtheners at quire-centres. 210 × 143 mm. Written space *c*.163 × 98 mm. 26–32 long lines. Collation: 1^{20} wants 1 (probably blank) 2–3^{20} 4 four (ff. 60–3). Written in secretary, arts. 1–5 by Thomas Sandon, see art. 4 above, who begins 'Hoc opus inceptum dominus producat ad actum', f. 1; he perhaps also wrote arts. 6–7, larger and less carefully. Initials, 2-line, red. Capital letters in the ink of the text lined with red. Contemporary binding of wooden boards, rebacked, covered with tattered brown leather, bearing a pattern of lozenges strewn with the fleur-de-lis stamp of Caxton's binder; one clasp, missing. Secundo folio *Dilecto et.*

Written in England, probably at Westminster (see binding-stamp), in part at least by a named scribe, after the burial of Henry VI at Chertsey in 1471 and probably before Edward IV's death in 1483 (see art. 6 continuation). The parchment quire-strengtheners in quires 2 and 3 are strips of a document concerning an apprentice, Margaret Brend, between ff. 49 and 50, dated London 'vicesimo s[. . .]' Henry VI [1443–4, 1447–8, or 1448–9], between ff. 29 and 30. 'remember in blackwod more for the subpena more for W (?) Bowldock', s. xv/xvi, f. 63^v. 'F(?) d', s. xv/xvi, f. 1 top right. 'Tendit in ardua virtus John Blague', s. xvii, f. 1. 'J.G.', s. xix, f. 1. Given by the Peterborough Book Society, formerly the Peterborough Gentlemen's Society, in 1899, with printed books, and a MS copy of the Prick of Conscience (sold at Sotheby's 18 July 1928 lot 556), see *Peterborough Advertiser*, 20 Jan. 1900.

PETERBOROUGH. MUSEUM AND ART GALLERY

1. *Horae*   s. xiv/xv

1. ff. 1–12^v Full calendar in French in gold, and alternately blue and red.

Feasts in gold include Yues (19 May), Eloy (25 June), Leu, saint gile (1 Sept.), Eloy (1 Dec.).

2. ff. 13–16^v, 78^{rv}, 17–18 Sequentiae of the Gospels.

A leaf missing after f. 14 contained Matt. 2: 1–6 regat, which followed John. [Matthew], Luke, and Mark start at the beginning of leaves, missing folio and ff. 15, 17, with the rubric at the foot of the preceding leaf; the rubric for Matthew occurs on ff. 14^v and 16^v and it appears that Luke may have been omitted and supplied on an inserted bifolium, ff. 15/16.

3. ff. 18–21^v Obsecro te . . . Masculine forms.

4. ff. 21^v–25^v oratio de beata maria O intemerata . . . orbis terrarum. de te enim . . . Masculine forms.

5. ff. 26–77, 79–95^v Hours of B.V.M. of the use of (Paris), beginning imperfectly.

6. ff. 96–115ᵛ Penitential psalms and (f. 109ᵛ) Litany.

Eighteen confessors: (13–18) maure maglori mederici francisce ludouice yuo.

7. ff. 115ᵛ–122ᵛ De sancta cruce.

Hours of the Cross, beginning imperfectly after rubric: leaf gone after f. 115.

8. ff. 122ᵛ–128ᵛ De sancto spiritu.

Hours of the Holy Spirit.

9. ff. 128ᵛ–175ᵛ ad vesperas mortuorum.

Office of the dead, beginning imperfectly after rubric: leaf gone after f. 128.

10. ff. 175ᵛ–181ᵛ Cy commencent les xv ioies de nostre dame Doulce dame de misericorde mere de dieu . . .

Cf. Sonet, nos. 457–8.

11. ff. 181ᵛ–184ᵛ Ce sont les v plaies messire (?) ihesu crist Doulz dieux doulz pere sainte trinite . . .

Sonet, no. 504.

12. ff. 185–97 Memoriae, with rubrics in French: Trinity, Holy Spirit, B.V.M. (Salue regina misericordie uita dulcedo et spes . . .), Relics, Michael, John Baptist, Peter, Paul, Andrew, James, Matthew, James and Philip, Mark, Stephen, Laurence, Denis, George, Nicholas, Ivo, Anne, Mary Magdalene, Katherine, and (added) Genovefa.

f. 197ᵛ blank.

ff. iii + 197 + iii. 200 × 146 mm. Written space 104 × 67 mm. 14 long lines. Ruled in pink ink. Collation: 1¹² 2⁸ wants 3 after f. 14 6 (f. 78) displaced 3⁸ wants 8 (blank ?) after f. 25 4⁸ wants 1 before f. 26 5–9⁸ 10⁸ wants 6 in place of f. 78 11⁸ 12⁸ wants 8 (blank ?) after f. 95 13–14⁸ 15⁸ wants 5 after f. 115 16⁸ 17⁸ wants 3 after f. 128 18–23⁸ 24 three (ff. 182–4) 25² 26⁸ 27² + 1 leaf added (f. 197) after 2. Catchwords centred. Fourteen 10-line pictures remain: three in art. 2 (Matthew gone), six in art. 5 (Matins and None gone), and one each before arts 6, 8, 10 (B.V.M. suckling Child attended by angel playing organ), 11 (Christ on a double rainbow showing wounds with two angels bearing Instruments of the Passion), and 12 (Dove proceeding from the mouth of the God the Father seated on a throne blessing Christ on Cross), and originally also arts. 7 and 9; their style is discussed in the Chester Beatty sale-catalogue, see below, and f. 96, which is not typical of the rest of the book, is reproduced (pl. 31). Initials: (i) 3-line, after pictures and ff. 18 and 21ᵛ, in pink or blue patterned with white, on decorated gold grounds, historiated ff. 96, 196ᵛ (added: Genovefa); (ii) 2-line, as (i), with marginal sprays; (iii) in gold on pink and blue grounds. Full borders of leaves on picture-pages; on f. 96 in a different style and including five angels playing instruments. Line fillers in pink and blue patterned with white, and gold. Gilt binding s. xix. Secundo folio (f. 14) lux uera.

Written in northern France. Lot 131 in Coningsby C. Sibthorp of Sudbrooke Holme, Lincoln sale, Sotheby's 30 Jan. 1930. Lot 23 in A. Chester Beatty sale, Sotheby's 7 June 1932. Given by G. S. Martin.

2. *Horae*   s. xv/xvi

1. pp. 1–12 Full calendar in French in gold, and alternating red and blue.

Feasts in gold include Marcel (3 Nov.).

2. pp. 14–23 Sequentiae of the Gospels.

The prayer Protector in te sperantium follows John.

3. pp. 23–8 Obsecro te . . . Masculine forms.

4. pp. 28–32 O intemerata . . . terrarum. Inclina . . . Masculine forms.

5. pp. 36–128 Hours of B.V.M. of the use of (Paris).

6. pp. 129–32 Hours of the Cross, beginning imperfectly.

7. pp. 134–7 Hours of the Holy Spirit.

8. pp. 140–64 Penitential psalms and (p. 156) Litany.

9. pp. 164–226 Vigilie mortuorum.

Office of the dead.

10. pp. 228–46 Memoriae: Trinity, Michael, John Baptist, John ev., Peter and Paul, Andrew, Stephen, Laurence, Christopher, Sebastian, Nicholas, Anthony, Mary Magdalene, Katherine, Genouefa, Margaret, Barbara.

ff. 123, paginated 1–246. 186 × 122 mm. Written space 98 × 61 mm. 22 long lines. Collation: 1^6 2^8 3^2 4^8 + 1 leaf (pp. 33/34) before 1 5–8^8 9^8 wants 4 after p. 120 10^6 wants 1 before p. 129 11–16^8 17^6. Written in *lettre bâtarde*. Pictures: (i) fourteen full-page remain (those before Compline of B.V.M. and Hours of the Cross missing): three before (kneeling woman faces Anne and child Mary (?) with a book, p. 33; vision of B.V.M. and Child to Anne and Joachim (?), p. 34; Anne and Joachim (?) embrace, p. 35) and six (Visitation–Flight) in art. 5, two before art. 8 (man kneels with boy before Francis receiving stigmata, p. 138; David hands message to Uriah, p. 139), and one each before arts. 2 (John in cauldron of oil), 9 (raising of Lazarus), and 10 (Trinity: Father and Son seated with Dove between them); (ii) signs of the Zodiac and occupations of the month, in art. 1; (iii) twenty-two smaller pictures, up to 12-lines: three in art. 2, seventeen in art. 10, and one each before arts. 3 (Pietà) and 4 (B.V.M. and Child). Initials: (i, ii, iii) 3-, 2-, and 1-line, in blue, grey, olive, or pink, shaded with white, on decorated dull gold grounds. Capital letters in the ink of the text are touched with pale yellow. Line fillers of branches, flowers or scrolls, in colours and gold. Full framed borders on every page, containing well-drawn birds, flowers, insects, and grotesques, on a dull gold grounds. Elaborately tooled and gilt binding with inset illuminated panel on the front cover, s. xix. Secundo folio (p. 15) *et mundus*.

Written in northern France. Lot 528 at Sotheby's 23 July 1918. Given by G. S. Martin, as MS 1.

3. *Horae*   s. xv ex.

1. ff. 1–12^v Calendar in French in red and black.

Feasts in red include Remy Ghylane, Savinian (13, 24 Jan.), Mastidia (7 May), Loup (29 July).

Arts. 2–6 are on quires 2–14.

2. ff. 14–22^v Sequentiae of the Gospels.

The prayer Protector in te sperancium follows John. f. 13^{rv} blank.

3. ff. 22ᵛ–29ᵛ Les heures de la crois.

4. ff. 29ᵛ–35ᵛ Les heures du saint esperit.

5. ff. 36–115ᵛ Hours of B.V.M. of the use of (Troyes).

6. ff. 116–17 Salue regina misericordie . . . o dulcis maria. Regina celi letare alleluia . . . antᵃ Aue regina celorum aue domina angelorum . . .

f. 117ᵛ blank.

7. (quires 15–18) ff. 118–47 Penitential psalms and (f. 137ᵛ) Litany

Twenty martyrs: (8) Sauiniane; twenty-three confessors: (19–23) francisce dominice albine emonde godo; twenty-six virgins: (12–13) mastidia hoyldis . . . (15–17) syria sauina anna. Only two prayers at the end, Deus cui proprium and Fidelium. f. 147ᵛ blank.

Arts. 8–9 are on quires 19–28.

8. ff. 148–218 Office of the dead.

Lection ix is 'Fratres. Audiui uocem de cclo . . . Opera enim illorum secuntur illos' Apoc. 14: 13. f. 218ᵛ blank.

9. ff. 219–220ᵛ Memoria of Barbara.

f. 221ʳᵛ blank.

10. (quire 29) ff. 222–8 Obsecro te . . . Masculine forms.

ff. 228ᵛ–229ᵛ blank.

11. (quire 30) ff. 230–6 O intemerata . . . terrarum. de te enim . . . Feminine forms.

ff. 236ᵛ–237ᵛ blank.

ff. ii + 237 + iii. 172 × 125 mm. Written space 86 × 60 mm. 12 long lines. Collation: 1¹² 2¹⁰ 3⁶ + 1 leaf (f. 29) after 6 4–17⁸ 18⁶ 19–26⁸ 27⁶ 28⁴ 29–30⁸. Seven 8-line pictures: one before each of arts. 2, 3, 4, 5 (reproduced in sale-catalogue, see below), 7 (Christ on rainbow flanked by two angels with trumpets, figures rising from graves), 8 (Death with shield and spear striking at woman in red with man standing behind in church-door), and 9. Initials: (i) 7-line, historiated (seven in art. 5, and one each to arts. 10, Pietà, and 11, B.V.M. with Christ in shroud), in blue patterned with white on gold grounds, or a yellow plait and tree-trunks on red ground patterned with gold or white; (ii) below pictures, 4-line, as (i) but with flowers, not historiated; (iii, iv) in two sizes, gold, on pink and blue grounds patterned with white. Capital letters in the ink of the text are touched with pale yellow. Line-fillers in pink and blue patterned with white, and gold. Borders, floral, with birds and grotesques (various heads emerging from snail-shells), also, f. 79ᵛ, a trellis: full on pages with pictures and initials of type (i); the height of the written space in the outer margin on pages with type (iii) initials. Heavily gilt tooled binding of brown morocco, French, s. xvi/xvii. Secundo folio (f. 15) *Hic uenit*.

Written in northern France. 'Franciscvs' in the centre of the front cover, 'Raffy' in the centre of the back cover. 'Sʳ Jacob Astley Barᵗ of Melton Constable in Norfolk', bookplate on front pastedown, where there is also the shelfmark '2 N.L. 48'. Sold by his descendant, Lord Hastings, Sotheby's 20 July 1931 lot 3. Given by G. S. Martin as MS 1.

4. *Horae* s. xv med.

1. ff. 4–15^v Calendar in French in red, blue, and gold.

Feasts in gold include Andoche, Nazaire (28, 29 July), Stephen, Felix and And'o (3, 30 Aug.), Ladre, Andoche (1, 24 Sept.).

2. ff. 16–21^v Sequentiae of the Gospels.

3. ff. 22–25^v Obsecro te . . . Masculine forms.

4. ff. 25^v–27^v O intemerata . . . terrarum. inclina . . . Masculine forms.

5. ff. 28–79^v Hours of B.V.M. of the use of (Autun), beginning imperfectly.

6. ff. 79^v–82 De cruce.

Hours of the Cross, beginning imperfectly after rubric: one leaf gone after f. 79.

7. ff. 82–85^v du s. esperit.

Hours of the Holy Spirit.

8. ff. 86–103^v Penitential psalms and (f. 98^v) Litany.

9. ff. 104–30 Office of the dead, beginning imperfectly.

Only three lections.

10. ff. 130–139^v Memoriae, with rubrics in French: Christopher, Leodegar, Blaise, Andocheus, Maur, Anthony, Francis, and Katherine.

11. ff. 140–141^v Prayers at communion: (*a*) Domine ihesu christe qui hanc sacratissimam carnem . . . ; (*b*) oratio Anima christi sanctifica me. Corpus christi . . . ; (*c*) quant on lieue *nostre seigneur* Aue uerum corpus natum . . .

The French rubric to (*a*) refers to 2,000 days indulgence granted by Pope Boniface 'a la requeste du roy phelippe'.

12. ff. 142–6 Fifteen Joys of B.V.M., in French, beginning imperfectly in the first.

Cf. Sonet, no. 458.

13. ff. 146^v–149^v Doulx dieu doulx pere saincte trinite . . .

Seven Requests: Sonet, no. 504.

14. ff. 150–159^v Glorieuse uirge royne/En qui par la uertu diuine . . . Et de tous ceulx qui le diront Amen.

275 lines; Sonet, no. 695.

15. ff. 160–181^v Apres la saincte passion / ih*e*su crist. et lascension . . . Dittes amen que ainssy soit.

Verse life of Margaret, 642 lines; Långfors, p. 19. ff. 182–187^v ruled but blank.

ff. iv + 184 + i, foliated (i), 1–188. ff. 1–3 are medieval flyleaves. 205 × 145 mm. Written space 96 × *c*.60 mm. Ruled in pink ink. 15 long lines. Collation of ff. 4–181: 1^{12} 2^8 3^4 4^8 wants 1 before

f. 28 5–8^8 9^8 wants 2 after f. 67 10^8 wants 2 after f. 74 8 after f. 79 11^6 12–13^8 14^8 wants 3 after f. 103 15–18^8 19^{10} wants 2 after f. 141 20^{10} 21–22^8 23–24^6. Nineteen 11-line pictures remain (those before Matins, Vespers, and Compline of B.V.M., and arts. 6, 9, and 12 missing): five in art. 5, eight in art. 10 (Andocheus, f. 134^v, reproduced in the sale-catalogue, see below), and one in each of arts. 2 (Innocents), 7, 8, 13 (Christ on rainbow flanked by two angels with trumpets and two interceding saints, man and woman rise from graves), 14 (man kneeling before B.V.M. and Child), 15. Initials: (i) after pictures, 4- or 3-line, in pink or blue patterned with white, on decorated gold grounds; (ii–iv) 3- (ff. 22, 25^v), 2-, and 1-line, in gold, on pink and blue grounds patterned with white. Capital letters in the ink of the text are touched with pale yellow. Line-fillers in pink and blue patterned with white, and gold. Full borders on pages with pictures; borders the height of the text in the outer margin of all other pages. Binding of s. xix; 'Restored by Maltby Oxford', f. i^v. Secundo folio (f. 17) *mine eius*.

Written in northern France. 'Ces presentes heures appertiene a Barbe Seguenot fille de honorable homme Iehan Seguenot du mex. 1576', 'Cest a moy barbe seguenot 1579', f. 2. 'On loan from Mrs Littledale, 5 June 1862', f. i^v label. Description of MS by Falconer Madan, 20 July 1899, pasted to f. i^v. Sold by Mr W. A. Littledale at Sotheby's, 16 Dec. 1930, lot 304a. Given by G. S. Martin, as MS 1.

5. *Horae (in Netherlandish)*   s. xv med.

1. ff. 1–12^v Full calendar in red and black.

Feasts in red include Seruaes (13 May), Odulf, Lebuijn (12, 25 June), 'Onser vrouwen visitacy' (2 July), Lambert (17 Sept.), Remigius ende Bavo (1 Oct.), and Willibrord (7 Nov.).

2. ff. 13–53^v Hier beghinnen onser vrouwen ghetide.

Hours of B.V.M.; one leaf missing after f. 42 contained part of None.

3. ff. 54–78^v Hier beghint die wijsheit ghetiden.

Hours of Eternal Wisdom.

4. ff. 79–98^v Dit sijn die heilighe gheestes ghetide.

Short Hours of the Holy Spirit.

5. ff. 99–124^v Dit sijn die langhe getide vanden heilighen cruce.

Long Hours of the Cross; bifolium missing after f. 118 contained parts of None–Vespers.

6. ff. 124^v–149^v Die ghetide van allen heilighen.

Hours of All Saints.

7. ff. 150–167^v Dit sijn die seuen psalmen, and (f. 159^v) Dit sijn die letanien.

Thirty martyrs: (24–6) andriaen ioriaen lambert; twenty-three confessors: (15–23) willibrod remigius lebuijn seruaes seuerijn hubrecht gelijs gunmaer odulf

8. ff. 168–203^v Hier beghint die vigilie.

Office of the dead.

9. Prayers at communion: (*a*) ff. 203^v–205^v Een guet ynnich ende deuoet ghebet datmen lesen sal voer der ontfancnis des heilighen sacraments. Domine ihesu. Here ihesu christe coninc der glorien. Ic arme sondighe . . . ; (*b*) ff. 205^v–206^v Noch voer der ontfancnis God gruete di alre heilichste lichaem ons heren

onthouden . . . ; (*c*) ff. 206ᵛ–207 Dit sech driewerue voer der ontfancnis O here ihesu christe des leuendighen gods sone . . . ; (*d*) f. 207 Dit denc na der ontfancnis ons heren Ghebenedijt so moetstu sijn here ihesu christe . . . ; (*e*) f. 207ʳᵛ Dit les na der ontfancnis ons heren Ay here van hemelrijc vader ihesu christe . . . ; (*f*) ff. 207ᵛ–208 Noch nader ontfancnis Ic dancke end*e* loue di almachtighe god. want du mi arme onreyne . . . ; (*g*) f. 208 Dit les alsmen dat sacrament opboert Wes ghegruet weerdighe heilighe lichaem ons heren ihesu christi . . . ; (*h*) f. 208ʳᵛ Noch vander Eleuacien Ic gruet v warachtighe lichaem christi warachtich gheboren vander maghet marien . . . ; (*i*) f. 208ᵛ Als men den kelc opboert Wes ghegruet heilighe bloet ons heren ihesu christi . . .

Cf. (*b*) Ave sanctissimum corpus dominicum in hoc sacramento contentum; (*c*) Domine non sum dignus; (*d*) Meertens, vi. 14, 16b; (*g*, *h*) Ave verum corpus Christi natum ex Maria.

ff. ii + 208 + ii. 195 × 135 mm. Written space 93 × 67 mm. 18 long lines. Ruled in pink. Collation: 1¹² 2–4⁸ 5⁸ wants 7 after f. 42 6–14⁸ 15⁸ wants 4–5 after f. 118 16⁸ 17⁸ wants 8 after f. 136 18⁸ (2 and 7 singletons) 19–26⁸. Faint off-sets suggest the presence of full-page pictures, on inserted singletons, now missing, before arts. 2–4 and 6–8, and in art. 5 a Passion (?) cycle of eight. Initials: (i) 8–-10-line, in blue patterned with white on gold grounds, historiated (one each to arts. 2–7: marriage of B.V.M., Christ with orb blessing (arts. 3 and 4), agony in Gethsemane, B.V.M. and Child flanked by two female saints, Michael with scales); (ii) 5-line, in blue patterned with white on gold grounds, or as (iii); (iii) 2-line, in gold on grounds of pink and blue patterned with white; (iv) 1-line, gold or blue. Capital letters in the ink of the text are touched with red. Borders containing birds, insects, animals, grotesques, and angels, with a narrow band of blue, red, and gold bounding left side of the written space: on three sides of pages with type (i) and (ii) initials, and including a man spearing a bear on f. 13; top and bottom of pages with type (iii) initials. Green velvet binding of s. xix. Secundo folio (f. 14) *siet hi.*

Written in the Low Countries. 'W J B', f. ii, s. xix, are the initials of W. Jerome Braikenridge. 'Alfred M. Hale, January 1914. From 'The Braikenridge Collection', Claremont, Clevedon, Somerset', f. i. Sold at Sotheby's, 19 Dec. 1931, lot 318. Given by G. S. Martin, as MS 1.

6. *Horae* s. xv ex.

1. ff. 1–12ᵛ Franciscan calendar in red and black.

Feasts in red include translation of Francis (25 May), Festum niuis, Clare, Louis ep. (5, 12, 19 Aug.), translation of Clare, Francis (2, 4 Oct.), Dedicatio petri et pauli (18 Nov.); and in black, Peter bp. of Alexandria (26 Nov.).

2. (quires 2–10) ff. 13–102ᵛ Officium beate marie uirginis secundum curiam romanam

Alternative psalms begin f. 81ᵛ, Advent office f. 91ᵛ.

3. ff. 103–130ᵛ Penitential psalms and (f. 118) Litany.

4. ff. 130ᵛ–136 Symbolum sancti athanasii.

Followed by prayers: Omnipotens sempiterne deus qui dedisti famulis tuis in confessione uere fidei, Angele qui meus es custos, and Deus qui miro ordine angelorum ministeria.

5. ff. 136ᵛ–197ᵛ Incipit officium mortuorum . . . (f. 146ᵛ) In agenda defunctorum Ad matutinam . . . (f. 158) Explicit primum nocturnum mortuorum que dicitur

pro die lune que etiam incipitur in die dominico ad uesperas pro defunctis. deinde (f. 158ᵛ) matutinum. In secundo nocturno . . . (f. 168ᵛ) In tercio nocturno . . .

6. ff. 198–205 Incipit officium sancte crucis.

7. ff. 205ᵛ–210 Incipit offitium sancti spiritus.

f. 210ᵛ blank.

ff. ii + 210 + ii. 92 × 68 mm. Written space 54 × 39 mm. 13 long lines. Collation: 1¹² 2–17¹⁰ 18¹⁰ wants 8 after f. 179 19¹⁰ 20⁶ 21¹⁰ 22⁴ wants 4 (blank) after f. 210. Catchwords written vertically. One 9-line picture (Adoration of Magi), f. 13, reproduced in 1931 sale-catalogue, see below. Initials: (i) 9-line, in pink on gold grounds, historiated (eight in art. 2: Annunciation at Lauds, f. 28ᵛ, Franciscan saint with book and archbishop's cross (Bonaventura ?) at Prime (rubric 'Ad terciam'), f. 44ᵛ, Baptism of Christ at Terce, f. 50ᵛ, Clare (?) at Sext, f. 56ᵛ, male Franciscan saint with lily and book at None, f. 61, male Franciscan saint with book at Vespers, f. 66ᵛ, saint as cardinal (Jerome ?) at Compline, f. 75, soldier saint, f. 82; four in art. 5: Death with scythe lies on a coffin, Coronation of B.V.M., Resurrection, Katherine, ff. 136ᵛ, 146ᵛ, 158ᵛ, 168ᵛ; and one each before arts. 3, 6 (wounded Christ standing in tomb with cross behind), and 7 (those on ff. 28ᵛ, 103, 198 reproduced in 1931 sale-catalogue, see below); (ii) 4-line, red with violet ornament or blue with red ornament, filled with yellow and green, or, in quire 21, purple or green in place of blue; (iii, iv) 3- and 2-line, as (ii) but not filled; (v) red, or blue, or, quire 21, purple. Borders of penwork, colours, and gold, full-page at the beginning of arts. 2 (an architectural frame), 3, 5, 6, and 7 (each with a wreath in pink or red at the foot enclosing a bird or deer); at the top and bottom of other pages with type (i) initials. Binding of green morocco, s. xx. Secundo folio (f. 14) *Aue maria*.

Written in northern Italy, for Franciscan use. The border on f. 13 (see sale-catalogue) contains a heraldic achievement supported by two female satyrs: argent two musket-rests/keys (?) in saltire gules on a chief gules an eagle displayed sable crowned. 'FIN [. . .] 1229' erased, s. xvii (?), f. 210. 'This MS is fully described in the printed list as Nº 11 R. Tite', f. iᵛ. f. 'M. J. Johnson', f. ii. Adams sale, Sotheby's 7 Dec. 1931 lot 120. Given by G. S. Martin, as MS 1.

7. *Recipes, etc. (in Anglo-Norman)*   s. xiii ex.

Last gathering apparently of a larger manuscript, containing, mainly, medical recipes.

(*a*) ff. 1–5, *beginning imperfectly*, la runce et met sur lenclume . . . ; (*b*) ff. 5–6ᵛ betonica singulas habet uirtutes . . . postea non inebriatur; (*c*) f. 6ᵛ; (*d*) f. 6ᵛ, s. xiv, Ante portas iherusalem iacebat sanctus petrus . . .

(*a*) 45 recipes, the first complete one beginning 'Al mal del membre . . . '; the main hand ends at the foot of f. 3ᵛ, four further hands; (*b*) treatise on the virtues of betony, Thorndike and Kibre; (*c*) 2 recipes, in current hands; (*d*) charm against fever. All except (*b*) printed A. Bell, 'A Thirteenth-Century MS. Fragment at Peterborough', *Bulletin of the Modern Humanities Research Association*, 3 (1929), 133–40.

ff. 6. 140 × 103 mm. Written space 106 × 62 mm. 27 long lines. Collation: 1⁸ wants 7, 8 (perhaps blank). Initials, 2-line, alternately blue, some with red ornament, and red. Unbound. Written in England. Given by Mrs Dashwood, 5 Mar. 1927, label stuck to f. 1.

PETWORTH HOUSE

Chaucer, Canterbury Tales (in English)   s. xv¹

Described J. M. Manly and E. Rickert, *The Text of the Canterbury Tales* (1940), i.
410–14, with much reduced facsimile, pl. IIIa, to show the similarity of the
decoration of this manuscript and the first thirteen quires of Lichfield Cathedral
MS 29 (*MMBL* iii. 121).

Whan that Aprille with his shoures soote . . . So þat I may bene oon of hem at þe
day of dome þat shal be saued Qui cum patre et s. s. vi et r'. d etc. Here endeþ þe
boke of þe talys of Canterbury compiled by Geffray Chawcer on whoos soule
Ihesu crist haue mercy Amen.

Generally the best representative of subgroup *Pw*. The headings and opening and closing lines of
each tale are given in their order by W. McCormick, *The Manuscripts of Chaucer's Canterbury
Tales* (1933), 388–96. The Latin side-notes to the tales of the Man of Law, Wife of Bath,
Pardoner, and Parson are written neatly in red in the outer section of the ruling and included in
the decoration. Some correction, executed at points marked with marginal crosses.

ff. i + 307 + i. 330 × 233 mm. Written space 211 × 122 or, from f. 193 (25¹), 135 mm. 36 long
lines, or, from f. 209 (27¹), 38. Collation: 1–38⁸ 39⁴ wants 4 (blank). Quires 1–38 signed (a)–z
(ꝛ),9, and in red (a)–n. Many catchwords in red, or red- touched, frames. Written in one hand.
Initials: (i) to tales, in pink and blue shaded with white, on decorated gold grounds, each with a
bar of gold and colours running the height of the written space prolonged into sprays in top and
bottom margins, or, f. 1, full frame; (ii) to prologues, links and some divisions in tales, 2- or 3-
line, in gold, on grounds of pink and/or blue patterned with white, with short marginal sprays;
(iii) to stanzas, 1-line, blue with red ornament, or gold with greyish-violet ornament. Binding of
contemporary (?) wooden boards, each with four metal corner-pieces and five bosses, now
covered with s. xviii/xix red velvet; two strap-and-pin fastenings, one strap missing; 'Canterbury
talis in Inglyshe writyn on parchement', s. xv, on a slip covered with horn fastened to the back
cover in a metal frame. Secundo folio *For he was*.

Written in England. The dialect and spelling include a significant number of West Midland and
North Midland forms. Arms of Henry Percy, fourth earl of Northumberland, d. 1489, in a
Garter, to which he was admitted in 1474, added, f. 307ᵛ. Descended via Lady Elizabeth Percy,
wife of the last Percy earl (d. 1670), to her daughter, Lady Catherine Seymour, wife of Sir
William Wyndham, and so to Lord Leconfield, who conveyed Petworth House to the National
Trust in 1947.

PLYMOUTH. CITY MUSEUM AND ART GALLERY

William Cotton of Ivybridge gave his collections to the Plymouth Public Library,
later the Plymouth Proprietary Library, where they were housed from 1853 until
1916, when they were taken over by the Plymouth Corporation; for an account of

the origins of his collections, see the catalogue *Sotheby's: an Exhibition of Old Master and English Drawings and European Bronzes . . . on loan from the City Museum and Art Gallery, Plymouth,* 1979.

C1/S37/9. *Horae*   s. xv[I]

1. ff. 1–12[v] Calendar in gold, deep pink, and blue.

Feasts in gold include Louis (25 Aug.); and in blue or pink, Agilus abb. (23 Jan.), Siward abb. (1 Mar.), Agricius ep. (13 June), Ursicinus ep. (24 July), translation of Savian, Elbo ep. (23, 27 Aug.), Letus presb. (5 Nov.), Flauitus conf., Avicus conf. (18, 19 Dec.). 'pape' and Thomas of Canterbury untouched.

Arts. 2–4 are on quires 2–3.

2. ff. 13–19 Sequentiae of the Gospels.

Protector in te sperancium follows John.

3. ff. 19[v]–24 Obsecro te . . . Masculine forms.

4. ff. 24[v]–27[v] O intemerata . . . orbis terrarum. De te enim . . . Masculine forms.

f. 28[rv] blank.

Arts. 5–6 are on quires 4–16.

5. ff. 29–105 Hours of the B.V.M. of the use of (Rome).

Alternative material for Tuesday and Thursday starts f. 86[v], Wednesday and Saturday f. 91, and Advent office etc. f. 96. f. 105[v] blank.

6. ff. 106–127[v] Penitential psalms and (f. 119) 'Letania domini'.

Four monks and hermits: Benedict, Francis, Anthony, and Dominic. f. 128[rv] blank.

7. ff. 129–37 Hours of the Cross.

8. ff. 137–143[v] Horas de sancto spiritu.

9. ff. 144–92 Office of the dead.

f. 192[v] blank.

10. f. 193 Prayer, beginning imperfectly, 'neris humani. qui ex uoluntate eterni patris cooperante spiritu sancto . . . sacri corporis tui atque sanguinis participem fieri Qui cum —'.

11. ff. 193[v]–199 Prayers: (*a*) Oratio ad spiritum sanctum Domine sancte spiritus qui equalis et coeternus . . . ; (*b*) Oratio ad sanctam trinitatem Domine deus magne et metuende trinitas sancta unica magestas . . . ; (*c*) Alia oratio Deus propicius esto michi peccatrici . . . ; (*d*) Oratio ad proprium angelum Obsecro te angelice spiritus cui ego . . .

12. ff. 199–201 Memoriae of John Baptist, and Holy Face.

13. ff. 201–203[v] Oratio deuota ad uirginem mariam Stabat mater . . . oratio Interueniat pro nobis quesumus domine ihesu christe nunc et in hora mortis . . .

14. ff. 204–207^v Sequuntur xii gaudia beate marie Gaude uirgo mater christi . . . oratio Deus qui beatissimam et gloriosissimam uirginem mariam in conceptu . . . Si quis orationem sequentem legerit in honore beatissime semper uirginis semel in qualibet in qualibet (*sic*) die sine dubio finem bonum et contrictionem peccatorum habebit Oratio O sanctissima. o dulcissima. o piissima . . .

15. ff. 208–209^v Oratio ad dominum nostrum. O bone ihesu. o piisime ihesu. o dulcissime ihesu fili marie . . . Alia oratio O bone ihesu si ego commisi per que me dampnare debes . . .

16. ff. 210–12 Passio domini nostri ihesu christi secundum iohannem. In illo tempore Apprehendit pylatus . . . testimonium eius. Deo gratias. Oremus. oratio. Deus qui manus tuas et pedes . . .

Cf. *Lyell Cat.*, pp. 65–6.

17. ff. 212–213^v Secuntur versus sancti bernardi Illumina oculos meos . . . Omnipotens sempiterne deus qui ezechie . . .

18. ff. 213^v–215^v Intrando in ecclesiam dicendo Introibo in domum tuam . . . Deinde genuflectet honorando crucem et dicendo Salue crux gloriossima et splendidissima . . . Oremus Domine ihesu christe fili dei uiui. qui pro nobis suspensus es in cruce . . .

The phrase 'Salue crux' comes at the start of six clauses.

19. ff. 215^v–222 Memoriae of Cross, Katherine, Sebastian, Auia, and Genouefa.

20. ff. 222–223^v Prayers at communion: (*a*) Ad eleuationem corporis christi Aue salus mundi uerbum patris hostia sacra . . . ; (*b*) Alia oratio Aue ihesu christe uerbum patris . . . ; (*c*) Alia. Aue uerum corpus natum . . .

ff. iii + 223 + iii. 174 × 125 mm. Written space 83 × 54 mm. 15 long lines. Collation: 1^{12} 2–15^8 16^4 17–24^8 25^8 wants 1 before f. 193 26–28^8. The hand changes at f. 193. Pictures: (i) 11-line, eight in art. 5, and one before each of arts. 6–9 (9: burial); (ii) 8-line, three in art. 2 (not John), four in art. 19 (not Cross), and ff. 193^v (Baptism of Christ), 196 (Michael), 198 (woman kneels before angel), 199 (John Baptist carrying Lamb), 212 (saint with devil on a lead), 214 (two angels hold cross before altar). Initials: (i) 6-line, to arts 3–4, in blue or pink patterned with white, historiated (art. 3: B.V.M. and Child; art. 4: B.V.M. with boy Jesus); (ii) 3-line, below 11-line pictures, in blue or pink patterned with white, on decorated gold grounds; (ii) 2-line, as (ii); (iv) 1-line, in gold, on pink and blue grounds patterned with white. Line-fillers in pink and blue patterned with white, and gold. Capital letters in the ink of the text touched with yellow. Full floral borders on picture-pages and on three sides (not inner margin) of all other pages; f. 29 in a different style on a full gold ground. Binding, s. xviii, of marbled calf; gilt spine; 'prieres chretienne', spine-title. Secundo folio (f. 14) *in nomine eius*.

Written in northern France; for a woman, see art. 11*c* and picture f. 198, but cf. arts. 3–4; arms in border of f. 29: azure, three teazles or. Art. 1 suggests the vicinity of Sens. Still in France, s. xviii, see spine-title. Armorial bookplate of William Cotton FSA, inside front cover.

C1/S37/10. *Horae* s. xv^I

1. ff. 4–9^v Calendar in red and black.

Feasts in red include Eligius (25 June); in black Walricus ep., Richard ep., Alphege archiep. (1, 3, 19 Apr.), Fremund r., Dunstan ep. (*sic*), translation of Dominic (11, 18, 24 May), Alanus m. (22 June), 'Reuelmi regis' (17 July). 'pape' and Thomas of Canterbury untouched.

2. ff. 11–26ᵛ Memoriae of Trinity, John Baptist, George, Christopher, Thomas of Canterbury, Katherine, Anne, Mary Magdalene.

3. ff. 28–34ᵛ O Domine ihesu christe eterna dulcedo . . .

Fifteen Oes of St Bridget.

4. ff. 36–80 Incipiunt hore beate marie uirginis secundum usum romanum.

Hours of the Cross, 'memoria de sancta cruce', worked in; at Compline followed (f. 78ᵛ) by 'Recommendacio. Has horas canonicas cum deuocione Tibi christe recolo . . . Salue regina . . . V. Virgo mater ecclesie . . . Oratio Omnipotens sempiterne deus qui gloriose uirginis et matris . . . '. Memoriae after Lauds of Holy Spirit, Trinity, Cross, Michael, John Baptist, Peter and Paul, Andrew, Laurence, Stephen, Thomas of Canterbury, Nicholas, Mary Magdalene, Katherine, Margaret, All Saints, and peace.

5. ff. 82–86ᵛ Has uideas laudes—Salue regina Salue uirgo uirginum stella matututina . . . Deus qui de beate marie uirginis utero . . .

RH, nos. 7687, 18318.

6. ff. 86ᵛ–88ᵛ Oracio de sancta maria O Intemerata . . . orbis terrarum. Inclina . . . Masculine forms.

7. ff. 88ᵛ–91 Obsecro te . . . Masculine forms.

8. ff. 91–4 Quicumque hec septem gaudia in honore beate marie uirginis semel in die dixerit centum dies indulgenciarum obtinebit a domino papa Clemente qui hec septem gaudia proprio stilo composuit Uirgo templum trinitatis . . . oratio. Deprecor te sanctissima maria mater dei pietate plenissima . . . requiem sempiternam Amen.

f. 94ᵛ blank.

9. ff. 96–9 Ad ymaginem christi crucifixi Omnibus consideratis paradisis uoluptatis . . . Ad crucem Triumphale lignum crucis tu seductos . . . Ad caput spinis coronatum Ave caput inclinatum despectiue coronatum . . . Ad uulnus dextere manus Ave uulnus dextre manus uelut phison . . . Ad uulnus sinistre manus Ave tu sinistra christi perforata . . . Ad uulnus lateris christi O Fons aue paradisi . . . Ad uulnus dextri pedis Ave uulnus dextri pedis cruoris riuum edis . . . Ad uulnus sinistri pedis Leui pedis perforari . . . Ad uirginem mariam O Maria plasma nati . . . Ad sanctum iohannem ewangelistam Iohannes ewangelista tu sacrarii sacrista . . . oratio Omnipotens sempiterne deus qui unigenitum filium tuum dominum nostrum ihesum christum crucem coronam . . .

RH, no. 14081.

10. ff. 99–100ᵛ Oracio uenerablis beda (*sic*) presbiteri de septem uerbis— Domine iheus christe qui septem uerba . . .

11. ff. 100ᵛ–101ᵛ Oratio Precor te piissime domine ihesu christe illam caritatem . . .

12. ff. 101ᵛ–102ᵛ Oratio Ave domine ihesu christe uerbum patris filius uirginis agnus dei . . . Annime (sic) christi sanctifica me Corpus Christi salua me . . .

13. ff. 102ᵛ–103 Omnibus confessis et contritis hanc orationem dicentibus inter eleuacionem corpis (sic) christi et tercium agnus dei dominus papa bonifacius concessit duo milia annorum ad supplicacionem philippi regis francie. oratio. Domine ihesu christe qui hanc sacratissimam carnem . . .

f. 103ᵛ blank.

Arts. 14–15 are on quires 14–18.

14. ff. 105–121ᵛ Incipiunt septem psalmi penitenciales . . . (f. 113) Incipiunt quindecim psalmi . . . (cues only of first twelve), followed (f. 115) by Litany.

'swichine vrine' last among confessors. Six prayers, the last Pietate quesumus domine nostrorum solue uincula . . .

15. ff. 123–45 Incipiunt uigilie fidelium defunctorum.

Office of the dead. f. 145ᵛ blank.

16. ff. 147–159ᵛ Incipiunt commendaciones animarum Beati immaculati . . .

17. ff. 161–165ᵛ Psalmi de passione ihesu christi.

18. ff. 166–80 Beatus uero iheronimus in hoc modo psalterium istud disposuit . . . oratio Suscipe digneris . . . Incipit psalterium beati iheronimi Uerba mea auribus . . . oratio Omnipotens sempiterne deus clemenciam tuam . . .

19. (added, s. xv) ff. 180ᵛ–197ᵛ a sequence of prayers for use from awakening and during mass: (a) Quando exitatus fueris a sumpno Domine sancte pater omnipotens eterne deus gracias ago . . . (b) Quando audies campanam Sit nomen domini benedictum . . . (c) Quado (sic) surgis de lecto Surrexit dominus de sepulcro . . . (d) Quando lauabis manus Ablue domine manus meas et cor . . . (e) Quando exibis extra domum Uias tuas domine demonstra michi . . . (f) Quando intrabis ecclesiam dic. Introibo in domum tuam et adorabo . . . (g) Quando fueris in ecclesia dic. Suscepimus deus misericordiam tuam in medio templi tui . . . Ecclesiam tuam . . . Pater in manus tuas commendo spiritum meum . . . Domine ihesu fili dei uiui gloriosissime conditor mundi . . . (h) Quando sedebis in ecclesia. Beati qui habitant in domo tua . . . Omnipotens sempiterne deus dirige actus meos . . . D (sic) dulcissime domine ihesu christe qui de sinu dei patris . . . (i) Quando debes audire missam et gratias agere deo post confiteor dicas orationem sequentem Exaudi quesumus domine suplicum preces . . . (j) in introitu misse. Domine ihesu christe gratias ago tibi quia indutus ueste . . . (k) quando sacerdos dixerit orationes Domine ihesu christe gratias ago tibi qui nos deum patrem omnipotentem orare . . . (l) quando dicitur epistola Domine ihesu christe gratias ago tibi quia per sanctos patres . . . (m) quando dicitur euuangelium Gloria tibi domine qui natus es . . . Sequitur oratio ad idem Domine ihesu christe gratias ago tibi pro uniuersis sacris sermonibus tuis . . . (n) finito euuangelio Per euuangelica dicta deleantur nostra delicta . . . (o) Quando offerre sacrificium Spiritus sanctus superueniet in te . . . Exaudiat te dominus in die

tribulationis . . . Oratio Ecclesie tue quesumus domine preces . . . (*p*) Cum offerre uolueris ad altare Offero me ipsum domino in odorem suauitatis . . . (*q*) Quando dicitur orate fratres Suscipiat dominus dictum sacrificium . . . (*r*) Quando dicitur prefatio Tibi domine deus noster propter magnam gloriam tuam . . . (*s*) Oratio in eleuatione corporis christi Aue uerum corpus natum . . . Aue caro christi cara inmolata . . . Aue corpus christi qui saluare . . . Sancta caro christi qui pro me passa . . . Aue corpus incarnatum in altari . . . O panis uiue michi . . . Aue uerbum incarnatum in altare . . . Aue principium nostre creationis . . . Aue solatium nostre expectationis . . . (*t*) In eleuatione sanguinus Calicem salutaris accipiam . . . O sanguis christi qui fusus amore . . . Aue domine ihesu christe uerbum patris filius uirginis . . . Aue sanctissimum et preciosimum (*sic*) corpus christi in ara crucis . . . Aue ihesu christe inmaculatis Aue falso iudicatus . . . Anima christi sanctifica me . . . Salue sancta caro dei . . . Salue saluator mundi rex atque creator . . . Domine ihesu christe fili dei uiui qui hanc sacratissimam carnem . . . Domine ihesu christe gratias ago tibi qui nos per sacratissimam mortem . . . In presencia corporis et sanguinis tui . . . (*u*) cum datur pax Da pacem domine in diebus nostris . . . Deus a quo sancta desideria . . . Deus pius et propicius agnus inmaculatus . . . Domine ihesu christe filii dei uiui qui ex uoluntate patris . . . Protege domine nos per uirtutem huius sacramenti corporis et sanguinis tui . . . Domine ihesu christe fili dei uiui per sanctam passionem . . . Domine ihesu christe inmensa[m] clementiam tuam humili deuotione . . .

Arts. 20–1 are leaves from another similar manuscript.

20 f. 1^{rv} Memoria of Martha, beginning imperfectly.

21. ff. 2–3^{v} Sequuntur vii gaudia beate marie V. Gaude flore uirginali quo honore speciali . . . Dulcissime domine ihesu christe qui beatissimam genitricem . . . Salue regina misericordie uita dulcedo . . . Aue regina celorum aue domina angelorum . . . Alma redemptoris mater . . . ac posterius ga- (*ending imperfectly*).

ff. i + 197 + i. 203 × 147 mm. Written space 103 × 78 mm.; or, ff. 181–197^{v}, 115 × 82 mm. 17 or, ff. 181–197^{v}, 18 long lines. Ruled in pink or, quire 24, purple, ink. Collation: 1 three (ff. 2/3 conjoint) 2–3^6 4^4 5^6 6–12^8 13^4 wants 4 (blank) after f. 103 14–22^8 23^8 wants 8 (rejected ?) after f. 187 24^{10}; + 24 inserted picture-pages, blank on the recto, ff. 10, 13, 15, 17, 19, 21, 23, 25, 27, 35, 43, 57, 62, 66, 69, 72, 75, 81, 95, 104, 122, 146, 160, and 167. Twenty-four full-page pictures: eight to arts. 2 and 4 (Annunciation, Betrayal–Entombment), and one before each of arts 3 (Christ and two thieves crucified), 5 (B.V.M. and Child), 9 (Crucifix stands in the branches of a tree from which Eve and Adam take fruit, with a lion-headed serpent wound round the trunk holding out fruit), 14 (Christ on the rainbow showing wounds, flanked by two angels with trumpets, with two saints standing below interceding, and faces in graves), 15, 16 (three souls borne up in a sheet), 17 (Instruments of the Passion, Christ only from waist up supported on a eight-point blue star), and 18. Initials: (i) facing pictures and f. 180^{v}, 6-/4-line, in pink or blue patterned with white on decorated gold grounds, extended to frame sides and bottom with a bar of gold, pink, and blue; (ii, iii) 2- and 1-line, in gold, on pink and blue grounds patterned with white. Line–fillers in Litany only in blue and pink patterned with white, and gold. Capital letters in the ink of the text lined with red, or, arts. 19–20, filled with yellow. Full floral borders on pages with pictures or type (i) initials, most including figures, angels, or grotesques. Binding, s. xvii, of gilt red leather. Secundo folio (f. 12) *sus fuisti*.

Written in the Low Countries, for the English market. Bookplate of William Cotton, inside front cover.

C1/S37/11. *W. Peraldus, OP, Sermones; etc.* s. xiii²

1. ff. 5–210ᵛ Dominica prima in aduentu domini. Sermo de euangelio Dicite filie syon Ecce rex—In uerbis istis habent predicatores mandatum a spiritu sancto . . . Non zeles gloriam et opus. Cum subleuasset oculos ihesus etc Require de hoc euangelio dominica in media xl. bis enim legitur in anno. Expliciunt sermones super euangelia. Finito libro reddatur gratia christo. (ix folia de percameno.) (De manu R. de Werkwrth:) Expliciunt Sermones fratris Willelmi lugd'.

124 sermons on the Sunday gospels, Advent–24th Sunday after Trinity; apparently Schneyer, *Rep.*, ii. 533–42, nos. 1–127, but here differently divided, e.g. nos. 34, 42, 44–5, 53, 60–1 each divided in two, no. 43 in three, and nos. 36–7, 50–2, 54–5, 56–8 run together. Sources named and nota-marks in red in the margins. Heavily annotated, s. xiv in.

2. (added on preliminary quires, s. xiii ex.) (*a*) ff. 1ᵛ–4ᵛ Incipit expositio super orationem dominicam Inuocacio Principium sine principio finis sine fine—Prologus ante pater noster Patrem communem specialem gratia prestat—Sunt. quibus in genere pater est quibus in specie sunt . . . Cepit. perficitur. explicit istud opus; (*b*) f. 4ᵛ Ecce pater noster breuiter. Qvi pater es noster . . . Temptari prohibi. quos gratia liberet amen (5 lines); (*c*) f. 4ᵛ two distinctions 'Velle scire ut' and 'Peccatum dicitur esse nichil propter', and 'Gregorius. Si sciret homo quando de mundo exiret . . non possumus preuidere' (5 lines).

(*a*) Ten sections, each followed by a 4-line 'Oratio pro rege', in verse; (*b*) Walther, *Versanf.*, no. 15590; Bloomfield, no. 8974.

3. (added on two extra quires, s. xv in.) ff. 211–33 Abraham diem domini vidit . . . Zizannia est in ecclesia tribus de causis dominica post nat' .s.2.d. Explicit tabula Super Sermones Dominicales Willelmi Lugdunensis.

f. 233ᵛ blank.

4. (*a*) s. xiv, f. 1 recipe in French and 'Virtutes Feinoili'; (*b*) s. xv, f. 236 letter from 'Robert qwyght [. . .] prest of Al[. .]', mostly erased.

ff. i + 233 + iii. ff. 1, 234–6 are medieval parchment flyleaves. 210 × 152 mm. Written space *c.* 140 × 100 mm. 2 cols. 30–2 lines. Collation: 1–2² 3⁸ 4–9¹⁰ 10–17¹² 18¹⁰ 19–20¹² 21¹⁰ wants 10 (originally blank) after f. 211 22¹⁰ 23¹². Initials, art. 1: 3/2-line, red or blue, with ornament of the other, or, after f. 65ᵛ, both colours; art. 3, 4/3-line, blue with red ornament. Paraphs in red, alternating from f. 47 with green or, from f. 63ᵛ, blue. Capital letters in the ink of the text filled with red. Medieval (?) binding of slightly bevelled wooden boards covered with later brown leather. Secundo folio (f. 2) *Celum celestem*, (f. 6) *bit et in nobis*.

Written in England, by a named scribe, see colophon to art. 1. 'kk', s. xiv/xv, top centre left, 'C', s. xv, top right, f. 5, are pressmarks, the former corresponding, with the *secundo folio*, to the entries in the catalogues of books in the Spendement at Durham Cathedral Priory in 1392 and 1417, *Cat. Vett.*, 28 and 105. Annotations, ff. 66–69ᵛ, in hands, s. xvi¹, found in printed books now at Ushaw College, formerly belonging to Durham monks. Annotations throughout in a hand, s. xvi², found in former Durham manuscripts among Oxford, Bodleian Library MSS Laud misc. 'Willelmus Whitmore 1596 aetatis 42', f. 1. 'John Nellson', s. xvii (?), f. i. 'A. T.

Charles Cording', s. xix, f. i. Two cuttings from English sale-catalogues stuck inside front cover.
'Henry J. Snell Plymouth 1874', f. i, and presented by him to the Cottonian collection in 1923,
see presentation plate inside front cover.

PLYMOUTH. SALTRAM HOUSE

Antiphonale   s. xiv ex.

In primo Sabbato de aduentu: ad uesperas V Rorate celi . . . (f. A. lxx^v) In
natiuitate sancti Iohannis apostoli—R Valde honorandus (f. B. i) Ad Mag. Ant.
Iste est iohannes qui supra pectus domini . . . (f. B. lxxviii^v) per inhabitantem
spiritum eius in uobis alleluia Ps. Benedictus.

Temporal, Advent–Saturday after Pentecost. The catchword on f. A. xxxx^v to the first leaf of
quire 5 (f. A. xxxxi) was erased, and there is no catchword on the last leaf of that quire (f. A. l) to
f. A. li, which starts with the Christmas Eve invitatory that also occurs on f. A. l with slightly
different music, where it is followed by Venite in full, breaking off at foot of f. A. l^v 'fines terre
et'; the decoration in quire 5 is a little different in style.

ff. ii + 138. Early foliation in one hand half way down the outer margin of each recto: (A). j–lxx,
(B). j–lx, (lxi–lxxviii), including missing leaves, see collation. 552 × 390 mm. Written space 364
× 253 mm. 7 long lines + 4-line staves. Collation: 1–2^10 3^10 wants 3 and 8 (ff. A. xxiii and xxviii)
4^10 wants 3 and 8 (ff. A. xxxiii and xxxviii) 5–6^10 7^10 wants 4–7 (ff. A.lxiiii–lxvii) 8–11^10 12^10
wants 1 and 10 (ff. B. xxxxi and l) 13–14^10 15^8. Minims 9 mm. high. Initials: (i, ii) 3-line +
staves, ff. A. ii and lv^v (Hodie nobis celorum), and 2-line + staves, blue and red, with ornament
in red and purple or blue; (iii) 1-line + two lines of stave, blue with red ornament, or red with
ornament in purple or, from f. B. i, ornament in dark blue gradually reverting to purple; but in
quire 5 some initials smaller, style of ornament different and infilled on f. A. xxxxi with olive
green. Early binding, dilapidated, of wooden boards, a split in the back board mended with
three pieces of iron, covered with remnants of brown leather bearing a pattern of fillets and at
least three flower stamps; five bands, of pink-stained leather; two bosses on each cover, out of
nine (?). Secundo folio *Aspiciens*.

Written in Italy. Still in use, s. xviii, see note f. A. lv. 'No 12099: 11471: 3 Ant (?)', s. xix, f. A. i
top. '50.ls.' in pencil, s. xix (?), f. A. i top; repeated on bookplate of 'WLTH C' inside the front
cover.

POWIS CASTLE

Horae   s. xv med.

A book of hours similar in content and arrangement to London Dulwich College
25, Edinburgh Univ. Libr. 303, and Leeds Univ. Libr. Brotherton 3, see *MMBL*
i. 46, ii. 593, and iii. 27, and Stonyhurst 35 and 70, see below.

1. ff. 2–7^v Calendar in red and black.

Feasts in red include translation of Hugh ep. (6 Oct.), Hugh and Edmund r. (17, 20 Nov.). Family notes added, s. xvi/xvii, are explained on f. 1ᵛ, see below. 'pape' and Thomas of Canterbury untouched.

2. ff. 9–26 Memoriae: John Baptist, Thomas of Canterbury, Christopher, Katherine, George, Mary Magdalene, Margaret, Barbara, Trinity.

The antiphons are the usual ones, see *MMBL* iii. 28, arts. 4 and 3. f. 26ᵛ blank.

3. ff. 28–32ᵛ Oratio deuota ad christum. O Ihesu christe eterna dulcedo . . . torcular solus

The fifteen Oes of St Bridget, 'uera libertas' in fourth place, ending imperfectly in last.

4. ff. 34–71 Incipiunt hore beate marie uirginis secundum consuetudinem anglie (use of Sarum).

Hours of the Cross worked in. The memoriae at the end of Lauds are the usual set, see *MMBL* iii. 28. f. 71ᵛ blank.

5. ff. 72–6 Has uideas laudes. qui sacra uirgine gaudes—Salue. Salue uirgo uirginum stella matutina—Regina. Regina regnancium . . . oratio. Deus qui de beate marie uirginis utero uerbum tuum . . .

6. ff. 76–7 O Intemerata . . . orbis terrarum inclina . . . Masculine forms.

7. ff. 77–9 Obsecro te . . . Masculine forms.

8. ff. 79–80ᵛ Ave mundi spes maria aue mitis . . . *RH*, no. 1974.

9. ff. 81–3 Quicumque hec septem gaudia in honore beate marie uirginis semel in die dixerit centum dies indulgenciarum optinebit a domino papa clemente qui ea septem gaudia proprio stilo composuit. Uirgo templum trinitatis . . . *RH*, no. 21899.

f. 83ᵛ blank.

10. ff 85–7 Ad ymaginem christi crucifixi. Omnibus consideratis . . .

AH xxxi. 87–9. *RH*, no. 14081 (etc.). f. 87ᵛ blank.

11. (*a*) ff. 88–9 Oratio uenerabilis pede (*sic*) presbiteri de septem uerbis—Domine ihesu christe qui septem uerba . . . (*b*) f. 89ʳᵛ Precor te piisime . . . (*c*) ff. 89ᵛ–90 Deus qui uoluisti pro redempcione mundi . . . (*c*) ff. 90ʳᵛ Ave domine ihesu christe uerbum patris . . . (*d*) ff. 90ᵛ Ave principium nostre creationis . . . (*e*) ff. 91 Ave uerum corpus christi natum . . . (*f*) f. 91 Aue caro christi cara . . . (*g*) ff. 91 Anima christi sanctifica me . . . (*h*) f. 91ʳᵛ Omnibus confessis—papa bonifacius concessit duo milia annorum indulgenciarum ad supplicacionem philippi regis francie. Domine ihesu christe qui hanc sacratissimam carnem . . .

(*d–g*) *RH*, nos. 2059, 2175, 1710, 1090.

12. ff. 93–106ᵛ Incipiunt septem psalmi penitenciales . . . (f. 98) Incipiunt quindecim psalmi . . . (cues only of the first twelve) . . . (f. 99ᵛ) Litany.

Thirty-two martyrs: . . . (22–5) thoma eswardi oswalde alane . . . (31–2) wallepaxte aghapite. Sixteen confessors: zwichine vrine last.

Arts. 13–15 are on quires 12–15.

13. ff. 108–25 Incipiunt uigilie mortuorum.

f. 125ᵛ blank.

14. ff. 127–136ᵛ Incipiunt commendationes animarum.

15. ff. 138–141ᵛ Incipit psalterium de passione.

Pss. 21–30, cues only of 22–4, 26, and 29.

16. (quires 16–17) ff. 142–52 Beatus uero iheronimus in hoc modo psalterium istud disposuit . . . regnum eternum. oratio. Svscipere digneris . . . (f. 144) Incipit psalterium sancti iheronimi. Uerba mea . . .

ff. 152ᵛ–153 ruled but blank.

ff. ii + 153 + ii. 190 × 145 mm. Written space 115 × 80 mm. Ruled in mauve ink. 20 long lines. Collation: 1⁸ wants 1 2¹⁰ 3 five (ff. 28–32) 4–6⁸ 7⁸ wants 8 (blank) after f. 71 8¹⁰ wants 10 blank after f. 80 9⁸ + 2 leaves (ff. 90–1) after 8 10⁸ wants 4 after f. 95 11⁸ wants 8 (blank) after f. 106 12 eight (ff. 108–15) 13–16⁸ 19 three. 24 singleton picture-pages, blank on recto, inserted ff. 8, 10, 12, 13, 15, 17, 20, 22, 24, 27, 33, 40, 51, 55, 58, 61, 64, 67, 84, 92, 107, 126, 137, 143, i.e. nine in art. 2 (George and Mary Magdalene misplaced, ff. 12, 17), eight in art. 4 (Passion series), and one each before arts. 3 (Christ stands blessing), 10 (Nailing of Christ to the cross), 12 (Christ on rainbow flanked by angels with trumpets with scrolls 'Venite [. . .]' and 'Surgite vos mortui' above faces looking out of graves), 13, 14 (three souls borne up in a sheet to God by angels), 15 (naked risen Christ seated on lid of tomb with Instruments of the Passion and orb at his feet), and in art. 16. Initials: (i) 6-line, in pink or blue patterned with white, on decorated gold grounds; (ii, iii) 3- and 2-line, in gold, on pink and blue grounds patterned with white; (iv) 1-line, blue with red ornament, or gold with black ornament. Line-fillers in blue and/or gold, in Litany only. Capital letters in the ink of the text touched with yellow. Three-quarter borders on pages with pictures and facing pages; top and bottom of other pages with type (i) initials. Binding of s. xx.

Written in the Low Countries for the English market. 'This Booke belonged to yᵉ Earles of Northumberland and was brought from Petworthe by yᵉ Lady Elianer daughter of Henry Percy yᵉ eight Earle of that family and wife of William Herbert first Lord Powis of yᵗ family and given by her to her Grandsonne Thomas Abington. The said Lady Elianor writte in yᵉ Calendar of this Booke as followinge', f. 1ᵛ; the key to notes added in art. 1 includes '27 Febru': I was M: 1594 wᶜʰ day yᵉ said Lady Elianor was maryed'. 'Katherin Herbert', s. xvii, f. 153ᵛ. 'Thomas Abington 1721', f. 153, and cf. f. 152ᵛ and erased notes on blank rectos in art. 2. '[. . .] Taylor', s. xviii (?), f. 153ᵛ. Transferred to the National Trust in 1952.

PRESTON. HARRIS MUSEUM AND ART GALLERY

Psalterium, etc.   s. xiii²

No. 15 in *MERT*; no. 26 (p. 138) in Dearden, 'John Ruskin'; Morgan, no. 140, with facsimiles of initials on ff. 6 and 25ᵛ (plates 200–1), and a dating of 'early 1250s'.

1. ff. 1–3^v Calendar in blue, red, and black; two months to a page.

Feasts in blue include 'eadmundi archiepiscopi' (16 Nov.); in red 'Willelmi ebor' archiepiscopi' (8 June), Dominic (5 Aug.), Wilfred (12 Oct.), and Hugh (17 Nov.). 'pape' and feasts of Thomas of Canterbury (29 Dec. (blue) and 7 July (red)) untouched. Processus and Martinianus, Anne, Sampson bp. added (2, 26, 28 July). Obit of John Haydok 1452 added at 12 Aug.

2. ff. 4–40 Psalms.

3. ff. 40–43^v Six ferial canticles, followed by Benedicite, Benedictus, Magnificat, Nunc dimittis, Te deum, Quicumque vult.

4. ff 43^v–45^v Litany.

Thirty-one martyrs: . . . albane oswalde kenelme eadmunde eadwarde ealphege thoma (10–16) . . . ; forty-four confessors: oswalde, wlstane eadwarde (1–3) . . . berine swithune aþelwolde dunstane eguine uigor audoene romane Nicholae Remigi cuthberti chedda goduuale wilfride pauline (15–29) . . . Guthlace beda Cadoce Roberte Willelme ii eadmunde Gileberte (38–44); thirty-seven virgins: Anna (1) . . . eþeldrida mildrida milburga edburga Wereburga Wenefreda brigida elena (25–32) . . . frideswida (37). Nineteen prayers: Deus cui proprium, Ecclesie tue, Omnipotens sempiterne deus qui facit mirabilia, Deus in cuius manu, Pretende domine, A domo tua, Ure igne, Adesto domine, Ad te nos, Omnipotens sempiterne deus salus eterna, Animabus, Deus qui es sanctorum, Inclina, Deus indulgenciarum, Miserere, Deus qui inter apostolos, Deus uenie largitor, Fidelium deus.

5. ff. 46–61 Hymns: (a) Temporal; (b) Sanctoral; (c) Common of saints; (d e) see below.

Of the 115 hymns listed *Brev. ad usum Sarum*, iii, App. II, pp. ciii–cv (front), (a–c) contain 91, each first verse noted with two settings for nos. 58 (first left blank), 85, 108, and 69: (a) nos. 1–4, 9–12, 81, 13–17, 5–8, 18–60, 64–8; (b) nos. 83, 86, 87 (O gloriosa femina), 84, 85, 88–91, 108–12, 114, 115; (c) nos. 69–78; (d) nos. 80, 69, 79, 98, 113, single verses, noted, the setting of no. 69 the same as the first setting in (c); (e) multiple settings of the first verse of thirteen hymns in (a) and (c): nos. 70 (5 settings), 71 (4), 72 (5), 73 (4), 74 (6), 75 (5), 76 (5), 77 (5), 78 (4), 5 (22), 6(4), 7 (3), 8 (3).

6. ff. 61–5 Hic incipit commendatio animarum . . . Subuenite sancti dei . . . resurgat et cum.

Commendation of soul (cues only), and Office of the dead, noted, with responses as in Sarum use, cf. *Manuale Sarum*, pp. 119–21, 132–40, 122–4. The rubric between Absolue . . . and Placebo, f. 61^v, is 'Hic lauetur corpus et in feretro locetur dicentibus interim fratribus vesperas et vigilias'. f. 65^v blank.

7. The flyleaves contain writing in pencil: (a) ff. iii^v, iv notes on confession and penitence; (b) f. iv^v, an 8-line letter, hard to read, ending 'gracias ab omnibus amicis vestris et nostris inde (?) recepturi. Vale'; (c) f. iii^v, couplet 'Vous auez la Cur (?) de moy/Sur tous autres par ma foy'.

(a b) in a small current English hand, s. xiii. The names Joseph, Assuerus, and Mardocheus occur in (b). (c) s. xiv.

ff. iv + 65 + iii. ff. iii, iv are medieval parchment flyleaves, see art. 7 above. 230 × 155 mm. Written space 152 × 95–100 mm. 2 cols.. 42 lines. Collation: 1 three (ff. 1–3) 2–4^{10} 5^{12} 6–7^{10}. Initials: (i) to the eight main divisions of the Psalter and to art. 5, 11-line (13-line f. 4), in colour on coloured and gold grounds, historiated, including Ps. 38 (f. 13) a clerk in red tunic under black gown (?) with finger to mouth genuflecting before Christ, Ps. 68 (f. 19ᵛ) Christ rising from tomb above Jonah emerging from whale, Ps. 109 (f. 31ᵛ) Trinity; (ii) 9-line to Ps. 51, 6-line to Ps. 101, as (i); (iii) to art. 2, as (i) but decorated not historiated; (iv) 2-line, blue with red ornament; (v) 1-line, blue or red. A fighting centaur (?) and dragon, f. 4 foot; David with sling in margin beside Ps. 51 (Goliath in initial). Binding of English gilt morocco, s. xviii, gilt edges; spine-title: 'Psalteri et.' on upper label, and on lower, scratched out, 'Beat. Virg. Oratione'. Secundo folio (f. 5) *deus meus.*

Written in England, probably for male religious use, see art. 6. 'Bibliotheca Palmeriana, Londini, 1747', on a piece of paper listing contents pasted to f. ii. The owner in s. xix in. noted, f. ii. 'I bought this book' at the (G. G.) Mills sale by Jefferys (24 Feb.) 1800, and recorded, f. iiᵛ, on 5 Jan. 1814 that 'Mr Sharp of Coventry has just examined' it. '1023', f. iᵛ. Bought by John Ruskin 'some twenty years back of Pickering (or some bookseller on the south side of Piccadilly)', see his note, and sketch of foliage, dated 14 Apr. 1881, f. iᵛ; listed in his Diary 15 Dec. 1872 and valued at £45 for insurance purposes, see Dearden, art. cit., p. 128. Bought from Ruskin for £25 by Revd J. P. Haslam (vicar of Thwaites, Cumbria, d. 1924), see 'J. P. Haslam', f. iiᵛ; bequeathed by him and received after his wife's death in 1949.

QUARR ABBEY

Digestum vetus, cum apparatu   s. xiv in.

A badly mutilated copy.

consul potest expedire hoc. ut obsequium parentibus . . . Si mulier se dicat circum

Begins in bk. 1 tit. xvi. 1. 9, and ends in bk. 23 tit. iii. 1. 12; probably originally comprised bks. 1–24. The inscriptiones give the jurist's name only. The apparatus is that of Accursius, often printed. Notes, marginal and interlinear, added in various hands, s. xiv.

ff. 125. 425 × 250 mm. Written space: 237 × 129 (text); up to 390 × 225 mm. (apparatus). 2 cols. 50 lines, text; up to 124, apparatus (f. 2). Collation: 1¹² wants 2 after f. 1 2¹² wants 2 after f. 12 9–10 after f. 17 3¹² wants 3–4 after f. 22 12 after f. 28 4¹² wants 8–9 after f. 35 11–12 after f. 37 5¹² wants 1–2 before f. 38 5 after f. 39 7 after f. 40 6 five (ff. 46–50) 7 four (ff. 51–4) 8 five (ff. 55–9) 9¹² wants 2 after f. 60 6 after f. 64 12 after f. 68 10¹² wants 2 after f. 69 8 after f. 74 10 after f. 75 11 one (f. 78, 2 (?) of a twelve) 12¹² wants 1–6 before f. 79 10 after f. 81 13¹² wants 3–5 after f. 85 11 after f. 89 14¹² 15¹² wants 5–8 after f. 106 16¹² wants 4–5 after f. 113 17¹² wants 3 after f. 122 5 after f. 123 8–12 after f. 125. Initials: (i) 2-line, blue with red ornament; (ii) 1-line, red or blue. Medieval binding of wooden boards covered with white leather and white sheepskin chemise; nine bands, VVIVV; two clasps, missing.

Written in England. 'Memorandum quod Symon Cantwel procurator domini laurencii Mvakyr pro vendicione falingarum recepit ij nobilia et v d' (Item iiij s' recepit Item eciam recepit xl d' et ij s' ij d')', s. xv, front pastedown; 'Caucio Iohannis Canw[. .] Iohannis Walsche domini lawrenti Miaghyr domini Dauit hacket exposita in cista Turvyle Primo die Iulii Anno domini Mᵒ CCCCᵒ xxx viijᵒ [. . .] et Iacet pro xxx solidis', front pastedown; see Emden, *BRUO*, pp. 351 (John and Simon Cantwell), 848 (Haket), and 1201 and ii. xx (Machyr), all from Ireland. 'Taken from the Great House Barrington Hall – Hatfield Broad Oak Essex out of the Library of Sir M Barrington Bᵗ 5ᵗʰ July 1827 M. Barrington', on back turn-in of chemise; in the same hand '8ᵗʰ July 1827 Sir M. Barrington Bᵗ took this Book with him to the Isle of Wight for security . . . ', front pastedown. 'Deposited on permanent loan in the Library of Quarr Abbey through the kindness of Sir John and the executors of the late Sir John W. B. Simeon, Bart. September 2nd 1957. Swainston I. O. W. Quarr Abbey I. O. W.', on slip kept with manuscript; the Simeons followed the Barringtons at Swainston.

QUEENSBOROUGH. TOWN HALL

Statuta Angliae; Registrum brevium   s. xiv in.

1. (quire 1) ff. 3–8ᵛ Sarum calendar in red and black.

'pape' and feast of Thomas of Canterbury crossed out.

Quire 2 contains, f. 9, Tot subscripta continentur in isto volumine, covering arts. 2(*a–qq*) and 4–11, with 3 and 13; and, ff. 9ᵛ–12ᵛ, tables of chapters in art. 2 (*a–b, d–g, i*): 35, 20, 11, 27, 48, 16, and 48 respectively.

2. (quires 3–15) ff. 13–116ᵛ Magna Carta of 1300 and statutes (etc.) of various dates or without dates. There are marginal notes giving dates beside (*d–g, i*), see below.

(*a*) f. 13 Hic incipit magna carta de libertatibus Angl': the inspeximus of 28 Mar. 1300. *SR* i, Charters, p. 38.

(*b*) f. 17ᵛ Incipit Carta de Foresta: the inspeximus of 28 Mar. 1300. *SR* i, Charters, p. 42.

(*c*) f. 20 Incipit Sentencia lata in trangr' earundem. Anno domini M°.CC.l. tercio Idus Maii . . . *SR* i. 6.

(*d*) f. 21 Incipiunt prouisiones de mertona. (20 Hen. III). *SR* i. 1.

(*e*) f. 23ᵛ Incipiunt statuta de Marleberghe. (52 Hen. III). *SR* i. 19.

(*f*) f. 30 Incipiunt statuta Westm' prima. In French. (3 Ed. I). *SR* i. 26.

(*g*) f. 43ᵛ Incipiunt statuta Gloucestrie. In French. (6 Ed. I). *SR* i. 45.

(*h*) f. 47ᵛ Incipiunt explanaciones eorundem. *SR* i. 50.

(*i*) f. 48 Incipiunt statuta Westm' secunda. (13 Ed. I). *SR* i. 71.

(*j*) f. 72ᵛ Incipit statutum religiosorum. *SR* i. 51.

(*k*) f. 73 Incipit confirmacio domini R' cartarum etc. Dated Ghent 5 Nov. anno 25. In French. *SR* i. 123.

(*l*) f. 74ᵛ Incipiunt statuta scaccarii. In French. *SR* i. 197.

(*m*) f. 77ᵛ Incipiunt districciones scaccarii. In French. *SR* i. 197*b*.

(*n*) f. 78ᵛ Incipit statutum de Bigamis. *SR* i. 42.

(*o*) f. 79ᵛ Incipit statutum de Mercatoribus. In French. *SR* i. 53; followed by a writ to the sheriff of Northampton.

(*p*) f. 82ᵛ Incipiunt statuta Wyntonie. In French. *SR* i. 96.

(*q*) f. 85 Incipit statutum de quo Waranto. *SR* i. 107.

(*r*) f. 86 Incipit sub qua forma laici impetrent Regis prohibic'. *SR* i. 101/24.

(*s*) f. 86ᵛ Incipiunt articuli contra Regis prohibitionem Circumspecte agatis . . . *SR* i. 101/1–23.

(*t*) f. 87 Incipit statutum de emptoribus terrarum. *SR* i. 106.

(*u*) f. 87ᵛ Incipit statutum exonie. Dated 28 Dec. anno 14. In French. *SR* i. 210.

(*v*) f. 92 Incipit statutum de Militibus. *SR* i. 229.

(*w*) f. 92ᵛ Incipit statutum de vocatis ad Warantum. *SR* i. 108.

(*x*) f. 93ᵛ Incipit statutum de vasto facto in custodia. *SR* i. 109.

(*y*) f. 94ᵛ Incipit statutum de conspiratoribus. 20 Ed. [I]. In French.

(*z*) f. 94ᵛ Incipit statutum de Iuratis et Assisis. *SR* i. 113; followed by a writ to the sheriff of Lincoln, 13 Dec. anno 22.

(*aa*) f. 95ᵛ Incipit statutum contra vicecomites et clericos suos male retornantes breuia R'. *SR* i. 213.

(*bb*) f. 96ᵛ Incipit statutum de finibus. *SR* i. 128/55.

(*cc*) f. 98ᵛ Incipiunt noui articuli. In French. *SR* i. 136.

(*dd*) f. 104 Incipit statutum de Gaueleto in London'. *SR* i. 222.

(*ee*) f. 104ᵛ De terris et libertatibus perquirendis de gracia Regis. In French. *SR* i. 131.

(*ff*) f. 105ᵛ Hic incipiunt Consuetudines Kancie. 21 Ed. [I]. In French; the English phrases being 'Son þe fader to þe bough: son þe sone to þe lough', 'Si þat is wedewe; si is leuedi', 'Neughe sithe yelde. neughe sithe gilt*ere*. and yif pund for þe were: yan is he heldere'. *SR* i. 223.

(*gg*) f. 108 Incipiunt exposiciones vocabulorum in cartis libertatum. Sok; hoc est secta . . . Auerpeny—pro aueragio domini regis.

(*hh*) f. 109ᵛ Incipit modus calumpniandi essonia. *SR* i. 217.

(*ii*) f. 110 Incipiunt dies communes in banco. *SR* i. 208.

(*jj*) f. 110ᵛ Incipiunt dies dotis. *SR* i. 208.

(*kk*) f. 111 Incipit visus franciplegii. In French. *SR* i. 246.

(*ll*) f. 111ᵛ Incipit modus faciendi homagium et fidelitatem. In French. *SR* i. 227.

(*mm*) f. 112 Incipit assisa panis. In French. Cf. *SR* i. 199.

(*nn*) f. 112ᵛ Incipit assisa Ceruisie. In French. Cf. *SR* i. 200.

(*oo*) f. 113 Incipit Extenta manerii. Inquirendum est de castris et aliis edificiis . . . *SR* i. 242.

(*pp*) f. 114 Incipit modus admensurandi terram. *SR* i. 206.

(*qq*) f. 115 Composicio ad puniendum (infringentes) assisam forstallar' et huius menestrallos. *SR* i. 202.

3. (quire 16, added) ff. 117–128ᵛ Licet Ordo placitandi . . . accio actoris. Explicit Summa; Magna Hengham.

ed. W. H. Dunham, *Radulphi de Hengham Summae* (1932), 1–50.

Arts. 4–12 are on quires 17–24.

4. ff. 129–39 Hic incipit parua hengham. Notandum quod . . . fuerit tenens. Explicit—

Ibid. 52–71.

5. ff. 139–144ᵛ Incipit modus ordinandi breuia. Cvm sit necessarium . . . fuerit disseisitus. Explicit—

ed. G. E. Woodbine, *Four Thirteenth-Century Law Tracts* (1910), 143–59 (Modus componendi breuia).

6. ff. 144ᵛ–151 Incipiunt excepciones ad cassand' breuia. Cest lordre de

excepcion a mettre auaunt en pledaunt nomeement quel excepcion deit estre mys auaunt . . . est le bref abatable. Expliciunt—

Ibid. 163–83.

7. ff. 151ᵛ–157ᵛ Incipit tractatus de Bastardia. Notandum quod si bastardus se clamando legitimum . . . deit estre somons. Explicit—

Last 18 lines only in French.

8. ff. 157ᵛ–164ᵛ Incipit Iudicium essoniorum. Primum capitulum . . . eorum discretionem. Explicit—

Ibid. 116–42.

9. ff. 164ᵛ–173ᵛ Incipit Cadit assisa. Rex vic' salutem. Si A—Cadit assisa: si petatur . . . possessio. vt predictum est.

Corrections added at the side and between the lines.

10. ff. 173ᵛ–179 Incipiunt articuli qui in narrando indigent obseruari. Primo in breui de recto. De quantitate ten' . . . sicuti breue de transgressione. Explic'

11. ff. 179ᵛ–187 Incipiunt excepciones contra breuia. De excepcionibus contra breuia et primo in breui de recto potest exipi . . . In summa cadit assisa: plenius don' est. Expliciunt—

12. (added) f. 187ᵛ Notandum quod quatuor Modis dicitur excepcio . . . responsionem. Explicit Quot Modis dicitur Excepcio.

Cf. art. 2(hh), and MMBL i. 39.

13. (quires 25–9) ff. 188–227 Edwardus dei gratia . . .

A register of writs beginning with an undated writ of right. The collection falls between the registers called CC and R by de Haas and Hall. The contents and arrangement are generally as CC up to the last ten leaves, where, as well as CC 194 and 154a, and R 825 and 624, there are some writs found in neither, e.g. Inquisicio de etate probanda, De inquirendo ydiota, Littera deprecatoria missa per Regem; the limitation in the writs corresponding to CC 100 and 234 and R 620 is the coronation 'domini H patris nostri'. A few writs of trespass follow CC 108, 109, among them R 257. The last two pieces in the main hand are Breue de conspiratoribus, dated Nettleham (near Lincoln) 3 Feb. 1301, and naming William Inge and Nicholas Fermbaud as justices; and Littera deprecatoria per Regem, in favour of Peter de Dene bearing letters to the pope on business of John de Langeton chancellor bishop-elect of Ely (1298–9). The second of two additions, s. xiv, f. 227, is a writ to the sheriff of Kent, 'Si magister domus dei Douerr' . . . '.

14. (added on a flyleaf, s. xiv med.) f. 1ᵛ Lestnetz alle leue and der'/Yᶜ wille you telle of a frer . . .

Six 5-line stanzas, rhyming aaaab, written upside-down, not in IMEV: a friar minor has left his order. Above this are six lines, the first two in French and the other four in English, of which the first two are cancelled; they seem to have some connection with what follows.

15. (added on flyleaves and in blank spaces and margins, at various dates) ff. 2ʳᵛ, 3ᵛ, 4ᵛ, 12ᵛ, 128ᵛ 186ᵛ–189, 190ᵛ–191, 227–33 documents relating to Queenborough, apparently ranging in date from 31 Henry VI (1452/3), f. 228, to tempore Henry VII.

ff. ix + 232 + vii, foliated (i–vii) 1–11, 11*, 12–233 (234–40). ff. 1–2 are medieval flyleaves, perhaps also ff. 228–9, 230–1, and 232–3 which are each a bifolium. 246 × 170 mm. Written space 170 × 104 mm. 27 long lines; art. 3, *c*.36; art. 13, 31. Collation of ff. 3–227: 1⁶ 2⁶ wants 6 (blank) after f. 12 3–15⁸ 16¹² 17–23⁸ 24⁴ wants 4 (blank) after f. 187 25⁸ 26⁴ 27–28¹² 29⁸ wants 5–8 (blank). Written in anglicana, mainly by one hand, except art. 1 textura. Unfilled spaces for 4-, 3-, and 2-line initials. Binding of s. xx; quires thrown out on guards; medieval bevelled wooden boards, grooves for bands in the front board, tunnels in the back, fastened to new covers. Secundo folio (f. 14) *pertinencia*.

Written in England. Probably in Kent in s. xiv, see art. 13 addition, f. 227. At Queensborough by s. xv med., see art. 15. 'Liber Stat' Ville de Quenesborugh', s. xv ex., f. 233. Deposited by the mayor and corporation of Queensborough in the Kent Record Office Maidstone in 1957, reference QB/AZ. 1.

RANWORTH. PARISH CHURCH OF ST HELEN

Antiphonale   s. xv²

A noted Sarum breviary without lections described in *Norfolk Archaeology*, 18 (1912), Proceedings, pp. xxxiv–xxxvii, with facsimile of Pss. 52, 80. Plates of two of the pictures (ff. 154ᵛ, 149ᵛ) in the sale–catalogue (see below), and [H. J. Enraght], *Ranworth: A Village and Church on the Broads* (1918 etc.); reduced facsimiles of ff. 1, 52ᵛ–60, A. Hughes, *Medieval Manuscripts for Mass and Office* (1982), frontispiece and plate 22a–h.

1. ff. 1–128ᵛ Temporal, Advent–25th Sunday after Trinity.

Type (i) initials for Christmas, Epiphany, Ascension, Pentecost, Trinity, and Corpus Christi. Office of Thomas of Canterbury lightly crossed out. One leaf missing at the beginning of Easter.

2. ff. 128ᵛ–132ᵛ In dedicacione ecclesie.

3. ff. 132ᵛ–133ᵛ Benedicamus domino, and benedictions 'per totum annum'.

4. ff. 133ᵛ–134ᵛ Hic incipiunt differencie primi toni . . .

5. ff. 135–140ᵛ Sarum calendar in red and black, graded.

The word 'pape' and feasts of Thomas of Canterbury erased, but, except at 29 Dec., later restored. 'Sancta Iohanne vxor cuze' (24 May), translation and depostion of Osmund, (16 July, 4 Dec.), in main hand. Transfiguration, festum nominis Ihesu, and Helen added (6, 7, 18 Aug.) Obit 'Roberti Felmygham gent' anno domini Mᵒ CCCCCᵒ quinto' added (22 Jan.); no doubt the Robert Felmingham, d. 1506, who asked to be buried in Ranworth church, cf. *Norfolk Archaeology*, 7 (1872), 193. Obit 'Iohanne holdych Filie Iohannis Fyncham de owtwell gent' et vxoris Roberti holdych Armigeri Anno regni regis Henrici viii xxixᵒ et anno domini Mccccccxxxviij°' added (2 Feb.). Additions on the October page: (*a*), s. xv, Procuratur de Burton Sancti lazari dominica post festum sancte fides virginis', cf. below notes in the Wollaton antiphonal; (*b*), s. xvi, Memorandum quod tercia dominica mensis octobris (fuit *over erasure of ?* est) semper dedicacio Ecclesie de Ranworth (quousque dominus Ricardus Nix Episcopus Norwic' aliter Constituit per totam diocesam ut postea hic patet); (*c*), s. xvi, Memorandum quod dedicacio ecclesie obseruanda est omnino vicesimo die mensis octobris per ordinacionem Ricardi

Nix Episcopi Norwic'; (*d*), s. xvi, Memorandum quod dominica prima mensis octobris erit semper dedicacio ecclesie de Ranworth quam rex henricus octauus ordinauit in suo tempore per (totum Regnum suum).

6. ff. 141–173ᵛ Liturgical psalter and Litany.

f. 174ʳᵛ blank.

7. ff. 175–193ᵛ Common of saints.

8. ff. 193ᵛ–280ᵛ Sanctorale, Andrew–Saturninus.

Type (i) initials for Andrew, Assumption and Nativity of B.V.M., and All Saints,.

9. ff. 281–283ᵛ In natali sancte helene regine.

ff. iii + 283 + iii. 525 × 378 mm. Written space 370 × 255 mm. 2 cols. 51 lines. Collation: 1–10⁸ 11⁸ wants 6 after f. 85 12–16⁸ 17⁶ + 1 (f. 134) after 6 18⁶ 19–21⁸ 22¹⁰ (ff. 165–174) 23–33⁸ 34¹⁰ 35¹⁰ + 1 (f. 283) after 10. Signatures: +, a–q, in red, quires 1–17; c, quire 21; a–n, quires 23–35. Initials: (i) in arts 1 and 8 (see above), to art. 2 and to eight principal psalms in art. 6 (David kneeling × two, David standing, David and jester, Jonah and whale, musicians, singers, Trinity), in colours on gold grounds, historiated, extending along the margins in gold and colours (including vermilion and green), sometimes forming continuous borders; (ii) as (i), decoration instead of historiation, less extended in the margins; (iii) 3- or 2-line, blue with red ornament; (iv) 1-line, blue with red ornament, or red with grey-green ornament. Cadels are lined with grey-green. Binding of s. xix by F. Bedford. Secundo folio *ex parte*.

Written in England. In use at Ranworth church in s. xvi in., cf. art. 5, and probably earlier, since Ranworth is dedicated to St Helen, cf. art. 9; probably the antiphonal valued at 12 marks bequeathed to the church by William Cobbe in 1478, will in Norwich Consistory Court, 191 Gilour. Perhaps preserved at the Reformation by the Holdych family, lords of the manor of Ranworth, cf. art. 5, and, for the family, Blomefield, *History of Norfolk*, xi. 113. 'Ex musaeo Huthii', the bookstamp of Henry Huth, inside front cover. Huth sale, 16 Nov. 1911, lot 217, to Messrs Ellis (£360); bought from them for the church for £500.

READING. BOROUGH MUSEUM AND ART GALLERY

40.74. *Radbertus, De benedictionibus patriarcharum; etc.*   s. xii med.

The table of contents, s. xii, on the front pastedown, is headed in red 'In isto uolumine continentur hi libri'; there is a blank line in place of an entry for art. 2.

1. ff. 1–58ᵛ Incipit Prologus Rodberti abbatis. in librum de benedictionibus iacob et moysi: ad gudlandum monachum. Sanctorvm patriarcharum benedictiones—Quęris a me . . . coegisti talia ut temptarem: Explicit liber .ii. de benedictionibus patriarcharum.

Bk. 2, f. 30ᵛ. This copy, the only one known, is described and the prologue printed by P. Blanchard in *RB*, 27 (1911), 426–32; Blanchard argues convincingly for an attribution to Paschasius Radbertus.

2. ff. 58ᵛ/11–59/10 (*lightly erased*) Omnis creatura opus est diuinę sapientię . . . Similiter eum uidendo sentit colores [. . .]dores.

Four leaves excised between ff. 58 and 59.

3. ff. 59ᵛ–63ᵛ Augustinus de origine animę. et Cassiodorus sine partibus dicit animam esse et simplicem rem. Item anima est. prima perfectio corporis naturalis organici . . . cum multa quę uidentur diuisibilia non diuidantur.

4. ff. 63ᵛ–74ᵛ Expositio canonis missę. Scribere proposui quid mistica sacra priorum . . . Cum pater ad dextram cedit. et explet opus.

PL clxxi. 1178–1192/24 (Hildebert of Lavardin, De mysterio missae).

5. (*a*) ff. 74ᵛ–79ᵛ Sermo de sacramentis neophitorum habitus in sinodo. Qvoniam populus ad fidem . . . rationem reddant; (*b*) ff. 79ᵛ–84ᵛ Tractatus de ordinatione clericorum et de ceteris ordinibus. Qvia christianam miliciam in baptismate . . . in diem proficiat; (*c*) ff. 84ᵛ–89ᵛ/2 Tractatus de indumentis sacerdotalibus uel pontificalibus. Qvia sanctitas ministerii . . . caligis bissinis (*ends abruptly*).

PL clxii. 505–526/6 (Ivo of Chartres, Sermones i–iii). f. 89ᵛ/2–32 blank.

ff. 90, foliated 1–24, 24*, 25–89. 280 × 200 mm. Written space *c.* 187 × 106 mm. 32 long lines. Ruled with hard point. Collation: 1–7⁸ 8⁸ wants 4–7 after f. 58 9⁸ (2, 7 singletons) 10–11⁸ 12⁸ wants 7, 8 (blank ?). Quires 1–2 numbered at end, I–II; catchwords. Written mainly in two hands, changing at f. 59ᵛ/12. Initials: in red or green, some with two roundels, a few with a little ornament of the other colour. First letter of each line in art. 4 touched with yellow. Contemporary binding of thick square-cut flush wooden boards covered with white leather; projecting tabs at the head and tail of the spine; central strap-and-pin fastening, with a fairly elaborate circular metal fitting, 25 mm. in diameter, with leaf motifs, to fit on pin. Secundo folio *quasi eulogias*.

Written in England. Entered in the s. xii ex. catalogue of Reading Abbey, *EHR* 3 (1888), 121. '[Hic est li]ber sancte Marie de Rading'. Quem qui celauerit [uel fraudem] de eo fecerit; anathema sit', s. xiii, front pastedown, above table of contents, partly torn away; the hand is that of other inscriptions with this wording, see Ker, *MLGB*, p. 155. One of the manuscripts found by Bishop Virtue at Woolhampton Lodge in 1884; 'Virtue and Cahill Library. The Fovnders of this library earnestly reqvest their svccessors in the See of Portsmovth to keep this library intact and never to sell or dispose of any book for any reason whatsoever Nº 84(73)', printed label, inside front cover. 'Following enemy action in 1941 and dispersal of the library, the bishop and cathedral chapter agreed to the disposal of the books for better care and to the advantage of scholars 1967', rubber-stamp, inside front cover. Bought by Reading Corporation in 1967 for £3,000; transferred from Reading Reference Library to Reading Borough Museum in 1974.

READING. UNIVERSITY LIBRARY

2087. *Horae*   s. xvⁱ

Description in [J. A. Edwards], *A Gift and its Donor* (Reading Univ. Library, 1984).

1. ff. 1–12^v Full calendar in French in gold and alternating blue and red.

Feasts in gold include ambroise, germain (17, 28 May), eloy (25 June), martin (4 July), estienne, loys (3, 25 Aug.), leu gile (1 Sept.), marcel (3 Nov.), eloy (1 Dec.).

2. (quire 2) ff. 13–18^v Sequentiae of the Gospels.

Rubrics to Matthew and Mark reversed.

3. (quires 3–11) ff. 19–80^v Hours of B.V.M. of the use of (Paris), beginning and ending imperfectly.

Nine lessons at Matins.

4. ff. 81–97^v Penitential psalms, beginning imperfectly (Ps. 6: 7), and, f. 93, 'Letania', ending imperfectly.

Yuo last among ten confessors.

5. ff. 98–104^v Hours of the Cross, beginning and ending imperfectly.

6. ff. 105–109^v Hours of the Holy Spirit, beginning imperfectly.

7. ff. 110–54 Office of the dead.

f. 154^r ends 'Deus qui nos patrem et matrem honorare precepisti' followed by a line-filler; f. 154^v blank.

8. ff. 155–159^v Fifteen Joys of B.V.M., in French, beginning imperfectly 'recepuoir et ainsy vous . . .'.

9. ff. 160–2 Seven Requests, in French, beginning imperfectly 'vous enuoiastes vostre chier filz . . .'.

10. ff. 162–165^v Obsecro te . . . Masculine forms.

11. ff. 165^v–169^v Alia oratio de nostra domina O Intemerata . . . orbis terrarum. de te enim . . . Masculine forms.

12. ff. 169^v–185 Memoriae of Trinity, Michael, John Baptist, Peter and Paul, James, Andrew, Stephen, Laurence, Sebastian, Christopher, Denis, Martin, Nicholas, Anthony, Fiacre, Katherine, Margaret, 'geneuiefue', Mary Magdalene, Anne, All Saints, Cross, and peace.

13. (added, s. xv), f. 185^{rv} Memoria of Adrian.

ff. i + 185 + i. 204 × 153 mm. Written space 106 × 70 mm. 15 long lines. Ruled in pink ink. Collation: 1¹² 2⁶ 3⁸ wants 1 before f. 19 4⁸ 5⁸ wants 8 after f. 40 6⁸ 7⁸ wants 4 after f. 51 8⁸ 9⁸ wants 7 after f. 69 10⁸ 11 two (ff. 79–80) 12⁸ wants 1 before f. 81 13⁸ 14⁸ wants 3 after f. 97 15⁸ wants 3 after f. 104 16–20⁸ 21⁸ wants 6 after f. 154 22⁸ wants 4 after f. 159 23–24⁸ 25⁴ + 2 leaves (ff. 184–5) after 4. Change of hand at f. 172 (24¹). Six 11-line pictures remain: one each to arts. 2 (John surrounded by symbols of four evangelists) and 7 (burial), and four (Terce, Sext, None, Compline) in art. 3; twenty-one 6-line pictures in art. 12 (none to memoriae of Cross or peace). In art. 1 each recto has a roundel in the right-hand border and a lozenge in the bottom border, the former contain the works of the months and the latter the signs of the Zodiac. Initials: (i) 3-line, to text following 11-line pictures, blue or pink patterned with white, on decorated gold grounds; (ii) 2-line, as (i); (iii) 1-line, in gold on grounds of blue or pink patterned with white.

Line-fillers in blue and red patterned with white and gold. Borders on three sides of all pages; with a wide band of decorated gold, or, f. 110, other decoration, on pages with 11-line pictures. Binding of red velvet, s. xix, with a red morocco slip-case. Secundo folio (f.14) *mundum*.

Written in northern France. Bookplate of Henry White JP DL FSA inside front cover. 'Sold by Sotherby at sale of Henry White's library 21 Apr – 2 May 1902 to Maxim for £305.0.0, Lot 1113', pencil note inside front cover; cutting from Sotheby catalogue stuck inside back cover. Given by Dr Nellie B. Eales in 1981.

REIGATE. PARISH CHURCH. CRANSTON LIBRARY

889. *Horae*   s. xv med.

1. ff. 1–13ᵛ Calendar in red and black, beginning imperfectly at 27 Jan.

Feasts in red include Seruacius ep. and conf. (13 May), Seuerinus ep. and conf. (23 Oct.), Hubert ep. (3 Nov.). Added at 12 Sept. 'anno xcix stirs mijn huysurow', s. xv ex. 'pape' and feasts of Thomas of Canterbury untouched.

Arts. 2–3 are on quires 3–10.

2. ff. 14–17 Hours of the Passion, beginning imperfectly.

Leaf missing after f. 15 contained most of Sext and all None. f. 17ᵛ blank.

3. ff. 18–72 Hours of B.V.M. of the use of (Utrecht).

Arts. 4–5 are on quires 11–20.

4. ff. 73–91ᵛ Incipiunt vii psalmi penitencialee (*sic*), followed (f. 87ᵛ) by 'letanie sanctorum', ending imperfectly.

Roche last of 9 confessors.

5. ff. 92–146ᵛ Office of the dead, beginning imperfectly.

Lection 9 is 'Ecce misterium vobis dico . . . ' 1 Cor. 15: 51–7. f. 147ʳᵛ blank.

6. ff. 148–50 Orationes coram ymaginem pietatis flexis genibus dicende. Et dantur eas deuote legenti xviᵐ anni et xii anni necnon xl dies indulgentiarum. Et hoc dumtaxat si sit in statu gratie. Oratio O Domine ihesu christe adoro te in cruce . . .

Seven Oes of St Gregory.

7. ff. 150–151ᵛ Ista benedictio debet legi de mane quando surgitur—Benedicat me imperialis maiestas . . . Tunc signa frontem tuam os et pectus tuum cum signo crucis et dic Ihesus nazarenus rex iudeorum . . . Alia benedictio valde bona Benedicat me deus pater. qui cuncta creauit ex nichilo . . .

8. ff. 151ᵛ–152ᵛ Oratio de beata maria virgine Deprecor te domina sanctissima . . .

9. ff. 152ᵛ–157 Item oratio sequens dicitur ab angelo composita. et cuidam sancto episcopo diuinitus inspirata. Si quis eam omni die deuote cum contritione dixerit beatam virginem mariam in agone mortis—O Intemerata . . . orbis terrarum Inclina . . . Masculine forms.

10. ff. 157–67 Prayers and memoriae: (a) Rogo te sancte angele dei cui ego ad custodiendum . . . ; (b) O sancte iohannes baptista . . . ; (c) O Sancte iohannes euangelista . . . ; (d) Sancte petre electe dei apostole . . . ; (e) O Sancte iherasine martyr christi . . . ; (f) O Martyr christofore miles ihesu christi . . . ; (g) Magnificemus dominum qui beatum anthonium . . . ; (h) De sancta katherina— Ave virgo speciosa . . . ; (i) De sancta barbara Ave virgo speciosa . . . ; (j) O Sanctissima virgo dympna . . . ; (k) O Vos omnes sancti et electi dei . . . ; (l) De sancta Anna—Salue de radice yesse . . .

The memoriae are (f, h–j, l).

11. ff. 167–169ᵛ Prayers: (a) Pro amico in tribulatione collecta Presta quesumus domine famulo tuo N consolationis auxilium . . . ; (b) Pro amico fideli coll. Omnipotens sempiterne deus miserere famulo tuo N. et dirige eum . . . ; (c) Oratio pro viuis et defunctis. O piissima domina exaudi orantem famulum tuum . . . ; (d) Pro fidelibus defunctis Oratio. Miserere domine per gloriosam resurrectionem . . .

f. 170ʳᵛ ruled, but originally blank.

ff. ii + 170 + ii. 85 × 65 mm. Written space 45 × 35 mm. Ruled in purple ink. 13 long lines. 1⁸ wants 1–3 before f. 1 2⁸ 3⁸ wants 1 before f. 14 4 after f. 15 7 after f. 17 4–6⁸ 7⁶ 8⁸ 9⁶ 10¹⁰ 11–12⁸ 13⁸ wants 4 after f. 91 14–17⁸ 18⁶ 19⁸ 20⁶ 21–22⁸ 23⁸ wants 8 (blank). Initials: (i, ii) 7- and 5-line, in gold decorated with green, either on blue grounds decorated with gold and colours, or decorated with coloured penwork, with marginal prolongations and flower-heads in penwork and gold; (iii, iv) 4- and 3-line, in gold on coloured grounds or in colours on decorated gold grounds, with marginal prolongations and flower-heads; (v, vi) 2- and 1-line, red or blue. Binding of s. xviii (?), Continental (?); repaired by Eamonn Fitzmaurice of Charterhouse Bookbinding in 1982, see final flyleaf. Secundo folio (f. 14) crucem tuam.

Written in the Low Countries. For obit, 1499, see art. 1. 'Sum fransiscie Pardo (?)', s. xvi, f. 55. 'eyt sonder eroh waere om beneyt eyck', s. xvi, f. 170.

1117. Bernard Gui; etc.   s. xiv²

1. (a) ff. 11–120ᵛ (beginning imperfectly) ipse papa victor Narcissus papa . . . set minor quam alia videbatur. Iohannes xxiiᵘˢ nacione Caturcen' electus fuit in papam apud lugdunum die sabbati in festo sancti donati Martiris videlicet vij Idus Augusti anno domini mᵒ cccxvj; (b) ff. 120ᵛ–124ᵛ His prius vocabitur Iacobus del huse . . . apostoli eius non mendicabant per vias

(a) Cathalogus Romanorum Pontificum, from the account of Victor, with a continuation down to Clement V, see Baluze, Vitae paparum Avenionensium, ed. G. Mollat (1916), i. 80/11; (b) a purely English compilation, beginning over an erasure, concerned mainly with the succession of English archbishops and bishops, and ending imperfectly in an account of the dispute between Fitzralph and the friars in 1359. The next four, or possibly eight, leaves cut out.

2. ff. 125–41 Iulius cesar qui et gayus Iulius dicitur . . . in urbe Romana vt est moris coronatus.

De imperatoribus Romanorum, with a continuation. After f. 139, which ends in the account of Henry VII 'ab imperio Frederici sine imperatoris dominio', the next leaf has been removed and replaced by ff. 140–1, continuing to Charles IV's coronation in 1346 in another hand. f. 141ᵛ blank.

3. ff. 142–174ᵛ Compilacio cronicorum de diuersis archiepiscopis ecclesie Cantuarien' Sanctus augustinus nacione Romanus . . . prestito solito iuramento.

Substantially the same text as the Vitae archiepiscoporum Cantuariensium printed from Lambeth Palace MS 99, H. Wharton, *Anglia sacra* (1691), i. 1–48, except in parts of the lives of Simon Islip and Simon Langham, ibid. 44–7, which end at the foot of f. 173ᵛ where a later hand continues as ibid. 47/30–48; the section after 'equitando suauiter in litera' in 1363 down to Langham's enthronement (1367) was added in two different inks, perhaps by the main hand. Mistakenly ascribed by Wharton, following Joscelin, to Stephen of Birchington, see *Chronica Johannis de Reading et Anonymi Cantuariensis 1346–1367*, ed. J. Tait (1914), 63–6. f. 175ʳᵛ blank.

4. ff. 176–207ᵛ Hic incipit Bruto de gestis Anglorum. Anno domini mˡmˡmˡixᶜ Erat in Grecia quidam Rex potentissimus . . . fecit totaliter reparari. Et cetera ut in sequenti quaterno apparet.

Ends shortly after William II's accession. Before the chronicle, f. 176, are, in twenty-two lines, two short sections, De principio mundi et etatibus eiusdem and De insulis ac Ciuitatibus anglie.

5. ff. 208–73 Incipit cronica de adquisicione Regni angl' per Willelmum ducem Normannorum. et de pactis inter Willelmum ducem et haroldum. Anno gracie Millesimo lxvi Willelmus dux Normannorum applicuit . . . Die dominica sequente mane post gentaculum in Flandriam transfretauit.

Ends with the count of Flanders' crossing to Flanders on 20 Oct. 1364. Two added paragraphs, f. 273, concern the arrival at Canterbury on 27 Oct. and crossing to Calais of Simon Sudbury bishop of London, John of Gaunt, and Edmund Langley; and Edward prince of Wales, down to the birth of his eldest son Edward at Bordeaux on 27 Jan. 1364/5. f. 273ᵛ blank.

6. ff. 274–279ᵛ Gesta Scotorum contra Anglicos. De scocia. Anno dominice incarnacionis Millesimo Sexagesimo Sexto Tempore Willelmi Bastard . . . per multa tempora custodiebantur secure.

Down to 1346, and including, ff. 275ᵛ–278ᵛ, the Passio scotorum periuratorum, after the entry for 1327, ed. in *Proceedings of the Society of Antiquaries of Scotland*, 19 (1885), 167–84.

7. (added, s. xiv ex.) (*a*) on the pastedown verses, not easily legible, probably beginning 'Prophecie contrarius'; (*b*) f. i a note about the foundation in 1281 by Ralph Scot, living at Chelsfield, of a chapel of St Katherine 'apud Ocolte [Knockholt, Kent] vocata Hertlep . . . non obstante appellacione Rectoris de Orpynton'; (*c*) f. iᵛ Symbolum apostolorum dicitur quod apostoli post ascencionem domini . . . non palam dicitur sed secrete.

8. (added in space at the end of the last quire, s. xv) f. 278ᵛ cum essem orando sola . . .

Extract from the Liber visionum of St Bridget, ending imperfectly owing to the loss of a leaf after f. 278.

ff. i + 269, foliated i, 11–22, 24–279. Discontinuous foliation, s. xvi, of art. 1 made before the loss of ten leaves at the beginning and of one in quire 2. 262 × 180 mm. Written space c. 210 × 132 mm. 35–42 long lines. Collation: 1¹² 2¹² wants 1 before f. 24 3–6¹² 7¹⁴ 8–9¹² 10⁶ wants 5–6 after f. 124 11¹² 12⁴ wants 4 after f. 139 13 two (ff. 140–1) 14¹² 15–16⁸ 17⁸ wants 7, 8 (? blank) after f. 175 18–19¹² 20⁸ (3 and 6 singletons, of which 3 (f. 202) is a later supply) 21–22¹² 23¹⁴ 24¹² 25¹⁰ 26⁴ 27¹² wants 8 after f. 278, 10 after f. 279, 12 pasted down. Written by several hands, mainly in anglicana, art. 5 perhaps largely in 1364. Initials: (i) f. 176, red and blue, with red and mauve ornament; (ii) blue or red, with ornament of the other colour; (iii) blue or red. Capital letters in the ink of the text filled with yellow. Contemporary (?) binding of wooden boards, recovered with white leather, s. xx; one clasp.

Written in England. Probably in Kent by s. xiv ex., see art. 7(b). 'E Libris Biblioth: Pub: de Reigate in Comit' Surr. Donum Guiliel: Jordan de Gatwick Arm' 7 Iunii 1701', f. 1.

2322. *Horae, etc.*   s. xv med.

Arts. 6, 9, 11–13, 16–18, 20–1 noted. Ker recorded a leaf with a type (i) initial in art. 19 below, which is now missing; he signed the Library's Visitors' Book on 26 Aug. 1958.

1. ff. 1–6ᵛ Calendar in red and black.

Feasts in red include Anthony (12 June), Clare (12 Aug.), and Francis (4 Oct.). Many feasts and gradings added, s. xvi, in Jan.–July only; also three obits: 'domine agnetis porter' (25 Feb.), 'Fratris Willelmi Browne' (19 Apr.), 'Fratris Willelmi Austen' (31 Aug.). 'pape' erased; feasts of Thomas of Canterbury deleted.

2. ff. 7–56ᵛ Incipit officium beate marie virginis secundum consuetudinem romane ecclesie . . .

Seasonal material begins f. 30ᵛ.

3. ff 56ᵛ–60 Memoriae of Cross, apostles, Francis, Anthony, Louis, Clare, and Pro pace.

4. ff. 60–71ᵛ Pss. 109–11, 115, 117–18, Subvenite, and commendatory prayer Tibi domine commendamus animam famuli tui fratris nostri vel animam famule tue sororis nostre . . . absterge.

5. ff. 71ᵛ–77 Subscripte antiphone dicuntur per totum annum temporibus suis in commemoria de sancta maria post completorium ant' O regis dauid illustris . . . Peccatorum miserere.

6. ff. 77–97ᵛ Antiphons for Purification of B.V.M. (Lumen ad reuelacionem gencium), Palm Sunday procession (Osanna filio dauid), and In mandato domini (Mandatum nouum do uobis).

7. ff. 97ᵛ–114ᵛ (a) Hic incipiunt quindecim psalmi, (b) Penitential psalms, (c) Litany.

(a) three groups of five psalms, each followed by a prayer: Absolve quesumus domine animas, Deus cui proprium est misereri, and Pretende domine famulis et familiabus.

8. ff. 114ᵛ–117ᵛ Pro mortuis letania. Parce domine . . .

9. ff. 117ᵛ–134ᵛ Ordo commendacione anime.

For the use of nuns. Antiphons, responds, and versicles noted.

10. ff. 134ᵛ–157 Incipit officium mortuorum.

For the use of nuns. Vespers antiphon Dilexi.

11. ff. 157–62 Officium faciendum in professione sororis

12. ff. 162–5 Antiphons: In cena domini, In parasceue officium circa sepulcrum domini, In resurreccione domini, In festo corporis christi ad processionem.

13. ff. 165–6 In oct' pasche vel corporis christi ympnus. Ihesu nostra redempcio . . . , Veni creator spiritus.

14. f. 166ʳᵛ Salue regina.

15. ff. 166ᵛ–167ᵛ Prayers: (a) Deus qui corda fidelium; (b) Omnipotens sempiterne deus qui gloriose virginis; (c) Deus a quo sancta desideria; (d) Inclina domine aurem tuam; (e) Quesumus domine pro tuo pietate; (f) Absolue quesumus domine animas.

(d–e) for the dead, preceded by versicles De profundis . . . Domine exaudi.

16. ff. 167ᵛ–173ᵛ Hic incipiunt gracie per totum annum.

17. ff. 173ᵛ–175ᵛ In festo corporis christi ad processionem Salue festa dies—qua tua christe caro . . .

Cf. art. 12 above.

18. ff. 175ᵛ–179ᵛ In recepcione fratrum et sororum tam in capitulo quam ad magnam fenestram primo inquiratur ab eis quid petunt: et facta inquisicione cantatur antiphona. Suscepimus deus misericordiam tuam . . .

19. ff. 180–8 A woman recluse an solitarie couetyng to knowe the nombre of oure lord ihesu crist—[(f. 182ᵛ, now missing) It is told that this woman is name is seynt bride that many reuelacyons hadded of almyghti crist ihesu.] . . .

The Fifteen Oes of St Bridget, now beginning imperfectly, preceded by a long English rubric, now ending imperfectly, also found in Oxford Keble College MS 13 ff. 129ᵛ–134, and five other manuscripts, listed M. B. Parkes, *The Medieval Manuscripts of Keble College Oxford*, 1979, p. 35.

20. ff. 188–9 Gracias tibi ago domine ihesu christe qui passionem . . . R Honor viret potestas et imperium . . .

21. (added, s. xvi, on blank ruled leaves) ff. 189ᵛ–190 .1. Salue quem Ihesum Testatur plebs . . . .2. Rex regum gloria celi . . . .3. Pax vera redempcio . . . Ave rex noster fili david red[e]mptor mundi.

f. 190ᵛ ruled but blank.

f. i + 189 + i, foliated, s. xx, before loss of f. 182. ff. i and 191 are raised medieval pastedowns. 208 × 140 mm. Written space 138 × 85 mm. 20 long lines. Ruled in ink. Collation: 1⁴ + 2 leaves (ff. 5–6) after 4 2–22⁸ 23⁸ now wants 8 after f. 181 24⁸. Initials: (i) 5-, 4-, or 2-line, ff. 7, 11, 16ᵛ, 22, [182ᵛ, now missing], in gold on grounds of blue and red patterned with white, with feathery green and gold ornament; (ii) 2-line, blue with red ornament; (iii) 1-line, red and blue alternately. Binding, probably by John Reynes between 1512 and 1522, of wooden boards covered with brown leather bearing stamped panels, the upper St George, the lower Christ's Baptism, each surrounded by the 'Dancing peasants' roll, see Oldham, *Panels*, ST.9 and BIB.17, and *Blind-Stamped Bindings*, p. 32 SV.a(1); rebacked and resewn, 1982, by Eamonn Fitzmaurice of Charterhouse Bookbinding, see slip stuck to f. 191ᵛ. Secundo folio *Dominus tecum.*

Written in England, for Franciscan nuns. 'Memorandum that dam Annes porter gafe to dam An Frenell Meneres wythe owte Algate (of lundun) yis boke to gyfe aftur hur deses wᵗ the licens of hur sufferen to hom yᵗ she wull', 'god safe an', s. xv, f. 191. 'This book was giuen to the Publick Library of Reigate in Surrey by Benjamin Bonwick senioʳ of Kennersley Esqʳ March 26ᵗʰ 1701', f. iᵛ, and cf. f. 1.

2444. *Biblia* s. xiii med.

A Bible without Psalms, in the order Genesis – 2 Chronicles + Prayer of Manasses, Ezra, Nehemiah, 3 Ezra (26 chapters, no heading or running-titles), Tobit, Judith, Esther, Job, Proverbs, Ecclesiastes, Song of Songs, Wisdom, Ecclesiasticus, Isaiah, Jeremiah, Lamentations, Baruch, Ezekiel, Daniel, Minor Prophets, 1, 2 Maccabees, Gospels, Pauline Epistles, Acts, Catholic Epistles, Apocalypse. Proverbs begin a new quire, after a blank leaf (f. 225). Ten leaves of 1 Chronicles (ff. 160–168*) are on stouter parchment in a different hand, ending with a space on f. 168*ᵛ. The prologues are the common set of 64, see below Ushaw MS 2.

ff. i + 486 + i, foliated (i), 1–168, 168*, 169–485, (486). 156 × 112 mm. Written space 115 × 80 mm. 2 cols. 50 lines. Collation: 1–13¹² 14 thirteen (ff. 157–68*), 15¹⁰ 16–18¹² 19¹² wants 12 (blank) after f. 225 20–40¹² 41 eight. Initials: (i) to books, most 6-line, in red and blue, with ornament of both colours; (ii) to prologues, most 4-line, in blue with red ornament; (iii) to chapters, most 2-line, in red or blue, with ornament of the other colour. Capital letters in the ink of the text filled with red in parts. Binding of s. xviii; rebacked. Secundo folio *putant.*

Written in England. Partly erased caution-note '[. . .] exposita ciste Magistrorum Thome de castro bernardi et Iohannis holbrook A° (domini) 1453° xviii° die mensis Iulii et habet vnum supplementum scilicet Scotum super quartum sentenciarum pro xl s' et iacet [. . . *2 or 3 lines erased*]', f. 485, refers to a chest at Peterhouse Cambridge, see Emden, *BRUC*, pp. 39, 309. 'e MSS Bib: pub. de Rygate in Comit' Surr' Donum R. Viri Danielis Mayo de Kingston in Comit' praedic' Martii 14 1704/5', f. 1.

2449. *Kalendarium et Psalterium* s. xv med.

1. ff. 1–3ᵛ Calendar, July–December, in red and black.

Feasts in red include Zeno ep. (8 Dec.); and in black, 'Euprepii episcopi et fuit primus episcopus uerone missus a sancto petro apostolo' (21 Aug.).

2. ff. 4–82ᵛ Liturgical psalter, beginning imperfectly in Ps. 2: 3 'et proiciamus', and ending imperfectly in second verse to antiphon of Advent season Compline.

ff. 82. 140 × 92 mm. Written space 85 × 61 mm. 2 cols. 28 lines. Collation: 1 three (ff. 1–3) 2¹⁰ wants 1 before f. 4 3–9[10]. Initials: (i, ii) 8- and 5-line, deep pink, on decorated gold grounds with a little marginal decoration; (iii) 2-line, blue with red ornament, or red with mauve ornament; (iv) 1-line, alternately red and blue. Binding of pasteboard, covered with part of a document, s. xviii (?), in French.

Written in northern Italy, for use in the vicinity of Verona, see art. 1. Labels of 'Ecclesiastical Art Exhibition' inside front cover and on back cover, the former with '690' added, the latter '262'.

No no. *Meditationes*   s. xv med.

1. ff. 1–10 Incipiunt meditaciones bonauenture. Anima dei insignita ymagine saluatoris . . . quia amore langueo. Explicit speculum peccatoris secundum bonauenturam.

Ascribed to Bonaventura in BL MS Royal 8 B.viii art. 3, Oxford Bodleian Library MS Bodley 61 f. 79, and other English copies, see Distelbrink, no. 163.

2. ff. 10–76[v] Prima meditacio ymaginis vite secundum deuotum Bonauenturam. Flecto genua mea ad patrem—Paulus apostolus vas eterne delectionis sacrarium —Dic queso o homo si post . . . Siciat caro mea donec intrem in gaudium dei mei Qui est trinus et vnus benedictus in secula Amen. Expliciunt quattuor meditationes ymaginis vite. Deo gratias agamus et cetera.

Bloomfield, no. 2150 (Bonaventura, Soliloquium de quatuor mentalibus exercitiis); Distelbrink, no. 23.

3. ff. 77–80 (*begins imperfectly*) hunc qui est propiciacio pro peccatis nostris. qui sedet ad dexteram tuam . . . ac piissimum filium tuum dominum nostrum— Amen. Explicit oracio siue meditacio in passione domini.

4. ff. 80–84[v] Incipiunt meditaciones beati Anselmi Cantuariensis Archiepiscopi. terret me vita mea . . . nec insolitum misericordia tua qui es benedictus in secula Amen.

PL clviii. 722–9 (Medit. ii–iii).

ff. 84. 175 × 125 mm. Written space, ff. 1–55, 113 × 78 mm., 21 long lines; ff. 55[v]–84[v], *c.* 125 × 85 mm, 20–6 long lines. Collation: 1–5[12] 6–8[8]; leaves missing before f. 77 between quires 7 and 8. Written partly in textura, and, from f. 55[v], in anglicana. Initials: ff. 1, 10[v], blue with red ornament; other spaces not filled in. Capital letters in the ink of the text marked with red in quires 1–4. Binding original (?), from a piece of stiff parchment folded in two. Secundo folio *minis*.

Written in England. 'E Libris Bib: Pub. de Reigate in Comit' Surr' Donum R. D. Tho. Lea Vicarii de Dorking in Comit' Praedict' 26 Septembris 1701', f. 1.

RIPON. CATHEDRAL

The manuscripts were deposited with the Dean and Chapter archives at Leeds University Library in 1985. MSS 1–6 and D and C Archives 432 were described by J. T. Fowler in *Yorkshire Archaeological Journal*, 2 (1871–2), 377–81.

1. *Biblia*   s. xiii²

Morgan, ii, no. 139, with facsimiles of initials on ff. 147ᵛ, 158, and 223 (two): plates 197–9.

1. ff. 2–504ᵛ A Bible in the order Genesis–2 Chronicles, Ezra, 'Esdras II' (Nehemiah), Tobit, Job, Psalms (Gallican and Hebrew versions in parallel), Judith, Esther, Nehemiah *again*, Proverbs, Ecclesiastes, Song of Songs, Ecclesiasticus, Wisdom, Isaiah, Jeremiah, Lamentations, Baruch, Ezekiel, Daniel, Minor Prophets, 1, 2 Maccabees, Gospels, Acts, Catholic Epistles, Pauline Epistles including Epistola Pauli ad Laodicenses (Stegmüller, no. 233, between 2 Thess. and 1 Tim.), and Apocalypse.

Psalms have the usual eight divisions. Proverbs 31: 10–31 divided by the names of the Hebrew letters written in red. A space of one and a half columns left at the end of 2 Chr., f. 171ᵛ (15²). New quires for the start of Psalms (18), Judith (23), Proverbs (24), and Romans 1: 1 (42); f. 407ᵛ, after 2 Macc., is blank. Chapter numbering is careless in places; also Job has the running title 'IVDIT', and Ecclesiastes altered from 'IOB'. Ps. 150: 4–6 and Neh. (second copy) 6: 1–end gone, through the loss of leaves after ff. 243 and 255.

The prologues are 55 of the common set of 64 (see below Ushaw MS 2), and 17 others shown here by *, two of the latter in extended forms: 284 (in 9 sections), 285, 311, 323, 328, 332, 344, *349, *350 (following Job), *414 (Dauid filius iesse . . .), *430 + quosdam putare psalterium in quinque libros . . . cupio et meminisse mei, *429, 335, 341 + 343, 457, 468, 482, 487, 491 (. . . pro uita nabugodonosor), 492, 494, 507, 500, 511, 510 + *510,1 + *509, 515, 512, 519 + 517, *516 + Arguuntur illi qui populum domini . . . in premia referuntur, 524, *522, 526, *525, 528, *527, 531, *529, 534, *532, 538, *535, 539, *540, 543, *544, 551, 590, 607, 620, 624, 640, 809, *818, 677 (. . . ab athenis), 685, 699, 707, 715, 728, 736, 747, 752, 765, 772, 780, 783, 793, 834.

2. (quires 45–7) ff. 505–35 Aaz apprehendens uel apprehensio ad testificans uel testimonium . . . Zuzim consiliantes eos uel consiliatores eorum. Expliciunt interpretationes.

The usual dictionary of Hebrew names, Stegmüller, no. 7709. f. 535ᵛ blank.

ff. iv + 534 + ii, foliated (i–iii), 1–537. f. iv is a medieval flyleaf. Thin parchment. Many leaves affected by damp, made good with paper, by Chivers of Bath according to note kept with the manuscript. 300 × 200 mm. Written space 180–6 × 110 mm. 2 cols., or, art. 3, 3 cols. 52 lines. Collation: 1 twelve (ff. 2–13) 2–16¹² 17 two (ff. 194, 195), 18–20¹² 21⁸ 22⁴ [? previously + 1 after 4 (f. 243) to complete Psalms] 23–43¹² 44¹⁰ wants 10 (blank) after f. 504 45–46¹² 47⁸ wants 8 (blank) after f. 535. Several hands; that ending on f. 184ᵛ (end of Tobit, 16³) resumes at f. 256 (24¹). Initials: (i) to books and divisions of Psalms, 9-line, historiated, in colours on gold grounds; (ii) to prologues, 5- or 6-line, in colours on gold grounds; (iii) to some new letters in art. 2, 3-line, gold, on pink and blue grounds patterned in white; (iv) to chapters and in art. 2 at each change of second letter, 2-line, alternately red and blue with ornament of the other colour; (v) to psalm-verses and each entry in art. 2, 1-line, alternately red and blue. Binding of s. xx. Secundo folio (f. 3) *ac magister*.

Written in France (?). 'thomas Ives is my [. . .] and wythe my han[d] wrot th', s. xvi, f. 392ᵛ. Said to be from the library of Anthony Higgin, according to notes kept with manuscript, cf. MS 2 below.

2 (formerly xvii.D.19). *Anselm, etc.*   s. xiii¹

f. 1ᵛ contains a list of contents for arts. 1–4, 6–11, s. xiv in.

Arts. 1–8 are on quires 1–5.

1. (*a*) ff. 3–7 Anselmus canthuar' Archiepiscopus Incipit monologion sancti anselmi Eya nunc homuncio fuge . . . trinus et unus deus benedictus in secula Amen; (*b*) ff. 7ᵛ–8ᵛ questio cuiusdam pro incipiente Dubitanti utrum sit uel neganti . . . laude suscipienda; (*c*) ff. 8ᵛ–11 Quoniam non me reprehendis in hiis dictis . . . non maliuolencia reprehendisti.

All under the running-title 'Monologion': (*a*) *PL* clviii. 225–42 (Proslogion); (*b*) *PL* clviii. 241–8 (Pro insipiente); (*c*) *PL* clviii. 247–60 (Apologeticus).

2. ff. 11–16ᵛ Augustinus de penitencia Quam sit utilis et necessaria penitencie medicina . . . (f. 16) mors eterna uitatur. Penitentes. penitentes. penitentes. si tamen estis . . . tene certum.

PL xxxix. 1535–49 and 1713–15 (Sermons 351 and 393).

3. ff. 16ᵛ–27 Liber anselmi episcopi contra grecos de processione spiritus sancti Incipit L[*recte* N]egatur a grecis quod spiritus sanctus de filio procedit . . . non sensui latinitatis.

PL clviii. 285–326.

4. ff. 27–33ᵛ Anselmus de conceptu uirginali et de originali peccato Cvm in omnibus religiose tue uoluntati . . . si uera probari poterit.

PL clviii. 431–64.

5. ff. 33ᵛ–36 Quomodo cum proximis pacem et concordiam habere poterimus et prelato obedire debemus—Necessarium ualde est cum fratribus pacem habere . . . (f. 35ᵛ) immortalitate coronabit cui honor—. Qualiter probus homo de omnibus hominibus bonis—Bonis homo de omnibus hominibus bonis . . . Quatuor modis precipitur et obeditur. Bona est precepcio et bona obedicio . . . De eo quod due sunt humilitates. Una ex consciencia altera ex sciencia . . . paulatim ad meliora profecit ipso prestante—Amen.

Dicta Anselmi, xiv, vi, xv, and ii; ed. R. W. Southern and F. S. Schmitt, *Memorials of Saint Anselm* (1969), 159–66, 141–2, 166–7 and 117–18, not noticing this copy.

6. ff. 36–53ᵛ Incipit prefacio in librum anselmi cantuariensis archiepiscopi cur deus domo Opus subditum propter quosdam . . . non nobis attribuere debemus —Amen Explicit—

PL clviii. 359–432, with chapter-list after preface.

7. ff. 54–8 Incipiunt capitula tractatus Anselmi de ueritate Quod ueritas non habeat—in nominibus ueris xiii Expliciunt capitula incipit tractatus Quoniam deum ueritatem esse credimus . . . ueritas uel rectitudo Explicit—.

PL clviii. 468–86.

8. ff. 58–62 Incipiunt capitula tractatus anselmi de libertate arbitrii Quid potestas peccandi—[D]iuisio eiusdem libertatis Expliciunt capitula Incipit tractatus de libertate arbitrii Quoniam liberum arbitrium uidetur repugnare gratie . . . de illis interrogare Explicit—.

PL clviii. 489–506. f. 62ᵛ originally blank, list of homilies 1–47 in art. 9 below added s. xiv ex.

9. ff. 63–203ᵛ (Hic incipit crisostomus super Matheum imperfect' continens omelias .57.) Sicut referunt matheum conscribere euangelium . . . stantem in loco sancto.

PG lvi. 611–940 (Homilies 1–22, 32, 33, 34–46, 24–8, 30, 38 (Cum ingressus fuisset in templum —Scriptum est. Domus mea . . . in celis est. Quod ipse prestare dignetur: cf. 841/38–842/37), 51–52, 53 (. . . per ihesum christum: 940/8), 31, 29 (. . . sola potencia dei: 786/53), 49 (Statim autem post tribulationem . . . 918/23–end) and 47 running on through 48 to 49 (. . . in loco sancto: 908/11); of which 32, 33, 39, and 40 are divided in two, and 42 in three); the copy in BL MS Royal 6.C.v art. 3 is arranged in the same way.

10. (Incipiunt flores bernardi diuisi in xj libros. contra communem modum habentes vndecimum (non est verum quia ille quem vocas xj. sunt flores augustini)) (*a*) ff. 204–287ᵛ Cvm non essem alicui exercicio magno opere occupatus—(f. 204ᵛ) iuxta se positas desingnaui. De eo quod (uel quid) est deus —(*list of 30 unnumbered chapters*)—Qvid est deus? Qui est merito quidem nil competencius . . . illud quia utrobique periculum; (*b*) ff. 287ᵛ–293ᵛ (Tituli florum beati augustini) Quid deus est—Qvorumdam librorum gloriosi et incomparabilis doctoris augustini tractatus percurrentes . . . de lucis non presumamus aduentu. Finito libro sit laus et gloria christo.

(*a*) Ten books, each preceded by a chapter-list; the compilation is found in Oxford, Lincoln Coll. 29, Merton Coll. 41, and St John's Coll. 206; (*b*) Wilmart, p. 453 n. 3 notes 11 English and some Continental copies.

11. (quires 26–31) ff. 294–358 liber de claustro anime. Rogasti nos frater amantissime. quatinus aliqua remedia . . . fortitudinem inmortalitatis benedictus deus. Amen.

PL clxxvi. 1017–182 (Hugh of Fouilloy). Chapter-lists precede bks. 2–4. f. 358ᵛ blank.

ff. iii + 365 + iii, foliated (i), 1–360, (361) omitting single leaves after ff. 158, 162, 164, 176, 178, 202, 237, 260, and 275. ff. 1–2 and 359–60 are medieval parchment flyleaves. 287 × 210 mm. Written space 200 × 130, or, from f. 294 onwards, 140 mm. 2 cols. 41 lines, varying somewhat on ff. 30–62. Collation: 1–20¹² 21¹⁰ 22–24¹² 25¹⁴ 26¹² 27¹⁰ wants 8 after f. 312 28–30¹² 31⁸. Quires 1–4 numbered at the end in ink. Catchwords on quires 1–17. The rectos of the leaves in the first half of three quires are numbered with horizontal strokes, in quire 26 in crayon at the left foot, in quire 27 at the right foot in red, and in quire 31 in the lower left margin. Changes of hand at ff. 27 (3¹), 63 (6¹), 204, 210, 258 (23¹), and 294 (26¹). Initials: (i) 5- or 4-line, red and blue, with ornament of both colours; (ii) 2-line, alternately red and blue, with ornament of the other colour; (iii) in chapter-lists in arts. 10 and 11 (books 2 and 3), 1 line, alternately red and blue. Binding of s. xix. Secundo folio (f. 4) *omnium esse*.

Written in England. 'fratrum predi Noui Castri super tynam', s. xiii ex., f. 3 foot. A pressmark (?) 'f [.]7' added s. xiv/xv (?), beside the list of contents, f. 1ᵛ top. 'Anth Higgin', dean of Ripon, d. 1624, f. 2.

3 (formerly xvii.D.2). *Apocalypsis et Epistolae catholicae, cum glossis*   s. xii med.

MSS 3 and 4 may have been bound together, see note of content, 'Duo libri apocalipsis . . . ', s. xv/xvi, f. 1.

1. (quires 1–6) ff. 3–44 (*text:*) Apocalipsis Ihesu Christi—(*top:*) Preparat auditores beniuolos et attentos—(*marg.:*) Vel beatus qui legit et audit. ideo: quia hec apocalipsis est christi ihesu . . . (*text:*) omnibus uobis amen—(*marg.:*) Veni domine conuersio ad deum: ꝛ Ad remunerandum.

The sections of preliminary matter, ff. 1ᵛ–2ᵛ, are Iohannes apostolus et euangelista dum teneretur in captione et exilio apud pathmos . . . sermo dei perangelum, cf. Stegmüller, no. 9076; id. nos. 834, 828; Intencio eius est exhortari . . . ; Materia huius operis est ecclesia . . . ; Per hoc quod destitutus humano solatio . . . ; (f. 2ᵛ) Intentio uero nos immitare (?) ad patientiam . . . ; Graue nimis et procul a sacerdotis . . . querere compendium: (Hanc enim deus id est tota trinitas . . . A principium elementorum grecorum . . . post me non erit). For related matter added on f. 1, see art. 3 below.

2. (*a*) ff. 49–58 Epistola Iacobi (*text:*) Iacobvs dei ad domini—(*marg.:*) Tribulacio: in presenti iusticiam. in fututuro (*sic*) auget coronam . . . (*text:*) multitudinem peccatorum—(*marg.:*) gaudia uite celestis sibi conquirit; (*b*) ff. 58–68 (*text:*) Petrus apostolus—(*marg.:*) Tempore quo cepit ecclesia quidam de gentilitate—Aduenis dispersionis id est aduenis dispersis ab iherosolimis persecutione . . . (*text:*) in domino ihesu amen—(*marg.:*) per orbem terrarum ecclesiis scr(i)bo; (*c*) ff. 68ᵛ–70ᵛ (*text:*) Simon petrus seruus—(*marg.:*) Istam eisdem quibus et primam . . . *ending imperfectly* (*text:*) et in (2 Pet. 2: 3); (*d*) ff. 71–77ᵛ *beginning imperfectly* (*text:*) unctio eius (1 John 2: 27) . . . (*text:*) a simulacris—(*marg.:*) que proprio (nomine) electa uocabatur; (*e*) ff. 78–9 (*text:*) Senior electe—(*marg.:*) Monens ipsam et natos eius . . . (*text*) Gracia tecum amen —(*marg.:*) Vtraque dicebatur electa; (*f*) ff. 79–80 (*text:*) Senior gaio—(*marg.:*) Videtur gaius fuisse chorintius. Vnde paulus . . . (*text:*) amicos nominatim—(*marg.:*) a salute monstrat extraneos; (*g*) ff. 80–3 (*text:*) Ivdas ihesu christi seruus —(*marg.:*) Iudas qui et tadeus contra eos diuine fidei corruptores (Stegmüller, no. 11852¹) . . . (*text:*) secula amen—(*marg.:*) Et de tercio non posse peccare.

The preliminary matter, ff. 47–8, comprises the prefaces, Stegmüller, nos. 809, 810, and 803; id., no. 9885, and Iacobvc cognomento iustus. filius marie sorroris matris domini post passionem . . . ultimam adriani titulum habuit notissimum. For related matter added on ff. 47, 48ᵛ, 57ᵛ, 68, and 83ᵛ–84, see art. 3 below. ff. 84ᵛ–85 blank. f. 85ᵛ contains notes, s. xii², on the Catholic Epistles, etc.

3. Prologues and chapter-lists, added in spaces and margins by one hand, s. xii: (*a*) f. 1 'prologus' . . . Incipiunt capitula libri apocalipsis; (*b*) f. 47 foot (i) 'prologus', (ii) 'prologus'; (*c*) f. 48ᵛ Incipiunt capitula epistole Iacobi . . . Incipiunt capitula epistole petri apostoli Prime . . . [*2 Peter capitula*] . . . ; (*d*) f. 57ᵛ 'prologus'; (*e*) f. 68 foot 'prologus'; (*f*) ff. 83ᵛ–84 Incipit prologus epistole iohannis I . . . Incipiunt capitula . . . Incipit prologus eiusdem II . . . Incipiunt capitula . . . Incipit prologus epistole eiusdem III . . . Incipiunt capitula . . . Incipit prologus sancti iude apostolj . . . Incipiunt capitula . . .

The prologues are Stegmüller, (*a*) no. 829, (*b*) nos. 807 (. . . earum lectione proficiat) and 806, (*d*) no. 812, (*e*) no. 818 (. . . clarius ostende), (*f*) nos. 822–5. The chapter-lists are as Wordsworth and White iii, (*a*) pp. 410–18 MS. I; and as MSS. BFThIKU (*c*) pp. 234–6 (I De inimicorum sectationibus . . .), 268–70, 311–12 (. . . apostoli pauli), (*f*) 335–7, 381, 388, 395–6. There are marginal numbers corresponding to these chapter divisions added in arts. 1, 2(*b, d, e, f*).

4. (added, s. xii) ff. 44ᵛ–46 miscellaneous paragraphs: (*a*) f. 44ᵛ Jaspis uiridis

uirorem fidei inmarcessibilem signa. ꝛSaphirus similis sereno celo . . . Amestitus
est pupureus—memoriam in humilium animo; (*b*) f. 45 Gradus etatis vi sunt:
infantia. puericia. adolescentia. iuuentus. grauitas. senectus. Infantia tendit . . .
terminus sexte etatis; (*c*) Prima mundi etas ab adam usque ad noe continens
annos iuxta hebraicam ueritatem M.dc.lvi . . . perhenniter regnabunt expectant;
(*d*) [O]mnes qui pie volunt uiuere in christo . . . (f. 45ᵛ) patienter ferre omnia; (*e*)
Cum liber apocalippsis grece sit editus: secundum grecos numerus est querendus
. . . ; (*f*) f. 46 on ten persecutions, Nero–Diocletian; (*g*) Aug' Deus non annotat
facultatem sed coronat . . . teste Ier'; (*h*) Augusto rome mortuo sub quo nascente
domino/Edita est descriptio . . . , 26 lines.

(*a*) cf. Stegmüller, no. 11854; (*d*) Gilbert de la Porré, Prologus in Apocalypsim, Stegmüller, no.
839; (*e*) on the numerical significance of letters in various languages.

ff. i + 85 + i. Thick parchment. 232 × 157 mm. Pricking in both margins for ruling. Art. 1:
written space 158 × 130 mm., comprising inner col. 15–20 mm., central col. *c*.63 mm., and
outer col. *c*.34 mm.; 14 lines of text, first above top ruled line, with marginal glosses generally on
a separate *ad hoc* ruling. Art. 2: written space 155–72 × 116 mm., comprising inner col. *c*.27
mm., central col. 38–54 mm., and outer col. 30–40 mm.; 20–1 lines of text, first above top ruled
line up to f. 54, on alternate lines of ruling, with marginal glosses on both lines. Collation: 1–5⁸
6⁶ 7–10⁸ 11⁸ wants 8 (blank). Quires 1–5 numbered at the end, (i)–v; quire 8, ii; and quire 10, v.
Initials: art. 1 (i) f. 3, *A* in blue with red and green shaded decoration; (ii) plain red or blue; art. 2
(i) red and blue with red and green shaded decoration; (ii) f. 47ʳᵛ, 4- –2-line, red or blue with red
and green shaded decoration; (iii) plain red or blue; art. 3 chapter-lists, 1-line, alternately red
and blue. Capital letters in the ink of the text marked with red in the marginal gloss, f. 41, and
the biblical text, f. 69. Binding of s. xix, uniform with MSS 4 and 5 below. Secundo folio *unum
cum illesus*.

Written in England. 'Hunc librum dedit .W. de Berewic', s. xii², f. 1 foot. 'Liber S. Mar' de
Bridelington qui hunc alienauerit: anathema sit', s. xiii/xiv, f. 1 foot. 'l. Duo libri apocalipsis et
epistole canonice glosat' littera .D.', s. xv/xvi, f. 1. 'Jon boufaett posesstor of thys boke', s. xvi,
f. 45ᵛ; 'Jhon boufit is mi nem', s. xvi, f. 46.

4 (formerly xvii.D.3). *In Apocalypsim; Threni Ieremie cum glossis*   s. xii med.

1. (quires 1–8) ff. 1–60 *begins imperfectly* opere ori concordare . . . vii capita
bestie. et septem uisiones. Sit igitur et nobiscum gratia christi Amen. Explicit
liber Qui uocatur Apocalipsis:

Corresponds to the anonymous fragment (20: 11–22: 21) in BN MS Lat. 711, see Stegmüller, no.
10337. Divisions at 15: 1, 18: 1, and 21: 1. Lines containing the biblical text were marked early
in the margin with a mark like the tironian *et* or a flex. f. 60ᵛ blank.

2. (quires 9–11) ff. 61ᵛ–85ᵛ Paschasius Sunt cantica canticorum. Sunt et
lamentationes lamentationum . . . aperio lectori etc. (f. 62ᵛ, *text:*) Aleph
Quomodo sedet sola ciuitas—(*gloss:*) .P. Historice Quomodo sedet sola c.
Ierusalem scilicet populo spoliata ignominia plena . . . (*text:*) reges terrę (*ending
imperfectly* at 4: 12).

The prefatory matter, ff. 61ᵛ–62, comprises Stegmüller, no. 11809¹⁻⁶, ⁸, ⁷, ¹¹, ⁹. f. 61 blank save
for title 'Treni Ieremie', added s. xii².

ff. i + 85 + i. Art. 2 on thick parchment. 230 × 155, or, art. 2, 148 mm. Art. 1: written space 170 × 107 mm.; 29 long lines, first above top ruled line. Art. 2: written space 142 × 41 mm. for text, 12 lines, with gloss on all four sides, independently ruled, up to 201 × 123 mm., 59 lines (f. 69). Collation: 1-7⁸ 8⁶ wants 5–6 (blank) after f. 60 9⁸ + 1 leaf (f. 61) before 1 10–11⁸. Quires 1–7 numbered at the end, xi–xvii. Traces of catchwords on quires 1–4 and 6. Initials: art. 1, 3-line, blue or red, on f. 23ᵛ with red and green ornament; art. 2, f. 61ᵛ Q, red, green, and brownish-yellow on blue and green ground, filled with well-drawn foliage, and a beast forming the tail, f. 76 E, red outline with zoomorphic terminals and well-drawn foliage, on green, mauve and brownish yellow grounds, f. 69 Q, brownish yellow with red and green ornament. Capital letters in the ink of the text filled with red, ff. 25, 32ᵛ, 41ᵛ–42. Binding of s. xix, uniform with MS 3 above. Secundo folio (f. 62) menbris.

Written in England. For evidence that MSS 3 and 4 may have been bound together, see note of content, 'Duo libri apocalipsis . . . ', s. xv/xvi, MS 3 f. 1. Bookplate inside front cover as in MS 5 below.

5. *Hugo de S. Victore; Petrus Riga, Aurora*   s. xii med.; xii/xiii

Arts. 1–3 are on quire 1.

1. f. 1ʳᵛ De amore sponsi ad sponsam, beginning imperfectly: in infimis desideriis . . . in unum congregamur Amen.

PL clxxvi. 992/5–994.

2. ff. 1ᵛ–2 Dum medium silentium tenerent omnia: Tria sunt silentia . . . preparatum est ab inicio mundo Amen

PL clxxvii. 315–18 (De verbo incarnato, coll. 1).

3. ff. 2–8ᵛ Incipit tractus de tribus diebus: Invisibilia enim ipsius a creatura mundi . . . et hoc quidem in nobis sic est.

PL clxxvi. 811–31C (Didascalicon bk. 7. i–xxi med.).

4. ff. 9–100ᵛ Incipit breuis prologus ad quem sequitur narratio primo facta die duo celum terra leguntur . . . Set per eum uires perdidit iste suas.

ed. Beichner, pp. 21–315, 703–60, 316–331/422. Taking ff. 63–72 (quire 8) after f. 97, the order is Genesis–4 Kings, Song of Songs (ff. 88ᵛ–97ᵛ, 63–71), Tobit (ff. 71–72ᵛ, 98–100ᵛ) ending imperfectly; leaves are also missing after ff. 24 and 34, with gaps in the text: edn. pp. 76/1252–82/1400, and 112/558–161/426. Giles of Paris's preface to Song of Songs, followed by a rubric 'Explicit iii. liber Regum. Incipit iiij. liber' over an erasure, precedes 3 Kings line 271; a few of the interpolations from the first or both Giles's recensions are included, see ff. 84–88ᵛ. A letter about this article from Godfrey Davis, British Museum, 1954, is kept with the manuscript.

ff. ii + 100 + i. ff. 1–33 have suffered damage from damp at the foot. 200 × 126 mm. Arts. 1–3: written space 162 × 105 mm., c.36 long lines. Art. 4: written space 162 × c.55 mm., c.42 lines, the first above top ruled line. Collation: 1⁸ 2¹⁰ 3⁸ 4⁸ 3–6 singletons 5⁸ 6¹² 7⁸ 8¹⁰ 9⁸ 10⁸ wants 6 (blank) after f. 85 11¹⁰ 3 and 8 singletons 12 three (ff. 98–100). Initials: 4- and 2-line unfilled spaces in art. 4. Binding uniform with MSS 3–4 above. Secundo folio (f. 10) Qui fructus.

Written in England. Scribble 'Arthure Dakyns', s. xvi (?), f. 34ᵛ; a note, s. xx, kept with the manuscript, suggests that he may have been the son of George Dakyns of Linton, Yorks. The same note says 'From the library of Anthony Higgin', perhaps on the basis of the s. xvii (?) bookplate inside the front cover, 'LIBRARY Coll. Church RIPON', also found in MS 4 above; on Higgin see MS 2 above.

6 (formerly xvii.B.29). *Ps.-Bonaventura, Meditationes vite Christi* 1400

A letter about the manuscript from Henry Wilson, British Museum, 1882, is kept with it.

f. 1^{rv} blank, also f. 2^v save for the beginnings of a drawing of the crucified Christ.

1. ff. 3–121^v Prologus meditacionum vite domine nostri ihesu christi c^m. primum. Inter alia virtutum et laudum preconia de sanctissima uirgine cecilia legitur . . . decorem substancie designauit Hec Ben*a*rdus (*sic*) Deo gratiarum accio et beato Bernardo sermo suo dulci et Fideli Amen. Expliciunt meditaciones quas scripsit cardinalis Bona ventura de vita domini nostri ihesu christi Scripte in Freston circa Festum Annunciacionis beate Marie virginis Anno domini 1[*eras.:* 399]4 Deo gracias

Distelbrink, no. 166. Added marginal notes in red assign sections to days of the week: Tuesday starting at cap. xiij, Wednesday at cap. xix, Thursday at cap. xlv, Friday and Saturday at cap. lxxiiij, and Sunday at cap. lxxxvij. Added, f. 2, 'feria ij^a Tabula De meditacionibus eorum que procedunt incarnacionem christi ca^m [*del.:* primum] 2^m De contencione . . . Quod vita contemplatiua perfertur accione 58', covers chapters up to 57, with cap. 31 originally divided into two, and assigns caps. 2–12 to Monday, 13–18 to Tuesday, and 19–45 to Wednesday, cf. above.

2. (added, s. xv^I) ff. 121^v–122^v [M]iserere mei deus secundum magnam misericordiam tuam / [V]eni creator spiritus mentes tuorum visita—/ tibi confiteor omnia peccata mea que ego peccaui / in cogitacionibus vanis in verbis ociosis et in operibus pessimis preuaricatorem legis mee . . . vendicet violenta delectacio et da (*catchword:*) rectum (*ending imperfectly*)

Each of the first eight lines contains a cue to a prayer, some with an unfilled space for the initial.

ff. iii + 120 + i, foliated (i), 1–122, (123). ff. 1–2 are medieval flyleaves. 155 × 112 mm. Written space 110–116 × 76–82 mm. 30–1 long lines. Collation: 1–15^8. Quires 1–15 signed in red, a—p; a few traces of leaf-numbers. Most catchwords have crude frames in ink or red, generally wedge-shaped to the left-hand side. Written in anglicana. Initials, 2-line, blue with red ornament. Capital letters in the ink of the text lined with red. Medieval front board of wood covered with pink-stained leather; the rest of the binding modern; stubs of 2 straps on front fore-edge. Secundo folio (f. 4) *neque falli*.

Written in 14[oo] at Frieston (Lincs.), where there was a cell of the Benedictine abbey of Crowland, see art. 1 colophon. 'liber montis gracie', s. xv, f. 3 foot, refers to Mount Grace Ord. Carth. (N. Yorks.).

8. *Psalterium Eboracense* 1418

Surtees Soc. lxiv. 382–3 has a notice of this manuscript giving the texts of the notes added in art. 3, with further information on the Kendale family and their connections with Ripon Minster.

Arts. 1–3 are on quires 1–2.

1. ff. 3–5 Nota quod ista tabula pasche incipit anno domini Millesimo CCCC^{mo}

xviij°—hermes adam tangit luit . . . Custoditarum studeas bene gloriobaldum.

ff. 5ᵛ–6 blank.

2. f. 6ᵛ Table of years.

3. ff. 7–12ᵛ Calendar in red and black, graded up to ix lc.

As *Brev. Ebor.* i. (3)–(14), but here omitting Chad (2 Mar.), Linus (26 Nov.), and Barbara (4 Dec.), and with Prisca in place of Brigid (1 Feb.). 'pape' and feasts of Thomas of Canterbury untouched.

Added notes record the marriage of Johanna daughter of Robert Rede knight justice to Christopher Kendale at All Hallows in London wall (28 May) [1502], and the births of Anne daughter of Christopher Kendale (22 May) [1503], and of John son of Christopher Kendale (14 June) [1504].

4. ff. 14–128 Liturgical psalter, beginning imperfectly (Ps. 2: 4).

The suffragia vespertina are of Cross, B.V.M., Apostles, Wilfrid, William, 'De quiescentibus in vniuersali ecclesia', Confessors, All Saints, and peace, ff. 114–15; the other set is ff. 39–40ᵛ. Wilfrid apart, as *Brev. Ebor.* i. 940–4.

5. ff. 128–129ᵛ Te deum, Benedicite, Magnificat, Benedictus.

6. ff. 129ᵛ–131 Ad completorium.

7. ff. 131–134ᵛ Letania.

8. ff. 135–155ᵛ Hymns, Advent–Corpus Christi, Dedication, Andrew–Simon and Jude, Common (apostles–virgin), Vincent–All Saints.

9. ff. 156–161ᵛ Office of the dead.

10. (*a*) ff. 162–7 Festum natiuitatis sancti Wilfridi semper celebretur in dominica proxima post aduincula sancti petri tanquam duplex festum principale infra ecclesiam et parochiam Ripon; (*b*) ff. 167–169ᵛ Iin festo translacionis eiusdem; (*c*) ff. 169ᵛ–175 Festum depositionis sancti Wilfridi archiepiscopi et confessoris; (*d*) ff. 175–6 De seruicio infra oct' sancti Wilfridi; (*e*) ff. 176–84 Legenda per oct' sancti Wilfridi secundum vsum Riponie; (*f*) ff. 184–8 In commemoracione sancti Wilfridi; (*g*) f. 188ʳᵛ Ad missam in festo natiuitatis sancti Wilfridi et in commemoracione eiusdem.

(*f*). Three sets of three lessons. (*g*). Cues only, through octave.

11. (*a*) f. 190 largely blank, with a form of absolution running down from the top at the right-hand side; (*b*) f. 190ᵛ (raised pastedown) Part of a licence by [. . .] for [. . .] to choose a confessor, quoting a papal indult of 16 Nov. 1476 for members of the guild of SS Christopher and George [. . .].

ff. iii + 188 + v. f. iii is a medieval flyleaf with a modern leaf pasted to the recto; f. 190, see art. 11; there are fourteen blank modern supply leaves (ff. 1, 13, 20, 27, 29, 41, 49, 51, 61, 73, 85, 86, 89, 98) in place of all but one (4¹) of the missing leaves of text. 310 × 223 mm. Written space c. 205 × 138 mm. 2 cols. 24 lines. Collation: 1⁴ wants 1 (blank ?) 2⁸ 3⁸ wants 1 and 8 (ff. 13, 20) 4⁸ wants 1 before f. 21 and 8 (f. 27) 5⁸ wants 2 (f. 29) 6⁸ wants 6 (f. 41) 7⁸ wants 6 and 8 (ff. 49, 51) 8⁸ 9⁸ wants 2 (f. 61) 10⁸ wants 6 (f. 73) 11⁸ 12⁸ wants 2–3 and 6 (ff. 85–6, 89) 13⁸ wants 7 (f. 98) 14–16⁸ 17¹⁰ + 1 leaf (f. 134) after 10 18–23⁸ 24⁸ wants 7, 8 (blank). Quires 1–24 signed A–Z

2; the letter is also written beside or below the catchwords. Traces of leaf-numbers in the first half of quires. Notes, 'This is yᵉ lefe of o iij.', in red, f. 105ᵛ (14⁶, i.e. the return half of the third leaf of quire O); 'yⁱˢ be of yᵉ bois (*or* beis) of R lest hukt leife', in ink, f. 134 (leaf added to quire 17: R). Initials: (i, ii) presumably on missing leaves; (iii) 2-line, blue with red ornament; (iv) 1-line, alternately plain blue and red. Binding of s. xix or xx, by Andrews of Durham, stamped with the arms of the marquess of Ripon. Secundo folio (f. 14) *Qui habitat.*

Written in England; for use at Ripon, see arts. 10 and 4. 'Kendale', 'Jane', s. xv, f. iiiᵛ, cf. added notes in art. 3. Armorial (motto 'Qualis ab incepto') stamp on front and back covers. Note recording presentation of the manuscript to Ripon Cathedral on 20 July 1874 by [the marquess of] Ripon, f. i.

9. *Horae*   s. xiv²

Art. 4 contains evidence of adaptation, and may, with art. 5, be slightly older than arts. 1–3. A note, s. xviii, lists arts. 1–5 in reverse order, f. i. Note, 'from the British Museum', s. xix/xx, stuck to f. 1.

1. ff. 1–6ᵛ Calendar in red and black.

Feasts in red include George (23 Apr.). A considerable number of additions in a neat s. xv Italian (?) hand supply either Roman stational entries, e.g 'Dedicacio marie ad sanctam mariam rotundam' (13 May), 'Visitacio marie ad sanctam mariam de populo' (2 July); or Franciscan feasts, e.g. Bernardinus (20 May), 'Dominica 2ᵃ Iulij festum Bonauenture card. et epi ord. minorum. Ad sanctum petrum' (f. 4), 'Dedicacio porciuncule. ad sanctam mariam de porciuncula' (2 Aug.), 'Ludouici epi et conf. ord. minorum In ara celi' (19 Aug.). Added obit for Roger Kelsale 1485 (12 Oct.), also Edward IV and Henry VII (9, 22 Apr.). Thomas of Canterbury erased at 29 Dec. but not 7 July; 'pape' untouched.

2. ff. 7–28ᵛ Incipiunt hore beate marie uirginis (of the use of Sarum).

Hours of Cross worked in. Memoriae at the end of Lauds of Holy Spirit, Trinity, Cross, Michael, John Baptist, Peter and Paul, Andrew, Laurence, Nicholas, Mary Magdalene, Katherine, Margaret, peace, and Cross.

3. ff. 29–37ᵛ Incipiunt Septem Psalmi penitenciales, followed by Gradual psalms (cues only of first twelve), and (f. 35) 'Letati*n*a'.

The leaf gone after f. 35 contained most of the saints, leaving six apostles and five virgins, the last of the latter being Gudila.

4. ff. 38–56ᵛ (quires 6–7) Incipiunt uigilie defunctorum, ending imperfectly.

Three added leaves (ff. 40, 52, 56), the first providing for In anniuersariis, In die trice*n*nali, Pro episcopis defunctis, and Pro fratribus et sororibus. The text in the main, slightly shaky, hand is ff. 38–39ᵛ line 15, 41 line 8–51ᵛ, and 53ᵛ line 2–55ᵛ.

5. ff. 57–64 (quire 8) Psalter of St Jerome, beginning imperfectly 'meas ne memineris'.

One concluding prayer, Omnipotens sempiterne deus clemenciam tuam. f. 64ᵛ blank.

ff. ii + 64 + ii. 208 × 145 mm. Written space 133 × 90 mm. 21 lines. Ruled in pink ink. Collation: 1⁶ 2–3⁸ 4¹⁰ wants 3 and 8 (both blank ?) after ff. 23 and 27 5⁸ wants 6 after f. 35 6⁸ + 1 leaf (f. 40) after 2 7⁸ + 1 leaf (f. 52) after 5 and 1 leaf (f. 56) after 8, 8⁸ wants 1 before f. 57 + 1 leaf (f. 64) after 8. Traces of signatures, e.g. g ij (f. 57), at the left foot of rectos. Change of hand at f. 38, co-inciding with slight difference in style of type (i) initial to art. 4. Initials: (i) to arts. 2–4, 5-line, blue or deep pink patterned with white on gold grounds decorated in orange, green, pink, and blue, extended as a bar at sides and foot, with full floral borders; (ii) in art. 2, 3- or 4-line, in gold, on blue and deep pink grounds patterned with white, extended as a bar at left, head, and foot; (iii) 2-line, gold, on blue and deep pink grounds patterned with white; (iv) 1-line, alternately blue with red ornament and gold with black ornament. Line-fillers in blue and red with a gold blob, in Litany only. Binding of s. xviii/xix, cf. note 'bound up afresh Anno 1794', f. ii. Secundo folio (f. 8) *sub archa*.

Written in the Low Countries, arts. 1–3 for the English market. Art. 1 supplemented for use in a Franciscan context in Italy; English obits added, s. xv ex. 'W. Sutton 1734', 'G. Wm Sutton 1824', 'G. Wm Sutton 1841', 'W. G. Sutton 1841', 'John S. Sutton 1841', f. ii; bookplate of G. Sutton, inside front cover. 'John Whitton Darnbrough Adelaide Julie Darnbrough', s. xix, inside front cover. 'This was one of two volumes stolen and later returned in the early sixties', s. xx, part of separate caption kept with manuscript.

Dean and Chapter archives 432 (formerly MS 7) *Breviarium Eboracense (frags).*   s. xv med.

The bulk of the manuscript contains copies, s. xvi², of Kirkby's Inquest, Inquisitions of Knights' Fees, and Nomina villarum, for Yorkshire, see Surtees Soc. xlix, which does not notice this copy.

1. ff. 6–11ᵛ Calendar in red and black, graded up to ix lc.

As *Brev. Ebor.* i, (3)–(14), but here omitting Barbara (4 Dec.). Added: Chad (2 Mar.), Visitation of B.V.M. (2 Apr. *sic*), and Osmund (4 Dec.). Some York feasts cancelled: translation of William of York (7 Jan.), Cuthbert (25 Mar.), John of Beverley (7 May), deposition of William of York (8 June), and Wilfrid (12 Oct.). 'pape' and feasts of Thomas of Canterbury erased.

Dedicacio ecclesie de Cotyngham (5 Aug.), added and erased. Added obits of Richard Awmond (23 Feb., cf. art. 4), John Hardey (3 June, see art. 4), John See (16 June), Robert Awmond 'cantaristus' 3 July 1545, Robert (?: erased) Perkynson 1504 (12 Aug.), Thomas Barow 'rector istius ecclesie 1493' (22 Aug., see art. 4) with a note at foot concerning the obit granted to him by churchmasters and parishioners of Cottingham; Robert Wylkynson 'xvj sept.'.

2. f. 12 Commemoration of Peter and Paul, beginning imperfectly in lection i 'piat ad quietem'.

Ibid. 701/15–702. Full text of the collect added, s. xv, after the cue.

3. ff. 12ᵛ–16ᵛ (*a*) Ordo officiorum dominicalium inter octauas Epiphanie et lxxiij; (*b*) Ordo officiorum dominicalium inter festum sancte trinitatis et Aduentum domini.

Ibid. 705–26.

4. f. 17ʳᵛ ruled, but originally blank.

The recto contains details of obits to be made by the 'kyrkemasters' for Thomas Barrowe rector of Cottingham 22 Aug. [. . . : 1493, see art. 1], William Stakehowsse 1502 26 June, Thomas Barnnes 1502 27 June, and William Scheffeld 1517 13 Feb. To this were added the obit for John Hardey 1541 (see art. 1) to be celebrated by Robert Nappay, and the obit of Richard Awmond 22 Feb. 15[. .] (see art. 1).

The verso contains a summary of the deed executed by Joh*a*nnyt (?) Dobson on 1 Mar. 1518 to provide for her husband's obit.

ff. 12. 380 × 275 mm. Written space 320 × 201 mm. 2 cols.. 39 lines. Collation: 1–2⁶. Blue initials with red ornament.

Written in England, for use in the province of York. Belonged by 1493 to the parish-church of Cottingham (E. Yorks.), see arts. 1 and 4.

ROCHESTER. CATHEDRAL

A.2.12. *P. Lombardus, Sententiae*   s. xiii/xiv

Cupientes aliquid de penuria—(p. 2) premisimus. Omnis doctrina—(p. 6) debeamus uelle. Ueteris ac noue . . . De maleficii autem impedi (*ending imperfectly* bk. 4 d. 34, iii).

PL cxcii. 521–927/39. Bk. 4 begins a new quire (17), p. 359. Tables of unnumbered chapters before each book, except bk. 4; only the first set out as a series of distinctions: 2, p. 141; 3, p. 265. Distinction-numbers at the head of each page. Many annotations in the wide margins, mainly in a good current anglicana contemporary with the text.

ff. v + 227 + v. Paginated (i–x), 1–454, (455–64). 375 × 255 mm. Written space 268 × 152/130 mm.; narrower from p. 73 (4¹) where the writing becomes smaller. Collation: 1–12¹² 13¹² wants 6 after p. 298 14¹⁰ 15¹² 16² 17–20¹². Quires are marked at the front with the number of the book followed by a letter: 2–6, 1b–1f; 7–9, 2g–2j; 13, 3n; 18–19, 4b–4c. Some quires marked 'cor'' or 'cor' totum'. Initials: (i) p. 1 and to books and chapter-lists, red and blue with ornament of both colours; (ii, iii) 2- and 1-line, red or blue, with ornament of the other colour. Capital letters in the ink of the text filled with yellow. Binding of s. xviii; repaired, s. xx. Secundo folio *inter generatione*.

Written in England. 'Liber de claustro Roffensis. per dom*inum* Iohannem eiusdem loci priorem', s. xiv, f. 3 foot, in a large hand; cf. BL MSS Royal 1 B.iv, 12 G.ii, iii.

A.3.5. *Textus Roffensis*   s. xii¹

Complete facsimile reproduction and full description by P. Sawyer, *Early English Manuscripts in Facsimile*, vii and ix (1957, 1962). ff. 1–118, mainly laws in English, in vii, with their contents set out vii. 15–18; ff. 119–235, charters etc. in Latin, English, and French, in ix, with the contents of ff. 119–67, pre-Conquest Rochester charters, shown xi. 17, and for ff. 168–235 see xi. 16–17. Two quires were added, s. xii, ff. 203–8 and 230–5, the latter remaining mostly blank until filled with an assize of ward of 11 Ed. III.

Described, with *Custumale Roffensis*, on being returned from the ʰishop of Rochester to the chapter-house, as 'both new bound', 10 July 1719, and Canon Barrell is recorded as paying 13s. for binding the *Textus*, see Maidstone, Kent Archives Office DRc/Ac5(15) p. 34, and DRc/FTb54 (Treasurer's Book 1719–20) p. 37 (ex inform. P. Mussett). Deposited at Kent Archives Office Maidstone (DRc/R1).

A.3.13. *Bonaventura; Augustinus; etc.* s. xv in.

1. ff. 2^v–64^v Tractatus qui vocatur ymago vite. Flecto genua mea ad patrem—
Paulus apostolus vas eterne dilectionis sacrarium—Dic queso o homo si post . . .
donec intrem in gaudium dei mei qui est trinus et vnus deus benedictus in secula
seculorum amen.

Bloomfield, no. 2150 (Bonaventura, Soliloquium de quatuor mentalibus exercitiis); Distelbrink,
no. 23. Below the title, f. 2^v, a drawing of a heart pierced by a scroll 'Ihesu for þi passion saue vs
fro dampnacion', and the words 'Morte rues peccata lues hinc iugiter ora. Ne pereas set peniteas
quia preterit hora', probably in the main hand. Three lines erased at the end were underlined in
red.

2. ff. 65–74 Augustinus de vera Penitencia. Deleuit dominus peccatum dauid
quia dolebat se peccasse . . . in refrigerium commutabitur. Prestan(f. 74)te deo—
dicant omnia. Conclusio Nemo indulta sibi penitencie . . . non gaudebit in messe.

3. ff. 74^v–84 Prayers: (a) f. 74^v O deus omnium dulcedo cordium . . . ; (b) f. 77 O
diuinissima et superexellentissima maiestas . . . ; (c) f. 78 Dominc Ihcsu christe
redempcio mea spes cordis mei . . . ; (d) f. 80 O mater misericordie domina mea
clementissima . . . ; (e) f. 81 Omnipotens et misericors deus qui proprio filio . . . ;
(f) f. 81^v O altitudo diuiciarum sapiencie et sciencie . . . ; (g) f. 81^v Domine deus.
pater omnipotens. nos famulos tue magestati subiectos . . . ; (h) f. 82 Veni sancte
spiritus reple tuorum corda fidelium . . . ; (i) f. 82 Deus cui omne cor patet . . . ;
(j) f. 82 Deus qui in te sperantibus . . . ; (k) f. 82^v Oracio uenerabilis Bede
presbiteri de septem verbis christi in cruce pendentis—Domine Ihesu christe qui
septem verba in vltima hora . . . ; (l) f. 84 Deus qui in sancta cruce pendens pro
salute nostra . . .

4. f. 84^{rv} Incipit letania de beata Maria a beato Bernardo edita—Kyrieleyson.
christeleyson. kyrieleyson. Christe audi nos. Saluator mundi adiuua nos . . .
super choros angelorum exaudi (*ending imperfectly*).

5. (added on first endleaf, s. xv) f. 1 brief forms of prayer.

6. (added, s. xvi) f. 2 O Lorde Jesus christ whiche art the verie bright sonne of
the worlde . . .

ff. iii + 82 + i. Foliated (i), 1–84, (85). ff. 1–2 are medieval endleaves. 147 × 98 mm. Written
space *c.* 112 × 65 mm. 22–3 long lines. Collation of ff. 3–84: 1^{12} 2–7^{10}. Written in anglicana.
Initials: (i) to arts. 1, 2, 3 (*a–e*), 6/4-line, blue with red ornament extended to frame text; (ii, iii)
4- and 1-line, blue with red ornament. Binding of s. xx. Secundo folio (f. 4) *Hec est ille*.

Written in England.

A.3.16. *Augustinus* s. xii in.

The contents are listed Römer, ii. 313–14. The table of contents, f. 2, s. xii/xiii,
headed 'In hoc libro continentur hee scripture' is in the hand of tables in BL MS
Royal 3 B.i, etc.; leaf numbers were added to it in s. xiv. The original scribe put
'.A.' in the margin at intervals.

1. ff. 3–122 Sententia de libro retractationum beati avgvstini. Per eosdem annos —auctoritates. (f. 3ᵛ) Aurelii avgvstini ypponiensis episcopi de consensu evangelistarum liber primvs incipit. Inter omnes . . . pedes lauat. Avrelii avgustini ypponiensis episcopi de consensv evangelistarvm liber quartvs explicit.

PL xxxiv. 1041–230, preceded by the relevant extract from the Retractationes. Bk. 2, f. 20ᵛ; 3, f. 76; 4, f. 114.

2. ff. 122ᵛ–177 Avrelii avgvstini de sermone domini in monte liber primus incipit. Sermonem quem locutus est—turbas multas. (f. 123) Cum uidisset avtem iesus tvrbas . . . edificare super petram. Explicit liber iiᵘˢ sancti avgustini episcopi de sermone domini in monte.

PL xxxiv. 1229–308, preceded by the relevant extract from the Retractationes. Bk. 2, f. 150. Running-title and notes, 'vide totum' or 'nota totum', at the foot of some pages, and 'Vide totum quia valde notabile est et bonum' at the start of bk. 2, s. xiv.

3. ff. 177–89 Incipit liber sancti avgustini episcopi de blasphemia in spiritum sanctum. (f. 177ᵛ) Magna qvęstio est de recenti evangelica lectione . . . loquendo ministraremus. Explicit liber sancti avgvstini episcopi de blasphemia in spiritum sanctum.

PL xxxviii. 445–67 (Serm. 71).

4. ff. 189ᵛ–191ᵛ Incipit de decem legis pręceptis. et de totidem plagis ęgypti liber sancti avgvstini episcopi. Non est sine cavsa . . . auxiliante pervenire.

PL xxxix. 1783–6 (Serm. App. 21). The last words are followed by a list of the ten plagues and commandments. ff. 192ᵛ–193ᵛ blank.

ff. ii + 192. Foliated, s. xiv, (1), 2–193; partly paginated in pencil. 296 × 212 mm. Written space 198 × 127 mm. 31 long lines. Ruled in drypoint. Collation of ff. 3–194: 1–24⁸ last leaf pasted down. Quires 1–23 marked at the end A II–XXIII. Written in the Rochester script of the first half of the twelfth century. Initials: (i) f. 3ᵛ, green filled with yellow, red, and blue; (ii) to arts. 2–4 and books, green, red, and/or purple most with ornament one of the other colours; (iii, iv) 2- and 1-line, in green, red, or purple. Contemporary binding of square-cut flush wooden boards covered with white leather; ears projecting at head and tail of spine; two bands; rebacked. Medieval 5-thong bookmark, one thong missing. Secundo folio *fidei*.

Written at the Benedictine Cathedral Priory of Rochester. Listed in the Rochester catalogues of s. xii in. and 1202, cf. Ker, *MLGB*, p. 160. 'Liber de Claustro Roffens' (per Iacobum de Oxon')', s. xiv, f. 3 foot. 'Arch M. Eccl Cath Roffens', s. xvii, f. 1ᵛ.

A.3.18. *Psalterium* s. xv in.

1. pp. 1–8 Calendar, March–October, in red and black.

Feasts in red include Paulini ep. (10 Oct.), and Vthamari ep. et conf. (10 June), presumably the third and fourth bishops of Rochester; in black, Romani ep. (30 Mar.), presumably the second bishop. 'pape' and translation of Thomas of Canterbury crossed out.

2. pp. 9–66 Psalms, defective.

Lacks Pss. 10:15–33:3, 44:17–63:4, 64:10*b*–67:2, 68:1–29, and all from 70:3 onwards, through the loss of quires after pp. 24, 56, and 66, and leaves after pp. 58 and 64. p. 64 and most of p. 63 blank.

ff. i + 33 + i. Paginated (i–ii), 1–66, (67–8). 190 × 135 mm. Written space 114 × 75 mm. 20 long lines. Ruled in pink. Collation: 1⁶ wants 1 and 6 2–4⁸ 5 five. Initials: (i) pp. 9, 41 (Ps. 38), in blue patterned with white, on decorated gold grounds; (ii, iii) 2- and 1-line, to other psalms and to verses, in gold on pink and blue grounds patterned with white. Line-fillers in deep pink and blue, patterned with white, and gold. Full borders on pages with type (i) initials. Binding of s. xx. Secundo folio (p. 11) *Et nunc*.

Written in England, for use in the diocese of Rochester. Presented by subscription in 1921.

No no. *Horae*   s. xv²

1. ff. 1–12ᵛ Calendar in red and black.

Feasts in red include Francis (4 Oct.); in black octave of Francis (11 Oct.) and Stigmata of Francis (17 Sept.).

2. ff. 13–76 Incipit officium beate marie secundum consuetudinem Romane curie.

Psalms for particular days, f. 60; seasonal offices, f. 67ᵛ.

3. (quire 10) ff. 77–80ᵛ Hours of the Passion.

ff. 81–84ᵛ blank.

4. (quires 11–13) ff. 85–104ᵛ Incipiunt septem psalmi penitenciales, followed (f. 95ᵛ) by 'letania'.

Six monks and hermits: Benedict Francis Anthony Dominic Bernard Leonard.

5. ff. 105–137ᵛ Incipit officium mortuorum.

ff. vi + 137 + iv. ff. v–vi are parchment flyleaves. 105 × 80 mm. Written space 58 × 48 mm. 15 long lines. Collation: 1¹² 2–12⁸ 13⁴ 14–17⁸ 18 one. Initials: (i) in colours, on gold and coloured grounds, one (f. 13) historiated; (ii, iii) 2- and 1-line, blue or red. Binding of s. xx; leaves thrown out on guards. Secundo folio (f. 14) *gratia plena*.

Written in Italy. 'S Reynolds Hole from J. W. Maxwell Lyte', f. vᵛ; Hole was dean of Rochester from 1888 until his death in 1904.

ROMSEY. PARISH CHURCH

Psalterium, etc.   s. xv¹

Described by F. W. H. Davy, pp. 285–302, in H. G. Liveing, *Records of Romsey Abbey*, (1906), with reduced facsimile of ff. 106ᵛ–107.

1. ff. 1–6ᵛ Calendar in blue (January and December only), red, and black.

Six feasts in blue include Lucy (13 Dec.); in red, Francis, Ethelfleda (4, 23 Oct.); and in black, translation and revelation of Ethelfleda (27 Jan., 10 Mar.). Twenty-six additions, in one hand, s. xvi in.: the obits of seven close relatives of St Edburga: her grandfather, King Alfred (27 Oct.); grandmother, Queen Ealhswith (5 Dec.) 'Obiit Ealiswidis regina auia sancte edburge fundatrix huius'; father, King Edward (17 July) 'Edwa'; mother, Queen Eadgifu (23 Aug.) 'Edyua'; brothers, Edmund (23 May) and Eadred (23 Nov.) 'Eldredus'; and sister, Eadflaed (6 Mar.) 'Elfleda'; 'Commemoracio familiarum et benefactorum nostrorum' (9 Mar.); 'Obiit beringerius Monachus et albreda Monacha de tony' (27 June); and eighteen abbesses of the Benedictine nunnery of Winchester, down to Christina Hardy, d. 1418. 'pape' and feasts of Thomas of Canterbury erased.

2. ff. 7–136 Liturgical psalter.

Ps. 109 begins a new quire (15), f. 107.

3. ff. 136–147ᵛ Six ferial canticles, followed by Te deum, Benedicite, Benedictus, Magnificat, Nunc dimittis, Quicumque uult.

4. ff. 147ᵛ–151ᵛ Hic incipit letania.

No English saints. Monks and hermits: benedicte francisse antoni dominice. Seven virgins: . . . (7) clara. The prayers after Deus cui proprium are Exaudi quesumus, Ineffabilem, Deus qui culpa, Omnipotens sempiterne deus miserere famulo tuo ministro nostro, Deus a quo, Ure igne, Fidelium deus, Acciones nostras, Omnipotens sempiterne deus qui uirorum; cf. the series in Oxford Bodleian Lib. MS Douce 245 f. 77ᵛ, a French Franciscan breviary.

5. (added) (a) f. 106 O Adonay domine deus magne et mirabilis . . . et a lingua dolosa. Amen. 1469; (b) f. 106ᵛ [C]ultor dei memento . . . et nunc et in perpetuum. Amen.; (c) ff. 151ᵛ–152ᵛ oracio pro diuersis tribulacionibus. Audi nos ihesu christe deus ecclesie egisente rogamus te pater clementissime Qui non vis mortem peccatorum . . . Omnipotens sempiterne deus parce metuentibus . . . A domo tua quesumus domine . . .

(a, b) in a blank space after Ps. 108, probably in one hand; (b) Passiontide Compline hymn, RH, no. 4053.

ff. iii+152+ii. 177 × 120 mm. Written space 125 × c.75 mm. 22 long lines. Collation: 1⁶ 2–13⁸ 14⁴ 15–19⁸ 20⁶. Quires 5–20 signed c–s. Quires 10–13 marked 'corrigitur' at the end. Initials; (i) in pink and blue patterned with white, on decorated gold grounds, with marginal prolongations in gold and colours, including green; (ii) 2-line, in blue with red ornament; (iii) 1-line, red or blue. Binding of s. xix, repaired s. xxᴵ by Broadbere, Hanover Buildings, Southampton. Secundo folio (f. 8) lege domini.

Written in England, apparently for Franciscan use, see art. 4, in the vicinity of Romsey, see art. 1: Ethelfleda. Belonged by s. xvi in. to the Benedictine nuns of Winchester, see art. 1 additions. 'E libris J. H. Loyd', s. xix ex., f. iii. Quaritch catalogue 193 (1899), no. 171, £18. 'This Psalter was purchased by subscription in 1900, from Messʳˢ Quaritch and Co, to be deposited in Romsey Abbey: and is held in trust by the Vicar and Churchwardens, for the Church people of Romsey', f. iii.

RUGBY SCHOOL

Bloxam 1005. *Biblia*   s. xiii med.

1. ff. 1–249 A Bible in the order Exodus–2 Chronicles, Ezra, Nehemiah ('Esdras II'), Esther, Judith, Tobit, Job, Psalms, Proverbs, Ecclesiastes, Song of Songs,

Wisdom, Ecclesiasticus, Isaiah, Jeremiah, Lamentations, Baruch, Ezekiel, Daniel, Minor Prophets, 1, 2 Maccabees, Gospels, Acts, Catholic Epistles, Pauline Epistles, Apocalypse. All is missing before Exod. 35: 34 at the beginning, Isa. 9:17 – Jer. 3:7 after f. 144, and single leaves after ff. 9 (Num. 4:9 – 7:13) and 243 (1 Tim. prol.–Heb. 2: 17).

The prologues are 31 of the common set of 64 (see below Ushaw 2), and 5 others shown here by *: Stegmüller, nos. 311, 323, 328, 330, 341 + 343, 335, 332, 344, *349, *350 (placed after instead of before Job), 457, 468, 482, 491, 492, 494, 500, *504, 551, 590, 607, 620, 624, 640, 809, *675, 685, 699, 707, 715, 728, 736, 747, 752, *835.

OT chapters do not begin on a new line, but with a coloured initial. No running-titles to Psalms. The Psalms are divided by larger initials into three fifties, as well as the usual eight liturgical divisions; Pss. 119–33 are each marked Canticum graduum. Pss. 2–111 numbered '.2.'–'.10.10. (110), .1.12.' in margin, s. xiv, continued much later.

Marginalia to Proverbs in an English hand, s. xiii. f. 249ᵛ blank save for later scribbles.

2. ff. 250–75 (two added quires, s. xiv ex.) Incipiunt interpretationes nominum hebreorum secundum ordinem alphabeti digeste. A. ante a. Aaz apprehendens . . . consiliatores eorum.

The common dictionary of Hebrew names, Stegmüller, no. 7709. f. 275ᵛ blank, save for later note, see below.

ff. ii + 275 + iii. 260 × 178 mm. Written space 186 × 125 mm. 2 cols. 51–3 lines. Collation: 1¹² wants 10 after f. 9 2–12¹² 13 one (f. 144) 14–21¹² 22¹² wants 4, 5 after f. 243, 12 (blank) after f. 249 23¹⁴ 24¹². Initials: (i) to books, prologues, and the main divisions of the Psalms (Pss. 1, 26, 52, 120, Ecclus., Isa., Hos., Zeph., 2 Macc., and Eph. cut out), in colour on coloured grounds, elaborate and careful work; (ii) 2-line, to remaining psalms, red or blue, with ornament of the other colour; (iii) to chapters, red or blue, with a little ornament of the other colour; (iv) to psalm-verses, plain red or blue. Binding of s. xix.

Written probably in England. Scribbles, s. xvi, include the names 'Iohn Shurley', f. 150ᵛ, 'Yevane Fairburn of madibe (?)', f. 275ᵛ. 'Jacobus [. . .]', f. 1 (part torn away), s. xviii (?). 'Johannes Bowen Anno Ætat 70. Annoque Domini 1826', f. 1. 'Matt: H: Bloxam 1865', f 1; given by Bloxam on his 78th birthday, 12 May 1883, see f. ii.

Bloxam 1006. *Biblia*   s. xiii ex.

A Bible without Psalms, in the order Genesis–2 Chronicles + Prayer of Manasses ('Oratio Ieremie prophete'), Ezra, Nehemiah, Tobit, Judith, Esther, Job, Proverbs, Ecclesiastes, Song of Songs, Wisdom, Ecclesiasticus, Isaiah, Jeremiah, Baruch, Lamentations, Ezekiel, Daniel, Minor Prophets, 1, 2 Maccabees, Gospels, Acts, Catholic Epistles, Pauline Epistles including between 2 Thess. and 1 Tim. 'epistola beati pauli ad laodicenses' Stegmüller no. 233, Apocalypse ending imperfectly at 21: 16. Some of the original chapter-divisions are abnormal. Two leaves missing at the beginning and leaves after ff. 1 (Gen. 1:1–3:15), 49 (Lev. 26: 45 – Num. 7:49), 185 (–Tobit. 3:18), 188 (Judith 1:1 – 5:9), 192 (–Esther 2:21), 196 (Job prol.–2:3), 206 (–Prov. 3:16), 285 (Jer. 52:31 – Baruch 3:2), 435 (2 Cor. 10:8 – Gal. 1:7), and 455 (Apoc. 21:16–). Spaces remaining on ff. 99ᵛ, 185ʳᵛ 192ᵛ, 206ᵛ, 192ᵛ, 206ᵛ, and 243ʳᵛ after Ruth, Nehemiah, Judith, Job, and Ecclus. left blank.

The original prologues are 47 of the common set of 64 (see below Ushaw 2), and 21 others shown here by *, with 5 in the margins: Stegmüller, nos. 285 (beginning gone), 311, 323, 328, 330, 335, 344, 462, *Wisdom 'Hvnc librum Ier asserit non a salomone ut putatur sed a philone . . . recipi scripturas', 468 (in margin), 482, 487, 492, 494, *495, 500, 507, 511, 510, *'Johel qui interpretatur dominus deus . . . sub ioathan rege quando et micheas' + *509, 515, 512 (completed in margin), 513, *516, *Obadiah 'Abdias quanto breuior: tanto est profundior . . . in libro ieremie mutatis quibusdam uerbis', 524, 521, 526, *525, 528, *527, 531, *530, *529, 534 (Iosiam regem iude . . .), *532, 538, *535, 539, *540, *Zechariah 'Secundo anno darii filii hytaspis septuagesimum desolationis templi . . . iubentes quam prohibentis regis imperium', *Malachi 'Ultimum xii prophetarum malachi interpretari uoluimus cuius nomen lxx transtulerunt Angelus . . . in primo mensis quinti uenit in ierusalem', 543, *545, *544, 551, *596 (. . . magis hereticis quam ecclesiasticis uiuis canendas), 590, 607, 620, 624, 640, 809, *818, *647/651[b], *651[a] (. . . ab omni uite prauitate reuocare), 677, 685, 699 (in margin), 715, 728 (in margin), 736, 747 (repeated in margin), 752 (in margin), 765, 772, 780, 783.

ff. iii + 456 + iii, foliated i–iii, 1–163, 163*, 164–458. 195 × 140 mm. Written space 148 × 98 mm. 2 cols. 42–4 lines. Collation impracticable; partly in quires of 24 leaves. Initials: (i) to books, in colour on gold and coloured grounds, some ornamented with grotesques, birds, animals, etc., e.g. f. 290; (ii, iii) two sizes, to prologues and chapters, blue patterned with white, with red ornament. Many initials of type (i) removed. Capital letters in the ink of the text touched with red. Binding of s. xix.

Written in England. Names of successive owners, s. xviii and xix: 'S. Smalbroke, 1769', f. i; 'J. Middleton, Charterhouse 1804', 'Thomas Meggison E Dono Johani Middleton 1804', 'James Hearn, Rectory, Halford near Great Faringdon, Berks, December 28 1850', front pastedown. 'scarcely later than 1300 about the Reign of Edward the Second This is the concurrent judgement of John Gough Nichols Esquire Editor Gentlemans Magazine and Mr Billings Author of the Beauties of Scotland London Jany 23rd 1851', f. i. Given by M. H. Bloxam 12 May 1883, f. iii.

Bloxam 1007. *Biblia, pars ii* 1463

The second volume of a Bible containing Canticles and Psalms beginning imperfectly, Proverbs, Ecclesiastes, Song of Songs, Wisdom, Ecclesiasticus followed by Prayer of Solomon ending imperfectly, Isaiah, Jeremiah, Lamentations, Baruch, Ezekiel, Daniel, Minor Prophets, 1, 2 Maccabees, Gospels, Pauline Epistles, Catholic Epistles, Acts, Apocalypse. Quire(s) missing at the beginning and single leaves after ff. 19 (Eccles. 10:3 – S. of S. 1:10), 29 (Wisd. 18:15 – Ecclus. prol.), 52 (Prayer of Solomon – Isa. 1:11), and 209 (1 Macc. 16:10 – 2 Macc. 1:28). The text begins imperfectly in the canticle Exultauit, followed by the Canticles Cantemus domino, Domine audiui, Audite celi, Te deum, Benedicite, Psalms 148–150, and the Canticles Benedictus, Magnificat, and Nunc dimittis (. . . Explicit liber psalmorum dauid). The Gospels begin on a new quire (20), f. 222.

The prologues are 44 out of 51 of the common set (see below Ushaw 2) and 4 others shown here by *: Stegmüller, nos. 457, 462, *Wisdom 'Hunc librum iheronimus ascribit non a salomone sed a philone . . . recipi scripturas', 487, *490, *486, 492, 494, 500, *504, 507, 511, 510, 515, 512, 513, 519 + 517, 524 *+ 521, 526, 528 (. . . in consequentibus libri huius demonstrabitur), 531, 534, 538, 539, 543, 547 (Domino—lodowico regi Rabanus . . .), 553 (Reuerendissimo—geroldo —Rabanus . . .), 551, 590, 607, 620, 624, 699, 707, 715, 728, 736, 747, 752, 765, 772, 780, 783, 793, 809, 640.

ff. xxiv + 327 + ii. Paper. 285 × 203 mm. Written space 210 × 155 mm. 2 cols. *c.*39 lines in OT; *c.*47 in NT. Frame ruling. Collation: 1^{12} 2^{12} wants 8 after f. 19 3^{12} wants 7 after f. 29 4^{12} 5^{12} wants 7 after f. 52 6–17^{12} 18^{12} wants 9 after f. 209 19^{12} wants 10–12 (probably blank) after f. 221 20–27^{12} 28^{12} wants 10–12 (probably blank). Traces of quire-signatures: d–n on quires 5–14, and a–f on quires 20–5. Written in a fairly current hybrida in one hand (?), smaller in NT, f. 222. Initials: (i) to most books and some prologues, red and blue, filled with green, with ornament of both colours; (ii) to other books and prologues, blue, filled with green, with red ornament; (iii) to chapters, plain red or blue. Capital letters in the ink of the text touched with red. Binding, s. xix.

OT written at Utrecht in 1463: 'Finitus et completus est liber iste per manus Iohannis de tremonia scholarium rectoris Ecclesie beate marie traiectensis sub anno domini 1463 Sabbato ante dominicam Letare', f. 221ᵛ, colophon to OT. 'Sum Liber Johan. C. Jackson', f. iii, s. xix. 'Matt: H: Bloxam Rugby Decᵣ. 5ᵗʰ AD 1857', f. iii; given by him, 12 May 1883, f. xxiv.

Bloxam 1008. *J. Mandeville (in English); etc.*   s. xv²

1. ff. 1–37 For as muche as þe lond ouer þᵉ see. þᵗ is to say þe holi lond . . . he þᵗ is *in* trinite fad*er* and sone and holi gost þᵗ liveþ and regneþ god wiþ out ende amen. Explicit.

One of seven copies of the Defective Version Sub-Group C text, see M. C. Seymour, *Mandeville's Travels* (1967), 275. A quire missing after f. 8 contained ed. P. Hamelius, EETS cliii (1919), 43/30–72/11.

2. f. 37ᵛ Historia hermeti ab origine mundi vj $M^{1'}$ D xxxvjᵗᵒ est ante Hermericus historia almanorum Sicut Merlinus est ante historia Britannorum. Lilium in meliore parte . . . ad terram promissionis. Exposicio eiusdem hermerici Lilium Rex francie . . . signum crucis.

The prophecy of the Lily and the Lion and its explanation, cf. *Cat. of Romances*, i. 314.

3. ff. 37ᵛ–38 Anglorum regimine bastard bello superauit . . . Stirps perisacia periet confrissa ruina. Capitulum xijᵐᵒ I. B. et sic prophescia terminatur

14 lines of verse of the prophecy that the progeny of William the Conqueror would reign in England for as many years as the length in feet of Battle Abbey church, cf. Walther, *Versanf.*, no. 1041.

ff. ii + 38 + i. 180 × 142 mm. Written space 145 × *c.*108 mm. 33 long lines. Collation: 1–4^{8} 5^{6}. Written in anglicana. Initials red, a few ornamented in red. Binding of s. xix. Secundo folio *Bote y mai*.

Written in England. 'This is Leueriche Forster Boke called Maundefelde 1555', f. 38ᵛ. Rather later 'John Almon of Puckeridge Countie of Oxenford' wrote his name, f. 38. Other names in margins: 'John Anthorne', f. 1 upside-down, s. xvi; 'Robart Abraham', f. 15ᵛ, s. xvi; 'John Offlye', ff. 9, 11ᵛ, 12ʳ upside-down, s. xvi. Notarial sign, f. 30ᵛ. Given by M. H. Bloxam, 12 May 1883.

Bloxam 1009. *Missale festivale*   s. xv¹

A Sarum missal, arts. 3 and 6 providing for a selection of days only. 'pape' erased, but feasts of Thomas of Canterbury untouched.

1. ff. 1–6ᵛ Calendar in red and black, graded (up to 9 lections).

Added, s. xv: Elburga (23 Jan.), Clement (23 Nov., deleted 21 Nov.), deposition of Osmund (4 Dec.).

2. ff. 7–9ᵛ Holy water service.

3. ff. 10–54 Temporal.

Advent 1, 2, 3, vigil of Christmas, Christmas, Stephen, John ev., Innocents, Thomas m., Circumcision, Epiphany, Wednesday after Palm Sunday, [Easter], 1st Sunday after Easter, Ascension, Pentecost, Trinity, and Corpus Christi only.

4. ff. 54–56ᵛ In dedicacione ecclesie.

5. ff. 59–79 Ordinary and Canon of Mass.

6. ff. 82–117 Sanctoral.

Vigil of Andrew, Andrew, [Purification], Annunciation, George, Invention of Cross, Nativity of John Baptist, Peter and Paul, octave of John Baptist, Relics, Margaret, Mary Magdalene, James, Ad uincula S. Petri, Laurence, Assumption, Michael, [All Saints], Martin, and Katherine only.

7. ff. 117–33 Votive masses.

B.V.M., Trinity, Holy Spirit, Cross, Angels, 'pro fratribus et sororibus', peace, All Saints.

8. ff. 133–8 Missa pro defunctis.

9. ff. 138–139ᵛ In commemoracione sancti Thome martiris.

Arts. 10–17 added s. xv, in blank spaces and at the end.

10. ff. 56ᵛ–57ᵛ Missa ad delendum febres propter oracionem sancti sigismundi regis et martiris. Officium. Exaudi deus oracionem . . .

Fuller than *Missale Sarum*, Burntisland edn., pp. 823*–824*: introit (as *ibid*. 218), epistle, gradual, gospel, offertory, and communio. f. 58ʳᵛ blank.

11. ff. 79ᵛ–81ᵛ Missa pro mortalitate euitanda quam dominus papa clemens quintus fecit

Missale Sarum, Burntisland edn., pp. 886*–890*, without sequence.

12. f. 139ᵛ O bone ihesu scribe in corde meo uulnera tuo . . . o bone ihesu.

13. ff. 139ᵛ–141ᵛ Missa specialiter ordinata per curiam romanam pro remissione omnium peccatorum . Officium. Misereris omnium domine . . .

Texts mostly different from *Missale Sarum*, Burntisland edn., pp. 792*–794*.

14. f. 141ᵛ Oracio de sancto goderico. Ihesu pie ihesu dulciflue ihesu misericors et benignissime tui miselli nunc miserere

15. ff. 141ᵛ–142 Oracio specialis pro trigintali missarum. Deus qui es summa nostra redempcio

Missale Sarum, Burntisland edn., pp. 883*–884*.

16. ff. 143–147ᵛ Mass of the Five Wounds.

Missale Sarum, Burntisland edn., pp. 751*–756*, ascribed in a long rubric to Pope Boniface VIII.

17. ff. 147^v–151 Mass of the Name of Jesus.

Missale Sarum, Burntisland edn., pp. 846–51, preceded by a long rubric conveying indulgences of Pope Boniface and Robert bishop of Salisbury.

18. (added s. xv/xvi, in a current hand). ff. ii^v–iii Masses (*a*) pro Amico defuncto; (*b*) pro seipso; (*c*) pro defunctis.

Missale Sarum, Burntisland edn. (*a*) pp. 873*–874*, (*c*) p. 879*.

ff. iv + 151. f. i formerly pasted down; ff. ii–iv are medieval endleaves. 215 × 155 mm. Written space 118 × 85 mm. 2 cols. 24 lines; ff. 143–51 23 long lines. Collation: 1^6 2–5^8 6^8 wants 3 after f. 40 7^8 8^6 wants 4 (blank) after f. 56 9^8 wants 6 after f. 63 10–11^8 12^8 wants 5 after f. 85 13–14^8 15^8 wants 4 after f. 107 16–18^8 19^8 wants 8 (probably blank) after f. 142 20^8 + 1 leaf (f. 151) after 8. Initials: (i) in colour on gold grounds, with border ornament in three margins; (ii) blue with red ornament; (iii) blue with red ornament, or red with dark blue ornament. Contemporary binding of wooden boards covered with white leather; two strap-and-pin fastenings, the straps now missing. Secundo folio (f. 8) *cum eradicare*.

Written in England. From the church of Wallington, Surrey: 'Memorandum quod xiij° die Iunii anno domini millesimo ccccxxiij litera dominicali accident' super literam C capella beate Marie de Waliton infra parochiam de Bedyngton cum summo altare eiusdem in honore Nativitatis beate Marie et Sancti Iohannis Baptiste dedicata fuerat per reuerendum patrem Iohannem Episcopum Enachdunen' et suffraganeum Reuerendi in christo patris et domini domini Henrici Wynton' episcopi et Anno regni regis henrici sexti primo', f. i^v. 'This is Frauncis Walkers booke', ff. 151 and iii^v, s. xvi ex. The covers bear the arms of Ralph Sheldon: sable a fess between three sheldrakes argent. 'E 28', f. ii^v, s. xvii (?). 'Ex dono Domini Greg. Mallet O.B.', f. iv, s xix in. Given by M. H. Bloxam, Jan. 1888, cf. f. i.

Bloxam 1010. *Pontificale*   s. xv med.

1. ff. iii–iv Tabula huius libri pontificalis. Qui ministri . . .

Each entry ends 'cart', with leaf-numbers added much later by the hand which foliated the text. ff. iv^v–v blank.

2. ff. v^v–1^v Ad confirmandos pueros. Pontifex pueros in fronte confirmare uolens paratus cum amictu . . .

cf. Andrieu, iii. 333–5.

3. ff. 2–9 Qui ministri et que ornamenta necessaria sunt pontifici solempniter missam celebrare uolenti. Pontifici missam solempniter celebrant . . .

cf. Andrieu, iii. 631–42.

4. ff. 9–11 Que obseruare debet episcopus quando solempniter celebrat pro defunctis . . . Quando episcopus celebrans debet dicere Pax uobis loco Dominus uobiscum . . . Quibus diebus sit mitra aurifrisiata utendum . . . Quando baculo pastorali et sandaliis sit utendum . . . Quando dicendum sit Gloria in excelsis et quando non . . . Quando dicendum sit Credo in unum deum . . .

cf. Andrieu, iii. 647–8, 651, 660, 659–60, 649–50, 652–3.

5. ff. 11–29^v De examinatione facienda antequam ordines facienda . . . Interdictum—Nos F. Episcopus generalem ordinationem . . . Absolutio—

Auctoritate omnipotens dei. et in quantum nobis . . . Inhibitio facienda Inhibemus insuper ne aliquis tabellio . . . (f. 13) Liber pontificalis secundum consuetudinem Romane curie. Ad clericum faciendum . . . (f. 14) De septem ecclesiasticis ordinibus rubrica. Hora competenti episcopus ueniens . . . (f. 15ᵛ) De quatuor ordinibus minoribus. Et primo ordinatio ostiariorum Clericis designatis . . . (f. 19) De sacris ordinibus Nota quod secundum consuetudinem Romane ecclesie . . .

6. ff. 29ᵛ–37ᵛ Incipit ordo ad conuocandum examinandum et consecrandum electum episcopum . . .

7. ff. 37ᵛ–41 Ad benedicendum abbatem uel abbatissam

8. ff. 41ᵛ–42ᵛ Ordo ad monacum faciendum

9. ff. 42ᵛ–48ᵛ Ordo ad uirginem sanctimonialem benedicendam

10. ff. 48ᵛ–49 Ad diaconissam faciendam

11. ff. 49–51 De benedictione uidue

12. ff. 51–3 De ecclesia hedificanda et impositione primarij lapidis. Nemo ecclesiam edificet priusquam iuditio episcopi . . .

13. ff. 53–68ᵛ Incipit ordo ad consecrandum ecclesiam. In primis preparentur infrascripta . . .

14. ff. 68ᵛ–75 De consecratione altaris quando non consecratur ecclesia

15. ff. 75–78ᵛ De consecratione altaris uiatici siue tabule itinerarie

16. ff. 78ᵛ–81ᵛ De benedictione et consecratione cimiterii

17. ff. 81ᵛ–82 De benedictione loci sepeliendum quando non est ordinatum cimiterium

18. ff. 82–84ᵛ Incipit ordo reconciliationis ecclesie uiolate

19. ff. 84ᵛ–86ᵛ Incipit ordo reconciliationis cimiterii

20. ff. 86ᵛ–90 Consecratio patene . . . calicis . . . Benedictio corporalium . . . planete *etc.* . . . turribuli . . . uasculi . . . sacrorum uasorum . . . crucis noue . . . incensi . . .

21. ff. 90–2 Ordo ad signum siue campanam ecclesie benedicendum

22. ff. 92–3 Benedictio panis populo in ecclesie distribuendi . . . agni et aliarum carnium . . . lactis et mel in pasca . . . casei et ouorum . . . uue . . . ad quemcumque fructum nouarum arborum . . . noue domus . . . generalis ad omne quod uolueris . . .

23. ff 93–5 Incipit ordo qualiter agendum sit in capite quadragesime cura penitentes

24. ff. 95–103 Incipit ordo romanus qualiter agendum sit quinta feria in cena domini

25. ff. 103–106ᵛ Sabbato sancto. Hora sexta percussa tabula . . .

26. ff. 106ᵛ–111ᵛ Ordo suspensionis reconciliationis dispensationis depositionis degradationis excommunicationis et restitutionis sacrorum ordinum

27. ff. 111ᵛ–112ᵛ Ordo ad reconciliandum apostotam a fide scismaticum uel hereticum

28. ff. 112ᵛ–114 Ordo ad uisitandum parochias

29. ff. 114–15 Ordo ad recipiendum processionaliter legatum uel prelatum . . . regem uel principem . . . reginam uel principissam . . .

30. f. 115ʳᵛ Ordo suffragii pro liberatione terre sancte

31. ff. 115ᵛ–117 Pro defunctis offitium . . . Absolutione episcopi . . . Forma absolutionis plenarie in mortis articulo . . .

32. f. 117 Benedictio annuli . . . ad quecumque uolueris . . .

33. ff. 117ᵛ–119ᵛ Litanies (two).

34. (added s. xv) f. 120 Prayers for dead: (ante officium) Non intres in iudicium, and (quando corpus sepelitur) Satisfaciat tibi.

ff. ii + 123 + ii, foliated i–v, 1–120 (121, 122). 235 × 174 mm. Written space c. 145 × 112 mm. 2 cols. 27 lines. Collation: 1⁴ 2–12¹⁰ 13¹⁰ wants 10 (probably blank). Initials: (i) f. vᵛ, P in colours on gold ground, historiated (bishop in cope and mitre seated), with elaborate continuous framed border; (ii, iii, iv) 4-, 3-, and 2-line, in gold on red, blue, and sometimes green grounds, with violet ornament; (v) 2-line, blue, with red ornament; (vi) 1-line, in art. 2 psalms blue with red ornament or plain red, in art. 33 plain blue or red. Capital letters in the ink of the text touched with yellow. Binding of s. xix in. Secundo folio (f. 1) *dextre manus*.

Written in Italy. Arms below a mitre: party argent and gules, in chief a cinquefoil gules and argent and in base three mounts or, f. vᵛ lower margin. Bookplate of Revd Charles Girdlestone, Balliol College, inside front cover. 'Matt: H: Bloxam Rugby August 30 1837', f. ii; and 'from P. Elmsley's sale', f. iᵛ, in Bloxam's hand. List by Bloxam (?) of 20 works relevant to liturgy, tipped in after f. 121. Given by Bloxam.

Bloxam 1011. *Kalendarium; Preces; etc.*   s. xv med.

1. ff. 1–11ᵛ Calendar in red and black, rather bare, lacking January.

Feasts in red include Ferreolus and Ferrucius (16 June); and in black, Gengolf, Claude, Gall, and Renobert (11 May, 6 June, 16, 24 Oct.). For relics of Renobert bp. of Bayeux at Besançon, where Ferreolus and Ferrucius were venerated, see *Acta sanctorum* Oct. 24, p. 576.

ff. 12–37 are disarranged, and ff. 12–13ᵛ, 18 and 36ᵛ–37 erased and written over in s. xvi/xvii.

2. ff. 12–17ᵛ, 27ʳᵛ, 21–22ᵛ, 28–29ᵛ, 23–26ᵛ, 30–34ᵛ Prayers, with rubrics in French, imperfect, including (a) f. 12 Incipit oratio venerabilis bede presbiteri de qua fertur qui cotidie . . . ; (b) ff. 15–16 Ce sont les sept vers que saint bernard disoit a lencontre de lennemi. Illumina oculos meos . . . Omnipotens sempiterne

deus qui ezechie regi . . . ; (c) ff. 16–17 Prayer at elevation, indulgenced by Pope
Boniface VIII, Domine ihesu christe qui hanc sacratissimam carnem . . . ; (d) f.
17ʳᵛ Ci sensieuent certains especiausz vers que dauid fist et les disoit en ses
tribulacions et moult souuent Domine non secundum peccata . . . ; (e) ff. 21ᵛ–
22ᵛ, 28–29ᵛ Prayers on special occasions, e.g. on going out, on passing a
cemetery; (f) Prayers and sequences to B.V.M. (i) f. 23ᵛ Aue mundi spes maria.
Aue mitis . . . , RH, no. 1978; (ii) f. 25 Aue cuius conceptio sollenni . . . , RH,
no. 1744; (iii) f. 26 O gloriosa domina qui filium dei portasti . . . ; (iv) f. 26ᵛ Se tu
vuels veoir la vierge Sancta maria stella maris ne despicias animam famuli tui
. . . , attributed to Augustine; (v) ff. 30–33 Obsecro te . . . , masculine forms; (vi)
f. 33 Maria virgo virginum rogo te per patrem . . . ; (vii) f. 33ᵛ Domina sancta
maria suscipe hanc orationem in amore . . . ; (viii) f. 34 Stabat mater . . . , ending
imperfectly.

3. ff. 18–20ᵛ, 35–36ᵛ Office of the dead, defective.

'lectio ixᵃ Quare lacero carnes meas . . . ', Job 13: 14.

ff. iv + 37 + iv. Paginated before loss of first leaf. 128 × 90 mm. Written space 80 × 55 mm. 17
long lines. Collation uncertain; ff. 27–34 is a quire of eight. Written in *lettre bâtarde*, except art. 3
hybrida. Damaged three-quarter-page picture (suppliant before B.V.M. and Child), f. 30, to art.
2(v). Initials: (i) gold on blue and pink grounds; (ii) gold with black ornament, or blue with red
ornament. Continuous borders, ff. 12, 30. Binding of s. xix.

Written in France, probably in the region of Besançon, see art. 1. An entry in art. 1 records the
birth, 16 May 1609, of Frances, eldest son of 'D. V. Petri de Prato Burgensis burgi martigniaci',
cf. Martigny, Valais, Switzerland. Given by M. H. Bloxam, 12 May 1888.

Add. 2. *Biblia*   s. xiv in.

1. ff. 1–18ᵛ Aaz apprehendens . . . Zemram. cantans eis uel canticum eorum

The common dictionary of Hebrew names, Stegmüller, no. 7709, ending imperfectly.

2. ff. 19–142ᵛ Fragments of a Bible, somewhat jumbled, with parts of 12 prologues from the common set of 64: f. 19 Zeph. 3: 8–end—Stegmüller no. 538
Hag. 1:1 – 2:5; f. 20 Stegmüller nos. . . . 284–5 . . . ; f. 22 Gen. 11:6 – 14:8, 17:18
– 22:6, 24:33 – 26:4, 33:14 – 38:8, 40:21 – 42:19; f. 29 Exod. 32:23 – 34:26; f. 30
Num. 7:71 – 12:2; f. 32 Deut. 14:28 – 20:5; f. 34 Josh. 10:39 – 13:13, 24:19 –
Judg. 4:15, 6:19 – 9:23, 19:22 – Ruth 2:2; f. 41 1 Kings 7:17 – 12:18, 14:21 –
15:22; f. 44 2 Kings 22:13 – 24:3; f. 45 3 Kings 1:30 – 2:30; f. 46 4 Kings 2:1 –
4:1, 5:11 – 9:3; f. 49 1 Chr. 19:1 – 29:5; f. 53 2 Chr. 32:3 – end + Prayer of
Manasses—Stegmüller no. 330 (1 Ezra) . . . ; f. 56 Job 12:2 – 23: 1; f. 59 Ps.
77:12 – 79:16, 68:15 – 77:12, 79:16 – 86:4, 96:7 – 102:22, 144:12 – end—
Stegmüller no. 457 (Prov.) . . . ; f. 65 Prov. 7:18 – 20:16; f. 69 Is. 59:11 –
65:24, 30:14 – 33:10, 28:9 – 30:14, 14:2 – 17:10, 41:15 – 46:4, 7:19 – 14:3, 5:2 –
7:19, 24:18 – 28:9, 33:10 – 36:16, 52:5 – 59:11, 65:24 – end—Stegmüller no. 487—
Jer.1:1 – 5:19, 7:18 – 9:17, 41:17 – 46:25, 49:2 – 50:17; f. 91 Ezek. 1:2 –
6:10, 22:29 – 24:5; f. 94 Dan. 9:22 – 11:22; f. 95 Hag. 2:5 – end—Stegmüller no.
539—Zech. 1:1 – 6:12; f. 97 Tobit. 4:6 – 13:22; f. 100 Ecclus. 6:23 – 18:14; f.

104 1 Macc. 5:7 – 68, 3:37 – 5:7, 13:12 – 15:33; f. 108 2 Macc. 1:21 – 3:9, 4:21 –
5:22, 11:36 – end—Stegmüller nos. 590 and 589—Matt. 1:1 – 3:9, 12:11 –
13:31, 15:17 – 19:29, 21:35 – 23:26; f. 118 Luke 5:2 – 6:35, 8:2 – 15:8, 17:17 –
19:20; f. 125 John 5:14 – 6:43, 7:53 – 19:20; f. 132 Acts 13:17 – 18:21; f. 135
Rom. 13:11 – 16:17; f. 136 1 Cor. 12:19 – 15:14; f. 137 Gal. 4:31 – end—
Stegmüller no. 715—Eph. 1:1 – 5:26; f. 139 Titus 2:8 – end—Stegmüller no. 783
—Philemon—Stegmüller no. 793—Heb. 1:1 – 11:17.

ff. iii + 142 + iii. Foliation in lower left of rectos. Every leaf water-damaged. ff. iii, 143 are
medieval parchment endleaves. 205 × 130 mm. Written space 143 × 94 mm. 2 cols. 46 lines.
Initials: (i) to books, gold and silver on red and blue grounds, historiated (e.g. Matthew, f. 113,
Tree of Jesse), damaged; (ii) to chapters, red or blue. English binding of s. xix¹, repaired.

Written in France. Bookplate of Francis G. Waugh inside front cover; bequeathed by him.

Add. 3. *Missale* s. xv ex.

Missal of the New Use of Sarum, very similar to the Spalding Gentlemen's
Society missal, see below, and like it including, p. 332, the office for the
translation of Hugh of Lincoln. Offices of Thomas of Canterbury, pp. 47, 295,
scratched out. Description by C. Hohler in the School Library.

1. pp. 1–4 Holy water service, etc., ending imperfectly.

2. pp. 5–161 Temporal, Advent–Easter Eve, beginning imperfectly.

Single quires gone after p. 78 contained Ash Wednesday epistle – Lent Ember Friday, and p.
126, Palm Sunday epistle – Wednesday in Holy Week tract.

3. pp. 161–80 Ordinary, and Canon, beginning imperfectly, of mass.

p. 168 blank.

4. pp. 181–2 Mass of the Name of Jesus.

Missale Sarum, Burntisland edn., pp. 846–52.

5. pp. 183–251 Temporal, Easter – 25th Sunday after Trinity and September
Ember days.

Quire gone after p. 214 contained Pentecost communio – 2nd Sunday after Trinity.

6. pp. 251–4 In dedicacione ecclesie.

Missale Sarum, Burntisland edn., pp. 549–60.

7. pp. 255–332 Sanctoral, vigil of Andrew – Faith, ending imperfectly.

Leaf gone after p. 272 contained Chad communio – Annunciation gradual.

8. pp. 333–63 Commune sanctorum, beginning imperfectly.

9. pp. 363–83 Votive masses.

10. pp. 383–93 Ad missam pro defunctis.

11. p. 394 Ordo trigintalis institutus per quendam apostolicum.

Missale Sarum, Burntisland edn., pp. 883*–884*.

12. pp. 395–403 Ordo ad faciendum sponsalia.

Vows, etc., in English, p. 396; extract from Pupilla oculi in a rubric on second marriages, p. 401.

13. pp. 403–6 Ordo ad seruicium peregrinorum.

14. pp. 406–8 Benedictions, of new knight's sword, etc., ending imperfectly.

ff. 204, paginated 1–408. 415 × 280 mm. Written space 275 × 176 mm. 2 cols. 39 lines, except pp. 173–8 32 lines. Collation: 1^8 wants 3 after p. 4 $2–10^8$ 11^6 wants 6 after p. 168 12^8 wants 3 after p. 172 $13–16^8$ 17^4 18^8 19^8 wants 2 after p. 272 $20–22^8$ 23^8 wants 1 before p. 333 $24–26^8$ 27^8 wants 8 after p. 408. Quires 1–16 signed a–s, and quires 18–22 a–e; in the first series the quires missing after pp. 78, 126, and 214 were f, k, and q. Initials: (i) pp. 41, 54, 166, 183, 207, 251, 267, 286, 310, 321, and 383, (cf. leaves gone in arts. 2, 4, 8, and 9), in colours on gold grounds, with floral ornament; (ii) p. 329, in blue and green, with red ornament; (iii) blue with red ornament; (iv) plain red or blue. Capital letters in the ink of the text are filled with pale yellow. Medieval binding of wooden boards covered with a faded pink chemise of thick leather; two strap-and-pin fastenings, straps gone; five large bosses on lower cover and three out of five on upper cover. Secundo folio *et in ramis*.

Written in England, for use in the diocese of Lincoln. 'ora tu pro me peccatore Wyllelmo aliquando existanti presbetero istius capelle anno domini millesimo quengentesimo vicesimo quinto', p. 168. 'Roborte Chauntrell Margere Chauntrell Arture Chauntrell Marke Saunders Anne Saunders', p. 160, cf. Robert Chaunterell of Faxton, Northants, d. by 1565, his second wife Margery née Yonge previously wife of Joseph son of Thomas Saunders of Sibbertoft, Northants, and Arthur their son, d. by 1565, see *Journal of Northamptonshire Natural History Society*, 30 (1941), 5; in 1509 John Chauntrell 'gave a fayre mas booke written by hand' to the church of St Giles Northampton and members of the Chauntrell family were buried in the Lady Chapel, see R. M. Serjeantson, *History of the Church of St. Giles, Northampton* (1911), 23, 27, 29, while one Robert Chauntrell was on commissions in Northamptonshire from 1523 onwards, see *Letters and Papers Henry VIII*, passim. A childish drawing of an archer, p. 395, s. xvi.

RYDE. CONVENT OF ST CECILIA

Excerpta patrum i   s. xiii in.

(f. 3) I. Amb' de virgin'. Abicere. Reiecta decoris cura plus placet et hoc ipsum quod uos non ornatis ornatus est . . . (f. 136^v) (*marg:* A' confess') Luxuria sacietatem—incorruptibilis suauitatis. (*24 lines eras., capital* M *still visible*).

The first volume of a collection of excerpts from works of Ambrose, Jerome, Augustine, Gregory, and Bernard, with an early marginal addition, 'Interdictum', for which the reference is 'In summa Cantoris parisiensis', i.e. Petrus Cantor d. 1197, f. 118. The sources are indicated in red in the margins. The sections for each keyword are numbered under each letter of the alphabet, A: 49 words, B: 10 words, etc., and are listed in a table 'i Abicere ii Abire . . . Lvxuria xxvi [M]anus', ff. 1–2. The erasure of the last excerpt, which is the first under M, presumably followed a decision to put the rest of the alphabet in a second volume. Blank spaces left at the end of some articles. f. 2^v blank.

ff. i + 136 + i. 325 × 237 mm. Written space *c.* 235 × 155 mm. 2 cols. 33 lines, first above top ruled line. Pricks in both margins to guide ruling. Collation: 1² 2–15⁸ 16⁸ + 1 leaf (f. 123) after 8 17⁸ 18⁸ wants 6–8. Quires 2–18 numbered at the beginning I–XVII, and 7–18 also in arabic, and 9–17 at the end as well; catchwords. Written probably by at least three scribes, changing at ff. 62ʳb, and 124 (17¹). Initials: (i) at start of A, B, and D (f. 61ᵛ), in some of red, green, yellow ochre, brown, and blue, with ornament in two of those colours; (ii) to each key-word, 2-line, in one or two of (i) colours, with ornament in one colour, infrequently from f. 62 onwards; (iii) in table, 1-line, alternately red and green. Capital letters in the ink of the text lined with red. Binding of s. xviii, labelled 'S. Ambro de Virgini'. Secundo folio (f. 4) *noluit flagellari.*

Written in Flanders (?). 'liber sancte marie de uillari in brabantia', f. 136ᵛ, s. xiii, the *ex libris* of the Cistercian abbey of Villers in the diocese of Liège. 'Bruxelles Juin 1837 S V R', inside front cover. Given to the Convent in 1951 by Baroness Dorlodot née Houtart, of Tournai, who inherited it from her uncle, Édouard Houtart of Château Monceau (near Charleroi); information from Sister Marie-Thérèse, her daughter.

SAFFRON WALDEN. TOWN LIBRARY

The manuscripts formed part of the collections of the Literary Institute, now incorporated in the Town Library.

E.1101/3473. *Horae; etc. (in Netherlandish)*   s. xv in.

1. ff. 1–12ᵛ Calendar in red and black.

Feasts in red include Ponciaen (14 Jan.), Pancraes, Seruaes (12, 13 May), Bonifaes, Odulf, Lebuiin (5, 12, 25 June), Gelis, Lambert (1, 17 Sept.), Remigius ende Bauo, Victor ende Gereoen (1, 10 Oct.), Willibrood, and Lebuiin (7, 12 Nov.).

2. ff. 13ᵛ–33 Hours of B.V.M. of the use of (Utrecht), beginning imperfectly.

To the verso of the inserted f. 13 is pasted the lower part of the leaf that preceded f. 14, containing the beginning of Sext: God wilt dencken . . . ff. 13 and 33ᵛ blank.

3. ff. 34–44ᵛ Hours of the Eternal Wisdom, beginning imperfectly in Lauds and ending imperfectly in Compline.

4. ff. 45–6 Mit desen viif ghebedekijns machmen verdienen voer die passi ons heren xxiiii dusent iaeroflaets en xiiij daech. O here ihesu christe Ic aenbede di hanghende anden cruce . . .

Five Oes.

5. ff. 46–47ᵛ Een sco*e*ne ghebet eerment sacra*m*ent o*n*tfaet. God gruet v alre heilichste lichaem . . . ghegheuen moet w*er*den. Am*e*n.

The last three lines, from the leaf after f. 47, pasted to the foot of f. 47ᵛ.

ff. iv + 48 + iv, foliated (i–v), 1–48, (49–51). 167 × 114 mm. Written space 92 × 62 mm. Ruled in red ink. 17 long lines. Collation: 1–2⁶ 3 three (ff. 13–15) 4–5⁸ 6 five (ff. 32–6) 7⁸ 8 four (ff. 45–8). Initials: (i, ii) 6- and 2-line, gold on blue and red grounds patterned in white; (iii) 1-line, blue with red ornament, or gold with violet ornament. Capital letters in the ink of the text lined with red. Pages with initials of types (i) and (ii) have a broad line in gold and colour(s) to the left of the written space, type (i) with borders top and bottom. f. v is an inserted leaf with a full-page picture of the Trinity, s. xix, on the recto. Binding of s. xix. Secundo folio (f. 15) *ten gaetste*.

Written in the Low Countries. 'Ann Pasco', f. iii, s. xix. Given by Miss Gibson in 1923, label inside front cover, cf. MS E.1103.

E.1102/3474. *Horae*   s. xv med.

1. ff. 2–13ᵛ Calendar in French in red and black.

Feasts in red include Geneuiefue (3 Jan.), Leu, Gille (1 Sept.), and Denis (9 Oct.). ff. 1ʳᵛ, 14 blank.

2. ff. 15–19ᵛ Sequentiae of the Gospels.

3. ff. 19ᵛ–23 Obsecro te . . . Masculine forms.

4. ff. 23–25ᵛ O intemerata . . . orbis terrarum inclina . . . Feminine forms.

5. ff. 27–89 Hours of B.V.M. of the use of (Paris).

ff. 89ᵛ–90ᵛ blank.

6. (quires 12–13) ff. 91–106ᵛ Penitential psalms and Litany.

Ivo last among 9 confessors, Genovefa 10 among 15 virgins.

7. ff. 107–112ᵛ Hours of the Cross.

8. ff. 113–117ᵛ Hours of the Holy Spirit.

9. ff. 118–160ᵛ Office of the dead.

10. ff. 161–166ᵛ Doulce dame de misericorde mere de pitie . . .

Sonet, no. 458.

11. ff. 167–70 Doulx dieu doulx pere saincte trinite . . .

Sonet no. 504.

12. f. 170 Saincte uraye croys a ouree . . .

8 lines, Sonet, no. 1876.

13. (added s. xv) Memoriae: (*a*) ff. 25ᵛ–26ᵛ Aue tressaincte Katherine pour lamour de la loy diuine . . . En paradis auec ton pere Amen, 25 lines, not in Sonet; (*b*) ff. 170ᵛ–171 Matutino tempore orabat beata barbara . . . , *RH*, no. 11392; (*c*) ff. 171ᵛ–172ᵛ Saint christofle martyr tres doulx. Pries le roy des roys pour nous . . . , 42 lines, Sonet, no. 1816.

ff. iv + 172 + iv. 170 × 134 mm. Written space 97 × 61 mm. Ruled in pink ink. 15 long lines. Collation: 1¹⁴ 2⁸ 3⁴ 4–21⁸ 22². Fourteen 12-line pictures: eight in art. 5, and one before each of arts. 6–11 (10, B.V.M. gives her breast; 11, Trinity—Father holding cross flanked by two figures with instruments of the Passion). A further picture, very poor, before art. 2 (f. 14ᵛ) a later addition. Initials: (i) 3-line, blue or deep pink patterned in white, on decorated gold grounds; (ii, iii) 2- and 1-line, gold on blue and deep pink grounds, patterned in white. Line-fillers in deep pink and blue, patterned in white, and gold. Continuous borders on picture-pages, and borders in outer margins the height of the written space on all other pages. Capital letters in the ink of the text lined with yellow. English binding of s. xix in., broken. Secundo folio (f. 16) *ex deo nati*.

Written in France. 'Iaqueline Girardun', f 1, 'Marie Girardin', ff. 1, 90, s. xvi. 'N° 90', inside front cover, top left. Given by Miss M. Gibson in 1922–3, label inside front cover, cf. MS E.1103.

E.1103/3475. *Horae (addition in Provençal)*   s. xv in.

1. ff. 1–12^v Calendar in red and black, rather bare.

Feasts in red include Amanti ep. (6 Feb.), Basilii ep. (14 June), Depositio sancti benedicti (11 July), Egidii abbatis (1 Sept.), Remigii et Bauonis, Donatiani ep. et conf. (1, 14 Oct.), and Thome archiepiscopi et martiris (29 Dec.).

2. ff. 13–17 Incipit missa de domina nostra.

3. ff. 17^v–21 Sequentiae of the Gospels.

4. ff. 23–67 Hic incipiunt hore beate marie uirginis. Secundum consuetudinem Romane ecclesie.

5. (quires 10–11) ff. 69–84^v Septem psalmi penitentiales, followed by Litany.

The doctors are Silvester, Gregory, Ambrose, Jerome, Augustine, Martin, Nicholas, Louis; the monks and hermits Benedict, Leonard, Bernard, Francis, Dominic, Anthony.

6. ff. 86–90 Incipit officium de sancta cruce.

7. ff. 92–95^v Incipit officium de sancto spiritu.

8. ff. 97–130^v Hic incipiunt uigilie mortuorum.

9. ff. 141–2 Stabat mater dolorosa . . .

10. ff. 142–144^v Ecce ad te confugio uirgo nostra saluatio . . . Ista oratio supradicta est oratio multum deuota uirginis gloriose.

RH, no. 5087.

11. ff. 144^v–145^v Secuntur nomina beate marie uirginis que quicumque flexis genibus die sabbato dicerit pro certo eam uidebit antequam moriatur. Digna uirgo uirga flos nubes regina . . . Oremus. Sancta maria que nullum despicis . . . hee .lxxij. nomina tua possidere mereamur regna celestia. Amen.

12. f. 145^v Oratio. Benedicat me imperialis maiestas . . .

13. ff. 145^v–146 Obsecro te benignissima mater et intacta uirgo . . . Si uis dicere istam orationem supradictam in qualibet die deuote dyabolus nec malus homo in te non habebunt potestatem.

14. ff. 146^v–149^v Si est aliquis habens aliquam tribulacionem in corde suo . . . Dvlcissime domine ihesu christe uerus deus qui de sinu patris . . .

15. ff. 149^v–150 Istam orationem debes dicere quando intendis ire extra uillam. Egredere cum sanctis tuis . . .

16. ff. 150^{rv} In eleuatione corpus christi oratio cotidiana debet dicere quando corpus christi leuatur. Ecce agnus dei. ecce qui tollis peccata mundi . . . Oratio. Ave rex noster principem mortis in cruce debellans . . .

17. ff. 150^{v}–151 O deus pater in sanctas ac uenerabiles manus tuas . . .

18. ff. 151–2 Obsecro te beate sebastiane quia magna est fides tua . . .

19. ff. 152–5 Otresque (?) sanctissime deus inestimabilis misericordie deus . . .

20. ff. 155–8 Quicumque dixerit istam orationem sequentem ad honorem uirginis . . . uidebit ante obitum suum gloriosam uirginem mariam ad suum auxilium preparatam. Obsecro te . . . Masculine forms.

21. (added in one hand, s. xv, in blank spaces) (a) ff. 21^{v}, 67^{rv}, 84^{v}, 130^{v}–138^{v}, 140, 158–160^{v} twenty-one hymns; (b) ff. 138^{v}–140 Alegrat uirgis sagrada quar ta*nt* fort ta dius dotado . . .

(a) *Brev. ad usum Sarum*, iii. cii–cv (front), nos. 13; 9; 6; 51; 62, 88, 70, 72, 73, 75, 57, 37, 2, 'Prosa in die natalis domini Letabundus exultet . . . ', *RH*, nos. 21505 and 21242; 63; 1, 39, 43, 45; (b) Provençal version of the Seven Joys in 6-line stanzas, with an eighth stanza, ed., from BL MS Harley 3183 f. 135^{v}, H. Suchier, *Denkmäler provenzalischer Literatur und Sprache*, i (Halle, 1883), 295–6.

ff. viii + 160 + iv. ff. v–viii are medieval parchment pastedown (f. v) and endleaves. 134 × 100 mm. Written space 73 × 52 mm. Ruled in pink ink. 17 long lines. Collation: 1–2^{6} 3–5^{8} 6^{2} 7^{8} 8^{8} wants 3 after f. 52 9–11^{8} 12^{8} + 1 leaf (f. 95) after 8 13–16^{8} 17^{4} 18–20^{8} 21^{4}. Ten inserted leaves, ff. 22, 31, 41, 49, 55, 62, 68, 85, 91, and 96, with blank rectos and full-page pictures on the versos: six in art. 4 (Terce and None missing; Innocents at Vespers, Flight at Compline), and one before each of arts. 5–8 (5 Christ on rainbow flanked by four trumpeting angels). Initials: (i) 5-line, pink or blue patterned with white, on gold grounds decorated in colours including green; (ii) 2-line, gold on pink and blue grounds patterned in white; (iii) 1-line, blue with red ornament or gold with blue ornament. Line-fillers in Litany in red, blue, and gold. Capital letters in the ink of the text touched with pale yellow. Continuous borders on pages with pictures or initials of type (i). English binding of s. xix; spine-title 'Missal'. Secundo folio (f. 14) *men quicumque*.

Written in the southern Netherlands. In Provence during s. xv, see art. 21(b) and notes on vowels etc., s. xvi, f v^{v}. The date 1559 among French (?) scribbles, f. vii, and 1563, f. v^{v}. Armorial bookplate of G[eorge] S[tacey] Gibson, inside front cover; given by [his daughter] Miss [Mary Wyatt] Gibson in 1922, see label f. i.

E. 1104/3476. *Manuale, preces, etc.*   s. xiv/xv

1. ff. 1–6^{v} Calendar in red and black, graded (up to ix lections).

David, Cedde (1, 2 Mar.), Translation of Edmund abp. and conf. (9 June), and Wenefride (2 Nov.) added. 'pape' and feasts of Thomas of Canterbury untouched.

2. ff. 7–19 Seven penitential psalms and (f. 13^{v}) fifteen gradual psalms.

3. ff. 19–30 Daily litanies.

As *Brev. ad usum Sarum*, ii. 249–59. Four names erased: a confessor after Grimbald on Tuesday; a virgin before Agatha on Wednesday; a virgin between Fausta and Monagundis, and between Aldegundis and Piencia, on Friday.

4. ff. 30–52ᵛ Ordo ad uisitandum infirmum.

Manuale Sarum, pp. 97–118, omitting 98/1–14, 22–5, 100/20–106/28, 110/12–25, 112/16–114/10.

5. ff. 52ᵛ–59ᵛ Sequatur commendacio animarum . . . Quo peracto incipiantur uigilie mortuorum.

Manuale Sarum, pp. 118–121/10, 122/6–125/10. The antiphons Subuenite and In paradysum noted.

6. ff. 60–108ᵛ Dicantur autem uigilie mortuorum . . .

Office of the dead, *Manuale Sarum*, pp. 125/11–142, noted. Preceded (f. 60) by the last four names of the Saturday litany, exactly as on f. 30 at the end of art. 3 above, deleted.

7. ff. 108ᵛ–120ᵛ Commendacio animarum dicitur a choro . . .

Cf. *Manuale Sarum*, pp. 142–4.

8. ff. 120ᵛ–139ᵛ Post missam accedant duo clerici de secunda forma . . .

Burial: *Manuale Sarum*, pp. 152–62, noted.

9. ff. 140–50 Psalms 50:3, 55, 56, 21–30.

10. ff. 151–4 Femina quedam solitaria et reclusa numerum uulnerum christi scire cupiens orauit . . . Summa uulnerum ihesu christi v.mᴵ.ccc.lxx. *all in red.*

11. ff. 154–161ᵛ (*a*) Domine ihesu (christe) eterna dulcedo . . . (*b*) f. 161 Gracias tibi ago domine ihesu christe quod passionem tuam inchoasti . . .

(*a*) Fifteen Oes of St Bridget.

12. ff. 161ᵛ–162ᵛ Legitur in uita beati bernardi . . . Illumina oculos meos . . .

13. ff. 162ᵛ–164 O bone ihesu o piisime ihesu . . . Credo in deum.

14. f. 164ʳᵛ Quicumque hanc oracionem sequentem cotidie dixerit habebit c dies indulgenciarum . . . Sancta maria uirgo regina celorum . . .

15. ff. 164ᵛ–165 Quicumque dixerit oracionem sequentem . . . Protector noster aspice christe et respice . . .

16. ff. 165–7 Ista oracio dicetur antequam quis uadat cubitum . . . In manus tuas . . . Deus qui es ipsa ueritas . . .

17. ff. 167–169ᵛ Letania de sancta mariae

18. ff 169ᵛ–170 Hic incipiunt .v. gaudia beate marie Gaude uirgo mater christi que per aurem . . .

RH, no. 7017.

19. f. 170ʳᵛ Quinque gaudia beate anne. Gaude felix anna que concepisti prolemque paritura . . . Oratio. Deus qui beatam annam diu sterilem . . .

RH, no. 6773.

20. ff. 170ᵛ–171ᵛ Salue regina . . . Virgo mater ecclesie . . . Oratio. Omnipotens sempiterne deus. qui gloriose uirginis . . .

5 stanzas; *RH*, no. 21818.

21. ff. 171ᵛ–172 Omnibus dicentibus hanc oracionem inter eleuacionem . . . Domine ihesu christe qui hanc sacratissimam carnem . . .

Heading conveys indulgence of 2,000 years from Pope Boniface 'ad supplicacionem philippi regis francie'.

22. f. 172ʳᵛ Dominus iohannes papa uicesimus iiᵘˢ ponficatus (*sic*) sui anno quartodecimo concessit cuilibet tociens quociens dixerit hanc oracionem de indulgencia per C iii m' d'. Anima christi sanctifica. Corpus christi salua me . . .

23. ff. 172ᵛ–174 Hec sunt nomina beatissime et gloriose uirginis marie . . . Ave digna Aue uirgo Aue flos Nubes Ros . . . Omnipotens sempiterne deus qui dilecti tui matrem per hec sancta nomina . . .

84 names, expounded by B.V.M. to bishop 'unius ciuitatis que sclauonia uocatur', according to heading.

24. f. 174ʳᵛ Oracio uenerabilis bede presbiteri de septem uerbis . . . , ending imperfectly.

25. (added, s. xiv/xv) ff. iiiᵛ–vᵛ, 150ᵛ, 175–80 various offices, including weekdays in Lent, antiphons for feasts of B.V.M. and Holy Cross, memoriae of B.V.M., All Saints, and Cross.

26. (added in anglicana, s. xv ex.) (*a*) f. 180ᵛ Prayer to the guardian angel; (*b*) f. 181 Alphabet, 'Auidum animal bestiale baratrum . . . Zelus zelotipus'.

ff. v + 180 + ii. ff. ii–v, 181 are medieval pastedowns (ff. ii, 181) or endleaves, cf. arts. 26 and 27. 128 × 92 mm. Written space 90 × 62 mm. 19–20 long lines. Collation: 1⁶ 2–3⁸ 4⁶ + 1 leaf (f. 26) after 3 5–7⁸ 8⁶ 9–15⁸ 16⁶ + 2 leaves (ff. 119, 120) between 3 and 4 17–18⁸ 19⁸ + 2 leaves (ff. 147, 148) after 7 and 1 leaf (f. 150) after 8 20–22⁸ 23⁶. Added drawing in ink, f. iii, dead Christ 'IHV MERCI'. Initials: (i) 3-line, red and blue with red ornament; (ii) 2-line, blue with red ornament; (iii) 1-line, blue or red. Line-fillers in red and blue. Capital letters in the ink of the text filled with pale yellow. Binding of stiff parchment, s. xx in.; spine stamped 'Missal'. Secundo folio (f. 8) *omnis*.

Written in England. 'W. Tayla[r]d' with arms of Taylard family, f. iiᵛ, s. xv. Given by Miss Gibson in 1922, label inside front cover, cf. MS E.1103.

E.1360. J. Calderinus, *Repertorium utriusque iuris*   1428

Hec diccio .A. interdum includit ut .C. de nup l. a caligato—(f. 1ᵛ) ab exordio Aaron i. prelatus de pe . . . (f. 444ᵛ) Zoillus similiter ut C de her iusti cum proponas Deo gracias. Hoc opus finitum et completum per me Henricum de monte clericum *traiecten*' Sub anno domini Mº ccccº xxviijº In vigilia sancti Iacobi apostoli hora quasi vicesima quarta. In castrofranck In comitatu bononien'

ff. 94ᵛ (9¹⁴) and 322ᵛ–326ᵛ (33⁵·¹⁰) blank; 'hic nichil deficit' according to the scribe's notes. ff. 445–8 (ff. 445, 446 parchment) are somewhat longer leaves containing a head-word list with folio-references.

ff. ii + 444 + vi. Cropped medieval foliation, [repeating lxxvij: see f. 445ᵛ, and one other number before c]. For ff. 445–8 see above. Paper, except ff. 445, 446. 375 × 280 mm. Written space *c.*262 × 173 mm. 2 columns. 61 lines. Catchwords centred, with a red line through them. Collation: 1–8¹⁰ 9¹⁴ 10–11¹⁰ 12⁸ 13¹⁰ 14⁸ 15–17¹⁰ 18⁴ 19¹² 20–38¹⁰ 39⁸ 40–45¹⁰. Initials: (i) to each new letter, 6- 12-line, red, some hatched in red and ink; (ii) to head-words, 3- or 4-line, red. Initial letter of each sub-entry in ink touched with red. Binding of s. xviii. Secundo folio *et tunc si*.

Written in 1428 in the territory of Bologna by a named Low Countries scribe, see colophon above. 'H/vii.d', s. xvii (?), f. 1. 'Bibliothecae/Repertorium Iuris Io*hann*is Caldrini/scriptum—1428: habetur Impressum—1474: in Litt: SS:', s. xvii/xviii, f. 1. 'k. theca .i.', s. xvii (?), visible through a window in the front pastedown, is a press-mark of the Premonstratensian abbey of Parc, near Louvain, whose manuscripts were sold in 1829, see E. van Balberghe in *Contributions à l'histoire des bibliothèques et de la lecture aux Pays-Bas avant 1600* (*Archives et Bibliothèques de Belgique*, numéro spécial 11, 1974), 525–42; cf. also the obliterated armorial stamp on each cover. '173 or 5', 'N°. 9.', s. xix (?), f. ii. 'I. Lee. Doctors Commons. Repaired. August 1835. N° 17/93', front pastedown. Armorial bookplate with motto 'Verum atque decens', cf. Lee, front pastedown. Given by Miss Gibson in 1923, label inside front cover, cf. MS E.1103.

E.1360A/3501. *Bartolus de Saxoferrato, Lectura in Digestum novum*   1449

Dictum est supra de obligationibus in genere sequitur uidere de obligationibus in specie ideo ponit rubricam de verbo obligationibus. [S]tipulatio non potest. Lex nostra diuiditur in vii partes . . . (f. 349ᵛ) Que ab initio uide per in C. non firmatur extra e. li. vi° bartolus legum doc. Deo gratias. (f. 350) Explicit lectura 2ᵉ partis ff.noui eximii doctoris legum. domini bartoli de saxoferrato. Sub anno domini M°. cccc°. 49°. 22° mensis Iunii. Si Wa. ponatur et ghe. si associatur Si man. iungatur quis scripsit ita uocatur. SVAVIS.

On bks. 45–50, ed. Basel (1562), 423–1050. f. 350ᵛ blank.

ff. iv + 349 + vi. Paper. Contemporary foliation, jumping '5'. 439 × 294 mm. Written space 270 × 165 mm. 2 cols. 60 lines, with upper, as well as lower, writing-line. Collation 1¹⁰ wants 1 (? blank) 2–35¹⁰. Written in a rotunda. Initials: 7-line to tituli, 4-line to chapters, red with violet ornament, or blue with red ornament. Germanic binding of wooden boards one-third covered with pigskin bearing two columns of stamps of swan (on front), heart pierced by arrow (on back), not matching any illustrated in E. Kyriss, *Verzierte Gotische Einbände im Alten Deutschen Sprachgebiet*, 1954–58), each ending with eagle in roundel, and four others smaller; metal strips protecting edges of leather and label; a chain of 14 links and a ring attached to the head of the lower cover in the middle; two diamond-shaped metal clasp-fastenings decorated with fleuron and Lamb and flag, clasps missing. Secundo folio *debet intelligi*.

Written in Italy in 1449 by a scribe named Wagheman, see colophon above. A metal-framed parchment label on the upper cover: Bar super 2ᵃ parte ff.noui/in litera scripta quondam docto/ris Conradi Stein hic in / Iure canonico Ordinarii. Given by Miss Gibson in 1923, label inside front cover, cf. MS E.1103.

E.oo. *Biblia*   s. xiv²

A two-volume Bible, without Psalms.

i: Genesis–2 Chronicles, Proverbs, Ecclesiastes, Song of Songs, Wisdom, Ecclesiasticus + Prayer of Solomon, Job, Tobit, Judith, and Esther.

ii: Gospels, Pauline Epistles, Acts, Catholic Epistles, Apocalypse, Isaiah, Jeremiah, Lamentations, Baruch, Ezekiel, Daniel, Minor Prophets, Ezra, Nehemiah, 3 Ezra (27 chapters), 1, 2 Maccabees.

Pauline Epistles, Acts, and Isaiah begin new quires: 42, 46, and 50. Vol. i f. 272^v, ii ff. 51–52^v (after Gospels), 114^v (after Apocalypse) and 266^v blank.

The OT prologues are 20 of the common set of 42 (see below Ushaw 2): Stegmüller, nos. 284 (in 8 caps.), 285, 311, 323, 328, 457, 468, 344, 332, 335, 341 + 343 (Rufini *altered to* Rursum), 482, 487, 491, 492 (. . . ut uocentur), 494, 500, 330, and 551; and the NT prologues the common set of 22 (839 . . . premittit autem prologum dicens Apocalipsis ihesu christi). Running-title to Genesis prologues: 'Iheronimi'. Summaries, 'rubrice', precede Genesis, 'De die primo . . . ossa eius in terram suam', 82 heads, *Biblia sacra*, i. 91–100; and Exodus, 'De infantibus hebreorum . . . maiestas domini impleuit illud', 139 heads, ibid. ii. 27–50 series Gamma; the chapter-divisions are as usual. Arguments precede Acts, each of the seven Catholic Epistles, and Apocalypse: Stegmüller, nos. 631 (after 640), 806 (. . . de mendacio magistrorum), 815 (. . . frater Andree apostoli), 818 (Per fidem . . .), 822, 823 (Iohannes adeo . . .), 824 (Gaudium pietatis . . . uniuersis fratribus), 825 (Ivdas apostolus frater iacobi, fratres de corruptoribus . . . nouare seruitutis), and 829 (after 839).

ff. i + 272 + i; i + 266 + i. I: 385 × 285 mm; II: 368 × 272 mm. Written space 280 × 185 mm. 2 cols. 46 lines. Collation: 1–40^8 41^4 42–48^8 49^6 50–68^8. Three proficient scribes, each using flex punctuation: Genesis–Esther, Gospels–Apocalypse, Isaiah–Maccabees. Initials, uniform throughout: (i) 6–-9-line, to books and prologues (distinguished in size only in Pauline Epistles), red and blue with red and black ornament picked out in gold and sometimes blue; (ii) 2-line, to chapters, red with black ornament or blue with red ornament. Capital letters in ink of text touched with red. Bindings of s. xix. Secundo folios (I) *bantur celi*, (II) *obitum herodis*.

Written in the Netherlands. Belonged probably to the Dominican convent at Elsegem near Oudenarde: Bertrand, prior there, wrote a note in 1759 at the end of each volume, referring to 'manuscriptum non dissimile' inscribed 'monast: ord: B.Dominici in Wyck prope Duerstede 1419' that he had seen in the Brussels Dominican convent library. Given by Miss Gibson in 1922, labels inside front covers, cf. MS E.1103.

ST ALBANS. CATHEDRAL

Catechetica (in English)   s. xv med.

Extensive use was made of the manuscript, especially art. 12, in G. R. Owst, *Literature and Pulpit in Medieval England* (1933) (see entry in index 'St Albans Cath., MS at'); see also Owst in *Transactions of the St Albans and Hertfordshire Architectural and Archaeological Soc.* (1924), 43–59.

1. f. 1 Oure fadir þat art in heuenes . . . from yuel Amen Heil marie ful of grace . . . þi wombe ihe (*sic*) amen

2. f. 1^{rv} The Crede I Beleue into god fadir almyꝫtte . . . euerlastinge lijf amen. (*4 lines erased*).

3. f. 1^v Here sueþ þ^e vii deedli synnes Pride wraþþe. and envie . . . to knowwe goddis comaundementis.

4. ff. 1ᵛ–2 Here sueþ þe vii princi[.. *c. 6 letters erased*]pal v[ir]tues aȝens þe vii deedeli synnes Mekenes is roote of al oþere virtues . . . lecherie.

5. f. 2ʳᵛ Here sueþ þᵉ vii (warkes *over erasure*) of bodili mercy Crist schal seie at þe daie of doom . . . nede þerto.

6. ff. 2ᵛ–3 The vii werkis of goostli mercy Teche þou gladli þe good þᵗ þou canste bi þe weie of charite . . . for his frendis.

7. f. 3ʳᵛ Here sueþ þe v bodeli wiitis. Herynge. seynge. smellinge tastinge and touchinge Heeringe þᵗ is heere þou gladli þe lawe of god . . . so greet wynnyng or likynge.

8. f. 3ᵛ The v goostli wittis ben these. Thou schalt haue [in] (mynde) þe blisse of heuene . . . or ellis þou plesist not god.

Arts. 9–11 occur in the same order in BL MS Lansdowne 388 f. 368ʳᵛ.

9. ff. 3ᵛ–4 Here sueþ þe vii ȝeftis of þe holi goost The spirit of wijsdom and of vndirstonding . . . in ony þinge.

10. f. 4ʳᵛ Þᵉ xvi condiciouns of charite If I speke wiþ tungis of men . . . charite falliþ neuer doun.

i Cor. 13: 1–8.

11. ff. 4ᵛ–5ᵛ Þe viij blessingis of crist Ihesu seynge þe peple went up into an hil . . . clensnesse of lyuynge. Amen.

Matt. 5: 1–12 (Beatitudes), followed by an exhortation.

12. ff. 5ᵛ–43ᵛ Here bigynneþ þe proloog of þe x commaundementis Where is ony man now a daies þat axiþ hou y schal loue god . . . (f. 9ᵛ) Here bigynneþ þe frist (*sic*) Commaundement of god. God spake al þese wordis I am þi lord god . . . þat bouȝt vs so dere on þe rode tree Amen.

Cf. Oxford Bodleian Lib. MS Laud misc. 23 ff. 3–23, and A. Martin, *BJRL* 64 (1981), 191–217. Quoted by Owst, pp. 484, 135, 416, 419–20, 410, 436, 508, 464, 465 n. 3, 468 n. 3, 383 n. 3, 354, 145, 368 n. 1, 458–9, 134, 154 n. 1, and 424.

13. ff. 43ᵛ–44 Here sueþ þe x plagis for brekinge of þe ten commaundementis For brekinge of þe frist (*sic*) commaundement god turned alle þe watris of egipt . . . late it neuer lorne be.

Cf. C. F. Bühler, *PMLA* lxix (1954), 688–92, from New York, Morgan Collection MS 861.

14. f. 44ᵛ Prima rubens vnda. ianuarum plaga secunda . . . Nona tegit solem primam necat vltima prolem (5 lines).

Walther, *Versanf.*, no. 14595 (Hildebert: *PL* clxxi. 1436).

15. ff. 44ᵛ–45 Thes beutis of þis book þe whiche maister wiliam Trebilvile doctoure of decrees official of seynt albons haþ decreed necessarili and bi houely cristis peple to kunne in her modir tunge þat is to seie þe pater noster . . . The plagis for brekinge of þe x commaundementis.

The list specifies arts. 1–4, 6–7, 9–13 above. Treburvyle was admitted in 1432 as rector of St Mary's Wallingford, in the patronage of St Alban's cell there, and occurs as Doctor of Canon Law by 1446, see Emden, *BRUO*, p. 1892; in 1447 he resigned as vicar of Marks Tey (Essex), see Newcourt, *Repertorium*, ii. 575.

16. f. 45^{rv} Narracio. I rede *in* þe gestis of romaynes þat þe emp*er*oure sent a worþi ma*n* to a lond to be a iustice . . . alle oþ*er*e me*n* to do þe same. Ame*n*.

ff. ii + 46 + ii, foliated (i–ii), 1–19, 19*, 20–45, (46–7). 151 × 114 mm. Written space *c.* 110 × 80 mm. 20 long lines. Collation: 1–3⁸ 4⁶ 5–6⁸. Written in textura. Initials: 2-line, red. Capital letters in the ink of the text lined with red. Binding of s. xviii/xix, rebacked. Secundo folio *pal vertues*.

Written in England, apparently for use in the jurisdiction of St Alban's Abbey, see art. 15. 'yhs' in red in red and black circles, 19 mm. in diameter, on parchment slip stuck to f. 1 foot. 'This Manuscript . . . belongs to William Motherwell', s. xix, f. i. '520' or '320' in a bookseller's catalogue, see cutting stuck to card kept with the manuscript. 'Lent by The Rev. Canon Glossop M.A.' of St Albans, d. 1925, on the card kept with the manuscript.

ST ALBANS. ARCHDEACONRY OF ST ALBANS

The court records of the Archdeaconry of St Albans, kept at St Albans Abbey until 1868, are now deposited at the Hertfordshire County Record Office. Fragments of manuscripts, some of a documentary nature, were used in the bindings of several of the Act Books (ASA 7), the latest 1661–7, and also of one Deposition Book (ASA 8).

Flyleaves of ASA 7/2 (1515–43).

Front flyleaf. One damaged leaf of Vita S. Bernardi. s. xv^I

Part of an abridgement of William of St Thierry, *Vita prima*, I. iv–xi, described, with passages quoted, by Morson, *Collectanea O. Cist. ref.*, (1957), 55–8. The text is carefully punctuated and marked with accents. Written space 240 × 155 mm. 2 cols.. 30 lines. Minims 4 mm. high. Flex punctuation made in a single stroke.

Written in England, for Cistercian use, and used for reading aloud (?).

Back flyleaf. One damaged leaf of a Lectionarium. s. xiv/xv

Lections v–viii for a Cistercian saint, v and viii defective. vi begins Interea prefati monasterii abbas et monachi sublati corporis: vii Talibus perstrepentibus undecumque: viii Cum in festo corporis Christi sacra diei solempnia agerentur et longe coram eodem urbano et cunctis romane ecclesie cardinalibus. The phrase 'Concurrunt undique cistercii fratres' occurs in lection vi. Written space over 300 × 195 mm. 2 cols.. 26 lines. Minims 7 mm. high. Punctuation includes flex. Initials: 2-line, blue with red ornament.

Written in England, for Cistercian use.

Wrapper of ASA 7/5 (1561–2).

Central bifolium of a gradual (?). s. xiv med.

Sequences (not noted), Stephen – John Baptist: *RH*, nos. [11032: begins imperfectly 'iudaica.

dans'], 9755, 2747, 19250 (the name 'Thomas' is scratched out), 7494, 10360, 5295 (De sancto Albano), and 18521 (ending imperfectly 'sanctissime mentibus'). Written space 240 × 160 mm. 2 cols. 29 lines. Initials: (i) 2-line, blue with red ornament; (ii) 1-line, blue with red ornament, or red with dark blue ornament.

Written in England.

Wrappers of ASA 7/18 (1597–1601), 7/17 (1594–7), 7/11 (1582–6).

Three leaves of a Catena in Lucam et Johannem. s. xiii[1]

ASA 7/18 covers Luke 22: 38–23: 40; ASA 7/17, Luke 23: 41 – John 1:14; ASA/11, John 11: 26–12: 32. Comprises short pieces on subjects suggested by gospel texts, each attributed to an author in the margin in red, e.g. Quod per latronem in cruce primus adam designetur. Nos quidem digna factis recipimus (Luke 23: 41). Redi ad cor preuaricator adam . . . , *marked* Droco: Quomodo christus exaltatus omnia ad se trahit. Ego si exaltatus fuero a terra—(John 12: 32). Licet hec uerba de ascensione domini congrue . . . , *marked* Gaufridus. The ascriptions are to Bernard (5), Hugh of St Victor (3), Cassian, Geoffrey [of Auxerre ?] (3), Droco (3), Petrus Raua [Ravenna] (2), [G]islebertus, Adam de Persen [Perseigne], Radulphus, Urricus [Guerric of Igny ?], and 'Cantica sine titulo'. Cf. Oxford, Jesus Coll. MS 9. The running-titles span the openings, LV/CAS, and IO/HANNES.

Written space 305 × 220 mm. 2 cols. 42 lines, first above top ruled line. Punctuation includes flex. Initials: (i), to John 1: 1, 8-line *D* in blue and red enclosing leaf-work in green and white; (ii) 2-line, blue or red, with ornament of the other colour. Capital letters in the ink of the text lined with red.

Written in England, for Cistercian use (?).

Wrappers of ASA 7/28 (1622–8), 7/27 (1619–22), 7/26 (1616–19), 7/23 (1612–13), 7/33 (1661–77), 7/20 (1604–8), 8/8 (1595–1612), 7/19 (1601–4).

Eight bifolia, from six quires, of a Sarum missal. s. xiv[1].

Parts of the Sanctoral and Common:

ASA 7/28. Agnes collect – Purification of B.V.M. proc. collect ii (28 Jan.–2 Feb.); Cuthbert collect – Annunciation of B.V.M. final rubric (20–25 Mar.). *Sarum Missal*, pp. 245–7, 257–60.

ASA 7/27 (central bifolium). John Baptist gospel–Peter and Paul epistle (24–9 June). Ibid. 281–4.

ASA 7/26 (central bifolium). Mary Magdalene secret i – Abdon and Sennen secret (22–30 July). Ibid. 293–9.

ASA 7/23 (central bifolium). Exaltation of Cross collect – vigil of Matthew gospel (14–20 Sept.). Ibid. 320–4.

ASA 7/33, 7/20 (two central bifolia). Common of martyr sequence – Common of martyrs gospel ii. Ibid. 360–8.

ASA 8/8, 7/19 (two consecutive bifolia). Common of martyrs gospel (Luke 11: 49) – Common of confessor epistle iv (Ecclus. 50: 4); Common of confessor and doctor collect – Common of confessor and abbot epistle (Ecclus. 39:12). Ibid. 369–73, 375–6.

Written space 210 × 142 mm. 2 cols. 30 lines. Initials: (i) 2-line, blue with red ornament; (ii) 1-line, plain red or blue. Capital letters in the ink of the text filled with yellow.

Written in England.

ST ANDREWS. UNIVERSITY LIBRARY

BR.65.A9. *Augustinus*   s. xii ex.

Noticed Römer, ii. 314.

1. f. 2^{rv} Incipit annotatio sancti augustini episcopi plurimorum operum. Incipiunt capitula. i. De achademicis libri .iii. .ii. De beata uita liber .i. .iii. De ordine . . . xciii Ad quos supra de correptione et gratia liber .i.

A numbered list of 93 works.

2. ff. 2–26^v Iam diu est ut facere . . . retractare cepissem. Explicit liber retractionum.

PL xxxii. 583–656.

3. ff. 26^v–37 [Epistolam f]ili petre tue cari[ta]tis accepimus . . . deus reuelabit Explicit liber de fide ad petrum.

PL xl. 753–778/14 (caps. 1–44).

4. ff. 37^v–44^v [De]bitor [sum] fratres fateor . . . in se custodit in secula seculorum Amen Explicit liber beati augustini contra quinque hereses.

PL xlii. 1101–16.

5. ff. 44^v–53 [S]anctis fratribus et coepiscopis eutropio et paulo . . . esse non dubuto [*sic*] Explicit liber beati augustini de perfectione iusticie hominum.

PL xliv. 291–318.

6. ff. 53–67^v Librum quem misistis filii karissimi thimasi et iacobe . . . sanitati cooperatur—Explicit liber de natura et gratia.

PL xliv. 247–90.

7. ff. 67^v–78 Lectis litteris uestris ualentine . . . multitudine peccatorum Explicit liber aurelii augustini de correptione et gratia.

PL xliv. 915–46.

8. ff 78–92^v Incipit epistola sancti prosperi ad beatum augustinum.—Ignotus quidem . . . (f. 80) prestantissime patrone. Epistola hylarii arelatensis episcopi ad beatum augustinum.—Si cessantibus . . . (f. 81) custodire dignetur. [Dixisse] quidem . . . nimia longitudo. Explicit liber primus de prestinatione [*sic*].

PL xliv. 947–92.

9. ff. 92^v–105^v Incipit secundus. de bono perseuerantie. Iam de perseuerantia . . . quod scribo. Explicit liber de bono perseuerantie.

PL xlv. 991–1034.

10. ff. 105^v–112^v Quantum michi uidetur dilectissime fili dulcici . . . quam docere. De octo dulcicii questionibus aurelii augustini liber explicit.

PL xl. 147–70, preceded by the relevant extract from the Retractationes.

11. ff. 112^v–144 Incipiunt capitula in libro beati augustini de caritate. Ab eo quod scriptum est . . . Meminit sanctitas uestra . . . christo predicanti. Explicit—.

PL xxxv. 1977–2062.

12. ff. 144–5 Incipit sententia eiusdem de caritate. Diuinarum scripturarum . . . set etiam breuis. Explicit sermo ultimus.

PL xxxix. 1533–5 (Sermo 350). f. 145^v blank.

13. ff. 146–158^v [Vo]luenti [mi]chi multa . . . Fiat ut speramus Finiunt soliloquia aurelii augustini magni doctoris.

PL xxxii. 869–904.

14. ff. 158^v–163 [Si ali]cubi est [discipl]ina . . . quo dictum est probatur. Explicit liber. beati augustini. De immortalitate animc.

PL xxxii. 1021–34.

15. ff. 163–4 Incipit epistola eiusdem ad nebridium Utrum nescio quo ut ita dicam . . . uolupe est legere. Explicit—.

PL xxxiii. 63–6 (Ep. 3).

16. ff. 164–179^v [Quon]iam [video t]e abundare . . . oportuniorem reseruabo. Explicit liber beati augustini. de quantitate anime.

PL xxxii. 1035–80.

17. ff. 180–262 [Om]nis [scrip]tura diui[na b]ipartita est . . . tandem fine concludimus. Explicit liber .xii. beati augustini in genesim.

PL xxxiv. 245–486, preceded by the relevant extract from the Retractationes.

18. ff. 262–324^v Incipit liber beati augustini episcopi de consensu euangelistarum Inter omnes diuinas auctoritates . . . pedes lauat. Explicit—.

PL xxxiv. 1041–230, preceded by the relevant extract from the Retractationes.

ff. ii + 323 + ii. ff. 1, 325 are medieval leaves, formerly pasted down. 402 × 290 mm. Written space 290 × 175–80 mm. 2 cols. 42 lines. Collation (ff. 2–324): 1–20^8 21^{10} 22^8 23^8 wants 3 after f. 181 24–39^8 40^{10}. Quires 7–10 are signed at the end xi–xiiii. Pricks in both margins for ruling from f. 73 onwards. Writing above top ruled line. Well written. Initials: (i) apparently gold on coloured grounds, all now removed, traces of gold on f. 26^v etc.; (ii) red and blue with ornament of the same colours or green, sometimes with yellow and brown as outline or filling; (iii) blue or red, with ornament of the other colour. After initials of type (i) the first words of the text are in red capitals on pink grounds. Running-titles in red or blue, ff. 1–111. Binding s. xiv (?) of thick bevelled wooden boards, bare of leather until re-covered in white leather by Cockerell in 1962; two strap-and-pin fastenings, missing, now replaced; marks of five bosses on each cover reported by Cockerell. Mark of chain attachment at top of first leaf. Secundo folio *tentur errantem*.

Written in Britain. 'liber Monasterii sancti Andree apostoli in scocia', f. 1, s. xiv. 'James Wynram and Margrat Lauder my suyt hart and louf and Naudder bot scon allond amen and Wyllame Lauder lard of Halltoun heir bruder Amen finis', f. 159^v, s. xvi; cf. f. 138. 'Ex libris Bibl. Publ. Univ. Andreanae', f. 1, s. xviii.

BR.65.A9S2. *Pseudo-Augustinus, Sermones ad fratres in eremo*
s. xiv med.

Noticed Römer, ii. 314.

In nomine domini. Incipiunt sermones. sancti augustine episcopi. ad heremitas. Sermo. Fratres Mei et leticia cordis mei. corona mea et gaudium . . . Deo: Gratias: Amen: Orate pro nobis fratres. et ante meum recessum. cupio uos salutare in osculo sancto. Explicit.

Twenty-four sermons, nos. 1–4, 6–18, 26, 19–21, 43, 5, 44, and 22 of the series beginning at *PL* xl. 1235.

ff. iii + 47 + ii. 267 × 186 mm. Written space 198 × 130 mm. 34–5 long lines. Collation: 1–5⁸ 6⁸ wants 8 blank. Good hand. Initials: (i) f. 1 pink, green, and red on gold and blue grounds, enclosing the figure of a bishop with halo, holding book and pastoral staff; (ii) blue with red ornament or red with violet ornament, the ornament confined within a rectangle formed by bundles of straight lines of the same colour. The first three lines of each sermon are in blue ink and double spaced. Bound in 1961 by Cockerell; formerly in a paper wrapper, s. xviii (?). Secundo folio *manducare*.

Written in Italy. The beginning of a medieval inscription in an Italian hand is legible under ultra-violet light, f. 47ᵛ, 'Iste liber est Conuentus fratrum / sanctorum Nicholai et [. . .] / Oliueti [. . .] prope [. . .]'. '37', f. 1, s. xviii (?). 'Bought from 'Dr Lee', 1842', f. iiiᵛ, s. xx ex. 'CG.2.21', a former St Andrews mark.

BS.1443.F6. *Psalter and Canticles (in Netherlandish)*
s. xv med.

Arts. 1 and 2 both have Latin rubrics.

1. ff. 1–156ᵛ Salich es die man die niet af en ghine inden raet der onghenadigher . . . alle geeste louen den here.

Psalms i–cl.

2. ff. 156ᵛ–171ᵛ Ic sal di belien here want du waers mi tornich . . .

Canticles: Confitebor, Ego dixi, Exultauit, Cantemus domino, Domine audiui, Audite celi, Te deum, Benedicite, Benedictus, Quicumque vult, and Credo.

ff. ii + 171 + ii. 117 × 84 mm. Written space 75 × 53 mm. 22 long lines. Collation: 1⁸ 2⁴ 3–21⁸ 22¹⁰ wants 8–10 (blank). Initials: (i) Pss. 1, 26, 52, 68, 80, 97, 109 (but not Ps. 38), red and blue with ornament of both colours and violet; (ii, iii) 2-line to other psalms and canticles, 1-line to verses, plain red or blue. Binding of s. xix. Secundo folio *stieren*.

Written in the Netherlands. 'Voerst', f. 1, s. xviii (?). Bequeathed in 1919 by the Revd. George Walker, DD, minister of Castle Douglas, who was given it by his brother James Walker, see inside front and back covers.

BT.77.G8. *W. Autissiodorensis, Summa Sententiarum*
s. xiii ex.

Fides est [substantia] rerum sperandarum . . . Illa gaudia nobis prestare dignetur . . . Amen. Explicit summa Magistri Willelmi Altissiodorensis . . .

The four books of the Summa on the Sentences (1215–20) of William of Auxerre, Glorieux, no. 129b, printed Paris, 1500, Venice, 1591; bk. 1, f. 1; bk. 2, f. 23; bk. 3, f. 61; bk. 4, f. 166. Bks. 2 and 4 begin on new quires. Part of bk. 3 missing, owing to the loss of a quire after quire 10: cap.

184 ends imperfectly on f. 120^v, and cap. 213 begins imperfectly on f. 121. Tables of chapters to bks. 3 and 4 in a contemporary hand on an inserted bifolium, ff. 164–165^v. Bk. 3 is divided into 329 chapters in the text, by marginal red numbers, and in the table. In bk. 4 the numbers in the table stop at lii, and in the text at xxxvii. The divisions of bks. 1 and 2 are not numbered.

Pecia marks in the margins of bks. 3 and 4, but not (?) bks. 1 and 2; e.g. 'xviii pecia incipit' opposite the words 'est ut qui dant temporalem cibum', f. 104, near the end of bk. 3 cap. 133 (= bk. 3, tract. vii, cap. 5, sect. 3: ed. Paris, 1500, f. clix, col. 2, 15 lines from foot). A new series begins with bk. 4. Most pecia numbers are marked 'cor'.

ff. v + 220 + iii, foliated (i–iii), 1–222 (223–5). ff. 1, 2 are medieval flyleaves. 255 (quires 1–3: 250) × 165 mm. Written space 180–90 × 115–20 mm. 2 cols. 55–6 lines. Collation (ff. 3–222): 1–2^{10} 3–5^{12} 6^{12} + 1 leaf (f. 63) after 4 7–9^{12} 10^{12} + 1 leaf (f. 111) after 3 11–12^{14} 13^{14} + 1 leaf (f. 150) after 1 14^{12} + a bifolium (ff. 164, 165) inserted before 1 15^{12} 16^{12} wants 12 after f. 200 17^{12} 18^{10}. Quires numbered at the end, with catchwords. Several small hands. Initials: (i) to books, red and blue with ornament of both colours; (ii) 2- or 3-line, to chapters, red or blue, with ornament of the other colour. Binding of s. xix. Secundo folio *aliter enim*.

Written in France. Erasures, ff. 1 top, 22^v, 222^v at end of text. Bought by F. C. Conybeare at Grenoble: 'Fred. Cornwallis Conybeare E Coll. Magnae Aulae Universitatis in Acad. Oxon. AD 1896 Apud Bibliopolam Gratianopoli emptus liber', f. iv; given by him 4 Dec. 1913, see *St Andrews Library Bulletin*, 6, (1914–15), 1.

BX.2033.A00. *Psalterium, etc.*   s. xv^1

1. ff. 1–6^v Sarum calendar in red and black, graded (up to 9 lections)

'papa' and feasts of Thomas of Canterbury not defaced.

2. ff. 7–106^v Psalms 1—150.

The beginning of the Psalmi de passione is marked by a heading before Ps. 21, f. 18.

3. f 106^v Canticles, all missing after Confitebor v. 5 'adinuenciones eius'.

ff. i + 106 + i. 262 × 188 mm. Written space 150 × 96 mm. 26 long lines. Ruled in ink. Collation: 1^6 2–13^8 14 at least^8 wants all after 4 (f. 106). Quires 2–14 signed a–n, and leaves 2–5 in each quire j, ij, iij, x. Initials: (i) to Pss. 1, 26, 38, 52, 68, 80, 97, and 109, in colours on decorated gold grounds, Pss. 1, 52 are historiated, and Pss. 97, 109 contain a green and orange dragon, and a yellow griffin with a scroll 'Deo gracias', respectively, see *Trésors des bibliothèques d'Écosse* (Brussels, 1963), pl. 9 for a facsimile of Ps. 109 initial; (ii) to Ps. 21, gold on pink and blue grounds patterned with white, with border sprays; (iii) to other psalms and Confitebor, 2-line, blue with red ornament or gold with blue-grey ornament; (iv) to psalm-verses, 1-line, blue with red ornament or red with blue-grey ornament. Continuous borders in gold and colours, including green, some inhabited with men, monkeys, birds (magpie, parrot) etc., on pages with initials of type (i). Line-fillers in red and blue. Binding of s. xviii replaced in 1961 by D. Cockerell and Son. Secundo folio (f. 8) *gloria mea*.

Written in England. Marked up for use at Morning and Evening Prayer through the month as in the Book of Common Prayer, s. xvi med. 'Ex libris Bib. Pub. Univ. Andreanae', f. 1, s. xviii. Old pressmarks of the University Library are T.3.13, A.5.18, and A.6.21.

BX.2080.F6. *Horae*   s. xv med.

1. ff. 1–12^v Calendar in French in red and black.

Feasts in red include Gengulphi martiris, Inuiencion s' estienne, le pardon s' estienne (11 May, 3 Aug., 3 Oct.).

2. ff. 13–18ᵛ Sequentiae of the Gospels.

3. ff. 19–65 Hours of the B.V.M. of the use of (Besançon), beginning imperfectly.

f. 65ᵛ blank.

4. ff. 66–9 Hours of the Cross, beginning imperfectly.

5. ff. 69–73ᵛ Hours of the Holy Spirit.

6. ff. 74–91ᵛ Penitential psalms and Litany, beginning imperfectly (Ps. 6:7).

Thirty-six martyrs, (3–6) Ferreolus, Ferrucius, Germanus, and Antidius.

7. ff. 92–119 Vigilie mortuorum.

8. ff. 119–123ᵛ Obsecro te . . . Masculine forms.

9. ff. 123ᵛ–126 O intemerata . . . orbis terrarum. Inclina . . . Masculine forms.

10. ff. 126–127ᵛ Septem uersus sancti bernardi. Illumina oculos meos . . . Oratio Omnipotens sempiterne deus qui ezechie . . .

11. ff. 127ᵛ–134ᵛ Memoriae of John Baptist, John ap., Peter and Paul, Stephen, Nicholas, All Saints, Mary Magdalene, Katherine; *added:* Justus, Anthony, Sebastian.

ff. ii + 135 + i. f. ii is a medieval flyleaf. 167 × 118 mm. Written space 92 × 57 mm. 15 long lines. Ruled in pink ink. Collation: 1–3⁶ 4⁸ wants 1 before f. 19 5–9⁸ 10⁸ wants 1 before f. 66 11¹⁰ wants 2, after f. 73, 9, 10 after f. 79 12–18⁸. Vertical catchwords. Principal decoration gone. Initials: (i) 3-line, in pink or blue patterned with white on decorated gold grounds; (ii) 2-line, in gold on pink and blue grounds patterned in white; (iii) 1-line, plain red or blue. Line-fillers in red and blue in Litany. Three-quarter borders in gold and colours on pages with initials of type (i). Capital letters in the ink of the text touched with pale yellow. Binding of s. xix. Secundo folio (f. 14) *potestatem.*

Written in France. 'robert henry dem*er*t (?) a halliny (?)', f. ii, s. xvii. Armorial bookplate of James David Forbes, Principal of the United College, 1859–68. Given by his son, Dr George Forbes, in 1929.

BX.2095.B00. *Vigilie mortuorum, etc.*   s. xvi in.

1. ff. 1–25ᵛ Penitential psalms and Litany.

Among 12 martyrs Lambert last; among 17 confessors Dominic (8) doubled, Vincent Anthony Francis (10–12), Hubert last.

2. ff. 26–72ᵛ Vigilie mortuorum.

3. ff. 73–6 (*a*) Sequuntur orationes gregoriane . . . ; (*b*) O domine iesu christe rogo te per illam amaritudinem . . . ; (*c*) O amantissime domine pater ego offero tibi . . . ; (*d*) O domine iesu christe fili dei uiui qui sanctissime passionis . . .

(*a*) The Seven Oes of St Gregory, Leroquais, ii. 346.

4. ff. 76ᵛ–79ᵛ Oratio beati Ambrosii episcopi ante missam. [D]omine sacerdos et vere pontifex qui te obtulisti . . .

5. ff. 80–1 Oratio post communionem. Gratias tibi ago domine ihesu christe rex regum . . .

6. ff. 81–82ᵛ Ad b. virginem mariam. Memento dulcissima mater et domina virgo maria illius venerande stationis . . .

7. ff. 83–113 (in another hand) A supplement of prayers and devotions: (a) ff. 83–86ᵛ Oratio multum deuota ad beatam Virginem Mariam et Iohannem euangelistam. O intemerata . . . orbis terrarum. Inclina . . . Masculine forms; (b) ff. 87–90 Oratio deuota ad sanctam trinitatem et gloriosam Virginem Mariam. Sancte pater a quo mundus lege . . . ; (c) ff. 90ᵛ–92 Item de doloribus beate Marie virginis. Propter grauamen et tormentum . . . ; (d) ff. 92ᵛ–94ᵛ De doloribus beate Marie . . . Stabat mater . . . ; (e) ff. 95–6 Qui sequentem orationem cotidie dixerit visitabitur a dei misericordie in mortis hora Aue Maria ancilla trinitatis . . . ; (f) ff. 96ᵛ–101ᵛ Meditatio anime fidelis per dominum Iohannem lanspergium [d. 1539] que multum excitatiua ad deuotionem et potest dici ab hiis qui frequentant eucharistiam. Omnipotens eterne deus cui soli omnis debetur honor . . . habitaculum facias Amen; (g) ff. 102–106ᵛ Suspirium gementis anime peccata sua plangentis Heu deus meus . . . ; (h) ff. 106ᵛ–109ᵛ Oratio de nomine Ihesu O Bone Ihesu. o dulcis . . . ; (i) ff. 110–11 Oratio . . . Aue rosa sine spinas. tu quam pater in diuinis . . . , RH, no. 2084; (j) ff. 111ᵛ–113 Domine ihesu christe in extremis . . . At the end 'f. I. M' in red.

8. ff. 113ᵛ–116 (added, s. xvi) Litany, etc.

ff. 116 + i. 120 × 85 mm. Written space 73 × 47 mm. 13 long lines. Collation: 1⁸ wants 1 2–6⁸ 7⁶ + 1 leaf (f. 49) after 1 and 1 leaf (f. 51) after 2 8⁶ + 1 leaf (f. 58) after 2 9⁸ + 1 leaf (f. 64) after 1 and 1 leaf (f. 66) after 2 10¹² 11–14⁸. Quires 11–14 are a rather later addition on stouter parchment. Good, nearly upright, hybrida; art. 8, a good italic, s. xvi. Initials: (i) in colour on yellow or pink grounds, ff. 1, 26, 35 (Verba mea), 73; (ii) similar to (i) but smaller; (iii) matt gold on grounds alternately blue and red. Three-quarter framed borders on pages of initials of type (i). A coloured drawing of a flower, bird, beast, or some other piece of ornament in the lower of each page, ff. 1–83. Binding of s. xviii. Secundo folio lachrimis.

Written in north-east France or French Flanders. 'HENRY MARCHANT', spine-label, s. xviii, presumably an owner. Book-stamp of A. Brown and Co., Booksellers, Aberdeen, at end. Given by Revd. George Walker DD in 1919, see note inside front cover, and cf. above MS BS.1143.F6.

KF.51.R4. Regiam maiestatem, etc.   s. xv ex.

A collection of Statutes of Scotland and other legal texts. It seems to have a fairly close resemblance to the 'Monymet' manuscript, NLS MS Advocates A.1.28, described in Acta Parliamenti Scotiae, i. xxii–xxiv (= red page-numbers 196–8). Arts. 5, 6 are in Scots.

1. ff. 5–49 Primus liber Regie maiestatis. Regiam maiestatem non solum . . .

vicinorum ducuntur. Explicit Regia maiestas.

APS i. 234–77, divided here into 211 chapters and four parts, preceded, ff. 1–4ᵛ, by a table of chapters: bk. 1—caps. 1–36; bk. 2—caps. 37–109; bk. 3—caps. 110–43; bk. 4—caps. 144–211. A leaf missing after f. 10 contained caps. xix end–xxiii, as ed. *APS*, i. 239/b12–240/a48, caps. xv end–xx. According to J. Buchanan, *Juridical Review*, 49 (1937), 223, this copy is related in text to Edinburgh University Library MS 207 and Lambeth Palace MS 167.

2. ff. 49–52 Tractatus immediate post regiam maiestatem . . . In eligendo maritum . . . ad vicecomitem pertinent attachiamenta.

Preceded by a table of 38 chapters, covering this art. and art. 3. 21 chapters; for vi, xv, xix (headed Statuta regis malcolmi mackenneth), xx and xxi, cf. *APS* i. 378, 8; 375, 14; 345, 1; 373, 3; 373, 1. Cf. Monymet MS art. 5.

3. ff. 52–4 Statuta Roberti broys continencia multas rubricas. Postquam dominus rex secundus cognominatus de broyis . . . circa octauas pasche etc. Expliciunt—.

17 chapters, listed before art. 2. Cf Monymet MS art. 6; Edinburgh UL MS 207 art. 4. For chapters ii–xi, xiii–xv, and xvii–xviii, cf. *APS* i. 107–14 caps. 3–9, 11–13, 14, 19, 23, 25, and 27; xii is 'Forma breuis de noua dissaisina', and xvi 'Quod nullus minister domini regis faueat causam alienam in cura domini regis'.

4. (*a*) ff. 54ᵛ–55ᵛ Assise regis Willelmi facte apud perth . . . eiusdem multure; (*b*) ff. 56–59ᵛ Anno gracie Millesimo ducentesimo xii° . . . regis remaneret etc Expliciunt statute regis Alexandri; (*c*) ff. 60–3 In nomine sancte et Indiuidue trinitatis . . . post octauas pasche predictas. Robertus . . . de ignorancia eorundem Expliciunt statuta dominorum Willelmi alexandri Roberti regum scotorum. Dauid quem ceperat. dunfermling atque Willelmus / Rex alexander. de brute validusque robertus / Harum sunt legum factorum nomina regum / Regnans in celis Iuxta. sedem michaelis. etc.

Statutes, each preceded by a list of chapters, of (*a*) William I (1165–1214) 11 chapters, cf. *APS* i. 54–9 caps. 16–18, 19 in part, 20, 24, 30–4; (*b*) Alexander II (1214–49) 29 chapters, for i–xiii, xv–xxi, xxiii–xxiv, xxvi–xxix, cf. *APS* i. 67–74 caps. 1, 26, 29, 4–7, 10–13; i. 50, 3; i. 51, 5–7; i. 52, 11–13; i. 49, 1–2; i. 5, 3; i. 53, 14; i. 68, 2; i. 52, 10; i. 56, 22; i. 68, 3; xiv is 'De locis warantorum in Scocia', xxii 'De curia baronum tenenda de vite et membris', and xxv 'De legibus seruandis in burgo'; (*c*) Robert I (1306–29), 26 chapters, cf. *APS* i. 107–14 caps. 1–11, 13, 16, 14–15, 17–27, followed by writ for publication. Cf. Monymet MS arts. 7, 8; Edinburgh UL MS 207.

5. ff. 63ᵛ–74 De modo tenendi curias. It is to wit first ande formest . . . of course of law etc. Explicit forma curie Baronum etc.

6. f. 74 Forma examinandi et modus recipiendi Iuramenta officiariorum in curia Primo ad balliuum Ze sall lelely and trewly . . .

7. ff. 74ᵛ–79ᵛ Modus procedendi in Itinere Camerarii In regno Scocie. Camerarius preposito Et balliuis . . . (f. 75) Tabula libelli . . . (f. 75ᵛ) De modo tenendi Iter Camerarij Primo compareant . . . vide assisas regis dauid rubrica xii xiii et xiiii etc. Explicit—.

24 chapters. Cf. Monymet MS art. 11. Caps. 1–18, cf. *APS*, i. 329–38 caps. 1–20 and 28.

8. ff. 79ᵛ–96ᵛ Hee sunt leges et consuetudines quatuor burgorum scocie . . . Primo videndum est . . . a suo releuare. Expliciunt leges Burgorum.

In 152 chapters, preceded by a table. Caps. 1–117 agree generally with *APS*, i. 21–44. Cap. 137 De consuetudinibus portuum scocie (ff. 93ᵛ–94ᵛ), cf. ibid. i. 307–8. Cf. Monymet MS art. 12.

9. f. 96ᵛ Statuta Roberti Broys super recenti deforciacione in Burgo etc. In subsidium pauperum . . . rectum habet.

Headed cliii: cf. art. 8. *APS* i. 357–8.

10. ff. 96ᵛ–97 Modus faciendi processus circa recuperacionem tenementi In defectu solucionis annui redditus non soluti. Si quis voluerit . . . sine questione gaudebit.

Headed cliiii: cf. arts. 8, 9.

11. ff. 97–9 Gilda regni scocie. In nomine sancte et indiuidue trinitatis et beate marie . . . gilde applicandum. Explicit—.

Headed clv: cf. arts. 8–10. 22 heads. The text differs considerably from *APS* i. 89*–96*.

12. ff. 99–100ᵛ Acta parliamenti Roberti tercii regis scotorum Parliamentum domini nostri Regis roberti . . . tamquam rapina iudicabitur.

APS i. 213–14. Cf. Monymet MS art. 26.

13. ff. 101–114ᵛ Quoniam attachiamenta sunt principalia . . . and haldin for law et sic est finis. Explicit tractatus quoniam attachiamenta de legibus baronum.

A 'tabula legum baronum' of 78 chapters (78: de confugientibus ad ecclesiam) precedes the text. On f. 113, after cap. 67, 'Quod iudices (sequi) debent regem', only headings are given: 'De pena infringencium loca pacis lxviij . . . de confugientibus ad ecclesiam Quere omnes predictas rubricas ad longum scriptas In statutis dauid quia ibidem de ipsis plene tractatur'; then caps. 81–92 follow, preceded by a table. Caps. 1–43, cf. *APS* i. 283–93 caps. 1–48. Cf Monymet MS art. 17.

14. ff. 114ᵛ–115ᵛ Leges malcolmi mackenneth qui fuit . . . contra legem et populum regni. Expliciunt—.

APS i. 345–8.

15. ff. 116–17 De composicione Cartarum. Ad componend' cartas vero de vsitato stilo . . . in domo mea scriptum etc.

f. 117ᵛ blank, save for scribbles.

16. ff. 118–130ᵛ Incipit tabula legum forestarum Prima de feris animalibus . . . (f. 119ᵛ) Inhibitum est tam habitantibus silua . . . tenens inplacitatus est.

The table has 114 chapters, of which the text has caps. i–lxxxxii tractatus de bastardia (ff. 129ᵛ–130ᵛ), but nothing corresponding to caps. lxxxxiii tractatus corone–cxiiii Quoddam notabile statutum et redditum per burgen' de perth. Caps. i–xi and lxxxviii–lxxxxi ed. J. M. Gilbert, *Hunting and Hunting Reserves in Scotland* (1979), 291–3, 296–7; cf. *APS* i. 323–8 caps. 1–13 and 23. Cf. Monymet MS art. 22. Most of the text is not concerned with Laws of the Forest.

17. The lower part of f. 130ᵛ is blank, save for a catchword, 'Tabul . . Iudicib . . ', indicating that the Liber de iudicibus, Monymet MS art. 23, followed, or was intended to follow at this point.

ff. ii + 130 + ii. Paper. 290 × 213 mm. Written space 193–200 × 141–53 mm. *c*.38 long lines. Frame ruling. Collation: 1 ten 2–11¹². Round secretary hand. Red initials. Capital letters in the ink of the text touched with red. Binding of s. xix. Secundo folio (f. 2) *De successione*; (f. 6) *Ius*. Written in Scotland.

M2148.G7–1350. *Graduale* s. xv med.

Described by D. W. Whitfield, *Innes Review*, 6 (1955), 69.

1. pp. 1–5 Dies ire . . .

2. pp. 5–6 Felix nanque es sacra virgo maria . . . deus noster.

3. pp. 7–38 Kyrie, Gloria, Sanctus, Benedictus, Agnus dei.

10 settings.

4. pp. 39–42 Credo.

5. pp. 42–52 Musical items for masses of Clare, Corpus Christi, and Gabriel.

6. pp. 53–4 Antiphons Asperges me and Vidi aquam egredientem.

7. pp. 55–6 Tractus Gaude maria virgo cunctas hereses, and Communio Exulta filia syon

8. pp. 57–312, 347–58, 313–14, 331–42 Temporal, Advent – 24th Sunday after Pentecost.

9. pp. 315–30, 359–407 Sanctoral, vigil of Andrew – Clement.

Includes Anthony of Padua, Louis k., and Francis. The Tract for Francis, p. 402, O patriarcha pauperum, *RH*, no. 30808, is interlined with O presul dignissime bonauentura doctor inclite . . . , *RH*, no. 30842. Clare added in margin p. 387.

10. p. 407 Tabula ad Inueniendum missas votiuas.

p. 408 blank.

11. pp. 342–6 In transfiguratione domini.

12. pp. 409–521 Common of saints.

13. pp. 521–5 In dedicatione ecclesie.

14. pp. 525–31 In agenda mortuorum.

15. pp. 531–2 In missa votiua de sancto spiritu, ending imperfectly.

16. (added, s. xvi) p. 6 post septuagesimam Adoramus te christe . . . passus es pro nobis.

ff. 266, paginated 1–532, s xvii (?); a medieval foliation in red on the versos begins with 'ii' on the 20th leaf, p. 40, and ends with 'ccl', with lxxxiij gone between pp. 200–1 and clxvij gone between pp. 364–5. *c*.510 × *c*.360 mm. Written space 405 × 240 mm. 8 long lines with 4-line stave for music. Collation: 1⁴ wants 1, 2–3⁸ 4⁸ wants 6 (blank) after p. 48 5² 6⁸ wants 1 before p. 57 7–21⁸ 22² 23–24⁸ 25⁶ 26–27⁸ 28⁸ + 1 leaf (pp. 407/408) after 8 29–35⁸ 36⁸ wants 6–8; quire 25 (pp. 347–

58) belongs inside quire 22 (pp. 311–14). Initials: (i) red and blue with ornament of both colours; (ii) red or blue with ornament of the other colour. Cadels outlined and filled with yellow. Capital letters of the 'rubrics' touched with red or yellow. Cues and 'rubrics' (in the ink of the text) are in hybrida. Minims 10 mm. high. Contemporary binding of thick wooden boards covered with leather, now dirty white in colour, repaired by Cockerell in 1963. Secundo folio *sum causa*.

Written for Franciscan use, probably in France, see art. 9 and 'fratribus' p. 163 etc. In use there (?) s. xvii, see notes p. 253 etc. 'Presented to St. A. U. L. in 1894 by Stephen Williamson M.P.', f. i^v.

PA.3895.P6. *Aristoteles, Politica*   s. xv med.

Described *Aristoteles Latinus*, no. 381.

[Q]uoniam omnem ciuitatem . . . et quod decens. Reliqua huius operis non dum inueni in greco. Explicit liber Politicorum Aristotolis quod Leuer.

William of Moerbeke's translation. Bk. 6 end–bk. 8 beginning missing in a large gap after f. 70. Marginal and interlinear glosses on ff. 1–28 only. f. 75^{rv} blank, was pasted down.

f. iii, formerly pasted down, is an unfinished first leaf of Aristotle, Ethics, s. xv: Omnis ars et omnis doctrina similiter autem actus et electio bonum appetere uidentur. quapropter bene ostenderent summum bonum quod omnia appetunt . . . sermo autem ex illis et de (left unfinished on verso, col. a line 5); Grosseteste's translation, with some verbal differences from the usual text.

ff. iv + 75 + ii. ff. iii, iv are medieval binding leaves; for f. iii, see above. 280 × 190 mm. Written space 180 × 104 mm. 2 cols. 30 lines. Ruled in ink. Collation: 1–3^8 4^6 5–9^8 10^8 wants 5–7 probably blank. Two hands, changing at f. 36: the first textura, the second anglicana. On ff. 1–38^v (quires 1–5) there is an upper, as well as a lower, line to guide the writing. Spaces for initials remain blank. Contemporary binding of wooden boards covered with brown leather bearing *EBSB* stamps 353–5, pl. xxvi—Binder B, of which nos. 353 and 355 occur also on Worcester Cathedral MS Q.91, s. xv, and nos. 353 and 354 on Durham Cathedral Inc. 14c (1481); rebacked and repaired by Cockerell in 1953, with the old spine laid down inside; central clasp fastening to a pin on the back cover (?). Secundo folio *namque ciuitas*.

Written in England, partly by a scribe named Lever, see above colophon f. 74^v. Below the colophon an erased inscription, s. xv ex., 'Iste liber pertinet ad iacobum bell cum gaudio sine dolore manu propria. finis'. 'Rωbertus steфanus deirensis cenobii', f. iii^v, s. xvi, is, no doubt, the autograph of Robert, subprior in 1537, and prior in 1566, of the Cistercian abbey of Deer, Aberdeenshire. 'Ex libris Bib. Pub. Univ. Andreanae', f. iv^v, s. xviii.

PA.6295.A2.Aoo. *Cicero, Opera philosophica*   s. xv ex.

The philosophical works of Cicero copied, except art. 8, from the *editio romana* of 1471, as appears from the identity of the titles, the presence of art. 5, and especially the dislocations in art. 16. The order is that shown in the description of the *editio romana* in *GKW*, no. 6883, except that De natura deorum and De divinatione occupy quires 19–25, near the end, instead of at the beginning. The title of art. 8 agrees with that in *GKW*, no. 6755 (Gering, Krantz and Friburger, Paris, before 14 Mar. 1471/2).

Marginalia, in more than one hand; one, apparently Whitelaw's, showing a special interest in art. 6.

1. ff. 1–32ᵛ M. Tullij Ciceronis ad Marcum filium in librum de Officijs primum prefatio. Qvanquam te Marce fili . . . preceptisque letabere.

2. ff. 32ᵛ–36ᵛ Marci Tullij Ciceronis ad Brutum in paradoxa Prefacio. Anima-duerti Brute sepe . . . estimandi sunt Finis.

3. ff. 37–45 M. Tullij Ciceronis Lelius. siue de amicicia prefacio. [blank initial] Mutius augur Sceuola multa . . . prestabilius esse putetis. Finis

4. ff. 45–53 M. Tullij Ciceronis ad .T. Pomponum Atticum Cato maior. vel de Senectute. Prefacio. Et ite siquid ego . . . experti probare possitis. Finis.

5. ff. 53–54ᵛ (a) Versus duodecim sapientium . . . positi in epithaphio M. Tullii Ciceronis. Basilius. Hic iacet Arpinas manibus tumulatus amici . . . destituit patriam; (b) Appollonius Rhetor grecus secundum Plutarchum. Te nempe Cicero . . . Romam accessisset; (c) Marcialis de Tullio. Antoni phario nichil . . . pro Cicerone loqui; (d) Catullus Veronensis. Disertissime Romuli nepotum . . . omnium patronus; (e) Silius Italicus. Tullius eratas raptabat . . . sperare nepotum; (f) Ex Plynii naturalis historie libro xxxi. Lauree Tullii versus. Quod tua Romane vindex . . . que medeantur: aque. Finis.

(a) 12 6-line stanzas, printed Baehrens, *Poetae minores*, iv. 139–43, cf. Riese, *Anthologia Latina*, nos. 605–8; (b) 4 lines of verse, translating the end of sect. 4 of Plutarch's life of Cicero; (c) Martial, *Epigrammata*, v. 69; (d) Catullus, *Carmina*, xlix; (e) Silius Italicus, *Punica*, viii. 404–11; (f) ed. Teubner, v.4.

6. ff. 55–102 M. Tullij. Ciceronis In Questiones Thusculanas ad .M. Brutum prefacio. Cvm defensionum . . . inuenire leuacio. Finis

f. 102ᵛ blank.

7. ff. 103–149ᵛ M. Tull. Ciceronis in libros de finibus bonorum et malorum ad Brutum Prefacio Non eram nescius . . . ad Pomponium perveximus omnes.

8. ff. 149ᵛ–151ᵛ M. T. Ciceronis de Republica liber sextus qui de somnio Scipionis inscribitur . . . Cum in africam . . . ego somno solutus sum

f. 152ʳᵛ blank.

9. ff. 153–157ᵛ M. Tullij Ciceronis de Fato liber Incipit Qvia pertinet ad mores . . . omnibus naturaliter

10. ff. 158–162ᵛ Q. Cicero de peticione Consulatus ad M. Tullium fratrem Et si tibi omnia suppetunt . . . omnia racione perfectum

11. ff. 163–167ᵛ Pars libelli Ciceronis de philosophia In Cumano nuper . . . quadam fuit facilitate

Academica i.

12. ff. 168–72 M. Tulij Ciceronis de essencia mundi siue in Timeo Platonis liber incipit Mvlta sunt a nobis . . . munere dabitur Finis eius quod inuenitur de essencia mundi Titulus erat Timeus Ciceronis.

13. ff. 172ᵛ–191ᵛ M. Tull. Ciceronis Academicorum questionum siue hortensij

liber. Magnum ingenium .L. Luculli . . . ad nauiculas nostras descendimus.

Academica ii.

14. ff. 192–233 M. Tul. Ciceronis in Dialogum de natura deorum ad Brutum Prefacio Cvm multe sepe res . . . videretur esse propensior.—explicit FeliciteR.

15. ff. 233ᵛ–263 M. Tull. Ciceronis in librum de diuinacione Prefatio. Uetus opinio est . . . essent dicta: surreximus. Finis

f. 263ᵛ blank.

16. ff. 264–80 M. Tullij Ciceronis dialogo de Legibus Liber primus. Inter-loquutores. Quintus frater et .T. Pomponius. Atticus. Cicero. Atticus Lvcus quidem ille . . . que dicis expecto.

In the *editio romana* (1471), which has no quire signatures or leaf numbers, the latter part of De legibus is on two quires, (g) and (h), both of ten leaves; leaves of these two quires were jumbled in the copy used by the scribe here: g. 1, 3–5, h. 3–8, g. 6–8, 10; h. 1–2, g. 2, 9, h. 9–10, and the scribe copied them straight through in this order and without a break, save at f. 278ᵛ where there is a blank space at the end of bk. 1 corresponding to the smaller blank space in edn. f. (g)2ᵛ, see P. Schmidt, *Mittelalter und Renaissance: Studia et Testimonia antiqua*, iv (1974), 472 seq. ff. 280ᵛ–282ᵛ blank.

ff. 282 + ii. Paper. 377 × 282 mm. Written space *c*.260 × 170 mm. 35–48 long lines. Collation: 1–8¹⁰ 9–13¹² 14¹⁰ + 1 leaf (f. 151) after 10 15–19¹⁰ 20–23¹² 24¹⁴ 25¹⁰ 26¹⁰ wants 10 blank. From the first leaf of quire 2, f. 11, to the sixth leaf of quire 9, f. 86, there is a continuous series of leaf signatures in the first half of each quire: l 1 – p 1 (ff. 11–15), q 1 – v 1 (ff. 21–5), a 2 – e 2 (ff. 31–5), f 2 – k 2 (ff. 41–5), l 2 – p 2 (ff. 51–5), q 2 – v 2 (ff. 61–5), a 3 – e 3 (ff. 71–5), f 3 – l 3 (ff. 81–6). ff. 255–8 originally misbound, see erased direction notes, then cut out and stuck back correctly. Written in probably three clear hands of hybrida type: (i) ff. 1–80ᵛ, 264–80, more current than the other two, on rougher paper; (ii) ff. 81–151ᵛ, quires 9–14; (iii) ff. 153–263, quires 15–24. The catchwords by scribes (ii) and (iii) are written vertically in the Italian humanistic manner. Initials: (i) f. 1, blue and red with ornament of both colours; (ii) blue with red (and black, f. 153) ornament, or (f. 192) red with black ornament; (iii) to books etc., plain blue in arts. 1–6, left blank in arts. 7 and 16. Capital letters in the ink of the text touched with red. Binding of pasteboard covered with parchment, s. xviii (?), replaced by Cockerell in 1960. Secundo folio *queque sunt*.

Written after 1471, see above, probably in France. Erasure, f. 151ᵛ 'Liber [. . .]'. 'Liber Archibaldi quhitelaw Archidiaconi sanctiandr' infra partes laudonie ac subdiaconi glasguen [1482–98]', f. 1; for other books belonging to Whitelaw, see J. Durkan and A. Ross, *Early Scottish Libraries*, (1961), 159. 'Thomas Henryson', ff. 1, 192, 264, s. xvii in. 'Liber Gulielmi Guild S.T.D.', f. 1; Guild died in 1657, bequeathing his library to the University. 'Ex Libris Bib: Pub: Univ: Andreanae', f. 1, s. xviii.

B.763.D7.J. Duns Scotus, Quodlibeta, De primo principio
s. xv med.

1. pp. 1–122 Cuncte res difficiles ait salomon . . . (p. 121) ut dictum est. Per quod solute sunt rationes. Foelix finis. Tituli questionum. Vtrum in diuinis . . . 21ᵃ questio. Vtrum ponens eternitatem mundi possit sustinere aliquem esse simpliciter benefortunatum. Tituli questionum magistri Iohannis de Dunis nationis Scocie doctoris subtilis ordinis minorum foeliciter iocundeque finiunt.

For manuscripts and editions, see *Opera* (edn. 1950), i. 150*, and Glorieux, no. 344s.

2. pp. 123–38 Primum rerum principium mihi credere . . . ad presens dicta sufficiant: Domine—Amen Tractatus primj principij magistri Iohannis Scoti ordinis fratrum minorum feliciter finit:

Glorieux, no. 344*h*.

pp. 139–42 ruled but blank.

Parchment strips strengthening the quire-centres are from a document in French, addressed (quire 6) to 'conseil de la ville de Bruges'.

ff. i + 71 + i. Paper. 395 × 287 mm. Written space 275 × 185 mm. 2 cols. 58 lines. Collation: 1–5¹² 6¹² wants 12 (blank). Written in hybrida. Initials: (i) pp. 1, 123, blue and gold, with red and blue ornament; (ii) blue or red. No binding in 1956; bound by Cockerell 1961. Secundo folio *dei qui et verbi*.

Written in the Low Countries. Purchased in 1956 from Commin (catalogue 147 item 9).

SALISBURY. CATHEDRAL

The manuscripts described below are accessions subsequent to E. Maunde Thompson, 'Catalogue of the Manuscripts in the Cathedral Library of Salisbury', *Catalogue of the Library of the Cathedral Church of Salisbury* (1880), 3–36.

The making of MSS 197, 198, and 221–223 is discussed by N. R. Ker, 'The Beginnings of Salisbury Cathedral Library', in J. J. G. Alexander and M. T. Gibson (eds.), *Medieval Learning and Literature*, (1976), 23–49; reprinted N. R. Ker, *Books, Collectors and Libraries*, ed. A. G. Watson (1985), 143–73. It has been further studied by M. T. J. Webber, 'The Books of Salisbury Cathedral and the Scribal Activities, Studies and Interests of the Canons in the Late 11th and Early 12th centuries', Oxford D.Phil. thesis 1988.

197. *Augustinus* s. xi/xii

Contents listed Römer, ii. 320–1. Two quires from this manuscript, with the last leaf now missing, are BL MS Royal App. 1; the texts are listed after art. 2 in the table of contents, s. xvii, pasted to f. ii, which ends 'so on yᵉ outward Cover', and, *c.*1622, in Patrick Young's catalogue: no. 7 in edn. by N. R. Ker in *Wiltshire Archaeological and Natural History Magazine*, 53 (1949), 167–72.

1. ff. 1–5ᵛ (Liber avrelii avgvstini de origine animę) Dominum deum nostrum qui nos uocauit . . . commendauit posse liberari.

PL xxxiii. 720–33 (Ep. 166).

2. ff. 5ᵛ–10 (Liber avrelii avgvstini doctoris de immortalitate animę). Si alicubi est disciplina . . . distare conuincitur.

PL xxxii. 1021–34.

3. ff. 10–24ᵛ (Avgvstini av[.]relii doctoris contra pelagianos et celestianos hereticos yppomnosticon liber incipit.) Aduersarii catholice fidei . . . manifeste hęc se contra con (*continuing to the end of Responsio iv on Royal ff. 1–2ᵛ*).

PL xlv. 1611–1644/60.

4. ff. 25–32ᵛ (*beginning on Royal f. 15ᵛ with the following leaf missing*) materiam cuius modicumque sit. non possumus dicere . . . quod dictum est ad imaginem (*ending abruptly*).

PL xxxiv. 223/last line–244/46 (De Genesi ad litteram).

Arts. 5–7 are on quires 5–7.

5. ff. 33–44ᵛ (Aug' de opere monacorum.) Ut de opere monachorum—et feci. Hic liber sic incipit. Iussioni tuę sancte frater aurelii Ivssioni tuę . . . tuę beatitudinis emendetur.

PL xl. 549–82; preceded by the relevant section from the Retractationes. The scribe left blank spaces for omitted passages, 15.5 lines on f. 37, and 15 lines on f. 39, presumably because of the state of the exemplar; the passages are edn. 559/24–50 and 565/15–45.

6. Letters and Sermons: (*a*) f. 45ʳᵛ Domino dilectissimo et honorabili fratri cornelio: augustinus. Scripsisti michi ut ad te prolixam . . . dilectissime et honorabilis frater; (*b*) ff. 45ᵛ–47ᵛ Propter quod uolui et rogaui hesterno die . . . in uerbo dei seruiant uobis. Amen; (*c*) ff. 47ᵛ–50 Caritati uestrę hodie nobis ipsis sermo reddendus est . . . uobiscum ibi regnemus; (*d*) f. 50ʳᵛ Quod nos hortatur dominus in euangelio fratres karissimi. agere debemus. sic enim ait. Petite et dabitur uobis . . . nobis quod petimus. Cui honor et gloria—amen; (*e*) ff. 50ᵛ–51ᵛ Fratres quod audistis. mouentem scripturam atque dicentem . . . non timebo quod faciat michi homo; (*f*) ff. 51ᵛ–52 Fortasse quis dicat de prioris dominicę predicatione. in qua predicauimus non minorem esse gloriam quod tumulus ioseph suscitauerit . . . Quid quęris uiuentem cum mortuis?; (*g*) ff. 52–54ᵛ Interea reticendum minime est. cum diuina uoluntate . . . (f. 52ᵛ) et necessaria. Isto modo rescriptum est ad eundem ab eodem. Caritati tuę misso exemplo epistolę . . . ut misereature nostri. Explicit.

(*a*) PL xxxiii. 1073–5 (Ep. 259); (*b, c*) PL xxxix. 1568–81 (Serms. 355–6); (*e*) PL xxxviii. 589–91 (Serm. 97); (*g*) PL xxxii. 59–60/10 and xxxiii. 1013–19/30 (Ep. 228), letter to Honoratus, with introduction as in Possidius, Vita S. Augustini, cap. 30.

7. (in another hand) ff. 55–56ᵛ Incipit epistola sancti avgustini ad nebridivm. Nebridio avgvstinvs. Vtrum nescio quo ut ita dicam . . . quantum uolupe est legere te: Eplicit (*sic*) epistola—.

PL xxxiii. 63–6 (Ep. 3).

ff. ii + 56 + ii. 310 × 225 mm. Written space 245 × 149 mm, generally wider at the top. 39–40 long lines. Collation 1–6⁸ 7 eight (ff. 49–56) with ff. 51–4 central two bifolia and f. 56 now only a small piece. Initials in ink. Binding by H. Bailey, c.1960, replacing one of s. xix in. Secundo folio eius in qualibet.

Written at Salisbury, largely by the scribe identified as D1 by Ker, see art. cit. pp. 47–8, and also found in BL MS Royal 6 B.xv, Salisbury Cath. MSS 61, 64, 116, 131, 139, and 198 below; art. 7 by a scribe found by Dr Webber in Salisbury Cath. MSS 139 and 165. Still there c.1622, see above, and markings by Young. 'Thomas Georg', 'William George', 'Gregorie George', s. xvii scribbles, ff. 49ᵛ, 50ᵛ, 51. Belonged for a long period to the family of Loveday of Williamscote; 'a.3.22', inside old front cover, now missing, perhaps their number. Bought from Dr Thomas Loveday by the Friends of Salisbury Cathedral in 1959.

198. *Augustinus* s. xi/xii

List of contents, s. xii, f. iiiᵛ; detailed tables of contents of arts. 1–5, s. xiv, with leaf references, ff. i–iiᵛ. Arts. 1–9, 11–15 listed Römer, ii. 321. Facsimile, reduced, of f. 83 in Sotheby's catalogue for sale of 16 Dec. 1970, see below.

1. ff. 1–17 Avrelii Avgvstini Liber de videndo deum ad paulinam. Memor debiti qvod ex tva petitione . . . quid disputare ualeamus.

PL xxxiii. 596–622 (Ep. 147).

2. ff. 17–25ᵛ Ex Libro retractationum i° cap' xvi°. Per idem tempus quod de utilitate—(f. 17ᵛ) nouissimum legerit. Incipit de fide ac simbolo liber sancti avgvstini. Quoniam scriptum est . . . quod credunt intelligunt (*altered to* -ant).

PL xl. 181–96; preceded by the relevant section from the Retractationes.

3. ff. 25ᵛ–29ᵛ Sermo sancti augustini de perivrio. Prima lectio quę nobis hodie recitata . . . conuersi ad dominum.

PL xxxviii. 972–9 (Serm. 180).

4. ff. 29ᵛ–40ᵛ Ex libro retractationum .ii capitulo xxviii. Liber de agone—dilexerint. Incipit Liber Sancti Augvstini de agone christiano. Corona uictorię . . . uictorię mereamur.

PL xl. 289–310; preceded by the relevant section from the Retractationes.

5. ff. 40ᵛ–49 Augustini serui christi famvlorvmque christi Incipit liber de videndo (*altered to* orando) deum ad probam religiosam famvlam dei. Et petisse te et promisisse . . . petimus aut intelligimus.

PL xxxiii. 494–507 (Ep. 130).

6. ff. 49–50ᵛ Epistola ad diversos. Incipit De eo quod dicit apostolus semper gavdete. sine intermissione orate. Avdistis apostoli sermonem quod ad the(s)salonicenses scribens uniuersam legem . . . flamma relinquatur.

Römer, i. 372 lists this and two other copies in English libraries.

7. ff. 50ᵛ–53 Incipit tractatus habitvs ad populum. Ad vos michi sermo esto iuuenes . . . inuenietis sapientiam. Explicit.

PL xxxix. 1706–9 (Serm. 391).

8. ff. 53–57ᵛ Incipit De excidio vrbis. Intueamvr primam lectionem sancti danihelis . . . ut sustinere possitis. Explicit—.

PL xl. 716–24.

9. ff. 57ᵛ–60ᵛ Incipit epistola ad armentarivm et pavlinvm. Dominis eximiis meritoque . . . meritoque honorabiles. Explicit—.

PL xxxiii. 483–7 (Ep. 127).

10. ff. 60ᵛ–61ᵛ [De] libello vite sancti Augvstini inter caetera et ad locvm. Preterea cum quodam pascentio . . . spatium occuparet.

PL xxxii. 47–8 (Possidius, Vita S. Augustini, cap. 17).

11. Seven sermons: (*a*) ff. 61ᵛ–64ᵛ Hodiernus dies magno sacramento . . . sed exigentibus reddo. Explicit tractatus De resvr'; (*b*) ff. 64ᵛ–66 Incipit de caritate. Divinarum scripturarum multiplicem . . . sed etiam breuis. Explicit—; (*c*) ff. 66–7 Incipit De timore Dei. Recordamini nobiscum dilectissimi fratres . . . nisi ante sanentur. Explicit; (*d*) ff. 67–68ᵛ Item de timore dei. Mvlta nobis fratres de timore dei . . . ipsorum est regnum cẹlorum; (*e*) ff. 68ᵛ–70 Item De timore Dei. Non dvbito dilectissimi fratres insitum esse . . . parcere cogeret. Explicit—; (*f*) ff. 70–71ᵛ Incipit tractatus de Fide. Hoc dicimus et hoc docemus karissimi quod deus lux est . . . cum delectatione faciamus. Explicit—; (*g*) ff. 71ᵛ–75 Incipit sermo de elemosinis. Admonet nos dominus de lectione euangelica . . . date et dabitur uobis. Explicit—.

(*a–e, g*) *PL* xxxviii. 1196–201; xxxix. 1533–5, 1522–4, 1524–6, 1526–9, 1701–6 (Serms. 259, 350, 346–8, 389 + 390); (*f*) see Römer, i. 378–9, one of eleven copies in English libraries.

12. ff. 75–83 Incipit Liber De pẹnitentia. Qvam sit utilis et necessaria pẹnitentiẹ medicina . . . mors ẹterna uitatur. Explicit—.

PL xxxix. 1535–49 (Serm. 351).

13. f. 83ʳᵛ Avg' in epistola ad honoratum episcopum de se sibique episcopis similibus scribens inter cẹtera ait: Qvod autem ad eos attinet . . . uitanda cum possunt (—sine impietate non possunt *final clause supplied in margin early*).

PL xxxiii. 1016/13–40 (Ep. 228).

14. ff. 83ᵛ–96ᵛ Ex libro retractationvm sancti augvstini. ii capitulo xlᵒviᵒ. Libri duo quorum est titulus—manna quod uellent. Incipivnt libro dvo sancti avgvstini episcopi ad inqvisitionem ianvarii. Dilectissimo filio ianvario. avgvstinvs in domino salvtem. Ad ea qvẹ me interrogasti: mallem . . . atque lecturam. Explicit Avg' ad inquisitiones ianvarii.

PL xxxiii. 200–23 (Epp. 54–5).

15. ff. 96ᵛ–106ᵛ Avg' in libris retrac(ta)tionvm. iiᵒ cap' cx. Librvm de cura—sepelitur. Incipit sancti avg' episcopi Ad sanctvm pavlinvm De cvra pro de (*sic*) mortvis gerenda. Div sanctitati tuẹ . . . defuisset. Explicit—ad sanctum pavlinvm episcopum nolens(em) de cvra pro mortvis gerenda.

PL xl. 591–610.

16. f. 106ᵛ Avg' in libro confessionum. Non ego inmunditiam . . . meruit improbari.

9 lines: *PL* xxxii. 799/1–14 (extract from bk. 10 cap. 31). ff. 107–8 blank.

ff. iii + 108. Medieval foliation of ff. 1–106, repeating '84'. 280 × 175 mm. Written space 200 × 117 mm. 30 long lines. Collation: 1–7⁸ 8⁸ (1, 4, 5, 8 singletons) 9–10⁸ 11⁸ (1 and 8 singletons) 12–13⁸ 14⁴ 4 pasted down. Initials: 3- or 2-line, red, some with ornament in red and ink. Medieval binding of square-cut wooden boards covered with white leather; tabs at head and tail of spine;

strap-and-pin fastening, missing; groove as for chaining-staple inside at foot of front cover. Secundo folio *rendo*.

Written at Salisbury, by the scribe identified as D1 by Ker, see art. cit., pp. 47–8, and also found in BL MS Royal 6 B.xv, Salisbury Cath. MSS 61, 64, 116, 131, 139, and 197 above. 'D.M.', s. xi/xii, at various points; cf. art. cit., p. 26. 'Liber iste pertinet ad ecclesiam cathedralem Sar', s. xiv, on front pastedown. Bought by the Friends of Salisbury Cathedral from Lancing College, after being withdrawn from Sotheby's sale 16 Dec. 1970 (lot 25), see *Friends Report* (1971), 6–7.

MSS 221–3 are discussed by P. H. Zettel, 'Aelfric's Hagiographic Sources and the Latin Legendary Preserved in B.M. MS Cotton Nero E.i and Corpus Christi College Cambridge MS 9 and Other MSS', Oxford D.Phil. thesis 1979; he lists the contents of MSS 221 and 222 (pp. 15–27), and cites studies of individual texts as evidence for their having a common exemplar with the slightly earlier set from Worcester Cathedral Priory in the Cotton and Corpus MSS, cf. the gaps left in MS 222 art. 30 below. MS 221 is described *Sum. Cat.*, no. 8689 (Fell 4).

221. *Passionale i (Jan.–June)*   s. xi ex.

An intermittent original (?) numbering, either in the headings or in the adjoining margin, runs to 'lviiii' at art. 65; it does not include art. 44 (added). Running-title to art. 1.

f. ii^v has stuck to it a list, s. xiii, damaged at the start, of arts. 3–18, 20–68, continuing 'Getullus et Cerealis. Basilidis Tripodis', *BHL*, nos. 3524 and 1019 in BL MS Cotton Nero E.i part 2. ff. iii–iv contain a list of contents, s. xvii med., by Thomas Barlow, as in MSS 222 and 223 below.

1. ff. 1–9 *BHL*, no. 5588 (Martina).

2. ff. 9–22 Amphilocii episcopi chononii in vita et miraculis sancti patris nostri Basilii Archiepiscopi capadocię. *BHL*, no. 1023.

3. ff. 22–28^v Vita S. Genovefae v. *BHL*, no. 3336.

4. ff. 28^v–30^v Eodem die passio S. Theogenis m. *BHL*, no. 8107.

5. ff. 30^v–34 Passio S. Lvciani m. *BHL*, no. 5010.

6. ff. 34–47^v Passio SS. mm. Ivliani et Basilisse. *BHL*, no. 4532 (Beatus Iulianus nobili . . .).

7. ff. 47^v–52^v Vita S. Hilarii ep. et conf. *BHL*, no. 3885 + *PL* x.549–52 (Ps.-Hilary, Ep. ad Abram).

8. ff. 52^v–54 Passio S. Felicis m. *BHL*, no. 2894.

9. ff. 54–5 Eodem die S. Felicis [pr.]. *BHL*, no. 2885.

10. ff. 55–9 Passio S. Marcelli pp. *BHL*, no. 5235.

11. f. 59^rv Eodem die. *BHL*, no. 5253 (Marcellus m.).

12. ff. 59^v–66^v Vita vel visio S. Fvrsei pr. *BHL*, no. 3210.

13. ff. 66^v–69 Prologvs S. Svlpicii ep.—(f. 67) Vita eiusdem. *BHL*, no. 7928.

14. ff. 69–74 Prologvs SS. Geminorum et S. Desiderii ep. et m. vrbis longonice—Eodem die Psevsippi Elevsippi et Meliosippi. *BHL*, no. 7829.

15. ff. 74–93 Passio S. Sebastiani m. et comitvm eius. *BHL*, no. 7543 (—partium civis . . .).

16. ff. 93–7 Passio S. Agnetis v. *BHL*, no. 156.

17. ff. 97–98ᵛ Passio SS. mm. Fructvosi ep. Avgvrii et Evlogii dvconorvm. *BHL*, no. 3200 (. . . crederet futuros—).

18. ff. 98ᵛ–101 Eodem die passio S. Patrocli m. *BHL*, no. 6520.

19. ff. 101–5 Passio S. Vincentii m. *BHL*, nos. 8628, 8630–1, 8634.

20. ff. 105–9 Eodem [die] Potiti m. *BHL*, no. 6908.

21. ff. 109–110ᵛ Passio S. Ascla. *BHL*, no. 722.

22. ff. 110ᵛ–114 Passio SS. Babyli et trivm pverorum. *BHL*, no. 891.

23. ff. 114–117ᵛ Passio S. Policarpi. *BHL*, no. 6870.

24. ff. 117ᵛ–128 Passio SS. Levcii Tyrsi et Galenici. *BHL*, no. 8280.

25. ff. 128–136ᵛ Vita S. Brigide v. *BHL*, no. 1457.

26. ff. 136ᵛ–142ᵛ Passio S. Trifonis. *BHL*, no. 8338.

27. ff. 142ᵛ–145ᵛ Passio S. Agathę v. et m. *BHL*, no. 134 (Ipso Decio ter . . .).

28. ff. 145ᵛ–151 Vita S. Amandi ep. et conf. *BHL*, no. 332 (Amandus igitur . . .).

29. ff. 151–3 Passio S. Valentini m. *BHL*, no. 8460.

30. ff. 153ᵛ–157ᵛ Passio S. Ivlianç v. et m. *BHL*, no. 4522 (Temporibus illis (erat) quidam senator . . .).

31. ff. 157ᵛ–162ᵛ Actvs Theophili qvi Christum negavit et recvperavit. *BHL*, no. 8121.

32. ff. 162ᵛ–165ᵛ Vita S. Albini ep. et conf. *BHL*, no. 234 (Igitvr beatissimus Albinus episcopus ueneticę regionis . . .).

33. ff. 165ᵛ–170 Passio SS. Felicitatis et Perpetve. *BHL*, no. 6633 (Apprehensi . . .).

34. ff. 170–3 Passio SS. (xl) martirvm. *BHL*, no. 7538 (Qvi in Sebastia . . .).

35. ff. 173–8 Vita S. Gregorii pape vrbis rome. *BHL*, no. 3639 (Gregorius in urbe Roma a patre . . .).

36. ff. 178–86 Confessio S. Patricii ep. *BHL*, nos. 6492–3.

37. ff. 186–188ᵛ Passio S. Theodori pr. *BHL*, no. 8074 (Theodoritus).

38. ff. 188ᵛ–195ᵛ Passio S. (Theodosie) v. *BHL*, no. 8090.

39. ff. 195ᵛ–205ᵛ Huius imitabilis conversionis—penitentię—Marię Egiptiace. *BHL*, no. 5415 (Secretum regis . . .).

40. ff. 205ᵛ–216 Vita S. Ambrosi mediolanensis vrbis ep. *BHL*, no. 377.

41. ff. 216–218ᵛ Passio SS. Elevtheri ep. et Anthie matris eivs. *BHL*, no. 2451.

42. ff. 218ᵛ–221 Passio S. Georgii m. *BHL*, nos. 3373–4.

43. ff. 221–3 Passio S. Marci ev. *BHL*, no. 5276.

44. ff. 223–224ᵛ (added, s. xii in., filling quire 28) Passio Blasii m. *BHL*, no. 1370.

45. ff. 225–226ᵛ Passio S. Vitalis m. et SS. Protasii et Gervasii. *BHL*, no. 3514.

46. ff. 226ᵛ–227ᵛ Passio S. Iacobi ap. fratris domini. *BHL*, no. 4093.

47. ff. 227ᵛ–228 Eodem die Philippi ap. *BHL*, no. 6814.

48. ff. 228–231ᵛ Inventio S. Crucis. *BHL*, no. 4169 (—post passionem—venerabili . . .).

49. ff. 231ᵛ–236 Passio SS. mm. Alexandri pape et aliorum sanctorum Theodoli et Eventi. *BHL*, no. 266.

50. ff. 236–9 Passio S. Ivdę qvi cognominabitvr Cyriacvs per qvem crux domini inventa est. *BHL*, no. 7024.

51. ff. 239–240ᵛ Passio S. Gordiani m. *BHL*, no. 3612 (Temporibus Iuliani . . .).

52. ff. 240ᵛ–241ᵛ Passio beati Pancratii m. *BHL*, no. 6423.

53. ff. 241ᵛ–244ᵛ Eodem die passio Nerei et Achilei. *BHL*, no. 6058.

54. ff. 244ᵛ–245ᵛ Rescripta Marcelli. *BHL*, no. 6060.

55. ff. 245ᵛ–246ᵛ De obitv Petronillę et passio Felicvle. *BHL*, nos. 6061 (Petronillam itaque . . .) + 6062 (Nicomedis).

56. ff. 246ᵛ–247ᵛ Rescripta de passione eorum. *BHL*, nos. 6063 (Nereus and Achilleus) + 6064 (Eutyches, Victorinus, and Maro).

57. ff. 247ᵛ–248 Passio Domitillae et Evfrosine et Theodore vv. et Sulpicii ac Serviliani sponsorum ipsorum. *BHL*, no. 6066.

58. ff. 248ᵛ–251ᵛ Passio S. Torpetis m. *BHL*, no. 8307.

59. ff. 251ᵛ–252ᵛ Relatio Pastoris pr. titvlvm S. Potentiane ad Timotheum pr. *BHL*, no. 6991 (Pudentiana).

60. ff. 252ᵛ–263ᵛ Vita S. Germani. *BHL*, no. 3468.

61. ff. 263ᵛ–264ᵛ Passio S. Cononis m. *BHL*, no. 1912.

62. ff. 264ᵛ–267 Passio SS. mm. Marcellini et Petri. *BHL*, no. 5231.

63. ff. 267–270ᵛ Passio S. Herasmi antiocensis ep. *BHL*, no. 2580 (Facta est persecutio . . .).

64. ff. 270ᵛ–273 Passio S. Bonifacii m. *BHL*, no. 1413.

65. ff. 273–5 Vita S. Medardi. *BHL*, no. 5864.

66. ff. 275–277ᵛ Passio SS. Primi et Feliciani, *ending imperfectly* ' . . . corpora eorum proicerunt'. *BHL*, no. 6922.

67. ff. 278ʳᵛ (added, s. xii¹) On St Matthias. As *Anal. Boll.* xi (1892), 274.

ff. v (I, i–iv) + 278 + iii. The s. xvii foliation jumps back after f. 79 to '60'. 365 × 250 mm. Written space 275 × 150 mm. 33, or, from 9¹ onwards, 36, long lines. Ruled in drypoint. Collation: 1–34⁸ 35 five (ff. 273–7) 36 one. Catchwords on quires 3–8. Six original hands. Initials: (i) f. 1, 6-line *R*, red and blue; (ii) 2-line, red. Binding, s. xix, business-style. Secundo folio *sempiterne rex*.

Written at Salisbury, ff. 1–223/2 by the scribe identified as A by Ker, see art. cit., pp. 34–8, and also found in Exeter Cath. 3500 (Exon Domesday); BL MSS Cotton Tiberius C.i, Royal 5 E.xix; Salisbury Cath. 10, 33, 63, 106, 114, 128, 138, 140, 154, and 222 below; f. 223/2–16 by the scribe identified as C by Ker, see art. cit., pp. 41–4, and also found in Aberdeen Univ. 216; BL MSS Cotton Tiberius C.i, Royal 5 E.xix; Oxford, Bodleian Lib. MS Bodley 756, Keble Coll. 22; Salisbury Cath. 10, 63, 119, 128, 138, 140, 154, 165, 168, 179, and 222 below. Corrected by scribe C, see Ker, art. cit., pp. 44–7. Art. 44 added by a scribe also found in MS 223 below. MSS 221–223 were, according to *Sum. Cat.*, borrowed from Salisbury Cathedral by Archbishop Ussher on 30 Sept. 1640, received back on 14 Nov. 1650 by Dean Baylie, delivered between 1652 and 1655 to Thomas Barlow, Bodley's Librarian, 'to the intent that they may be placed in the Publique Librarie and there reserved until the Deane of Sarum and the Chapter there shall call for them', ordered by the curators of the Library to be returned in response to the dean and chapter's application in 1679 'only with this reserve, that [dr. John Fell] the bishop of Oxford may have the liberty of using them for some time', in consequence of which they reappeared in the Bodleian, probably with Fell's bequest. Classed as MS Fell 4, until reclaimed by Salisbury in 1985.

222. *Passionale ii (June–Oct.)*   s. xi ex.

Companion volume to MS 221 above. Described *Sum. Cat.*, no. 8688 (Fell 1).

Arts. 2–57 are covered by an original numbering, either in the heading or in the adjoining margin, lxiii–cxviii. f. 184 contains a list of contents, s. xi/xii, that covers arts. 51–7 and then continues 'cxviiii Passio sancti calisti pape . . . clx Vita sancti uuandregisili [22 July] clxi De assumptione sanctę marię semper uirginis'. List of contents, s. xvii med., by Thomas Barlow, ff. i and iii, omits arts. 1, 2, 33, 37, and 39, and divides art. 52; cf. MS 221 above.

Arts. 2–25 and 51–7 have original running-titles giving saints' names.

Early markings in the margins for lections, e.g. 'lco iij' at the start of art. 39, and, in the same hand, sections marked off 'va'—'cat', e.g. in art. 42, also 'finis' (f. 152). The same (?) hand supplied a supplementary section to art. 15 in the margin of f. 42. Another early hand provided an alternative opening to art. 47, headed 'lco j¹', f. 172.

1. f. 1ʳᵛ *beginning imperfectly* malignitatis suę spiritus . . . in placea tanquam neglecta—recondidit (f. 1ᵛ) Quo in loco multorum annorum recursibus tumulata . . . Dulcidius—uenerandę FIDIS titulo ęcclesiam ipsam consecrans dedicaret . . . spiritus odorem ęternitatis beatę et leticiam beatudinis sempiternae. Cf. *BHL*, no. 2930 (Faith); cf. MS 223 art. 30 below.

Arts. 2–28 are on quires 2–11.

2. f. 2ʳᵛ Passio S. Symphorose vxoris beati Gethvlai m. *BHL*, no. 7971.

3. ff. 2ᵛ–3 *BHL*, no. 5623 (trans. of Martin of Tours).

4. ff. 3–6ᵛ Passio SS. mm. Viti Modesti et Crescentię. *BHL*, no. 8712.

5. ff 6ᵛ–9ᵛ Passio SS. mm. Iohannis et Pavli. *BHL*, nos. 3236 + 3238.

6. ff. 9ᵛ–16 Passio S. Petri ap. *BHL*, no. 6664 (Igitur . . .).

7. ff. 16–22ᵛ Vita vel Passio Beati Pavli ap. qvi—consvlibvs. *BHL*, nos. 6574 + 6570.

8. ff. 22ᵛ–24 Passio SS. mm. Processi et Martiniani. *BHL*, no. 6947.

9. ff. 24–5 Passio S. Felicitatis cvm vii filiis. *BHL*, no. 2853.

10. ff. 25–26ᵛ Eodem die Rvfine et Secvndę. *BHL*, no. 7359.

11. ff. 26ᵛ–27ᵛ Vita S. Praxedis v. *BHL*, no. 6920.

12. ff. 27ᵛ–33 Passio S. Apollinaris m. *BHL*, no. 623.

13. ff. 33–35ᵛ Passio S. Iacobi ap. *BHL*, no. 4057.

14. ff. 35ᵛ–41ᵛ Vita SS. vii Dormientivm qvi in Epheso—Constantinvs. *BHL*, no. 2316.

15. ff. 41ᵛ–46ᵛ Passio S. Pantaleonis. *BHL*, no. 6437.

16. ff. 46ᵛ–47ᵛ Passio SS. mm. Simplicii Favstini et Beatricis. *BHL*, no. 7790.

17. ff. 47ᵛ–48 Eodem die S. Felicis m. *BHL*, no. 2857.

18. ff. 48–53 Passio S. Stephani m. *BHL*, no. 7845.

19. ff. 53–7 Praefatio S. Cassiani—(f. 53ᵛ) Descriptio S. Cassiani. *BHL*, no. 1632.

20. ff. 57–67 Passio SS. mm. Syxti Lavrentii et Yppoliti. *BHL*, nos. 6884 (Polychronius and Parmenius), 6 (Abdon), 7801, 4754, and 3961.

21. ff. 67–71ᵛ Passio S. Donati ep. et mar. Christi. *BHL*, no. 2291.

22. ff. 71ᵛ–75 Vita S. Gavgerici ep. et conf. *BHL*, no. 3287, here ending ' . . . in pace sancte dei ęcclesię tertiis idibus augusti quieuit: prestante—'.

23. ff. 75–6 Passio S. Evpli levitae et m. *BHL*, no. 2729.

24. ff. 76–7 Passio S. m. Evsebii pr. *BHL*, no. 2740.

25. ff. 77–9 Passio S. Agapiti m. *BHL*, no. 125.

26. ff. 79–81ᵛ Passio S. Symphoriani m. svb Avreliano principe. *BHL*, no. 7967 (Cvm aduersum . . .).

27. ff. 81ᵛ–85ᵛ Vita S. Avdoeni ep. et conf. *BHL*, no. 750.

28. ff. 85ᵛ–88ᵛ Passio S. Bartholomei ap. *BHL*, no. 1002.

The lower two-thirds of f. 88ᵛ (11⁸) left blank.

Arts. 29–50 are on quires 12–23.

29. ff 89–91 Passio S. Genesii m.—De virtute eivs qvaliter fons (f. 90) Rodani svmmersvs est et nvllvs periit. *BHL*, nos. 3304 + 3307.

30. ff. 91–110ᵛ Vita S. Agvstini ep. conscripta a Possidio ep. *BHL*, no. 785.
Gaps of 15 and 16 lines, ff. 108ʳᵛ and 108ᵛ–109, left blank; corresponding gaps in BL MS Cotton Nero E.i part 2 filled in later.

31. ff. 110ᵛ–114 Vita S. Savinę. *BHL*, no. 7408.

32. ff. 114–117ᵛ Eodem die Seraphię m. *BHL*, no. 7586.

33. ff. 117ᵛ–118 Eodem die S. Savinę m. *BHL*, no. 7407.

34. ff. 118–121ᵛ Vita S. Berhtini ab. *BHL*, no. 763 (pars med.).

35. ff. 121ᵛ–130 Passio S. Adriani m. *BHL*, no. 3744.

36. ff. 130–136ᵛ Pavca de conversatione S. Avdomari ep. *BHL*, no. 765 (Hic igitur . . .).

37. ff. 136ᵛ–137 Passio S. Iacincti m. *BHL*, no. 4053.

38. ff. 137–8 Passio SS. Corneli(j) et Cypriani. *BHL*, no. 1958.

39. ff. 138–9 Eodem die passio S. Cypriani m. *BHL*, no. 2038. Repeated at art. 46 below.

40. ff. 139–44 Passio Evfemię. *BHL*, no. 2708.

41. ff. 144–149ᵛ Eodem die Lvcie et Geminiani. *BHL*, no. 4985.

42. ff. 150–156ᵛ Vita vel obitvs S. Landberhti ep. *BHL*, no. 4677 (Gloriosus . . .).

43. ff. 156ᵛ–162ᵛ Passio S. Mathei ap. *BHL*, no. 5690.

44. ff. 162ᵛ–166ᵛ Passio SS. Mavricii Exsvperii Candidi atque Victoris Sociorumque eorum. *BHL*, no. 5743.

45. ff. 166ᵛ–171 Passio S. Firmini ep. *BHL*, no. 3002.

46. f. 171ʳᵛ Passio S. Cypriani. *BHL*, no. 2038. Repeating art. 39 above.

47. ff. 171ᵛ–175ᵛ Eodem die beatissimi Cypriani et Ivstinę v. *BHL*, no. 2047.

48. ff. 175ᵛ–179 Acta et passio beatissimorum mm. Cosme et Damiani. *BHL*, no. 1970.

49. ff. 179–180ᵛ Dedicatio ęcclesię Michaelis archangeli. *BHL*, no. 5948.

50. ff. 180ᵛ–183ᵛ Vita actvsque Ieronimi pr. *BHL*, no. 3869.

Arts. 51–7 are on quires 24–36. f. 184 List of contents of arts. 51–7, etc., see above.

51. ff. 184ᵛ–236 Prefatio S. Remegii Hincmarvs nomine non meritis—*list of 31 chapters* (ff. 186–187ᵛ)—(f. 188) Exitvs vite actu(u)m atque obitvs beati Remigii Remorum archiep.—(f. 225ᵛ) cap. xxiiii In vi*gilia* translationis *lectio* i Cetervm cum funus—. *BHL*, nos. 7152–9.

52. ff. 236–243ᵛ Prefatio Svscepti operis et qvomodo vir dei S. Vedastvs regi Blothowio

adivnctvs est—(f. 242) Homelia in die natalis S. Vedasti pont. dicenda ad popvlvm. *BHL*, nos. 8508 (Postquam deus . . .) + 8509.

53. ff. 243ᵛ–247 Eodem die S. Piatonis. *BHL*, no. 6846.

54. ff. 247–62 Gesta et passio S. Leodegarii ep. et m. *BHL*, no. 4853 (Gloriosus . . .).

55. ff. 262–277ᵛ Passio S. Dionisii m. ariopagitę. *BHL*, no. 2175. The running-title is Passio sanctorvm dionisii rvstici et eleutherii.

56. ff. 277ᵛ–283ᵛ Passio SS. Sergii et Bachii. *BHL*, no. 7599.

57. ff. 283ᵛ–288ᵛ Vita S. Richarii. *BHL*, no. 7224. Lower half of f. 288ᵛ blank.

ff. iii + 289 + i. Foliated i–iii, 1–85, 85*, 86–289. 360 × 250 mm. Written space 275 × 150 mm. 33 or 36 long lines. Ruled in drypoint. Collation: 1 one 2–20⁸ 21⁸ + 2 leaves (ff. 161–2) after 8 22–23⁸ 24⁸ wants 6–8 (blank ?) after f. 183 25–36⁸ 37 nine. Quires 14 and 16 are numbered at the end, 'i' and 'iii', and quires 15 and 17 at the start, 'ii' and 'iiii'. Traces of catchwords remain on quires 3–5, 7, and 9. At least six original hands. Initials: 2-line, red. Binding, s. xix, business-style. Secundo folio *malignitatis* (f. 1), *Incipit passio* (f. 2), *magno* (f. 3).

Written at Salisbury, in part by four scribes found by Dr Webber in other Salisbury manuscripts; f. 288ʳᵛ by the scribe identified as A by Ker, see art. cit., pp. 34–8, and also found in other books, including MS 221 above, q.v. Corrected by scribe C, see Ker, art. cit., pp. 44–7. Art. 1 is written by a scribe also found in MS 223 below. Borrowed by Archbishop Ussher, etc., as MS 221 above. Classed as MS Fell 1, until reclaimed by Salisbury in 1985.

223. *Vitae sanctorum*   s. xii in.

Supplementary to MSS 221–222 above, with arts. 4, 6, 9, 10 repeating MS 221 arts. 36(i), 37, 60, and 63. Described *Sum. Cat.*, no. 8687 (Fell 3).

List of contents, s. xvii med., by Thomas Barlow, f. iii, omitting art. 19; cf. MS 221 above.

Arts. 1–19 are on quires 1–4.

1. ff. 1–4 *BHL*, no. 1400 (Boniface), beginning imperfectly 'Hugoberti' (*PL* lxxxix. 622/3). Top outer corner of ff. 1–2 torn away, with loss of text.

2. f. 4ʳᵛ Vita S. Ammonis (9 Feb.). *PL* xxi. 407–8 (Rufinus, Historia monachorum, cap. 3).

3. ff. 4ᵛ–7 Liber de virtvtibus sancte ac beate(i)ssime virginis christi Geretrudis. *BHL*, no. 3495.

4. ff. 7–13 Confesio S. Patrici ep. *BHL*, no. 6492.

5. f. 13ʳᵛ Vita S. Iohannis Penariensis. *BHL*, no. 4420.

6. ff. 13ᵛ–19ᵛ Passio S. Theodoriti pr. *BHL*, no. 8074.

7. ff. 19ᵛ–20 Conceptio S. Marię. [H]ęc ergo maria prima inter feminas hoc constituit in corde suo . . . Nunc igitur mores pensate et opera cogitationis considerate ut sine fine post modum retribuionem reddat ihesus christus unigenitus patris qui cum—.

8. ff. 20–1 Passio S. Polocroni ep. *BHL*, no. 6884.

9. ff. 21–23ᵛ Passio S. Torpetis. *BHL*, no. 8307.

10. ff. 23ᵛ–24ᵛ Passio S. Cononis m. *BHL*, no. 1912.

11. ff. 24ᵛ–25ᵛ Passio Dioscori m. qvi passvs est in egipto et fvit cvrialis (17 June). ed. *Anal. Boll.* xxiv (1905), 322–30 ([A]dstante dioscoro curiali . . . decollatus est. in alexandria mense iunio. xv. kl. iul.).

12. ff. 25ᵛ–27 Sermo Sancti Leonis pape in natale Sancti Iohannis Baptistę. *PL* xxxix. 2111–13 (Augustine, Sermo App. 196); also *PL* lvii. 661–4 (Maximus, Sermo 65 pseud.).

13. ff. 27–8 Passio S. Ivlii m.—Dorotrense. *BHL*, no. 4555.

14. f. 28ʳᵛ Passio S. Ivliani m. *BHL*, no. 4540.

15. ff. 28ᵛ–29ᵛ Passio S. Archadii m. *BHL*, no. 658.

16. ff. 29ᵛ–30 Passio S. Maximiliani. *BHL*, no. 5813.

17. ff. 30–1 Passi[o] S. Epi(e)pidii m. *BHL*, no. 2574.

18. f. 31ʳᵛ Passio S. Maximi. *BHL*, no. 5829.

19. ff. 31ᵛ–33ᵛ Revelat(i)o aecclesię archangeli Michahelis in loco qui dicitvr tvmba. *BHL*, no. 5951 (. . . prouenerit summendi). Last 6 lines of f. 33ᵛ blank.

20. (quires 5–7) ff. 34–56ᵛ De hvmile excvsatione Steph[an]i presbiteri scribentis de vita Sancti Wilfrithi deo digni episcopi. *BHL*, no. 8889; one of two copies, MS F, ed. Colgrave (1927).

Arts. 21–6 are on quires 8–11.

21. ff. 57–77 *Heading erased* Domino Sancto ac bea[. .]tissimo patri eadfrido— *list of unnumbered chapters* (ff. 57ᵛ–58) Principivm nobis scribendi . . . *BHL*, no. 2021 (Beda, Vita Cuthberti; this copy is ed. Colgrave (1940), p. 26 no. 10) + (ff. 76–7) Bede, Historia ecclesiastica, iv. 31–2, and (f. 77) a further passage 'Quicunqve historiis texendis . . . a quo etiam sumpsistis primordia'.

22. ff. 77–81ᵛ Passio S. Vrsini. *BHL*, nos. 8414 + 8411.

23. ff. 81ᵛ–82 Passio S. Concordii. *BHL*, no. 1906.

24. ff. 82–4 Passio S. Zoe. Final part of *BHL*, no. 7543 (Sebastian): *PL* xvii. 1052/2–1058.

25. ff. 84–91 Vita S. Honorati ep. *BHL*, no. 3975.

26. ff. 91–92ᵛ Passio S. Sauiniani m. qui svb Aureliano imperatore passvs est. *BHL*, no. 7438.

Arts. 27–8 are on quire 12.

27. ff. 93–5 Passio S. Alexis. *BHL*, no. 286.

28. ff. 95–7 Passio S. Theodori pr. *BHL*, no. 8079.

f. 97ᵛ blank.

29. (quire 13) ff. 98–101ᵛ Passio S. Salvii ep. *BHL*, no. 7472. Last 11 lines on f. 101ᵛ blank.

30. (quires 14–16) (*a*) ff. 102–103ᵛ (Passio S. fidis); (*b*) ff. 103ᵛ–104 [S]ancta et benedicta fides preciosa et martir gloriosa: honor cęli decus paradisi . . . consortio coniuncti: tecum feliciter ęternare mereamur incęlis amen; (*c*) ff. 104–20 Sanctissimo atque hominum doctissimo fulberto car[.]notano episcopo . . . (f. 112) Reversio tertia Bernardi ad sanctam fidem et qvod Witbertvs illvminatvs iam obiisset Anno igitur abincarnatione domini millesimo uicesimo—angustia pre nunciante. Post hęc autem rite completa solempni orationum celebritate . . . ante sacram [i]maginem dependens sudarium.

(*a*) *BHL*, no. 2930; (*b*) a prayer, cf. *BHL*, no. 2940; (*c*) a selective version of *BHL*, no. 2942 (Bernardus Andegavensis, Miracula) including interpolated matter. Cf. MS 222 art. 1 above. f. 120ᵛ blank save for an early pen-trial (Ps. 2: 7).

ff. iv + 118 + ii. Foliated 1–13, 18–51, 51*, 52–104, (104*), 105–20. 328 × 232 mm. Written space 245 × 155–60 mm. 42 (quires 1–4, 13^1), 39 (quires 5–7, 9–12), 40 (quire 8), or 43 (quire 13$^{2–4}$) long lines. 2 cols.; 48 lines (quires 14–16). Ruled in drypoint. Collation: 1 seven (probably ^{8} wants 1) 2–3^8 4^8 wants 7, 8 (blank ?; stubs now before f. 30) after f. 33 5–7^8 8^{12} 9–11^8 12 five (ff. 93–7) 13 four (ff. 98–101) 14–15^8 16^4. Six original hands. Initials: red or, f. 58^v, purple. Binding, s. xix, business-style. Secundo folio *commendauit*.

Written at Salisbury, in part by five scribes found by Dr Webber in other Salisbury manuscripts, including MSS 221 art. 44, and 222 art. 1 above. Borrowed by Archbishop Ussher, etc., as MS 221 above. Classed as MS Fell 3, until reclaimed by Salisbury in 1985.

224. *Breviarium Sarisburiense cum notis*   *c.* 1320

Described *Sum. Cat.*, no. 3491. Most staves left blank pp. 967–85 col. a.

1. pp. 1–500 Temporal, Advent – Sunday next before Advent.

Type (i) initials pp. 1 and 8 Aspiciens (Advent 1 responsory i). The texts for Memoria de S. Maria matins, etc. (*Brev. ad usum Sarum*, ii. 292–309) are given in full after the octave of Stephen, pp. 94–102, without three sets of lections, Ibid. ii. 308 O beata, 310–14 Loquamur and Beata et venerabilis, but including the set Stabat, Tvnc uero and Qvid autem . . . diligebat ihesus, Ibid. i. dccclxxix–lxxx. One quire gone after p. 16 contained end of B.V.M. None – Advent 4 responsory iii, Ibid. i.xxxviii–cxxxv.

2. pp. 500–16 In dedicacione ecclesie.

Lection 'per ebdomadam' Ecce qualem sentenciam, and a set of nine, with other provision, for Sunday within octave, followed by octave. p. 516 blank save for first 7 lines of col. a.

3. pp. 517–28 Sarum calendar in red and black, graded up to ix lc.

As *Sarum Missal*, pp. xxi–xxxii, with Edward not octave of Thomas m. (5 Jan.), Richard (3 Apr.), translation of Edmund abp. not Primus and Felician, translation of Richard not Cyricus and Julitta (9, 15 June), 'Dominica proxima celebretur festum reliquiarum' (7 July), Cuthberga (31 Aug.), octave of B.V.M. not relics (15 Sept.), Francis left out, translation of Edward (4, 13 Oct.), Hugh (17 Nov.). B[enedict] originally misplaced at 19 Mar., erased, and added 21 Mar.

Added: Brigid, Vedast and Amand (1, 6 Feb.), David 'secundum Sar*um*', Chad 'secundum Sar*um*', Gregory, Cuthbert (1, 2, 12, 20 Mar.), translation of John of Beverley (7 May), 'Vstacio Item Elizabeth duplex [. . .] Cum oct' sine *regimine* chori omnia sicut in natiuitate beate marie virginis verbis transmvtatis', translation of Osmund, Christopher and Cucufatus, Anne (2, 16, 25, 26 July), Dominic (5 Aug.), 'hic fiat ix lc et sex lc de Sancto [. . .] de sancto Iohanne de Beuerlaico' (25 Oct.), Wenefrida (3 Nov.), Osmund 'in ecclesia Sar*um*' (4 Dec.). Also 'Prokurator Thome marterys chan[. . .]' (27 June).

Neat notes added against many feasts, including Anne, give the cue for the chapter of the day. A 7-line note added at the foot of p. 517; the lines begin with the letters A–G, followed by 'iiij' or, lines 6–7, iij, and then 'die ante eandem primam ad .. horam', with a different hour in each case.

Added obits, etc.: Hugh Baylemo*n*t iunior 1418, Robert Colyngborne 1459 (18, 27 Feb.), Richard Colyngborne 1418, Mag. Nicholas Wikeha*m* prebendary of Bedwyn 1[. . . : 1407] (8, 17 Mar.), John Landley 1429 (2 Apr.), Mag. Walter Medford prebendary of Bedwyn 1423 (4 June), Alice Skynn*er* (19 Aug.), John Colyngborn 1465 (27 Nov.), Thomas Stocke senior 13 [. . .]gesimo tercio (27 Dec.). Note of surrender of West [*al.* Great] Bedwyn vicarage by Thomas Doge[. . .] 1496 (16 May). Godfrey Goodman bishop of Gloucester natus 1582/1583 (28 Feb.). 'pape' erased; feasts of Thomas of Canterbury untouched. p. 529 blank.

4. pp. 530–2 List of saints of Lent litanies, Tuesday–Saturday.

Brev. ad usum Sarum, ii. 255–60. pp. 533–4 blank.

5. pp. 535–631 Liturgical psalter, followed (p. 623) by Ferial canticles, Te deum, Benedicite, Benedictus, Magnificat, Nvnc dimittis, and Qvicumque uult.

Type (i) initials to Pss. 1, 26, 38, 52, 68, 80, 97 and 109.

6. pp. 631–4 Litany.

p. 634 col. b blank.

7. pp. 635–986 Sanctoral, vigil of Andrew – Cecilia responsory ii, ending imperfectly.

The main text contains the rubric 'Notandum quod proxima dominica post festum translacionis sancti thome martyris celebrabitur festum reliquiarum sar' ecclesie quod nuper celebratum fuerat in oct' die natiuitatis beate marie' after translation of Thomas of Canterbury (7 July), with an added marginal note 'Festum reliquiarum non est in libro isto', p. 800.

Other additions in margins: Chad collect, David rubric, p. 724; Augustine abp. rubric, p. 755; Alban vespers 1 antiphon Ave prothomartyr (*Brev. ad usum Sarum*, iii. 329), p. 762; Osmund rubric and vespers antiphon Pastor [*blank*] in gregis (Ibid. iii. 485), p. 802; Laurence lauds collect '—flammas extinguere—' (main text has '—despectis ignibus—'), p. 844; rubric for Sunday memoria of Cross, p. 892; Eustace collect, p. 950.

'papa' is altered to 'episcopus' in lections for Leo, p. 777.

8. pp. 999–1005 Settings of Venite, beginning imperfectly.

9. p. 1006 (added, s. xiv/xv) (*a*) Benedictiones de sancta maria per totum annum; (*b*) Benedictiones in die omnium sanctorum.

(*a*) six, ending with Conserva, *Brev. ad usum Sarum*, ii. 461–2; (*b*) as ibid. iii. 963–75. p. 1007 blank.

10. p. 1008 (added, s. xv) (*a*) [B]enedictione; (*b*) Notes of places (Wexcombe, Wilton, Wolf Hall, Marten, West Grafton, *Croston*, *Harden*) and payments; (*c*) record of excommunication (?) at Bedwyn.

(*b*) The places identified are in the parish of Bedwyn. (*a, c*) rubbed and faded.

11. Additions and insertions concerning Godfrey Goodman bishop of Gloucester: (*a*) Inside front cover (i) parchment slip ('out of the common pleis') Writ of Charles [I] to Goodman concerning King's Stanley (Glos.) church, 9 Oct. 12 Chas. [1636]; (ii) ('*Lettres* missiue out of the highe Commission Court') Summons to Goodman to appear before the commissioners, 5 Feb. 1637[/8], signed Jo Lambe; (iii) ('the lifetenant of the tower his acquittance for fees') Receipt to Goodman for £119 10*s*. for moving his furniture into the Tower, etc., 10 Feb. 1641[/2], signed John Byron; (iv) Notes on payments, etc., on Goodman's committal to the Tower for high treason; (v) printed sheet 'The humble Petition of Godfrey Goodman, late Bishop of Gloucester' for 'some maintenance', 31 Aug. 1649; (*b*) printed sheet tipped in after p. 1008 'Right reverent, I shall now give you an account of my sufferings . . . ' (face), 'Reverendo—Gvlielmo Jvxon Londinensi et reliquis . . . hanc precandi formulam praestitui . . . Godfridus Goodmanus Episcopus nuper Gloucestricensis Februar. 28. 1650. E Collegio Chelseio: In nomine Patris . . . ' followed by a form of office; (*c*) back pastedown Biographical notes on Goodman, with his death '165.' left incomplete, followed by liturgical forms (Beati mortui, Credo quod redemptor, etc.).

(*a* iv, *c*) In the hand of the note recording Goodman's bequest of the manuscript, f. ii^v, see below.

ff. ii + 497 + i. Paginated, s. xvii^2, before loss of pp. 987–98. Thick parchment; quires 36–9 rather stiff. f. ii is an early flyleaf. 388 × 262 mm. Written space 295 × 179 mm. 2 cols. 39 lines or 13 + 4-line stave. Collation: 1–32^8 33^{10} + 1 leaf (pp. 515/516) after 1 34–38^8 39^{10} 40–61^8 62^6 wants 1 before p. 999 and 5 (blank) after p. 1006. Catchwords have decorative penwork frames, some including red; there are two on quire 22, p. 352, one to main text, one to noted text, on p. 353. Markings in crayon still visible on the first four leaves of quires 1–31, 40–50, and 61, *a* at the inner foot of the verso of the first leaf and of the recto of the second leaf, and similarly *b* on the second and third, and *c* on the third and fourth leaves; in a few quires (e.g. 15, 26, 47, 61) no number follows the letters, but most have a number, following no system and going no higher than 'vij' (quires 13, 19, 28). Written in good textura, with two forms of *a*, one with full-width stroke for left side of upper bowl, the other with a hair-line, by two (?) main hands, the second responsible for arts. 3 and 8 and pp. 567–634 (quires 36–39); art. 4 in a slightly later (?) hand. Quire 36 marked 'co^{ur}' at the end. Initials: (i) 6- or 5-line, in arts. 1 and 5, blue shaded with white, on gold grounds decorated with orange, blue, and pink, extended as a bar in up to three margins; (ii) 4-line, a very few in quires 36–9 (e.g. pp. 593, 623), red and blue with reserve work and red and mauve decoration; (iii) 3- (p. 330) or 2-line, or 1-line + stave, blue with red ornament; (iv) 1-line, red or blue. Cadels and capital letters in the ink of the text splashed with yellow. Gilt brown leather binding of s. xvii^1, with 'G^{G}G.ˑ.VSVS.ˑ.SARVM.ˑ.' on each cover; 7 bands; rebacked. Secundo folio *dree hoc*.

Written in England, within a short time of the change made in 1319 over the feast of Relics in the Sarum use, see art. 7 rubric and art. 3, also *Sarum Missal*, p. viii. Belonged by s. xv to the church (?) of Salisbury Cathedral's prebend of Bedwyn (Wilts.), see obits in art. 3, also art. 10(b). Scribble 'Slatyer', s. xvi/xvii, p. 986. Belonged to Godfrey Goodman bishop of Gloucester (d. 19 Jan. 1656), see stamps on cover, also art. 11 and date of birth added in art. 3; bequeathed by him, as 'originalis liber ex quo desumptus est illud officium' i.e. 'vsus Ecclesiae Salisburiensis (vulgo Sarum)', to 'Oxoniensi Bibliothecae', 'ea lege, vt si Episcopus, decanus et prebendarii ecclesiae Salisburiensis repetierint, tunc illis restituantur', see note f. ii^v. Classed as Bodleian Library MS e Mus. 2, until reclaimed by Salisbury in 1985.

SHEFFIELD. CENTRAL LIBRARY

Jackson Collection, 1302. *Miscellanea medica*   s. xv ex.–xvi^1

A miscellaneous collection of tracts on medicine and surgery and astrology, in several good hands. The main groups seem to be arts. 1–19 (quires 1–5), arts. 20, 23 (quires 6, 10), arts. 21–2, 24–5 (quires 7–9, 11), art. 26 (quire 12). A table of contents on the last leaf of quire 5, f. 73^v, covers arts. 1–19. Two leaves of art. 9, numbered 32 and 45, are misbound, as the old foliation shows. There are numerous contemporary marginalia in more current writing.

1. ff. 1–5 (De quadris lune) Haly commentator ptholomei 56 proposicione centilongii dicit quod in prima quadra lune . . . Infans bonum signum habebit

Effects of the planets, Zodiacal signs, and moon in medicine, etc.

2. (*a*) f. 5 [I]ncipit tractatus de ingredientibus digestiuarum secundum Magistrum Iohannem Chatesden. De digerentibus coleram. Primo de Radicibus.

Radices apii . . . ; (b) f. 5ᵛ–7 Practica phisicalis Quidam de amicis meis rogantes me vt in scriptis redigerem medicinas digestiuas—Medicine simplices digerentes coleram sunt hee viole Rose . . . recurrat ad librum Iohannis Ebemesue et sufficienter inueniet.

(a). A table of roots, herbs, etc.

3. ff. 7–10ᵛ Sequitur de parua cirurgia Ricardi de anglia et primo de emplaustris —In cirurgia ante omnia debes scire naturam apostematum . . . in aqua vite postea stillantur

A collection mainly of recipes, seven, f. 10ᵛ, in English, see *IMEP* vi. 32.

4. ff. 11–14ᵛ Restat iam certas colligere regulas vrinarum quibus ad perfectam scienciam . . . Gyf it be salt malencoly

On urines. f. 14ᵛ is in English, 'Ye shal vndirstand that trowblenes of a mannys vryn . . . a woman . . . a kowe . . . '; 'Gyf ye wil ken the complexion of vryne . . . '; see *IMEP* vi. 32.

5. f. 15ʳᵛ (De astrolabio.) Astrolabium est instrumentum continens noticiam et cursum solis et lune . . .

6. f. 16ʳᵛ (a) (De contingentibus in Anno per introitum kalendis Ianuarij) Reuelacio quam dominus ostendit Esdre prophete magno scribe vt ostenderet filiis I[s]rael qualitatem anni . . . ; (b) De accidencia tonitruum per annum Si exorta fuerit a plaga orientali . . .

Prognostications: (a) according to the day of the week on which 1 Jan. falls; (b) by thunder, according to the month.

7. ff. 16ᵛ–17 classified list of herbs, with names in Latin and English.

8. ff. 17–21ᵛ Circa constipacionem ventris in se. est sciendum quod glistere de malua . . .

Miscellaneous medical notes, grouped under headings, e.g. De cronicis morbis, f. 18ᵛ; De instrumentis medicorum, f. 20ᵛ.

9. ff. 21ᵛ–23ᵛ, 32ʳᵛ, 45ʳᵛ, 24ʳᵛ Hic incipit speculum flebothomie per quod speculum—Flebothomia est vniuersalis euacuacio humorum . . .

Cf. Thorndike and Kibre. Here followed by sections De venis, and De ventosis.

10. (a) ff. 25–6 Incipit liber Minandar' de composicione et uirtutibus aque uite. [U]t ait Minandar qui primo aquam uite inuenit. Aqua ista sapit et redolet . . . sanati fuerunt; (b) ff. 26–7 Virtutes aque ardentis Hee sunt virtute aque ardentis secundum magistrum ernaldum de uilla noua bone memorie et felicis record-acionibus domini pape Clementis Octaui (sic) phisicum Pone in vino . . .

11. f. 27 Incipiunt proprietates et uirtutes Roris Marini Recipe florem ipsum et liga in panno . . . ab omni infirmitate custodit

12. ff. 27–9 [E]xperimenta fratris Nicholai de Polonia. Medici qui fuit in monte pessulano—Ad calculum frangendum in quocumque loco . . . et serpentes aduocat. Expliciunt experimenta—

Virtues of frogs and snakes, Thorndike and Kibre.

13. ff. 29–31ᵛ, 33–34ᵛ Incipit liber de conseruanda (corporis) sanitate. [S]cribitur ab ysaac in libro viatici quod . . . et baccarum lauri et hac de predictis nobis sufficiant. Explicit liber de conseruanda corporis sanitate secundum I. de Tholeto.

Thorndike and Kibre.

14. ff. 34ᵛ–35ᵛ [E]mplastrum noue cure parys' de inuencione Magistri Iohannis picard et magistri henrici de amundauilla medicorum illustri Regis philippi francie, followed by other plasters and recipes.

For Jean Pitart and Henri de Mondeville, surgeons to Philip IV from 1298 and 1301 respectively, see Wickersheimer, pp. 465, 282.

15. ff. 36–7 [C]um in humano corpore 4ᵒʳ sunt qualitates caliditas . . . suffocacionem. Explicit tractatus secundum G. de vrinis.

Cf. Thorndike and Kibre.

16. f 37ʳᵛ [I]n omnibus istis infirmitatibus que secuntur scilicet ptisica ydropsi . . . et hec est indifferens. Explicit practica magistri benedicti de coloribus vrinarum.

Thorndike and Kibre, col. 332. A note on urines fills the space in f. 37ᵛb.

17. f. 38–43 Incipiunt signa distinctiua vrinarum manifestancia super quibus egritudinibus . . . ex mediocri eiusdem dominio

On urines.

18. ff. 43ᵛ–44ᵛ, 46ʳᵛ Incipit tractatus de ornatu facici. [U]t ait ypocras in libro quem de sciencia pronostocorum edidit Omnis qui medicine artis studio . . . durat per duos annos.

Thorndike and Kibre.

19. (quires 4–5) ff. 47–72 [M]ortagon herba est preciosa et mater omnium herbarum . . . cum succo absinthii.

Groups of paragraphs, each paragraph in a group dealing with the same subject and starting with the same word: Balsamus, Aqua, Cerotum, Emplastrum, Olium, and Pillule. ff. 72ᵛ–73ᵛ originally blank.

20. ff. 74–81ᵛ Zodiacus est circulus obliquus in 12 partibus distinctus equalibus que 12 signa . . . in plena illuminacione permanet (*ending imperfectly*).

Thorndike and Kibre. f. 82ʳᵛ blank.

21. ff. 83–116ᵛ Amicabilium sedula diuersorum pulsatus instancia vt wlgarium comodorum . . . de dolore inferendo. Explicit diffinissio Rosa a specie.

A work called 'violaria' on the properties, etc., of spices, metals, herbs, etc., in 3 books, collected 'ex codicibus gentilium ac ortodoxorum'.

22. ff. 117–120ᵛ table of medicines.

23. ff. 121–132ᵛ lists of herbs, etc.

24. f. 133 table of medicines.

25. ff. 133ᵛ–134ᵛ Aaron rarus (*sic*) pes vituli . . . Centaurea maior fel terre idem anglice centorye (*ending imperfectly*)

Alphabetical list of herbs, Thorndike and Kibre. f. 135ʳᵛ blank.

26. ff. 136–139ᵛ [D]e modo medendi quot et quibus medentur—(f. 136ᵛ) In medendis corporibus et maxime purgandis . . . Contigit ex habilitate humorum ad ex (*ending imperfectly*).

Cophonis ars medendi, ed. Renzi, iv. 415. The table, f. 136, lists 40 chapters; the text ends in 21. ff. 140–141ᵛ blank.

27. (added, s. xvi in.) f. 72ᵛ recipe in English for Polipodium 'provid by hewe a leis of Radforth'.

ff. iii + 141 + iii. Medieval foliation of ff. 1–73, with ff. 32 and 45 correctly numbered '24', '25'; '66' repeated on f. 67. Paper. Parchment strips from a law (?) manuscript, s. xiii/xiv, used to strengthen the centres of quire 3–5, 7, 9–11. 295–310 × 207–220 mm. Written space *c*.215 × 140 mm. 2 cols., or, ff. 47–139, long lines. 43–50 lines. Collation: 1¹⁶ 2¹⁶ (ff. 17–23, 32, 45, 24–30) 3¹⁴ (ff. 31, 33–44, 46) 4¹⁶ 5¹⁶ wants 11–15 after f. 72 6 nine (ff. 74–82) 7¹⁴ 8–10¹² 11 three (ff. 133–5) 12 six. Quires 1–5 signed a–e in red; quires 7–9 on every leaf, a–c. Written in secretary by several hands, art. 20 rather later than the others. Initials: art. 21 only, in red, one (f. 97ᵛ) with red ornament; unfilled spaces elsewhere. Binding of s. xix. Secundo folio *Et cum 19ᵃ*.

Written in England. 'Wyllyam wryght of mansfyld' Notts (?), s. xvi, f. 135ᵛ; cf. Radford, art. 27 above. 'John colynson', s. xvi², f. 121ᵛ. Belonged to Arthur Jackson, d. 1895, and given by his executors, see T. W. Hall and A. H. Thomas, *The Jackson Collection* (1914), 319–20. Sheffield City Library Special Collections accession number 1070.

M.D.3500. *Explanationes verborum, etc.* s. xvi in. and *c*.1522

When material, arts. 4–5 and 7, was added in quire 3, the quire may have been turned inside-out, making f. 20, on which art. 6 occurs, the first leaf of the second half, rather than the front leaf, of the quire.

1. f. 1 Presentation for ordination, by the abbot and convent of Beauchief, Ord. Praem. (4 miles south of Sheffield), to Geoffrey (Blyth, 1503–31), bishop of Coventry and Lichfield, of John Sytwell, 17 Aug. 15—*date unfinished*.

2. f. 1ᵛ notes on 'duodecim abusiua que odit deus', and on Alleluia, ending with 6 lines of verse, Alleluya modis exponite pluribus istis Al saluum . . . , Walther, *Versanf.*, no. 770.

3. ff. 2–16ᵛ Aticum eolicus ionicus doriscusque boetus/Grecorum vere tibi sunt ydyomata quinque In Grecis alpha prior est . . . Indeque zerolophon vt prescianus ait. Finis huius operis.

Eberhard Bethuniensis, Graecismus, cap. 8; ed. Wrobel (1887), pp. 26–53. Widely spaced for interlinear glosses, with a few additions.

4. f. 17 verses: (*a*) Raro muscantur lapides qui sepe rotantur; (*b*) Non me mireris pedibus . . . , 2 lines; (*c*) Sit sumptus talis fuerit possescio qualis; (*d*) Virgo

puerpera scandit ad ethera . . . , 2 lines; (*e*) Innovat antiquam facilis corrupcio plagam; (*f*) Dura licet denti fava mellis sapit esurienti; (*g*) Quatuor millenis et centum 4^{or} annis . . . , 2 lines; (*h*) Disparibus meritis . . . , 4 lines; (*i*) Haurit aquas cribris qui discere vult sine libris . . . , 2 lines; (*j*) Ossibus ex denis bis centum . . . , 3 lines.

(*a*, *c*, *f*, *i*) Walther, *Sprichwörter*, nos. 26329, 29840, 6804, 10675; (*g*) Adam's stay in Hell; (*h*) against theft, Walther, *Versanf.*, no. 4582; (*j*) number of bones, teeth, and veins.

5. ff. 17^{v}–19^{v}, 20^{v}–21^{v} explanations of words in lections and sequences, partly in English, mostly under headings: In legendis sancti Wilhelmi, ff. 17^{v}, 18^{v}, 20^{v}; In commemorat' Wylhelmi, f. 19^{v}; In sequentiis Wilhelmi, f. 20^{v}; In legendis apostolorum, f. 21; In sequent' Dedicacionis, f. 21^{v}.

For the lections and sequence for William of York, see *Brev. Ebor.* ii. 298–303, and *Missale Ebor.* ii. 42–3. A note on f. 21 refers back to f. 17^{v} 'vbi supra dubitatur an penitudinem uel plenit' dicatur in prima legenda sancti Wyl*le*mi . . . Iohannes crowsha et(c)'.

6. f. 20 Quid est fides Primo nobis querendum est quid sit fides Dicendum est fides est rerum sperandarum [Heb. 11: 1] . . .

A note. f. 22^{rv} blank.

7. f. 23^{v} note about leap years, . . . sic anno domini 1520 erat bisextilis et anno domini 1524 erit . . .

8. ff. 24–25^{v} theological commonplaces, including: (*a*) Duodecim sunt articuli fidei . . . ; (*b*) Hii sunt articuli quod sit deus . . . , 4 lines; (*c*) Vnum crede deum ne iures vana . . . , 4 lines; (*d*) Fastus auaricia torpido . . . , 2 lines; (*e*) Consule castiga solare remitte fer ora; (*f*) Sap. intel. con for ti pi sci collige doua; (*g*) Vestio poto cibo . . . , 2 lines; (*h*) Gustus olfactus auditus . . . , 2 lines; (*i*) Virtutes cardi. sunt ius for tem quoque pruden; (*j*) Abluo firmo cibo piget vnguit et ordinatis uxor; (*k*) Ordo baptismus et confirmacio sacra . . . , 3 lines; (*l*) Boc. bis non dantur . . . , 1 line.

(*c*) Walther, *Versanf.*, no. 19669; (*d*, *e*, *h*) Walther, *Sprichwörter*, nos. 8873, 3235, 10503.

9. ff. 26–58 Alafizo as est percutere super pectus . . .

Explanations, some in English, of difficult words, arranged alphabetically. Among additions by the scribe of arts. 4–5 and 7 is, f. 58^{v}, 'Scriptor qualis erat si quis de nomine querat / Cunctis noscatur Cooper quod sic nominatur'.

10. ff. 59–71^{v} In medio duum animalium duum ponitur pro duorum . . .

Explanations of difficult words in the Bible, liturgy, etc.; in no obvious order at first, but, from f. 63^{v} the Psalms are taken in order.

ff. 71. Paper. Parchment strips used to strengthen quire-centres, from the same (?) manuscript as wrapper, see below, except quire 9 from a later manuscript with musical notation. 157 × 110 mm. Written space *c.* 115 × 90 mm. *c.*23 long lines. No ruling. Collation: 1–2^8 3^{10} (? turned inside-out, see above) wants 1, 2 before f. 17 and 8 after f. 21 4–9^8. Written in anglicana. Initials: 1-line, red. Capital letters in the ink of the text lined with red. Contemporary parchment wrapper, double thickness, and flap, from leaves of a missal (without notation), parts of 5th–6th and 10th–11th Sundays after Trinity visible, 2 cols., s. xii^2, written in England; sewing from the quires taken through the 'spine' at seven points; pointed flap sewn to leading edge of back and closing across fore-edge, with string from point, round spine to now missing button (?) on back. Secundo folio (f. 2) *Aticum*, (f. 3) *Amphi Est amphi*.

Written in England, probably in the vicinity of Sheffield, see art. 1; for the hand responsible for arts. 4–5, 7 and other additions, see f. 58^v *sub* art. 8 above and 'finis per me Ric' Cowperum', f. 19^v foot in red. Art. 7 added between 1521 and 1523, see above. Lot 239 in Sotheby's sale 28 June 1948. Acquired from Messrs Maggs in 1961. Sheffield Archive collections accession number 42648.

SHEFFIELD. GRAVES ART GALLERY

St George's Guild collection. Following the closure of the Guild Museum the manuscripts were eventually transferred to Reading University Library in 1963–4; they returned to Sheffield in 1981. Nine of the manuscripts belonged to John Ruskin and were given or sold by him to the Guild, or to friends who then gave them to the Guild Museum, see Dearden, 'John Ruskin'.

R.0031. *P. Diaconus, Homiliarium* s. xi

Dearden, no. 2 and pl. 2 showing f. cxxx^v (f. 119^v) reduced. Detailed description in L. Brou, 'Un nouvel homiliaire', *Hispania sacra*, 2 (1949), 147–91, with a reduced facsimile of part of f. cxxx^v and a much reduced facsimile of f. xiii (f. 4), on which Visigothic notation occurs. Römer, ii. 311–12 (*sub* Reading).

(*begins imperfectly*) . . . (f. 119) obtineret infirmitas. (f. 119^v) Explicit liber homeliarum partis prime Incipit partis secunde—(f. 120) Quomodo iuxta . . . (*ends imperfectly*)

Pars hiemalis, Pars aestivalis, and Commune sanctorum, consisting of R. Grégoire, *Les Homéliaires du Moyen Âge* (1966), 77–114, nos I. 8–12, 13–15, 15a/a–c, 16–25, 26–41b, Isa. 55:1 – 56:1, 60:1 – 22 (ff. 45^v–46), 15a/d, 42–64, 67–110; II. 1–5, 6–36, 38–9, 37, 40–56, 59–69, 71–4, 75b–81, 82 as MS Vat. lat. 8563, 83–92, 94–9, III. 100–2, 105–18. Now missing, all or part of homilies I. 1–8, 64–7, and 79–80, II. 91, 94a, III. 102–4, 119–34, through the loss of nine leaves at the beginning, two after f. 72, single leaves after ff. 86, 120, and 235, four after f. 253, and an uncertain number at the end.

There are seven additional homilies: after I.12 'In illo tempore misit ihesus duodecim discipulos suos precipens—omelia eiusdem lectionis beati gregorii pape. Quum constat omnibus fratres carissimi quia redemtor noster in mundo pro redemtione . . . festinatione preparemur—amen', ff. 9–10, and 'In illo designauit et alios septuaginta duos—omelia lectionis eiusdem habita ad episcopos in fontes lateranensis exposita beati gregorii pape. Dominus et saluator noster (as Grégoire, p. 141: Vienne no. 46) . . . oculus et se ualeamus Per—amen', ff. 10–13^v; after I. 25 'Sermo beati maximi episcopi de natale domini. Inuestigauiles humanis sensibus dispositones esse diuinas . . . sanguinis sui effusione salbauit qui—seculorum', ff. 26^v–27, and 'Sermo beati maximi episcopi de natale domini. In aduentu dominico fratres carissimi cui honorem . . . possit redire post mortem. Prestante—amen', f. 27^v; after II. 5, 'In illo tempore una sabbati maria magdalene uenit mane—omelia beati gregorii eiusdem lectionis. Fructus molestia stomacus diuine caritati . . . adiubat ipse quam amamus ihesus—amen', ff. 124–126^v; after II. 36, 'In illo tempore discipulis suis (*sic*) Homo quidam erat diues et induebatur purpura (Luc. 16: 19)— dominica post pentecosten omelia gregorii pape. In uerbis sacri eloquii fratres karissimi prius

serbanda est . . . pro se in uestris mentibus loquatis qui—seculorum', ff. 174–178ᵛ; and before
III. 105, 'testimenti patres accipimus (*begins imperfectly*)—*first lemma:* Ille autem neglexerunt et
abierunt (Mat. 22: 5) . . . uincit. Ecce fratres karissimi gordiana quam superius dixi a sancti-
monialis habitu—qui proficiat fiduciam nostram qui—amen', ff. 236–239ᵛ.

The start of the last homily has marginal markings, s. xii (?), 'xᵃ l', 'xjᵃ l' and 'xijᵃ l', f. 272,
likewise f. 267; there are similar markings on f. 256ʳᵛ, up to 'viijᵃ' and then 'finit'.

ff. ii + 273 + ii. Medieval foliation (x)–lxvii, lxvii–lxxx, lxxiii–xcvi, xcviii–cxxxi, cxxxiii–ccxlvii,
ccxlviiii–cclxvi, cclxxi–cclxxx, cclxxx–cclxxxix, made before the loss of leaves. 480 × 345 mm.
Written space *c.* 350 × 235 mm. 2 cols. 41 lines. Ruled with hard point. Collation: 1–9⁸ 10⁸
wants 1, 2 before f. 73, 11⁸ 12⁸ wants 1 before f. 87 13–14⁸ 15¹² wants 12 after f. 120 16–21⁸ 22⁶
23–29⁸ 30⁸ wants 6 after f. 235 31–32⁸ 33 four (ff. 254–7) 34–35⁸. Written in Visigothic script.
Initials in colours with interlace ornament, see facsimiles of f. 119ᵛ, also illustrating display
script. Headings in blue and red capitals. Lemmata in red. Binding of s. xix by H. Stamper.

Written in Spain. Title in Spanish, s. xvii/xviii, f. x (now f. 1). Lot 278 in Libri sale, 25 July
1862. Quaritch, *General Catalogue of Books* (1880), no. 16421, and Cat. 332 (1880), no. 4; bought
by Ruskin and sold to the Guild late in 1881, see Dearden.

R.3544. *Horae*   s. xiv in.

1. ff. 1–5ᵛ Calendar, January, July–September, November, in French in red and
black.

2. ff. 6–81 Hours of B.V.M.

The antiphon and capitulum at Prime are Tota pulcra es and Hec est virgo, and at None
Germinauit radix and Per te dei. ff. 61, 80–2 are supply leaves; f. 61 belongs after f. 73. ff. 81ᵛ–
82ᵛ blank.

3. ff. 83–108ᵛ Penitential psalms and Litany, ending imperfectly.

The last male saints are Eligius, Egidius, Remigius; among 13 virgins, the last is Sancta bergida.
f. 108ᵛ discoloured from exposure.

ff. 109, foliated 1, 1*, 2–108. Thick parchment. 91 × 66 mm. Written space 49 × 36 mm. 10
long lines. Ruled in ink. Collation: 1 five (ff. 1–4) 2–4⁶ 5–8⁸ 9⁶ f. 61 misplaced 10² + 1 leaf (f. 64)
after 2 11⁸ 12⁸ wants 2 (supplied but misplaced as f. 61) after f. 73 13 three supply leaves (ff. 80–
2) 14⁶ 15–16⁸ 17 four. Pictures of occupations of the months in art. 1. Initials: (i) 8 in art. 2
(Slaughter of Innocents at Compline not Vespers) and 1 to art. 3, in grisaille and colours,
historiated, on gold and coloured grounds, with border prolongations including figures (David
and Goliath, f. 83), animals, grotesques, etc.; (ii) 2-line, gold on blue and pink grounds
patterned with white; (iii) 1-line, gold or blue. Line-fillers in gold, red, and blue. Binding of s.
xviii. Secundo folio (f. 6) *preocupemus*.

Written probably in north-east France.

R.3545. *Psalterium*   s. xiii med.

1. ff. 1–6ᵛ Calendar in blue, red, and black, graded (up to ix lections).

Feasts in red include Depositio sanctorum episcoporum vedasti et amandi (6 Feb.), Sancti
Vindiciani episcopi (11 Mar.), Translatio sanctorum Vindiciani et Eligii episcoporum (25 June),
Revelacio Sancti Vedasti de Beluaco (15 July), Sancti Augustini ep. (28 Aug.), Remigii Vedasti,
Translacio Sancti Augustini ep. (1, 11 Oct.). Added, s. xvi (?), Dedicacio de gouy, 20 Nov.

2. ff. 7ᵛ–200ᵛ Psalms 1–150.

f. 7 blank.

3. ff. 200ᵛ–220 Six ferial canticles, followed by Te deum, Benedicite, Benedictus, Magnificat, Nunc dimitis, Quicumque uult.

4. ff. 220–237ᵛ Litanies for each week-day, and prayers.

The prayers are Omnipotens sempiterne deus qui dedisti famulis tuis, Exaudi quesumus domine supplicium, Clamantes ad te, Deus a quo sancta desideria, Deus omnium fidelium pastor, Deus qui nos famulos in hoc loco sub sancta professione degentes, Omnipotens sempiterne deus respice propitius, Da domine famulis et famulabus tuis sperata, Deus qui caritatis dona, Fidelium, Pie et exaudibilis, Omnipotens sempiterne deus dirige actus, Omnipotens mittissime deus qui sitienti, Deus qui nos a seculi (uanitate), Omnipotens sempiterne deus qui facis mirabilia, Deus regnorum omnium, Exaudi quesumus domine preces, Ineffabilem, Propiciare quesumus domine animabus, Pietate tua.

5. ff. 238–51 In agenda mortuorum.

The ninth lesson is Militia est uita . . . uideat bona (Job 7: 1–7).

6. f. 251 prayer Deus cui soli competit medicinam . . .

ff. i + 252 + i. f. i is part of a leaf from a commentary on Gregory IX, Decretals bk. 2 tit. xx. 48–53, s. xiv in. The front pastedown is part of a document in French, s. xvi; the back, part of a closely and currently written leaf in 2 cols., s. xiv. 160 × 115 mm. Written space 89 × c.54 mm. 17 long lines. Ruled in ink. Collation: 1⁶ 2–13¹² 14⁶ 15–21¹² 22¹⁰ 23². Initials: (i) to main divisions of Psalter, Pss. 51 and 101, and art. 6, in colours, historiated, on gold and coloured grounds, framed in gold; (ii) 3--6-line, in red and blue, with ornament of both colours; (iii, iv) 2- or 1-line, in red or blue, with ornament of the other colour. Line-fillers, some depicting fish, in red and blue. Binding of s. xix; spine-title 'Missale'. Secundo folio (f. 8) *Et erit*.

Written in north-east France for religious (? Augustinian) use in the neighbourhood of Arras, see art. 1, and sixth prayer in art. 4. Belonged to the Augustinian priory of Gouy-en-Teruois, near Arras, by s. xvi, see art. 1 addition. Quaritch, *General Catalogue of Books* (1880), no. 21; bought by Ruskin, cf. note on front pastedown 'If bought for St. George, see Quaritch's receipt. Book receipt I.A.', and given by him to Miss Stanley at Whitelands College, and by its principal, Revd J. P. Faunthorpe, to the Ruskin Museum on 13 Jan. 1913, see inscription on front pastedown. Dearden, no. 18.

R.3546. *Biblia; etc.* s. xiii med.

Described by John Ruskin: *Works of John Ruskin*, xxx (1907) 255; cf. notes in his hand on the loose sheets of paper kept with the manuscript. Dearden, no. 13.

1. ff. 1–179, 183–366 A Bible, in the order Genesis–2 Chronicles, 1 Ezra, Nehemiah, 3 Ezra ('Incipit liber iii', running-title 'Esdre ii', in 7 chapters), Tobit, Judith, Esther, Job, Psalms, Proverbs, Ecclesiastes, Song of Songs, Wisdom, Ecclesiasticus, Isaiah, Jeremiah, Lamentations, Baruch, Ezekiel, Daniel, Minor Prophets, 1, 2 Maccabees, Gospels, Pauline Epistles, Acts, Catholic Epistles, Apocalypse. Song of Songs has the rubrics giving speakers: 'adolescentulus sponsa narrat de sponso', 'Sponsa narrat de adolescentibus', 'Vox ecclesie ad sponsum', 'Vox christi', 'Vox aduersus hereses', 'Synagoga de ecclesia', etc. Carefully corrected in a contemporary hand.

The prologues are 52 of the common set of 64 (see below Ushaw 2), and 24 others shown here by
*: Stegmüller nos. 284, 285, 323, 328, 330, 332, 335, 341 + 343, *349, 344, 357, 457, *456 (. . .
nescit se esse regem), *455, 462, 468, 482 + *480, 487, *490 + *486, 492, 494, 500 + *501 (. . .
ad totas prophetas tribus profertur), *504, *506, *'In hoc prophetia iccirco . . . acciperent
penitenciam' to Joel, 511, 510 (. . . in psalterio mistice continentur), 515, 512, 519 + 517, *516,
524, *522, 526, *525, 528, *527, *530, *529, 534 (. . . elati sunt oculi mei), *532, 538, *535,
539, *540, 543, *544, *552, 551, 607, 620, 624, *670, *674, *690, 685, 699, 707, 715, 728, 736,
747, 752, 765 (. . . a Laodicia), 772 (. . . a laodicia), 780, 783, 793, 640, 809, 839.

Marginal markings for use in a Carthusian house, s. xv, ff. 3–81, 209ᵛ–223ᵛ (Isaiah), 348–62
(Acts–Apoc. 2): 'P[rima]', 'S[ecunda]', 'T[ercia]', in some places further subdivided 'i'–'viii',
e.g. ff. 76–81, 209ᵛ–210; 'In refectorio', ff. 30, 224, 362. Passages generally marked for
particular days, e.g. the second prologue 'Dominica in lxxᵃ lectio prima', Exod. 1: 1 'Dominica
in lxᵃ lectio prima', Lev. 1:1 'Dominica in quinquagesimo lectio prima', Isa. 1: 1 'Dominica
prima in aduentu domini lectio prima', Acts 1: 1 'Feria iiᵃ post oct' pasche Lectio Prima'.

2. ff. 179–182ᵛ Incipit celebratio misse. Ueni sancte spiritus reple . . . propiciabile. Qui uiuis.

Ordinary and canon, written in the main hand, following immediately as the end of Psalms. The
prefaces are noted.

3. ff. 366–93 Incipiunt interpretationes hebraicorum nominum per a.a. sequente
Aaz apprehendens . . . consiliatores eorum. Expliciunt interpretationes grecorum
nominum.

Stegmüller, no. 7709.

4. (added, s. xiv) ff. 393ᵛ–394ᵛ List of lections for the Temporal, Dedication,
Sanctoral, Dedication, and Commune sanctorum.

Louis conf. included.

5. (added, s. xiii²) ff. 395–396ᵛ List of lections, different from art. 4.

Francis included.

6. (added, in the hand of art. 5 at start, completed in the hand of art. 4) f. 396ᵛ
Tituli bybliothece.

7. (added s. xiii ex.) ff. 397–8 Gregorius. Mirabile et ineffabile spectaculum . . .
Absit ut dei filius qui talis est debeat appellari.

Quotations from Fathers and Bernard. f. 398ᵛ blank.

8. (added on flyleaf, s. xiii) f. 399 De signis xv dierum.

A list of the fifteen last signs before the Judgement. f. 399ᵛ blank.

ff. iii + 398 + iv. Foliated (i–iii), 1–231, 231*, 232–323, 325–402. f. 399 is a medieval flyleaf. 330
× 220 mm. Written space c.206 × c.133 mm. 2 cols. 56 lines; 34 in art. 2. Collation: 1–32¹² 33¹⁰
34⁴. Some faint crayon catchwords and numbers at the front of quires still visible. Initials: (i) to
books, eight main divisions of Psalms, and ff. 179ᵛ (two) and 181ᵛ, in colour, historiated, on
coloured grounds, framed in gold; (ii) to prologues, as (i) but smaller and not historiated; (iii) to
chapters, red or blue, with ornament of the other colour; (iv) to psalm-verses, blue or red.
Capital letters in the ink of the text filled with red. Binding of s. xix¹. Secundo folio *uoluntatem
suam*.

Written in France. 'Iste liber est [. . .] de [. . .] dioc Laur' de tyuilla', s. xiv, f. 1 foot. Belonged to a Charterhouse, see art. 1 marginalia. Bought from Ellis by Ruskin and immediately given to the Guild in Sept. 1876, cf. *Fors clavigera*, Letter 74, §17 (*Works of John Ruskin*, xxix. 50).

R.3547. *Preces, etc.*   s. xvi in.

1. ff. 1–22ᵛ Incipiunt septem psalmi in honorem septem anxietatum domini. Quecumque in ang. trib. Ipse enim dominus noster in diebus amarissime sue passionis . . .

An office with brief litany and long prayers; the psalm-cues are for Pss. 12, 21, 24, 30, 68, 70, and 85. Rubrics on ff. 14ᵛ, 18ʳᵛ, 19, 20ʳᵛ heavily crossed out. ff. 28ᵛ–30ᵛ blank.

2. (added in the main hand) Prayers, etc.: (*a*) ff. 22ᵛ–24ᵛ Modus orandi ad repellenda tentationes carnis. Et ad impartandam castitatem . . . ; (*b*) ff. 24ᵛ–26ᵛ Oratio beati ambrosii. Domine rex virtutum amator castitatis . . . ; (*c*) ff. 26ᵛ–27ᵛ Domine yhesu christe qui es pius et misericors concede mihi misera peccatrice . . . ; (*d*) f. 27ᵛ–28 Oratio sancti uincentii confe. di. in ma. Gratias tibi ago domine qui eduxisti me . . .

Feminine forms, masculine forms interlined in (*a*).

ff. i + 30 + i. Paper. 145 × 108 mm. Written space *c.* 105 × 84 mm. 17 long lines. Ruled with hard point. Collation: 1–2⁸ 3⁸ + a quire of 6 (ff. 23–8) inserted after 6. Initials: red. Wrapper from a leaf of an Italian manuscript, s. xv, in 24 long lines. Secundo folio *dit me*.

Written in Italy, for female use, see art. 2. f. i made up to look like the title-page of a printed book: 'Orationes / dicendae in sacros / Basil. Pat. Reg. / S. P. Francisci Assis / canonicor. regularium ex Iusu (?) s. Patris *device* Romae Anno domini MDCXXIIII'; in the device 'SACR. PAT. REG. BAS. S. FRANCISCI'. '89/Ex Bibliotheca Francisci Camanni', s. xviii/xix, f. 1.

R.3548. *Horae*   s. xv ex.

Dearden no. 57. Facsimiles: ff. 61ᵛ–62 (Pentecost) *Works of John Ruskin*, xxx pl. xxxvi; all the original pictures and the additions on ff. 16ᵛ and 18ᵛ–19 in K. G. Perls, *Jean Fouquet* (1940), figs. 205–6, 208–19; nine of the original pictures and ff. 18ᵛ–19 in E. P. Spencer, 'Les Heures de Diane de Croy', *Gazette des beaux arts*, (June 1931), 329–39; two of the original pictures and ff. 18ᵛ–19 by Trenchard Cox, *Jehan Foucquet* (1931), pls. ix, xii–xiii, with discussion pp. 62–4.

1. ff. 1–5ᵛ Obsecro te . . . Masculine forms.

ff. 6ʳᵛ and 7ᵛ blank, but ruled as the rest of the book.

2. ff. 6–15 Sequentiae of the Gospels.

John is followed by the prayer Protector in te sperancium . . . ff. 15ᵛ–16, 17ᵛ originally blank, but ruled as the rest of the book.

3. ff. 18ᵛ–107ᵛ Hours of B.V.M. of the use of (Paris).

Worked in: after Lauds: Matins of Cross, Holy Spirit, Trinity, All Saints, and De defunctis; after Prime-Compline: Cross and Holy Spirit; also Prime: Angels; Terce: Patriarchs; Sext:

Apostles and Evangelists; None: Martyrs; Vespers: All Saints; and Compline: Trinity, All Saints, and the Dead. Five leaves missing, including the beginning of Terce, Sext, and Vespers. ff. 108–112^v originally blank.

4. ff. 113–135^v Penitential psalms and Litany.

f. 136^{rv} originally blank.

5. ff. 137–175^v Office of the dead.

ff. ii + 175 + v. ff. 176–178 are s. xv–xvi flyleaves. 102 × 75 mm. Written space 47 × 33 mm. 14 long lines, or (f. 19^v) 13. Collation: 1–2^8 3^8 wants 1 replaced by three leaves (ff. 17–19) 4^8 5^{12} 6^8 7^8 + 2 leaves (ff. 62–3) after 7 8^4 wants 1 before f. 65 9^8 10^8 wants 1 before f. 76 and 8 after f. 81 11^8 12^8 wants 4, 5 after f. 92 13–14^8 15^8 + 1 leaf (f. 112) before 1 16–21^8 22^8 wants 8 (blank). Written in *lettre bâtarde*. Twelve remaining 11-line pictures: 8 in art. 3 to Lauds (Visitation), Prime (Stable), None (B.V.M. lying dead with God holding Child in glory) and Compline of B.V.M. (coronation of B.V.M.), and to Matins of Cross, Holy Spirit, Trinity, and dead after Lauds, and 1 before arts. 1–2, 4 (David and Goliath), and 5 (Job and comforters). Six further pictures etc., s. xvi in (?), added: f. 6^v a pope; f. 7 a king in a surcoat bearing a two-headed eagle with a shield (lozengy azure and argent); f. 16^v Mass of St Gregory; f. 17 a heart enclosed in a lozenge with a gold border inscribed 'HEC EST MVI PIA PA DOMN'; f. 110^v as f. 7 but with no shield; f. 111 a saint with a staff and book. Two pictures, and (f. 19^v) a floral border, each with the motto 'Hasta la muerte', added perhaps rather later: f. 18 cherubs bearing a shield (azure a chalice and host); ff. 18^v–19 Annunciation of B.V.M. One picture added later in s. xvi: f. 112 a group of women beside an open-air bath addressed by a man with a stag's head [? Diana and Actaeon]. Initials: (i) in colour, on coloured grounds decorated with gold; (ii, iii) 2- and 1-line, in gold on coloured grounds. Line-fillers in gold on blue or red grounds. Continuous framed floral border on each picture page; side border on each page with a type (ii) initial. Binding of s. xviii, French. Secundo folio *in illa hora*.

Written in France; arms in the shields in the burial scene (f. 65^v) identified as those of the house of Courtenay by S. C. Cockerell, who also pointed out the affinity of the miniatures to the work of Jean Fouquet of Tours, see *Works of John Ruskin*, xxx (1907), 258. The motto 'Hasta la muerte' in two added pictures and border, see above, also occurs in BL MS Egerton 2045. 'Vostre tresfidel et affectionné mary pour jamai[s] Charles Philippes De Croy. Sans fin Croy', subscription to couplet dated 1572, f. 110, addressed to Diane de Dammartin shortly after their marriage. She used the book as her 'album amicorum', chiefly in 1572–4: the margins and blank spaces contain some 80 autograph inscriptions by members of the nobility of France, Spain, and Italy, including especially members of the Croy, Lalaing, de Ligne, and Lorraine families, and also, f. 17 'Marie', to which another hand has added 'Royne de france'; the latest dated entry is of 1590. Ordered from Ellis for £500 for the Guild by Ruskin in 1881 and sent to the Guild Museum in 1882, see Dearden no. 57.

R.3549. *Missale, cum notis* $\qquad$ s. xiv^I

Longer, directive rubrics are written in ink with red underlining.

1. ff. (iii)–(viii)^v Graded calendar in gold, blue, green, pink, and red, of the use of Paris.

Feasts include Genovefa (3 Jan.) in pink, and those marked 'duplum' include translation of Marcellus (26 July), Denis (9 Oct.) and octave, Marcellus, Gendulfus (3, 13 Nov.), and Susceptio reliquiarum (4 Dec.).

Arts. 2–5 are on quires 2–23.

2. ff. 1–148ᵛ Temporal, Advent – Easter Eve.

In the second of the Easter Eve litanies the two martyrs are Lucanus and Justinus and the two confessors Gendulfus and Germanus. Type (i) initials to *Ad* te leuaui (Advent 1), *Puer* natus (Christmas), and *E*cce aduenit (Epiphany).

3. ff. 148ᵛ–164 Incipit ordo misse, followed by the Canon.

ff. 153ᵛ, 154, 155ᵛ and 156 left blank, perhaps with a view to the facing pages being stuck together: ff. 154ᵛ and 155 have full-page pictures on an inserted bifolium.

4. ff. 164–265 Temporal, Easter – 25th Sunday after Pentecost.

Type (i) initials to *R*esurrexi (Easter), *U*iri galyle (Ascension), and *S*piritus (Pentecost).

5. ff. 265–267ᵛ In dedicatione ecclesie.

f. 268ʳᵛ blank.

6. ff. 269–387ᵛ Sanctoral, vigil of Andrew – Saturninus.

Type (i) initials to *D*ominus (Andrew vigil), *S*vscepimus, *D*eus qui (Purification, and Annunciation of B.V.M.), *D*e uentre (John Baptist), *D*eus qui hodiernam (Peter and Paul), *G*audeamus, *S*upplicationem (Assumption, and Nativity of B.V.M.), and *O*mnipotens (All Saints).

7. ff. 387ᵛ–388ᵛ De sancto gendulpho prosa. Ecce magno sacerdoti mundi cordis et deuoti . . . , *RH*, no. 5140.

8. ff. 388ᵛ–424 Common of saints.

9. ff. 424–31 Votive masses: De sancta trinitate, De angelis, De sancta cruce, De sancto spiritu, De sancta maria, pro infirmo, De omnibus sanctis, Pro iter agentibus, Pro rege nostro, Pro amicis, Pro paçe, Pro tempestate, Pro securitate ecclesie, Pro prelatis, Pro temptacione carnis, Pro penitentibus, Pro amico, Pro mortalitate, Pro benefactoribus, Contra hostes, Pro sacerdote, Ad gratiam sancti spiritus postulandam, Contra aduersarios, Pro papa, Pro congregatione (two sets), Ad impetrandis bonis operibus, Pro inimicis, Pro transeuntibus mare, Pro amicis uel quibuscumque in tribul', Pro amico penitente, Ad pluuiam postulandam, Ad serenitatem postulandam, Pro tempore belli, Pro familia, Pro infirmo in agonia.

The provision comprises collect, secret, and postcommunion only for De omnibus sanctis – Pro familia.

10. ff. 431–2 Incipit commemor*acione* (*sic*) anime.

11. ff. 432–6 Pro defunctis

12. ff. 436–439ᵛ Incipit ordo ad sponsam benedicendam.

The passages addressed to the couple are in French, cf. description by Quaritch.

13. ff. 439ᵛ–441 Benedictions.

14. ff. 441ᵛ–449ᵛ Kyries, etc. ending imperfectly.

15. (added, s. xiv¹) ff. 451ʳᵛ, 461–463ᵛ De corpore et sanguine domini nostri ihesu christi.

f. 464 blank.

16. (added, s. xv) (*a*) f. 464ᵛ list of cues; (*b*) f. 465 Mass to be said for himself by an officiating priest.

f. 465ᵛ blank.

ff. ii + 459 + iii. Foliated (i–viii), 1–449, 451, 461–6; the foliation of ff. 1–451 is s. xv (roman). ff. i–ii, 464–6 are medieval endleaves. 265 × 185 mm. Written space 170 × 110 mm. 2 cols. 33, or, ff. 157ᵛ–164a, 18 lines, or 11 lines + 4-line staves. Collation of ff. iii–viii, 1–463: 1⁶ 2–13¹² 14¹⁴ + 1 bifolium (ff. 154–5) after 9 15–37¹² 38¹⁴ wants 14 ('iiijᶜl') after f. 449 39⁴ (ff. 451, 461–3). Two full-page pictures: f. 154ᵛ Crucifixion; f. 155 Christ seated in glory within a vesica, the four evangelists and their symbols in the angles of the frame; each has historiated roundels at the corners, f. 154ᵛ scenes from Passion series, f. 155 scenes from Nativity series. Initials: (i) in arts. 2, 4, and 6 and to arts. 8 and 15, 6-line, historiated (except to art. 8), in colour on gold and coloured grounds, with border prolongations (ff. 1, 451 greyhound chasing rabbit in lower border); (ii) f. 50 (Quadragesima collect), 6-line, red and blue, with ornament of both colours; (iii) 2-line, in gold with blue ornament, or in blue with red ornament, in both cases with vertical decoration the height of the written space in short sections alternately red and blue; (iv) 1-line, in red or blue, with ornament of the other colour. Line-fillers in blue and red. Cadels and capitals in the ink of the text touched with red. Late medieval binding of bevelled wooden boards covered with red leather, bearing a pattern of fillets; 5 large bosses on each cover; two strap-and-pin fastenings, one now missing. Secundo folio *corpora*.

Written in France, for use in a church in the diocese of Paris. Probably, as S. C. Cockerell noted, the missal 'tres bien escript et note', secundo folio *corpora*, recorded in the chapel at the castle of Vincennes in the inventory of the goods of Charles V king of France, see *Inventaire du mobilier de Charles V*, ed. J. Labarte (1879), no. 2621; cf. L. Deslisle, *Cabinet des manuscrits*, iii. 124, no. 176, and *Recherches sur la libraire de Charles V* (1907), ii. 33, no. 176. 'Ex libris F. G. H. Culemann Hannoverae 1859', f. i; lot 529 in his sale, London 7 Feb. 1870. Quaritch, *General Catalogue of Books* (1877), 1311 (£260); ibid. (1880), no. 35 (£250); Cat. 332 (1880), no. 25 (£236). Bought by John Ruskin and sold to the Guild in 1881. Dearden, no. 37.

R.3550. *Cookery recipes, etc. (in Italian)*   s. xvi in.

1. ff. 1–50ᵛ Incipit primus tractatus de insaltitiis in mane. Erba santa maria menta. matricaria . . . Et questo si fo al pasto de Maestro Ieronimo dale ualle medigo abita a sancta soffia. Deo gratias Amen. Finita adi 25 di marzo el sabato sancto *per* me Romano scriptore a questo *tempo in* padoa ad instantia de S*er* Arrigo da stra habita a sancto Lore*n*zo del 1475.

The main divisions are: f. 12 Comenza el trattato de le frutellete; f. 20 Cominzano trattati di piu rasone a rosti sofritti croste ripieni et salcize; f. 46 Comenza el trattato de piu roni di ripieni di tortelli fichi zigli e altre cose apertenente allarte; f. 46ᵛ Comenza el trattato di fare aceto di poluere di erbe seche le quali bisognano nellarte; f. 47 Comenza li lattouarii iquale se usano nellarte e colori; f. 47 Cominzano poluere utile alarte; f. 47ᵛ Qui comenzano le laude e comendationi et biasmi di magistro Andro machasso sopra larte de la Cocina.

2. ff. 50ᵛ–64ᵛ further recipes, ending FINIS.

3. ff. 64ᵛ–67ᵛ Da poi manu destra de soto al tribunal grande era una tauola *per* li ambasatori—fu fato consistorio nel quale fu spazato linuestitura del reamo de napoli . . . pur dise de uolere mandare. yhesus maria 1501.

Description of a feast at Rome on Monday 4 June [1498 possible, not 1501]; 'una bella comedia de Plauto chiamato lo penello' was played at 9 in the evening, taking 2.5 hours (f. 66ᵛ), and

Terence's Andria next day. The writer refers to his master as 'monsignor mio', and notes that on this occasion 'e fato parentado fra colonesi e ursini el fiolo del signor prospero colona atolto *per* molie una fiola del sig^r iordan ursino' f. 67.

4. ff. 67^v–69^v Lazena fata a monsignor el uescouo. Aqua roxa aleman fu bazini et ramini 10 . . . (f. 69^v) si descargauano. Finis Deo gracias 1502 Pallas fo fati alpasto Quela chel nome sempiterno pose . . . Pagaso . . . Paom—copre elmio bel monte

5. f. 70^{rv} menus for 'un disnare de inuerno', and 'uno disnare di sta'.

6. ff. i^v–ii^v, 71–72^v list of contents to ff. 1–70.

7. f. iii Per uoler esser Rectore de ischolari legisti Primo bisogna auer quante nacione . . . sie asa Finis 1502 a di 26 Setembre.

Description of the feast to be given by the rector of the University of Padua.

8. f. iii^v Per far un conuento publico.

9. f. iv directions for a public collation 'Facto Rectore o altro couento publico'.

10. f. iv^v recipes.

11. f. v^{rv} In primo afare principio de questa tal zentile . . . doe salcizon e doe lengue

Directions for arranging, setting, and serving feasts.

12. (a cut-down leaf, stuck in) f. 73 List of sweetmeats.

ff. v + 68 + iii. Foliated, s. xvii (?), before the loss of leaves from quire 7: (i–v), 1–61, 63–8, 70, (71–3). ff. i–v and 71–3 are original endleaves, see arts. 6–12 above. 203 × 150 mm. Written space 175, or, art. 1, 186 × 123 mm. 36, or, art. 1, 30, long lines; first above top ruled line. Collation: 1–6¹⁰ 7¹⁰ wants 2 (f. 62) and 9 (f. 69). Written in one upright humanistic hand. Contemporary binding of soft suede stained yellowish-green.

Written in Italy, partly in Padua probably, and partly in 1501 and 1502, see arts. 3, 4, and 7; art. 1 goes back to an exemplar written at Padua in 1475 by a scribe called Romano. Notes by Revd J. P. Faunthorpe, principal of Whitelands College: 'This has been in my possession for a long time. I do not know whether it is a Ruskin treasure or whether I discovered it in a drawer of the old Bureau (now in my room) when it came here from the old Third Year room'; 'Given to the Whitelands College and handed over to the S. George's Guild May 6 1907 J. P. Faunthorpe', seen by N. R. Ker with the manuscript. Dearden, no. 66.

R.3551. *Biblia* s. xiii med.

1. ff. 1–443^v A Bible, with Psalms missing, in the order Genesis–2 Chronicles + Prayer of Manasses, 1 Ezra (in 8 chapters), Nehemiah, 3 Ezra ('Esdre secundus', in 27 chapters), Tobit, Judith, Esther, Job, Proverbs, Ecclesiastes, Song of Songs, Wisdom, Ecclesiasticus, Isaiah, Jeremiah, Lamentations, Baruch, Ezekiel, Daniel, Minor Prophets, 1, 2 Maccabees, Gospels, Pauline Epistles, Acts, Catholic Epistles, Apocalypse. Numbering of books at the foot of each recto, I–LXIII; Psalms included as XVIII between Job (XVII) and Proverbs (XIX), see

also art. 3. Missing leaves contained 3 Kings 21:20–4 Kings 1:2 after f. 141, replaced, s. xv/xvi, on a supply leaf (f. 142), Job 41:12–Proverbs 11:25 after f. 217, and Ezekiel 30:22–Daniel 11:35 after f. 308. 'hoc capitulum non corrigitur', f. 180, refers to 1 Ezra 2.

The prologues are the common set of 64 (see below Ushaw 2), with Proverbs and Daniel (Stegmüller, nos. 457 and 494) missing, see above.

2. ff. 444–80 Aaz apprehendens . . . consiliatores eorum.

The common dictionary of Hebrew names, Stegmüller, no. 7709.

3. (added on endleaf, s. xiii²) (a) f. (iii) alphabetical list of the books of the Bible, numbered to correspond to numbering in art. 1; (b) f. (iii^v) v libros moysi . . . suscipit illos

(b) mnemonic verse, 11 lines, giving the order of the books of the Bible, Walther, *Versanf.*, no. 16027.

ff. iv + 480 + ii. Foliated spasmodically and incorrectly. ff. (iii)–(iv) are medieval flyleaves. 188 × 124 mm. Written space c. 125 × 80 mm. 2 cols. 49 lines. Collation: 1–8¹⁶ 9¹⁶ wants 13 after f. '141' + supply (f. 142) s. xv/xvi 10–13¹⁶ 14 eight (ff. '210'–'217') 15¹⁶ wants 1–3 before f. '218' 16–19¹⁶ 20¹⁴ 21 one (f. '309') 22–30¹⁶ 31²⁰ 32⁸. Initials: (i) to books and first prologue, historiated, in colours including yellow ff. 3^v, 223^v, on gold grounds; (ii) to other prologues, in colour, on gold grounds; (iii) to chapters, red or blue, with ornament of the other colour. Capital letters in the ink of the text touched with red. Binding of s. xix. Secundo folio *scienti litteras*.

Written in France. 'Aux Capucins de Mante', s. xvii (?), ff. 26, 61, 480, etc. Bookplate of the duke of Sussex, 'Ee.e.5' cancelled, 'VI.H.b.8', inside front cover; not identifiable among many Bibles in his sale, 31 July 1844. Belonged to John Ruskin by 1872 and given by him to the Guild in 1877, see *Fors clavigera*, letter 74, Feb. 1877. Dearden, no. 25.

R.3552. *Lectionarium*   s. xii²

The Ottobeuren lectionary, described in some detail in *Works of John Ruskin*, xxx (1907), 256–7. Dearden, no. 6.

1. ff. 1^v–55^v Lections from the books of the Bible other than the Gospels.

(a) ff. 1^v–20 Temporal, vigil of Christmas – octave of Pentecost;
(b) ff. 20–32^v Sanctoral, Conversion of Paul – Thomas ap.;
(c) ff. 33–42^v Temporal, 1st – 24th Sunday after octave of Pentecost, 5th – next Sunday before Christmas;
(d) (added, s. xii) ff. 42^v–55^v Vigil of Easter (4 lections), vigil of Pentecost (3), Annunciation of B.V.M. (2), vigil of John Baptist, John and Paul, vigil of Peter and Paul, commemoration of Paul, octave of Peter and Paul, vigil and octave of Assumption of B.V.M., Decollation of John Baptist, vigil of All Saints, In natale apostolorum (5), Dedication of church (2), Dedication of altar.

(b) 31 headings, including Afra, Gallus, Theodore, Felicity, and Alexander; initials of type (i) to Natale septem fratrum, Assumption and Nativity of B.V.M. f. 1^r blank.

2. ff. 57^v–128^v Gospel lections.

(a) ff. 57^v–95 Temporal, vigil of Christmas – octave of Pentecost;
(b) ff. 95–107 Sanctoral, Conversion of Paul – Thomas ap.;
(c) f. 107^rv In dedicatione;

(*d*) ff. 107ᵛ–119ᵛ Temporal, 1st–23rd Sunday after octave of Pentecost, 4th–next Sunday before Christmas;

(*e*) (added, s. xii) ff. 119ᵛ–128ᵛ Vigil and first mass of John Baptist, vigil and octave of Peter and Paul, vigil of Assumption of B.V.M., Decollation of John Baptist, Luke, vigil of Andrew, Common of saints (9 lections), Dedication of church, Dedication of altar.

(*a*) an inserted leaf, f. 71, contains, for Palm Sunday 'Ad priorem missam' and 'Ad benedictionem palmarum'; (*b*) initials of type (i) to Purification and Annunciation of B.V.M., John Baptist, Peter and Paul, commemoration of Paul, Natale septem fratrum, Assumption of B.V.M., etc. ff. 56, 57 blank.

3. (added, s. xii ex.) f. 56ᵛ He sunt reliquie que sunt recondite in cruce. De crinibus et uestibus beate virginis. De ligno domini . . .

ff. 128. Stout parchment. 260 × 187 mm. Written space 170 × 114 mm. 22 long lines. Ruled with pencil. Collation: 1⁶ + 1 leaf (f. 7) after 6 2–8⁸ 9⁸ + 1 leaf (f. 71) after 7 10–16⁸. Written in several hands. Initials: (i) to lections for major feasts, cf. above, in colour, on gold grounds decorated in colour and framed in blue, some with figures (e. g. ff. 27ᵛ, 100ᵛ, 101ᵛ); (ii) to other lections, in gold, on coloured grounds decorated in white and silver; (iii) in red, or occasionally blue or gold. First three lines of Natale septem fratrum in blue or gold capitals, f. 26; first line of other major feasts in blue capitals on gold grounds; and of other feasts in silver capitals on purple ground. f. 26 framed in gold; other pages with type (i) initials have an arcade framing top and sides in silver scroll-work on coloured grounds. German binding of s. xvi of wooden boards, bevelled along the central section of each side, covered with dark stamped leather, the pattern different on each cover; the stamps on the upper cover include a scroll inscribed 'Maria'. Secundo folio *de filio suo*.

Written in Germany, for use at the Benedictine abbey of SS Alexander and Theodore at Ottobeuren Bavaria. 'Liber iste pertinet ad monasterium Ottenburen', s. xvi, f. 1. Lot 223 in S. W. Singer sale, London, 3 Aug. 1858, see catalogue cutting stuck inside front cover, and note below it by William Tite. Lot 1767 in Sir William Tite sale, 18 May 1874. Quaritch, *General Catalogue of Books* (suppl. 1875–7), no. 26 (£650); Cat. 332 (1880), no. 10 (£550). Sold for the latter price by John Ruskin to the Guild in 1884, see Dearden.

R.3553. *Decretales Gregorii IX et Innocenti IV, cum appar.*

s. xiii ex.

1. ff. 1–285ᵛ (*begins imperfectly*) nascendo substanciam patris . . . occasione constitutionis cuiusdam quam alban' (*ends imperfectly*).

Decretals of Gregory IX, lacking pairs of leaves at the beginning and end and three other points, and one single leaf. Apparatus supplemented at a slightly later date either in the lower margins or on slips tied in, e.g. after f. 42 a slip 'Capitulum obligatis hic glosatur sic. Obligatis. pone aliqua obligatum etiam iuramento . . . ', some additions being marked 'Addicio extraordinaria'. Marks resembling *pecia* marks occur in the lower margins at intervals of about 5 or 6 leaves, e.g. fi.ii.t., fi.xxvii.t., fi.xxviii.t., fi.xxviiii.t., ff. 13, 162ᵛ, 169, 174; last fully visible is fi.xli.t., f. 249ᵛ. Many quires are marked 'cor.' or 'cor.t' at the end.

2. ff. 286–292ᵛ (*begins imperfectly*) et mandamus. adicimus ut qui plene—residente. Idem Innocentius episcopus—Cum inter uenerabiles fratres . . . facta essent et uide (*ends imperfectly*).

Constitutions of the Council of Lyons, 1245, with the running-title 'Ex*travag*', consisting of Collectio III, nos. 4–24, with, after no. 5, the bull introducing Collectio II (Potthast, no. 12062). Apparatus of Innocent IV.

ff. ii + 293 + iii. Foliated (i–ii), 1–(134, 134*), 135–292, (293–5). 480 × 300 mm. Written space (text) 230 × 140 mm. 2 cols. 43 text lines, 38 in art. 2; varying number of gloss lines, up to 101. Collation: 1¹⁰ wants 1, 2 2–4¹⁰ 5¹⁰ wants 5,6 after f. 42 6–13¹⁰ 14¹⁰ wants 10 after f. 134 15–27¹⁰ 28¹⁰ wants 5, 6 after f. 268 and 10 after f. 271 29¹⁰ wants 1, 2 before f. 272 30¹⁰ wants 5, 6 after f. 283 and 9, 10 after f. 285 31¹⁰ wants 1 before f. 286 and 9, 10 after f. 292. Quires signed in ink (a) –z ꝃ a–f; also quires 1–7 in red, f g a–d. Three remaining pictures, 58 × 60 mm., ff. 72, 205ᵛ and 228ᵛ, to bks. 2 (bishop as judge flanked by bishops), (3 cut out), 4 (marriage), and 5 (monk brings layman before bishop); at the beginning of bk. 3, f. 135, drawings at the foot of two soldiers in blue armour, each with pennon and shield (bendy of five pieces azure and argent). Initials: (i) in colours, on gold and coloured grounds, with border prolongations in colours and gold, including birds, fishes, heads of animals, grotesques, etc.; (ii) in red or blue, with ornament of both colours running the height of the written space; (iii) red or blue; (iv) in gloss, corresponding to text initials of type (i), in colours, on gold and coloured grounds. Incipits and explicits of each book in black or red ornamental capitals; first two lines of each book in decorated black capitals between bands of colour. Binding of s. xix ex., by J. Clarke.

Written in Italy, possibly in part by 'albertus mata[. .]', whose name is written in red in the position of a signature at the start of quire 9, f. 87. The arms on f. 135, see above, may be those of the de Rossi family of Pisa. Aldenham Abbey bookplate, s. xix, inside front cover; printed label inside front cover, completed in manuscript: 'This book belongs to Case (U) shelf (6 Library)'; lot 206 in William Stuart of Aldenham sale, 17 June 1875. Quaritch, *General Catalogue of Books* (1880), no. 36 (£60); Cat. 332 (1880), no. 24 (£55). Bought by John Ruskin and given by him to the Guild in 1881. Dearden, no. 39.

SHEFFIELD. UNIVERSITY LIBRARY

5. *Pseudo-Turpin* s. xiii ex.

Turpinus dei gracia remensis archiepiscopus ac sedulus carolo magni imperatoris in hyspania consocius. leoprando decano aquisgranensi salutem in christo. Quoniam nuper—placeas amen (ff. 1ᵛ–2 table of 22 unnumbered chapters) Gloriosissimus namque christi apostolus . . . ad dominum conuertit. Explicit Liber Turpini Remensis Archiepiscopi.

A copy of the Historia Karoli Magni that does not appear to fit into any of the groups distinguished in the edition by H. M. Smyser (1937). The chapters numbered i–xxxi in the text (edn. caps. 1–33) are followed by xxxii (edn. cap. xxxiv/1–4, App. ii, xxxiv/7–13 in eo depingens, with the arts. only listed), two unnumbered chapters, De nece karoli, and Miraculum (edn. caps. 35–6), a chapter numbered xxxiiii (edn. cap. 37 and App. iii), and an unnumbered chapter (edn. cap. 40). The table of chapters ends with De altumaiore cordube (edn cap. 38), which is not present in the text. f. 52ᵛ blank.

ff. ii + 52 + ii. Medieval foliation, mostly cropped away. 188 × 140 mm. Written space 140 × 95 mm. 22 long lines. Collation: 1⁸ 2⁶ 3–6⁸ 7⁸ wants 7, 8 (? blank). Initials: (i) f. 1, 4-line, in blue and red with ornament of both colours, extending in saw-tooth pattern down left margin; (ii) red or blue, with ornament of the other colour. Binding of s. xix ex. Secundo folio *De altumaiore*.

Written in southern France. 'Phillipps MS 14140', f. 1. 'Purchased from Professor A. T. Baker for £5 in 1906 or 1907 ?', f. iᵛ.

32. *Ovid, Epistulae Heroidum* s. xv med.

hAnc tua penolope . . . uelit esse michi (Deo gratias amen) Non conor scribendi
sed scribo causa adiscendi (Quis scripsit scribat semper cum domino uiuat/Viuat
(in celis) nicholaus i[n] nomine felix / Qui scripsit hunc librum referatur in
paradisum)

Epistulae i–xiv, xvi–xxi.12, omitting xvi.39–144 between f. 47^v/1 and 2; names and numbers
added.

A drawing of pavilions and jousting knights, f. ii^v, and numerous schoolboy scribbles and
jottings, some in Italian, at the beginning and end include f. ii 'Arma uirumque cano troie qui
primus ab oris/Si tu uis sire cabriellus fuit ille'; f. ii^v 'Duc manum leue si tu scribere bene'; f. 72
'Non conor scribendi sed scribo causa adiscendi', and 'Scribere qui nesit nulum putat esse
laborem/Sed ego qui scribo laborem esse puto'.

ff. ii + 74 + i. Paper, with parchment flyleaves; f. 75^v a text referring to the death of [P.] Decius
[Mus] and quoting Cato, 2 cols.; f. 75^r blank. 213 × 148 mm. Written space 140 × c.90 mm. 24
long lines. Collation: 1–8^8 9^{10}. Written in a poor fere-humanistica. Unfilled spaces for initials.
Contemporary binding of wooden boards, with leather spine and covering a third of each board;
strap-and-pin fastening, missing; label inset into front cover, missing. Secundo folio *Si maneo*.

Written in Italy, by a scribe named Nicholas, see above. 'Iste liber est mei benedicti de co de (?)
lupis qui uadit ad scolas domini antonii de sancti iohannis qui est bonus magister in sua
gramatica et in sua sientia', s. xv, f. ii. Acquired in 1951, accession no. '169402', f. i^v.

44. *Psalterium* s. xii med.

1. ff. 1–56^v Psalms, beginning, 'cucurri et direxi' (58: 5), and ending, 'creata
sunt' (148: 5), imperfectly

Missing leaves contained Pss. 70:9–77:6 after f. 15, 82:12–83:8 after f. 24, 85:9–88:3 after f. 26,
89:5–90:12 after f. 30, 91:11–93:16 after f. 31, 96:7–97:6 after f. 34, 100:6–101:10 after f. 36,
104:15–45 after f. 42, 105:43–108:19 after f. 45, 111:9–117:4 after f. 48, 118:37–131:16 after f.
52, 134:24–137:2 after f. 54, and 138:5–146:11 after f. 55.

Added, s. xvi, in lower margins of ff. 47^{rv}, 48^v, cues with music.

2. ff. 57–64^v Ferial canticles, beginning imperfectly in Confitebor v. 4 'in
domino et inuocate', followed by Te deum ('ymnum s. nicetj') and Benedicite
ending imperfectly 'benedicite serui domini domini domino'.

Missing leaves contained Exultavit vv. 8–15 and Cantemus vv. 1–4 after f. 58, Domine audiui vv.
7–26 and Audite vv. 1–19 after f. 60, and Audite vv. 35–51 after f. 61.

ff. i + 64 + i. 265 × 190 mm. Written space 185 × 102–112 mm. 19 long lines. Collation not
entirely practicable, but the clear evidence of quires 1 and 2, which contain almost 14 verses per
leaf, indicates a reconstruction on the basis of regular eights: 1^8 2^8 wants 8 and the following
quire after f. 15 3^8 wants 1 before f. 16 8 after f. 21 (blank ?) 4^8 wants 4 after f. 24 7–8 after f. 26
5^8 wants 1 before f. 27 6 after f. 30 8 after f. 31 5^8 wants 1–2 before f. 32 6 after f. 34 6^8 wants 1
before f. 37 8 after f. 42 7^8 wants 1 before f. 43 5–8 after f. 45 8^8 wants 1–2 before f. 46 6–8 after
f. 48 9^8 wants 1 before f. 49 6–8 and the following two quires after f. 52 10^8 wants 3–5 after f. 54
7–8 after f. 55 11 one (f. 56) 12^8 wants 3 after f. 58 6–8 after f. 60 13^8 wants 2 after f. 61 6–8 after
f. 64. Initials: (i) to Pss. 68, 80, and 109 (others on missing leaves), 4- or 5-line, in yellow wash
outlined in red with panels of patterned blue and red, on grounds of blue, with triple white dots,

and brownish-yellow, enclosing reserve-work shaded with red (foliage, and, Ps. 80, a bird); (ii) to other psalms, 3-line, plain red; (iii) to verses, 1-line, plain red. Binding of medieval (?) inwardly chamfered wooden boards, with modern quarter leather spine; 2 clasps, missing.

Written in Italy. 'Psalmes XIe siècle' in pencil, s. xix/xx, inside front cover. '£360' in pencil, s. xx, f. i^v. '233886/15.9.[19]61' in ink, f. i^v is the University's accession number and date; 'The Violet Markham Fund' in ink, on the University Library's bookplate, inside front cover, also the accession number as above, crossed out.

60. *Jac. de Voragine, Legenda sanctorum, ii; cum suppl.*   s. xv^2

Probably the second volume of a two-volume set.

Natiuitas gloriose uirginis Marie et ex tribu iuda . . . sanctoque flamine ultra cunctorum uolumina seculorum. Amen (*written vertically up the centre:*) Hieronymus de binagio mediolan' scrips' (1353) die .v^o. Iunii

ed. T. Graesse (1846), nos. 131, 134–8, 132, 139, 133, 140–67, 169–71, 173, 172, 174–82; parts of nos. 156–7 and 161–2 are missing through the loss of single leaves (ff. 49 and 56). The version of 172 here contains a section 'de conuersione et desponsatione eiusdem', between the first and second paragraphs of the edn.: Cum beata uirgo katherina omnibus liberalibus artibus instructa . . . alium sponsum concupiuit, ff. 77^v–78^v.

The supplement comprises:

(lii) f. 106^v Barbara. Temporibus imperatoris maximiani erat quedam satrapa nomine dioscurus . . . cf. Graesse, no. 202.

(liii) f. 108 Eulalia. In barchilona ciuitate prouincie hyspanie sub daciano preside seua fuit christianis orta tempestas . . .

(liv) f. 109 Graesse, no. 189 (Concep. B.V.M.).

(lv) f. 111 Apolonia uirgo nobilissima de ciuitate alexandrie oriunda fuit: cuius ciuitatis pater nomine husepus . . . , ending with versicle, response, collect, and a note 'Et continuo predictus frater a dolore dentium liberatus est. quod et ego idem feci et statim sanitatem recepi'.

(lvi) f. 112 10,000 martyres. Cvm antonius et antoninus imperij romani gubernarent herenas. gadareni et eufratenses . . .

(lvii) f. 115^v De translatione corporis sancti antonij in constantinopoli. Tempore quo constantius regebat imperium in bizantij ciuitate: factum est cum non haberet filios . . . cf. *Anal. Boll.* ii. 341.

(lviii) f. 123^v Doninus. Tempore quo dioclitianus suscepto imperio contra auctoritate senatus ab exercitu romano augustus creatus est . . .

(lix) f. 127^v Graesse, no. 168 (Elizabeth).

(lx) f. 136 De sancto hugone linconiensis (*sic*) urbis episcopo ordinis cartusiensis. Sancte recordationis hugo quondam linconiensis episcopus: de remotis finibus imperialis burgundie non procul ab alpibus . . . De translatione corporis eiusdem. Congruum est et decens . . . Sermo in translatione eiusdem Sicut non oportet solem facibus adiuuare: sic necesse non est gloriosum confessorem . . . cf. *BHL*, nos. 4022, 4024.

(lxi) f. 140^v Onofrius. Pafnucius humilis seruus uestre sanctitatis: omnibus dei famulis atque uniuersis fidelibus . . . cf. *BHL*, no. 6335.

(lxii) f. 147 Sancta brigida in prouintie scotie oriunda fuit: pater eius deliaco: mater uero crocona . . .

(lxiii) f. 147^v Seuerus archiepiscopus rauennatium: per spiritum sanctum electus est: et oriundus fuit rauenne. Legitur enim . . .

(lxiv) f. 148^v Eligius fuit episcopus: et amicus dei in omnibus. Syngibertus doctor excellentissimus scripsit uitam eius per istum modum. Elygius fuit lemouice ciuitatis oriundus . . .

(lxv) f. 149 Desiderius fuit quidam pauperrimus homo quia rusticus erat. et de labore suo uiuebat . . .

(lxvi) f. 149ᵛ De sancto phylippo [Benizzi] ordinis seruorum sancte marie. Beatus et uenerabilis phylippus et pater inclitus generalis ordinis fratrum seruorum sancte marie: florentie ex nobilibus parentibus . . . The last miracle is 'Puer quidam spoleti in aqua suffocatus'.

(lxvii) ff. 151ᵛ Incipit legenda sancti thome de aquino—compilata per episcopum lodonensem.— Sanctus thomas de aquino ordinis predicatorum doctor egregius: nobilibus ortus natalibus de domo . . . , ending with a list of writings, the last Tractatus de facto qui incipit Queritur de facto an sit.

(lxviii) f. 170ᵛ Syrus ep. papiens. Celestis exorta prosperitas dulci relata facundia erga fidelium aures . . .

(lxix) f. 175 Incipit prologus in uita sancti siluestri pape Historiographus noster eusebius cesariensis episcopus . . . Incipit uita eiusdem. Siluester itaque cum esset infantulus . . . Incipit liber secundus. Qvis promitteret . . . (f. 195ᵛ) De obitu sancti siluestri. Expletis ergo his que oportuit . . .

ff. i + 195 + i. ff. 1–116 foliated s. xviii (?), before the loss of leaves, repeating 72. 407 × 282 mm. Written space 280 × 190 mm. 2 cols. 39 lines. Collation: 1–6⁸ 7⁸ wants 1 (f. 49) and 8 (f. 56) 8–14⁸ 15⁸ wants 4 after f. 114 16–24⁸ 25⁸ wants 7–8 (blank). Each catchword is in the centre of a diamond delimited by a dot at each of the four corners. Punctuation includes the flex. Initials: (i) f. 1, 9-line, shaded pink and yellow on gold ground enclosing a picture of the birth of B.V.M. and extended across the top margin as a symmetrical frame with prominent blue columbines; (ii) 2-line, plain blue or red, or, f. 181ᵛ, 3-line, blue with red ornament. Binding of s. xx. Secundo folio *sortem inter*.

Written in Italy, by a named Milanese scribe, with a bogus altered date, see above. '£160', inside front cover, s. xix. 'Purchased from The Willey Fund', on the University Library's bookplate, inside front cover, also accession number '253165', which is repeated with date '[19]62' f. iᵛ.

66. *In Apocalipsim, pars* s. xiii²

Uidit iacob in sompnis scalam—(f. 1ᵛ) moyses rubum ardere. Apocalipsis etc Liber iste diuiditur principaliter in duas partes . . . (f. 4ᵛ) Apoc. ihesu christi etc. apoc. interpretatur reuelatio. Reuelationum uero duo sunt genera. Nam una est carnalis . . . (f. 5) Et angelo aephesy. Hic incipit secunda pars libri. in qua agit actor de vij uisionibus . . . (f. 36) facte sunt uoces magne (11: 15)—uel rationibus uel deceptionibus quod

Stegmüller, no. 3771 (Hugo de S. Caro ?; . . . forsan est Guerrici de S. Quentino).

Only 6 lines are written in the second column on f. 25ᵛ, but there appears to be no jump in the text before f. 26 (4¹). f. 36ᵛ is mostly blank, but has a catchword.

A typed sheet kept with the manuscript indicates that it once included '2 leaves on vellum, MS Act of Parliament, Richard III, 1480, in Norman French', presumably removed when the manuscript was rebound; similarly the leaves of a printed Missal and of a printed English Book of Hours that are referred to in notes, s. xix/xx, on f. 37 and inside back cover.

ff. i + 36 + i. Up to 350 × 235 mm. 2 cols. Written space 233 × 157 mm., 50 lines, quire 1; 253 × 157 mm., 54 lines, quire 2; c.240 × 157 mm., 51 lines, quire 3; 282 × 172 mm., 74 lines, quires 4–5. Collation 1¹⁰ 2⁸ 3⁸ wants 8 (? blank) after f. 25 4⁸ 5⁶ wants 4–6 (? blank). Initials: (i) f. 1, 6-line, in red and ink, with ornament in both; (ii) 3- or 2-line, red, most with ornament in ink, extended on f. 1ᵛ lower margin in red and ink as a winged four-variously-footed beast with a woman's (?) head. Binding of modern inwardly bevelled beech boards with quarter leather spine, in the same style as MS 44 above. Secundo folio *sunt ei figure*.

Written in Italy. Round, 28 mm. diam., armorial stamp 'Iosephi Martini Lucensis', ff. 1, 36^v. Armorial bookplate of 'William A. Cragg Linc. Coll. Oxon.', and 'William A. Cragg 1907. Threekingham' in ink, inside front cover. 'Cragg 2/1', 'Thomas', '£165', 'PXY/=/-', '12/14', all in pencil, s. xx, inside front cover; '640/319' in pencil, s. xx, inside back cover. 'The Violet Markham Fund' in ink on the University Library's bookplate, inside front cover, also deleted accession number '258493'.

87. *Epistolarium*   s. xii^2

Throughout there are instructions in two hands to a copyist, s. xiv, e.g. 'vacat', a few in Spanish, e.g. ff. 111^v, 118.

1. ff. 1–118 Temporal, Christmas Eve–4th Sunday in Advent.

2. ff. 118–143^v Incipit commune sanctorum In natale sancti Andree . . .

Up to f. 143 all assigned to individual saints: Nicholas, Thomas ap., Thomas m., Anthony, Agnes, Vincent (cue only), Purification of B.V.M., Agatha, Cathedra S. Petri, Mathias, Gregory (cue only), Mark (cue only), Philip and James, John Baptist vigil and day, Peter and Paul vigil and day, Paul commemoration, Conversion of Paul, Mary Magdalene, James (cue only), Laurence vigil and day, Assumption of B.V.M. vigil and day, Bartholomew (cue only), Augustine, Decollation John Baptist, Nativity B.V.M., Exaltation of Cross, September Ember days (Wed.–Sat.), Matthew vigil and day, Maurice, In dedicatione sancti micahelis, Simon and Jude vigil and day, All Saints vigil and day, Relics (cue only), and Martin (cue only). f. 143^{rv} contains cues for common of saints, with one lection (for a martyr) in full.

The added leaf, s. xiii^1, provides for Conversion of Paul at its normal position, f. 121^r, giving the Galatians reading, as against the Acts passage found at ff. 127^v–129. f. 121^v blank.

The margins contain added cross-references for further saints, including Firmin (s. xiii), Hugh (Nov. i.e. of Lincoln, s. xiii/xiv), Ildefonsus (s. xiv ?), 'In sanctificacione beate marie' (Dec., s. xiv), Bruno (s. xvi), Joseph (s. xvii).

3. ff. 143–4 In dedicatione ecclesie

4. ff. 144–146^v Votives: pro pace, ad postulandam pluuiam, ad serenitatem postulandam, pro infirmis, pro mortuis (four).

Beside a vertical row of red numbers, I–IV, in the left margin of f. 145^v is a narrow strip of parchment sewn top and bottom on which runs a parchment pointer that can be moved from number to number.

ff. i + 146 + i. ff. 1–143 have a foliation on the versos by the s. xiii^1 corrector. 294 × 200 mm. Written space *c.* 202 × 122 mm. 19 long lines, first above top ruled line. Collation: 1–2^8 3^8 2 and 7 single leaves 4–15^8 16^8 + 1 leaf (f. 121) before 1 17^8 18^8 + 1 leaf (f. 146) after 8. Quires 1–7 have numbers still (partly) visible at the end. Punctuation includes flex. Initials: (i) f. 1, 3-line, blue, with ornament in red, green, and brownish-yellow wash; (ii) 2-line, alternately red and blue or occasionally green, a few with ornament in the same colour. Capital letters in the ink of the text lined with red. Binding of medieval (?) bevelled wooden boards; recovered s. xvii (?); 2 clasps. Secundo folio *saluatoris nostri*.

Written in northern Spain (?), perhaps for Carthusian use, see punctuation, also addition of Bruno in art. 2. 'Ego Ioannes Carnistacus (?) . . . ', s. xvii, inside front cover. 'Ioan[.]es

Ramues', s. xvii, f. 147ᵛ. 'Moy alviuo Diz e Tectro (?)', s. xvii, inside back cover. 'Thomas', '9/11', '200 Gns', all in pencil, s. xx, f. iᵛ. 'The Violet Markham Fund' in ball-point, on University Library's bookplate, inside front cover; also deleted accession number '492557'.

SHREWSBURY. SHROPSHIRE LIBRARIES, LOCAL STUDIES DEPARTMENT

12692. *Letter of Prester John, etc. (in French and Latin)*   s. xiii ex.

1. face m. 1 Formulary letters in French: (*a*) 'A seon trecher seignur e frere Mon Siuer H de P—A de S saluz', about a 'houstel de Loundrus' offered to him by the addressee, and another of which he had had the use from 'le siuer Rauf de Hingham'; (*b*) beginning of a letter from 'Amon seignur de S' to his very dear daughter 'en si lointen pais', 6 lines only; (*c*) beginning of a letter to the 'Baylif de honesworthe', 4 lines only; (*d*) dorse, 8 hardly legible lines.

2. face mm. 1–2 [C]onfiteor tibi pater celi et terra Ihesu (?) et tibi quam bone et benignissime vna cum spiritu sancto coram beata et gloriosa virgine maria semper et coram angelis tuis . . .

Many glosses in French.

3. face m. 2 [S]yr ihesu ky par vostre pleysir/A our' de matyns voyliez suffrir . . . E vous desiples enueylatez/E de peches diliueraces.

Hours of the Cross in French verse, 7 stanzas, each of 8 lines, Sonet, no. 2043. Edited from a manuscript in the Public Record Office, S. Bentley, *Excerpta historica* (1831), 410–12; another copy is Oxford Bodleian Library MS Bodley 9, *Sum. Cat.*, no. 1851. Lines 3 and 4 of the last stanza in the edition and in Bodley 9 are here at the end.

4. face mm. 3–5 & dorse mm. 1–2 [P]restre Iohaan par la grace de dieu Roys entre Roys cristiens maunde salutz e Amystes e Fraternetes al emperer' de Rome. Nous vous fasoins a sauoyr noster hautesce e a nostre amystez qe nous ad estee counte . . . dount Ieo pri qe celi vous eyt en sa garde qe vyt e regne e regnera in seculorum secula amen. Willelmus de Hay. scripsit hoc prestre Iohaan

A French version of Prester John's letter; a Latin version is printed Oppert, *Der Presbyter Johannes in Sage* (1884), 167–93.

5. dorse mm. 3–5 Iscy comence la deyputeysun entre marcolf e salomon. Ky desyr' deu seruir/Tuz iur deyt fere sun pleysir . . . Deu nous doyne issi aprendre Qi aliz pussonis nos almes rendre.

230 lines in rhyming couplets, divided by paragraph marks into 21 sections of unequal length: a debate between Solomon and Marcolf in which Solomon tells how people, king, bishop, priest, clerk, knight, merchant, lawyer, and woman ought to behave, and Marcolf tells how they do behave; Solomon refers to Our Lady and Marcolf loses the debate 'Mes salomon grant sen aprist/ De la folis que marcolf dyt'. This version appears to differ from the three printed versions referred to *Dictionnaire des Lettres Françaises* i (1961), 497.

A roll of 5 membranes. 2500 × 95 mm. Written in several current hands; art. 4 by William de Hay, see above. Unfilled spaces left for small initials.

Written in England. Part of a collection of documents of the Jenkins and Harries families of Cruckton, Salop, acquired *c*.1943.

SHREWSBURY SCHOOL

J. A. Herbert, 'Catalogue of the Early Manuscripts of Shrewsbury School', *Transactions of the Shropshire Archaeological and Natural History Soc.*, 2nd series 9 (1897), 285–308. J. B. Oldham, 'Shrewsbury School Library: Its Earlier History and Organization', *Library*, 4th series 16 (1935–6), 49–60; id., 'Shrewsbury School Library', *Library*, 5th series 14 (1959), 81–99. Most of the manuscripts bear the evidence of the chains put on 1606–88 and removed in 1736–7 in the form of a rustmark on the front leaves near the front edge and generally close to the foot (MSS 7, 12, 15, 20 close to the top). Manuscripts without such marks are MSS 3, 4, 6 (original binding), 8, 9, 10, 11, 13, 14 (soft binding), 17, 26, 29, 34, 37 (soft binding), 46, and 48, among which MSS 11, 46, and 48 came to the School after chaining ceased; MSS 3, 4, 6, 8, 9, and 10 are small books, and so, according to the chaining rules at the front of the 1634 Benefactors' Book, were 'in the private custodie of the library keeper and are supposed to bee kept by him either in the Library closett, where small bookes and others not fit to bee chayned are to be looked for: or els in the gallery over the library where specially mathematicall bookes and instruments are intended to bee disposed'.

Among the twelve manuscripts given by Richard Bostock in 1607, MSS 1, 7, 9, 13, 18, 22–5, 27, 28, 35, all except MSS 1, 18, 28, and 35 contain the work of the annotator found in seventeen manuscripts at Gray's Inn, see *MMBL* i. 50–1, where it is remarked that he 'was at work after 1509 . . . one might suppose that he was a monk of St Werburg Chester . . . If he was from St Werburg's, his annotating was not confined to manuscripts of his own house. At Shrewsbury and Gray's Inn his hand occurs in books from the Chester Franciscans [Gray's Inn MS 1 etc.], the Chester Dominicans [MS 24 below], and apparently Dieulacres ([Gray's Inn] MS 9) . . . The hand, a good easy one, large and sloping, might be as late as 1540 and it is probably best to consider the annotator as a Chester, or at least a Cheshire man, perhaps a displaced monk, who collected books from the neighbouring religious houses immediately after the Dissolution.' At Shrewsbury his work consists of: (i) foliations in MSS 9, 13, 23, 24; (ii) lists of contents in MSS 9, 23, 25; (iii) titles in MS 13; (iv) marginalia in MSS 7, 9, 22, 23, 27.

Among the books bought in 1606 (MSS 5, 8, 16, 21, 29, 36, and perhaps 6) MSS 5, 8, 21, 36, and perhaps 6 have connections with Lichfield. The purchase also included a Lichfield Cathedral Chapter Act Book, *c*.1433–51, last recorded at the School in 1789.

1. *Sapientia and Ecclesiasticus, cum glossa*   s. xiii in.

1. ff. 2–45 (*text:*) Diligite iusticiam—(*marg.:*) Rabanus hunc librum—inter canonicas recipi scripturas (Stegmüller, no. 470, as normal) . . . (*text:*) assistens eis. Explicit (*marg.:*) Misericors—omnibus his liberauit e. d.

No chapter divisions. Extracts from Rabanus usually marked 'R'.

2. ff. 46–134 (*text:*) Omnis sapientia—(*marg.:*) .R. Omnis sapientia etc. Incipit ab eterna . . . (*text:*) tempore suo. amen (*interlin.:*) metemus non deficientes

Preface, Stegmüller, no. 473. No chapter divisions.

Arts. 1 and 2 are in different styles and hands, but were together by s. xiii in. when marginalia were entered in a neat book-hand on specially ruled lines. Rather later notes in a small untidy hand which recurs in MS 35 below may be by Alexander de Staneby who owned both books; the identification of the hand as Grosseteste's, and hence the attribution to him of the notes, see Thomson, *Grosseteste*, p. 72, is not supported by comparison with specimens of his hand in Oxford Bodleian Library MS Bodley 198.

f. 1ᵛ, the front flyleaf, has 38 lines beginning 'Liber iste recte post librum cant' legendus . . . ' in the Staneby hand. Notes in crayon on blank leaves at the end, ff. 134ᵛ–135, may be in this hand; a transcript of them by Fr. Benedict Zimmermann in 1920 is in the Library.

ff. i + 134 + i, foliated 1–136. ff. 1 and 136 are blank medieval flyleaves conjoint with the pastedowns. 248 × 170 mm. Written space c. 165 × 100 mm.; central text column varying in width, 16 mm. (f. 88ᵛ)—full measure, but unchanging on a single page in art. 2. Continuous ruling for text and gloss. Text on alternate gloss lines; art. 1, 34 gloss lines, and art. 2, 42–4 gloss lines. Collation: 1–4⁸ 5–6⁶ 7–16⁸ 17¹⁰. Quires numbered at end, art. 2 independently of art. 1. Initials: (i) f. 2, red and blue, with ornament of both colours; (ii) alternately red and blue, with ornament of the other colour. Binding of medieval bevelled wooden boards covered with white leather and a thick white chemise; central strap-and-pin fastening, now missing; leather bookmark attached to headband; marks of chaining-staples on lower cover at foot, and upper cover at foot and also near the bottom of side; marks of six (?) nails, formerly fixing label (?), on upper part of lower cover. Secundo folio (f. 3) *enim impii* (text), *spiritum dei* (gloss).

Written in England. 'Ecclesiasticus et Liber Sapiencie Magistri Alex' de Staneby', s. xiii, f. 2 top, probably in the same hand as the inscription 'Lucas Magistri Alexandri' in MS 35; 'Stanebi' is the form of Master Alexander de Stavensby's name in the entry in the Waverley Annals (RS 36.ii.299) concerning his consecration as bishop of Coventry and Lichfield in 1224. 'Iste liber est fratrum predicatorum cestrie', c.1300, f. 1ᵛ top, similarly MS 35, and so probably given by Stavensby. 'Schola Salopiae Anno Domini 1607 Mʳ Richard Bostock of Tattenhall in the County Palatine of Chester gent' gave to the Librarie at the Free schoole in Shrewsbury twelve manuscript bookes in soe many severall volumes seaven of them beinge in folio. one in 8° and the other foure in 4° whereof this is one. beinge Liber sapientiae etc cum annotationibus etc in membranis', standard parchment donation-label now stuck to the front pastedown.

2. *Biblia*   s. xiii²

1. ff. 1–418 A Bible in the usual order, Genesis–2 Chronicles + Prayer of Manasses, Ezra, Nehemiah, 'Esdras II' (= 3 Ezra: Stegmüller, no. 94,1, in 27 chapters), Tobit, Judith, Esther, Job, Psalms, Proverbs, Ecclesiastes, Song of Songs, Wisdom, Ecclesiasticus, Isaiah, Jeremiah, Lamentations, Baruch, Ezekiel, Daniel, Minor Prophets, 1, 2 Maccabees, Gospels, Pauline Epistles, Acts,

Catholic Epistles, Apocalypse. Each chapter begins on a new line. Psalms have
the usual eight divisions. Many gaps at the beginning and end of books through
removal of (parts of) leaves with initials.

The remaining prologues are 33 of the common set of 64 (see below, Ushaw College 2), of which
those partly removed are in [ ]: [284], 311, 323 (. . . de bonis), 328, [327], 330, 332, [335], [462],
[492], 494, [500], [507], 515, [512], [531], 534, [539], [543], [607], [620], [624], [685], [699],
707, 728, [736], 747, [752], [765], 772, 640, and [809].

2. ff. 418^v–449^v Incipit interpretaciones hebraicorum nominum Aaz apprehendens . . . Zuzim consiliantes eos uel consiliatores eorum. Expliciunt interpretationes
bibliothece. finito libro referantur pisces magistro.

The usual dictionary of Hebrew names, Stegmüller, no. 7709.

ff. iii + 449 + iii. f. 450 is a parchment fragment of a s. xiv manuscript in a current hand
apparently concerned with plurality of forms, perhaps from a former binding, previously
attached to f. ii where there is the note 'Found February 28 1905'. 234 × 150 mm. Written space
162 × 93 mm. 2 cols.; 3 cols. in art. 2. 51 lines. Collation: 1^{24} wants 4 after f. 3 2–8^{24} 9^{24} wants 4
after f. 194 9 after f. 198 16 after f. 204 19 after f. 206 10^{24} wants 7 after f. 217 18 after f. 227 11^{24}
wants 7 after f. 239 12, 13 after f. 243 12^{24} wants 3, 4 after f. 256 21, 22 after f. 272 13 fifteen (ff.
275–89) 14^{24} 15 twelve (ff. 314–25) 16^{24} wants 15 after f. 339 17^{24} 18^{24} wants 6 after f. 377 19
after f. 389 19^{24} wants 2, 3 after f. 395 19 after f. 410 21 after f. 411 23 after f. 412 20^6 21^{20} wants
20 (blank). Leaves in the first half of quires mostly signed a–m in pencil, some repeated in red.
Initials: (i) to books and eight divisions of psalms, most cut out, leaving Gen. prol., Lev., Num.,
Josh., Judg., 1, 4 Kgs., 1 Chr., Ezra★, Neh., Pss. 80★ 97★, and 109★, Zeph., Gal., Phil., and 2
Tim★., of which those with ★ are defaced, historiated, in pink and blue, decorated in gold and
colours; (ii) to prologues, most cut out, as (i) without historiation; (iii) to chapters, alternately
red and blue, with ornament of the other colour. Binding of green morocco, 1897. Secundo folio
dens de.

Written in England. 'A [. . .]', pressmark (?), s. xiv (?), f. 1 top right, partly torn away.
'precium v^s', s. xvi, f. 2. '1607 Mr Thomas Price precher and minister of the parish of Saynt
Cedde in Shrewsbury gave . . . ', donation-label stuck to f. iii^v, and cf. note f. 92.

3. *Sermons, etc. (in English)*   s. xv^2, and 1484 (art. 3)

E. Calvert, 'Extracts from a Fifteenth Century MS', *Transactions of the Shropshire
Archaeological and Natural History Soc.*, 2nd series 6 (1894), 99–106, contains
inaccurate texts of arts. 4, 5, and 7.

1. ff. 1–27^v In iiij partyes (f. 2) . . . the way of wysdom

The Prick of Conscience, in a condensed version, beginning imperfectly at line 4893 and
breaking off at line 7542. R. E. Lewis and A. McIntosh, *A Descriptive Guide to the Manuscripts of
the* Prick of Conscience, Medium Aevum Monographs new series xii (1982), MS MV 95 (p. 128).
The first leaves are damaged and there are only two small fragments of f. 1, which contained lines
4893–959. f. 28^v blank.

2. ff. 29–42^v Dominica prima aduentus domini. Abiciamus—Godeme*n* and
weme*n* thes word*is* of the holy apostyll' saynct paule And be thus mekyll' for to
say to y*our* vnderstondyng' Thraw we away the wark*is* of derknes . . .

Five Advent sermons. The first four correspond to nos. 18, 20, 21 (here, ff. 38^v–39^v, with more at the end), and 19 printed pp. 103–25 in W. O. Ross, *Middle English Sermons Edited from British Museum MS Royal 18 B.xxiii*, EETS ccix (1940). The fifth, Dominus prope est Philippenses 4to gud men and women thes ben the holy appostell' word*is* . . . , is left unfinished.

3. ff. 43–45^v Her folowes a frutfull' and a compendi*us* tretys specyally schewyng' wat meryte of p*a*rdon it is to her a messe—Geydyrd and drawne by dyu*er*se holy docto*ur*s of ye kyrke. Genisis. It is rede in ye fyrst booke of the bybull' . . . Remembyr theyse forsayd massys to owr lawde in merytt. Expliciunt merita misse m^1 cccc lxxxiiij°.

4. ff. 45^v–46^v Scriptura dicit. Et qui bona egerunt . . . secundum apostolos. Petrus. Credo pet*er* began to saye I beleve in god verraye y^t mad bothe day and ny3t . . .

Apostles' Creed in rough verse, *IMEV*, Supp. no. 6625.5. Printed inaccurately Calvert, art. cit., pp. 102–4.

5. ff. 47–9 Deprecemur deum patrem—3e schall' make 3o*ur* specyall' pr*a*yers to almyghty god and to o*ur* lady . . . specyally for ye sowle of N.

Bidding prayer, for use in a parish in the diocese of Coventry and Lichfield: ' . . . 3e schall' pray also for all' ye bredyr and ye systo*ur*rys and ye gud dow*er*s of sent chade of lechfeld and senyd Mary hows of conttre and specyally for all' ye bredyr and ye systo*ur*s y^t ar in any gyldes y^t longys to thys parysche . . . ', f. 48^v. Printed inaccurately Calvert, art. cit., pp. 104–6.

6. ff. 49–50 Dominica v^a post pascha Ioh' Petite et accipitis etc' 3e schall' make 3o*ur* prayers etc.—Þis our gospell' tells today y^t aftyr ye resurreccyon' of Ihesus cryst he apperyd . . . w^t hys pr*ecyus* blode bo3t vs qui cum—etc.

7. (*a*) f. 28 Notes of corn-rents, etc., due from Charl*es* Hill, Ralph Wyttworth, and others; (*b*) f. 50^v Recipes for 'a drynke agense ye sekn*es* ye plage', and a 'remedy for ye seknes if y^u haue not dro*n*kyn ye drynke'.

Printed Calvert, art. cit., p. 100.

8. (*a*) ff. 51–73 Mane nobiscum domine lucas ix° Theys wordys rehersyd in latyn be thus myche to say in ynglysche lord abyde w^t hus . . . (f. 57) Conuertimini et agite penitentiam karissimi experyence p*r*evys and naturall' reysson tell' vs . . . (f. 64^v) quinquagesimo Surge quia venit lumen tuum Isaye Thes be ye holy pr*o*phett' wordes Isaye in ye pystyll of thys day and be thus myche to sey to your' vndrsta*n*dyng Ryse up . . . (f. 67^v) Confitemini domino et Invocate nomen eius Isaye prophete Theyse ben ye holy pr*o*phett' wordd' Isaye and bene thus myche to sey to yor' vnd*er*standyng confess 3^{ou} . . . (f. 73) Dominica prima post octauas epiphanie Nolite conformari huic seculo ad romanos. 13° Theys be ye word'—Wyll' not y^t (?) 3e be confyrmed to thys worlde ye worlde mey be taken on three man*er* of wyse . . . (f. 75) Dominica 3^a post epiphaniam Nolite esse prudentes—Wyll' 3e not be slye but hauy*n*ng pees w^t all men sent paule seys yes wond*er*full' wordd' . . .

Six sermons, the third beginning imperfectly (f. 63).

9. ff. 79–85^v All' unpenytentt p*er*sons all y^t 3eue oþer euyll' examples . . . for all' such as c*a*n do so schalbe callyd the chyldre*n* of allmyghty god.

Excommunications.

10. ff. 101–8 two sermons.

The first begins imperfectly; the second, 'Dominica in sexagesima Libenter gloriabor in infirmitatibus meis ad corinth' 2° ca° I shall gladly says saynct paule make ioy in my (sycknes) And he tell' the cause why . . . ' f. 103ᵛ, ends imperfectly.

11. (added, s. xvi med.) (a) ff. 86–98 Reuertar in domum meam vnde exiui. luce decimo primo First I showed youe of a house whiche yeldethe all grace and goodness in the collacion aforhad and that is the first hous . . . I maye perseuer and contynow amen finis huius collationis; (b) ff. 99–100ᵛ Reuertar—I schall returne into my house frome whens I came . . . , *left unfinished*.

Two 'collations', apparently from a series, on Luke 11: 24. (a) ed. G. Iamartino, *Vizi capitali e pianeti in un sermone del Cinquecento inglese* (*Contributi del 'Centro studi sulla letteratura medio-francese e medio-inglese'*, vi (Milan, 1988)). f. 98ᵛ blank.

ff. iii + 108 + iii. Paper. f. iii is an incomplete parchment bifolium from the Sanctoral of a Gradual, s. xiv, Laurence—Decollation of John Baptist, formerly used as a wrapper. 210–18 × 130–55 mm. Written space up to full page. 21–31 long lines. Collation impracticable since each leaf mounted separately on a guard in recent times; eight groups of leaves can be distinguished by means of watermarks, changes in hand, and the occurrence of blank leaves [at the end of quires]: (a) ff. 1–28; (b) ff. 29–42; (c) ff. 43–50; (d) ff. 51–78; (e) ff. 79–85; (f) ff. 86–100; (g) ff. 101–8. (a) art. 1, (c) arts. 3–7 and 8 beginning, (e) art. 9, and (f) art. 11 are in four different hands, mainly anglicana; (b) art. 2, (g) art. 10, and most of (d) art. 8 are in a hand like (a) but probably different. The current and sprawling hand of (c) occurs in (d), ff. 61ᵛ–62ᵛ, and in notes elsewhere. Binding uniform with MS 2.

Written in England. Belonged presumably to a priest in the diocese of Coventry and Lichfield, see art. 5 above, who wrote arts. 3–7. Bought probably with School money in 1606 as one of three paper quartos, see Accession Roll m. 2; and probably 'Anonymi in English containinge divers matters in prose and verse in written hand 4ᵗᵒ', 1614 Catalogue f. 7. 'Mus.III.39', the 1788 School pressmark, f. 2.

4. *Versus grammaticales, etc.*   s. xv ex.

Bursill-Hall, p. 234, no. 262.1 registers arts. 2–6, 8, and 11.

1. ff. 1–9ᵛ Demersit subitus guttura rauca timor . . . remisit arator.

Fables xxi/20–xxxi/3 (ff. 1–2ᵛ), xxxvii/6–xli/10, xlii/1–xliv, xlvi–xlix, xxxviii *repeated* (f. 7), l–lviii/9, of the collection 'Gualteri Anglici fabulae' in L. Hervieux, *Fabulistes latins* (1894), ii. 394–414. Leaves missing at the beginning and after f. 2. Unfilled spaces left for part of xli (f. 4) and for xlv (f. 5ʳᵛ). Copied at intervals, in ink of several shades, perhaps by one hand.

2. ff. 10–18ᵛ Ecticus colicus doriccus ioruscusque boetus / Grecorum vere tibi sint ydiomata quinque / . . . Dic zeron siccum probat illud zerophagia / Inde que zelophon vt prescianus ait. (Explicit liber) (Scriptorum laudat qui celi culmine plaudat) / Si tho scribatur et mas simul accipiatur / Et fan' addatur qui scripsit sic nominatur

327 lines of verse on Greek words, arranged alphabetically. Some interlinear glosses.

3. ff. 19–21ᵛ Uerbum quatriplici sensu credo uariari / Sicut in hiis patet exemplis verbum caro factum / . . . Cum noto correpta est prima notas facio.

115 lines of verse on the different meanings of similar verbs, mainly of the first conjugation, probably ending imperfectly. English glosses, f. 19.

4. ff. 22–32ᵛ Ad mare ne vidiar latices [defer]re camino / . . . A transmitto venit set iter dat semita semis

The alphabetical Liber synonymorum in verse, traditionally ascribed to Johannes de Garlandia, here untitled and ending imperfectly in the letter S, ed. P. Leyser, *Historia poetarum et poematum medii aevi* (1721), p. 335 line 622. Interlinear English glosses.

5. ff. 33–34ᵛ Hic deponentum verborum nunc documentum / Vt mox inuenies verbum quod nocere queris / . . . Exceptis que sunt ex pre per geminata

72 lines of verse on deponent verbs, arranged alphabetically, ending imperfectly. Other copies include BL MS Add. 37075 art. 24, and Oxford Lincoln College MS Lat. 129 ff. 49–51, see *MMBL* iii. 632. Interlinear English glosses.

6. ff. 35–52ᵛ Quatuor sunt partes gramatice. scilicet artogrophia prosodia ethimologia et diasintastica. Ortographia docet recte scribere et disitur ab ortos— Prosodia docet . . . (f. 42ᵛ) atque res*ar*sit. Explicit ortographia (*in a scroll* Carus sit christe tibi cui constat liber iste) (f. 43) Prosodia est secunda pars . . . Per t scribatur que litostratos et breuiatur.

A treatise in verse and prose on orthography and prosody which also occurs in BL MS Add. 37075 arts. 29 and 30, and apparently in Cambridge Corpus Christi College MS 233 ff. 97, 151ᵛ; and the second part in Oxford Bodleian Library MS Lat.misc.e.108 f. 68. The author refers to Brito, and to Hugutio 'in suo rosorio' and 'in libello de dubio accentu'.

7. ff. 53ᵛ–57ᵛ Titire tu patule . . .

Virgil, Eclogues i. 1–26 (f. 53ᵛ), iii. 110–11, iv. 1–vi. 26, 41–2 volucres, 45–60. Leaves missing after f. 53. Spaces left for the missing lines of Eclogue vi. ff. 53, 58 blank.

8. ff. 59–61ᵛ Quid est comparacio pro vt est accidens parcium oracionis. Dico quod comparacio . . . Comparatiuus in or semper communis habetur Mas tantum senior cui femininum prohibetur. Explicit liber. Carus sit christe tibi cui constat liber iste. / (Nomen scriptoris I bere yᵗ in my my*n*de thomas F. both curtes and kynde. / A vinculo doloris Ihesu him bryng et ad vitam eternam yᵗ neuer schall haue ende).

A treatise on comparatives in prose and verse.

9. ff. 62–67ᵛ Ad conficiendas eleganter epistolas pauca scitu dignissima ex [pluri]morum oratorum preceptis electa tibi memorie sumopere sunt commendanda . . . De istis diuersarum personarum titulis habetur in quodam paruo tractatulo quem ex diuersis collectum (?) curaui aliud exemplum in laudem cecerionis.

A treatise on letter-writing in 17 'preceptis', each illustrated by examples. The ink and the appearance of the writing change on ff. 63ᵛ and 65ᵛ. Spaces left on f. 65.

10. ff. 68–71ᵛ Consultus Sapiens prouectus et ingeniosus / Prouidus et doctus scius et picus atque sciosus / . . . E longe sic de longe sic diu manifeste. / Qui cecinit scripta in caput illius benedicta.

150 lines of verse, the first 125 a string of adjectives denoting chiefly merit and demerit, the last 25 a string of adverbs.

11. ff. 72–78ᵛ Agustus ti to cesar uel mensis habeto . . . Ius est causa locus Ius ubi causa datur.

The first 300 lines of the alphabetical Liber equivocorum, here untitled, often appended to the Liber synonymorum, see art. 4 above, ending imperfectly in the letter I.

12. (added) f. 58ᵛ 'medicyne for yᵉ new dysese to vood (sic) fleme eysly', and 'for yᵉ styche'.

ff. iii + 78 + ii. Paper. Top outer corner of each leaf gone, usually without loss of text. c. 220 × 152 mm. Written space c. 152 × 110 mm. No ruling, but some leaves folded to provide an outer vertical bounding line. 18–37 long lines. Collation impracticable. Current hand. Initials in rough penwork in ink or red, some with a yellow frame or ground. First letter of each line in arts. 2 and 5 touched with red or yellow. Some amusing and fairly proficient marginal drawings in black, yellow, or red. Binding uniform with MS 2.

Written in England, by Thomas Fane, see colophons to art. 2 and 8 above. Bought probably with School money in 1606 as one of three paper quartos, see Accession Roll m. 2. 'A 11', s. xvii (?), old School pressmark (?). 'Mus-III-40', the 1788 School pressmark, f. 1.

5. *De moribus* s. xv ex.

1. ff. 7ᵛ–147ᵛ De practica sciencia et eius Intencione. [D]icto de sermocinalibus scienciis secundum ordinem supra positum dicendum est de practicis vt enim dicit Ricardus de sancto victore Primo omnium comparanda eloquencia . . . (f. 89ᵛ) Explicit liber primus. Incipit 2ᵘˢ Et primo de bonis moribus Principum at magnatum clxxv. Postquam de virtutibus et viciis per singulas species auctorum diuersorum sentencias excerpendo collegimus . . . primaque morte moriturus. Seneca ad Luc' *ending imperfectly in chapter 283.*

Bloomfield, no. 1617. Evidently, from the opening words, the second part of a work of which the first part concerned the trivium, grammar, logic, and rhetoric. In the table of subjects, ff. 4–7, the highest chapter-number is 'cclxxxiij', *sub* Vite eterne desiderium, corresponding to cap. 283 in the text. Many chapters begin with a brief definition headed 'Auctor'; apart from the first five they otherwise consist entirely of extracts from classical and occasionally medieval authorities, the latter including Hildebert, Matthew of Vendôme, Walter of Châtillon and Helinandus 'in cronicis suis', and the former principally Seneca and Cicero, also Tibullus, Persius, Ouidius (f. 23), Acenodorus stoycus (f. 24), Marchialis, Stacius, Simachus (f. 26ᵛ), Julius Celsus de Bello Gallico cesaris (f. 28ᵛ), Sidonius, Varro (f. 95), Epicurus (f. 106ᵛ), Clebasus Lidius, Theofrastus, Salustius, Terencius (f. 131), etc.

2. ff. 1ᵛ–2 (flyleaves) Anglorum regi scripsit scola tota salerni / Si vis incolumen . . . moderamino sumptu'

Schola Salernitana, lines 1–50, as printed Strasbourg 1491, reprinted F. R. Packard and F. H. Garrison, *The School of Salernum* (1922), 159–61; *Collectio Salernitana*, ed. Renzi, i. 445 has the lines in a different order.

ff. iii + 147, foliated 1–150. Leaves alternately parchment and paper. Flyleaves of medieval parchment (ff. 1 and 3) and paper (f. 2). 215 × 150 mm. Written space c. 142 × 95 mm. Frame ruling in ink. c.27 long lines. Collation: 1–10⁸ 11¹⁰ wants 3 after f. 85 9 after f. 90 12–18⁸ 19⁸ wants 4–8. One clear secretary hand. Blank spaces for initials to each chapter. Contemporary binding of bevelled wooden boards covered with white doeskin; two clasps, missing. Secundo folio (f. 5) *Corpus pulcrum*, (f. 8) *disse videbatur.*

Written in England. 'Dominus [. . .] Curteys', s. xv, 'Whittok constat', s. xv ex., back pastedown. 'Liber Radulph Sneyde Iuris vtriusque Doctoris pro quo soluit xiijj d', f. 3, with 'ccxv Dr Sneyde' above, as in other books from the library of Ralph Sneyde, prebendary of Lichfield (1529–49). Bought like MS 36, which also belonged to Sneyde, with School money in 1606, see Accession Roll m. 2. 'Mus-III-41', the 1788 School pressmark, on front pastedown.

6. *Cantanda in processionibus; play-parts (largely in English)*

s. xv in.

List of contents, see S. Rankin, 'Shrewsbury School MS VI: A medieval part-book?', *Proceedings of the Royal Musical Association* cii (1975–6), 129–144; also K. Young, *The Drama of the Medieval Church* (1933), ii. 520–1, with facsimile of f. 38, ibid. frontispiece; also reproduced Oldham (1959), pl. iii. *Répertoire International des Sources Musicales* Biv. 4 (1972), p. 726.

1. beginning imperfectly (*a*) ff. 1–5 [Holy Innocents] (i) Centum quadraginta . . . , (ii) Cedentem in superne . . . ; (*b*) ff. 4ᵛ–5ᵛ In die purificacionis ad proc' Hodie Beata virgo . . . ; (*c*) ff. 5ᵛ–8 In die palmarum. (i) En rex venit mansuetus . . . prophetice, (ii) Gloria laus Et honor . . . ; (*d*) ff. 8ᵛ–14 In die palmarum. Triplex. (i) Passio domini nostri Ihesu cristi secundum Matheum. Non in die festo . . . filius dei erat iste, (ii) Ihesum nazarenum . . . illa cuius sit; (*e*) ff. 14–15ᵛ In vigilia pasche. Triplex. Rex sanctorum angelorum . . . diligamus tempore; (*f*) ff. 15ᵛ–17ᵛ In die Pasche ad process'. Triplex. Salue festa dies—qua deus infernum . . . sine te nichil est; (*g*) f. 17ᵛ In die Pasche. Triplex. Crucifixum in carne . . . adorate; (*h*) ff. 18–23ᵛ In die Pasche Ad uesperas. (i) Alleluya—Laudate pueri dominum . . . amen Alleluya; (ii) Alleluya In exitu israel de egypto . . . Alleluya; (*i*) ff. 23ᵛ–25ᵛ In translacione sancti cedde. Salue festa dies—qua ceddam dominus . . . firmiter assiduis; (*j*) ff. 25ᵛ–27 In die Ascensionis Salue festa dies— qua deus ad celos . . . abit; (*k*) ff. 27–9 In die Pentecost'. Salue festa dies—qua noua de celo . . . gramina tincta suus; (*l*) ff. 29–32ᵛ In ebdomada pentecost'—Sancti spiritus assit . . . fecisti; (*m*) ff. 32ᵛ–35 In festo corporis christi. Triplex. Salue festa dies—qua caro messie . . . proficiunt; (*n*) ff. 35ᵛ–37ᵛ In festo dedicacionis ecclesie. Salue festa dies—quam sponso sponsa . . . polum

Added, s. xv: (*o*) f. 2ʳᵛ *over erasure* Simulacra gencium argentum et aurum . . . fecit celum et terram Alleluya; (*p*) f. 1 (flyleaf) Montes exsultastis sicut arietes et colles sicut agni ouium Alleluya; (*q*) f. 43 Unus autem ex ipsis . . . dicentes.

cf. (*a*) *Brev. ad usum Sarum*, i. ccxxix, responsory, prose. (*b*) *Sarum Missal*, p. 249, versus; (*c*) pp. 95, antiphon without choruses, 96 sequence. (*d*) verses from (i) Matt. 26:5–27:54, with 26:63–27:17 missing through the loss of a leaf after f. 9, (ii) John 18:5–19:24. (*e*) *Sarum Missal*, p. 132, litany; (*f*) p. 135, sequence; (*g*) p. 135, versus. (*h*) (i) *Brev. ad usum Sarum*, i. dcccxix, Ps. 112, (ii) i. dcccxx–xxi, Ps. 113. (*i*) printed from this manuscript, Young, ii. 521–2. (*j*) *Sarum Missal*, p. 155, sequence; (*k*) p. 161, sequence; (*l*) pp. 470–1, sequence. (*m*) *RH*, no. 17932. (*n*) *Sarum Missal*, p. 202, sequence. (*o*) Pss. 113: 12, 18, 23; (*p*) 113: 4; (*q*) *Sarum Missal*, p. 96, Palm Sunday versus.

Noted throughout. Two settings for (*c* ii); also originally (*a* i and ii), but all the first of (i) and part of (ii), f. 2ʳᵛ, erased. Music much altered by erasures and additions, in more than one stage.

2. (*a*) ff. 38–9 Pastores erant in regione . . . God graunt þe lifyng lang; (*b*) ff. 39–

40 Hic incipit officium Resurreccionis in die pasche. iijᵃ Maria. Heu redempcio
. . . þere schal ȝe fynd him ȝow beforn; (c) ff. 40–42ᵛ Feria ijᵃ in ebdomada pasche
discipuli insimul cantent Infidelis incursum populi . . . Nobis tulit summa leticie.

Added, s. xv, to supplement (a), f. 42ᵛ Saluatorem christum dominum infantem
pannis involutum secundum sermonem angelicum.

Latin texts (Pastores, Visitatio sepulchri, Peregrinus), mostly noted, and English cues and the
play-part for (a) one of the shepherds summoned to the Manger, (b) one of the Marys visiting the
Sepulchre, and (c) one of the disciples going to Emmaus; ed. Young, ii. 514–20, and N. Davis,
Non-Cycle Plays and Fragments, EETS Suppl. text i (1970), 1–7.

3. ff. i, ii (flyleaves) A folded leaf ruled on both sides for music, with no words,
and music only on one side (ff. iᵛ, ii), from a motet-book.

ff. iii + 42, foliated i, ii, 1–43. ff. i–ii are medieval flyleaves, see art. 3. 208 × 147 mm. Written
space 154 × 103 mm. Ruled in ink. 27–8 long lines (f. 38 only full page of writing), or 7 lines + 5-
line stave. Collation of ff. 2–42: 1⁸ 2⁸ wants 1 before f. 10 3–5⁸ 6⁴ 4 pasted down. Quires 1–5 are
signed in an eccentric way that does not seem to relate to any previous arrangement: 1¹, ² E, Eij;
2²⁻⁴ hij–[. .]; 3¹⁻⁴ Gi, Fij–iiij; 4¹⁻⁴ hj, Gij–iii(j); 5¹⁻⁴ ij–iii(j); 'tⁱplex' is written below the
signature on ff. 3 (1²), and, partly erased, 33 (5³), also perhaps on f. 42 (6²). Written by one
scribe, art. 1 in textura, art. 2 in anglicana. Initials: blue with red ornament. Contemporary (?)
binding of bevelled wooden boards covered with pink-stained leather; rebacked; one strap-and-
pin fastening, missing.

Written in England, probably for use in the diocese of Coventry and Lichfield, see art. 1(i),
possibly for Lichfield Cathedral, see Young, ii. 522; more northerly vernacular forms may reflect
the original source or the origin of the scribe. 'Arthur Gill', s. xvi², f. 39ᵛ. 'William Bearsley', f.
40, also signs as a vicar-choral of Lichfield Cathedral, 16 Mar. 1578, Lichfield Dean and Chapter
Account Book 1536–78. Perhaps '14: Another booke perteininge to musicke written in
parchment leaves in quarto' among books bought by the School in 1606, see Accession roll m. 2,
and 'Liber musicae vocatus continens varias cantus ecclesiasticas manuscript. in memb. 4ᵗᵒ.'
under 'Libri Mathematici', f. 11 in the 1614 catalogue of the School library, Shrewsbury Public
Library deeds 11385. 'Mus-III-42', the 1788 School pressmark, f. i.

7. *Gregorius Magnus, etc.*   s. xiii med.

A table of contents, added s. xiv, f. 3 foot, has as its third item 'Quidam tractatus
pro dilatacione sermonum', which was presumably in the gap before f. 110, and
as its fifth 'Item de casibus in missa contingentibus', which describes arts. 5(g) or
6. The contents-list, s. xv, stuck to f. iii lists only three items: arts. 1–3.

1. ff. 3–54ᵛ Incipit liber regule pastoralis editus a beato gregorio papa urbis rome
ad iohannem rauennatum episcopum. Pastoralis cure me pondera . . . (f. 54ᵛ)
manus leuet. Explicit Gregorius urbis rome episcopus . . . multorum cordium
facit.

PL lxxvii. 13–128, followed by a paragraph stating that the work was composed partly at Lyons
and partly 'in gallica belgica . . . in ciuitate que dicitur brigalis quia gregorius principatum uitare
uolens in occidentales plagas gallorum fugerat', also found in the same hand as the Pastoral Care
in Oxford St John's College MS 28 f. 6ᵛ, written in England, s. x, but here with no gap between
'quia' and 'imperatoris', cf. *MMBL* ii. 697.

2. ff. 59–109^v Qui bene presunt presunt (*sic*) presbiteri . . . hic ergo erit consummacio. Explicit summa magistri Ricardi (*added in crayon, s. xiii:* de Laycestr' rectoris ecclesie de Wetrhigsete de hiis que pertinent ad eos qui presunt.)

Bloomfield, no. 4583. Red numbers in margins, as in art. 3, making 85 divisions. Table of contents, added ff. 57^v–58^v, gives 83 divisions.

3. ff. 110–99 *beginning imperfectly* in spe gaudentibus . . . quid per auditum. et sic de singulis. Explicit summa de uirtutibus nouiter parisius composita

Bloomfield, no. 0680 (Richard de S. Laurentio (?)). Red numbers in margins, as in art. 2, up to 157, the first 18 missing.

4. f. 199^v outline of contents of William Peraldus, Summa de vitiis. Across the top is written 'Qui scripsit summam deleat deus eius erumpnam Vt ualeat domino scribere multa suo'.

5. (added, after 1270: see (*f*)) ff. 200–205^v (quire 23) and 1–2^v Notes and commonplaces in prose derived partly, according to headings, from Isidore, Bernard, Ambrose, Haymo, Chrysostom, Basil, and Alexander III, mingled with short pieces of verse, including (*a*) f. 200 Lay de la croyz . . . Lay sent branden; (*b*) f. 201 De symonia Ecce sonat in aperto / Vox clamans in deserto . . . soluet in eternum, 25 lines; (*c*) f. 202^v Le tens ioyus est uenu. ke nouel est nome . . . , 52 lines; (*d*) f. 203 Ebdomada prima martis . . . , 17 lines, on the fast days; (*e*) f. 203 Quere lector quilibet homo . . . , 17 lines, rules for finding Easter; (*f*) f. 203^v Nomina regum Alueredus . . . Henricus rex tercius regnauit quinquaginta quinque annis; (*g*) f. 204 De osstencione corporis et christi sanguinis. Si quis sine manipulo . . .

(*a*) List of 67 French romances, printed G. E. Brereton, 'A Thirteenth Century List of French Lays and other Narrative Poems', *MLR* 45 (1950), 80; (*g*) on accidents at mass, cf. art. 6 below. Among items found elsewhere are Walther, *Versanf.*, nos. 6014, 20331, 3034 (f. 1), 573, 5693, 14595 (f. 1^v), 9678 (f. 2), 8209 (f. 2^v), 20357 (f. 200^v), 9314 (f. 201), 18160, 3034 (f. 201^v), 18030, 1848 (f. 202), 9015, 1389, 18550 (f. 202^v), together with verses from Eberhard of Béthune, Grecismus (ff. 201^v–202).

6. (added, s. xiv) f. 55^{rv} Potest aliqui contingere vel circa calicem . . . species vini sit.

cf. art. 5(*g*) above.

ff. v + 203 + iii, foliated i–iii, 1–208. Medieval foliation in red beginning on f. 3 indicates the loss of 17 leaves after f. 109. ff. 1, 2 are medieval flyleaves. The former front pastedown now stuck to f. iii. 205 × 138 mm. Written space 140–5 × 94 mm. 2 cols. 34 lines in art. 1; 40–3 in arts. 2, 3. Collation: 1–4^{10} 5^{12} 6^4 7–8^8 9–10^{10} 11^8 12^{10} wants 8–10 after f. 109 13 one (f. 110) 14^8 15^{12} 16^8 17^{12} 18–19^8 20^{10} 21^8 22^{10} + 1 leaf (f. 185) before 1 23 four (ff. 196–9) 24^6 4 (f. 205) formerly pasted down. Initials, 2-line, alternately red and blue with ornament of the other colour, more elaborate in art. 1. Binding uniform with MS 2. Secundo folio (f. 4) *nomen uel ordinem*.

Written in England. 'Pastorale gregorii cum aliis tractatibus videlicet qui bene presunt. viij° loco', s. xiv, on the leaf stuck to f. iii, the pressmark of Chester Abbey. Annotated, especially ff. 84–94, in the same s. xvi hand as in other books given in 1607 by Richard Bostock, see Benefactors' Book f. 19; usual donation-label missing. 'Mus-III-43', the 1788 School pressmark, f. 1.

8. *W. Lyndwood, Provinciale* s. xv med./1453-4

Facsimile of f. 82ᵛ M. B. Parkes, *English Cursive Book Hands 1250–1500* (1969), pl. 22(i).

1. (*a*) ff. 3ᵛ–5ᵛ Altissimus et jᵃ fo° 2A Archidiaconi . . . Vt Archidiaconi fo 20A Explicit etc. Walle; (*b*) ff. 6–86ᵛ *beginning imperfectly* gulis Coepiscopis suffraganeis . . . canonice compellendos, Explicit R. Walle; (*c*) ff. 88–102 Tabula ex industria R. Walle facta. Anno domini Mᵐᵒ cccᵐᵒ liiijᵗᵒ. Abbates . . . Ymaginum—Explicit tabula etc per R Walle anno domini M ccccᵐᵒ liij° (*sic*)

(*a*) alphabetical index of the first word(s) of each titulus; (*b*) this and other copies listed by C. R. Cheney, *Jurist*, 21 (1961), 433–4; (*c*) index to the constitutions. Tituli not numbered. Leaves of each book numbered separately and each opening divided into lettered sections; references in (*c*) use both, but in (*a*) only the numbers, without distinguishing books, with *a* for the left-hand page, and *b* for the right-page of an opening.

On f. 83 the text of bk. 5 tit. 17 has been altered: 'verus textus' in the margin, and a note in the upper margin 'correcta erat ista constitucio in conuocacione celebrat[a] in ecclesia sancti pauli die martis proxima post festum sancte crucis [6 May]. Anno domini Mᵐᵒ cccc lxᵐᵒ'.

2. added, perhaps by Walle: (*a*) f. 87 Splendor paterne glorie etc'. Et licet vniuersos et singulos . . . laudabiliter obseruari; (*b*) ff. 103ᵛ–105 Sixtus [IV]— Officii pastoralis . . . Millesimo quadringentesimo septuagesimo sexto xv kal. Iunii Pont. nostri Anno quinto; (*c*) f. 106 various notes, including excommunications in English.

(*a*) extract from Archbishop Walden's letter of 1398 concerning the weekly commemoration of St Thomas of Canterbury in churches of the diocese of Canterbury, Wilkins, iii. 234–5; (*b*) ibid. iii. 609–10.

ff. 1, 2ᵛ–3, 87ᵛ, 102ᵛ–103, 105ᵛ, 106ᵛ blank.

ff. ii + 109 + iii, foliated i, ii, 1, 2, 2*, 3–5, 5*, 6–102, 102*, 103–9. ff. 1 and 106 former pastedowns. 188 × 123 mm. Written space 114 × 70 mm. 26 long lines. Collation: 1⁸ wants 2 after f. 1 2⁸ wants 1 before f. 6 3–10⁸ 11¹⁰ 12⁸ + 1 leaf (f. 87) before 1 13⁸ 14⁴. One good secretary hand. Initials blue with red ornament, or red with brown ornament. Binding uniform with MS 2.

Written by Roger Walle, partly in 1453–4, see art. 1(*a, c*), prebendary of Lichfield, d. 1488, see Emden, *BRUO*, p. 1966, listing other books belonging to him, some of which he copied. 'Nota pro m R Rayn*er*', s. xv ex., f. 49. 'A Book of ecclesiastical law belonging to the Friars Minor of Salisbury written 1453', s. xix, in pencil, f. 2, conceivably recording an inscription lost in 1849–50 rebinding; '? Salopisbury', added, s. xx. Bought for the School in 1606, see Accession Roll m. 2. 'Mus-III-44', the 1788 School pressmark, f. 1ᵛ.

9. *Gilbertus de Tornaco, Sermones de sanctis* s. xiv in.

(f. 5) Rogatus pluries ut sermones quosdam quos ad clerum parisiensem . . . paruitas et facultas (f. 7ᵛ) Stelle manentes in ordine suo—Iudic v. Verba hec exponi possunt de angelis . . . (f. 286ᵛ) in visione dei et gustu dulcedinis eius. quod nobis etc. Expliciunt sermones fratris Gilberti.

Gilbert of Tournai OFM, prologue, with two letters from Pope Alexander IV followed by reply, and 103 sermons de sanctis, Michaelmas–Exaltation of Cross; Schneyer, *Rep.*, ii. 289–97, nos. 148–54, 156–7, 159–67, 155, 168, 83–91, 93, 92, 169, 94–102, 170, 103–6, 109, 171, 110, 172–4, 107–8, 175, 111–13, 176, 114, 177–80, 115, 181, 116, 118, 182–7, 120–4, 117, 125–43, 145, 144, 146, of which two are divided in two, nos. 151 (. . . beatus *franciscus* viro perfecto / Vidi—Tercio notatur signum quod beatum *franciscum* ab aliis distinxit . . .) and 134 (. . . approbat hominem quo ad meritum accionis /). The sermons are numbered 87–190; no. 187 is preceded by a sermon numbered 185 at the start and then 186 in the running-title.

Added, s. xiv, ff. 286ᵛ–288, latter part of subject-index, beginning Nequicia contra dei ueritatem . . . , and, f. 288ᵛ, first part of list of contents, De Angelis . . . De sancto mathia—135. The list does not agree exactly with the arrangement here, and some numbers are altered; the five sermons for Francis are listed together, nos. 89–[93].

Added, s. xvi, ff. 1–4, list of contents, using foliation entered at the same time.

English note, s. xiv, f. 96 margin.

ff. x + 284 + xxi, foliated i, 1–4, 4*–4*****, 5–309. ff. 5–286 foliated '1–292', jumping 190–9, s. xvi. ff. i, 1–4*****, 289–309, some parchment, some paper, inserted *c.*1500. 177 × 120 mm. Written space 140 × 95 mm. 34–6 long lines. Collation: 1–22¹² 23⁸ 24¹². Written in small textura. Initials: (i) ff. 5, 269, red and blue, with blue and/or red ornament; (ii) alternately red and blue, with ornament of the other colour. Binding, s. xv² (?), of wooden boards covered with stamped leather, back cover reproduced Oldham (1959), pl. vi; rebacked; one clasp, missing. Secundo folio (f. 6) *anagine*.

Written probably in England. There by s. xiv, see f. 96 note. Annotated and foliated in the same s. xvi hand as in other books given by Richard Bostock in 1607, see donation-label '—and this one in 8º—' as MS 1 stuck inside front cover. 'b. 4', s. xvii, (?) old School pressmark, f. i. 'Mus-III–45', the 1788 School pressmark, f. i.

10. *Rosarium theologie*   s. xv med.

MS S in C. von Nolcken, *The Middle English Translation of the Rosarium theologie*, Middle English Texts 10 (1979); see especially p. 12.

Beginning imperfectly meruit iam apud me . . . (f. 192ᵛ) et omne opus prauum etc. Explicit etc.

Alphabetic collection of theological distinctions, Absolucio (start gone) – Zelus. Most letters after F end with additional entries out of strict order, e.g. Flumina, Fructus, Fugere, Fidelitas at the end of F, ff. 68–9. The entries between Fama and Fides are omitted, f. 60ᵛ, probably because missing from the exemplar. Gaps in text through loss of leaves: one before f. 1, a quire after f. 83 (Iactancia–Invidia), and probably ten leaves after f. 107 (Mandatum–Miraculum). ff. 148* and 188* defective parchment, left blank.

Added, s. xvi, f. 193ᵛ, 'for the falling Evyll': (*a*) Iaspar fert mirram thus melchior balthazar aurum / Hec signas secum tulerint nomina Regum / Soluitur a morbo dominus pietate caduc[o]; (*b*) Item for the same take and say a pater noster at messe with the prest and then thou shalt fynde yt a good medsyn by yᵉ grace of god.

ff. iv + 196 + ii, foliated i–iv, 1–148, 148*, 149–88, 188*, 189–96. f. iii is a paper-backed parchment leaf, perhaps from a previous binding, and is part of a sheet recording gifts for the repairs of a parish church, s. xiv, ending ' . . . predictus [. . .] Moslay in presencia omnium paroch' pro emendacione dicte ecclesie'. 165 × 114 mm. Stiff parchment, some leaves not full size. Written space 120–32 × 88 mm. 27–35 long lines. Collation: 1¹² wants 1 2–8¹² 9¹² wants 5 (? blank) after f. 99 10¹² (?) wants [2–11] after f. 107 11¹² 8 cancelled after f. 115 12–13¹² 14¹⁴ 15–

16^{12} 17^{16} wants 14 (probably blank) after f. 192; quire missing after quire 7. All sheets arranged with flesh-side towards centre. Written in anglicana. Red initials. Binding uniform with MS 2.

Written in England. '—1619—given by Mr Lewes Taylor parson of Morton Corbett in the County of Salop', donation-label stuck to f. iv; cf. note f. 1 foot. 'b 56', s. xvii, f. 1 top, School (?) pressmark. 'Mus-III-47', 1788 School pressmark, f. iii.

11. *Hours, etc. (in Welsh)* s. xiv/xv

A collection of Welsh translations of Latin devotional and theological texts, described J. G. Evans, *Report on Manuscripts in the Welsh Language* (HMC 1898–1905), i. 1127–8; also B. F. Roberts, *Gwassanaeth Meir* (1961), pp. lv–lvi. Closely related to the texts in the manuscript now divided between Bangor University College of North Wales MS 1, and Aberystwyth National Library of Wales [ANLW] MSS Peniarth 191 and Llanstephan 200. Art. 14 is apparently in Latin. ANLW MS 6984A is a photostat copy.

1. pp. 1–52 Llyma wassan [aeth Meir *torn away*]—Argl6yd ag[. .] . . . Diolch6n y duw.

'Horae B.V.M.'. Ed. B. F. Roberts, op. cit., from this copy.

2. pp. 52–3 Pwy bynnac a dywetto y wedi honn—Argl6yd iessu grist yr h6nn . . . rac lla6. Amen.

'Domine Ihesu Christe qui hanc sacratissimam carnem', with the common rubric referring to 2,000 years' indulgence granted by Pope Boniface at the request of King Philip of France; see B. F. Roberts, 'Gweddi Boneffas Bab', *Bulletin of the Board of Celtic Studies*, 16 (1957), 271–3.

3. pp. 53–4 Eneit Crist santeida vi . . . yn yr oes oessoed. amen.

'Anima Christi'. B. F. Roberts, 'Tri chyfieithiad Cymraeg o'r weddi "Anima Christi"', *Bulletin of the Board of Celtic Studies*, 16 (1957), 268–71.

4. pp. 54–66 Yr ymadra6d h6nn a dysc y dyn—Pa6l ebostol a dy6eit na . . . g6edya6 du6 y drugharau.

Tract on the Creed, love of God, ten commandments, and seven mortal sins, sacraments, and acts of mercy. Printed (from Oxford Jesus College MS 119, 'The Book of the Anchorite of Llanddewifrefi') J. M. Morris and J. Rhys, *The Elucidarium and other Tracts in Welsh*, Anecdota Oxoniensia: Medieval and Modern Series part vi (1894), 141–46.

5. pp. 66–83 Yspryt G6id6. LLymma p6nk a dam6eina6d 6ythnos a di6arna6t kyn nadoluc Mil CCCXXXiij . . . g6r an pryn6ys oy 6aet Amen.

'Spiritus Guidonis'. Printed *Bulletin of the Board of Celtic Studies*, 5 (1931), 102–12 , from ANLW MS Llanstephan 200, to which this copy is close, ibid. 100–1.

6. pp. 83–4 Llyma euegyl jeuan. Yn y dechreu . . . honn allan hyt yn dragy6yd. Amen

John 1: 1–14. Printed from this copy D. R. Thomas, *The Life and Work of Bishop Davies and William Salisbury* (1902), 130–2; without the commentary woven into other versions, see Jones and Rhys, op. cit., pp. 160–2.

7. pp. 85–100 Val hynn y dechre ystorya y wir croc. Yn yr a6r y pech6ys Adaf ym parad6ys . . . anr yded a gogonyant tragywyd.

'Historia Adam', see M. Halford, 'The Apocryphal Vita Adae et Evae', *Neuphilologische Mitteilungen*, 82 (1981), 417–27. Common in Welsh manuscripts, and printed *Transactions Cymmrodorion Society* (1919–20), 121–9, from ANLW MS Peniarth 5, etc.

8. pp. 100–18 llyma y diodeifeint 6al y traythwys Mathevs. A 6da6ch ch6i . . . ygalilea val y edewis.

Matthew 27:1–28:7, sometimes called 'y Groclith'. Printed from ANLW MS Peniarth 5, R. Williams and G. Hartwell Jones, *Selections from the Hengwrth MSS*, (1876–92), ii. 250–8. For other versions, see *National Library of Wales Journal*, 4 (1946), 109–11.

9. pp. 118–34 Ac yno y kudy6ys yr Idewon yn lle dirgel yny dayar y groc . . . y croc o hynt elen caerusalem.

'Inventio sancte crucis', cf. *Acta sanctorum*, 3 Maii. Printed from ANLW MS Peniarth 5, Williams and Hartwell Jones, op. cit. ii. 258–66. See *National Library of Wales Journal*, 4 (1946), 109–11.

10. pp. 134–43 llyma [. . .] Reit y6 yni urodyr karu digriu6ch parad6ys . . . dycko yr dragywydawl vuched. Amen.

'Visio Sancti Pauli', see T. Silverstein, *Visio Sancti Pauli. The History of the Apocalypse in Latin Together with Nine Texts* (1935), redaction I. Printed *Bulletin of the Board of Celtic Studies*, 3 (1927), 87–9, from ANLW MS Peniarth 32, which agrees closely with this copy. For copies of the Welsh translation of the more popular Redaction IV, see ibid. 81–2; and for the various textual traditions, J. E. Caerwyn Williams in *Études celtiques*, 10 (1962), 109–26.

11. pp. 143–8 LLymma gyfar6ydyt a chofyon agafhat ymy6n llyfre Eusebii o cesarien a llyfre bra6t Col6mbin . . . *ending illegibly*.

Printed from ANLW MS Peniarth 50, with variants in this copy, *Bulletin of the Board of Celtic Studies*, 14 (1952), 8–11; followed, pp. 11–12, by Latin version, beginning Cronice per quantum tempus mundus durabit secundum opiniones duorum . . .

12. p. 148/11–foot Latin (?) text, illegible, overwritten upside-down in Welsh, by the main (?) scribe.

13. (added, s. xvi/xvii) pp. i–ii Llyma Wasanaeth mair . . . Mair addwyn vorwyn vawredd.

Supply for defective text of pp. 1–2, from a different source unlike any other surviving text, see Roberts, pp. lxiv–lxv. p. i almost completely erased and overwritten, see below.

ff. iii + 74 (paginated 1–148) + ii. f. iii (pp. i–ii) is a medieval flyleaf. *c*.133 × 105 mm. Written space 104 × 80 mm. Ruled in ink. 20 long lines. Collation: 1–4⁸ 5⁶ + a bifolium (ff. 34/35, made of two strips sewn horizontally) after 1 6 two (ff. 41–2) 7–10⁸. Written in textura. Red initials. Capital letters in the ink of the text touched with red. Binding uniform with MS 2. Secundo folio (p. 3) *wastat*.

Written in southern Wales. Note of ownership in Welsh of Gwilim Sion of Coychurch parish [Glam.] as witnessed by William Dafydd, his nephew, and by Dafydd ap Iefan (?), s. xvi (?), p. 45; cf. p. 148. 'And I William Jhons (?)', s. xvii, p. 53. 'Thomas Wilkins of Lanblethian in Com Glamorgan his Booke', p. 1; the well-known Welsh antiquary and collector of manuscripts, d. 1699. 'Note that Mr. Edward Lloyd of thee Meuseum [Ashmolean, Oxford] declared that this was the oldest Booke of Divinity he ever sawe In ye Antient Brittish language', s. xvii ex., p. 1. 'The Gift of my son Morgan to me Ebenezer Muscell 1755', p. 1; E. Mussell's sale took place in 1766. Said by E. Evans in his transcript, ANLW MS Panton 49 pt. 2, to be in the Library of the Free School at Shrewsbury. First recorded in 1788 School Catalogue.

12. *Apocalypsis and Epistolae catholicae, cum glossa* s. xii²

The hand of the twelfth-century annotator is identified by J. M. Sheppard, 'Magister Robertus Amiclas: A Buildwas Benefactor', *Transactions of the Cambridge Bibliographical Society*, 9/3 (1988), 281–8, in sixteen biblical gloss-books now at Trinity College Cambridge, ten with the *ex libris* of the Cistercian abbey of Buildwas; one of the latter has an ownership inscription of Mr Robert Amiclas in what may well be the hand of the annotator, while the main scribe of another (B.1.39) is the main scribe of this manuscript.

1. ff. 2ᵛ–50 (*text:*) Apochalipsis Ihesu Christi—(*marg.:*) Preparat auditores beniuolos et attentos . . . (*text:*) omnibus vobis amen Explicit (*interlin.:*) ad deum: ꝝAd remunerandum.

The preliminary matter, ff. 1ᵛ–2ᵛ, begins with the preface, Stegmüller, no. 834, and continues Asia minor maioris asie pars . . . Apocalipsis haec—Intentio eius est exhortari . . . Ne de sepultura . . . quere compendium. In Apocalipsi expositores sunt Beda. Haimo. Primasivs. Ambrosivs. Alb.; 'Nomen ctiam . . . id quod sum', Stegmüller, no. 11853/8, added s. xii. Chapter-numbers added s. xiii.

2. (*a*) ff. 50ᵛ–51 Iaspidis uiridis uirorem fidei inmarcessibilem significat . . . memoriam in humilium animo; (*b*) f. 51ʳᵛ Gradus etatis sex sunt Infantia Pueritia Adolescentia Iuuentus Grauitas Senectus Infantia tendit . . . terminus .vi. etatis; (*c*) ff. 51ᵛ Prima mundi etas ab adam usque ad noe continens annos iuxta hebraicam ueritatem M.dc.lv . . . perhenniter regnabunt expectant; (*d*) ff. 52ᵛ–54 (*text:*) Clama ne cesses—(*marg.:*) Clama enim dominus ad prophetam uel apostolos . . . (*text:*) in regulum—(*marg.:*) Erumpet—per aera volantes.

(*a*) on the significance of the twelve precious stones (Apoc. 21:19–20), cf. the passage in the gloss attributed to Bede, also Oxford Bodleian Library MS Auct.D.1.5 (*Sum. Cat.* 2117) ff. 99ᵛ–100; (*d*) Isa. 58:1–59:5 glossed. (*a–c*) cf. above Ripon Cathedral MS 3 ff. 44ᵛ–45.

3. (*a*) ff. 56ᵛ–74ᵛ (*text:*) Iacobus dei et domini—(*marg.:*) Iacobus iste ecclesie ierosolimitane . . . (*text:*) multitudinem peccatorum—(*marg.:*) gaudia uite celestis sibi conquirit; (*b*) ff. 75–93 (*text:*) Petrus apostolus—(*marg.:*) Tempore quo cepit ecclesia quidam de gentilitate—Aduenis dispersionis id est aduenis dispersis ab ierosolimis persecutione . . . (*text:*) in christo ihesu amen—(*interlin.:*) per orbem terrarum ecclesiis scribo; (*c*) ff. 93ᵛ–104ᵛ (*text:*) Simon petrvs seruus—(*marg.:*) Istam eisdem quibus et primam . . . (*text:*) in diem eternitatis. amen. (*marg.:*) frena laxantes. et alia mvlta; (*d*) ff. 105–119ᵛ (*text:*) Quod fuit ab initio—(*marg.:*) In principio epistole ad commendationem sermonis . . . (*text:*) a simulachris— (*marg.:*) simulacrorum seruitus; (*e*) ff. 119ᵛ–121ᵛ (*text:*) Senior electe—(*marg.:*) Seniores dicuntur presbitero uel pontifices . . . (*text:*) Gracia tecvm (*marg.:*) ex persona electorum salutat; (*f*) ff. 121ᵛ–123ᵛ (*text:*) Senior gaio—(*marg.:*) Videtur gaius fuisse corintius. Vnde paulus . . . (*text:*) amicos nominatim—(*marg.:*) a ueritate salute monstret extraneos; (*g*) ff. 123ᵛ–128 (*text:*) Ivdas ihesu christi seruus—(*marg.:*) Iudas qui et thadeus contra eosdem fidei corruptores . . . (*text:*) secula amen—(*marg.:*) cui nichil resistit

Stegmüller, nos. 11846–52. The preliminary matter, ff. 55ᵛ–56ᵛ, comprises the prologues, Stegmüller nos. 809, 810 (. . . percellat), and 803 (completed in a second hand), with others at appropriate points: nos. 816 (. . . vitam proficere f. 74ᵛ), 818 (f. 93ʳᵛ), and 822 (ff. 104ᵛ–105). The only breaks within the texts are at James 2: 1, 1 Peter 4: 12 and 5: 6. Notes for a corrector at the foot of ff. 100ᵛ, 105, and 113ᵛ. Chapter-numbers added s. xiii.

4. f. 128 De inuestigatione v mar[iarum] quas agiographa . . . egiptiaca cuius prosapia non inquiritvr

Marginal note 'apocrif'.

5. (added, s. xii ex.) f. 55 Introitus in epistolas canonicas. [O]stendit mihi dominus dicit zacharias propheta fabros quatuor . . . in quo ostendit se ordinasse et correxisse epistolas canonicas.

Identification of the four smiths, Zech. 1: 20, with the four writers of the Catholic Epistles.

ff. 128 + i. f. 129 is the former blank medieval pastedown. 205 × 137 mm. Written space c. 144 (art. 1), 130 (art. 3) × 111 mm., with central text column 44 mm. wide, varying in art. 1 44–60 mm. 15 text lines in art. 1, 12 in art. 3; gloss independently ruled. Collation: 1–6⁸ 7⁶ 8–11⁸ 12⁶ 13⁸ 14¹⁰ wants 4 after f. 103 8 after f. 106 (both blank) 15⁸ 16–17⁶. Red initials. Contemporary (?) binding of thick wooden boards flush with leaves and covered with white leather; ears projecting at head and tail of the spine; central strap-and-pin fastening replaced since 1617 by two clasps now missing. Secundo folio (f. 2) *uino*, (f. 3) *in asia* (text), *Asia. elatio.* (gloss).

Written in England. 'Liber de sancte marie Buldwas', s. xvi in., f. 128ᵛ. Bought with School money in 1617, see Accession Roll m. 16. 'Mus-III–50', the 1788 School pressmark, inside front cover and on spine–labels.

13. *Homelie* s. xvᴵ

Dominica ijᵃ in Aduentu domini: et quere dominicam primam in aduentu domini in die ramis palmarum—Erunt signa in sole et luna—Saluator noster dilectissimi fratres preparatos nos inuenire desiderans prenunciat mala . . . (138ᵛ) in corda nostra dignetur descendere—Amen.

Seventy-eight short homilies on the Gospels, 2nd Sunday in Advent – 1st Sunday after Easter, Thomas ap., 2nd – 5th Sunday after Easter, Philip and James, Invention of Cross, Ascension – 25th Sunday after Pentecost, followed (f. 108ᵛ), without a break, by thirty-one similar homilies for saints' days, vigil of John Baptist – Michael, and (f. 120ᵛ) the Common of saints; cf. the longer set in BN MS lat. 3804, Schneyer, *Rep.*, ix. 150–6, listing three other manuscripts. After the text most begin 'Rl Omelia eiusdem', but no author's name occurs; attributed erroneously to Gregory, s. xv ex., f. 1, and s. xvi, label stuck to f. 140. The first part of those for 3rd Sunday in Advent (f. 4, continuing f. 6 Salamon dicit Vade piger ad formicam . . .), 2nd Sunday after Epiphany (f. 32), and Innocents (f. 21ᵛ) are *PL* lvii. 915–19 (from Vatican MS Chigi A.vi.181).

Contemporary notes and scribbles at the beginning and end include: (*a*) f. iv mullier mersa cum nauis and hokis ser(c)he downe þᵉ wa*t*er sponsus dixit non [ita] sed vp þᵉ strem quia semper contrarius fuit; (*b*) f. vᵛ Presbiter est verus cui constat Iste libellus; (*c*) f. viʳᵛ (i) fuit quidam clericus . . . , (ii) fuit quidam mutus . . . , (iii) Factum est vt quidam puer scolaris ex consuetudine versus scolas . . . ; (*d*) f. viᵛ schort mas and longg den*er* displicit deo; (*e*) f. 139 Gylde st[. . .] Ryc' hale Christophor qwetell x s. [. . .] Roger lyzfote Robart Wylkok xij s. ii d. ob' Tomas Baro Ric' spenser xxij s. ij d. ob' Syr huw þᵉ *par*son and þᵉ maydyns xvij s. ix d. ob' Tomas radeclyf Joh' Waley x s. Summa For (?) þᵉ box l s. vj d. (*altered to* lx s. xij s. vj d.).

(c) the analogue of Chaucer's three miracles of the B.V.M.; (i) a clerk who struck his wife for giving him no dinner, (ii) a mute who spoke the words Beneveniatis, libenter, ad vestram voluntatem, (iii) an analogue of Chaucer's Prioress's Tale, nearly the same as nos. 3–7 in Group C of the versions of this tale, see W. F. Bryan and G. Dempster, *Sources and Analogues of Chaucer's Canterbury Tales* (1941), 469–75.

ff. vii + 138 + iv. Late medieval foliation of ff. 1–137. Paper. ff. iv–vii and 140 are medieval parchment flyleaves. 222 × 148 mm. Written space 168 × 95 mm. Drypoint frame ruling. 28–37 long lines. Collation: 1–17⁸ 18 two. Written in anglicana. Red initials. Binding uniform with MS 2. Secundo folio *velut leti*.

Written in England. The title (f. 1), foliation, and probably some of the running-titles, are in the same s. xvi hand as in other books given by Richard Bostock in 1607, see donation-label as MS 1 stuck to f. iii. 'd (?) 22', s. xvii, School pressmark (?).

14. *Equivoca*

s. xvi in.

1. ff. 1–123ᵛ Augustus ti to cesar uel mensis habeto / Augustus tus vi vult diuinacio dici . . . Zeta. Magnatum camera bene dicetur fore zeta / Et secreta datur magnatibus appropriatur. Deo gracias quod Kyrke.

The popular *Augustus ti to*, see above MS 4 art. 11, expanded to four times its length by adding verses on the same words and on new words, e.g. lines 1–6 of Augustus ti to are here lines 1–4, 15, 53.

2. (added) f. 124ʳᵛ

to gane	to snese	to sobbe	Wannill' (or spue)
Oscito	sternuto	singultio	nauceo . . .
. . . to bow wᵗ þᵉ hed to speke	to fele	to make	to glade
Conquiuisco loquor	sentio	fabrico	letor

Hec a natura contingunt omnia nobis. Expliciunt proprietates populorum solito vsu functe.

Twenty-five lines of verse, similar in method to the printed verse vocabularies of John Stanbridge.

3. Scribbles and notes added in margins and blank spaces, s. xvi, include (a) f. 72ᵛ the beginning of the will of Richard Torr, or Tor, 20 Dec. 1560, ' . . . I ryc' tor bequeath my soule vnto almyghty (*sic*) and our blessed ladye sancte mary. I bequeth my bodye to be buryed in yᵉ church yeard (?) of shrardon'; (b) f. 87 draft of a letter; (c) f. 87 notes of payments and debts in which John Tor's name occurs; (d) f. 100ᵛ scribble including John Torre's name; (c) f. 125 (flyleaf) Latin–English vocabulary of parts of the body, clothes, etc., s. xvi ex.

ff. 124 + i. Paper; parchment strips from s. xiv and xv manuscripts used to strengthen the centre of each quire. 220 × 155 mm. Written space c. 154 × 85 mm. Top and bottom lines only ruled, in drypoint. 20–9 long lines. Collation: 1–2²² 3–4²⁴ 5–6¹⁶. Written in a current straggling hand. No ornament. Wrapper of stiff parchment, enclosing a folio-size folded leaf of a well-written s. xiii Psalter (Pss. 1:1–9:16) in 2 cols. of c.47 lines.

Written in England, by a scribe named Kyrke, f. 123ᵛ. Belonged probably to the Torre family of Shrawardine, Salop, s. xvi, see art. 3. Bought probably with School money in 1606 as one of three paper quartos, see Accession Roll m. 2. 'Mus-III–42 (*corrected to* 52)', inside front cover, is a School pressmark of the type associated with the 1788 catalogue, in which this manuscript was not entered.

15. *Gregorius Magnus, Dialogi* s. xiii[2]

Incipit prefatio libri dialogorum beati gregorii pape urbis rome de uita sanctorum Quadam die—(f. 1ᵛ) Uenantii quondam . . . hostia ipsi fuerimus: prestante domino nostro ihesu—Amen. Explicit liber quartus dialogorum beati gregorii pape.

PL lxxvii. 149–429. Gaps through the loss of leaves: four after f. 58 containing 332C In secundo – 349A obsequium eius, and one after f. 64 containing 376A intingat extremum – 380B Siciliam duci. Chapter-numbers added in bks. 1 and 3, s. xv.

ff iii + 76 + iii. f. iii is a medieval parchment pastedown, raised and reversed. 262 × 183 mm. Written space 178 × 120 mm. 2 cols. 33 lines. Collation: 1¹⁰ 2–5¹² 6¹² wants 1–4 before f. 59 and 11 after f. 64 7¹² wants 12 (blank). Initials: (i) to preface and each book, in red and blue with ornament of both colours; (ii) to chapters, alternately red and blue with ornament of the other colour. Medieval binding of bevelled wooden boards covered with red leather, rebacked; three strap-and-pin fastenings now missing. Secundo folio *colonus eius*.

Written in England. 'E 7ᵐ liber 4ᵒʳ dialogorum gregorii pape rome Fratrum Minorum herefordie', s. xiv, f. iii (formerly the verso of the pastedown). '[N]ouerint vniuersi per presentes me Thomam Harrings', s. xvi ex., f. 39. '[W]ee will and commaund—to come vnto *our* Mannor of Hommlacie—to yeeld a reconing—', s. xvi ex., f. 42ᵛ, presumably refers to Holme Lacy near Hereford which belonged under Elizabeth to a branch of the Scudamore family. 'Bibliothecae Salopiensi D: D: D: Robertus Gittins Rector ecclesie Malpasij August .1. Anno Domini 1611', f. iii, and cf. donation-label stuck to f. iii. 'Thomas Chalone[r]', f. 58, cf. MS 17.

16. *Medulla grammatice, etc.* s. xiv[2]

Bursill-Hall, p. 234, no. 262.2 registers arts. 1 and 3.

1. ff. 3–82ᵛ Hec est regula generalis pro toto libro (*preface*) -Alma (intcrpretatur) [*over erasure of* id est] virgo abscondita vel abscon(sio) virginitatis Aaron . . . Zonico as to girde (up) Explicit Medulla Gramatice.

This and other copies listed A. Way, *Promptorium parvulorum*, iii, Camden Soc. lxxxix (1865), l-liv. f. 82ᵛ, perhaps in the hand of the *Medulla*, 'Sex sunt note scilicet vt re mi Fa sol la. vt significat ut abstiniatis vos a fornicacione tam carnali quam spirituali. re. id est resistite diabolo ut fugiat a uobis mi. miseremini animabus vestris et placete deo Fa. facite vobis amicos et fugite a via iniquitatis sol. soliciti sitis pro peccatis vestris la. lauamini et mundi estote.'

2. (*a*) ff. 83–5 ten farced kyries: Pater creator, Kyrie fons bonitatis, Kyrie omnipotens, Kyrie rex genitor, Cunctipotens, Lux et origo, Orbis factor, Rex uirginum, Kyrie uirginitatis amator, Lux et gloria regis; (*b*) ff. 85–108ᵛ seventy-one sequences, Advent–Nicholas (Temporal and Sanctoral together), followed by Common of saints and Dedication; (*c*) f. 108ᵛ Inuentor rutili.

(*a*) *Sarum Missal*, pp. 1–4, 538–9; (*b*) the usual collection of the late medieval Sarum rite, as printed in *Expositio sequentiarum secundum usum Sarum*, but here without Stola jocunditatis (Vincent), Testamento veteri (Anne), or Christo inclito candida (All Saints), and, as in earlier usage, with Spe mercedis and Jubilans concrepa, *Sarum Missal*, pp. 142 (Thomas of Canterbury), 404 (Friday after Easter); (*c*) *Sarum Missal*, p. 117 (Easter vigil).

3. ff. 109–11 [P]artes orationis quot sunt. Octo Que. Nomen—Interieccio. Nomen quid est pars oracionis quem vnicuique subiectorum corporum . . .

instrumentum rusticorum dictum a ruris dentibus quo rustici *left unfinished*.

The point at which this copy breaks off corresponds to p. 377 col. 2/4 in the complete copy of the dialogue in Oxford Bodleian Library MS Auct.F.3.9 pp. 375–414 (s. xv). Here, in the passage 'Quid est cognomen . . . ', there is a second example not in MS Auct: 'Iohannes Cassell id est de cognacione cassell', f. 109ᵛ.

4. ff. 111ᵛ–112 Felle columba Caret Sic christianus debet carere omnis amarido et ira . . .

Moralization of the dove's seven 'nature': (i) Felle columba caret, (ii) Esu mortifira spuit, (iii) Optima grana legit, (iv) Aliorum pignora mittit, (v) pro cantu gemitum habet, (vi) Et per aquas cauet hoste, (vii) Petra sibi nidus.

5. added, s. xiv/xv: (*a*) f. 2 Sciendum est nobis et magna diligentia intelligendum . . . ; (*b*) f. 113ᵛ Domine iesu christe qui hanc sacratissimam carnem tuam . . . nunc et in euum; (*c*) f. 113ᵛ Stabat mater.

(*a*) note on the proper endings for prayers invoking the Father alone, the Father and the Son, the Son alone, etc.

ff. ii + 110 + iii, foliated 1–112, 112*, 113–14. f. 1, conjoint with f. 2, former pastedown. ff. 2, 112*–114 are medieval flyleaves. Hair side of some leaves very dark. c.240 × 158 mm. Written space c. 188 × 120 mm. 2 cols. 43–7 lines in art. 1; 27–30 in art. 2. Frame ruling. Collation impracticable; quires appear to be mainly eights. Written in anglicana, by at least three hands: arts. 1–2; art. 3; art. 4, and perhaps 5. Red initials. Medieval binding of bevelled wooden boards covered with red leather, repaired; three strap-and-pin fastenings now missing. Secundo folio *acetabulum*.

Written in England, in East Anglia to judge by vernacular spellings. Form of conveyance of the manor of O (?) in Oxfordshire by W. de B. to I. de G., beginning 'Robertus Neutune in flete strete iuxta pontem procurator', s. xiv/xv, f. 113. 'Iohannes barell' dedyt [. . .] Warnar', s. xiv/xv, f. 1ᵛ. 'Robertus sum sum sisto. Burcetur est bonus sum', s. xv, f. 113ᵛ. Bought with School money in 1606, see Accession Roll m. 2. 'Schola Sallopi', s. xvii, f. 114. 'Mus-X–29', 1788 School pressmark, on spine-labels.

17. *Vetus Testamentum i* s. xii/xiii

A section of a large Bible, Gen. 3: 6–Josh. 12: 23, with gaps through the loss of five leaves. List of 147 unnumbered capitula to Exodus only, 'De infantibus hebreorum . . . impleuit illud', *Biblia sacra* Series Gamma Forma a. Each book except Leviticus ends with a note recording the number of its verses. Deut. 32: 1–43, Canticle of Moses, divided into 66 verses by coloured initials; similarly Exod. 20–4. Prologue to Joshua: Stegmüller, no. 311, as normal. Chapter-numbers added s. xiv, each flanked by roundel(s), cf. pressmark in MS 31 below.

ff. iii + 106 + iii. 415 × 302 mm. Written space 292 × 198 mm. 2 cols. 40 lines, the first above the top ruled line. Pricks in both margins. Collation: 1⁸ wants 1 before f. 1 and 8 after f. 6 2–7⁸ 8⁸ wants 1 before f. 55 9⁸ 10⁸ wants 6 after f. 74 11–13⁸ 14⁸ wants 6, 7 after f. 105. Written in two large hands, the second from f. 39 (6¹). Initials: (i) to books, in red and blue with ornament of both colours; (ii) to chapters and verses as above, 1-line, alternately red and blue with ornament of the other colour. Binding uniform with MS 2.

Written in England. Names scribbled s. xiv: 'Symon bristwe', f. 29ᵛ, 'Symon bristowe', f. 75ᵛ,

'Henricus de Swydunne (?)', f. 30, 'Gaver Gauere Gauer', f. 33, 'Gilbertus', various ff. 'Tho: Chaloner Archipaedagogus Scholae Salopiensis Anno Domini 1640', f. 84ᵛ. Given by Mr Thomas Unton, parson of Montford (Salop), see Benefactors Book f. 29ᵛ under 1642 in retrospective section covering 1641–4.

18. *Mattheus and Johannes, cum glossa* s. xii/xiii

1. ff. 1–67 (*text:*) Matheus ex iudea qui et leui sicut in ordine—(*marg.:*) Et se quia esset . . . (f. 1ᵛ) (*text:*) Liber generationis—(*marg.:*) Ieronimus. Hebrei uoluminibus . . . (*text:*) consummationem seculi (*marg.:*) diuina mansione sunt digna

Prologue: Stegmüller, no. 590. Marginal chapter-numbers, I–XXIX (altered to '28' in crayon s. xiv). f. 67ᵛ blank.

2. ff. 68–112 (*text:*) Hic est iohannes euangelista—(*marg.:*) Augustinus. Omnibus diuine scripture . . . (f. 68) (*text:*) In principium—(*marg.:*) In principio omnium creaturarum . . . (*text:*) scribendi sunt libros (*marg.:*) excedere fidem per hyperbolem

Prologue: Stegmüller, no. 624. Marginal chapter-numbers, I–XVI. f. 112ᵛ blank.

ff. iii + 112 + iii. 380 × 258 mm. Written space 228 × 156 mm; vertical ruling for four columns, 37, 32, 36, 36 mm., with text varying in width on a single page up to the full measure. Single ruling for text and gloss lines. Text in 22 lines; gloss in 66, first above top line. Collation: 1–6¹⁰ 7⁸ wants 8 (blank) after f. 67 8–11¹⁰ 12⁶ wants 6 (blank). Initials: (i) to books and prologues, in red and blue with ornament of both colours; (ii, iii) in two sizes, to verses and each section of marginal gloss, alternately red and blue. Binding uniform with MS 2. Secundo folio *nuit iudam* (text), *De iuda* (gloss).

Written in France (?). Given by Richard Bostock in 1607, see donation-label as in MS 1 stuck to f. iii. 'Joh' Lewis', s. xvii med. (?), f. 25ᵛ.

19. *Biblia* s. xii/xiii

Two sections of a Bible, Genesis–2 Chronicles, Isaiah ending imperfectly (37: 19); (f. 130ᵛ) Gospels, Acts, Apocalypse, Catholic Epistles, Pauline Epistles. Single leaves missing after ff. 3 (end of prologue Desiderii mei–Gen. 4: 14) and 187 (Eph. 4:13–Col. 4:9), and a large gap after f. 129, which contained, according to the list of contents, s. xiv, now misbound as MS 20 f. 161, Jeremiah, Ezekiel, Daniel, Minor Prophets, Baruch, Ezra, Nehemiah, Proverbs, Ecclesiastes, Song of Songs, Wisdom, Ecclesiasticus, Job, Tobit, Judith, Esther, 1 and 2 [Maccabees], without mention of Psalms. Chapters do not start on a fresh line except in parts of 2–4 Kings. ff. 104ᵛ and 130, after 1 Chronicles prologue and before Matthew, blank.

The prologues are 24 of the common set of 64 (see below Ushaw 2) and 5 others shown here by *: Stegmüller, nos. 284 (undivided), 285, 311, 323, 328, 482, *595, *596 (. . . uiuis canendas), 590, 607, 620, 624, 640, *834, 809, *669 (. . . et manentem substantiam), *674, 677 (. . . ab athenis), 685, 699, 707, 715, 747 (. . . per timotheum diaconem), 752, 765 (. . . ab urbe), 772, 780 (. . . a nicopoli scribit: scripta de laodicia), 783, 793.

ff. iii + 193 + iii. One leaf now MS 20 f. 161. 340 × 247 mm. Written space c. 230 × 140 mm. 2 cols. 56–9 lines; first above top ruled line. Pricks in both margins. Collation: 1^{10} wants 3 after f. 2 2–13^{10} 14^{10} wants 1 before f. 130 15–18^{10} 19^{10} wants 10 after f. 187 20^6; many quires missing after quire 13. Initials: (i) to Frater Ambrosius, Exodus, 1 Kings, Isaiah, and Matthew, in colours (and gold, f. 1), on pink (and blue) grounds; (ii) to other books and prologues, red and blue with ornament of both colours; (iii) to some chapters in 2–4 Kings, alternately red and blue with ornament of the other colour; (iv) to many NT chapters, alternately red and blue. Binding uniform with MS 2. Secundo folio *in carne mea*.

Written in England. 'John sloyde', s. xv/xvi, f. 28. 'wylyam badle of preston brochurst' near Shawbury Salop, s. xv/xvi, f. 104^v. 'Roger By[. . .]', s xv/xvi, 'Richard Foxe Drayton (?)', s. xvi, f. 193^{iv} 'Iohannes dych[. .] est verus huius libri possessor', 'per me Dichar', f. 1; 'John Dichar finis per me', MS 20 f. 161^v (from this MS); '1606 This book was given by Mr John Dychar vicar of Shabury in the county of Salop', donation-label stuck to f. iii. '3', old School number, f. 1.

20. *P. Lombardus, Sententiae*   s. xii ex.

[C]upientes aliquid de penuria . . . (f. 2) Omnis doctrina: est de rebus (capitula) . . . (f. 2^v) Multi unam substanciam patris et filii predicant . . . (f. 4) partiendo diuiserunt. Ueteris ac noue legis continentiam . . . uia duce peruenit. Expliciunt sententie magistri petri parisiensis episcopi.

PL cxcii. 521–962. Lists of capitula before each book, defective, save for bk. 1, through the removal after 1609 (see damage to inscription f. 1) of single leaves after ff. 50 and 115, and the mutilation of ff. 1 and 87, for their initials. Distinction numbers added in margins, s. xiv in. The brief treatise on the substance of the Father and the Son, ff. 2^v–4, has the rubric 'Hyl' in iiij libro de sinodo' in the margin, and is a *catena* consisting of PL x. 525/6–25, 526/25–32, 527/15–528/4, 529/5–13, 530/7–17, 539/21–540/7, 540/9–16, 538/26–7, 540/17–541/21, 544/6–545/5, 541 n. g (Numquid uideor . . . recepisse), 513/38–514/10, 523/33–524/18, 490/4–14, 525/26–526/15, 534/3–535/41; found elsewhere, e.g. Florence BN MS Conv.vi.28 (see Sentences ed. Quaracchi (1916), p. lxxii), Norwich Public Library MS TC28/4 (S.D.4.3) ff. 33^v–34 (see MMBL iii. 561), Oxford Corpus Christi College MS 52, and Salisbury Cathedral MS 86.

ff. iii + 160 + iv. f. 161 belongs in MS 19. 334 × 230 mm. Written space 223 × 148 mm. 2 cols. 42 lines, first above top ruled line. Collation: 1–6^8 7^8 wants 3 after f. 50 8^8 wants 4,5 after f. 58 9–14^8 15^8 wants 7 after f. 115 16–20^8 21^4. Quires numbered at the end, s. xiii. Initials: (i) f. 4, others removed, in red on gold and blue ground with lions and birds; (ii) to paragraphs, alternately red and blue, most with ornament of the other colour. Binding uniform with MS 2. Secundo folio (f. 2) *Quare tres*, (f. 3) *par*.

Written in France. Annotations in English hands, s. xiii and s. xiv. 'Scholae Salopiensis ex dono Iohannis Woodhouse Scholae Draytonensis Ludimagistri 1609', f. 1, and cf. donation-label stuck to f. iii. '2', old School number, f. 1 and spine-label.

21. *Gregorius Magnus, Liber pastoralis*   s. xi/xii

1. ff. 1–105^v Incipit liber primus pastoralis curae editus a beato gregorio [papa *erased*] (episcopo) urbis romę ad iohannem ravennatem episcopum. Pastoralis curae me pondera . . . manus leuet. Explicit liber secundus regulę pastoralis beati gregorii [papae *erased*] urbis romae ad iohannem episcopum ravennae.

PL lxxvii. 13–128. Here divided into 2 books, but with a single original chapter numeration, i–

lxv; bk. 2 (*PL* bk. 3) begins at cap. xxiii. Table of chapters, added s. xii, ff. 106–107ᵛ. The passage 'Aliter nanque admonendi sunt uiri . . . breuitate pandamus', *PL* lxxvii. 50–1, is referred to in a note, s. xiii, f. 34, 'Ista capitula non legantur ad collacionem . . . '. Notes, 'contra lollardos', ff. 73, 74.

2. (added, s. xiv) (*a*) ff. 104ᵛ–105 margins Sancte anne matris marie leccio iiᵃ Igitur in hystoriis tribuum israel . . . donec uisitaret eum dominus; (*b*) f. 105ᵛ (i) Pater noster qui es Yow fad*ur* whyche yᵘ art i*n* hewene . . . , 12 lines, (ii) Aue maria heyl be yᵘ mary ful o gr*a*ce . . . , 4 lines.

Short lections, numbered ii–ix, for Anne; (*b*) English versions in rough rhyming verse.

3. (added, s. xv ex.) ff. 108–10 [T]emporibus piisimi imperatoris Iustiniani . . . disponente hoc domino deo ueritatis. qui uoluit hoc memorabile pen[..] subcinerari. Cui est honor—Amen etc. Explicit tractatus quem episcopus lincolniensis Robertus iiᵘˢ transtulit de grego in latinum de probacione uirginitatis beate marie et sacerdocio ihesum cuius noticia ad doctores nostros non peruenit antiquos. Absconditum enim extitit per multa tempora ex india Iudeorum blasphemantium et dicencium Ihesum non fuisse virginis. Istud scriptum accepit Matheus parisiensis ab episcopo memorato etc.

This copy of the most commonly found of the *Suda* lexicon sections translated by Grosseteste is not among those listed Thomson, *Grosseteste*, pp. 64–5. BL MS Royal 4 D.vii ff. 246ᵛ–248, in the hand of Matthew Paris, is the only other known copy ending with the passage 'disponente . . . memorato' above.

4. (added, s. xvi) f. 95ᵛ Aue regina celorum . . . , *RH*, no. 2070.

5. (added, s. xvi, by a writer signing 'quod Ric' B', ff. 3, 110ᵛ) (*a*) on a piece of parchment stuck to f. iii Latin memorandum that 'magister meus', Henry Siddall, received the benefice of Barrow in Cheshire, 18 May 1546, see Ormerod, *History of Cheshire*, ii. 340; (*b*) ff. 96ᵛ–97 Latin model (?) letter alleging neglect and disobedience by the rector, Roger B/Glower, 'in ecclesia vestra pariochiali . . . valete E palacio meo Richmundi Ric' Co et Lich', cf. (?) Richard Sampson, bishop of Coventry and Lichfield 1543–54; (*c*) f. 110 English form of summons to muster, with imaginary names, by John Benet bailiff of Blackmaster hundred Worcestershire following the king's letters patent to Sir George Compton, high sheriff.

6. (added, s. xvi) f. 105 note 'anno domini millesimo quinge^{mo} quadra^{mo} octauo et cons. nostri anno decimo sexto' gives a dating appropriate only to Thomas Cranmer archbishop of Canterbury among English and Welsh bishops.

ff. iii + 110 + iii. 285 × 188 mm. Written space c. 196 × 107 mm. Drypoint ruling. 25 long lines. Collation: 1–13⁸ 14 three (ff. 105–7) 15 three (ff. 108–10). Initials: (i) to prologue and both books, in red and brown with dragons and animal heads, on red and green grounds; (ii) to chapters, alternately red and green, some with a little ornament of the other colour. Binding uniform with MS 2. Secundo folio *honoris. Uideri.*

Written in England; the use of colour in the minor decorative features closely resembles that of a Gregory, Moralia, given (1083 × 1096) to Durham Cathedral Priory by Bishop William of St Calais, see R. A. B. Mynors, *Durham Cathedral Manuscripts* (1939), pl. 28. Belonged presumably to a religious house, s. xiii, see above f. 34 note, and to 'Ric. B', s. xvi, see art. 5 above. 'Wyllam

smyght Jon smyght Thomas smyght', s. xvi, f. 40ᵛ; also f. 74ᵛ 'Wyllyam smyght'. Bought with
School money in 1606, see Accession Roll m. 2. '7', old School number, f. 1.

22. *Gilbertus Porretanus, In Psalterium*   s. xii²

Christus integer caput cum membris (*preface*)—(f. 1) Beatus vir. Huic psalmo
non est ausus hesdras . . . totam istam armoniam spiritualiter uolens intelligi. ita
conclusit. Omnis spiritus laudet dominum.

Stegmüller, no. 2511. The author died in 1154. Lemmata written continuously with
commentary and distinguished by underlining, as in Leicester University Library MS 11 A + B
(see *MMBL* iii. 85) and Oxford Balliol College MS 36; the text is written separately and larger in
Oxford Bodleian Library MS Auct.D.2.1 (*Sum. Cat.* 2312), and Magdalen College MS lat. 119.
Psalms numbered, originally occasionally, and s. xvi.

ff. ii + 85 + iii. 290 × 195 mm. Written space *c.* 250 × 165 mm. 2 cols. 64–7 lines; 45 lines in
quire 3. Collation: 1⁸ wants 8 (probably blank) after f. 7, 2–5⁸ 6⁶ wants 6 (probably blank) after f.
44 7–10⁸ 11⁸ + 1 leaf (f. 81) after 4. Quires 3 and 7 numbered at end, IIII and VIII. One
principal hand, but at least four others, ff. 24, 32, 53, and frequent interchange ff. 53ᵛ–55. Blank
spaces at the ends of quires 2, 6, and 9 (ff. 15ᵛ, 44ᵛ, 68ʳᵛ), cf. also removal of last leaf of quires 1
and 6, presumably through scribes writing too small while following quiring of exemplar (the
first word(s) of each quire are 2 Exaudi, 3 mortem, 4 sensum, 5 quam beth, 6 quam, 7 iudicio, 8
aliene, 9 hoc apostolus, 10 legis, 11 Et non dixerunt). Initials, to each psalm, left blank, except
ff. 1–8, red, brown, green, or blue, and ff. 16–23 (quire 3), ff. 31ᵛ–32 and 45–52 (quire 7),
alternately red and blue with ornament of the other colour. Binding uniform with MS 2.
Secundo folio *Et tunc*.

Written in England. 'Iste liber constat Wyllyam Goz Anno domini m° ccc° lxxvj', erased but
visible under ultra-violet light, f. 85ᵛ. Psalms numbered in the same s. xvi hand as in other books
given by Richard Bostock in 1607, see donation-label as MS 1 misplaced in MS 28 f. iii.

23. *Floretum + Rosarium theologie*   s. xv med.

MS S2 in C. von Nolcken, *The Middle English Translation of the Rosarium
theologie*, Middle English Texts 10 (1979); see especially pp. 12–13.

1. ff. 3–138 Absolucio. Dominus noster ihesus christus dixit beato petro . . . sunt
multe condiciones *ending imperfectly*.

Alphabetical collection of theological 'distinctiones', with major gaps left in the original text:
after f. 36 Cantus–Cena, after f. 42 Concupiscentia–Cursus, after f. 57 Edificia–Luxuria, after f.
83 Membra–Miseria, and after f. 138 Preceptis–Zelus. Blank spaces were left at these points;
some were later filled, see art. 4 below, and some remain: ff. 36, 42, and 138. The gaps appear
attributable to the exemplar, since there is no evidence of any loss of leaves after the quires were
signed, a–m, or the leaves foliated s. xvi in.
Traces of the division into *tituli* cease after '57' Communicacio, f. 41ᵛ.

2. ff. 154–5 (paper) same text in the same hand as ff. 3–4ᵛ above, presumably
abandoned in favour of parchment.

3. Sections from the *Rosarium theologie* to supply in part the two largest gaps in
art. 1: (*a*) ff. 59–71ᵛ (quire 5) Epiphania, Error, Figuratiuam–Lex; (*b*) ff. 142–53

(quire 12) [Sanctificatio]– Zelus, *ending* opus prauum etc. Explicit Rosarium theologie quod I.

Presumably the source of the title 'Rosarium Theologie', s. xv/xvi, f. 3.

4. Sections, chiefly from *Floretum*, to supply further gaps in art. 1: (*a*) f. 43^{rv} Emulacio, Epiphania; (*b*) f. 44^{rv} Scandalum, Apostasia, Elementa; (*c*) f. 58^{rv} Equalitatis, Equitas, Error; (*d*) ff. 138^v–141^v Satisfaccio, Temptacio, Uincere, Uindicta, Parentes, Papa, Possessio, Postulacio, Potestas, Homicidium; (*e*) ff. 155^v–174^v Accusacio, Peccatum, Edificia–Exequendo, Sabbatum, Sacerdos, Episcopus, Eleccio, Elemosina, Edificacio, Exposicio, Fabula–Figura.

The article Papa, f. 139^v, incorporates a request that the Pope compose in Canterbury's favour its quarrel with York 'de antiquo languore portacionis crucis'; a settlement of this was reached in 1353.

5. ff. 1–2^v (paper) list of contents, s. xvi^1, and added side notes thoughout the manuscript, are in the same s. xvi hand as in other books given by Richard Bostock in 1607.

ff. v + 172 + iii, foliated (i–iii), 1–177. ff. 4–173 foliated '2- 171', s. xvi^1. ff. 1, 2, 32–4, 36–7, 39–41, 43–58 (quire 4), 96–129 (quires 8–10), and 154–74 (quire 13) paper; parchment strips from a canon law manuscript, s. xiii, used to strengthen quires 4, 9, 10, 11, and 14. 298 × 220 mm. Written space *c*. 230 × 145 mm., varying greatly. 2 cols. 40–55 lines. Collation: 1^{12} 2^{16} 3^{12} 4^{16} 5^{12} 6 one (f. 71) 7–8^{12} 9^{12} with 4/9 (ff. 99, 104) mis-signed and bound the wrong way round wants 11, 12 (? blank) after f. 105 10–13^{12} 14^{22} wants 22 (blank). In quire 14 five leaves (ff. 156–60) signed [1]–5 intervene between leaves signed dij and d[iij]. Written by four or five scribes, probably working contemporaneously, in secretary, except ff. 130–8 in fere-textura. Initials: alternately red and blue; ff. 155–74 spaces left blank. Binding uniform with MS 2. Secundo folio (f. 4) *a vobis solui*.

Written in England. Table of contents (ff. 1, 2), foliation, and notes are in the same s. xvi hand as in other books given by Richard Bostock in 1607, see donation-label as in MS 1 stuck to f. iii. '17', 1788 School number, f. 1 and f. iii label.

24. *P. Comestor, Historia scholastica; etc.*   s. xii/xiii

1. ff. 11–143 Reuerendo patri et domino suo Willelmo dei gratia renonensi (*sic*) archiepiscopo . . . Imperatorie maiestatis . . . scilicet in cathacumbis. Explicit liber comestoris.

PL, cxcviii. 1053–722. Omission in Historia evangelica, see art. 4 below. Gaps through the loss of two quires: parts of Genesis after f. 30 and of 3–4 Kings after f. 70, *PL* 1140–84, 1366–407. Chapters numbered s. xiii in ink or crayon.

Arts. 2–7 added, s. xiii, on a preliminary quire and on blank leaves at the end of the last quire.

2. ff. 1^v–4 Capitula scolastice hystorie De creatione empirei celi et quatuor elementorum . . . Quod disputabunt pharisei contra iudeos, *unnumbered*.

3. ff. 4^v–10 [Considerans historie] sacre prolixitatem necnon et difficultatem scolarium . . . eodem die quo et petrus. Benedicamus domino. Deo gratias.

Stegmüller, no. 6778 (Peter of Poitiers, Compendium historie in genealogia Christi), see P. S. Moore, *The Works of Peter of Poitiers* (1936), 96–117.

4. f. 143 Two chapters of the Historia scholastica, (*a*) 'De duobus cecis ierichondinis', (*b*) 'De instruccione nichodemi'.

Historia evangelica caps. 115 and 39. (*a*) is omitted in its place in art. 1, f. 114ᵛ. (*b*) occurs in art. 1 f. 106ᵛ, headed 'Quomodo poterit homo renasci'.

5. ff. 143ᵛ–146ᵛ (Incipit quidam tractatus de vltima destruccione ierusalem per vaspasianum et thitum secundum Iosephum *added s. xiv*). [S]ciendum est petrum imminente tempore passionis sue; clementem sibi substituisse . . . ytaliam copiose ditauit.

Another copy is Oxford Bodleian Library MS Laud misc. 88, art. 3.

6. f. 147ᵛ Laudemus viros gloriosos (Ecclus. 44: 1)—Super illum uersum. beatus vir qui impleuit desiderium suum etc. dicit augustinus funde quod portas . . . viri gloriosi. ad eorum gloriam perducat nos dominus ihesus christus.

A sermon.

7. f. 146ᵛ in the margin, a letter, written in crayon, s. xiii/xiv, partly legible, addressed to 'Magister michi Reuerentissime' and 'vestram reuerenciam' (lines 4, 21), mentioning 'sancti petri martiris', 'Cestrie', 'extremi de Mudel' cf. (?) Middle, Salop, 'de contemptu q[ua]m fecit suppriori et michi' (lines 8, 9, 12, 43–5); the writer hopes to visit London and see his correspondent, and refers to 'perficiendo peregrina[cionem]' in qua teneor sancto thome', the death (?) 'domine Ide', and a quarrel involving Domina Mabilia, 'dicte Rad', the subprior, and himself (lines 6, 13, 35–45).

The writer appears to have been a member of the Dominican convent of Chester, see also below.

ff. iii + 148 + iii. Foliation, s. xvi, before the loss of ten leaves after f. 30 and the same after f. 70. 336 × 228 mm. Written space 205 × 115 mm. Pricks in both margins. 2 cols. 50 lines; first above top line. Collation 1–14¹⁰ 15¹⁰ wants 9, 10 (probably blank). Single quires missing after quires 3 and 7. Catchwords quire to quire in ink, leaf to leaf in the first half of each quire in crayon or red ink. Initials: (i) f. 1, red and blue with ornament of both colours; (ii) to each main division, a line of *c.*6-line capitals, alternately red and blue; (iii) alternately red and blue with ornament of the other colour. Binding uniform with MS 2. Secundo folio (f. 12) *deus firmamentum*.

Written in England. Belonged perhaps to the Chester Dominicans in s. xiii/xiv, see above art. 7; 'Iste liber est de communitate Fratrum ordinis predicatorum Cestrie concessus Fratri Ade de Knotesford' ad terminum vite. qui eum alienauerit Anathema sit. Nisi pro meliori videatur communitati. Amen', s. xiv med., f. 1. Foliated, s. xvi, in the same s. xvi hand as in other books given by Richard Bostock in 1607, see donation-label as in MS 1 stuck to f. iii.

25. *Compendium theologie veritatis; R. Rolle*   s. xiv²

List of contents, s. xvi, f. 1ᵛ, has as its last item 'Item de vita contemplatiua que habet 3ᵉˢ partes', now missing.

1. ff. 2–81ᵛ (quires 1–6) Ueritatis theologice sublimitas—Deum esse multis ostenditur . . . secundum merita recipiet sine fine amen. Explicit veritas theologie

secundum fratrem Thomam De Alquino Consto (*sic*). Explicit veritas theologie.

Bloomfield, no. 6399.

2. ff. 82–164 Magna spiritualis iocunditatis—*Beatus vir* Scilicet christus qui vir dicitur . . . que constat ex populo suo.

Rolle on the Psalms and (f. 158ᵛ) six OT canticles, printed Cologne, 1536; Stegmüller, nos. 7298 and 7302. Twenty manuscripts listed Allen, *Writings*, pp. 165–8.

3. f. 164ʳᵛ Exposicio oracionis dominice. *Pater noster*—Hec oracio priuilegiata est . . . in veritate.

Rolle on the Lord's Prayer; Stegmüller, no. 7312, 1; Bloomfield, no. 8395. Editions and eleven manuscripts listed Allen, *Writings*, pp. 156–7.

4. ff. 165–172ᵛ Hic est libellus de emendacione uite siue de Regula viuendi . . . Ne tardes conuerti . . . eternaliter laudare. Ecce Wilelme formam viuendi paucis verbis descripsi quam si sequi uolueritis procul dubio ad magnam perfeccionem attingetis et cum bene uobis fuerit mementote mei qui vt uobis bene fiat uos prout potui excitaui. Explicit.

Rolle, Emendatio vite; Bloomfield, no. 3191. Allen, *Writings*, pp. 230–40 lists editions and ninety manuscripts, of which only one other, Oxford Bodleian Library MS Bodley 16, and that with singular forms, names William as the recipient of a copy sent by Rolle.

5. ff. 172ᵛ–173 (*a*) Augustinus in libro de spiritu et anima. Si caritatem habes . . . pudore confundor; (*b*) notes 'In quadam postilla super historias et est in glosa danielis 2'; (*c*) notes from Origen on 'troni positi sunt' (Dan. 7: 9).

(*a*) *PL* xl. 792–3; (*b*) on the six kinds of dreams.

ff. iv + 172 + iii, foliated i–iii, 1–176. f. 1 is a medieval flyleaf. 285 × 190 mm. Written space *c.* 223 × 134 mm. 2 cols. 43–70 lines, generally *c.*54. Collation: 1–4¹² 5–6¹⁶ 7–10¹² 11¹² wants 12 (probably blank) after f. 140 12¹⁰ 13¹² 14¹² wants 12 (probably blank). Quires 7–14 (arts. 2–5) signed a, b, d, g, h, c, e, f, but the present order of the leaves is correct. Blank spaces, ff. 117ᵛ 'nihil deficit hic', 140ᵛ, and 150ᵛ, and crowding, ff. 105ᵛ, 129ᵛ, and 162ᵛ, suggest an attempt to follow the quiring of the exemplar. Written in anglicana, probably in one hand. Initials: (i) to chapters in art. 1, in red and/or blue, with ornament of the other colour; (ii) in arts. 2–4, in blue with red ornament. Binding uniform with MS 2. Secundo folio *modo redempcionis*.

Written in England. 'Si caritatem habes deum habes quod canon*by*', s. xiv/xv, f. 173; 'Iste liber constat magistro Willelmo [. . .]', s. xv, erased, f. 173ᵛ. 'Iste Liber Constat Puero Generoso', s. xv, f. 1. Merchant's (?) mark, largely erased, f. 173. List of contents, f. 1ᵛ, in the same s. xvi hand as in other books given by Richard Bostock in 1607, see donation-label as in MS 1 stuck to f. iii. '10', old School number, f. 1 and donation-label f. iii.

26. *Cyprian; Bachiarius*   s. xii¹

Described A. C. Lawson, *Journal of Theological Studies*, 44 (1943), 56–8. This copy is Bévenot, no. *258*, belonging with almost all other English copies in his Group 5 B.

1. f. 1 Incipit sententia Cassiodori senatoris de sancto Cypriano episcopo. Impossibile est omnino . . . conscripsit.

Institutiones, I. xix: ed. Mynors (1937), p. 58. Followed by a numbered list, printed by Lawson, of the first twelve works below.

2. ff. 1–6^v Cecilii Cypriani ad donatum de emolumento gratię quę per fidem proficiat. Bene admones donate . . . religiosa mulcedo. Cecilii Cypriani ad donatum de emolumento gratię que per fidem proficiat liber i expl'.

ed. W. Hartel, *S. Thasci Caecili Cypriani opera omnia*, CSEL iii (1868), 3–16.

3. ff. 6^v–13^v De disciplina et habitu virginum Disciplina est custos spei . . . oculos ad sullime *ending imperfectly*.

ed. Hartel, pp. 187–203/19.

4. ff. 14–26 *beginning imperfectly* Adest christi militum . . . merebitur sed coronam. De Lapsis explicit.

ed. Hartel, pp. 237/17–264.

5. ff. 26–34^v Incipit de catholicę ecclesię vnitate. Cum moneat nos dominus . . . ad glorię prę *ending imperfectly*.

ed. Hartel, pp. 209–29/21.

6. ff. 35–46^v *beginning imperfectly* sed quanto maiora . . . gratias agere non *last word missing*.

ed. Hartel, pp. 267/8–294/14 (De dominica oratione).

7. ff. 47–52^v *beginning imperfectly* pacem. tunc liberatam . . . ex concupiscentia mundi *ending imperfectly*.

ed. Hartel, pp. 299/5–312/15 (De mortalitate).

8. ff. 53–61^v *beginning imperfectly* semper et operetur . . . Hoc est natiuitate *ending imperfectly*.

ed. Hartel, pp. 373/4–393/22 (De opere et eleemosynis).

9. ff. 62–70^v *beginning imperfectly* ingerere quam nostra patienter . . . immortalitate securus. Cecilii Cypriani ad demetrianum explicit.

ed. Hartel, pp. 351/17–370.

10. ff. 70^v–79 Incipit de bono patientię. De patientia locuturus . . . honoremur. Explicit de bono patientię.

ed. Hartel, pp. 397–415.

11. (*a*) ff. 79–82^v Inchoat de zelo et livore. Zelare quod bonum uideas . . . ebrietatibus. non in cubilibus *ending imperfectly*; (*b*) ff. 82^v/10–84^v *beginning imperfectly* Ita fit nec timeas . . . laudem deuoti- *ending imperfectly*.

ed. Hartel, (*a*) pp. 419–26/1; (*b*) pp. 341/7–346/20 (Ad Fortunatum). The two texts run on without a break.

12. ff. 85–93^v *beginning imperfectly* spe deuotionis . . . imitari eum. qui mo- *ending imperfectly*.

ed. Hartel, App. pp. 27/6–51/1 (De laude martyni).

13. ff. 94–131^v *beginning imperfectly* telligi et cognosci . . . adiutor. Auxi- *ending imperfectly*.

ed. Hartel, pp. 36/15–182/6 (Testimonia), lacking 90/16 agnum–116/1 ne and presumably the chapter-list to bk. 3 between ff. 112ᵛ and 113, through the loss of a quire probably.

14. ff. 132–143ᵛ *beginning imperfectly* disi deliciis . . . pregrauatur. quam eius qui semper in er- *ending imperfectly*.

PL xx. 1039/11–1061/22 (Bachiarius, Liber ad Januarium de reparatione lapsi). One division, at 1049/16–17.

ff. ii + 143 + iii. 252 × 177 mm. Written space 182–92 × 114 mm. 29–30 long lines. Crayon ruling. Collation 1⁸ 2⁸ wants 6 after f. 13 3–4⁸ 5⁸ wants 4, 5 after f. 34 6⁸ 7⁸ wants 2 after f. 46 8⁸ wants 1 before f. 53 9⁸ wants 3 after f. 61 10–11⁸ 12⁸ wants 3 after f. 84 13⁸ wants 5 after f. 93 14–17⁸ 18⁸ wants 4 after f. 131 19⁸. Probably one quire gone after quire 15. Written in a degenerate form of the 'Canterbury' script, e.g. with exaggerated hairlines, see N. R. Ker, *English Manuscripts in the Century after the Norman Conquest*, (1960), 27–8. Initials remaining after the removal of nine leaves: (i) to arts. 5, 10, and 11, in green, red, and brown; (ii) to arts. 3, etc., in red, brown, or (rarely) blue. Binding uniform with MS 2. Secundo folio *obduruit*.

Written in England, probably at Christ Church Canterbury to judge by the the script. 'AR' (?), f. 1 top right, cf. similar marks in this position in the earlier Christ Church books; no. 127 in the early-fourteenth-century Christ Church catalogue, *Ancient Libraries*, p. 31. 'Biblᶜᵃᵉ Sallopˢⁱ Tho. Higgons Clericus', f. 1 foot, as in MS 31; given by him in 1607, see MS 31 f. iii label.

27. *Hugo de S. Caro, In Apocalypsin* s. xv med.

1. ff. 1–214ᵛ (quires 1–27) Uidit iacob scalam stantem—Quatuor sunt cause huius operis . . . Apocalipsis etc. Liber iste diuiditur principaliter in duas partes . . . quicquid viderit corrigendum. Benedictus sit deus amen. Explicit Hugo de Vienna super Apocalypsim.

Stegmüller, no. 3771. No markings for subdivision of chapters. Note of correction at the end of quires 14, 23–5.

2. ff. 215–38 Abbas contra abbates et priores. Nota bene capitulo 14° c Abel . . . Item de zonis aureis et luteis. nota bene ca° 15 h Explicit

Index to art. 1, different from that in Oxford Bodleian Library MS Bodley 716. f. 238ᵛ blank.

ff. iii + 238 + iii. 277 × 190 mm. Written space 170 × 114 mm. 37–42 long lines. Frame ruling in ink. Collation: 1–22⁸ 23⁶ 24–28⁸ 29¹⁰ 30⁸ wants 7, 8 (probably blank). Quires 1–28 written in secretary; ff. 223–38 in anglicana. Initials blue with red ornament. Binding uniform with MS 2. Secundo folio *autem quod celum*.

Written in England; penwork decoration of the colophon, f. 214ᵛ, has three *E*s placed around an *S* and perhaps an *A*. 'Hugo de vienna super apoca', s. xv, on lower edge of leaves, reading from front towards spine. Annotated in the same s. xvi hand as in other books given by Richard Bostock in 1607, see donation-label as in MS 1 stuck to f. iii. '4', the old School number, f. 1 and label stuck to f. iii. 'John Downes', s. xvii, ff. 106ᵛ, 238ᵛ.

28. *Harmonia evangeliorum, cum glossa* s. xiii in.

Beginning imperfectly (*text:*) uocabis nomen eius iohannem (*marg.:*) quia per eius predicationem . . . (*text:*) confirmante sequentibus signis. (*marg.:*) euntem in celum

Stegmüller, no. 1280, the translation of Tatian's Harmony, commonly known as 'Unum ex quattuor' or, as here on the pastedown, 'Concordancie super euangelia', in 184 numbered sections, with a fairly full gloss. Contemporary marginal references 'supra' and 'infra', and to other books of the Bible using the early system of chapter numbering, e.g. 'Exo. cxix 123 *Deuteronomion* xxiij' against Matt. 15: 23, f. 46. Two additions to the original text, Matt. 16: 1–4 and Luke. 12: 54–7 (f. 50), and Luke. 17: 7–10 (f. 52ᵛ), also have the gloss.

ff. iii + 111 + iii. 305 × 205 mm. Written space *c.* 195 × 160 mm.; text column varying in width from page to page, 54 (f. 11) – 96 (f. 54) mm. Ruled continuously for text and gloss. Text in 24 lines; gloss in 48 lines, the first above the top line. Collation: 1⁸ wants 1 2–14⁸. Quires numbered at the end; the first four leaves in quires 1–6 signed in crayon in a single series, [a]–z, ae, and in quires 7–8 9 first leaf only (viiii), 10–14, i–xxviii. Text and gloss probably in different hands, the gloss hand changing at f. 96. Initials: red with blue ornament, or green or blue with red ornament. Binding uniform with MS 2. Secundo folio (f. 1) *uocabis nomen.*

Written in England. 'Iste liber fuit adquisitus per fratrem Iohannem Souky (*or* Sonky) de suis propriis sumptibus', s. xiv ex., parchment slip stuck to f. iii. Given by Richard Bostock, see Benefactors Book f. 18ᵛ. Donation-label pasted to f. iii, misplaced here from MS 22 above in s. xvii when '9', the old School number, was written on it, corresponding to '9' on f. 1.

29. *Beda, Homiliae* s. xii²

Secundum marcum In illo tempore; fuit iohannes in deserto—Adventum dominicę predicationis . . . perpetuę pacis promisit—Amen

'Quinquaginta omelie bede presbiteri', s. xiv (?), f. 151ᵛ. The homilies are *PL*, xciv, nos. I. 3–11. 13, 12, II. 17, I. 14–15, (17–19 omitted), 20, II. 19, I. 22, 16, 21, 24, 23, 25; (bk. 2:) II. 1, 4, 2–3, 5–14, 16, 15, 18, 20–1, III. 65, II. 22–3, I. 1–2, III. 24. This order agrees with that in Lincoln Cathedral MS 182 (s. x/xi), Oxford Lincoln College MS lat.30, Oxford Merton College MS 177 (s. xii), and the Boulogne MS described G. Morin, 'Le Recueil primitif des homélies de Bède', *RB* 9 (1892), 316: two books, Advent–Easter, and Easter–Advent. Each should contain 25 homilies, but, as in Lincoln Cathedral MS 182, bk. 1 nos. 15–17 are here omitted, although listed in the contemporary table on ff. 1–2. See M. L. W. Laistner and H. H. King, *A Handlist of Bede Manuscripts* (1943), 114–18.

Only the first part of the homily for Benedict Biscop, bk. 1 no. 12, ff. 34–6, agrees with *PL* xciv. II. 17; the latter part, from f. 35 centre, is in the form found in Oxford Lincoln College MS lat. 30, and is intended for Benedict of Nursia. Thirty-two leaves have been removed, for the sake of their initials presumably; the beginnings and ends of many homilies are therefore missing, and the whole of bk. 2 no. 2 (*PL* xciv. II. 4).

f. 151, the back flyleaf, contains copies of two presentations to the rectory of Courteenhall (Northants) of Lancelot de Coroberto, on whom see Emden, *BRUO*, p. 492; the first, in the name of the 'monachi et humiles monasterii de Lenton', is dated 'in capitulo nostro' 25 Apr. 1328, and the second, in the name of the 'monachi et humiles Supprior et Conuentus . . . priore nostro nolente hac vice certi de causis presentare', is dated 'in capitulo nostro' 26 Apr. 1328.

ff. ii + 150 + v. f. 151 is a medieval flyleaf, see above. 295 × 190 mm. Written space 207 × 106 mm. 27 long lines in quires 1–2; 34 long lines thereafter. Collation: 1 seven (single leaves gone after ff. 4, 7) 2⁸ wants 3, 4 after f. 9 7, 8 after f. 11 3⁸ wants 7 after f. 17 4⁸ 5⁸ wants 8 after f. 33 6⁸ 7⁸ wants 6 after f. 46 8⁸ wants 2 after f. 49 9⁸ wants 2 after f. 56 5 after f. 58 8 after f. 60 10⁸ wants 3 after f. 62 6–8 after f. 64 11⁸ wants 1–3 before f. 65 6 after f. 66 12⁸ wants 1 before f. 69 3 after f. 69 13⁸ wants 3 after f. 76 14⁸ wants 3 after f. 83 15–17⁸ 18⁸ wants 1 before f. 113 4 after f. 114 8 after f. 117 19⁸ 20⁸ wants 2 after f. 126 21⁸ wants 3 after f. 134 22⁸ wants 3 after f. 141 8 after f.

145 23⁶ wants 6 (blank). Quires numbered at the end. Initials alternately red and blue, some with ornament of the other colour. Binding uniform with MS 2. Secundo folio *Ante diem*.

Written in England. Belonged apparently by s. xiv¹ to the Cluniac priory of Lenton (Notts), see above f. 151. Bought with School money in 1606, see Accession Roll m. 2.

30. *Graduale*   s. xii ex.

A gradual of Augustinian use. Original and added material all noted.

1. ff. 1–101 Temporal, Advent – 23rd Sunday after Pentecost.

Cues for Thomas of Canterbury added, s. xii ex., f. 11ᵛ; note on 'missa matutinalis de S. Thoma', added, s. xiv, f. 13, beside Epiphany.

2. ff. 101–20 Sanctoral, vigil of Andrew – Katherine.

Originally only one English saint: Milburga (23 Feb.). Translation of Augustine of Hippo ('eodem die S. Nigasii': 11 Oct., f. 119), feast of Relics ('eodem die fiat missa matutinalis de sancto ciriaco': 8 Aug., f. 113ᵛ), as in the late twelfth-century Calendar of BL MS Harley 2905.

Additions, mainly s. xiv, include West of England saints: Ethelbert (20 May), Wulfhad (24 July), Thomas of Hereford (2 Oct.), and translation of Wenefred (18 Sept.) as in Oxford Bodleian Library MS Rawlinson D.1225 (Martyrology from St Chad's Shrewsbury); also Edward (18 Mar.), Alban (22 June), translation of Thomas of Canterbury (7 July), Oswald (5 Aug.), translation of Cuthbert (4 Sept.), and Frideswide (19 Oct.).

3. ff. 120–139ᵛ Commune sanctorum.

4. ff. 139ᵛ–142 Officium pro defunctis.

5. (added, s. xii ex., on blank pages) (*a*) ff. 142ᵛ–143 Alleluia nunc decantet; (*b*) f. 143ᵛ–144 propers 'In dedicacione'; (*c*) f, 144ᵛ Benedicta sit beata trinitas.

(*a*, *c*) sequences, *RH*, nos. 815 (Common of apostles), 2435.

ff. 145–75 added, s. xiv.

6. ff. 145–155ᵛ (quires 19–20) (*a*) ff. 145–153ᵛ settings of Kyrie (six), Gloria (six), Sanctus (eight), Agnus dei (seven), Ite missa est (five), and Benedicamus domino (three); (*b*) f. 154ʳᵛ Gloria In Comem' beate Marie. Added, ff. 154ᵛ–155ᵛ: (*c*) Kyries, 'In cathedra sancti Petri', 'In festo sancte Milburge virg', 'in festo sancti Mathei Apostoli'; (*d*) Sequences, Flore vernans virginali (*RH*, no. 6379: John ante portam latinam), and Deus pater filium misit in exilium mortem pati.

7. ff. 156–170ᵛ Twenty-one 'winter' sequences—Advent: Salus eterna, Regnantem sempiterna, Qui regis sceptra (*RH*, nos. 17777, 17240, 16496); Christmas: Nato canunt omnia, Sonent regi nato, Christi hodierna (*RH*, nos. 11890, 19215, 3065); Stephen: Magnus deus (*RH*, no. 11032); John: Iohannes ihesu christo multum (*RH*, no. 9755); Innocents: Celsa pueri (*RH*, no. 2747); Circumcision: Eya recolamus (*RH*, no. 5323); Epiphany: Epiphaniam domino (*RH*, no. 5497); Purification: Claris vocibus (*RH*, no. 3356); 'In dedicacione ecclesie' Psallat ecclesia (*RH*, no. 15712); Eastertide: Fulgens preclara, Victime paschali, Pro me casta concio cantica, Hec est sancta solennitas, Concinat orbis, Dic nobis, Psalle

lirica (*RH*, nos. 6601, 21505, 15601, 7610, 3714, 4567, 15744); Invention of Cross: Salue crux sancta (*RH*, no. 17872).

8. ff. 171–5 Sequences, etc., in several hands: (*a*) f. 171 Saluatoris in honorem; (*b*) ff. 171ᵛ–173 Introit, gradual, offertory, and sequence for Corpus Christi; (*c*) f. 173 Quicumque wlt; (*d*) ff. 173ᵛ–174 Profitentes unitatem, Deum trinum adoremus; (*e*) f. 174ᵛ Diligenter recolatur doctoris memoria per quem nobis norma datur viuendi cum gloria; (*f*) f. 174ᵛ Spirat odor in odorem virtus veri balsami; (*g*) f. 175 Magni patris augustini ritu cultus sub diuini; (*h*) f. 175ᵛ In honore summi regis gaudeat ecclesia; (*i*) Dulce fraglans (*sic*) in odorem floruit amigdalus.

(*a*) *RH*, no. 17819 (Thomas of Canterbury); (*b*) *Missale Sarum*, Burntisland edn., cols. 455–9; (*d*) *RH*, nos. 15555, 25403 (Trinity); (*e*, *g*, *h*) for Augustine of Hippo; (*f*) John ev.; (*i*) Ascension.

ff. iii + 175 + iv. f. 176, formerly a pastedown, is a leaf from a Processional containing part of the Advent service, *PS*, pp. 5–6, written space 198 × 126 mm., s. xv in. 264 × 178 mm. Written space *c*. 195 × 127 mm. 12 long lines + 4-line stave (ff. 1–141ᵛ). Collation: 1–6⁸ 7⁸ wants 6 after f. 53 8–16⁸ 17⁸ + 1 leaf (f. 128) before 1 18⁸ 19⁸ 20 three (ff. 153–155) 21⁸ 22¹². Initials: (i) f. 1, in red, green, and blue, also, f. 9ᵛ, brown; (ii) alternately red and green, many with ornament of the other colour. Line-fillers alternately red and green. Binding uniform with MS 2. Secundo folio *uestri*.

Written in England, for an Augustinian abbey ('abbas solennes orationes dicat', f. 57ᵛ). Belonged, s. xiv, to a West of England Augustinian house, see above art. 2 additions, and art. 8 (*d*, *f*, *g*); perhaps to Haughmond Abbey, near Shrewsbury, dedicated to John the Evangelist, cf. arts. 6(*c*) and 8(*f*). Names scribbled in margins, s. xiv: Davit Barker, Thomas Golmyll, f. 161ᵛ; Ricardus Twyford, Iohannes Payn, f. 162; s. xvii (?): Adamus Evans, f. 176.

31. *Julianus Toletanus; etc.*   s. xii ex.

A miscellany of theological texts, similar to a slightly earlier manuscript, Taunton, Somerset Record Office, MS DD/SAS C/1193/74 arts. 8, 10, 24–5, see below, which contains arts. 3–5, 10, and, in the text, the first line of the verses here f. 127ᵛ margin.

1. ff. 1–52ᵛ Prefatio in librum prognosticorum Iuliani pomerii toletano urbis episcopi. Sanctissimo ac preceteris familiarissimo mihi in domino idalio barcinonensis sedis episcopo—Diem illum clara . . . (f. 3) publicari sententia Oratio Desertum idumee . . . (f. 3ᵛ) Incipiunt capitula primi libri . . . (f. 4ᵛ) Peccato primi hominis . . . (f. 50ᵛ) nullus est finis. Explicit prognosticon futuri seculi. Incipit epistola idalii . . . regna concedat. amen

PL xcvi. 453–7, 460–524, 457–9. Chapter-lists before each of the three books. Marginal chapter-numbers in red include, as bk. 3 cap. 63, the letter of Bishop Idalus of Barcelona to Julian.

2. ff. 52ᵛ–64ᵛ Hic incipit narracio de purgatorio quod dicitur esse aput Reglis in hibernia. Dicitur magnus sanctus patricius: qui a primo est secundus . . . religiose uiuentem dimiserunt.

An early copy of substantially the version, here without the prologue, caps. 2–3, 22–5, or epilogue, pr. K. Warnke, *Das Buch vom Espurgatoire S. Patrice der Marie de France und seine*

SHREWSBURY SCHOOL

SHREWSBURY SCHOOL

Quelle (*Bibliotheca Normannica* vi; Halle, 1938), 14–144. No chapter-divisions, but the vision of Hell, ff. 55ᵛ–60, is in 13 sections, the first headed 'Inicium penarum', the next 'Prima pena', and so on.

3. ff. 65–85 Incipiunt interrogationes Orosii et responsiones Beati Augustini. Licet multi et probatissimi viri . . . non prodesse. Expliciunt interrogationes Orosii.

PL xl. 733–52. Questions numbered s. xiii in plummet.

4. ff. 85ᵛ–103 Aurelii augustini doctoris disputacio incipit contra felicianum hereticum. Extorsisti michi dilectissime fili . . . retribuere mercedem. Explicit disputatio beati Augustini contra felicianum hereticum. quam postea scriptam filio suo tradidit.

PL xlii. 1157–72.

5. f. 103–4 Augustinus. Salomon uir tante sapientie . . . depositus a regno.

Extracts on Solomon, from 'Augustinus', 'Ieronimus', and 'Ambrosius'.

6. ff. 104–5 Two extracts from Ecclesiasticus: (*a*) De nequitia mulieris (25: 17–36); (*b*) De muliere bona (26: 1–28).

7. ff. 105–110ᵛ De pre Destinatione Gemina est . . . praue admisit.

Isidore, De summo bono, bk. 2 caps. vi, xvii–xxiv: *PL* lxxxiii. 606, 619–26.

8. ff. 110ᵛ–111 De xii abusionibus. Admonendi sunt omnes fideles ut simul se caueant de duodecim abusionibus que in mundo sunt. Id est. Sapiens sine bonis operibus: Senex sine religione . . . et celestis gloria. Explicit.

List of the twelve abuses (as *PL* xl. 1047), and the twelve Christian virtues.

9. ff. 111ᵛ–124 Incipit visitatio infirmi edita abaldrico (augustino *interlin. s. xii* (?)) dolensi archiepiscopo. Visitationis gratia nepoti meo . . . iustificatus ab ipso. Qui uiuit—amen. Explicit.

PL xl. 1147–58, divided into two 'tractatus', of 3 and 6 sections respectively.

10. ff. 124ᵛ–143 De libro arbitiro (*sic*). Arbitrium est iudicium animi siue de bono siue de malo . . . ad futuram veritatem preparetur.

Extracts in short paragraphs, mostly headed in red, from the collection of 'sentences' beginning Principium et causa omnium deus, pr. F. P. Bliemetzrieder, 'Anselms von Laon Systematische Sentenzen', *BGPTM*, 18 (1919), no. 2, 3. They are pp. 50/1–52/4, 53/18–56/10, 57/2–19, 58/21–63/25, 65/17–67/14, 76/7–79/6, 80/12–92/19.

Added in the main hand, f. 127ᵛ lower margin, 9 lines of verse 'Dulcis amice uides pro te quos porto dolores . . . tuus altus honor. Lux fugit. astra gemunt. tremit hostis. corpora surgunt.'

11. (following art. 10 without a break) ff. 143–144ᵛ Quid ualet olei unctio . . . Qui precepta domini implebunt sine querela.

Extract from Honorius Augustodunensis, Elucidarium: *PL* clxxii. 1155B–1157C.

ff. iii + 144 + iii. 240 × 168 mm. Written space *c.* 177 × 105 mm. 28 long lines, first above top line. Collation: 1–18⁸. Three hands, changing on ff. 53 and 64 (end of quire 8). Initials: (i) ff. 85ᵛ, 111ᵛ, 7-line, red and blue with ornament in both colours; (ii) red with blue ornament, or green (blue in art. 2) with red ornament. Binding uniform with MS 2. Secundo folio *ut datum*.

Written in England. '.N. .8.', s. xiv or xv, f. 1 top: a pressmark, with the letter and figure well separated and each flanked by a small roundel; '.N.:.8.', the mark is repeated f. 1 outer margin, with a group of four roundels between the letter and figure, cf. also (?) the chapter-numbers added in MS 17 above. '1607 Mr Thomas Higgons of Shrewsbury preacher and Phisitian—', donation-label stuck to f. iii; 'Bibl^{cae} Sallop^{si}. Tho. Higgons Clericus', [rector of Pontesbury, Salop, etc., 1603], f. 1 foot, as in MS 26. '12', 1788 School number, f. iii label and f. 1.

32. *R. de Pennaforti, Summa de penitentia; etc.* s. xiii[2]

1. ff. 2–120 Incipit summa de penitentia a fratre Remundo compilata. [Q]uoniam ut ait Ieronimus secunda post naufragium—De symonia. Quoniam inter crimina ecclesiastica . . . percipite regnum etc. amen.

A quire, probably of four leaves, is missing after f. 88, with text of bk. 3 caps. xxxi. 7–xxxiii. 1 (ed. 1603 pp. 368–81). The passage, ff. 91–2, on the interpretation of Innocent III's decretal Cum illorum absolucio (bk. 3 cap. xxxiii. 13) is marked 'vacat', and was also altered to conform to the much shorter version found in most manuscripts and in the printed edns. f. 120^v blank.

2. ff. 122–32 De sacramentis ecclesiasticis ut tractarem . . . amans quam disputans.

PL clxxvii. 335–80 (Hugh of St Victor, Speculum de mysteriis ecclesiae). The text is in unnumbered paragraphs. 'loke her', s. xiii/xiv, f. 129 margin.

ff. 1^v, 121^{rv} notes on canon law and theology, s. xiii ex. f. 103 lines from the Classics in various scripts, s. xvi ex.

ff. iv + 131 + iii, foliated i–iii, 1–135. Medieval foliation on ff. 2–69: '1–11, 13–69'. f. 1 is a medieval leaf, perhaps a former pastedown. 240 × 176 mm. Written space 165–90 × 100–25 mm. (varying from quire to quire). 2 cols. 36–41 lines, varying from quire to quire. Collation: 1–8^6 9^8 10^6 wants 6 (probably blank) after f. 62 11–12^4 13^2 14–15^6 16–24^4 25^{12}. Quires numbered at the end, some at the beginning. Written by perhaps a dozen scribes, changing for the most part at the ends of quires, where the joins are generally neat, but the writing is spread out on f. 19^v and blank spaces left on ff. 31^v, 37^{rv}, 49^v. Unfilled spaces for initials. Binding uniform with MS 2. Secundo folio *potest exigere*.

Written in England. 'de communitate fratrum minorum salopsbur' de dono fratris thome de muddel', s. xiii ex., f. 1^v; 'Summa de casibus .A.', added to inscription, s. xiv. 'Sampson Price in artibus Baccalaureus [1606] et Rector sancti Martini Oxon', f. 2; '1607 Mr Sampson Price precher and parson of Carfax—' donation-label stuck to f. iii; Price was vicar of St Chad's Shrewsbury 1620–8, d. 1630. '14', old School number, f. 2 and f. iii label.

33. *Note psalterii* s. xii/xiii

(*Prologue*) Flebat iohannes quia non erat qui aperiret librum . . . que sursum sunt querite non que super terram. (*text*) Beatus vir. Inuitatione horum beatum uirum pro posse nostro imitemur . . . inuicem sunt tantum iii^{or} distancie in occulta id est in secreto presciencie sue. Expliciunt note psalterii.

The 32-line prologue is that to Petrus Cantor, In Psalterium (Stegmüller, no. 6475), omitting the passage 'Hic liber oblatus est . . . contra glosarum superfluitatem'. The commentary is not that ascribed to him; it consists of a brief introduction to each psalm, followed by glosses on the text, verse by verse. The comment on Ps. 2 begins as Stegmüller, no. 9679, from BL MS Royal 11 B.ii, which belonged to Worcester Cathedral Priory.

'pars prima' comprises Pss. 1–50, with a gap, through the loss of probably six leaves, after f. 2: Pss. 2:13–9:4. 'secunda pars', beginning f. 57 with Ps. 51 'Psalmus primus', ends abruptly 9 lines from the foot of f. 105ᵛ in 'Psalmus xliiii' (Ps. 94: 9). The next page starts with Ps. 136: 5; from this point on the psalms are not numbered. Ps. 81 was written in a different contemporary hand in a space on f. 93ʳᵛ. f. 93ᵛ last 12 lines left blank.

f. 119ᵛ notes in the main hand on 'egrediamur in agrum' (S. of S. 7: 11), and on Christ's seven 'ascensiones'. Marginal notes on text, especially ff. 1–17, s. xiii.

ff. iii + 119 + iii. 260 × 190 mm. Written space 190 × 132 mm. 34–7 long lines, first above top ruled line. Collation: 1¹⁰ (?) wants 3–8 after f. 2 2–12¹⁰ 13⁶ wants 6 (probably blank). Quires 1–11 numbered at the end. Probably one main hand. Initials (spaces unfilled after f. 107): (i) to each psalm, 2-line, in red; (ii) to each verse, 1-line, in red. Binding uniform with MS 2. Secundo folio *in me. flumina*.

Written in England. 'adston god help at nede amen', s. xiii (?), f. 56. 'Iste liber constat domui de Wombrygg', s. xv, f. 119ᵛ, refers to the Augustinian priory at Wombridge, Salop. 'Johannes Dychar Vicar of Schaburye', 'Dychar', f. 1; '1606 This booke was given by Mʳ John Dicher vicar of Schabury in the county of Salop', donation-label stuck to f. iii.

34. *Barth. de S. Concordio, Summa de casibus conscientiae*

s. xv med.

1. ff. 1–193ᵛ (*Preface*) Quoniam ut ait Gregorius . . . (*text*) Abbas in suo monasterio . . . vt dictum est supra. Inuidia. ꝛ2. Explicit summa fratris Bartholomei de sanctoconcordio ordinis fratrum predicatorum de Pisis. A Burstall' þe boy.

See Schulte, ii. 429. Followed by, f. 194, an alphabetical list of sigla, as in BL MS Royal 9 E.x, headed 'Iste sunt declaraciones de breuiaturis siue de nominibus doctorum et librorum qui in hac summa confessorum notantur siue ponuntur', and, ff. 194–197ᵛ, a subject-index, Abbas–Zelus, to the text.

2. Additions, s. xv: (*a*) f. 197ᵛ Nemo desperet pro qualicumque reatu / Perfidus aspiciat petrum predoque latronem / Crudelis paulum quem pungit cura matheum / Zacheum cupidus immundus carne mariam; (*b*) f. 198 remedy: pur la pestilence drynk sauge rue marygolde and matfelon; (*c*) f. 198 + domine ihesu christe . . . per preces sancti Nichasii martiris tui sanetur iste equus a morbo fariscuni . . . + amen +; (*d*) f. 198 hec sunt peccata britonum et causa expulcionis eorum Necligencia prelatorum. rapina potentum. Cupiditas iudicum. rabies periurii. Inordinatus cultus vestimentorum. et detestanda luxuria; (*e*) ff. 197ᵛ, 198ᵛ theological notes; (*f*) f. v, s. xv/xvi, cure for a sore head, beginning 'Take a galle of a wedyr for a man. y⁽ᵉ⁾ galle of an ewe for a womman . . . '.

(*c*) for charms invoking St Nichasius, see Dickins and Wilson, 'Sent Kasi', *Leeds Studies in English*, 6 (1937), 67.

3. ff. iv-v (binding leaves) from 2 leaves of a gradual, s. xiv, unfinished (blue initials, few rubrics, no music); f. ivʳᵛ Sexagesima and Quinquagesima, f. vʳᵛ Innocents–Epiphany, cf. *Sarum Missal*, pp. 47–8, 32–8; written space 255 × 172 mm., 12 long lines + 4-line stave.

ff. v + 198 + iii. ff. iv and v are medieval binding leaves, see art. 3. 305 × 213 mm. Written space 218 × 146 mm. 2 cols. 44–54 lines. Frame ruling; pricking, with some lines drawn in ink (e.g. f. 8), in quires 1–2. Collation: 1–24⁸ 25⁸ wants 7, 8 (probably blank). Written in secretary, probably by one scribe. Initials: blue, with red ornament. Binding uniform with MS 2. Secundo folio *vt in*.

Written in England, perhaps by a scribe named Burstall, see above colophon f. 193ᵛ. '1610—Mʳ Richarde Collins of the same towne mercer—' donation-label stuck to f. iii. '6', old School number, f. iii label and f. iv.

35. *Lucas glosatus*   s. xii/xiii

1. ff. 1–85 Plures fuisse—(*text:*) Quoniam qvidem—(*marg.:*) Lucas de omnibus qui fecit ihesus . . . (*text:*) benedicentes deum (*marg.:*) benedictione concludit

Preliminary matter comprising three prologues, Stegmüller, nos. 596 (. . . uiris canendas), 614, 620, and the note 'In Luca expositores sunt Beda et Ambrosius et Omelie'. Marginal notes in the same untidy hand found in MS 1, q.v., perhaps that of Alexander de Staneby, see also below.

2. f. 85ᵛ (*a*) Tres tribus anna uiris legitur peperisse marias . . . ergo due non tres domini uisere sepulchrum; (*b*) Dicam qui socrus. quid glos. quid sit quoque nurus . . . ; (*c*) Intus obit qui mente. foris qui peccat in actu./Consuescens fetet. suscitat hos dominus; (*d*) Est ratio quod pars altaris dextera misse . . . ; (*e*) Ad sacrum sacre christi solempnia misse . . . ; (*f*) Visus quinque modi uolitant sub imagine sompni . . .

(*a*) 14 hexameters from the tract by Maurice, prior of Kirkham, against those who held that Salome, companion of the two Marys, was a man and third husband of St Anne, see M. R. James, 'The Salomites', *Journal of Theological Studies*, 35 (1934), 291; (*b*) 17 hexameters, on names of relationship; (*c, d*) also BL MS Royal 6 E.ii. f. 176ᵛ; (*d*) 5 hexameters from Hildebert, *De mysterio misse*, *PL* clxxi. 1194; (*e*) Hildebert, Cur tres missae celebrentur in Natale Domini, lines 1, 2, 5, and 6, *PL* clxxi. 1198; (*f*) 6 lines.

3. Additions, s. xiii in., include the first two lines, Cespitat in faleris . . . , of the verse dictionary printed T. Wright, *A Volume of Vocabularies* (1857), 175–82.

ff. iii + 86 + iii. f. 86 formerly pasted down. 262 × 192 mm. Written space 180 × 152 mm.; central text column varying in width on a single page, up to the full measure. Pricks in both margins. Continuous ruling for text and gloss. Text in 20–1 lines; gloss in 41 lines, the first above the top line. Collation: 1–5⁸ 6–8¹⁰ 9–10⁸. Quires numbered at the end. Initials, (i) ff. 1, 2, in red and blue; (ii) f. 43 (Pater sanctificetur nomen), blue with red ornament. Binding uniform with MS 2. Secundo folio (text) *assecuto*, (marg.) *Non omnia*.

Written in England. 'Lucas Magistri Alexandri', s. xiii, f. 1 top, probably in the same hand as the inscription ' . . . Magistri Alex' de Staneby' in MS 1. 'Iste liber est fratrum predicatorum cestrie', *c.*1300, f. 1, similarly MS 1, and so probably given by Alexander de Stavensby bishop of Coventry and Lichfield 1224–38. Given in 1607 by Richard Bostock, see donation-label as in MS 1 stuck to f. iii. '11', old School number, f. iii label and f. 1.

36. *Notabilia; L. Brunus Aretinus, De bellis*   s. xv²

1. ff. 1–82 Aphorisms and longer extracts of a moral nature from Macrobius, Cicero, Orosius, Valerius Maximus, Vitruvius, Boethius, Apuleius, Quintus Curtius, Caesar, and Plautus:

(*a–b*) f. 1 Macrobius, Saturnalia, (not in the order of the books, cf. below (*p*)); f. 4^v super sompnium Scipionis;

(*c*) f. 9 Sequuntur aliqua notabilia de libro orationum M. Tullii Ciceronis contra verrem pro siculis;

(*d*) f. 9^v de ormesta pauli orosy;

(*e–n*) Cicero—f. 12 de noua Rethorica; f. 15^v de ueteri Rhetorica; f. 18^v de inuectiuis contra Catalinam; f. 19 de inuectiua contra salustium; f. 19 de quibusdam orationibus; f. 25^v de officiis; f. 35 de libris Thusculanarum questionum; f. 42^v de paradoxis; f. 44 de amicicia; f. 47 de Senectute;

(*o*) f. 49 de libro valerii maximi;

(*p*) f. 55 de libro saturnalium macrobii Set aduerte quia hec eodem libro supra Registrata sunt vni (?) quia imperfecte satis et propostero ordine ipsa primo collegeram Ideo hic inferius ea iterato et ordine directo et copiosius subscripsi vt sequitur (cf. above (*a*));

(*q*) f. 60^v de libris Victuruii (*sic*) de Architectura, bks. 2, 3, 6, 7, 9, 'nichil reportandum perpendi' from others;

(*r*) f. 61^v de libris boecii super libro topicorum Ciceronis;

(*s–y*) Apullei—f. 62^v de Magia; f. 64^v de azino aureo; f. 65^v de libris floridorum; f. 66^v de deo socratis; f. 67^v de natura deorum; f. 69^v de dogmate platonis; f. 70^v de habitudine mundi qui alio nomine dicitur Cosmographia;

(*z*) f. 71 de Q. Curcio rufo de gestis alexandri et primo de 3° libro nam primi duo communiter non habentur;

(*aa*) f. 74^v de Iulio celso de gestis cesaris;

(*ab–am*) f. 76 de Comediis plauci nouiter repertis [1429] Que sunt duodecim et primo de primo bachide Cui deficit principium; f. 76^v de muscellaria; f. 77 de menechnis; f. 77^v de milite glorioso; f. 78 de mercatore; f. 78^v de pseudolo; f. 79 de penulo; f. 79^v de persa; f. 80 de rudence; f. 80^v de sticho; f. 81 de trinumno; f. 81^v de Truculenco.

Seven and a half lines left blank, f. 14^v, with a note, perhaps by the scribe of ff. 1–28, 'Hic nullus est defectus Iohannes de Constancia. fluit carta etc.'; the paper is rubbed and looks as if it would not take ink. One leaf missing after f. 69. f. 82^v blank.

2. ff. 83–114 and f. iii Vereor ne qui antiqua nimium consectari . . . (f. 104^v) Explicit primum bellum punicum per Leonardum Aretinum . . . (f. 110) Explicit bellum Cartaginensium et Rebellum . . . excedere iussi sunt. Explicit bellum gallicum post primum bellum cum Romanis. Discite uexane gentes non temnere romam.

Printed 1498, etc.

ff. iii + 115 + iii. ff. 1–114 foliated s. xv/xvi before the removal of one leaf after f. 69 and five after f. 82. Stout paper. The last leaf of art. 2 attached to f. iii, a modern paper leaf. 300 × 215 mm. Written space 202 × 118 (art. 1), 190 × 112 (art 2) mm. 45–8 long lines, art. 1; 43 long lines, art. 2. Collation: 1^8 2–3^{10} 4^{12} 5^8 6–7^{10} 8^{10} wants 2 after f. 69 9^{10} wants 6–10 (probably blank) after f.82 10^{12} 11^{10} 12^{10} + 1 leaf (now attached to f. iii) after 10. Art. 1 written in fere humanistica, by three hands: ff. 1–28^v (quires 1–3), 29–44^v, and 44^v–82; art. 2 in one humanist hand. Spaces for initials left blank. Binding uniform with MS 2. Secundo folio *amaritudinis*.

Written by German (?) scribes, probably in part by Johannes de Constancia, see note f. 14^v. 'Schyrwode', s. xv, on leaf attached to f. iii, is not the autograph of John Shirwood (d. 1493), cf. his inscriptions in books at Corpus Christi College Oxford, listed Emden, *BRUO*, p. 1693. 'Robertus Spenser est possessor huius libri', s. xvi in., f. 1 top; altered to 'Rodolphus Snede', with 'pro quo soluit xij d' added, cf. MS 5. 'cliij dr Sneyde 153', f. 1, cf. MS 5. Bought as MS 5. with School money in 1606, see Accession Roll m. 2.

37. *Juvenalis, Satirae, cum scholiis*   s. xii in.

Decimi Iunii Iuuenalis Satyrarum Liber primus Incipit. Semper ego . . . Atria
[. . .] N[. . .] S[. . .] *ending imperfectly* (xiv. 59).

In five books: i–v, vi, vii–ix, x–xii, xiii–xiv. One leaf, containing xiii. 151–234, gone after f. 39;
ff. 38–40 damaged at the foot, with the loss of most of xiii. 16–23, 57–65, 99–108, 142–50; xiv.
18–25, 60–7. The Scholia, in a minute script, probably in the hand of the text, in outer margins,
begin 'Semper ego auditor. Cum omnes luxurientur in scribendis libris . . . ', i.e. diverging from
Scholia in Ivvenalem vetvstiora, ed. P. Wessner (Teubner, 1967). Sigla normally letters A–H but
a few other letters and signs, including ω and θ, see e.g. f. 32. Short scholia in inner margins;
interlinear glosses in the main hand and a slightly later hand.

ff. 39 + i, foliated 2–41. 220 × 118 mm. Written space 182 × 52 mm; scholia in column 43 mm.
wide. Faint plummet ruling. 41–3 long lines. Collation: 1^8 + 1 leaf (f. 10) after 8 2^8 3^{10} 4^8 5^8
wants 4, 6–8. Initials: (i) f. 2, 9-line, in green or blue and red or brown; (ii) to books, 6-line, as
(i); (iii) to satires, 2–4-line, red; (iv, v) 2-line, to vii. 17, 1-line, to i. 19, 45, 81, 132; ii. 36, 58,
110, 162; iii. 21, 41, 109, 114, 171; iv. 37; vi. 346, 398, 448; vii. 48, in red or green. Binding of
limp vellum, s. xvi/xvii. Secundo folio *Qualemcumque*.

Written in England. 'Thomas Grace', 'Richard Horde', s. xv, f. 40ᵛ. 'Anno Domini 1610 This
boke beinge an old manuscript Iuvenall in 8° was giuen to the librarie att the Free schoole in
Shrewsbury by mᵣ Fraunces Woodhouse of Bridgnorth bookeseller', inside front cover.

46. *Evangeliarium claustrale*   1501

In presenti libro ponuntur tantum ea que sunt legenda in claustro de 4ᵒʳ
euangeliis (f. 2) Incipit ewangelium secundum matheum . . . libros Explicit
euangelium secundum Iohannem Anno domini m° cccccj° die sancti Petri
martyris.

The passages omitted are Luke. 1:1–4, and the Passion narratives (Matt. 26, 27; Mark 14:1–
15:46; Luke 22:1–23:53; John 13–19). f. 1ᵛ blank.

ff. i + 120 + i. 278 × 190 mm. Written space 194 × 120 mm. 25 long lines. Collation: 1–13⁸ 14¹⁰
15⁸ wants 7, 8 (probably blank). Quire-numbers at the end cropped. Written in textura.
Punctuation by point, colon, and flex. Initials: (i) f. 2, 7-line, blue filled with gold; (ii) f. 59, to
Luke, 4-line, blue with red ornament; (iii) to chapters, 2-line, alternately red and blue. Capital
letters in the ink of the text touched with red. Decorated border, f. 2, including birds and flies.
Binding of s. xix, with printed spine-label, continental. Secundo folio (f. 3) *sicut preceperat*.

Written in 1501, in southern or western Germany to judge by the border f. 2, for a religious
house, probably Carthusian or Cistercian, to judge by the punctuation. 'E.Hʸ', stamp, s. xix, f.
1. One of 100 books bequeathed in 1954 by Frank Ashley Barrett.

48. *Simon Tornacensis, Disputationes*   s. xii ex.

Apparently part of a larger manuscript, of which the contents, with pressmark,
are given f. iii, s. xvii: '15 / meditaciones S. Augustini / Hugo Victorinus de
medicina animae / gesta Dominicae passionis etc.', 'B.129'. Described A. C.
Lawson, 'The Shrewsbury MS of the *Disputationes* of Simon of Tournai', *RTAM*
16 (1949), 317–18.

Hodierna disputatione duo quesita sunt . . . ad imperandum.

Twenty-seven of the 'disputationes' of Simon canon of Tournai in 1201, corresponding to nos. 38–9, 24–7, 30–4, 40–54, 56 in Oxford Balliol College MS 65, ed. J. Warichez, *Les Disputationes de Simon de Tournai*, Spicilegium sacrum Lovaniense xii (1932). The paragraphs of each disputed question begin 'Sed dicitur', not 'Redditur' as in the full text.

Added, s. xiii, (*a*) f. 15^v ex libro p. pict. in inicio, 7 lines; (*b*) f. 15^v Nulli causidico reor esse fidem neque dico / Hosti pro modico fit amicus et hostis amico; (*c*) f. 16^{rv} notes on questions in theology and canon law.

(*a*) five extracts from Peter of Poitiers, Sententiae: ed. P. S. Moore and M. Dulong, University of Notre Dame Publications in Medieval Studies vii (1943), i 49/35–7, 93/64–5, 145/39, 147/95–8, 297/58–9; (*c*) the three longest are 'Quicumque funguntur officio leuitarum deuent' (?) de suis decimis decimas soluere summo pape' on payment of tithes, 'an christus secundum animam fuit infirmus', and 'utrum fixum et certum propositum quod quis habet ex caritate licet uotum non exprimat' on the obligation to fulfil intentions.

ff. iii + 16 + i. ff. ii–iii are medieval flyleaves. 182 × 133 mm. Written space 152 × 102 mm. 2 cols. 38–40 lines; first above top ruled line. Collation: 1–2^8. Red initials, some with ornament in ink. Binding of s. xix. Secundo folio *conueniant ea*.

Written in France. 'iste liber est monasterii sancti anthonii Celestinorum de Ambian' (Amiens), s. xv, f. ii^v. For pressmark, s. xvii, see above. 'G. Sumner, Woodmansey [E. Yorks.], 1857', f. ii; 'Carved Box H: j. /A', s. xix, f. i; cf. Stonyhurst College MS 81 below and *MMBL* i. 250. 'F. E. Stafford', inside front cover, of Seedley, Manchester; bequeathed by him to his nephew Charles Stafford Noyes, who gave it in 1955, see f. i.

SNOWSHILL MANOR

The manuscripts were deposited by the National Trust in the Bodleian Library Oxford in 1981, where they have been assigned the pressmarks given below.

Dep.c.630. *Johannes Herolt, Sermones; etc.* 1462

Table of contents, s. xv^2, inside front cover, listing arts. 1–13.

The letters in the margins of arts. 2, 4, and 5 are used in the original cross-references, e.g. those concluding arts. 4 and 5; they do not start with *A* at the beginning of sermons, nor do they correspond to the columns of this particular copy.

1. ff. 1–7^v Incipitur registrum super epistolas lecciones nec non ewangelia per totum annum omnium dierum cum quotalis (?) est bonum volenti predicare. Epistola fratres scientes . . . De beata virgine Ewangelium Stabat iuxta crucem mater ihesu ioh xix factum est xix kln aprilis anno etatis christi xxxiiij luna xv indiccione vi feria sexta etc.

The entry for each gospel ends as above 'factum est . . . ', giving its date and the year of Christ's age. ff. 8–9^v blank.

2. ff. 10–314 De aduentu domini [E]cce rex tuus venit tibi mansuetus Zach ix— Egregius doctor noster sanctus thomas de aquino dicit quod nulla accio . . . et mortuum inueniebant etc. Et sic est finis partis huius estiualis sermonum discipuli de tempore diebus dominicalibus predictis. Secuntur nunc sermones generales in sexternis sequenti huic materie precedenti condependentes Et primo de apostolis Cogitacio eorum etc.

SOPMA, no. 2387 [i]; ed. Mainz (1612), i. 1–771. Sermons numbered at head of leaves in ink, or, from f. 54 onwards, in red: 1–136. Note of papal indulgences, f. 166ᵛ margin. ff. 116–117ᵛ (10¹¹⁻¹², before Easter Day), 314ᵛ–315ᵛ blank.

3. ff. 316–318ᵛ (filling quire 27) Three sermons: De sancta margarita. Inimicicias ponam inter te et mulierum—Gen iij° [: 15] Hec verba dominus ad serpentem dixit . . . De diuisione apostolorum. Erit dies in qua clamabunt custodes in monte samarie—Ieⁱ 31 [*cf.* vv. 5–6] Quandocumque bellum iuscat alicui principi illico exercitum congregat . . . De sancta maria magdalena. In lectulo meo per noctis quesiui—Can iij [: 1] Dicit augustinus beatus doctor in libro de doctrina christiana Dictus est quem nemo perdit nisi deceptus . . .

Described in table of contents at the front as Aliqui peregrini sermones; they are not as Herolt ed. Mainz (1612), ii. 235–6 (Margaret), 236–41 (Mary Magdalene). f. 319 blank.

4. ff. 320–341ᵛ (*heading in upper margin* Secuntur hic quasi per sexternum quidam sermones communes pro omni tempore et pro omni persona etc.) Cogitacio eorum apud altissimum sapiencie quinta. Sciendum quod tria sunt principaliter . . . in matrimonio hoc quere 25 Bene Explicit sermo de sacramentis.

SOPMA, no. 2387 [ii]; ed. Mainz (1612), i. 772–837. Numbered 137–48.

5. ff. 341ᵛ–362 Sequitur nunc commune sanctorum primo de apostolis de martiribus Et sic secundum ordinem etc. Ego vos eligi—Ex quo christus dicit in ewangelio . . . de matrimonio spirituali quere ante sermone 124 K.

SOPMA, no. 2387 [iii]; ed. Mainz (1612), i. 838–91. Numbered 149–157.

6. ff. 362–370ᵛ In die michaelis Sermo de angelis . . . De omnibus sanctis . . . De animabus . . .

Ed. Mainz (1612) i. 891–911. Numbered 158–60.

7. ff. 370ᵛ–383ᵛ [B]eatam me dicent omnes generaciones. Iohannes de sancto geminiano dicit. Sol non emittit radios . . . finem in bona finiuit Expliciunt sermones—et offero ad emendam.

Described in table of contents at the front as Sermones de beata virgine; ed. Mainz (1612), i. 911–42/14, i.e. ending with the 'exemplum de quodam rustico', followed by the *explicit* as ibid. i. 944, but here without the words 'per modum magistri'. Numbered 161–3 (164).

The headings of arts. 8 (*b, c*) and 9–12 are in ink, repeated immediately in red; the ink form is given below, with any further matter found in the red form in brackets: ( ).

8. (*a*) ff. 383ᵛ–387ᵛ Secuntur themata festiuitatum maiorum sanctorum per anni circulum Uocauit eos dicens venite . . . De sancta katherina—De eadem—de

interiori conscientia quere 9 F Explicit tabula de sanctis; (*b*) ff. 387^v–388 Sequuntur alij sermones communes et vtiles et primo de dedicacione Ecce vir nomine zacheus—luc 19 [: 2] Beda in Omelija hodierna dicit quod zacheus interpretatur iustificatus . . . alij falsam istum sermonem bonum et utilem posuimus (?) populo quere 44 T; (*c*) ff. 388–91 Sequuntur nunc alij sermones et hoc quadragesimam Et primo In die cineris feria quaterna Epistola Conuertimini —Johelis 2 [: 12] Hic est dauid quoniam sex . . . animabus defunctorum sub-venire istum sermonem quem Centesimo sexagesima circa h litteram etc est finis huius etc.

(*b*). Five entries for Dedication, followed by one De penitencia.

9. ff. 391–7 Incipit tabula de exemplis que habentur in hijs sermonibus et hoc secundum litteras alphabeti et primo de a abstinencia Abstinencia mulier— loricam ad carnem . . . Ypocrita—collum abscidit 110.V Explicit—

10. ff. 397–398^v Sequitur nunc registrum de decem preceptis (domini)—(f. 397^v) Non adorabis deos alienos Contra hoc primum preceptum 24 genera hominum . . . De nouem peccatis alienis . . . De septem peccatis mortalibus . . . De sacramentis . . . De sex operibus misericordie . . . Exposicione super oracionem . . . De duodecim articulis fidei Quere 146 B Et sic est finis huius tabule.

Cf. the latter part of art. 4 above.

11. ff. 398^v–411 Sequitur nunc registrum de quibus uelit pertractare et pertractauit secundum ordinem alphabeti etc. Abstinenciam seruare in diuicijs . . . Ypocrisis octo modis—quando est peccatum mortale et quando non 100 X. Explicit—

12. (*a*) ff 411–412^v Sequuntur casus papales et episcopales etc. (qui sunt in sequentibus inueniuntur (?)) Manus violentes in clericum . . . pro utilitate populi videbitur expedire Expliciunt casus—; (*b*) ff. 412^v–415 Sequuntur nunc inhibiciones a sacra communione seu eucarista Infrascriptos quos nominabo . . . reiteracio de hoc quere 43 N. Expliciunt inhibiciones etc.

Printed ed. Mainz (1612), ii, last 7 pages, where the short paragraph here following the *explicit* of (*b*) precedes it.

13. f. 415^{rv} Modus legendi in isto libro In decre*tum* di*stincio* 28 (?) c. Nullus . . . in commentatore sex principium. Et sic est finis huius libri intitulat' discipulus compilatus per me iodo*cum* cristen Sub anno domini M°4[.]6(2) mensis aprilis illo tempore rector ambonis siue seminator verbi dei insmoll De quo sit benedictus trinus inpersonis et vnus inessencia deus vna cum virgine maria pariterque omnibus sanctis propter eundem eandemque pariterque eosdem supplico omnibus ineo studentibus vnum pater noster orare aueque maria.

A list of books.

ff. i + 415 + i. 313 × 215 mm. Paper. Quire-centres strengthened with parchment strips from a noted service-book, s. xii. Written space *c*.235 × 140 mm. Frame ruling. 2 cols. 40–50 lines.

Collation: 1¹⁰ wants 10 (blank ?) 2–26¹² 27¹² wants 10, 11, probably blank, after f. 318 28–35¹². Catchwords cropped away at the start and the end. Written in cursiva, by several hands, changing at ff. 118 (11¹), 316, 320, and 404, and for almost all f. 359ᵛ and for 13 lines on f. 381ᵛb. Red initials, most spaces left blank after f. 304. Contemporary binding of wooden boards covered with leather, bearing five stamps, a round eagle displayed (20 mm. diam.), a foliage-work diamond (28 × 19 mm.), two ivy-leaves on a stem (30 × 14 mm.), and a seated figure holding up a ring (8 mm. square), the first occupying the full diamonds and the second the half-diamonds at the sides of the centre section, which is surrounded by a border with the third stamp along the sides and the fourth in the corners, the central lattice and the borders being defined by four fillets with the central band hatched, with the fifth stamp, 'yhs', (28 × 21 mm.), in the centre of the top border on the front; metal corner-pieces; five bosses on each cover, all missing; two clasps, missing; rebacked. Secundo folio *Mᵗ vj factum*.

Written in Germany, in 1462, perhaps in part by the named 'compilator', epistoler/gospeller (?) at 'Smoll', see art. 13, subsequently a Carthusian at Erfurt: 'Volumen hoc pertinet ad domum saluatoris ordinis carthus' prope erford' a domino iodoco *cer*sten anno nouiciatus sui 1465 eidem intestatus traditus', inside front cover, see *MBDS*, p. 498 O.49. Lot 126 in Bülow sale. 'G. Sumner Woodmansey 1856. Case B AA', f. 1; lot 12 in Sumner sale. Relevant cutting from an English bookseller's catalogue at the end.

Dep.d.582. *Lectionarium* s. xv²

1. ff. 6–8ᵛ Calendar, March–August, in red and black, graded memoria, iij lec, ix lec, simplex, Totum duplex.

Feasts in red include Eungundis uirginis, Fridolini confessor, Thome de Aquino Totum duplex (3, 6, 7 Mar.), Petri martiris Totum duplex (29 Apr.), Corone domini symplex, Translacio petri mar, Translacio beati dominici Totum duplex (4, 7, 24 May), Visitacio marie, Heinrice imperatoris (2, 13 July), Dominici conf patris nostri Totum duplex, with octave, Sebalde confessor, Bernhardi abbatis symplex (5 marked (?) for moving to 4, 19, 20 Aug.); and in black Adelberti confessor iij lec' (24 Apr.), Anniuersarium omnium sepri in ciui nostris (12 July). ff. 9–11ᵛ blank, f. 9ʳ ruled.

Arts. 2–3 are on quires 3–20.

2. ff. 13–216ᵛ Temporal, Advent – 25th Sunday after Trinity, beginning imperfectly 'tandem lubrica Iudex . . . '.

Responsories, antiphons, etc. are given only in quire 3, ff. 13–22ᵛ. f. 12ʳᵛ blank, also ff. 100–107ᵛ (10⁸⁻¹², 11¹) between Easter Eve and Easter Day.

3. ff. 216ᵛ–221 In dedicacione ecclesie et in aniuersario eisdem (*sic*) Ad matutinas Ricardus in excepcionibus . . . (f. 218) per octauam . . .

ff. 221ᵛ–226ᵛ blank.

Arts. 4–6 are on quires 21–33.

4. ff. 227–370ᵛ Sanctoral, Tiburtius and Valerianus (14 Apr.) – Vitalis and Agricola (27 Nov.).

Includes, f. 229ᵛ, 'Sancti adalberti martiris gehort vor sant marci', following Mark; f. 269ᵛ 'Beati üdalrici episcopi pape (*sic*)', 9 lections (2 x 6 July); f. 274ᵛ 'Heinrico imperatore', 9 lections; f. 276 Alexius, 3 lections (17 July); ff. 291ᵛ–303ᵛ Dominic, 9 lections and through octave; f. 305ᵛ 'In festo transfiguracionis domini officium institutum per sanctissimum dominum nostrorum calixtum papam tercium'; f. 317 Louis, 9 lections (25 Aug.); f. 334ᵛ 'wentzelslai', 3 lections (28

Sept.); f. 342 'Edwardi confessoris lectio jª Rex illustris . . . ' (13 Oct.); f. 353 Leonard, collect and 9 lections (6 Nov.); ff. 356–60 Martin, 9 lections and through octave; f. 368ᵛ 'cünrade confessor', collect and 9 lections (bp. of Constance, 26 Nov.).

5. ff. 370ᵛ–376ᵛ Common of saints.

'vnius martiris', 9 lections; 'plurimorum martirum', 9 lections; 'vnius pontificis', 9 lections; 'De vno confessoris', 9 lections; 'uirginis trium leccione (sic)'; 'vestum vnius uirginis ix lectione (sic)'.

6. (a) f. 376ᵛ 'Damassi pape et confessoris'; (b) ff. 377–9 'Beati othmari'; (c) ff. 379ᵛ–380, (added, s. xv), Crisogonus.

(b) d. 16 Nov. (c) 3 lections and collect. ff. 380ᵛ–386ᵛ blank.

7. (quire 34) ff. 387–396ᵛ Lectiones Per octauas Angelorum. Gregorius. De decem dragmis In omelia Dominice tercie trinitatis. Super Istud Luce xvº Que mulier habens dragmas decem. Lectio primo Nouem esse ordines angelorum . . .

ff. 397–398ᵛ blank.

8. ff. 1ᵛ–3 (added, s. xv) zerteilung der apostlen

Responsories, etc., collect, and 9 lections. ff. 1, 3ᵛ–5ᵛ blank.

9. ff. i and 399 (flyleaves). Sections (mostly erased) of a mandate to [the head of] a 'conventus' regarding adherents of Bartholomew [i.e. Pope Urban VI, of the Roman allegiance], Freiburg (dioc. Constance) 22 July 4 [Cle]mentis VII [1382].

ff. i + 398 + i. 218 × 155 mm. Paper; ff. i and 399 are parchment flyleaves, see art. 9 above. Written space 137–52 × 113 mm. 20–23 long lines; ff. 13–22ᵛ (quire 3), 15–17 lines. Collation: 1⁴ 2⁸ wants 2 before f. 6 3¹² wants 2 before f. 13 4–28¹² 29¹⁶ 30–33¹² 34¹⁴ wants 13, 14 (blank). Written in hybrida, probably in one variable hand. Binding of wooden boards covered with white vellum, s. xvi, bearing a pattern of fillets and 4 stamps (a rose, a square four-petalled flower (13 × 13 mm.), a round five-petalled flower (8 mm. diam.), and an indistinct oblong (28 × 15 mm.)), two clasps. Secundo folio (f. 13) *tandem lubrica*.

Written for Dominican use in southern Germany or Switzerland. 'Loci *Fratrum* Capuciniorum friburg. B', f. 1, s. xvi (?); cf. art. 9 above. Inside front cover '3–0–0', and slip from English sale-catalogue.

Dep.f.70. *Horae* s. xvᴵ

An imperfect and somewhat disordered book. It includes uncompleted original leaves in art. 4 after Lauds, where some sort of error was not fully rectified. The original leaves with pictures were perhaps single leaves, and those before arts. 2 (?), 5, 8, and 9 are missing, leaving only two (ff. 32 and 122, both displaced); one supply leaf and one supplementary (?) leaf, both with cruder pictures, were provided, s. xvᴵ, see arts. 6 and 4.

1. ff. 1–12ᵛ Full calendar in French, in gold and alternating blue and red.

2. ff. 13–16ᵛ Sequentiae of the Gospels, lacking John.

3. ff. 122ʳᵛ, 18–20ᵛ Obsecro te . . . Masculine forms.

4. ff. 32ʳᵛ, 21–31ᵛ, 33–37ʳ, 38, (17ʳᵛ), 39–65ᵛ, 134ʳ Hours of B.V.M. of the use of (Le Mans).

Hours of Holy Spirit and Cross worked in. Single leaves missing after ff. 32, 37 (?), 54. At the end of Lauds, f. 37^v, are two prayers, Deus qui corda fidelium and Ecclesiam tuam quesumus, in the original hand, with the bottom 4 lines of the page left blank; the end of the collect of Hours of Cross is on f. 38/1–11, in the original hand, followed by additions, see art. 13 below. Hours of the Holy Spirit start on the added leaf, f. 17, and continue on to f. 39, followed immediately by Prime. f. 134^v blank.

5. (quires 11–12) ff. 66–81^v Penitential psalms, beginning imperfectly in Ps. 6: 7 'stratum meum', and (f. 77) Litany.

Ten confessors: . . . (6–10) abline fortunase anthoni maudete ludouice; fourteen virgins: . . . (11) radegund.

Arts. 6–7 are on quires 13–17.

6. ff. 82–120^v Office of the dead.

f. 82 is a supply leaf.

7. ff. 120^v–121^v Oracio sancti augustini oracio [D]eus propicius esto michi peccatori . . .

8. ff. 123–124^v [O intemerata], beginning imperfectly 'euuangelista factus est'.

9. ff. 125–128^v [Doulce dame—xv io]ies que vous eustes de vostre cher filz . . .

Fifteen Joys of B.V.M. Sonet, no. 458.

10. ff. 128^v–131 Doulz dieu doulz pere saincte trinite . . .

Seven Requests. Sonet, no. 504.

11. f. 131 Saincte vraye croix aouree . . .

Sonet, no. 1876. Bottom 4 lines blank.

12. ff. 131^v–133^v (added) Innocencius papa concessit omnibus dicentibus istam oracionem puro corde tres annos indulgencie [D]omine ihesu christe qui septem uerba . . . , ends imperfectly in last word.

13. f. 38^{rv} (added, s. xv/xvi) Three prayers: [V]ias tuas domine demonstra michi, [D]omine ihesu christe fac me id agere, [F]irmiter credens ihesum christum esse filium dei.

ff. 134 + i. 142 × 105 mm. Written space 81 × 58 mm. 15 long lines. Ruled in deep pink ink. Collation: 1^{12} 2 six (ff. 13–16, 122, 18; probably^8 wants 1–2: ff. 13/16 and 14/15 are conjoint leaves) 3 five (ff. 19–20, 32, 21–2; perhaps^8 wants 3–4 and 6: ff. 19/22 and 20/21 are conjoint leaves) 4^8 5^8 (ff. 31, 33–8) wants 7 cancelled (?) after f. 37 6^8 wants 1 before f. 39 supplied by f. 17 7 one (f. 46) 8^8 9^6 + 1 now missing before f. 55 10^6 (ff. 61–65, 134) 11^8 wants 1 before f. 66 12^8 + 1 leaf (f. 81) after 8 13^8 (1, f. 82 is a supply leaf, stuck in) 14–17^8 18^8 wants 1 before f. 123 4–5 after f. 124 19^8 wants 7–8. Two original 11-line pictures remain (ff. 32 Annunciation, 122 B.V.M. on throne suckling Child flanked by 2 kneeling angels with 2 above holding crown) + two added (ff. 17 Pentecost, 82 burial). Initials: (i) 3-line, in blue patterned with white on gold grounds decorated in colours; (ii, iii) 2- and 1-line, in gold, on pink and blue grounds patterned with white. Line-fillers in pink and blue patterned with white and a blob of gold. Borders: (i) full on original picture-pages, in colours with flowers, birds, etc.; (ii) on pages with type (i) initials, in top, bottom and left margins. Binding, s. xix, of red velvet.

Written in N. France. Perhaps in England by s. xvi: the strip used to stick f. 82 to f. 83 is cut from a document of English origin, s. xvi, concerning property in the suburbs of [. . .] lately occupied by William Hilton skinner. 'oct. 4. Whitechaple (?)', in pencil, f. 135.

SOUTHAMPTON. CITY RECORD OFFICE

SC. 15/-. G. Ripley, *Compound of Alchemy (in English)*   s. xv/xvi

(*a*) In the begynnyng when thow made all of nowght . . . (f. 15ᵛ) as myche mor' a Mᴵ Mᴵ year Here yendith Secret proiection. Explicit liber flos florum Phi*loso*phi; (*b*) f. 16 Recapitulatio tocius operis For to bryng this treatice now to fynal yende . . . in hys blysse to reyngne for yeu*er* Explicit nunc totum (77 lines); (*c*) f. 16ᵛ Melior lucis (?) omnium est ille qui [. . .] . . . (4 4-line stanzas in Latin, on the Opera solis, Opera lune, Opera veneris, and Opera mercurii); (*d*) f. 17 As Crist has godheed hyde from oure syght . . . (4 stanzas); (*e*) After all that I woll thow vndere stand . . . whych he in hys kyndom us grawnt to se.

As compared with the edition by E. Ashmole, *Theatrum chimicum* (1652), 108–93, this copy lacks the Titulus operis, p. 108; the 30 stanzas to Edward IV, pp. 109–16; the Prologue (13 stanzas), pp. 117–20; the first 5 stanzas of the Preface, pp. 121–2; chapter 5 stanzas 22–43, pp. 153–8, as in other copies; and the final 2 stanzas, p. 193, having instead (*d*) and (*e*), which are not in Ashmole's edition nor the earlier edition by Rabbards (1592). Some stanzas of chapter 5 are missing through early loss of the upper half of f. 8, and f. 9 is an inserted leaf, intended to supply the loss: it is blank save for chapter 5 v. 10/1–4, which should follow f. 7ᵛ, written in the same s. xvi hand as f. 13ʳᵛ, one line at the foot of f. 7ᵛ and another on f. 8ʳ. The first 118 lines of chapter 9 supplied, f. 13ʳᵛ. f. 18ᵛ blank.
Described HMC *11th Report*, App. iii, pp. 14–15, where 37 lines of the preface are printed. Singer and Anderson, nos. 810, 865, 1111. cviii, list this and six other copies; cf. also *IMEV*, no. 595. On f. i is a description made by H. M. Margoliouth in 1922.

ff. iii + 18 + xxxiii. The s. xvi pagination, 1–34, at the top of the pages, includes f. 13 but not f. 9; the numbers on f. 8 are at the foot. Paper, except ff. iii and 19 which perhaps formed an earlier wrapper. ff. 1–7, 9–18 are lettered on the recto as in a ledger B–H, L–T, with a strip cut from the outer margin to expose each letter; O, f. 13, in this series is an addition, see above, and f. 9 has no letter. 373 × 135 mm. Written space *c*. 305 × 80 mm. 50–6 long lines. Each leaf now mounted separately. Written in a current mixture of anglicana and secretary. No coloured initials. Rebound in s. xx. Secundo folio *As thow shalt know*.
Written in England.

SOUTHAMPTON. KING EDWARD VI GRAMMAR
SCHOOL

Biblia   s. xiii in.

A Bible in the order Genesis–2 Chronicles, Prayer of Manasses, 1 Ezra, 2 Ezra (Nehemiah), Tobit, Judith, Esther, 1, 2 Maccabees, Isaiah, Jeremiah, Lamentations, Baruch (originally omitted, added on ff. 180, 181ᵛ, with Lam. 5 repeated ff. 180 and 182), Ezekiel, Minor Prophets, Job, Proverbs, Ecclesiastes, Song of Songs, Wisdom, Ecclesiasticus, Daniel, Psalms, Gospels, Acts, Pauline Epistles, Catholic Epistles, Apocalypse (ending on f. 307). Single leaves missing after ff. 275 and 277 contained John 20:17–Acts 1:13 and Acts 8:32–9:28. Daniel and Psalms begin on new quires (20, 21), ff. 225, 231; f. 230ᵛ blank. No running-titles to Psalms. Psalms has large initials marking divisions into three fifties as well as the eight liturgical divisions. Except in Ezekiel, Daniel, and Psalms chapter-divisions are marked only by a coloured letter in continuous text, with a marginal number. In Esther 3-line spaces precede sections rubricated 'Sompnum mardochei', 'litere assueri Regis', 'Incipit oratio mardochei', and 'Item alie litere assueri Regis'. 7-line capital to Prov. 25: 2.

The prologues are 43 of the common set of 64 (see below Ushaw 2), and 20 others, shown here by*: Stegmüller, nos. 284 (divided into eight), 285, 311, 323, 17-line space left before 1 Chr., 330, 335, 341 + 343, 551, 482, *Jer. (added, s. xv: Ieremias propheta cui hic prologus describitur in matris vtero sanctificatus . . . ruinas quadriplici planxit alphabeto), 491, 492, 511, 519 + 517, 524, 526, 528, *530, 534, *Haggai (Cum cyrus rex . . . populis prohibentibus), *Zech. (Tyrus (sic) rex persarum persarum qui caldeorum . . . tempore intermissam), 543, *349 + *(Iob filius zare de bosra rex ydumeorum . . . posteriorem fuisse quam israel), 457, 468, 494, *495 (. . . cunctorum manifestior prophetarum), 589 (added, s. xv), 590, 607, 620, 624, *670, *674, *651 second part (Omnis textus . . . factus est), *651 first part (. . . apposita), *654 (Walther, Versanf., no. 9695), 677, *661, *676, 685, 699, 707, 715, 728, *726, 736, *737, 747, *746, 752, 765 (. . . discipline), 772 (. . . passione), 780, *Pelagius' preface to Titus (Ad titum . . . seducebant), 783, 793, 809, *834, *831 (. . . perfecta plenitudo est.).

Lists of capitula precede 15 books, only John numbered (13); for OT references, see Biblia sacra, NT, Wordsworth and White: (a) Gen. (Gamma, here in 79); (b) Exod. (Gamma forma a, here in 157); (c) Lev. (Gamma forma a, here in 90); (d) Eccles. (Series B, here in 13); (e) Wisd. (Series B, here in 14); (f) Ecclus. (Series B); (g) John as Cod. C etc.; (h) Rom. (Scitis quia iudicium dei est secundum ueritatem . . . [11] Obseruari debere ab eis qui hereses et scandala faciunt), between prologues 661 and 676; (i) 1 Cor. (as Cod. R, here in 13); (j) 2 Cor. (as Cod. R); (k) Gal. (as Cod. R); (l) Eph. (as Cod. C etc.); (m) Phil. (as Cod. C etc., here ending with [6] Sanctorum commemorat apostolus—clementem cum ceteris adiutoribus suis); (n) Col. (as Cod. C etc., here ending with [7] Quos sanctorum commemorat—ut uideat ministerium quod accepit); 1 Thess. (as Cod. C etc., here ending with [8] Quos sanctorum—paulus et siluanus et thimotheus). (a–f) printed Biblia sacra, i. 91–101; ii. 27–51, 302–12; xi. 133–4; xii. 12–13, 128–9; (e, f, h) de Bruyne, Sommaires, pp. 173–5, 177–81, 315–17. (h–k) have hitherto been recorded only from Vatican MS Reg.9 (s. viii), whence they were printed J. M. Tomasi, Opera (1747), i. 416–20.

Some marginal notes of s. xiii and s. xv. The blank space at the end, ff. 307–8, contains notes on the Bible in English hands of s. xv, and verses on the seven deadly sins 'Lucifer. anthiochus. nembroth. nabugod. phariseus . . . ', Walther, Versanf., no. 10418.

ff. iii + 308 + ii. 302 × 210 mm. Written space c. 228 × 126 mm. 2 cols. 60–5 lines, first above top line, except ff. 180, 181. Pricks in both margins to guide ruling. Collation: 1–14¹² 15¹² + 2 leaves (ff. 180, 181) inserted after 11 16–18¹² 19–20⁶ 21–23¹² 24¹² wants 10 after f. 275 25¹² wants 1 before f. 278 26¹² 27⁸. Written in several fairly small hands, changing e.g. at ff. 189, 255 (23¹). Initials: (i) to books, some prologues and ten psalm-divisions, red and blue, ornamented with red and green and sometimes blue; (ii) some prologues, other Psalms, and chapters of Daniel, red or blue, ornamented with the other colour or green; (iii) to chapters, main sections within chapters and psalm-verses, 1 line, red or blue, usually plain. Binding of s. xviii. Secundo folio nominiat effraim.

Written in England. 'Hec est bibliot(h)eca thome [. . .]', f. 307 (end of Apocalypse), in main
rubricating hand. A widely spaced ex-libris inscription, c.1300 (?), at the foot of ff. 1^r, 1^v and 2^r,
f. 2 cut away, with prolonged and ornamented ascenders in the same hand as the erased ex-libris
of Oxford Bodleian Library MS Douce 218 (Decretum Gratiani) f. 1^{rv} which reads 'Liber iste est
de almario ecclesie', but f. 2. on which the inscription presumably continued, is missing.
'Graunt', f. 307 over erasure after 'thome', s. xv. 'In usum Scholae Liberae Southton Hunc
librum Manuscriptum Dono dedit Johannes Grove Generosus Hujus Vill: et Com: Burgensis
Anno: 1708 Recenter compactum fieri curavit Johannes Conduitt Armiger Anno 17[. .]', f. iii.
'Knowles Charles Br[. . .]', f. 283, s. xvii/xviii. 'N° 156', f. iii.

SOUTHAMPTON. TUDOR HOUSE MUSEUM

988.1983. *Antiphonale* s. xiv^2

1. ff. 3–97 Incipit continue offitium in natale unius uel plurimorum apostolorum
proprietatem non habentium.

Common of saints. A missing quire (ff. 73–82) contained part of Confessors.

2. (*a*) ff. 97–116 In sollempnitate corporis et sanguinis domini nostri ihesu christi
celebranda; (*b*) ff. 116^v–128^v In sollempnitate corporis christi ad missam
offitium.

3. (quires 14–15) ff. 129–144^v Placebo domino in regione uiuorum . . .

Office of the dead.

4. ff. 145–176^v In uigilia assumptionis Beate Marie.

5. (discarded leaves) ff. 1^v–2 Hic est uere martyr qui pro christi nomine . . . Iste
est qui ante deum magnas uirtutes . . . Amauit eum dominus et ornauit . . .

f. 1^r, formerly pasted down, blank.

6. (added) (*a*) f. 2^v (s. xvi ?) Dum esset summus Pontifex terrena non metuit sed
ad coelestia regna feliciter peruenit. Magnif:; (*b*) f. 144^v (s. xvi ?) O doctor optime
ecclesie sancte lumen beate [*blank*] diuine legis amator deprecare pro nobis filium
dei; (*c*) f. 166^{*rv} (s. xvii, on paper) In festo S. Rochi ad Magnificat utriusque
Vesper:; (*d*) ff. 176^v–178^v (s. xvi) Uespere autem sabbati . . . Surrexit dominus de
sepulchro . . . Celeste beneficiis . . . Excelsi regis filium . . . Gloriosi principes
terre . . . O pater alberte norma mundicie puritatis et continentie ora matrem
misericordie . . . ; (*e*) f. 178^v (s. xvi ?) O beate roche confessor christi . . .

(*d*) Antiphons

ff. ii + 160 and one inserted paper leaf (f. 166*). Foliated, s. xvii, before the loss of leaves, 1–178,
excluding f. 166*. 545 × 380 mm. Written space 375 × 255 mm. 6 long lines + 4-line stave.
Collation: 1^{10} wants 9 (f. 11) 2–5^{10} 6^{10} wants 4 (f. 56) 7^{10} 8 all missing (ff. 73–82) 9^{10} 10^{10} wants
10 (f. 102) 11–12^{10} 13^6 14^{10} 15^6 16^{10} 17^{10} wants 3 (f. 157) 18^4 + 1 paper leaf (f. 166*) inserted
after 2 19^{10} wants 5–6 (ff. 173–4). Minims 9 mm. high. Initials: (i, ii) 3-line + staves, f. 152^v, and
2-line + staves, ff. 5, 23^v, 40^v, 83, 116^v, 131^v, in shaded pink or blue, on grounds of the other

colour patterned with white and decorated in colours, most with extensions into the margin containing a droll figure; (iii) 1-line + part of stave, f. 3, as (i, ii); (iv) 1-line + stave, ff. 34, 49ᵛ, 66, 92ᵛ, 129, 143, 145, and 163, red and blue, with ornament of both colours; (v) 1-line, red or blue, with ornament of both colours. Binding, s. xvii, of wooden boards covered with brown leather; oval metal pieces at corners and on sides, and five bosses on each cover; strap-and-pin fastening, missing. Secundo folio (f. 4) *monium illis*.

Written in northern Italy. Pieces from various documents and manuscripts include, as strengthening strips in quire 19, pieces from a Missal, s. xiii¹, France (?), 2 cols., 28 lines, and, as patches, f. 113, a list of Italian names, with dates down to 1714.

603.1985. *Hours (in Netherlandish)*   s. xv ex.

A disordered collection of leaves, perhaps only those with significant decoration.

1. ff. 1ᵛ–13 Calendar in red and black.

Feasts in black include Ian guldemont (27 Jan.), Sabinus, Eucharius, Alexander, Romaen, all four 'bisscop' (19, 20, 26, 28 Feb.), Albijn bisschop, Alexander bisscop (1, 17 Mar.), Germanus biss (31 July), Remaclus (*or* Remadus) bisscop (3 Sept.), Amandus biss (26 Oct.), Hubrecht bisscop, Amandus biss (3, 17 Nov.), Lodewicus bisscop, 'Dauid coninck' (1, 30 Dec.). ff. 1 and 13ᵛ blank.

2. f. 14ʳᵛ Ic bidde u heilige maria moeder gods vol ende oeueruloedich van genaeden een dochter . . .

3. f. 15ʳᵛ Godt wil dencken in mijn hulpe—Hymnus Christus coninck alder goedertierenste besitte . . . psalmus Ad dominum cum tribularer . . .

4. ff. 16–18ᵛ Hier beginnin die ghetijen van onser lieuer vrouwen der reinder ende onbeulecter maghet marien. Ten aersten. Ze matten thijt . . . (f. 17) Bekeert ons godt onse salichmaeker—psalm Amen . . .

5. f. 19 Godt wilt dencken—psalm. Dominus regnauit decorem . . .

6. ff. 20–21ᵛ Godt wilt dencken—Psalmus Ad te leuaui oculos meos . . .

7. f. 22ʳᵛ Hier nae volcht een sermoen als men ten heiligen sacramente gaen wil In ter tegenwoerdicheit iuues heiligen lichaems . . . pater noster Aue maria O here iesu christe ic aenbede u om die bitterheit uwer passien . . .

8. f. 23ʳᵛ Van sint ieronymus or*atio*. Sijt gegruet edel gesteente der clercken . . .
A memoria.

9. f. 24ʳᵛ God wilt dencken—Psalme Uan mijnre ioecht an hebben . . .

10. f. 25ʳᵛ (*after the last 4 lines of a preceding item*) Uan s. maria magdalena. or*atio*. O heilige maria magdaleene die metter fonteinen der tranen . . . *ends imperfectly.*

11. f. 26ʳᵛ O heilighe maecht sinte barbara die dat rijcke der werdt ende . . .

12. f. 27 God wilt dencken—ps. In dien dat die heere ommekeerde . . .

13. ff. 28–55ᵛ Office of the dead, beginning and ending imperfectly.

ff. 55 + i. 120 × 80 mm. Written space 72 × 46 mm. 17 long lines. All leaves singletons, gathered, with the back flyleaf, into fourteen quires, each of four leaves. Two full-page pictures: ff. 18 (Visitation), and 21 (Innocents); three 9-line pictures of saints, ff. 23, 25, and 26. Initials: (i) 7- (f. 14) or 6-line, in gold, on pink or green decorated grounds; (ii) 2-line, grey shaded with white on gold grounds, or gold on pink grounds; (iii) 1-line, gold on alternately pink and blue grounds. Line-fillers in pink or blue, patterned with gold. Architectural frames on every page except f. 1 and versos of ff. 13–27: those in art. 1 enclose roundels depicting red-letter-day saints, with the works of the months at the foot; those of ff. 28–55ᵛ contain at the sides Death leading a figure, who is identified at the foot ('De cardinael'—'De sot'); f. 14 an arrangement of jewellery, and f. 27 of flowers; or scenes: ff. 15 Burning bush, 16 armoured king kneeling with battlefield in background, 17 Innocents, 18 Child seated before fire with angels carrying wood, 19 carpenter assisted by an angel, 20 peasants dancing to bagpipes, 22 worshippers in church kneeling before chalice held up by priest, 23 ale-houses with a man supporting his beer-gut on a wheel-barrow, 24 angel directing an old man to a tree-house, 25 woman watching shipwreck from shore, and 26 woman directing two men to a tower. Binding of wooden boards, s. xvi (?), covered with red velvet; edges reinforced with metal braid; one clasp, missing.

Written in the Low Countries.

SOUTH BRENT. SYON ABBEY

1. *Processionale Brigittinum*   s. xv med.

1. ff. 3–59 Temporal, Christmas – Corpus Christi.

Includes collects as well as musical items. In the Rogationtide litanies (ff. 35–47ᵛ), first day, among five virgins: Anna Birgitta Maria magdalene (1–3); second day, among six virgins: Anna Birgitta Katerina (1–3); third day, among eight virgins: Anna Birgitta Praxedis (1–3).

2. ff. 59–101 Translation of Bridget, John Baptist, Peter and Paul, Visitation of B.V.M., Relics, nativity of Bridget, Anne, Aduincula sancti Petri, Assumption and Nativity of B.V.M., Michael, Dedication, canonization of Bridget, All Saints, Conception of B.V.M.

Includes collects as well as musical items. Most of Peter ad vincula and the start of Assumption of B.V.M. on an inserted bifolium, ff. 79–80.

3. ff. 101ᵛ–118 Litanies (Sunday–Wednesday) and (f. 109ᵛ) antiphons.

4. ff. 118–120 In die professionis postquam episcopus assignauerit abbatisse sororem professam . . .

5. f. 120ʳᵛ Feria iiiiᵃ in capite ieiunii fiat genufleccio in choro a sororibus et dicat vnaqueque priuatim septem psalmos penitenciales . . . In die autem parasceues . . . Ut sorores monasterii sancti saluatoris de syon tam presentes quam future a consciencia scrupulosa remoueantur intuentes in hac processionaria plura addita siue diminuta aliter quam consuetudo primaria antiquitus solebat habebat. Reuerendus in christo pater et dominus. Dominus iohannes bone memorie londoniensis episcopus auctoritate sua ordinaria et eciam delegatoria considerans omnia addita siue diminuta ad cultum diuinum pertinencia et valde consona

approbauit et huiusmodi frui ad dei laudem cum sororibus dispensauit earum consciencias scrupulosas ea occasione habitas vel habendas auctoritate predicta remouendo.

6. ff. 121–124ᵛ De sancta maria antiphona Salue regina misericordie . . .

7. (added, s. xv ex.) ff. 125–6 In festo sancti Augustini episcopi et confessoris. Miles christi gloriose . . .

8. (added, s. xvi in.) ff. 126ᵛ–128 On saynt catherynes day after Regnum mundi this response Induit . . . and then. Ibo michi Et tanquam. At both evynson*ges* Hec est virgo . . . At mattyns Hec est que . . . Ora pro nobis beata catherina. vt digna efficiamur gratia diuina. Oremus Omnipotens sempiterne deus auctor virtutis et amator virginitatis . . .

The same hand made marginal notes in arts. 1–2, giving cues, most of which are followed by an identifying (?) letter.

9. (added, s. xvi in.) (*a*) f. 127 Salue festa dies—euo qua resonante iesu flectitur omne genu (noted); (*b*) f. 128 Clementiam tuam domine suppliciter imploramus vt intercedentibus beata katherina et sancta matre eius birgitta . . . ; (*c*) f. 128ᵛ Omnipotens sempiterne deus qui humano generi ad imitandum . . . In quacumque domo nomen fuerit vel ymago / virginis eximie Dorothee martiris alme/Nullus abortiuus infans nascetur . . .

ff. iii + 125 + v, foliated (i), 1–129 (also paginated), (130–2). ff. 1–2 and 128–9 are medieval parchment flyleaves, see arts. 8–9 above. 200 × 137 mm. Written space 136 × 82 mm. 7 long lines + 4-line stave, or 21 long lines. Collation: 1–9⁸ 10⁸ + a bifolium (ff. 79–80) inserted after 4 11–15⁸ 16 three. Quires 3–15 signed b–o. Written in a 'prickly' textura. Initials: (i) f. 3, red and blue, with red ornament, extended as a frame in red and blue on all four sides; (ii) blue; (iii) alternately red and blue. Cadels and capital letters in the ink of the text filled with yellow. Binding of s. xix. Secundo folio (f. 4) *tuearis*.

Written in England, for the Bridgettine nuns at Syon, after Bishop John Kempe had been translated from London to York in 1425, perhaps after his death in 1454, see art. 5. 'C (?) Browne' in red, s. xv/xvi, f. 129, cf. Constance Browne, elected abbess of Syon in 1518, G. J. Aungier, *History and Antiquities of Syon Monastery* . . . (1841), 81. 'dorothe Slyght', s. xv/xvi, f. 1; she occurs among the more senior nuns in 1539, ibid. 89. '£40', f. xix (?), f. iᵛ. Bookplate 'S. Birgittae de Sion, Chudleigh', inside front cover; the abbey was at Chudleigh 1887–1925.

2. *Horae*   s. xv med.

Art. 27 was added, s. xv, and arts. 28–31, s. xvi in., on space at the end of quire 29 and on added quires (1, 12, and 30).

1. ff. 1–6ᵛ Bridgettine calendar in blue, red, and black, graded (up to ix lc').

A sentence beginning 'Si tonitruum sonuerit . . . ' added in red at the foot of each page, ff. 1–3. Added feasts: John of Beverley (7 May), Erasimus, Milburga (3, 25 June), Adrian, Dorothy, translation of Erkenwald (8, 9, 27 Sept.), Frideswide (19 Oct.), Presentation of B.V.M. in red (21 Nov.). Also 'Obitus Sororis Alicie langton anno domini 1491' at 7 May; 'Obitus domini Willelmi Bo[. . .] militis Anno domini Mill[. . .] CCCC xxxii' at 14 Sept.; 'Professus est M

Willelmus Catesby die sancti Frideswide Anno christi 1488' at 19 Oct.; '[. .]alio M. Iohannis [. .]eylie (?) sacerdotis' at 24 Oct. 'pape' and Thomas of Canterbury untouched.

2. ff. 7–19 Hic incipiunt matutine de sancta trinitate.

3. ff. 19–25ᵛ Hic incipit cursus de eterna sapiencia. Quicumque desiderat eternam sapienciam familiarem sibi sponsam habere debet ei has horas quotidie deuote legere.

4. ff. 25ᵛ–36 Hic incipiunt matutine de sancto spiritu.

5. (a) ff. 36–42 In commemoracione sanctorum angelorum . . . ; (b) ff. 42–53 In commemoracione beate Brigitte . . . ; (c) ff. 53–9 In commemoracione omnium sanctorum . . .

Each comprises Vespers, Compline, Matins–Compline.

6. ff. 59–65 Hic incipiunt matutine de passione domini.

7. ff. 65ᵛ–74 Hic incipiunt matutine de compassione beate uirginis edithe a domino papa iohanne xxii. et cuilibet eas pia mente dicenti vnum annum indulgencie concedit cum stacionibus sancte romane ecclesie que sunt xlᵃiiiiᵒʳ anni.

8. f. 74ʳᵛ Seven prayers: Ure igne. . . .

The last two are for 'anima famuli tui N. fundatoris nostri'. ff. 75–81ᵛ, see art. 30 below.

9. ff. 83–89ᵛ Memoriae of John Baptist, John ev., Christopher (three collects), George, Thomas of Canterbury (two collects), Edmund k. and m., Anne, Mary Magdalene, Katherine, Margaret, and Barbara.

10. ff 89ᵛ–94 Prayers before and after communion: (a) Oracio deunta ante communionem. Domine ihesu christe immensam clemenciam . . . ; (b) Domine sancte pater omnipotens eterne deus da michi hoc corpus . . . ; (c) Precor te domine sancte pater omnipotens et misericors deus . . . ; (d) Domine ihesu christe fili dei viui te suplex . . . ; (e) Adoro sanctissimum corpus tuum . . . ; (f) Pax domini uultus domini . . . ; (g) Agne dei—qui pro nostra redempcione . . . Agne dei—qui pro nostra salute . . . Agne dei—dona michi meritis . . . ; (h) Uerum corpus preciosum . . . ; (i) Ecce ihesu benigne quod cupiui . . . ; (j) Cruor ex latere domini michi indigne . . . ; (k) Ave ineternum sanctissima caro . . . ; (l) Corpus domini nostri ihesu christi sit remedium . . . ; (m) Percepcio corporis et sanguinis tui domine . . . ; (n) Pvrificent nos quesumus domine sacramenta que sumpsimus . . . ; (o) Gracias tibi ago domine deus noster qui me peccatricem saciare . . . ; (p) Corpus domini et sanguis christi sit michi adiutor . . .

11. Prayers on Christ's Passion: (a) ff. 94–5 Alia oracio. Domine ihesu christi qui septem uerba in ultimo uite . . . ; (b) ff. 95ʳᵛ Precor te piissime domine ihesu christe propter illam caritatem . . . ; (c) ff. 95ᵛ–96 Domine ihesu christe clementissime per sacratissima quinque vulnera tua . . .

12. ff. 96–108 Memoriae of Michael, Gabriel, Raphael, and guardian angel,

Passion of Christ, Compassion of B.V.M. (Matris cor uirginum trina totum treuit . . .), Trinity, Cross, Holy Spirit, Corpus Christi, Michael, Gabriel, John Baptist, Peter and Paul, John ev., Andrew, apostles, Stephen, Laurence, Vincent, Christopher, Edmund k. and m., Thomas of Canterbury, martyrs, Edmund conf., Nicholas, Giles, Anthony, George, Erkenwald, Benedict, Bernard, Joachim and Anna, Bridget (two collects), Mary Magdalene, Katherine, 'Alia memoria de sancta katerina de senis ant^a Aue uirgo katerina egris uera medicina. . .', Margaret, Barbara, 11,000 Virgins, virgins, Relics, All Saints, and Peace.

13. ff. 108–120^v Prayers: (*a*) Oracio ad patrem. Domine deus pater omnipotens qui coequalem . . . ; (*b*) Oracio ad filium. Domine ihesu christe fili dei uiui qui es uerus . . . ; (*c*) Oracio ad spiritum sanctum. Domine sancte spiritus omnipotens eterne deus . . . ; (*d*) Oracio ad sanctum trinitatem Alma deus trinitas et trinitatis vnitas . . . ; (*e*) Oracio ad sanctam crucem. Obsecro te domine ihesu christe fili dei viui ut per sanctam crucem . . . ; (*f*) De sancta maria mater christi. O maria mater regis regum eterni O maria filia regis superni. O maria que genuisti gaudium ora pro nobis ad dominum; (*g*) Oracio ad sanctum michaelem. Sancte michael superni regni nuncius . . . Alia—Deus propicius esto michi peccatrici et custos mei . . . ; (*h*) Domine deus per hec tua sancta nomina cui tetragamaton (*sic*) . . . ; (*i*) Ad proprium angelum. Angele dei deputate custos uite mee fragilis . . . ; (*j*) Beatissime baptista iohannes precursor et martir . . . ; (*k*) Sancte petre princeps aplorum (*sic*) . . . ; (*l*) Sancte paule aposto (*sic*) predicator . . . ; (*m*) Oro te beate andrea . . . ; (*n*) Sancte iohannes euangelista et dilecte dei apostoli . . . ; (*o*) Iacobe zebedei dilecte dei filius tonitrui et potator calicis . . ; (*p*) Deus qui tuum inclitum gloriossimum que bartholomeum eterne beatitudinis gloria . . . ; (*q*) Ad omnes sanctos apostolos. Oracio. Lvmina mundi domini mei . . . ; (*r*) Sancti innocentes qui immaculatas animas purpurei sanguinis decore uernantes . . ; (*s*) Obsecro te beatissime stephane leuita et prothomartir . . . ; (*t*) Bonitarum decus pulcritudo que martirum laurenti . . . ; (*u*) Inclite martir georgii obsecro te ut exaudias oracionem meam . . ; (*v*) Sancte et inmitissime christi martir thoma qui pro legi dei . . . ; (*w*) Ad omnes martires. Oracio. Deus auctor pacis et caritatis qui pro salute generis . . . ; (*x*) Beatissime pater nicholae qui nautis illis peste seuissimo fatigatis . . . ; (*y*) Sancte dei leonarde sancte dulcis sancte pie . . . ; (*z*) Imploro sanctissimam intercessionem tuam beatissime confessor domini monachorum pater sancte benedicte . . . ; (*aa*) Ad omnes confessores. Oracio. Qveso uos sacratissimi confessores christi intercedite pro me . . . ; (*bb*) Sancta maria magdalene quam dominus noster ihesus christus mirabiliter ab omni mentis insania . . .; (*cc*) Sancta uirgo et martir katerina hostia dei et sponsa christi . . . ; (*dd*) Oracio de sancto edmundo. Magne regis magne miles et princeps inter precipuos . . . ; (*cc*) Gemma dei preciosa martir margareta fulgida sponsa . . . ; (*ff*) Sancta et benedicta fidis uirgo preciosa et martir . . . ; (*gg*) Oracio ad omnes uirgines. Omnes sancte et gloriose uirgines quibus a deo datum . . . ; (*hh*) Oracio ad omnium sanctorum (*sic*). Per merita omnium sanctorum tuorum et oraciones et intercessiones et passiones . . .

The arrangement follows that of a litany.

14. ff. 120ᵛ–125 Prayers: (*a*) Uita viuens christe ab iniqua et subitanea morte . . . ; (*b*) Discedite a me cogitacio deceptiua et illecebrosa uoluptas . . . ; (*c*) Domine ihesu christe precor te per tuas sanctas lacrimas quas tu plorasti ad monumentum . . . ; (*d*) Oracio pro amicis et benefactoribus. Deus pie et exaudibilis clemens et benignus suscipe propicius oracionem . . . ; (*e*) Oracio pro inimicis. Omnipotens et pie domine ihesu christe amicis meis coram te est eciam quid exoptet . . . ; (*f*) Pro omni gradu ecclesie Omnipotens deus qui ecclesiam tuam toto orbeterrarum . . .

15. ff. 125–6 Memoria and prayers: (*a*) Titulus triumphalis ihesus nazarenus rex iudeorum . . . Omnipotens sempiterne deus parce metuentibus propiciare supplicantibus ut post noxios ignes nubium . . . ; (*b*) *one line of space, for rubric* (?) A signis celi ne timueritis que timent gentes quia ego uobiscum sum dicit dominus *one line of space* Audi nos ihesu christe deus excelse miserere te rogamus . . . ; (*c*) Omnipotens sempiterne deus fundator et custos superne ciuitatis . . . ; (*d*) Ave ancilla trinitatis. Aue sponsa spiritus sancti . . . ; (*e*) Ave anna mater marie matris dei . . .

16. ff. 126ᵛ–128ᵛ Ceste letanie fist seint ancelme erceuesque de cant' de no*str*e dame seinte marie ki chesu*n* is*ur* p*ar* bone entente le dirra ia de mort subite ne morra ne nulla enemy nuyer luy porra—Kyrieleyson . . . Precor te dei genitrix piissima pro amore filii tui . . . Sancta maria porta celi consciencia secretorum dei . . . Svscipe uerbum uirgo dilectissima piissima benignissima . . . In manus tuas domine et sanctorum angelorum tuorum commendo . . .

17. ff. 128ᵛ–133 O ihesu christe eterna dulcedo . . .

Fifteen Oes of St Bridget.

18. ff. 133–40 Prayers: (*a*) Concede michi queso misericors deus que tibi sunt ardenter . . . ; (*b*) Saluator mundi rex glorie qui solus saluare potes . . . ; (*c*) Ave ihesu christe uerbum patris uirginis filius . . . ; (*d*) Oracio utilis. Confiteor tibi omnia peccata mea quecumque feci ab infancia . . . ; (*e*) Spiritus sancte deus omnipotens ex utroque patre et filio . . . ; (*f*) Rogo domine et peto remissionem peccatorum meorum . . . ; (*g*) Per merita omnium sanctorum tuorum et oraciones intercessiones. passiones et suffragia trinitatis . . . ; (*h*) Oracio bona. Ivste iudex ihesu christe rex regum et domine. Qui cum patre regnas semper . . .

19. ff. 140–150ᵛ Prayers to B.V.M., etc.: (*a*) Obsecro te o dulcissima domina . . . ; (*b*) Sancta maria dei genitrix mitissima per amorem vnigeniti filii . . . ; (*c*) Omnipotens sempiterne deus respice de celo sancto tuo super domum serui tui . . . ; (*d*) O Domina dulcissima pia uirgo ornamentum seculi margarita celestis . . . ; (*e*) Sancta maria mater domini nostri ihesu christi in manus filii tui . . . ; (*f*) O Gloriosa regina celorum. O domina angelorum et hominum . . . ; (*g*) Rogo te dulcissima clementissima misericordissima mater dei . . . ; (*h*) O Beata et ineternum benedicta singularis atque incomparabilis maria . . . ; (*i*) O Sancte iohannes apostole et euangelista qui es uirgo electus a domino . . . ; (*j*) Ave benignissima uirgo maria que illud iocundum . . . ; (*k*) Ave uirgo uirginum que uerbo concepisti Aue lactans filium . . . ; (*l*) Deus omnipotens creator omnium

qui gloriosam uirginem . . . ; (*m*) Ave uirgo gloriosa stella celi clarior. Mater dei graciosa . . .

(*k*) 17 four-line verses, one for each word of the Ave Maria, the first three lines of the verse beginning with the word.

20. ff. 150–153ᵛ Si v*ous* estes en mortel peche ou en autre anguise alez deuaunt la croiz et priez dieu—Adoramus te christe et benedicamus tibi quia per sanctam crucem . . . Qvi crucis in patibulo . . . Ueni creator spiritus mentes tuorum . . . Deus qui corda fidelium sancti spiritus illustracione . . . Domine ihesu christe fili dei viui in honore trium oracionum sanctissimarum quas humo prostratus . . . Sacratissimo capiti tuo et beatissime corone . . . Cruci corone spinee clauis direque lancee honorem impendamus . . . Qvesumus omnipotens et misericors deus ut qui redempcionis . . .

21. ff. 153ᵛ–168 (*a*) Svscipe domine sancte pater hos septem psalmos a sancto dauid . . . ; (*b*) Concede ego domine ut isti septem psalmi cum intercessione sanctorum . . . ; (*c*) Deus creator vniuerse creature qui per septem dierum spacium . . . ; (*d*) Penitential psalms, ending imperfectly 'uitam meam' (Ps. 142: 3); (*e*) *begins imperfectly* pedem tuum neque dormitet (Ps. 120: 3) . . . Absolue quesumus domine animas . . . ; (*f*) Pro congregacione ps Qui confidunt usque De profundis ps Qui confidunt in domino . . . Deus cui proprium . . . ; (*g*) Pro principibus et familiabus ps De profundis usque ad finem ps De profundis . . . Largire quesumus domine famulis . . . Deus qui contritorum non despicis gemitum . . . ; (*h*) ff. 163ᵛ–168 Litany.

(*d*) has cues with cross-references for Pss. 50 and 129 'ut supra in placebo', but see below art. 22; (*e–g*) Gradual psalms (119–133) divided into three sections of five, each followed by a collect or (*g*) collects; (*h*) twenty-four martyrs, (15–21) Thomas Christopher George Edmund Fremund Kenelm Oswald; twenty-eight confessors, (16–28) Martin Edmund Benedict Bernard Dominic Francis Edward Giles Leonard Paul Anthony Joachim 'Josph (*sic*) custos marie uirginis'; twenty-four virgins, (1–3) Anna Bridget Mary Magdalene . . . (21–24) Wenefred Lucy Martha Ursula, with Elizabeth and Barbara added in margin.

22. ff. 168ᵛ–188ᵛ Anima Regis Henrici fundatoris nostri et anime omnium fidelium defunctorum per misericordiam ihesu christi in pace requiescant. Amen. Hic incipiunt uigilie mortuorum.

Office of the dead.

23. ff. 188ᵛ–196ᵛ Beati immaculati . . . Quandocumque dicitur commendacio semper dicitur sedendo supradicto modo et numquam stando usque ad antiphonam post psalmos dicendam.

24. ff. 197–206 Beatus Ieronimus in hoc modo disposuit breuiter hoc psalterium . . . Presta queso omnipotens et misericors deus ut misericorditer et libenter . . . Uerba mea auribus . . . or. Svspice digneris domine hos psalmos . . . Da michi queso omnipotens deus ut per hec sacrosancta psalterii celestis mella . . . Omnipotens et misericors deus clemenciam tuam suppliciter . . .

Arts. 25–6, added, have the main decorative scheme.

25. ff. 206–8 Memoriae of Ursula, Citha, Katherine Margaret and Mary Magdalene, and Joseph.

26. ff. 208–212ᵛ Prayers: (a) Cuilibet vero confesso et contrito hanc oracionem sequentem xx diebus continuatis concessa est plena remissio omnium peccatorum. vt dicitur. Gracias tibi ago domine ihesu christe qui voluisti pro redempcione mundi . . . ; (b) Ad proprium angelum. oracio. Sancte angele dei minister . . . ; (c) Ave et gaude dulcissime spiritus angelice meus . . . ; (e) Domine sancte pater omnipotens eterne deus dirige ad me sanctum angelum . . . ; (f) Ut beatissima virgo maria in hora mortis tue tibi adesse dignatur: legas sibi cotidie tria Aue maria sic orando ante primum Aue maria Oracio Ore te—vt sicut pater . . . Ante secundum—Oro te—vt sicut filius . . . Ante tercium—Oro te—vt sicut spiritus sanctus . . . ; (g) Oracio deuota. Domine ihesu christe qui in cruce pendens pro salute nostra virginem matrem . . . ; (h) Ave incomparabilis meriti singularis . . . ; (i) Gloria sanctorum decus angelorum . . . ; (j) O beata et intemerata et ineternum benedicta . . .

27. ff. 212ᵛ–213 Prayers: (a) Adiuua nos deus salutaris noster . . . ; (b) Ascendant ad te domine preces nostre . . . ; (c) Omnipotens et misericors deus vnica salus mortalium . . .

28. (a) f. 213 For the kynge and the quene. Deus in cuius manu corda sunt regum . . . ; (b) f. 213 For faire weddir Ad te nos domine clamantes . . . ; (c) f. 214 Omnipotens sempiterne deus qui diuina gabrieli salutacione . . . ; (d) f. 214ʳᵛ A deuout prayer to seynt kateryn of Sweyth' Salue virgo katerina specula candoris . . . Domines ihesu christe splendor patris . . .

(d) is a memoria. f. 213ᵛ blank.

29. (a) f. iii a drawing of Christ covered with wounds standing in a tomb, with the cross in the background; (b) ff. viᵛ–vii Domine ihesu (christe) adoro te in cruce pendentem . . . in cruce vulneratum . . . in sepulcro . . . pastor bone . . . per illam amaritudinem . . . ; (c) f. viiᵛ O domine Ihesu christe adoro te descendentem ad inferos . . . resurgentem a mortuis . . . ; (d) ff. viii–ix Memoriae of Augustine and Cecilia; (e) f. ixᵛ Oratio ad beatissimam virginem mariam Ave domina sancta maria, mater dei, regina coeli . . .

(b–c) Seven Oes of St Gregory.

30. ff. 75–81ᵛ (a) Prayers after euuelyng. Ps. Miserere . . . If any schal passe say thys prayer. or. Omnipotens sempiterne deus conseruator animarum . . . ; (b) For our foundour and hys frendes or. Adiuua nos deus salutaris noster . . . For buschops or. Deus qui inter apostolicos sacerdotes . . . For brethern' and sustren'. or. Deus venie largitor . . . For all cristen sowles Or Fidelium deus omnium conditor . . . ; (c) a set as (b) 'After laudes and not before dirige'; (d) For the founder wᵗ in the xxxᵗⁱ day of any suster or brother . . . ; (e) In all' diriges for buschops adde to the fyrst colettes . . . ; (f) For the lordsyr Henry Fitzhugh and for all' our benefactours wᵗ in the vtas of epiphany . . . ; (g) For faders and moders of sustres and brothren professed the Tuesday befor' aschewensday or in the

weke tofore . . . ; (*h*) For brethren and sustren' of our chapter with in the vtas of relikes And for brothren' and sustren' professed in the fyrst weke of aduent before cristmas . . . ; (*i*) For our founder Kyng henry the fyfte. the laste day saue one of auguste. but yf it fall on the saturday . . . ; (*j*) For syr Thomas Fischborn' in speciall' and for all' abbesses and confessours of thys monastery in generall' with in the vtas of the natiuite of our lady . . .

(*f–j*) each consists of a pair of prayers, the first 'Ad placebo', the second 'Ad laudes'.

31. (*a*) ff. 81ᵛ–82 Anima ihesu christi sanctifica me. Corpus Ihesu . . . ; (*b*) f. 82ʳᵛ Domine Ihesu christe qui hanc sacratissimam carnem . . . ; (*c*) f. 82ᵛ de omnibus sanctis In firmitatem nostram quesumus domine propicius . . . ; (*d*) f. 82ᵛ de sancta Maria Concede quesumus omnipotens deus fragilitati nostre presidium . . .

ff. iii + 220 + iii, foliated i–vii, 1–214, viii–xii. ff. i–iii and x–xii are medieval parchment flyleaves. 162 × 106 mm. Written space 98 × 60. 24 long lines. Ruled in pink ink. Collation: 1⁴ 2⁶ 3–10⁸ 11⁴ 12–21⁸ 22⁸ wants 4 after f. 157 23–24⁸ 25⁸ wants 6 after f. 182 26–28⁸ 29⁶ 30². Initials: (i) ff. 7, 154ᵛ, 168ᵛ, 188ᵛ, 7/4-line, in one or two of the colours pink, blue, green, or orange, shaded with white, on gold grounds, historiated (f. 154ᵛ Christ on the rainbow, f. 188ᵛ three souls in a sheet held by God), extended to frame text; (ii) ff. 19, 25ᵛ, 65ᵛ, 197ᵛ, 4/3-line, as (i) but only extended the height of the written space on the left; (iii) in arts. 2–4, 6–7, and 9, and ff. 96, 128ᵛ, 140, 144ᵛ, 4/2-line, in shaded pink, blue, green, or orange, on gold grounds, historiated (generally a head or a symbol, e.g. dove in art. 4, but some scenes in art. 6), with marginal sprays; (iv) 2-line, alternately gold on pink and blue grounds patterned with white, and shaded pink, blue, green, or orange on gold grounds, both with marginal sprays; (v) 1-line, alternately blue with red ornament, and gold with violet ornament. Line-fillers in blue and gold. Medieval binding of wooden boards, rebacked, covered with brown leather bearing three stamps used twice on each cover (small fleur-de-lis, 10 × 8 mm., in the centre flanked by rampant griffin, 25 × 25 mm., and, top and bottom, Oldham Panel AN 17); two strap-and-pin fastenings, missing. Secundo folio (f. 8) *cornua*.

Written in England, for the Bridgettine nuns of Syon, see arts. 1, 21*h*, 22, 100, 13*g*.

3. *Breviarium Brigittinum*   s. xiv/xv

1. (cut down from a larger book) ff. 1–6ᵛ Bridgettine calendar in red and black.

Feasts in red include 'Dedicatio basilice saluatoris' (9 Nov.).

2. ff. 7–125 Psalms 1–150.

3. ff. 125–40 Six ferial canticles (Audite celi divided at v. 22 'Ignis succensus'), followed by Benedicite, Benedictus, Magnificat, Nunc dimittis, Te deum 'ymnus ambroxii et augustini', Pater noster, Gloria in excelsis 'Laus angelorum', Credo in deum, Credo in unum deum, and Quicumque uult 'Fides catholica Sancti athanasii episcopi'.

4. ff. 140–5 Incipit lettanie.

Fifteen virgins and widows: (2–4) Anna Brigida Agnes . . . (10) Reparata . . . (15) Helen.

5. ff. 145ʳᵛ Initium sancti euangelii secundum iohannem. Gloria tibi domine. In principio . . . gratie et ueritatis. Deo gratias.

John 1: 1–14. f. 146ʳᵛ blank.

6. ff. 147–56 Incipit ordo cantus et lecture sororum ordinis sancti saluatoris In horis diurnis pariter et nocturnis . . . in uesperis. Memoria de patrona nostra sancta Brigida.

General rubric. f. 156ᵛ blank.

7. ff. 157–244ᵛ Offices, Sunday–Saturday, followed (f. 240ᵛ) by seasonal material, beginning and ending imperfectly.

ff. ii + 244 + ii. 126 × 100 mm. Written space 94 × c.73 mm. 2 cols. 20 lines. Collation: 1 six 2–16¹⁰ 17¹⁰ wants 1 before f. 157 18–24¹⁰ 25¹⁰ wants 10. Initials: (i) f. 7 and leaf before art. 7, removed; (ii) to first lection of each day in art. 7, 7/5-line, in gold with blue ornament; (iii) to principal psalms, 4-line, as (ii); (iv) to other psalms, etc., 2-line, alternately blue with red ornament and red with mauve ornament; (v) to verses, 1-line, alternately blue and red. Capital letters in the ink of the text filled with yellow. Full floral border, f. 7, in shaded pink, blue, and green with gold blobs, partly cut away; also cf. offset on f. 156ᵛ. Binding of s. xx. Secundo folio (f. 8) *Seruite*.

Written in northern Italy, for Bridgettine use, probably in the Arno valley, see art. 4.

4. *Horae*   1424 (?); s. xv¹

1. (*a*) pp. 11–22 Sarum calendar in red and black, graded (up to ix lc'); (*b*) pp. 23–6 Easter table, 1424–1539.

(*a*) added, s. xv/xvi, 'Translacio sancte Birgitte Festum Minus duplex' (28 May), 'Natalis sancte Birgitte. Festum Maius duplex' (23 July), 'Dedicacio ecclesie cathedralis et monasterii de Syon', 'Canonizacio sancte birgitte Festum principale', 'Dedicacio ecclesie omnium sanctorum de Istilworth' (1, 7, 20 Oct.). Added obits: 'domini henrici Fyzthwe' (11 Jan.), John kyng, King Henry V 'fundatoris monasterii de syon' (14, 31 Aug.). Also '1° die at Rosse', s. xvi, at 18 Jan. 'pape' and feasts of Thomas of Canterbury erased.

2. pp. 27–109 Hours of B.V.M. of the use of (Sarum), beginning imperfectly.

Hours of the Cross worked in. Memoriae after Lauds of Holy Spirit, Trinity, Cross, Michael, John Baptist, Peter and Paul, John ev., Laurence, Nicholas, Anne, Mary Magdalene, Bridget, Katherine, Margaret, All Saints, and peace. Seasonal material begins p. 79 (8¹).

3. pp. 113–40 Penitential psalms, beginning imperfectly 'et iniusticiam' (Ps. 31: 5), p. 125, Gradual psalms (cues only of first twelve), and, p. 129, 'letania' ending imperfectly.

Sixteen virgins: (1–3) anna birgitta maria magdalena . . . (16) brigida.

4. (quires 12–15) pp. 141–200 Office of the dead, noted, beginning 'us prolongatus' (antiphon to Ps. 119) and ending imperfectly.

5. pp. 201–24 Commendations, beginning imperfectly 'siderabo uias' (Ps. 118: 15).

6. pp. 224–7 Prayers to the persons of the Trinity: (*a*) Oracio ad patrem. Domine deus pater omnipotens qui coequalem . . . ; (*b*) Oracio ad filium. Domine ihesu christe fili dei uiui qui es verus et omnipotens splendor . . . ; (*c*) Oracio ad spiritum sanctum Domine sancte spiritus omnipotens eterne deus . . . ; (*d*) Oracio ad sanctam trinitatem. O Alma deus trinitas et trinitatis vnitas . . .

7. pp. 227–32 (*a*) Alia oracio Domine ihesu christe qui septem uerba in vltimo vite tue . . . ; (*b*) Alia oracio Precor te piissime domine ihesu christe propter illam caritatem . . . ; (*c*) Alia oracio Domine ihesu christe clementissime per sacratissima quinque vulnera . . .

8. pp. 232–3 Oracio ad sanctam mariam. Aue ancilla trinitatis. Aue sponsa spiritus sancti . . .

9. pp. 233–9 Memoriae of (*a*) John Baptist, (*b*) John ev., and (*c*) guardian angel.

(*b*) has a cross-reference for its collect 'Ecclesiam tuam ut supra ad matutinas'; (*c*) has three collects, Presta quesumus omnipotens deus ut illius sancti angeli, Aue et gaude dulcissime spiritus angelice meus, and Domine sancte pater omnipotens eterne deus dirige ad me sanctum angelum tuum.

10. (added, s. xv med.) (*a*) on blank space p. 239 Deus qui de beate marie uirginis utero uerbum tuum . . . ; (*b*) pp. 240–9 six sets, each of three lections, 'de sancta maria in commemoracionibus eiusdem'; (*c*) pp. 250–1 three seasonal 'Memoria de omnibus sanctis'; (*d*) pp. 3–10 seasonal material 'In commemoracionibus beate marie uirginis—quando fit seruicium plenum de ea'

(*a–c*) included in main decoration; (*b–d*) in one hand.

11. (added, s. xv², in blank spaces) (*a*) front pastedown Prayer as art. 10*a*; (*b*) p. 2 Domine ihesu christe qui hanc sacratissimam carnem . . . ; (*c*) p. 2 Anima ihesu christi sanctifica me. Corpus ihesu christi . . . ; (*d*) pp. 109–10 as (*b*); (*e*) pp. 110–11 adonay domine deus magne et mirabilis facture—per intercessione eiusdem genitricis tui et sancti Nicholai et omnium sanctorum . . . ; (*f*) p. 111 Ihesu pie ihesu bone ihesu misericordissime concede mihi N. misero peccatori . . . ; (*g*) p. 112 te uenerando caro christi . . . ; (*h*) p. 112 [S]vscipe clementissime pater hos septem psalmcs a sancto dauid . . . ; (*i*) p. 1 note on the date of Easter; (*j*) p. 251 note on 'mutacio lune' according to the letter of the year (?); (*k*) p. 254 ink recipe.

ff. 127. Paginated. 215 × 142 mm. Written space 126 × 77 mm. 20 long lines, or, in art. 4, 7 + 4-line stave. Ruled in violet ink. Collation: 1⁴ 1 pasted down 2⁴ 3⁶ 4⁸ wants 1 before p. 27 5⁸ 6⁸ wants 1 before p. 57 6–7 after p. 64 7⁶ 8–9⁸ 10⁸ wants 2 after p. 112 11⁸ 12⁶ (1 and 6 singletons) 13–15⁸ 16⁸ wants 1 before p. 201 17–18⁸ 19⁴. The catchwords on quires 8, 11, 13–14, and 16 have human profiles, like the cadels, drawn round them. Initials: (i) to arts. 2–5, removed; (ii) 4/3-line, pink and blue, or (p. 36) orange, shaded with white, on decorated gold grounds, extended as a bar the height of the written space in the outer margin and sprays in top and bottom margins; (iii) 2-line, in gold, on grounds of pink and blue patterned with white, with marginal sprays; (iv) 1-line, in blue with red ornament, or gold with dark blue ornament. Line-fillers in blue and gold. Cadels and capital letters in the ink of the text filled with yellow. Contemporary binding of bevelled wooden boards covered with white leather; two strap-and-pin fastenings, straps missing; oblong mark vertically in the centre of the back cover, from a label (?). Secundo folio (p. 5) *R. Missus est*, (p. 27) *generacioni*.

Written in England, art. 1 probably in 1423 or 1424, see (*b*); in part for Bridgettine use, see arts. 2–3 and rubric 'in conuentu' p. 103, but apparently not art. 1 to judge by the need for additions. Art. 11*f*, s. xv², has masculine forms. '£120/-/-', s. xix or xx, inside front cover. Syon Abbey inscription [19]27, inside front cover.

5. *Horae* s. xv in.

Rubrics in Italian in arts. 1 (ff. 1, 2ᵛ, 16ᵛ, 19), 4–5.

1. (quires 1–5) ff. 1–40ᵛ Incipit offitium beate marie uirginis secundum consuetudinem romane curie, ending imperfectly in Compline hymn (Memento salutis) v. 3.

ff. 41–44ᵛ (quire 5) ruled but blank.

2. ff. 45–60 Incipiunt septem psalmi penitentiales, followed (f. 53ᵛ) by Litany.

Eight pontiffs and confessors, (8) Zenobius; twelve virgins and widows, (12) Reparata. Ten prayers, the last Omnipotens sempiterne deus qui uiuorum dominaris simul et mortuorum . . .

3. ff. 61ᵛ–62ᵛ Incipit offitium sacratissime passionis domini nostri yhesu christi quod compilatum est a domino papa iohanne xxii qui concedit omnibus dicentibus pro qualibet die unum annum de indulgentie . . . agone Explicit offitium sacratissime passionis domini nostri yhesu christi.

4. ff. 62ᵛ–63ᵛ O domine yhesu christe adoro te in crucem pendentem . . . ingressu suo. Amen. Qualunque persona confesso e pentuto de suoi peccati istando ginochioni inanci alla inmagine della pieta dira le so*pra* scripte or*ati*oni. da *sancto* gregorio e altri so*m*mi po*n*tifici xxii M. c vii a*n*ni di piena indulgentia gli e co*n*ceduto collequali orationi dic*ą* cinque pater nostri e cinque aue maria.

Seven Oes of St Gregory.

5. ff. 63ᵛ–64ᵛ Questi sono i uersi di sancto bernardo i quali chi gli dira omgni di. sara si curo dalle pene dellinferno. O bone ihesu: Illumina oculos meos . . . Omnipotens sempiterne deus qui ezechie . . .

Each verse ends with a holy name in red, Adonai–Eloy.

6. (quires 8–10) ff. 65–94 Incipit offitium mortuorum ad uesperas.

f. 94ᵛ blank.

7. (added, s. xvi (?), in an Italian hand) f. 94 Credo in deum . . .

ff. i + 94. 195 × 140 mm. Written space 140 × 96 mm. 19 long lines. Collation: 1–4¹⁰ 5⁴ 6–10¹⁰. Initials: (i) to arts. 1–2 and 6, 8-line, blue with red ornament; (ii) to Lauds–Compline, 5/3-line, blue or red; (iii) 2-line, alternately blue and red, with ornament in art. 6 only of red or mauve respectively; (iv) 1-line, alternately blue and red. No line-fillers. Capital letters in the ink of the text filled with yellow. Binding of inwardly chamfered wooden boards, covered, s. xvii, with stamped brown leather (round 'yhs' stamp in centre); 2 clasps, one missing. Secundo folio *nos autem*.

Written in northern Italy, probably in the Arno valley (see art. 2). Cutting from English sale-catalogue, s. xix, pasted to f. iᵛ. '7/10/-', s. xix (?), f. i. Given by Anne Pritchard during the War [1939–45 ?], see letter kept with manuscript.

6. *Breviarium Brigittinum* s. xvⁱ

Described *The Bridgettine Breviary of Syon Abbey*, ed. A. J. Collins, HBS xcvi (1969), p. xlviii.

1. ff. 1–60 Lections i–iii, Sunday–Saturday, beginning imperfectly in first lection 'minime tangi' (HBS xcvi. 16/18).

Running-titles give the day in English. Text accented in red. Single leaves gone before ff. 1, 7, and 14 contained the beginnings of Sunday–Tuesday.

2. ff. 60ᵛ–67ᵛ Litany.

Twenty-four martyrs, (17–21) George Edmund Fremund Kenelm Oswald; twenty-six confessors, (16–22) Martin Edmund Benedict Bernard Dominic Francis Edward; twenty-eight virgins, (1–4) Anne Birgitta Elizabeth Mary Magdalene . . . (25) Wenefred. Nine prayers, the last Pietate, and Anima regis henrici, as HBS xcvi. 151.

3. (quires 10–13) ff. 68–99ᵛ Offices, apart from lections, Sunday–Saturday.

Running-titles giving day, and marginal notes giving day and office, in English.

4. ff. 100–11 'Concepcion' of B.V.M., 'Natiuite of our' lord', 'Purificacion' of B.V.M., 'Witsonday', 'Trinite sonday', 'Annuciacion', 'Visitacion', 'Seynt an[ne]', 'Assumpcion', 'Natiuite' of B.V.M., and 'Michael'.

Cf. HBS xcvi. 117–31.

5. ff. 111–112ᵛ Hec sunt autem festa maiora et eciam principalia . . . Notandum autem quod quandocumque officia seu historie dierum uariantur psalmi tamen numquam mutentur . . . In die sancti marci et in tribus diebus rogacionum dicta hora nona ante missam de die fiat processio immediate post eandem missam cum letania sicut habetur in processionario. Hiis autem diebus eant sorores processionaliter . . . que solet fieri ipso die.

Rubrics. See above MS 1 for a processional. f. 113ʳᵛ ruled but blank.

ff. ii+113+i. Paginated, s. xvii, repeating 67–8 and 127–8, before loss of leaves in quires 1–2. 7 mm. cut away from the edges of ff. 112–13, damaging ff. 99–111. 285 × 207 mm. Written space 185 × 120 mm. Ruled in pink ink. 20, or, from f. 68, 24 long lines. Collation: 1⁸ wants 1 before f. 1 8 after f. 6 2⁸ wants 8 after f. 13 3–8⁸ 9⁸ wants 7–8 (blank) after f. 67 10–14⁸ 15⁸ wants 7–8 (blank). The hand changes at f. 68. Initials, (A) art. 1: (i) to first lection of each day (Sunday–Tuesday gone), 3-line, gold on grounds of pink patterned with white and plain blue, historiated (an angel bears a shield with an emblem: pierced heart, nailed feet, cross and instruments of Passion, naked baby); (ii) to lections ii–iii, 2-line, in gold, on blue and pink grounds patterned with white; (iii) 1-line, in blue with red ornament or red with ink ornament; (B) arts. 2–5: (i) f. 68, 4-line, in pink and blue shaded with white on decorated gold ground; (ii, iii) 3- and 2-line, blue with red ornament; (iv) 1-line, blue with red ornament, or, up to f. 101ᵛ, red with slate grey ornament. Line-fillers in Litany in blue and red. Capital letters in the ink of the text in art. 1 filled with yellow. Binding of s. xx. Secundo folio (f. 1) *minime tangi*.

Written in England, for the use of Bridgettine nuns, i.e. of Syon Abbey. Restored to Syon, c.1946, see HBS xcvi p. xlviii.

7. *De S. Anna; Regula Salvatoris; etc.* s. xv²

Art. 1 contains a few words in Netherlandish, see also art. 6 (added).

1. ff. 5–48ᵛ (Sermo de Sancta Anna in eius pro festo, scilicet, in die Sancti Jacobi post festum D. Mariae Magdalenae legendus semper ad mensam. Fratres

dilectissimi de beatissima Anna matre genitricis Dei sermonem facere cogitassem profunda mente—*f. 5ʳᵛ supplied, s. xvii*) (f. 6) persone ad totum genus refertur . . . anna fuit castissima coniugatarum. Vale dulcis anna et tui cultoris etatem languidem apud dominum precibus uiua Amen.

The section headed 'conclusio sermonis', f. 28ᵛ, ends with an exemplum 'Circa annum domini M.cccc liiᵐ quidam fuit de curia philippi ducis burgondie secum in bello contra gandenses . . . ', followed by devotions to Joachim and Anne, and f. 31 'Scone exempelen van sancte annen In vngaria fuit quidam filius vnicus consulis . . . (f. 33) orans Och eygens wat hoe guet is dat id est O quam bonum . . . (f. 35ᵛ) Aliud exemplum de sancta anna eciam equipulchrum fuit in regno vngarorum quidam militaris et non plebeius vir fortunatus diues et potens . . . (f. 38ᵛ) Aliud exemplum fuit in almania quedam mulier diues satis . . . (f. 39) Aliud exemplum fuit in almania bassa quedam femina quam tantus dolor in crure . . . (f. 42) Est in diochesi traiecten' quoddam monasterium monialium de ordine sancti saluatoris . . . '.

ff. 49–52ᵛ originally blank.

Arts. 2–4 are on quires 5–10.

2. ff. 53–80 Narratur hic modus qualiter domina birgitta habebat reuelaciones diuinas—In dominio regis Noruegie—Capitulum 2ᵐ. Incipit prologus super regula saluatoris—Ego sum sicut rex potentissimus qui planatauit vineas—Ego sum creator omnium rerum—Hanc igitur religionem ad honorem amantissime marie (f. 55) matris mee per mulieres primum et principaliter statuere volo Cuius ordinem et statuta ore meo proprio plenissime declarabo De humilitate paupertate et castitate Primum capitulum regule Principium itaque huius religionis . . . (f. 67) in terram reuertentur. Explicit. Christus loquens sponse sue birgitte et exponit hic aliud capitulum quod est ante principium regule quod loquitur de vineis dissipatis . . . remunero in centuplum caritate mea.

This version of the Rule with sections from the Revelations of St Bridget preceding and following it are MS Oᶠ in *Sancta Birgitta opera minora I, Regvla Salvatoris*, ed. S. Eklund (Stockholm, 1975), comprising Pi text sections 2–44, Phi text 48–267, and Pi 271–317. Here, see ibid. 27 n. 28, twelve further paragraphs follow: (f. 70) Loquebatur christus ad sponsam dicens Scribe ex parte mea . . . Filius dei loquitur ad sponsam. Qui habet glomeracionem . . . De benediccionibus monasterii Wasten' et personarum eius. Mater loquitur. omnis qui sedit in superiori sede . . . In domo mea debet esse omnis humilitas . . . Filius dei loquitur. Tres fructus erunt in regula mea . . . Quomodo uirgo maria diabolum uicit et victoriose obtinuit locum Watzsten' Uidebatur sponse quod esset in lata . . . Reuelacio de constructione et situ monasterii monialium et curie clericorum loquitur beata birgitta dicens Uidi a magna domo lapidea . . . Reuelacio de constructione ecclesie et situacione altarium Filius dei loquitur. chorus ecclesie debet esse ad occidentem . . . Sequitur reuelacio de disposicione et ordine xiii altarium. Filius dei loquitur dixi tibi prius . . . Reuelacio de picturum et portis ecclesie. Filius dei loquitur. Picture non habeantur in parietibus ecclesie . . . Christus reprehendit prelatos—Filius loquitur ad sponsam dicens magna (res) est ymmo magnum . . . Filius loquitur. Si hostis pulsat ad ianuam . . .

3. ff. 80–5 Incipit regula sancti augustini. capitulum primum. Ante omnia fratres carissimi diligatur deus . . . in temptacionem non inducam Amen Explicit regula sancti Augustini.

PL xxxii. 1377–84; here in 7 chapters. ff. 85ᵛ–86ᵛ originally blank.

4. ff. 87–124* Incipit exposicio regule sancti augustini per venerabilem hugonem

de sancto victore canonicum sancti victoris parisien' Hec precepta que subscripta sunt ideo regula appellantur . . . ut cultor eius non in semetipso. sed in alio glorietur—Explicit exposicio Regule sancti Augustini.

PL clxxvi. 881–924. f. 124*ᵛ originally blank.

5. ff. 125ᵛ–214 Sequitur ordinacio inuiolabiliter ab omnibus obseruanda nouissime per patrem et fratres in marienboem conclusa pro defectuum emendacione et morum reformacione (f. 125*) In primis quia ex forma professionis omnes persone ordinis vouerunt absolute sine aliqua excepcione viuere secundum regulam sancti saluatoris et beati augustini usque ad mortem— De claudenda ianua Articulus primus Item ordinatum est quasi tocius reformacionis fundamentum vt ianua curie fratrum penitus claudatur . . . De monasteriis nondum ad clausuram deductis articulus lvijᵘˢ—sed sicut liberi sub gracia constituti Amen.

Statutes of the Bridgettine Order, *c.*1460, in fifty-seven articles, listed in a numbered table f. 125ʳᵛ.

6. (added, s. xv ex.) f. 4ᵛ Ic broder N gheloue god almachtich En*de* synre lieuer moder marien sancte birgitte' en*de* sancte augustien . . . des hilighe*n* gheest (7 lines).

Blank spaces and flyleaves were filled, s. xvii, with material similar to the existing contents.

ff. v+211+i. Intermittent foliation: 1–124 124* 125 125* 126–215. Medieval foliation of ff. 125*–214: 1–89 with 39 twice. Erratic pagination at the foot: 340 etc. follows 399. f. 4 is a medieval flyleaf. Paper. 216 × 143 mm. Written space 150 × 92; art. 5, 162 × 97 mm. 28, or, art. 5, *c.*36 long lines. Collation of ff. 6–214: 1¹² wants 1 before f. 6 2–9¹² 10¹² + 1 leaf (f. 124*) after 10 11–17¹² 18⁸ wants 8 (blank). Quires 1–4 signed a–d; in quires 11–18 there are traces on the leaves in the first half of each quire of lettering, a–f. Three hands, changing at ff. 53 and 125, the first two hybrida, the third cursiva. Initials, in arts. 2–4 only: 3- and 2-line, red; capital letters in the ink of the text lined with red. Binding of medieval (?) bevelled wooden boards covered with brown leather, rebacked; two clasps.

Written in the Netherlands for Bridgettine use. Still in Bridgettine hands, s. xvii, see additions, e.g. f. 50. Bookplate of Syon 'Chudleigh', home of the community 1887–1925, f. 1.

Fragments (leaves formerly used as wrappers, etc.)

1. Bifolia and parts of leaves of (*a–d*) Rule of St Saviour, and (*e–o*) Syon Additions for the Sisters (both in English). s. xv med.

(*a–c*) Three consecutive bifolia, (*b*) lacking top 10 lines; (*d*) one leaf, lacking bottom line; (*e*) part of one leaf, lacking bottom line and part of second col., one side entirely obscured by later paper stuck to it; (*f*) one leaf; (*g*) part of one leaf, only 18 lines of one col. complete; (*h,i*) parts of one leaf, (*h*) top 18 lines, (*i*) the next 7 lines; (*j*) part of one leaf: top 23 lines; (*k*) outer bifolium of quire before (*l–m*); (*l, m*) two outermost bifolia of quire after (*k*); (*n*) part of one leaf: top 25 lines; (*o*) part of one leaf: top 12 lines.

Rule: (*a–c*) Revelation and part of prologue; parts of prologue and of chapter 1; chapters 2, 3, and part of 4; parts of 9; part of 9, 10 and part of 11; (*d*) 20, 21, and part of 22. See facsimile of Cambridge UL MS Ff.6.33, Jas Hogg, *The Rewyll of Seynt Sauioure*, ii (Salzburg, 1978), 1/8 up– 5/12; 5/1 up–6/14, 7/2–5 up, 8/3–11, 8/1 up–9/13; 9/13–13/3 up, 22/6–26/7; 26/14–27/9, 27/2 up–

28/11, 28/2 up–29/12, 29/1 up–30/13; 30/13–34/13; 50/4 up–54/12.

Additions: (*e*) chapter 2. 19–23 and parts of 2. 23–3. 1; (*f*) parts of 8 and 9; (*g*) parts of 10; (*h* + *i*) parts of 13; (*j*) parts of 14 and 15; (*k*) parts of 16 and 20; (*l,m*) part of 20, 21–3, and part of 24, with a section of 24 repeated; part of 33, 34–5, and part of 36; (*n*) parts of 55 and 56; (*o*) under the running-title 'lviij' a section concerning the appointment and remuneration of [the general confessor ?], followed by cases for episcopal correction in chapter 58. Ibid. iii (1980), 9/11–11/3; 32/3–34/19; 41/1–14, 41/20–42/2; 66/12–67/1, 67/4–20, 67/23–68/8, 68/12–27; 76/23–77/12, 77/16–78/5, 79/3–17, 79/22–80/7; 91/27–94/21, 111/16–114/1; 114/2–120/5, 119/8–23, 132/4–137/7; 183/12–184/1, 184/5–20, 184/23–185/9, 185/13–186/7; 202/15–16, 202/29–203/6, 203/19–27, 204/12–20.

Written space 290 × 190 mm. 2 cols. 30 lines. Minims 6 mm. high. Initials: (i) 3-line, blue with red ornament; (ii) 1-line, red.

Written in England, and so for the nuns of Syon.

2. Bifolium of a Bridgettine breviary. s. xv med.

Parts of Sunday offices (HBS xcvi. 32/6–11, 24/12–16, 23/8 up–1 up, 31/6 up–1 up, 31/10–17), and of Litany. Written space 122 mm. wide; 10 lines occupy 86 mm. At least 17 long lines. Initials: (i) 2-line, blue with red ornament; (ii) 1-line, alternately red and blue.

Written in England, and so for the nuns of Syon.

3. One leaf of a Bridgettine breviary. s. xv/xvi.

Parts of Monday Matins second and third lessons (HBS xcvi. 38/28–39/14). Written space 177 × 107 mm. 20 long lines. Initials: (i) 3-line, blue with red ornament; (ii) 1-line, red.

Written in England, and so for the nuns of Syon.

4. Two bifolia of a Bridgettine breviary. s. xv/xvi.

(*a*) Parts of Monday Matins and Lauds, and of Tuesday Matins first lesson (HBS xcvi. 40/2-foot, 48/9–28); (*b*, top 3 lines and outer end of each line gone) Parts of Friday Matins third lesson, and of Saturday Matins first lesson (HBS xcvi. 89/23–90/5, 99/14–6 up). Written space 190 × 117 mm. 19 long lines.

Written in England, and so for the nuns of Syon.

5. Central bifolium of a Bridgettine gradual (noted). s. xv med.

Parts of Trinity season sequences, Tuesday–Friday, as specified HBS xcvi. 143. Written space 288 × 170 mm. 12 long lines + 4-line stave. Initials: (i) 1-line + stave, blue with red ornament; (ii) 1-line, red.

Written in England, and so for Syon Abbey.

SOUTHWELL MINSTER

5. *Biblia* s. xiii[I]

1. ff. 5–348ᵛ A Bible in the order Genesis–2 Chronicles + Prayer of Manasses, Ezra, Nehemiah, Tobit, Esther, Judith, 1, 2 Maccabees, Psalms, Proverbs, Ecclesiastes, Song of Songs, Ecclesiasticus, Wisdom, Isaiah, Jeremiah, Lament-

ations, Baruch, Ezekiel, Daniel, Minor Prophets, Job, Gospels, Acts, Catholic
Epistles, Pauline Epistles, Apocalypse. A missing quire contained Mark 6: 41–
Luke 19: 17. Psalms and Matthew begin new quires, ff. 165 (quire 16), 290
(quire 27), with changes of hand.

The Psalms have the eight liturgical divisions; the division into three fifties is marked as Ps. 51,
but not at Ps. 101. Chapters do not begin on a new line, but after a small space and a red
paragraph mark. Genesis is preceded by the words 'Expliciunt capitula. Incipit liber genesis',
but there is no evidence that there ever was such a table of chapters in this manuscript. 'Explicit
liber machabeorum secundus' is written before Matthew, but 2 Maccabees comes much earlier.

The prologues in the original hand are 40 of the common set of 64 (see below Ushaw 2), and
seven others, shown here by *: Stegmüller, nos. 284, 285, 323, 328, 330, 332, 341, 457, 468,
*470 (Rabanus: hunc librum. Ier' asserit . . . dicens diligite etc), 482, 487, 492, 494, 500, 507,
510, 515, 519 + 517, 524, *Micah (Prologus Iero' in micheam prophetam. Sermo dei qui semper
ad prophetas descendit . . . sunt imposita), 528 (. . . in pristinum statum restituat), 531, 534,
538, *540, 543, 344, *Job (Ut dicit ysa xxiij erubesce sydan . . . tercio de restitucione rerum iob),
590, 624, 809 + *807 + *806, 707, 715, 728, 736, 748, 752, 765 (. . . discipline), 772 (. . . ab
urbe scripta de laodicia), 780, 783, 793, *834.

In front of Genesis a preliminary quire, ff. 1–4, originally contained only the two usual
prologues, Stegmüller, nos. 284, 285; a rather later hand added in the space remaining blank (a)
f. 3ᵛ prologues to Judith and Maccabees, Stegmüller, nos. 335 and 551, (b) f. 4, Oracio
Salomonis et debet poni in fine libri iesu filii syrach. Et declinauit salomon genua . . . si
peccauerit uir in te, (c) prologues to Joshua, Psalms, Micah, and Habakkuk, Stegmüller, nos.
311, 414, 430, 526 and 529. The same hand added prologues in the margins before Isaiah,
Jeremiah, Baruch, Daniel, Haggai, Mark, Acts, 1, 2 Corinthians, Stegmüller, nos. 480, 486,
491, 495, 535, 607, 640, 685, 699; and after Apocalypse three prologues to Romans, Stegmüller,
nos. 651, 670, 674, ff. 348ᵛ–349ᵛ.

2. ff. 349–351ᵛ (in another hand, s. xiii) Epistole et Ewangelia in quartis et in
sextis feriis et sabbatis in aduentu domini. Feria iiijᵃ I dominice. Ep' iacob vᵒ
Pacientes estote In nomine domini nostri ihesu christi . . .

Tables of lections from the epistles and gospels, for Temporal, Sanctoral, Common of saints, De
trinitate, De cruce, De defunctis, De patribus, De penitencibus, giving first and last words of
each lection.

3. ff. iii–xiv, 352–63, binding leaves. Two consecutive complete quires from a
commentary on the Pauline Epistles, 1 Cor. 6–11 at the end and 1 Cor. 12–2 Cor.
2 at the front; 2 Cor. begins as Stegmüller, no. 6870 (Peter of Tarentaise), but 1
Cor. ends 'amen benedictionis est confirmacio et conclusio tocius epistole' and not
as Stegmüller, no. 6869. Written space c.225 × 158 mm.; 2 cols.; 44 lines;
written in anglicana; s. xiv in.

4. Single loose leaf from a gradual (Basil–Alban, cf. Missale Sarum, pp. 767–76);
written space 255 × 160 mm., 13 long lines + 4-line stave, initials: (i) blue with
red ornament, (ii) plain blue; written in England, s. xiv.

ff. xiv + 351 + xiv. For ff. iii–xiv, 352–63, see art. 3 above. 340 × 240 mm. Written space c. 210
× 120 mm. 2 cols. 60 lines. Writing above top line, except on f. 4. Collation: 1 four 2–3¹² 4⁴ 5–
6¹² 7¹⁴ 8–14¹² 15¹⁰ 16–24¹² 25⁸ 26¹⁰ wants 10 (probably blank) after f. 289 27–30¹² 31¹² wants 12
(probably blank) 32 three (ff. 349–51). One quire missing between quires 27 and 28. Quires 4–30
numbered in reverse order 29–2 in medieval crayon; '5' missing. Two main hands. Initials in

more than one style: (i) to books and nine divisions of Psalms, red and/or blue with ornament in one or more of red, green, and blue, with some patches or linings of yellow; (ii) to prologues and remaining psalms, red or blue with ornament of the other colour; (iii) to psalm-verses, plain red or blue. A few streamers in the margins, e.g. f. 5. Binding of s. xix. Secundo folio *gans magis*.

Written in (?) France. Four ex-libris inscriptions of the Newcastle Dominicans: ff. 1 'Iste liber est de communitate conuentus noui castri super tynam ordinis fratrum predicatorum', s. xiv, ff. 5, 351ᵛ, and pressmark 'a.3°', f. 1. Given, like many books in the library, by Edward Lee, s. xvii: 'E libris Edwardi Lei', f. 1.

7. *J. Mirk, Festial (in English); etc.* s. xv ex.

Described M. Görlach, *The South English Legendary, Gilte Legende and Golden Legend*, (Braunschweiger Anglistische Arbeiten iii, 1972), p. 26.

1. ff. 1–171ᵛ Incipit prologus libri Festialis. By myne owne Feble lectur' I know how hit faryth . . . (*text*) Dominica prima aduentus domini. Good men and women this day as ȝe know well . . . for euer aftur etc. Amen etc. Explicit liber festiualis quod Iohannes Meyre.

Nos. 1–19, 21–55, 57–68, 70–2, 69, 73–4 of the series of sermons for the church year, Temporal and Sanctoral in one series, followed by Dedication, Marriage, etc., ascribed to John Mirk, Augustinian canon of Lilleshall, Salop; ed. T. Erbe, *Mirk's Festial*, EETS extra series 96 (1905), 1–301, noticeably diverging from this copy in places. In no. 54 the Latin of each Joy is given before the English verse.

2. ff. 172–202 Prose lives of SS Ursula, Katherine, Oswald bp., Dunstan, Edmund Rich, Edmund k. and m., Edward k. and m., and Faith, beginning (*a*) f. 172 Ther was in Brytayne a kyng full noble; (*b*) f. 175 Here begynnyth the prologe And then aftr' the petygrue and so forþe; (*c*) f. 191 Seynt Oswalde the bischope was borne in ynglond; (*d*) f. 193 Seynt dunstan was of the Reame of englond; (*e*) f. 194ᵛ Seynt Edmunde the confessor þat lyeth at povnteney; (*f*) f. 199 Seynt Edmunde the martyr was kyng of a parte of englond; (*g*) f. 199ᵛ Seynt Edwarde the yong kyng and martyr was the son' of kyng Edgar; (*h*) f. 201 Seynt Feythe the holi virgyne become christyn in hur' yong age.

(*a*) see M. Görlach, *RES* NS 24 (1973), 450–1; (*b–h*) are found in the *Gilte Legende*, based on the Legenda sanctorum of Jacobus de Voragine, cf. *MMBL* i. 945. ff. 189ᵛ–190ᵛ blank.

The parchment binding leaves are from service-books in English hands:

3. f. iiiʳᵛ (written space 230 × 145 mm., 2 cols., 48 lines, s. xiii ex.) Secrets and postcommunions of the Temporal, Wednesday in fourth week of Lent – Trinity Sunday; Sarum use, except Octave of Easter postcommunion 'Concede quesumus omnipotens deus ut paschalis receptio . . . ', as *Liber ecclesie Beati Terrenani de Arebuthnott*, ed. A. P. Forbes (1864), 179. Another leaf of the same manuscript was pasted to the front cover, but is now missing, leaving offset traces of writing.

4. ff. 203–4 two conjoint but not consecutive leaves of an Antiphonal, s. xiii in. (15 long lines and music) f. 203ʳᵛ Pentecost; f. 204ʳᵛ Wednesday after Pentecost (Lauds antiphon) – Trinity Sunday (first Vespers first antiphon). Not as *Brev. ad usum Sarum*; at p. miv Pentecost versus 1 is *CAO*, no. 6536 A rather than B; at p. mvi

Resp. 3 is *CAO*, no. 6053 with versus A; at p. mxxviii the antiphon for Saturday is 'Facta autem die egressus est iesus et ibat in desertum' cf. *CAO*, no. 2835, and under the rubric In Oct' Pent', 'Egrediente iesu ab iericho'.

ff. vi + 202 + iv. For ff. iii, 203–4, see arts. 3 and 4 above. Paper. 284 × 204 mm. Written space *c.* 200 × 120 mm. 32–37 long lines. Frame ruling, mainly with hard point. Collation: 1–9¹² 10¹² wants 11, 12 (blank) after f. 118 11¹² 12–13¹⁰ 14¹² 15¹² 16⁸ 17⁸ 18¹². Written by one hand throughout, in a current mixture of anglicana and secretary, except in art. 1 the first two lines of each sermon and Latin quotations after f. 68 are in anglicana formata; up to f. 68 Latin quotations are written in red. Red initials. Capital letters in the ink of the text are touched with red. Contemporary binding of wooden boards, rebacked 1950; the boards are now bare, but part of the old red leather covering is preserved loose; 1 clasp. Secundo folio *he schall labur*'.

Written in England. Two inscriptions in the same hand, s. xvi in., f. 202ᵛ: 'Iste liber pertinet Ad fratrem Rycardum [. . .]', 'Nota quod gray pertinet libro ho . . (?)'. Names scribbled on f. 202ᵛ in s. xvi/xvii are 'Geo: Saunderson', 'R. Saunderson', 'Jo: Bolle', 'Thomas Nydhame', 'Andrew Proudloue Booke'; 'John Charlement', f. 203ᵛ, is earlier. 'Hen. Raper [. . .] 1693/4', f. iiiᵛ, 'H. Raper D.D.', f. 1; Henry Raper was admitted at Southwell in 1694 as a vicar-choral, see Southwell Act Book 11a f. 163ᵛ.

Several of the Southwell Act Books, rebound 1960–80, contain leaves from manuscripts formerly used as wrappers, some with 'Sowthwell' in large letters s. xvi/xvii:

8a (1538–47). Two leaves containing a commentary on Daniel (2: 22 seq., and 5: 1 seq.).

Written space of one column 320 + × 100 mm., 2 cols., at least 53 lines; written in anglicana, s. xv med.

9 (1558–91). Two leaves of civil law.

Written space 105 mm. wide, 2 cols., initials plain red or blue; written in England, s. xiii ex., annotation of s. xiv in.

21 (1563–77). Two leaves from a canon law tract.

At least 3 cols., each 75 mm. wide, minims 3 mm. high, initials (i) 3-line, in pink or blue patterned in white, on gold and coloured grounds, enclosing heads, (ii) 2-line, as (i) but without heads, (iii) 1-line, gold or blue, capital letters in the ink of the text touched with red; written in Italy, s. xiii.

22 (1578–88). Bifolium of Mark glossed (11:13–23; 13:31–14:2).

Written space 197 × 120 mm., with text column varying between 33 and 120 mm., 48 lines of gloss, the first above the top ruled line, with text generally on alternate lines, the first below the top ruled line, initials (i) to chapter, red with blue ornament, (ii) to verses, red or blue; written in France, s. xii ex., early annotation.

23 (1578–95). Two consecutive leaves of Jeremiah.

10:21–13:14, 13:14–16:6, with red marginal numbers marking divisions, e.g. xlviij at 11: 14, lxv at 16: 5.

Written space 303 × 182 mm., 2 cols., 46 lines, tailed *e*, initials plain red, blue, or green; written in England, s. xii¹.

24 (1660–5). Bifolium of a Gradual.

Common of a martyr; common of martyrs and of a confessor, cf. *Missale Sarum*, pp. 647*–677*, 698*–703*.

Written space 318 from top of stave × c.200 mm., 13 long lines + 4–line stave, initials blue with red ornament, elaborate cadels; written in England, s. xv med.

SPALDING. GENTLEMEN'S SOCIETY

M.J.3. *Johannes Wallensis, Communeloquium; Summa abstinentie*
s. xv med.

1. ff. 1–96ᵛ (*begins imperfectly, in pt. 1 dist. ix cap. 5*) narrat val' li. 2 vbi supra de metello qui a castro . . . sine fatigacione laudabitur. Amen

pr. Strasburg, 1489, etc. Not noticed in J. Swanson, *John of Wales* (1989), App. 2.

2. ff. 97–260 (*one leaf missing at beginning*) venenum puta. Hanc tamen auide hauriunt . . .

Summa abstinentie, or Distinctiones Párisiensis, a series of alphabetical distinctions, beginning (Duplex est abstinentia detestabilis) with Abstinentia and ending with Vita, printed under the title Dictionarius pauperum (Paris, 1512, etc.); Bloomfield, no. 1841.

ff. ii + 260 + ii. An incorrect foliation was done, s. xvii, before the manuscript got into its present damaged and imperfect state: it ends '163' on f. 153. Paper, with the outer and middle leaves of each quire parchment. The first half of the manuscript has been damaged by damp, with some loss of text, especially near the beginning. ff. 41, 55, 56, 98, 99 are small fragments. 187 × 135 mm. Written space c. 150 × 90 mm. 31–6 long lines. Collation: 1¹² wants 1 and 8 2¹² wants 6–7 after f. 15, 10 after f. 17 3–5¹² 6¹² wants two leaves out of 2–4 7¹² wants 12 after f. 76 8¹² 9⁸ 10¹² wants 1 before f. 97 11–22¹² 23¹² wants 10–12 (probably blank). Hands of mainly secretary type, changing ff. 85, 100ᵛ. Blue initials with red ornament. Binding of s. xviii in.

Written in England. 'I Wyllyam Wylluswll', f. 88, s. xvi. Maurice Johnson's note, f. ii, 'Liber MS Membran' Vet scriptum per Dominum Thomam Walterum Capell' de Guyscliffe prope Warrwick. et ab eo donatum cl: Historico et Antiquario doctissimo T. Rous: V. Catal. MSS et Cod.Rar; in Biblioth: Ayscouff. fo.5 Nᵒ LIII . . . new bound by the Reverend John Hardy M.A. Rector of Melton Mowbray [vicar 1731–40, d. 1740] SGS and my learned Friend who bestowed it on me M Johnson Junʳ', presumably based on evidence on one of the leaves now missing that the manuscript was written by Thomas Walter chaplain of Guyscliffe and given by him to the antiquarian John Rous [chaplain of Guyscliffe, d. 1491]. 'Olim ex MSS MJ Nᵒ LIII. Biblioth. Societatis Generosae Spaldingensis DD Honorabilis et Rev' Dʳ Aylmer de Camberwell Societatis istius Socius', f. i; Aylmer, who became vicar of Camberwell in 1727, d. 1769, is noted as the donor, and the value as £2, in the Society's folio catalogue f. 81.

M.J.11. *Missale*
s. xv med.

Sections of a Sarum missal. Described by E. Green in *Lincolnshire Notes and Queries*, 3, (1892–3), 50–1; also in a typescript by Mr Christopher Hohler, kept with the manuscript, drawing attention to the very full rubric on ff. 4–8. Feasts of Thomas of Canterbury and 'pape' crossed through.

1. f. 1^{rv} Holy water service.

2. ff. 1^v–34 (ff. 3, 2 should follow f. 34 in that order, with 3 reversed) Temporal, Advent–Monday in the 2nd week of Lent.

3. ff. 35–77^v Sanctoral, Andrew–Linus.

The sequence, Spirat odor renouatus, for the translation of St Hugh of Lincoln (6 Oct., f. 70^v), otherwise only known from the closely similar missal at Rugby School (MS Add. 3 above), is printed from this copy, R. M. Woolley, *St. Hugh of Lincoln* (1927), 201.

4. ff. 77^v–91 Commune sanctorum.

5. ff. 91-109^v Votive masses; f. 102, Ordo tricenalis (*sic*) . . . pro amicis defunctis; f. 102^v, Ordo ad faciendum sponsalia; f. 105^v, Ordo ad servicium peregrinorum faciendum; f. 106^v, pro fidelibus defunctis, ending imperfectly.

In the marriage vows the phrase 'to have or to hold' is omitted: 'I N tak ye N to my weddyd wife for better for worse . . . ', f. 102^v.

ff. iv + 109 + viii. Thick soft parchment, severely damaged in part by damp. 386 × 280 mm. Written space 260 × 180 mm. 2 cols. 37 lines. Collation: 1^8 (ff. 1, 4–10) 2^8 wants 2 after f. 11 3–4^8 5^8 wants 2 after f. 34 and 5–8 after f. 2 (ff. 34, 3, 2) 6^8 wants 1, 2 before f. 35 7–14^8 15 five (ff. 105–9); probably twelve quires are missing between quire 5 (signed *e*) and quire 6 (signed *s*). Initials: (i) ff. 1, 35, 77^v and for Christmas, Epiphany, feasts of B.V.M., John Baptist, and All Saints, gold, sometimes flaked to reveal pink beneath, on blue and pink grounds; (ii) blue with red ornament. Binding of s. xviii in. Secundo folio (f. 4) *Deinde dicat*.

Written in England. Given by Maurice Johnson in 1743 (f. i). His list of Spalding Priory books (First Minute-Book of the Gentlemen's Society ff. 9–10) includes, as no. 9, 'A Missal and Offices of S^{ts}. finely Illuminated on Vellum and neatly written. This was amongst Sr John Oldfield Bar^{tt} his Books', no doubt this manuscript. Johnson catalogued it in the folio catalogue of the Society, f. 46^v, as 'Missale Ecclesiae Romanae MS olim Priorat Spald.', and also referred to it as a Spalding Priory book in the 'Histriola' prefixed to the same volume, 'liber Max. Membran. in folio illuminatis et pulchre deauratis Literis Initialibus Officiorum Ecclesiasticorum olim Domini Ricardi Ogle Militis Il. modo Mauritii Johnson I.C. qui istum Museo Societatis Generosae Spaldingensi . . . dono dedit'. A cartulary of Spalding Priory that belonged successively to Sir Richard Ogle of Pinchbeck and Ayscoughfee, d. 1627, Sir John Oldfield (in 1659), and Johnson is Davis, *MC*, no. 920: BL MS Add. 35296.

M.J.13. *Statuta Angliae; etc.*   s. xiii/xiv

A contemporary table of contents of arts. 1–5 is on f. 1^{rv}; one by Maurice Johnson on ff. vi–vii. f. vi also has a s. xviii coloured drawing of a lawyer, perhaps of Sir Thomas More.

1. ff. 3–8^v Calendar in blue, red, and black.

'S. Guthlachi' added s. xiv in., 9 Apr.

2. (*a*) ff. 9–12^v Table of chapters to art. 4*a* (35), *b* (18), *d* (11), *e* (30), *f* (49), *g* (16), *h* (49), and *p* (10); (*b*) ff. 12^v–14^v Table of the 123 chapters of art. 3 'Capitula

ordinis Registri Cancellarie. De breuibus de Recto. De pace post possessionem in Magnam assisam . . . Vtrum sit ad dampnum feoffare Relig'. f. 15^{rv} blank.

3. ff. 16–67^v Register of writs, in 123 numbered chapters, beginning with writs of right, Edwardus dei gracia . . . Balliuis suis Nottingham salutem, and ending with writs Vtrum sit ad dampnum feoffare Relig'.

The arrangement does not appear to conform closely to any covered by de Haas and Hall. Cap. lxxxxviii is De viridariis eligendis, cf. ibid. p. xx; Cap. cix is Super statutum Wynton' of 1285.

4. ff. 68–139 Magna Carta and statutes, etc., Henry III and Edward I.

(*a*) f. 68 Magna carta, Hen. III.

(*b*) f. 71 Carta de Foresta, Hen. III.

(*c*) f. 72^v Sententia lata super cartas, 1254.

(*d*) f. 73 Statutum de Mertone. *SR* i. 1.

(*e*) f. 75 Statutum de Marleberge. *SR* i. 19.

(*f*) f. 80 Statute of Westminster I. In French. *SR* i. 26.

(*g*) f. 91^v Statutum Gloucest'. In French. *SR* i. 47. With (f. 94^v) Explanaciones Glouc'. *SR* i. 50.

(*h*) f. 95 Statute of Westminster II. *SR* i. 71.

(*i*) f. 115^v Statutum de Mediis. Quia emptores . . . *SR* i. 106.

(*j*) f. 116 Statutum contra prohibiciones . . . Circumspecte agatis . . . *SR* i. 101.

(*k*) f. 116 Statutum de Scaccario. In French. *SR* i. 197. With (f. 118^v) Distrincciones. In French. *SR* i. 197(3).

(*l*) f. 119 Statutum religiosorum. *SR* i. 51.

(*m*) f. 119^v Statutum de Mercatoribus. In French. *SR* i. 98. With writ of 25 Ed. I. *SR* i. 100 n.

(*n*) f. 121^v Quo warranto novo. In French. *SR* i. 107 (MS Cott.).

(*o*) f. 122 Statutum de Wyntone. In French. *SR* i. 96.

(*p*) f. 123^v Statutum Exonie. In French. *SR* i. 210.

(*q*) f. 124^v Articuli Exonie. In French. *SR* i. 211.

(*r*) f. 126 Writs: De Quo Warento. Edwardus . . . Cum in vltimo parliamento nostro apud Westm' . . .

(*s*) f. 126^v 'De antico corone. Licet in antiquo dominiquo corone . . . Quid alii faciunt ignoro'. Cf. *Year Books 20–21 Edward I*, ed. A. J. Horwood, RS 31i (1866), pp. xviii–xix; also London Lincoln's Inn MS Misc. 28 art. 36 (*MMBL* i. 142).

(*t*) f. 127 Statutum de Chaumpart Cum contenu seit . . . In French. *SR* i. 216.

(*u*) f. 127 Statutum de Conspiratoribus Dominus Rex nunciante . . . *SR* i. 216.

(*v*) f. 127^v Assisa Foreste. *SR* i. 243.

(*w*) f. 128^v Visus Franciplegii. Inquirendum est si omnes capitales plegii . . .

(*x*) f. 129 Articuli in Itinere. Ces veus ples de la corone . . . In French. Cf. *SR* i. 233.

(*y*) f. 130^v Extenta Manerii. *SR* i. 242.

(*z*) f. 131^v Dies Communes (in Banco et) in placito Dotis. *SR* i. 208.

(*aa*) f. 132 Modus Calumpniandi Essonium Ou essoine ne git iure . . . In French. Cf. *SR* i. 217.

(*bb*) f. 132^v Modus faciendi homagium. In French. *SR* i. 227.

(*cc*) f. 133 Assisa panis. *SR* i. 199.

(*dd*) f. 134 Modus admesurandi Terram, . . . xlv tunc .iij. et dimid'. *SR* i. 206.

(*ee*) f. 134 Articuli Pillorie. *SR* i. 201.

(*ff*) f. 135 Iudicium Pillorie. Assisa panis . . . *SR* i. 202.

(*gg*) f. 136ᵛ Articuli in Itinere Iusticiariorum. *SR* i. 235.

(*hh*) f. 138 Statutum de actione wasti. *SR* i. 109.

(*ii*) f. 138ᵛ Religiosorum. Cum auaunt ces houres fut *puruen* . . . In French. Cf. *SR* i. 51.
f. 139ᵛ blank.

5. ff. 140–169ᵛ Magna Carta and statutes, etc., Henry III and Edward I.

(*a*) f. 140 Magna Carta. In French.

(*b*) f. 143 Carta de Foresta. In French.

(*c*) f. 144ᵛ Confirmacio cartarum, 25 Ed. I. In French.

(*d*) f. 145ᵛ Sententia Noua, in the name of Robert, archbishop of Canterbury. In French.

(*e*) f. 146 Prouisiones de Mertone. In French.

(*f*) f. 147ᵛ Statuta de Marleberge, only 7 lines. In French.

Leaves, perhaps a quire, gone after f. 147.

(*g*) f. 148 Statute of Westminster II. In French.

(*h*) f. 165ᵛ Statutum de Bigamis, 4 Ed. I. *SR* i. 42.

(*i*) f. 166 Statutum de Iusticiariis Assignatis. In French. *SR* i. 44.

(*j*) f. 166ᵛ De Anno et die Bisextili, in the name of Ed. I. Cf. *SR* i. 7.

(*k*) f. 167 Statutum de Gauelet. *SR* i. 222.

(*l*) f. 167ᵛ Statutum de mediis Pur ceo qe les atatours des teres . . . In French. Cf. *SR* i. 106.

(*m*) f. 168 Forma prohibicionis. Sub qua forma inpetrant layci prohibicione . . .

(*n*) f. 168 De Presentibus vocatis ad Warr'. *SR* i. 108.

(*o*) f. 169 Statutum de Recognitoribus. *SR* i. 113. With full 'Breue in hoc casu'.

6. ff. 170–247ᵛ Legal treatises, etc.: (*a*) f. 170 Fet asauer . . . fet venir; (*b*) f. 182 Magnum Hengham. Licet ordo placitandi . . . accio actoris; (*c*) f. 199ᵛ Paruum Hengham. Notandum quod quinque sunt esson' . . . fuerit tenens; (*d*) f. 207 Modus componendi brevia. Cum sit necessarium conquerentibus . . . scriptas rediguntur; (*e*) f. 211 De brevibus cassandis. Ceo est ordr' de excepcioun . . . abatable Explicit Ordo Exceptionum. In French; (*f*) f. 215ᵛ Nota Eorumdem Quatuor modis dicitur excepcio . . . responsionum resortiri; (*g*) f. 216 Excepciones contra brevia. Et prius contra breue de recto . . . amittet nisi breue; (*h*) f. 221 Summa Bastardie. Si quis Bastardus se clamando legitimum heredem . . . ille amoueatur; (*i*) f. 225 Iudicium Essoniarum. Primum Capitulum de difficultate esson' . . . iuxta eorum discretionem; (*j*) f. 230 Dampna in Duplo. Triplo. Grauia Dampna: Dampna in triplo: vt in statuto Glouc' . . . in eisdem statutis c° viij; (*k*) f. 231ᵛ Cadit Assisa Edwardus . . . Si A. fecerit te secur' . . . vt supradictum est; (*l*) f. 238 Proprietates Narrando, De quantitate tenementi cum suis pertinenciis in qua villa . . . Item tendatur secta; (*m*) f. 240ᵛ Detencio Namii pro distrincione facienda . . . de consimilibus; (*n*) f. 245 Cur' Baron' (i) Encoupement de hutes et de Cry lene, Syre seneschal Robert per nonn qe cy est . . . (ii) Encoupement de Assise de payn enfreinte, (iii) Encoupement de pesson

puaunt vendue, (iv) Encoupement de tresspas fet a estrange. In French.

(*a, d, e, i*) ed. G. E. Woodbine, *Four Thirteenth-Century Law Tracts* (1910), 53–115, 143–62, 163–83, 116–42; (*b, ç*) ed. W. H. Dunham, *Radulphi de Hengham Summae* (1932), 1–50, 52–71; (*n*) cf. *The Court Baron*, ed. F. W. Maitland and W. P. Baildon, Selden Soc. 4 (1891), pp. 20–8 caps. [1, 2, 4, 5].

7. ff. 248–263ᵛ (new hand) Brevia placitata, beginning with a writ of right dated 10 Jan. 26 Ed. I, and continuing Tut a comensement deues sauer qe si tosttum le bref de dreyt est purchase le demaundant le deit porter a le chef seynur . . .

In French. Cf. *Brevia placitata*, ed. G. J. Turner and T. F. T. Plucknett, Selden Soc. 66. (1951). On f. 263ᵛ is an added note on the four kinds of sin 'que dicuntur clamare ad dominum'.

ff. vii + 263 + vi. 208 × 145 mm. Stiff parchment. Written space *c.* 170 × 105 mm. *c.*30 long lines. Collation: 1⁸ 2⁸ wants 7 probably blank after f. 14 3–6⁸ 7¹² 8–18⁸ 19¹⁴ 20–21⁸ 22–24¹⁰ 25–31⁸. Written in early anglicana, except art. 1. Initials: blue with red ornament, and, ff. 253–7 only, red with blue ornament, or ff. 257ᵛ–260ᵛ plain red or blue. Paraphs, alternately red and blue. Binding of s. xix. Secundo folio (f. 17) *vel custodiend*'.

Written in England. 'Liber Croylandie', the ex-libris of Crowland Abbey, f. 16. Large armorial bookplate of Maurice Johnson dated 1735, f. vᵛ. 'Nᵒ. LV', f. vi, cf. MSS 66, 67.

M.J.14. *Fasciculus morum; etc.*   s. xv med.

1. ff. 1–165 Frater predilecte ac sodalis predulce quia scriptura attestante . . . ad presens iam dicta sufficiunt et sic libellus iste terminatur. Explicit liber qui Vocatur Fasciculus morum. Willelmus Neuhous appropriator eiusdem. Amen.

Bloomfield, no. 2171; S. Wenzel, *Verses in Sermons: Fasciculus morum and its Middle English Poems* (1978), presents the evidence for Franciscan authorship in the custody of Worcester, pp. 34–41, and describes this copy, pp. 20–1. In seven 'particulae'. Followed, ff. 165ᵛ–166ᵛ, by a table of chapters.

2. ff. 168–184ᵛ Incipiunt themata sermonum ab aduentu domini vsque ad festum Trinitatis. *Ecce rex tuus venit.* Mᵗ 21 Videmus quod in Regis absencia crescit plebis et populi insolencia . . . Refert Diascorides etc. Deo gracias quod Willelmus Neuhous. Expliciunt themata.

Set of heads for sermons for 42 feasts of the Temporal commonly found after the Fasciculus morum. De Innocentibus only 2 lines. 'De sancto Thoma' of Canterbury erased.

3. ff. 166ᵛ–167ᵛ (added, s. xviᴵ, in an upright current hand) Fyrste seynt Austeyne de Ciuitate Dei sayth . . .

A brief text in English on the virtues of the mass, all crossed through; another copy is BL MS Add. 39323, described *Catalogue of Additions . . . 1916–1920*, p. 30.

4. f. 185ᵛ originally blank, added: (*a*) s. xv, (i) Innocens Innocens mactatur Ego quasi vitis, (ii) Cur homo leteris . . . non remanebit, with second line repeated, (iii) other lines; (*b*) Cur homo leteris . . . non remanebit In dei nomine Amen Anno domini Mᵒ CCCCCᵒ Vicesimo 1ᵒ ego'.

*a*ii, *b* are also added in Wisbech Town Library MS 5 f. iᵛ, see below.

ff. ii + 184 + iii. Paper, with outer and middle leaves of each quire parchment. f. 185 is a medieval paper flyleaf. 190 × 135 mm. Written space *c.* 150 × 95 mm. 29 long lines. Collation: 1^{12} 1,2 cancelled and replaced by singletons (ff. 1, 2) 2^{14} $3-6^{12}$ 7^{12} wants 8–10 after f. 81 8^{12} wants 7 after f. 89 9^{10} 10^{12} 11^{12} wants 11 after f. 126 $12-13^{10}$ 14^{12} 15^8 16^{12} 17^8 wants 6–8, probably blank. Written in anglicana. Initials red with green ornament or green with red ornament. Binding of s. xviii in., uniform with MS 67. Secundo folio *perimunt*.

Written in England, probably by William Neuhous, see above. Given by John Johnson, BA Cantab. [1744–5], chaplain of Moulton and member of the Society 'postea A.M. Minister de Spalding et istius Soc. Bibliothecarius', f. i; son of Maurice Johnson, d. 1758. 'Olim ex MSS MJ, N°. LIV', f. i, cf. MS 67.

M.J.15. *Biblia* s. xiii med.

C. H. Drinkwater, 'Some Notes on a MS of the Vulgate Formerly Belonging to Haughmond Abbey', *Transactions of the Shropshire Archaeological Society*, 3rd series 9 (1909), plate of f. 6 opposite p. 363.

A Bible without Psalms, in the order Genesis–2 Chronicles, 1 Ezra + Nehemiah (numbered continuously in 37 chapters), Tobit, Judith, Esther, Job, Proverbs, Ecclesiastes, Song of Songs, Wisdom, Ecclesiasticus, Isaiah, Jeremiah, Lament-ations, Baruch, Ezekiel, Daniel, Minor Prophets, 1, 2 Maccabees, Gospels, Pauline Epistles, Acts, Catholic Epistles, Apocalypse. There is a blank space after Job, and Proverbs begins a new quire (19) in a new hand.

The prologues are 43 of the common set of 64 (see below Ushaw 2), and 7 others, shown here by *: Stegmüller, nos. 284 (in 4 numbered sections), 285, 311, 323, 328, 330 (. . . uel derogent fidem), 332, 335, 341, 344, 457, 468, 482, 487, 491 (. . . sacrificio pro vita nabug'), 492, 494, 507, 510, 515, *Obadiah (Abdias quanto breuior . . . quibusdam uerbis), *Jonah (Ionas qui columba interpretatur . . . ascendat in celum), 526, *Nahum (Cum ionas et naum de eadem niniue . . . futuram prenunciauit), *529, 534, *535, 539, *545, 551, 590, 607, 620 + *614, 624, 677 (. . . ab athenis), 685, 699 (runs on from 1 Cor. 16), 707, 715, 728, 736, 748 (runs on from Col. 4), 752, 765 (. . . discipline), 772, 780, 783, 793, 640, 812, 839.

ff. i + 725 + i. Thin parchment. 130 × 90 mm. Written space 94 × 57 mm. 2 cols. 41 lines. Collation $1-7^{20}$ 8^{16} 9^{18} 10^{20} 11^{18} $12-17^{20}$ 18^{10} 19^{20} 20^{18} 21^{10} $22-29^{20}$ 30^{12} $31-37^{20}$ 38^{24} wants 24, probably blank. Small but clear hands. Initials: (i) to OT books and first and some other prologues, in colours, some historiated or containing animals or animal heads, framed, in good style, gold only as ground for full length I of Genesis (f. 6) containing in 9 compartments the six days of creation, God the Father, Adam and Eve at the tree, and the Crucifixion, with peacock in margin; (ii) NT books and most OT prologues, red and blue with ornament of both colours; (iii) NT prologues and chapters, red or blue with ornament of the other colour. Binding of s. xvii, with gilt centrepiece and angle-pieces. Secundo folio *quamquam*.

Written probably in England. 'liber monasterii Sancti Iohannis Euuangeliste de haghmond' quem adquisiuit Iohannes Ludlowe Canonicus', f. 6, s. xv; Ludlowe was elected abbot of Haughmond in 1463. 'William harvie (?) and with my hande I write . . . ', f. 423^v, s. xvi. 'Museo Societatis Generose Spaldingensis Linc: D.D. Richardus Collins [d. 1732: *DNB*] Pictor istius Societatis Socius x° die Augusti MDCCXXVII°', f. 724^v. The gift and the Haughmond Abbey inscription are recorded in the first Minute Book of the Society, 7 Sept. 1727, f. 118.

STAFFORD. WILLIAM SALT LIBRARY

SMS 451. *Statuta Angliae* s. xiv¹

1. ff. 1–6 Table of chapters of Magna Carta (35), Charter of the Forest (30), Statutes of Merton (11), of Marlborough (31), of Gloucester (16), of Westminster I (53), and II (48), and of the Exchequer (11).

2. ff. 6–8ᵛ Incipiunt notabilia statutorum. Contra eum qui monialem vel aliam Mulierem abduxerit vt in secundo stat' W. capᵒ xxxxiiijᵒ. Item contra Malefactores . . .

47 heads, under headings Prisona trium annorum, Prisona dimid' anni, Prisona incerta, Prisona voluntaria, Secta Regis, Dampna in triplo, Dampna in duplo, Grauia dampna, Prisona vnius anni, Prisona duorum annorum, Nota.

3. ff. 9–10 Incipiunt capitula Ordinacionum (44).

4. f. 10 Probacio etatis R filii et heredis W. capta coram Escaetore domini Regis etc per sacramentum subscriptorum in forma subscripta. Bernardus etatus quadraginta et septem . . . natus fuit apud .N. in Com' Ebor' . . . in ecclesia sancti Iacobi eiusdem ville baptizatus . . .

Form of proof of age. ff. 10ᵛ–11ᵛ blank.

5. f. 12ʳᵛ Tot statuta continentur in isto volumine videlicet . . .

53 heads to art. 6 below, omitting the repetition (*vv*).

6. ff. 49–70ᵛ, 37–48ᵛ, 25–36ᵛ, 13–24ᵛ, 71–143ᵛ Magna Carta and statutes (etc.), Henry III–Edward II.

(*a*) ff. 49–52 Magna Carta 1225, beginning imperfectly in cap. x 'do militis nec de alio . . . ' *SR* i, Charters, p. 23/19.

(*b*) ff. 52–5 Carta de Foresta, 1300. *SR* i, Charters, p. 42.

(*c*) ff. 55–8 Prouisiones de Merton'. *SR* i. 1.

(*d*) ff. 58–66 Statutum Marleberg'. *SR* i. 19.

(*e*) ff. 66–70ᵛ Statutum Glouc' Pvr les grantz meschefs . . . auaunt ses houres. Comme auaunt ses houres . . . *SR* i. 47/1 preceded by 9 lines, cf. 45 note.

(*f*) ff. 70ᵛ, 37 Explanaciones Glouc'. *SR* i. 50.

(*g*) ff. 37–48ᵛ, 25–29ᵛ Statutum Westm' primi. In French. *SR* i. 26.

(*h*) ff. 29ᵛ–36ᵛ, 13–24ᵛ, 71–81 Statute of Westminster II. *SR* i. 71.

(*i*) ff. 81–2 Westm' tertium. Quia emptores . . . *SR* i. 106.

(*j*) ff. 82–3 Statutum de Religiosis. *SR* i. 51.

(*k*) ff. 83–6 Statutum de Acton' Burnel. de Mercatoribus. In French. *SR* i. 98.

(*l*) ff. 86–7 Incipit breue super stat' Edwardus dei gracia . . . vic' lancestr' salutem. Quia R. de B.

... recogn' se debere ... et nondum ei soluit vt dicit. Tibi precipimus quod corpus predicti R. si laicus sit capias ... cf. *SR* i. 100 n.

(*m*) f. 87^{rv} Statutum de conspiratoribus. Dominus Rex mandauit per G. de R. . . . grauiter redimetur. etc. cf. *SR* i. 216.

(*n*) ff. 87^v–89 Quo warranto primo. Rex vic' Kant' salutem. Cum in vltimo parliamento . . . quod Prelati . . . qui diuersas libertates habere clamant . . . Tibi precepimus quod dilecto nobis in christo Priori ecclesie christi Cantuar' . . .

(*o*) ff. 89–90 Quo warranto secundum. Pvr ceo qe les Brefs de quo Warranto . . . In French. cf. *SR* i. 107.

(*p*) f. 90^{rv} Statutum de vocatis ad warrantum. *SR* i. 108.

(*q*) f. 91^{rv} Statutum de actione vasti. *SR* i. 109.

(*r*) ff. 91^v–93 Statutum Lincolnie (de escaetoribus). *SR* i. 142.

(*s*) f. 93^{rv} Statutum de Wardis et Releuiis. In French. *SR* i. 228.

(*t*) ff. 94–6 Statutum de finibus. Quia fines . . . *SR* i. 128/55.

(*u*) f. 96^{rv} Statutum de Attornatis. *SR* i. 215.

(*v*) ff. 97–8 Statutum de Bigamis. *SR* i. 42.

(*w*) ff. 98–100 Statutum de coniunctim feoffatis. *SR* i. 145.

(*x*) ff. 100–1 Statutum de Militibus. *SR* i. 229.

(*y*) ff. 101–104^v Statutum scacarii. In French. *SR* i. 197.

(*z*) ff. 104^v–105^v Districciones eiusdem. In French. *SR* i. 197(3).

(*aa*) ff. 105^v–107 Statutum coronatorum. *SR* i. 40.

(*bb*) ff. 107–8 Visus franci plegii. In French. *SR* i. 246.

(*cc*) f. 108^{rv} Calumpn' essonia. *SR* i. 217.

(*dd*) ff. 108^v–109 Districtiones socag' Socage peut estre destincte en toys maners . . . lour desert etc.

(*ee*) ff. 109–10 Statutum armorum. In French. *SR* i. 230.

(*ff*) ff. 110–11 Westm' quartum. With writ. *SR* i. 113.

(*gg*) f. 111^{rv} Statutum de Champerd. In French. *SR* i. 216.

(*hh*) ff. 111^v–112^v Statute of Rageman. In French. *SR* i. 44.

(*ii*) ff. 112^v–113 Statutum de Anno et die bisextili. *SR* i. 7.

(*jj*) ff. 113–15 Statutum Wyntonie nouum. Edwardus . . . vic' Linc' . . . precepimus quod statutum illud . . . puplice facere recitari . . . 6 June 34 Ed. I.

(*kk*) f. 115^{rv} Statutum vbi Prohibicio locum habet. Sub qua forma laici impetrant Regiam prohibicionem . . . prohibicio porrigatur. cf. *SR* i. 171.

(*ll*) ff. 115^v–116^v Modus faciendi homagium et fidelitatem. Ceo oyez vous Bailifs nostre seynor le Roi . . . cf. *SR* i. 227.

(*mm*) ff. 116^v–117 Sacramentum Iusticiariorum. Le serement des Iustices est qe bien et lealment seruirount le Roi . . . au Roi meismes etc.

(*nn*) f. 117^{rv} Sacramentum vicecom'. In French. *SR* i. 247.

(*oo*) f. 117^v Sacramentum Regis. Ista tria subscripta . . . et misericors deus Amen.

(*pp*) ff. 117^v–118 Composicio mensur' et Monete. Per discretionem . . . octaua pars quarterii. *SR* i. 200 n. 2. Repeated (*vv*) below.

(*qq*) f. 118^{rv} Dies communes in Banco. *SR* i. 208.

(*rr*) ff. 118ᵛ–119 Dies communes dotis. *SR* i. 208.

(*ss*) f. 119 Statutum de protectionibus. In French. *SR* i. 217.

(*tt*) ff. 119–20 Incipit hic quadam composicio Warantie Carte. De simplicibus carte sue clausula . . . pro debito dicti donatoris. Explicit—.

(*uu*) ff. 120–1 Assisa panis et ceruisie. *SR* i. 199.

(*vv*) f. 121ᵛ as (*pp*) above.

(*ww*) ff. 121ᵛ–122ᵛ Statuta de prisonibus. Statutum est per consilium domini Regis de prisonibus qui fuerunt deliberati coram Iustic' . . .

(*xx*) ff. 122ᵛ–123 Incipit tractatum de antiquo dominico corone per R' de Hengham. Licet in antiquo . . . ignoro etc. Cf. Opinio Angeri de Rypone, *Year Books 20–21 Edward I*, ed. A. J. Horwood (RS 31i, 1866), pp. xviii–xix.

(*yy*) ff. 123–5 Exposiciones vocabulorum. Sok hoc est secta . . . Auerpeny. Hoc est quietius esse de diuersis dandis pro aueragio domini Regis.

(*zz*) ff. 125–6 Statutum de defencione Iur' admissi. *SR* i. 110.

(*aaa*) ff. 126–9 Prerogatiua Regis. *SR* i. 226.

(*bbb*) ff. 129–143ᵛ Ordinaciones. In French. *SR* i. 157.

7. ff. 143ᵛ–144 (added, s. xiv¹) Concordatum per consilium quod vbi implacitatus porrigit in iudicio (scriptum) quiete clamancie . . . coram Iustic' de banco etc.

Concerns penalties.

8. f. 144ʳᵛ (added, s. xiv) (*a*) Assisa vini . . . optinuerit, *SR* i. 203/16–20; (*b*) Fait a Rembr' qe le tonel de vyn de assise . . . et sic de singulis.

9. f. 145 (added, s. xiv) Fiat gargarisma tale pro capite purgand' . . . , 3 medical recipes.

10. f. 145ᵛ scribbles, and 'Bis clamat medius bis amen custodia set ter. / Custos socagii breue de raptu valet vti/Quamuis non habeat illud per verba statuti'.

11. f. 146 Memorandum of liveries of cash by I. Rous to John de Wychia, W. de Brome, 'domino', and Alan de Tesedale, referring to 'quodam scripto de T. de Grafton', and 'quadam cista in domo N. de Catton'.

f. 146ᵛ blank.

ff. i + 146 + i. 123 × 88 mm. Written space 92–100 × *c*.65 mm. 24 long lines. Collation: 1¹² wants 11 (blank) + 1 (f. 12) after 12 2–4¹² 5¹² wants 1, 2 before f. 49 6–12¹² 13 four. Written in current anglicana, probably by one hand. Initials: 2-line, blue with red ornament. Binding of s. xix. Secundo folio (f. 2) .x. De attach'.

Written in England. 'Throkinarton', f. 145ᵛ three times, f. 146 once, s. xiv/xv, erased. 'Iste liber quondom fuit Willelmi Burton de Falde iuxta Tutbury com Staff vexillarii regis Henrici sexti in Francia sub Willelmo De la Pole Duce Suffolciae Prorege tunc Franciae. Et Nunc mei Willelmi Burton linealis heredis predicti Willelmi Burton, modo habitantis apud Falde supradict' 1610: an: aet: 35', f. 11ᵛ, see *DNB* iii. 470–1. Cutting from Sotheby catalogue of Salt sale, which never took place, pasted inside front cover, with number (451) cut away. Given in 1868 by the widow of William Salt d. 1863.

STANBROOK. ABBEY OF OUR LADY OF CONSOLATION

1. *Psalterium, etc.* s. xiii/xiv

1. ff. (i–vi^v) Calendar in red and black.

Each Egyptian day is added in red as 'verworpen dach'. 'pape' and Thomas of Canterbury untouched, but cf. art. 4.

2. ff. 1–33^v, 50–73^v, 34–49^v, 74–201^v Psalms 1—150.

Lacking first letter (B) of Ps. 1. Antiphons added in the margins, s. xv.

3. ff. 201^v–220^v Ferial canticles, followed by Benedicite, Benedictus, Te deum, Quicumque vult.

4. ff. 220^v–223^v Litany, ending imperfectly.

Twelve confessors, (10–12) Audomar, Folquin, Winnoc. Leo and other popes (?: Clement, Cletus) erased.

ff. 228 + i, foliated (i–vi), 1, 3–224. 110 × 78 mm. Written space 70 × 44 mm. 17 long lines. Collation: 1^6 2–14^8 15^6 16–28^8 29^8 + 1 leaf (f. 216) before 1 wants 3 after f. 218. The occupations of the months, but not the signs of the Zodiac, in art. 1: figures in matt gold clothes with black stockings, on red or blue grounds, in gold frames. Full-page picture on inserted leaf before Ps. 1 perhaps gone: f. 1 begins 'eatus'. Initials: (i) to Pss. 26, 38, 52, 68, 80, 97, and 109, 8–10 line, in pink or blue patterned in white, historiated, on gold and coloured grounds, framed in gold, with continuous border prolongations in which are figures, animals, and grotesques; (ii) to other psalms and canticles, 3-line, except Ps. 51 9-line, in gold on pink and blue grounds patterned in white, with border prolongations; (iii) to verses of psalms and canticles, 1-line, blue with red ornament or gold with blue-grey ornament. Line-fillers in red and blue. Small spaces filled with a red or blue 'flower'. Binding of s. xix. Secundo folio (f. 3) *Dominus dixit*.

Written in north-east France. Bought from Payne and Foss: 'Emp. P. and F. Feb. 21 1815', inside front cover. 'To David Thomas Esq^{er}, Brecon, July 1 1880, with J. D. Williams's kind regards', inside front cover. Belonged to G. H. Palmer, Mus. Doc. (d. 1926), and lot 335 in his sale; extract from sale-catalogue kept with manuscript. Given by Miss V. G. Little in or before 1943, see letter from Sir Sidney Cockerell to Dame Laurentia Maclachlan, abbess of Stanbrook, 27 June 1943, kept with manuscript.

2. *Horae* s. xv med.

1. ff. 1–11^v Calendar in red and black, lacking January, rather bare.

Feasts in red include Bavo, Denis (1, 9 Oct.), Eligius, Nicasius (1, 14 Dec.). 'pape' and Thomas of Canterbury untouched.

2. ff 12–18 Incipit missa beate marie virginis.

3. ff. 18–23 Sequentiae of the Gospels.

f. 23^v blank.

4. ff. 24–64ᵛ, 81–88ᵛ, 65–73ᵛ Hours of B.V.M. of the use of (Rome), beginning imperfectly, and lacking Prime and part of Vespers.

After Compline, Salue regina (f. 88ᵛ) lacking all after 'da michi uirtutem' in first versus, and (ff. 65–73ᵛ) the special form of office 'quod dicitur per totum aduentum', etc.

5. ff. 74–77ᵛ Obsecro te . . . Masculine forms.

6. ff. 77ᵛ–80 O intemerata . . . orbis terrarum. Inclina . . . Masculine forms.

f. 80ᵛ blank.

7. ff. 89–109 Incipiunt septem psalmi penitenciales, followed by Litany.

Twenty-two martyrs, (19–22) Amantus, Donatus, Erasmus, Blasius; sixteen virgins, (13) Amelberga.

8. ff. 110–151ᵛ Incipiunt vigilie mortuorum.

9. ff. 152–169ᵛ Psalterium beati iheronimi. Uerba mea auribus . . . oratio. Omnipotens sempiterne deus clemenciam tuam . . .

ff. ii + 169 + ii. Thin parchment. 116 × 78 mm. Written space 58 × 36 mm. 16 long lines. Ruled in pink ink. Collation impracticable. Initials: (i) 5-line, in pink or blue patterned in white, on gold and coloured grounds, decorated in colour and framed in gold; (ii, iii) 5-line, 2-line, gold, on pink and blue grounds patterned in white; (iv) 1-line, blue with red ornament, or gold with dark blue ornament. Line-fillers in blue and gold. Pages with initials of type (i) have continuous framed borders. Binding of s. xix. Secundo folio (f. 13) *men domini*.

Written probably in north-east France. On a letter of 23 Mar. 1888, from C. Tylor to 'My dear Cousin', kept with the manuscript, Gerald Moriarty noted in June 1937 'This letter was written to my cousin Daniel Hack, a Quaker, who gave me this book about 30 years ago'. 'Hoc liber Hieraldo Herberto Moriartio de genere regum Hiberniae totius Anno Domini MCMXI apud Scholam Cliftoniensam adpertinebat', f. 55.

3. *Haymo, Homiliarium; etc.*   s. xiv med.

N. R. Ker, 'Middle English Verses and a Latin Letter in a Manuscript at Stanbrook Abbey', *Medium Aevum*, 34 (1965), 230–3.

1. ff. 1–233ᵛ Dominica 1ᵃ aduentus. In ill'. Cum appropinquasset—oliueti. et reliqua. Non solum opera et uirtutes quas dominus fecit . . . iudicare de uiuis ac mortuis.

Eighty-seven unnumbered homilies on the gospels, listed on ff. vᵛ–ivᵛ, s. xv.

i–xv, xl, xli, xliii–lxxxvii are a regular temporal series, 1st Sunday in Advent – 25th Sunday after Trinity. All but vi and vii are printed as Haymo's in *PL* cxviii. 1–741: nos. 1–4, 7, 9–12 (. . . coronati), 14 (. . . animum teneant, col. 97D: cf. xlii below), 15, 17–23 (20 ends . . . mandata dei mei, col. 150/18), 28 (. . . per diuinitatem, col. 202C), 35, 42, 49, 56, 63, 64, 70, 81, 83, 85, 87, 89, 96, 98, 100, 108, 110, 112 (continuing, f. 173ᵛ, 20 lines further than ed: ubi angeli archangeli . . . qui ingreduntur. ille cum filio—amen), 114, 115, 117–29, 133–40. Nos. vi and vii, for Christmas, are the homilies in *PL* xciv.334 and 34 (Bede), also found among Haymo's in Oxford Balliol College MS 184. A *signe de renvoi* after no. 15, f. 44ᵛ, refers to the next sermon in the series 'infra post [x]xvii folia' (f. 73).

(ff. 44ᵛ–71ᵛ) xvi–xxxix a miscellaneous collection for saints' days through the year and for the

Common of saints, most occurring in homiliaries analysed in H. Barré, *Les Homéliaires carolingiens de l'école d'Auxerre*, Studi e Testi 225 (1962): Haymo *PL* cxviii (H), the edition of Haymo first printed in 1530 at Cologne by Pierre Quental (Q), Rabanus Maurus *PL* cx. 135–448 (R), Smaragdus *PL* cii. 13–552 (S), or the Bavarian Homiliary (B): xvi De vno confessore. Dixit ihesus—(Matt. 25: 14) Homo qui peregre . . . duplex pena inferni intelligitur. Sicut superius dictum est. cf. Q.II.53; xvii (ff. 45ᵛ–46ᵛ) In festo vnius uirginis. Simile est regnum—(Matt. 13: 44). Agrum hic debemus sanctam ecclesiam intelligere . . . operibus adimplere semper insistant; xviii Sanctorum fabiani et sebastiani. Descendens ihesus—(Luke 6: 17) Non solum per misterium . . . nobis subiciuntur. H.II.51[A], *PL* 776–778D, repeated at xx below; xix Plurimorum martirum. Eleuatis iesus oculis (Luke 6: 20)—Et si generaliter dominus omnibus loquebatur . . . odit uos mundus. H.II.51[B], *PL* 778D–781B, repeated at xxi below; xx and xxi *no rubrics*, repeat xviii and xix above; xxii [of a virgin] Simile—decem liginibus (*sic* Matt 25: 1) Regnum celorum . . . iudicandi sumus. Q.II.55; xxiii In festo sancti uincencii. Nisi granum— (John 12: 25) Se autem dicebat . . . regnabit cum christo. S.65, *PL* 438–9; xxiv (ff. 52ᵛ–53ᵛ) In conuersione sancti pauli. Ecce nos reliquimus—(Matt. 19: 27). Grandis fiducia in Petro uersabatur . . . iste pacietur in anima. xxv In festo vnius martiris.—Si quis uult post me—(Matt. 16: 24) Pulchre posuit ad omnes . . . possidendo tenetur. *PL* xcii. 452–3/xciv. 461–3 (Bede). xxvi (ff. 54ᵛ–55ᵛ) In festo sancti Petri in cathedra. Venit ihesus in partes cesaree philippi—(Matt. 16: 13). Filius herodis illius sub quo dominus natus cssc . . . perdurare promittant. xxvii In festo annunciacionis, repeats iv above; xxviii In die apostolorum Philippi et Iacobi. Non turbetur cor —(John 14: 1). Ne mortem tanquam . . . quoniam unum sunt pater et filius. R.30, *PL* 198–201; xxix (f. 59ʳᵛ) In festo Inuencionis sancte crucis.—Ego si exaltatus fuero—(John 12: 32). Que omnia nisi ex quibus ille eicitur foras . . . ut renascamini in ueritate; xxx In die sancti Iohannis baptiste. Elizabeth impletum—(Luke 1: 57). Non solum opera . . . H.II.21, *PL* 755–9; xxxi [vigil of Peter and Paul] Simon Iohannis—(John 21: 15). Virtutem nobis perfecte dileccionis . . . remunerare pollicetur ihesu—Amen. B.II.22, *PL* xciv. 214–19 (Bede, for vigil of SS Peter and Paul); xxxii In festo sancti Petri. Venit ihesus—(Matt. 16: 13). Cesareas tres . . . maius et minus. H.II.22, *PL* 759–63; xxxiii In commemoracione sancti Pauli. Ecce nos reliquimus—(Matt. 19: 27). Grandis fiducia. Petrus piscator erat . . . dileccione fruuntur S.57, *PL* 397–9; xxxiv (ff. 65ᵛ– 66) [? of an apostle] Hoc est preceptum—(John 15: 12) Nam in superioribus dixit. dum dilectionem precepit . . . in nomine ihesu petimus; xxxv [of a confessor] Homo quidam nobilis— (Luke 19: 12) Homo ille nobilis . . . futurum est exprimitur. *PL* xcii. 562–6 (Bede), cf. S.88, *PL* 540–3. xxxvi In die sancti Laurencii. Nisi granum—(John 12: 24). Hortaturus dominus discipulos . . . participacione glorie—. H.II.34, *PL* 763–5; xxxvii In die assumpcionis. Intrauit ihesus—(Luke 10: 38) Conditor et redemptor . . . non auferetur ab ea. H.II.35, *PL* 767–70; xxxviii In die sancti bartholomei. Facta est contencio—(Luke 22: 24). Sicut bonis moris . . . potestatis excrescat. B.II.33, etc., *PL* xcii. 598–600 (Bede); xxxix f. 71ʳᵛ In festo decollacionis sancti Iohannis. Misit Herodes—(Mark 6: 17). Vetus quoque narrat historia . . . profectum designabat fidei (*leaving off abruptly*) R.157, *PL* 444–5/lin. ult.

f. 72ʳᵛ blank.

ff. 79–83ᵛ xlii In purificacione beate marie. Postquam impleti—(Luke 2: 22). Dominus ihesus christus qui non venit . . . domui israel H.I.10, *PL* 97D–107, cf. xii above.

2. ff. 234–40 Egidius de originali peccato. Ego sum puluis et cinis . . . salus eterna benedictus in secula seculorum Amen. Explicit tractatus de Peccato originali editus a fratre Egidio Romano ordinis fratrum heremitarum Sancti Augustini qui iuxta sui nominis literas vij capitulis terminatur. Doxaramatheos.

Bloomfield, no. 1886.

The flyleaves at the beginning and the leaves left blank at the end of the last quire were filled with writing, s. xv in. The main pieces are:

3. Two letters, copied no doubt as examples of epistolary style: (a) f. 240ᵛ
'Supplicacio', from Dame Elizabeth 'dicta domina de Botreux Senior et vidua' to
J[ohn Stafford], bishop of Bath and Wells [1426–43], asking him to erect the
parish church of North Cadbury (Soms.) into a collegiate church, as licensed by
King Henry VI 'qui nunc est'; (b) f. 241 'Litera missiua', from Ramsbury
replying to a letter of 6 July (no year) written 'in manerio vestro de Lambhyth'
concerning a suggested promotion of Master Thomas Brons to a prebend 'in
ecclesia vestra Sar' and the papal provision of Master Richard Cordon to the
prebend of Bedwyn.

(a) For the royal licence, 18 Dec. 1423, see *Calendar of Patent Rolls 1422–29*, pp. 189–90, and for
a letter on this subject from Bishop Stafford, see letter-book of William Swan, BL MS Cotton
Cleopatra C.iv art. 44; (b) ed. Ker p. 232, presumably from Bishop Chaundler of Salisbury to
Archbishop Chichele, see Emden, *BRUO* i. 281 and 486 for Brouns and Cordell (provided by
Sept. 1423).

4. f. 241ᵛ ȝe ben my fader by creacion . . . ȝoure payne myn herte perschyth in
tweye.

ed. Ker, p. 233. Five stanzas of three lines, with a refrain to each 'My owyn dyre sone lull*ay*',
IMEV Supplement, no. 4242.5; preceded by the line 'Lullay my fader lullay my brother myn
owyn dyre sone lullay'. Written in the hand of John Morton, between 1420 and 1441, see below.

5. f. iii Ion Clerke of toryton I dar awow . . . The messe of þᵉ sow tayle.

ed. Ker, p. 231. Thirty lines of verse, *IMEV Supplement*, no. 1793.6; preceded by the line
'Synge and blow blow wel blow. synge wen (?) sey blow [. . .]'

6. ff. iiiᵛ–ivᵛ Lists of relics in the church of St James at Compostella, and of
indulgences granted to the church, transcribed from the copy there 'ante
Ascensum superni altaris per me Walterum Sluter' papal and imperial notary
public 'venerabilis curie leodon' (Léon).

7. f. v Hec sunt singna ponderalia phisicorum . . .

Note of the symbols used for siliqua, obolus, scrupulus, etc.

8. f. vᵛ Latin verses of one—three lines, including (a) Flere loqui . . . ; (b) Fama
fides oculus nescit habere iocum . . . ; (c) Pax animam nutrit retinet concordia
pacem/Pax reprimit lites concordia nutrit eandem.

Walther, *Sprichwörter*, nos. (a) 9649; (b) cf. 8823; (c) 21037a and cf. 21057b.

9. (a) f. 242 Restituit redimit adimit contricio vera, with a prose explanation; (b)
f. 242ᵛ Cum stulte facias aliquo spectante rubescis/Cur deo spectante non maius
inde rubes.

ff. v + 242 + i, two incorrect medieval foliations: i–ccxxij (ff. 1–233), and 79–242 (ff. 78–258). ff.
iii–v medieval flyleaves; f. ii was pasted down. 254 × 172 mm. Written space c. 195 × 132 mm.
37 long lines; 37–51 in art 2. Collation: 1–19¹² 20¹² wants 9 after f. 236 and 12 after f. 238 21⁴.
Quires numbered in faint crayon at the beginning. Written in anglicana. Blue initials with red
ornament. Binding of s. xix; marks of two strap-and-pin fastenings on ff. 240–2. Secundo folio *et
iterum*.

Written in England. 'Iohannes Morton clericus emit istum librum a Roberto Wylkyns et (domino) Willelmo Okele executoribus testamenti M. I. Stone defuncti pro x s' quarto die Mensis decembris Anno domini m° cccc xx^mo', f. 240; John Morton succeeded John Stone as rector of Berwick St John (Wilts.) in 1420, and was dead by 1441, see Trowbridge Wiltshire County Record Office Reg. Chandler pt. 1 f. 39, and Emden, *BRUO* ii. 1317. Notes in the hand of John Morton record that 'Emi eciam a domino W Hokele et Roberto Wylkyns i tabulam mensalem i speram i veru ii ollas eneas et istum librum presentem pro viginti quinque solidis', and 'Item emi sextum librum decretalium cum tribus doctoribus pro xxx s' (cum gracia domini Rect' de iii s' et iiij d')', f. 241^v. 'Precii xx^s', ff. v^v and 242^v, s. xv. Three lines erased and hardly legible begin 'pro animabus Ricardi et Alicie ex parte vx I [. .]hawyke [. . .]', f. 242^v. Armorial bookplate of Ambrose Lisle Phillipps of Garendon (d. 1878) inside front cover.

4. *Horae* s. xiv ex.

1. ff. 1–70^v Incipiunt hore beate marie virginis secundum vsum romane curie.

2. ff. 70^v–72 Ad salutandum mariam. Salue regina . . . oratio. Omnipotens sempiterne deus qui gloriose virginis . . .

f. 72^v blank.

3. ff. 73–96^v Septem psalmi, and Litany, ending imperfectly in the prayer Fidelium deus omnium conditor . . .

Nineteen martyrs, (12–19) piate dyonisii georgi nichasi quintine sebastiane christofore thoma; fourteen confessors, (8–14) remigi germane vedasti amande medarde anthoni barnarde; twelve virgins, (9) brigida.

4. ff 97–114 Office of the dead, beginning imperfectly at Ps. 5: 6.

f. 114^v blank.

5. ff. 115–119^v Hore de sancta cruce.

6. ff. 120–5 Hore de sancto spiritu.

f. 125^v blank.

7. ff. 126–132^v Missa beate marie, missing 3 leaves after f. 130.

8. f. 132^v In principio erat uerbum . . . , ending imperfectly in John 1: 2.

ff. 132, paginated incorrectly (1)–275 (81, 131, 132 each twice), s. xviii (?), before leaves were lost from quires 1 and 19 and apparently 2 leaves after f. 96. 66 × 47 mm. Written space 40 × 28 mm. 13 long lines. Collation: 1^8 wants 2 and 7 2–7^8 8^8 wants 1 before f. 55 9^8 10 three (ff. 70–2) 11–15^8 16 two (ff. 113–14) 17–18^8 19^8 wants 1–3 and 6–8. Initials: (i) 5-line, in black patterned with white, on gold grounds, decorated; (ii) 2-line, gold, on pink and blue grounds patterned in white; (iii) 1-line, blue with red ornament, or gold with black ornament. Continuous borders on pages with initials of type (i). Binding of brown leather over pasteboard, s. xvi; gilt ornaments. Secundo folio (quire 1^2) was *iubilemus*.

Written in northern France.

STEEPLE ASHTON. PARISH CHURCH

Horae s. xv in.

Detailed description by W. Smith in *Manuscripta*, 25 (1981), 151–63. Arts. 10–16 ff. 93–118, 155–6, are three quires and a bifolium of a York Hours, MS *A*. in *Horae Ebor.*

1. ff. 1–12ᵛ Calendar in red and black.

Feasts in red include Dedicatio ecclesie constanc', Clarus m. (12, 18 July), and Reliquiarum constanc' (30 Sept.). 'pape' erased, but not 'Thome episcopi et martiris' (29 Dec.) nor his translation (7 July).

2. ff. 13–60 Hours of B.V.M. of the use of (Coutances).

Hours of the Cross and of the Holy Spirit worked in. The rubric to Sext is 'ad meridiem'.

3. ff. 60ᵛ–63ᵛ Obsecro te . . . Feminine forms.

f. 61 is one of the modern supply leaves, see below.

4. ff. 63ᵛ–66 O intemerata . . . orbis terrarum inclina . . . Feminine forms.

5. ff. 66–73 Memoriae of John Baptist, Peter, Andrew, Nicholas, (four leaves gone after f. 67), [Katherine], Mary Magdalene, Margaret, Susanna.

6. f. 73ʳᵛ ae de beata maria. Salue regina . . . oratio Concede nos famulos tuos (*ends abruptly, leaving 4 lines blank*).

7. ff. 78–91ᵛ Penitential psalms, beginning imperfectly, and 'Quinque [*recte* Quindecim] psalmi', cues only of first twelve, ending imperfectly.

8. ff. 119–49 Office of the dead.

9. ff. 149–154ᵛ Sequentiae of the Gospels.

John is followed by the prayer Protector in te sperancium.

10. ff. 93–103 Antiphona. Ne reminiscaris . . . letania . . .

Horae Ebor., pp. 90–9.

11. ff. 103–11 Psalmi de passione domini . . . Respice quesumus domine super hanc familiam tuam . . . Aue benigna . . .

Horae Ebor., pp. 114–16.

12. ff. 111ᵛ–112ᵛ Sancte erasme martyr christi . . .

Horae Ebor., pp. 128–9.

13. ff. 112ᵛ–114ᵛ Memoriae of Sebastian, Christopher, and Anthony.

Horae Ebor., pp. 129 n. 8, 132–3.

14. ff. 114ᵛ–117 De gaudiis beate marie virginis corporalibus. Gaude virgo mater christi . . . Deus qui beatissimam virginem . . . Gaude flore virginali . . . Oratio. Dulcissime domine iesu . . .

Horae Ebor., pp. 63–6.

15. ff. 117–18 Who so euer sayth þis prayer folowyng in þᵉ worshyp of gode and sant Rocke shall not dye of þᵉ pestilence by the grace of god. Raphael archangelus ad beatum rochum . . .

Horae Ebor., p. 131 n. 1. f. 118ᵛ blank.

16. (added, s. xv) ff. 155–156ᵛ To our lady Be my help my fautes (to) redres/. . . to be permanent Amen

Prayer in 14 seven-line stanzas, *IMEV*, no. 914, beginning here with stanza 5 line 6; *Horae Ebor.*, pp. 162–4.

ff. ii + 142 + ii, with fourteen supply leaves, s. xx, ff. 33, 35, 61, 68–71, 74–7, 92, 136, and 141; foliated i, ii, 1–158. 156 × 110 mm. Written space 90 (arts. 10–15, 86) × 65 mm. 14 long lines. Collation originally: 1–2⁶ 3–12⁸ 13¹² 14¹⁰ 15⁴ 16–19⁸ 20⁴ 21²; of which 5⁵,⁷ 9⁸ 10¹⁻³,⁶⁻⁸ 11¹ 12⁸ 18²,⁷ are missing and have been supplied, see above. Decoration: (I) arts. 1–9. Three remaining 10-line pictures: ff. 13 (Annunciation), 51ᵛ (Coronation of B.V.M.), 119. Initials: (i) 4-line, in pink or blue patterned with white and decorated with colours, on grounds of gold and blue or pink patterned with white; (ii) 2-line, in gold on blue and pink grounds patterned with white; (iii) 1-line, red with grey-blue ornament, or blue with red ornament. Line-fillers in blue and red. Capital letters in the ink of the text filled with yellow. Borders of gold leaves on pages with pictures and type (i) initials. Decoration: (II) arts. 10–15. Initials: (i) 2-line, blue with red ornament; (ii) 1-line, plain blue or red. Binding of s. xviii, repaired and rebacked by 'Aubrey, Binder, Salisbury', s. xx, cf. *Horae Ebor.*, p. 161 n. Secundo folio (f. 14) *eius in*.

Written in France for female use in the diocese of Coutances, see arts. 1–4; and, arts. 10–16, in England. 'Sam: Hey Mag: Coll: Cambridge', inside front cover; Hey, vicar of Steeple Ashton 1787–1828, gave this manuscript and printed books, which all have a printed label 'Vicarage Library Steeple-Ashton Wiltshire'. The fourteen supply leaves, see above, are partly blank and partly contain completions of imperfect texts written, together with a description of the manuscript on ff. i–iiᵛ, in the hand of Christopher Wordsworth. No. 176 in a Church Congress Exhibition, see label on front pastedown.

STIRLING. KIRK SESSION

Graduale s. xv/xvi

Mentioned: *Proceedings of the Stirling Natural History and Archaeological Society*, 52 (1929–30), 5–7; D. McRoberts, *Catalogue of Scottish Medieval Liturgical Books and Fragments* (1953), no. 54.

Temporal, Easter – Trinity Sunday.

f. 1 is blank save for the words 'Dominica Resurrectionis Domini. Introitus' in red in a double ruled frame; a similarly framed notice precedes the office for Ascension Day, f. 65, where quire 9 begins.

ff. ii + 121; contemporary foliation in red, i–xli, xliiij–cxxiij, before loss of leaves. Thick parchment. 605 × 370 mm. Written space 470–5 × 270 mm. 6 long lines with 5-line stave for music. Collation: 1–5⁸ 6⁸ wants 2, 3 after f. 41 7–15⁸ 16² + 1 (f. 123) after 2. Quires 2–5 signed b–e. Minims 15 mm. high, and *sine pedibus*. Initials: (i) ff. 1ᵛ (Easter), 65ᵛ (Ascension), 86ᵛ (Pentecost), and 112ᵛ (Trinity), red and blue ornamented with red and mauve foliage designs on hatched or cobbled grounds; (ii) red with dark blue ornament, or blue with red ornament, in rectangular frames of the same colour; (iii) in the sequences Victime paschali at Easter and Veni sancte spiritus at Pentecost, as (ii) but smaller. The cadels have no colouring attached to them. Contemporary binding of thick wooden boards covered with brown leather, repaired; on each cover 9 bosses including corner-pieces, and a piece in the middle of top and bottom edges; two clasps, missing. Secundo folio *tuam alleluia*.

Written in Italy. A small piece of parchment stuck to the pastedown at the end has faded writing in an italic hand on the exposed side, and in a set rotunda on the pasted side. 'Garden/Duncan Forrester, Kt./1496', f. ii, s. xx; a note, f. iᵛ, states that these words are a 'Copy of original writing on fly leaf which was removed'. Given by Mr Forrester of Garden in 1929, and placed in the church of Holy Rude, Stirling. Repaired by the Scottish Record Office, 1984–5, and deposited in the Central Regional Archives Office, Stirling (ref. Ch 2/1026/24).

STONYHURST COLLEGE. SOCIETY OF JESUS

HMC *Appendix to Second Report* (1874), 143–6, contains entries for 31 of the MSS below (1–15, 17, 18, 20–7, 30, 31, 43, 49, 64, and 69) in a series numbered 1–34 that does not correspond to the current numeration; HMC ii, nos. 4, 19, and 23 do not qualify for inclusion here.

HMC *Appendix to Third Report* (1872), 335–6, contains brief entries, arranged in a double series, for all the MSS 28–65, except MSS 48, 55, and 58, not covered by *Second Report*; these entries follow the current numeration, and so are simply identified as '(HMC iii)' in the descriptions below, except that HMC iii, no. 48 refers to MS 47, while nos. 56 and 68 have not been identified.

1. (HMC 34). *J. Froissart, Croniques, parts i–iv (in French)*

s. xv in.

Cy commencent les Croniques que fist sire Iehan froissart lesquelles parlent des nouuelles guerres de france dangleterre descoce despaigne et de bretaigne. et sont diuisees en quatre parties Dont le premier chappitre fait mencion de la cause pourquoy elles sont faictes. Affin que honnourables aduenues et nobles aduentures faittes en armes lesquelles sont aduenues . . . sur le clos de constentin. Explicit.

This copy is listed in K. de Lettenhove's edition (1867–77), I. ii. 227–8 (cf. 220, 404, 427), and noted as belonging to his second redaction and group 2C, the other members of which are BN fr.2663 and 2674 and Besançon.

Twenty-five pictures, the four beginning each part larger than the rest: 1. f. 1, in front of pt. 1; 2. f. 33, caption Comment les angloys desconfirent la garnison du Cagant . . . ; 3. f. 56, Lordonnance des batailles sur mer du roy angloys . . . ; 4. f. 69, in front of pt. 2; 5. f. 82,

Comment messire Charles de bloys assiega . . . ; 6. f. 106ᵛ, Du chastel danberouche qui fut assiegie; 7. f. 127ᵛ, Comment les angloys ardirent le pays . . . ; 8. f. 133ᵛ, Comment le roy ph*elipp*e vint assembler au roy dangleterre . . . ; 9. f. 151, Comment le cappitaine de calais vendi . . . ; 10. f. 153ᵛ, in front of pt. 3; 11. f. 165ᵛ, Comment le Roy Iehan de france fut prins . . . ; 12. f. 180ᵛ, Comment les iaques furent desconfis . . . ; 13. f. 192, Comment le regent de france fist assieger meleun . . . ; 14. f. 217, Comment messire Iaquemes de bourbon . . . ; 15. f. 227ᵛ, in front of pt. 4; 16. f. 239, Comment messire Iehan chandos desconfist . . . ; 17. f. 250, Comment le Roy henry salia au Roy darragon et des gens . . . ; 18. f. 262ᵛ, Comment le prince commanda a ses gens . . . ; 19. f. 274, Comment le roy dampietre fut prins . . . ; 20. f. 303ᵛ, Comment messire Iehan chandos cuida prandre . . . ; 21. f. 326ᵛ, Comment les espaignols a la requeste du roy de france . . . ; 22. f. 337, Comment messire bertran assiega le chastel de chizech . . . ; 23. f. 357ᵛ, Comment les angloys furent vuez ius . . . ; 24. f. 365ᵛ, Comment messire thomas mousegraue . . . ; 25. f. 376ᵛ, Comment les angloys recouurerent plusieurs fors chasteaulx . . .

ff. ii + 386 + ii. Medieval foliation in red, repeating cccxxvii and so ending ccciiiiˣˣv. 388 × 288 mm. Written space 247 × 186 mm. 2 cols. 42 lines. Pencil ruling. Collation 1–48⁸ 49 two. Written in a set round cursiva, probably by one hand throughout. Four larger and twenty-one smaller pictures, see above, attributed by Dr Otto Pächt in a note dated Sept. 1944 to the atelier of the Master of the 'grandes heures du duc de Rohan' (Brittany); the larger pictures as wide as the written space, 182 mm. high on f. 1, and 140 mm. elsewhere, with continuous light floral borders; smaller pictures as wide as a column, c.80 mm., and 13–15 lines high, with a border in one margin. Initials: (i) 6/5-line, after pictures, blue or pink patterned in white on decorated gold grounds; (ii) 2-line, gold on blue and pink grounds patterned in white. Paraphs as type (ii) initials. Binding of s. xxⁱ by J. Rodwell, 14 Warwick Street: his ticket is pasted to f. iᵛ. Secundo folio *et matiere*.

Written in France. 'Ie suys a messire Iehan arundell', f. 160ᵛ, 'I. Arndell', f. 197, both upside-down, and both s. xv/xvi. Given by the 10th Lord Arundell, d. 1834. Exhibited at the Manchester City Art Gallery, 21 Sept.–30 Oct. 1960; catalogue, no. 32.

2. (HMC 5). *Missale Cisterciense*   s. xv med.

A Missal, which breaks off imperfectly at 23 June in the Sanctoral, and lacks twenty-five leaves between ff. 14 and 186. Noted items in arts. 2 and 4.

1. ff. 1–6ᵛ Calendar in blue, red, and black, graded (see below).

Feasts in blue include Anne (26 July), and Bernard (20 Aug.), each with octave of 12 lessons. In red, William (of Bourges), 'Commemoracio episcoporum et abbatum' * (10, 11 Jan.), Robert abb. (29 Apr.), 'Commemoracio Monachorum' * (20 May), 'Sancte Spinee corone' (11 Aug.), 'Absolucio omnium fratrum' * (18 Sept.), Erkenwald (14 Nov.), Edmund (Rich), Edmund k. and m. (16, 20 Nov.), 'Commemoracio parentum' * (21 Nov.). English saints in black: Cuthbert (20 Mar.), John of Beverley (7 May), translation of Edmund (Rich), Richard, Alban (9, 16, 22 June), Edward conf. (13 Oct.). Added, Visitation (2 July). The entries marked * above include the cue for the collect. Feasts of saints are graded: those in blue 'xii lc' ii Mᵉ', or, Conception of B.V.M., 'xii lc' ii d'; those in red 'xii lc' ii'; those in black 'xii lc' iᵃ', 'com i', or 'com'. 'Obitus uenerabilis in christo patris et domini. domini Henrici Cardinalis et episcopi Wynton' (Henry Beaufort, d. 1447) in the main hand at 11 Apr. 'pape' and feasts of Thomas of Canterbury erased.

2. (quires 2–19) ff. 7–135ᵛ Temporal, beginning imperfectly 'magnificate eum' (Rom. 15: 11) in 2nd Sunday in Advent epistle, and ending imperfectly in the 25th Sunday after Pentecost collect.

Thirteen leaves are missing between ff. 14 and 113. On ff. 88–90ᵛ the Good Friday responses Estimatus and Sepulto, the Exultet, and the Easter Eve preface (imperfect) are noted. No office of Corpus Christi, cf. f. 110. On f. 85ᵛ the third of the Good Friday Oraciones sollennes, Oremus et pro [beatissimo papa *erased*] nostro N . . . , has been crossed out.

3. ff. 136–7 Dedication of church, beginning imperfectly in epistle (Apoc. 21: 5 'in throno').

f. 137ᵛ blank.

4. (*a*) ff. 138–46 Noted prefaces of mass; (*b*) ff. 147–149ᵛ Canon of mass, beginning imperfectly 'ra+tam. racionabilem. acceptabilemque'; (*c*) ff. 149ᵛ–151ᵛ 'Prefacio secundum usum Sarum', noted. (*d*) ff. 151ᵛ–159 Si episcopus uel dominus abbas celebrauerit . . .

(*d*) The rubric is followed by blessings for the vigil and day of Christmas, Circumcision, Epiphany, Purification, Palm Sunday, Cena domini, vigil and day of Easter, Ascension, vigil and day of Pentecost, Trinity, Corpus Christi, Annunciation of B.V.M., John Baptist, Peter and Paul, Anne, Assumption of B.V.M. ending imperfectly through the loss of a leaf after f. 157, Common of saints beginning imperfectly 'incrementis. Amen. Quo eius et exemplis eruditi et intercessione muniti. cuius deposicionis (uel translacionis) diem celebratis', In anniuersario ecclesie, In die dedicacionis ecclesie, Sponsi et sponse, and Super mense lectorem. Each blessing is in three parts, divided by Amen, with notes of music in red above the last word of each part. ff. 146ᵛ, 159ᵛ blank.

5. ff. 160–190ᵛ Sanctoral, beginning imperfectly in John ev. introit, and ending imperfectly in vigil of John Baptist gospel.

In five places collects in the text have names of saints entered against them in the margin in red: Cuthbert, Malachi, Erkenwald, Edmund, Eligius, Nicholas against William (of Bourges, 10 Jan.), f. 163; Thomas Alquinus, Ivo, Hugh abb., Dominic, Louis, Jerome, Francis, Edward against Anthony (17 Jan.), f. 165; Peter Martyr, Lambert, Edmund k. against Vincent (22 Jan.), f. 168ᵛ; John of Beverley, Richard, Remigius against Julian (29 Jan.), f. 171ᵛ; Peter ep. and conf. against Ambrose (4 Apr.) f. 175. These twenty-one saints are dealt with by cues, e.g. 'Quere omnia que hic abbreuiantur in festo sancti antonii vjᵒ' for Aquinas f. 174ᵛ; the cue for John of Beverley is 'fiat sicut de sancto iuliano xiiiᵒ +', f. 182 margin.

Seven leaves are missing between ff. 171 and 186; the text is slightly damaged by damp on the last leaves. The office of Thomas of Canterbury, ff. 161–2, has only been interfered with by a light erasure of the name Thomas each time it occurs.

ff. ii + 190 + ii. Contemporary foliation on versos of art. 5, ii–xxxix; foliation of s. xvi (?) on versos made before many of the leaves were removed, running to 214 on f. 188ᵛ. 425 × 298 mm. Written space 265 × 188 mm. 2 cols. 30 lines; art. 4, 21 lines or 7 lines with music. Collation: 1⁶ 2⁸ wants 1 before f. 7 3⁸ wants 2 after f. 14 4⁸ 5⁸ wants 5 after f. 32 6⁸ wants 3 after f. 37 7–8⁸ 9⁸ wants 7 after f. 64 10⁸ 11⁸ wants 2 after f. 74 8 after f. 79 12⁸ 13⁸ wants 4, 5 after f. 90, 8 after f. 92 14⁸ 15⁸ wants 4 after f. 103, 8 after f. 106 16⁸ wants 6 after f. 111, 8 after f. 112 17–18⁸ 19¹⁰ wants 8 after f. 135 20⁸ + 1 leaf (f. 146) after 8 21⁸ wants 1, 2 before f. 147, 4 after f. 147 22⁸ wants 7 after f. 157 23⁸ wants 2 after f. 159 24⁸ wants 7 after f. 171 25⁸ wants 1, 2 before f. 173, 5, 6 after f. 174 26⁸ wants 8 after f. 183 27⁸ wants 3 after f. 185. Quires signed in ink: 1, a; 2–5, (a)–d; 11, k; 13–19, n–s; or in red: 13–19, a–f; 20–27, a–h. Punctuation includes the flex. Initials: (i) only one remains, E of Ecce at Epiphany, f. 16ᵛ, 6-line, blue and pink shaded with white, historiated, with a continuous border; (ii, iii) 3- and 2-line, in gold, on grounds of blue and pink patterned in white, sprays in margin; (iv, v) 2- and 1-line, blue with red ornament, or gold with black ornament. Cadels (heads) on f. 88ʳᵛ. Line-fillers in blue and gold. Capital letters in the ink of the text filled with pale yellow. Binding of s. xviii², lettered 'ROMAN MISSAL' on the spine, and 'WW PENIARTHUCHAF 1771' on the front.

Written in England for Cistercian use, perhaps in the diocese of Winchester, see obit in art. 1. Names, s. xvi (?), scored through 'James Hokenhull William Hillington', f 168ᵛ. Belonged in 1771 to William Williams (1723–83) of Peniarthuchaf (Llanegryn par., co. Merioneth), see above binding.

3. (HMC 6). *Missale ad usum Eboracense*   s. xiv/xv

A York Missal collated as G in *Missale Ebor*. The amount of text on a page is nearly the same as in York Minster MS Add. 30, see below. Noted items in arts. 2–3.

1. ff. 3–8ᵛ Calendar in red (often faded) and black, graded.

As compared with the calendar in *Brev. Ebor*. i. 3–14, Anastasia is present (25 Dec.); Chad (2 Mar.), 11,000 Virgins (21 Oct.), and Barbara (4 Dec.) are absent; George (23 Apr.), Anne (26 July), and Katherine (25 Nov.) are in black not red. The York feasts 'omnino tenenda' are noted at the foot of each leaf in red. In s. xvi 'pape' was cancelled and 'episcopi' inserted in its place; name of Thomas of Canterbury lightly erased at 29 Dec., but untouched at 7 July. The inductions of Nicholas Clefton, 6 Apr. 1536, cf. art. 14, Richard Banestyr, 30 June 1420, and James Gortun, 25 Dec. 1509, noted in their places in different hands; also of Gilbert Nelson, MA, St John's College, Cambridge, 1 May 1629.

2. ff. 9–110ᵛ Temporal, Advent – Saturday after Pentecost.

Missale Ebor. i. 1–162. No sequences. Inuentor rutili, Exultet (imperfect), and preface etc. on Easter Eve noted, ff. 83–4, 87–89ᵛ, ibid. 110–11, 117–18, 121–2. On Easter Eve, f. 87, the confessors are Gregory, John, Wilfred (ed. Augustine, William, Cuthbert). A leaf missing after f. 77 (Cena domini) and two leaves after f. 83 with part of Exultet. Type (i) initials for *A*d (Advent) f. 9, *P*uer (Christmas) f. 17, *R*esurrexi (Easter) f. 90ᵛ, *U*iri (Ascension) f. 102, and *S*piritus (Pentecost) f. 105ᵛ.

3. (*a*) ff. 110ᵛ–112 Ista oracio deuota est sacerdoti ad dicendum ante missam quam sanctus augustinus composuit. Summe sacerdos . . . siciam in eternum. Amen; (*b*) ff. 112–122ᵛ Quando presbiter lauat . . .

(*a*) edn. i. 163–5; (*b*) edn. i. 165–206/30, ordinary, noted prefaces and canon of mass, ending probably imperfectly with the prayer after mass Deus qui tribus pueris . . . amen. Type (i) initials for *P*er, *T*e, and *P*er, ff. 119, 120, 121ᵛ.

4. ff. 123–155ᵛ Temporal, Trinity – Friday in 25th week after the octave of Pentecost.

edn. i. 213–253. Sequences only at Corpus Christi. Type (i) initial for *B*enedicta (Trinity) f. 123; not Corpus Christi f. 123.

5. f. 155ᵛ–156 In dedicacione ecclesie. edn. i. 257–9. No sequence.

6. ff. 156ᵛ–189ᵛ Sanctoral, vigil of Andrew – Chrysogonus (24 Nov.), ending imperfectly in gradual.

Missale Ebor. ii. 1–130/15. Single leaves missing after ff. 161 (Purification), 178 (Assumption), and 189. Type (i) initials for *D*ominus (Andrew) f. 156ᵛ, *D*e (John Baptist) f. 170, *N*unc (Peter and Paul) f. 171ᵛ, *G*audeamus (All Saints) f. 187ᵛ; not Annunciation of B.V.M. f. 164.

7. ff. 190–206 Common of saints, beginning imperfectly.

edn. ii. 134/27–158.

8. ff. 206–18 Votive masses.

As edn. ii. 158–83, except for the absence here of commemorations of Cross and All Saints in Eastertide, edn. p. 163, and of All Saints, edn. p. 166. The mass Pro lacrymis deuotionis, edn. p. 177, headed here Pro lacrimis deuocionis pendentis, f. 215^v.

9. ff. 218–21 Missa pro fidelibus defunctis. edn. ii. 183–9.

10. f. 221^{rv} Quedam mulier in omnibus deuotissima . . . euanuit. Deus qui es nostra redempcio . . . piisime largiendo—Amen.

St Gregory's Trental, edn. ii. 189–90.

11. ff. 221^v–223^v In celebracione nupciarum. Sacerdos prius inquirat—mors nos seperauerit. Benediccio anuli . . . (f. 222^v) coniungat per christum. Missa de sancta trinitate. Officium. Benedicta . . .

As York Minister MS Add. 30 art. 11. edn. ii. 190–3 lacks all before the mass of the Trinity; the rubric 'In celebracione . . .' and vows in Latin are printed edn. ii. 193 n. from this copy.

12. ff. 223^v–224^v Benediccio salis et aque in diebus dominicis fiat hoc modo . . .

edn. ii. 193–6.

13. (added s. xvi^1) (a) f. 224^v Pro Rege et regina. Deus in Cuius manu . . . Suscipe quesumus domine preces . . . Presta quesumus omnipotens deus . . . ; (b) f. 225 Officium de quinque vulneribus. Humiliauit . . .

(a) Priest's prayers as Sarum Missal, p. 398; (b) cf. edn. i. 253–4, here left unfinished after collect. f. 225^v blank.

14. (added on flyleaves, a–c s. xv, d s. xvi^1): (a) f. 1^v a notice in seven lines, largely cut away by a binder '[. . .] Isti [. . .] testes [. . .]cionem [. . .] tatham [. . .] thomam [. . .]by pro [. . .]dalii', 'Dominum Rogerum Cowper' above, and beside it on the right a list of six names 'Wyllelmus Ionson Edmundus Ionson Iohannes Waller Iacobus Greynbanke Robertus Freythbank Robertus Thomlynson de Wra', cf. Wray near Tatham; (b) f. 2 a copy of an agreement dated 1279 between Mag. Thomas le Sauuage, parson of Tatham, and 'Dominum Iohannem de Tatham militem' for an exchange of named lands in Tatham; (c) f. 2^v a copy of an agreement dated 1236 between A. rector of Tatham, and Walter de Tateham, for an exchange of lands adjoining the church of Tatham; (d) f. 2^v a note of the induction of M. Nicholas Clefton, 6 Apr. 1536, cf. art. 1, and an inventory of stuff at the parsonage of Tatham 30 May (1536 ?), 'to remayn as herlumys by thes meny 3er', John Croft and six others appending their names (as witnesses ?).

ff. v + 223 + iii, foliated (i–iii), 1–225, (226–8). ff. 1–2 are medieval parchment flyleaves. 372 × 250 mm. Written space 257 × 173 mm. 2 cols. 36 lines; ff. 114^v–122^v, 30 lines. Collation of ff. 3–225: 1^6 2–9^8 10^8 wants 6 after f. 77 11^8 wants 5, 6 after f. 83 12–14^8 15^6 16^4 17 three (ff. 120–2) 18–21^8 22^8 wants 8 after f. 161 23–24^8 25^8 wants 1 before f. 178 26^8 wants 6 after f. 189 27–29^8 30 ten (ff. 216–25). Initials: (i) in arts. 2–4, 6, see above, blue and pink patterned in white on decorated gold grounds, with a continuous border on f. 120 and part borders on the twelve other pages; (ii, iii) 2- and 1-line, blue with red ornament, or, in art. 3, gold with violet ornament. Capital letters in the ink of the text stroked with red. Binding of s. xix. Secundo folio (f. 10) *ponat iudicium*.

Written in England. In use in the church of Tatham, Lancs., in s. xv and s. xvi¹, see arts. 1, 14, and apparently still, or again, there in 1629, see art. 1. Tatham is 20 miles north of Stonyhurst.

4. (HMC 7). *Missale* 1472

Noted items in arts. 2 and 6.

1. ff. 1–6ᵛ Calendar in red and black, graded.

Gradings: Totum duplex, duplex, semiduplex, ix lc', iii lc', coll' ca, com', missa. Entries in red include Servatius (13 May) duplex, Visitation of B.V.M. (2 July) duplex, with octave, ix lc', in black, Lambert (17 Sept.) totum duplex, with octave, totum duplex (in black), Hubert (3 Nov.) duplex, and Judoc (13 Dec.); in black, Karoli regis (28 Jan.) missa, Anne (26 July) ix lc' altered to totum duplex, Theodard (10 Sept.) totum duplex. 'Presentacionis marie' and 'Conceptio beate marie' added (21 Nov., 8 Dec.)

2. (quires 2–16) ff. 7–130 Temporal, Advent – Saturday after Pentecost.

The genealogy of Christ, the Exultet, and the 'Prefacio super fontes', ff. 15ᵛ–16ᵛ, 97ᵛ–100, 102ᵛ–105, are noted. As in the Liège missal printed in 1515 the 'Letania quina eundo ad fontes' on Easter Eve, f. 102ᵛ, includes Lambert and Gertrude. Supplemented in art. 12 below. ff. 17, 130ᵛ blank.

3. Votive masses: (*a*) f. 131 Holy Trinity tract; (*b*) ff. 131–139ᵛ Feria ii de angelis, Feria iii pro peccatis, and Holy Spirit, Feria iiii de sapiencia, Feria v de caritate, and Lambert, Feria vi Cross, (Saturday) B.V.M., and peace; (*c*) ff. 139ᵛ–144 Collect, secret, and postcommunion: Pro tribulacione ecclesie, Ad petendum suffragia omnium beatorum, In honore sanctorum quorum reliquie in ista ecclesia sunt, In honore sancti uel sancte in ecclesia quiescentis, Contra malas cogitaciones, Pro papa, Pro episcopo et eius congregacione, Pro rege, Sacerdos pro se ipso, Pro amico uel amicis, Pro familiaribus, Pro castitate, Contra malas cogitaciones, Pro penitentibus, Pro iter agentibus, Ad postulandum pluuiam, Pro serenitate, Contra tempestates, Pro infirmo, Pro peccatis, Pro humilitate, Pro compunctione, Pro stabilitate loci, Contra tribulaciones deuotorum, Generalis pro viuis et defunctis, Generalis; (*d*) ff. 144–145ᵛ Missa pro infirmo, Contra pestilenciam, Missa ad pluuiam postuland', Ad serenitatem postulan'; (*e*) f. 146 Missa specialis que certis temporibus canitur in ecclesia leodiensi.

(*b*) includes sequences: Holy Spirit, Veni sancti spiritus et emitte; Lambert, Letabunda laus beato; Cross, O crux lignum triumphale; B.V.M., Aue maria gracia plena, Letabundus exultet, Inuiolata intacta et casta, Virgini marie laudes intonent, Virgini marie laudes concinant, Veni precelsa domina, Veni virgo virginum, Verbum bonum et suaue. (*e*) is for use at Liège in time of plague.

4. Masses for the dead and (*d*) the living: (*a*) ff. 146–7 Pro defunctis in presencia corporis, with special forms Pro episcopo, and Pro episcopis ac sacerdotibus; (*b*) ff. 147ʳᵛ In commemoracione animarum; (*c*) ff. 147ᵛ–150 In anniuersario vnius uel plurimorum; (*d*) f. 150 Generalis.

(c) is followed by sets (collect, secret, and postcommunion) on special occasions: Pro presbitero defuncto, Pro vno defuncto, Pro vna defuncta, Pro pluribus defunctis, Pro plurimarum defunctarum (sic), Pro parentibus, Pro familiaribus, Pro quiescentibus in cimiterio, Pro cunctis benefactoribus, Generalis, and (d) Generalis (A cunctis, Exaudi nos, Mundet et muniat).

5. ff. 150ᵛ–151ᵛ Sequitur exorcismus salis . . . Exorcismus aque . . .

6. Office of mass: (a) ff. 151ᵛ–153 Noted kyries, cues for Gloria and Ite missa est, and Creed; (b) ff. 153–154ᵛ Quando sacerdos se preparat ad missam . . . ; (c) ff. 155–167ᵛ Noted prefaces; (d) ff. 168–73 Te igitur . . . ; (e) f. 173ᵛ Osculare altare te erigendo dic. Fidelium anime defunctorum . . . Deinde sequuntur gracie Trium puerorum . . . michi propicius peccatori.

(b) Prayers before, during, and after, mass. (c) occupies quires 20–1, and (d, e) the canon and graces, quire 22.

7. (quires 23–6) ff. 174–207ᵛ Temporal, Trinity – Friday after the 25th Sunday after the octave of Pentecost.

The 23rd and 24th Sundays are called 'Dominica vacans', and the 25th Sunday 'Dominica ultima', cf. MS 5 art. 9 below.

Arts. 8–9 are on quires 27–35.

8. ff. 208–78 Sanctoral, vigil of Andrew – Linus.

Includes: Karoli regis (28 Jan.), priest's prayers only, f. 217ᵛ; Hadelinus, Waldetrudis (3 Feb.), f. 220ᵛ; translation of Lambert (28 Apr.) f. 228ᵛ; Servatius (13 May), f. 232; translation of Servatius (June), sequence Dulci melo iubilemus (RH, no. 4897), f. 233ᵛ; Visitation of B.V.M. and octave (2, 9 July), sequences Ave uerbi dei and O felicem genitricem (RH, nos. 2165 and 12949), ff. 240ᵛ, 242; Monulph and Gundulph (16 July), f. 243ᵛ; Glodesindis (25 July), memoria only, f. 245; Transfiguration (5 Aug.), sequence Letetur hodie matris ecclesie (RH, no. 10109), f. 248ᵛ; Magdalberta (7 Sept.), f. 258ᵛ; Theodardus (10 Sept.), sequence Urbs legia leta (RH, no. 20936, AH xl. 290), f. 259ᵛ; Lambert (17 Sept.), sequence Christi laudem predicemus (RH, no. 3074), f. 262; Maternus (19 Sept.), sequence Syon gaudens flore verno (RH, no. 19028), f. 262ᵛ; Remigius (1 Oct.), sequence Rex regum diues colende Inmoderaris miliciam christianam (not in RH), f. 266; Amor (8 Oct.), f. 267ᵛ; 'Triumphus sancti Lamberti' (13 Oct.), cues only, f. 268ᵛ; Rumold (27 Oct.), sequence Iubilemus salutari (RH, no. 9818), f. 270; also 'Benedictio pomorum' after James (25 July), f. 246; and 'Benedictio vuarum' after Sixtus (6 Aug.), f. 249ᵛ. The sequence for Mary Magdalene is Mane prima sabbati (RH, no. 11064).

9. ff. 278–279ᵛ In dedicacione ecclesie, and In dedicacione altaris.

The position is unusual: cf. MS 5 art 4.

10. ff. 280–291ᵛ Common of saints.

11. f. 291ᵛ–294ᵛ Fifteen sequences, supplementing (a, c) art. 8, and (b) art. 10: (a) Nativity of B.V.M. (8 Sept.) Aue preclara maris stella, and Hodierne lux diei celebris in matris dei, RH, nos. 2045, 7945; (b) apostles: Clare sanctorum, RH, no. 3336; evangelists: Iocundare plebs fidelis cuius pater est in celis, RH, no. 9843; De quatuor doctoribus. Sancti visu columbino, RH, no. 18566; martyr: O alma trinitas deus, RH, no. 12646; martyrs: O beata beatorum, RH, no. 12670; De quo vis sancto uel sancta. Superne matris gaudia, RH, no. 19822; confessor: Adest dies leticie qua de ualle miserie, RH, no. 368; confessors: Ad laudes

saluatoris ut mens incitetur humilis, *RH*, no. 201; virgin: Letare syon filia. representans perhennia, *RH*, no. 10076; virgin: Virginis venerande, *RH*, no. 21717; virgins: Nouas syon plantulas, *RH*, no. 30039, *AH* xxxviii. 295; (*c*) Charlemagne: Urbs aquensis, *RH*, no. 20916; Servatius: Lux preclara, *RH*, no. 10865.

12. f. 295^{rv} 4th and 5th Sundays after Epiphany.

Supplementing art. 2 above.

ff. i + 295 + i. Contemporary foliations: ii–cxlviii in black, ff. 8–154; i–cxxii in red, ff. 174–295. 347 × 236 mm. Written space 245 × 163 mm. 2 cols. 34–6 lines; ff. 168–73, 22 lines. Collation: 1^6 2^{10} 3–15^8 16^{10} 17^8 18^8 + 1 slip after 8 (f. 146) 19–20^8 21^6 wants 6 (blank) after f. 167 22^6 23–24^8 25^{10} 26–36^8 37^{10} wants 9, 10 (blank). Initials: (i) beginning of arts. 6d, 7, 8, and 10, and in art. 2 at Advent, Easter, and Pentecost (ff. 7, 106, 124), blue and red on decorated green, yellow and blue grounds, extending on ff. 7, 106, and 208 into borders with free-standing flowers, stars, etc.; (ii), beginning of art. 9, 5-line, blue and red, with red and violet ornament; (iii) 4-line, blue or red, patterned in white, with ornament in colours; (iv-vi) 3-, 2-, and 1-line, blue or red, (iv) sometimes patterned in white, red *C* with violet ornament f. 30. Capital letters in the ink of the text marked with red. Rebound in s. xix; the old leather, pasted to the front cover, bears rolls, a centrepiece, angle-pieces, and the date 'A° 1574'; two clasps, missing. Secundo folio (f. 8) *tus domini*.

Written at Utrecht by a named scribe in 1472, for use in the diocese of Liège: 'Item Missale istud scriptum est in conuentu fratrum tercii ordinis sancti Francisci opidi traiecten' per manus fratris iohannis presbiteri de Embrica. ad summe indiuideque trinitatis honorem. Anno M° cccc° lxxii°. etc', f. 295^v. 'Bib Majori Co. Ang. Soc. Jes. Leodii', f. 1, s. xviii.

5. (HMC 8). *Missale*   s. xv^2

Noted items in art. 3.

1. ff. 1–6^v Calendar in red and black, graded.

Agrees closely with MS 4 art. 1, but with some omissions, e.g. Charlemagne (28 Jan.) and the Resurrection. As against MS 4, the entry at 13 Oct. is not 'Triumphus' but 'Victoria sancti lamberti', the Conception of B.V.M., 'Totum duplex', is in the main hand at 8 Dec., Theodardus and the octave of Lambert are not 'totum duplex' but 'duplex', and the Nativity of B.V.M. 'Triplex'.

2. f. 7^{rv} Holy water service, cues noted.

3. ff. 8–100^v Temporal, Advent – Easter Eve.

The litanies in MS 4 ff. 102^v–105^v are here represented only by the rubric 'In ecclesiis in quibus fons est canitur letania septena quina et trina', f. 100. The Exultet and Uere quia dignum are noted, ff. 96^v–98^v. Type (i) initials for *Ad* and *Puer*, ff. 8, 16 (Christmas).

4. f. 101^{rv} In dedicatione ecclesie . . . In dedicatione altaris.

5. Votive masses: (*a*) ff. 102–108^v; (*b*) ff. 108^v–111^v; (*c*) ff. 111^v–112^v.

The texts in (*a*) and (*b*) are the same as MS 4 art. 3*a–c*, but here Holy Trinity, followed by Holy Sacrament, in full. (*c*) consists of the first two pieces in MS 4 art. 3*d*; cf. below art. 6*c*. Headings often differ, e.g. 'Pro imperatore' for 'Pro rege', although collect, secret, and postcommunion all use the word *rex* not *imperator*, and 'Contra temptaciones' for 'Contra tempestates'.

6. Masses: (*a*) ff. 112ᵛ–113ᵛ; (*b*) ff. 113ᵛ–115; (*c*) ff. 115–116ᵛ.

(*a*) and (*b*) as MS 4 art. 4*a*, *b*. (*c*) is the 'Generalis' in MS 4 art. 4*c*, followed by three pieces corresponding to the last two in MS 4 art. 3*d* and to 3*e*, with the second piece headed 'In quacumque tribulacione' for 'Ad serenitatem postulandum', and the third simply 'Missa specialis' without mention of Liège.

Arts. 7 and 8 are on quires 13–15.

7. Office of mass: (*a*) f. 117ʳᵛ; (*b*) ff. 117ᵛ–118ᵛ; (*c*) ff. 119–130; (*d*) ff. 132–137ᵛ; (*e*) ff. 137ᵛ–138ᵛ.

Nearly as MS 4 art. 6*a–e*. ff. 130ᵛ–131, 139ʳᵛ blank.

8. (added in part of space left blank after art. 7, s. xv ex.) f. 138ʳᵛ Officium de passione ihesu christi. Humiliauit . . .

9. (quires 16–21) ff. 140–187ᵛ Temporal, Ipso sacro die pasce—Friday after the 25th Sunday after the octave of Pentecost.

The last three Sundays are 'Dominica xxiii prima vacans', 'Dominica ii vacans', 'Dominica xxv. et vltima', cf. MS 4 art. 7 above. Type (i) initials for *R*esurrexi, *S*piritus, *B*enedicta, and *C*ibauit, ff. 140, 155, 160, 161 (Easter, Pentecost, Trinity, 'De venerabili sacramento').

10. ff. 188–241 Sanctoral, vigil of Andrew—Katherine.

As compared with MS 4 art. 8 there are fewer feasts: not, for example, Karolus magnus, Boniface, translation of Servatius, octave of Visitation of B.V.M., or Amor; no sequences for Remigius or Rumold. 'nota ixᵃ maii est festum dedicationis ecclesie tongren'. Require ante folio lxxiiii', f. 205 margin, referring back to f. 101. Type (i) initials for *D*ominus, f. 188, *S*uscepimus, f. 196 (Purification of B.V.M.), *G*audeamus, ff. 211, 221 and 225ᵛ (Visitation, Assumption, and Nativity of B.V.M.), *U*enite, f. 236 (All Saints); type (ii) for *G*audeamus, f. 190 (Conception of B.V.M.).

11. ff. 241ᵛ–250ᵛ Incipit commune sanctorum.

Ends with an office not in MS 4 art. 10: De vna electa. Beatissime N. vidue quesumus domine . . .

12. ff. 250ᵛ–252 Incipit sequencie.

Thirteen sequences, supplementing arts. 10 and 11: B.V.M.: Aue mundi spes maria, Aue preclara maris stella, Hodierna lux diei celebris in matris dei, Marie preconio, Aue maria gracia plena, Inuiolata intacta, *RH*, nos. 1974, 2045, 7945, 11162, 1879, 9093; apostles: Clare sanctorum, *RH*, no. 3336; evangelists: Iocundare plebs fidelis cuius pater est in celis, *RH*, no. 9843; martyr: O alma trinitas deus, *RH*, no. 12646; martyrs: O beata beatorum, *RH*, no. 12670; De doctoribus. Sancti visu colombino, *RH*, no. 18566; De quolibet sancto uel sancta. Superne matris gaudia, *RH*, no. 19822; virgins: Nouas syon plantulas, *RH*, no. 30039, *AH* xxxviii. 295. f. 253ʳᵛ blank.

13. Front pastedown: a leaf from a service-book, s. xiv/xv, containing part of the Passion according to John (18:33–19:11), as in art. 3, f. 93ᵛ. Over part of this is pasted a list of contents, s. xv/xvi.

ff. i + 233, foliated 1–69, 90–253. Medieval foliations: i–ciii in red, ff. 8–130 (103 leaves); i–cxiii in black, ff. 140–252. 325 × 223 mm. Written space 230 × 155 mm. 2 cols. 40 lines; ff. 132–7, 23 lines. Collation: 1⁶ + 1 leaf (f. 7) after 6 2–10⁸ 11⁸ + 1 leaf (f. 101) after 1 12–13⁸ 14⁶ + 1 leaf (f. 131) after 6 15–29⁸ 30². Quires 19–21 signed d–f; 27–28, f–g. Written in a set hybrida. A full-page Crucifixion picture f. 131ᵛ, the recto blank: B.V.M. and John stand by cross, a city behind.

Initials: (i) in arts. 3, 9, and 10, see above, and ff. 132 (*Te* igitur) and 241^{v}, 8-line or less, blue and red, with ornament in green, yellow, violet, and red; (ii) to art. 4, ff. 101, 190^{v}, 6-line, blue with red ornament; (iii, iv) 4- and 3-line, red with violet ornament, or blue with red or violet ornament; (v, vi) 2- and 1-line, blue or red. Binding, s. xvi^{1}, of slightly bevelled wooden boards, covered with brown calf, bearing 4 vertical rows of a roll within a panel formed by a second roll, with a composite floral ornament outside it repeated eight times; two clasps, missing. Secundo folio (f. 9) *ira: facite*.

Written for use in the diocese of Liège. Early at, or near, Tongres, see art. 10. A notice, s. xvi, 'Ionffelt (?) missa quotidiana in altari Elizabeth fundata incipi debet ad Criste fili dei tempore primarum vel ex consuetudine ad principium primarum', f. i^{v}. 'Pro Bibli(o)theca Maiore Coll. Angl: Leod:', f. i, s. xvii.

6. (HMC 9). *Evangelia glosata* s. xiii^{1}

1. (quires 1–7) ff. 1–52^{v} Matthew.

The preface Mateus ex iudea . . . non tacere, Stegmüller, no. 590, is on f. 1^{rv} in text-sized script, with Cum multi scripsisse . . . on its right on f. 1^{r}, and Hebrei uoluminibus suis . . . , Stegmüller, no. 11827 (4) below it on f. 1^{v} in two sizes of smaller writing. The gloss is continuous at first, ff. 2–7^{v}; the first on the left Abraham et dauid sunt due columpne . . . , and the first on the right Filii—Ordo . . . , Stegmüller, no. 11827 (10). Red numbers in the margins, i–ccclv, each corresponding to a red paragraph-mark in the text. ff. 1–7 damaged by damp.

2. (quire 8) ff. 53–59*^{v} Mark, beginning and ending imperfectly: hoc ei accidit? (9: 20) . . . peregrè profectus re (*catchword* linquit) (13: 34).

The first red number is xcii, and the last cliiii. The gloss is intermittent.

3. (quires 9–13) ff. 60–99^{v} Luke, ending imperfectly: . . . Uillam emi et (14: 18).

The prefaces Plures fuisse . . . quam ecclesiasticis uiris cauendas, Stegmüller, no. 596, normally a general preface, Huic libro ieremias premittit prologum. ubi ostendit unde oriundus fuerit euangelista. scilicet de syria . . . uel Nathan, and Lucas antiocensis . . . prodidisse, Stegmüller, no. 620, are in gloss-sized script on f. 60^{rv}, followed by Lectorem obsecro . . . benigne, Stegmüller, no. 614, in text-sized script on f. 60^{v}. The last remaining red number is clxxxi. The gloss is continuous, beginning on f. 61 on the left Conatur . . . , and on the right Multi . . . , Stegmüller, no. 11829 (6) and (5).

4. ff. 100–126^{v} John, beginning imperfectly: nicodemus ad eos (7: 50) . . .

First two quires missing. Red numbers, beginning lxxxvii, run to ccxxxii. Intermittent gloss.

5. f. 127 Quomodo uel quando dominus ihesus impleuit omnes gradus. i. Hostiarius fuit: quando uendentes . . . viii. Episcopus fuit: quando—mortuos suscitauit a mortuis.

A sentence on each order. f. 127^{v} blank, except for two slips pasted to it with writing of s. xiii, one notes, the other sums of money.

Pencil writing in one hand, s. xiii, in lower margins throughout.

ff. iii + 130 (foliated 1–49, 49*, 50, 50*, 51–59, 59*, 60–127) + iii. 335 × 225 mm. Written space *c*. 205 × 152 mm. Ruling is on a single grid over text and gloss spaces. The text is in a single column of varying width, flanked by columns of gloss which are used in places for the text; John, central column about 65 mm. wide; Mark nearly as John, but less regular; Matthew on the whole as John, but changes of width rather more frequent; Luke, text and gloss fitted together in complicated and continually varying patterns. Interlinear gloss in all four books; on f. 10 the spacing shows that they were written before the marginal gloss on this page. 26 lines of text, 25 in Luke; 50 gloss lines, but all used only in Luke and part of Matthew; first line of gloss written above top ruled line. Collation: 1–6⁸ 7⁶ 8–16⁸ 17⁴. Quires 1–6, 9–13, 14 numbered at the end in centre i–vi, I–V, iii; catchwords by the same hand, centred in quires 1–6, 15–16, and on right in quires 8–14. The text of each Gospel is in a different hand, but the marginal and interlinear glosses are probably all by the hand of Luke's Gospel. Initials: (i) ff. 2 (*Liber*), 61 (*Quoniam* and *Fuit*), red or blue, with respectively green, red and blue, green, brown and red, and red, green, blue and brown ornament; (ii) ff. 1, 60, 60ᵛ, 2-line, blue or red, with ornament of the other colour; (iii) 1-line, blue or red, plain or (Luke) as (ii), 19 in Matthew, 11 in Mark, 164 in Luke, and 18 in John. Binding of s. xix. Secundo folio (f. 3) *iustus et* (text), *Ne uirginibus* (gloss).

Written in England. From the Augustinian abbey of St Nectan at Hartland, Devon: '[. . .]ecthani de hertiland'. ex dono domini Rad' archidiaconi Barnast*apulensis*', f. 1ᵛ, s. xiii med. Label, s. xix, loose at f. 18: 'M.I. Arundell', cf. MS 1.

7. (HMC 10). *Gregorius, Homiliae in Ezekielem*

between 1168 and 1183

MERT, no. 3; R. M. Thomson, *Manuscripts from St Albans Abbey 1066–1235* (1982), i.113, no. 61, and ii. plates 163–9 (initials ff. 3, 23ᵛ, 28, 35, 91, 120ᵛ, 128ᵛ).

Pars prima Ezechielis prophet̨e. Et factum est in tricesimo anno—(f. 3) Signum est domus israel. Explicit Prima pars Ezechielis prophet̨e. Incipit epistola beati Gregorii pap̨e (*this word lightly erased*) ad Marinianum episcopum. Dilectissimo fratri—redeatur. Explicit epistola. Incipit liber primus omeliarum beati Gregorii pap̨e urbis rom̨e in primam partem Ezechielis prophet̨e. qųe sunt numero duodecim. Incipit omelia iᵃ. Dei omnipotentis . . . (f. 89ᵛ) per omnia secula seculorum amen. Explicit liber primus—Incipit extrema pars eiusdem prophet̨e. In uicesimo et quinto anno—(f. 91) faciem templi. Explicit extrema pars. Incipit liber secundus—Quoniam multis curis . . . Explicit liber iiᵘˢ omeliarum beati Gregorii—.

PL lxxvi. 785–1072. The relevant sections of Ezekiel precede each book, the first twelve in numbered sections, ff. 1–3, and the second in ten paragraphs, ff. 89ᵛ–91, beginning with coloured initials. Lemmata in red. Running-titles in red on specially ruled lines.

ff. i + 174 (foliated 1–82, 82*, 83–156, 156*, 157–72) + i. Parchment of high quality. 340 × 244 mm. Written space 243 × 163 mm. 2 cols. 32 lines. Pricks in both margins to guide ruling. Collation: 1–21⁸ 22⁸ wants 7, 8 (blank). Quires numbered at the end. The hand is perhaps the same as that of the St Albans *ex libris* in BL MS Royal 13 D.iv (N. R. Ker, *English Manuscripts in the Century after the Norman Conquest* (1960), pl. 13*b*), and is identified by Thomson with that of BL MS Royal 12 G.xiv and the Golden Psalter (Kew, Mr B. S. Cron) ff. 5–187; horizontal feet to minims, tailed *e* commonly, hyphens with very slight upward slope, punctuation including flex in bk. 1 but not in bk. 2. Initials: (i) f. 3, 8-line *Dei* beginning of homily 1, gold on patterned and green-edged blue and pink ground, historiated (a pope holds a book from the top of which a narrow strip opens into the text space, see *MERT*, and Thomson); (ii) to other homilies and prologue to bk. 2, 5- to 8-line, mostly as (i) but decorated not historiated, and on red and blue grounds, in gold and blue on ff. 146 and 154ᵛ; gold punched on ff. 23ᵛ, 28, 35, 42ᵛ; *U* on f. 113ᵛ in colours on a gold ground; see Thomson for details; (iii) f. 3, 3-line, green patterned with red, blue, and green ornament; (iv) 2-line, red, blue, or green, with ornament in the other colours; (v) 1-line, green, red, or blue. English binding, s. xvii ex., rebacked. Secundo folio *quia propheta*.

Written in England, to the order of Simon abbot of St Albans (1168–83), probably early in his abbacy: 'Hunc codicem fecit domnus Symon Abbas sancto Albano quem qui ei abstulerit aut titulum deleuerit anathema sit. Amen', f. 1 top, in red. For the artists employed on the initials, see *MERT*, pp. 16–17, and Thomson. Armorial book plate 'Gravè a Liege par Du Vivier' of 'Thomas Phillips of Ickford in the County of Bucks Gent:', who wrote below it 'Hunc codicem dono accepi ab Illustrissimo Philippo Vice-Comite de Wenman; qui, si Anglia demum antiquam Religionem recipiat, Benedictinorum Ordini restituatur', inside front cover.

8. (HMC 11). *Haymo, Homiliae*   s. xii/xiii

ff. 3–243 Incipiunt expositiones Haymonis de temporali super epistolas et euangelia ab aduentu domini usque ad uigil' pasche. Epistola ad Romanos. Prima. Fratres: Scientes quia hora est—Mos est sacre scripture horam sepissime pro tempore ponere. sicut et diem. Que est ergo . . . (f. 4) In illo tempore Cum appropinquasset ihesus—Non solum opera et uirtutes quas dominus fecit plena sunt misteriis . . . facere tale aliquid non licebat: Expliciunt expositiones haymonis super epistolas et ex ewangelia. Ab aduentu domini usque ad pascha.

A series of homilies, Advent – Good Friday, numbered i–lxx in the upper margins of rectos between double ruled lines, each number standing for two homilies, one on the epistle and the other on the gospel, except that there is no epistle homily at nos. vi (Advent Ember Saturday), xxvii–xxx (Ash Wednesday–Saturday following), xxxii–xxxv (Monday–Thursday after 1st Sunday of Lent), xlvi–li (Monday–Saturday after 3rd Sunday of Lent), liii–lviii (Monday–Saturday after 4th Sunday of Lent), lx–lxiiii (Monday–Saturday after 5th Sunday of Lent), lxvii–lxviii (Monday–Tuesday after 6th Sunday of Lent), or lxx (Good Friday). The gospel homilies nos. i–viii, xi–xxi, xxiiii–xxxv, xlv–lxx are *PL* cxviii. 11–444 homs. 1–19, 21–32, 42–68. Three gaps: f. 100^v ends in no. xxi and f. 101 begins in no. xxiiii (10 leaves missing); no. xxv lacks one leaf after f. 110; f. 140^v ends in no. xxxv and f. 141 begins in no. xlv (several quires missing).

Some corrections: caret-marks and *signes de renvoi* show omissions. f. 243^v blank.

The flyleaves contain, ff. 1^v–2, a numbered table of the homilies, s. xiii: Incipiunt capitula libri sequentis. Dominica i^a aduentus domini Epistola: Scientes quia hor. i . . . In die parasceue. Passio domini nostri ihesu christi. Secundum iohannem. Egressus ihesus cum discipulis. lxx.

A marker inscribed 'Expositio Haymonis: de eadem lectione', s. xiii, helped the reader to find his place from the epistle or gospel of the day; it is sewn on to a thin lace, the other end of which is now attached to modern string.

ff. v + 241 + iii, foliated (i–iii), 1–243, (244–6). For ff. 1, 2, see above. Some leaves patched to make a better writing surface, ff. 15^v, 34^v, 35^v, 226. 325 × 226 mm. Written space 227 × *c*.158 mm. 2 cols. 34 lines; ff. 101–243 (quires 11–26) 36 lines. Pricks in both margins to guide ruling. First line of writing above the top ruled line. A third vertical line between the columns, ff. 101–243. Collation of ff. 3–243: 1–9^{10} 10^{10} wants 9, 10 after f. 100 11^{10} wants 1–8 before f. 101 12^{10} wants 9 after f. 110 13–14^{10} 15^{10} wants 10 after f. 140 16^{10} wants 1 before f. 141 17–25^{10} 26^4. Mainly by three scribes, changing at ff. 39^{v}b and 97; the second, who made more use of round-backed *d*, replaced for the last 24.5 lines on f. 40; the third introduced changes, see above, on the first quire (11) that he was entirely responsible for. Punctuation includes flex. Initials: (i) f. 3, 4-line, blue and red, with red ornament; (ii) 2-line, blue or red, with ornament of the other colour; when *I*, as often, outside written space; (iii) 1-line, red or blue. Binding of s. xix; marks of four bosses of an older binding show on f. 1. Secundo folio (f. 4) *co. unde.*

Written in England. 'Liber sancte Marie loci Benedicti de Stanlauue. Exposiciones Haymonis super epistolas et ewangelia Ab Aduentu domini usque ad pascha', s. xiii, f. 2, the *ex libris* of the Cistercian abbey of Stanlow, Cheshire, which removed in 1296 to Whalley, Lancs., in the immediate neighbourhood of Stonyhurst. No. 31 in the Liverpool Catholic Exhibition.

9. (HMC 12). *Calendarium; Psalterium*   s. xiii²; s. xv med.

A. s. xiii².

1. ff. 1–3ᵛ Calendar in blue, red and black, ungraded, January–April, September, October.

Feasts in blue include Vincent (22 Jan.), with octave in red; in red 'Inuencio capitis s. Iohannis bapt' (27 Feb.), Dauid (1 Mar.); in black 'Ordinacio sancti Gregorii' and 'Concepcio s. Iohannis baptiste' (4, 24 Sept.). English saints in black are Chad, Edward k. and m., Cuthbert (2, 18, 20 Mar.), Guthlac, Alphege, Wilfred, Erkenwold (11, 19, 24, 30 Apr.), translation of Cuthbert (5 Sept.), Wilfred (12 Oct.). 'Obitus Domine leticie de Kaynes' added early in red at 16 Jan.

B. s. xv med.

2. ff 4–51ᵛ Psalms, beginning imperfectly: tatem eorum (68: 28).

Two gaps: f. 5ᵛ ends 'adorabunt de ipso' (71: 15) and f. 6 begins 'rupit mare' (77: 13); f. 8ᵛ ends 'egecisti gentes' (79: 9) and f. 9 begins 'Deus stetit' (81: 1). Pss. 148–50 written as one psalm.

3. ff. 51ᵛ–55ᵛ Six ferial canticles, ending imperfectly: et irritauerunt in uanita (Audite celi v. 21).

ff. ii + 55 + ii. A: 340 × 230 mm.; B: 350 × 237 mm. Written space B: 227 × 158 mm. 2 cols. 23 lines. Collation: 1⁶ wants 3, 4 after f. 2 6 after f. 3 2⁸ wants 3–6 after f. 5 3⁸ wants 2 after f. 8 3–7⁸ 8 one. Initials: (i) to Pss. 97 and 109 (80 missing), 4-line, blue and pink shaded to white, on decorated gold grounds, I-shaped and [-shaped prolongations extended by a vertical bar into top and bottom margins; (ii) to other psalms, 2-line, blue with red ornament; (iii) to verses, 1-line, alternately blue and red. Binding of s. xix.

A: Written in England. The remains of a calendar and psalter given by Letitia de Kaynes to the Cistercian nunnery of Tarrant Keynston, Dorset: 'Hoc est psalterium beate marie super Tharente de dono domine Leticie de Kaynes. Quicumque istud abstulerit siue defraudare studuerit anathema sit', f. 1, s. xiii, in the same hand as Letitia's obit in art. 1.

B: Written in England. No evidence of connection with Tarrant Keynston.

10. (HMC 13). *Officia liturgica*   s. xv ex.

1. ff. 1–35 Offices for thirteen feasts of nine lessons, all except (*k*) provided with proper hymns or cues: (*a*) f. 1 Katherine (Katerina mirabilis, Congaudentes, Ad festum, *RH*, nos. 2687, 3788, 128); (*b*) f. 4ᵛ Jerome (Laude laudet, Celesti, Splendent celi sedilia, *RH*, nos. 10268, 3430, 19327); (*c*) f. 8ᵛ Augustine (Magne pater, Celi ciues applaudite et uos, *RH*, nos. 10968, 3471); (*d*) f. 11ᵛ Trinity (Adesto, Tu trinitas, *RH*, nos. 487, 20707); (*e*) f. 14 In festo beatissime Paule matris nostre (Eterno regi, Post mundi, *RH*, nos. 22684, 31762); (*f*) f. 16ᵛ Conception of B.V.M. (cues for Aue maris stella, Quem terra, O gloriosa domina); (*g*) f. 18ᵛ Presentation of B.V.M. (O dei, Sacre parentis, Omnes fideles,

Eterni patris ordine in templo uirgo conditur, *RH*, nos. 12888, 17662, 14046, 666); (*h*) f. 21 Invention of Cross (Vexilla regis, Pange lingua, Lustris sex qui iam peractis); (*i*) f. 23ᵛ Exaltation of Cross (cues for Vexilla regis, Pange lingua, Lustris sex); (*j*) f. 25ᵛ Transfiguration (Adesto, Consors, Tu trinitas, *RH*, nos. 487, 3830, 20707); (*k*) f. 28 Panthaleon; (*l*) f. 30 Alexander (of Bergamo, 26 Aug.: Alexandri militia, Alexander martir, *RH*, nos. 797, 22770); (*m*) f. 32ᵛ Dedication of church (Urbs beata, Angularis).

(*l*) also includes a mass for Alexander. A correction to (*e*) and one to (*l*) are in a humanistic hand.

2. ff. 35–40ᵛ Litanies: (*a*) ff. 35–7 Incipiunt letanie et dicuntur in die ascensionis. Kyrieleyson . . . ; (*b*) ff. 37–8 Iste letanie hic inferius notate dicuntur in festiuitatibus beate marie uirginis., Kyrieleyson . . . ; (*c*) ff. 38–9 In sancti Ieronimi presbiteri et doctoris magnifici Letanie . . . ; (*d*) ff. 39–40ᵛ Incipiunt letanie maiores. Kyrieleyson . . .

(*d*) the monks and hermits are Benedict, Francis, Anthony, Bernard, Dominic, and Bernardine; the virgins, Mary Magdalene, Helena, 'Kterina' (*sic*), 'Chaterina', Agnes, Lucy, Clare, Cecilia, Paula and Eustochia, and Ursula 'cum uirginibus suis'. The prayers after Deus cui proprium are Exaudi, Ineffabilem, Deus qui culpa, Omnipotens sempiterne deus miserere famula tua abbatissa nostra et dirige eam . . . , Deus a quo, Ure igne, Fidelium, Actiones, Omnipotens sempiterne deus qui uiuorum.

3. f. 41ʳᵛ Prayers: (*a*) In festo translationis uel apparitionis sancti marci euangeliste; (*b*) for Ursula, with Capitula; (*c*) for the dead, the ninth and last including the words 'propitiare animabus famularum tuarum abbatissarum nostrarum'.

4. ff. 41ᵛ–52ᵛ Lessons: (*a*) ff. 41ᵛ–43ᵛ Infra octauam sancte chaterine; (*b*) ff. 43ᵛ– 46 Infra octauam sancti Ieronimi; (*c*) ff. 46–52ᵛ Infra octauam sancti Augustini.

(*a–c*) are each written continuously with a heading 'Lectio prima'. The text runs: (*a*) Cui uirgo. Desine talia . . . sicut patet in legenda; (*b*) Sed quoniam non sum eloquens . . . inundantes inquid; (*c*) Beatissimus augustinus ex prouincia affrice . . . fidei nostre auctore: qui—Amen.

5. ff. 53–56ᵛ In festo sancte kterine uirginis et martiris. Ad missam . . .

Mass of St Katherine, including Gloria, Creed, and Canon; the sequence is Adest dies triumphalis in qua sponsus, *RH*, no. 395. The scribe always writes 'kterin-'.

ff. ii + 56 + ii. 340 × 250 mm. Written space 225 × 170 mm. 2 cols. 36 lines. Vertical bounding lines ruled with hard point; horizontal lines in faint pencil. Collation: 1–5¹⁰ 6 six (ff. 51–6, perhaps⁸ wants 7, 8 blank). Punctuation in art. 5 includes flex. Initials: (i) 8/6-line, 14 in art. 1 and one in art. 5, darker and lighter shades of red, patterned, on gold and coloured grounds, historiated (two on f. 1: Katherine and wheel; Mount Sinai), with short prolongations into the margins, except on f. 1 floral borders in three margins and between the columns; eight of the initials in art. 1 have words beside them: (*d*) la trinita, (*e*) Sancta paula monicha, (*h, i*) la crose, (*j*) transfiguration, (*k*) pantalon mar[. .], (*l*) Alexandri martir, (*m*) vna giesa; (ii) in arts. 2–4, as (i) but smaller and decorated not historiated; (iii, iv) 2- and 1-line, blue with red ornament, or red with violet ornament, but little ornament after f. 13. Capital letters in the ink of the text filled with pale yellow. Binding of s. xix. Secundo folio *ti erunt*.

Written in northern Italy, for use by Hieronimite nuns in the diocese of Bergamo, N. Italy, probably in an abbey dedicated to, or with a special veneration for, St Katherine.

II. (HMC 14). *Bartholomaeus de S. Concordio, Summa de casibus conscientiae; N. de Anesiaco.* s. xv med.

1. ff. 2–262 (*preface*) Quoniam ut ait gregorius super ezechielem—postulo correctorem. (*text*) Abbas in suo monasterio . . . ut dictum est supra invidia ii. Consummatum fuit hoc opus in ciuitate pisana per fratrem bartholomeum de sancto concordio ordinis fratrum predicatorum doctorem decretorum. Anno domini m° ccc° xxxviii die septima mensis decembris . . . predictus autem frater Bartholomeus compositor huius libri obiit anno domini M° ccc° xlvii 2ᵃ die mensis Iulii Cuius anima requiescat in pace Amen.

SOPMA i. 158; this copy listed. Printed in 1473 (*GKW* 3450), and later.

2. ff. 262ᵛ–265 Incipit registrum summe Pisani secundum ordinem litterarum alphabeti. Abbas . . . Zelus.

A list of the head-words in art. 1.

3. ff. 265ᵛ–275ᵛ [A]ctus actiuorum sunt in paciente predispositio . . . Vbi est eadem racio Ibi debet esse idem ius c inter corporalia de transla prela etc.

A list of aphorisms and sayings, arranged alphabetically by first letter only, with references to authorities in canon and civil law, e.g., f. 274ᵛ, 'Sciencia donum dei est i q iii non solum'.

4. (quires 24–30) (*a*) ff. 276–343ᵛ (*preface*) Sicut temporalia et spiritualia differunt extra de transla. prela inter corporalia—gratus ora conferre Nicolao de anespiato de ordine fratrum predicatorum qui non solum pro se sed pro multis in hoc opere laborauit adiuuante deo. Cui honor et gloria per omnia secula seculorum. (*text*) Abbates tenentur respondere pro conuentibus . . . (f. 340) Sequuntur casus clementinarum . . . Vsuras soluere—puniatur 7 d v ex graui etc. Explicit hec Tabula. (*b*) ff. 344–58 Tituli etc' primi libri decretalium. De summa trinitate et fide katholica. a (*red*) Firmiter credimus 66 . . . ds (*red*) Sepe contingit 2: Explicit. (*c*) ff. 358–359ᵛ List of words in alphabetical order, Abbas . . . Ystrionibus. etc.

SOPMA iii. 141; this copy of 3031. II–III not listed. Precise references are given occasionally, e.g., f. 335, 'Taberne clericis sunt prohibite nisi necessitate itineris excusentur 3 p clerici officia'. (*b*) The 'tituli etc' are lettered in red, a–x, ai–ax etc., the series beginning afresh at each new book; *z* is not used, and *y* only sometimes. The numbers refer to the divisions of art. 4*a*, where the preface on f. 276 explains how the table works.

ff. ii + 360 + ii, foliated i, 1–16, 16*, 17–91, 91*, 92–361. Paper, with strips of plain parchment strengthening quire centres. 314 × 214 mm. Written space 225 × 138 mm. 2 cols. 48 lines. Ruling for vertical lines only, in hard point. Collation of ff. 2–359: 1–30¹². Current cursive hands, changing at ff. 265ᵛ, 276. Red initials: (i) *c*.10-line, to each new letter in art. 1, some left blank; (ii) 3- or 2-line; spaces in art. 3 left blank. Capital letters in the ink of the text lined with red. Contemporary binding of stamped calf over wooden boards, repaired; border fillets bound a rectangular panel divided into four compartments by a broad X of fillets; stamps of four patterns: (i) a narrow scroll between the fillets of the border and the X, (ii) a small square flower densely packed in the spaces formed by the sharp angles of the X, (iii) foliage within lozenges in the spaces formed by the wide angles of the X, (iv) a diaper of small crosses outside the border; metal corner-pieces; five (?) bosses now missing from each cover; two clasps, one missing, with metal pieces of both still on front cover. Secundo folio (f. 3) *potest anima.*

Written in Germany. Belonged to a member of the clergy of Hildesheim, s. xvi: 'Liber Egerdi steyn clerici Hildisemen' Ciuitatis', f. 1. 'N° 20' and a cutting from a bookseller's catalogue in German, inside the front cover. Given on 14 Aug. 1835 by Daniel French, who notes that it was given to him by his friend William Keane, 'Notting Hill, Kensington', f. i.

12. (HMC 15). *Epistolae paparum; W. de Horborch, Decisiones rotae romanae*   s. xv med.

1. ff. 1–41ᵛ Est Io xxii pape ca*pitulum* glo[sauit] Gwillermus de mon. lau. Exsecrabilis quorundam . . .

Sixty-nine papal letters or extracts thereof. Up to no. (23) some have notes giving the name of the pope and of one or more commentators.

2. Decrees of Pope Nicholas V (1447–55): (*a*) ff. 42–43ᵛ Concordata Germanice nacionis. Nicolaus ad perpetuam rei memoriam Ad sacram petri sedis . . . 1447—; (*b*) ff. 43ᵛ–44ᵛ Bulla domini Nicolai cum insercione bulle domini Eugenii vt possent vti decret' acceptat' vsque ad concordata cum legato Nicolaus Episcopus —Dudum felicis recordacionis . . . 1447—; (*c*) ff. 45–47ᵛ Bulla domini Nicolai cum insercione bulle Eugenii super Conseruacionem gestorum.—Dudum fe. re. Eugenius papa quartus . . . 1447—; (*d*) ff. 48–51ᵛ Bulla ratificacionis et confirmacionis gestorum per Concilium felicis et eorum legatis. Nicholas episcopus—Vt pacis qua nichil desiderabilius . . . 13 kl' Iulii [1449]. P. de noxeto Marcellus de Curia Registrata in Camera apostolica Cusin.

3. Decrees on Corpus Christi: (*a*) ff. 52–4 Martinus episcopus—Ineffabile sacramenti . . . anno duodecimo; (*b*) ff. 54–6 Sacrosancta generalis Sinodus Basiliensis—felicitatis. Hinc est quod nos quorundam litterarum . . . [1434].

ff. 56ᵛ–58ᵛ blank.

4. ff. 59–263 In nomine domini Amen. Anno natiuitatis eiusdem Millesimo tricentesimo septuagesimo sexto die Mercurii Tricesimo Mensis Ianuarii Pontificatus domini Gregorii pape anno eius sexto de Mandato voluntate et vnanimi consensu omnium dominorum meorum coauditorum sacri pallacii. protunc in rota existencium Videlicet Roberti de Straction' legum Arnoldi deuen' decretorum Gerardi de nouaecclesia decretorum Petri Cavonis decretorum Egidii bellem*ere* vtriusque iuris Bertrandi de Alano legum. Et Iohannis de Anulo legum professoris Sedente eciam tunc in Rota et consedente Reuerendo in christo patre domino Bertrando episcopo pampilonen' legum doctore—Ego Wilhelmus Harborch Alamanus decretorum doctor Minimus—Conclusiones siue Determinaciones quorundam Dubiorum—incepi colligere et conscribere continuando vsque ad annum domini Millesimum tricentesimum octuagesimum primum ad mensem Maii quo recessi ab vrbe—ad regem Francie redegi. Et hoc sub correctioni et commendacioni omnium dominorum meorum et aliorum postea superueniencium melius sciencium. I de appel Prima quod attemtata appellacione . . . non debent de priuile in hiis de preben cui d' non li vi Et sic est finis. Deo gracias.

GKW, nos. 8197–9 (*c*.1470). On the Decisiones of William Horborch, see G. Dolezalek in

Zeitschrift der Savigny Stiftung für Rechtsgeschichte, Kan. Abt, 89 (1972), 11–15, listing 170 copies, 21–89, not this one. Here the conclusions or decisions are numbered 1–495, many with side comments in a small hand. In no. 337, f. 173, is a reference back to a point made 'per me superius in conclusione ccxliiii'. Before no. 348, f. 176, 'Anno Mccclxxviii de mense Octobris cepo colligere sequentes conclusiones'. After no. 430, f. 223 'Hic expliciunt decisiones Rote secundum aliquos etc. 4(31) Item fuit dubitatum vtrum executor . . . '

Notes of the appointment of new auditors occur at six points in the text: (1) f. 66ᵛ, before no. 13, Hic superuenerunt duo noui auditores videlicet dominus P. Gastonis legum et franciscus de franciscinis de laudo vtriusque iuris doctoris; (2) f. 135, before no. 245, Hic superuenit nouus auditor nomine ferchinandus petri decretorum doctor anno domini mccclxxvii de mense Ianuarii; (3) f. 176ᵛ, before no. 350, Hic superuenerunt duo noui Auditores videlicet dominus Io morbrai Anglicus decretorum et dominus christoferus legum doctores; (4) f. 189, before no. 372, Hic superuenit quidam Nouus Auditor nomine bartholomeus Iohannis Romanus; (5) f. 198ᵛ, before no. 391, Hic superuenit quidam Nouus auditor nomine Nicolaus boclesam Anglicus; (6) f. 232ᵛ, before no. 442, Hic superuenit quidam Nouus auditor anglicus nomine Thomas de Suburia legum doctor et frater domini Simonis Archiepiscopi Cantuarien' Videlicet Anno domini 1470 (*for* 1380) de mense septembris tempore domini vrbani vi anno iii. A note before no. 442, f. 233ᵛ, 'Hic obiit dominus Robertus de Stracton' videlicet Anno domini 1470 (*for* 1380) de mense octobris'. On Mowbray and Sudbury, see Emden, *BRUO*, pp. 1326, 2219; on Botlesham and Stratton, see Emden, *BRUC*, pp. 80, 562.

ff. 118ᵛ (12¹⁰), 263ᵛ blank.

ff. iii + 263 + iii. Paper 302 × 212 mm. Written space *c.* 210 × 113 mm. 40–3 long lines. Unruled; vertical bounders made by folding. Collation: 1–4¹⁰ 5¹⁰ 3 cancelled after f. 42 6¹⁰ wants 9 (blank) after f. 57 7–22¹⁰ 23¹⁰ 8 cancelled after f. 225 24¹⁰ 25¹⁰ 26¹² 27 four. One current cursive hand. Initials: in art. 1, 3-line, in red; in art. 4, red *I* of *Item* outside the written space. Binding of s. xix, with Stonyhurst centrepiece. Secundo folio *dolo et fraude.*

Written in Germany. Given as MS 11, by William Keane to Daniel French, and by French to Stonyhurst, see f. iii.

13. (HMC 16). *Biblia* s. xiii¹

1. (quire 1) (*a*) ff. 1ᵛ–2ᵛ Twenty-two prologues, supplementing art. 3, and cf. (*c*) below, to Psalms (2), Maccabees (2), Habakkuk–Zechariah, and Romans–Ephesians, Colossians–Hebrews, and Apocalypse; (*b*) f. 3 Verses, quotations from the Fathers, and memoranda; (*c*) ff. 3ᵛ–6ᵛ Twenty-five prologues, supplementing art 3, and cf. (*a*) above, to Joshua, 'prologus sapientie', Ecclus. prol., Chr., Acts, 1 Pet., 1 John, Rom. (two), Apoc., Job (four), Eccles., and Hos.–Nahum; (*d*) added s. xiv in., lower margin of f. 3ᵛ Verses.

(*a, c*) 37 of the common set (see below Ushaw 2) and 12 others shown here by *: Stegmüller, nos. *443, *430, 547, 553, 531, 534, 538, 539, 677, 685, 699, 707, 715, 736, 747, 752, 765, 772, 780, 783, 793, 839; 311, *455 (. . . dubiis comodare), 327, *'In euangelio est apud urbem antiochiam lucas . . . proficeret medicina' (cf. 640), *815, *820 (Ihesus filius amavit plurimum . . .), *662 (. . . ab omnibus exploditur, cf. *663), *670 + *674, *834, 344, *349, *350, 357, 462, 507, 511, 510, 515, 512, 513, 519 + 517, 524 + 521, 526, and 528 (. . . sicut in consequentibus libri huius demonstrabitur).

(*b*) The first eighteen items are verses and include several of those on the books of the Bible by Hildebert, indicated here according to the sigla devised by A. Wilmart in *RB* 48 (1936), 18 n., Vt., Sup. I., and Ins., referring to *PL* clxxi. 1263–72, 1279–82, and 1281–8 respectively (cf. York Minster MS XVI.Q.14 art. 6 below): Ecce crucis longum . . . *4 lines*, Walther, *Versanf.*, no. 5072; Facto de limo . . . *4 lines*, Walther, *Versanf.*, no. 6217; Vicit adam veterem . . . *3 lines*, Sup. I. 6, Walther, *Versanf.*, no. 20296; Illi quos uanus uirtutum splendor honorat . . . *4 lines*; Hec data sunt homini . . . *12 lines*, Walther, *Versanf.*, no. 7490; Antiquus serpens michi serpit . . . *2 lines*, Ins. 3; Crede michi. non est sapientis dicere uiuam . . . *2 lines*; Cam ridet dum membra . . . *2 lines*, Walther, *Sprichwörter*, no. 2710; Patrem signat abraham . . . *8 lines*, Vt. 10², Walther, *Versanf.*, no. 13827; Dum sponsum rebecca . . . *7 lines*, Vt. 11, Walther, *Versanf.*, no. 3808 (Cum); Exit ignotas mulieres . . . *8 lines*, Vt. 14, Walther, *Versanf.*, no. 6076; O fex o scelerum scelus. illum qui maculatur . . . *2 lines*; Anulus est fidei species. armilla coruscans . . . *4 lines*; Est altare cauum quadrum. digitis tribus altum . . . *2 lines*; Bracce. cum tunica bissina. zona. tyara . . . *4 lines*; Iacinctina toga. logion. epopht. et diadema . . . *4 lines*; Vestis opus designat tintinnabula uerbum . . . *5 lines*; Mactatur uitulus cum de[sinit] esse superbus . . . *8 lines*.

(*d*) Si tibi defuerint medici . . . *2 lines*, Walther, *Sprichwörter*, no. 29239; In sene uel iuuene . . . *2 lines*, Walther, *Sprichwörter*, no. 12041; Disce graba signare caput venit inde grabatum *1 line*; Lote cale. sta pasce . . . *1 line*, Walther, *Sprichwörter*, no. 13967; Qui facit incestum . . . *6 lines*, Walther, *Versanf.*, no. 15482; Cum fuerint anni completi mille ducenti . . . *3 lines*, Walther, *Versanf.*, no. 3617.

f. 7ʳᵛ blank.

2. ff. 8–9ᵛ Frater Ambrosius . . . Desiderii mei . . .

The common general prologues, Stegmüller, nos. 284, 285.

3. ff. 10–284ᵛ A Bible in the order Genesis–2 Chronicles + Prayer of Manasses, Ezra, Nehemiah, Esther 1–10: 3 + Que habentur . . . prenotauimus, (the rest of Esther is on an added leaf, f. 114, in another hand, at Tobit 1: 18), Tobit, Judith, 1, 2 Maccabees, Job, Psalms, Proverbs, Ecclesiastes, Song of Songs, Ecclesiasticus, Wisdom, Isaiah, Jeremiah, Lamentations, Baruch, Ezekiel, Daniel, Minor Prophets, Gospels, Pauline Epistles, Catholic Epistles, Acts, Apocalypse.

Proverbs, Ezekiel, and Matthew begin new quires (17, 22, and 25), ff. 153, 200, and 227. Books except Psalms written without break. Red and blue marginal chapter-numbers are those now in use, but often do not coincide with the 1-line blue or red initials in the text; Esther has a double set of chapter-numbers, i–vi in red and blue and i–xvi added in ink; likewise Baruch, i–v and, added, i–vi. Omissions neatly supplied in the margins, s. xiii, e.g. on ff. 142ᵛ, 196ᵛ, 263, 269ᵛ.

Thirty-five prologues originally, including 17 not of the common set shown here by *, and four added in blank spaces (cf. art. 1*a*, *c*, and art. 2): Stegmüller, nos. 323, 328, 330, 341 + 343 ('al' Ruffum' in margin opposite 'Rursum'), 332, *'Liber tobie in superficie littere . . . signantur in subiectis' to Tobit (cf. Leicester Old Town Library MS 2, *MMBL* iii. 75), 335, 551, *'Infructuosa loquacitas . . . in sua potestate' to Job, 457 (added), 482 (added), 487, 491, 492, 494, 500, 543 (added after Mal.), 589 (added), 590, 607, 620, 624, *'Sicut prophete post legem . . . uniuersis gentibus imperabant' to Romans, *687, the series to 2 Cor.–Heb. printed de Bruyne, *Préfaces*, pp. 243–5 (Stegmüller, nos *702, *710, *720, *732, *738, *751, *757, *764, *769 (. . . timeat hereticos), *779 (. . . et malos redarguat), *785 (Post colosenses uno familiares . . .), *795), 809, *635 + ' . . . in omnibus gentibus deus notus esse uoluit'.

Song of Songs, ff. 159ᵛ–160, has the marginal rubrics keyed into the text identifying the 'vox', beginning 'Incipit liber qui appellatur Cantica canticorum id est syrasim. de nupciis christi et ecclesie. Ecclesia de aduentu christi loquitur dicens . . . '.

Notes, s. xiv in., in the Psalms, beginning 'Hic deficit psalmus', refer to the ferial, i.e. OT, canticles.

ff. 152ᵛ after Pss., 211ᵛ after Ezek., 285–286ᵛ left blank.

4. ff. 287–299ᵛ Ada (*sic*): apprehendens uel apprehensio . . . Zuzim consiliantes eos uel consiliatores eorum.

The common dictionary of Hebrew names, Stegmüller, no. 7709, with an initial error.

5. (added s. xiii) f. 299ᵛ (*a*) Petrus. Credo in deum patrem. etc' . . . Mathias. Vitam eternam. etc'. (*b*) Esse petis liber. petis o pater alme . . . Pacificum reddit es filius inde uocandus.

(*a*) The Apostles' Creed with an apostle's name before each abbreviated clause. (*b*) 14 lines of verse on the seven petitions and seven beatitudes, paired, with each pair related to one of seven gifts of the Spirit, cf. Bloomfield, nos. 8278, and 8277, Walther, *Versanf.*, no. 5548 (a garbled incipit).

ff. ii + 299 + iv. ff. 300, 301 are medieval endleaves. 302 × 206 mm. Written space 192 × *c.*120; art. 5, 257 × 170 mm. 2 cols.; art. 5, 4 cols. 62 lines; art. 5, 82 lines. Pricks in both margins to guide ruling in quire 3. First line written below top ruled line. Collation: 1 seven (ff. 2/5, 3/4 conjoint) 2² 3¹² 4–8¹⁰ 9¹⁰ 7 cancelled after f. 77 10¹² 11–12¹⁰ 13¹⁰ + 1 leaf (f. 114) added after 1 14¹⁰ 15 seven (ff. 134–40) 16¹² 17–20¹⁰ 21⁸ wants 8 (blank) after f. 199 22–23¹⁰ 24¹⁰ wants 8–10 (blank) after f. 226 25¹⁰ 26–27⁸ 28–30¹⁰ 31⁴ 32⁸ 33⁸ wants 6–8 (blank) after f. 299. Quires 2–32 signed in pencil a–z, ⁊, a–g. Several small hands, changing at ff. 163 (18¹), 184ᵛ (after Isaiah), 287 (32¹), etc. Initials: (i) ff. 8, 10, 64ᵛ (1 Kgs.), 137ᵛ (Ps. 1), 227 (Matt.), 240 (Luke), 248 (John), 254 (Rom.), blue and red on coloured grounds decorated in penwork, shaded with pink, red, blue, and especially green; (ii) to most books and prologues, Deut. 32: 1 (Audite celi), Pr. of Man., and to principal Psalms, including Pss. 51 and 101, 10-line or less, blue and red, or blue only (2 Chr., Ps. 51), with ornament of both colours; (iii) to some prologues and chapters, and to remaining psalms, 2-line, blue or red, with ornament of the other colour; (iv) to 'chapters' (see art. 3 above) and psalm-verses, and in art. 5, 1-line, blue or red. Binding of s. xix. Secundo folio (f. 9) *quinque*; (f. 11) *pones ex latere*.

Written in England. '161', crossed out, '2', and 'Biblia antiqua', f. 1, s. xviii. Label of the 'Liverpool Catholic Exhibition'.

14. (HMC 17). *Sermones*   s. xiv ex.

1. ff. 2–11ᵛ [C]um sero esset die illo hoc in ipso die resurexionis contingit. Portis clausis . . .

Fifty short sermons on gospel texts. The last, 'Maria magdalene et maria iacobi—Mulieres iste sancte et deuote . . . ', is followed by a note, 'Ego clemens romanorum pontifex . . . ', on the twelve fasting Fridays. f. 1ʳᵛ left blank, see art. 3 below.

2. ff. 12–58 Sermo de primo adventu domini ad populum de ysaya sed deptus (?) Dicite pucillanimes confortamini—Ante aduentum dei fratres karissimi in tanta caligine gens humana voluebabitur quando nec . . . (f. 57ᵛ) Homo quidem— *ending abruptly* quia uindictam ac

Fifty-three sermons, mainly on gospel texts. f. 58ᵛ blank.

3. f. 1ʳᵛ Four notes of pledging by Master Thomas Cornysch, (*c, d*) with others, in the Robery loan-chest (in Oxford), 1476–82: (*a*) f. 1, 'Caucio M: Thome cornysch' exposita in cista de Robori 14 die decembris Anno domini 1476° et est

hugucio cum aliis contentis 2° fo iuua me et habet 3ᵃ supplementa videlicet vnam murram ponderantem viii vnc' et dimid' vna zona ponderans iiii vnc' dimid' et quart' et Antonius grammaticus super 12ᶜᵉⁿ libros metaphisice 2° fo habitus et iacet pro (xxxiii s iiii d)'. Followed in another line by the initials of the Oxford stationer Thomas Hunt: 'Th xxxiii s iiii d'; (b) f. 1, 'Caucio M' Thome cornysch exposita in cista de Robori 17° die Iunii anno domini 1477° et est hugucio cum aliis contentis 2° fo iuua me et habet 3ᵃ supplementa videlicet vnam crateram argenteam ponderantem vii vnc' cum vna zona ponderante iiii vnc' d' et quart' 3ᵐ est Antonius super metaphisicam 2° fo habitus et iacet pro xxxvi s iii d.' Followed by Thomas Hunt's mark and the price, 'xxxvi s viii d'; (c) f. 1, 'Caucio M' Thome cornysch' *cancelled:* et M' Chyldcot (*replaced by* d Griffyn et Thome Welstha (?)) exposita 6° die Fe Marcii (*altered to* 8° die decembris) anno domini 1479° (*altered to* 1480) et est hugucionem 2° fo Iuua me et habet 2° supplementa vnum cratherem cum coopertorio ponderantem xv vnc' at alium cratherem plane (?) ponderantem viii vnc' et iacet pro iiii li' et huguc' (*sic*)'. Followed by Thomas Hunt's mark and the price, 'iiii li' xiii s iiii d'; (d) f. 1ᵛ, 'Caucio M' Thome cornysch' M(*canc.*) dd' geffr' et henrici lews et d' Ric' Gardener exposita vltimo die Iulii anno domini 1482° scilicet hugucio 2° fo iuua me et habet 4ᵒʳ supplementa vnam cratheram argent' deaurat' cum coopert' ponderantem xv vnc'. et 2ᵃᵐ crath' argent' ponderantem xxvii vnc' et pupillam oculi et pupillam oculi 2° fo ad alii (?) et iacet pro vi li' (x)vi s viii d.' Followed by Thomas Hunt's mark and the price, 'vi li' vi s (*altered to* xviˢ) viii d'.

f. 1, upside-down, 'Hec ypogema For a wynne seler'.

ff. iii + 58 + iii. *c.* 300 × 190 mm. Written space *c.* 240 × 150 mm. 2 cols. *c.*55 lines. Collation: 1–2¹⁰ 3–4¹² 5¹⁴. Current secretary. Spaces for 2-line initials unfilled. Binding of parchment over pasteboard, s. xix, uniform with MS 17. Secundo folio (f. 3) *iuua me.*

Written in England. MSS 14 and 17 were together in Oxford by 1476, see art. 3 pledge notes, which record the *secundo folio* of this MS and the title of MS 17. MSS 14, 15, and 17 were together in that order in s. xix, when the quires were numbered 1, 3–6 (MS 14), 7–15 (MS 15), and 16–18, 26, 19–25, 27, 29, 28 (MS 17).

15. (HMC 18). *Latin–English vocabulary*   s. xv in.

A anglice fro. ab idem. Abactus ta. tum. id est fugatus dispersus . . . Zodico. as to gyrde up.

A copy of the English–Latin or, very often, Latin–English dictionary, Medulla grammaticae, cf. *MMBL* ii. 213, 277. Here without the preface, Hec est regula . . . A space of a few lines left between each letter. Cf. below MS17 art. 3.

In blank space f. 71: Staunton [*a parish name* ?] In primis Anno domini m° cccc° lxxiii° in Festo Pur' beate marie virg' in Cera ii lb' prec' le lb' viiᵈ Summa xiiijᵈ. Item die dominica prox' post Festum Pur' in oblac' iᵈ ob'.

ff. iii + 72 (foliated 1–33, 33⋆, 34–71) + iii. 300 × 197 mm. Written space 232 × *c.*150 mm. 2 cols. 40 lines. Collation: 1–9⁸. Quires signed in the usual late medieval fashion, a–j. Written in anglicana formata. Initials: (i) f. 1, 3-line, blue with red ornament; (ii) to each new letter and subdivisions of letters, 2-line, as (i), except to subdivisions of the letter *I*, 1-line, blue. Capital letters in the ink of the text marked with pale yellow. Binding of calf over pasteboard, s. xix. Secundo folio *hes. Acrementum.*

Written in England. MSS 14, 15, and 17 were together in that order in s. xix, when the quires were numbered 1, 3–6 (MS 14), 7–15 (MS 15), and 16–18, 26, 19–25, 27, 29, 28 (MS 17).

17. (HMC 20). *Huguitio, Magnae derivationes; etc.* s. xiv in.

1. ff. 1–160 Cum nostri prothoplasti suggestiua preuaricacione . . . sorciamur. Augeo. ges. xi. auctum amplificare . . . Zoro austrum (*sic*) vnum sidus.

The last four leaves, 157–60, were supplied s. xiv med. Quire 4, ff. 38–49, was misplaced after quire 11 by s. xv, when a note was written on f. 37^v, 'Vide plus de D E et F post capitulum de sto as'; the error was rectified s. xix. Words dealt with in the text are often noted in the margin, e.g. 'stillicidium', 'gutterium', 'gummi', 'gemma' against the paragraph beginning 'Gutta', f. 62.

2. ff. 160^v–164^v Ista sunt nomina que difficiliter reperiuntur in libro sequente eo quod aliter incipiant. quam capitula in quibus reperiuntur—Abacuc Abacus Abax Abdomen Abydos Capitulo Abba Abhominar' Capitulo Hostio . . . Vxor cum partibus capitulo Vngo.

A list of over 1,000 words supplementing art. 1.

Most of f. 164^v was left blank and was filled with grammatical notes and schoolboy scribbles, s. xiv/xv, e.g. 'Terme arum hotebathes', 'murilegus bene scit cuius gerneboda lambit' cf. *Oxford Dictionary of English Proverbs*, 2nd edn., p. 83, 'Ioh' Dole contendit mecum quia insanus est'.

3. (quire 14) ff. 165–178^v [A]bauus et ia Caueo [A]bba . . . Zenotrophica c. tropus. Diuersa propria nomina vasorum c.Vescor—Diuersa propria nomina operariorum c. obelus.

A guide to the Medulla grammaticae, as in MS 15, to show in what chapter *c.*6900 words are found. The 'Diversa' at the end number five. From the eighth entry f. 165 col. 1 'C.' is replaced by 'c.', which, with the word after it, is in red.

ff. iii + 179 (foliated 1–138, 138*, 139–78) + iii. 300 × 200 mm. Written space of art. 1 *c.* 235 × 155 mm. 2 cols.; art. 2, 3 cols.; art. 3, 4 cols. *c.*60 lines at first in art. 1, reduced to 51–2 from quire 4 onwards. Collation: 1–2^{12} 3^{18} 14–18 cancelled after f. 37 4–9^{12} 10–12^{16} 13 eight (ff. 157–64) 14^{14}. Quires 4–12 signed a–h, k, i.e. omitting the ambiguous *i/j*. Written in current anglicana; ff. 157–60, in anglicana formata, with straight ascenders, s. xiv med. A new scribe begins at f. 38 (4^1); he distinguished *u* and *n* clearly. Initials: (i) to each new letter, 8-/3-line, red and blue, with ornament of both colours; (ii) to subdivisions of letters, 2-line, blue with red ornament; spaces unfilled ff. 157–78. Binding of parchment over pasteboard, s. xix, uniform with MS 14. Secundo folio *et hic aucupatus.*

Written in England. MSS 14 and 17 were together in Oxford by 1476, see MS 14 above. MSS 14, 15, and 17 were together in that order in s. xix, when the quires were numbered 1, 3–6 (MS 14), 7–15 (MS 15), and 16–18, 26, 19–25, 27, 29, 28 (MS 17).

18. (HMC 21). *Bernardus, Epistolae; etc.* s. xv med.

1. (*a*) ff. 1^v–4^v Tituli et numerus epistolarum beati bernardi abbatis. (*b*) f. 5^v Frater robertus . . . prima est ordinata.

(*a, b*) in a good hand. (*a*) a table of the letters in art. 2, jumping Ep. 292, following its numbering and giving the name of the addressee and the first words of each letter. (*b*) a note on letter 1.

ff. i^{rv}, 1 and 5 blank; f. 1^v blank except for the heading to art. 1a and a note of contents covering arts. 2–4 in the hand of (a).

2. ff. 6–148^v Incipit epistola sancti bernardi abbatis ad robertum nepotem suum. qui de ordine cisterciensi transierat ad cluniacensem ordinem. Satis et plusquam satis . . . christus secundum carnem qui est super omnia deus benedictus in secula Amen Explicit epistolare bernardi abbatis clareuallis.

307 letters, numbered with some errors from the second to the penultimate, 1–303. *SBO* vii, viii, letters 1–83, 84bis, 85–146, 148–228, 231–54, 84, 255–307, 310, 363, ending at p. 317/6. The last, 363, is headed 'Hanc epistolam beatus bernardus abbas iam in extremis positus dictauit ad gentem Anglorum'.

3. ff. 149–67 Prologus super epistola beati bernardi abbatis ad fratres de monte dei cartusien'. Dominis et patribus H. priori—(f. 149^v) effugere potuissem. Explicit prologus. Incipit epistola beati bernardi ad eosdem. Fratribus de monte dei orientale lumen . . . secretum meum michi. Explicit epistola beati bernardi abbatis ad fratres de monte dei Carthusien' ordinis. Alio nomine vocatur liber de Cellis.

PL clxxxiv. 307–54 (bks. 1, 2: William of St Thierry). After the prologue there are thirty-seven unnumbered paragraphs, each with a heading.

4. ff. 167^v–182 Incipit prologus beati bernardi abbatis in libro de colloquio symonis et ihesu ad gaufridum. Ut tibi dilectissime—non admittat. Incipit liber eiusdem. Capitulum primum. Dixit symon petrus—Fidelis sermo . . . habeamus ihesus christus dominus noster qui cum—amen. Explicit tractatus beati bernardi abbatis de colloquio symonis et ihesu. Alias nuncupatur de contemptu mundi.

PL clxxxiv. 437–76 (Geoffrey of Auxerre). Fifty-eight numbered chapters. ff. 182^v–183^v blank.

5. Pastedowns: (a) front, a leaf of an exposition of mass, quoting Amalarius 'Presbiter cum se parat ad missam iuxta romanam consuetudinem . . . '; (b) back, a leaf of the Canon of mass, 'et accepta habere . . . securi. Hic corpus' on the exposed side.

(a) s. xv. 32–3 lines, in cursiva; (b) s. xiv. Written space 215 × 150 mm. 32 lines, in textura, initials alternately blue and red.

ff. 184, foliated i, 1–183. Paper, with outside and middle leaves of quires parchment. 295 × 210 mm. Written space c. 215 × 145 mm. 2 cols. 40–8 lines. Frame ruling. Collation: 1^6 2–15^{12} 16^{10}. Quires 3–5 signed a–c; quires 6–16 signed a–l. Current hybrida. Punctuation includes flex. Initials: (i) f. 6, 10-line; metallic red and blue with ornament in violet and red, prolonged into three margins; (ii) 4-line, red or blue, with open patterns; (iii) 2-line, red. Contemporary binding of brown leather over bevelled wooden boards; a pattern of fillets, each lozenge with a small flower in the centre; 4 bands; 2 strap-and-pin fastenings missing. Secundo folio (f. 7) *sanctitas*.

Written in the Low Countries (?). 'ex libris Baronis de Bentinck de Limbricht (?)', s. xvii (?), f. 5^v.

20. (HMC 22). *Bernardus, Epistolae; Summa Raymundi versificata; etc.*   s. xv med.; 1458

1. (quires 1–12) (a) ff. 1–143^v Incipiunt epistole beati bernardi abbatis. ad Robertum prima. Satis et plusquam satis . . . de mortis qua teneris; (b) f. 143^v

Epistola hieronimi ad f. de ortu amicicie. Quantus beatitudinis tue. rumor . . . languoris innector.

(a) *SBO* vii–viii nos. 1–39, 42–4, 311, 45–73, 75, 78–80, 82–3, 85–7, 89–91, 93–7, 100, 103–6, 109–15, 124–30, 133–5, 314, 136–7, 139, 141–6, 148, 150, 152–5, 157–63, 165–6, 168–75, * (see below), 176, 178, 180–1, 183–5, 187–91, 195–6, 198, 200–1, 206–12, 214–16, 213, 231, 219, 221, 224–6, 228, 230, 233, 235–6, 244, 241–2, 237, 238, 245, 240, 243, 396, 192–3, 227, 232, 255, and 415; basically the collection of 239 letters noted ibid. VII. xv, with omissions, and, between Epp. 175 and 176, a further letter, 'Ad thomam de sancto andrea. In spiritu timeris ambulare . . . ex altero non falleri in esse cognosco' (ff. 102–3). The first part of Ep. 86 is omitted, starting 'Velle te audire', edn. p. 224/4; similarly Ep. 87, starting 'Per totam seriem . . . summa nostre erudicionis', edn. pp. 225/10–229/28. There is no break between Epp. 79 and 80, or 183 and 184. The numeration here, 1–197, includes some errors, and has six numbers, 40–5, for sections of the long letter to Archbishop Hugh, Ep. 42, which is headed, f. 33ᵛ, Ab huic omnia que secuntur usque ad paruam epistolam ad theobaldum comitem sunt excerpta de epistola illa prolixa ad hugonem archiepiscopum Senon' que habetur in apologetico, and omits the first part, starting 'Gloriari non potest . . . ', edn. p. 109/11.

(b) *PL* xxii. 335–6.

f. 144 contains notes from Bernard, 'Ancelmus de similitudinibus' and Augustine. f. 144ᵛ blank.

2. ff. 145–323ᵛ, 332ʳᵛ, 324–329ᵛ (*text*) Iube domine benedicere hoc dicto in matitudinali officio—(f. 150ᵛ: *text*) Summula de summa raymundi prodigit ista— (f. 150ᵛ *commentary:*) Iste liber de cuius obiectis visum est in precedentibus . . . (*text ends*, f. 329) non est transferre necesse. Finito libro sit laus et gloria christo. —(f. 329ᵛ) Ad quam eciam perducere nos dignetur pater et filius et spiritus sanctus Amen. Et sic patet finis.

Versification of the Summa of Raymond of Penaforte, OP, *SOPMA*, no. 3 (Adam Coloniensis); Bloomfield, no. 5852; Walther, *Versanf.*, no. 18795; *GKW*, no. 212. Here in 94 sections, each followed by a prose commentary, *GKW*, nos. 213–16, and with a preface in verse.

3. (a) ff. 330–1 Epistola beati Bernhardi de modo regendi familiam. Gracioso et felici militi domino Raymundo domino Castri sancti Ambrosii Bernhardus quasi in senium deductus Salutem. Doceri te petisti . . . dampnabilis senectutis; (b) f. 331ʳᵛ Nunc attendatis quis sit modus ebrietatis. Ebrius atque satur totidem modis uariatur . . . Ebrius est salomon post symea post leo post sus; (c) f. 331ᵛ Conturbare caue non est placare suaue Infamare caue nam reuocare graue Amen. Explicit epistola beati bernhardi de Cura Domestica 1458.

(a) *PL* clxxxii. 647–51 (pseud.); (b) Walther, *Versanf.*, no. 5063; (c) Walther, *Sprichwörter*, no. 3354.

ff. iv + 332 + ii. Paper. f. iii is a medieval parchment flyleaf. For f. iv, see below. 283 × 190 mm. Written space art. 1, c.215 × 142 mm; art. 2, c. 220 × 145 mm. Frame ruling. 2 cols. Art. 1, c.33 lines; art. 2, text in c.20 lines, commentary in 34–40. Collation: 1–12¹² 13¹² wants 1 (blank ?) before f. 145 14–21¹² 22¹⁴ 23¹⁰ 24¹⁴ 25¹⁰ 26–27¹² 28¹² wants 10–12 (blank) 1 misplaced at the end as f. 332. Quires 1–27 numbered faintly at the end, i–xxvii; quires 1–12 and 14–28 also at head of first recto, 1–12, and 2–16; in quires 1–10 and 12 the leaves in the first half of each quire bear a letter, a–k x. Catchwords centred and well written on quires 1–11. Written in cursiva, each art. in a different hand, art. 3 dated 1458. Punctuation includes the flex in art. 1. Initials: art. 1, (i, ii) 8- (f. 1) and 3/2-line, in red; art. 2, (i) f. 145, red *I*, 9-line, in red, on a decorated ground of red and penwork; (ii) f. 150ᵛ, 6-line *S*, red, with penwork ornament; (iii) 2-line, red; unfilled spaces after f. 167ᵛ; no spaces after f. 203. Capital letters in the ink of the text marked with red in quires 1–11. Binding of s. xix, with Stonyhurst centrepiece. Secundo folio *solam. lupus*.

Written in Germany. *Ex libris* inscriptions of the Benedictine monastery of St Michael, Hildesheim, s. xv, on a piece of old paper stuck to a new leaf, f. iv: Liber monasterii sancti michaelis in hildn'; Liber sancti Michaelis et sancti Bernwardi in Hilden' (in red). The same piece of paper has a note of contents, s. xv, 'Epistole Sancti Bernhardi et Raymund' cum dubiis. (Bernhardus de cura domestica)', and a cancelled line, 'Item Fridericus germerssh est possessor huius vocabularii'. Given to Stonyhurst by D[aniel] French, f. iii, cf. MS 11.

21. (HMC 24). *Rhetorica ad Herennium* 1445

1. ff. 1–124 Etsi negociis familiaribus . . . consequamur et exercitacione. M.T.CICERONIS.RHETORICE.FINITVR.LIBER.QUARTUS 1445.

bk. 2, f. 17^v; 3, f. 50^v; 4, f. 72^v. f. 30^v is blank and the last four lines of f. 30, marked 'vacat', are repeated, in the same hand, as the first four lines on f. 31 (4^1). Text spaced for interlinear glosses, which occur here and there. A commentary, full where it occurs, occupies part of the margins, in places all four margins, ff. 1–12^v, 14–18, 19–22, 31–6, written in places in interlacing loops rather than straight lines, ff. 16–20; it begins 'Cicero in aliis libris suis pertractans alias materias', and a section on f. 5^v 'Tria sunt tempora. Pertractata de illa parte exordii que dicitur principium restat modo dicendum'. f. 124^v blank.

2. f. 124 (*a*) examples of 'Exordium in genere Honesto' and 'In genere Turpi', and (*b*, *c*) two couplets in a humanistic hand, 'Saepe Iouem vidi cum iam sua fulmina vellet / Mittere. thure dato continuisse manum', and 'Omnipotens dominus meritis sancti Iuliani / Det veniam nobis hospitiumque bonum'.

(*b*) Walther, *Sprichwörter*, no. 27147: Ovid, Fasti, v. 301–2.

ff. ii + 125 (foliated 1–90, 90*, 91–124) + ii. Paper, apparently folded down the middle of each leaf at some time. 288 × 210 mm. Written space 172 × 105 mm. 18 long lines. Horizontal lines ruled with pencil; verticals formed by folding. Collation: 1^{12} 2^{10} 3^8 4–10^{12} 11^{12} wants 12 (blank). Written in hybrida; commentary more current. Initials: 4- or 2-line, red or red outline; spaces unfilled after f. 9. Capital letters in the ink of the text marked with red, ff. 1–8, 88^v, 111^v–112. Binding of s. xix. Secundo folio *Oratoris*.

Written in France (?), in 1445.

22. (HMC 25). *Taxatio ecclesiastica* s. xiv ex.

(Decanatus Cant') Ecclesia de Fordwyco x marc' Decima xiij s. iiij d. Ecclesia de Stureya . . . Summa Tax' vtriusque Arch' Suff' et Subir' M^{I}M^{I}M^I CCCClxxviij lj vij s. vj d. ob. Idem decima CCC xlvij lj xvj s. ix d. etc.

Valuation of the benefices in the province of Canterbury. Pr. *Taxatio ecclesiastica Angliae et Walliae auctoritate P. Nicholai IV, circa AD 1291*, Record Commission (1802), 1–294. Here the order of the dioceses is Canterbury, Rochester, London, Chichester, Winchester, with a leaf missing after f. 32 (edn. pp. 213a/20–214a/8), Salisbury, Coventry and Lichfield, ending abruptly 'Offechiche in eodem decan'' f. 64^v/14 (edn. p. 253/b), Bath and Wells, Worcester, Hereford, Exeter, St Asaph, St Davids, Bangor, Llandaff, Lincoln, Ely, and Norwich. Lincoln and Ely start new quires, 11 and 14. The Welsh dioceses probably added, s. xv in., on space remaining in quire 9 and the following short quire, of which the last page, f. 113^v, is blank. ff. 48^v–49 blank.

A letter from George Oliver dated Apr. 1815 is inserted at the beginning; cf. a note by him, f. 99.

ff. vii + 186 + xxv. Paper, and (ff. 1, 6, 7, 12) parchment. 285 × 208 mm, with ff. 169–73 220 mm. wide and folded in. Written space 215 × c.150 mm., with ff. 169–73 up to 200 mm. wide. c.47 lines; long lines, or two cols. Collation: 1–2¹² 3¹² wants 9 after f. 32 4–9¹² 10⁶ 11–15¹² 16¹⁴ wants 14 (blank). Quires 2–16 signed a–q; the leaves in the first half of quires 4–9⁴ 10¹⁻⁴ 11 have a continuous series of marks, a–z ꝫ a–k aa–dd o–t. Written in current anglicana, mainly by one hand, changing at f. 169ᵛ; a hand of legal type wrote ff. 101ᵛ–113. Parchment binding of s. xviii/ xix. Secundo folio *Ecclesia de Brock*.

Written in England. 'Collegii Anglicani Societatis Jesu Leodii Bib. mai:', s. xvii, f. 1.

23. (HMC 26). *Three kings of Cologne, 'Mellybe', etc. (in English)* s. xvᴵ

Described J. Manly and E. Rickert, *The Text of the Canterbury Tales* (1940), i. 519–21.

1. (a) ff. 1–28ᵛ Seth of þes thre worshippeful and glorious kynges all' þᵉ world . . . to all' þᵉ cristen peple And þus endeþ þᵉ translacion' of þes iii worshippeful kyng*es*; (b) ff. 29–33 Prest*er* Iohn þᵗ is lorde of ynde . . . and seynt*es* sitteþ and reigneþ. Cryst Ihesus Amen.

(a, b) ed. C. Horstmann, EETS lxxxv (1886), 2–138, 138–56. Of the 37 chapters of (a) 26, 27, and 33 are emphasized with type (i) initials; the running-title is 'Melchior Balthasar Iaspar Reges'. Latin words are in red ink.

2. ff 33–45 A ʒnge man ycalled Mellybe . . . for vs spreynde cryst ihesus Amen

Chaucer, Parson's Tale. Three chapters, the second beginning 'First in chesyng', f. 38ᵛ, and the third 'First ʒe schul', f. 39. Running-title 'Mellybe Prudence'. Proper names are in red ink.

3. ff. 45ᵛ–60 I see þᵗ many men wolde be in religion' and mowe nat for pou*er*te or for awe or for drede of kyn or for bonde of Maryage . . . or hert thenke. To þᵉ wich ioye and blisse bryng vs Ihesus for his gret m*er*cy. Amen Amen.

The Abbey and (f. 49) the Charter of the Abbey of the Holy Ghost, ed. C. Horstmann, *Yorkshire Writers* (1895), i. 321–62. Jolliffe, H.16 and H.9. Seven chapters. Latin words and the names of virtues are in red ink.

4. ff. 60ᵛ–63ᵛ By a Forest as I gan ryde / Disport to take in o mornyng . . . His naked body for to hele (*ends imperfectly*).

The Four Feathers. *IMEV*, no. 561, listing this among 7 copies. 201 lines, with the line 'Parce michi domine' in red sixteen times at irregular intervals.

5. (added, in secretary, s. xvi²) ff. 64–7 The Quantitey of the Earthe. She sayth some thow hast shewed the veritie / The smallest sterre, fixte in the firmament / Indead it is of greter quantytye . . . maketh habitation. Desunt nonnulla.

ff. 67ᵛ–68ᵛ blank, except for some lines of Latin verse, f. 68.

ff. ii + 70 (foliated 1–10, 10*, 11–48, 48*, 49–68) + ii. Paper for art. 5. 270 × 202 mm. Written space c. 205 × 135 mm. 2 cols. 31–2 lines. Ruled in red ink. Collation: 1–7⁸ 8⁸ + 1 leaf (f. 63) after 8 9 five (ff. 64–8). Arts. 1–4 in good anglicana formata, by one hand. Initials: (i) in art. 1, in gold, on blue and pink grounds, with a distinctive pattern of leaves in white like that in

Cambridge Univ. Lib. MS Gg.4.27, according to Manly and Rickert, prolonged into three margins on f. 1; (ii) ff. 34, 45ᵛ, 6/7-line, in blue and red, with red and ink ornament; (iii) 3- or 2-line, in blue with red ornament, or, ff. 1ᵛ–31, red with dark blue ornament. Capital letters in the ink of the text marked with red. Binding of s. xix. Secundo folio *day þey*.

Written in England. 'Thomas Bellet armyger huius libri est verus possessor teste Matheo bellot Anno 1570', '—teste Matheo Bellet filio eius cum multis', f. 67 top and foot; both seem to be in the hand of art. 5, which may have been separate from the rest when they were made.

24. (HMC 27). *Henry, duke of Lancaster, Livre des saintes medicines (in French)*   s. xiv²

Ed., based on this copy, E. J. Arnould, *Le Livre de sayntz medicines* (1940), with reduced facsimile of f. 1 and description on pp. ix–xi. See also Arnould 'Henry of Lancaster and his Livre des seintes medicines', *BJRL* 21 (1937), 352–86, with facsimiles of f. 1 (reduced) and of the inscription on f. 126ᵛ; also A. Sammut, 'Unfredo Duca di Gloucester', *Medioevo e umanesimo* 41 (1980), 101.

Tresdouz sires ihesu crist ceo qe ieo par leide de vous . . . (f. 126) par seinte charitee. Cest liure estoit comencee et parfaite en lan de grace nostre seignur ihesu crist. M¹.CCC.liiii. Et le fist vn fole cheitif peccheour qe len apelle Ertsacnal Edcude (e *erased*) Irneh a qi dieux sez malfaitz pardoynt. Amen. Dextera scriptoris careat grauitate doloris.

ff. 126ᵛ–127ᵛ blank, except on f. 127ᵛ William Mabew (?: see below) wrote, s. xvi, 'Take a nappull' and wryte yˢ iii namys Wagamelus lusefer and fator and sey Ihesu for thy Blesedful passen saf my sol from damnacyn'. Ihesu for thi hi nam shyld me from syn and sham'.

ff. i + 131 (foliated 1–33, 33B, 34–38, 38B, 39–81, 81B, 82–86, 86B, 87–127). The front pastedown and conjoint flyleaf (f. i) are unused leaves of quire 17 to judge by their ruling. Thick parchment. 245 × 160 mm. Written space 202 × 126 mm. 27 long lines. Ruled in red, or, from f. 101 (14¹), violet ink. Collation 1–16⁸ 17² + 1 leaf (f. 126, not ruled like ff. 125, 127) after 1. Quires signed a–r. Written in textura. Initials: (i) f. 1, 6-line *B*, in pink patterned with white, on a ground of blue patterned with white and of gold partly covered with the armorial shield of Henry duke of Lancaster, prolonged to form a continuous gold-lined border of patterned colours interrupted by 7 armorial shields; (ii) 3-line, gold with violet ornament. Capital letters in the ink of the text splashed with yellow, also frames of catchwords on quires 1–2, 11–12, and 16. Binding of plain brown leather over wooden boards, s. xvi (?); 6 bands; marks of a strap-and-pin fastening visible on pastedowns; 2 clasps, now missing. Secundo folio *par soun*.

Written in England. Probably closely related to the author's original copy. 'Cest liure est A moy Homfrey Duc de Gloucestre du don du baron de Carew', f. 126ᵛ; Thomes Carew, d. 1429. 'Wylliam Huse. A luy cest liure partient' the last two words crossed through, s. xv, scribbled on f. 127ᵛ. 'Iste leyber constat Wylliam Mabew testante Joh' Rokley', s. xvi, among scribbles on the back pastedown.

25. (HMC 28). *Berengaudus, In Apocalypsin; etc.*   s. xii med.

1. (*a*) ff. 1–181 Apocalipsis ihesu christi quam dedit illi deus—(f. 3ᵛ) dicat ecclesiis (3: 22) Beatum iohannem et euangelistam hunc librum apocalipsin edidisse constat . . . participes esse mereamur. qui cum—amen; (*b*) ff. 181–2

Quisquis nomen auctoris scire desideras. litteras expositionum in capitibus septem uisionum . . . in melius commutandum; (c) ff. 182–4 Sanctus iohannes qui supra pectus domini . . . insensibiles et uiuunt in deo; (d) ff, 184–186ᵛ (De xii lapidibus pretiosis) Primus lapis iaspis ponitur in fundamento . . . quas isti lapides signant; (e) ff. 186ᵛ–187ᵛ four paragraphs, added, s. xii med.: (i) Quinque causis affliguntur homines molestiis carnis . . . , (ii) Ier'. Quatuor sunt qualitates de quibus sancta euuangelia contexuntur . . . , (iii) Quattuor namque partibus fundatur denarius ęternę uitę . . . , (iv) Parabola est rerum natura discrepantium . . .

(a) *PL* xvii. 765–969. Stegmüller, no. 1711; (b) preface to (a); (c) on the meaning of the City of God; (d) cf. Thorndike and Kibre.

2. ff. 188–206ᵛ Sermo beati ieronimi presbiteri de assumptione Sancte marie ad paulam et eustochium. Cogitis me o paula et eustochium . . . et uos appareatis in gloria. amen.

PL xxx. 126–47. *Clavis*, no. 633 (Ep. 9: Paschasius Radbertus). ff. 188–93 are marked for 12 lessons on the day of the Assumption, 'Cogitis . . . et ad salutem', and ff. 200–2 for 8 lessons on the Sunday within the octave, 'Ceterum rogo . . . uirtus eorum'. A marginal note indicates that 'Ceterum rogo' in the text is to be changed to 'Rogo karissime' for the purpose of reading; 'fac [finem ?]' f. 202ᵛ margin shows the reader where to stop; the following passage is marked 'ad collationem in vigilia' in pencil.

3. ff. 206ᵛ–219 Expositio venerabilis bede presbiteri super tobiam. Liber sancti patris tobię . . . Credo uidere bona domini in terra uiuentium.

PL xci. 923–38. One of the copies listed by M. L. W. Laistner and H. H. King, *A Hand-list of Bede Manuscripts* (1943), 78–82.

4. ff. 219–63 Incipit prefatio libri sancti iohannis alexandrini archiepiscopi. Cogitanti michi diu tacite—(f. 220) pape beate uale. Incipit enarratio leontii episcopi neapoleos. ciprior' insule. de uita et actione Sancti Patris nostri iohannis alexandrini episcopi. Intentio quidem una est . . . qua uniuersi leticia freti. gloriam retulerunt patri—in gloria infinita glorificat. amen. Explicit uita sancti iohannis patriarchę.

BHL, no. 4388. *PG* xciii. 1613–1659/13. *Acta sanctorum*, Jan. iii. 111–30. Fifty-six paragraphs, almost all with a red heading. ff. 263ᵛ–264ᵛ blank.

ff. ii + 265 (foliated 1–189, 189*, 190–264). ff. i and 264 were pasted down. 246 × 173 mm. Written space 180 × 102 mm. 30 long lines. Ruled with hard point; double vertical bounding lines; of the horizontals, 1–2, 5–6, 25–6, 29–30, prolonged into the margins. Collation: 1–23⁸ 24⁴ wants 4 (blank ?) after f. 187 25⁸ (1, 8 half sheets, ff. 188, 194) 26–33⁸ 34⁶ 6 was pasted down. All in one moderate hand, except art. 1e and f. 188ʳᵛ, the first leaf of art. 2, which is in a better hand. Initials: (i) to arts. 1a, 2 and 4 and (ii) ff. 121, 152ᵛ, and 162 (edn. cols. 958 Et post, 1020 Domini, and 1032 Et uenit), in outline, on blue, red, and green grounds decorated with curving foliage, including a bird, f. 188, and a man, f. 219; (iii) 4-, 3-, or 2-line, blue or red, with ornament of the other colour and some yellow or, f. 16ᵛ green. Initials, and red (and blue, f. 188) headings better executed than script. Capital letters in the ink of the text filled with pale yellow. Medieval binding of thin white leather over bevelled wooden boards; 3 bands; central clasp, now missing. Secundo folio *laborem*.

Written in England. Art 2 marked for reading in a monastic house. A pressmark, 'octauus liber tercii gradus', s. xiv, f. 263ᵛ.

26. (HMC 29). *H. Huntingdonensis, Historia anglorum; etc.*

s. xii²- xiii in.

Listed as MS S by D. Greenway in *Anglo-Norman Studies* 9, ed. R. Allen Brown (1987), 124.

Arts. 1–3 are on quire 1, s. xii².

1. f. 1ʳᵛ Hic incipiunt excerpt' de gestis anglorum. scilicet quot annis saxones. quot dani. quot normanni regnum anglorum tenuerunt. Britannia insula a quodam consule troianorum . . . xiiiiª kal Ian'. apud lundonias.

Three paragraphs of chronological notes, running to Henry II's coronation in 1154; the second includes the words 'De qua porphirius Britannia inquit tua. fertilis prouincia tyrannorum'. In the outer margin of f. 1ᵛ a bearded figure, without halo, holding a scroll; opposite, in the outer margin of f. 2 a haloed figure holding as book; both figures half cut away by binder. Leaf missing after f. 1.

2. ff. 2–10ᵛ Hunc librum composuit Beda uenerabilis sacerdos de naturis rerum illum intitulans hoc modo. Incipit liber bede de naturis rerum. Preponit ergo capitula singulis distinctionibus singula. ut de quo uel de quibus agat facilius innotescat. Naturas rerum uarias labentis et eui—(4 lines). De quadrifario dei opera—(f. 2ᵛ) De diuisione terrę. Expliciunt capitula (*51 unnumbered heads*). De quadrifario dei opere Incipiunt excerptiones quas Beda ex libris plinii secundi de naturis rerum collexit. Prima uero distinctio sic incipit. Operatio diuina quę secula creauit . . . ad occidentem extenditur.

PL xc. 187–278. This copy among 126 listed by M. L. W. Laistner and H. H. King, *A Hand-list of Bede Manuscripts* (1943), 139–44. Thorndike and Kibre.

3. ff. 10ᵛ–11ᵛ In Gestis longobardorum paulus monachus inter cetera. hec non omnibus hominibus comperta: manifestat hoc modo dicens. In extremis circium uersus germanię finibus . . . et rursum inuasure littora renouentur.

PL xcv. 442/4–426/12 (bk. 1, caps. 4–6).

4. (quires 2–14) ff. 12–85ᵛ, 88–100ᵛ, 107–128ᵛ Incipit prologus historie anglorum contexte ab henrico huntendensi archidiachono Anno ab incarnacione domini. millesimo centesimo. quadragesimo. quinto. Cum in omni fere litterarum studio . . . iocunditate speciali. Amen. Explicit liber decimus.

The prologue to Alexander and nine books of the Historia anglorum to 1148, numbered 1–7 and 9–10: 1, f. 12ᵛ; 2, f. 24; 3, f. 33ᵛ; 4, f. 47ᵛ; 5, f. 59ᵛ; 6, f. 74; 7, f. 88; 9, f. 107; 10, f. 120. Printed, except bk. 9, by T. Arnold, RS lxxiv (1879), with a synopsis, pp. xxiv-xxx, of bk. 9 'Incipit liber nonus de Miraculis Anglorum. De uiris illustribus anglorum et que per eos . . . Et hic de gloriosis operibus dei liber ix explicit'. Annotations, s. xiii, include a note at the end of bk. 7, f. 100, 'Hic deficiunt tria capitula. primum qui sic incipit Hic est annus qui comprehendit scriptorem. secundum sic Scripsit autem. et est de serie regum potentissimorum per orbem terrarum. Tercium [. . .] sic Queris a me et est de origine regum britannorum'; these three form bk 8. in some copies, see Arnold, pp. xviii–xx.

Bks. 7, 9, and 10 begin on new quires, 11, 13, and 14, and there were originally blank pages at the end of the preceding quires, ff. 86–87ᵛ, see art. 5, 100ᵛ–106ᵛ, see art. 6, and 119ᵛ. A new quire and hand also begin in bk. 3 at the words 'Quarta pars incipit' (Arnold p. 87), f. 42, and f. 41ᵛ is partly blank. In bk. 5, between the words 'contra eos' and 'sumerseti' (Arnold, p. 170/8 up), ff. 72^{v}a/15–73^{r}b/2, a block of lines 'examina apum gentes . . . potentissime' (Arnold, pp. 139/13–141/14) that had already occurred on f. 60^{rv} is repeated, and marked 'vacat'.

5. (filling most of the space left in quire 10) Three (?) verse pieces: (a) ff. 86–87^{r}a/7 Scribimus hec clero non latrare ualentes . . . eternum dicat abite (73 lines); (b) f. 87^{r}a/8–9 Si quis erit quem uerus amor per seria ducat . . . ; (c) f. 87^{r}a/10–33 Esse uelim doctus. vis? sis. mundana relinque . . . prata uirere nothis (ends imperfectly, f. 87^{r}b cut off, f. 87^{v}b blank).

(a–c) The Anglo-Latin Satirical Poets, ed. T. Wright, RS lix (1872), ii. 164–6/2; 166; and cf. 166 for lines 1–2 (Henry of Huntingdon, Epigrams), 171/18–29 for lines 13–24 (ult.), repeated in art. 6(b) below.

6. (filling most of the space left in quire 12) (a) ff. 101–105^v Dilecte quondam decus iuuenum. quondam delicie rerum . . . lacrimis scribendum est. Henricus tibi serta—grata quies; (b) ff. 105^v–106 Mors properat torpes: mors pulsat ad hostia torpes . . . dicat abite rei (90 lines); (c) f. 106 Nequius inuidia nichil est . . . acerba suo (2 lines).

(a) Henry of Huntingdon, Letter to Walter 'de contemptu mundi'; RS lxxiv. 297–320; (b, c) ed. Wright, Op. cit. (art. 5 above), ii. 171–4/4; 174 (Henry of Huntingdon, Epigrams), cf. art. 5(c). f. 106^v blank.

ff. 128. 243 × 165 mm; originally wider: side notes, e.g. f. 32, and figures, ff. 1^v–2, partly cut away. Written space 190–210 × c.125 mm. 2 cols. 27–32 lines; the first above the top ruled line. Pricks to guide ruling in both margins in quires 2–14. Collation: 1^{12} wants 2 after f. 1 2^8 3–4^{10} 5^2 6–8^{10} 9^{12} 10^4 11^{12} 12^{10} wants 8–10 (blank) after f. 106 13^{12} + 1 leaf (f. 119) after 12 14^8 + 1 leaf (f. 128) after 8. Arts. 1–3 in two hands, changing at f. 2. Art. 4 partly in a small textura, ff. 12^{r}a/1–10, 42–106, mostly by one hand using a crossed form of the nota for et and biting d and e/o; and partly, ff. 12^{r}a/10–41^v, 107–128^v, in hands with documentary features. Initials: art 2: (i) f. 2 Naturas, 4-line, in blue with ornament in blue, red, and green; (ii) 3- or 2-line, green or red, with ornament of the other colour; (iii) in chapter-list, f. 2^{rv}, 1-line, red alternating with blue or green; art. 3: (iv) 3- or 2-line, mostly red, a few green, with green ornament on ff. 40–4 and 52–4; (v) 1-line, red. Binding of wooden boards covered with brown calf, English (?), s. xvi/xvii. Secundo folio (f. 3) Quid sit, (f. 13) ualde piscosis.

Written in England. 'a', s. xv (?), f. 1 top right, and also top left, earlier (?), may be a pressmark. A strip of the s. xvi document used as the back pastedown is visible before f. 120 and includes the words 'ecclesia cath exon'. 'Cornely Duijn Aëmstelredensis Hagae Comitis Hollandiae', inside back cover, while his name, a list of contents in his hand, and the mark 'G 4/3' are inside the front cover; for this and other English manuscripts belonging to the Dutch collector Cornelius Duijn, see N. R. Ker in Library, 4th series 22 (1942), 205–7, and this one, like a Polychronicon now in Brussels, may have come to him from the collection of Sir Walter Cope (d. 1614), that included arts. 1 and 2, see A. G. Watson in Bodleian Library Record, 12/4 (1987), 262–97, esp. p. 290, no. 192. 'Collegii Anglic' Societ. Iesu', s. xvii, front pastedown.

27. (HMC 31). G. Alverniensis, Summa de divinis officiis; etc. (partly in French) s. xiv in.

1. (quires 1–6) ff. 1–72^v Ierusalem que de sursum est materia nostra dicitur propter tria . . . est illa pax eterna. Explicit summa de officiis ecclesia[sticis].

Glorieux, no. 129c (William of Auvergne). 108 paragraphs.

Arts. 2–4 are on quires 7–11.

2. (a) f. 73^{rv} (begins imperfectly) lor offyz de ceo face*nt* . . . p*ar* tut; (b) ff. 73^v–74^v Edwardus dei gracia etc' vic' North' salutem Cum nuper ante passagium nostrum —et remedium apponere in hunc modum. Quia fines . . .

(a) Articuli super cartas, SR i. 143, beginning in cap. 10; (b) SR i. 139 (De finibus leuandis), with a 25-line preamble; dated Westminster 14 March anno 27.

3. (a) ff. 75–99^v (Summa magistri Iohannis Belet de ecclesiasticis historiis et locis uenerabilibus per papam Alexandrum lugd' approbat'.) In primitiua ecclesia . . . ante festum sancti Iohannis baptiste; (b) ff. 100–103^v [D]icit apostolus ad ephes' vi Induite uos armaturam dei—Hec armatura est vestis sacerdotalis . . . et optatur eis quies eterna.

(a) PL ccii. 13–73/16; (b) a treatise on the mass.

4. (a) ff. 103^v–107^v En aueine vtre mer. auint ceo qe vo*us* uel cu*n*ter . . . en companie; (b) f. 107^v Diabolus duxit quandam vxorem scilicet iniquitatem et ex ea genuit nouem filias . . . ; (c) f. 107^v Fous est ke fou boute . . . on fou dayle (2 couplets); (d) f. 107^v Sage deboner . . . homme hayer (2 couplets).

(a) c.978 lines of verse extracted from Manuel des péchés, and here written as prose; noticed as V by E. J. Arnould, Le Manuel de péchés (1940), 394–8, and analysed by Arnould, 'Un manuscrit partiel du Manuel des péchés', Romania, 63 (1937), 226–40; of the 64 exempla listed by Arnould (1940), 113–84, 13 are copied here more or less in full, of which all but one are in the edition of the French text in Handlyng Synne, ed. F. J. Furnivall, EETS cxix (1901), while no. 11 is in the Roxburghe Club edition of the Manuel des péchés: (i) f. 103^v En aueine . . . tut dis. Ex. 5. MP, lines 1389–480; (ii) f. 104 De vn home . . . mendier. 4 lines of Ex. 6, cf. MP, lines 1591–4, printed Arnould (1937), 231; (iii) f. 104 De seint Fursui . . . malure. Ex. 15. MP, lines 2831–56; (iv) f. 104 Kar en vn liure . . . vn femme. 4 lines of Ex. 3, cf. MP, lines 937–40, printed Arnould (1937), 232; (v) f. 104 De vne riche et vn poue*re* . . . ici ku*n*te; (vi) f. 104 En la vie . . . regracie. Ex. 45. MP, lines 6799–852; (vii) f. 104^v Iadis esteit . . . vitas patrum est apele. Ex. 50; (viii) f. 104^v Seint Gregorie . . . deliu*re* fu. Ex. 51. MP, lines 7521–70; (ix) f. 105 En la tere . . . tut iun seet. Ex. 53. MP, lines 7613–72; (x) f. 105 Lire ay oye . . . ad dampne. Ex. 32. MP, lines 5147–84; (xi) f. 105^v Seint Gregorie . . . il vodra. Ex. 2. MP, lines 750–91; (xii) f. 105^v Seint bede . . . se afiera. Ex. 26. MP, lines 4163–220; (xiii) f. 106 Seint Gregorie . . . amenda bien. Ex. 40. MP, lines 6115–222; (xiv) f. 106^v De vn prestre . . . a debles aloit. 4 lines summarizing Ex. 41 (MP, lines 6265–346), printed Arnould (1937), 235; (xv) f. 106^v En antioche . . . te*n*taciun. Ex. 42. MP, lines 6399–460; (xvi) f. 107 Ore oyez vn cunte . . . en companie. Ex. 57. MP, lines 9463–589.
(b–d) printed Arnould (1937), 236–237, and Arnould (1940), 396–7.

5. (quire 12) (a) ff. 108–15 Quod autem sabbato de beata maria cantatur inicium habuit quod . . . Requiem eternam et Requiescant in pace. Hec de mortuis dicta sufficiunt; (b) f. 115^{rv} De decimis feni ecclesie cuius rector discedit post pasca ad quem spectare debebit. vtrum ad defunctum . . . (ends imperfectly ?: verso faded, stained with re-agent and hard to read).

(a) Notes on the origin of forms of service, festivals, and ecclesiastical institutions; f. 108, on the Conception of B.V.M. 'Festum conceptum quidam aliquando celebrauerunt et forte adhuc celebrant. set non est autenticum immo uidetur esse prohibendum. In peccato enim concepta fuit . . . ' and, after a section on cemeteries, a question 'utrum homines sint futuri mundi in die iudicii an uestiti. Uidetur quod uestiti. Nam angeli solent semper apparere uestiti . . . ', f. 113ᵛ; (*b*) on tithes.

The upper and lower margins of many leaves of arts. 2 and 3, and blank spaces on ff. 74ᵛ and 81ʳᵛ are filled with closely written notes, in the hand of arts. 2–3 above, mainly on ecclesiastical offices and feasts. On f. 81ᵛ the scribe filled the lower margin first and ended there with 'Nunc reuertendum est et legendum in superiori parte huius folii videlicet ubi dicitur. Hec igitur tempore etc', which refers to f. 81ᵛ/1. Some verses occur: f. 91, Ad plus octo solent celebrari festa diebus . . . (5 lines); f. 91, Iungitur ignorant. docet . . . (2 lines), on Christ's meeting with the disciples; f. 94, Est racio cur pars altaris . . . (5 lines).

Many scribbles, s. xv, upside down in the margins of ff. 89ᵛ–115ᵛ, include a few grammar notes and pen-trials.

ff. iii + 115 + iii. 200–20 × 145 mm. Written space: art. 1, *c.* 165 × 120 mm., with frame ruling for 2 cols. of 29–39 lines; arts. 3–5, 150–75 × 120–40 mm. Frame ruling. *c.*45 lines at first, rising to 58 on f. 103. Collation: 1–6¹² 7¹⁰ wants 1 before f. 73 8⁸ 9⁴ 10⁶ 11–12⁸. Written in current anglicana by several hands, one very small. Initials: art. 1, 3- (f. 1) and 2-line, red; art. 2, f. 73ᵛ, unfilled space; ff. 75–115, no spaces. Binding of s. xix. Secundo folio *beatus uir.*

Written in England. 'Liber M. Hugonis Dameler (?)', erased, s. xv, f. 72ᵛ; cf. Mag. Hugh Damlett, d. 1476, Emden, *BRUC*, p. 176. 'Ion Pye', s. xv (?), f. 1. Among scribbles, s. xv: 'Kyncton (?) Wymundus', f. 90; 'Will*elmus* Cropthorne est Bonus puer', f. 109.

28. (HMC iii). *Horae* s. xv²

1. ff. 1–12ᵛ Calendar in French in red and black, rather bare.

Feasts in red include 'nicholay. pain' (9 May), 'aumer' (5 Sept.); in black, Waleri (1 Apr.). The word 'pain' is in red as part of entries for twelve major feasts, 2 Feb.–27 Dec., and also 12 Sept. and 28 Nov., where there is no entry. Spellings include betremien, mahieu, mikiel, franchois.

2. (added in blank space of quire 1, s. xv ex.) f. iiʳᵛ O domine Ihesu christe adoro te in cruce pendentem . . .

Five Oes (—in cruce vulneratum—in sepulchro positum—pastor bone—propter illam amaritudinem—). f. i blank, now pasted down, has faint impressions of many round stamps on the verso.

Arts. 3–5 are on quire 3.

3. ff. 13–17ᵛ Sequentiae of the Gospels.

4. ff. 17ᵛ–19 Passio—secundum Iohannem. In illo tempore apprehendit pylatus ihesum . . . testimonium eius—Oremus. Deus qui manus tuas . . .

Mainly John 19: 1–34: cf. *Lyell Cat.*, pp. 65–6.

5. (added in blank space of quire 3, s. xv med.) ff. 19ᵛ–20ᵛ Auete omnes anime fideles . . . Oremus. Domine ihesu christe salus et liberatio . . .

6. ff. 21–81ᵛ Hours of B.V.M. of the use of (St Omer), all hours beginning imperfectly.

Nine lessons at Matins.

7. ff. 82–101ᵛ Penitential psalms, beginning imperfectly, and, f. 93ᵛ, Litany, ending imperfectly.

Eight confessors: (8) ludouice; eleven virgins: (1) anna . . . (9–11) genouefa angla barbara. Ten prayers at the end: Omnipotens sempiterne deus dirige actus; Actiones nostras; Deus cui omne cor; Omnipotens mitissime deus qui sicienti populo; Deus a quo; Deus cui proprium est; Deus qui caritatis; Omnipotens sempiterne deus mestorum consolatio; Parce domine parce peccatis nostris; Fidelium [. . .].

8. ff. 102–146ᵛ Office of the dead, beginning imperfectly.

Lesson ix is 'Milicia est . . . vt uideat bona', Job 7: 1–7.

9. ff. 147–152ᵛ Hours of the Cross, beginning imperfectly.

The rubrics for the Hours are prime, Tierche, Midi, A nonne, A uespres, A complie.

10. ff. 153–158ᵛ Hours of the Holy Spirit, beginning imperfectly.

Rubrics for Sext–Compline as art. 9 above.

11. (a) ff. 158–162★ Sensieuent les quinze goyes nostre dame. (f. 159, *beginning imperfectly*) Ioies que vous eustes; (b) ff. 162★–163 Les v goyes Nostre Dame. Gaude uirgo mater christi que per aurem concepisti . . .

(a) Each of the Fifteen Joys, Annunciation–Assumption, begins 'O tres doulce dame'; (b) *RH*, no. 7017.

12. ff. 163ᵛ–169 Memoriae, with headings in French, of Margaret, George, Christopher, Nicholas, Trinity, John Baptist, Barbara, Apollonia (Virgo mater egregia pro nobis apolonia . . .) *ends imperfectly*, Agnes (*begins imperfectly*), Louis Anthony Bernardine and Clare together (Grande mire sublimatur ordo ihearchia minorum . . .), Francis (Salue sancte pater patrie lux forma minorum . . . , *RH*, no. 40727), Gregory.

13. (added in blank space of quire 26, s. xv²) (a, b) f. 169ʳᵛ Memoriae of Walericus, and Remigius; (c) ff. 169ᵛ–170ᵛ Veni creator spiritus mentes tuorum visita . . . ; (d) ff. 170ᵛ–171 Memoria of Mary Magdalene; (e) f. 171 Coram te dulcissime domine ihesu christe protestor et ore profiteor . . .

14. The back pastedown is a leaf of a service-book, s. xv, giving eight psalm-cues (Pss. 125, 75, 9, 24, 118:17, 61, 119, 74) on the exposed side, 1-line initial in blue or red to each cue, 16 long lines.

ff. 174 (foliated i–ii, 1–162, 162★, 163–71) + i. 218 × 153 mm. Written space *c*. 108 × 75 mm. 16 long lines. Collation of ff. i–ii, 1–171: 1⁸ 1 pasted down 2⁶ 3⁸ 4⁸ wants 1 before f. 21 5⁸ 6⁸ wants 8 after f. 42 7⁸ 8⁸ wants 4 after f. 53 9⁸ wants 2 after f. 58 6 after f. 62 10⁸ wants 3 after f. 65 and 8 after f. 69 11⁸ wants 8 after f. 76 12⁸ wants 6 after f. 81 13–14⁸ 15⁸ wants 3 after f. 101 16–20⁸ 21⁸ wants 1 before f. 147 and 8 after f. 152 22⁸ wants 7 after f. 158 23⁸ 24⁶ wants 1 before f. 167. All pictures now missing. Initials: (i) missing; (ii, iii) 2- and 1-line, gold on grounds of blue and pink patterned with white. Line-fillers in blue and red patterned with white, and gold splashes. A border of flowers and gold leaves the height of the writing in outer margin on all pages with type (ii) initials. Pale blue paper covers, s. xviii (?). Secundo folio (f. 14) *sunt et verbum*.

Written in northern France. Franciscan influence, see art. 12. 'Ce livre [. . .] 16[. .]', f. 1. '08', f. 1 head in red pencil.

[29. (HMC iii). *Horae* s. xv¹

Given by Stonyhurst College to the Red Cross sale at Sotheby's, 14 Oct. 1942, lot 414. Sold again at Sotheby's, 18 June 1962, lot 123. A book of hours of the use of (Rouen), with calendar and sixteen pictures, listed, with reproduction of Terce picture (Shepherds), in the 1962 catalogue, pl. 10. The birth of Christopher Danby in 1504 is recorded at the foot of the first page.]

30. (HMC 30). *W. de Lanicia, OFM, Dieta salutis; Speculum Christiani; etc.* s. xv med.

Arts. 1–4 are on quires 1–7.

1. ff. 1–100ᵛ Hec est via ambulate in ea—Ysai 30. Magnam misericordiam facit . . . vni deo soli viuo et vero est honor imperium et magestas per infinita seculorum secula amen. Explicit via vel dieta salutis edita a fratre Gwyllelmo de lanicia equitanico de ordine fratrum minorum.

Bloomfield, no. 2301. Printed often among the works of Bonaventura: *GKW*, nos. 4720–35. In paragraphs with only a few headings and no numbers: cf. art. 3.

2. ff. 100ᵛ–110 Dominaca (*sic*) prima aduentus domini. Abiciamus opera tenebrarum—In aduentu regis . . . luxuria per contrarium Explicit.

Bloomfield, no. 0077. Schneyer, *Rep.*, ii. 472–5, nos. 1–11, 13, 12, 14–63 (sermons themes on art. 1); no. 42 starts 'Sicut radix arborem portat et fundamenta . . . ', and between nos. 48 and 49 'Dominica xxiiijᵃ In omni opere bono—Gal 2° Arbor nouella facit naturaliter . . . de accidia per contrarium'. Each entry ends 'quere (*or* require) in materia de' followed by a reference to art. 1.

3. ff. 110ᵛ–117ᵛ Incipiunt Capitula diete salutis. Capitulum primum. De viciis in communi . . . Explicit dieta salutis.

Sets out ten 'dieta' and the chapters, 'diuisio membrorum', of the first seven.

4. (added in space after art. 3, s. xvi med.) (*a*) ff. 118–19 Ihesus (*in upper margin*) She lepys dansys and cryste stande and clepys Cu*m* Whome dayly I mon the fro syn to returne Cu*m* . . . cu*m* ouy*r* the burne besse to me; (*b*) f. 118ᵛ In vigilia trinitatis ordinabantur Dominus lodowicus bell' de nucastell Sacrificus monasterii suppressi de numes*ter* dominus Ric' Rey monacus dunelm dioc' Sacrificus.

(*a*) cf. *IMEV*, no. 3318.4, here without the interpretation, *The burne ys this world blynde*; (*b*) the Cistercian abbey of Newminster, near Morpeth, Northumberland, was dissolved in 1537. f. 119ᵛ blank.

Arts. 5–8 are on quires 8–10.

5. ff. 120–54 Ieronimus in principio cuiuslibet operis premittit dominicam oracionem et signum crucis in fronte In nonomine (?) patris et filii et sancti (*sic*). amen. Magna differencia est inter predicacionem et doctrinam. Predicacio est verbi conuocacio . . . zelus animarum.

Ed. G. Holmstedt, EETS clxxxii (1929), where this copy is referred to as Sh., and is described, not quite rightly, on pp. lxxvii–lxxix. Bloomfield, no. 2363. Partly in English.

6. ff. 154–155ᵛ, 211ᵛ–216ᵛ Crisostomus super Mᵗ euuangelium Nolite arbitrari
. . . Ecce karissimi domine nunc habes ante bonum et malum vitam et mortem
potes eligere quid vis. Seneca. Si vis omnia tibi—per omnia secula seculorum.
Amen. Explicit speculum christiani.

Twenty-four paragraphs, in the hand that wrote the last twelve lines of art. 5. 'Legitur in libro
beate brigide quod amici dei . . . ' f. 155ᵛ ends with a direction to the continuation on the leaves
at the end of quire 14: 'require de hac materia plus in viᵒ folio ante finem ad tale signum—'.

7. ff. 156–65 Sermo beati augustini ad illos qui in huiusmodi illecebris
voluptuose versantur et de breuitate humane seu de laqueo que diabolus capere
gescit quousque incaute ambulantes. Fratres karissimi quam tremenda est dies
illa . . . malum male perdet Amen. Explicit quedam exortacio beati augustini
episcopi et doctoris.

Römer, i. 378, lists nine copies, not this one.

8. ff. 165–166ᵛ Hic incipit quidam tractatus De bonis celi et miseria inferni
secundum Augustinum Doctorem. Homo qui laboras gloriam querendo terrenam
. . . prouocet Amor glorie Amen. Explicit hic tractus Ad finem certe redactus.
Hoc opus exegi summo gloria regi.

Römer, i. 379, lists four copies, not this one. ff. 167–168ᵛ blank.

9. ff. 169–89 Tractatus de domina que est mater dei Aue maris stella dei mater
alma atque semper virgo felix celi porta. in hoc versu continetur laus beate marie
quadripartita. Hoc enim ostendit quod . . . prestante eodem filio tuo qui—amen.

Schneyer, *Rep.*, i. 276–7, nos. 81–6 (Ps. Alexander Nequam).

10. ff. 189–205 Vigili cura mente solicita summo conatu et solicitudine continua
docet nos inquirere et addicere quomodo et qua via possumus infernale
supplicium vitare . . . in celestibus habitemus Qui v. et r. d. per o. s. s.

Written without a break, except at f. 189ᵛ/6 Cum ergo tota salus, and running straight on into
art. 11a.

11. (a) ff. 205/10–211 (*no break after art. 10*) Quis dabit capite meo aquam—O
vos filie ierusalem sponse dilecte dei . . . diligunt eum Et super omnia benedictus
sit filius eius dominus deus noster Ihesus christus qui cum—in s. seculorum.
Explicit tractus beati bernardi de dolore et lamentacione gloriose virginis matris
marie in passione domini dei sui et filii Ihesu christi; (b) f. 211 a note on leap-
year.

(a) *PL* clxxxii. 1133–1142.

12. ff. iv–v, 217–18 are pieces of parchment cut from an account roll, s. xvᴵ,
presumably used in the binding of this manuscript. f. 217 blank except for the
heading 'Comp' Isefelde Flecchynge Anno regni regis henr' decimo', i.e. 1408–9,
1422, or 1431–2; cf. Isfield and Fletching, near Uckfield, Sussex, which formed
part of the estate inherited in 1398 by Mr Thomas Lord la Warre, and in which
he was succeeded in 1427 by Reginald Lord la Warre and Lord West, see G. E.
Cockayne, *Complete Peerage*, iv (1916), 150–2; *Calendarium inq. post mortem*, iv,
Record Com. (1828), 111. Next, f. 218ᵛ, '[Flecc]hynge Compotus Ricardi

Shulder Bedelli ibidem . . . ', Michaelmas 10–11 Henr. On ff. 217ᵛ–218 is
'P[. . .] Stydolfe preposito ibidem . . . ' for the same period, with the first item in
this account the balance of £9 18s. ½d. carried over from the account of his
predecessor, Thomas Wylgode, and the first item of rent for the manor. f. iv
covers rent-allowances and repairs; ff. ivᵛ and v both refer to liveries of money
'Coffr' domini per manus Iohannis Ouerton'. f. v blank.

ff. v + 217 (foliated 1–126, 126*, 127–216) + iv. For ff. iv–v, 217–18, see art. 12 above. Paper;
outside and middle leaves of quires 1–7 parchment. 210 × 140 mm. Written space c. 155 × 100
mm. Frame ruling. 29–36 long lines. Collation: 1–5¹⁶ 6¹⁶ + 1 leaf (f. 94) after 13 7²² 8–9¹⁶ 10¹⁸
11–12¹⁶ 13–14⁸. Written in current anglicana, by several hands. 2-line spaces for initials unfilled.
Binding of s. xix. Secundo folio *quod est vitandum*.

Written in England. The binding leaves, art. 12, are records, s. xv in., from an identifiable
estate, see above; art. 4, c.1540 (?), refers to Northumberland. 'Item R' of Wyll*iam* pantyr yᵉ
yu*n*er of bosstun drapyr for x hundreth shaltefyes x li', s. xvi, f. 81ᵛ scribble. 'VII/185', s. xviii
(?), f. vᵛ, as found in numbers of Stonyhurst books.

31. (HMC 33). *W. Hilton, Scale of Perfection, bk. 1 (in English)*
s. xvi¹

1. (*a*) f. 14ʳᵛ Ate the inner hauyng of man shulde be like to the vter Caᵐ .i. . . .
not dredyng ou*er*; (*b*) ff. 1–6ᵛ Off the ynner beyng of man how it shulde be lyke
vnto the vtter Capl' .i. . . . that it was made to.

Table of 92 chapters, numbered in red. (*a*) contains the first 19 chapters and seems to have been
replaced, with verbal differences, in the same hand, with f. 1; some at least of f. 2 had apparently
already been written, since its first words are 'mekyle therfor' and f. 1ᵛ ends 'not dredyng ouer
mekyll therfore'.

2. ff. 7–13ᵛ, 15–133ᵛ O Gostely syster in Ihesu criste I pray the . . . state of lif
contemplatif. The grace of oure lord Ihesu crist be wᵗ the Amen Deo Gracias.

Red is used for the Latin. Only the first ten chapters have headings and numbers. ff. 134–135ᵛ
blank.

ff. iii + 135 + iii. Paper. 198 × 132 mm. Written space 127 × 84 mm. 18 long lines, quires 1–6;
21, quires 7–8; 23, quires 9–10. Collation: 1¹⁴ 2–3¹⁶ 4¹⁴ 5¹⁶ 6⁶ + 1 leaf (f. 81) after 4 7¹⁶ 8¹² 9¹⁶
10⁸. Quires 1–8 numbered at the bottom right of the first recto in red, (i)–viii, e.g. ff. 47, 100.
Written in secretary, perhaps all by one hand. Initials: 2-line, red, some unfilled spaces,
especially towards the end. Capital letters in the ink of the text marked with red, including lower
case letters that look more or less like capitals, e.g. *a*, *s*, þ. Binding of s. xix. Secundo folio (f. 8)
herte may, (f. 2) *mekyle*.

Written in England. 'S. George', f. 1 in pencil, refers to the Jesuit residence in Worcester.

32. (HMC iii). *Horae*
s. xv¹

1. ff. 1–12ᵛ Calendar in French in red and black, rather bare.

Feasts in red include Michael, 'Saint romaing' (16, 20 Oct.); in black, 'Vuandrille', 'perrenelle'
(20, 31 May), 'godart' (8 June), 'les sept sains freres' (10 July). Four obits added, s. xv ex.: 23

Jan. 'Isto die Obbiit dominus Iohannes Catesby de Wyschton' in comitatu Northamton Miles Anno domini M° cccc° lxxx° vi°'; 17 July 'Obitus Robert Grene militis anno Edwardo qua[r]ti terciodecimo' [1473]; 13 Sept. 'Isto die obierunt dominus Iohannes Bewchamp Miles et domina anna vxor eius quiquid Iohannes fuit filius et heres domini Ric' Bewchamp milites Anno domini M° cccc° lxxxxi°'; 20 Oct. 'Isto die obiit phelippus Catesby de Stonystretford in comitatu Buck' Anno domini M° cccc nonagesimo sexto'.

Arts. 2–4 are on quires 2–3.

2. ff. 13–18 Sequentiae of the Gospels, in the order Luke, Matthew, Mark, John; followed by the prayers Protector in te sperancium and Ecclesiam tuam quesumus domine.

3. ff. 18–21ᵛ Oracio deuota de beate marie. Obsecro te . . . Masculine forms.

4. ff. 21ᵛ–25ᵛ Alia oracio de beata maria. O intemerata . . . orbis terrarum. De te enim . . . Masculine forms.

5. (quires 4–9) ff. 26–64 Hours of B.V.M. of the use of (Sarum), beginning imperfectly.

Eight leaves missing. Hours of the Cross worked in. The memoriae after Lauds are of the Holy Spirit, Trinity, Michael, John Baptist, George, Thomas of Canterbury (Tu per thome sanguinem . . .), Nicholas, Katherine, Margaret, Mary Magdalene, All Saints, and peace.

6. ff. 64–5 Antiphona. Salue regina . . . versus Virgo mater ecclesie . . . Oremus. Omnipotens sempiterne deus qui gloriose virginis . . .

RH, no. 18147. f. 65ᵛ, see art. 10 below.

7. (quires 10–12) ff. 66–85ᵛ Penitential psalms, beginning imperfectly, (f. 75ᵛ) 'Quindecim psalmi' (cues only of first 12), and (f. 78) Litany.

Last of 12 confessors: 'swithune birine'. f. 86ʳᵛ, see art. 10 below.

8. (quires 13–16) ff. 87–116ᵛ Office of the dead, beginning imperfectly.

f. 117ʳᵛ, see art. 10 below.

9. (quires 17–19) ff. 118–134ᵛ Commendatory psalms, beginning imperfectly.

Pss. 118 and 138. ff. 133–134ᵛ, Ps. 138: 13–end, are supply-leaves, s. xv.

10. (added in blank spaces, in one (?) s. xv hand) (*a*) f. 65ʳᵛ Memoriae, 'To the fete of oure lorde ihesu crist sei this psalme', 'To the wounde in oure lordis side', 'To the woundes in oure lordis handis', 'To the hede of oure lorde', 'To all the body of oure lorde'; (*b*) f. 86 Swete lady seynt mary Virgyn and quene of heuyn . . . and confort me in thes angwysse Amen; (*c*) f. 86ᵛ a memoria, 'Psallebat pacifer augustinus cum choro sanctorum deprecamur te domine . . . Oremus. [D]eus qui culpa offenderis penitencia placaris . . . ; (*d*) f. 117ʳᵛ [V]eni creator spiritus mentes tuorum visita . . .

ff. ii + 134 + ii. 203 × 150 mm. Written space 108 × 73 mm. 16 long lines. Collation 1¹² 2⁶ 3⁶ + 1 leaf (f. 25) after 6 4⁸ wants 1 before f. 26 5⁸ wants 2 after f. 33 6⁸ 7⁸ wants 1 before f. 48 and 6 after f. 51 8⁸ wants 1 before f. 54 4 after f. 55 and 7 after f. 57 9⁸ wants 2 after f. 59 10⁸ wants 1 before f. 66 11⁸ 12⁶ 13⁸ wants 1 before f. 87 14–16⁸ 17⁸ wants 1 before f. 118 18⁸ 19 two (ff. 133–4). Offsets of missing round-topped pictures, ff. 56, 58 and 60; presumably more originally, now missing. Initials: (i) 4-line, blue or pink patterned with white, on decorated gold grounds, six remain (in arts. 2–4); (ii, iii) 2- and 1-line, gold, on grounds of pink and blue patterned with white, except quire 19, where 2-line, blue with red ornament, 1-line, blue with red ornament, or red with ink ornament. Floral borders on three sides of pages with type (i) initials; probably full borders on missing pages with pictures. Line-fillers in blue and pink patterned with white, and gold. Capital letters in the ink of the text filled with pale yellow. Binding of s. xviii (?). Secundo folio (f. 14) *filius dei*.

Written in northern France. Added to in England, s. xv, see art. 10, and art. 1 obits. 'Mater dei et uirgo uere mei Cecilie miserere Aue maria etc", ff. 25^v, 33^v, 47^v, 51^v, name erased on the first three. Armorial shield, f. 33^v, parti per pale (1) or on a chevron gules a crescent argent a canton ermine; (2) argent 2 lions passant langued azure (?). 'VI/178', s. xviii (?), on front pastedown, as found in numbers of Stonyhurst books, cf. MS 30 above.

33. (HMC iii). *Horae*   s. xv^I

Described *MERT*, no. 31, with a facsimile, pl. 7, of f. 81 (Coronation of B.V.M.).

1. ff. 1–12^v Full calendar in French in red and black.

Feasts in red include geneuiesue (3 Jan.), yues (19 May), lois roy (25 Aug.), leu (1 Sept.), and denis (9 Oct.).

Arts. 2–5 are on quires 2–11.

2. ff. 13–17^v Sequentiae of the Gospels.

3. ff. 17^v–21 Oroison deuote de nostre dame. Obsecro te . . . Et michi famulo^e tuo^e N. . . .

4. ff. 21^v–25 Deuote oroison de nostre dame. O intemerata . . . orbis terrarum de te enim . . . Et esto michi miserrime peccatrici (? *altered from* miserrimo peccatore) . . .

f. 25^v blank.

5. ff. 26–85^v Hours of B.V.M. of the use of (Paris).

Nine lessons at Matins. f. 86^{rv} blank.

Arts. 6–7 are on quires 12–14.

6. ff. 87–103^v Penitential psalms and (f. 99) 'Letania'.

Nine confessors: (8–9) yuo germane; ten virgins, not Anne: (7) genouefa . . . (9–10) oportuna elizabeth. Only two prayers at the end, Deus cui proprium and Fidelium.

7. ff. 104–110^v Hours of Cross.

Arts. 8–9 are on quires 15–20.

8. ff. 111–16 Hours of Holy Spirit.

f. 116^v blank.

9. ff. 117–58 Office of the dead.

f. 158^v blank.

Arts. 10–12 are on quire 21.

10. ff. 159–64 Doulce dame de misericorde . . .

The Fifteen Joys, Sonet, no. 458.

11. ff. 164–6 Les v plaies. nostre seigneur. Doulz dieu doulz pere saincte trinite . . .

The Seven Requests. The same title occurs in another Paris Hours, see MS 34 art. 11*b* below.

12. f. 166ʳᵛ Saincte wraie crois adouree . . .

Sonet, no. 1876.

13. ff. 167–169ᵛ Messe de nostre dame. Introite. Salue sancta parens . . .

14. ff. 169ᵛ–178 Memoriae, with headings in French, of Trinity, B.V.M. (Salue regina . . .), angels, John Baptist, apostles, martyrs, confessors, virgins, John ev., Denis, Sebastian, Nicholas, Katherine, Anthony, Claude, All Saints.

ff. 178ᵛ–179ᵛ blank.

ff. i + 179. 200 × 145 mm. Written space 102 × 72 mm. 15 long lines. Collation: 1¹² 2–10⁸ 11² 12–22⁸ 23⁸ wants 5, 6, 8 (blank) after f. 178, 7 (blank) is pasted down. Thirteen 11-line pictures, eight in art. 5 (kings at Terce, shepherds at Sext) and one before each of arts. 6–10 (10: B.V.M. and Child, and a woman kneeling in prayer with a book open before her, cf. Cambridge Fitzwilliam Museum MSS 76, 77, 78, 79, 95, 96, 103, and 120 for a woman in the Fifteen Joys picture). Initials: (i) 3-line, blue or pink patterned with white, on grounds of the other colour patterned with white and decorated gold; (ii) 2-line, as (i), but grounds are gold only; (iii) 1-line, gold on grounds of pink and blue patterned with white. Line-fillers of pink and blue patterned with white, and gold. Borders of foliage, continuous on pages with pictures, and the height of the written space on all other pages. Capital letters in the ink of the text filled with pale yellow. Binding of wooden boards covered with calf, s. xv/xvi, bearing a framing diaper roll enclosing six vertical rows of a floral roll; five bands. Secundo folio (f. 14) *qui non*.

Written in France; illuminated by the Master of the Harvard Hannibal. Originally intended for a man (?), cf. arts. 3–4; then amended (?) for a woman, cf. art. 4, and figure before art. 10 picture. 'Anne [. .]ng' erased, s. xvii (?), f. 1. 'Virardet', s. xviii/xix, f. 1. 'Newburgh', at the end of an inscription otherwise erased, '[. .] Missing [. . .] To my friends at Stonyhurst 1888', inside front cover.

34. (HMC iii). *Horae*   s. xv in.

1. ff. 1–12ᵛ Full calendar in French in gold and alternating blue and red.

Feasts in gold include 'Legyptieene' (2 Apr.), Yues, Germain (19, 28 May), Eloy (25 June), Anne (28 July), Loys roy (25 Aug.), 'saint leu saint gile' (1 Sept.), Remy, Denys (1, 9 Oct.), Eloy (1 Dec.).

Arts. 2–5 are on quires 2–3.

2. ff. 13–18 Sequentiae of the Gospels.

3. ff. 18ᵛ–20 Passio domini nostri ihesu christi. secundum iohannem. In illo tempore apprehendit pylatus . . . testimonium eius. Deo gracias. oratio. Deus qui manus tuas . . .

Mainly John 19: 1–34: cf. *Lyell Cat.*, pp. 65–6.

4. ff. 20–24ᵛ oratio. Obsecro te . . . Masculine forms.

5. ff. 24ᵛ–28ᵛ oratio beate marie virginis. O Intemerata . . . orbis terrarum. De te enim . . . Masculine forms.

6. (quires 4–12) ff. 29–92ᵛ Hours of B.V.M. of the use of (Paris), beginning imperfectly.

Beginnings of all except Vespers and Compline missing. Nine lessons at Matins.

Arts. 7–9 are on quires 13–16.

7. ff. 93–112 Penitential psalms, and (f. 106ᵛ) Litany.

Seventeen martyrs: (15) Lamberte; fifteen confessors: (15) Fiacri; twelve virgins, not Anne: (7) genouefa. Only two prayers at the end, Deus cui proprium and Fidelium.

8. ff. 112–118ᵛ Incipiunt hore sancte crucis—Patris sapiencia . . . (*ends imperfectly*).

9. ff. 119–123ᵛ Hours of Holy Spirit, beginning imperfectly.

The final prayer is shortened to 'Omnipotens sempiterne deus da nobis illam sancti spiritus gratiam quam tuis discipulis etc': the scribe had run out of space.

Arts. 10–11 are on quires 17–24.

10. ff. 124–72 Office of the dead.

11. (*a*) ff. 172–8 Les xv ioies nostre dame. Doulce dame de misericorde . . . ; (*b*) ff. 178–181ᵛ Les v plaies nostre signeur. Douls dieux douls pere sainte trinite . . . ; (*c*) f. 181ᵛ Sainte uraie croix aouree . . .

(*a–c*) Sonet–Sinclair, nos. 458, 504, 1876. The title of (*b*) occurs in another Paris Hours, see MS 33 art. 11 above.

Arts. 12–13 are on quires 25–8.

12. ff. 182–91 (*begins imperfectly*) Dame sans nulle bleceure./Et sans nulle peine enduree./Glorieuse uierge marie . . . Et de ceulx qui le diront. Amen.

A couplet and forty-two 6-line stanzas remain, out of up to forty-seven: one leaf gone before f. 181.

13. ff. 191–212ᵛ Cy apres sensiuent pluseurs memoires de sains et premierement. De sancto spiritu memoria antiphona . . .

Memoriae of Holy Spirit, Trinity, B.V.M. (O uirgo uirginum o uirga regina sola spes . . . , *RH*, no. 13920), angels (O celi ciues curie . . .), John Baptist, Peter and Paul (2 antiphons), James, John Evangelist (2), Philip and James (2), Bartholomew (2), Matthew (2), Simon and Jude, Matthew, Mark, Andrew, Stephen, Laurence, Denis, Clement, Christopher and Cucuphat, Innocents, Silvester, Hilary, Nicholas, Maur, Martin, Germanus, Mary Magdalene (Maria cuius lacrime . . .), Katherine (O uirginum gaudium . . .), Margaret, Anne, Apollonia, and All Saints.

14. (quires 29–30) Masses: (*a*) ff. 213–16 Messe de saint esperit. introitus. Benedicta sit . . . ; (*b*) ff. 216ᵛ–220ᵛ Missa spiritus sancti. introitus. Spiritus domini . . . ; (*c*) ff. 220ᵛ–224ᵛ Messe de nostre dame. introitus. Salue sancta parens . . . ; (*d*) ff. 224ᵛ–228ᵛ Messe des mors. introitus. Requiem eternam . . .

15. (added in another hand) (*a*) ff. 229–30 Gaude uirgo mate[r] christi que per aur[em] concepisti . . . Oremus. Oratio. Deus qui beatissimam uirginem mariam . . . ; (*b*) ff. 230–232ᵛ Contemplation a nostre dam[e.] Stabat mater dolorosa ⁊ . . Oratio. Interueniat pro nobis quesumus domine ihesu christe nunc in hora mortis . . . ; (*c*) ff. 232ᵛ–233ᵛ Deuote contemplation a la vierge marie. Salue sancta caro dei. per quam salui fiunt rei . . . Mundi me ab omni sorde . . . Presta michi tuum corpus . . .

(*a–c*) *RH*, nos. 7017, 19416, 18175. f. 234ʳᵛ blank.

ff. i + 234 + i. 190 × 137 mm. Written space 88 × 60 mm. 14 long lines. Collation: 1¹² 2–3⁸ 4⁸ wants 1 before f. 29 5–6⁸ 7⁸ wants 1 before f. 52 8⁸ wants 5 after f. 62 9⁸ wants 3 after f. 67 and 8 after f. 71 10⁸ wants 4 after f. 74 11⁸ 12⁶ 13–15⁸ 16⁸ wants 3 after f. 118 17–23⁸ 24² 25⁸ wants 1 before f. 182 26–30⁸ 31⁴ 32². Catchwords in *lettre bâtarde*. Seven 10-line pictures remain: two in art. 6 (Flight into Egypt at Vespers, Coronation of B.V.M. at Compline), and one before each of arts. 7–8, 10 (soul leaving mouth of corpse lying in a cemetery, angels above, one striking at a devil clawing at a grave), 11*a* (B.V.M. and Child enthroned), 11*b* (Christ on the rainbow, B.V.M. and a bearded John kneeling, resurrection). Initials: (i, ii) 3- and 2-line, blue or pink patterned with white, on decorated gold grounds; (iii) 1-line, gold on grounds of pink and blue patterned with white. Continuous borders on pages with type (i) initials, and on three sides of rectos of art. 1 and pages with type (ii) initials; some borders have been cut out and some have holes, where single flowers (?) have been cut out. Line-fillers in pink and blue patterned with white, and gold. Binding of s. xvi², rebacked and repaired; a blind roll of renaissance ornament as a border framing a panel with gilt fleur-de-lis angle-pieces. Secundo folio (f. 14) *in nomine*.

Written in France. 'Je suis apartenent a Barbe du Herkenroede demourant pour le present sure les esclostre du sainct Jan evuangeliste. a Lyege', s. xvi², f. iᵛ; 'Quant seras / Barbe Herkenroede', inside front cover; 'A M H S I G / T H / Spem omnem in te conieci (?) All myn hoffenstheit in gods Tout mon esperans et en dieu Herkenroede', inside front cover, and cf. Latin and English, f. i; 'B / Du bon de / Herkenroede', f. iᵛ.

35. (HMC iii). *Horae* s. xvⁱ

An imperfect example of the type of book of hours found in London Dulwich College 25, Edinburgh Univ. Libr. 303, and Leeds Univ. Libr. Brotherton 3, see *MMBL* i. 46, ii. 593, and iii. 27; also Powis Castle, above.

1. ff. 1–6ᵛ Sarum calendar in red and black.

Feasts in red include George (16 and 23 Apr.), Dunstan ('dinistani'), Augustine abp. (19, 26 May), 'ythamari' ep. and conf. (10 June), 'thome archiepiscopi' (7 July), 'lasarii' (31 Aug.), John of Bridlington (12 Oct.), Edmund k. and m. (20 Nov.). 'pape' and feasts of Thomas of Canterbury erased.

Arts. 2–3 are on quire 2.

2. ff. 7–8 De sancta trinitate antiffona. Domine deus omnipotens pater et filius et spiritus sanctus da michi famulo tuo N victoriam . . . oracio. Libera me . . .

f. 8ᵛ blank.

3. ff. 9–13 O ihesu eterna dulcedo . . .

The Fifteen Oes of St Bridget. f. 13ᵛ blank.

4. ff. 14–37 Hours of B.V.M. of the use of (Sarum), beginning imperfectly.

Hours of the Cross, Patris sapiencia . . . , worked in. The memoriae after Lauds are of Holy Spirit, Trinity, Cross, Michael, John Baptist, Peter and Paul, Andrew, Laurence, Stephen, Thomas of Canterbury (Tu pro thome sanguinem . . .) crossed out, Nicholas, Mary Magdalene, Katherine, Margaret, All Saints, 'Pro pace ecclesie', and Cross. ff. 17ᵛ, 27ᵛ, blank.

5. f. 37ʳᵛ (a) Psalmus. Salue regina . . . Vʼ. Virgo mater ecclesie . . . collecta. Omnipotens sempiterne deus qui gloriose virginis . . . ; (b) Has videas laudes qui sacra virgine . . . sic salutando mariam (5 lines in red).

(a) 6 versicles, as MS 36 art. 6b vers. 1–5, 7; (b) perhaps refers back here, normally precedes the farcing of Salve regina with Salve virgo virginum: leaf after f. 37 gone.

6. ff. 38–47 Penitential psalms, 'quindecim psalmi' (cues only of first 12), and (f.44) 'Incipiunt letanie'.

Leaf missing after f. 44, which ends with the third martyr. f. 47ᵛ blank.

7. ff. 48–61ᵛ Office of the dead.

8. ff. 62–70 Incipiunt commendaciones animarum.

9. ff. 70–72ᵛ Psalmi de passione domini nostri ihesu christi. Deus deus meus . . .

Cues only for 2–4 and 6; nothing for 9 (Ps. 29).

10. ff. 73–74ᵛ Incipit psalterium beati ieronimi presbiteri. Ps. Uerba mea auribus . . . laus eius semper (ends imperfectly).

ff. iii + 74 + iii. 195 × 140 mm. Written space 122 × 85 mm. 23 long lines. Ruled in pink ink. Collation: 1⁶ 2⁸ wants 8 (blank) after f. 13 3 three (ff. 14–16) 4⁸ wants 2 after f. 17 5⁸ wants 7 after f. 29 6⁸ wants 8 after f. 37 7⁸ wants 8 after f. 44 8–10⁸ 11⁸ wants 7, 8. Eleven crude 18/17-line pictures remain, all more or less damaged: five in art. 4 (Prime: manger; Terce: shepherds; None: Presentation; Vespers: Slaughter of Innocents; Compline: Flight into Egypt), and one before each of arts. 2 (Trinity), 3 (Pietà), 6 (Christ in judgement on the rainbow), 7 (funeral service), 8 (angels bearing a soul up to God), 10 (Jerome). Initials: (i) below pictures, 6-line, blue or pink patterned with white, on decorated gold grounds; (ii) 2-line, gold, on grounds of pink and blue patterned with white; (iii) 1-line, blue with red ornament, or gold with black ornament. Floral borders on picture-pages. Line-fillers in Litany only, in red with blue ornament, or black with gold ornament. Capital letters in the ink of the text marked with red. Binding of s. xx. Secundo folio (f. 8) Libera me.

Written in England (?). 'Elizabeth Short on this Booke wittness by Elizab[. . .]', s. xvii, f. 1.

36. (HMC iii). *Horae* s. xvᴵ

1. ff. 1–6ᵛ Sarum calendar in red and black.

The principal column is flanked on the left by four columns, headed Numerus dierum, Aureus numerus, Littere dominicales, and 'Idus N Kl'', and on the right by three, headed 'Ciclus 2ᵘˢ coniunccionis', 'Ciclus 3ᵘˢ coniunccionis', and 'Ciclus 4ᵘˢ coniunccionis', each subdivided into three, 'prima', 'hore', and 'Miᵃ'. The only English saints in red are Thomas of Canterbury and Augustine. The name of the sign of the Zodiac is written in red in the saints' column about the middle of each month.

Added, s. xv: Guthlac (11 Apr.), Etheldreda (17 Oct.), Wenefrid, Erkenwold, Edmund r. and
m. (3, 12, 20 Nov.); also Barbara (4 Dec.). 'pape' and the feast of Thomas of Canterbury in
December and its octave erased; the July feast untouched.

Arts. 2–6 are on quires 2–8.

2. ff. 7–42ᵛ Hours of B.V.M. of the use of (Sarum).

Hours of the Cross and of the Compassion of B.V.M., Matris cor uirgineum . . . (f. 27ᵛ, *RH*, no.
29551; *AH* xxx. 106), worked in; in the latter it is noted, f. 39, 'Qvicumque co[. . .] has
vesperas et matutinas de compassione semper uirginis marie cum consuetis uesperis et matutinis
eiusdem. nulla uero peste peribit neque mortem miserabilem subibit. sed ab ipsa sancta uirgine
semel ante mortem uisitabitur et per eam in celesti requie sine fine gloriabitur', and, f. 42ᵛ, 'Ista
sequens clausula dicatur cum nona et cum completorio genuflectendo et sub una oratione Ergo
mater miseris miserere mitis . . . uita redimitis'.

The memoriae after Lauds are of Holy Spirit, Trinity, Cross, Michael, John Baptist, Peter and
Paul, John ev., Laurence, Christopher, Innocents, George, Eutropius (Aue presul honestatis . . .),
Edmund (Aue rex gentis anglorum . . . , *RH*, no. 23810, *AH* xxviii. 292), Thomas of Canterbury
(*not defaced*), Nicholas, Leonard, Martin, Three Kings, Mary Magdalene, Agnes, Katherine,
Margaret, Etheldreda (Aue gemma preciose uirgo decens et formosa . . .), Anne (Gaude felix
anna quia concepisti prolem . . . , *RH*, no. 6773), Relics, All Saints, and peace.

3. ff. 42ᵛ–43ᵛ Salue regina . . . V' Virgo mater ecclesie . . . V' Virgo clemens . . .
V' Gloriosa . . . V' Funde preces . . . V' Aue . . . Oremus Omnipotens sempiterne
deus qui gloriose uirginis . . .

RH, nos. 18147, 21818. *AH* xxi. 818. Cf. art. 6 below.

4. f. 43ᵛ Cuilibet dicenti hanc orationem superius (*? for* inferius) scriptam ad
eleuacionem corporis christi deuote: decem milia dierum indulgencie conceduntur a
domino iohanne papa xiiᵒ. or' Anima christi sanctifica me. Corpus christi salua
me . . . O bone ihesu exaudi me . . . Pater noster. Aue maria.

RH, no. 1090.

5. ff. 44–58 Penitential psalms, (f. 51) Gradual psalms (cues only of the first 12),
and (f. 52ᵛ) Litany.

Twelve confessors: (10–12) Eusebius Swythune Birine; sixteen virgins: (12–16) Edith
Etheldreda Wythburga Sexburga Ermenilda. In the margin of f. 54 are added in the hand of art.
6 below alternative sets of twenty male and nine female saints: (4) Thomas *erased*, (8) Eutropius,
(13–20) sexte corneli cipriane dunstane cutberto pauline botulphe Francisse; and, in a different
hand, Katherine and Anne.

6. (added in current anglicana, s. xv, in blank space at the end of quire 8) f. 58ʳᵛ
(*a*) f. 58ʳᵛ Salue regina . . . ad te clamamus etc. Uirgo mater ecclesie . . . O
Clemens V. Virgo Clemens . . . O pia V. Gloriosa . . . O Felix V. Super celos . . .
O Mitis V. Dele culpas . . . O beata V. Funde preces . . . O benigna V. Vt nos
soluat . . . O dulcis maria salue—Aue maria etc.; (*b*) f. 58ᵛ Gaude virgo mater
christi qui (*sic*) per aurem concepisti . . . Omnipotens sempiterne deus qui deuina
gabrielis salutacione . . . ; (*c*) f. 58ᵛ Aue regina celorum . . .

(*a*) cf. art. 3 above.

Arts. 7–8 are on quires 9–11; one quire missing before 9.

7. ff. 59–70ᵛ Office of the dead, beginning imperfectly 'mei multiplicate sunt'.

8. ff. 71–81ᵛ Commendacio animarum dicitur a choro Si missa cuiuscumque anniuersarii uel corpore presenti in choro uel capitulo . . .

9. Prayers: (a) ff. 82–7 Domine ihesu christe qui in hunc mundum . . . (f. 85) a me famulo tuo N. . . . ; (b) ff. 87–89ᵛ Domine exaudi oracionem meam quia iam cognosco . . . ; (c) f. 90ʳᵛ Domine ihesu christe. mane sum surrexero . . . ; (d) ff. 90ᵛ–91 Angeli et archangeli uirtutes et potestates—orate pro nobis . . . ; (e) f. 91 Clemens trinitas. et vna diuinitas . . . ; (f) ff. 91ᵛ–93ᵛ Domine ihesu christe rex glorie qui es verus agnus . . . ; (g) ff. 93ᵛ–95 Per crucis signum. per crucis uirtutem . . . ; (h) ff. 95–8 Domine deus omnipotens. qui es trinus et vnus. qui es semper in omnibus . . .

10. ff. 98ᵛ–100ᵛ Summe summi tu pater unice mundi faber et rector machine . . . fiat que fontem dulcedinum ineternum.

PL clxxxiv. 1323–6. *RH*, no. 19710. Here written as prose.

11. ff. 100ᵛ–101ᵛ Confiteor domino deo patri et filio et spiritui sancto omnipotenti . . .

12. f. 102ʳᵛ Deprecor te domine qui michi bona faciunt. redde illis . . .

Followed by 13 blank lines.

13. f. 102ᵛ Aue caro christi cara immolata crucis ara. pro redemptis hostia. . . . , *RH*, no. 1710.

14. ff. 103–104ᵛ Gratias tibi ago domine ihesu christe. et communicacio sancti spiritus sit semper cum omnibus nobis in christo ihesu domino nostro. Deus qui voluisti pro redempcione mundi . . . Peto te domine—per illam plagam . . . Stella celi extirpauit . . . Queso te domine—per illam plagam . . .

Office of the Five Wounds.

15. Prayers: (a) ff. 104ᵛ–105ᵛ Benedicta sit hora in qua deus natus est homo . . . ; (b) ff. 105ᵛ–106 In manus tuas domine commendo spiritum meum . . . ; (c) ff. 106–7 Sucturrite (*sic*) michi omnes sancti dei ad quorum ego miser peccator . . . ; (d) f. 107ʳᵛ Deus propicius esto michi peccatori . . .

Masculine forms in (b–d).

16. f. 108 Aue ihesu christe uerbum patris filius uirginis . . . vita perennis. Pater noster. Aue maria.

Five Aves.

17. Prayers: (a) f. 108ᵛ Sancte Michael archangele domini—subueni michi . . . ; (b) ff. 108ᵛ–109ᵛ Deprecor uos omnes sancti angeli . . . ; (c) f. 109ᵛ Omnipotens sempiterne deus qui ezechie regi iude . . . ; (d) ff. 109ᵛ–110 O beatissime baptista precursor ac martir . . . ; (e) f. 110 Domine ihesu christe qui elegisti locum istum ad seruiendum tibi . . .

18. Devotions to B.V.M.: (a) ff. 110ᵛ–113 Spiritus sanctus in te descendit maria

. . . oremus. Letifica nos omnipotens deus. dominice concepcionis . . . O Maria piissima stella maris . . . Sancta maria mater domini nostri ihesu christi qui nullum derelinquis . . . Beata dei genitrix uirgo maria que dominum portasti . . . Gaude fecundata mater illibata . . . Deus qui de uirgine conceptus et natus . . . Sancta maria mater domini nostri ihesu christi in manus filii tui et in manus sancti michaelis—et sancti edmundi—et sancti Godrici et in manus omnium sanctorum tuorum commendo hodie animam meam . . . O gloriosa o optima. o sanctissima. uirgo maria. ego miser peccator . . . ; (b) ff. 113–15 Litany of B.V.M.; (c) ff. 115–116ᵛ Gaude pura parens dei. Gaude nostra summa spei . . . Deus qui intemerate genitrici tue . . . ; (d) ff. 116ᵛ–119 Singularis meriti sola sine exemplo mater et uirgo . . . ; (e) ff. 119–121ᵛ Uirgo gaude digna laude. templum sancti spiritus . . . ; (f) ff. 121ᵛ–122 Aue maria gracia plena. quia plenitudine gracie tue . . . ; (g) ff. 122–4 O maria mater christi. que de celo concepisti spiritum mirifice . . . (10 stanzas); (h) f. 124ʳᵛ O maria stella maris medicina salutaris corporis et cordium . . . ; (i) ff. 124ᵛ–125ᵛ Cristi mater ad te clamo quod post ipsum credens amo . . . ; (j) ff. 125ᵛ–128 Aue maria g. p. d. t.—Aue christi sponsa cara. in virtutum luce clara . . . ; (k) ff. 128–129ᵛ Aue maria gracia plena dei genitrix super solem et lunam pulcherimam . . . ; (l) ff. 129ᵛ- 131ᵛ Missus gabriel angelus ad mariam uirginem—Dominus tecum imperatrix reginarum . . . ; (m) ff. 132–133ᵛ Sancta dei genitrix sis michi auxiliatrix . . . ; (n) ff. 133ᵛ–134ᵛ O intemerata . . . orbis terrarum. inclina aures . . .

(c, e, g, h, i, and the start of j) are metrical pieces here written continuously.

19. (added in blank space at the end of quire 18): (a) s. xv, f. 135ʳᵛ Memoria of Clement, 'a periculo tempestate et timore ignis et aque et aliorum elementorum et ab omnibus insidiis inimicorum'; (b) s. xvi in., in a semi-humanist hand, f. 135ᵛ Aue domina sancta maria mater dei regina celi . . . , with heading conveying indulgence of 11,000 years.

20. The flyleaves contain early scribbles, memoranda, etc., including (a) f. 139ᵛ Orate pro anima Willelmi Haynton ciuis et Brodiar' london Fuit Mortuus in die [. . .] vᵒ die mensis Augusti Aᵒ domini Mᵒ CCCCᵒ xlv et Aᵒ regni h vj xxiij; (b) f. iiᵛ, s. xv, a list 'Ioh' freman / Anys freman / Robert Gayrstans / God fader / God moder / Eme and Amite / Bredryn and syster / Catryn' [. .] / Anys filia'; (c) ff. iii and 138 two similar lists of payments, s. xv/xvi, both starting 'To myles heape, To Thomas heape', the first referring to 'lande in Rawtanstall', the second to 'haliffax' and 'heptanstall'; (d) f. 137 'John Kyng' in the same hand and ink as a scribble '1536' on f. 136.

ff. iv + 136 + iii. 200 × 140 mm. Written space 134 × 82 mm. 20 long lines. Collation: 1⁶ 2–7⁸ 8⁴ 9–10⁸ 11⁸ wants 8 (blank) after f. 81 12–17⁸ 18⁸ wants 8 (blank) after f. 136. Quires 12–17 lettered in red, a–f. Initials: (i) f. 7, cut out; (ii) f. 37, 6-line, gold on blue and pink grounds patterned with white, others cut out; (iii) 2-line, blue with red ornament; (iv) 1-line, red or blue. Part of the border on f. 7, in gold and colours, remains. Boards missing; former covering of pink leather; 4 bands; central strap-and-pin fastening, now missing. Secundo folio (f. 8) et filio.

Written in England, for a male cleric (?), see arts. 9(a), 15(c, d), etc., 8 rubric. Obit of a London broiderer 1445, cf. art. 20(a). 'Iste liber constat Iohanni freman', s. xv, f. ii in red; and cf. art. 20(b). References to places between Stonyhurst and Leeds in art. 20(c). 'N. Shireburn', ff. 8, 59: Sir Nicholas Shireburn of Stonyhurst, d. 1717.

37. (HMC iii). *Horae* s. xv²

1. ff. 1–12ᵛ Full calendar in French in gold and alternating blue and red.

Feasts in gold include maur (14 Jan.), 'Sainct mace' Matthias (24 Feb.), Urban (24 May), 'Les sept freres' (10 July), and Calixte (15 Oct.) with 'vigile'. 'Sainct Nicholas de Tollantyn' added, 10 (?) Sept. No Visitation of B.V.M.

Arts. 2–4 are on quires 3–4.

2. ff. 13–18 Sequentiae of the Gospels.

3. ff. 18–22ᵛ De beata maria oratio deuota. Obsecro te . . . Masculine forms.

4. ff. 22ᵛ–27 O intemerata . . . orbis terrarum. De te enim . . . Masculine forms.

ff. 27ᵛ–28ᵛ blank.

5. (quires 5–15) ff. 29–116ᵛ Hours of B.V.M. of the use of (Rome).

Hours of Cross and Holy Spirit worked in. The Advent office begins without a break, f. 109. f. 117ʳᵛ blank.

6. ff. 118–37 Penitential psalms and (f. 131) Litany.

Eleven confessors: (11) honorate. The prayers at the end are Deus cui proprium, Deus a quo, and Fidelium.

7. ff. 137ᵛ–189 Office of the dead.

f. 189ᵛ blank.

8. (quire 25) ff. 190–7 Memoriae of Trinity, Michael, John Baptist, Peter and Paul, Sebastian, Nicholas, Katherine.

f. 197ᵛ blank.

9. (added, s. xvi²) (*a*) f. iᵛ a table to fynde ester for ever . . . note that in the yere of oure lord god 1563 estar was the xi day of April—the next yere it shalbe the second day of April . . . '; (*b*) f. ii The sonday letter wᵗ lepe yere.

(*a*) These are the correct days for Easter in 1563 and 1564.

ff. i + 197 + ii. 200 × 138 mm. Written space 85 × 62 mm. 14 long lines. Collation: 1–2⁶ 3–14⁸ 15¹⁰ wants 9 (blank) after f. 116 16–25⁸ Written in *lettre bâtarde*. Twenty-one 11-line pictures: ten in art. 5 (including one at first Hour of the Cross, and at first Hour of Holy Spirit), seven (12-line) in art. 8, and one before each of arts. 2, 3 (Pietà), 6 (David and Goliath), 7 (Job and his comforters). Initials: (i–iii) 3-, 2-, and 1-line, in pink decorated with gold, on blue grounds decorated with gold. Continuous framed floral borders in gold and colours on pages with pictures, the height of the written space in the outer margins of all other pages, except blanks. Line-fillers in blue or pink decorated with gold. Capital letters in the ink of the text touched with pale yellow. Binding of wooden boards covered with red velvet over which older red velvet has been stuck; 5 bands. Secundo folio (f. 14) *in que*.

Written in France. In England by s. xv ex., to judge by 'Elysabeth Plantaegenet (the qwene)', f. 198ᵛ; two words added in a second hand and darker ink take the name to refer to Henry VII's wife, d. 1503. In English ownership still in 1563, see art. 9. 'Colleg. Anglic. Societ. Iesu Leodii', s. xvii, f. i. 'St George's Exhibition' 1886, '31' for Stonyhurst and '204' in Liverpool Catholic Exhibition, and 'Tudor Exhibition London 1889–90' (Reg. no. 25.11), labels inside front and back covers.

38. (HMC iii). *Horae*   s. xv med.

Described in *MERT*, no. 57, and facsimile of f. 40 picture (Annunciation), pl. 14.

1. ff. 5–16ᵛ Full calendar in French, in blue, red, and gold in strict rotation.

Thirty-nine feasts distinguished by type (iii) initials include 'Les liens saint pierre' (1 Aug.), Ursin (29 Dec.). 'ha' is used in the line giving the number of days in each month, e.g. 'Ianuier ha xxxi iour'.

Arts. 2–6 are on quires 3–5.

2. ff. 17–21ᵛ Sequentiae of the Gospels.

The prayer Protector in te sperancium . . . added f. 18 margin.

3. ff. 21ᵛ–25 Oracio deuotissima beate marie uirginis. oracio. Obsecro te . . . Et micho famulo tuo . . .

4. ff. 25–7 Oracio deuotissima beate marie, et de sancto iohanne euuangelista, Oracio O intemerata . . . orbis terrarum. Inclina aures . . . Masculine forms.

5. ff. 27–35 Memoriae of Michael, John Baptist, Peter and Paul, John ev., Stephen, Sebastian, Christopher, Martin, Nicholas, Anthony, Margaret, Martha, Katherine.

6. ff. 35–39ᵛ Les quinze ioyez nostre dame. Doulce dame de misericorde mere de pitie . . . (*ends imperfectly in the 15th Joy*).

Sonet–Sinclair, no. 458.

7. (quires 6–13) ff. 40–103 Hours of B.V.M. of the use of (Bourges).

Sext headed as None. Advent office, f. 96 (13¹). f. 103ᵛ blank.

Arts. 8–9 are on quire 14.

8. ff. 104–7 Hours of Cross.

f. 107ᵛ blank.

9. ff. 108–110ᵛ Hours of Holy Spirit.

f. 111ʳᵛ blank.

Arts. 10–12 are on quires 15–22.

10 ff. 112–126ᵛ Penitential psalms and (f. 122ᵛ) Litany.

Twelve martyrs: (1–4) stephane priuate clete clemens; eight confessors: ursine austregisille ambrosi ieronime martine nicholae dominice uincenti. Only two prayers at the end, Deus cui proprium and Fidelium.

11. ff. 126ᵛ–169ᵛ Office of the dead.

12. (added in blank space at the end of quire 22, s. xv) ff. 170–1 les vii vers saint bernardt. Illumina oculos meos . . . Oratio. Omnipotens sempiterne deus qui ezechieli (*sic*) regi . . .

f. 171ᵛ blank.

Arts. 13–14 are on quires 23–4.

13. (*a*) ff. 172–174ᵛ Office of Sebastian 'totius patrie lombardie eius precibus et meritis fuit liberata a mortifera peste libera nos . . . '; (*b*) ff. 174ᵛ–175ᵛ Nota contra pestem cum enim aliqua persona percussa fuerit . . . Recordare . . . Quibus dictis statim paciens dicat semel pater noster . . . Propterea distribuet te deus . . . de terra uiuentium. Quando ista dicuntur per tres dies numquam nocebit ad postema. In nomine patris amen tu scis apostema uel carbunculus; (*c*) ff. 175ᵛ–176 Ego precipio tibi per sanctam lanceam . . . ; (*d*) f. 176 Disperdat te pater. disperdat te filius . . . si ergo me queritis sinite hos abire. Deo gracias; (*e*) ff. 176–80 Dulcissime domine ihesu christe uerus deus et homo qui de sinu patris missus es . . .

(*b–d*) charms against pestilence, to staunch blood, and against enemies; (*e*) 'Ita liberare digneris me B ab omni malo et periculo . . . me famulum tuum .B. . . . '

14. (added in blank space at the end of quire 24, s. xvi in.) ff. 180ᵛ–182ᵛ Three memoriae of B.V.M.: Salue regina . . . Regina celi letare . . . Inuiolata integra et casta es maria . . .

RH, nos. 18147, 17170, 9094.

15. (quire 25, added s. xv²) (*a–d*) ff. 183–4 Pater noster, Aue maria, Credo in deum patrem, Magnificat; (*e*) f. 184ᵛ Confiteor deo omnipotenti . . . , masculine forms; (*f*) f. 184ᵛ Dominus pars hereditatis mee et calicis mei tu es qui restitues hereditatem meam michi. Benedicamus domino. deo gracias; (*g*) f. 185 In manus tuas domine commando (*sic*) spiritum meum . . . ; (*h*) f. 185ʳᵛ Deus pacis et dilectionis mane at semper . . . ; (*i*) ff. 185ᵛ–186 Anime omnium fidelium defunctorum . . . ; (*j*) f. 186ʳᵛ Gaude uirgo mater christi que per aurem concepisti . . . Oremus. Deus qui beatissimam uirginem mariam . . . ; (*k*) f. 186ᵛ–187 Domine ihesu christe rogo te amore illius gaudii quod dilecta mater tua habuit in illa sacratissima nocte pasche . . . ; (*l*) f. 187 Aue uerum corpus natum de maria uirgine . . . ; (*m*) f. 187ʳᵛ Mondi saluator nobis sit auxiliator . . . ; (*n*) ff. 187ᵛ–188 Memoria of Barbara.

(*j, l*) *RH*, nos. 7017, 2175. f. 188ᵛ blank.

16. (quire 27) added, s. xv ex. (*a*) ff. 191–2 Memoria of Eutropius; (*b*) ff. 192–5 Oracio ad bonum angelum. Deus qui per iudicia . . . Angele qui meus es custos pietate . . . psalmus (lviii) Eripe me de inimicis . . . ; (*c*) ff. 195–6 [D]ominus papa bonifacius sextus ad supplicationem domini philippi quondam regem francie— Et sequitur oratio. uerte folium. [D]omine ihesu christe qui hanc sacratissimam carnem . . . ; (*d*) f. 196 [M]isereatur tui omnipotens deus . . . ; (*e*) f. 196 [C]onfiteor deo et beate marie et tibi pater . . .

(*c*) The heading carries an indulgence of 2,000 years.

17. (quire 26) added s. xv/xvi (*a*) ff. 189–90 Seven Oes of St Gregory, beginning imperfectly in the first 'in capite portantem'; (*b*) f. 190ʳᵛ Coram te dulcissime ihesu christe corde protestor . . .

18. (added in blank space at the end of quire 27 and on back flyleaf, s. xv ex.) (*a*) f. 196ᵛ Notice in French of the birth of Charles, son of Louis bâtard de Bourbon

and 'iehanne fille naturelle du roy de france', 24 May 1487, his baptism on 28 May, and the names of the godparents and the officiant, Jean de Valin, protonotary of the Holy See and commendator perpetual of the abbey of 'lessar', 'cousin de ma dicte dame'; (*b*) f. 198 Ce sont troys verites que on doit dire ch*a*cun iour a dieu. Sire iay pechie ainsi et ainsi . . . ; (*c*) f. 198 Ihesus vous soyez en ma teste en mon ent*en*dement . . . ; (*d*) f. 198^{rv} Temporibus octauiani cesaris. Cum ex vniuersis mundi partibus . . . [A]paruit temporibus nostris et adhuc est . . . speciosus inter filios hominum; (*e*) f. 199^{rv} Es temps doctouien cesar . . . ; (*f*) f. 199^v Vng hystorien nomme epyphanius descript la glorieuse virge marie . . . et la face longue; (*g*) f. 199^v Saint Iaques dit en ses epystoles. Tout homme soit hastif de oyr et entendre. et tardif a parler et respondre. et ne se courrousse pas de legier.

(*d*) Stegmüller, no. 158, 1 (Epistula Lentuli), preceded by an introduction; (*e*) translation of art. 18*d*, cf. Stegmüller, no. 158, 3; (*g*) Jas. 1: 19.

19. (added on front flyleaves, s. xv/xvi) (*a*) ff. 1–2 O marie nom tresplaisant / Remply de toute charite . . . ; (*b*) ff. 3–4^v Quicunque vult; (*c*) f. 4^v Quatuor semper ponenda sunt ante oculos mentis nostre . . . ; (*d*) f. 4^v Domine non sum dignus ut intres . . . et sanabitur anima mea; (*e*) f. 4^v V'. Sit nomen domini benedictum. Ex hoc nunc et usque in seculum. oremus. Omnipotens sempiterne deus qui dedisti famulis tuis in confessione . . .

(*a*) Four 8-line stanzas, one of 4 lines 'Prince eternal en trinite . . . ', followed (f. 2) by 'O sanctissima. o sacratissima . . . commendo tibi corpus meum et animam meam . . . '.

ff. vii + 194 + ii. Foliated (i–iii), 1–200. For ff. 1–4, 199 see arts. 18–19 above; for f. iii, below. 185 × 145 mm. Written space 105 × 72 mm. 15 long lines. Collation of ff. 5–198: 1–2^6 3–4^8 5^8 wants 8 after f. 39 6–21^8 22^4 23^8 24^4 wants 4 (blank) after f. 182 25^6 26 two (ff. 189–90) 27^8. Seventeen 11-line pictures: eight in art. 6 (Presentation at Sext, Magi at None), three in art. 5 (Michael, Margaret, Katherine), and one before each of arts. 2, 8–10, 11 (Job and comforters), 13(*a*). Initials: (i) red or blue patterned with white, on gold grounds, decorated or (f. 40) with shield held by angels; (ii) 2-line, as (i); (iii) 1-line, gold, on grounds of red and blue patterned with white. Line-fillers in red and blue patterned with gold. Continuous borders of flowers and foliage, with grotesques on ff. 40 (ass-headed viol-player) and 112 (jousting monkeys), on pages with pictures and type (i) initials, with ff. 40 five roundels of the life of St Anne and 112 a roundel left blank; borders the height of the written space in the outer margin on pages with type (ii) initials; border added f. 17. Headings in blue and red. Capital letters in the ink of the text filled with pale yellow. Binding of s. xix; older covers, s. xvi (?), elaborately tooled in gold with green and red paint, stuck on; labels, s. xix (?), inserted in centre of covers, 'Heures de Jeanne fille naturelle de Louis xi' on front, 'Heures manuscrite 14 (*sic*) miniatures' on back. Secundo folio (f. 18) *factus est*.

Written in France. One picture, f. 40, by the Master of the Hours of Charles of Normandy (Paris, Mazarine 473); others from the workshop of the 'Master of Jouvenal des Oursins', see *MERT*. Arms, probably added, in the initial on f. 40 are of Louis, bâtard de Bourbon, cf. art. 18*a* above. A printed notice, f. iii, headed 'Hereford, September 19, 1837' records that 'We, the undersigned, Catholics of the City of Hereford, sensible of the many invaluable blessings received from the Society of Jesus . . . beg the Rev. Richard Norris, as Superior of the said Society, to accept this *Illuminated Manuscript* . . . '; 25 names follow.

39. (HMC iii). *Horae* s. xv med.

1. ff. 1–12^v Full calendar in French in red and black.

Feasts in red include Savinien (24 Jan.), Mastie (7 May), and Loup (29 July). 'Ste Syre', 8 June, perhaps added early.

2. ff. 13–17^v Sequentiae of the Gospels, beginning imperfectly, in John (1: 9), which is followed by the prayer Protector in te sperantium . . .

3. ff. 18–23^v Hours of Cross, beginning imperfectly.

4. ff. 24–8 Hours of Holy Spirit, beginning imperfectly.

f. 28^v blank.

5. ff. 29–70^v Hours of B.V.M. of the use of (Troyes), beginning imperfectly.

The capitulum at Prime is Benedicta tu, not Hec est virgo.

6. (filling the blank space in quire 11) (*a*) ff. 70^v–71^v Salutatio beate marie uirginis. Salue regina . . . Concede nos famulos tuos . . . ; (*b*) ff. 71^v–72^v Oratio ad beatam mariam. O maria piisima stella maris clarissima mater misericordie . . . (34 lines); (*c*) ff. 72^v–73^v Salue sancta caro dei. per quam salui fiunt rei . . . (28 lines).

(*a–c*) *RH*, nos. 18147, 13213, 18175.

Arts. 7–10 are on quires 12–17.

7. ff. 74–89^v Penitential psalms, beginning imperfectly, and (f. 84^v) Litany.

Fifteen martyrs: (8–9) sauiniane urbane; eleven confessors; (9–11) lupe anthoni auentine; fourteen virgins, not including Anne: (11) mastidia. Only two prayers at the end. Deus cui proprium, and Fidelium.

8. ff. 90–113^v Office of the dead, beginning imperfectly.

Three lessons only.

9. ff. 114–117^v Obsecro te . . . et michi famule tue . . .

10. ff. 117^v–119^v oratio O Intemerata . . . orbis terrarum. Inclina . . . ego miserrime peccatrice . . .

11. (quire 18) (*a*) ff. 120–2 (*begins imperfectly*) Theologorum regulis Res realis fuit ista Quod te iohannes baptista . . . ; (*b–e*) ff. 122–126^v Memoriae of Barbara (Regali ex progenie Ciuis nicomedie . . .), Lupus (Aue presul honestatis Sacer magne sanctitatis Sancte lupe . . . , *RH*, no. 35676; *AH* xlvi. 290), Katherine (Hodierna lux diei Katherine sponse dei . . .), and Christopher.

(*a*) A single line and twelve 6-line stanzas remain out of up to seventeen (1 leaf gone before f. 120), the last asking for divine protection for the city of Troyes 'Ihesum ora o benigna Pro hac vrbe trecacina Vt hanc seruet a noxiuis Blada vina atque loca Habitantes vero loca Celo sursum ubi uiuis Amen.'.

12. f. 127^{rv} Oratio valde deuota. ad Dominum. O domine ihesu christe adoro te in cruce pendentem . . .

Five Oes of St Gregory.

13. ff. 127ᵛ–128ᵛ Memoria of Sebastian, O quam mira refulsit . . . *RH*, no. 30904.

14. ff. 128ᵛ–130ᵛ Septem gaudia spiritualia beate marie uirginis. Gaude flore uirginali Honoreque speciali . . . Oratio. Domine ihesu christe fili dei uiui qui beatam gloriosam humilem benignam et pulcherrimam uirginem . . .

RH, no. 6809.

15. ff. 130ᵛ–131ᵛ Memoriae of Helen and of All Saints.

16. ff. 131ᵛ–134 Oratio valde deuota. Domine ihesu christe qui septem uerba ultimo die . . . Amen. Fertur quod quicunque dixerit deuote oracionem suprascriptam cotidie genibus flexis nec demones—ad suum auxilium preparatam.

Prayer of the Seven Words.

17. f. 134ᵛ Beatus gregorius papa composuit oracionem sequentem. et concessit omnibus vere penitentibus et confessis deuote eam dicentibus in memoriam passionis ihesu et doloris sanctissime matris uirginis marie septem annos indulgenciarum (*ends imperfectly*).

Perhaps *RH*, no. 1771 followed.

18. ff. 135–6 (*begins imperfectly*) Dolentem cum filio . . .

Stabat mater, beginning with the last line of stanza 3. *RH*, no. 19416; *AH* liv. 312.

19. ff. 136–7 Oratio ad angelum commissum. Angele qui meus es custos . . . Oratio. Queso te confidenter rogo sanctissime angele . . .

RH, no. 22954.

20. (*a*) f. 137ʳᵛ Memoria of Denis George Christopher Blaise and Giles: Dyonisi radius grecie Fide regnum illustrans francie O georgi . . . ; (*b*) ff. 137ᵛ–138ᵛ Memoria of Katherine Martha Margaret Christina and Barbara: Katherina tyrannum superans . . .

RH, nos. 4707, 2691.

21. ff. 138ᵛ–139ᵛ Hoc scriptum repertum fuit Rome retro altare beati petri quod papa Iohannes duodecimus concessit omnibus transeuntibus cimiterium deuote dicentibus . . . Auete omnes anime fideles . . .

The heading carries an indulgence for as many years as there are bodies in the cemetery.

22. ff. 139ᵛ–140ᵛ Oratio. Domine ihesu christe salus et liberatio fidelium animarum . . .

23. ff. 140ᵛ–142 Septem versus beatissimi bernardi abbatis claueuallis (*sic*) Illumina oculos meos . . . oracio. Omnipotens sempiterne deus qui ezechie regi . . .

24. ff. 142–3 Memoria: De sancto claudio. Ant' O desolatorum consolator . . .

25. ff. 143–5 Passio domini nostri ihesu christe Secundum iohannem. In illo

tempore. Apprehendit pylatus . . . testimonium eius Deo gratias. Oremus. oratio. Deus qui manus tuas . . .

Mainly John 19: 1–34; cf. *Lyell Cat.*, pp. 65–6.

26. f. 145^rv Memoria of Nicholas.

ff. 146–149^v, 150^v blank.

ff. i + 150 + i. 173 × 132 mm. Written space 100 × 69 mm. 15 long lines. Ruled in pink ink. Collation: 1–2⁶ 3⁸ wants 1 before f. 13 and 7 after f. 17 4⁸ wants 6 after f. 23 5⁸ wants 4 after f. 28 6⁸ wants 7 after f. 38 7⁸ 8⁸ wants 2 after f. 48 and 7 after f. 52 9⁸ wants 3 after f. 55 and 7 after f. 58 10⁸ wants 3 after f. 61 11⁸ wants 1 before f. 67 12⁸ wants 1 before f. 74 13⁸ 14⁸ wants 2 after f. 89 15–17⁸ 18⁸ wants 1 before f. 120 19⁸ 20⁸ wants 1 before f. 135 21⁶ wants 5 (blank) after f. 145 22⁴. Initials: (i) missing; (ii) in art. 2 and to arts. 9–10, 3-line, in gold and colours, on red or blue patterned grounds, some decorated (pansy, strawberry); (iii, iv) 2- and 1-line, in gold, on red and blue grounds patterned with white. *B*, f. 134^v, a cadel. Framed floral borders, most containing a bird, on three sides of pages with type (ii) initials; in outer margin the height of the written space on versos with type (iii) initials, up to f. 89^v. Line-fillers in red and blue patterned with white, and gold. Capital letters in the ink of the text filled with pale yellow. French binding of wooden boards, s. xvi in., rebacked and repaired; four vertical rows of two rolls; (abba), framed by a diaper roll; two clasps, now missing; good floral edge painting. Secundo folio (f. 13) *entem in*.

Written in France, for use by a woman in the Troyes region, see arts. 9–11. In Brittany/ Normandy by s. xvii¹: 'Cy est la figure de Certain annimal ou poisson treue en la mer pres hermanuille en may 1628', with a drawing, f. 150. 'Mart. Renier presb^r Maclouaeus Roth (?) 1642', recording acquisition (?) at Rouen (?) by a St Malo priest, back pastedown.

40. (HMC iii). *Breviarium* s. xiv/xv

An imperfect Sarum breviary, no. 526 in the list in *CAO* iii.

Arts. 1–3 are on quires 1–19.

1. ff. 1–112^v Temporal, beginning imperfectly, in first Sunday in Advent Compline chapter–24th Sunday after Trinity.

f. 1 is badly stained: the first words are 'catum est super nos', *Brev. ad usum Sarum*, I. xii. Lessons differ from, and are generally shorter than, the edn. and MS 44 below. Lessons 7–9 for the Trinity season begin f. 107. Twenty-six leaves are gone, see collation below, perhaps including Corpus Christi after f. 94, which ends 'lc' ii^a Quia nec pater—Et tamen non' in Tuesday after Trinity, *Brev.* mlviii/16; f. 95 begins with the rubric 'Dominica prima post festum sancte trinitatis', *Brev.* mcix. The outer column of f. 93 is cut away.

2. ff. 112^v–116 Dedication of church, and through octave, beginning imperfectly in first Vespers hymn 'in celis uiuis' (edn. mccccxlix/6 up).

Outer half of f. 112 cut away, and a leaf after f. 115.

3. (filling the space remaining in quire 19) (*a*) f. 116^v Medie lecciones de dominica in lxx^a de sermone beati Iohannis episcopi leccio iiii^a Dignitas humane originis . . . compelleret; (*b*) f. 117^rv *rubrics*: Sciendum est quod per totum annum solet fieri plenum seruicium de sancto loci . . . Quicumque uult. Sciendum est

quod in singulis ebdomadis per aduentum . . . quando fit in crastino etc. Quando fit plenum seruicium de sancta maria . . . post oct' pasche.

(a) Brev. ad usum Sarum, I. cccclxxxvii/1–21, supplementing f. 58; (b) cf. ibid. I. lxvii–lxxii.

Arts. 4–5 are on quires 20–4.

4. ff. 118–54 Psalms, beginning imperfectly (30: 24), (f. 150) six ferial canticles, Te deum, Benedicite, Benedictus, Magnificat, Nunc dimittis, Quicumque uult.

Single leaves missing after ff. 127, 140, and 156, and the outer halves of ff. 120, 124, and 132.

5. ff. 154ᵛ–156ᵛ Litany, ending imperfectly 'Hermegildis', for Ermenildis, in the Thursday list.

Brev. ad usum Sarum, ii. 250–8.

Arts. 6–8 are on quires 25–39.

6. ff. 157–256ᵛ Sanctoral, beginning imperfectly, in Andrew nocturn ii antiphon 2 'susceperis' – Saturninus.

Brev. ad usum Sarum, iii. 8/13 up–1120. Anne, f. 206ᵛ. Single leaves missing before ff. 157, 189, and 243, and half of f. 216. Thomas of Canterbury not tampered with.

7. ff. 256ᵛ–272 Common of saints.

8. (added on the space remaining blank in quire 39) (a) s. xv² f. 272 Formulary letter from Fulk Bourchier lord FitzWaren to Robert bishop of Bath and Wells, asking him to admit Robert 'capellanum meum' to a vacant benefice in his presentation, 1475; (b) s. xv¹ ff. 272ᵛ–273 Kyriel' christel' kyryel' christe audi nos. Saluator mundi adiuua nos Sancta maria ora pro nobis. Sancta maria excellentissima regina intercede pro me . . . sine adiutorio amen Pater noster; (c) s. xv¹ f. 273 Aue maria gracia plena dominus tecum templum dei patris gratissimum . . . Aue Maria etc.

f. 273ᵛ blank.

9. ff. 274–275ᵛ (flyleaf and former pastedown) parts of two leaves of a Psalter, (Pss. 144:3–14, 16–145:5, 145:7–146:5, 6–147:4), s. xiii/xiv; initials: to psalms, 2-line, red, to verses, 1-line, alternately red and green.

ff. iii + 279 (foliated 1–76, 72*–76*, 77–87, 87*, 88–273) + iv. For ff. 274–5, see art. 9 above. 177 × 125 mm. Written space 118 × 87 mm. 2 cols. 32–5 lines. Collation: 1⁸ wants 1 before f. 1 2–5⁸ 6⁸ wants 7 after f. 45 7⁸ 8⁸ wants 5, 6 after f. 58 9⁸ wants 1 before f. 61 10–11⁸ 12⁸ wants 2 after f. 79 5 after f. 81 13⁸ wants 1 before f. 85 4–6 after f. 86 14⁸ wants 8 after f. 94 15⁸ wants 1–3 before f. 95 and 7–8 after f. 97 16⁸ wants 1–3 before f. 98 17⁸ wants 1 before f. 103 3–4 after f. 103 and 8 after f. 106 18⁸ wants 1 before f. 107 5 after f. 109 19⁶ wants 4 after f. 115 20⁸ 21⁸ wants 3 after f. 127 22⁸ 23⁸ wants 1 before f. 141 24¹⁰ wants 10 after f. 156 25⁸ wants 1 before f. 157 26–28⁸ 29⁸ wants 2 after f. 188 30–35⁸ 36⁸ wants 1 before f. 243 37–39⁸. Change of hand for arts. 4–5, ff. 118–156ᵛ (quires 20–4). Initials: (i) missing, on (partly) excised leaves; (ii) 2-line, blue with red ornament, or, f. 2, red I with ink ornament; (iii) 1-line, red or blue. Binding of s. xix. Secundo folio catum est.

Written in England. Possibly in the diocese of Bath and Wells, s. xv², see art. 8a above. Many marginal scribbles, s. xviii, some including personal names, Frost the commonest, and dates, ranging from 'Pacy Price her hand and pen 1758', f. 176, to 'Mary Frost Ellsmere [Salop.] 1790',

f. 116^v; only Frosts claim ownership: 'Mary Frost Her Book 1761', ff. 206^v–207, 'Ralph Frost his Book 1761 December ye 13', f. 59, 'William Frost his Book 1765', f. 203. Also on 13 Dec. 1761 'Richard Keay (?)', f. 230, 'Thomas Hinton', f. 231, 'Robert Hinton', f. 232, 'Thomas Venabses', f. 233. Six Roberts on f. 171^v face eleven Marys on f. 172.

41. (HMC iii). *Processionale* s. xiv/xv

1. (quire 1, added s. xv) (*a*) ff. 1–2 Memoria de sancto spiritu. Officium. Spiritus domini repleuit orbem terrarum . . . ; (*b*) ff. 2–3 Memoria de sancta maria. Officium. Salue sancta parens . . . ; (*c*) ff. 3–4 Sequentiae of the Gospels of Luke and John.

(*a, b*) Votive masses of Holy Spirit and B.V.M. f. 4^v blank.

2. ff. 5–8 Omnibus dominicis diebus per annum . . . per totum annum obseruetur

Exorcism of salt and water. *PS*, pp. 1–5/3 up.

3. ff. 8–94 Omnibus dominicis diebus per aduentum ad process' in eundo Missus est angelus gabriel . . .

Temporal. *PS*, pp. 6/12–134. Easter eve litanies, f. 55^{rv}; Corpus Christi, f. 83^v. On Palm Sunday against 'Hic fiat prima stacio', f. 35^v, *PS*, p. 49, is a marginal note 'Hec stacio fiat hic in cimiterio iuxta crucem ibidem'; similarly, at 'secunda stacio', f. 38, *PS*, p. 52, 'Ante domum ossium defunctorum uel perticum ecclesie'. Procession of Thomas of Canterbury crossed out and name erased in the prayer Deus pro cuius . . . , ff. 15^v–16, *PS*, p. 21.

4. ff. 94–95^v In dedicacione ecclesie.

PS, pp. 134–5.

5. ff. 95^v–117^v Sanctoral, vigil of Andrew–Katherine.

PS, pp. 135–62, without Conception or Visitation of B.V.M., Transfiguration, or Name of Jesus, but includes, ff. 103–4, Chad, for use 'vbi dedicata est ecclesia de eo', with reponsories 'Ex eius tumba lignia' and 'in introitu chori. O pastor digne. miseris concede benigne', and collect Deus qui sanctorum tuorum.

6. ff. 117^v–120 Common of saints.

PS, pp. 162 'Ciues apostolorum'–164, ending with collect Exaudi nos deus salutaris noster . . .

7. ff. 120–3 Fiunt autem quedam processiones causa necessitatis . . .

PS, pp. 164–7.

8. ff. 123–4 Fiunt autem quedam processiones ueneracionis causa . . .

PS, pp. 169–70.

9. (added, s. xv, filling space in quire 11 and flyleaves) (*a*) f. 124 Deus qui iustificeas impium et non vis mortem peccatorum maiestatem tuam suppliciter deprecamur ut famulum tuum R . . . ; (*b*) f. 124 Quesumus omnipotens deus ut famulus tuum R qui tua miseracione suscepit regni gubernacula . . . ; (*c*) ff. 124^v–126 Gospel readings, Stabant iuxta crucem . . . , Petite et dabitur vobis . . . , Amen dico vobis qui quecumque dixerit huic monti tollere . . . , Nolite sollicite

esse dicentes Quid manducamus . . . , Si quis diligit me . . . , Ego sum vitis vera . . .

(c) John 19: 25, Luke 11: 9, Mark 11: 12, Matthew 6: 31, John 14: 23, John 15: 1.

ff. i + 124 + iii. For ff. 125–6, see art. 9c above. 170 × 115 mm. Written space 128 × 84 mm. 32 long lines or 8 + 4-line stave for music. Collation: 1⁴ 2–11¹². Initials: (i) f. 5, 2-line E, blue with red ornament; (ii) 2-line, blue. Capital letters in the ink of the text, and cadels, marked with yellow. Contemporary binding, repaired, of wooden boards covered with white skin; 3 bands; central clasp, now missing. Secundo folio (f. 2) dat ego (f. 6) ipsum inimicum.

Written in England, perhaps for use in the diocese of Lichfield, see art. 5 above. 'Thomas Wylkox', 'Rychard Wylkox of mouche wenloke', 'Rondle Massy Bogthe thys Bocke', s. xvi, f. 4ᵛ; Much Wenlock is 30 miles west of Lichfield. Legal scribble, 'This indenture . . . ', dated 11 May 1556, f. 126.

[42. Missing.

HMC iii. 335, no. 42.

Hours. English and inferior workmanship, on 93 leaves. 'Edmundus Hargett, 1557', f. 1.]

43. (HMC 2). *Life of St Katherine, Passion, Charter of the Abbey, etc. (in English)* s. xv med.

1. (quires 1–2) ff. 1–19ᵛ (f. 1ʳ *badly faded and stained with re-agent*) Here begynneth the ryght excelent and most glorious lyf and passyon of yᵉ ry3t blyssed virgyn' seynt kateryne (*rubric ends*) wyche be dyscendyng—(f. 2) ye tyraunt maxence Now folwyth the begynnyng—ther Regned in yᵉ lond of Ciprys . . . (f. 13) here begynnyth the martirdom of seynt katerine . . . for yis felonye and for other. Here endyth the lyf of yᵉ glorious virgyn and martyr seynt kateryne.

One of 12 copies of version b listed A. Kurvinen, *English and Medieval Studies presented to J. R. R. Tolkien*, ed. N. Davis and C. L. Wren (1962), 272. f. 20ʳᵛ blank.

2. (quires 3–10) ff. 21–96 Passio domini nostri Ihesu christi. sit nostra salus et proteccio (*in top margin*). That tyme yᵗ our' lord Ihesu cryst was xxx 3er'. he chese hys Apostolis . . . mercy and pece Euer wᵗ[outen] ende Amen. Explicit iste liber a quibusdam vocatus testamentum Nichodemi in quo continetur Passio domini nostri Ihesu christi Resurreccio Ascensio Pentecost' Et qualiter Carynes et levynes scripcerunt in templo de Ierusalem quomodo dominus noster Ihesus christus Intrauit Inferno et lyberauit Adam et Euam et Alios Sanctos Et postmodum quomodo Pylatus fecit libros de predictis materiis In pretorio de Ierusalem. Et misit vnam Epistolam Imperatore Tyberyo Rome De passione domini nostri Ihesu christi facta per Iudeos in Ierusalem in modo ut scripbitur in libro Isto.

The stories of the Passion and Resurrection of Christ based on Pseudo-Bonaventura, Passio et Resurrectio Christi, together with the Gospel of Nichodemus and Harrowing of Hell, in a continuous narrative. Found also in BL MS Egerton 2658, and Manchester John Rylands Univ. Libr. MS Eng.895, see *MMBL* iii. 426–7.

3. (filling part of the blank space remaining in quire 10) (*a*) ff. 96^v–97 Ihesu for y^i wurthy wounde . . . doo amysse; (*b*) ff. 97–8 Etas beate marie virginis. Quatuor atque decem fuit in partu benedicta . . . (4 lines). Owr gloryous lady seynt marye at ye dey*n*g of her' derwurthy sone . . . And mad greet Ioye w^t alle y^t yer wer'. Qui scripsit carmen sit benedictus Amen

(*a*) Eight 4-line stanzas; cf. similar forms, *IMEV*, nos. 1701–11. f. 98^v blank.

4. ff. 99–121^v Here begynneth þe charter of þe abbey of þe holy gost. Here is a book þ^t spekyth of a place þat is clepyd þe abbey of þe holy gost—(f. 100) at ye last ende. The charter of þe holy gost. Wetyth 3e þat ben her' . . . and clene ye abbeye of (*ends imperfectly*)

Ed. C. Horstmann, *Yorkshire Writers*, i. 337–62/22 (i.e. 5 lines from the end). Jolliffe, H 9(b).

ff. iii + 123 (foliated 1–109, 109*, 110–12, 112*, 113–21) + iv. f. 122 raised pastedown. 168 × 118 mm. Written space 125 × 82 mm. 22–30 long lines. Frame ruling. Collation: 1–9^{10} 10–12^8 13^8 + 1 leaf (f. 121) after 8. Quires 11–13 signed + a b. Written in a current mixture of anglicana and secretary, by three hands, changing at ff. 21 and 99; the hand of art. 1 is closer than the others and, like the third hand, retains two-compartment *a*; þ is used commonly only on ff. 99–102^v, elsewhere *y* regularly. Initials: ff. 1, 2 and art. 2, 2-line, red; art. 3, ff. 99, 100 only, 2-line, ink or red, with ornament of the other. Binding of s. xix; marks of four bands of medieval binding , IVI, visible f. 122. Secundo folio *that lond.*

Written in England; West Norfolk to judge by the language.

44. (HMC iii). *Breviarium aestivale*   s. xiv^2 (1380 ?)

Arts. 1–5 are on quires 1–15.

1. ff. 1–93^v Temporal, vigil of Pentecost–25th Sunday after Trinity.

Lessons 7–9 for the 25 Sundays after Trinity, numbered 1–25, are on ff. 73^v–93^v, 'cum orationibus dominicalibus in fine temporalis scilicet post historiam' (ff. 34^v–35). On ff. 30–73 Sundays after Trinity are numbered according to the OT book read. This arrangement and numbering diverges from *Brev. ad usum Sarum*, 1. mclxvii–mccccl only in the position of the Sunday collects.

Type (i) initials to *Ueni*, f. 1, and *Sacerdos* (Corpus Christi), f. 16^v; Trinity initial missing. Type (ii) initials to the first responsory of the first Sunday in each group of Sundays as above. Single leaves missing after ff. 11 and 54.

2. ff. 94–107^v In festo dedicacionis ecclesie.

Offices for the day, and through the octave. *Brev. ad usum Sarum*, 1. mccccxlix-mccccxcii.

3. ff. 108–116^v Seruicium cotidianum de sancta maria per estatem.

The sets of 'alie lecciones' are shorter than *Brev. ad usum Sarum*, ii. 306–14, and the last is 'Per hanc . . . uiuificamur. Fusis . . . ', 313/2–16, 314/29–end, not *Eva comedens* . . . , 313/28–314.

4. ff. 117–18 Quocienscumque fiunt ix lecciones . . .

Blessings through the year. *Brev. ad usum Sarum*, ii. 459–62.

5. f. 118ᵛ Infra oct' trinitatis Feria. leccio 1 Hec est sancte trinitatis narracio . . .

Three lessons, not as *Brev. ad usum Sarum* , I. mlvii–mlviii. f. 119ʳᵛ blank.

6. (quire 16) (*a*) ff. 120–125ᵛ Sarum calendar in red and black, graded 'duplex festum' and for nine and three lessons; (*b*) f. 126 Table of a great cycle of 532 years, 1380–1911, with explanation below it, Intra tabulam dyonisii cum annis anno christi propinquioribus in quo summus et computa descendendo . . .

(*a*) The English saints with 'duplex' feasts are Augustine (25 May), Edmund abp. (9 June, 16 Nov.), Thomas (7 July, 29 Dec.), and Edward k. and m. (13 Oct.). Thomas of Hereford is in red, 9 lessons (2 Oct.). 'Dedicacio ecclesie de Assherugg duplex festum', in the main hand, (22 Oct.). Added, s. xv: three feasts of 9 lessons, Osmund (16 July), Winefred, in red (3 Nov.), and translation of Osmund (3 Dec.). 'pape' erased, but feasts of Thomas of Canterbury untouched. f. 126ᵛ blank.

Arts. 7–9 are on quires 17–28.

7. ff. 127–217ᵛ Psalms 1-150, and (f. 216) Te deum, Benedicite, Benedictus, Magnificat, Nunc dimittis.

One leaf missing after f. 154 contained Pss. 52:1–53:5.

8. ff. 217ᵛ–222 Sarum litanies.

Brev. ad usum Sarum , ii. 250–60. Oswald added at the end of the confessors on Saturday.

9. ff. 222ᵛ–223ᵛ In vigilia mortuorum . . .

A shortened office of the dead, filling the last three pages of quire 28.

10. ff 224–469 Sanctoral, Dunstan–Saturninus.

Brev. ad usum Sarum, iii. 293–1120. Type (i) initials to *D*escendit, John Baptist, f. 246; *Q*uem, vigil of Peter and Paul, f. 255; *S*ancti, relics, f. 277ᵛ; *T*ota, vigil of Assumption of B.V.M., f. 331ᵛ; *D*ei, Nativity of B.V.M., f. 362; *S*ancti, vigil of All Saints, f. 423; type (ii) initial to *E*xcelsi, Michael, f. 393. A marginal note, f. 285, 'Translacio sancti Osmundi episcopi et confessoris. quere oracionem in fine l[ibri]', refers to art. 12.

11. ff. 469ᵛ–495ᵛ Common of saints.

12. (added, s. xv) f. 495ᵛ Deus cuius antiqua miracula . . .

Collect for Osmund, *Brev. ad usum Sarum*, iii. 473.

13. (added on flyleaf, s. xv) f. 496 Ewangelium secundum Lucam. In illo tempore. Descendens ihesus de monte . . . Sermo ex commentario venerabilis bede presbiteri. Turbe que de longe . . . lumen aperiat.

Lessons vii–ix for the common of martyrs, cf. *Brev. ad usum Sarum*, ii. 403–4 lesson vii.

ff. iii + 495 + iv. For f. 496, see art. 13. 170 × 114 mm. Written space 109 × 74 mm. 2 cols. 27 lines. Collation: 1¹⁰ 2⁸ wants 1 before f. 11 3–6⁸ 7⁸ wants 6 after f. 54 8–14⁸ 15⁸ wants 8 (blank) after f. 119 16⁶ + 1 leaf (f. 126) after 6 17–19⁸ 20⁸ wants 5 after f. 154 21–27⁸ 28¹⁰ 29–62⁸. Quires 1–8 signed in red, + (a)–g. Initials: (i) to arts. 2 and 11, and principal psalms, and in arts 1 and 10 (see above), 5-, 4-, or 3-line, in blue or pink, or both (f. 127, Ps. 1), patterned with white, on decorated gold grounds, prolonged into all or three margins with bars of gold and colour and projecting leaves and buds; (ii) in arts. 1, 10 (see above), 4- or 3-line, in gold, on grounds of blue and pink patterned with white, with gold ivy-leaves in margin; (iii) 2-line, blue with red ornament; (iv) 1-line, blue or red. Binding of s. xx in. Secundo folio *Confiteor*.

Written in England, probably for use of the Bonhommes of Ashridge, Herts., perhaps in 1380, see art. 6. Memorandum of the receipt by H. W. of 40s. owed 'de Rogero Weuer', s. xv, f. 496^v. 'EDWARDE BOROWE est verus possesor hvivs libri', s. xvi (?), f. 119.

45. (HMC iii). *Preces, etc.* s. xvi in.

Perhaps the remains of a book of hours, see inscription inside front cover 'les presentes heures'. Pictures, full-page unless otherwise stated, stand before the arts. marked * below.

Arts. 1–2 are on quires 2–4.

1. *(f. 4: *resurrection*) ff. 4^v–7^v Quando surges de lecto dic orationem sequentem. Oratio. Surrexit dominus de sepulcro . . .

Prayers on rising, 'in mane', on going to bed, and to guardian angel. One leaf missing after f. 5.

2. Salutations and prayers to B.V.M.: (*a*) ff. 8–10 (*begins imperfectly*) Sexto quia —presentabo. Sequuntur septem gaudia beate marie virginis. Gaude flore virginali. Que honore speciali . . . Deus qui in sacratissima virgine . . . Oratio. Dulcissime domine ihesu christe . . . ; (*b*) *(10-line: *angel with book and B.V.M.*) ff. 10–11 Responsorium valde deuotum ad virginem mariam. Gaude maria virgo cunctas hereses. sola interemisti . . . Oratio. Omnipotens sempiterne deus qui gloriose virginis . . . ; (*c*) *(10-line: *B.V.M. crowned and flanked by angels*) ff. 11^{rv} Prosa in honorem beate marie virginis. Veneremur virginem per cuius dulcedinem . . . ; (*d*) *(10-line: *B.V.M. holding boy Jesus by arm*) ff. 11^v–13^v Prosa de beata virgine maria compilata per deuotissimum fratrem adam de sancto victore parisien'. Salue mater saluatoris Vas electum . . . ; (*e*) ff. 13^v–14 Papa sixtus quartus concessit cuilibet deuote dicenti infra scriptam oracionem xi milia annorum de vera indulgencia pro qualibet vice. Aue sanctissima maria mater dei regina celi . . . ; (*f*) f. 14 Specialis salutacio ad beatam virginem mariam. Aue ancilla trinitatis. aue filia sempiterni patris . . . ; (*g*) ff. 14^v–15 Alia oratio ad beatam virginem mariam. O domina sanctissima maria mater regis altissimi uirgo perpetua. Ego peccator et infelix . . . ; (*h*) ff. 15–16 Oratio beate marie virginis valde deuota. O illustrissima et excellentissima gloriosa semper virgo maria . . . ; (*i*) ff. 16–17 Alia oratio ad beatam virginem mariam. Saluto te beatissima dei genitrix virgo maria angelorum Regina . . . ; (*j*) *(18-line: *B.V.M. praying*) ff. 17–20 Oratio beate marie virginis valde deuota. Obsecro te . . . , masculine forms; (*k*) *(13-line: *St John and B.V.M.*) ff. 20–22^v Alia oratio deuotissima de beata virgine maria. O intemerata . . . orbis terrarum. De te enim . . . , masculine forms; (*l*) *(17-line: *B.V.M. and Child, whose head Joseph supports with a red cushion, flanked by angels*) ff. 23–4 Sequuntur septem gaudia beate marie virginis. Gaude uirgo mater christi Que per aurem concepisti . . . Oratio. Deus qui beatissimam et gloriosissimam virginem mariam in conceptu . . . ; (*m*) *(f. 24^v: *Pietà*) ff. 24–25^v Alia oratio deuotissima. Stabat mater . . . Fac ut portem christi mortem (*ends imperfectly*).

(*l,m*) *RH*, nos. 7017, 19416.

3. (quire 5) Prayers to B.V.M.: (*a*) f. 26^{rv} (*begins imperfectly*) Nostra fuit sollenitas

Vt lucifer lux oriens . . . Oratio Deus qui nos conceptionis natiuitatis . . . ; (b) *(10-line: *B.V.M. reading to boy Jesus, Joseph with mallet in background*) ff. 26ᵛ–27ᵛ Alia oratio beate virginis marie. O regina quam diuina preelegit gratia . . . vt in bello trucidam (*ends imperfectly*).

(b) *RH*, no. 13622; *AH* l. 442–4.

Arts. 4–10 are on quires 6–7.

4. ff. 28–30ᵛ Memoriae, beginning and ending imperfectly: Peter and Paul, * Michael, * John Baptist, * John ev. * Peter and Paul, * James, Apostles.

10-line pictures. Only the word 'An*tiphona*' remains of the last; next two leaves missing.

5. *(18-line: *Pentecost*) ff. 31–2 Hymnus specialis ad spiritum sanctum. Veni creator spiritus mentes tuorum visita . . . Oratio. Ure igne sancti spiritus . . . Acciones nostras.

6. *(18-line) ff. 32ᵛ–34 Commemoracio de sancto sebastiano. O sancte sebastiane Semper vespere et mane . . . (*RH*, no. 13708) Antiphona. O quam mira refulsit . . . Omnipotens sempiterne deus qui meritis beati sebastiani . . . Alia oratio. Deus qui beatum sebastianum . . .

7. *(18-line: *Bernard in biretta and Cistercian habit writing in a book on a table-tomb*) ff. 34ᵛ–35ᵛ Sequuntur Versus sancti bernardi. Illumina oculos meos . . . Omnipotens sempiterne deus qui ezechie regis . . .

Fourteen verses, not eight as usual.

8. ff. 35ᵛ–36 Oratio. Deus omnipotens qui es omni vita custodi me hodie . . .

9. Memoriae: (a) *(14-line: *angel supporting altar-cross in open country*) f. 36ʳᵛ De sancta cruce anª. Adoramus te domine ihesu christe et benedicamus tibi . . . Oratio. Domine ihesu christe fili dei viui pone passionem . . . ; (b) *(18-line: *Dove descending on disciples in open country*) f. 37ʳᵛ De sancto spiritu. Veni sancte spiritus reple tuorum corda . . . Omnipotens sempiterne deus da nobis illam sancti spiritus gratiam . . . ; (c) *(f. 38: *under a red heading* Hee me traxerunt de celis et hic me tenuerunt et crucifixerunt *Christ on the cross with four women with placards, one spearing him, the others nailing him:* 'obediencia' Plurima homo dedit eum per me christus obedit, 'myserycordia' Sum medicum miserum miseratio sanat, 'humilitas' inclinante mire domini tormenta subiit, *and, with spear,* 'caritas' hoc vulnus durum dat amor mihi cernere mirum; *across centre* ecce Rex Vester, *at foot* Mente agita precio quo sis ingente redemptus, *and below nine lines* Discite mortales dominum cognoscere vestrum . . . Pro vita populi respice quanta tuli) ff. 38ᵛ–40 Passio domini nostri ihesu christi Secundum iohannem In illo tempore. Apprehendit pylatus . . . testimonium eius. Deo gratias. Hymnus In passione domini. qua datur salus homini . . . V' Mortuus est—R' Resurrexit—oratio Deus qui manus tuas . . .

(c) cf. MS 39 art. 26 above.

10. *(17-line: *vision of Trinity to a pilgrim*) ff. 40ᵛ–41ᵛ Testamentum peregrini per

modum orationis deuote deo quotidie dicendo. Pater ecce ego peccator . . . qui dedit illum. Amen. O bone ihesu duo in me cognosco . . .

Arts. 11–18 are on quires 8–10.

11. (a) *(19-line: *Christ on rainbow flanked by angels with trumpets and kneeling saints, figures rising from graves below*) f. 42^{rv} Si cupis o homo vt tui misereatur dominus fac ut proximo miserearis . . . Ora ergo pro defunctis . . . pro se ipso orat augustinus; (b) ff. 42^v–45 Ce qui est icy dessoubz listoire escript a este trouue a Romme et est escript derriere lautel—et Aue maria. Memoria pia ac deuota pro deffunctis. Auete omnes anime fideles . . . Oratio Domine ihesu christe salus et liberatio fidelium animarum . . . Oratio. Miserere pie ihesu per gloriosam resurrectionem tuam . . . Oratio. Reminiscere clementissime deus miserationum tuarum . . . oratio. Respice quesumus domine ihesu christe animas omnium . . . Alia oratio. Deus in cuius miseratione anime fidelium requiescunt . . .

(b) The heading conveys an indulgence of Pope John XII of as many years as there are bodies in the cemetery.

12. *(10-line: *beheaded bishop*) ff. 45^v–46 Cum aliquis fuerit in aliqua necessitate tribulatione seu aduersitate dicat oractionem sequentem. Amen amen dico uobis . . . Oratio Deus qui sanctorum martirum tuorum dyonisii et eustachii georgii christophori blasii decem milium que martirum . . .

13. *(10-line: *vision of crucified Christ to saint at prayer*) (a) f. 46^{rv} memoria: De sancto petro de luxemburgo. Nouum sidus ecclesie lucerna nostri pedibus . . . ; (b) *(f. 47: *saint preaching in a wayside pulpit and four angels bearing up Mary Magdalene in a general landscape*) f. 47^v Reuerendus in christo pater dominus bartholomeus episcopus alexandrinus concessit cuicumque deuote dicenti supra-dictam orationem sancti petri cum an' xl^{ta} dies indulgencie pro qualibet vice.

14. ff. 47^v–49 Two memoriae of Mary Magdalene, the second beginning Gaude pia magdalena Spes salutis . . . , *RH*, no. 6895, followed by an Ave for her.

15. *(10-line: *man kneeling before Christ seated and blessing*) ff. 49^v–50 Oratio post deuotionem factam. Suscipe digneris domine ihesu christe omnipotens deus has orationes quas ego miserrimus et indignus peccator . . .

16. *(f. 50^v: *labelled relics of the Sainte-Chapelle, as BN MS lat. 8890 f. 65^v*) (a) ff. 51–55^v Missa de sacro sanctis reliquiis insignis capelle regalis palam parisiensis. Gaudeamus omnes in domino . . . ; (b) *(18-line: *two angels supporting the reliquary of the crown of thorns in open country*) ff. 56–7 Commemoratio de reliquiis a^a. E christo plebs dedita tot christi donis predita . . . ; (c) *(18-line: *Crucifixion*) ff. 57^v–58 Oratio. Domine ihesu christe fili dei viui qui ex voluntate patris . . . ; (d) *(18-line: *two angels holding Crown of Thorns in open country*) ff. 58^v–59 Alia commemoratio de reliquiis a^a. Cruci corone spinee sacroque ferro lancee honorem . . .

(a) the prose is Nos ad laudes preclara corona monet alleluia Et pro crucis vexillo sonora fouet armonia . . . , *RH*, no. 12195; *AH* viii. 90; Gloria, Creed, Sanctus, and Agnus dei included.

17. *(18-line: *two angels supporting reliquary in the form of Greek cross in open country*) ff. 59ᵛ–60 Commemoratio de cruce. Per crucem tuam salua nos christe redemptor . . .

18. *(18-line: *B.V.M. seated preparing to suckle Christ-child, angel and Joseph in background*) ff. 60ᵛ–61 Commemoracio de lacte virginis marie. Lac gloriose virginis lac immense dulcedinis . . .

19. (quire 11) Prayers, etc., before, during and after mass: (*a*) *(f. 61ᵛ: *monstrance carried in procession in town*) f. 62 In eleuatione corporis christi. Aue salus mundi uerbum patris hostia sacra . . . ; (*b*) f. 62 Quicumque dixerit orationem sequentem in eleuacione corporis christi habet ccc dies indulgencie. Aue verum corpus natum de maria virgine . . . ; (*c*) f. 62ʳᵛ Anno millesimo ccc xxx Iohannes papa xxiiᵘˢ—fecit oracionem sequentem et concessit dicentibus tria miliarum dierum de indulgentia et de peccatis venialibus mille annos. oratio. Anima christi sanctifica me . . . ; (*d*) ff. 62ᵛ–64 Raconte monsʳ saint bernard que en son temps fut vng clerc—Aue domine ihesu christe verbum patris filius virginis . . . Raconte encores monsʳ saint bernard que le pape innocent tiers octroya cc et xl iours de pardon a toute personne qui dira quant le prestre leue le corps de nostre seigneur ihesucrist les cinq vers dessusdit Cest assauoir Aue domine ihesu christe. et loroison qui sensuit. Oratio. Ecce agnus dei ecce qui tollit peccata mundi Ecce deus noster . . . ; (*e*) f. 64 In eleuatione sanguinis christi. Aue sanguis christi sacratissime. Aue sanguis mundissime . . . ; (*f*) ff. 64–5 Omnibus hanc orationem dicentibus instatu gratie inter eleuationem corporis christi et tercium agnus dei conceduntur duo milia annorum indulgencie a bonifacio papa viᵗᵒ. et est scripta in iherusalem iuxta altare sancti sepulcri. bulla est signata parisius in thesauro Regis. Oratio. Domine ihesu christe qui hanc sacratissimam carnem . . . ; (*g*) f. 65ʳᵛ Ante receptionem corporis christi. Ne irascaris domine ihesu christe quod ego immundus immundo corde . . . ; (*h*) ff. 65ᵛ–66 In receptione corporis christi. Piisime saluator mundi qui non ventris sed es cibus reficiens . . . ; (*i*) f. 66ʳᵛ Post communionem et receptionem corporis christi. Sacrasancta perceptio viuifici misterii tui corporis . . . ; (*j*) ff. 66ᵛ–67 Alia oratio post communionem et receptionem. Uera perceptio corporis et sanguinis tui . . .

f. 67ᵛ blank.

Arts. 20–42 are on quires 12–15.

20. *(f. 68: *St Gregory's vision*) ff. 68ᵛ–70 Beatus gregorius papa instituit sequentes orationes—Et nouissime innocencius octauus [1484–92] omnes indulgencias ab antecessoribus suis datas iterum duplicauit et octaua(m) orationem scilicet O amantassime pater superaddidit. O domine ihesu christe adoro te in cruce pendentem . . .

The Seven Oes of St Gregory,—in cruce vulneratum—propter illam amaritudinem—in sepulcro positum—descendentem—resurgentem—pastor bone—, followed by the eighth as specified in the heading.

21. *(18-line: *wounded Christ standing in tomb, in background instruments of*

Passion, two angels and placard: lancea crux clam demonstrant qua vivos qui transitis per me transite) ff. 70ᵛ–71ᵛ Iohannes papa xxii^{us} composuit orationem sequentem et concessit omnibus eam dicentibus centum viginti dies indulgencie et septimam partem de penitenciis iniunctis. Et papa nicholaus concessit vnicuique dicenti eam xx^{ti} diebus continuatis ore confesso et corde contricto suorum remissionem omnium peccatorum Domine ihesu christe fili dei viui qui voluisti pro redemptione mundi . . .

22. *(18-line: *Crucifixion*) ff. 72–73ᵛ Oratio bede venerabilis de septem vltimis verbis . . . ad suum auxilium videbit. Domine ihesu christe qui septem verba . . .

23. *(18-line: *risen Christ appearing to B.V.M. seated on bedroom floor*) f. 74ʳᵛ Ceste oroison est escripte a Romme en leglise saint iehan de latran—Domine ihesu christe rogo te amore illius gaudii . . .

The heading conveys an indulgence of 800,000 years 'pour les peches mortels et pour le temps perdu'.

24. *(18-line: *Christ blessing a woodland river*) ff. 75–77ᵛ Oratio quotidie dicenda ante ymaginem corporis christi. Conditor celi et terre rex regum . . .

25. *(11-line: *God the Father in papal tiara seated with orb blessing*) ff. 77ᵛ–79 Oratio beate thome de aquino cothidie dicenda. Concede michi misericors et omnipotens deus que tibi placita sunt . . .

26. *(11-line: *Christ seated with orb blessing*) ff. 79–80ᵛ Deuota recognitio sui ipsius ad deum. Domine non sum dignus consolatione tua nec . . .

27. *(11-line: *winged Christ with orb seated on tomb (?) blessing*) ff. 80ᵛ–81ᵛ Oratio serui dei se totum deo committenti secundum beatum augustinum in suis meditationibus. Deus pater omnipotens o bone domine miserere mei peccatoris . . .

28. *(11-line: *Christ with orb blessing and surrounded with spirits*) ff. 81ᵛ–82ᵛ Protestacio perutilis in vita et in mortis articulo. Coram te domine dulcissime ihesu christe corde protestor . . .

29. ff. 82ᵛ–83 Credo in deum patrem . . .

30. *(11-line: *wounded Christ supported in tomb by an angel, instruments of Passion in background*) ff. 83–4 Beatus anselmus in suis meditationibus dixit nullum fore dampnandum qui qualibet die dixerit hanc orationem sequentem. Oratio. O bone et dulcissime ihesu perpetuam misericordiam esto michi ihesus. Et quid est ihesus nisi plasmator . . .

31. f. 84ʳᵛ [S]ecquitur oratio sancti augustini in fine vite dicenda quam si quis— talem contrictionem saluabit. Oratio. Puro corde et ore confiteor te esse verum deum . . .

32. ff. 84ᵛ–85 Oratio deuote. Deus in te sperancium fortitudo . . .

33. f. 85 Oratio. Domine ihesu christe filii beate uirginis marie da michi te diligere . . .

34. f. 85^{rv} Oratio beati bernardi ad dominum deum nostrum. O bone ihesu scribe in corde meo vulnera tua . . .

35. f. 85^v Oratio beati francisci ad dominum deum nostrum. Domine (*sic*) gloriosissime deus illumina tenebras . . .

36. ff. 85^v–88 Oratio de pace. Deus auctor pacis et amator quem nosse . . . Deuotio Ostende nobis domine misericordiam tuam et salutare tuum da nobis. Oremus Presta quesumus omnipotens deus ut qui in afflictione nostra . . . Alia oratio. Ineffabilem misericordiam tuam domine nobis clementer . . . Alia oratio. Domine deus omnipotens qui ad principium huius diei . . . (*as art. 48*(b) *below*) Alia oratio. Libera nos quesumus domine ab omnibus malis . . . Deuotio specialis tractus. Domine non secundum peccata . . . V. Domine ne memineris . . . V Adiuua nos deus salutaris . . . Oratio. Protector in te sperancium . . . R Domine secundum actum meum noli me iudicare . . . V Amplius laua me ab iniquitate . . . Domine deus meus ex benignitate . . . Gaudium cum pace emendationem . . . Dominus dirigat corda et corpora nostra . . . Contra malas cogitaciones Omnipotens mitissime deus respice propicius . . . In manus tuas domine commendo . . . A subitanea et improuisa morte . . . Et fidelium anime per misericordiam dei cum christo sine fine requiescant in pace. Amen.

37. ff. 88–90 Si quis infirmitatem aut persecutionem paciatur ab inimicis dicat deuote qualibet die sequentem orationem. O dilectissime domine ihesu christe fili dei viui qui de sinu patris . . .

38. *(f. 90^v: *God the Father, depicted as in art. 25 above, and Son seated on a throne in a single robe holding open a book over which the Dove hovers, in open country*) f. 91^{rv} Oratio ad patrem et filium et spiritum sanctum cothidie dicenda. Adoro te deum patrem et filium et spiritum sanctum vnam diuinitatem . . .

39. f. 92 Domine deus meus dirige pedes meos in via pacis . . .

40. ff. 92–3 Deus tu propicius esto michi peccatori . . . Oratio. Omnipotens sempiterne deus qui dedisti famulis tuis in confessione vere fidei . . .

41. ff. 93^v–96^v Fuit quidam papa qui dum ad extremum peruenisset interrogauit capellanum suum . . . benedictus in secula (f. 95) seculorum amen Primo dic Kyrieleyson . . . Oratio ad ihesum. Domine ihesu christe per agoniam . . . Secundo dic—Domine ihesu christe qui pro nobis mori dignatus es . . . Tercio dic—Domine ihesu christe qui per os prophete tui . . .

The rubric covers three pages.

42. ff. 96^v–97^v Alia oratio ad ihesum christum. Domine ihesu christe qui Redemisti me precioso sanguine tuo. scribe in anima mea vulnera tua . . .

Arts. 43–4 are on quire 16.

43. (*a*) *(f. 98: *Crucifixion*) f. 98^v Christus factus est pro nobis obediens . . . Oremus. oratio. Respice quesumus domine ihesu christe super hanc familiam tuam . . . ; (*b*) *(f. 99: *B.V.M. and St John at Golgotha looking up at instruments of*

Passion displayed in a frame) ff. 99ᵛ–100ᵛ Hymnus de passione domini. Vexilla regis prodeunt . . . Antiphona Salua nos christe saluator qui tuam recolimus sanctissimam passionem . . . Oratio. Domine ihesu christe qui hora diei vltima in sepulchro . . . deus qui vnigeniti filii tui domini nostri ihesu christi precioso sanguine . . .

44. ⋆(f. 104: *eight scenes of the Passion: Gethsemane, Betrayal, Christ before Pilate, Mocking, Scourging, Carrying cross, Crucifixion, and Entombment, the first three down the left side, the second three down the right, the Crucifixion in the centre and larger, with the last scene below it*) (quire 17) ff. 104ᵛ–111 Passio domini nostri ihesu christi secundum Iohannem. In illo tempore Egressus est ihesus cum discipulis suis . . . posuerunt ihesum. deo gratias.

John 18:1–19:42. f. 111ᵛ blank, also f. 112 originally, see art. 50(*e*) below.

45. (quires 18–21) ⋆(ff. 112ᵛ–113: *under the heading* Fons pietatis *Christ on a cross set in a fountain into which his blood falls and from which it flows into a larger fountain through heads of eagle, man, ox, and lion; in the left foreground* Marie magdalene *under verses* O vous pecheurs querans auoir pardon . . . *8 lines, with a text in red* Ipse vulneratus est propter iniquitates nostras . . . sanati sumus; *right foreground* Marie egipcienne *under verses* Cest cy ou tous pecheurs vous fault venir . . . *8 lines, with a text in red* Qui peccata nostra pertuli in corpore . . . sanguine; *below, verses* Fontaine suis qui pour lhumain lignage . . . *8 lines, and a text in red* Si cum sanguis hircorum . . . deo viventi. Paulus ad hebreos) ff. 113–120ᵛ Incipit hore de misericorde domini. ⋆(six 10-line pictures, Vespers gone: Lauds *Betrayal*, Prime *Christ before Pilate*, Terce *Crown of Thorns*, Sext *Christ falls with cross*, None *Christ pierced with spear*, Compline *Entombment*).

Hymns at Lauds, Prime, Vespers, and Compline: Per signum pacis traderis, O diei diluculum, Nostre salutis hostia in ara crucis torrida, Post cursum tandem temporis, *RH*, nos. 31596, 30372, 30026, 31752. Single leaves are missing after ff. 121 and 125. f. 130ʳᵛ blank.

46. (*a–c* on quire 22, *d–e* on quires 23–4) Votive masses: (*a*) ⋆(13-line: *an angel examining a wound in the thigh of St Roche (?) as a pilgrim, watched by a seated dog and St Sebastian*) ff. 131–4 Missa ad euitandum epidimiam quamcumque et mortem subitaneam quam dominus papa clemens sextus—Introitus misse. Recordare domine . . . ; (*b*) ⋆(f. 134ᵛ: *Salome bringing John Baptist's head on a dish to her mother seated at table with Herod*) ff. 135–137ᵛ Missa de sancto iohanne baptista. Introitus. De ventre matris mei . . . ; (*c*) ⋆(17-line: *John Baptist seated on a rock pointing to Lamb with banner*) f. 138ʳᵛ Memoria of John Baptist: Inter natos mulierum . . . ; (*d*) ⋆(f. 139: *Christ displaying wounds and marks of scourging in front of a sheet held by eight angels; above, a placard* O home et feme me efas . . . Si quare de vous compassion *10 lines; below* Hec augustinus in sermone secundo et positione secunda de passione domini Recogitate queso mortales piis actentisque mentibus . . . *last line(s) cropped away* Beatus anselmus. Sic deus dilexit mundum —Johannis preordinauit nempe ab eterno redemptionem generis humani . . .) ff. 139ᵛ–145 Missa sequens quinque plagarum christi deuotissima a sancto iohanne euangelista omni die viᵃ feria dicenda Cui papa Iohannes xxii concessit—cc dies indulgencie—(f. 140ᵛ) Missa de quinque plagis domini nostri ihesu christi . . .

Prosa Cenam cum discipulis . . . ; (e) ★(f. 145ᵛ: *Christ standing with orb blessing in open country*) ff. 146–150ᵛ Sequitur missa de nomine iesu . . . Prosa. Dulcis iesus nazarenus . . .

(a) The heading conveys an indulgence of 240 days and notes the proved efficacity of the mass in Avignon and its neighbourhood since the great mortality of 1348; (d) the long heading ascribes the mass to Pope Boniface; (d, e) *RH*, nos. 3616, 4909.

47. (quire 25) ★(f. 151: *nineteen angels acclaim the Trinity, depicted as in art. 38 above but without throne, in a radiance*) f. 151ʳᵛ Sanctus raphael archangelus. Quam sumus nos angeli vobis viatoribus necessarii . . . iugiter curam gerentes.

48. (in an added quire, s. xvi in.) (a) ★(f. 1ᵛ: *host in monstrance*) f. 2 O salutaris hostia que celi pandis hostium . . . , *RH*, no. 13680; (b) ★(f. 3: *a female saint, John Baptist, B.V.M. and Child with scroll* Virgo christe nutrix digneris esse stephani tutrix, *Peter with scroll* Culpat graues stephani peccatoris Soluant claues petri piscatoris, *and Paul standing on an altar (?); below a kneeling man with scroll* Miserere mei deus secundum magnam misericordiam tuam; *above the Trinity in a radiance* In sole posuit tabernaculum suum) f. 3ᵛ [D]omine sancte pater omnipotens eterne deus. qui nos ad principium huius diei . . .

(b) As in art. 36 above. ff. 1ʳ, 2ᵛ blank.

49. (added, s. xvi) (a) f. 101 Antiphona mEdia vita In morte sumus quem querimus adiutorem . . . oremus pretende domine fidelibus tuis dexteram celestis auxilii . . . ; (b) f. 101ᵛ Antiphona o Rex gloriose Inter sanctos tuos qui semper es mirabilis . . . ; (c) f. 102, Hympnus [Ch]riste qui lux es et dies . . . ; and other devotions; (d) f. 103, De doloribis marie virginis, Disce saluator nostros meminisse dolores . . . (12 lines); (e) f. 103ᵛ O peuple humain qui occupacion . . . , (8 lines) continuing with 16 lines on f. 112, without *signe de renvoi* and so perhaps when quire 17 was placed elsewhere.

50. (added, s. xvi, in the same hand as art. 49(*d–e*)) f. 152ʳᵛ Oratio ad Implorandum deuotio[. .] gratiam Domine deus meus omnia bona mea tu es et quis ego sum . . .

51. (added, s. xvi) ff. 153–4 In Beatissimi Hieronimi laudem. Hymnus quidam a magno vt dicitur oratore compositus In modum epithasii Incipit Ecce qui christi decorauit aulam . . .

Nine 4-line stanzas, *RH*, no. 5176.

52. (added, '1592', on flyleaf) f. 156 O sapientia . . .

The seven Advent Oes.

ff. iii + 155 + iii. 160 × 108 mm. Written space 85 × 54 mm. 23 long lines. Collation: 1² + 1 leaf (f. 3) after 2 2⁶ 3–4⁸ 5 two (ff. 26–7, central bifolium) 6⁸ wants 4, 5 after f. 30 7–9⁸ 10⁴ 11⁸ wants 7,8 (blank) after f. 67 12–14⁸ 15–16⁶ 17⁸ 18² 19⁶ + 1 leaf (f. 120) after 6 20⁸ wants 2 after f. 121 and 7 after f. 125 21⁴ 22–23⁸ 24⁴ 25⁴ + 1 leaf (f. 154) after 3. Catchwords written vertically. Written in *lettre bâtarde*. Sixty-two pictures: one double-spread, seventeen full-page, one 19-line, fourteen 18-line, three 17-line, one 14-line, five 11-line, and eighteen 10-line; see above for details. Initials: (i–iv) 4-, 3-, 2-, and 1-line, in gold on red or blue grounds patterned with gold. Line-fillers in blue or red, patterned with gold. Capital letters in the ink of the text filled with yellow. French binding, s. xvi; gilt angle-pieces and Crucifixion centrepiece.

Written in France; art. 16 points to a connection with the Sainte Chapelle in Paris. Erased inscriptions, s. xvi, ff. ii and 23. 'Ignoscas precor Mi (Stephane) petit tamen maxime frater. Huic calamo magisque Sexagenario T. P. L. E. R. (tuus petrus ludouicus eps Rinens [. .])' s. xvi, f. 154, with additions in one hand. 'An lannee mil v^c iiii^{xx} xii et au mois de Jung mon frere me donna les presentes heures et cyl meme (?) annee [mil v^c iiii^{xx}] xii le xxiiii octobre vng sabmidy mon frere espousa sa femme marie in arie debara ou estoit en esglisse saincte marye de lapinville En le dite (?) anne estoit consul Mr de Leigue vieux . . . octobre en cella annee iiii^{xx} xii le premier', inside front cover; in 1592 14 October fell on a Saturday. 'auiourd'huy troisieme du mois de feurier mil Sept cens trente trois apres midy pardeuant les Notaires Royaux a Bordeaux Soussignés que present claude Siran vigneron habitant du lieu de Cauderan parroiss(e) Saint Seurin du [. .] Bordeaux (lequel) de Son bon gré a Reconnu', s. xviii, f. 154^v.

46. (HMC iii). *Psalterium, etc.* s. xiv in.

Perhaps once part of a breviary.

1. ff. 1–6^v Calendar in blue and red, graded (9 and 3 lessons, and 'com').

Feasts of 9 lessons include Clarus m. (1 June), Dominic conf. (5 Aug.), Bertrand bp., Severinus bp. (16, 21 Oct.), Eulalia v., Thomas abp. (10, 29 Dec.). Thomas is one of some 40 erased entries, and was apparently the only English saint. Added 'Hic fuit terre m[otus in] ciuitate tholoze anno [. . .]' (21 Mar.); 'terre m[otus]' (3 May).

2. ff. 7–85 Psalms 1-150, followed by six ferial canticles, Te deum, Benedicite, Benedictus, Magnificat, Nunc dimittis, Quicumque uult.

Single leaves missing after ff. 38 and 53 contained Pss. 67:34–68:28, and 96:7–99:3.

3. ff. 85–87^v Litany.

Twenty-one martyrs: (11) Thomas . . . (16) Edmunde . . . ; nineteen confessors: (1) Augustine . . . (13–14) Augustine cum sociis Cuthberte . . . (17) Swithine; seventeen virgins, not Anne. The prayers after Deus cui proprium are Omnipotens sempiterne deus qui facis, Pretende, Acciones, Adesto domine, Deus cuius misericordie, Absolue quesumus domine animam famuli tui et animas famulorum tuorum fratrum nostrorum et omnium fidelium defunctorum, Deus qui es sanctorum tuorum splendor. f. 88^{rv} ruled but blank.

ff. ii + 88 + ii. 162 × 105 mm. Written space 117 × 72 mm. 2 cols. 33 lines. Collation: 1^6 2–5^8 6^8 wants 1 before f. 39 7^8 8^8 wants 1 before f. 54 9–11^8 12^4. Ink paler from f. 67^{v}a/8 onwards. Initials: (i) to six remaining principal psalms, 8-line, pink or blue patterned with white, or, f. 1, grisaille with a figure and two birds, on grounds of the other colour and gold, historiated (Trinity at Ps. 109, f. 61^v); (ii, iii) 2- and 1-line, blue with red ornament, or red with violet ornament. Almost continuous borders on pages with type (i) initials; David with sling, and Goliath, and David decapitating Goliath on the bar in the lower margin of f. 7. All other pages have saw-pattern ornament bounding the left of each column. Line-fillers in blue and red. Binding of s. xix. Secundo folio (f. 8) *domine: dedisti.*

Written in England (?), perhaps for Augustinian use to judge by arts. 1 and 3. Art 3, but not art. 1, shows English interest. Art. 1, but not art. 3, has saints of south-west France, and has a later addition referring to Toulouse.

47. (HMC iii. no. 48). *Horae*   s. xv ex.

1. ff. 1–12ᵛ Calendar in French in red and black, fairly bare.

Feasts in red include 'Saint iehan de colasce (*sic*)' (29 Aug.), 'Saint piat S. remy' and 'Saint denis. S. gillain' (1, 9 Oct.). Spellings are Vinchant, March, Magritte, Mahieu, Mikiel, Luch.

Arts. 2–3 are on quire 3.

2. ff. 14–20 Les heures de la crois—Hymnus. Patris sapientia . . .

3.(*a*) ff. 20–1 Les x commandemens de la loy. Vng seul dieu tu adoreras Et ameras parfaitement . . . (20 lines); (*b*) f. 21 Les cincq commandemens de saincte ecclise. Les dimenches messe oras Et festez de commandement . . . (10 lines).

(*a, b*) Sonet–Sinclair, nos. 2287, 1060. f. 21ᵛ blank.

Arts. 4–5 are on quires 4–5.

4. ff. 23–28ᵛ Les heures du sainct esprit—Hymnus. Nobis sancti spiritus . . .

5. (*a*) ff. 28ᵛ–29ᵛ Hyme du saint esprit. Veni creator spiritus mentes tuorum visitas . . . Oremus. Deus qui corda fidelium . . . ; (*b*) ff. 29ᵛ–30 Memore de nostre dame. Salue regina misericordie vita dulcedo et spes nostra salue . . . Oremus. Concede nos famulos tuos quesumus domine deus perpetua mentis et corporis sanitate . . . ; (*c*) ff. 30ᵛ–31ᵛ Les viii vers saint bernard. Illumina oculos meos . . . Oremus. Oratio. Omnipotens sempiterne deus qui ezechie regi . . . ; (*d*) ff. 31ᵛ–36ᵛ Memoriae of Nicholas, Sebastian, Adrian, Anthony (hermit), Barbara, Katherine, Mary Magdalene.

(*a, b*) *RH*, nos. 21204, 18147; (*c*) Illumina—In manus tuas—Locutus sum—Et numerum—Disrupisti—Periit—Clamaui—Fac mecum.

6. (quires 6–11) ff. 38–84ᵛ Les heures de nostre dame, of the use of (Tournai).

f. 85ʳᵛ blank.

7. (quires 12–13) ff. 87–102ᵛ Les sept psammes de dauid, followed (f. 98) by Litany.

Twelve martyrs: (10–12) quintine adriane valentine; sixteen confessors: (12–16) bauo elegi ludouice amande iosep; seventeen virgins, without Mary of Egypt: (14) anna. The prayers after Deus cui proprium are Deus qui nos patrem and Fidelium.

8. (quires 14–17) ff. 104–128ᵛ Les vegilles des mors.

Office of the dead. Only three lessons at Matins.

ff. 130. 170 × 125 mm. Written space *c.* 106 × 73 mm. 15 long lines. Collation: 1–2⁶ 3–4⁸ 5⁶ 6–16⁸ 17⁴; + single leaves inserted before quires 3, 4, 6, 12, and 14. Full-page pictures on the verso of inserted leaves, ff. 13, 22, 37, 86, and 103, rectos blank, precede arts. 2, 4, 6, 7, and 8 (raising of Lazarus), each provided with gauze protectors, now gone from ff. 13 and 22. Initials: (i) 4-line, after pictures, blue patterned with white on decorated gold grounds; (ii, iii) 4- (to Lauds–Compline) and 2-line, gold on blue and pink grounds patterned with white; (iv) 1-line, blue with red ornament, or gold with ink ornament. Continuous framed floral borders on picture-pages and pages with type (i) and (ii) initials. Line-fillers in Litany only in pink and blue patterned with white, and gold. Capital letters in the ink of the text filled with pale yellow. Binding of s. xviii. Secundo folio (f. 15) *sancte pacem.*

Written in the Low Countries for use in the diocese of Tournai. Note of ownership, s. xvi, scratched out, f. 129ᵛ. '£4.0.0.', inside front cover. Given by Revd. S[ylvester] Hunter SJ, see inside front cover.

48. *Horae* s. xiv[1]

Part of a larger book.

ff. 1–5ᵛ, 8–20ᵛ, 6–7ᵛ Incipit officium beate marie ad (*sic*) purific' . . . (f. 6) Incipit ordo beate marie in aduentu domini . . . *ending imperfectly* in Sext.

Hours of B.V.M., of the use of Evreux to judge by antiphons and capitula at Prime and None. Hours of the Cross worked in, with the heading to Matins, f. 8, Hic incipit officium crucifixi quem ordinauit dominus papa iohannis (*sic*) ad (*sic*). The Memoriae after Lauds of Holy Spirit, Trinity, Cross, Michael, John Baptist, Peter, John ev, Andrew, James, all apostles, Stephen, Thomas of Canterbury, Edmund k. and m. (Aue rex gentis anglorum . . . , *RH*, no. 23809), Laurence, all martyrs, Nicholas, Gregory, Leonard, Martin, all confessors, Mary Magdalene, Margaret, Katherine, all virgins, All Saints, and peace. Single (?) leaves missing after ff. 5 and 20 contained the end of Matins, and end of Vespers and the beginning of Compline.

ff. iii + 20 + iii. 162 × 104 mm. Written space 120 × 72 mm. 2 cols. 31 lines. Collation doubtful: the presence of a catchword on f. 20 and the fact that ff. 12–17 are the three central bifolia of a quire suggest that ff. 9–20 may have been a quire of twelve leaves, but no catchword survives on f. 8ᵛ. Initials: (i) 4-line, gold on grounds of pink and blue patterned with white, with short marginal prolongations; (ii) 2-line, as (i) without prolongations; (iii) 1-line, red or blue. Binding of s. xix: 'Bound by Thompson, Fishergate, Preston', label inside front cover.

Written in England, to judge by the script and memoria of King Edmund, but apparently use of Evreux.

49. (HMC 1). *Ps.-Augustinus, De spiritu et anima; etc.* s. xv[1]

Note of arts. 1–3 inside front cover, s. xv/xvi.

1. (*a*) ff. 2–45 Incipit liber beati augustini de spiritu et anima prologus. Quoniam dictum est michi vt me ipsum cognoscerem . . . quam racio non est—deo implere potest; (*b*) ff. 45–60 hugo de sancto victore de arra anime Considera queso anima mea quid est quod super omnia diligis . . . Queso anima mea iam multa—vt ad vitam perueniam eternam quam prestare dignetur—Amen Amen.

(*a*) *PL* xl. 779–803/22 (caps. i–xxxiii); Römer, ii. 322; (*b*) *PL* clxxvi. 951/7 up–970.

2. ff. 60ᵛ–91 Incipit libellus de emendacione vite siue de regula viuendi editus a Ricardo heremita et distinguitur in xii capitula—Capitulum 1. Ne tardas conuerti . . . eternaliter laudare cui sit—Amen Amen. Explicit liber Ricardi Heremite qui obiit Anno domini Mᵐᵒ cccxlixⁿᵒ Apud sanctimoniales de Ampole iuxta Dancastriam.

Rolle: this copy listed Allen, *Writings*, p. 238, no. xlix.

3. ff. 91ᵛ–110ᵛ Extracciones libelli de miseria hominis quam fecit Innocencius iiiᵘˢ. Miserabilis est humane condicionis ingressus culpabilis progressus . . . perducat dominus noster Ihesus christus. Qui—Amen. Explicit.

Twenty-eight unnumbered paragraphs, each with a heading. At first mainly extracted or adapted from the first part of the De miseria, *PL* ccxvii. 701 seq. The last two paragraphs are, ff. 103ᵛ–104, De penis inferni. In inferno erit fletus . . . dampnati in secula seculorum, and, ff. 104–110ᵛ, De humilitate Rubrica. Predicta seu aliqua premissorum debent tangi peccatori in confessione ad inducandum eum ad veram humilitatem . . .

4. (added, s. xvi ex.) ff. 111–13 notes, mainly from the Fathers.

ff. iv + 112 (foliated 2–113). ff. 2–94 have a medieval foliation (1)–76, 78–94. f. 113 is pasted down. 170 × 120 mm. Written space 109 × 73 mm. 21 long lines. Collation of ff. 2–113: 1–14⁸. Quires signed a–o. Written in a round anglicana, current in places, probably all by one hand. Initials: (i) f. 2, 3-line *Q*, blue with red and blue ornament extending the height of the page; (ii, iii) 3- (f. 60ᵛ) and 2-line, blue with red ornament. Capital letters in the ink of the text marked with red. Contemporary binding of bevelled wooden boards covered with red-stained skin; 4 bands; central clasp, now missing except for the metal pieces. Secundo folio (f. 3) *ascendens*.

Written in England. 'Per me thomam dakcom' in faded green, s. xv/xvi, on front pastedown; 'Thomas Dackombe', s. xviⁱ, f. 70; for 19 manuscripts belonging to Thomas Dackomb (1496–*c*.1572) and a facsimile of his *ex libris*, see A. G. Watson in *Library*, 5th series 18 (1963), 204–17. 'Francis Peate 177.5.6', f. iiiᵛ.

50. (HMC iii). *Horae*   s. xiv/xv

Arts. 1–2 are on quires 1–2.

1. ff. 1–12ᵛ Calendar in French in red and black.

Feasts in red include 'La translation s nicholas', Yues (9, 19 May), Anne (26 July), Loys (25 Aug.), 'michiel de gargane' (29 Sept.), Denis (9 Oct.). The only entry of Thomas of Canterbury is at 29 Dec.; it is erased.

2. ff. 13–17 Sequentiae of Luke, John, and Matthew (each followed by a prayer: Deus qui de beate marie uirginis utero, Protector in te sperancium, Ecclesiam tuam), and Deus qui vnigenitum.

Cf. art. 7 below. f. 17ᵛ blank.

3. (quires 3–8) ff. 18–65ᵛ Hours of B.V.M.

The antiphon and capitulum at Prime are Quando natus and Ab initio; at None, Ecce maria and Paradisi porta. Memoriae after Lauds of Holy Spirit, Cross, Trinity, Michael, John Baptist, Peter and Paul, John ev., James, Christopher, Eustace, Laurence, Nicholas, Martin, Anne, Mary Magdalene, Katherine, Margaret, Apollonia, All Saints.

Arts. 4–9 are on quires 9–11.

4. ff. 66–9 Hours of Cross,—Patris sapiencia . . .

5. ff. 69ᵛ–72ᵛ Hours of Holy Spirit,—hymnus. Nobis sancti spiritus . . .

6. ff. 72ᵛ–74ᵛ Passio domini nostri ihesu christi. secundum iohannem. In illo tempore. Apprehendit pilatus ihesum . . . testimonium eius. Deo gracias or' Deus qui manus tuas . . .

Mainly John 19: 1–34; cf. *Lyell Cat.*, pp. 65–6.

7. ff. 75–6 Sequencia Sancti euangelii. secundum Marcum, followed by the prayer Concede quesumus omnipotens deus vt qui vnigenitum . . .

Cf. art. 2 above.

8. Masses: (*a*) ff. 76–79ᵛ De sancta cruce. Officium. Nos autem gloriari oportet in cruce . . . ; (*b*) ff. 79ᵛ–82ᵛ De sancto spiritu. officium. Spiritus domini repleuit . . . ; (*c*) ff. 82ᵛ–86 Officium de beate maria. Salue sancta parens . . .

(*a, c*) both have Gloria in full.

9. Devotions to B.V.M.: (*a*) ff. 86–8 Gaude flore virginali honoreque spirituali (*sic*). . . . oratio. Domine ihesu christe filii dei viui qui beatam gloriosam humilem . . . ; (*b*) f. 88ʳᵛ Quicumque dicet cotidie sequentem orationem uirgo maria apparebit ei ad extremum uite sue et prestabit animam eius michaeli archangelo preposito paradisi. Oratio. O maria piissima Stella maris clarissima. Mater misericordie . . .

(*a*) *RH*, no. 6809; (*b*) heading in black underlined in red.

10. (quires 12–13) ff. 89–104ᵛ Penitential psalms and (f. 99) Litany.

Twenty martyrs: (8–12) vincenti blasi dyonisi cum sociis tuis eustachi c- s- t- ypolite c- s- t-; fifteen confessors: (8–9) iuliane germane . . . (15) audoene; eighteen virgins: (17) anna. The prayers after Deus cui proprium are Ure igne, Exaudi, Pretende, Actiones nostras.

11. (quire 14) (*a*) ff. 105–108ᵛ Papa (*blotted*) innocentius concessit cuilibet dicenti istam orationem beate marie uirginis cotidie centum dies indulgencie. Et sciat certissime videre beatissimam uirginem mariam et scire diem et horam obitus mortis sue priusquam moriatur. Oratio. Obsecro te . . . ; (*b*) ff. 108ᵛ–112ᵛ Pape (*blotted*) iehan octroie ccc iours de vray pardon a touz ceulx et celles qui diront ceste oroyson chescun iour a ieun et toutes les foiz que hon la dira. oratio. O intemerata . . . orbis terrarum de te enim . . .

(*a, b*) Masculine forms.

12. ff. 113–142ᵛ Office of the dead, beginning imperfectly.

Ends with cues for the prayers Deus venie largitor and Fidelium deus.

13. ff. 143–145ᵛ Requiem eternam . . . (f. 145) Offertorium. Domine ihesu christe rex gloria . . . Lux eterna luceat eis—Orationes ut supra.

Mass of the dead. ff. 146–148ᵛ blank, except for 'Correcte me not in thine anger O Lord . . . ' and other sentences in English, added, s. xvii, f. 146ʳᵛ.

ff. iii + 148. 155 × 108 mm. Written space 86 × 61 mm. 15 long lines. Collation: 1⁸ 2⁸ + 1 leaf (f. 17) after 8 3–10⁸ 11⁸ wants 8 (blank ?) after f. 88 12–14⁸ 15⁸ wants 1 before f. 113 16–18⁸ 19 five (ff. 144–8; ff. 145/148 and 146/147 are two bifolia; f. 148 was pasted down) + single inserted leaves, now missing, before quires 3, 9, 12, 14, and 15, ff. 18, 66, 89, 105, and 113. Full-page pictures probably on missing inserted leaves: traces of borders on stubs. Initials: (i) 6-, 5-, or 4-line, blue or pink patterned with white, on decorated gold grounds; (ii, iii) 2- and 1-line, gold on pink and blue grounds patterned with white. Continuous floral borders on pages with type (i) initials; on f. 18 a broad band of gold and colours in three margins, supporting at the top a dog chasing a hare looking back on a green field. Line-fillers in pink and blue patterned with white and gold. Capital letters in the ink of the text filled with pale yellow. Catchwords framed with grotesque heads. English binding, s. xvi, of wooden boards covered with dark calf bearing a diaper roll; 5 bands. Secundo folio (f. 14) *quia non erit*.

Written in France. 'R(obert) M', s. xvi (?), the initials large and linked by geometrical stems, f. ii^v. In England by s. xvi, see binding, and erasures in arts 1 and 11.

51. (HMC iii). *Psalterium, etc.* s. xii/xiii

1. (quires 1–13) ff. 1^v–104^v Psalms 1-150.

Ps. 31 is marked 'G.x' in a hand of s. xiii and likewise every tenth psalm up to Ps. 101, with alternate psalms in each group marked 'G': Ps. 111 is also marked 'G.x'. Adapted for Benedictine use, s. xv, with added antiphons in the margins and the word 'Gloria' interlineated to divide Pss. 67, 68, 77, 88, 104–6. Principal psalms have projecting tags formed by drawing a strip cut from the edge of the leaf through a vertical slit.

2. ff. 105–114^v Six ferial canticles, followed by Benedicite, Benedictus, Magnificat, Nunc dimittis, Quicumque wlt.

Liturgical cues and collects added s. xii/xiii in the lower margins of ff. 106^v–109. Audite celi divided, s. xv, at v. 22 Ignis.

3. ff. 114^v–117^v Litany.

Thirty-two martyrs: (26–32) gorgoni odirine (*or* ordirme) dyonisi c. s. t. maurici c. s. t. eustachi c. s. t. bonifaci c. s. t. lamberte; eighteen confessors: (6–7) seruasi Remigi . . . (11–14) Remacle Seuerine Cumberte Huberte . . . (18) Domitiane; seventeen virgins: (13–16) Gertrudis aldegundis ermelen*d*is Walburgis. On ff. 116^v–117^v, under the heading Preces, are twenty sentences: Ego dixi domine miserere mei Sana animam . . . Et clamor meus ad te veniat; and the prayers Omnipotens sempiterne deus dirige actus, Omnipotens sempiterne deus qui viuorum, and the cues Deus propicius esto michi peccatrici, Miserere nobis qui passus est pro nobis, Benedicamus domino Deo gratias Requiescant in pace. Amen.

ff. 117. 175 × 118 mm. Written space *c.* 130 × 75 mm. 23 long lines; first above top ruled line. Collation: 1–14^8 15^6 wants 6 (blank). Hand changes at f. 106/2 and again, to one of rather later type, f. 113 (15^1). A full-page picture, blurred, with a wide border, f. 1. Initials: (i) f. 1^v, 16-line *B* in outline, on green, red, and yellow ground, f. 105, 5-line *C* in outline, on green and yellow ground; (ii) to principal psalms, including Pss. 51 and 101, 8–10-line, in colour, most on a green or yellow ground, crudely historiated: Ps. 26 Christ stands blessing, Ps. 68 a swimmer; (iii) 3-line or (arts. 2–3) 2-line, green or red, most with ornament of the other colour; (iv) 1-line, red, outside written space when at the beginning of a line. A band of patterned red below the text on f. 117^v. Medieval (?) binding of wooden boards; covers of s. xix; central clasp, fastening from back to front. Secundo folio *luntas eius*.

Written in the southern Low Countries; art. 3 for female use. Adapted for Benedictine use, s. xv, see art. 1.

52. (HMC iii). *Breviarium* s. xv^I–xv ex.

A Sarum breviary, *CAO* iii, no. 527.

Arts. 1–3 are on quires 1–27.

1. ff. 1–202 Temporal, beginning imperfectly, Advent memoria of B.V.M. capitulum 'nomen eius emanuel' (*Brev. ad usum Sarum*, I. ix/3)–25th Sunday after Trinity.

Advent and Easter initials on single leaves missing before f. 1 and after f. 123; Christmas, Trinity, and Corpus Christi initials cut out, ff. 22, 151, 154^v; type (i) initials to *E*levata, Ascension, and *U*eni, Pentecost, ff. 141, 146; type (ii) initial to *R*itus, Circumcision, f. 43. Lessons 7–9 for the Trinity season start on f. 192.

2. ff. 202–208* Dedication of church, and through the octave.

3. f. 208*^{rv} Quotienscumque fuerit ix lc' per totum annum . . .

Blessings through the year, different in places from *Brev. ad usum Sarum*, ii. 459–62. f. 209^{rv} blank.

Arts. 4–6 are on quires 28–36.

4. f. 210 [P]rimo dierum omnium . . .

Sunday Matins hymn, initial cut out.

5. ff. 210^v–275^v Psalms 1-150, followed by Te deum, Benedicite, Benedictus, Magnificat, Nunc dimittis.

Initials to Pss. 1 and 68 cut out, ff. 209^v, 237^v.

6. ff. 275^v–278^v Litany.

Part of f. 277 is missing.

7. (quires 37–9) ff. 279–302^v Common of saints.

f. 279 stained, initial cut out. Type (i) initial to Apostles, f. 280^v.

Arts. 8–9 are on quires 40–61.

8. ff. 303–468 Sanctoral, beginning imperfectly, Andrew lection i 'Andreas ait. Oportebat' (*Brev. ad usum Sarum*, iii. 5/18)–Saturninus.

First leaf, and its initial, missing. Initials at Assumption and Nativity of B.V.M., and All Saints cut out, ff. 400, 413, 441; type (i) initials to *O*rietur (Annunciation of B.V.M.), *S*ancti (Sarum relics), and *E*xcelsis (Michael), ff. 338^v, 374^v, 428; type (ii) initial to *N*atalem, John Baptist, f. 359^v.

9. (added, s. xv²) (a) f. 468^v three lessons for Erkenwold, Postquam beatus sebba . . . emisit spiritum. Tu autem domine; (b) f. 469^v the first and part of the second lesson 'in commemoracione sancte Etheldrede', as in art 9*h*.

(a) not as *Brev. ad usum Sarum*, iii. 1045–8. f. 469^r blank.

10. (quires 62–5, in a different hand) supplement to art. 7: (a) ff. 470–477^v In depositione sancti osmundi (4 Dec.), In festo translacionis sancti osmundi (16 July) and through its octave; (b) ff. 477^v–478 David (1 Mar.); (c) f. 478^v Chad (2 Mar.); (d) ff. 478^v–488^v Visitation of B.V.M. (2 July) and through its octave; (e) ff. 488^v–492^v Transfiguration (6 Aug.); (f) ff. 492^v–500^v Name of Jesus (7 Aug.) and during and on its octave; (g) f. 500^v John of Beverley (7 May); (h) ff. 500^v–501 Commemoration of Etheldreda (23 June); (i) ff. 501–2 Winefred (3 Nov.); (j) f. 502 Frideswide (19 Oct.) collect, and note referring for lessons to the common of a virgin non-martyr.

(a–j) the feasts established in the province of Canterbury between 1415 and 1488, see Pfaff pp. 3–4. (a–b, d–f, i) each have nine lessons, as *Brev. ad usum Sarum*, iii. 471–96, 187–94 (abbrev.), 391–426, 601–16, 615–84 (abbrev. through octave), 989–1000 (abbrev.); (j) *Brev. ad usum*

Sarum, iii. 937–42, has nine proper lessons. Type (ii) initials to *Oloriose* (*for* G), Visitation lesson i, and *A*ssumpsit, Transfiguration antiphon i, ff. 479ᵛ, 488ᵛ.

ff. ii + 504 (foliated 1–208, 208*, 209–37, 237*, 238–502) + ii. 148 × 95 mm. Written space 103 × 67–70 mm. 2 cols. 35 lines. Collation: 1⁸ wants 1 2–15⁸ 16⁸ wants 5 after f. 123 17–26⁸ 27⁴ 28–35⁸ 36⁶ 37–39⁸ 40⁸ wants 1 before f. 303 41–48⁸ 49⁸ 6–8 canc. after f. 378 50–60⁸ 61 three (ff. 467–9) 62–64⁸ 65⁸ + 1 leaf (f. 502) after 8. At least three hands; one for quires 28–36, another for quires 62–end. Quires 1–26 signed in red or black, (a)–z, ?,?,?; 37–39, a–c; 40–59, (a)–v; 62–65, a–d. Initials: (i) to first antiphons of principal feasts in arts. 1 and 8 (see above), to art. 2, and to principal psalms in art. 5, blue and pink shaded to white on decorated gold grounds, with floral prolongations in gold and colours forming a border on all four or three sides; (ii) in arts. 1, 8, 10 (see above), 5-line or less, gold on blue and pink grounds patterned with white, with feathery marginal sprays; (iii) 2-line, blue with red ornament; (iv) 1-line, blue or red, or, in art. 5, blue with red ornament or red with blue ornament, some cut out. Binding of s. xix. Secundo folio (f. 1) *nomen eius.*

Written in England.

53. (HMC iii). *Horae* s. xv²

A handsome but now badly damaged book.

1. ff. 1–12ᵛ Calendar in red and black.

Feasts in red include Gaciani abp. (2 May), Lydorii bp. (13 Sept.), Gaciani bp. (18 Dec.); and in black, Maudeti bp. (18 Nov.).

2. Prayers: (*a*) f. 13 (*top 6 lines cut away*) [. . .]assime qui me plasmati tua benignitate . . . ; (*b*) f. 13ᵛ D[omine sancte pater omnipotens eterne deus. qui nos] ad principium huius diei . . . ; (*c*) ff. 13ᵛ–14 Dirigere et sanctificare regere et gubernare dignare domine deus . . . ; (*d*) ff. 14–15 O dieu piteux et misericors ie voys au sacrament du tresprecieux corps et sang . . . ; (*e*) ff. 15–16 Sire dieu tout voyant meruilleusement . . . ma mort. Amen Credo in deum patrem. Credo in spiritum sanctum.

3. f. 16 Memoria of Apollonia.

f. 16ᵛ blank.

4. ff. 17–19ᵛ Obsecro te, beginning imperfectly 'orphanorum consolacio', masculine forms.

Top 7 lines of f. 17 cut away. f. 20ʳᵛ blank.

5. ff. 21–24ᵛ Sequentiae of the Gospels.

Protector in te sperancium follows John. f. 24ᵛ ends with the rubric 'Oracio deuotissima de beata maria', perhaps to O intemerata, originally on the following page but now missing.

6. ff. 25ᵛ–69ᵛ Hours of B.V.M. of the use of Rome.

The Advent office, f. 63ᵛ, is headed 'Incipiunt mutaciones horarum beate marie uirginis secundum vsum romane curie'; the next leaf is missing. f. 25ʳ is blank, except probably for a heading to art. 6 on the last 6 lines, now cut away.

7. ff. 70ᵛ–72 Hours of Cross—Hynus (*sic*). Patris sapiencia . . .

f. 70^r is blank, except for the last 5 lines at the foot, probably a heading to art. 7, now cut away; similarly f. 72^v, where 8 lines have been cut out at the foot, leaving a few letters of text at the right on the bottom 5 lines.

8. ff. 73–74^v Hours of Holy Spirit—Hynus (*sic*). Nobis sancti spiritus . . .

9. ff. 75^v–90^v Penitential psalms, beginning imperfectly, and (f. 84) Litany.

Eight pontiffs and confessors: (1) gaciane; eight monks and hermits: (8) alexi; eleven virgins, not including Anne: (11) helizabeth. The prayers after Deus cui proprium are Exaudi, Ineffabilem, Deus qui culpa, Omnipotens sempiterne deus miserere famulo tuo antistite nostro, Quesumus omnipotens deus vt famulus tuus rex noster ludouicus, Deus a quo, Ure igne, Fidelium, Omnipotens sempiterne deus qui viuorum. f. 75^r is blank, but with last 6 lines cut away.

10. ff. 91^v–113^v Office of the dead, beginning imperfectly.

f. 91^r is blank, but last 6 lines cut away. f. 114^{rv} blank.

ff. ii + 114 + i. 150 × 100 mm. Written space 85 × 55 mm. 19 long lines. Collation: 1–2^6 3^6 wants 5, 6 after f. 17 4^8 5–8^8 9^8 wanting 8 after f. 63 10^6 11^6 wanting 6 (blank) after f. 74 12–16^8. Catchwords written vertically. Written in *lettre bâtarde*. Fourteen-line pictures to arts. 6–10 presumably intended for spaces on ff. 25, 70, 73^v, 75, and 91. Remaining initials: (i) f. 55, to None, 6-line *D*, blue patterned with white on decorated gold ground; (ii, iii) 2- and 1-line, blue or deep pink. Line-fillers in blue and deep pink. Capital letters in the ink of the text filled with yellow. Binding of pasteboards covered with red velvet, now shabby, s. xviii (?). Secundo folio (f. 14) *et in operibus*.

Written in France, for use in the diocese of Tours to judge by the saints in arts. 1 and 9, during the reign of Louis XI (1461–83) or possibly Louis XII (1498–1515), see art. 9 prayers. 'A. Brodeau Sr de la Chastiere', s. xvi, f. 1 head. 'Prov. Scot.', s. xviii (?), f. 1, found in other Stonyhurst books, perhaps refers to an imaginary Jesuit province or to Jesuit ownership in Scotland during the suppression of the Society 1773–1803.

[54. (HMC iii). missing.]

55. *Evangelium S. Iohannis* s. vii/viii

Full facsimile ed. T. J. Brown, *The Stonyhurst Gospel of Saint John*, Roxburghe Club (1969). R. A. B. Mynors and R. Powell, 'The Stonyhurst Gospel', in C. F. Battiscombe (ed.), *The Relics of Saint Cuthbert* (1956), 356–74, followed by a plate showing both covers. E. A. Lowe, *Codices Latini antiquiores*, ii (rev. edn., 1972), no. 260.

In principio erat uerbum . . . Qui scribendi sunt libros amen.

The text, which is akin to that in the Codex Amiatinus, is collated as S in Wordsworth and White. Larger capitals indicate the Ammonian sections; red initials, the forty-five capitula lectionum. Brief notes, added s. viii in. (?), indicate liturgical lections, the beginnings and ends marked by four dots arranged in a small lozenge: 'pro defunctis', ff. 20^v, 27^{rv}, against 5: 21–4 and 6: 37–9; and 'de mortuorum', ff. 28^v–29, 51^{rv}, against 6: 51–4 and 11: 21–7; cf. also 'K', f. 37^v.

ff. iii + 90 + i + 2, foliated i–iii, 1–91, (92–3). ff. i and 91–3 are pasted down. ff. ii–iii are medieval parchment flyleaves; f. iii, an original flyleaf; f. ii cut from a court-roll of the prior of

Durham's court, 1264. f. 91 a later paper flyleaf. Hair-side of most sheets outwards; inwards ff.
33–5/38–40, 43/46, 81–3/86–8. 134 × 91 mm. Written space c. 93 × 62 mm. Pricking to guide
ruling in outer margin only, normally only piercing the outer sheet of a quire. Ruled in drypoint.
19 long lines, ff. 1–42; 20, ff. 43–90. Collation: 1–11⁸ 12⁴ 3, 4 pasted down under f. 91. Quires 1,
3–4, 6 and 11 marked with a tiny cross, top left of first recto. Written in Jarrow-Wearmouth
'capitular' uncial, see E. A. Lowe, *English Uncial* (1960), 18, by one hand; minims 2 mm. high.
Initials and following letter(s), to 45 capitula lectionum, red. Original binding of wooden boards
covered with red leather, on the front cover over cords forming a double framed central panel
divided horizontally into three with a plant motif in the middle of the three sections, with incised
lines filled with two yellows and blue (?) highlighting the plant motif and forming, on the front
cover, interlace patterns in the upper and lower central sections and a twist between the frame-
lines, and, on the back cover, a framed step-pattern; sewn quire to quire, no bands. Secundo
folio *et uidimus*.

Written in Northumbria, by a scribe whose work has been identified in the remains of a Gospel
Book, Utrecht Univ. Libr. MS 32 ff. 94–105. 'Euangelium Iohannis quod inuentum fuerat ad
capud beati patris nostri Chutb' in sepulcro iacentis anno translacionis ipsius', s. xii, f. 1 top,
erased, and then concealed by a piece of parchment stuck down but now removed; same
inscription repeated, s. xiv, f. iiiᵛ; refers to the translation in 1104, when 'liber euangeliorum'
was said to have been found on the inner lid of St Cuthbert's coffin. Recorded by Archbishop
Ussher as in the collection of Thomas Allen (1542–1632) of Gloucester Hall, Oxford, Oxford
Bodleian Library MS Rawlinson D.280 f. 41ᵛ reversed 'Evangelium Johannis repertum sub
capite S. Cuthberti . . . literis antiquissimis Scriptum', but not in Twyne's 1622 catalogue of the
collection, Bodleian MS Wood F.26. 'Hunc Evangelij Codicem dono accepit ab Henrico Comite
de Litchfield et dono dedit Patribus Societatis Iesu, Collegij Anglicani, Leodij; Anno 1769;
Rectore ejusdem Collegij Ioanne Howard: Thomas Phillips, Sac: Can. Ton', f. 91; before
becoming a canon of Tongres Phillips had been chaplain to the earl of Shrewsbury, a neighbour
in Oxfordshire of George Henry Lee, 3rd earl of Lichfield. On deposit in the British Library.

57. (HMC iii). *Horae*   s. xvᴵ

1. ff. 1–6ᵛ Sarum calendar in gold, blue, red, and black.

Feasts in gold are Epiphany, Resurrection, Assumption and Nativity of B.V.M., All Saints, and
Christmas. No Visitation of B.V.M. Thomas of Canterbury, blurred, only at 29 Dec.; no entry
at 7 July or for octave at 5 Jan., which has 'Uigilia epiphanii domini' in blue. 'Sancti erasmi',
added, 3 June. 'pape' untouched.

Arts. 2–19 are on quires 2–5.

2. Prayers to each person of the Trinity: (*a*) f. 8 Domine sancte pater omnipotens
eterne deus qui coequalem . . . ; (*b*) f. 8ʳᵛ Domine ihesu christe fili dei viui qui es
verus . . . ; (*c*) ff. 8ᵛ–9 Domine spiritus sancte eterne deus qui coequalis . . .

(*a–c*) see Hoskins, p. 114.

3. Prayers: (*a*) f. 9ʳᵛ Domine deus omnipotens eterne et ineffabilis . . . ; (*b*) ff.
9ᵛ–10ᵛ Deus amator omnium perfecte te colencium . . . ; (*c*) ff. 10ᵛ–11 Omnipotens deus et misericors pater et bone domine miserere michi peccatori . . . ; (*d*)
ff. 11–12 Spiritus est deus et eos qui adorant eum . . .

4. Devotions to God the Son: (*a*) ff. 12–13ᵛ Domine ihesu christe qui septem
uerba . . . ; (*b*) ff. 13ᵛ–15ᵛ Gracias tibi ago domine ihesu christe bone fili dei viui

qui uoluisti pro salute nostra . . . ; (c) ff. 15ᵛ–16ᵛ O bone ihesu o piissime ihesu o dulcissime ihesu o ihesu fili marie . . .

5. (a) ff. 16ᵛ–23ᵛ Domine ihesu christe eterna dulcedo . . . ; (b) ff. 23ᵛ–24 Gracias tibi ago domine ihesu christe quod passionem tuam inchoasti potenter . . .

(a) The Fifteen Oes of St Bridget.

6. ff. 24ᵛ–27ᵛ Antiphona. Uenite exultemus domini. nemo sit exul in prelio beate virginis marie doloribus . . . Aue maria eterne trinitatis speculum . . . Domina mea sancta maria uirgo gloriosa . . .

Seven Sorrows of B.V.M.

7. Prayers for help: (a) ff. 27ᵛ–28 In manus tuas domine et sanctorum angelorum tuorum comendo in hac die 'vel' (in red) nocte animam meam . . . ; (b) f. 28ᵛ Omnipotens sempiterne deus qui liberasti danielem . . .

8. Prayers before and after communion: (a) ff. 28ᵛ–30 Domine non sum dignus ut intres . . . Corpus tuum et sanguinem non sum dignus accipere . . . Pax domini vultus domini . . . Adoramus sanctum corpus tuum . . . Dominator domine omnipotens illumina tenebras meas . . . ; (b) f. 30ʳᵛ Gracias tibi ago omnipotens pater qui me refecisti . . .

9. ff. 30ᵛ–31ᵛ Ad patrem et filium et spiritum sanctum dicatur hac Oracio. Te adoro deum patrem et filium et spiritum sanctum vnam diuinitatem . . .

10. ff 31ᵛ–33 Oracio ad filium dei. vnigenitum incarnatum et passum. Domine ihesu christe fili dei viui. pax uita et salus . . .

11. ff. 33ᵛ–34 Domine sancte pater omnipotens eterne deus da nobis digne accedere . . .

12. f. 34ʳᵛ Domine ihesu christe gloriose conditor mundi qui cum sis splendor . . .

13. ff. 34ᵛ–35 O crux magnifico christe sacrata triumpho . . .

14. f. 35 Christe dei fili qui mundo condoluisti in tantum ut carnem susciperes . . .

15. ff. 35ᵛ–36 Salue crux sancta. salue mundi gloria . . . , *RH*, no. 17875.

16. f. 36ʳᵛ Aue maria gracia plena dominus tecum—per benedictum fructum . . .

17. ff. 36ᵛ–37ᵛ Salue me domine rex eterne glorie qui potes saluare . . .

18. f. 38–39 Domine rex omnipotens qui me ad ymaginem et similitudinem tuam . . .

19. f. 39 Fiat queso domine per intercessionem beate dei genitricis . . .

ff. 39ᵛ–40 blank.

20. ff. 41–75 Hours of B.V.M. of the use of (Sarum).

Hours of the Cross worked in. Memoriae after Lauds of Holy Spirit, Trinity, Cross, Michael, Peter and Paul, John ap., apostles and evangelists, Laurence, Stephen, Thomas of Canterbury (blurred), martyrs, Nicholas, Erkenwald, confessors, Mary Magdalene, Katherine, Margaret, Elizabeth, virgins, All Saints, and peace.

21. f. 75^{rv} Salue regina . . . , followed by the verses Virgo mater ecclesie . . . , ending abruptly in fourth verse 'extat pater ora', *RH*, no. 21818.

22. ff. 77–80^v Salue regina . . . farced with Salue uirgo uirginum stella matutina . . . , *RH*, no. 18318, and followed by prayer Deus qui de beate marie semper virginis utero uerbum tuum . . .

23. ff. 80^v–83 Aue Maria farced with Aue uirgo uirginum . . . , and followed by prayer Omnipotens sempiterne deus qui gloriosam virginem . . .

24. ff. 83–6 Quicunque hec septem gaudia in honore beate marie uirginis semel in die dixerit cum deuocione. centum dies indulgencie obtinebit a domino papa honoris (*sic*) qui proprio stilo composuit. Uirgo templum trinitatis . . . Te deprecor domina sanctissima uirgo maria mater dei pietate plenissima . . .

25. ff. 88^v–105 Septem psalmi penitencialcs . . . , (f. 96) Quindecim psalmi . . . (cues only of first 12), and (f. 98) Litany.

Twenty-nine martyrs: (27–9) Martin Oswald Alphege; twenty-three confessors: (9–14) Wilfride Cuthberte Berine Swithune Dunstane Erkenwolde; thirty virgins, not Anne. ff. 88 and 105^v blank.

26. ff. 107–134^v Office of the dead.

27. ff. 136–47 Hic incipit commendacio animarum.

28. ff. 147^v–155^v Salmi de passione domini nostri ihesu christi. Deus deus meus . . .

29. Psalter of Jerome, with preliminaries, and followed by a series of prayers: (*a*) ff. 156–72 Beatus ieronimus in hoc modo disposuit hoc psalterium . . . cum tota cordis intencione. Suscipe dignare domine sancte pater omnipotens eterne deus hos uersiculos psalmorum . . . et in opere; (f. 157) Dominus deus rex omnipotens hec omnia tamque recolo quam que non recolo confiteor . . . Deprecor te eciam domine pro genitore meo et genitrice mea et pro fratribus et sororibus . . . peccatorum suorum. Amen. (f. 159) Uerba me auribus . . . (f. 172) seruus tuus sum Omnis spiritus laudet dominum. Gloria patri Kyriel'—Sed libera. Et ueniat super nos misericordia tua domine—Et clamor. (*b*) f. 172^v Benignus et misericors deus qui reuocas errantes . . . ; (*c*) f. 172^v–173 Clementissime deus pater exaudi me per hos psalmos . . . ; (*d*) f. 173 Omnipotens et misericors deus clemenciam tuam . . . ; (*e*) f. 173^{rv} Deprecor misericordiam tuam et pietatem tuam . . . ; (*f*) ff. 173^v–174 Liberator animarum mundi redemptor ihesu christe . . .

30. f. 174 a picture pasted in: Christ crucified, surrounded by the words Nos autem gloriari oportet—Adesto nobis . . . perpetuis defende subsidiis Per dominum nostrum ihesum christum filium.

f. 174^v blank.

ff. v + 175 (foliated 1–54, 54*, 55–174) + v. 125 × 85 mm. Written space 74 × *c*.45 mm. 20 long lines. Ruled in violet ink. Collation: 1^6 2–10^8 11^8 + 1 leaf (f. 86) after 5 12–20^8 21^8 + 1 leaf (f.

164) after 6; together with seven single inserted leaves for pictures, the rectos blank, ff. 7, 40, 76, 87, 106, 135, and 158. The first letter of the catchwords at the ends of quires 6–19 is a cadel. Seven full-page pictures, before arts. 2 (God the Father seated holding the cross with Christ on it), 20 (Gethsemane), 22 (B.V.M. and Child in glory), 25 (Christ on the rainbow flanked by two interceding saints, figures leaving graves below), 26, and 27 (three souls in a sheet lifted to God by angels), and to Psalter of Jerome, f. 158ᵛ. Initials: (i) 8- or 7-line, pink and blue or green shaded to white, on gold grounds, historiated f. 41 (Annunciation) or decorated in colours including green and orange; (ii) 3-line, pink, blue, green, or orange shaded to white, on gold grounds decorated with one of those colours, with marginal sprays; (iii) 1-line, gold with violet ornament, or blue with red ornament. Line-fillers in blue and gold. Continuous borders on pages with type (i) initials. Capital letters in the ink of the text in the Litany filled with orange. Binding of gilt red morocco, s. xviii. Secundo folio (f. 9) *glorifico*.

Written in England. 'Miss. Card: Wools [.]. Leg: Dat: a Leg: Frat: Card Camp: Consecr: per dom [.] nost: pap: cum mill: ann: Plen: Indulg:', s. xviii, f. ii; there are no obvious grounds for accepting this late identification of the manuscript as a gift from Cardinal Campeggio to Cardinal Wolsey.

58. *Bonaventura, etc*   s. xv²

Arts. 1–2 are on quires 1–6.

1. (*a*) ff. 1–21ᵛ Incipit Tractatus Fratris Bonauenture quondam generalis ministri Ordinis fratrum minorum de ligno uite. Christo confixus sum cruci. uerus dei cultor—(f. 2ᵛ) Iesus. ex deo genitus. Cum iesum audit . . . petere uoluisti. Hec et nunc per crucem—amen. Explicit tractatus fratris Bonauenture generalis quondam–; (*b*) ff. 21ᵛ–22 Incipiunt oraciones eiusdem. Oracio. Sacro nos tuo crucifixe redemptor . . . De gloriosa virgine oracio [I]nterueniat pro nobis nunc et in hora mortis . . . o felix o sanctissima (*ends abruptly (?) in the second prayer*); (*c*) ff. 22ᵛ–38ᵛ Tractatus fratris Bonauenture generalis ministri ordinis fratrum minorum. Iesus Christus. [E]cce descripsi eam tibi tripliciter prou*er* xxii Cum omnis sciencia . . . Hoc Seraphim. Amen Iesus Christus. Explicit Tractatus fratris Bonauenture.

(*a, c*) Distelbrink, nos. 21, 18: (*a*) *Opera omnia* (Quaracchi edn.), viii (1898), 68–86; (*c*) ibid. viii. 3–18 (De triplici via).

2. ff. 38ᵛ–60ᵛ Incipiunt Meditaciones sancti Bernhardi. Iesus. Multi multa sciunt . . . eiusdem dominum glorie. Qui uiuit . . . Amen Iesus Christus.

PL clxxxiv. 485–508 (pseud.).

3. ff. 61–134 Quoniam secundum apostolum quecumque scripta sunt—(f. 61ᵛ) in genere (?) admodum. Tabule sunt hec consequenter annotate—(*table of 15 books*)—(f. 62) Ex libro primo de consolacione theologie—Primo ergo ut de hiis que opponuntur . . . antiqui hostis attingi. deo gracias Explicit liber Consolacionum theologicarum editus per Magistrum Henricum de Assia de diuersis libris comportatus.

Bloomfield, no. 5015 (Johannes de Tambaco). Pr. Cologne, 1502. ff. 134ᵛ–139ᵛ blank.

ff. i + 139. 124 × 80 mm. Written space 90 × 55 mm. *c.*30 long lines. Frame ruling. Collation: 1–13¹⁰ 14¹⁰ wants 9 (blank) after f. 138 10 (f. 139) pasted down. Quires 2–3 numbered at the beginning in red, 2–3; quires 8, 13 at the end, 2, vi. Arts. 1–2 written in textura, art. 3 in hybrida or mixed hybrida and cursiva. Initials: (i) ff. 1, 61, red with crude ornament in red and black; (ii) 4–2-line, plain red, or as (i). Contemporary binding of thin wooden boards covered with brown leather bearing indistinct stamps: fleur-de-lis, dragon, griffin (?), and, on the front cover, lettered stamps at head and foot, the latter ending 'dic'; strap-and-pin fastening, now missing. Secundo folio *Ideo sub xii.*

Written probably in the Low Countries. 'xiiii', s. xv or xvi (?), f. 1 foot. In England by s. xvi med.: 'Remembar me whan ye be aslep', f. 138ᵛ; 'Hic liber est nunc Willelmi Sauage ex dono Walteri Willyams vicarii de West Thorrock [1536–46] in Com' Essex et cc Finis et cc', s. xvi, f. 137ᵛ, and cf. back pastedown, see R. Newcourt, *Repertorium eccl. paroch. Londinense* ii (1710), 592.

59. (HMC iii). *Horae* s. xv ex.

1. ff. 2–7ᵛ Full calendar in red and black.

No Visitation of B.V.M. The vigils on 23 June, 14 Aug., 20 Sept., 27 Oct., 29 Nov., and 24 Dec. are marked with paraphs like a type (iii) initial.

Arts. 2–5 are on quires 2–5.

2. ff. 8–9ᵛ Sequentiae of the Gospels.

The prayer Protector in te sperancium . . . follows John.

3. ff. 9ᵛ–10ᵛ Oracio deuota. Obsecro te . . . Masculine forms.

4. ff. 10ᵛ–11ᵛ Alia oratio. O intemerata . . . orbis terrarum. Inclina . . . Masculine forms.

5. ff. 12ᵛ–39 Hours of B.V.M. of the use of (Rome).

Advent office, f. 36ᵛ. f. 39ᵛ blank.

6. ff 40ᵛ–46 Penitential psalms and (f. 44) Litany.

Nine pontiffs and confessors: (8–9) ludouice iuliane; four monks and hermits: benedicte francisce anthoni dominice; ten virgins: (9–10) clara elizabeth.

7. ff. 47ᵛ–48 Secuntur hore sancte crucis—Hymnus. Patris sapientia (*sic*) . . .

8. f. 49ʳᵛ Secuntur hore de sancto spiritu—Hymnus. Nobis sancti spiritus . . .

9. ff. 50ᵛ–65ᵛ Office of the dead.

10. ff. 66–67ᵛ De la trinite. Antienne. Te deum patrem . . .

Memoriae of Trinity, Michael, John Baptist, Peter and Paul, Sebastian, Christopher, Anthony.

11. ff. 68–71ᵛ Passio domini nostri iesu christi secundum Iohannem Egressus est . . . posuerunt iesum [18:1–19:42]. oratio. Deus qui manus tuas . . .

12. ff. 71ᵛ–72 (*a*) Oraison a son bon ange. Sancte angele dei minister celestis imperii . . . ; (*b*) Angele qui meus es custos pietate superna me tibi commissum . . .

13. f. 72 Memoriae 'De tous les sainctz', and 'De toutes les sainctes'.

14. ff. 72^v–73 Oraison a dieu le pere tresdeuote. Mon benoist dieu ie croy de cueur et confesse de bouche . . .

Sonet, no. 1150.

15. f. 73 Memoria of B.V.M.: Oraison de nostre dame. Salue regina . . .

ff. 73^v–77^v blank but ruled.

ff. iv + 76 + iii, foliated (i–iii), 1–77, (78–80). f. 1 is a parchment flyleaf. 140 × 88 mm. Written space 113 × 57 mm. 39 long lines; 37, arts. 11–15. Collation of ff. 2–80: 1^6 2–8^8 9 fourteen (perhaps 9^{12} + 2 single leaves (ff. 69–70) after 5). Written in *lettre bâtarde*; change of hand probably at f. 68. Twelve full-page pictures: eight in art. 5 ('VENERABIL' at the top of the patterned wall-covering in the first, the Annunciation, f. 12; the Flight, at Vespers, includes a reaper, an armed band, and a monkey diving off a pillar), and one before each of arts 6. (David and Goliath), 7–9; one 22-line picture after art. 4 (B.V.M. and Child attended by two angels), f. 11^v. Initials: (i–iii) 3-, 2-, and 1-line, gold, on grounds of blue and red patterned with gold. Line-fillers of alternately red and/or blue patterned with gold, and gilt branches. Capital letters in the ink of the text filled with pale yellow. Binding of s. xvii (?), densely covered with gilt patterning within a frame. Secundo folio (f. 9) *centes*.

Written in France. 'Ce presant liure á este donné á Madame Leuesque par Claude Mignon son seruiteur lan de grace 1636', f. 1. 'magdelaine Leuesque', f. 76, 'Anthonine puart', f. 77^v, s. xvii. Given to Stonyhurst College by J. Morris, alumnus, 29 Dec. 1806, f. iii^v inscription.

60. (HMC iii). *Horae*   s. xv^2

Described in *MERT*, no. 53, with facsimile of f. 17^v. Facsimile of f. 26^v, *Burlington Magazine* (Dec. 1944). No. 599 in the catalogue of the Flemish Art exhibition, Royal Academy 1953/4.

1. f. i^{rv} (raised pastedown) last leaf of Calendar in French: December.

'hac die profecta est ad deum anima D. Ka[ter]ine bray o[ptime (?)] femine mane septima', added, 19 Dec., in red ink in a humanistic hand. 'An. X^i 1507', added, 30 Dec., s. xvii.

2. ff. 2–4^v Incipiunt quindecim orationes. O domine ihesu christe eterna dulcedo . . . plenam remissionem. Amen. Pater noster. Aue maria. O ihesu vera libertas . . . salutis eterne Amen. O ihesu mundi fabricator . . . amorem tuum. Amen Pater noster. Aue maria.

First three of Fifteen Oes of St Bridget.

3. ff. 6–40^v Incipiunt hore beate marie secundum usum sarum, ending imperfectly in Compline.

Two leaves cut out, leaving narrow strips.

4. (added, in the same hand as art. 9) f. 41^{rv} Salue regina . . . Oremus. Deus qui de beate marie virginis utero verbum tuum . . .

5. (*a*) ff. 43–44^v Gaudia spiritualia beate marie. Gaude flore virginali. Que honore speciali . . . ; (*b*) ff. 46–7 Gaudia temporalia beate marie. Gaude virgo mater christi. Que per aurem concepisti . . .

(*a*, *b*) *RH*, nos. 6810, 7017. f. 47^v blank.

6. ff. 49–56 Memoriae of John Baptist (Gaude iohannes baptista. Qui in ventris . . . , *RH*, no. 26988), John ev. (Gaude pater via morum . . . , *RH*, no. 27075), Anthony, Anne (Gaude felix anna . . . , *RH*, no. 6773).

ff. 50ᵛ, 56ᵛ–57ᵛ blank.

7. ff. 58–60ᵛ Oratio ad mariam virginem. O intemerata . . . orbis terrarum. Inclina . . . Masculine forms.

8. ff. 61–5 Oratio ad mariam virginem. Obsecro te . . . Masculine forms.

f. 65ᵛ blank.

9. (added, in the same hand as art. 4) (*a*) ff. 67–69ᵛ Incipiunt hore de sancto spiritu—Nobis sancti spiritus . . . ; (*b*) ff. 70–2 De sancta trinitate. oratio. Domine deus omnipotens pater—da michi famulo tuo N. victoriam . . . Oratio. Libera me domine ihesu christe . . .

ff. 72ᵛ–75ᵛ blank.

10. ff. 77–103ᵛ Penitential psalms, (f. 85ᵛ) 'xv salmi' (in full), and (f. 94) 'Letania sanctorum', ending imperfectly at 'et Inimicis nostris in Pietate tua'.

Seventeen martyrs: (1–4) thomas edmund ozwald alan . . . (17) herasme; twenty-one confessors: (20–1) zwicine vrine.

11. ff. 105–44 Incipiunt vigilie mortuorum.

f. 144ᵛ blank.

12. ff. 145–61 Commendaciones animarum. Beati immaculati . . .

f. 161ᵛ blank.

13. ff. 163–76 Psalmi de passione domini. Deus deus meus . . .

f. 176ᵛ blank.

14. ff. 178–194ᵛ Psalterium beati iheronimi. Uerba mea . . . (f. 194) Oremus. Omnipotens sempiterne deus clementiam tuam . . .

f. 195ʳᵛ blank.

ff. ii + 196. 135 × 93 mm. Written space 73 × 50 mm. 18 long lines. Collation impracticable, the last quire a six with its last leaf pasted down; inserted singleton picture-pages, blank on the recto, ff. 1, 5, 9, 13, 17, 21, 26, 31, 38, 42, 45, 48, 51, 53, 66, 76, 104, 162, 177. Nineteen full-page pictures, most grisaille: eight in art. 3, and one before each of arts. 2 (Crucifixion), 5a (B.V.M. and Child), 5b (B.V.M. and Child attended by four angels with musical instruments, a dove, and a book), 6i–iii, 9, 10, 11 (raising of Lazarus), 13 (Christ crowned with thorns, showing his wounds), and 14. Two 5-line pictures, incorporating initials, to arts 6d and 11 (souls in Hell ?). Initials: (i) facing picture-pages, 5-line, most grisaille, on gold grounds; (ii, iii) 2- and 1-line, grisaille, on light brown grounds patterned with gold. Line-fillers of grisaille and light brown decorated with gold. Continuous framed floral borders on grounds of gold, or (ff. 48ᵛ–49) brown architectural frame highlighted with gold, or (f. 61) an arrangement of gold and silver medallions, on picture-pages and pages with type (i) initials. Binding of thin wooden boards covered with violet velvet with silver fleur-de-lis cornerpieces and IHS centre-pieces. Secundo folio (f. 3) *sudorem*.

Written for English use in the Netherlands; decorated, except one opening, by the Master of the

Prayer Book of Maximilian, probably at Ghent. 'Pray for the soules of dame Cattrayn Bray. and of Ion Colett den of Paules', s. xvi in., f. 104ᵛ margin; cf. her obit, art. 1, perhaps Katherine wife of Henry VII's councillor Sir Reginald Bray. Note, signed 'Robert Thweng 16[. .] 1647', that he had seen an ancient manuscript recording the death of John Thweng [St John of Bridlington] in 1379 and his subsequent canonization, f. iᵛ. 'Collegii Anglicani Societatis IESV Leodii Bib: Mai:' s. xvii, f. iᵛ.

61. (HMC iii). *Kalendarium, Psalmi penitentiales, preces, etc.*

s. xv¹

Perhaps originally a book of hours, before the loss of a section between arts. 2 and 3. ff. 38–76 originally followed ff. 77–106, and are so described below; they were misplaced by s. xv/xvi, see art. 15a.

1. (quire 1) added, s. xv (a) ff. 1ᵛ–2ᵛ Stella celi extirpauit que lactauit dominum . . . Oremus. Deus pietatis deus misericordie deus indulgencie . . . ; (b) ff. 2ᵛ–4 Deus summa spes nostre redemcionis qui in terra promissionis . . . Secretum. [O]mnipotens et misericors deus . . . Post Communio Deus cuius misericordie non est numerus cui soli . . . ; (c) ff. 4–5ᵛ Kyrie rex genitor ingenite . . . dolentis anime el' Kirie fons bonitatis . . . possimus semper el' [K]irie virginitatis amator . . . marie el' Christe vnice deus (*ends imperfectly*).

(a) *RH*, no. 19438; (b) propers for a mass 'pro anima famuli tui N.' and for the recovery of the Holy Land, these words occurring in each item; (c) two farced Kyries, *Sarum Missal*, p.3, and the beginning of a third. ff. iʳᵛ, 1 blank.

2. ff. 6–11ᵛ Sarum calendar in red and black.

Cf. *Brev. ad usum Sarum*, iii, here omitting translation of Richard (16 June), Visitation of B.V.M., translation of Martin (2, 4 July), Leodegar (2 Oct.), Hugh, Cecilia, Chrisogon, Linus, Saturninus (17, 22, 24, 26, 29 Nov.); and adding Patricii (17 Mar.), Bennonis abbatis, Cithe virginis (21, 27 Apr.), Cirici et Iulitte (16 June), Beblicii bp. and conf. *in red* (3 July), Danielis bp. *in red* (11 Sept.), Francisci *in red* (4 Oct.).

'Obitus Willelmi Yde (?) of (?) Iem (?) . . . anno domini 1576', added, 14 May. Feasts of Thomas of Canterbury crossed through.

3. ff. 12–36ᵛ Hic incipiunt septem psalmi penitenciales, and (f. 25ᵛ) Litany.

Forty-six confessors: (19–37) Nicholas Beblici Daniel Erasme Bennone Moroche Tannoce Brothen Tekwen Hillari Kube Althco Grediane Perys Baglan Gunda Ailhaiarum Pedroce Romane; thirty-nine virgins: (1) Anna . . . (26–32) Katherine Wennefreda Dunwenna Werburga Melangelth Kynewen Agnes. The usual seven prayers at the end are followed by Miserere quesumus domine clementer animabus parentum . . .

4. (a) added, s. xv, ff. 36ᵛ–37ᵛ Antiphon of the common of a confessor (Similabo eum . . .), memoria of James, collect for Anthony (Ecclesiam tuam deus beati Antonii confessoris . . .), memoria of Francis (Celorum candor splenduit . . . Deus qui ecclesiam tuam beati francisci . . .); (b) added, s. xv, foot of f. 37ʳᵛ memoria of Beblig (Euge serua . . . Da quesumus omnipotens deus vt beati Beblicii confessoris tui atque pontificis veneranda commemoracio . . .)

5. ff. 77–87ᵛ Ave benignissime domine ihesu christe O ihesu christe eterna

dulcedo . . . oracio Deus qui voluisti pro redempcione mundi . . . sanctissimas penas tuas quas ego indignus Henricus recolo . . . et perducere me digneris miserum Henricum . . .

The Fifteen Oes of St Bridget. 'Henricum' is underlined in red; likewise other key words, especially the first word of a sentence in arts. 5–8.

6. ff. 87ᵛ–89 Oracio Bona. Dirupisti domine vincula mea . . . vt me famulum tuum Henricum . . .

7. ff. 89–96 Hic incipit oracio sancti Augustini. Domine ihesu christe qui in hunc mundum propter nos peccatores . . . (f. 93) de me misero famulo tuo Henrico . . .

The intercession of the four evangelists, Gregory, and George is asked 'pro me peccatore', f. 93ᵛ.

8. ff. 96ᵛ–99 Hic incipit oracio venerabilis bede presbiteri de septem verbis christi in cruce pendentis. Domine ihesu christe qui septem verba . . .

9. ff. 99–103 Letania de sancta maria. Kyrieleyson . . . derelinquas me sine adiutorio. Amen.

10. ff. 103ᵛ–106ᵛ, 38 Obsecro te . . . Masculine forms.

The final words, on f. 38, are repeated on f. 107 by the main scribe, no doubt to correct early misbinding.

11. ff. 38–72 Commemoracio animarum. antiphona Placebo. Dilexi . . .

Office of the dead.

12. ff. 72ᵛ–74 Istam oracionem sequentem scripsit beatus Augustinus—non appropinquabit. Oracio. (f. 73) Deus propicius esto michi peccatori et custodi me . . .

13. ff. 74ᵛ–75 Benedic michi domine hodie et cotidie et custodi me . . .

14. (added, s. xviᶦ) (a) f. 75ʳᵛ Whoso euer deuowtly saith thys prayer for euery tyme saying a xi Mᶦ yere of pardon And as mony yere as he sayth yt dayly so meny days afore hyse deth he schal (se) oure lady senct Michael wrote yᵉˢ letturs in golde and gafe yt to a holy ermete for hyse saluacion. [A]ve domina sancta maria mater dei regina celi . . . et ora pro peccatis meis; (b) f. 76ᵛ Duo rogaui te domine Ne deneges mihi . . . nomen dei mei. Amen.

(b) Proverbs 30: 7–9, signed at the end with a paraph and 'RK', see below. f. 76 blank.

15. (added, s. xv/xvi) (a) f. 107 Oratio Sancte Brigitte quam deus docuit dictam Sanctam Brigittam. Domine ihesu christe ego cognosco me grauiter peccasse . . . Aue maria etc; (b) f. 107ᵛ Ihesu Ihesu Ihesu confirma cor meum Ihesu Ihesu Ihesu purifica cor meum . . .

16. (added, s. xvi) (a) in a humanistic hand f. 108 Summe rerum omnium conditor . . . , ending abruptly; (b) f. 110ᵛ Petrus eram quem petra tegit dictusque commestor / Nunc commedor: viuos docui nec cesso docere; (c) f. 111 Domine Ihesu christe qui hanc sacratissimam carnem . . .

(b) Walther, *Versanf.*, no. 14050 (*PL* cxcviii. 1048). ff. 108^v–110^r blank, also f. 111^v save for a note of contents, s. xviii.

ff. 113, foliated i, 1–38, 38*, 39–111. 128 × 83 mm. Written space *c.* 80 × 48 mm. 17 long lines. Collation of ff. i, 1–37, 77–106, 38–76, 107–11: 1–2^6 3–4^{10} 5^6, 6^8 7^{10} 8^{12}, 9^{10} 10^{14} 11^{10} 12^6, 13 one (f. 107) 14^4. Arts. 2–13 written in a skilled mixture of secretary and anglicana, with elaborate top-line ascenders and bottom-line descenders. Initials: (i) blue and red, with red or (ff. 38, 77) red and ink ornament; (ii) 2-line, blue with red ornament; (iii) 1-line, blue or red. Line-fillers in Litany only in red and blue. Capital letters in the ink of the text filled with pale yellow. Binding of s. xix, perhaps using old boards. Secundo folio *orationem*.

Written probably for use in the parish of Llanbeblig (coterminous with the borough of Caernarvon), see arts. 2–4, for a man called Henry, see arts. 5–7. 'Roland Kenneryke os this booke god make him amen testes that this is myne John Stanley', in secretary hand, f. 1, 'Rolandus Kenrike ei sit deus propitius amen', in textura, 'Deus propitius esto mihi Rolando peccatori', in humanistica, f. 110^v, and cf. art. 14*b* above; he occurs as mayor of Beaumaris (Anglesey) in 1574 and town clerk in 1575, see R. Flanley, *A Calendar of the Register of the Council in the Marches of Wales, 1569–1591*, Cymmrodorion Record series viii (1916), 127, 134.

62. (HMC iii). *Horae* s. xiv med.

Described *MERT*, no. 22.

1. ff. 1^v–13 Calendar in red and black.

Franciscan and Utrecht saints in red: Seruacius ep., translation of Francis (13, 25 May), Odulf, Anthony, Lebuin (12, 13, 25 June), nativity of Clare (12 Aug.), Lambert (17 Sept.), nativity of Francis (4 Oct.), Willibrord, Lebuin (7, 12 Nov.). ff. 1, 13^v blank.

2. ff. 17–206^v Hours of B.V.M. of the use of (Rome).

Hours of Holy Spirit and Cross worked in.

3. ff. 208–238^v Penitential psalms and (f. 231^v) Litany.

Four monks and hermits: Benedict, Francis, Anthony, Dominic; eight virgins: (7–8) Clare, Elizabeth. The fifth prayer is Omnipotens sempiterne deus miserere famulo tuo ministro nostro et dirige eum . . .

4. ff. 240–329 Office of the dead.

f. 329^v blank.

5. (added in blank spaces) (*a*) f. 78 Regina celi letare alleluya quia quem meruisti portare alleluya resurrexit sicut dixit alleluya Ora pro nobis deum alleluya; (*b*) f. 101^v Maria mater gracie mater misericordie tu nos ab hoste protege in hora mortis suscipe.

ff. 342: pastedown, ff. i, 1–236, 227–329, pastedown. 87 × 65 mm. Written space 45 × 38 mm. 10 long lines. Collation: 1^6 1 pasted down 2^{10} wants 10 (blank ?) after f. 13 3–20^{10} 21 three (ff. 204–6) 22–34^{10} 35^2 2 pasted down; and twelve inserted single leaves containing pictures, ff. 14–16, 78, 101, 119, 135, 151, 166, 190, 207, and 239. Twelve full-page pictures on inserted leaves, blank on the other side (blank rectos except ff. 101, 119, 190): ten to art. 2 (Annunciation, Magi, Gethsemane (ff. 14–16), Pentecost, Christ before Pilate, Scourging, Carrying cross, Crucifixion, Descent from cross, Entombment), no picture before Lauds, and one each to arts. 3 (Christ seated, two swords), and 4 (Christ holds a sheet enfolding four souls). Initials: (i) 7-line, in colours, on gold grounds, historiated (*Gracias tibi ago* . . . to Matins of the Cross, f. 86^v, has a woman standing at an altar holding a cross; art. 3, a king kneels at prayer before a covered chalice on an altar, the hand of God blessing; art. 4, three figures in flames); (ii) 5-line, gold, on pink and blue grounds patterned with white, enclosing a head (female usually in Hours of B.V.M.), extended into three margins; (iii) 2-line, as (ii) with no head, extended into side margin only; (iv) 1-line, blue with red ornament, or gold with blue ornament. Line-fillers in red and blue with touches of gold. Borders in gold and colours, with some birds and grotesques, on pages with type (i) initials. Capital letters in the ink of the text stroked with red. Binding, repaired, of wooden boards covered with calf, s. xv, bearing worn stamps of several patterns; central clasp. Secundo folio (f. 18) *deo salutari*.

Written in the Netherlands, perhaps for Franciscan nuns. Armorial bookplate, f. iᵛ. 'S (?)[. . .] S[. . .] Gebenedyt Sy Godt', s. xvi, f. 1.

63. (HMC iii). *Horae (partly in Netherlandish)*   s. xv ex.

1. (*a*) ff. 1ᵛ–13 A rather empty calendar in red and black, graded; (*b*) f. 13ᵛ table for the date of Easter, [14]87–[15]04.

(*a*) gradings Sol*em*pn*e* (in Jan. only), Duplex, and for ix lessons; principal feasts not graded after Jan. Feasts include Monica (4 May), Odulph (12 June), Visitation of B.V.M. *in red* (2 July), Augustine *in red* (28 Aug.) with octave 'duplex' (4 Sept.), translation of Augustine 'duplex' (11 Oct.), Autbert ep. ix lc' (12 Dec.). ff. iv–vᵛ, 1ʳ blank.

2. ff. 14–15 Inicium sancti euangelii secundum iohannem In principio . . . et veritatis: Deo gracias.

John 1: 1–14. f. 15ᵛ blank.

3. ff. 16–75 Incipit cursus beate marie.

Hours of B.V.M. of the use of (Utrecht). Nine lessons at Matins. Seasonal material begins f. 73. f. 75ᵛ blank.

4. ff. 76–94ᵛ Penitential psalms and (f. 87) 'Letanie'.

Twenty-three confessors: (1) Augustine . . . (20–1) Gaugeric Autbert; eighteen virgins: (10–11) Walburgis Gertrudis . . . (15–18) Ursula cum sociis tuis Gudila Anna Elizabeth. 'Ut ne nos . . . ' is followed by 'Preces minores. Ego dixi . . . Esto nobis turris fortitudinis A facie inimici', and Deus cui proprium by Ineffabilem, Deus qui nos, Deus venie largitor, Deus cuius misericordie, and Fidelium.

5. ff. 95–101ᵛ Hier beghy*n*nen die seue*n* ghetide*n* vand*er* passie*n* ons*er* liefs h*er*en ih*es*u christi daghe liics te spreke*n*. Te mette*n* tiit. O lieue here ih*es*u christe om dat verueerlike aentasten . . .

Hours of the Passion.

6. Prayers to God the Son: (*a*) ff. 101ᵛ–102ᵛ Een y*n*nich deuoet ghebet tot onse*n* lieue*n* h*er*e ih*es*um christum. O du alre schoenste end*e* alre suetste . . . ; (*b*) ff. 103–4 Noch ee*n* y*n*nich deuoet ghebe*t* tot o*n*sen here. O lieue h*er*e ihesu christe Ic bidde v doer dij*n* grondeloese my*n*ne . . . ; (*c*) ff. 104ᵛ–108ᵛ Soe wie dat dese seue*n* bedi*n*ghe*n* leest met seue*n* pat*er* nost*er* en[de] Aue maria . . . (f. 105ᵛ blank. f. 106) O here ihesu christe Ic aenbede di i*n* den cruce hanghende . . . Heere ih*es*u christe leue*n*de gods sone . . . ; (*d*) ff. 108ᵛ–112 Dit sij*n* drie su*n*derlinghe pat*er* nost*er* van o*n*sen here. O fonteyne van my*n*nen suete h*er*e ih*es*u christe. Ic v*er*mane v . . . ; (*e*) ff. 112–13 Ee*n* goet ghebe*t* tot alde*n* wonde*n* ons her*en*. O aldersuetste here ihesu

christe. leuende gods sone Ic dancke di voer die vi dusent vi hundert en*de* lxvi
wonden . . . ; (*f*) ff. 113–114ᵛ Die paus ia*n* die xiiˢᵗᵉ heest *ver*leen*t* M.viᶜ en*de* lxvi
iaer aflaets tot des*er* or*ac*io diese deuoteliic leest. O mynlike h*er*e ih*es*u christe Ic
bidde v oetmoedeliic om die onbegripelike my*n*ne . . .

(*c*) the heading to the collect Heere ih*es*u christe . . . conveys an indulgence of 46,012 years from
Pope Gregory, increased by later popes and last by Sixtus IV in 1483; (*d*) Seven Oes of St
Gregory.

7. ff. 114ᵛ–124 Meest*er* ian gersons gheb*et* een deuoet doctoer—O alre hoechste
en*de* saechtmoedichste god. lief hebb*er* der mi*n*sche*n* . . .

8. ff. 124–9 Hier nae volcht ee*n* deuoet ghebet i*n* maniere*n* va*n* ee*n*re biechte*n* tot
o*n*sen lieue*n* h*er*e ih*es*u christum. Ic onweedich sondaer belie v mij*n* h*er*e mij*n* god
vader des hemels . . .

9. Communion prayers: (*a*) ff. 129–31 Dit gheb*et* salme*n* lese*n* alsme*n* d*et* heilghe
sacram*ent* ontfaen sal. O alre ghenadichste en*de* alder onfer*m*hertichste h*er*e ih*es*u
christe. Ic alre o*n*weerdichste sondaer . . . ; (*b*) ff. 131–2 Noch ee*n* deuoet geheb*et*
alsme*n* d*et* h*ei*lighe sacr*a*. Ontfaen heest. O h*er*e ih*es*u christe Heden begheer ic te
ontfae*n* . . . ; (*c*) ff. 132–3 Dit ghet*et* salme*n* lese*n* als me*n* d*et* heilghe sacr*a*.
o*n*tfae*n* hˢᵗ. Almechtiche vader en*de* ontfermh*er*tighe god Ic dancke en*de* loue v . . .

10. Prayers at absolution: (*a*) f. 133ʳᵛ Dit gheb*et* leest totter ab*lu*cien. O alre
suetste ih*es*u maect my dronke*n* . . . ; (*b*) ff. 133ᵛ–134ᵛ Dit gheb*et* leest nae der
ghi die ablucie o*n*tfae*n* hebt. Sijt willecome O ih*es*u alre suetste troest*er* . . .

11. (*a*) ff. 134ᵛ–135 Een cort deuoet gheb*et* tot o*n*sen lieue*n* here da*n* me*n* veel
aflaets *ver*dient. O mynlike lieue h*er*e ih*es*u christus. synde i*n* mij*n* herte d*et* licht
. . . ; (*b*) f. 135ʳᵛ Va*n* de*n* selue*n*. O martelie groot o wonden diep . . .

12. ff. 135ᵛ–146 Incipit rosarium siue sertum roseum beate marie semper virginis
oracio. Dignare me laudare te virgo sacrata . . . (f. 144) Coll' Interueniat pro
nobis quesumus domine ihesu christe apud tuam clemenciam . . . (f. 144ᵛ) Eya
nunc gloriosissima virgo maria imperatrix angelorum . . .

13. ff. 146–8 Oracio deuota ad beatam virginem mariam et sanctum iohannem
ewangelista[m]. O intemerata . . . orbis terrarum. Inclina . . . Masculine forms.

14. Prayers and salutations to B.V.M.: (*a*) ff. 148–54 Ee*n* deuoet ghebet tott*er*
weerdegh*er* moed*er* gods en*de* magh*et*. Aue maria hemelsche keyseri*n*ne . . . Ic
arme sondighe mi*n*sche . . . ; (*b*) ff. 154–155ᵛ Hier nae volghe*n* die vii bliscappe*n*
van mari*en*. Verbliit v maria gloriose coningy*n*ne . . . ; (*c*) ff. 155ᵛ–158ᵛ Ee*n*
schoe*n* ghebet va*n* onser lieu*er* vrouwe*n* m*et* *ver*mainghe*n* va*n* hare*n* priuiligien. O
coningy*n*ne d*er* hemele*n* en*de* vrouwe d*er* y*n*ghele. Ic vermane v . . . ; (*d*) ff. 158ᵛ–
160ᵛ Hier volghe*n* deuote gruete*n* totter ghebenedid*er* moeder gods en*de* altoes
magh*et* mari*a*. Sijt ghegruet alder goedertiere*n*ste Sijt ghegruet ald*er* ontferm-
hertichste . . . ; (*e*) ff. 160ᵛ–161 Commendacio. O alder heilichste m*ar*ia Ic beuele
v myne*n* vterste*n* dach . . .

(*b*) The Seven Joys.

15. ff. 161–165ᵛ Hier dinck om die passie ons liefs here. Heer ihesu christe ghi zweetet water ende bloet . . .

Five sections begin O maria . . .

16. f. 166ʳᵛ Tot onsen lieuen here. O verlosser alder werelt die uet versmaet en hebt te draghene die scerpe doerne crone . . .

17. ff. 166ᵛ–170ᵛ Een orberlijc ghebet van der weerdigher passien ons heren ende veel aflaets ess' toe ghegeuen. O alre suetste lam goedertieren here ihesu christe Ic vermane v ende dancke v . . .

18. f. 170ᵛ Dit ghebet doergaet den hemel. God wes ghenadich my arme sondighe mensche Here dauid sone ontferem mijns Amen.

19. ff. 170ᵛ–173 Een deuoet ghebet van s' Anna onser liuuer vrouwen moeder. O alder heilichste ende alder salichste anna moeder der moeder . . .

20. ff. 173–4 Van s' Augustijn den heilighen bisscop. O glinckende sterre inder salen christi . . . Collecte O almechtich godsijt bi onsen ghebeden. ende den welken ghigheuet . . .

21. ff. 174–189ᵛ Prayers to saints: John ev., John Baptist, Peter, Stephen, Adrian with collect, Sebastian with collect, Anthony, Christopher, Mary Magdalene, Katherine, Barbara, 11,000 Virgins, Margaret, Gudila, Gertrude, Elizabeth.

The prayers each begin 'O . . . ', or, for Adrian, Barbara, Gudila, Elizabeth, 'Weest ghegruet . . . '.

22. ff. 189ᵛ–191 Een ghebet tot onsen properen ynghel. O heilighe enghel gods die my van gods weghen hebt to bewaren . . .

23. ff. 191ᵛ–194ᵛ Een deuote ymne vander gheboiten (?) ons heeren ihesu christe. Verbliden wy ons inden heere wy ballinghen der salicheyt ende bedruefden kinderen adams . . .

ff. iii + 196 + iii. 92 × 62 mm. Written space 58 x 36 mm. 16 long lines. Collation of ff. iv–v, 1–194: 1⁸ 2⁸ + 1 leaf (f. 15) after 8 3–10⁸ 11⁶ 12–19⁸ 20¹⁰ 21–24⁸ 25 three (ff. 192–4). Quires signed in the inner margin: a–s, b t v u. Written in a good set non-current hybrida. Initials: (i) to arts. 3, 5, 6c, 8-/4-line, blue patterned with white on decorated gold grounds; (ii) 5-line, blue patterned with gold or colours, on decorated plain grounds; (iii) f. 137, 5-line A, silver on coloured ground; (iv, v) 2- and 1-line, blue or red. Capital letters in the ink of the text stroked with red. Borders: continuous floral, f. 16; continuous, f. 76; part on other pages with type (ii) initials. Binding of s. xix; 'Cursus beate Marie virginis. MSS 1487', on spine. Secundo folio (f. 15) *Quotquot*.

Written in the Low Countries, probably for Augustinian use, c.1487, see art. 1. 'Presented to Stonyhurst Library by Rev. W. Johnson 1861', inside front cover.

64. (HMC 32). *Arma Christi (in English)*   s. xv med.

1. (face) The vernacul y honowre hym and the . . . Ihesu crist vs Pether send Amen.

150 lines. *IMEV*, no. 2577. Ed. R. Morris, *Legends of the Holy Rood, Symbols of the Passion and*

Cross Poems, EETS xlvi (1871), 170–93. Lines 113–14 are omiited here, and lines 47–52 follow line 60, and 101–4 follow line 124. R. H. Robbins, 'The *Arma Christi* Roll', *MLR* 34 (1939), 415–21, refers to this and six other copies on rolls; see also *MMBL* ii. 129. Illustrated by crude pictures of the twenty-four arms, Veronica–Sepulchre.

2. (dorse) *starts from the foot* qui eas cum deuocione celebrare uel celebrari fecerit sue audierit [. . .] re quacumque iuste pecierit impetrabit Et sic incipiunt misse dicende in septem diebus ceriatim. i. de aduentu domini Rorate celi . . . Cum gloria in excelsis et Credo et ad vnamquaque missam dicuntur iste tres Oraciones Pretende . . . Intercessio . . . Quesumus . . .

The seven masses of St Giles. The prayers are the collect, secret, and postcommunion of his office; the first two as *Sarum Missal*, pp. 316, 317 nn. 9 and 2. The heading is damaged and partly obscured by silk strengtheners.

A roll of 3 membranes. 2090 × 120 mm. Written in current anglicana. The pictures are as above, art. 1. No coloured initials. Holes at the top corners, for hanging (?); through holes, strengthened with pieces of green silk, at the bottom corners pass hooks attached to small lead weights.

65. (HMC iii). *initial* O. s. xv med.

Jerome in red hat and cloak, blessing, and seated on a canopied throne, with a lion at his feet and holding an open book, inscribed on the verso 'Fratres vigilate state in fide' and on the recto 'viriliter agite confortemini'; above, God; Franciscans kneel on both sides.

Venetian (?) work. *c.*145 × 145 mm. Pasted in a frame. Manchester City Art Gallery exhibition 21 Sept.–30 Oct. 1960 as Stonyhurst no. 6, Cat. no. 16, see label pasted on back.

67. *Psalterium* s. xv[1]

Liturgical psalter, ending imperfectly 'ex omnibus iniquitatibus (Ps. 129: 8. *catchword*:) eius a' De profundis'.

ff. i + 80 + i. 74 × 52 mm. Written space 44 × 28 mm. 18 long lines. Collation: 1–8[10]. Initials: (i) f. 1, 9-line *B*, pink on gold and green ground, enclosing a figure, with border ornament; (ii) 4-line, to Te deum (f. 43[v]) and Ps. 109, blue with pink ornament; (iii) to other psalms, 2-line, blue or red with pink ornament; (iv) to verses, 1-line, blue or red. Binding of s. xvii (?). Secundo folio *predicans*.

Written in northern Italy.

68. *Collectanea contemplativa, etc.* s. xv med.

The numbering of arts. 1–24 follows that assigned to them, s. xv, in the original list on ff. 245–6, where they are given in the order 4*b*–*c*–8, 22–4, 21, [9]–20, 1–4*a*, indicating that the quires were originally in the order 3–12, 23–4, 21–2, 13–20, 1–2 (ff. 32–123, 222–43, 206–21, 124–205, 1–31), with more at the beginning. The numbering was done before three of the entries in the table were made, and hence nos. 4, 15, and 21 are double; art. 6*c* was also overlooked by the compiler of the table and was entered afterwards. The numbers were also placed at the heads of pieces.

Art. 11*d* is in Netherlandish.

1. ff. 1–4^v Incipit soliloquium quoddam deuotum. Verbum michi est ad te o rex seculorum . . . et solidum regnum permanens in secula seculorum. Amen. Explicit.

2. (*a*) ff. 4^v–25^v Incipit prologus. Dilecto fratri G. ceterisque conseruis christianis—scribi exopto. Explicit prologus. Incipit opusculum hugonis parisiensis de soliloquio dilectionis quod arra anime intitulatur. Loquar in secreto . . . hoc totis precordiis concupisco. Explicit soliloquium de arra anime; (*b*) ff. 25^v–26^v extracts on the love of God, attributed to Hugh of St Victor, Vita cordis amor est . . . , and Bernard, Diligam te domine . . .

(*a*) PL clxxvi. 951–70 (Hugh of St Victor). At the end of the text a note 'Prescriptus liber ex multis libris est correctus. Notandum quod in quarto folio precedenti ab illo loco vbi scribitur. Certe si rusticus vnus. vsque Hec omnia fecisti michi domine deus meus. tres libri non habent. Et estimo superflua vel parum valencia quia antea eadem sub alienis verbis deuotius dixerat et magis autentice' refers to the passage ff. 22^v/2–23/8 pro hoc non cessasti, which from f. 22^r/20 'Quid ergo et quantum de tua dileccione dicam . . . ' intervenes at edn. 968/14. (*b*) in lighter ink.

3. ff. 27–29^v Vulnerasti cor meum soror mea sponsa—In hiis verbis prelibatis nobis intimatur quod quelibet anima . . . De quinto. qui adheret deo vnus spiritus fit cum eo. Explicit.

4. (*a*) ff. 29^v–31 Eructauit cor meum verbum bonum. O qui nouum tenes thronum . . . Et vtrumque profiteris Cum sis innocencius et cetera; (*b*) f. 32 (*begins imperfectly*) reddenda ratione anxiatur. Unde dominus cupiens nos post se fortiter currere . . . quod nos forte unum peccatum cum tanta superbia et dei contemptu commisimus sicut forsitan ipsi plura et talis; (*c*) ff. 32^v–51^v (4) Incipit prologus in libros de contemplatione editus a domno guigone de ponte monacho quondam cathusie. Sicut qui hunc tractatum legis–Sicut magister consolatur filios—Variis modis dignatur pater . . . Cum nichil aliud sit verus.

(*a*) thirty-one 6-line stanzas, aabccb; (*c*) ed. P. Dupont, *Analecta Cartusiana* lxxii (1985), based on this copy up to iii. 21, 93 (p. 378), where this copy ends abruptly. Outer half of f. 31 cut away; ff. 31^v, 52–53^v blank.

5. ff. 54–55^v (5) Incipit libellus repudii ad mores seculares pauperis anime religiose prius adultere denuo autem christo ihesu per gratiam desponsate. Nichil racione estimat—Hoc fac et uiue. Uolenti mores suos ad extra et vitam ad intra secundum deum regere et homines . . . reponetur nobis corona glorie quam nobis concedat qui—Amen

In the lower margin of f. 55^v 'nota Deus videt. Inspice temetipsum. Nunc lege. nunc ora. nunc cum feruore labora. Nunc contemplare. nunc scripturas meditare. Nunc etiam pausa ne mortis sis tibi causa', cf. Walther, *Versanf.*, no. 12451.

6. (*a*) ff. 56–66^v Incipit prologus in librum qui intitulatur occupacio deuotorum. Iste libellus de diuersis dictis sanctorum extractus et collectus—Explicit prologus. Incipit occupacio deuotorum. Prima distinctio. O anima mea conuerte . . . siciat caro mea donec intrem in gaudium dei mei qui—amen. Explicit libellus appellatus occupacio deuotorum; (*b*) f. 66^v Hiis de causis in metro subscripto

contentis debet mens deuota in laudem sui conditoris inardescere. Omnipotens bonitas miserans quia larga maiestas: Nos creat. et similat . . . vbi signa dolentia cernit (10 lines); (c) ff. 67–80ᵛ (6) Ex principio libri tercii magistri hugonis de sancto victore de claustro corporis et anime Quod anime claustrum contemplacio dicitur: capitulum primum. Anime claustrum . . . misericordiam diuine maiestatis.

(c) PL clxxvi. 1087–113/17 (Hugh de Folieto, caps. i–x).

7. ff. 81–96ᵛ (7) Incipit quoddam excerptum ex sexto libro erudicionis religiosorum. Ultimo in hoc opere agendum est de quiete mentis in deo . . . dicta sunt de te ciuitas dei. Explicit quoddam excerptum ex sexto libro erudicionis religiosorum.

Cf. Bloomfield, no. 1939 (William Peraldus). Followed by a definition of 'Sciencia speculatiua' and the meaning of 'gerarchia', as space-fillers.

8. ff. 97–123ᵛ (8) Incipit rychardis de duodecim patriarchis siue de minori contemplacione. Benyamin adolescentulus . . . humana racio applaudit. Alleleuya. Explicit richardus de duodecim patriarchis siue de minori contemplacione.

PL cxcvi. 1–64 (Richard of St Victor, Benjamin minor). A note of the 'Contemplatiue partes' and the 'Actiue partes' at the foot of f. 123ᵛ.

9. ff. 124–9 (begins imperfectly) bas. quando apparuit angelus in sompnis ioseph dicens. Surge . . . Sit tibi inclite ihesu christe cum patre—honor et imperium in secula seculorum. Amen. Explicit speculum euangelici sermonis.

One leaf missing before f. 124. '9' in the table on f. 245 'Item speculum ewangelici sermonis in quo dilectus sponsus dominus ihesus christus potest tanquam presens speculari. editum a beato anselmo quod incipit. Ihesum nazarenum'.

10. ff. 129–136ᵛ Venerabilis ille incarnate sapiencie discipulus—centum meditaciones circa passionem—in suo vulgari sueuico theuthonico pro ipsis vt ait vulgaribus edoctus—compilauit. quas ego a deuoto quodam sacerdote deuote rogatus eiusdem sapiencie spiritu adiuuante in latinum transfudi sermonem—(f. 129ᵛ) articulos subsequantur. Incipit prologus centum meditacionum passionis domini nostri ihesu christi. Amatorie passionis . . . ubi beata trinitas viuit et regnat—Amen. Expliciunt centum meditaciones. Oratio pro agentibus hanc centifariam memoriam dominice passionis. Tu nunc igitur o crucifixa—piissime delecteris Amen.

Henry Suso. A leaf missing after f. 133 contained articles 56–70.

11. (a) ff. 136ᵛ–137ᵛ Sequitur deuota meditacio de sacramento altaris et eius vtilitatibus edita a fratre iohanne de pysano Archiepiscopo cantuariensi et primato tocius anglie. De sacramento altaris secundum racionem fidei. Aue viuens hostia . . . da remunerator. Amen; (b) ff. 137ᵛ–139 Ex verbis beati Iheronimi de sacramento altaris excerpta. Aue panis vite . . . salubre poculum es inebria me; (c) f. 139 Sequitur in epistola eusebii de beati ieronimi morte ex qua prescripta extracta sunt. Infixus sum in limo . . . recordabitur deuotus homo; (d) ff. 139ᵛ– 140ᵛ De sacramento altaris ex dictis theuthonicis domni iohannis prioris

canonicorum regularium in valle viridi iuxta bruxellam. In den auont eten ter hogher feesten va*n* paesschen doe christus ouerliden wolde van desen ellende te sinen vader . . . mach vrilike gaen ter tafelen ons heren. heeft hi een suuere *con*sciencie van doetsonden.

(*a*) J. Pecham. Thirteen 4-line stanzas and a final 8-line stanza. *RH*, no. 2278; Walther, *Versanf.*, no. 2023; *AH* xxxi. 111–14. (*d*) J. van Ruysbroeck.

12. ff. 140ᵛ–143* Ex primo libro sentenciarum distinctione iiiᵃ. Quomodo per creaturam potuarit cognosci creator. Apostolus namque ait quod inuisibilia dei . . . intellexit ibi eciam esse amorem.

PL cxcii. 529–33 (Lib. 1 dist. 3. 1–22).

13. 'Item multa bona ex diuersis collecta', according to the table of contents, f. 245ᵛ: (*a*) f. 143*ᵛ Leuitici xxv capitulo Numerabis tibi—Annus iubileus significat diem iudicii . . . ; (*b*) f. 144ʳᵛ Bernardus. Multi multa sciunt . . . in quo nos diligimus; (*c*) f. 145 thirteen lines, blotted out with red paint; (*d*) ff. 145–146ᵛ Ex collacionibus patrum. collacione abbatis pafnucii. Tres abrenunciaciones monacho necessarias nouimus . . . beatitudinis peruenimus Dixit helias propheta. Viuit dominus . . . debere componere; (*e*) ff. 146ᵛ–152 extracts from Gregory, In Ezekielem, homilies nos. 5 and 2 'in secunda parte', and his Moralia in Job, bks. 10, 26, and 10; (*f*) ff. 152–153ᵛ Sermo xliiiⁱᵘˢ beati bernardi super cantica canticorum. Fasciculus myrre—Ante rex . . . ecclesie sponso qui est deus benedictus in secula. Amen; (*g*) f. 153ᵛ Ante canonem debet esse preuisio . . . cum honesta conuersacione et sancta operacione.

(*a*) sermon on Lev. 25: 8–11 annus; (*b*) *PL* clxxxiv. 485, 494–5 (Meditationes cap. i and part of v); (*f*) *PL* clxxxiii. 993–5; (*g*) on proper care and diligence before, during, and after mass, as a space-filler.

14. ff. 154–158ᵛ (14) Incipiunt diuerse auctoritates sanctorum patrum. (*a*) f. 154ʳᵛ primo de paupertate et diuersis tribulacionibus saluatoris nostri domini ihesu cristi. O bone ihesu quam dulciter conuersatus es . . . sub innocencia tua protecti cui est—amen; (*b*) ff. 154ᵛ–155 extracts 'De obediencia' from Gregory and Bernard; (*c*) f. 155ʳᵛ De paciencia; (*d*) ff. 155ᵛ–156ᵛ De humilitate, from 'Gregorius in dyalogo', (f. 156) Ex regula benedicti. Si non humiliter . . . , and (f. 156ᵛ) Gregorius in moralibus; (*e*) ff. 156ᵛ–157ᵛ Sapientia ad discipulum. Nemo melius passioni mee respondet vices quam qui non verbis solum . . . ; (*f*) ff. 157ᵛ– 158ᵛ Multi sunt modi electorum dei sicut saluator ait In domo patris mei . . . et replet illos seipso.

(*e*) from Henry Suso, Horologium sapiencie; (*f*) is followed by 5 lines, blotted out with red paint, probably a colophon. f. 159ʳ blank.

15. (*a*) f. 159ᵛ Exposicio secundum huguicionem quorundam vocabulorum in sequenti libello contentorum . . . plausum facere; (*b*) ff. 160–171ᵛ (15) Incipit libellus de perfectione filiorum dei. Quicumque vult viuere in perfectissimo statu alme matris ecclesie . . . vtcumque profatis. quod nobis prestare—Amen. Explicit (libellus) de perfectione filiorum dei; (*c*) f. 171ᵛ Ex dictis Anselmi cantuariensis episcopi (in libro de similitudinibus). Uoluntas illa que est

instrumentum volendi sic est inter deum et diabolum . . . Ipsa namque (*ends imperfectly*); (*d*) ff. 172–9 (15) Incipit contemplatiua que dicitur Metrica Theorey[ca]. Quando iacob fuerat primis amplexibus usus . . . deuota mente ministra. Explicit Contemplatiua metrica.

(*a*) definitions of words in (*b*) from Huguitio, Magnae derivationes; the first three words are Rimari, Percontari, Cunctari, and the last Explodere; (*b*) Bloomfield, no. 4767; the table on f. 245ᵛ gives the title and 'domini Io. Ruisbroec translatus de wlgari in latinum'; (*c*) marked 'vacat' in the margin in red; (*d*) Walther, *Versanf.*, no. 15221. 508 lines. f. 159ʳ blank.

16. (*a*) ff. 179–80 Bernardus super cantica de illo verbo. Reuertere dilecte mi. Nunc vero sustinete modicum . . . ; (*b*) f. 180ʳᵛ Item bernardus super cantica ibi Dilectus meus michi et ego illi. Si dominus ihesus . . .

(*b*) *PL* clxxxiii. 1115/11–39, followed by a further four lines.

17. ff. 180ᵛ–187 ([1]7) Incipit libellus sancti bernardi de caritate. primo de insuperabilitate. Cogit me instancia caritatis tue amicorum amantissime a[liqui]d tibi de caritate scribere . . . quam seipso et quam se ipsum. Explicit de caritate.

PL clxxxiv. 583–597/15 (caps. i–iv save the last paragraph).

18. ff. 187–199ᵛ (18) Incipit libellus de instinctibus. Semen cecidit in terram bonam—Licet verbum propositum exponitur per christum . . . gratiam mereri concedat qui cum—Amen. Explicit de instinctibus.

Bloomfield, no. 5400 (Henricus de Frimaria, OESA). Zumkeller, no. 307.

19. ff. 199ᵛ–203 (19) Ex viiiº libro moralium beati gregorii pape super iob Quare posuisti me contrarium tibi [7: 20].—Tunc sibi contrarium deus . . . de deserta deliciis affluens.

Extracts from Gregory and other Fathers; the first from the Moralia is *PL* lxxv. 834–5/5 up.

20. (*a*) ff. 203–5 (20) Item de caritate. O amor ardens caritas . . . celebrans vtiliter. Amen; (*b*) f. 205ᵛ Sequere me etc'. Ioannes vltimo capitulo [21: 19]. Beda. Actiua quippe vita est . . . seruare contendit.

(*a*) *RH*, no. 39245 (Bonaventura); written in 2 cols.; (*b*) extracts from Bede, Homeliae in Evangelia, as a space-filler.

21. (*a*) ff. 206–14 (21) Incipit libellus ex regula beate vite. de passione domini. Eya serue dei homo dei frater christi . . . et in cella honestissimus. Explicit libellus ex regula beate vite de passione domini; (*b*) ff. 214–221ᵛ (21) Beatam passionem domini nostri ihesu christi in quibus passus est sic pertractato. In prima hora noctis christus discipulorum pedes lauit . . . letemur. Quod nobis concedat qui—Amen. Explicit beatam passionem domini nostri ihesu christi per horas in quibus passus est sic pertractato.

22. ff. 222–30 (22) Tractatus richardi de gradibus et perfectione caritatis. Uulnerata caritate ego sum. Vrget me caritas de caritate loqui . . . in 4º resusciatur. Prestante domino nostro—Amen. Explicit tractatus richardi—

PL cxcvi. 1207–24 (Richard of St Victor).

23. ff. 230ᵛ–236ᵛ (23) Incipit via purgatiua per quam mens ad discendam veram sapienciam disponitur: excerpta de primo libro triplicis vie que incipit Vie syon lugent (hec est prima via) Volens purgari et de peccatis graciam impetrare . . . amaberis in eternum. Explicit via purgatiua per quam—lugent.

Excerpted from Bloomfield, no. 6458 (Hugo de Balma, Ord. Carth.): printed Bonaventura, *Opera omnia* (Paris, 1866), viii. 2–53.

24. (*a*) ff. 237–43 ([2]4) Incipit sermo magistri hildebrandi de contemplacione. Ex leccione ewangelica mathei que incipit Cum natus . . . pronunciatio deuotioni. Explicit sermo magistri hildebrandi de contemplacione. Deo gracias. (*b*) f. 243ʳᵛ Paulus apostolus dicit quia inuisibilia dei per ea que . . .

(*a*) *PL* clxxxi. 1691–704.

25. (added on flyleaves) (*a*) f. 244ᵛ Oculos in mensa. manus in scutella. aures ad librum. cor ad deum. docuit habere hugo s*cilicet* carthusiensis; (*b*) ff. 245–6 Isti tractatus siue libelli continentur in isto volumine. Primo libri de contemplacione domni guigonis . . . ; (*c*) f. 246ᵛ seven lines erased; (*d*) f. 247ᵛ two lines in red erased.

(*b*) see heading to manuscript above. ff. 244, 247 blank.

26. The back pastedown is a small part of a leaf of a noted service-book, s. xii.

ff. ii + 244 + vi, foliated (i–ii), 1–143, 143*, 144–6, (247–249). 98 or less × up to 75 mm. Written space *c*. 75 × 55 mm. Long lines, except art. 20*a*, ranging in number from 49 (f. 48) to 26 (ff. 1–25ᵛ) and 18 on f. 32. Collation: 1–2¹⁰ 3¹⁰ + 1 half leaf (f. 31) after 10 4–7⁸ 8¹⁶ wants 12 (blank ?) after f. 74 9⁸ 10–11¹² 12¹² + 1 leaf (f. 118) after 7 13¹² wants 1 before f. 124 and 12 after f. 133 14¹² 15² 16¹⁴ wants 8, 9 (blank ?) after f. 153 17¹⁴ wants 14 after f. 171 18¹² wants 1, 2 before f. 172 19–21¹² 22⁴ 23¹⁶ 24⁶. For the original arrangement of the quires, see heading to manuscript above. Written in textura, arts. 1–2, 4*b*; in cursiva, arts. 3, 4*a*, *c*, 5–24, perhaps by one hand, very small in places. Initials: metallic red, 8-line to art. 14 and elsewhere 4-line or less. Contemporary binding of wooden boards covered with calf bearing small stamps of three patterns, rosette, fleur-de-lis, daisy-head, within fillets; central clasp. Secundo folio *diriuanti*.

Written in the Low Countries, perhaps at the Charterhouse of Roermond, Limburg, see *ex libris* 'Liber Carthusien' in Ruremada', s. xv, f. iiᵛ, and 'Iste liber est cartusie in Ruremunda', s. xv, f. 32 erased.

69. (HMC 3). *De vitiis et virtutibus; J. Beleth; etc.* s. xii med.-xiii/xiv

Arts. 3–8 (quires 2–3) are s. xii med.; arts. 1–2 (quire 1), s. xii/xiii; art. 11 (quires 9–13), s. xiii ex.; arts. 9–10 (quires 4–8), s. xiii/xiv.

1. ff. 1–6ᵛ (*begins imperfectly*) et spiritui sancto. Attribuitur patri potentie. id est patri filio missio . . . cum adhuc ten*ebre* essent.

Significations of words, in a very miscellaneous order. The sections on ff. 2ᵛ–3 begins 'Omnes qui sacerdocii nomine censentur: Angeli vocantur', 'Comedite et bibite amici', 'Musce morientes', 'Hoc quod continet omnia scienciam', 'Cito in scripturis diuinis', 'Eleazar in prelio elefantem feriens', 'Erunt in nocte illo due'; and the last, 'Sicut habet dies uesperam'.

2. ff. 6ᵛ–7ᵛ [O] sapientia que ex ore altissimi—Mediante aduentu christi in carnem uenit ad nos cotidie . . . unde apostolus [. . .] (*ends imperfectly*)

An Advent sermon.

3. f. 8 (*begins imperfectly*) tebatur crimen quod admiserat . . . Multa facit mirabilia. Explicit vita sanctę marine uirginis.

10 lines only.

4. f. 8ʳᵛ Tanta dignitas humane conditionis esse cognoscitur . . . in secundo reformatum. Amen.

PL c. 565–7 (Alcuin, Dicta).

5. ff. 9–15 De antichristo. Ergo de antichristo scire uolentes primo notabitis quare sic uocatus sit . . . que fueritis dignata imperare.

PL ci. 1291–8 (Adso, De antichristo). *CC, Cont. med.* xlv. 68–74. Stegmüller, no. 880.

6. f. 15ʳᵛ Incipit epilogium de obitu beati atque eximii doctoris bedę qui giruuinensis monasterii presbiter extitit doctorque precipuus. Dilectissimo in christo . . . Referebat et sepe dicebat: (*ends imperfectly*).

Cuthbert's letter on the death of Bede, including the English verses. Collated by E. van K. Dobbie, *The Manuscripts of Caedmon's Hymn and Bede's Death Song* (1937), 77. N. R. Ker, *Catalogue of Manuscripts containing Anglo-Saxon* (1957), no. 386.

7. (*a*) f. 16ʳᵛ (*begins imperfectly*) Sed omnibus uera scientibus constat quia redemptor humani generis . . . proximi dirigamus quod habemus (*ends abruptly*); (*b*) added, s. xiv, in blank space f. 16ᵛ vii sunt Sacramenta Ecclesie—Baptisma est aqua criminibus diluendis . . . cum crismate infante baptizare (2 lines).

8. ff. 17–26ᵛ [A]udiat qui incredulus est. Queso te anima—In hoc codice continent[ur] De sapientia—De uirtutibus. Expliciunt capitula (35, unnumbered). Incipit textus huius libri id est de sapientia domini. [P]rimo omnium querendum est . . . nichil absque dei gratia uel adiutori (*ends imperfectly*).

PL ci. 613–635/7 up (Alcuin, De virtutibus et vitiis). Bloomfield, no. 1442.

9. ff. 27–31 Tue non immemor peticionis hanc conmoniunculam pro anima t. profectum o karissima soror—te cupio ammonere uirtutum. De caritate. Primo cum apostolo paulo . . . ualet dimittere—Explicit.

PL cxxxiv. 915–934/9 (Adalgerus, De caritate); Bloomfield, no. 6115. One leaf gone after f. 30.

10. ff. 31–66ᵛ Cogitacio praua dilectacionem parit delectacio consensum . . . te tecum erimus tecum ad iudicium ibimus. Explicit liber de sententiis sanctorum patrum cum narrationibis diuersis.

The sources are named in the margin, the first 'Hugo super regulam sancti augustini', see *PL* clxxvi. 900/14. On many leaves 3–6 lines of text were added in the lower margin, and on a slip added after f. 35.

11. ff. 67–133ᵛ (Incipit summa magistri Ioh' Belet de ecclesiasticis officiis) In primitiua ecclesia prohibitum erat ne quis loqueretur . . . innumerabilia miracula quae scripserunt (*ends imperfectly*).

PL ccii. 13–165/2 (breaks off in the Sanctoral on St Martin). Two leaves missing after f. 88 contained part of Christmas Day. A new hand starts at f. 89, [Q]uatuor euangelia illa die leguntur . . .

ff. 133. Poor parchment for some leaves, e.g. ff. 23, 24. 177 × 130 mm. Written space *c.* 140 × 100 mm. Long lines, except ff. 27–31ʳ 2 cols.; 28, arts. 1–4; 20, arts. 5–7; 32, art. 8; 36–9, art. 9;

33–4, art. 10, except 30–2, ff. 67–88. First line of writing above top ruled line, except ff. 88–133^v. Collation: 1^8 wants 1 before f. 1 2^8 + 1 leaf (f. 15) after 7 3^{10} 4^8 wants 5 after f. 30 5–7^8 8^8 + 1 leaf (f. 60) after 2 9^{12} + 2 leaves (ff. 79–80) after 12 10^8 11^{12} 12^{16} 13^{20} wants 18–20. Written in textura, informal in art. 2; quires 9–10 (ff. 67–88^v), current anglicana. Initials: arts. 4–5, red; art. 6, red with red ornament; art. 8, 3– (f. 27) and 2-line spaces left unfilled; art. 9–10, 2-line blue (f. 17), and 1-line red or blue; art. 11, no spaces (ff. 67–88^v) or unfilled 2-line spaces. Medieval binding of bevelled wooden boards, uncovered; 6 bands, VVV; two strap-and-pin fastenings, replaced by central clasp.

Written in England. 'William Perre has sayd that he wolde geue Wylliam Shotylworth a house in perrre in perre (sic) by me William perre de perre, cf. Parr, S. W. Lancashire, f. 11^v, 'William shotyllworth say ye Amen', upside-down f. 87, 'Jhon Blakehurst', upside-down f. 15; all s. xvi. Bought from a pedlar for 2s. 6d. by Revd. John Middlehurst SJ, and given by him.

70. *Horae* s. xv in.

A Sarum book of hours described in *MERT*, no. 33. Arts. 1, 5–17 are basically the same pieces, in the same order, as Edinburgh Univ. Libr. 303 arts. 1, 5–17, and art. 2 is probably the remains of a series of mcmoriae like Edinburgh art. 4, see *MMBL* ii. 593; cf. other examples, Dulwich College 25, and Leeds Univ. Libr. Brotherton 3, *MMBL* i. 46, iii. 27, Powis Castle and Stonyhurst MS 35 above. Arts. 13–15 are disordered.

1. ff. 1–6^v Calendar in red and black.

Spellings include 'Eduwardi regis' in red (18 Mar.), 'Botalphi' (17 June). 'pape' and feasts of Thomas of Canterbury erased.

2. Memoriae: (*a*) f. 8 John Baptist, Ave iohannes baptista precursor saluatoris . . . Gaude iohannes baptista qui in uentris . . . *RH*, no. 26988; (*b*) f. 10 Barbara, Gaude barbara cum christo regina conseruata a ruina . . .

ff. 7^v and 9^v have full-page pictures of respectively John Baptist and Christopher; memoria of the latter now missing. See art. 18 below for additions on ff. 8^v and 10^v.

3. f. 12^{rv} Hours of the Trinity—ymnus. Quicumque uult animam . . .

Abbreviated. *RH*, no. 16566.

4. f. 14^{rv} Hours of the Holy Spirit—ymnus. Nobis sancti spiritus . . .

Abbreviated.

5. ff. 15–38 Hours of B.V.M. of the use of (Sarum).

Hours of the Cross worked in. Memoriae after Lauds of Holy Spirit, Trinity, Cross, Michael, John Baptist, Peter and Paul, Andrew, Thomas of Canterbury (Tu per thome sanguinem . . .), Laurence, Nicholas, Mary Magdalene, Katherine, Margaret, 'De omnibus sanctis et electis dei nostri', and peace.

6. (*a*) f. 38^{rv} Antiphona. Salue regina . . . Versus. Virgo mater ecclesie . . . coll'. Omnipotens sempiterne deus qui gloriose uirginis . . . ; (*b*) ff. 39–42 Has uideas laudes . . . , followed by the farcing of Salve regina with Salve uirgo uirginum . . . coll' Deus qui de beate marie uirginis . . .

(*a*) *RH*, nos. 18150, 21818; (*b*) *RH*, nos. 7687, 18318.

7. f. 42^{rv} oratio. O intemerata . . . orbis terrarum inclina . . . Masculine forms.

8. ff. 42^{v}–43^{v} oratio. Obsecro te . . . Masculine forms.

9. ff. 43^{v}–45 Quicumque hec septem gaudia in honore beate marie uirginis semel in die dixerit centum dies indulgentiarum obtinebit a domino papa clemente qui hec septem gaudia proprio stilo composuit. Uirgo templum trinitatis . . . , *RH*, no. 21899.

10. ff. 45–46^{v} Ad ymaginem crucifixi christi. Omnibus consideratis . . .

AH xxxi. 87–9. *RH*, no. 14081.

11. ff. 46^{v}–47^{v} Oratio uenerabilis bede presbiteri de qua fertur . . . preparatam. Domine ihesu christe: qui septem uerba . . . Oratio. Precor te piissime . . .

12. (*a*) f. 47^{v} Oratio. Aue domine ihesu christe uerbum patris . . . ; (*b*) f. 47^{v} Oratio. Aue uerum corpus domini nostri ihesu christi natum . . . ; (*c*) ff. 47^{v}–48 Anima christi sanctifica me . . . ; (*d*) f. 48 Oratio. Ave caro christi cara . . . ; (*e*) f. 48 Omnibus contritis et confessis—Domine ihesu christe qui hanc sacratissimam carnem . . .

(*b*–*d*) *RH*, nos. 2175, 1090, 1710; (*e*) the heading conveys an indulgence of 2,000 years from Pope Boniface 'ad supplicationem philippi regis francie'.

13. ff. 49–56^{v}, 65^{rv} Penitential psalms, (f. 52^{v}) 'Incipiunt quindecim psalmi' (cues only of the first 12), and (f. 53^{v}) 'Letanie'.

Twenty-five martyrs: (8) edmunde . . . (14–17) ludouice swithine winnoce burine; twenty confessors: (4–5) eadmunde bernarde; twenty-one virgins, not Edith. The prayers after Deus cui proprium are Omnipotens sempiterne deus cui nunquam, Deus qui nos patrem, Deus qui caritatis, Fidelium, and Deus qui es sanctorum tuorum splendor.

14. ff. 67–73^{v}, 57–8 Incipiunt uigilie mortuorum.

Office of the dead. One leaf missing: f. 73 ends in lesson vii 'pugnet' Job 17: 3; f. 57 begins 'mus tue', Ps. 64: 5. f. 58^{v} blank.

15. ff. 60–64^{v}, 74^{rv} Incipiunt commendaciones animarum. Beati immaculati . . .

Pss. 118 and 138, Tibi domine commendamus . . . , and Misericordiam tuam domine . . .

16. ff. 74^{v}–76^{v} Psalmi de passione domini nostri ihesu christi.

Cues only of 2–4, 6, and 9. No prayer.

17. ff. 78–82^{v} Incipit psalterium Iheronimi presbiteri. Uerba mea auribus . . . Omnipotens sempiterne deus clementiam . . .

18. (added, s. xv, probably in one hand) (*a*) f. 8^{v} Memoria of Sebastian; (*b*) f. 10^{v} Who so euer ys in hevynes wythoute counsel and comforte say thys orisone folowyng—O gloriosa. O optima. O sanctissima . . . ; (*c*) ff. 10^{v}–11 Who so euer deuouetly sayeth thys prayer—Seynt Michael wrote thyes lettres in golde and gave theyme to a holy heremyte for hys saluacion. Aue domina sancta maria mater dei regina celi porta paradisi . . . ; (*d*) f. 48^{rv} O blessyd trinite the fader ye sone and holy goost thre persones and on god. I beleue w^{t} myn hert and confesse

me w^t my mouth . . . wyth all the seyntes of heuen' Amen; (e) ff. 82^v–83^v Domine deus omnipotens pater et filius et spiritus sanctus da michi N famulo tuo victoriam . . . Uoce mea ad dominum clamaui . . . Libera me domine . . . ; (f) ff. 83^v–85 Alia Bona Oracio. Clementissime domine ihesu christe verus deus qui de summo patris omnipotentis sede missus es . . .

(c) the heading coveys 1,000 years of pardon; cf. Hoskins, p. 130 (11,000 years). f. 85^v blank.

ff. 85. 195 × 138 mm. Written space 128 × 79 mm. 26 long lines. Ruled in pink ink. Collation: 1^6 2 two (ff. 8, 10: outside bifolium ?) 3^2 4–6^8 7^4 8^8 9 seven (ff. 57–8, 60–4, ?: 9^8 wants 1 before f. 57) 10–11^8 12^4 wants 4 (blank); with thirteen inserted singletons with full-page pictures, the rectos blank, ff. 7, 9, 11, 13, 19, 26, 29, 31, 34, 36, 59, 66, and 77. Thirteen full-page pictures: two remain in art. 2, see above; six in art. 5 (None gone, Innocents at Vespers, Flight into Egypt at Compline); one before each of arts. 3–4 (Pentecost and Trinity respectively, i.e. transposed), 14, 15 (angels bearing five souls in a sheet to God), 17. Two 17-line pictures: one before each of arts. 5 (Annunciation) and 13 (Christ in judgement on the rainbow, faces look up from graves, two saints intercede, four angels with trumpets and scrolls, 'surgite mortui' on two scrolls, 'venite ad iudicium' on the other two: cf. MMBL i. 48, ii. 595 for the same subject at the start of the Penitential psalms). Initials: (i) 6-line, orange, pink, or blue patterned with white, on grounds of decorated gold or gold and colour; (ii) 2-line, gold, on grounds of pink and blue patterned with white; (iii) 1-line, blue with red ornament, or gold with black ornament. Line-fillers in Litany only, red and blue waves with gold roundels in an unusual pattern. Light borders of flower-heads, etc., on pages with pictures or type (i) initials; a bar of gold the height of the written space on pages with type (ii) initials. Binding, s. xvi, of pasteboard covered with gilt calf, bearing two rolls, fleurons, small roundels and a square centrepiece with 'yhs' stamp.

Written in the Low Countries, for English use, see MERT, p. 25, and supplemented in England, see art. 18. '1840', 'Horne', inside the front cover. Given by the Revd Charles Boardman (1831–94), SJ (1851–69), DD, see the catalogue compiled by him. Liverpool Catholic Exhibition 'N° 31', label inside the back cover.

71. *Psalterium* s. xv^1

A handsome liturgical psalter with noted antiphons, etc. Perhaps thirteen leaves cut out, of which one tattered stub remains after f. 32, two after f. 63 and six after f. 65.

1. ff. 1–107^v Dominicis diebus per aduentum Non auferetur . . .

Liturgical psalter. One leaf gone after f. 32 contained Pss. 36:37–37:18 paratus sum; six leaves gone after f. 63 contained Ps. 77:60 tabernaculum suum – 85 end; six gone after f. 65 contained Pss. 88:19–96:5.

2. ff. 107^v–119^v Six ferial canticles, followed by Te deum, Benedicite, Benedictus, Magnificat, Nunc dimittis, Quicumque uult, and the (noted) anthem Te deum patrem.

3. ff. 119^v–126 Litanies.

As Brev. ad usum Sarum, ii. 250–60. f. 126^v blank.

4. f. 127^{rv} Office of the dead, noted, ending imperfectly at 'sed iubeas illam' (Brev. ad usum Sarum, ii. 272/6 up).

5. The pastedowns are the two halves of a leaf of an antiphonal, s. xv, the exposed sides containing Easter Day Matins antiphon i 'leluya'—responsory iii 'emerunt aro' with one line of responsory ii missing 'quem queritis an Iesum queritis', *Brev. ad usum Sarum*, I. dcccix–dcccxiv; written space 197 mm. wide, 2 cols., 42 lines or 14 + 4-line stave.

ff. 127. Thick soft parchment. 300 × 211 mm. Written space *c*. 200 × 120 mm., lengthening and narrowing towards the end. Collation: 1–4⁸ 5⁸ wants 1 before f. 33 6–8⁸ 9⁸ wants 1–6 before f. 64 10⁸ wants 1–6 before f. 66 11–16⁸ 17¹⁰ 18 two (first leaves of quire, ? of four). Initials: (i) red and blue, with red ornament flecked with blue inside, and, except ff. 84ᵛ and 91ᵛ, red and blue saw-patterns the height of the written space, or, f. 1, as a continuous frame; (ii) 2-line, blue with red ornament; (iii) 1-line, red or blue. Elaborate cadels with heads, lined with red. Contemporary binding of wooden boards covered with white skin; 5 bands; 2 strap-and-pin fastenings, now missing. Secundo folio *Apprehendite*.

Written in England. 'N° 85', '2 sh.', s. xviii, inside front cover.

72. *Sermones G. Herilacensis; J. Müntzinger; etc.* 1439

1. ff. 2–7 [I]n domo patris mei mansiones multe sunt. In Iohanne [14:2] karissimi reges et Inperatores . . . (f. 3) [N]imis honorati sunt amici tui deus ps. [138: 17] Karissimi ideo statuit ecclesia facere festa sanctorum . . . (f. 4ᵛ) [A]nimalia ibant et non reuertebantur ez. [cf. 1:14/17] Karissimi nichil est in noua lege quod non fuit prenunciatum . . . (f. 5ᵛ) [O]rate pro Invicem vt saluemini Istud verbum scriptum est in epistola Iacobi [5: 16]. In quo verbo tangit succincte causam . . . (f. 6ᵛ) *same text* Sciendum quod preparaciones ad orationem sunt quinque . . . (f. 6ᵛ) *same text* Debemus orare quinque modis. Primo humiliter . . .

Six sermons. f. 7ᵛ blank.

2. ff. 8–96ᵛ (Hic incipitur oracio dominicalis etc.) [P]ater noster qui es in celis. Karissimi vos debetis scire quod inter omnia opera . . . Amen Karissimi quando nos dicimus amen—ipse dixit nicodemo cuidam legisperito (*ends abruptly*).

Bloomfield, no. 8085 (Godefridus Herilacensis); Goff, G.635; printed E. Bauer, *Paternoster Auslegung Zugeschrieben Jakob von Jüterbog* . . . (Lund, 1966). 'Exemplum' occurs at intervals in the margins. ff. 51ᵛ–52 blank.

3. ff. 97–103 [S]i deus est animus nobis ut carmina dicunt—Venerabilis Katho per ista metra pretendit . . . quod est ipse deus in seculo seculorum. Et sic cum gloriosi dei auxilio terminetur exposicio oracionis dominice per magistrum Io. munczinger ad erudicionem suorum scolarium simpliciter compilata de quo sit christus in altissimo throno benedictus amen.

Bloomfield, no. 9130.

4. ff. 103ᵛ–106 [C]redo in vnum [C]redo in deum. Istud simbolum credo in deum recepimus tamquam ab appostolis traditum . . . et stabilis vsque ad finem vite amen.

Exposition of the twelve articles of the Apostles' Creed.

5. ff. 106ᵛ–112ᵛ Sequitur exposicio simboli credo in unum deum. [C]redo in vnum deum. Istud simbolum traditum est in ciuitate nicena vbi fuerunt trescenti decem et octo patres . . . de quo sit christus in seculum seculi benedictus amen. Exspiciunt (*sic*) sermones oracionis dominice et exposiciones simboli appostolorum et eciam simboli ecclesie scripta per me marcum bandolf prespiterum Istis in temporibus vicarius in tabernis die crastina beatorum appostolorum symonis et Iude anno domini Millesimo quatercentesimo trecesimo nono etc In vnitate sancti spiritus benedicat nos pater et filius amen solamen sit semper christus amen. (Detur in cella scriptori pulcra puella Tunc sua flagella faciet mirabilia bella).

6. f. 1 notes in the hand of arts. 1–5: (*a*) Item anno domini 1441 computauit cum berchta ancilla mea die sabati ante festum asscensionis domini et remansi sibi debens de solario suo de annis preteritis xxx s' lans' habet vi s' Item iiii s' (*crossed out from* xxx); (*b*) Item de anno domini 1441 laborauit Rudº Gochs circulando viii dies et Iohannes filius eius duos dies Et de istis decem diebus [. . .] tres dies cum vno equo colligendo primiccrias; (*c*) Item debeo dicto rudº tres dies circulando. Item et Iohanni filio suo quatuor dies computatum cum die mercurii post festum circumcisionis anno domini 1442; (*d*) Item iterum octo dies circulando; (*e*) Item ego computaui cum Rudº Gochs et remansi sibi debens ii lib' x s' etc. Item ipse remansit in duas primic*erias* debens etc. computatum est die mercuriis post dominicam quasimodo anno domini 1442; (*f*) Item (*no more*); (*g*) Item ego computaui cum berchta swanders ancilla mea de omnibus seruiciis quas michi deseruiuit annis quampluribus etc et remansit sibi debens x lib' quas lib' Iohannes torers tenetur sibi dare pro me et ipse libenti animo me quietauit et ab ipso postulare et ab ipso recipere facta autem fuit hec computacio In vigilia sancti Iacobi appostoli anno domini 1442.

7. (added, s. xvi (?)) ff. 113–128ᵛ sermons, the second Nupcie facta sunt in cana —Consuetum est namque religiosis ad minus semel in anno legere regulam Sic et expedit in ordine sanctimoniali constitutis vel volentibus intrare hunc ordinem . . .

8. The pastedowns are from parchment documents, s. xv, blank on the exposed dorses; at the back, 'per dictum cuanetum de puxles (?) superius' on the turn-up.

ff. i + 127, foliated 1–128. Paper. 288 × 210 mm. Written space *c.* 180 × 135 mm. 2 cols. 32–9 lines. Frame ruling. Collation of ff. 2–128: 1–7¹² 8¹⁶ 9¹² 10¹⁶ wants 16 after f. 128. Quires 1–9 numbered Primus–nonus at the bottom left of the first recto. Arts. 1–5 written in a good cursiva. Spaces for initials unfilled. Contemporary (?) binding of pasteboard covered with white skin; 3 bands; 2 ties, missing; round metal piece for attaching chain at the foot of the back cover; title on the back cover 'Sermones oracionis dominice', s. xv (?); 'liber sermonum oracionis dominice cum simb', s. xv, upside-down label on back cover. Secundo folio (f. 3) *tanta*.

Written for his own use by a named scribe at Zabern (Saverne, Alsace), see arts. 5–6. 'Sum Fratrum Eremitarum Sancti Augustini in Friburgo Heluetiorum 1653', f. 2. 'Two other copies of this *first* MS in sm. 4°', s. xix, f. 1.

73. *Horae, etc.* s. xv²

Arts. 2–5, 8, and 10 are imperfect.

1. ff. 3–14ᵛ Calendar in red and black.

Feasts in red include Amandus (6 Feb.), translation of Eligius (25 June), Visitation of B.V.M. (2 July), Bauo (1 Oct.), Liuinus (12 Nov.), Eligius (1 Dec.); and in black Amalberga (10 July), Gaugericus (11 Aug.), Winnoc (6 Nov.).

2. ff. 15ᵛ–21ᵛ Incipiunt septem hore canonice licet breues . . .

Hours of the Conception of B.V.M., beginning imperfectly after a two-page rubric, and ending imperfectly in Sext collect. The hymn at Prime is Concepcio laudabilis and at Terce Benedicta sit conceptio.

3. ff. 22–34ᵛ Hours of the Passion, beginning (in Lauds collect), and ending 'Ad christum Aue crux sancta vir-', imperfectly.

The hymn at Prime is Hora prima ductus est.

4. (*a*) ff. 35–36 Memoria of Katherine, beginning imperfectly in [Deprecare regem celi . . . , *RH*, no. 4380]; (*b*) ff. 36–45ᵛ Incipiunt hore sancte katherine, ending imperfectly in Compline collect.

5. ff. 46–52ᵛ Hours of Corpus Christi, beginning imperfectly in Lauds antiphon.

6. Communion prayers: (*a*) ff. 52ᵛ–53 Oratio de sancto sacramento Fac nos domine ihesu christe per hec sancta misteria . . . ; (*b*) f. 53ᵛ Oratio de sancto sacramento Salue me salus adoranda . . . ; (*c*) ff. 53ᵛ–54 Oratio. Aue sanctissima caro christi michi imperpetuum . . . ; (*d*) ff. 54–5 Oratio de sancto sacramento. Corpus domini nostri ihesu christi fiat michi remedium sempiternum amen. Oremus. Oratio. Domine sancte pater omnipotens eterne deus. da michi hoc sacrosanctum corpus . . . ; (*e*) f. 55ʳᵛ collecta. Domine ihesu christe te supplex queso . . . ; (*f*) ff. 55ᵛ–57 Oratio de sancto sacramento. Dulcissime domine et benignissime domine ihesu christe super omnia inmensam bonitatem . . . ; (*g*) f. 57ʳᵛ Oratio in eleuacione sacramenti christo. Hoc corpus et sanguis christi quod nunc in altari . . . ; (*h*) ff. 57–8 Oratio. Domine ihesu christe piissime ihesus saluator dimitte omnia peccata . . . ; (*i*) ff. 58–60 Oratio de sancto sacramento antequam accipitur. Omnipotens et misericors deus ecce accedo . . . ; (*j*) ff. 60–61ᵛ Oracio bona post missam de sacramento. Gracias tibi ago sancte pater omnipotens sempiterne deus qui me peccatorem . . . ; (*k*) f. 61ᵛ Dese oracie zalmen lesen alsmen onzen heere ontfaen heist. Omnipotens sempiterne deus propicius esto peccatis meis . . . (*ends imperfectly*).

7. ff. 62–68ᵛ Incipit missa beate marie virginis. Introibo . . .

Includes Confiteor, abbreviated Gloria, Creed, Sanctus, and Agnus dei.

8. ff. 69–71ᵛ Sequentiae of the Gospels of John and Luke, ending imperfectly.

9. (*a*) ff. 72–74ᵛ Salue sancta facies nostri redemptoris . . . Collecta. Deus qui nobis lumine vultus tuis signatis memoria . . . ; (*b*) ff. 75–7 Salue sancta facies

uirginis beate In qua nitet species . . . Oremus. Deus qui vocatus ad nupcias matre . . .

(a, b) *RH*, nos. 18189, 18192 (without reference), f. 77^v blank.

10. ff. 78–83 Obsecro te, beginning imperfectly 'ineffabilem leticiam', masculine forms.

11. Devotions to B.V.M.: (a) ff. 83–4 Oratio deuota beate marie virginis. O serenissima dulcissima et inclita maria . . . ; (b) ff. 84^v–85^v O sanctissima et certissima spes omnium in te sperancium sancta maria domina et matrona nostra ea hora qua tetra mortis caligene . . . ; (c) ff. 86–92 O gloriosa domina excelsa super sydera Mater dei . . . , *RH*, no. 13042; (d) ff. 92–4 Ave cuius concepcio solemni plena gaudio . . . (*RH*, no. 1744) Oratio Deus qui nos conceptionis Natiuitatis . . . ; (e) ff. 94–100 Alia oratio de sancta maria. O intemerata . . . orbis terrarum. De te enim . . . , masculine forms; (f) ff. 100–8 Salutatio ad beatam virginem mariam. Aue virgo graciosa stella sole clarior . . . ; (g) f. 108^{rv} Alia oratio beate marie. O domina glorie O regina leticie O fons pietatis . . . ; (h) ff. 108^v–109 laus de nostra domina. Salue regina misericordie . . .

6- and 5-line spaces on ff. 86 and 92, perhaps for pictures. (f) the opening of the text, as far as f. 101^r, repeated in the margin, s. xvii.

12. f. 109^v Exaudi quesumus domine supplicum preces . . .

13. Memoriae: (a) ff. 110–112^v De sancta barbara. Ave uirgo gloriosa barbaraque generosa . . . (*RH*, no. 2204), followed by two collects; (b) ff. 113–14 De sancto christoforo. Salue martir ihesu christi. signum patiencie . . . ; (c) ff. 114–16 Alia oratio de sancto christoforo. Sancte christofore martir dei preciose rogo te . . . ; (d) ff. 117–118^v De sancto sebastiano. O quam mira refulsit . . . ; (e) ff. 119–21 De sancto laurentio. Beatissime martir leuita laurenti miles inuictissime . . .

ff. 116^v, 121^v–122^v blank.

ff. iii + 120 + iii, foliated (i), 1–122, (123–4). 122 × 88 mm. Written space 65 × 45 mm. 13 long lines. Collation of ff. 3–122: 1^{12} 2^8 wants 3 after f. 16 4^8 5^8 wants 6–8 after f. 34 6^8 7^8 wants 4 after f. 45 8^8 9^8 wants 5, 6 after f. 61 10^8 wants 6 after f. 68 11 one (f. 71) 12 six (ff. 72–7) 13^8 wants 1 before f. 78 14–15^8 16^8 + 1 leaf (f. 109) after 8 17^8 18^8 wants 6–8 (blank). Written in *lettre bâtarde*, the style and hand changing at f. 109; top-line ascenders and bottom-line descenders elaborated into cadels filled with green and pale yellow. No pictures, some probably on missing leaves. Initials: (i) 6-line, blue or pink patterned with white, on decorated grounds of gold and the other colour; (ii) 5-line, as (i); (iii) 3-line, gold on grounds of blue and pink patterned with white; (iv) 1-line, blue with red ornament, or gold with black ornament. Red cadels to some versicles, e.g. ff. 25, 43. Full floral borders on pages with type (i) initials; type (ii) and (iii) initials have marginal sprays, the former separated by a bar of gold the height of the written space. Capital letters in the ink of the text filled with pale yellow. English (?) binding of s. xvi; a pad of soft paper covered with calf bearing a pattern of fillets. Secundo folio (f. 15) *tem eidem*.

Written in the southern Low Countries, see arts.1 and 6k. In England by s. xvi ex.: 'The estate of Laund*es* of the Manour of Bathe wth thappurtenaunt*es* vnto the same belonging are of late graunted vnto thonely vse of Mr Thomas Melford of Ilforcombe wthin the Countye of Deuon. Joseph Lynne (?)', f. 84. 'This book was given to me by Mr Nelson Harris of Preston in return for some kindness I had done for him. He had it from a Cottager living near the ruins of

Burscough Priory near Ormskirk. James T. Splain S.J. St. Wilfrid's Preston 5 July 1891', f. 1; and given by him to Stonyhurst.

74. *Horae (in Netherlandish)* s. xv ex.

1. ff. 3–14ᵛ Full calendar in red and black.

Utrecht saints, except Ieroen (17 Aug.), in red, also 'Visitacie onser vrouwe*n*' (2 July).

2. ff. 15–56ᵛ Hours of B.V.M. of the use of (Utrecht), beginning imperfectly.

3. ff. 56ᵛ–79ᵛ Hier beginint dat getide vander ewigher wijsheit.

One leaf missing after f. 56.

4. ff. 79ᵛ–103ᵛ Hier beghint dat langhe getide vanden heilighen cruce. Here ihesu criste des leuendigen godes soen . . . , *ending imperfectly* in Compline collect.

Seven single leaves missing, at the beginning of each hour except Matins, and after 103.

5. ff. 104–109ᵛ Short Hours of the Cross, beginning imperfectly in Lauds collect.

6. ff. 110–129ᵛ Here du salste opdoen mijn lippen . . .

Hours of the Holy Spirit.

7. ff. 130–51 Here in dijnre verbolghenheit en straffe . . .

Penitential psalms and (f. 139ᵛ) 'Die letanien'. 53 martyrs; 42 confessors: (1) Martin; 29 virgins, not Anne or Mary of Egypt: (1) Agnes. Collects at the end: Exaudi Wi bidden di . . . , and Ontberme di onser ontberme di onser barmeliker menschen . . .

8. Communion prayers: (*a*) ff. 151ᵛ–153 Hier beghint een schoen gebet dat men lesen sal alsmen dat heilighe sacrament ontfanghen sal. O lieue here ihesu christe ic gruete di gewaer vleische . . . ; (*b*) ff. 153–4 Alsmen dat heilige sacrament ontfange*n* wil. O here huden begere ic tontfaen . . . ; (*c*) f. 154ʳᵛ Een ghebet. Here ih*e*su christe leuende gods soen ic en bin niet weerdich . . . ; (*d*) ff. 154ᵛ–155 Alstu dat heilighe sacrament ontfanghen heueste. O here god vader van hemelrijck hoe sal ic . . . ; (*e*) f. 155ʳᵛ Nae der ontfangenisse des heilige sacrame*n*t. Ic dancke di here ihesu christe almechtighe ewige god en*de* bidde . . . ; (*f*) ff. 155ᵛ–156ᵛ Alsmen dat heilige sacrament ontfangen heuet. O alre glorioeste moeder gods heilige maria . . . ; (*g*) ff. 156ᵛ–157ᵛ Die dir nabescreuen gebet mit deuocien leset wort deelachtich alle der misse*n* die gecelebriet werden ouer al die werlt. O here ihesu christe ic bidde dinen weerden lichame dat huden . . . ; (*h*) ff. 157ᵛ–158 Die gebet salmen lesen als men dat heilighe sacrament opboert in der misse*n* En*de* alsment leest mit rouwe van sunden soe v*er*dient men xl dage aflaets. God gruet v waerachtich lichame geboren van marien . . . ; (*i*) f. 158ʳᵛ Bonifacius die seste pawes om bede philippus—O here ihesu christe die aennaem dat alre heilichste vleische . . . ; (*j*) ff. 158ᵛ–160 Also onse lieue here opgeheuen is soe suldi dit gebet mit y*n*nicheit en*de* mi aendacte lesen voer v lieue vriende. In der tegen woerdicheit des vleisches en*de* bloets ons heren . . .

(*i*) indulgenced for 2,000 years, as usual.

9. f. 160^{rv} Een sunderlinde goede segenighe die des morgens seer nut gelesen is teghen alre hande plaghe ende ouel. Die maecht gods des hemelsche*n* vaders. die cracht . . . *ends imperfectly.*

10. f. 161^{rv} O here ihesu christe Ick aenbede v aenden cruce hangende . . .

The Five Oes of St Gregory, followed by rubric conveying indulgence 'Pawes gregorius heuet ghegeuen all den . . . viertien dusent iaer aflaets. Pawes (*ends imperfectly*)'.

11. (*a*) f. 162^{rv} O alre suetste moeder en*de* vrouwe gedencke des rouwigen staens —Ic bidde brenct weder . . . ; (*b*) ff. 162^v–164^v Tot onser sueter vrouwen maria. O alre suetste maria moeder ons lieuen heren ihesu—Ic beuele mi v . . .

12. ff. 164^v–165^v Een ghebet Van onsen heiligen engel. Heilige engel gods die mi van minen schepper biste ghegeuen . . .

13. f. 165^v Vanden weerden heiligen apostel sunte peter O beatissime O heilige eerwaerdighe prince en*de* vorste der apostelen . . . (*ends imperfectly*).

14. f. 166^{rv} O heilighe barbara spiegel der claerheit . . .

15. ff. 167–210^v Mi hebben ombeuanghen . . .

Office of the dead. Lesson ix is Broeders sijn wi allene . . . Twelve collects for the dead on ff. 206–210^v. ff. 211–212^v blank.

ff. 214 (pastedown, ff. 1–212, pastedown). 144 × 105 mm. Written space 80 × 57 mm. 18 long lines. Collation: 1⁸ wants 2 (blank) before f. 1 1 is pasted down 2⁸ 3¹⁰ wants 1, 2 before f. 15 4–6¹⁰ 7¹⁰ wants 5 after f. 56 8¹⁰ 9⁸ 10⁸ wants 1 before f. 80 11⁸ wants 3 after f. 90 6 after f. 92 12⁸ wants 1 before f. 95 4 after f. 96 7 after f. 98 13⁸ wants 3 after f. 101 6–8 after f. 103 14¹⁰ wants 7 after f. 109 15¹⁰ 16⁸ wants 8 (blank ?, or a full-page picture ?) after f. 129 17–19¹⁰ 20⁸ wants 2 after f. 160 4 after f. 161 21 one (f. 166) 22¹⁰ wants 1 before f. 167 23–25¹⁰ 26⁸ 8 pasted down. Probably sixteen of the missing leaves contained pictures on the versos. Initials: (i) to arts. 4–7 and 15, 10-line, blue patterned with white, on decorated gold grounds; (ii) 5-line or less, gold, on pink, blue, and in places green grounds patterned with white; (iii, iv) 2- and 1-line, red or blue. Capital letters in the ink of the text touched with red. Continuous floral borders on pages with type (i) initials have angels, some bearing scrolls: on f. 80 there is also a cross bearing a heart with 'inri' above; Veni sancte spiritus, f. 110; Agite penitenciam, f. 130; De fidelibus defunctis, f. 167, where the angel greets a rising body saying 'miseremini mei'. Spray borders on two or three sides of pages with type (ii) initials. Contemporary (?) binding of bevelled wooden boards covered with brown leather bearing five small stamps (fleur-de-lis, foliage, 6-point star, 6-petal flower, trefoil) within a pattern of fillets; 5 bands; 2 clasps, missing.

Written in the Low Countries. Erased inscription, s. xvi (?), back pastedown. Note about the manuscript by J. H. Moberly, on a piece of paper stuck to f. 1. 'Sir C. Hobhouse Bart. Manor House, Monkton Farleigh, Bradford-on-Avon' (Wilts), s. xix, label inside front cover. Given by 'Rev.—Lawless', according to the manuscript catalogue.

75. *Horae* s. xv¹

1. ff. 1–12^v Calendar in French in red and black, rather bare.

No Visitation of B.V.M. (2 July) or Martin (11 Nov.); octave of Martin is entered. Anne in red at 27 July (*sic*). 'Saint Pauaice', bp. of Le Mans, 9 July.

2. ff. 13–16ᵛ Sequentiae of the Gospels of John and Luke.

Protector in te sperantium . . . follows John. Only top two lines of f. 16ᵛ used.

3. ff. 17–79 Hours of B.V.M. of the use of (Le Mans), beginning imperfectly.

Hours of the Cross and of the Holy Spirit worked in.

4. ff. 79ᵛ–83ᵛ Obsecro te . . . Feminine forms.

5. ff. 84–103ᵛ Penitential psalms and (f. 98ᵛ) 'la letanie'.

Ten confessors: (1) Martine . . . (8–10) remigi eligi benedicte; fourteen virgins: (3) anna . . . (9) genouefa. The only prayer after Deus cui proprium is Fidelium.

6. ff. 103ᵛ–142 Hic incipiunt uigilie mortuorum.

7. ff. 142–143ᵛ Oroison des trespassez. Auete omnes anime fideles quarum corpora . . . Domine ihesu christe salus et liberacio fidelium animarum . . .

8. (a) ff. 144–6 and (b) 180–3, seven leaves from a printed book of hours in French, s. xvi in., on paper, perhaps inserted early as supplementary matter.

(a) De concep. v. marie; (b) Oratio sancti Augustini. deuotissima O dulcissime domine iesu Christe vere deus . . . A table on f. 183ᵛ shows that the volume began with an 'Almanach . . . vsque ad annum M.d.lxxii' and a 'Calendarium peruenustis imaginibus decoratum'. Printed space 130 × 79. 23 long lines.

9. (added on paper, s. xvi) (a) ff. 184–8 De nomine iesu. Dulcis Iesus nazarenus . . . ; (b) ff. 188–90 De septem doloribus virginis marie. Aue dulcis mater christi que dolebas corde tristi . . . ; (c) f. 190ᵛ Aue virgo gloriosa stella sole clarior . . .

(a–c) RH, nos. 4909, 1783, 23969.

ff. 143 + 7 + 7, foliated 1–146, 180–90. ff. 184–90 paper. ff. 144–6, 180–3 are printed, on paper, see art. 8 above. 172 × 115 mm. Written space 82 × 59 mm. Ruled in pink ink. 14 long lines. Collation of ff. 1–143: 1–2⁶ 3⁴ 4⁸ wants 1 before f. 17 5–6⁸ 7 six (ff. 40–5) 8⁸ 9⁸ wants 7 after f. 59 10⁸ 11⁸ wants 6 after f. 73 12–19⁸ 20⁴. Catchwords written vertically on ff. 75ᵛ and 139ᵛ, quires 11 and 19. Seven 10-line pictures: five in art. 3 (Lauds, Prime, Terce, None, Vespers), and one each before arts 5 (Bathsheba, David, and two others) and 6 (2-compartment: above, priest, deacon, and subdeacon at altar; below, angels attend corpse in a field). Initials: (i) 4-line, gold, on grounds outside letter only of pink or blue patterned with white, with floral or, f. 84, a snail, decoration inside; (ii, iii) 2- and 1-line, gold, on grounds of blue and pink patterned with white. Line-fillers (i) long, in blue and pink patterned with white, with blobs of gold; (ii) short, flattened flower-head or berry with short stalk and gold centre. Binding of s. xvi, with gilt oval centrepiece; 2 clasps, one missing. Secundo folio (f. 14) receperunt.

Written in France, for female use, see art. 4, in the diocese of Le Mans. 'FRANCOISE' on front, and 'AMELOTE' on back covers, s. xvi. 'Philip Harry Harper Class "N" Order "3" No in class "57"', printed label with manuscript entries, s. xix, inside front cover.

76. Distinctiones biblicae; Gilbertus Tornacensis   s. xv med.

1. ff. 1–108ᵛ Abstinencia est meriti augmentatiua . . . Zelus—ut persequeretur cristianos. Act' xiiii etc Expliciunt distincciones exemplorum Noui et Veteris testamentorum Compilate per fratrem Vindonem.

Printed often: see *BMC* under Guerri (Bindus), and Goff, R.12–20 (A. de Rampegollis). Bloomfield, nos. 0130, 0135. Stegmüller, nos. 1419, 1765, 6436, 6940. ff. 103ᵛ–104 blank, no text missing.

2. ff. 109–273ᵛ De deo i—De demonibus l (*table of 50 chapters*) (f. 109ᵛ) Gregorius in moralibus. Deus ipse manet intra omnia ipse extra omnia . . . que voluerit prohibetur etc Expliciunt auctoritates et dicta sanctorum etc.

Bloomfield, no. 2530 (Gilbert of Tournai, OFM, Pharetra); here without preface. Lists of the fifty chapters in each book, ff. 109, 159ᵛ, 200ᵛ, and 232. The added leaves, ff. 122–3, and slips after ff. 154, 158, 173, 182, 191, 200, 209, 215, 240, and 264 contain additions, mainly from a new source 'Bernhardi ex floribus'; the slip after f. 111 is blank and was perhaps the return of one torn out after f. 117, like others after ff. 110, 118 for example. ff. 274–276ᵛ blank.

ff. ii + 276 + ii. ff. 109–273 have a medieval foliation, i–clxii, that does not include ff. 120, 122–3; also a modern pencil foliation, 1–165. Paper. Parchment strengtheners from a manuscript at the centre of quires. 312 × 215 mm. Written space: art 1, *c.* 210 × 120 mm.; art. 2, 217 × 107 mm. Verticals only, in drypoint, in art. 1; frame ruling in art. 2. *c.* 36 long lines. Collation: 1–9¹² 10¹² + 1 leaf (f. 120) after 11 11¹² + 2 leaves (ff. 122–3) before 1 12–22¹² 23¹² wants 10–12 (blank); and eleven slips added in art. 2, see above. Quires 10–19 lettered at the front (a)–k. Written in cursiva, almost without punctuation. Initials: (i) art. 1, 4- (f. 1), 3- and 2-line, red or blue; (ii) art. 2, 3- and 2-line, red. Contemporary binding of wooden boards covered with stamped calf, rebacked; the spaces formed by triple or quadruple fillets contain stamps of six patterns, one a scroll on which is 'vlricvs frenckel'; 4 bands; two clasps, missing. Secundo folio *erant a.*

Written in Germany. Given by Charles Boardman, as MS 70.

77. *Devotions (in Netherlandish)* s. xv med.

1. ff. 3–14ᵛ Full calendar in red and black.

'Doe maria Vaude elyzabeth', in red (2 July). Feasts in red mainly as in MS 74 above, but include Ypolitus (13 Aug.) and 11,000 Virgins (21 Oct.), which are blank there. Feasts in black differ very considerably, e.g. Gudula ioncfrau. Neraerd biscop. Saline mart. here, as against Severinus, Iuliaen, Eufrosine in MS 74 (8–9, 11 Jan.). ff. 1–2ᵛ blank.

Arts. 2–3 are on quires 3–11.

2. ff. 15–78ᵛ Hier beghint die passie die onse lieue heer eenre deuoter vrouwen brigitta openbaerde Soe wie datse wtscreue. Also menighe sillaba als daer in staet also menighe gracie en*de* gaue woude hem onse lieue heer daer voergheuen. Dit is die openbaringhe . . . va*n* hem ghenomen worden Amen. Hier eyndet die passie ons here*n* die sinte brigitta geopenbaer wort van onsen heer ihesu christo.

3. ff. 78ᵛ–87ᵛ Te vesper tijt. Te vesper tijt selstu comen mit deuote*n* voerstappen . . . (f. 83) Te compleet tijt . . . indrucken in sijnre sielen Amen.

Meditations of the Descent from the cross at Vespers, and on the Entombment at Compline. The last sixteen lines are an 'exempel': Een gheestelic mensche begeerde va*n* gode te weten wat een verdiene*n* soude . . .

Arts. 4–7 are on quires 12–19.

4. ff. 88–121 Dit sijn hondert articulen of ghedencknisse vanden liden christi. So

wie begheert te ghedencken dat minlke liden ons heren ihesu christi en*de* sijnre
menich . . . ende die heylige geest Amen. Hier eynden die hondert articulen of
ghedenckenissen—ende wie dese voerscreuen articulen alle daghe niet ouerlesen
en can die machse deylen an stucken en*de* lesense eens ter weken ouer ouer (*sic*)
mits ynnicheit sijns herte*n* so hi best can ende hem onse lieue heer verleent.

Prologue, 100 articles of Henry Suso, and two final prayers. The incipit of the prologue is like
that noted by Lieftinck, *Maatschappij*, p. 205, referring to Meertens VI p. 89 sub. 6.

5. ff. 121–49 Hier beghintnen (?) die ghetiden van onser lieuer vrouwen weninc
en*de* liden datsi hadde in hoers lieuen soens passie—Versik' Alle moeten si
gheuoelen . . .

Hours of the Compassion of B.V.M.

6. Communion prayers: (*a*) ff. 149–50 Totten heilighen sacrament oracio. Weest
ghegruet O heylighe sacrament ende alre suetste mi*n*naer heer ihesu christi . . . ;
(*b*) f. 150^rv Dit nauolghende ghebet selmen lesen alsmen onse heer opboert inder
missen. en*de* wie dattet leset en*de* in gracien staet dien verlient en*de* gheeft die
xxii paeus ioha*n*nes vii iaer oflaets. Oracio. Weest ghegruet ghewarichlichaem
christi ghebore*n* van der maghet marien . . . ; (*c*) ff. 150^v–151 Na dat onsen heer
gheheuen is leset dit ghebet Oracio. Siele christi heylighe mi . . .

(*c*) Lieftinck, *Maatschappij*, p. 53.

7. f. 151^rv Alstu voer dat heilige cruus coe*m*ste. God gruet v o heylighe cruus van
groter macht . . .

Arts. 8–21 are on quires 20–6.

8. ff. 152–4 Een ghebet van onser vrouwe*n*. O alre soeste maria moeder ons
heren ihesu christe en*de* waerde vrouwe. Ic beuele mi v . . .

9. Prayers before and after communion: (*a*) ff. 154–6 Een goet ghebedekijn tot
onse*n* lieue*n* here. alstu gaetste ten sacrament. Heer i*h*esu christe coninc der
glorie*n* Ic arme sondighe me*n*sche ghedencke . . . ; (*b*) ff. 156^v–158^v Na dat een
mensche dat heilige sacrament onfanghen heeft soe sel hi onsen lieuen he*re*
i*h*esum christum dancken en*de* segghe*n* aldus. Alle creaturen helpt mi dancke*n*
en*de* louen . . .

Lieftinck, *Maatschappij*, p. 142, referring to Meertens, VI, p. 178 sub. 12b.

10. f. 158^v Dit gebet leset alstu in lyden biste. Oracio. O heylighe heer vader Sich
op mi dijn deerne mitten oghen . . .

11. f. 159 Augustij*n*s gebet totte*n* hemelsche*n* vad*er*. Die vrede ons heren i*h*esu
christe. en*de* die cracht sijnre passie*n* . . .

12. Prayers to the Son, the Father, and the Trinity: (*a*) f. 159^rv Een goet gebet
tot christum. O heer i*h*esu christ des leuendich gods soen ontfaet dit ghebet . . . ;
(*b*) ff. 159^v–165 Een ynnich gebet totte*n* hemelsche*n* vader. O du die te aenbeden
en*de* te ontsien viste. wien die engelsche hoecheit . . . ; (*c*) ff. 165–168^v Een
ghebet vander heiligher dryeuoudicheit. Tibi laus. Di si lof di si glorie. O ewighe

heylighe drieuoudicheit . . . ; (*d*) ff. 168ᵛ–170 Des morge*n*s alsme*n* oepstaet totter drieuoudich*eit* Die keyserlike moghentheit moet mi huden ghebenedien . . .

(*c*) Lieftinck, *Maatschappij*, p. 207.

13. Prayers to the Five Wounds: (*a*) f. 170 Oracio. Weest ghegruet o heylige wonde der rechter scouder . . . ; (*b*) ff. 170–5 Menvint ghescreuen dat gregorius dit ghebet ghemeact heeft En*de* tatter een waerlic mensche was. die plach die vijf wonden—vaders. Totter rechter hant ons liefs heren Ihesu christe. O heer ihesu christe almachtige god. lof glorie eer en*de* waer dicheit moet . . .

(*a*) Lieftinck, *Maatschappij*, p. 119.

14. ff. 175–8 Doe onse lieue vrouwe van aertenc versceyden was—bittere*n* doots. Dit is dat eerste wee. Moeder welc was dat eerste wee dat ghi hadt . . .

Five Sorrows of B.V.M., each followed by a Pater noster.

15. ff. 178–179ᵛ So wie dese p*ater* n*oste*r alle daghe lesen die verdienen viᵐ.viᶜ. ende lxvi iaer oflaets Dit is dat eerste pater noster ende Aue maria. Dit pater noster lese ic lieue heer ihesu christe doer die brekinghe dijnre heyligher oghen . . .

Three Pater nosters. Cf. Lieftinck, *Maatschappij*, p. 162.

16. ff. 179ᵛ–181ᵛ Soe wie dat dese naegescreue*n* oracie alle daghe leest mit aendacht—Ende daer toe leert ons sinte ian guldemout ende seit . . . mach wesen. Oracio. In die teghenwoerdicheit dijns heylighen lichae*m*s . . .

Lieftinck, *Maatschappij*, p. 125, referring to Meertens, VI, p. 19 sub. 18.

17. ff. 181ᵛ–182 Mit desen nauolghende ghebede wort een siel verlost in eenre mae*n*t die M iaer gewijst was inde*n* vegenier. Uader lof en*de* so moet gi hebben als des goets dat ghi ghedaen hebt . . .

Cf. Lieftinck, *Maatschappij*, p. 162.

18. ff. 182–3 Een dancbaer lof. Ihesus cristus die makede die hemele en*de* aerde lof en*de* danc . . .

19. ff. 183–185ᵛ Soe wie dit ghebet leest alle sonnendaghes mit y*n*nicheit—en*de* sel hondert ende xl daghe oflaets hebben Amen. O heylighe martelaer christi sinte herasme die opten sonnendach . . .

Memoria of Erasmus. Lieftinck, *Maatschappij*, p. 113, referring to Meertens, VI, p. 12 sub. 17.

20. ff. 185ᵛ–205ᵛ Memoriae and prayers to: (*a*) f. 185ᵛ proper angel; (*b*) f. 186ᵛ Peter; (*c*) f. 187 Paul; (*d*) f. 188 Philip and James; (*e*) f. 188ᵛ Andrew; (*f*) f. 189ᵛ John ev.; (*g*) f. 191 John Baptist; (*h*) f. 191ᵛ Matthew; (*i*) f. 192 Nicholas; (*j*) f. 193 Stephen; (*k*) f. 194 Laurence; (*l*) f. 194ᵛ Martin; (*m*) f. 195ᵛ Francis; (*n*) f. 196ᵛ Agnes; (*o*) f. 198 Katherine; (*p*) f. 199 Barbara; (*q*) f. 200 Margaret; (*r*) f. 201 'Vbertinus [de Casali ?] heeft ghemaect dit ghebedekijn sprekende tot maria magdalena. O du berouwende magdalena . . . '; (*s*) f. 202 Ontcommer; (*t*) f. 203 Anne; (*u*) f. 204 11,000 Virgins; (*v*) f. 204ᵛ Apollonia.

Before the collect (*a*, *f*, *s*) have 'Oracio', (*i*, *p*, *v*) 'Oracio . . . versik', (*b*–*e*, *g*, *j*–*m*) 'An. . . . Versikel', and (*h*, *o*, *u*) '— . . . Versik'. (*i*, *n*) distinguished by type (iii) initials.

21. ff. 205ᵛ–210 Sinte barnart scrijft dese punten. Hier na volghet die vier punten die sinte barnaert bescriuet hat—Dat eerste punt is dat die mensche gaerne hoert dat woert gods . . .

f. 210ᵛ blank.

ff. 210. 147 × 104 mm. Written space 77 × 57 mm. 16 long lines. Collation: 1⁶ 2–6⁸ 7⁸ wants 7 after f. 52 8–10⁸ 11¹⁰ 12–15⁸ 16⁸ + 1 leaf (f. 120) before 1 17–18⁸ 19⁸ wants 6 after f. 149 20–23⁸ 24⁸ + 1 leaf (f. 189) after 5 25⁸ 26¹⁰. Quires 2–11 signed (a)–j; 12–19, (a)–h; 20–6, a–g. Probably one hand throughout. Initials: (i) f. 15, 7-line *D*, gold and blue, with pink and blue penwork ornament touched with gold extending round margins; (ii) f. 152, 6-line *O*, red and blue, with ornament in blue touched with red; (iii) ff. 88, 123ᵛ, 5-line, blue with open patterning, and red ornament touched with blue extending into three margins; (iv) 4/3-line, as (iii) with no blue touches and extending into one margin only; (v, vi) 2- and 1-line, red or blue. Capital letters in the ink of the text lined with red. Contemporary binding of wooden boards, rebacked, covered with stamped calf, rebacked; diagonal fillets, small fleur-de-lis and stars stamps, within a frame; 5 bands; two clasps, missing. Secundo folio (f. 16) *minen*.

Written probably for use in the diocese of Utrecht, see art. 1. 'dit boeck hoert toe cornelia Jans', s. xvii, f. 1ᵛ. 'Presented to The Stonyhurst College Library by Major General Sir Walter Maxwell-Scott of Abbotsford Bᵗ. O.S. 1892 Abbotsford Sept. 12ᵗʰ 1941', on a piece of paper stuck to f. 1.

78. *Processionale festivale* s. xv²

1. ff. 2–6ᵛ In purificatione beate marie. Benedictio candelarum.

2. ff. 6ᵛ–13ᵛ Feria quarta in capite ieiunii—Benedictio cinerum.

3. ff. 13ᵛ–24 Dominica in ramis palmarum. Sequitur benedictio ramorum.

4. ff. 24–26ᵛ Feria iiiiᵃ in parasceue—Kyrieleyson . . .

5. Offices: (*a*) f. 26ᵛ Feria vᵃ in cena domini. Ordo altarium abluendorum in ecclesia beati lud' . . . Antiphona. Ludouicus decus regnancium transit felix ad celi solium . . . ; (*b*) f. 29 De trinitate; (*c*) f. 31 De assumptione beate marie; (*d*) f. 32ᵛ de sanctis augustino et thoma; (*e*) f. 34 De sanctis mauro et anthonio; (*f*) f. 36 De sancto martino; (*g*) f. 37ᵛ De sancto stephano; (*h*) f. 39 De angelis; (*i*) f. 40ᵛ De sancto dyonisio; (*j*) f. 41 De sanctis petro et paulo; (*k*) f. 42 De sancto blasio; (*l*) f. 42ᵛ De sanctis lupo et eligio; (*m*) f. 43 Dominici et petri; (*n*) f. 44 Sebastiani et yuonis; (*o*) f. 44ᵛ De annunciatione; (*p*) f. 45 De sancto iohanne baptista; (*q*) f. 45ᵛ Iohannis et iacobi; (*r*) f. 46 De sancta katherina; (*s*) f. 47 Magdal' et marthe; (*t*) f. 48ᵛ De sancta anna.

Each consists of antiphon, versicle, response, collect, and responsory with verse (cues only), except (*i–r*, *t*) which end with the collect.

6. (*a*) ff. 49–57 Feria quinta in cena domini Ad mandatum; (*b*) ff. 57–69 Lectio sancti euangelii secundum iohannem. . . . Finito euangelio dyaconus prosequatur sermonem dominicum in modum lectionis versus ad crucif'. . . . Cum dyaconus dixerit. Surgite eamus hinc. Tunc eat conventus ad refectorium et residentibus sororibus dyaconus stans ad pulpitum prosequatur qui de sermone dominico

Restat. . . . ; (*c*) ff. 69–71 Feria quinta in cena domini Ad vesperas immediate finita communione: incipiatur antiphona Calicem salutaris . . . ; (*d*) ff. 71–86 Domine audiui auditum . . . Eripe me domine . . . Ad crucem adorandam Popule meus . . . Crux fidelis . . .

(*a*) Office of Maundy Thursday; (*b*) John 13:1–17:26 in three sections, the second and third starting at 13:16 and 15:1, with accents added in the third section; (*d*) Good Friday tracts etc.

7. ff. 86–113ᵛ The 'Ad processionem' of eight feasts: (*a*) f. 86 Easter Day; (*b*) f. 88ᵛ Ascension; (*c*) f. 92 Corpus Christi; (*d*) f. 96 John Baptist; (*e*) f. 99ᵛ Dominic; (*f*) f. 102ᵛ Assumption of B.V.M.; (*g*) f. 106ᵛ Louis; (*h*) f. 110ᵛ Nativity of B.V.M.

The metrical pieces in (*e*) are Panis oblatus celicus . . . , Granum excussum . . . ; and in (*g*) O sparsor diuiciarum . . . , O decus ecclesie . . . , Ludouice rex francorum . . .

8. Noted pieces: (*a*) f. 114 In receptione legatorum; (*b*) f. 115 In receptione secularium principium; (*c*) f. 117 Ad nouiciam recipiendam. Sequitur benedictio vestimentorum; (*d*) f. 119 De sancta agnete R. Amo christum in cuius thalamum . . . V Anulo suo; (*e*) f. 120 De oratione pro capitulo generali et pro pergentibus ad illud. ps. Ad te leuaui oculos . . .

f. 121ʳᵛ blank.

ff. v + 121 + v. 160 × 115 mm. Written space 108 × 63 mm. 7 long lines + 4-line stave, or, ff. 57–68ᵛ 21 long lines. Collation: 1⁸ + 1 leaf (f. 1) before 1 2–15⁸. One full-page picture, f. 1ᵛ: a Dominican nun, St Louis behind her, kneeling before B.V.M. and Child. Eight pictures, *c*. 43 × 30 mm., within narrow gold frames, to art. 7*a–h*: (f. 92ᵛ two angels hold a monstrance; f. 107 a Dominican nun kneels before St Louis; f. 111 St Anne in bed while B.V.M. is bathed). Initials: (i) 3/2-line, gold on blue grounds shaded with white, or pale pink shaded to white on patterned grounds of gold; (ii) 1-line, in gold on pink grounds. Capital letters in the ink of the text filled with pale yellow. Each picture-page, except f. 1ᵛ, and also f. 2ʳ has a continuous framed border on gold ground, decorated with flowers and, except f. 2, a bird or monster in the lower or, f. 107, side border. Binding of richly gilt red morocco, s. xvii/xviii (?). Secundo folio (f. 3) *oculi mei*.

Written for the use of the Dominican nuns of the priory of St Louis at Poissy, near Paris, see arts. 5–7. 'S/ELISA/BETH', on the front, and 'DE LAIS/TRE', on the back covers, stamped in gold in central cartouches, s. xvii/xviii. 'Ce present Liure est pour Lusage de Sʳ Elisabeth de Laistr[e]', s. xvii/xviii, f. iᵛ; altered to read 'des Sʳˢ A et Elisabeth de Laist[re] Et Madelaine de Bonneuil'. 'M. l'Abbé Ythier Doyen et Chanoine-Théologal de l'Insigne et Royale Eglise de Saint-Quiriace, et Doyen de la Chrétienté de Provins', printed label, s. xviii (?), inside front cover; 'N° 15', added on it in ink. Given by Mrs Sheridan in 1956.

79 (formerly A.vi.34). *Horae*   s. xiv²

1. ff. 1–5ᵛ Calendar in red and black, March and April missing.

Feasts in red include Oswald abp. (28 Feb.), Anne 'matris marie' (26 July), Edmund k. (20 Nov.). Added, s. xv: Erasmus, Botolph (4, 17 June), Visitation of B.V.M. (2 July), Transfiguration, and Name of Jesus (6, 7 Aug.). 'pape' erased, and Thomas of Canterbury crossed out.

2. ff. 6–31ᵛ Hours of B.V.M. of the use of (Sarum).

Hours of the Cross worked in. Memoriae after Lauds of Holy Spirit, Cross, Trinity, Peter and

Paul, Nicholas, John ev., John Baptist, Thomas of Canterbury (crossed out), Katherine, Mary Magdalene, Margaret, relics, All Saints, and peace. No rubric at Terce; 'Ad terciam' to Sext.

3. ff. 31ᵛ–32 De sancta maria. Salue regina . . . Oracio. Omnipotens sempiterne deus qui gloriose uirginis et matris marie . . .

4. ff. 32–46 'Hic Incipit vii Psalmi', (f. 38ᵛ) 'vdecim psalmi' (cues only for first twelve), and (f. 40) 'Letania'.

Thirty martyrs: (12) Thomas (lightly crossed out) . . . (19) Edmunde . . . (22) Oswalde; twenty-six confessors; (7–9) Dunstani Romani Swithune; twenty-seven virgins: (1) Anna . . . (12) Mildreda . . . (21–3) Fredeswida Cristina Brigida.

5. ff. 46–71 Office of the dead.

6. ff. 71–80ᵛ Hic incipit commendacio animarum, ending imperfectly 'et scito' (Ps. 138: 23).

ff. ii + 80 + ii. 160 × 110 mm. Written space 95 × 53 mm. 21 long lines. Collation: 1⁶ wants 2 after f. 1 2–10⁸ 11 three. Catchwords centred, the first letter a cadel. Written by a skilled scribe; extended top-line ascenders, some with human heads. Initials: (i) pink and/or blue shaded to white, on gold grounds, historiated (arts. 2, Annunciation and a Passion series, eight in all; 4, Christ on rainbow, showing wounds; 5, burial service; 6, angels bearing a soul up in a sheet); (ii, iii) 2- and 1-line, blue with red ornament, or gold with variable violet ornament. Line-fillers in Litany only in gold and blue. Continuous borders on pages with type (i) initials. Binding of s. xix. Secundo folio (f. 7) *Quem terra*.

Written in England. 'Wᵐ Heyrick', s. xvii, f. 3. 'G. R. Kingdon. Coll. SS. Trin. 1845', f. ii.

80. *Repetitiones in Digestum infortiatum, 1421*   s. xvᴵ

(f. 1) L.XXIIII Rubrica. Soluto matrimonio et quemadmodum dos petatur In glo 2ᵃ uel dixi hanc sequitur con bar . . . (f. 424) De confirmando tutore muliere— tutor aliis extentibus (*ends imperfectly*).

Lectures from the school of Johannes de Imola, who is named on ff. 68ᵛ 'lectus fuit solempniter per d. Io. de ymola eximium utriusque iuris doctorem dum legeret Bononie extraordinarie. Et reduxit magister (?) in modum repetitionis', and 187ᵛ 'Hic fecit vacationes dominus Io. de ymola utriusque iuris interpres die xxi august' anno domini m° cccc° xxi°', at the end of the commentary on De heredibus instituendis, bk. 28 tit. v (ff. 163–187ᵛ), written by the first scribe on longer leaves, like the latter part of the book from f. 291 onwards, inserted into quire 16 where tit. iv ends and tit. vi begins on f. 189, and disordered, as directions by the scribe show, so that the order should be ff. 175, 178, 176–7, 180, 179. ff. 56ᵛ, 82ᵛ, 184ᵛ, 188ʳᵛ, 289–290ᵛ, 304ʳᵛ, and 403–404ᵛ blank.

In the marginal notes the first person is used: ff. 202 'Ista opy tenetur per repetentem et audio quod hanc tenent rafa e leg' padue potest ista opy . . . que est dictio implicatiua', and 226, in a fere-humanistic script, 'Hanc opi. audiui a d. Raf. de Como et dixit esse suam et nos non audituros ab aliquo quod ab eo non habeat. nescio modo an d. Io. ab eo habuerit 1423 12 april'. A title is written on f. iii 'prima parte delinforzato'. 'deficit 1 carta mulo (?) que est infra circa finem', f. 46ᵛ.

ff. iii + 425 + iii. Foliated (i–iii) 1–294 294* 295–424 (425–7). Paper. ff. iii, 425 are medieval parchment flyleaves. 300 (ff. 1–162, 189–290, 405–24) or 315 × 215 mm. Parchment strengtheners at quire-centres. Written space *c.* 235–75 × 120–40 mm., tending to get wider towards the foot of the page. *c*.45 long lines. No ruling; vertical fold in paper to form a bounder. Collation: $1-3^{12}$ $4-5^{10}$ $6-7^{12}$ 8^2 9^{12} 10^{10} $11-13^{12}$ 14^{12} 15^{12} (ff. 153–62, 189–90) + 16^{12} + $17-18^6$ + 19^2 inserted between 10 and 11 $20-22^{12}$ 23^{10} $24-27^{12}$ 28^6 29^8 wants 8 after f. 296 30^4 31^2 32^2 $33-40^{12}$ 42^4 42^{12} 43^4 wants 1 before f. 417 44 five (ff. 420–4). A numbering, 1–62, of s. xvi (?), top right, is essentially a quire-numbering: it occurs on the first recto of each quire, but also on leaves in some quires, perhaps because the leaves in question were loose. Written in two cursive hands, the second, less current, wrote quires 14^{2-12}, 15, 20–28 (ff. $141^v/6$ up–162^v, $189-288^v$). No coloured initials; space left, f. 250^v. Binding of s. xix². Secundo folio *ponitur*.

Written in northern Italy; one scribe may be named in the inscription on f. 425 'Questo libro e pars agnoto et pars Otto de Lapo Nicholini'. 'MN', round stamp, f. iii bottom right. Hopetoun armorial bookplate, inside front cover. Given by Charles Boardman, as MS 70.

81. *Conradus de Brundelsheim, OC, Sermones hiemales de tempore*

1423

Exurge amortuis et Illuminabit te christus Eph' v^{to} Cogitanti michi quod deum patrem . . . predicara possumus in hoc festo. etc. [E]xplicit liber iste scriptorem benedic ihesu Io nunccupor de lugkow presbiter ipse Anno domini m° ccccxxiij In vigilia Mathei apostoli et ewangeliste.

Title, 'Succus de tempore per hiemem tantum', f. 1 top. See Schneyer, p. 272, and id., *Rep.*, i. 716–26, nos. 1–25, 30, 26–9, 31–6, 40–57, 61, 58–60, 62–93, 95–131. Between nos. 93 and 95, ff. 271–4, are texts and cross-references to sermons elsewhere in the year, summer and winter. Very few occasions are specified, e.g. 'Dominica quarta post Epiphanie domini Sermo primus', f. 150. Considerable early correction, with omissions carefully supplied in the margins in hybrida.

ff. ii + 406 (foliated 1–379, 379*, 380–405) + ii. Paper, or, for the middle and outside sheets of quires 1–22, parchment. Parchment strengtheners at the centre of quires 23–34, in quires 32–3 from a document dated at Constance. 310 × 215 mm. Written space *c.* 195 × 105–35 mm. 36–7 long lines, ff. 1–96^v; 2 cols., *c.*33 lines, ff. 97–405^v. Frame ruling. Collation: $1-33^{12}$ 34^{12} wants 11, 12 (blank). Well written in cursiva; hand changes at ff. 79/8, and 157 (14^1). Initials: (i) ff. 1 and 5, 6-/3-line *E*, metallic red with red and ink ornament; (ii) 2-line, metallic red. Capital letters in the ink of the text lined with red. Medieval (?) binding of wooden boards covered with old white leather, rebacked; 3 bands; four round bosses remain on the back cover, out of five; 2 clasps, now missing; mark of chaining-staple at top centre of f. 405 and back cover; '42', s. xv or svi, on a paper label stuck to the front cover. Secundo folio *adcord*.

Written in part by a named German scribe, see colophon above; 'lugkow' cf. Luckau, 40 miles south of Berlin, perhaps for the Benedictines of Erfurt: 'Liber Sancti Petri In Erffordia', s. xv, f. 1 top, 'Liber Bibliothecae regalis Monasterii S. Petri Erfordiae', s. xviii, f. 1 foot. 'C.17', s. xv (?), f. 1 top; see Theele, p. 61, no. 64. No. 143 in the 1829 Bülow catalogue. No. 471, priced 40s., in an English bookseller's catalogue, see cutting with manuscript. 'G. Sumner Woodmansey, 1856.', 'Chest V,/B.', f. 1 head; cf. Shrewsbury School MS 48 above and *MMBL* i. 250. Given by Charles Boardman, as MS 70.

82. *Lectiones; J. de Voragine, Sermones quadragesimales; etc.* 1395

1. (quires 1–6) ff. 1–57^v Incipiunt Epistole et ewangelia per quadragesimam leccio Iohelis prophete ii° capitulo feria iiii^a cinerum Hec dicit dominus Conuertimini . . . ecce predixi vobis. Nomen scriptoris si tu congnoscere velis Io

tibi sit primum han sequens nes que suppremum Nurenberge natus et renner cognominatus Et ordinis fratrum heremitarum sit tibi notum.

ff. 58–60ᵛ blank.

2. ff. 62–235ᵛ Incipit opus quadragesimale iacobi de voragine sermo feria iiiiᵃ cinerum Filia populi mei—Quamuis solempnitas quadragesime . . . beati Augustini patris nostri ipse filius dei nos perducat qui cum—A.M.E.N. *Explicit* quadragesimale *Iacobi de voragine* per manus *fratris Iohannis renner de Nuremberga* ordinis fratrum heremitarum *sancti augustini* quod appreciauit *frater chunradus pes de Monaco* eiusdem ordinis et voti *Et iste liber* finitus est in die *sancti Ieronimi doctoris eximii* Sub anno domini M° ccc° *lxxxxv° (italics for words in red).*

SOPMA, no. 2157. Schneyer, p. 278; id., *Rep.*, iii. 238–44, nos. 196–292. The bifolium missing between ff. 164 and 165 contained the end of no. 251 and the beginning of no. 252. ff. 61ʳᵛ, 236–238ᵛ blank.

3. Pastedowns: (*a*) front, a leaf, s. xiv med., of a commentary on St Matthew (16: 21 seq.), each section beginning with a quotation from Chrysostom; written space 170 × 112 mm., 2 cols., 36 lines, written in older type of German cursiva; (*b*) back, a leaf, s. xiv², containing the end of a sermon for Holy Innocents, and the first four lines of one for Thomas of Canterbury by Jacobus de Voragine, Schneyer, *Rep.*, iii. 249, no. 340; written space 155 x 100 mm., 25 long lines, written in later type of German cursiva.

ff. i + 238 + i. Paper. ff. i, 239 are parchment flyleaves. Paper pastedowns, see art. 3 above. Parchment strengtheners at quire-centres, in 2–3, 5, 9, 15–18 strips from documents and manuscripts. 205 × 147 mm. Written space 147 × 103 mm. 2 cols. 29–35 lines. Collation: 1–16¹⁰ 17¹⁰ wants 5, 6 after f. 164 18–24¹⁰. Quires 6–24 numbered at foot of first recto, i–xviij. Written in cursiva. Initials: 3-line, red, on f. 1 only, with red ornament. Capital letters in the ink of the text lined with red. Medieval binding of wooden boards covered with white pigskin bearing a faint pattern of fillets and at least three stamps; 4 bands; marks of five bosses on each cover; central clasp, missing; 'Eppistole et Ewangelia per xlᵐᵃᵐ Et / xlmale Iacobi de Voragine [. .]', s. xv, on a paper label on front cover; mark of chaining-staple at the top centre of the back cover. Secundo folio *Secundum Matheum.*

Written in Germany by a named Augustinian friar from/of Nuremburg. 'Ecclesiae Wilthin', s. xviii (?), f. 1 up the space between the columns. 'H. C. Heintz 1833', f. iᵛ. '9', '470', modern exhibition numbers, inside back cover. Given by Charles Boardman, as MS 70.

83. *N. Vulpius, Epitome in Valerium Maximum* s. xv med.

(f. 3) Nicolai Vulpis vicentini viri clarissimi Epitomẹ in Valerium maximum incipiunt capitula librorum—(f. 4ᵛ) Imprimis de seruata Religione. Romani ut medullitus assequerentur relligionem uoluerunt cerimonias etruscorum . . . que nam uocarentur gaias esse dicerent. Finis.

Unnumbered table of chapters in red follows the title, ff. 3–4ᵛ, and a similar table precedes each of bks. 1–9: 6, 5, 8, 8, 9, 9, 9, 19, 16 chapters respectively. Bk. 10 occupies ff. 99ᵛ–100ᵛ only, and is headed 'Ex illo libro qui decimus Valerio asscribitur hec sunt exerpta. non tamen omnia probata'. In the margins there are unusually flourished heads and pointing hands, ff. 24ᵛ–25ᵛ,

38ᵛ–39, 44, 47, and a bird, f. 88ᵛ, drawing attention to 'nulla est tanta humilitas que glorie dulcedine non tangatur' (bk. 8 cap. De cupiditate glorie). ff. 1–2ᵛ blank.

ff. ii + 100 + ii. Paper. 210 × 145 mm. Written space 135 × 80 mm. 26 long lines. Collation: 1⁴ 2–9¹². Quires signed (a)–i. Written in a small humanistica. Initials: (i) f. 5, 3-line, red; (ii) 1-line, red. Binding of s. xix. Secundo folio (f. 4) *Septimus*, (f. 6) *Voluerunt*.

Written in Italy. 'Iste liber est conuentus sancte Catherine de pisis ord' predi. habitus ex hereditate fratris stephani de codiponte (*or* caviponte ?) (ex xiiii° banco ex parte meridi)', s. xv, f. 2ᵛ, are the *ex libris* and pressmark of the Dominican convent at Pisa. 'Caroli Boardman S.T.D.', f. iᵛ; given by him, as MS 70.

84. *Bernardus, In Cantica Canticorum; etc.* s. xiv med.

1. ff. 1–24ᵛ Yhesus futura preuidens. Sicut dicit euangelista. Sciens yhesus omnia que uentura erant super eum . . . quod ipsa petere uoluerit.

4 sections, the last on Yhesus dilectos eleuans. 'Yhesus' is written at the head of several pages.

2. ff. 25–101ᵛ Incipit exposicio beati Bernardi clareual' abbatis super Cantica canticorum. Sermo primus de titulo et de diuersis causis. [V]obis fratres alia quam aliis de seculo . . . sponsi ecclesie ihesu christi domini nostri qui est super omnia deus benedictus in secula. Amen. Qui fuit actor in terris sit conciuis angelorum in celis.

Stegmüller, no. 1721. *PL* clxxxiii. 785–828/38, 986/49–1093 (sermons 1–12, 41–65); *SBO* i. 3–61/5, ii. 31/11–177. f. 44ᵛ/7 ends abruptly 'ut viues omnibus', near the start of sermon 12, and f. 45 begins 'facilius ab auditoribus', near the end of sermon 41; a note in red, f. 44ᵛ, 'etc' vt patet in carta sequenti Require sub signo ut Supra' may indicate that the text did not run on straightforwardly.

3. Flyleaves: ff. iiʳᵛ, 104ʳᵛ are two adjacent leaves of an antiphonal, s. xii Italian, containing the start of the office of St Nicholas—antiphons, invitatories (Confessorem regem before Adoremus regem), responsories, and verses: f. 104 O pastor . . . iugo, f. 104ᵛ famulus sumptibus . . . episcopatum nic, f. ii uocare nicholaum . . . R Audiens christi, f. iiᵛ precucurit . . . eius patro, cf. *Brev. ad usum Sarum*, iii. 24/6 up–25/end; 26/5–27/9 up; 28/12 up–30/7; 30/9–32/23; written space 195 or more × 135 mm., 13 [out of 14] long lines + 1-line stave in red, handsome initial, Confessor dei, of plaitwork partly filled with red and pale yellow.

ff. iii + 101 + iv. Paper. Parchment flyleaves, see art. 3 above. Parchment strengtheners at quire-centres; at ff. 40–1 from a manuscript, s. xii (?). 212 × 148 mm. Written space, ff. 1–24ᵛ: 160–70 × 108 mm., 2 cols., 39–43 lines; ff. 25ʳᵛ, 36–101ᵛ: *c*. 165 × 110 mm., 35 long lines; ff. 26–35ᵛ: 172 × 120 mm., 29–30 long lines. Frame ruling. Collation: 1–3¹² 4⁸ 5–8¹² 9¹⁰ wants 10 (blank). Quires 1–2 signed, a–b. Written in hybrida; three hands, ff. 1–24ᵛ, 25ʳᵛ and 36–101ᵛ, and 26–35ᵛ. Initials: (i) ff. 1–24, 1-line, red; (ii) ff. 25–101, 3-line, f. 42, red with ink ornament, or unfilled spaces. Binding of s. xix. Secundo folio (f. 2) *natature*, (f.26) *Moyses causam*.

Written in Italy. 'LIBER . . . ARCHERVPTE', s. xv, in large thin capitals, f. 104, 'Hic liber pertinet ad locum Archerupte', s. xv, f. 102ᵛ; i.e. *ex libris* of S. Maria d'Arcarotta, the Franciscan convent at Verona. Given by Charles Boardman, as MS 70.

85. *Vita parva Christi; Jordanus de Quedlinburg, Articuli lxv*

s. xv med.

1. ff. 1–130ᵛ Fvndamentum aliud nemo potest—jᵒ chorinth' iijᵒ. Cum sicud dicit augustinus deus sit res summe sufficiens . . . aut si corrumpuntur sanes. AMEN.

'Vita parua ihesu', according to the table of contents, s. xv, f. iᵛ. An abbreviation of Ludolph of Saxony, Vita Christi, cf. Stegmüller, no. 5437. Prologue and 53 chapters, the first 'De quibusdam incarnacionem precedentibus' and the last 'Conclusio libri'; some guide-notes for chapter headings survive in the margins, e.g. ff. 25, 34, 108ᵛ. ff. 131–132ᵛ blank.

2. (quires 12–19) ff. 133–220 Inspice et fac secundum exemplar—Exo 27ᵒ Et si christus vbique in scriptura . . . in eodem sepulchro cum ihesu. Quod nobis prestare dignetur sancta trinitas vnus deus qui viuit et regnat etc Deo gracias Semper.

Stegmüller, no. 5141 (Jordan of Quedlinburg, OESA, Articuli lxv de Passione Domini). Zumkeller, nos. 646, 648. ff. 220ᵛ–226ᵛ blank, the last pasted down.

ff. i + 226. Paper. f. i is a medieval parchment flyleaf. 208 × 145 mm. Written space 145 × 94 mm. 28–9 long lines. Frame ruling. Collation 1–14¹² 15¹⁰ 16–19¹² last leaf pasted down. Quires 1–11 signed a–l; 12–17, a–f. Quires 1–11 numbered at the end, 1–11; quires 12–17, 1–6. Written in hybrida by one fairly good hand, with very little punctuation. Initials: (i) ff. 1 and 133, 5-line *F*, blue with red ornament; (ii) 3- or 2-line, red. Capital letters in the ink of the text lined with red. Contemporary binding of wooden boards covered with brown leather bearing a pattern of double fillets and five stamps arranged in rows, the largest a Lamb and Flag (11 mm. diameter), the most distinctive a small displayed eagle; 4 bands; 2 clasps. Secundo folio *valde necessariam*.

Written in Germany. Printed armorial bookplate, with 'AD BIBL H ZUR-MÜHLEN', s. xviii, f. iᵛ. Given by Charles Boardman, as MS 70.

B.vii.9. *Horae*

s. xv in.

1. (quires 1–11) ff. 1–81ᵛ Hours of B.V.M. of the use of (Rome), beginning imperfectly (?: f. 1 badly rubbed and discoloured).

Alternative psalms begin f. 58ᵛ; Advent office, f. 69. f. 82ʳᵛ blank.

2. (quires 12–17) ff. 83–125 Office of the dead, beginning imperfectly.

f. 125ᵛ blank.

3. (quires 18–21) ff. 126–52 Penitential psalms, beginning imperfectly, and (f. 141) Litany.

Four monks and hermits: Benedict Francis Anthony Dominic; eleven virgins, not Maria Egyptiaca: (8–11) Restituta Clara Anna Elisabeth. f. 152ᵛ blank.

4. (quire 22) ff. 153–155ᵛ Hours of the Cross, beginning imperfectly.

5. (quire 23) ff. 156–161ᵛ Dvlcissime me domine iesu christe uerus deus qui de sinu patris . . .

6. (quire 24) ff. 162–167ᵛ In commemoratione beate marie uirginis ad missam. Introitus. Salue sancta parens . . .

Includes Gloria in excelsis.

ff. iii + 167 + ii. 103 × 68 mm. Written space 53 × 34 mm. 12 long lines. Collation: 1⁸ wants 1 before f. 1 2–6⁸ 7⁸ wants 7 after f. 53 8–10⁸ 11⁴ 12⁸ wants 1 before f. 83 13–16⁸ 17⁶ wants 5, 6 (blank) after f. 125 18⁸ wants 1 before f. 126 19–20⁸ 21⁴ 22⁴ wants 1 before f. 153 23–24⁶. Catchwords written vertically. Initials: (i) gone; (ii) 4-line, in yellow, and blue or pink, on gold grounds, enclosing a flower; (iii) 2-line, blue with red ornament, or red with violet ornament; (iv) 1-line, blue or red. Binding of plain dark green calf, s. xviii (?). Secundo folio *Hodie si*.

Written in northern Italy. 'Questo libro sie di donna Caterina figluola di Isemmo Coli di Pisa eschripto p*er* me Elugeniai (?) selire in Pisa', s. xv, f. 155ᵛ, in an amateur hand that may also be responsible for the inserted date 'a.d. mccccxxxiii', ff. 81ᵛ, 125 and 155ᵛ. 'A. B. Shea Psalter of Lucca July 1852', f. iiiᵛ.

STOURHEAD HOUSE

Horae   s. xiv/xv

1. ff. 1–12ᵛ Full calendar in French, in undifferentiated gold, red, and blue.

Four lines of verse at foot of each recto, alternately gold (Jan., Mar., etc.) and blue (Feb., etc.): Le signe estant en ce rondeau . . . Amy januier te va esbatre.

2. ff. 13–16ᵛ Sequentiae of the Gospels, beginning imperfectly, followed by the prayer Protector in te sperancium . . .

3. f. 17ʳᵛ Memoria of the Holy Face, beginning imperfectly 'situra. Nos perduc ad patriam o felix figura . . . '.

4. ff. 18–22 Oratio beate marie. Obsecro te . . . Mixed forms.

5. ff. 22–25ᵛ O intemerata . . . orbis terrarum. Inclina . . . Masculine forms.

6. ff. 26–92ᵛ Hours of B.V.M. of the use of (Tours).

Hours of the Cross and of the Holy Spirit (Nobis sancti spiritus gracia sit data . . .) worked in. Memoriae of Mary Magdalene, Nicholas, and Margaret after Lauds.

7. ff. 93–96ᵛ Memoriae of Cross, Angels, John Baptist, Peter, Paul, Andrew, James, John ev., followed (f. 96ᵛ) by the prayer commonly found with the Verses of St Bernard (cf. art. 8*b* below), Omnipotens sempiterne deus qui ezechie regi . . .

8. (*a*) ff. 97–8 Salue regina . . . Oracio. Concede nos famulos tuos . . . ; (*b*) f. 98ʳᵛ Illumina oculos meos . . .

(*b*) the Eight Verses of St Bernard, cf. art. 7 above.

9. ff. 99–101ᵛ Stabat mater . . .

10. f. 101ᵛ Memoria of Katherine.

11. ff. 102–3 Deus propicius esto michi peccatori . . .

12. ff. 103ᵛ–105 O tu baptiste gracieux Iehan amy de dieu glorieux . . . Et auxi sans commencement (44 lines).

13. ff. 105–106ᵛ Memoriae of Martin and Sebastian, followed by the prayer Deus qui sanctam crucem assandisti . . .

14. f. 107^{rv} Memoria of Susanna.

15. (*a*) ff. 107^v–110 De celle saincte bouche dont ihesu crist parla . . . loroison est moult belle oies quelle dira; (*b*) f. 110^{rv} Oracio. Saincte char precieuse ie uous aour et pri . . . quil soit anissi. Amen. Pater noster Aue maria.

(*a*) 52 lines, Sonet, no. 351; (*b*) 19 lines, Sonet, no. 1855.

16. f. 111^{rv} Ihesus qui te laissas estendre . . . (12 lines); Dieu ihesu crist filz dieu le pere Qui commendas tu saincte mere . . . (14 lines).

17. (quire 17) ff. 112–115^v Memoriae of Christopher, Anne (Annam iudas generauit . . .), and Julian (Hospes christi iuliane . . . , *RH*, no. 27765).

18. ff. 116–135^v Penitential psalms and Litany.

Martin, Lupus, Valentine, Armagil, Apothemus first among 29 confessors.

19. ff. 135^v–138 Oroison de nostre dame. O trescertaine esperance dame deffenderesse . . . qui iamos ne fauldra. Amen.

Prayer by the dying, Sonet, no. 1538.

20. ff. 138–139^v Oratio de beate marie uirginis. Ave cuius conceptio (*RH*, no. 1744) . . . Deus qui nos conceptionis natiuitatis . . . Clamantes ad te deus dignanter exaudi . . . Quesumus domine pro tua pietate miserere anime famule tue N . . . Pretende domine misericordiam famulis et famulabus . . .

21. ff. 140–187^v Office of the dead.

22. f. 187^v Memoria of Anthony hermit.

23. ff. 188–191^v sur terre de uostre doulx enfant. Aue maria gracia. E tres doulce dame. pour icelle grant ioie que vous eustes quant le saint angle gabriel . . . de uestre assumpcion quant vestre

Fifteen Joys, Sonet, no. 458, beginning and ending imperfectly.

24. ff. 192–194 neur et remembrance du consoil . . . Biau sire diex regardes moy . . .

Seven Requests, Sonet, no. 504, beginning imperfectly and over erasure.

25. f. 194 Sainte vraye croiz aouree . . . , Sonet, no. 1876.

26. ff. 194^v–196 Iuste iudex ihesu christe. rex regum et domine . . . , *RH*, no. 9910.

27. ff. 196–199^v Qui ceste oroison touz iours dira ou sus soy laportera . . . (f. 197^v) Et deus misereatur nostri. Domine deus pater omnipotens et filius et spiritus sanctus. Da michi victoriam . . .

28. ff. 199^v–205 Deus pater qui creasti . . . , *RH*, no. 4477.

29. ff. 205–7 In illo tempore: Apprehendit pylatus ihesum . . . testimonium eius. Deus qui manus tuas . . .

Cf. *Lyell Cat.*, pp. 65–6.

30. f. 207^{rv} Memoria of Julian of le Mans, followed by the prayer Omnipotens sempiterne deus qui dedisti famulis tuis in confessione uere fidei . . .

31. ff. 208–213^v Selons que nous lisons es escriptures de sainct Iehan lauangeliste . . . (f. 209^v) Mediatrix omnium . . .

Prayer attributed to St John on the five sorrows of B.V.M., with a long rubric which is printed W. G. Searle, *The Illuminated MSS in . . . the Fitzwilliam Museum, Cambridge* (1876), 100, from MS 93, a Tours Book of Hours.

32. ff. 213^v–217^v Oracio specialis de (*erased*) beate marie virginis. Ecce ad te confugio . . . (f. 216^v) Oracio. Deprecor te domina . . .

RH, no. 5087.

33. ff. 217^v–218 Le pap iehan conceut—Anima christi sanctifica me . . .

The preliminary rubric records an indulgence of Pope John of 1,000 days of mortal sin and 20,000 of venial sin.

34. ff. 218–21 Prayers: Domine ihesu christi fac me ut te amcm ardenter . . . ; (f. 219^v) O bone ihesu o dulcissime ihesu—te deprecor per illum sanguinem preciosum . . . ; (f. 221) O bone ihesu scribe in corde meo uulnera tua . . .

35. f. 221^v Memoria of Gacian.

36. ff. 222–224^v (begins imperfectly) stes tu repouseras . . . Les x de dieu. (f. 222^v) Or entendez petit et grant . . . (14 lines) (f. 223) Ci sen fuist lez x conseilz au dyable contre lez commendemens de la loy. Honneur auoir soulazaras ne a dieu ne seras obedient . . . (20 lines) (f. 224^v) Or entendez czami sergant Qui ales tout a dampnement . . . (14 lines).

The ten commandments of God, and the ten counsels of the devil.

37. ff. 225–6 Sancte michael archangele domini nostri ihesu christi qui uenisti in adiutorio populo dei . . .

38. f. 226 Orayson. Ihesus nazarenus rex iudeorum qui de uirgine maria nasci dignatus es . . .

39. ff. 226–8 Oracio. Roy de roys. roy de gloire qui dou ciel descendit . . .

40. ff. 228–229^v Orayson. Domine ihesu christe qui septem uerba in die ultimo uite tue . . .

Another title, Oracio, is the last word on f. 229^v.

ff. iii+229+ii. 182 × 128 mm. Written space 77 × 58 mm. 14 long lines. Ruling in pink ink. Collation: 1¹² 2⁶ wants 1 before f. 13 3–4⁸ 5⁸ wants 4 after f. 36 6⁸ 7⁸ wants 1 before f. 49 8⁸ wants 8 (perhaps blank) after f. 62 9–12⁸ 13² 14¹⁰ 15² 16² + 1 leaf (f. 109) before 1 17⁴ 18–26⁸ 27⁸ wants 1 before f. 188 28⁴ 29⁸ + 1 leaf (f. 201) after 2 30⁸ 31⁴ 32⁴ 33² 34⁴. Catchwords in a set cursiva. Occupations of the months, and in roundels the signs of the Zodiac in art. 1. Thirty, out of at least thirty-two originally, 10/11-line pictures: 1 before arts. 4 (a woman kneels before B.V.M. and Child, an angel above her supports an armorial shield, and a scroll round the picture says Ce que ie pense se fera quant ie pourray et dieu vouldre), 8 (B.V.M. and Child with kneeling woman accompanied by three daughters and five sons), 9 (Pietà), 14, 18, and 21; two in arts. 17 (Christopher, Anne), and 36 (f. 222^v two figures kneel before Christ, the first says Que fere pour estre sauue, and Christ replies Tieng touz mes dix commandemens; f. 223ᵛ a figure kneels before the devil and says Les commandemens dieu tenir ne veil quar ilz me sont trob fort, and the devil replies [. . .] a mon conseil [. .]as la mort); and 20 in art. 5 (7 for Hours of B.V.M., Lauds gone, Innocents at Compline; 6 for Hours of the Cross, Lauds gone; 7 for Hours of the Holy Spirit: descent of Dove, Ascension, descent of Dove, haloed priest in outside pulpit with two men and a woman kneeling before him and a chapel with bellcote behind, seated disciples, Baptism in Jordan, Trinity). Initials: (i, ii) 3- or 4-, and 2-line, in pink or blue patterned with white and decorated with orange, on gold grounds; (iii) 1-line, gold on pink and blue grounds patterned with white. Full borders with gold ivy-leaves on pages with pictures: figures, grotesques, etc., among the leaves on f. 26, elsewhere birds and flowers. Line-fillers in pink and blue patterned with white, and gold. Capital letters in the ink of the text filled with pale yellow. English red morocco binding, gilt, s. xix in.; 'Missale Romanum' on spine. Secundo folio (f. 13) *maria*.

Written in northern France, for a woman of the Loire valley; her arms on f. 18 are parti per pale, gules a lion rampant azure between billets or, azure a urdy cross gules between 3 raised hands or. Bookplate inside front cover of Fraˢ Ann Hoare, d. 1800, second wife of Sir Richard Hoare, whose heir conveyed the manuscript to the National Trust.

SWAFFHAM. PARISH CHURCH OF SS PETER and PAUL

Horae   s. xiv/xv

1. ff. 1–6ᵛ Calendar in red and black.

'Emundi' for Edmundi (9 June, 16 Nov.); 'Guthberti' (20 Mar.). 'sancte antony abatys', added s. xv (17 Jan.). 'pape' and feasts of Thomas of Canterbury erased.

2. (added, s. xv in.) ff. 7–8ᵛ (*a*) Domine deus omnipotens pater et filius et spiritus sanctus da michi famulo tuo N. uictoriam . . . faciat michi homo; (*b*) Libera me domine ihesu christe fili dei . . .

3. ff. 9–15ᵛ Memoriae.

John Baptist, O baptista christi testis . . . , *RH*, no. 12664; Christopher, O sancte christofore martir ihesu christi . . . , *RH*, no. 39618; George, Georgi martir inclite te decet laus . . . , *RH*, no. 7242; Katherine, Gaude uirgo katherina quam refecit lux diuina . . . , *RH*, no. 6993; Michael; Barbara, Gaude barbara regina summa pollens in doctrina . . . , *RH*, no. 6714; Mary Magdalene. Each occupies one leaf.

4. ff. 16–20 O ihesu christe eterna dulcedo te amancium iubilus . . .

Fifteen Oes of St Bridget. f. 20ᵛ blank.

5. ff. 22–41 Hours of B.V.M. of the use of (Sarum), missing the first leaf.

Hours of the Cross worked in. Memoriae at the end of Lauds of Holy Spirit, Trinity, Cross, Michael, John Baptist, Peter and Paul, Andrew, Laurence, Stephen, Thomas of Canterbury (erased), Nicholas, Mary Magdalene, Katherine, Margaret, All Saints, and peace.

6. ff. 41ᵛ–42 Salue regina; Virgo mater ecclesie eterna porta glorie . . . , *RH*, no.

21818; Oracio. Omnipotens sempiterne deus qui gloriose uirginis et matris marie
. . .

7. ff. 42–44^v Has uideas laudes . . . sic salutando mariam. Salue uirgo uirginum stella matutina . . .

RH, nos. 7687 and 18318.

8. ff. 44^v–45^v Oratio de domina nostra. O intemerata . . . orbis terrarum. Inclina mater . . . Masculine forms.

9. ff. 45^v–47 Oratio de domina nostra. Obsecro te . . . Masculine forms.

10. ff. 47–48^v Quicumque hec septem gaudia . . . Uirgo templum trinitatis. deus summe bonitatis . . .

RH, no. 21899, with rubric conveying indulgence of 100 days 'a domino papa clemente. qui hec septem gaudia proprio stilo composuit'.

11. ff. 48^v–50 Ad ymaginem domini nostri ihesu christi. Omnibus consideratis paradysus uoluptatis . . . , RH, no. 14081.

12. ff. 50–1 Incipit oracio uenerabilis bede presbiteri . . . Domine ihesu christe qui septem uerba . . .

13. f. 51^{rv} Oracio. Precor te piisime domine ihesu christe . . .

14. ff. 51^v–52 Oracio. Gracias ago tibi domine ihesu christe qui uoluisti pro redemptione mundi . . .

15. f. 52^{rv} Salutaciones ad sacramentum: (a) Aue domini ihesu christe . . . ; (b) Oracio. Aue principium nostri creatoris . . . ; (c) ad sanctum sacramentum. Aue uerum corpus natum . . . ; (d) Oracio. Aue caro christi cara . . . ; (e) Cuilibet dicenti . . . ad supplicationem philippi regis francie (rubric partly erased) Domine ihesu christe qui hanc sacratissimam carnem . . .

(a–d) RH, nos. 1778, 2059, 2175, 1710.

16. ff. 54–61^v Penitential psalms, missing first leaf, and Litany.

Spellings include 'swichine' and 'wrine'.

17. ff. 63–74^v Incipiunt uigilie mortuorum.

18. ff. 75–82 Incipiunt commendationes animarum; followed by prayers, Tibi domine commendamus, Misericordiam tuam domine sancte pater.

19. ff. 82^v–85 Psalmi de passione domini. Deus deus meus respice in me . . .

20. ff. 85^v–93 Beatus uero iheronimus in hoc modo disposuit psalterium . . . Oracio. Suscipe digneris . . . Uerba mea auribus . . . Oracio. Omnipotens sempiterne deus clemenciam tuam . . .

21. Additions on flyleaves: (a) f. iii, s. xv/xvi, 'In ye nym of Ihesu Memorandum xix day of aprell' at crepells g' / It' xx day sanctelleng / It' xxi day sanc' / It' xxiii day sanc gors / It' xxviii day Ad ersician bere / It' xxix day iij sanc' margot / It' xxx

day sanc' gaberll' / M' ye sekou*n*d day off May / It' iij day ij taullus Sant' elus / It' iiij day ij scrofors and sanc margret / It' v day sanc' Mangus / It' vj day sanc donston / It' ix day sanc Anddro / It' xvij day sanc' tanthuns / It' xviij day sanc' donston / It' xxvj day sanc gors'; (*b*) ff. iii^v–iv, s. xv ex., a prayer in English, зyf þ^u art in dedly synne or in angwishe go to chirch . . . hath be preayd; (*c*) f. iv^{rv}, s. xv ex., the hymns O lux beata trinitatis, Veni creator spiritus, and Christe redemptor omnium.

(*b*) as Ushaw MS 10 art. 23 below, and Cambridge UL MS Ii.6.43 f. 19.

22. ff. 95^v–98, 99 Seven leaves of a small (Flemish ?) Book of Hours pasted in.

One side of each leaf is blank and is pasted down; the other contains a full-page picture, 53 × 32 mm., within a continuous framed floral border. f. 95^v a woman in black cloak (St Bridget ?) seated at a desk reading, with angel behind; f. 96 Christ carrying cross; f. 96^v Christ rising from the tomb; f. 97 Christ on the rainbow; f. 97^v raising of Lazarus; f. 98 Gethsemane; f. 99 Katherine.

23. Pinned to f. 100 Seven leaves from the Office of the dead, s. xv. 93 × 67 mm. Written space 52 × 33 mm. 18 long lines. Written in England (?).

ff. vii + 93 + viii. Medieval endleaves. 177 × 135 mm. Written space 98 × 66 mm. 24 long lines. Collation: 1^6 2^2 3–4^6 5^8 wants 1 before f. 22 6–8^8 9^8 wants 1 before f. 54 10–13^8; three inserted leaves, ff. 21, 53, 62. Three full-page pictures, ff. 21^v, 53^v (Christ on the rainbow, showing his wounds; souls rising), 62^v, the rectos blank. Nineteen three-quarter-page pictures: 7 in art. 3, 7 in art. 5 (Lauds–Compline, Passion series, facsimile of Lauds in W. B. Rix, *The Pride of Swaffham* (1950), opp. p. 21), and 1 before arts. 2, 4, 18, 19, 20. Initials: (i) in colour on gold grounds decorated in colours; (ii) 3- or 2-line, gold on coloured grounds; (iii) 1-line, gold with slate grey ornament or blue with red ornament. Line-fillers, in Litany only, blue, red, and gold. Contemporary English binding of wooden boards covered with pink-stained leather; central clasp and pin. Secundo folio (f. 8) *dicit*.

Written in northern France or Flanders, for English use.

TAUNTON. SOMERSET COUNTY RECORD OFFICE

N. R. Ker, 'Four Medieval Manuscripts in the Taunton Castle Museum', *Proceedings of the Somersetshire Archaeological Society*, 96 (1951), 224–8. Deposited by the Society at the Record Office in 1963.

DD/SAS C/1193/66. *R. Higden, Polychronicon*   s. xiv/xv

1. (quire 1) pp. 1–10 Incipit cronica bona et compendiosa de regibus anglie tantum a Noe usque in hodiernum diem. Noe fuerunt tres filii . . . anno etatis sue xj^{mo}.

Brief chronology, down to 1377, also found in three other copies of the Polychronicon: BL MS Add. 12118, Cambridge Corpus Christi College MS 21, and Vatican MS lat. 1959.

Quire 2 contains arts. 2–3.

2. pp. 11–26 Abraham .2. .10. Abdon . . . de Zacharie occisione.

Index to art. 4 below.

3. p. 26 Prima etas seculi ab adam vsque ad diluuium . . . verissimos v^m xcvj.

Note on the first five ages.

4. pp. 27–431 Post preclaros arcium scriptores . . . continuacionem postea habuerunt. Explicit liber (septimus) et vltimus policraticon nuncupatus.

The common form of the text, with the continuation to 1377, see Taylor, p. 158, but without the note 'Huc usque scripsit Ranulphus' at the end of the main text (p. 417) found in many copies. The last chapter of bk. 7 is numbered 52. 'Huc usque corrigitur', p. 282 (18^8).

ff. iii + 217 + ii. f. iii is a medieval parchment flyleaf. 310 × 210 mm. Written space 218 × 128 mm. 43 long lines. Collation: 1^8 wants 6–8 (blank) after p. 10 2–27^8 28^6 wants 4, 5 (blank) after p. 432. Quires 3–25 signed a–z; 27, +b. Initials: (i) to books, 6/4-line, in purple and/or blue, patterned with white, on gold grounds, extended to a bar of gold, purple, and blue the height of the written space and sometimes across the top and bottom; (ii) to chapters, 3-line, in blue or purple/pink, patterned with white, decorated with orange, on gold grounds; or in gold on grounds of blue and/or purple/pink patterned with white. Capital letters in the ink of the text filled with red, rarely after p. 306. Names of sources highlighted with yellow wash. Binding of s. xviii ex. Secundo folio (p. 3) *nie populis*, (p. 29) *poratis ita*.

Written in England. 'Liber Mon' beate marie de Keynesham', s. xv, f. iii; 'mon' beate marie de keynesham', s. xv/xvi, p. 436, twice., *ex libris* of the Augustinian abbey of Keynsham (Soms.). 'Liber Ricardi Godwyn', s. xvi, p. 434. 'paid by me Rosell for this book vij^s vj^d By me Robert Rosewell', s. xvi, f. iii. 'tho Bush Junior', s. xvii (?), p. 211. Belonged in 1860 to Thomas Kerslake, the Bristol bookseller, and offered unsuccessfully by him to Sir Thomas Phillipps for 75 guineas; given by him to the Society in 1889, see label inside front cover.

DD/SAS C/1193/68. *Horae*   s. xv^1

1. ff. 1–6^v Sarum calendar in red and black, graded (up to ix lc').

Added, s. xv/xvi 'decolacio sancte Weneffrede' (21 June), 'Translacio sancte Weneffrede' (20 Sept.). 'pape' and feasts of Thomas of Canterbury erased.

2. ff. 7–8^v, 100–3 (leaves discarded from art. 3 ?) end of None, Vespers, and Compline.

3. ff. 9–45^v Hours of the B.V.M. of (Dominican) use, beginning imperfectly in Venite.

Two versions of Prime, the first Sarum use, cf. art. 2 above. Hours of the Cross worked in. Memoriae after Lauds of Holy Spirit, Trinity, Cross, John Baptist, John ev., Andrew, Peter and Paul, Stephen, Laurence, Nicholas, Thomas of Canterbury (erased), relics, Anne, Mary Magdalene, Katherine, Margaret, All Saints, and peace. Between Vespers and Compline 'Hic incipiunt xv psalmi', cues only, divided into three groups of five, each group ending with other forms and a collect.

4. ff. 46–53^v Deus in adiutorium—Confundantur . . . Adiutor—domine ne moreris, followed by Litany.

Eighteen confessors: (8) Dominic (doubled) . . . (16–18) Edward Richard David.

5. ff. 54–82^v Office of the dead, ending imperfectly (Ps. 29: 11).

6. ff. 83–92^v Commendations, ending imperfectly (Ps. 118: 175).

7. ff. 93–99^v Penitential psalms, beginning imperfectly (Ps. 6: 11), followed by Gradual psalms, ending imperfectly after 6 cues.

8. (added, s. xv², on flyleaves) (a) ff. ii–iii [O]ure lorde Ihesu cryste in his reuelacion to seynt Bryde among' al other thinges he saide to hir on this wise. iij thynges y bidde the to do . . . and shame of shryfte; (b) f. iii^{rv} Ad beatam mariam oracio [O] Beata et intemerata et in eternum benedicta . . . ; (c) ff. iii–iv^v Oracio de sancto Tho[m]a de aquino [C]oncede michi queso misericors deus que tibi placita . . . frui per gloriam. Amen; (d) f. iv^v [D]eus propicius esto mihi peccatori sis mihi custos corporis . . . ; (e) f. iv^v [A]nima christi ihesu sanctifica me. corpus ihesu christi salua me . . .

(c) as printed by A. I. Doyle in *Dominican Studies*, 1 (1948), 229–38.

9. (added, s. xv²) ff. 52^v–53 Iste oraciones debent dici in agonia mortis per Sacerdotem pro infirmo Et quilibet potest dicere pro semetipso.

10. (added, s. xv ex.) (a) f. 103^{rv} Memoria of Anne; (b) f. 103^v Omnipotens domine pro tua pietate miserere anime famule tue et a contagiis mortalitatis exutam. in eterne saluacionis partem restitue. Orate pro anima sororis Alicie Bram(or in)thawyt qui (*sic*) dedit nobis istum librum.

ff. iv + 103 + i. ff. ii–iv are medieval flyleaves, see art. 8 above. 235 × 160 mm. Written space 136 × 85 mm. 18 long lines. Collation: 1⁶ 2² 3⁶ 4–5⁸ 6 three (ff. 31–3) 7⁸ 8⁴ 9–12⁸ 13⁸ wants 6, 7 after f. 82 14⁸ 15 one (f. 92, first leaf of quire) 16⁸ wants 1 before f. 93 17 four (catchword from 3 to 4). Written in several hands. Initials: (i) ff. 54 and 83, 5-line, in pink and blue patterned with white, on decorated (including green) gold grounds, extended to full frames; (ii) to each Hour (including art. 2) except Compline, as (i) but only extended as a bar the height of the written space, with slightly different colours for Vespers (f. 36^v); (iii) 2-line, blue with red ornament; (iv) 1-line, alternately blue with red ornament and red with black ornament. Line-fillers in red and blue. English, probably London, binding of s. xvi in., of wooden boards covered with brown leather bearing a panel on each, Oldham AC.8 and QUAD., found together on books printed between 1514 and 1530.

Written in England. Masculine form, s. xv², art. 8(d). Given as above art. 10(b), presumably to the Dominican nunnery at Dartford, of which Alice occurs as prioress in 1461, see *VCH Kent*, ii. 185, 189. List of 13 names, each marked 'ij d', with between the ninth and tenth names 'delyuer in the fayry parler (?) vj d', s. xvi in., on the front pastedown. 'William Hart Anno Domini 1752', f. 52^v. 'Purchased at Mr Hart's sale in the year 1832—a relic from the Abbey of Mulcheney', front pastedown. Given by Mrs Strong of Somerton, see label stuck inside back cover.

DD/SAS C/1193/70. *Biblia*   s. xiii med.

Reduced facsimile of part of f. 122: no. 2 on plate to Ker, art. cit.

1. ff. 1–466^v A Bible, beginning imperfectly (Gen. 30: 27), in the order Genesis – 2 Chronicles + Prayer of Manasses, 1 Ezra, Nehemiah, 3 Ezra ('ii Esdre' undivided), Tobit, Judith, Esther, Job, Psalms, Proverbs, Ecclesiastes, Song of

Songs, Wisdom, Ecclesiasticus, Isaiah, Jeremiah, Lamentations, Baruch, Ezekiel, Daniel, Minor Prophets, 1, 2 Maccabees, Gospels, Pauline Epistles, Acts, Catholic Epistles, Apocalypse. Proverbs and Matthew started new quires, 16 and 27.

Leaves at the beginning of many books removed, taking all of Philemon, and leaving 49 prologues out of the common set of 64 (see below Ushaw 2), and three others, shown here by *: Stegmüller, nos. 311, 323, 328, 327, 330, 332, 335, 344, *349, 468, 482, 487, 491, 492, 494, 500, 507, 511, 510 + *509, 515, 512, 513, 519+517, 524, 521, 526, 528 (. . . in consequentibus libri huius demonstrabitur), 531, 538, 539, 543, 547, 553, 551, 607, 620, 624, 677, 685, 699, 707, 728, 736, 747, 752, 772, 780, 809, *818, and 839.

Marginal note, f. 122, quoting Alexander of Hales on 'Amalech' and ending 'in gallico. fiz le rei'.

2. ff. 467–488^v Hic incipiunt interpretationes hebraicorum—per .a. littera Aaz apprehendens . . . Sason ciuitas uel opidum (*ending imperfectly*).

The common dictionary of Hebrew names, Stegmüller, no. 7709.

ff. 488. 250 × 180 mm. Written space 151 × 105 mm. 2 cols. 47 lines. Collation before repair (ff. 1–33 are now 1^8 + 1 leaf before 1 2–3^{12}; and ff. 419–88, 5 twelves and a ten): 1 seventeen 2^{16} 3^{16} wants 2 after f. 34 4–5^{16} 6^{16} wants 1 before f. 81 7^{16} wants 4 after f. 98 8–9^{16} 10^{16} wants 4 after f. 145 11^{16} wants 7 after f. 163 12^{16} wants 13 after f. 184 13^{16} wants 4 after f. 190, 13 after f. 198 14^{16} wants 6 after f. 206, 14 after f. 213 (f. 213^v 'desunt nonnulla', s. xvi (?)) 15^6 16^{16} wants 1 before f. 222, 10 after f. 229 17^6 wants 5 after f. 239 18–20^{16} 21^{16} wants 15 after f. 302 22–23^{16} 24^{16} wants 9 after f. 343 15 after f. 348 25^{16} 26^6 27^{16} wants 1 before f. 372 28–29^{16} 30^{16} wants 15 after f. 432 31^{16} wants 5 after f. 437 8–9 after f. 439 12 after f. 441 16 after f. 444 32^{16} 33^6 34 twenty-two. The hand changes at f. 147. Quires 20–4 are numbered at the bottom right of the first recto, ii–vi. Initials: (i) to books and main divisions of Psalms (those to Pss. 1, 52, and 97 removed), 6-line, in pink, blue, or orange, patterned with white, on decorated gold grounds, historiated; (ii) to prologues, 5-line, as (i) but not historiated; (iii) to chapters, 2-line, in red or blue with ornament of the other colour; (iv) to verses, 1-line, red or blue. Binding, preserving one medieval board without covering, repaired in 1952 at the Bodleian Library Oxford.

Written in France. Marginalia in English hands of s. xiii/xiv. 'John bysshop', s. xvi, f. 278^v. 'frances waule (?) his buke', s. xvii, f. 265^v. A few notes in Hebrew, s. xvii. Given to the Society in 1948 as MS 74 below.

DD/SAS C/1193/74. *Theologica*   s. xii^1

Reduced facsimile of part of f. 26: no. 1 on plate to Ker, art. cit. Arts. 8, 10, 24–5 occur as Shrewsbury School MS 31 arts. 3–5 and 10 (see above); arts. 10–12, 15, and 24 in Hereford Cathedral MS P.I.10; arts. 10, 12, 14–15, and 24 in Salisbury Cathedral MS 169; arts. 11–12 in Hereford Cathedral MS P.I.6; arts. 12, 14–15 in Salisbury Cathedral MS 106; arts. 16–18 in Salisbury Cathedral MS 130. On the question of the relationship between Salisbury Cathedral MSS 106 and 169, see N. R. Ker, 'The Beginnings of Salisbury Cathedral Library', in J. J. G. Alexander and M. T. Gibson (eds.), *Medieval Learning and Literature* (1976), esp. pp. 32–3. Römer, ii. 322.

1. ff. 1–3 extracts from bks. 1 and 2 of Guitmund of Aversa, De corpore et sanguine domini contra Berengarium, beginning imperfectly.

PL cxlix. 1437C eum cernere nisi imperegrina—1439C inuolui decet, 1445C R. Berengarius—

1449C cetera uideamus, and 1450B Si panis—D distributione consumi, ending with 22 lines not printed there, De ueritate quidem dominici corporis . . . opponere falsitatem ueritati.

2. ff. 3–8 Fratres karissimi. Omnis scriptura diuinitus inspirata et salubriter ordinata ut ait apostolus. utilis est ad audiendum . . . cum iustis ad dexteram uenientibus in eternam requiem permansurus. Prestante—amen.

A sermon on almsgiving.

3. ff. 8–14ᵛ Si uis scire unde primitus uenit quod quidam menses IIIIᵒʳ nonas et quidam VI nonas habent . . . in medio expletis: roma condita est:

A collection of computistical notes; for similar collections, see *PL* xc. 701–28, and cxxix. 1275 seq., and C. W. Jones, *Bedae pseudepigrapha* (1939), 55–9. The words 'Anno millesimo quadragesimo septimo dominice die resurrectionis quod est xii kʼ maiʼ, f. 14, may give the date of the revision, or possibly the compilation, of some part of the material, although in 1047 Easter fell on xiii not xii Kalends of May.

4. (*a*) ff. 14ᵛ–18 [L]egitur in ecclesiastica hystoria quod nabugodonosor rex babilonie bellica manu ierusalem inuaserit . . . Ex his omnibus enim rationem redditurum; (*b*) ff. 18–22 Prima statio ad dexteram altaris initio misse significat rectitudinem . . . et omnes respondeant deo gratias amen; (*c*) f. 22ᵛ [S]ciendum est etiam quod VII (*for* VIII) sunt species uestium . . . Videte fratres quam magnum sit periculum harum uestium misteria non intelligere et secundum ea non uiuere.

A collection of notes on the significance of (*a*) Septuagesima and other feasts, (*b*) the mass, and (*c*) vestments. (*a*) followed by (*c*) occurs in three twelfth-century manuscripts, Exeter Cathedral MS 3525 (*MMBL* ii. 834–6) pp. 121–51, Cambridge Fitzwilliam Museum MS Maclean 101 ff. 169–174ᵛ, and Salisbury Cathedral MS 135 ff. 7–13ᵛ; followed, after 6 pages in the Salisbury MS, by a piece 'de dedicatione ecclesie', and forming in Maclean 101 a 'Summa de divinis officiis'. Part of (*a*) occurs in Oxford Bodleian Library MSS Bodley 719 (*Sum. Cat.* 2633) ff. 113ᵛ–114, e Museo 222 f. 112ᵛ, Douce 89 f. 114ᵛ, and Lyell 40 ff. 52–4.

5. ff. 22ᵛ–23 gallus stans super pinnaculum templi significat predicatorem . . . Et unde ipse deus. Siquis uenit ad me. non eitietur.

Notes on the significance of the parts of a church.

6. ff. 23–25ᵛ [O]portet dilectissimi ut sacramentorum christi quibus purificati et sanctificati estis . . . ad salutem uestram custodire cuius imperium permanet in Secula Seculorum Amen.

A tract on the sacraments of baptism, confirmation, and the mass, similar to that found in three twelfth-century manuscripts, Paris BN MSS lat. 2904 f. 184, 17400 ff. 122–4, and nouv. acq. lat. 736 ff. 30–33ᵛ. Thomas of Ireland, in the Manipulus florum, published in 1306, ascribes to Hugh of St Victor a much longer treatise: 'Misterium ecclesie. Principium: Oportet ut sacramentorum christi. Finis: in quo uiuit et regnat per cuncta secula', see R. H. and M. A. Rouse, *Preachers, Florilegia and Sermons* (1979), 291–2.

7. ff. 25ᵛ–26 Prima plaga egypti limphas . . . prolis primordia truncat.

Ten lines of verse on the plagues of Egypt, *PL* lxxxvii. 366.

8. ff. 26–32 De libero arbitrio. Arbitrium est iudicium animi siue de bono siue de malo . . . ad futuram ueritatem preparetur.

A series of extracts, with the headings in red only filled in for the first eleven, from the collection of sentences ed. F. P. Bliemetzrieder, 'Anselms von Laon Systematische Sentenzen', *BGPTM* 18/2–3 (1919), as in Shrewsbury School MS 31 ff. 124ᵛ–143: pp. 50/1–52/4, 53/18–56/10, 57/2–19, 58/21–63/25, 65/17–67/14, 76/7–79/6, 80/12–92/19. Here the first of the nine lines of verse, Dulcis amice uides pro te quos porto dolores, written in the margin of f. 127ᵛ in the Shrewsbury manuscript, follows edn. p. 59/10 ęternitatem sed usus, with a blank space of 9 lines below it, f. 27ʳb/7.

9. f. 32 Tres mansiones sunt quibus ad terram uiuentium uenitur . . . Si doctor est. malus non est.

Extracts attributed to Gregory and Augustine, Unde malum.

10. ff. 32ᵛ–40 [L]icet multi et probatissimi uiri . . . non prodesse. Expliciunt interrogationes orosii.

PL xl. 733–52 (Augustine).

11. f. 40 Multis modis remittitur peccatum . . . qui me non uiderunt et crediderunt.

Twelve ways of obtaining forgiveness of sins.

12. (*a*) f. 40ʳᵛ Sermo beati Augustini de resurrectione. [F]erunt autem phisici natum leonis catulum tribus dormire diebus . . . Exurgam diluculo; (*b*) f. 40ᵛ Item sermo Aug. de resurrectione. [N]ouum quidem est miraculum resurrectio saluatoris . . . de sepulchro leuauit. Explicit.

(*a, b*) Römer, i. 377 and 381 lists three manuscripts containing these two pieces: BL MS Royal 5 B.i, and Salisbury Cathedral MSS 106 and 169.

13. f. 40ᵛ Quot sunt partes noctis. Noctis sane partes sunt VII. Crepusculum. Vesperum. Conticinium. Intempestum. Gallicinium. Matutinum. Diluculum. . . . usque ad solis ortum.

14 lines; cf. Isidore, Ethymologiae, v. 31. 4: *PL* lxxxii. 218.

14. ff. 41–3 [L]ocutus est ad nos sermo dei . . . conuersi ad dominum. Explicit libellus Sancti Augustini de disciplina christianorum.

PL xl. 669–78.

15. ff. 43–44ᵛ Incipit Sermo Sancti Augustini Episcopi de prouerbiis Salomonis ab eo loco ubi dicit Mulierem fortem quis inueniet? procul usque laudent eam in portis (Prov. 31: 10–31). [P]restabit nobis dominus . . . manuum suarum plantaret *ending imperfectly*.

PL xxxviii. 221–226/29 (Serm. 37).

16. ff. 45–50ᵛ (*beginning imperfectly*) saporem. Alioquin nisi perfidem . . . quantotius uenire ualeamus.

PL cxx. 1287/13–1290/40 angeli, 1327/21 uane – 1345/ult. (Paschasius Radbertus, De corpore et sanguine domini). Divided into 57 sections, by marginal numbering, as in Salisbury Cathedral MS 130. Leaves missing before and after f. 45.

17. ff. 50ᵛ–54ᵛ Euangelice lectio proposuit nobis . . . a domino quęrite: Explicit liber.

PL xxxviii. 354–64 (Augustine, Serm. 52), following art. 16 without a break, as in BL MS Royal 5 F.xii (from Worcester, s. xii), Cambridge St John's College MS 17 (from the Lincoln Franciscans, s. xiii) and Salisbury MS 130, and divided into eight sections, as in the latter two manuscripts, numbered in continuation 58–65. Here 'ut proficiant' in the last sentence of the text was miswritten 'iiproficiant', or possibly 'uproficiant'; the Salisbury manuscript has 'uproficiant'.

18. ff. 54^v–65 Karissimum sibi mi frater si cupias scire . . . incitare uoluissem.

PL xl. 1047–1050/54 mens boni, 1055/7 aut matrem – 1076 (Paulinus of Aquileia, De salutaribus documentis); two leaves missing after f. 55.

19. ff. 65–6 Non sit in me obsecro domine concupiscentia libidinis. sed amor inhabitet pulcherrime castitatis . . . qui est tibi cum ęterno patre et spiritu sancto una deitas gloria. honor. imperium. et potestas in secula seculorum amen.

A prayer.

20. ff. 66–9 [I]lle assuit pannum nouum uestimento ueteri qui continentiam uult habere spiritualem et nondum deposuit speciem carnalem . . . Hoc enim uidetur significare quod dictum est ad iacob. Non est moris in loco nostro ut minor nubat priusquam maior.

Mostly parallels between events in OT and NT.

21. ff. 69–87 Plantauerat autem dominus deus paradisum uoluptatis a principio (Gen. 2: 8). Paradisus ęcclesia est . . . dicit quod ex se maiora non uincit. Explicit liber iesu naue id est iosue.

An allegorizing commentary on the Pentateuch and Joshua, much of it drawn from Rabanus Maurus and Isidore; another version occurs in Cambridge Corpus Christi College MS 462 ff. 1–33. A new point is commonly introduced with the word 'Recapitulatio'.

22. ff. 87–8 Dicunt manichei heretici tempus semper fuisse . . . Hoc autem sic soluitur. Non in die dixit nec

On the creation, ending abruptly.

23. ff. 88^v–89^v Omnipotens deus pater et filius et spiritus sanctus unus atque trinus . . . suę quadragesima *ending imperfectly.*

PL xlii. 1199–1203/51 (Pseudo-Jerome, De membris domini).

24. ff. 90–94^v (beginning imperfectly) perficitur. Ista corruptibilis . . . retribuere mercedem. [E]xplicit disputatio beati augus[tin]i contra felicianum hereticum. Quam postea scriptam filio suo tradidit.

PL xlii. 1162/38–1172. The colophon as Shrewsbury School MS 31 f. 103.

25. f. 94^v Augustinus. Salomon uir tante sapientię . . . depositus a regno.

Extracts on the salvation of Solomon from Augustine, Jerome and Ambrose, as in Shrewsbury School MS 31 and Aberdeen University Library MS 9 (from St Paul's, s. xii in.).

ff. ii + 94 + ii. 260 × 175 mm. Written space *c.* 218 × 135 mm. 2 cols. 40–7 lines. Ruled in drypoint. Collation, as arranged in 1949: 1–2^8 3^8 (3–6 four singletons) 4^{12} 5^8 6 one (f. 45) 7^{10} 8^8 wants 1–2 before f. 56 9–10^8 11^{12} 12^8 wants 1–3 before f. 90; this arrangement is not certain at two points, after ff. 44 and 89, where there are gaps, and it is possible that quire 12 (ff. 90–4) belongs, not at the end, despite the worn state of its partly blank last leaf, but after quire 5, where it would fit well with the series of texts attributed to Augustine and have the same numbers of lines, 45, as quires 4–5, whereas quires 9–11 have 46 lines. Written in several hands, changing on ff. 27ᵛ, 65ᵛ. Initials: a few red, with little or no ornament; some in ink; some not filled in. Without binding in 1947; bound by Wilmot in Oxford in 1951. Secundo folio *Cumque is*.

Written in England. Possibly the manuscript listed by Patrick Young at Salisbury *c.*1622 and not there now: his description refers to texts corresponding to arts. 10, 16, and 24. Given to the Society through Mr C. E. Burnell of Shepton Mallet in 1947 by Mrs Denmark, née Hollway, after belonging to the Hollway family for some time, see slip stuck inside front cover.

TIVERTON. PARISH CHURCH OF ST PETER

Horae   s. xv in.; 1438

Detailed description by G. D. Shenton, pp. 73–6, in E. S. Chalk, *History of St. Peter's Church, Tiverton* (Tiverton, 1905).

1. (added) f. 1ʳᵛ Table of eclipses of the sun, 1433–60, and of the moon, 1440–62, ending 'Explicit kalendarium secundum laborem fratris Iohannis Somour scriptum Bristoll' per manum Willelmi Wercestre ad instanciam Ricardi Roper anno domini 1438 incompleto, Et anno regni Regis Henrici 6ᵗⁱ post conquestum 16° 14° die mensis Augusti in Meridie Deo Gracias'.

The same hand made additions to art. 2, and is that of the table of fixed stars verified by William Worcester in 1440 'secundum—disciplinam librorum fratris Iohannis Somour ordinis minorum', Oxford Bodleian Library MS Laud misc. 674 ff. 81–99ᵛ, see J. C. Davies (ed.), *Studies presented to Sir Hilary Jenkinson*, (1957), 219 n. 1, and A. G. Watson, *Catalogue of Dated and Datable Manuscripts c.435–1600 in Oxford Libraries* (1984), no. 625 and pl. 372.

2. (*a*) ff. 2–7ᵛ Calendar in red and black; (*b*) f. 8 (added) a circular diagram, described at the foot 'Ista spera demonstrat ad oculum ordinem et spacium duodecim signorum . . . cursus 7 planetarum est ab occidentem in orientem'.

(*a*) Columns added on each page in the hand of art. 1 above flank the text and are headed Numerus dierum, Ciclus, Hore, Minuta, Ciclus, Hore, Minuta, Aureus numerus (on the left), Ciclus, Hore, Minuta, Medietas noctis, locus Solis, Altitudo Meridiana, Hore planetarum, Medietas diei (on the right); also, s. xv/xvi, 'Obiit Willelmus Ryngstune litera dominicalis A', 15 Dec.; 'pape' and feasts of Thomas of Canterbury erased; (*b*) table of signs of the Zodiac. f. 8ᵛ blank.

3. (quires 2–6) ff. 9–40 Hours of the B.V.M. of the use of (Sarum), beginning imperfectly.

The memoriae following Lauds are Holy Spirit, Trinity, Cross, Michael, John Baptist, John ev., Peter and Paul, Andrew, James, apostles and evangelists, Innocents, Stephen, Laurence, Blaise, Thomas of Canterbury (crossed out), martyrs, Nicholas, Martin, Leonard, John of Bridlington, confessors, Mary Magdalene, Katherine, Margaret, virgin and martyr, virgins, relics, All Saints, and peace, ending imperfectly through the loss of six (?) leaves after f. 24 (end of Lauds – end of Sext gone). For ff. 40ᵛ–41ᵛ, see art. 9.

Arts. 4–5 are on quires 7–10.

4. ff. 42–51^v Penitential psalms, beginning imperfectly, Gradual psalms (cues only of first twelve), and (f. 48) Litany, beginning imperfectly.

5. ff. 51^v–71^v In uigilia mortuorum, ending imperfectly.

6. (quire 11) ff. 72–79^v Prayers, beginning imperfectly: (a) O dulcis ihesu uulnera cor meum . . . ; (b) f. 72 Gracias tibi ago domine ihesu christe quod passionem tuam inchoasti . . . ; (c) f. 73^v Si quis habet tribulacionem uel paupertatem aut iram—Clementissime ihesu christe uerus deus qui a summi patris omnipotentis arce . . . ; (d) f. 76 In manus tuas domine ihesu christe . . . ; (e) oracio sancti augustini Deus propicius esto michi peccatori ut sis custos mei . . . ; (f) f. 77 Quando ibis ecclesiam In sancta(s) ac uenerabiles manus tuas domine commendo . . . ; (g) f. 77^v Iohannes vicesimus secundus fecit hanc oracionem et concessit CCC dies uenie omnibus eam dicentibus et quocienscumque dixerint O intemerata . . . orbis terrarum. De te enim . . . Masculine forms, ending imperfectly.

7. ff. 80–9 Incipit rubrica psalterii beati Ieronimi prebiteri Beatus Ieronimus in hoc mundo (sic) disposuit . . . Oratio. Suscipere (sic) digneris . . . Incipit psalterium abreuiatum beati Ieronimi presbiteri Uerba mea auribus . . . Domine ihesu christe fili dei uiui qui regnas . . . Omnipotens et misericors deus clementiam tuam . . .

8. f. 89^{rv} Passio domini nostri ihesu christi secundum Iohannem In illo tempore Apprehendit ihesum pilatus . . . testimonium eius Oracio Deus qui manus tuas et pedes . . .

Cf. *Lyell Cat.*, pp. 65–6.

9. (added, s. xvi, on blank space at the end of quire 6) (a) ff. 40^v–41 Virgo mater ecclesie eterna porta glorie esto nobis refugium . . . , followed by five Joys, and prayer Deus qui de vtero beatissime marie verbum tuum angelo nunciante . . . ; (b) f. 41^v Aue facies preclara pro nobis quasi crucis . . . Salue sancta facies nostri Saluatoris . . . Deus qui nobis signatis lumen vultus tui . . . Domine Ihesu christe creator et conditor vniuerse qui per septem dierum . . .

ff. 89 + i. 258 × 180 mm. Written space 163 × 100 mm. 20 long lines. Collation: 1^8 2^8 wants 1 before f. 9 3^8 4^2 (outer bifolium of quire of (?) 8 wants 2–7 after f. 24) 5–6^8 7^8 wants 1 before f. 42 8 after f. 47 8–12^8 13 two. Initials: (i) 5-line, in pink and blue patterned with white on decorated (including green) gold grounds, extended to frame all four sides; (ii) 2-line, in gold, on grounds of pink and blue patterned with white, marginal sprays; (iii) 1-line, blue with red ornament, or gold with mauve ornament. Line-fillers in Litany only in blue and gold. Capital letters in the ink of the text filled with yellow. Binding of s. xix; 'Repaired by Clerk Sharland 1830', f. 89^v.

Written in England. Supplemented by William Worcester in 1438, see arts. 1–2. 'John Hopar', s. xvi, f. 90. 'Isty Liber Partinet Anne [. . .]', s. xvi, f. 90. Said to be part of the library bequeathed by Revd John Newte, d. 1715. At Tiverton Church Library in 1861, see letter kept with MS.

TOLLERTON. ST HUGH'S COLLEGE

Graduale   s. xv med.

1. ff. 1–92 Temporal, Advent–23rd Sunday after [octave of] Pentecost.

Rubric to Corpus Christi, 'In die sacramenti', cf. art. 8.

2. ff. 92ᵛ–108 Sanctoral, vigil of Andrew–Linus.

Includes cues for Ghertrude [17 Mar.], Myro (?) conf. (between. 6 and 10 May), Lebuin conf., two sets [25 June, trans., and 12 Nov.], 'In diuisione apostolorum' (between 8 and [18] July), Fredericus ep. [of Utrecht, 18 July], Severus ep., Severinus ep. [22, 23 Oct.]. Francis Alleluia, O patriarcha pauperum . . . , noted.

3. ff. 108ᵛ–109 In dedicacione ecclesie.

Includes cues 'In dedicacione altaris'.

4. f. 109ʳᵛ (added, s. xv) De sancta Anna Introitus.

5. ff. 110–133ᵛ Common of saints.

6. ff. 133ᵛ–138 Commemorations: Sancti spiritus, De sancta cruce, De domina nostra, Pro pace, In presencia funeris et in anniuersariis et exequiis mortuorum, In commemoratione animarum.

7. ff. 138–48 Kyrie eleyson and Gloria, Credo, Sanctus and Agnus dei.

8. ff. 148ᵛ–200 Sequences: (*a*) through the year; (*b*) In dedicacione ecclesie; (*c*) Common; (*d*) other occasions.

RH, nos. 3783 'In natiuitate domini in gallicantu Et in assumpcione beate marie', 7390 'Item alia', 5323 'In aurora', 11903, 7662, 9755, 10547, 6111, 10012 'In festo dyaconorum', 10540, 4786, 3694, 10417, 10356 '[Pascha] Feria ij et iiij et in inuencione sancti crucis', 21505, 21656, 11064, 21353, 19756, 18557, 21242, 21264, 10222 'In festo venerabilis sacramenti', 2433, 18521, 14871, 21231, 2142 'In translacione sancti martini', 3488, 10551, 7090 'De sancto iacobo apostolo', 10109 and 10372 'In transfiguracione domini', 7347, 10489, cross-reference to first, 2045 'In octaua [assumpcionis B.V.M.]', 5280, 15758, 19504, 10360, 19735, 24733 and 'Congaudeat ecclesia quod sit repleta gloria . . . ', both 'De sancto francisco', 11048 'Gereonis et uictoris', 21626, 14061, 17622, 6958, 946, 2697 'De sancta katherina', 4449, 18105 'De sancto nycolao'; (*b*) 15712 (and cf. last below); (*c*) 3336, 9843, 772, 12670, 9054 'De doctoribus', 201, 6739, 21717; (*d*) 17872 'Quando votiue de sancta crucis cantatur', 'Ave maria—que coheredes vt essemus . . . ', 21343, 11850 'De sancta anna' (cf. art. 9*a*), and 16071 'In festo dedicationis matris ecclesie' (cf. *b*). f. 200ᵛ blank.

9. (added on flyleaves) ff. iii–ivᵛ (*a*) De sancta anna. Salue sancta anna enixa es matrem summi regis . . . ; (*b*) In festis compositis quando placet. Sanctus sanctus sanctus . . . Dona nobis pacem; (*c*) Asperges me domine ysopo . . . ; (*d*) Dominus uobiscum . . . Gloria tibi domine.

(*a*) cf. art. 8 penultimate sequence; (*c*) two settings, 'In summis et duplicibus' and 'Dominicis diebus'; (*d*) two settings, 'In nocte natalis domini finito nono' and 'In octaua epiphanie'.

ff. iv + 200 + i. Original foliation of ff. 1–138, i–cxxxviii. ff. i–iv are medieval parchment flyleaves, see art. 9 above. 400 × 295 mm. Written space 278 × 196 mm. 12 long lines + 4-line stave. Collation: 1–12⁸ 13⁶ 14⁶ + 1 leaf (f. 109) after 6 15–25⁸ 26⁴ 4 pasted down. Initials: (i) 3-line, blue with red and green ornament; (ii) 1-line, as (i), or red with green and violet or blue and green ornament; (iii) red or blue. Cadels lined with red to versicles. Binding of s. xix of heavy boards covered with stamped brown leather; metal bosses and corner-pieces, and studs along lower edges of boards; two clasps, missing. Secundo folio (f. iv) *dei qui tollis*; (f. 2) *te illos sanctos*.

Written in the Low Countries, for Franciscan use, see arts. 2 and 8. 'Liber conuentus Sancte Agnetis in Hoorn', s. xv, inside front cover. Lot 80 in an English bookseller's catalogue, see cutting stuck inside front cover. Bookplate of Ambrose Lisle Phillipps of Garendon inside front cover. Given by Revd Joseph Degen of Swadlincote.

TROWBRIDGE. WILTSHIRE COUNTY RECORD OFFICE

WRO. 1230. *Statuta Angliae; Registrum brevium; etc.*   s. xiv in.

Described E. G. H. Kempson, 'A Marlborough Book of Statutes', *Wiltshire Archaeological Magazine*, 70/71 (1978), 99–103. Not mentioned in D. Oschinsky, *Walter of Henley* (1971), see arts. 13–14 below.

The preliminary quire contains (*a*) f. iii^rv a list of contents in the original hand, with additions in the hand responsible for additions, art. 1(*z*, *pp*), in the text below; (*b*) ff. iv–vii^v tables of chapters of Magna Carta (35), Charter of the Forest (20), Provisions of Merton (11). Marlborough (27), Westminster I (48), Gloucester (16), and Westminster II (48); (*c*) additions, see arts. 17–18 below.

1. (quires 3–18) ff. 1–124^v Magna Carta and statutes (etc.) of various dates to 1300 or without dates; with (*z*), 1307, and (*pp*) added.

(*a*) f. 1 Magna Carta: the inspeximus of 28 Mar. 1300. *SR* i, Charters, p. 38.

(*b*) f. 6 Carta de Foresta. *SR* i, Charters, p. 42.

(*c*) f. 8^v Sentencia lata in transg' cartarum Anno domini M.CC.l.tercio. *SR* i. 6.

(*d*) f. 9^v Confirmacio Regis E. cartarum. 1297. In French. *SR* i, Charters, p. 37.

(*e*) f. 11^v Sentencia lata post confirmacionem etc. En le nom del pere . . .*SR* i. 126.

(*f*) f. 11^v Prouisiones de Mertona. *SR* i. 1.

(*g*) f. 14 Statuta de Marleberge. *SR* i. 19.

(*h*) f. 21 Statuta Westm' prima. In French. *SR* i. 26.

(*i*) f. 35^v Statuta Gloucestrie Pvr les grauns meschefs—en sun Realme. Comme auaunt ses houres . . .*SR* i. 47/1, with ten introductory lines in place of i. 45–46.

(*j*) f. 39 Explanaciones eorumdem, *SR* i. 50.

(*k*) f. 39^v Statuta Westm' secunda. *SR* i. 71.

(*l*) f. 66^v Statuta Religiosorum. *SR* i. 51.

(*m*) f. 67 Statuta de Mercatoribus. In French. *SR* i. 98.

(*n*) f. 70^v Statuta scaccarii. In French. *SR* i. 197.

(*o*) f. 73ᵛ Districciones Scaccarii. In French. *SR* i. 197(3).

(*p*) f. 74ᵛ Statutum de transgressoribus (quod vocatur Rageman). In French. *SR* i. 44.

(*q*) f. 75ᵛ Statuta de emptoribus terrarum. *SR* i. 106.

(*r*) f. 76 Statutum de Gaueleto in lond'. *SR* i. 222.

(*s*) f. 77 Statutum de quo waranto vltimum. Qvia breuia . . . *SR* i. 107.

(*t*) f. 77ᵛ Statutum de Iur' et assisis. *SR* i. 113, here followed by writ.

(*u*) f. 78ᵛ statutum de conspiratoribus (Champartie). Cvm il seit apertement defendu par le Rey . . .Cf. *SR* i. 216.

(*v*) f. 79 Statutum super prohibicione Reg' impetranda. Sub qua forma laici impetrent regiam prohibicionem in genere super decimis . . .*SR* i. 101–2, and see 101 n. *.

(*w*) f. 79ᵛ Articuli contra Regis prohibic'. Circumspecte agatis . . . *SR* i. 101.

(*x*) f. 80 Articuli de Moneta. Ces sunt les choses qe feez . . . *SR* i. 219a.

(*y*) f. 80ᵛ Statutum de moneta. In French. *SR* i. 219.

(*z*) (added on inserted quire (13), s. xiv in.) f. 82 Carta de Domibus Religiosis ordinum Cluniac' Cistercie' Premonstraten' et sanctorum Augustini et Benedicti et al. *SR* i. 150.

f. 84ʳᵛ blank.

(*aa*) f. 85 Statutum de Bigamis. *SR* i. 42.

(*bb*) f. 86 Statuta Wintonie. In French. *SR* i. 96.

(*cc*) f. 88ᵛ Statutum de Militibus fac'. *SR* i. 229.

(*dd*) f. 89ᵛ Statuta Exonie. *SR* i. 210.

(*ee*) f. 94 Statutum de vocatis ad war'. *SR* i. 108.

(*ff*) f. 95 Statutum de vasto facto in custodia. *SR* i. 109.

(*gg*) f. 95ᵛ Stat' contra vic' et clericos suos. *SR* i. 213.

(*hh*) f. 96ᵛ Statutum de finibus. Quia fines . . .*SR* i. 128/55.

(*ii*) f. 98ᵛ Noui articuli. In French. *SR* i. 136.

(*jj*) f. 104ᵛ Consuetudines kancie. *SR* i. 223.

(*kk*) f. 107ᵛ Statutum de terris libertatibus et huiusmodi perquirendis de gratia Regis. In French. *SR* i. 131.

(*ll*) f. 108ᵛ Exposiciones vocabulorum in cartis libertatum. Sok Hoc est secta . . .

(*mm*) f. 110 Statutum armorum in torneamentis. *SR* i. 230 as Lib. Horn.

(*nn*) f. 111 De sacramento ministrorum Regis in principio Itineris. *SR* i. 232.

(*oo*) f. 112 Carta de noua custuma. Edwardus—salutem Circa bonum statum . . . Windsor 1 Feb. 1303.

(*pp*) (added, s. xiv in., filling quire 17) f. 115ᵛ Statutum Nouum de Foresta Edwardus—Ex fidelium nostrorum relatibus et oppressorum . . .

(*qq*) f. 117 de assisis capiendis in antiquis dominicis Corone. Licet in antiquo . . . Cf. *MMBL* i. 142.

(*rr*) f. 117ᵛ Extenta Manerii. *SR* i. 242.

(*ss*) f. 118ᵛ Visus franciplegii. In French. *SR* i. 246.

(*tt*) f. 119ᵛ Modus faciendi homagium et fidelitatem. In French. *SR* i. 227.

(*uu*) f. 120 Assisa panis. In French. Cf. *SR* i. 199.

(*vv*) f. 120ᵛ Assisa ceruisie. In French. Cf. *SR* i. 200.

(*ww*) f. 121 Composicio ad puniendum infringentes assisam forstallarios et huiusmodi menestrallos. *SR* i. 202.

(*xx*) f. 123 Capitula ad eschaetorem domini Regis pertinencia de quibus debet inquiri in primo aduentu suo per singula hundreda. De antiquis dominicis domini Regis . . .

2. ff. 125–33 Exceptiones contra breuia. De excepcionibus contra breuia. Et primo de breui de Recto . . . amittet nisi breue.

3. ff. 133–138ᵛ Hic incipit modus ordinandi breuia. Cvm sit necessarium conquerentibus in Curia domini Regis . . . non fuerit disseisitus.

ed. G. E. Woodbine, *Four Thirteenth-Century Law Tracts* (1910), 143–59.

4. ff. 138ᵛ–146ᵛ Hic incipiunt excepciones ad cassand' breuia. [C]est he (*sic*) ordre de excepion a mettre auaunt en pledaunt . . . le bref abatable.

Ibid. 163–83.

5. ff. 146ᵛ–157ᵛ Hic incipit parua hengham. Notandum quod quinque sunt essonia . . . prius quassauit breue (si compertus fuisset tenens).

W. H. Dunham, *Radulphi de Hengham Summae* (1932), 52–71.

6. ff. 157ᵛ–164ᵛ Hic incipit tractatus de Bastardia. Notandum quod si bastardus se clamando legitimum heredem . . . deit estre somons etc.

7. (filling remaining space) f. 164ᵛ Iuramentum prestandum in Coronacionem Regis. In christi nomine . . .

Arts. 8–12 are on quires 24–6.

8. ff. 165–174ᵛ Cadit assisa. Rex vic' salutem. Si A. fecerit—Cadit assisa: Si petatur . . . possessio vt predictum est.

9. ff. 174ᵛ–192ᵛ Hic incipit summa fet asauer. Fet a sauer al comencement qe chescun play . . .

ed. G. E. Woodbine, *Four Thirteenth-Century Law Tracts* (1910), 53–115.

10. ff. 192ᵛ–193 Hic incipit modus calumpniandi esson'. Qvot modus calumpnianda sunt essonia . . . post magnum districcionem.

11. f. 193ʳᵛ Hic incipiunt des (*sic*) communes in banco.

SR i. 208.

12. ff. 193ᵛ–194 Hic incipiunt dies communes de dote.

SR i. 208. Additions on f. 194ᵛ, see art. 18 (*g–h*) below. f. 196ʳᵛ blank.

Arts. 13–15 are on quires 28–30.

13. ff. 197–208 Hic incipit seneschaucia Home qe veut bien aprendre—maner garder Del office du seneschal. Le seneschal des terres deit estre . . . de autri aprise.

Seneschaucy, caps. 1–76, ed. Oschinsky, pp. 264–90.

14. ff. 208–219^v Hic incipit hosebonderie. Primes aprent coment hom deit gouerner terres—(f. 209) Li peres siet en sa veillesce . . . se penerunt de myeuz fere E dist est en reprouer: Qui veit sun desert si neus y gaigne neus ny perd. Beau fitz dist vo*us* ay del prou e del sen e amenusement de hosebonderie: ore vo*us* dirray des pointz qe a mynistres apendent qe a hosebonderie deuient entendre.

Walter of Henley, ed. Oschincky, pp. 308–42; for a similar proverb at the end, see ibid. 385: Cambridge University Library MS Dd.9.38.

15. ff. 219^v–220^v Hic incipit de ponderibus et mensuris.

SR i. 204–5.

16. ff. 221–329 Registrum brevium.

A collection similar in arrangement to the register called CC by de Haas and Hall, but with a few writs found in their register R and not CC, e.g. R 18, 12, 15, or in the more developed form found in R.

Added, f. 328^v, s. xiv^1, a writ of Edward II to the mayor, bailiffs and community of the borough of Marlborough, concerning issues from castles, boroughs, hundreds, and manors, etc., 19 June 1316.

17. (added, s. xiv) f. ii (*a*) writ to the bailiffs of Winchester; (*b*) Cesset in alterius oculo reprehendere labem . . . ; (*c*) Quatuor et penta duo monos tres myas unus . . . ; (*d*) Pone duos monos tria quinque bis duo monos . . . ; (*e*) Byna myas ter penta duas duo quatuor unus . . . ; (*f*) Dum quid habere putor solempni voce salutor . . .

(*b–f*) Five couplets, (*b, f*) Walther, *Sprichwörter*, nos. 2700, 6676.

18. (added on inserted, ff. ix–x, and blank leaves, s. xv–xvii) Memoranda etc. concerning the borough of Marlborough: (*a*) f. 330 record of weights sealed in the Guildhall, 6 Apr. 1431; (*b*) ff. viii, viii^v, ix^v–x forms of oath for the mayor, in French, Latin and English; (*c*) f. x^v record of delivery of documents by former mayor; (*d*) f. 330^{rv} ordinance on the mayor's plate, 1492/3; (*e*) f. ix ordinance for 'The Exspens made by the mayr of M*er*leburgh for the obyt for Jamys loudar and Jane his wyff and for the soulys off William Collyngbo*ur*ne and dame Margaret his wyf . . . '; (*f*) f. vii^v debts for the repair of the bridge called 'le cowbrygg'; (*g*) f. 194^v note that plate listed 'in thend of this book to go fro*m* Maio*ur* to Maio*ur* was sold in the tyme of kinge Edw: the vjth at the purchasinge of the land of St Johns Hospitall for the foundinge of a free Schoole in M*er*lebroughe'; (*h*) f. 194^v memoranda concerning pewter dishes bought by the 'Chamber of Marlebroughe' in 1615.

(*e*) Latin original dated 12 July 1519; (*f*) refers to Robert Nottyng mayor, who held that office in 1523.

19. The pastedowns and ff. i and 331 are parts of two leaves from a noted (neums on red 4-line staves) service-book, s. xii, written in England, for male monastic use; f. 331 and the back pastedown contain part of the office for the visitation of the sick, with parts of Pss. 30 on the verso and 12 on the recto, where there is also part of the prayer Omnipotens sempiterne deus qui beatum iacobum (*Sarum Missal*, p. 421/11–15); the front pastedown and f. i contain on the recto propers

(communion and secret ?) and the beginning of the commendation '*Tunc accurrant omnes fratres* Credo in unum deum *canendo* Parce domine parce famulo tuo quem redimere . . . ', ibid. 423, and on the verso a gospel (John 5: 24 seq.) for the dead (?), ibid. 432. Written space 140 mm. wide; 2 cols.; initials, 2- and 1-line, in red, blue, or green.

ff. i + 338 + i. Foliated i–x, 1–194, 196–330, (331). Pastedowns and ff. i and 331, see art. 19 above. *c.* 217 × 143 mm. Written space 150 × 85–8 mm. 30 long lines. Collation: 1^8 wants 7 after f. vii 2^2 3–12^8 13^4 14–26^8 27^8 wants 7 (f. 195, blank ?) 28–43^8 44^6. One main hand. Spaces for initials unfilled. Original (?) binding of wooden boards covered with white leather, with turnins of white leather chemise sewn to later brown leather jacket; two strap-and-pin fastenings, missing. Secundo folio (f. v) *Capitulum primum Quod vidue*, (f. 2) *et discretis hominibus*.

Written in England. Connected with Marlborough perhaps by s. xiv[1], see art. 16 addition; 'This book belongeth to the Chamber of Marlebroughe', s. xvi, ff. iv and viiv, and cf. art. 18. Armorial bookplate of Sir Roger Mostyn, 3rd baronet, d. 1739, f. iiv; inscribed at foot 'Th Mostyn 1744 N° 74'. 'Ms N° 108' in ink, s. xix (?), on front pastedown. Bought at Christie's, 24 Oct. 1974, in the Mostyn Hall Library sale.

TRURO. CATHEDRAL

Graduale   s. xiv/xv

1. ff. i–clxxxvi[v] Temporal, Advent – 24th Sunday after Pentecost.

ff. xxxii[v], cxiii[v], and cxv (formerly pasted together) blank. Thirteen leaves missing, see collation below.

2. ff. clxxxvi[v]–clxxxix In dedicatione ecclesie.

3. ff. cxci–cxcii Ad aspersionem aquam.

4. ff. cxcii–cxcviiii Settings of Kyrie, Sanctus, Agnus dei, Gloria, and Creed.

One leaf (f. cxcvii) missing.

5. ff. cxcviiii–ccxiiii Hymns with antiphons: Conditor alme siderum, A solis ortus, Nunc sancte nobis spiritus, Audi benigne conditor, Uexilla regis prodeunt, Iam surgit hora tertia qua christus ascendit crucem (Dominica in palmis hymnus ad iii[am]), Chorus noue iherusalem, Eterne rex altissime, Ueni creator spiritus, Sacris solemniis (Corpus Christi), ending imperfectly after Terce antiphon for Dedication.

6. (added, s. xvii) ff. clxxxix[rv] (on pasted over paper) and cxc[rv] (over erasure) In die saluatoris.

ff. ii + 200 + ii. Original foliation, 'i–ccxiiii', before loss of leaves, in red on versos half-way up outer margin; f. clx misbound between ff. clv and clvii. 465 × 330 mm. Written space 346 × 225–30 mm. 8 long lines + 4-line stave. Collation: 1^{10} wants 3, 4, and 6 (ff. iii, iv, vi) 2^{10} wants 3 (f. xiii) 3^{10} 4^{10} + 2 leaves (ff. xxxi–xxxii) before 1 wants 7 (f. xxxix) 5–6^{10} 7^8 wants 2–3 (ff. lxiiii–

lxv) 8^{10} 9^{10} wants 4 (f. lxxxiiii) $10-14^{10}$ 15^{10} wants 3 (f. cxliii) 16^{10} wants 1, 6 (ff. cli, clvi) 10 (f. clx) misbound after 5 (f. clv) 17^{10} wants 10 (f. clxx) 18^{10} wants 1 (f. clxxi) 19^{10} with paper pasted on both sides of 9 (f. clxxxix^{rv}) 20^{10} wants 7 (f. cxcvii) 21^{10} 22 four. Quires 1–7 and 9–11 signed in red: (a) – k; quires 12–19, also in red, apparently d e l h j h g f. Minims 9 mm. high. Initials: (i) to each day, between 4- and 1-line, in red and blue, with ornament of both colours, mostly diaper infilling; (ii) 1-line, red or blue, with ornament of the other colour. Capital letters in the ink of the text filled with yellow. Binding by Maltby of Oxford in 1925 for £1/7/6d., see estimate kept with MS. Secundo folio *nimam*.

Written in northern Italy, for male religious use: 'Hic inclinet conuentus', f. x, 'duo fratres', ff. cvi^{rv}. Letter discussing manuscript to Canon Cooper [of Truro], 1924, kept with it. Deposited in County Record Office Truro (accession no. 1235) in 1968.

TRURO. ROYAL INSTITUTION OF CORNWALL

De Pass 144' 1923/1. *Horae (rubrics etc. in Italian)*   s. xv med.

1. ff. 2–13^v Calendar in black and red, rather bare.

Feasts in red include Anthony abb. (17 Jan.), Thomas de aquino (7 Mar.), Zenobius [Geronimo] (25 May), John Gualberti (12 July), Reparata, Minias (8, 25 Oct.), 'dedicatio basilice saluatoris' (9 Nov.). ff. 1^{rv} and 14^{rv} blank; ff. 1^v and 14^r ruled for 29 long lines.

2. ff. 15–143^v Hours of B.V.M. of the use of (Rome), beginning imperfectly 'la septuagesima insino alla pascua in luogo dalleluya sidicie Laus tibi . . . '

Rubric to seasonal material starts on f. 126^v.

3. ff. 144–228 Office of the dead, beginning imperfectly 'libera animam' (Ps. 114: 4).

f. 228^v blank.

4. ff. 229–66 Penitential psalms, beginning imperfectly 'meam: saluum' (Ps. 6: 5), and (f. 248^v) Litany.

Nine martyrs: (9) Minias; nine confessors: (8–9) Zenobius Lodouicus; monks and hermits: Benedict Francis Dominic Anthony (the last in red); ten virgins and widows: (8–10) Reparata Elysabet Clara. Ten 'Orationes', the last Omnipotens sempiterne deus qui uiuorum dominaris . . .

5. ff. 266–270^v (a) Lascensione e quaranta di dopo la pascua . . . ; (b) f. 267 Queste sono le di ginne delle quatro tempora . . . ; (c) f. 267^v Questi sono i dieci commandamenti di dio . . . ; (d) f. 268^v Questi sono i setti peccati mortali . . . ; (e) f. 269 queste sono le sette opere della misericordia. . . . ; (f) f. 269^v Questi sono i setti sacramenti della sancta chiesa. . . . ; (g) f. 270 questi sono li doni del spiritu sancto.

Short pieces in Italian, on (a) the dates of Ascension, Pentecost, Trinity, and Corpus Christi; (b) the Ember seasons; (c) the ten commandments; (d) the seven mortal sins; (e) the seven works of mercy; (f) the seven sacraments; and (g) the seven gifts of the Spirit. ff. 271–275^v blank, ruled.

ff. i + 275 + i. 127 × 94 mm. Written space 67 × 45 mm. 11 long lines. Collation: 1^{14} 2^{10} wants 1 before f. 15 3–14^{10} 15^{10} wants 1 before f. 144 16–22^{10} 23^6 24^{10} wants 1 before f. 229 25–26^{10} 27^8 28^{10}. Catchwords vertical on quires 3–4, 8, 11, 15, and 17. Trace of signature in quire 14: c, in red. Pictures or major initials removed. Initials: (i, ii) 3- and 2-line, red or blue, with ornament of the other colour and a little of the same, extending into the margins; (iii) 1-line, red or blue, ornamented with vertical lines of the other colour. Binding, s. xvii, Continental, of pasteboards covered with dark brown leather bearing small gilt stamps (centres: Crucifixion on front, B.V.M. and Child on back). Secundo folio (f. 15) see above.

Written in northern Italy; art. 1 points to Florence, also art. 4. Armorial bookplate with the motto 'Ung durant ma vie', signed 'John Rhodes', inside front cover. 'Breviary Italian 15th centy A de Pass', f. i^v. Given by de Pass in 1923.

UPHOLLAND COLLEGE

Twenty-four medieval manuscripts were sold at Christie's, 2 Dec. 1987: MSS 6 (lot 17), 7 (23), 7a (27), 16 (14), 18 (15), 22 (24), 23 (19), 29 (26), 42 (34), 47 (39), 68 (22), 95 (30), 96 (43), 97 (16), 98 (20), 99 (33), 100 (32), 101 (29), 102 (28), 104 (42), 105 (35), 106 (36), Hornby 1 (21), and a breviary deposited from Burscough RC church (25).

165. *Augustinus; etc.*   s. xv in.

Noticed Römer, ii. 323.

1. ff. 1–5 (begins imperfectly) dulcis ihesus fuit baptizatus a diabolo temptatus . . . te solum uerum deum et quem misisti ihesum christum.

Meditations on God the son. The first new paragraph begins on f. 2^v 'Qui autem in animam domini nostri ihesu christi dulcissimi affectum suum medullitus', and the other on f. 4 'Qui uero diuinitatem domini nostri ihesu contemplari desiderat'. In a medieval note of the contents, f. i, the title of this piece appears to be Anselmus de triplici modo contemplandi domini . . .

2. ff. 5^v–7 Chapter-lists of contents of arts. 3–9.

f. 7^v originally blank.

3. ff. 8–31 Incipiunt meditaciones sancti Augustini doctoris egregii et ypponensis episcopi de diligendo deo. Uigili cura et mente solicita . . . vna felicitas. Ad quam . . . Amen. Expliciunt meditaciones beati augustini . . . de diligendo deo.

PL xl. 847–64.

4. ff. 31–78^v Incipiunt capitula soliloquiorum eiusdem sancti augustini doctoris excellentissimi de ineffabilibus beneficiis dei (*table of 37 chapters*) . . . Cognosceam te domine cognitor meus . . . paterfamilias mendicus *ending slightly imperfectly.*

PL xl. 863–897/21.

5. ff 79–105 (*begins imperfectly*) sanabimur. multi enim non sanantur . . . ipsum

eternaliter laudare Amen. Explicit libellus Ricardi Hampol heremite continens xij capitula de emendacione peccatoris.

For printed editions and manuscripts, see Allen, *Writings*, pp. 230–45, not listing this copy. f. 105ᵛ originally blank.

6. ff. 106–125ᵛ Incipit liber soliloquiorum secundus beati ysidori. Queso te anima obsecro te deprecor te . . . uitam meam places in secula seculorum amen. Explicit liber soliloquiorum secundus beati ysidori.

Isidore, Soliloquia, bk. 2: *PL* lxxxiii. 845–68.

7. ff. 126–149ᵛ Incipiunt meditaciones beati Bernardi abbatis ut ab exterioribus ad interiora nostra cognoscenda conuertamur ad deum contemplandum. Multi multa sciunt . . . vnum eundemque dominum glorie. Qui . . . amen.

PL clxxxiv. 485–508. Here in sixteen chapters.

8. ff. 150–151ᵛ Hec sunt documenta que rex Lodowycus tradidit domino philippo filio suo de modo uiuendi. Anno domini millesimo ducentesimo septuagesimo obiit apud tunis' christianissimus rex francorum Lodowicus . . . et manu propria scripsit. In primis te admoneo fili . . . amandum et laudandum sine fine Amen.

The French version of this text was incorporated by Joinville in his life of St Louis.

9. ff. 152–197ᵛ Incipit liber siue epistola beati augustini ypponensis episcopi ad Iulianum comitem de uita christiana. O mi frater. si cupias scire quamuis ego nesciam . . . eternaliter regnare concedis. quia est tibi cum . . . amen.

PL xcix. 197–282 (Paulinus of Aquileia, De salutaribus documentis).

The margins and blank spaces throughout have been filled with continuous writing in English, mainly an anti-Protestant ecclesiastical history of England and Scotland composed by Thomas Jameson, see below. The same hand copied, ff. 1–6, 'The speech of Mʳ Plesington who was executed at Chester for a Priest in Otes Plot', added a note, f. 5, saying that he was John and not Thomas Plesington, as the writer had learned from 'Mʳ John Blackburn who was his scollar some time before he suffered and who knew him very well', and filled the margins of ff. ii–iiiᵛ, 1–12 with proverbs and sayings, mostly Latin, e.g. 'O monachi vestri stomachi sunt amphora Bacchi' f. iiᵛ, 'Clericus edoctus semper sale non est sale coctus' f. 1ᵛ, 'When the Devil was sick the Devil a monk would be/When the Devil was well, the Devil a monk was he' f. 2, 'Piss clear and a fart for the Doctor' f. 7ᵛ, cf. W. G. Smith, *Oxford Dictionary of English Proverbs* (2nd edn. 1948), 502.

ff. iii + 197 + ii. Medieval endleaves. ff. 1–198 have a slightly incorrect medieval foliation (2–34, 33–130, one unnumbered leaf, 131–201) made before the loss of leaves from quires 1, 8, and 11 and after f. 197. 192 × 125 mm. Written space 123 × c.76 mm. 27 long lines. Collation: 1⁸ wants 1 2–7⁸ 8⁸ wants 4, 5 after f. 58 9–10⁸ 11⁸ wants 2 after f. 78 12–13⁸ 14⁸ wants 6–8 after f. 105, probably blank 15–19⁸ 20⁴ 21–26⁸. Written in a good textura. Initials: (i) in pink or blue patterned with white, on gold and coloured grounds, decorated, extended to form continuous borders on ff. 8, 32, 106, 126, and 152, where, except on f. 126, the initials contain 'ihc' within a half-white half-blue collar of *SSS* with a small roundel below containing a swan; (ii) 2-line, gold, on pink and blue grounds patterned with white, with short marginal sprays; (iii) 1-line, blue with red ornament or gold with black ornament. Line-fillers in gold and blue, ff. 5ᵛ–7. Capital letters in the ink of the text filled with pale yellow. Binding of pasteboard covered with brown leather bearing Oldham's roll RP.c.1 (Oxford or London, s. xvi ex.); one central boss and four corner-piece bosses on each cover; two clasps now missing. Secundo folio (f. 1) *dulcis ihesus*.

Written in England, probably for someone of importance, see above for decoration; the swan was a known badge of the Bohun family, see A. R. Wagner, 'The Swan Badge and the Swan Knight', *Archaeologia*, 97 (1959), 127. Note, s. xv/xvi, on f. 198ᵛ mentions Baldon (Toot or Marsh) and Garsington, near Oxford: 'Baldyndon xxj Decembr' Anno xiijº Recept' de Ricardo Chace (?) vjˢ. Rec' de Iohanne West xjˢ Rec' de Thoma Bouchier de Garsyngdon' vijˢ.' Later names are from the north of England: Edmund Vnisworth, f. ii, s. xvi in.; notes of the births in 1561 of Richard son of Anthony Langdaill of Santon, and in 1578 of William son of Richard Langdaill of Santow, f. iᵛ, cf. Santon, Cumbs (?); 'Ex libris Thomae Sedden 1695', f. iiiᵛ. Inscriptions of ownership by Thomas Jameson, 1685, f. 151ᵛ; 1695, f. iii; 1696, f. 198ᵛ; 1698, f. 7ᵛ; 1700, f. ii; and 1707, f. iiiᵛ; and notes by him that he was third son of Thomas Jameson of Ashton in Makerfield [Lancs.] and born on 5 or 6 May 1667, f. i; and that the book had belonged to George Hodgson, who gave it to Thomas May, who gave it to the writer, f. iii. A letter about the manuscript dated 23 Nov. 1904 and headed Birchley, Wigan, begins 'As regards the book belonging to Birchley Church . . .', kept in MS 166.

Hornby 2. *Breviarium*   s. xiv med.

masci et spolia samarie (Isa. 8: 4) . . . patria sua. Ps. Benedictus. Oratio.

Temporal, beginning and ending imperfectly, 2nd week of Advent – Monday in 3rd week of Lent, cf. *Brev. ad usum Sarum*, i. xcvi–dclxx. Thomas of Canterbury missing: two leaves gone after f. 20.

ff. 70 + ii. 168 × 112 mm. Written space 125 × *c*.80 mm. *c*.38 long lines. Collation: 1¹² 2¹² wants 9, 10 after f. 20 3–6¹²; two of the 'bifolia' in quire 3 are made up of single leaves stuck together, e.g. ff. 28–9. Initials: (i) 4-line, ff. 10ᵛ (Christmas) and 16 (Stephen), red and blue with red ornament; (ii) 2-line, blue with red ornament; (iii) 1-line, blue or red. Capital letters in the ink of the text filled with yellow. Binding of thin card, s. xviii (?), front missing.

Written in England. From Hornby RC church through Bishop Foley.

USHAW. ST CUTHBERT'S COLLEGE

1. *Biblia*   s. xiii med.

An imperfect Bible, of which the following books remain complete or in part: Genesis–2 Chronicles + Prayer of Manasses, Ezra, Nehemiah, Esther, Job, Psalms, Proverbs, Ecclesiastes, Song of Songs, Ecclesiasticus (nearly all missing), Isaiah, Jeremiah, Lamentations, Baruch (nearly all missing), Ezekiel, Daniel, Minor Prophets, 2 Maccabees (nearly all missing), Gospels, Pauline Epistles, Acts, Catholic Epistles, Apocalypse. The three main gaps no doubt contained 'II Ezra' (i.e. 3 Ezra) see rubric f. 201ᵛ, Tobit, and Judith, after f. 201; Wisdom, after f. 259; and 1 Maccabees, after f. 356. There are also smaller gaps after ff. 306 and 335. ff. 407–21 containing Acts and the beginning of Catholic Epistles are misplaced between John and Romans, dividing the last verse of John between ff. 406ᵛ and 422. Proverbs starts a new quire.

The prologues are the common set of 64 (cf. MS 2 below), except that six (Stegmüller, nos. 332, 335, 491, 500, 553, 551) are entirely missing in gaps and the two prologues to Genesis are not present.

Running-titles, except to Psalms. Some notes, s. xiii, on f. 464^v have been blocked out in gold, blue, and red.

In s. xvi or s. xvii an English hand carefully supplied the text torn away with the top corner of f. 219, and the Psalms were numbered according to the numeration of English psalters and the Book of Common Prayer, and marked for Vespers and Matins, with the appropriate day of the month; these numbers, etc. are in gold in the centre of the initial of each psalm.

A piece of paper attached to f. (i) appears to have been torn from a law manuscript in an English hand, s. xvi. It bears a shield of 19 quarterings, with the motto 'Lux Anglis Crux Francis' of the Rooper family of Abbots Ripton (Hunts.), and writing of s. xvi/xvii, partly torn away: (i) '[. . .] Roberti [. . .]lleg in Cam. [. . .]'; (ii) 'Baronis de Alfreton et Norton'; (iii) '1 Rooper 2, 3, 4 Musard 5, 6 Furneux 7 Chevcourt 8 Staunton 9 Eccleshall 10 Stafford 11 FitsWalkelin 12 [. . .] 13 Bagot 14 Chamond (?) 15 Alfreton 16 Walthervile 17 Herbinjour 18 Kendal 19 Gresbrok', which may be compared with the pedigree of Samuel Roper of Heanor, Derbyshire, in Oxford, Bodleian Library, Dodsworth 41 (*Sum. Cat.* 4183) f. 70, showing his descent from Willelmus dictus cum Rubra spata, temp. II.2, and, *inter alios*, the families of Chaworth, barons of Alfreton and Norton, Musard, Furneaux, Gresbrook, and Herbijour.

ff. xvi + 355 + ii + 106 + xxii, foliated (i–xiv), 1–89, 89*, 90–465, (466–86). ff. 1, 2, 465 are medieval parchment endleaves, and ff. 357–8 an inserted blank bifolium marking a gap. Thin parchment. 118 × 85 mm. Written space 93 × 62 mm. 2 cols. 50 lines. Collation: hardly practicable; quires are of large size, e.g. 24 and 26 leaves. Written in a very small hand. Initials: (i) to books, prologues, and to the eight main divisions of the Psalms, red and blue with ornament of both colours; (ii) to chapters and psalms (except as above), red or blue with ornament of the other colour; (iii) to psalm-verses, plain red or blue. Capital letters in the ink of the text are touched with red in some sections. Binding of s. xviii (English work). Secundo folio (f. 4) *so nescimur.*

Written in France. In England by s. xvi or xvii, see above.

2. *Biblia*   s. xiii med.

1. ff. 1–427 A Bible in the usual order and complete, save one leaf: Genesis–2 Chronicles + Prayer of Manasses, Ezra, Nehemiah, 2 Ezra (= 3 Ezra), Tobit, Judith, Esther, Job, Psalms, Proverbs, Ecclesiastes, Song of Songs, Wisdom, Ecclesiasticus, Isaiah, Jeremiah, Lamentations, Baruch, Ezekiel, Daniel, Minor Prophets, 1, 2 Maccabees, Gospels, Pauline Epistles, Acts, Catholic Epistles, Apocalypse. Isaiah and Pauline Epistles start new quires: 14 and 21. The psalms are numbered and the Gradual psalms are marked 'Canticum graduum'. Running-titles, except to Psalms.

The prologues are the common set of 64, reckoned on the basis given *MMBL* iii. 172 n.

1	284	General prologue	Frater Ambrosius
2	285	Pentateuch	Desiderii mei
3	311	Joshua	Tandem finito
4	323	1 Kings	Viginti et duas
5	328	1 Chronicles	Si Septuaginta
6	327	2 Chronicles	Quomodo Graecorum
7	330	1 Ezra	Utrum difficilius

8	332	Tobit	Mirari non desino
9	335	Judith	Apud Hebraeos
10 + 11	341 + 343	Esther	Librum Esther + Rursum
12	344	Job	Cogor per singulos
13	357	Job	Si aut fiscellam
14	457	Proverbs	Iungat epistola
15	462	Ecclesiastes	Memini me
16	468	Wisdom	Liber Sapientiae
17	482	Isaiah	Nemo cum prophetas
18	487	Jeremiah	Ieremias propheta
19	491	Baruch	Liber iste
20	492	Ezekiel	Ezechiel propheta
21	494	Daniel	Danielem prophetam
22	500	Minor Prophets	Non idem ordo est
23	507	Hosea	Temporibus
24	511	Joel	Sanctus Ioel
25	510	Joel	Ioel filius Phatuel
26	515	Amos	Ozias rex
27	512	Amos	Amos propheta
28	513	Amos	Hic Amos
29 + 30	519 + 517	Obadiah	Iacob Patriarcha + Hebraei
31	524	Jonah	Sanctum Ionam
32	521	Jonah	Ionas columba
33	526	Micah	Temporibus Ioathae
34	528	Nahum	Nahum prophetam
35	531	Habakkuk	Quattuor prophetae
36	534	Zephaniah	Tradunt Hebraei
37	538	Haggai	Ieremias propheta
38	539	Zechariah	In anno secundo
39	543	Malachi	Deus per Moysen
40	547	1 Maccabees	Cum sim promptus
41	553	1 Maccabees	Memini me
42	551	1 Maccabees	Maccabaeorum libri
43	590	Matthew	Matthaeus ex Iudaeis
44	589	Matthew	Matthaeus cum primo
45	607	Mark	Marcus evangelista
46	620	Luke	Lucas Syrus
47	624	John	Hic est Iohannes
48	677	Romans	Romani sunt
49	685	1 Corinthians	Corinthii sunt
50	699	2 Corinthians	Post actam
51	707	Galatians	Galatae sunt
52	715	Ephesians	Ephesii sunt
53	728	Philippians	Philippenses sunt
54	736	Colossians	Colossenses et hi
55	747	1 Thessalonians	Thessalonicenses sunt
56	752	2 Thessalonians	Ad Thessalonicenses
57	765	1 Timothy	Timotheum instruit
58	772	2 Timothy	Item Timotheo
59	780	Titus	Titum commonefacit
60	783	Philemon	Philemoni familiares
61	793	Hebrews	In primis dicendum
62	640	Acts	Lucas natione Syrus

| 63 | 809 | Catholic Epistles | Non idem ordo est |
| 64 | 839 | Apocalypse | Omnes qui pie |

2. ff. 428–461^v Aaz apprehendens . . . consiliatores eorum.

The usual alphabetical dictionary of Hebrew names, Stegmüller, no. 7709.

ff. iii + 461 + iii. 178 × 125 mm. Written space 132 × 82 mm. 2 cols. 52 lines. Writing above top ruled line. Collation: 1^{16} 2^{16} wants 14 after f. 29, 3–5^{16} 6–12^{20} 13^{24} 14–19^{20} 20^{18} 21^{20} 22^{16} 23^{10} 24^{16} 25^{16} 26 two (ff. 460–1). Quires 1–14 numbered at the end. Initials: (i) to books, in colours on coloured grounds, in more than one style, admirably neat work, especially at first; (ii) to prologues and the usual eight divisions of the Psalms, in red and blue with red and green-blue ornament; (iii) to chapters and psalms (except as above), in blue with red ornament or in red with green-blue ornament; (iv) to psalm-verses, plain red or blue. The initial to art. 2 shows a man and winged beast fighting. Capital letters in the ink of the text are touched with red. Binding, s. xix, gilt tooled dark blue morocco, with instruments of Passion in gilt on the spine. Secundo folio *talibus satis*.

Written probably in France. Annotated, mainly in a current s. xiii Italian hand. 'Codex viiii', s. xvii (?), f. 1 head. '2230', f. i^v; cf MS 14.

3. *Biblia*   s. xiv med.

1. ff. 7–404 A Bible, in the usual order, Genesis–2 Chronicles, Ezra, Nehemiah, Tobit, Judith, Esther, Job, Psalms, Proverbs, Ecclesiastes, Song of Songs, Wisdom, Ecclesiasticus, Isaiah, Jeremiah, Lamentations, Baruch, Ezekiel, Daniel, Minor Prophets, 1, 2 Maccabees, Gospels, Pauline Epistles, Acts, Catholic Epistles, Apocalypse. Prayer of Manasses and 3 Ezra are not present. The scribe copied the prologue and the beginning of the text to Isaiah after 4 Kings, f. 126^{rv}, but the text extends only to the end of the quire (quire 10), ending at Isa. 2: 12; another example of this arrangement is found in Oxford, Bodleian Library, Auct D.1.18 (*Sum. Cat.* ii. 186). A new scribe began the next quire with 1 Chronicles, f. 127. A new chapter begins on a new line as a rule only on ff. 1–126; from f. 127 most of the text is written continuously. Proverbs is preceded by a table of 60 unnumbered chapters, *Biblia Sacra* xi Series A, f. 195^{rv}. Running-titles, except to Psalms.

The prologues are 56 of the common set of 64 (cf. above, MS 2), i.e. not 327, 332, 344, 357, 589, 707, 715, and 839, and eight others shown here by *, with Isaiah repeated (see above): Stegmüller, nos. 284, 285 (in five paragraphs), 311, 323 (in three numbered chapters), 482 (Isaiah), 328, 330, 335, 341 + 343, *'Job in terra hus habitasse legitur in finibus idumee . . . hec vera esse comprobabit', *350, 457, 462, 468, 482, 487, 491, 492, 494, 500, 507, 511, 510, 515, 512, 513, 519 + 517, 524, 521, 526, 528, 531, 534, 538, 539, 543, 547, 553, 551, 590, 607, 620, 624, 677, 685, 699, *706, *721, 728, 736, 747, 754, 765, 772, 780, 783, 793, 640, 809, *815, *820, *826, and *835.

2. ff. 405–419^v Aaz apprehendens . . . consiliatores eorum.

The common dictionary of Hebrew names, Stegmüller, no. 7709.

3. ff. 1–6, 420–7 are fourteen leaves of a copy of *Codex Justiniani*, with space left for an apparatus, inserted as binding leaves, three bifolia at the beginning and four bifolia at the end; s. xiii, written space *c.* 190 × 110 mm., 2 cols., *c.*45 lines,

with very wide lower and outer margins. The margins contain pencilled notes in English hands, s. xiii, including a Latin lemma and an English gloss 'fapula (*or* sapula) welc' (f. 5^v).

ff. vii + 413 + ix, foliated (i), 1–428. For ff. 1–6, 420–7 see above. 376 × 250 mm. Written space 283 × 170 mm. 2 cols. 55 lines. Collation ff. 7–419: 1–24^{12} 25^6 wants 1 (blank ?) before f. 295 26–35^{12}. In each quire the first *seven* leaves are usually marked in pencil with signatures of some kind. Quires 1–4, 20 are marked 'Correct' or the like in pencil at the end. Several fairly large hands, changing at ff. 127, 324, and probably elsewhere; the first hand, to f. 126 and from f. 324, is stylish and pointed; art. 2 in a slightly earlier hand. Initials: (i) to most books, a few prologues, and the usual eight divisions of the Psalms together with Pss. 51, 101 and 119 ('Canticum graduum'), in colours on coloured grounds, on which a little gold is employed, a few with heads, e.g. ff. 287, 288^v; (ii) to some books and prologues, and Pss. 2–7, in gold, on coloured grounds or, ff. 96, 167–278, without grounds; (iii) to chapters, ff. 1–126, in gold with grey-green ornament; (iv) to psalms, except as above, in red or blue with ornament of the other colour; (v) to psalm-verses, plain red or blue. Capital letters in the ink of the text touched with red, ff. 324–383^v, 395^v–404 only. A drawing of a ship with a magpie on top, lower margin f. 379^v. Three small shields with arms are in the initial to Ps. 1, f. 175, and four to Ps. 109, f. 190; all different. Binding of s. xix, preserving old endleaves (see above). Secundo folio *deunt saturnia* (f. 8).

Written in England: the pencilled guides for corrector, rubricator, etc. are anglicana, s. xiv, e.g. ff. 18^v, 70^v, 366^v. 'Sr Tho. Tempest Baronet', f. 2, see A. I. Doyle, 'The Library of Sir Thomas Tempest: Its Origins and Dispersal', G. A. M. Janssens and F. G. A. M. Aarts (eds.), *Studies in Seventeenth-Century English Literature, History and Bibliography*, (1984), 83–93. 'ad usum Cleri Sec: Nrthmbrnsis et Dnlmnsis Bib. ad ostium Vedrae', s. xviii ex., f. 1, refers to the Roman Catholic secular clergy library at Wearmouth.

4. *Biblia*   s. xii/xiii–xiii

A Bible made up of three originally separate volumes, without Psalms or Acts.

A. ff. 2–103 (s. xiii). Genesis to Ruth, ending originally imperfectly on f. 102^v, but the end of Ruth was supplied in s. xiv on f. 103. Written in paragraphs, different from the 'normal' chapter-divisions, the numbers for which were added with the decoration.

The prologues are Stegmüller, nos. 285, 311, and, to Judges, 'Iudas eligitur dux belli . . . cum contigit nefas'. f. 103^v blank.

B. ff. 104–347^v (s. xii/xiii). 1–4 Kings, Apocalypse, Job, Proverbs, Ecclesiastes, Wisdom, Ecclesiasticus, Song of Songs, Catholic Epistles, Isaiah, Jeremiah, Lamentations, Baruch, Minor Prophets, Ezekiel, Daniel, Pauline Epistles, Matthew ending at 6: 10. Within books a new chapter does not begin on a new line but is shown by a red initial. Apocalypse, Wisdom, Isaiah, and Pauline Epistles begin on new quires (nos. 17, 21, 26, 39).

The prologues are 18 of the common set (see above MS 2), and 7 others shown here by *: Stegmüller, nos. 323, *350 (after Job), 468, 500, 494, *670, latter part of *651 (cf. 659), first part of *651, *674, 677, 685, 699, 707, 715, 728, 736, 747, 752, 793 765, (. . . scribens ei a laodicea), 772, 780, 783, 793, *596 (Scripserunt; et lucas . . . canendas), *591. Dan. 3: 24 has as a rubric 'Que sequuntur in hebreis uoluminibus non reperi', f. 209^v. The running-titles are not continuous. f. 153^v blank.

C. ff. 348–439ᵛ (s. xii/xiii). Gospels, beginning imperfectly at Matthew 6: 1, and ending imperfectly at John 21: 9. In order to make an exact join with (B) the first leaves of the first quire were removed and the first 14 lines on f. 348 were crossed out. Matthew is in 79 numbered paragraphs, Mark in 42, Luke in 143, and John, so far as it goes, in 65. No prologues. Marginalia in an early hand, many now erased, assign passages for reading on particular occasions, the use being Milanese: e.g. 'in sancti satiri', 'in sanctorum sisinii martiris et alexandri', 'in depositione sancti simpliciani et in translatione sanctorum sisinii martiris et alexandri', 'in sanctorum nazarii et celsi', 'in ordinatione sancti ambrosi'.

ff. 1, 440 and the conjoint pastedowns are part of a legal document in a German hand s. xvi (?).

ff. i + 439 + i, foliated 1–195, 195*, 196–440. For ff. 1, 440 see above. 195 × 140 mm.

A. Written space 125 × 90 mm. 2 cols. 39–41 lines. Writing above top line, ff. 2–71ʳa. Collation: 1–4¹² 5 eleven (ff. 50–60) 6¹⁴ 7–8¹² 9 five (ff. 99–103; f. 103 is a supply leaf, s. xiv). Hand changes at f. 70ᵛ. Initials: (i) to some books, red and/or green with ornament of one or both colours; (ii) to paragraphs, plain red or green; Joshua left unfilled.

B. Thick parchment. Late medieval foliation, including the 5 leaves now missing: 1–250. Written space c. 145 × 95 mm. 42 long lines. Writing above top line. Pricks in both margins in quire 39, ff. 316–23. Collation: 10–15⁸ 16² (ff. 152–3) 17–18⁸ 19⁸ wants 4, 5 after f. 172 20–21⁸ 22⁸ wants 8 after f. 197 23⁸ 24⁸ wants 4, 5 after f. 208 25² (ff. 212–13) 26–37⁸ 38⁶ (ff. 310–15) 39⁸ (8, f. 323, a narrow strip only) 40–42⁸. Written in several hands: changes at ff. 154, 315ᵛ, 316, 316ᵛ, 332 etc. Punctuation includes flex. Initials plain red except on ff. 316–47 (quires 39–42) where they are red or blue (red and blue f. 316). Rust marks from nails of former binding visible, diminishing, on ff. 104–107.

C. Thick parchment. Written space c. 130 × 84 mm. 25–8 long lines. Writing above top line. Collation: 43 three (see above) 44–47⁸ 48⁸ wants 5 after f. 386 49–53⁸ 54¹⁰. Quires numbered at the end. Plain red initials.

Binding of s. xviii, German (?). Secundo folio (f. 3) *cit et erant ualde bona*.

Written (A) in Germany(?); (B) and (C) in Italy. Pencil note in German, s. xix, inside front cover. Ashburnham Appendix sale, Sotheby, Wilkinson and Hodge, 1 May 1899, lot 155. A strip from a bookseller's catalogue in which this MS was no. 10 is attached to f. 1; said to be Leighton's catalogue for Oct. 1923. Bookplate inscribed 'Ex libris E. Crawshaw' and stamped 19 Oct 1946, inside front cover.

5. *Missale*   s. xv med.

A Sarum missal described by E. Stephens, 'A Note on the Esh Missal', *Ushaw Magazine*, 49 (1939), 153–7; 50 (1940), 39–48, 118–21; 57 (1947), 44; also A. I. Doyle, 'Two Medieval Service-Books from the Parish of Lanchester', *Transactions of the Architectural and Archaeological Society of Durham and Northumberland*, NS 6 (1982), 19–22, with a reduced facsimile of p. 204. Tags carried through slits in the parchment show the main divisions. Musical notation in art. 2 only; accenting interlined in red to Passion according to Matthew, Passion according to John, Michael gospel, pp. 128–35, 162–7, 457. Sequences in the body of the text.

1. pp. 1–189 Temporal to Easter Eve, beginning imperfectly in 30 Dec. gospel 'bat et confortabatur'.

Missale Sarum, Burntisland edn., pp. 76–358; the secret for the second Sunday after the octave of Epiphany is Placare domine. Type (i) initial to *E*cce (Epiphany). Two quires, probably each of eight leaves, and a single leaf missing before f. 1.

2. pp. 189–204 Ordinary and Canon of mass.

The Canon is of the use of York, as Stephens, 57. 44, points out. On p. 195 reference to the pope is erased, and 'rex henricus god sawe the kynge' added, s. xvi med., at the foot. One leaf, perhaps with a Crucifixion picture, missing before p. 195, which begins 'Te igitur', with a type (i) initial.

3. pp. 205–336 Temporal, Easter – Sunday next before Advent, followed by September Ember days.

Missale Sarum, Burntisland edn., pp. 359–550. Type (i) initials to *R*esurrexi (Easter), *S*piritus (Pentecost), *B*enedicta (Trinity), and *C*ibauit (Corpus Christi). One leaf missing after p. 240 contained Ascension introit–sequence.

4. pp. 336–42 Dedication, consecration, and reconciliation of church.

Missale Sarum, Burntisland edn., pp. 549–60.

5. pp. 342–484 Sanctoral, vigil of Andrew – Linus.

Missale Sarum, Burntisland edn., pp. 657–984; here, p. 479, the original collect for Anianus, longer than that edn.. 971 n. b, was crossed out and replaced in the margin by the original (?) scribe with that edn.. 971 text. Type (i) initials to *D*ominus secus (vigil of Andrew), *De* ventre (John Baptist), *G*audeamus (Assumption of B.V.M.; Nativity of B.V.M.), *B*enedicite (Michael), *G*audeamus (All Saints). One leaf missing after p. 360 contained Purification of B.V.M. end of blessing of candles – collect. Collect for translation of Thomas of Canterbury heavily deleted, p. 408.

6. pp. 484–500 Common of saints, ending imperfectly in martyr and pontiff gospel i.

Missale Sarum, Burntisland edn., pp. 657*–680*.

7. pp. 503–6 Collects, secrets, and postcommunions for the dead, beginning and ending imperfectly: day of burial collect – friend secret.

Missale Sarum, Burntisland edn., pp. 869*–874*.

8. p. 507 Missa de nomine Iesu, beginning imperfectly at end of communio.

Missale Sarum, Burntisland edn., p. 852.

9. pp. 507–8 Iohannes [eras: papa] concessit xl dies omnibus audientibus de peccatis vere contritis secundum iohannem. In illo tempore: Apprehendit pilatus ihesum . . . (John 19: 1–35) Oremus Deus qui manus tuas . . .

Cf. *Lyell Cat.*, pp. 65–6.

10. pp. 508, 501–2 Missa pro mortalitate euitanda.

Missale Sarum, Burntisland edn., pp. 886*–890*, including the rubric conveying indulgence by Pope Clement for 255 days.

11. p. 502 (added, s. xv²) Offices of Oswin, John of Beverley, and translation of Nicholas, ending imperfectly in collect.

12. p. 502 lower margin (added, s. xvi in.) Memorandum concerning 4 leys belonging to the church of Esh.

ff. iv + 254 + iv. ff. 1–254 paginated 1–508. 252 × 181. Written space 165 × 106 mm. 2 cols. 36 lines. Ruled in ink. Collation: 1⁸ wants 1 2–12⁸ 13⁸ wants 3 after p. 194 14–15⁸ 16⁶ (see original note 'iii bout*is*', i.e. 3 bifolia, at the foot of p. 237) wants 3 after p. 240 replaced with modern supply 17–23⁸ 24⁸ wants 2 after p. 360 replaced with modern supply 25–32⁸ 33 four (pp. 503–8 501–2, two central bifolia). Written in short-*r* anglicana; change of hand at p. 327 (22¹). Crucifixion picture perhaps on leaf missing before p. 195. Initials: (i) to arts. 4 (?: removed) and 6 in arts. 1–3 and 5 (see above), 6/3-line, in shaded colour(s), on gold and coloured grounds, including green, orange, and yellow, with marginal sprays; (ii) 2-line, blue with red ornament, or gold with dark blue ornament; (iii) 1-line, alternately plain blue and red. Binding by Andrews of Durham, s. xix ex., perhaps re-using slightly bevelled medieval wooden boards .

Written in England. 'M. I. Rudde' in red, p. 204. 'Liber capelle paroch' de esche ex dono magistri Iohannis Rudde in decretis bacallarii quondam decani de Lanchestr' cuius anime propicietur deus amen', p. 204; Esh was a chapelry in the parish of Lanchester (co. Durham); John Rudde, d. 1490, see Emden, *BRUO*, p. 1602. 'Iohannis Walche curatus de Esche A° domini [*no more*]', s. xvi in., p. 502, perhaps in the same hand as art. 12 above. Probably preserved by the Catholic family of Smyth of Esh Hall and Acton Burnell (cf. the missal at Birkenhead belonging to the Roman Catholic diocese of Shrewsbury), from whom the Ushaw estate was acquired for the College in 1808.

6. *G. Monemutensis, etc.*   s.xii², xii/xiii

Part of the Historia Anglorum of Henry of Huntingdon joined to the Historia Britonum of Geoffrey of Monmouth. Described by J. Hammer in *Modern Language Quarterly*, 3 (1942), 235–42; W. H. Levison in *EHR* 58 (1943), 41–50; and by D. Dumville in *Bulletin of the Board of Celtic Studies*, 26 (1975), 316–20. Listed as MS U by D. Greenway in *Anglo-Norman Studies*, 9, ed. R. Allen Brown (1987), 124.

1. ff. 61–121ᵛ, 227–42 Coegit me alexander lincoliensis (*sic*) presul . . . in latinum sermonem transferre curaui.

Geoffrey of Monmouth, Historia Britonum, from the beginning of the prophecies of Merlin to the end of the history. Ed. A. Griscom (1929), 384–536. Not divided into chapters. On f. 70ᵛ, after Griscom, p. 397/22, is a chapter on Merlin, 'Merlinus iste inter britones . . . propalare consueuit', printed by Hammer, p. 239. f. 242ᵛ is blank, except for scribbles (see below).

2. (*a*) ff. 3–60ᵛ Cum mecum multa . . . direxi. The part of the Historia Britonum not included in art. 1. Ed. Griscom, pp. 219–383. The letter of dedication is addressed to Robert of Gloucester alone. There is no division into books. A rubric to art. 1 follows the end of the text of f. 60ᵛ.
(*b*) ff. 122–124ᵛ/11 Geoffrey of Monmouth, Historia Britonum, ed. Griscom 501/ 4–508/6. The passage is the same as that on ff. 227–229ᵛ (above art. 1) but with some variant readings introduced into the text from another manuscript of Geoffrey, see Levison, p. 43.
(*c*) ff. 124ᵛ/11 –225ᵛ De sancto augustino. Anno gratie quingentesimo octogesimo secundo. Mauricio imperante . . . archiepiscopus effectus est. Henry of Huntingdon, Historia Anglorum, ending at 1138. A copy of the the third edition,

omitting bks. 1, 2, and the preface of bk. 3. As ed. Arnold, RS [74] (1879), 67–265. Not divided into books. f. 226^{rv} is blank.

Art. 2(*b, c*) is an evident interpolation into art. 1, as *inter alia* the signatures show. That it and art. 2(*a*), which is partly in the same hand, were written several decades later than art. 1 is likely from the character of the script and decoration. The scribe of art. 1 seems to have begun his writing by accident or design on the third leaf of quire 8 (f. 61): the first two leaves of this quire (ff. 59, 60) remained blank, until they were used by the scribe of art. 2 for the conclusion of his text.

For marginalia of s. xii/xiii and later see Levison, pp. 44–9.

3. ff. 1–2 from a leaf of Lectionary, s. xii ex., English (?), containing Mary Magdalene lections . . . i–v . . . , of which lections ii–iv part 1 correspond to *The Monastic Breviary of Hyde Abbey*, HBS lxxviii (1939), lections i–v; written space *c.*190 × 142 mm., lection v written in a slightly smaller script, 2-line initials in red or blue, two with ornament of the other colour.

Four lines of verse were added, s. xiii, on the recto of the binding leaf (f. 1): Vt solet in sero. transire leander adero/Sic si transsiero sepe. leander ero/Si rubet in sero celum letabitur hero/Si rubeat mane. parat ire leander inane.

ff. ii + 240, foliated 1–242. For ff. 1, 2 see art. 3 above. 184 × 125 mm. Written space 132–45 × 90 mm. Art. 1 mainly in 21 long lines. Art. 2 in 24 long lines (20–3 lines, ff. 59, 60). Collation of ff. 3–242: 1–7^8 8^{12} + 1 leaf (f. 69) after 10 9–12^8 13^{10} 14–26^8 with 3 and 6 single leaves in quires 25 and 26 (ff. 204/207, 212/215) 27^{10} wants 10 (blank ?) after f. 226 28–29^8. Quires 8–14, 28 are numbered at the end I–VIII. Art. 1 is in one hand. Art. 2(*a*) seems to be mainly in the same hand as art. 2(*b, c*): the *nota* for *et* is crossed. Initials: (i) in art. 1, green or red with ornament of the other colour, and in art. 2, blue or red with ornament of the other colour; (ii) plain red. Capital letters in the ink of the text touched with red in art. 1 only. Contemporary binding of thick wooden boards cut square and flush with the edges of the leaves, and covered with white leather; leather ears project at head and foot of the spine; central strap and pin now missing. Secundo folio *tria nobilia* (f. 4).

Written in England. Title 'Brut*us*.', s. xv, f. 3; '3^m al^m', f. 1^v, probably in the same hand, pressmark . 'Thomas Killingbecke', s. xvi, f. 242^v; for persons of this name living in the West Riding of Yorkshire in s. xvi and s. xvii, see Levison, pp. 49–50.

7. *Psalterium, etc.*   s. xiii med.

Noted items in arts. 9–10.

1. ff. 1–6^v Calendar in blue, red, and black, graded.

Feasts in blue include 'Dedicacio ecclesie norwicenc' principale festum' (24 Sept.), Edmund conf. (20 Nov.), and translation of Benedict (19 July). The obits of bishops and priors of Norwich and other persons are added in contemporary and later hands.

2. f. 7 Table of a great cycle of 532 years. f. 7^v is blank.

3. ff. 8–85^v Psalms 1–150.

4. ff. 85^v–93^v Ferial canticles, followed by Benedicite, Benedictus, Magnificat, Te deum, Nunc dimittis, Quicunque vult.

5. ff 93^v–96^v Litany.

William, Benedict, and Leonard doubled. Taurinus, Felix, and Edmund were added early to the list of confessors. Anne, doubled, is a later addition to the list of virgins.

6. ff. 97–117^v Hymnal (ferial, Temporal with some saints, apostles, Common of saints, dedication).

7. ff. 117^v–123^v Monastic canticles for Sundays, Advent, Christmas, Lent, Easter, and the Common of saints.

8. f. 124^{rv} (added in s. xiv hand) Cues for 'Cantica de corpore christi' and the three hymns of St Thomas Aquinas for Corpus Christi (Sacris sollempnis . . . , Pange lingua gloriosi corporis mysterium . . . , Verbum supernum . . .).

9. ff. 125–129^v Parce domine . . .

Commendation of soul. In the Litany Edmund and Elphege are last among martyrs, and Bonitus and Benedict (the latter doubled) last among confessors. The office is noted.

10. ff. 129^v–136^v Office of the dead, noted, ending imperfectly after lectio ix.

11. The flyleaves ff. iii^v–v^v contain Hours of B.V.M., Matins–None, s. xiv/xv, all the forms of which are reduced to cues. The antiphon and chapter at Prime are O admirabile and Paradisi porta, and at None, Germinauit and Te laudant angeli.

12. ff. i and ii are binding leaves taken from a manuscript written in a current English hand, s. xiii/xiv. They contain mnemonic verses on the contents of the Decretum, a table of consanguinity, etc.

ff. v + 137, foliated i–v, 1–103, 103*, 104–36. For ff. i–v see above; f. i^r was pasted down. 173 × 120 mm. Written space 125 × 80 mm. 2 cols. 30 lines. Collation: 1^8 wants 8, probably blank, 2–6^{12} 7^{10} 8–12^{12}. 'cor' is written on the last verso of quires. Initials: (i) red and blue with ornament of both colours; (ii–iv) 3-line (Pss. 51 and 101), 2- and 1-line, in blue or red with ornament of the other colour. Line-fillers in red and blue. Binding of s. xv/xvi, wooden boards covered with brown leather on which is a pattern of fillets. Central clasp broken and kept separately. Secundo folio (f. 9) *bus uestris*.

Written in England. 'A.xlij', f. 1^r top, is the pressmark of the cathedral priory of Norwich, cf. also art. 1. 'Iste liber constat Iohannis mylys', s. xvi in., f. iii, crossed out.

8. *Psalterium; Manuale* s. xv in.

A psalter and manual described by E. Stephens, 'The Bobbingworth Psalter', *Ushaw Magazine*, 49 (1939), 198–206, with reduced facsimiles of ff. 2^v and 19^v. See also ibid. 57 (1947), 43–4; and N. R. Ker in *Transactions of the Essex Archaeological Society*, NS 23 (1942–5), 308–9. Reduced facsimile of Ps. 38, C. de Hamel, *A History of Illuminated Manuscripts* (1986), 196. Noted items in arts. 5, 7, and 11.

1. ff. 1–6^v Calendar in gold, blue, red, and black.

Visitation of B.V.M. and Osmund added, 2, 16 July, also 'Dedicacio ecclesie de alta honger', s. xv med., 21 June.

Added: obits of Juliana and William Estfeld, 10 Mar. 1437, and 10 May 1446; births, deaths etc. of members of the Walsingham family, down to 1462; obit of John Grene, 15 Oct. 1485; printed by Stephens, pp. 199–200, with some errors: for Estfeld, Stephens read Enfeld, and the Enfields were owners of land near High Ongar, later held by the Walsinghams (cf. below), but the manuscript plainly read Estfeld in both places, and there is a surviving will of Sir William Estfeld, citizen, mercer, and alderman of London, dated 15 Mar. 1445/6, see R. R. Sharpe, *Calendar of Wills proved in the Court of Husting*, ii. 510, and his first wife was Juliana. 'pape' erased, but not the feasts of Thomas of Canterbury.

2. ff. 7–90 Psalter.

Cues of antiphons supplied in the margins.

3. ff. 90–8 Six ferial canticles, followed by Te deum, Benedicite, Benedictus, Magnificat, Nunc dimittis, Quicumque uult.

4. ff. 98–100ᵛ Litany.

5. (a) ff. 101–102ᵛ Prefaces, ending imperfectly; (b) ff. 103–108ᵛ Canon of Mass.

(a) *Manuale Sarum*, pp. 82–3, here preceded by preface for Pentecost; common preface noted; (b) noted.

6. ff. 109–121ᵛ Masses: de trinitate, de angelis, de sancto spiritu, pro salute populi, de corpore christi, pro pace, de cruce, de sancta maria per aduentum domini, de sancta maria a natiuitate usque ad purificacionem eiusdem, de sancta maria a purificacione usque ad aduentum domini.

Missale Sarum, Burntisland edn., pp. 735*–739*, 743*–746*, 741*–743*, 746*–747*, 783*–784*, 748*–750*, 761*–776* omitting the sequence Salve sancta parens (772*–773*), and 779*–782*.

7. ff. 122–34 Ordo ad catechuminum faciendum, (f. 126) Litany 'quando fons fuerit mundandus', Benediction of font (noted), and (f. 132) Office of baptism.

Manuale Sarum, pp. 25–31, 32–8. Feminine forms interlined in red.

8. ff. 134–143 Ordo ad faciendum sponsalia.

Manuale Sarum, pp. 44–59. Vows in English, ff. 135ᵛ, 136.

9. (a) ff. 143–8 Ordo ad visitandum infirmum; (b) f. 148ʳᵛ Forma ad absoluendum quemcunque per bullam concessam de plena remissione omnium peccatorum semel in mortis articulo tantum; (c) ff. 148ᵛ–151 commendation.

Manuale Sarum, (a) pp. 97–100, 106 Deus misericors –112; (b) cf. pp. 105–6; (c) pp. 114–18.

10. ff. 151–153ᵛ Sequatur commendacio animarum.

Manuale Sarum, pp. 118–123/10.

11. ff. 154–65 In vigiliis mortuorum.

Noted. *Manuale Sarum*, pp. 132–42.

12. f. 165ʳᵛ Commendation of soul.

Manuale Sarum, pp. 143/26–144.

13. (a) ff. 165ᵛ–170ᵛ Mass of the dead; (b) ff. 170ᵛ–176 nineteen sets of collect, secret, and postcommunion for the dead.

(a) *Manuale Sarum*, pp. 144–145/26, 147/21–152; (b) *Missale Sarum*, Burntisland edn., pp. 870*–882*: Pro episcopis, Pro abbate, Pro sacerdote, Pro patre et matre, Pro benefactoribus (871*–872*), Pro quolibet defuncto, Pro fratribus et sororibus, Pro amico defuncto, Pro defuncto morte preuento, Pro masculis familiaribus, Pro femina defuncta, Pro feminis familiaribus, Pro trigintalibus euoluendis, Pro benefactoribus, Pro quiescentibus in cimiterio, Pro quibus orare tenemur, Pro omnibus fidelibus defunctis, generalis (879*–880*, cue only of collect), generalis (881*–882*).

14. ff. 176–181^v Burial.

Manuale Sarum, pp. 152–156/24, 157/7–162.

15. ff. 181^v–183 Trigintale sic incipit. Erat quondam rome quidam papa nomine gregorius—(f. 182^v) pro me fecisti salui erunt, Oracio. Deus summa spes . . .

Missale Sarum, Burntisland edn., pp. 883*–884* (Trental of St Gregory), here with a much longer rubric.

16. f. 183^{rv} Inicium sancti euangelii Secundum Iohannem (1: 1–14).

ff. iv + 184 + iv, foliated (i–iv), 1–106, 107A, 107B, 108–83, (184–7). 357 × 242 mm. Written space 253 × 170 mm. 2 cols. 24 lines, or 8 lines + 4-line staves. Ruled in violet ink. Collation: 1^6 2–13^8 14^8 wants 1 before f. 103 15–19^8 20^6 + 1 leaf (f. 153) after 4 21–23^8 24^6 wants 5, 6, (blank ?). Quires 2–12, in an inferior hand, are signed a–m. Crucifixion picture missing before f. 103 'Te igitur' (?). Initials: (i) 7/5-line, eight in art. 2 and to arts. 5*b*, 8–10, in pink or blue shaded with white, on decorated gold grounds, extended to form a continuous frame on most pages; (ii) 2-line, gold on deep pink and blue grounds patterned with white; (iii) 1-line, blue with red ornament, or gold with dark blue ornament. Line-fillers in blue and deep pink. Capital letters in the ink of the text and the cadells in art. 11 filled with yellow. Binding of s. xviii; gilt and goffered edges. Secundo folio (f. 8) *audiuit*.

Written in England. The entries in art. 1 of the dedication of the church of High Ongar, Essex, and of births and deaths of members of the Walsingham family (see above), suggest that the manuscript belonged to the Walsinghams of Scadbury in Kent, who held the manor of Bobbingworth, the next parish to High Ongar (cf. *Victoria County History, Essex*, iv. 11; and Hasted, *History of Kent* (1778), i. 99). 'ex libris vic. ap. sep. distric', printed label, s. xix, stuck to f. iv.

10. *Horae* 1409

A Book of Hours of the use of Sarum described by E. Bonney, 'Some Prayers and Prayer Books of our Forefathers', *Ushaw Magazine*, 12 (1902), 273–87. Facsimiles of two of the pictures in art. 4, Pietà (f. 57) and Christ before Pilate (f. 45), L. M. J. Delaissé, *A Century of Dutch Manuscript Illumination* (1968), figs. 124, 126; cf. *Scriptorium*, 32 (1978), 55–7, with facsimile of martyrdom of Thomas of Canterbury (f. 15^v), pl. 11a. Reproduction of upper cover, Bonney, facing p. 273; and *Libri*, 7 (1957), pl. 5.

1. ff. 3–8^v Calendar in red and black.

Feast of relics (15 Sept.). Added, s. xv, 'The next sonday aftre the blak pryme / shall be pasche day. how so it tyme q*uod* clyff' with a drawing of a bird before the final word (see below), f. 3, *IMEV*, nos. 4040–1. Obits, added s. xv ex., include William Plumpton knight at 18 Oct., and Richard Hawegn[. . ?] knight at 1 Nov. 'pape' and feasts of Thomas of Canterbury not tampered with.

2. ff. 10–11 Oratio ad sanctam trinitatem. Domine deus omnipotens pater et filius et spiritus sanctus. Da michi famulo tuo uictoriam . . .

3. ff. 12–24ᵛ Memoriae of Christopher (*RH*, no. 34108), George (*RH*, no. 7242), Thomas of Canterbury (*RH*, no. 26999), John Baptist (*RH*, no. 26987), John ev. (*RH*, no. 27075), Mary Magdalene (*RH*, no. 6726), Katherine (*RH*, no. 6993), Margaret (*RH*, no. 7011), Anne (*RH*, no. 6773).

4. ff. 26–61 Incipiunt Hore beate uirginis marie secundum usum anglie.

Hours of the Cross worked in under the rubric 'Memoria de sancta Cruce'. Memoriae after Lauds of Holy Spirit, Trinity, Cross, Michael, John Baptist, Peter and Paul, Andrew, John ev., Stephen, Laurence, George, Thomas of Canterbury, Nicholas, Mary Magdalene, Katherine, Margaret, Relics, All Saints, and peace.

5. f. 61ʳᵛ Salue regina.

6. ff 63–6 Salue regina farced with Salue uirgo uirginum, *RH*, no. 18318, preceded by the rubric Has uideas laudes . . . sic salutando mariam, *RH*, no. 7687.

Printed by Bonney, pp. 281–5.

7. ff 66ᵛ–67ᵛ O intemerata . . . orbis terrarum Inclina . . . Masculine forms.

8. ff. 67ᵛ–69 Obsecro te . . . Masculine forms.

9. ff. 69ᵛ–71ᵛ Uirgo templum trinitatis . . .

Seven Joys, *RH*, no. 21899, with rubric carrying indulgence of Pope Clement 'qui hec septem gaudia proprio stilo composuit'.

10. ff. 73–5 Ad ymaginem christi crucifixi. Omnibus consideratis paradysus uoluptatis. . . . (*RH*, no. 14081) (f. 74) Ad honorem tristicie beate uirginis marie O Maria plasma nati. que uidisti . . . (f. 74ᵛ) Ad sanctam iohannem euuangelistam. Iohannes euuangelista. tu sacrarii sacrista . . . oracio. Omnipotens sempiterne deus qui unigenitum filium tuum . . .

11. ff. 75–6 Oratio uenerabilis bede presbiteri de vii uerbis christi in cruce pendentis—sibi preparatam. Domine ihesu christe qui septem uerba . . .

12. ff. 76ʳᵛ Precor te piisime domine ihesu christe propter illam karitatem . . .

13. ff. 77–8 Salutaciones uersus sacramentum. Aue domine ihesu christe uerbum patris . . . , (*RH*, no. 1778), Aue corpus christi natum . . . , (*RH*, no. 2075), Aue caro christi cara . . . , (*RH*, no. 1710), O anima christi sanctifica me . . . Domine ihesu christi qui hanc sacratissimam carnem . . .

Four salutations, and a prayer at Mass, the prayer indulgenced by Pope Boniface at the request of Philip king of France, and carrying an indulgence of 2,000 years.

14. ff. 80–90ᵛ Penitential psalms, (f. 85) Quindecim psalmi (cues only of the first twelve), and (f. 86ᵛ) 'letania.'

Spellings include Zwithune and Frethewida.

15. ff. 92–107ᵛ Incipiunt vigilie mortuorum.

16. ff. 109–117^v Incipiunt commendaciones animarum.

17. ff. 119–22 Sequuntur decem psalmi qui dicendi sunt ad honorem passionis domini nostri. Deus deus meus . . .

18. ff. 124–132^v Beatus uero Ieronimus in hoc modo disposuit psalterium . . . regnum eternum Oracio Suscipere digneris . . . peccatorum Amen. Incipit psalterium abbreuiatum beati doctoris Ieronimi. Uerba mea auribus percipe . . . (f. 132) Antiphona Ne reminiscaris . . . Oratio Omnipotens sempiterne deus clementiam . . . (f. 132^v) Scriptum.Brugis a Iohanne heineman et finitum anno ab incarnatione domini. M^o.cccc^o.viij^o. die xxi^o Ianuarij. Orate pro eo.

f. 133^{rv} blank.

The flyleaves and blank spaces contain additions:

19. ff. 1–2 (s. xv) O blyssyd kynge so full of vertue . . . Now swet kyng henr' praye for me.

48 lines of verse printed by Bonney, pp. 279–80, and thence by M. R. James, *Henry the Sixth* (1919), 50; D. Gray, *Selections of Religious Lyrics* (1975), no. 69; *IMEV*, no. 2393.

20. f. 2^{rv} (s. xv ex.) o mary the modyr of god synguler madyn vnfylid and blyssid withowtyn end . . .

Translation of art. 7 into English.

21. f. 9 (s. xvi in.) prayers in English: Ex omni potencia patris O swytte blyssyd lade . . . Ex sapiencia filij O glorius lady . . . Ex beningnitate spiritus sancti O gracius lady . . . oure of my dethe Aue Maria.

22. f. 11 (s. xv ex.) Haue in mynde a thowsand Aues . . .

English and Latin. Another copy occurs in BL MS Harley 494 f. 89^v.

23. ff. 12^v–13 (s. xv ex.) If y^u be in dedely syn or in tribulacion or in ony deses goy to the kerke . . .

As above Swaffham Hours art. 21*b*, also Cambridge UL MS Ii.6.43 f. 19.

24. ff. 14^v–15 (s. xv ex., same hand as art. 23) Prayers in Latin with directions in English.

The last prayer, Aue sanctissima maria mater regina celi . . . , carries an indulgence of Pope Sixtus IV 'to all yem deuotly sayng before ye ymage of ye blyssyde virgyne marie syttynge on ye sone beyme/Elevyne thowsande zere of trewe indulgence'.

25. f. 133 (s. xvi in.) lorde ihesu cryst for the bytternes wych thow sufferde . . .

ff. ii + 131, foliated 1–133. 205 × 135 mm. Written space 117 × 70 mm. 23 long lines. Collation of ff. 3–133: 1^6 2–4^8 5^8 + 1 leaf (f. 44) after 8 6–14^8 15^4; together with 16 inserted leaves ff. 25, 31, 41, 45, 48, 51, 54, 57, 60, 62, 72, 79, 91, 108, 118, 123. Twenty-four full-page framed pictures on verso sides, the rectos blank, on inserted singletons except eight to arts. 2–3, all in the style of the Master of the Beaufort Saints, with spare border ornament in a style different from that on other pages: 1 to art. 2 (f. 9, Trinity), 7 to art. 3 (John evangelist is with John Baptist, and Margaret with Katherine), 9 to art. 4 (Passion series, Gethsemane–Entombment, opposite each Hour of the Cross, with Annunciation as frontispiece, f. 25^v), and 1 each to arts. 6

(B.V.M.), 10 (Pietà), 14 (Christ in glory, showing his wounds, and the dead rising), 15 (burial service), 16 (souls carried by angels in a sheet), 17 (instruments of Passion, with the scourged and wounded Christ standing in tomb), 18 (St Jerome). Initials: (i, ii) in two sizes, in colours on gold grounds, with border ornament, not quite continuous, including grotesques, human and animal figures; (iii) gold on coloured grounds; (iv) blue with red or gold, with blue-grey ornament. Line-fillers, in litany only, in red and blue, or gold and blue. Capital letters in the ink of the text touched with red. English binding, s. xvi in., of wooden boards covered with brown leather bearing panel stamps, called by Oldham Misc. 2 and ST.48. Secundo folio (f. 11) *preterito*.

Written and dated at Bruges by a named scribe, see art. 18 colophon; decorated by the same artist as Oxford, Bodleian Lib. MS Laud lat. 15, and Jesus Coll. MS 32, see Alexander and Temple, no. 805 (pl. lii). In England in s. xv, see arts. 19 etc. above. 'quod clyff' with a drawing between the two words of a black bird, perhaps a rook, serving as a device for 'Rock-', s. xv, f. 4ᵛ, and see art. 1 above. Obits added in art. 1, see above. Northern spellings in arts. 20 and 23, added s. xv ex. The binding-panels also occur on a York missal (1530), Dublin, Marsh's Library Z.1.2.18.

11. *Horae*   s. xv²

1. ff. 1–12ᵛ Calendar in red and black.

'pape' and Thomas of Canterbury not tampered with.

2. ff. 14–21ᵛ (*rubric illegible*) Domine ihesu christe eterna dulcedo . . .

Fifteen Oes of St. Bridget.

3. ff. 23–24ᵛ Domine deus omnipotens pater et filius et spiritus sanctus da michi famulo tuo .N. uictoriam . . . homo . . . Libera me domine.

4. ff. 25–44ᵛ Memoriae of John Baptist (*RH*, no. 26987), John ev. (*RH*, no. 27075), Thomas of Canterbury (ff. 30ʳᵛ, 26, *RH*, no. 26999), George (*RH*, no. 7242), Christopher (*RH*, no. 18445), Anne (*RH*, no. 6773), Mary Magdalene (*RH*, no. 6895), Katherine (*RH*, no. 6991), Barbara (*RH*, no. 6711), Margaret (*RH*, no. 7011). ff. 26ᵛ, 45ʳᵛ blank.

5. ff. 47–93ᵛ Incipiunt hore beate marie uirginis secundum usum sarum.

Hours of the Cross worked in. Memoriae after Lauds of Holy Spirit . . . peace, as MS 10 art. 4, but omitting John ev. after Andrew, George after Laurence, and Relics after All Saints.

6. ff. 93ᵛ–95 Salutatio ad mariam. Salue regina . . . Omnipotens sempiterne deus qui beate gloriose semperque uirginis . . .

7. ff. 95ʳᵛ Quinque gaudia beate marie uirginis. Gaude uirgo mater christi . . . , *RH*, no. 7017.

8. ff. 95ᵛ–97 Septem gaudia beate marie uirginis. Gaude flore uirginali: que honore speciali . . . , *RH*, no. 6810.

9. ff. 97–102 Salue regina farced with Salue uirgo uirginum, *RH*, no. 18318, preceded by the (damaged) rubric Has uideas laudes . . . sic salutando mariam, *RH*, no. 7687, and followed by the prayer Domine christe qui de beate marie virginis vtero verbum tuum . . .

10. ff. 102–4 O intemerata . . . orbis terrarum inclina . . . Masculine forms.

11. ff. 104–7 Obsecro te . . . Masculine forms.

12. ff 107–9 Aue mundi spes maria. aue mitis. . . . , *RH*, no. 1974.

13. ff. 109–12 Quicunque hec septem gaudia—clemente qui ea proprio stilo composuit. Uirgo templum trinitatis . . . *RH*, no. 21899.

ff. 112–14 are added supply leaves, written in the same English hand as art. 23 below.

14. ff. 112ᵛ–116 Ad ymaginem christi crucifixi. Omnibus consideratis paradisus uoluptatis . . . , *RH*, no. 14081.

15. ff. 116–117ᵛ Oracio venerabilis bede presbiteri de septem verbis . . . , ending imperfectly.

16. f. 118ʳᵛ Prayers (as above MS. 14 art. 10), beginning imperfectly.

17. f. 118ᵛ–121 Six salutations and prayers at mass, five as and in the same order as above MS 10 art. 13, and, in second place, Aue principium nostri creacionis: aue precium nostre redempcionis . . . (*RH*, no. 2059).

f. 121ᵛ blank.

18. ff. 122–141ᵛ Penitential psalms, (f. 130ᵛ) 'quindecim psalmi' (cues only of first twelve), and (f. 132ᵛ) Litany.

Seventeen confessors: (15) Zwichine.

19. ff. 143–167ᵛ Incipiunt uigilie mortuorum.

20. ff. 169–183ᵛ Incipiunt commendaciones animarum.

21. ff. 185–190ᵛ Incipiunt psalmi de passione domini.

22. ff. 190ᵛ–205ᵛ Beatus vero iheronimus in hoc modo psalterium . . . regnum eternum. Oracio. Suscipere digneris . . . Incipit psalterium beati iheronimi Uerba mea auribus . . . (f. 205ᵛ) Omnipotens sempiterne deus clemenciam tuam . . .

23. (added in an English hand, s. xv, that also supplied ff. 112–14) (*a*) ff. 207–12 Oracio deuotissima dicenda die sabbato ad honorem intemerate dei genitricis virginis marie. Missus est gabriel angelus . . . processit uirginea. Credo in deum. O domine ihesu christe pater dulcissime . . . omnibus diebus uite mee; (*b*) ff. 212ᵛ–215 Incipit officium de sancto spiritu; (*c*) ff. 215ᵛ–216 Domine deus patrum nostrorum benedicant te . . .

(*a*) English rubrics, f. 208; (*c*) a wife's prayer. f. 216ᵛ is blank.

24. (added, s. xv, after memoria of Anne) ff. 36ᵛ–37 O sacrum conuiuium . . . (*RH*, no. 13677) Deus qui nobis sub sacramento mirabili . . .

ff. iii + 216 + ii. 120 × 87 mm. Written space 67 × 44 mm. 19 long lines. Ruled in ink. Collation: 1–2⁶ 3⁸ 4⁸ 6 (f. 26) should follow f. 30 5⁶ 6–12⁸ 13⁶ wants 4 before f. 115 + 3 leaves (ff.

112–14) inserted after 3 14^6 wants 2 after f. 117 15–25^8 26 three (ff. 214–16); together with 22 inserted leaves, ff. 13, 22, 27, 29, 31, 33, 35, 37, 39, 41, 43, 46, 55, 70, 75, 79, 86, 89, 142, 168, 184, 192. Full-page pictures with continuous framed borders on the verso of inserted leaves, the recto blank: 1 to art. 2 (Christ seated in chair), 1 to art. 3 (Trinity), 9 to art. 4 (John Baptist missing), 7 to art. 5 (None picture missing; Passion series, Gethsemane–Entombment), 1 each to arts. 19 (raising of Lazarus), 20 (souls carried in sheet), 21 (Mass of St Gregory), 22 (Jerome kneeling by a wayside crucifix). The full-page picture illustrating art. 23 (Annunciation, no border) is on the first leaf of quire 25, f. 206^v. Initials: (i) on pages facing pictures, in colour on gold grounds, historiated in art. 14 (8 initials) and elsewhere with continuous borders; (ii) in gold on coloured grounds, border sprays on ff. 207–16 only; (iii) blue with red ornament or gold with blue-grey ornament. Capital letters in the ink of the text touched with yellow. Line-fillers in Litany only. Binding of s. xviii. Secundo folio (f. 15) *baris. Vestibus.*

Written in the Netherlands for English use. In England, s. xv, see ff. 112–14 and art. 23 above. 'John Edward Breen London 7^{ber} 18/1799', f. iii.

12. *Horae* s. xv^1

1. (quire 1) ff. 2–9^v Memoriae of Thomas of Canterbury, George, Christopher (O Sancte christofore martyr ihesu christi . . . , *RH*, no. 18445), John Baptist, John ev., Katherine, Margaret, Mary Magdalene (Gaude pia magdalena spes salutis . . . , *RH*, no. 6895).

Each memoria occupies a leaf.

Arts. 2–6 are on quires 2–7.

2. ff. 11–54 Incipiunt hore beate marie uirginis secundum usum anglie.

Hours of the Cross worked in. Memoriae after Lauds of Holy Spirit, Trinity, Cross, Michael, John Baptist, Peter and Paul, Andrew, Laurence, Stephen, Thomas of Canterbury (Tu per thome sanguinem quem pro te impendit fac nos christe scandere quo thomas ascendit, not in *RH*), Nicholas, Mary Magdalene, Katherine, Margaret, All Saints, and peace.

3. ff. 54–55^v ant' domine n^a Salue regina . . . V. Virgo mater ecclesie eterna porta glorie . . . collecta. Omnipotens sempiterne deus qui gloriose uirginis et matris . . .

4. ff. 55^v–57^v Oratio domine. O Intemerata . . . orbis terrarum inclina . . . Masculine forms.

5. ff. 57^v–60 oratio domine nostre. Obsecro te . . . Masculine forms.

6. ff. 60–61^v Oratio uenerabilis bede presbiteri de septem uerbis—preparatam. Domine ihesu christe qui septem uerba die ultimo . . .

The 'words' are written in red.

Arts. 7–8 are on quires 8–12.

7. ff. 63–79^v Incipiunt septem psalmi penitentiales, (f. 70^v) Incipiunt quindecim psalmi (gradual psalms, cues only of first twelve), (f. 73) Litany.

Twenty-five confessors: (7) 'ethmunde' . . . (9) odulfe . . . (24–5) uedast amand; twenty-two virgins: (17–22) Fides Spes Caritas Brigida Elizabeth Anna.

8. ff. 81–103^v Incipiunt uigilie mortuorum.

9. ff. 105–114ᵛ Incipiunt commendationes animarum, ending imperfectly in Ps. 118: 168.

ff. x + 114 + vi, foliated (i-x), 1–38, 40–52, 52*, 53–114, (115–20). One bifolium was originally intended for use in a larger book, see the ruling now running vertically on one side of it, ff. 66ᵛ–67. 157 × 120 mm. Written space 96 × 75 mm. 16 long lines. Ruled in pink ink. Collation: 1–6⁸ 7⁴ 8–13⁸ 14 two; together with 12 inserted leaves (ff. 1, 10, 18, 32, 37, 42, 45, 48, 51, 62, 80, 104). 12 full-page pictures on verso sides of the inserted singletons, the rectos being left blank: 8 in art. 2 (Passion series, Gethsemane–Entombment), and 1 each to arts. 1 (martyrdom of Thomas of Canterbury), 7 (Christ on the rainbow showing his wounds flanked by two angels blowing trumpets, and below faces looking up from graves with lion-like jaws to right), 8, and 9 (two female souls borne up in a sheet to God). Initials: (i) 5/4-line, in pink, orange, or blue patterned with white, on decorated grounds of gold, and blue or pink patterned with white; (ii) in gold on grounds of blue and pink patterned with white; (iii) 1-line, blue with red ornament, or gold with black ornament. Pages with pictures, or initials of type (i), have continuous floral borders; the first page of each memoria in art. 1 has a frame of gold, pink, and blue in the top, inner, and lower margins. Line-fillers in Litany only, blue, gold, and red. Capital letters in the ink of the text are touched with red. Gilt tooled morocco binding, English work, s. xviii. Secundo folio (f. 3) *Memoria de sancto georgio*.

Written in the Low Countries for English use.

13. *Horae* s. xv med.

1. ff. 1ᵛ–13 Calendar in red and black.

Feasts in red include translation of Edward k. (13 Oct.). 'pape' and Thomas of Canterbury not tampered with. ff. 1, 13ᵛ blank.

2. ff. 14–43ᵛ Hours of B.V.M. of the use of (Sarum), ending imperfectly.

Hours of the Cross worked in. Memoriae after Lauds of Holy Spirit, Trinity, Cross, Michael, John Baptist, Peter and Paul, Thomas of Canterbury, Laurence, Nicholas, 3 virgins (Katherine, Margaret, Mary Magdalene), Relics, All Saints, peace.

3. ff. 44–59 Penitential psalms, beginning imperfectly, (f. 51) 'Quindecim psalmi' (cues only of the first 12), and (f. 53) 'Letania'.

f. 59ᵛ is blank.

4. ff. 60–89ᵛ Office of the dead, beginning and ending imperfectly.

5. ff. 90–101 Commendation of souls, beginning imperfectly.

ff. ii + 102 + ii, foliated (i, ii), 1–38, 38*, 39–101 (102–3). 148 × 108 mm. Written space 105 × 70 mm. 17 long lines. Collation: 1⁶ + 1 before 1 2⁶ 3⁸ wants 7 after f. 19 4–6⁸ 7⁸ wants 1 before f. 44 8⁸ + 1 after 8 (f. 59) 9⁸ wants 1 before f. 60 10–11⁸ 12⁸ wants 8 after f. 89 13⁸ 14⁴. Initials: (i) in colours on gold grounds with border ornament (the initial on f. 14 is historiated and the border continuous); (ii) in gold on coloured grounds, with border sprays; (iii) red with blue ornament or gold with lilac ornament. Line-fillers in Litany in gold and blue. Capital letters in the ink of the text are touched with red. Binding of s. xix labelled 'Missale'. Secundo folio (f. 15) *lite obdurare*.

Written in England. Bookplate inscribed 'In Memoriam Mary Iveson Wilson deceased Presented to The Very Revᵈ Dean Francis I. Hall with the compliments of the Executors Andrew M. Jackson Thos. C. Jackson Christmas 1907'.

14. *Horae*   s. xv in.

1. ff. 1–6^v Calendar in red and black.

Spellings include Eswardi, Esmundi, Zwichini. 'pape' and Thomas of Canterbury defaced.

2. ff. 8–26 Incipiunt hore beate marie semper uirginis (use of Sarum).

Hours of the Cross worked in. Memoriae after Lauds are the same series as above MS 11 art. 5.

3. ff. 28–30 Has uideas laudes—Salve regina, farced with Salue uirgo uirginum.

RH, nos. 7687 and 18318.

4. ff. 30^v–31 O intemerata . . . orbis terrarum. Inclina . . . Masculine forms.

5. ff. 31^v–32^v Obsecro te . . . Masculine forms.

6. ff. 32^v–33^v Aue mundi spes maria. *RH*, no. 1974.

7. ff. 34–5 Uirgo templum trinitatis, with rubric, as above MS 10 art. 9.

8. ff. 35^v–37 Ad ymaginem domini nostri. Oracio. Omnibus consideratis paradisus uoluptatis . . .

RH, no. 14081, as above MS 10 art. 10.

9. f. 37^{rv} Incipit oracio uenerabilis bede presbiteri de qua fertur cotidie— Domine ihesu christe qui septem uerba . . .

10. ff. 37^v–38^v Prayers: (*a*) Precor te piissime domine ihesu christe . . . (as above MS 10 art. 12), and (*b*) Deus qui uoluisti pro redemptione mundi . . .

11. ff. 38^v–39^v Collecta. Ave domine ihesu christe uerbum patris . . .

Five salutations and prayers at Mass; as above MS 11 art. 17, but omitting last, O anima christi.

12. ff. 40–49^v Penitential psalms, (f. 43^v) Quindecim psalmi (cues only of first 12), and (f. 44^v) Litany.

13. ff. 50–59^v Office of the dead, beginning imperfectly.

14. ff. 61–7 Incipiunt commendaciones animarum.

f. 67^v blank.

15. ff. 68–70 Incipiunt psalterium de sancta cruce.

f. 70^v blank.

16. ff. 71–7 Incipit psalterium sancti iheronimi Verba mea auribus . . . (f. 77) Liberator animarum mundi redemptor . . .

f. 77^v blank.

17. (added, s. xv) foot of f. 49^v Prayers 'pro peste mutorum animalium', 'pro mortalitate hominum', and 'pro fame et pestilencia'.

ff. 77 + iv. ff. 78–81 (two bifolia) are from a single leaf perhaps, ruled in two columns, discarded after 11 lines on f. 81^v had been written; f. 81 was pasted down. 210 × 150 mm. Written space

134 × 82 mm. 26 long lines. Ruling in violet ink. Collation: 1⁶ 2⁸ wants 5 before f. 12 3–4⁸ 5⁶ 6⁸
7⁸ wants 3 before f. 50 8–9⁸ 10⁶; together with five inserted leaves, ff. 7, 19, 23, 27, 60, (others
now missing). 5 full-page pictures on verso sides of the inserted singletons, the rectos left blank:
3 to art. 2 (Annunciation, Scourging, Descent from cross; the others (5) lost), 1 to art. 3 (B.V.M.
and Child), and 1 to art. 14 (souls in sheet carried by angels before God); no border ornament,
apart from small sprays: the style is similar to MS 10 above. Initials: (i) in colours on gold
grounds; (ii, iii) in two sizes, in gold on coloured grounds; (iv) blue with red or gold with blue-
grey ornament. Line-fillers, in Litany only, in red and blue and gold. Continuous borders on
pages with initials of type (i). Contemporary binding of bevelled wooden boards covered with
pink leather, missing from lower cover; strap-and-pin fastening, missing. Secundo folio (f. 9)
super celos.

Written in the Netherlands for English use. 'Liber Geo: Meynell Jun: ex dono Patris carissimi
169⁵6 teste Barba: Medcalfe de Barningham', f. i. 'Roger Man', 'William Alincon', s. xviii
scribbles, f. 78ᵛ. '2231', inside front cover.

15. *Horae*   s. xv¹

1. ff. 3–8ᵛ Calendar in red and black.

'pape' erased, but not Thomas of Canterbury.

2. ff. 9–42ᵛ Hours of B.V.M. of the use of (Sarum), beginning imperfectly.

Hours of the Cross worked in. Memoriae after Lauds of Holy Spirit, Trinity, Cross, Michael,
John Baptist, John ev., Nicholas, Katherine, Margaret, Relics, All Saints, and peace.

3. f. 42ᵛ Salve regina, ending imperfectly.

f. 43ʳᵛ blank.

4. ff. 44–61ᵛ Penitential psalms, beginning imperfectly, and Litany, ending
imperfectly.

5. ff. 62–92ᵛ Office of the dead, beginning imperfectly.

6. ff. 93–105ᵛ Commendation of souls.

7. ff. 106–7 Confiteor tibi domine pater ihesu christe quia ego peccator peccaui
nimis . . .

8. f. 107 Deus vniuersitatem in te credentium . . .

9. ff. 107ᵛ–109ᵛ Aue virgo virginum que uerbo concepisti. Aue lactans filium . . . ,
RH, no. 2271.

f. 110ʳᵛ blank.

ff. 2ʳᵛ, 15ʳᵛ, 92ᵛ have added prayers, etc., in Latin and English (Confession and Prayer of
Humble Access from Book of Common Prayer Communion), and supply text missing after f. 14
(s. xvi, xvii ?).

ff. ii + 108, foliated 1–110. 172 × 123 mm. Written space 102 × 70 mm. 16 long lines. Collation
of ff. 3–110: 1⁶ 2⁸ wants 1 before f. 9 8 replaced later (f. 15) 3⁸ 4⁸ wants 5 and inserted singleton
after f. 27 5⁸ wants 6 after f. 35 6⁸ wants 6 replaced later (f. 43) 7–8⁸ 8⁸ wants 1 before f. 62 10–
14⁸ 15⁶ wants 2–5 (blank ?) after f. 109. Initials: (i) 4-line, in colours on gold grounds; (ii) 2-line,
in gold on coloured grounds; (iii) 1-line, blue with red ornament or gold with violet ornament.

Line-fillers, in Litany only, in gold and blue. Pages with initials of type (i) have continuous borders. Binding of pasteboard, s. xvi (?), without covering. Secundo folio (f. 9) *Aue maria*.

Written in England. 'Tyme tryethe truthe Quod. Thomas. Wayte Where Wysdome Walkethe Quod Whythorne. Where wylful wyll plantethe. Wytte and Wysdome Wantethe. Quod. Thomas Whythorne. Anno Domini 1558', f. 1ᵛ; cf. Thomas Whythorne, lutenist and composer, 1528–96, *The New Grove Dictionary of Music and Musicians* (1980), xx. 393–4. 'Meᵈ' My 2 sonns Walter and Arthur Hill were amoved (?) of the tablinge from Mr Birds to the red lyon 5 dayes before the i of auguste 1635', f. 1ᵛ. 'Richard Janis His Booke 1681', f. 87ᵛ; 'An Jains her booke 1689', f. 84ᵛ.

16. *Horae*   s. xvᴵ

1. ff. 1–6ᵛ Calendar in red and black.

'pape' and feasts of Thomas of Canterbury not tampered with.

2. ff. 7–42 Hours of B.V.M. of the use of (Sarum).

Hours of the Cross worked in. Memoriae after Lauds of Holy Spirit, Trinity, Cross, Michael, John Baptist, Peter, Nicholas, Laurence, Katherine, Relics, All Saints, and peace.

3. f. 42ʳᵛ Salve regina misericordie . . . Omnipotens sempiterne deus qui beate gloriose semperque uirginis . . .

4. ff. 43–61 Penitential psalms, Quindecim psalmi (cues only of first 12), and Litany.

ff. 61ᵛ–62ᵛ blank.

5. ff. 63–89ᵛ Office of the dead.

6. ff. 90–104 Commendations of souls. f. 104ᵛ is blank.

7. ff. 105–110ᵛ Psalms of the Passion.

8. ff. 111–19 Fifteen Oes of St. Bridget.

ff. 119ᵛ–120ᵛ blank.

ff. 120 + iii. ff. 121–123 are medieval flyleaves. 79 × 56 mm. Written space 49 × 36 mm. 16 long lines. Ruled in ink. Collation: 1⁶ 2–12⁸ 13¹⁰ 14–15⁸. Initials: (i, ii) 4- and 2-line, blue with red ornament; (iii) 1-line, plain blue or red. Capital letters in the ink of the text touched with red. Binding of s. xvii (?), rebacked. Secundo folio (f. 8) *cut in*.

Written in England. 'Ex lib Ioannis Yaxlee nunc J: M: ex dono R:R.', s. xviii, f. 1; Yaxlee, a RC priest, died at Coxhoe (Co. Durham), leaving books to the Vicars Apostolic of the North.

17. *Horae*   s. xv/xvi

1. ff. 1–9ᵛ Calendar in red and black.

Feasts in red include Dedicatio ecclesie (5 May), Claud (6 June), Ferreolus, Antidius (16, 17 June); in black, Renobert (24 Oct.).

2. ff. 10–49 Hours of B.V.M. of the use of (Besançon).

Hours of the Cross and of the Holy Spirit worked in.

3. ff. 49–57 Incipit officium beate marie uirginis, for (*a*) Advent–Christmas, and (*b*) (f. 53ᵛ) Christmas–Purification.

f. 57ᵛ blank.

4. ff. 58–71ᵛ Penitential psalms and Litany.

Thirty-two martyrs: (4–6) Ferreolus Ferrucius Anthidius . . . (19–20) Mammes Gengulphus . . . (32) Maymbodus.

5. ff. 72–91ᵛ Office of the dead.

Lection ix is Quare lacero carnes meas.

6. ff. 91ᵛ–93 Te inuocamus—Omnipotens sempiterne deus qui dedisti famulis tuis in confessione . . .

7. ff. 93ᵛ–94ᵛ O domine iesu christe adoro te in cruce pendentem . . . , repeated at art. 10 below.

The Seven Oes of St Gregory.

8. ff. 94ᵛ–97 Obsecro te . . . Masculine forms.

9. ff. 97–100 O intemerata . . . orbis terrarum. De te enim . . . Masculine forms.

10. ff. 100ᵛ–101ᵛ Domine iesu christe adoro te in cruce pendentem . . . , repeating art. 7 above.

11. ff. 101ᵛ–102ᵛ Memoriae of Vigor, and Benignus.

12. ff. 102ᵛ–105ᵛ Prayers and canticles, ending imperfectly: (*a*) Oratio dicenda ante missam Deus qui de indignis dignos . . . ; (*b*) Oratio deuota beati thome de aquino post missam dicenda. Gratias tibi ago domine sancte pater . . . gaudium sempiternum; (*c*) Alia oratio ad Beatam mariam O serenissima et inclita mater . . . ; (*d*) Benedicite; (*e*) Laudate dominum; (*f*) Nunc dimittis; (*g*) Deus qui tribus pueris mittigasti flammas . . . ; (*h*) Actiones nostras . . . ; (*i*) Assit nobis . . .

ff. ii + 105 + ii. 134 × 95 mm. Written space 77 × 45 mm. 20 long lines. Collation: 1⁸ + 1 after 8 (f. 9) 2–13⁸. Written in a set cursiva. 14 ⅔-page pictures: 9 in art. 2 (Annunciation, Crucifixion, Pentecost, Stable – Coronation of B.V.M.; no picture before Lauds), and 1 each before arts. 4 (David praying), 5 (Job), 6 (Christ in arms of Father), 7 (Mass of St Gregory), and 10 (Crucifixion). Initials: (i, ii) 3-/5-, and 2-line, in alternately blue and pink lined with white, on matt gold grounds; (iii) 1-line, in matt gold on alternately blue and red grounds. Line-fillers, in Litany only, matt gold on red or blue. Continuous borders on picture-pages, the grounds matt gold. English binding, s. xix. Secundo folio (f. 11) *exacerbatione*.

Written in France. A piece has been cut from the lower border of f. 10 and a shield inserted in its place; the first quarter is also sketched in the lower border of f. 29. A note on an inserted piece of paper suggests that these are the arms of 'Peter Bolomier (Rossillione), d. 1461', and refers to R. de Lurion, *Nobilière de Franche Comté* (1890), and J. Jauthier, *Armorial de Franche-Comté* (1911). Bookplate of Lord Brougham and Vaux, inside front cover. 'Bought at Johnsons, Trinity St. Cambridge in 1886', f. iᵛ, probably by Joseph Edleston, fellow of Trinity College Cambridge and vicar of Gainford (Co. Durham); bookplate of Alice Edleston of Gainford, f. i; presented by her in 1953.

18. *Missale* s. xiv²

A Sarum missal, described by E. Stephens, 'A Missal of James Goldwell, Bishop of Norwich 1472–1499', *Ushaw Magazine*, 57 (1947), 37–44, with slightly reduced facsimile of ff. 246ᵛ–247. Reduced facsimiles of ff. 209 and 326, *Burlington Magazine*, 130, (1988), 112–13. Only art. 3 has musical notation.

Alterations comprise erasures, most especially in art. 5, substitutions in arts. 5 and 8, a change in the position of art. 3, and supplements in arts. 16–20.

1. ff. 13–18ᵛ Sarum calendar in gold, blue, red, and black.

Feast of relics (15 Sept). Added: Visitation of B.V.M., translation of Osmund, translation of Hugh, and deposition of Osmund (2, 16 July, 6 Oct., 4 Dec.).

2. (quires 4–26) ff. 19–198ᵛ Temporal, Advent – Easter Eve.

Cf. *Missale Sarum*, Burntisland edn., pp. 1–358; the secret for the 2nd Sunday after the octave of Epiphany is Ut tibi grata. Type (i) initials to *M*issus (f. 13), *P*uer (Christmas), *D*eus (Circumcision), *E*cce (Epiphany); (ii) to *E*t enim (Stephen), *E*x ore (Innocents), *D*eus (Thomas of Canterbury). Ash Wednesday begins a new quire (11), with a change of hand, f. 72.

3. (a) ff. 199–200 (added leaves) Ordinary of Mass; (b) (quires 28–9) ff. 201–211ᵛ Prefaces and Canon of Mass.

(b) For a note indicating the original position of this matter, see art. 4 below. One leaf missing immediately before Te igitur, f. 206. f. 200ᵛ blank.

4. (quires 30–42) ff. 212–309ᵛ Temporal, Easter – Sunday before Advent, followed by Wednesday of 13th week after Trinity epistle and gospel.

Cf. *Missale Sarum*, Burntisland edn., pp. 359–536, 500–2. The note at the foot of f. 283 refers to the provision for Wednesday in 13th week being 'in fine temporalis ante prephaciones', with the last two words erased and 'Ante vigiliam sancti andree' added, s. xv, so reflecting the change in the placing of the matter in art. 3(b). Type (i) initials to *R*esurrexi (Easter), *U*iri (Ascension), *S*piritus (Pentecost), *B*enedicta (Trinity), *C*ibauit (Corpus Christi); (ii) to *D*omine (first Sunday after Trinity).

5. ff. 310–99 Sanctoral, vigil of Andrew – Saturninus.

Cf. *Missale Sarum*, Burntisland edn., pp. 657–984. ff. 335–46 are two replacement quires (47–8), Invention of Cross collect – translation of Richard postcommunion ii, as edn. 742–70, except: John of Beverley, cross-reference to Common only; Germanus, cues only. The first word on f. 347 'auxiliis' is the last in translation of Richard postcommunion ii. Type (i) initials to *D*ominus (f. 310), *G*audeamus (All Saints); (ii) to *S*uscepimus (Purification of B.V.M.), *D*eus (Annunciation of B.V.M.), *D*e uentre (John Baptist), *N*unc (Peter and Paul), *G*audeamus (Assumption and Nativity of B.V.M.).

6. ff. 399–400 In dedicacione ecclesie.

Cf. *Missale Sarum*, Burntisland edn., pp. 549–54.

7. ff. 400–33 Common of saints.

Cf. *Missale Sarum*, Burntisland edn., pp. 657*–730*/4.

8. ff. 433–441ᵛ Masses of Trinity, Holy Spirit, Cross, B.V.M., angels; collect, secret, and postcommunion of All Saints.

Cf. *Sarum Missal*, pp. 384–91, 459, 394. ff. 437–9 are three replacement leaves containing the matter of *Missale Sarum*, Burntisland edn., pp. 779*/7 up–781*, followed by sequences of B.V.M.: Post pa[r]tum, Aue maria gratia plena Dominus tecum uirgo serena, Letabundus, Hac clara die, Aue mundi spes, Hodierna lux, of which the last is mostly written over erasure on f. 440ʳa.

9. ff. 441ᵛ–447ᵛ Collect, secret, and postcommunion of nineteen votive masses.

Cf. *Missale Sarum*, Burntisland edn..: Oracio pro episcopo (816*, added later over erasure), Pro uniuersali ecclesia (827*), Pro pestilencia animalium (812* with postcommunion Tu rite quesumus), Pro prelatis et subditis (817*), Pro peccatis (full office, 792*–794*), De pace (827*–828*), Missa pro penitentibus (full office, 813*–814*/794*–795*), Contra temptaciones carnis (818*), Contra malas cogitaciones (819*), Ad inuocandam sancti spiritus gratiam (787*–788*), Missa pro papa (815*), Missa pro rege (828*), Pro seipso (817*–818*), Pro fratribus et sororibus (741*–743*), Pro iter agentibus (815* with postcommunion Deus qui diligentibus), A[d] pluuiam postulandam (804*–805* with postcommunion Tuere nos quesumus), Pro aeris serenitate (802*–804*), Missa pro infirmo (799*–800*), Commemoracio incarnacionis (825*).

10. ff. 447ᵛ–453ᵛ Missa pro defunctis.

Sarum Missal, pp. 431–3; followed by twelve sets of collect, secret, and postcommunion of the 19 ibid. 434–42: Oracio pro tricennali (12), Oracio generalis (19), Missa pro episcopo (2), Pro anima unius sacerdotis (3 with secret Presta quesumus omnipotens et misericors deus ut anima famuli tui N. sacerdotis hiis purgata sacrificiis . . .), Pro patre et matre (7), Pro femina defuncta (17), Pro benefactoribus (9), In anniuersario (10), Pro fratribus et sororibus defunctis (11), Pro familiaribus (14), Pro uno defuncto (15), Pro hiis qui in cimiterio requiescunt (18).

11. ff. 453ᵛ–456 Missa generalis.

Four sets. *Sarum Missal*, pp. 442–5.

12. ff. 456–457ᵛ Omnibus dominicis diebus per annum post capitulum fiat benediccio salis et aque hoc modo.

Sarum Missal, pp. 10–12.

13. ff. 457ᵛ–458 Hec sunt festa quibus cantandum est Credo in deum.

Cf. *Sarum Missal*, p. 15.

14. ff. 458–60 Benedictio uestimenti crucis . . . Pro iter agentibus . . . Benedictio pere et baculi . . .

Sarum Missal, pp. 453, 451–2.

15. f. 460ʳᵛ Two masses: (*a*) pro iter agentibus; (*b*) de pace. Et pro fratribus et sororibus.

(*a*) Cf. *Missale Sarum*, Burntisland edn., pp. 856*–858*, the office cue here being Salus populi; (*b*) breaks off at the foot of f. 460ᵛ in the collect, and the texts are repeated on f. 461, art. 17*a* below.

Arts. 16–20 are on added quires, 1–2, 64–70, s. xv; arts. 16–18 in one hand. Cf. Stephens, art. cit., pp. 39–42.

16. ff. 3–12ᵛ Offices and memoriae, supplementing abbreviated forms in art. 5 above, of: Edward k. and conf. (mem.), David, Chad, Chad ('In commemoracione': cues of Alleluia verse and of gospel), Wulfstan, Richard bp. and conf., Swithun

(mem.), relics, Kenelm (mem.), Anne, Romanus m. (mem.), Agapitus (mem.), Magnus m. (mem.), Timothy and Symphorian (mem.), Cuthberga, Gorgonius (mem.), Protus and Jacinthus (mem.), translation of Edward k. and conf., Quintin (mem.), 'In commemoracione animarum', Eustace (mem.), Winefred, Hugh.

For the text here for David, see S. M. Harris, *St. David in the Liturgy* (1940), 28.

17. Masses: (*a*) ff. 461–2 pro fratribus et sororibus; (*b*) ff. 462–464ᵛ de nomine Ihesu.

Missale Sarum, Burntisland edn., pp. 741*–743*, 846–52. (*a*) cf. art. 15*b*.

18. ff. 465–97 Sixty-five sequences for Temporal, Dedication, Common of saints, and Sanctoral, for which only cues are provided in arts. 2, 4–7.

19. ff. 497–9 collect, secret, and postcommunion of six votive masses.

Missale Sarum, Burntisland edn.: pro rege (785*–786*), pro tricennali (869*–870*), pro parentibus et benefactoribus (871*–872*), pro quacumque tribulacione (813*), pro quibus orare tenemur (878*), in vtroque festo sancti Osmundi (811–813).

20. f. 499ᵛ (*a*) tracts 'pro episcopis et pro corpore presenti [S]icut ceruus . . . ', and 'In omnibus aliis missis pro defunctis [D]e profundis . . . '; (*b*) epistle for the common of a martyr.

ff. ii + 500, foliated 1–33, 33*, 34–125, 125*, 126–500. ff. 1, 2 are medieval endleaves. 193 × 130 mm. Written space 144 × 86 mm. 2 cols. 25 lines. Ruled in ink. Collation of ff. 3–500: 1⁸ 2 two (ff. 11, 12) 3⁶ 4–9⁸ 10⁶ 11–26⁸ 27 two (ff. 199, 200) 28⁶ wants 6 after f. 205 29⁶ 30–41⁸ 42² 43–45⁸ 46 one (f. 334) 47⁸ 48⁴ (ff. 343–6) 49 one (f. 347) 50–60⁸ 61⁸ + 3 leaves (ff. 437- 9) inserted after 1 62⁸ 63⁶ 64⁴ 65–68⁸ 69 two (ff. 497–8) 70². Crucifixion picture (?) on leaf gone before f. 206 (Te igitur). Initials: (i) 4-line, in arts. 2, 4–5 (see above) and to arts. 3 (*Te igitur*) and 7, in colours, on gold and coloured grounds, extended to form a (nearly) continuous frame; (ii) 3-line, in arts. 2, 4–5 (see above), and 7, as (i), less extended; (iii, iv) 2- and 1-line, gold, alternately on grounds of pink and blue patterned with white, and ornamented in grey-green or, ff. 348–372ᵛ and 404–427ᵛ, violet, with many highlighted with red and blue saw-patterns and gold; or, in art. 3(*b*), (iii) 2-line, gold with violet ornament, most highlighted with red and blue saw-patterns and gold; (iv) 1-line, blue with red ornament, or red with violet ornament. Capital letters in the ink of the text filled with yellow; in art. 3 and on ff. 465–97 their place is taken by coloured initials, either blue with red ornament or gold with blue-grey ornament and (art. 3 only) violet. Vellum binding over pasteboard, s. xvii; gilt cornerpieces. Secundo folio *Deus qui*.

Written in England. 'Estwell. Ex dono Reuerendi patris et domini Iacobi Goldwell quondam episcopi Norwicen'. Anno domini MᵒCCCCC4ᵒ', f. 2ᵛ; presumably therefore a bequest by Bishop Goldwell, a native of Great Chart in Kent, d. 1499, to the neighbouring parish of Eastwell. 'William Goodman (?)', 'Henry Godman', scribbles, s. xvii, f. 2. Given by Dr Lingard: 'Collegio Cath. Ushaviensi ex Bibliotheca Hornbeiana 1812', f. 2ᵛ.

19. *Compendium theologice veritatis*   s. xvⁱ

(f. 3) Liber primus de natura diuinitatis. Quod deus est .1.—(f. 9ᵛ) Numeratio celestium gaudiorum. .29. Incipit prologus in compendium theologice ueritatis.

(f. 10) Ueritatis theologice sublimitas . . . (f. 215) recipiet sine fine que nobis prestare—amen.

Printed frequently, usually under the name of Albertus Magnus; here in 7 books, and, as commonly in manuscripts, anonymous. The text is preceded by a table of chapters to each book. Forty-one leaves cut out, see collation below; also the outer margins of some leaves, without loss of text. f. 215^v blank.

ff. ii + 213, foliated 1–54, 56–216. ff. 1, 2 are medieval parchment endleaves; f. 1 was, and f. 216 is, pasted down. Finer parchment from f. 65 onwards, where the size of the quires and the number of lines per page increases. 168 × 118 mm. Written space c.114 × 70 mm. 22, or, from f. 65 onwards, 25 long lines. Collation of ff. 3–216: 1–2^8 3^8 wants 4–8 after f. 21 4^8 wants 1 before f. 22 5^8 wants 1 before f. 29 6^8 7^8 wants 6–8 after f. 48 8^8 wants 1–8 9^8 wants 2 after f. 49 10^8 11^{10} wants 1–10 12^{10} wants 1–3 before f. 65 10 after f. 70 13^{10} wants 1, 2 before f. 71 14–15^{10} 16^{10} wants 8, 9 after f. 105 17^{10} wants 1–3 before f. 107 18–23^{10} 24^{10} wants 9 after f. 181 25–26^{10} 27^8 28^6 6 pasted down. Quires 5–14 signed d–n. Written in textura. Initials: (i) to books, 5-line, red and blue, with red and violet ornament; (ii) to chapters, 2-line, red or, in a few places, blue. Capital letters in the ink of the text are lined with red. Contemporary binding of slightly bevelled wooden boards, covered with pink-stained leather, spine covering missing; two clasps, now missing. Secundo folio (f. 4) *De impressionibus*, (f. 11) *enim fides*.

Written in the Netherlands, perhaps in the vicinity of Utrecht to judge by the style of the ornament. 'Pertinet sororibus in bethleem prope traiectum .xxv', s. xv, f. 1^v; cf. M. Schoengen, *Monasticon Batavum*, i. 184–5. 'Pertinet henrico zanten presbitero', s. xv/xvi (?), f. 1^v.

20. *Horae*　　　　　　　　　　　　　　　　　　　　　　　　　　　　s. xv^2

Colour facsimile of opening with start of Sext, *To the Greater Glory of God*: catalogue of an exhibition held at the Bar Convent Museum York (1987), no. 6.

1. ff. 3–14^v Full calendar in French in gold, and alternating blue and red.

Feasts in gold include Gervais, Eloy, Denis, Romain.

2. ff. 15–22 Sequentiae of the Gospels.

3. ff. 23–28 Obsecro te . . . Masculine forms.

4. ff. 28–32^v O intemerata . . . orbis terrarum de te enim . . . Masculine forms.

5. ff. 33–120^v Hours of B.V.M. of the use of (Bourges).

Hours of the Cross and of the Holy Spirit worked in.

6. (added, s. xvi in.) f. 121^{rv} Memoria of Katherine.

7. ff. 122–142^v Penitential psalms and Litany.

Ursinus and Guillermus are first and second among confessors.

8. ff. 143–199^v Office of the dead.

9. (*a*) ff. 200–201^v Salve regina . . . ; (*b*) ff. 201^v–203 Inuiolata integra et casta . . . ; (*c*) ff. 203–4 Aue regina celorum aue domina angelorum . . . ; (*d*) ff. 204^{rv} O glorieuse uierge marie A toy me rens et sy te prie . . . ; (*e*) ff. 205^v–207^v Marie dame toute belle. Vierge pucelle pure et monde . . .

(*b, c*). *RH*, nos. 9094, 2070. (*d, e*). Sonet, nos. 675, 1094.

10. ff. 207^v–210^v, 211^v–213^v Prayers to Christ: Domine iesu christe qui hanc sacratissimam carnem . . . (f. 208) Anima christe sanctifica me . . . (f. 208^v) Aue verum corpus . . . (f. 209) O bone iesu per tuam misericordiam . . . (f. 210) Iesus nazarenus rex tocius mundi . . . ; (f. 211^v) Benedicatur hora . . . (f. 212) Aue te omnes anime . . . (f. 212^v) Domine iesu christe salus et liberatio . . .

11. ff. 210^v–211^v Memoriae for peace, and of Katherine.

12. ff. 214–215^v Domine ihesu christe adoro te in cruce pendentem . . .

Nos. 1, 2, 4, 7, 3 of the Seven Oes of St Gregory.

13. f. 215^v Memoria of John Baptist.

The endleaves and the margins throughout are extra-illustrated with coloured woodcuts cut from an early sixteenth-century printed missal.

ff. ii + 213 + ii, foliated 1–217. 203 × 140 mm. Written space 78 × 56 mm. 13 long lines. Ruled in pink ink. Collation of ff. 3–215: 1^{12} 2–3^8 4 two (ff. 31–2) 5–7^8 8 one (f. 57) 9^8 wants 7 after f. 63 10–14^8 15^8 wants 5 after f. 108 16^8 17^2 (ff. 120–1) 18–28^8 29^6. Pictures, according to Dr O. Pächt, in the style of work done for the Duc d'Armagnac, c. 1475: (a) 16 ⅔-page pictures, 10 in art. 5, and 1 each before arts. 2 (St John), 3 (Pietà before the cross), 6 (St Katherine; added), 7 (David), 8 (carrying of a bier), 10 (Mass of St Gregory); (b) 14 smaller pictures, 3 in art. 2 (evangelists), and 11 in art. 5 in border roundels. In art. 5 the larger pictures before Matins and Lauds represent the Annunciation and the Visitation and, before Prime–Compline, scenes of the Passion; the smaller pictures form a Manger – Coronation series (Prime–Compline), and on f. 55 (Matins) illustrate 5 scenes from the life of the B.V.M. Initials: (i) 3-line, blue patterned with white on gold grounds and either filled with red patterned with gold or with decoration in colours; (ii) 2-line, alternately pink and blue patterned with white on gold grounds decorated in colours; (iii) 1-line, in gold on pink and blue grounds patterned with white. Full borders on picture-pages, the height of the text in outer margin of all other pages; the border to art. 8 contains a beggar and four friars (?: Servite, Franciscan, Carmelite, and Dominican). French binding, s. xv ex., of wooden boards covered with brown leather bearing small stamps: lamb and flag, dragon, rose, and another; the design is a central panel of three vertical rows enclosed by a triple panel; rebacked; two clasps missing. Secundo folio (f. 16) de lumine.

Written in France.

21. *Horae*   s. xv^2

1. ff. 1–12^v Calendar in French in gold and red, sparsely filled.

Feasts in gold include Ursin (11 June and 29 Dec.), 'les trespasses' (2 Nov.).

Arts. 2–4 are on quires 3–4.

2. ff. 13–16^v Obsecro te . . . Feminine forms.

3. ff. 16^v–20 O intemerata . . . orbis terrarum. De te enim . . . Feminine forms.

4. ff. 20–5 Sequentiae of the Gospels.

John followed by the antiphon Te inuocamus and prayer Protector in te sperantium. ff. 25^v–26^v blank.

5. ff. 27–65 Hours of B.V.M. of the use of (Rouen), beginning imperfectly.

Single leaves are missing at the beginning and after ff. 35, 48, 49, 51, 52, 60, 61. ff. 53, 60 are supply leaves of rather later date. Memoriae after Lauds of Nicholas, Katherine, Michael, and Martin, followed by a blank page, f. 48ᵛ (7⁸).

6. f. 65ʳᵛ Memoria of Barbara (Gaude virgo gloriosa Barbara tu preciosa Paradisi . . . , not in *RH*), ending imperfectly.

Arts. 7–8 are on quire 11.

7. ff. 66–67ᵛ Hours of the Cross, wanting the first leaf.

8. ff. 68–69ᵛ Hours of the Holy Spirit, wanting the first leaf.

9. ff. 70–82ᵛ Penitential psalms, beginning and ending imperfectly, and Litany, beginning and ending imperfectly.

Two leaves missing after f. 79.

10. ff. 83–111 Office of the dead, beginning imperfectly.

f. 111ᵛ blank.

ff. 111. 161 × 118 mm. Written space 93 × 68 mm. 16 long lines. Ruling in pink ink. Collation: 1⁴ 2–3⁸ 4⁶ 5⁸ wants 1 before f. 27 6⁸ wants 3 after f. 35 7⁸ 8⁸ wants 1 before f. 49 3 after f. 49 6 after f. 51 8 after f. 52 9⁸ 1 and 8 (ff. 53 and 60) later supplies 10⁸ wants 1 before f. 61 3 after f. 61 8 after f. 65 11⁶ wants 1 before f. 66 4 after f. 67 12⁸ wants 1 before f. 70 13⁸ wants 4–5 after f. 79 14⁸ wants 1 before f. 83 15–16⁸ 17⁶. Catchwords written vertically on quires 5–6 and 12–16. One main hand, and three other hands: for quires 2–4; quire 8, with slightly different decoration; quire 11; a further hand wrote the two later supply leaves, and was responsible for 7 lines, with an initial, on f. 56ʳᵛ. Two 12-line pictures remain: for Sext (f. 54, Magi) and None (f. 57ᵛ, Presentation). Initials: (i, ii) 4- and 2-line, in pink or blue patterned with white, on decorated gold grounds; (iii) 1-line, in gold, on grounds of pink and blue patterned with white. Type (ii) initials on the supply leaves, ff. 53 and 60, in grey and white, enclosing a single flower. Capital letters in the ink of the text filled with yellow. Line-fillers in pink and blue patterned with white, and gold. Borders: continuous on picture pages; the height of the written space in the outer margin of all other pages, generally mirror-images on the two sides of one leaf. Binding of s. xviii. Secundo folio (f. 14) *in apostolo*.

Written in France. 'Bailiff', s. xvii (?), f. 2 foot. Paper label stuck inside front cover: 'N° 1 2 Illuminations', s. xviii ex. (?); '£3.10.0', in pencil.

22. *Horae*   s. xv²

1. ff. 2–6ᵛ Full calendar in French, in gold, red, and alternating blue and pink, August–December only.

Feasts in gold include Francis and Clare. Spellings include Bethremieu and Mahieu.

2. ff 7–14ᵛ Sequentiae of the Gospels.

3. ff. 15–26 Hours of the Holy Spirit.

4. ff. 26–27ᵛ Deuotes salutacions au sacrament del aultel. Aue domine ihesu christe uerbum patris . . .

5. ff. 28ᵛ–104ᵛ Hours of B.V.M. 'Selonc lusaige de le court Romaine'.

6. ff. 105–106ᵛ Les viii vers saint bernard. Illumina . . .

7. ff. 107–136^v Penitential psalms and Litany.

Among virgins, (9–12) Marguereta, Gertrude, Waldetrude [of Mons], Ragenfred [of Denais, near Valenciennes].

8. ff. 137–148^v Hours of the Cross.

9. ff. 149–198^v Chi apres sensieult les vegilles.

Office of the dead.

10. ff. 199–203^v Obsecro te . . . Masculine forms.

11. ff. 203^v–211 Sensieult deuote salutation a le vierge marie. Missus est gabriel angelus . . .

12. f. 211^{rv} Dittes che qui sensieult quand on lieue le corps nostre seigneur. Aue uerum corpus natum . . . Quand on lieue le calisce. Anima christi sanctifica me . . .

13. ff. 212–16 Memoriae of Christopher, Anthony, and Barbara (*RH*, no. 34601).

14. ff. 216–217^v Epistola saluatoris nostri ihesu christi. Benedictus es rex abagare qui me non uidisti . . . ubicumque fueris.

15. f 217^v Memore de le sainte trinite Benedicta sit creatrix et gubernatrix omnium . . . , ending imperfectly.

A faded text in French, s. xvi/xvii, occupies f. 1^r.

ff. i + 216, foliated 1–217. f. 1 is a medieval endleaf. 162 × 126 mm. Written space 90 × 66 mm. 14 long lines. Ruling in red ink. Collation of ff. 2–217: 1^6 wants 1 2–13^8 14^4 (ff. 103–6) 15–27^8 28^8 wants 8. Twenty ¾-page pictures, 4 to art. 2 (evangelists), 8 to art. 5 (Annunciation – Flight into Egypt), 3 to art. 13, and 1 each to arts. 3, 7 (Christ seated on throne blessing), 8, 9, 10 (suppliant woman, supported by a Franciscan, identified in a modern note as St Bernardine of Siena, OFM, who holds an oriflamme marked 'Ihesus' before the B.V.M. and Child). Initials: (i) 4-line, in pink or blue patterned with white on gold grounds, ornamented in colours; (ii–iv) 3-, 2-, and 1-line, in gold on alternately pink and blue grounds patterned with white. Capital letters in the ink of the text filled with yellow. Line-fillers in blue, gold, and red. Continuous borders on picture-pages; a side border the height of the written space on each page, including f. 51^v which has no text. Later, s. xvi in., are (a) the border on f. 27^v in which are a suppliant knight and armorial shield (see below), (b) f. 1^v, a picture of a skeleton lying on a board, and a scroll 'penses y'. Binding of s. xviii. Secundo folio (f. 8) *Erat lux*.

Written in north-east France or Flanders. The arms in the border of f. 27^v on a shield and the doublet of kneeling man, and added to the borders on ff. 107 and 199 are: 1 and 4 azure a dragon passant or, 2 and 3 barry of six gules and argent. 'Lan xv^c at xxxiiij le iiij iour de septembre par ung vendredy au matin trespassa le capitan filbert de sucre. en Italie, en la vil[le] de milan: Priez dieu pour son ame. commandeur de halies en son temps', f. 1^v below picture. 'dom Jacobus flaueguy anno dni 1598', f. 167^v. 'Appartient a madame de bellaing 5 octobre 1598', f. 216; cf. 'Dionisi patron de bellaing' added to the calendar at 9 Oct. 'A labbe de yong de bailleul', s. xvii, f. 217^v.

23. *Horae*
s. xv med.

1. ff. 1–12ᵛ Calendar in red and black.

Feasts in red include Julian b. of le Mans (27 Jan.), Ivo, Germanus (19, 28 May), 'dedicatio ecclesie sagien' (27 Sept.), Romanus (23 Oct.); and in black Alnobertus bishop of Sées (16 May), Ravenus and Rasiphus mm. (23 July).

2. ff. 13–69ᵛ Hours of B.V.M.

The antiphon and capitulum at Prime are O admirabile and Ab inicio; at None Germinauit and Felix namque. Memoriae at Lauds of Trinity, Cross, Holy Spirit, Michael, Peter and Paul, James (O glorieux apostre renomme Par tous pais et requis en galice: 30 lines), Laurence, Sebastian, Ursinus (Ursine pater respice pia uota fidelium, not in *RH*), Nicholas, Mary Magdalene, Katherine, Genovefa (Virge doulce uirge benigne), Margaret, All Saints, and peace.

3. ff. 70–73ᵛ Hours of the Cross.

4. ff. 74–7 Hours of the Holy Spirit.

5. ff. 77ᵛ–96ᵛ Penitential psalms and Litany.

Ursinus comes next after apostles and Holy Innocents.

6. ff. 97–130 Pro deffunctis (*sic*).

7. ff. 130–133ᵛ Saint saulueur tres doulz ihesu christ Conceu de saint esperit . . . et la ioye sans fin nous donne Amen.

100 lines, cf. Sonet, no. 1844.

8. ff. 134–8 Obsecro te . . . Masculine forms.

9. ff. 138–141ᵛ O intemerata . . . orbis terrarum. De te enim . . . Masculine forms.

10. ff. 142–143ᵛ John 1: 1–14 veritatis, and prayer Protector in te sperancium . . .

ff. i + 143 + i. 172 × 130 mm. Written space 90 × 62 mm. 15 long lines. Ruled in pink ink. Collation: 1–2⁶ 3–16⁸ 17⁸ + 1 leaf (f. 133) after 8 18⁸ 19². Some catchwords in scrolls, etc. Six 3/4-page pictures, 2 to art. 2 (Matins, Annunciation, and Prime, Stable), and 1 each to arts. 3–6. Initials: (i) 4-/6-line, in blue or deep pink patterned with white, on gold grounds ornamented in colours; (ii, iii) 2- and 1-line, in gold on alternately pink and blue grounds patterned with white. Line-fillers in red, blue, and gold. Continuous framed borders on pages with initials of type (i). Capital letters in the ink of the text filled with yellow. Binding of wooden boards covered with red velvet (s. xix); two silver clasps. Secundo folio (f. 14) *Aue maria*.

Written in France. The calendar is of the diocese of Sées, but the absence of Ursinus from the calendar and his prominence in arts. 2 and 5 suggest that the rest of the book is from the diocese of Bourges.

24. *Horae*
s. xv med.

1. ff. 5–16ᵛ Calendar in French, in gold, blue, and deep pink, rather bare.

Feasts in gold include 'La dedicasse de constances', 'Saint cler martir' (12, 18 July); 'Les reliques de constances' (30 Sept.).

Arts. 2–3 are on quires 4–9.

2. ff. 17–66^v Hours of B.V.M. of the use of (Coutances), beginning imperfectly.

Hours of the Cross and of the Holy Spirit worked in.

3. ff. 66^v–68^v Memoriae of Trinity, Michael, John Baptist, Peter and Paul, James, apostles, Laurence.

Arts. 4–7 are on quire 10.

4. ff. 70–1 O domine ihesu christe adoro te in cruce pendentem . . .

Nos. 1, 2, 4, 7, 3 of the Seven Oes of St Gregory, as in MS 20 art. 12 above.

5. ff. 71–73^v Obsecro te . . . Masculine forms.

6. ff. 74–5 John 1: 1–14, followed by the prayers Protector in te sperantium and Ecclesiam tuam.

7. ff. 75–76^v Memoriae of Sebastian, Mary Magdalene, Katherine, Margaret, All Saints.

f. 77^{rv} originally blank, but ruled and with borders in outer margins.

8. ff. 79–92^v Penitential psalms and (f. 87^v) Litany.

Twenty confessors: (9–10) Laude Taurine; seventeen virgins: (3) Susanna.

9. ff. 92^v–126^v A vespres des trespasses.

Office of the dead. f. 93^{rv} blank.

10. On leaves added at the beginning and end, s. xv, and similar to the main part of the manuscript: (a) ff. 2^v–4^v Quiconques veult estre bien conseille—en la remembrance des .v. playes nostre seignuer ihesu crist. Doulz dieu doulz pere sainte trinite . . . ; (b) ff. 127–131^v Douce dame de misericorde. Mere de pitie . . .

(a) Seven Requests, (b) Fifteen Joys of B.V.M., Sonet, no. 458.

11. Added, s. xvi, on blank pages: (a) f. 2 O doulce dame de pitie Qui ton fiz sy mal appoinctie . . . ; (b) f. 69 O sancte sebastiane Semper vespere et mane . . . , RH, no. 13708; (c) f. 77^{rv} [S]ancta maria regina celorum mater christi . . . [S]alue regina . . . [D]eus qui miro ordine angelorum . . .

ff. i + 130 + i, foliated 1–132. The endleaves are probably medieval. 207 × 152 mm. Written space 103 × 76 mm. 16 long lines. Ruled in pink ink. Collation of ff. 2–131: 1 three (ff. 2–4) 2–3^6 4^8 wants 1 before f. 17 5–6^8 7^8 wants 1 before f. 42 8–16^8 17 three (ff. 129–31); together with ten blank leaves (ff. 33, 37, 46, 50, 55, 61, 69, 78, 93, 99), facing picture-pages, inserted by s. xvi, see art. 11b above. Twelve 12-line pictures, 8 to art. 2 (Visitation, Crucifixion—Matins of Cross, Pentecost—Matins of Holy Spirit, Manger, Shepherds, Magi, Flight, Coronation; Matins and Terce missing), 2 to art. 9 (skeleton emerging from an arcade strikes a woman standing in a garden with a spear-sized arrow, priest sprinkling bier at church-door), and 1 each to arts. 4 (Mass of St Gregory) and 8 (Christ seated showing wounds between B.V.M. and John Baptist, both seated, with angels above and David kneeling below with harp). Twenty-four pictures, 33 × 34 mm., set in the borders of art. 1, illustrate the signs of the Zodiac and the occupations of the months. Initials: (i, ii) 4- and 3-line, in pink and blue patterned with white, on decorated gold grounds; (iii, iv) 2- and 1-line, in gold on grounds of pink and blue patterned with white.

Line-fillers in pink and/or blue patterned with white, and gold. Capital letters in the ink of the text filled with yellow. Continuous framed borders on pages with initials of type (i), that on f. 79 in a different style; all other pages have framed borders the height of the written space in the outer margin, with a flower or, in a few cases, a creature in the middle, identical on the recto and verso of each leaf. Rubrics written in gold. Unfinished decoration in art. 10, perhaps uniform with the main part of the manuscript, comprises a sketch for a 12-line picture, f. 127 (B.V.M. and Child), and buff paint base for gold (?) initials and borders. Binding of old (?) wooden boards, covered in s. xix. Secundo folio (f. 17) *dines montium*.

Written in France. Armorial bookplate, s. xviii: N. J. Foucault, inside front cover; Sir John Anstruther of that ilk Baronet, f. 1ᵛ. Foucault owned four Coutances Books of Hours now Oxford Bodleian Library MSS Rawl.liturg.e.15, 16, 18, 19.

26. *Vita beate virginis Marie et salvatoris rhythmica*   s. xiii ex.

Incipit glosa de beata virgine Cum diuersorum sanctorum gesta seu series—(f. 1ᵛ) omnes athenienses cum eo. Amen. Incipit prologus in vitam dilectissime ac beatissime laudande virginis Marie matris ihesu christi filii dei Sanctus epyphanius doctor ueritatis / Salamie pontifex—(f. 2ᵛ) et ihesum collaudare Incipit uita gloriossime uenerabilis et amabilis virginis Marie matris ihesu filii dei. Et primo dicit de ortu et natiuitate ipsius marie et de sanctitate parentum ipsius In ciuitate nazareth de terra galylea / Homo quidam habitabat ortus ex iudea . . . (f. 141ᵛ) Subtrahitur et emulis occasio mordendi. Hic ponit auctor gratiam consequuntur hii qui hunc librum legerint uel audierint uel scribi procurauerint Amen. Amen. Hunc librum si quis legerit ob laudem et decorem/ Dulcis marie—(f. 142) Quod completum carmen est. huius ymnodie. Explicit iste liber dulcissime castissime. gloriosissime et piissime uenerande et laudande et speciose diligende et metuende virginis Marie. que cum ihesu christo filio suo sit semper benedicta in secula seculorum. Amen. Amen

ed. A. Vögtlin, *Bibliothek des litterarischen Vereins in Stuttgart*, 180 (1888); prose preface, glosses, auctoritates, etc. M. Päpke, *Palaestra*, 81 (1913), 121–82. Dr K. Gärtner reports that 55 complete copies are known, and that this is among the oldest. There are '7798 verszeilen' according to a note on the pastedown. Two leaves, c.120 lines, appear to be missing after f. 17. Notes written occasionally in smaller script among the verses and in the margins appear to be the author's; on f. 40 he refers to Aristotle for the names of some of the animals 'tam heremi quam nemoris' which came to Jesus during the Flight into Egypt.

f. 142ᵛ and the back pastedown contain short devotional pieces, the first 'Aue maris stella', and scribbles, s. xv, partly erased.

The front pastedown is part of a leaf from a manuscript, s. ix. Jerome on St Matthew (12: 33–7), *PL* xxvi. 81–2. Written space c.125 mm wide; long lines; good hand; red running-title 'LIB' on one side of the leaf, and 'IER PB' on the other, see return after f. 12.

ff. 142. 156 × 113 mm. Written space 121 × 80 mm. 31 long lines. Collation: 1¹² 2¹² wants 6, 7 after f. 17 3–12¹². Red initials. Red line-fillers. Capital letters at the start of each line of verse and in prose passages filled with red. Contemporary (?) binding of chamfered wooden boards covered with white leather; a late medieval central clasp, fastens from the upper to the lower cover. Paper label on the upper cover 'Liber [. .] beate virginis', s. xv (?). Secundo folio *Descripserunt*.

Written in Germany or the Low Countries. Various notes at the top of the front pastedown include 'V-C-B', s. xvii (?); '254' in red crayon; and notes in German in pencil, s. xix.

27. *Prayers, etc. (in German)* s. xv/xvi

Similar to BL MS Add. 28214, from the Cistercian nunnery of Himmelkron in the diocese of Bamberg.

1. ff. 2–110* In den nachgeschriben puechel sein geschriben schone andachtige gebet genomen aus den ewangelien dy man an suntag list—(f 1ᵛ) dy vorred. Kain ler noch geschrift ist vnter allen leren—(f. 5ᵛ) gottlichen suessichait etc. Das ewangeli an dem ersten suntag in dem aduent Sagt—Do iesus zwe nahent zw ierusalem vnd cham gen wethfage auf den olperig do schicket er zwen iunger etc. Das gebet dar aus. Herre iesu christe dw chunig vnd herr aller reich . . . ymmer vnd ewigleichen amen.

Prayers based on *glosae* of the Sunday gospel-lections throughout the year, and closely related to the 'Plenarien', see P. Pietsch, *Ewangelij und Epistel Teutsch. Die gedruckten hochdeutschen Perikopenbücher (Plenarien) 1473–1523* (Göttingen, 1927).

2. ff. 110*–178ᵛ Hernach volgt was geistlicher guetter vnd nuz vnd frucht der andachtigen sel geben werden aus der chrafft tugent vnd wurckung des heyligen gelaubens dy einem yedem andachtigem nuz sein zewissen. Kunfftiger ding ein verschunner vnd offenwarer . . . allain zu dem hogsten lob Amen.

Commentary on the twelve articles of faith, not apparently among those listed E. Weidenhiller, *Untersuchungen zur deutschsprachigen katechetischen Literatur des späten Mittelalters* (Munich, 1965).

3. (added, s. xvi in.) ff. 178ᵛ–180ᵛ, 1ʳᵛ Prayers for female use, and other pieces in German.

ff. i + 180 + 1, foliated 1–109, 109*, 110, 110*, 111–80. Paper, with parchment strengtheners at each quire-centre. Parchment flyleaves. 143 × 108 mm. Written space 85 x 56 mm. 16 long lines. Frame ruling in red ink. Collation of ff. 2–179: 1–15¹². Written in well-executed cursiva. Initials: (i) 3-line, red with green ornament, f. 2ᵛ; (ii) alternately plain red and blue. Capital letters in the ink of the text lined with red. Contemporary binding of pasteboard, covered with brown leather bearing a pattern of fillets and stamps, on the spine over the whole surface; two clasps, now missing. Secundo folio (f. 3) *ist dem menschen*.

Written in southern Germany, for female use, in central Bavarian dialect. Inside front cover: 'Ex libris G. H. Culemann Hannoverae 1862'; 'Alfred Wallis' stamped in blue; 'Charles Boardman' in pencil, presumably the former Jesuit who gave Stonyhurst MSS 70 etc., d. 1894.

28. *Speculum christiani, etc. (partly in English)* s. xv med.

1. ff. 4–157ᵛ Incipit speculum christianorum tractatum de vno magistro apud oxoniam pro curatis. ieronimus. In principio cuiuslibet operis . . . in ipso permaneant. Amen. Explicit speculum cristianorum.

The copy described in G. Holmstedt's edn., EETS 182 (1933), pp. cii–cv, with edn. pp. 213/16–215/4 missing through the loss of a leaf after f. 137. Trinity College Dublin MS 351 has the same title.

2. Short texts on the dignity and duties of priesthood: (*a*) ff. 157ᵛ–161ᵛ O

quantam dignitatem contulit nobis deus o sacerdotes . . . omnibus dico uigilate; (*b*) ff. 161ᵛ–167ᵛ Motiua ad hoc quod sacerdotes—dicant pariter et deuote. Dolenter refero quod plures sacerdotes . . . hereditatis quam nobis concedat idem dominus—Amen; (*c*) ff. 167ᵛ–169ᵛ Timendum est valde omnium deo famulanti . . . psallite sapienter; (*d*) ff. 169ᵛ–172ᵛ Nota secundum ieronimum. Quod sacerdotes cauere debent . . . confirmare quod loquitur ore.

3. ff. 172ᵛ–190 Qvoniam karissime dum in huius uite via fugientes . . . prudenter prouideas etc. Explicit speculum peccatoris.

The Speculum peccatoris, of uncertain authorship: cf. Allen, *Writings*, p. 353; *PL* xl. 983–92.

4. ff. 190–208ᵛ Et incipit de Sciencia vtilissima homini mortali que est Scire Mori. Cvm omnes homines natura scire desiderent o summa et eterna sapiencia . . . immortalitatis ac felicitatis Amen. Explicit liber de sciencia utilissima homini mortali. que est scire Mori Amen.

'A somewhat altered form of part of the 2nd book of the Horologium Sapientiae, by Henricus Suso, with additions' (cf. description of Bodleian Library Oxford MS Bodley 549 art. 1, *Sum. Cat.* ii. 296), as here sometimes found with the Speculum peccatoris, e.g. ibid. MS Hatton 26 (*Sum. Cat.* 4061).

On f. 208ᵛ a blank line is left after the Explicit, and then on the bottom line 'vers[. .]. Constat in altari carnem de pane creari'; traces of writing in the main hand remain on the stub of the leaf removed after f. 208.

5. The flyleaves, ff. i, 1–3, 209–11, and the pastedowns at the beginning and end are from an office-book in a large English hand of s. xv. The remaining text, ff. 1ʳᵛ, 211ʳᵛ and the pastedowns, consists of lections for St Chrisogonus (24 Nov.), *Brev. ad usum Sarum*, cols. 1099–102.

ff. iv + 206 + iii, foliated i, 1–165, 165*–211. For ff. i, 1–3, 209–11 see above. 88 × 55 mm. Written space 59 × 40 mm. 17–18 long lines. Ruled in ink. Collation of ff. 4–208: 1¹² 2–5⁸ 6¹⁰ 7–12¹² 13¹² wants all but a corner of 9 after f. 137 14–18¹² 19¹⁰ wants 10. Quires signed 1ᵐa 2ᵐa b–s. Written in textura; in the lower margin of each page in quires 1–2 the main scribe wrote one of the syllables 'cor' 'ri' 'gi' 'tur', repeated in sequence. Initials: (i) 5/3-line, open penwork shaded with green, on yellow or, f. 129ᵛ, red grounds framed in green, with marginal sprays; (ii) f. 34ᵛ, 2-line, blue with red ornament. Contemporary binding of wooden boards covered with white leather, and clasp in the form of two interlaced loops. Secundo folio *clamat.set.* (f. 5).

Written in England; Holmstedt calls the English parts of art. 1 'East Midland with some Northern features', and Dr Margaret Laing (Middle English Dialect Survey, Edinburgh) suggests 'the soke of Peterborough or possibly S. Lincolnshire near the Rutland border' from the linguistic features. 'Mᵈ yᵗ I John Herr[. .]', s. xvi scribble, f. 1. 'F I', s. xvii (?), f 3ᵛ. 'John Lawson. This was a gift from the Revᵈ. T. Dawson Lytham', s. xix in., f. 3. 'Bib: Ushaviae 1843', f. 1.

29. *Rotulus precum* 1485 × 1509

A roll of prayers, well described by Edward Charlton, *Archaeologia Aeliana*, NS 2 (1858), 41–5. It comprises 13 pictures, each followed by text.

At the head of the roll a paler square, 45 × 50 mm., may originally have had a piece of parchment bearing a design stuck to it; it is flanked on the left by two Tudor roses, each in a radiance and surmounted by crowns, and something similar, now badly faded, on the right, with below 'ihs' in a circle, 31 mm. in diameter, surrounded by a twisted band.

1. The Trinity, with a kneeling bishop and an angel bearing a shield below, 217 × 69 mm.
(a) Domine deus omnipotens pater et filius et spiritus sanctus da michi .N. famulo tuo victoriam . . . faciat michi homo; (b) Libera me domine ihesu christe fili dei viui qui in cruce . . .

(a) is followed by cues for Pss. 53, 66, and 50.

2. Crucifixion: Christ flanked by the two thieves, 170 × 64 mm.
If ye be in synne or tribulacion knele downe on your knees before the Rood— And than deuowtely behold the fete and sey Adoramus te ihesu christe et benedicamus . . . secundum magnam misericordiam tuam etc. Pater noster. Aue maria. Credo in deum.

A series of adorations, cf. Charlton, art. cit., pp. 42–3.

3. Christ standing in the tomb, showing his wounds, two crucified thieves in the background, 89 × 59 mm.
To all them that befor this ymage of þyte—Oracio. O Domine ihesu christe adoro te . . . in egressu suo. Amen. Pater noster. Aue maria. Credo.

Seven Oes of St Gregory, cf. Charlton, art. cit., p. 43. The English rubric refers to 52,712 years 40 days 'of pardon'.

4. Christ on the cross, flanked by two angels, each with a scroll, without frame, 133 × 73/59 mm.
(a) *Left scroll* This cros xv tymes moten . . . of our lord; (b) *right scroll* Salue decus paruulorum . . .

(a) printed Charlton, art. cit., p. 43; (b) memoria of Cirus and Julitta, not in *RH*.

5. Two angels support a radiance enclosing the wound of the side, 64 × 60 mm.; below, without frame, the nails, pierced feet, hands, and heart, and crown of thorns, flanked by notice in English.
(a) Pope innocent hath graunted—shall haue vii giftes. The first is he shal not dye no soden deth . . . on londe *and* on water; (b) Ave dextra manus christi vulnerata plaga trista . . . contuere post et ante. Pater noster. Aue maria. Credo.

(a) printed Charlton, art. cit., p. 44.

6. B.V.M. and Child, 80 × 59 mm.
Sequens hec oracio data fuit beato Bernardo ab angelo que et dixit. sicut aurum est preciosissimum metallum: sic ista oracio precellit alias Oraciones Aue maria ancilla trinitatis humillima . . . (*RH*, no. 1872).

7. Memoriae, each with a picture 100–20 × 59 mm. matching text: (a) Michael: Gaude princeps pietatis. Miles mire probitatis . . . (not in *RH*); (b) George: Georgii martir inclite . . . (*RH*, no. 7242); (c) Erasmus: In campania passus est

. . . (not in *RH*); (*d*) Christopher: O Martir christofore . . . (*RH*, no. 29471); (*e*) Anthony: Antoni pastor inclite . . . (*RH*, no. 1203); (*f*) Pantaleon: O sancte pantaleon martir ihesu christi. Militari ordine . . . (not in *RH*); (*g*) Armagil: Sancte dei preciose aduocate gloriose . . .

(*g*) *RH*, no. 33325, and also in Cambridge, Fitzwilliam Museum, MS 51. Headed 'He that prayth hartely to god and to Seint Armyl shalbe delyuerd fro all these sekenes vndre writen. That is to sey of all Gowtis Aches Agwis Axces Feuers and Pockes and many other ynfirmytes as it apperith in his life and legende the which was brought oute of Britayne at the ynstans off the kyng owre souereyne lord harry the vij^th'.

The dorse of the roll is blank.

Four attached membranes: 900 × 118 mm., 700 × 118 mm., 875 × 103 mm., and 938 × 102 mm. Written space 59 mm. wide; 10 lines of writing occupy 42 mm., or, art. 4(*a*), 24 mm. Pictures, see above; those on the first and last membranes (to arts. 1, 2, 7*c-f*) damaged by exposure. Initials: (i) gold on pink and blue grounds; (ii) blue or gold.

Written in England during the reign of Henry VII, see art. 7*g*, presumably for the bishop depicted in the first picture; the arms on a shield held by an angel to the bishop's left are 'gyronny of eight gules and azure a cross engrailed between four trefoils slipped or', according to C. J. Bate in a letter of 16 Mar. 1900 kept with the roll, cf. Charlton, 42. In the space between arts. 2 and 3 the words 'W[ill]yam thomas I pray yow pray for me your lovyng master Prynce Henry' are written in a good secretary hand; for one William Thomas, clerk of the Exchequer, d. 1530, see *Collectanea Franciscana*, ii. 137. Said to have been found in Liverpool, shortly before 1858 (?), see H. Littlehales (ed.), *The Prymer*, ii (1892), p. ix n. 1. Presented by 1862 by Revd Bernard O'Reilly, see labels on m. 4. dorse.

30. *Horae*   s. xv/xvi

1. f. 5 de beata maria virgine. Avue (*sic*) sanctissima maria . . .

2. ff. 5–14 Secuntur suffragia de quattuordecim auxiliatoribus.

Memoriae of George, Blaise, Erasmus, Panthaleon, Vitus (2 collects), Christopher, Denis, Ciriac, Achatius (Christi miles achacius deos spernens audacius, not in *RH*), Eustace, Giles, Margaret, Barbara (Rex in cena uirginali sedes uocat barbaram, not in *RH*), Katherine (Voce cordis et oris, *RH*, no. 22048), and of all fourteen.

3. ff. 14–54^v Sequitur cursus beate marie virginis.

Hours of B.V.M. of the use of (Toul), preceded by a memoria of her Nativity.

4. (*a*) ff. 54^v–61^v Sequitur accessus altaris deuotorum clericorum. ympnus. Deus in adiutorium meum etc Ueni creator spiritus . . . (f. 60) Preces Ne reminiscaris . . . ; (*b*) ff. 61^v–66 Secuntur nunc orationes ante missam Summe sacerdos . . . Omnipotens et misericors deus ecce accedo . . . (f. 64) Secuntur orationes post missam Parce mihi clementissime deus . . . Eya nunc gratias . . .

(*a*) Office comprising Psalms 83–5, 115, and 129 (cue only), antiphon Veni sancte spiritus, and the chapter Caritas dei diffusa after the hymn.

5. ff. 66–7 Oratio de beata maria virgine. O serenissima et inclita mater domini nostri ihesu christi . . .

6. ff. 67–98 Sequitur cursus de passione domini.

Hours of the Passion. The hymns are St Bonaventura's (ed. 1596), vi. 436, but the text is otherwise different; cf. below MS 31 art. 2.

7. ff. 98–101ᵛ Sequitur oratio sancti ambrosii. de passione domini etc. Domine ihesu criste fili dei viui creator et resuscitator . . .

8. ff. 102–6 Oratio deuota de sancto michahele. Sancte michahel dei et domini nostri ihesu christi archangele . . . (f.106) anthiphona Angele bone . . . Oremus Deus cuius prouidentia humano generi . . .

9. ff. 106–9 Sequitur epistola quam leo papa karolo misit regi etc. Crux et pax christi sit mecum. crux christi quam semper adoro . . . visibilibus et invisibilibus. Amen

10. ff. 109–111ᵛ Pulchra atque deuota de sancta veronica oracio. Sancta facies nostri redemptoris . . .

Memoria. *RH*, no. 18189.

11. ff. 111ᵛ–113ᵛ Deuota contemplatio beate marie virginis iuxta crucem filii sui lachrimantis et ad compassionem saluatoris singulos imitantis Stabat mater . . .

Memoria.

12. ff. 113ᵛ–116ᵛ Oratio deuotissima ad beatissimam virginem mariam dei genit-ricem Obsecro te . . . Masculine forms.

ff. 117–119ᵛ blank.

13. (quires 15–17) ff. 120–43 Cursus de compassione Marie virginis sabbato dicendus.

The text differs considerably from Bonaventura (ed. 1596), vi. 485. f. 143ᵛ blank.

14. added, s. xvi, on quires 18–19 by four hands: (*a*) ff. 144–52 Finita missa et data benedictione—hanc oracionem Paceat tibi sancta trinitas . . . In principium erat verbum . . . Benedicite . . . Laudate dominum in sanctis eius . . . Nunc dimittis, and prayers; (*b*) f. 152 Dorothee antiphone Aue gemma virtuosa . . . ; (*c*) f. 152ᵛ–154ᵛ prayers on vesting; (*d*) ff. 154ᵛ–155ᵛ Celestinus papa primus Instituit quod sequens psalmus ante accessum altaris per sacerdotem dicatur ivdica me deus et discerne . . . O[r]ationes Post Missam [G]Ratias tibi ago domine . . .

(*a*) The last prayers are to St Christopher and to St Hilary.

Title, s. xv/xvi, in red on f. 4, 'Orationale perpulchrum'.

ff. iv + 151, foliated 1–155. Paper. 135 × 96 mm. Written space 90 × 60 mm. 15 long lines. Collation: 1–2¹⁰ 3 seven (ff. 25–31) 4–17⁸ 18¹⁰ 19⁴ wants 3–4. Written in hybrida. Initials: (i, ii) 2- and 1-line, alternately plain red and blue. Pigskin binding over pasteboard, s. xvi; the panel formed by a roll of Renaissance ornament contains, upper cover, a stamp of a rose in a circle, and, lower cover, diagonal fillets; ties, now missing. Secundo folio (f. 6) *entem in cuius*.

Written in the Rhineland (?), for use in the diocese of Toul (?). 'Cr/sle (??)', s. xviii (?), f. 1 top right. 'M.O / F.R.' in pencil, s. xix, on back pastedown.

31. *Horae, etc.*   s. xvi in.

1. ff. 1–14 Incipit cursus de eterna sapientia.

2. ff. 14ᵛ–31 Incipit Cursus magistri boneuenture ad septem can[on]icas horas in memoriam passionis dominice . . .

The hymns are Bonaventura's, but the text is otherwise different from that ed. 1596, vi. 436. Cf. above MS 30 art. 6; here Lauds has final prayers to B.V.M., John evangelist, John Baptist, and Francis.

3. ff. 31ᵛ–44 Incipit oracio beati Ieronimi presbiteri de passione domini nostri ihesu christi In nomine domini omne genu flectatur . . .

A series of Hours services.

4. ff. 44ᵛ–74ᵛ Incipit cursus deuotissimus de passione domini nostri Ihesu christi. O domine deus omnipotens. O sancta atque indiuidua nobilissima trinitas . . .

Hours services.

5. ff. 74ᵛ–75ᵛ Ad indulgenciam impetrandam dic tractum. Domine non secundum peccata nostra . . .

6. ff. 75ᵛ–79ᵛ Post matutinum pro bono statu ordinis nostris (*sic*) dic ymnos sequentes. Veni creator spiritus . . . Aue maris stella dei . . . (f. 78ᵛ) Post completorium . . .

RH, nos. 21204 and 1889 followed by Psalm 66 and prayers, with a similar form for use after Compline.

7. ff. 79ᵛ–80ᵛ Incipit Cursus viaticus. Ihesus et maria sint nobiscum in uia . . .

8. ff. 80ᵛ–87 Secuntur bone oraciones pro ecclesia in tribulacione . . . Deus miseratur nostri . . .

9. ff. 87–102ᵛ Diss sint die psalmen die man sprechen sol marie—sunderlich zu lob und zu eren. Celi enarrant . . .

Psalms 18, 44, 45, 47, 66, 71, 79, 84-6, 88, 97, 131.

10. (added). (*a*) ff. 103ᵛ–104 Deus misereatur nostri et benedicat nobis . . . ; (*b*) ff. 110–143ᵛ Psalm 66.

ff. 103, 104ᵛ–108ᵛ blank.

11. ff. 110–143ᵛ Psalterium beate marie matris dei. Svscipe regina celi . . . Aue porta paradisi . . .

Marked for use at the eight Hours and also divided into three parts. *AH* xxxv. 189–99, and Mone, *Hymni Latini medii aevi*, ii. 233–41, but without the divisions into Hours or the prayers here interspersed among the verses. The first piece also occurs on f. 109. f. 109ᵛ blank.

12. ff. 143ᵛ–150ᵛ Incipit rosarium benedicti abbatis de gloriosa maria virgine— Ave salue gaude uale . . . Sanctis nos coniunga Amen.

Fifty 4-line stanzas, printed Mone, op. cit. ii. 268–71.

13. ff. 151–157ᵛ Secuntur centum metra in laudem marie virginis edita . . . Et
rosarium in medio Pater noster Aue maria Salue mater misericordie Mater spei et
mater venie . . . pro nobis postula. Amen.

Fifty 4-line stanzas, printed *AH* xxxii. 176–81.

14. ff. 157ᵛ–163 Incipit rosarium aureum beatissime virginis marie. Incipit
rosarium marie deauratum—Aue maria Qvem virgo carens vicio . . . fac wltum
tui patris. Amen.

Fifty 4-line stanzas, printed Mone, op. cit. ii. 263–5.

15. ff. 163ᵛ–171 Incipit aliud rosarium beate marie virginis Pater noster Aue
maria In hoc mundo vix bonum facimus . . . Esto finis huius dictaminis Amen.

Fifty 4-line stanzas, printed *AH* xxxii. 181–8.

16. ff. 171–173ᵛ Incipiunt septem gaudia terrestria beate Marie virginis. Gaude
virgo stella maris mater christi singularis . . . Deus qui beatissimam virginem
mariam inconceptu . . .

RH, no. 7037.

17. ff. 173ᵛ–175ᵛ Incipiunt septem gaudia que nunc habet incelis edita a beato
thoma cantuariensi episcopo. Gaude flore virginali que honore speciali . . .
Dulcissime domine ihesu christe qui beatissimam dei genitricem tuam . . .

RH, no. 6810.

18. ff. 175ᵛ–176ᵛ Incipiunt gaudia beatissime virginis marie pretacta sub alia
tamen forma. Aue maria. Qvi te sanctissimam matrem Hinc assumpsit . . .

Annotations in English, s xix ex., include collations of art. 14 with Mone's edition, and a note
that art. 17 is also ascribed to St Thomas of Canterbury, with the title 'Gaudia spiritualia beate
m. v. edita a beato Thoma post predictam visionem sunt haec', in a Book of Hours belonging to
the RC presbytery at Wycliffe (Yorks); no Book of Hours is now known to be there.

ff. ii + 175 + ii, foliated (i, ii), 1–33, 35–176, (177–8). Paper. 105 × 77 mm. Written space *c.* 70
× 45 mm. 20–22 long lines. Frame ruling. Collation: 1¹² wants 1 2–14¹² 15¹⁰ wants 9–10 (blank
?). Written in hybrida; the hand changes at f. 169. Red initials. Capital letters in the ink of the
text touched with red. Binding of s. xix by Townsend. Secundo folio *Sapientia edificauit*.

Written in Germany, for religious use, see art. 6 above. 'G. v. Bose' rubber-stamp, s. xix, f. 1.
English annotation of s. xix ex., see above

32. *Gregorius, Moralia in Job i*   s. xii²

1. f. 1ʳᵛ Relatio uisionis in urbe roma ostensę de libris moralium beati gregorii
papę. Beatus gregorivs papa librum iob . . . prescribi instituit.

The story of the finding of a copy of the Moralia 'in archivio romano' by Taio bishop of
Saragossa, s. vii, *PL* lxxv. 507–10 (cf. lxxx. 989–92).

2. ff. 2–143ᵛ Incipit prologus beati gregorii pape in moralibus. Reuerentissimo et
sanctissimo—(f. 5ᵛ) Inter multos sepe . . . infirmatur. Explicit pars prima. et
liber quintus moralium beati Gregorii pape:

Books 1–5 of the Moralia, preceded by the preface to Leander, *PL* lxxv. 509–730. Each book is preceded by a table of chapters, the table to bk. 3 being by the main scribe on an inserted slip, f. 60ʳᵛ.

3. (added s. xiii in.). (*a*) f. 144ʳᵛ Gaude roma capud mundi . . . ; (*b*) ff. 144ᵛ–145 De beata Agnete virginis Saluatori iubilemus . . .

Hymns for St Peter and St Agnes, *RH*, nos. 6928 and 40609, with musical notation on 4-line stave. f. 145ᵛ blank, formerly pasted down.

ff. i + 145 + i. f. 145 was formerly pasted down. Contemporary foliation of ff. 1–59, 61–143 in red at the top left of each verso. 317 × 215 mm. Written space *c.* 230 × 155 mm. 2 cols. 29 lines, the first above the top ruled line. Pricks in both margins to guide ruling. Collation: 1–7⁸ 8⁸ + 1 slip (f. 60) inserted after 3 9–18⁸. Quires numbered at the end. Punctuation includes flex. Initials: (i) to prefaces and books, 10/7-line, in red or blue, with fine ornament in the same colour, two in blue (bks. 3, 5) on a pale yellow diaper-work ground; (ii) to chapters, 2-line, alternately red and blue with ornament of the same colour; (iii) in chapter-lists, 1-line, alternately plain red and blue. The title (f. 2) in three lines of capitals, respectively blue, red, and green. Cheap continental binding of s. xix. Secundo folio (f. 2) *Incipit prologus*, (f. 3) *rugitus*.

Written at the Cistercian abbey of Villars in Brabant, to judge by the decoration. 'Liber Sancte Marie de Villari', s. xii ex., f. 143ᵛ, in red; 'Liber monasterii Sancte marie de villari', s. xv, f. 144. The Villars catalogue of 1636 records the Moralia in six parts 'in folio', N. Sanderus, *Bibliotheca Belgica manuscripta*, i.270. Another part, presumably of this set, is Brussels, Bibl. Royale MS 20034 (1242), containing bks. 11–19.

33. *J. Herolt, OP, Sermones, etc.*   1468

Sermons and other works of John Herolt, prior of the Dominican convent at Nuremberg, 1468. Arts. 3(*b*), 4, 6, 8 are in the edition of his works printed at Mainz in 1612 (2 vols.), and also in earlier editions.

1. ff. 1–38ᵛ Incipit promptuarium discipuli de sanctorum festis intimandis in diebus dominicis per Circulum Anni etc Circumcisio domini nostri ihesu christi. Item Rome sancti Almachy martiris . . . (f. 35ᵛ) sepultus est in cimiterio priscille vbi cum christo regnat in secula seculorum Explicit promptuarium discipuli—collectum ex duobus martirologiis et exquibusdam sanctorum legendis—(f. 36) Incipit Tabula super promptuarium discipuli de sanctorum festis intimandis Abagarus 171 . . . Zoe 186 Ihesus maria

A martyrology, with an entry for almost every day of the year, the entries somewhat erratically numbered, 1–109, 120–131, 122–215, 266-(296), 253–359, 365, followed by an index that does not entirely follow the numbering of the text. The presence of Affra, Brigida, Leonhardus, Sebaldus, Udalricus, Willibrordus, Wolfgangus, and Wunibaldus points to the Augsburg—Eichstätt region.

2. (quire 4) Sermons: (*a*) ff. 39–40 communis de sanctis; (*b*) ff. 40ᵛ–42ᵛ Amonicio omnium Statuum; (*c*) ff. 42ᵛ–48 de dedicacione ecclesiarum . . . Alius . . . Alius . . . ; (*d*) f. 48ʳᵛ de Consciencia.

The space at the foot of f. 48ᵛb is filled with a note, Nota quod beata virgo maria xij annorum erat quando per spiritum sanctum angelo annunlciante concepit . . . Omnes autem dies perpetue virginis marie fuerunt xxxxxiiij Anni

3. (quire 5) (*a*) ff. 49–50ᵛ O Vos omnes qui pertransitis—Hec verba poterat christus dicere cum in cruce . . . (*b*) ff. 51–60ᵛ Passio domini nostri ihesu christi Ex quatuor Ewangelistis per magistrum Iohannem discipulum Collecta. O uos omnes qui transitis . . . in doctrina eius perfecit

(*a*) Sermon; (*b*) sermon xiv of John Herolt's Sermones de sanctis.

4. ff. 61–287ᵛ Ecce rex tuus venit tibi mansuetus—Egregius doctor noster Thomas de Aquino dicit . . . (f. 278ᵛ) querebant mortuum inueniebant cuius— Expliciunt sermones de Tempore per annum Integrum In vigilia Marie Magdalene Anno domini etc. lxviii. Ihesus maria.

John Herolt, Sermones de tempore; a series of 136, some numbered in red, followed, on quire 24, by an index (ff. 279–287ᵛ).

5. (*a*) ff. 287ᵛ–289ᵛ Incipit Tabula super sermones de sanctis Et primo de S. Andrea Uocauit eos dicens . . . ; (*b*) ff. 289ᵛ–290 Incipit tabula de decem preceptis et primum Sequitur Non adorabis deos alienos . . .

Both works indexed are by Herolt. f. 290ᵛ blank.

6. ff. 291–308ᵛ Incipit promptuarium discipuli de Miraculis beate marie virginis. Ad dei omnipotentis laudem . . .

Nos. i, iii, v, vii, ix–xiii, xvi–xciiii of the printed collection, followed by an index (ff. 307ᵛ–308ᵛ).

7. ff. 308ᵛ–309 A list of dates of notable events up to 1419 'hussite et heretici', ending 'Hec quasi omnia collegi Ex cononica hermanni'.

8. ff. 309ᵛ–316ᵛ Incipiunt sermones discipuli de dedicacione. Domus mea domus oracionis . . .

Sermons xlv–xlviii of the printed series of Herolt's Sermones de sanctis.

ff. ii + 316 + ii. Paper. 275 × 208 mm. Written space *c.* 220 × 150 mm. 2 cols., or, ff. 1–35ᵛ, long lines. *c.*45 lines. Frame ruling. Collation: 1–5¹² 6 eleven (ff. 61–71) 7¹² 8¹⁴ 9–22¹² 23¹² + 1 leaf (f. 278) after 12 24¹² 25¹⁴ 26¹². Written in cursiva. Red initials. Capital letters in the ink of the text lined with red. Binding of s. xix. Secundo folio *reis corpus*.

Written in Germany, in 1468, see above art. 4.

34. *Antiphonale* s. xivᴵ-xvi

Portions of an antiphonal. The older part ends abruptly on f. 44ᵛ, with the text continuing on f. 45, where there is a change to a much larger script, thicker parchment, smaller quires, and a different style of decoration.

1. ff. 1ᵛ–5ᵛ Nicholas, beginning imperfectly, in the second nocturn.

2. ff. 5ᵛ–7ᵛ Lucy.

3. ff. 7ᵛ–8 Thomas ap.

4. ff. 8–14 Stephen.

Two leaves are missing after f. 8.

5. ff. 14–16ᵛ John ev., ending imperfectly, in the second nocturn.

6. ff. 17–19ᵛ Annunciation of B.V.M., beginning imperfectly, in the third nocturn.

7. ff. 19ᵛ–80ᵛ Common of saints.

Three lines on f. 40 have been cut out and replaced by later text, s. xvi (?); two lines on f. 79 have been cut out. One leaf missing after f. 37.

8. ff. 80ᵛ–90ᵛ In sabbato de beata virgine, ending imperfectly.

f. 90 is mostly torn away.

ff. i + 91 + i, foliated (i), 1–38, 38*, 39–90, (91). Traces of an old foliation, s. xvii (?), '119' on f. 4 – '269' on f. 89, indicate the loss of 115 leaves at the beginning and 61 leaves between ff. 16 and 17, but not the loss of leaves between ff. 8 and 9. 344 × 245 mm. Written space 253 × 163 mm. 8 long lines + 4-line stave, or, ff. 45–90ᵛ, 5 long lines + 4-line stave. Collation: 1¹⁰ wants 1 before f. 1 10 after f. 8 2¹⁰ wants 1 before f. 9 10 after f. 16 3–4¹⁰ 5¹⁰ wants 2 after f.37 6⁴ 7⁴ wants 2 and 3 after f. 49 8–17⁴. Vertical catchwords on quires 6 onwards. In the older section there is a change of hand at f. 17. Initials (a) ff. 1–44: (i) in colours, generally pale pink, patterned with white, on decorated gold and coloured grounds; (ii) blue with red ornament, or red with green-blue ornament; (b) ff. 45–90: plain red or blue. Binding of s. xx.

Written in Italy, perhaps in the region of Aquileia, to judge by the Annunciation of B.V.M. Magnificat antiphon 'Hec est dies'. Still in liturgical use in s. xvii, as appears from memoranda, alterations, and the making good of damaged leaves.

35. *Graduale*   s. xv med.

1. ff. 1–51 Sanctoral, Andrew–Clement.

Type (i) initials on ff. 1 Andrew, 8 Purification, 18ᵛ Philip and James, 22 Anthony of Padua, 23ᵛ vigil of John Baptist, 25 John Baptist, 27 vigil of Peter and Paul, 28 Peter and Paul, 29 Paul, 33 vigil of Laurence, 34ᵛ Laurence, 36ᵛ Assumption, 39ᵛ Nativity of the B.V.M., 44 Michael, 47ᵛ Francis, with full border, 50ᵛ Clement.

2. ff. 51–119ᵛ Common of saints, ending imperfectly in the office for virgins.

Type (i) initials to sections, ff. 51, 58ᵛ, 67ᵛ, 69, 70, 93ᵛ, 105, 107ᵛ

ff. i + 119 + i. Medieval foliation in red on versos, i–lxxxvi, lxxxviii–cxx. Thick parchment. 590 × 440 mm. Written space 413 × 305 mm. 6 long lines + 4-line stave. Collation: 1–10⁸ 11⁸ wants 7 after f. 86 12–15⁸. Initials: (i) 1-line + stave, in colours, historiated, on gold or, five in art. 2, coloured grounds, including green; (ii) 1-line + stave, f. 38 and in art. 2, in colours on decorated coloured grounds with border ornament; (iii) 1-line + stave, plain red; (iv) 1-line, red, plain or a few with violet ornament, or blue, plain or a few with red ornament. Capital letters in the ink of the text touched with yellow. Borders in gold and colours, continuous on f. 47ᵛ; on one or two sides of some pages with type (i) initials. Binding of s. xix. Secundo folio *Dilexit*.

Written in north-west Italy, for Franciscan use.

36. *Eberhardus Bethuniensis, Grecismus*   s. xiii ex.

Qvoniam ingnorante nubilo . . . sicut reperimus (*ends imperfectly*).

The Grecismus of Eberhard of Bethune, lacking cap. xiii. 96–162, cap. xv. 24–91, and all after cap. xxii. 54 in ed. J. Wrobel, *Eberhardi Bethuniensis Graecismus* (1887). Contemporary and fourteenth-century interlinear glosses and marginal *scholia* in current English hands, and some scribbles of s. xiv, e.g. 'Ad finem libri frangantur crura magist' f. 46, 'Nunce (?) scripsi totum pro christo da michi potum. Omnibus omnia non mea somnea dicere possum' f. 47^v. Damaged by damp.

ff. 50. 230 × 165 mm. Written space *c.*155 mm. high. 35–6 long lines. Collation: 1–3⁸ 4⁶ 5⁸ wants 2 after f. 31 and 7 after f. 35 6⁸ 7⁶. Initials: (i) f. 1, 4-line, red and blue, with faded ornament in both colours; (ii) 3-line, red or blue. No binding; some sewing-threads remain. Secundo folio *dicas quod sequitur.*

Written in England. 'S', s. xv, f. 1 top, probably a pressmark.

41. *Officium mortuorum, etc.* s. xiii med.

Facsimile of ff. 30^v–31: *To the Greater Glory of God*: catalogue of an exhibition held at the Bar Convent Museum York (1987), no. 1. Art. 3c noted.

Arts. 1–2 are on quires 1–3.

1. ff. 2–6^v Incipit commendatio animarum. Subuenite sancti dei . . . requiescant in pace. Amen.

f. 1^{rv} blank.

2. ff. 6^v–20 Incipiunt uigilie mortuorum. Placebo domino . . . requiescant in pace. amen.

The ninth lection is Ecce misterium . . . Christum (1 Cor. 15: 51–7). The responses after lections are Credo quod, Qui lazarum, Domine quando, Ne recorderis, Heu michi, Libera me, Peccantem, Deus eterne, Libera me. f. 20^v is blank.

3. (*a*) ff. 21–28^v Missa pro defunctis. Requiem eternam . . . ; (*b*) ff. 29–40^v Per omnia secula seculorum . . . ; (*c*) ff. 40^v–55 Post celebrationem misse stet sacerdos iuxta feretrum incipiat orationem hanc. Non intres in iudicium . . .

(*b*) Preface and Canon of Mass, noted; (*c*) Burial office, noted, with feminine forms interlined early in red, plural forms s. xiv in ink; alternative forms are provided 'Pro illis qui sunt fratres et sorores', f. 51, and 'Pro illis autem qui non sunt fratres', f.54^v.

4. ff. 55–8 Benedictio florum. Deus cuius filius . . .

For Palm Sunday.

5. ff. 58^v–78 Ad ungendum infirnum (*sic*). Primum dicat. Pax huic domui. Omnipotens sempiterne deus quesumus immensam clementiam tuam . . . Omnipotens sempiterne deus qui sacerdotibus . . . ; (f. 59^v) Incipiunt vii^{tem} ps' penitentiales. . . . (f. 72^v) Faciat infirmus confessionem . . . (f. 77^v) Quando corpus effertur a domus . . .

In the Litany, ff. 67–9, feminine forms are interlined; eighteen martyrs, (17–18) Gereon cum sociis tuis. Lamberte; eighteen confessors, (7–8) Augustine Augustine . . . (11–18) Remigi Uedaste Amande Seruati Seuerine Bricti Benedicte Egidi; fourteen virgins, (8) Genouefa.

6. (*a*) ff. 78–79^v Benedictio super uestimenta quando recipiuntur nouitii. Domine ihesu criste qui tegmen nostre mortalitatis . . . ; (*b*) ff. 79^v–85 De hora

professionis nouitiorum post offertorium ueniant ante altare et conuentus in circuitu dicant flectendo genua hunc uersum. Suscipe domine . . .

(*b*) The form of profession, f 82ᵛ: Ego frater N. offerens trado meipsum ecclesie sancte dei genitricis marie. et promitto conuersionem morum . . . promitto eciam obedientiam . . . secundum regulam beati augustini domino N. prefate ecclesie patri . . . , ending with the prayer Deus qui nos a seculi uanitate conuersos . . . f. 85ᵛ is blank.

ff. i + 85 + ii. 260 × 190 mm. Written space 178 × 122 mm. 15 long lines. Collation: 1–2⁸ 3⁴ 4–10⁸ 11⁸ + 1 leaf (f. 85) after 8. Crucifixion picture, 117 x 123 mm. inc. frame, with sun and moon above the cross and a cup at its foot, Mary and John on either side, f. 31. Initials: (i) ff. 1 and 6ᵛ, 3-line, red and blue, with red and, f. 6ᵛ, blue ornament; (ii) 2-line, alternately blue with red ornament, and red with blue-green ornament, both dotted with the main colour, no ornament in arts. 5–6; (iii) 1-line, alternately blue and red. Binding of s. xix in., older leather panels on each cover bearing armorials, see below. Secundo folio *tate suscipias*.

Written probably in the southern Netherlands, for Augustinian use. 'parcensis liber', s. xvi, f. 85ᵛ; the covers are stamped in gilt with the larger armorial of the Premonstratensian abbey of Parc, near Louvain, not cancelled: cf. E. van Balberghe, in *Archives et bibliothèques de Belgique*, no. spécial 11 (1974), 527–9, and fig. 5 (p. 538). On deposit since 3 July 1965 from the RC parish of Sacred Heart, Coniston, Cumbria, see label inside front cover.

42. *Meditationes Pseudo-Bernardi, etc.*   s. xiv ex.

1. ff. 1–5ᵛ Hic incipiunt meditaciones beati Bernardi de compassione beate marie uirginis de filiali passione. Qvis dabit capiti meo . . . cum ihesu filio tuo qui cum patre—Expliciunt meditaciones—uirginis.

PL clxxxii. 1133–42 (pseud.).

2. ff. 5ᵛ–7 Augustinus de bonis celestibus et de miseriis infernalibus. Homo qui laboras gloriam querendo . . . amor glorie etc.

For this and three other copies, see Römer, i. 379.

3. ff 7–19 Incipiunt meditaciones beati Bernardi. Mvlti multa sciunt . . . prospicies. Vnum eundemque dominum glorie qui—Expliciunt meditaciones beati Bernardi.

PL clxxxiv. 485–508.

4. ff. 19ᵛ–21ᵛ originally blank, additions in several hands, s. xiv ex., and (*a, b, f, g*) s. xv. (*a*) f. 19ᵛ Memorandum quod Ego Nicholaus Drapor do et lego imperpetuum Cantarie mee vnum missale imperpetuum ibidem persistendum vt omnes successores mei pro tempore existentes pro anima mea et pro anima Roberti Nobyll orent Item lego eidem Cantarie omnes libros gramaticales (meos) videlicet vnum librum vocatum Abstractum difficilium vocabulorum Missalum et spalterii himnarii troporii et aliorum ac alium librum vocatum Medulla gramatice ac alium vocatum vitas patrum ac alium librum de generalibus regulis gramatice cum ceteris in eodem ac alium librum vocatum speculum sacerdotum ibidem in eadem cantaria ineternum duraturum propter erudicionem et informacionem dictorum successorum meorum cum oportunitas hoc requisierat Amen. (*b*) f. 19ᵛ Prophecia Iohannis de Byrdlynton Anno domini Millesimo

ducentesimo tempore Iohannis Regis anglie. Successor Thome sublatus munere rome . . . patris reprobare. (*c*) f. 20^v An post illusionem que per sompnum solet accidere corpus domini quis accipere valeat . . . In consensu perfectio; (*d*) ff. 20^v–21 Beata illa et sempiterna trinitas pater et filius . . . ficta id est fragilis dicitur; (*e*) f. 21 0 9 8 7 6 5 4 3 2 1 Prima que significat vnum. duo uero secunda. Tercia significat tria. sic procede sinistre . . . ; (*f*) f. 21^v Pro cura sala flemnatis . . . ; (*g*) f. 21^v Satisfaccionis quedam sunt partes principales scilicet . . .

(*b*). Ten lines. (*e*). A side-note explains 'notandum est quod quelibet figura . . . '.

ff. 21. 208 × 145 mm. Written space *c*. 148 × 105 mm. 33–5 long lines. Collation: 1–2^8 3^6 wants 4 (? blank) after f. 19. Quires signed a–c. Written in short-*r* anglicana. Initials: (i) 3-line, blue with red ornament; (ii) 2-line, blue; (iii) 1-line, red or blue. Capital letters in the ink of the text lined with red. Limp parchment cover, s. xvii (?). Secundo folio *fedauerat*.

Written in England. 'Robert Ayre Booke', s. xvi, ff. 7, 20. 'a.l' on left, and '9.15.0' on right at head of f. 1, the latter, if a price-mark, implying a much larger book. 'presented me April 1832 by Mr T. Stevevens Cambridge Univ' pencilled inside front cover. 'Found among effects of Canon Edward Tuohey of Fernyhalgh, near Preston, Lancs. 1938. Accession to Ushaw Lib. 1965', on label inside front cover.

43. *Horae*   s. xv^1 and med.

1. (quires 1–3) Twenty-one short pieces: (*a*) f. 1 Oracio ad proprium angelum. Angele qui meus es . . . ; (*b*) ff. 1–2^v item oracio. Obsecro te angelice spiritus cui ego ad prouidendum commissus sum ut . . . ; (*c–f*) ff. 2^v–6 Memoriae of Edward k., George (Georgi martir christi te decet laus . . .), Christopher (Tu ihesus es testis . . .), and Anthony (Salue pater heremita infirmorum . . .); (*g*) ff. 6–8 Oracio deuota ad trinitatem. Domine deus omnipotens . . . Da michi famulo tuo N uictoriam . . . ; (*h*) ff. 8^v–10 Gaude flore virginali honoreque speciali . . . ; (*i, j*) ff. 10–11^v Memoriae of Anne, and Barbara; (*k*) ff. 11^v–12^v Omnibus confessis et contritis hanc oracionem dicentibus inter eleuacionem corporis . . . Domine ihesu christe qui hanc sacratissimam carnem . . . ; (*l*) ff. 12^v–14 Deus propicius esto michi peccatori . . . ; (*m*) ff. 14–16 O intemerata . . . orbis terrarum inclina . . . ; (*n*) ff. 16^v–17^v Memoria of Three Kings; (*o*) ff. 17^v–18 Innocencius papa (*lightly erased*) omnibus dicentibus sequentem oracionem ad eleuacionem sacre hostie concessit vij annos indulgencie. Aue principium nostre creacionis . . . ; (*p*) ff. 18–19 Innocencius papa (*lightly erased*) omnibus uere confessis et contritis dicentibus hanc oracionem deuote ad honorem corporis christi dum missa celebratur ducentos et quadraginta dies indulgencie concessit. Aue domine ihesu christe uerbum patris . . . ; (*q*) f. 19^{rv} Innocencius papa concessit tres annos indulgencie contrito dicenti istam oracionem ad eleuacionem sacre hostie. Oracio. Aue uerum corpus natum . . . ; (*r*) ff. 19^v–20 . . . Domine ihesu christe . . . ; (*s*) f. 20^{rv} Iohannes papa (*erased*) xii^{us} concessit omnibus hanc oracionem deuote dicentibus ad missam triginta Millia annorum. Oracio. Anima ihesu christi sanctifica me . . . ; (*t*) ff. 21–3 Sequitur oracio uenerabilis bede presbiteri de septem vltimis verbis . . . ; (*u*) f. 23^v Anime patris et matris meorum ac omnium fidelium defunctorum per misericordiam dei requiescant in pace.

Masculine forms in (*b, g, l, m*). (*k*) The heading conveys an indulgence of 2,000 years from Pope Boniface 'ad supplicacionem philippi regis Francie'. (*p*) Cf. *Lyell Cat.*, p. 62. (*q*) The heading is similiar to that recorded in *Lyell Cat.*, p. 370. (*r*) As (*k*), naming Pope Boniface VI.

2. (quires 4 and 6) ff. 24–29ᵛ, 38–43ᵛ Calendar in red and black, rather empty.

Entries in red include 'Eligii epyscopi' (25 June), and 'Benedicti abbatis' (11 July); in black 'Wilhelmi episcopi' (7 June). Spellings: 'Barnaerdi', 'Leonaerdi'. Edward k. and m., Cuthbert, and Edward k. and conf. (18, 20 Mar., 13 Oct.) added in s. xv. 'natus est Thomas fili[us] meus [. . .] de [. . . .] domini etc. lxxxviii', and '[. . .] Coro[. . . .] domini ca[. . . .] anno lxxx' were added by one hand, s. xv ex., at 9 July and 5 Sept. Thomas of Canterbury erased at 29 Dec.

3. (quire 5) ff. 30–37ᵛ, 44ʳᵛ O Ihesu eterna dulcedo . . .

The Fifteen Oes of St Bridget.

Arts. 4–5 are on quires 7–11.

4. ff. 45–85 Incipiunt hore beate marie uirginis secundum stilum anglie.

Hours of the Cross worked in. Memoriae after Lauds of Holy Spirit, Trinity, Cross, Michael, John Baptist, Peter and Paul, Andrew, Laurence, Stephen, Thomas abp., Nicholas, Mary Magdalene, Katherine, Margaret, All Saints, peace, and Cross.

5. ff. 85–86 Salue regina . . . Virgo mater ecclesie eterne porta glorie . . . Omnipotens sempiterne deus qui gloriose uirginis . . .

f. 86ᵛ blank.

Arts. 6–7 are on quires 12–17.

6. ff. 88–107ᵛ Incipiunt septem psalmi penit', (f. 98) Quindecim psalmi (cues only of first 12), and (f. 100) Litany.

Spellings include swichine Vrine.

7. ff. 109–135ᵛ Incipiunt uigilie mortuorum.

f. 136ʳᵛ blank.

8. ff. 137–52 Incipiunt commendaciones animarum.

Manuale Sarum, pp. 143–4, and final prayer Misericordiam tuam . . . , ibid. 119. f. 152ᵛ blank.

ff. ii + 152 + ii. 88 × 58 mm. Written space 53 × 35 mm. 18 long lines. Collation: 1⁸ wants 5 after f. 4 2⁸ 3⁸ 4⁴ + 2 leaves (ff. 28–9) after 4 5¹⁰ wants 1 before f. 30 with 6⁶ (ff. 38–43) inserted between 9 and 10 7⁸ wants 1 before f. 45 8–10⁸ 11¹⁰ + 1 leaf (f. 86) after 10 12–19⁸; together with two singleton picture-pages (ff. 87 and 108), rectos left blank, inserted before 12¹ and after 14⁴. Two crude full-page pictures before arts. 6 (Christ on rainbow displaying wounds, flanked by angels blowing trumpets, faces in graves below) and 7; stubs of cut-out pictures before arts. 3 and 8. Initials, except in art. 1: (i) 7/6-line, in pink or blue patterned with white, on decorated gold grounds; (ii, iii), 6-line and 2-line, gold, on blue and pink grounds patterned in white; (iv) 1-line, blue with red ornament or gold with black ornament. Line-fillers in Litany only in blue or red. Continuous borders on pages with initials of type (i), and partial borders on pages with initials of type (ii). A similar range of initials and borders in art. 1 are in a much better style, similar to that of the Caesar Master, see K. L. Scott, *The Mirroure of the Worlde* (Roxburghe Club 1980), and Sotheby's 22 June 1982 sale-catalogue, lot 72; arms in initial to (*a*), see below, to (*f*) historiated (Anthony); gold and blue line-fillers. Edges of leaves decorated with diaper-pattern in red and black. Binding of s. xvii, rebacked. Secundo folio *tentu michi*.

Written in the Netherlands for the English market; art. 1 in England, see decoration above. The arms in the initial on f. 1 are of Richard duke of York (1411–60), who succeeded his father in 1415. 'Liber Edmundi ashetoni pretium iii s', s. xvi, f. 136. A gift to the English College at Lisbon: 'Coll: Angl: Vlyssip: ex dono Domini Richardi Stephens 4 Aprilis 1700', f. ii^v. Part of the library of the English College was transferred to Ushaw College in 1974.

WARE. ST EDMUND'S COLLEGE (DOUAY MUSEUM)

The manuscripts in the Museum, which was set up *c.*1965, were not moved with the other manuscripts when the seminary was transferred to Beaufort Street, Chelsea, in 1975.

82. *Expositio missae*   1448

Uidete quomodo caute ambuletis. Non ut insipientes set ut sapientes. Ista proposicio scribitur ad effesios 2° ca° Dyonisius super ecclesiastica iherarchia particula prima ca° 3° sic dicit Error circa eukaristiam—(f. 2) [T]e igitur clementissime pater. per Ihesum christum. Secundum hugonem in libro de sacramentis canon ille prima sua diuisione diuiditur in septem partes . . . cuiusque nomen est in secula benedictum. Amen. Finitum et completum per manum H. de Kneuellynchusen primissarum in Ruden Anno domini M°cccc° xlviii° ipso die Iohannis ante portam latinam. Vite eius anno lv° sine brillo.

The colophon is followed by two couplets: 'Hic nullus rogat nec missam legere pergat . . . ', Walther, *Versanf.*, no. 8049, and 'Hic nullus nitrat nec post hoc . . . '

ff. i + 27 + ii. Paper. 280 × 202 mm. Written space 210 × 145 mm. 2 cols. 41 lines. Verticals only ruled, in hard point. Collation not practicable. Written in textura. Initial, f. 1, 12-line, red. Capital letters in the ink of the text lined with red. Binding modern, by the Bookbinders Cooperative Society Ltd., London; spine-title 'Sancti Bernardi Sermones M.S.S. 1448'. Secundo folio, see above.

Written in Germany, by the scribe named in the dated colophon, see above. 'dd. Edmund Nolan Dom S^{ti} Edmundi, Cantab', inside front cover. 'St Edmund's College Archives. Miscel.: vol. (2)', '1269', on labels inside front cover.

327. *Missale, cum notis*   s. xv med.

Ninety leaves in arts. 3, 7, and 8, ff. 37–39, 42–43 (6$^{1-3, 7-8}$), 44–67 (quires 7–9), 68–72, 75 (10$^{1-5, 8}$), 155–178 (quires 21–23), 206 (27$^+$), 218 (28$^+$), 226–227, 230–231 (30$^{2-3, 6-7}$), 233–240 (quire 31), 241, 243–245, 247 (32$^{1, 4-6, 8}$), 248, 250–253, 255 (33$^{1, 3-6, 8}$), 264–265, 267–268, 270–271 (35$^{1-2, 4-5, 7-8}$), are rougher parchment, and appear to have been written earlier than the rest of the book, as do ff. 277–293 (quires 37–38), arts. 11–16. The process of adding the later leaves seems to have been effected in three stages: first sixty-nine leaves, ff. 91 (12^8), 92–123 (quires 13–16), 125 (17^2), 133–136 (18$^{3-6}$), 139–146 (quire 19), 147, 149, 152,

154 (20$^{1, 3, 6, 8}$), 242, 246 (32$^{2, 7}$) 249, 254 (33$^{2, 7}$), 256–263 (quire 34), 266, 269 (35$^{3, 6}$), and 272–276 (quire 36); second thirty-one leaves, ff. 1–4 (quire 1), 179– 198 (24^{1}–26^{8}), 200–205 (27$^{2\text{-}7}$), and 294 (38^{10}); and then the remaining eighty-seven leaves, ff. 5–36 (quires 2–5), 40–41 (6$^{4\text{-}5}$), 73–74 (10$^{6\text{-}7}$), 76–90 (11^{1}–12^{7}), 124, 126–130 (17$^{1, 3\text{-}6, 8}$), 131–132, 137–138 (18$^{1\text{-}2, 7\text{-}8}$), 148, 150–151, 153 (20$^{2, 4\text{-}5, 7}$), 199, 207 (27$^{1, 8}$), 208–215 (quire 28), 216–217, 219–224 (29$^{1\text{-}8}$), 225, 228– 229, 232 (30$^{1, 4\text{-}5, 8}$). In art. 7 part of the older text was replaced.

1. ff. 1–3^{v} Calendar in red and black.

Feasts in red include Poncianus (14 Jan.), Servatus (13 May), Odulf, Lebuinus (12, 25 June), Willibrord, Lebuinus (7, 12 Nov.). Added entries: Obiit ghijsbeatus fl symonis et tenebitur ut supra (15 Jan.), obiit machtild symonis fl odzeri (?) et tenebitur ut supra (29 Jan.), It' des daechs nae on*ser* liu*er* Vrouwen dach starf hey*n*ric wyna*n*ts 3 Int Iaer o*n*s her*n* M cccc° lxxv. et legauit vicecurato s. domino symoni vt visitaret sepulchrum per 3^{s} annos (3 July), It' obiit petrus wynandi a° lxxiiij et legauit domino simoni vicecurato ut visitaret sepulchrum per 3^{s} annos (16 July), It' semper dominica post magdalene est dedicacio super (?) altare beate marie in capella (22 July), Obiit symon fl odzeri et tenebit*ur* memoria eius cum tribus candelis (14 Dec.). Below November: It' istorum defunctorum tenebitur memoria eorum semper feria vi^{a} [. . .] vsque ad obitum domini sarps (?) fl Jo curatus ibidem danel ghiisbrechs zs / aeclite zy*n* wiif / Ghiisbrecht danels zs varpe (?) danels z' / aeclite zy*n* wiif / Ian danels z / aluesart danels d' / machtelt danels docht*er* / machtelt martyns d / aecljts allains docht*er*.

2. f. 4^{rv} Exorcismus salis.

3. ff. 5–179 Temporal, Advent–24th Sunday after Pentecost.

Initials of type (i) to Advent, Easter, and Pentecost. No provision for Corpus Christi, but note 'De Sacramento require retro quasi in fine libri', f. 142, cf. art. 13.

4. ff. 179–88 Votive masses.

Holy Spirit, Cross, De domina nostra, Pro quacumque tribulatione, Pro pace, Contra pestilenciam, De omnibus sanctis, Pro peccatis, Pro infirmis, Pro semetipso, Pro humilitate, Pro compunctione, Pro castitate, Pro stabilitate loci, Pro tribulacione ecclesie, Pro amico temptato, Pro familiaribus, Pro itinerantibus, Pro episcopo plebe et congregatione, Pro inimicis, Pro rege nostro, Pro pluuia, Pro serenitate, Pro viuis et defunctis, De sanctis.

5. f. 188^{rv} Ferial lections.

6. ff. 188^{v}–189 Gloria and Credo.

7. ff. 189^{v}–206 Ordinary and Canon.

The text on ff. 204^{v}–205 duplicates that on f. 206 which is older. f. 205^{v} blank.

8. ff. 206^{v}–273 Sanctoral, vigil of Andrew–Katherine.

Office 'ad consecrandum cereum' precedes Purification of B.V.M.; office for Otger (10 Sept.), who is not entered in art. 1.

9. ff. 273–5 Common of saints.

10. ff. 275–276^{v} (*a*) In dedicacione ecclesie; (*b*) In dedicacione altaris.

11. ff. 276^{v}–279^{v} Votive masses.

De sancta trinitate, Pro se ipso, Pro familiaribus, Pro peccatis, Pro pace, Pro puro corde, Pro casto corpore, Pro amicis, Pro inimicis, Pro iter agentibus, Pro infirmo, Generalis, Pro peccatis, Generalis, Generalis.

12. ff. 279^v–282^v Pro defunctis.

13. ff. 282^v–283^v In festo sacramenti.

14. ff. 283^v–284 In uisitacione marie.

15. (added, s. xv ex.) f. 284^{rv} Liber generationis ihesu christi . . . qui uocatur cristus (Matt. 1: 1–16), noted.

16. ff. 285–93 Sequences: (*a*) through the year; (*b*) In dedicacione; (*c*) Common, etc.

RH, nos. 3783, 5323, 11903, 7662, 9755, 10544, 6111, 10012 'de domina nostra', 21717 'Agnetis', 4786, 3694, 10417, 10356, 21505, 11064, 21353, 19756, 18557, 21264, 21242, 2434, 18536, 14871, 21231, 2142 'translacio martini', 10551, 10489, 1879, 21343, 2045, 15758, 19504, 17872, 10360, 19735, 14061, 17622, 4449; (*b*) 15712; (*c*) 3336, 772, 21690 'de domina nostra', 2697 'Katherine', 21626 'ix milium v', 201, 9843, and 3488 'In diuisione apostolorum'.

17. (added, s. xv) f. 293^v Audi tellus audi mare audi omne quod uiuit sub sole . . . , noted, and Gloria, unnoted.

18. f. 294^{rv} Alleluia verses.

Common, Corpus Christi, B.V.M.

19. f. 295 (former pastedown) 4 lines in Dutch, faded and discoloured by re-agent, 'Item den Coster [. . .] een welborn wyif/Item men is den Coster [. . .]/ die ouer luydt[. . .]'.

ff. iii + 294 + iii. Medieval foliation of ff. 5–206, i–ccxxi, omitting ix, x after f. 12, xl after f. 36, cxxxiii after f. 129, cxc–cxcix after f. 185 and ccxiv after f. 199, repeating xvi on ff. 17–18 and lxxxviii on ff. 84–5, and with two numbers on ff. 16 (xiiii, xv), 20 (xviii, xix), 24 (xxiii, xxiiii), 28 (xxviii, xxix), 32 (xxxiii, xxxiiii) and 36 (xxxviii, xxxix); medieval foliation of ff. 207–75, i–lxx, omitting xxxvii (?) after f. 242 (?). ff. iii and 295 former medieval pastedowns. 382 × 285 mm. Written space *c.* 290 × 205 mm. 2 cols. 30 lines. Pricking in both margins on older leaves. Collation: 1 four 2–5^8 6^8 wants 6 (?) after f. 41 4–5 (ff. 40–1) replaced 7–9^8 10^8 6–7 (ff. 73–4) replaced 11^8 12^8 (1 and 8 singletons) 13–16^8 17^8 7 cancelled after f. 129 18–24^8 25^4 26^8 27^8 + 1 leaf (f. 206) after 7 28^8 29^8 + 1 leaf (f. 218) after 2 30–31^8 32^8 3 cancelled after f. 242 33^8 34–35^8 36 five (ff. 272–6) 37^8 38^8 + 2 leaves after 8. Quires 2–4 lettered a–c. Six (?) hands, one apparently earlier than the others. Initials: (i) blue and/or red, with ornament of both colours; (ii) blue, some with red ornament; (iii) 2-line, red or blue, some on older leaves with ornament of the other colour; (iv) 1-line, red or blue. Cadels and capital letters in the ink of the text lined with red. Binding of s. xix. Secundo folio (f. 6) *Facite ergo*.

Written in the Low Countries, for use in the diocese of Utrecht. 'Presented to William George Ward of Neeston Manor, Isle of Wight, as a slight token of great esteem, by John Greene, Mount-Anna, Kyle, Ireland, June 18, 1879', f. ii. 'St George's Exhibition (Mr Ward) 1886.', label inside front cover. '745', printed label, f. i.

333. *Horae*   s. xv ex.

The contents are described in their present order, but using the s. xvi in. foliation, which shows that arts. 4–5 and 30–1 came between arts. 18 and 19. In this foliation there are now no ff. 169–80, 191–209, 274–301, or 305, but it does include three blank leaves (ff. 306–8) now before art. 1 and three (ff. 302–4) after art. 31, and f. 309, which are ruled as the rest of the book. It does not cover art. 12, which has a modern pencil foliation, here distinguished by means of *: ff. 1*– 54*; art. 1 was not numbered either, but presumably only for lack of space, since there are no other leaves numbered 1–12.

1. ff. 1–12ᵛ Full calendar in red and black.

Feasts in red include Amandus and Vedastus (6 Feb.), Boniface (5 June), Remigius and Bavo, and Denis (1, 9 Oct.).

2. ff. 14–15ᵛ Ad salutandum faciem ihesu christi. Salue sancta facies nostri redemptoris . . . , *RH*, no. 18189.

3. ff. 17–25 Incipiunt hore sancte crucis.

f. 25ᵛ blank.

4. ff. 211–224ᵛ Passio domini nostri ihesu christi. Secundum iohannem. Egressus est . . . posuerunt iesum. Deo gracias. Deus qui manus tuas . . .

John 18: 1–19: 42, followed by a prayer.

5. ff. 226–228ᵛ Oratio deuotissima ad beatam uirginem mariam. Stabat mater dolorosa . . .

6. ff. 27–33ᵛ Incipiunt hore de sancto spiritu.

7. ff. 35–45 Incipit missa beate marie.

f. 45ᵛ blank.

8. f. 46ʳᵛ Psalmus dauid. Ivdica me deus et discerne . . . , Ps. 42.

9. ff. 47–54 Sequentiae of the Gospels.

f. 54ᵛ blank.

10. ff. 56–142ᵛ Incipiunt hore beate marie uirginis secundum usum romanum.

Advent office, f. 133. ff. 78ᵛ, 98ᵛ, 104ᵛ, 110ᵛ, and 131ᵛ blank.

11. ff. 144–68 Penitential psalms and Litany.

Among nine pontiffs and confessors Bonaventura and Louis are last; the monks and hermits are Francis, Benedict, Anthony, Dominic, and Bernardine. f. 168ᵛ blank.

12. ff. 1*–54* Incipiunt uigilie mortuorum.

f. 54*ᵛ blank.

13. ff. 181–182ᵛ Oratio deuota de beata uirgine maria. O Sanctissima o dulcissima o piissima . . . ut me famulum tuum thomam custodias . . .

14. ff. 183–'284' *recte* 184 Sequens oratio dicitur aurea—legitur reuelasse. Ave rosa sine spinis . . . , *RH*, no. 2084.

15. ff 184–6 Quicunque sequentem oratiunculam quotidie deuote dixerit sine penitentia et mysterio corporis christi non decedet sicut fuit reuelatum beato bernardo cui ab angelo data est. Ave maria ancilla trinitatis humillima . . . , *RH*, no. 1872.

16. f 186ʳᵛ Bonefatius papa dedit omnibus sequentem orationem dicentibus centum dies indulgentiarum. Ave maria alta stirpe lilii castitatis . . . , *RH*, no. 1871.

17. ff. 186ᵛ–190 Sequitur oratio de omnibus membris beatissime uirginis marie —O dulcissima regina mundi: dei genitrix . . .

18. f. 190ʳᵛ Subscriptam orationem edidit dominus Sixtus papa quartus et concessit omnibus eam deuote dicentibus coram imagine beate uirginis in sole xi M annorum uere indulgentie. Ave sanctissima maria mater dei regina celi . . .

Cf. Leroquais, i. 336.

19. ff. 234–238ᵛ Obsecro te . . . Masculine forms.

20. ff. 238ᵛ–241ᵛ O intemerata . . . orbis terrarum. Inclina . . . Masculine forms.

21. f. 242ʳᵛ Inuocatio sancte trinitatis optima cum quis aliquid uult incipere. Nomen dei patris et filii et spiritus sancti sit benedictum in me . . .

22. (*a*) ff. 242ᵛ–247ᵛ Oratio dicenda quando quis uult iter arripere quando domum exit et dicat. Deduc me domine in uia tua . . . ; (*b*) ff. 247–248ᵛ prayers: (*i*) Contra raptores. Deus meus de manu inimicorum . . . , (*ii*) Contra tempestates. Titulus triumphalis . . . , (*iii*) Pro nauigantibus. Deus qui transtulisti patres nostros . . .

(*a*) Office of the Three Kings, ending with the prayer Deus qui beatos tres magos . . . , see Leroquais, i. 218; (*bii*) ibid. i. 149.

23. ff. 249–56 Prayers for protection: (*a*) Dormituro dicenda est hec: Oratio: Ihesu dulcissime Ihesu pater dilectissime . . . ; (*b*) Cum uolueris ire dormitum dic cum deuotione. Gratias ago tibi domine sancte pater—qui me indignum famulum tuum thomam—custodire dignatus es . . . ; (*c*) Quando excitetis a sompno tuo Sit nomen . . . ; (*d*) Postquam mane surrexeris Induo me . . . ; (*e*) Oratio deuotissima dicenda ad dominum nostrum ihesum christum flexis ge. Flecto genua mea . . . ; (*f*) Ad proprium angelum; (*g*) memoria of all angels; (*h*) Exeundo de domo tua dic Per signum sancte crucis . . .

24. ff. 256–257ᵛ Oratio sancti augustini a spiritu sancto sibi reuelata. Deus propicius esto mihi peccatori . . .

25. ff. 258–259ᵛ Versus beati bernardi. O rex iuda. Illumina oculos meos . . . Oratio. Omnipotens sempiterne deus qui ezechie regi . . .

Each verse is preceded by 'O' and a Holy Name.

26. ff. 260–2 Oratio de nomine ihesu. O bone ihesu. O piissime ihesu . . .

f. 262ᵛ blank.

27. ff. 263–267ᵛ Canticum athanasii. Qvicunque uult . . .

28. ff. 267ᵛ–268ᵛ Credo in deum patrem . . .

29. ff. 269–73 In exitu israel de egypto . . . Contra tribulationes. Ps. Qvi habitat in adiutorio altissimi . . .

Pss. 113 and 90. f. 273ᵛ blank.

30. ff. 229–231ᵛ Sequitur oratio uenerabilis bede presbiteri de septem uerbis— Domine ihesu christe qui septem uerba . . .

31. ff. 232–233ᵛ Oratio sancti Gregorii pape. O Domine ihesu christe adoro te in cruce pendentem . . .

Seven Oes of St Gregory.

ff. i + 303 + i. For the foliation, see above. Thin smooth parchment. 88 × 62 mm. Written space 53 × 33 mm. 15 long lines. Collation not practicable; 1–2⁶. Ten full-page inserted pictures on versos, rectos blank, before arts. 2, 3, 4 (Gethsemane), 5 (dead Christ), 6, 7 (B.V.M. and Child), 10 (Annunciation), 11, 13 (man kneeling before B.V.M. and Child, 'Regina celi letare allelvia O spes mea dvlcissima ora pro me virgo pia' in border), and Advent office in art. 10 (Coronation of B.V.M., with Dove lowering crown). Thirteen 7-line pictures, four in art. 9, seven in art. 10 (Innocents at Vespers, Flight at Compline), and one before arts 26 (Child in glory seated on a red cushion) and 31; these have the first letter of the following word written very small in the top right-hand corner. Art. 1 has the occupations of the month at the head of each recto, the Zodiacal sign at the foot of each verso, and in architectural borders to each page figures of saints, in brown highlighted with gold, mostly on dark brown grounds. Initials: (i, ii) 6- and 2-line, in gold, on green, blue, mauve, or pink grounds; (ii) 1-line, pale grey shaded with white, on red grounds stippled with gold. Borders: (A) to pages with pictures or initials of type (i), continuous, mostly of flowers, insects, etc., on pale yellow grounds, or, ff. 181 rosaries, 183 a man netting birds, 190 a bird-trap, 225ᵛ an elaborate frame, 226 instruments of the Passion, and 242 a fountain; (B) on all other pages, in top, bottom and outer side margins, a single flower, beast, grotesque, insect, etc., or, art. 4, instrument of the Passion. Binding of s. xix. Secundo folio (f. 15) *dicant amen*.

Written in Flanders, for the use of a man called Thomas, see arts. 13 and 23*b*, and picture to art. 13.

No no. *Missae*   s. xv ex.

1. pp. 1–12 Calendar in red and black.

Includes some twenty Lyons saints, most with 'Lugd'' before or after the entry, four in red: Desiderius (11 Feb.), Nicecius (1 Apr.), Annemundus (28 Sept.), and Veranus (11 Nov.). 'Consecracio maioris altaris ecclesie lugd'' (9 July).

2. pp. 13–45 Masses for Christmas and, p. 26 its octave, p. 29 Epiphany, and p. 33 Cross; p. 36 'Passio domini nostri iesu christi secundum iohannem', John 18:1–19:42; p. 44 Gloria, farced for B.V.M.; p. 45 Credo in vnum deum.

3. pp. 48–65 Common preface and canon.

Special prefaces in arts. 2 and 4.

4. Masses: (*a*) pp. 66–96 for Easter, Monday and Tuesday after Easter, Ascension, Pentecost, Monday and Tuesday after Pentecost, Corpus Christi; (*b*) pp. 96–109 for Purification, Annunciation, Assumption, Nativity, and Conception ('sicut in natiuitate') of B.V.M.; (*c*) pp. 109–14 In agenda mortuorum.

5. pp. 114–15 Ad suffragia sanctorum.

Secret and postcommunion at mass of All Saints.

6. pp. 115–29 Special weekday masses: Die martis officium. De angelis officium; Die mercuri officium. De omnibus sanctis; Die iouis officium. De sancto sacramento—quere supra; Die veneris officium. Missa deuota quinque plagarum christi; Sabbato officium nostre domine pietatis.

p. 130 blank.

ff. iv + 65 + iii. ff. 1–65 paginated 1–(130) in lower margin, partly cropped away. 265 × 193 mm. Written space *c.* 185 × 130 mm. 2 cols. 26 lines. Art. 2, 17 long lines. Quires 7–9 ruled in red ink. Collation 1⁶ 2–8⁸ 9⁶ wants 4–6 (blank). Catchwords written vertically. Written in *lettre bâtarde*, with textura *g*. Two full-page pictures: pp. 46 (Crucifixion), and 47 (God the Father in majesty wearing a triple tiara). Three pictures, *c.* 85 × 75 mm., pp. 20 (Christmas: Manger), 67 (Easter: Christ rising from tomb), and 84 (Pentecost: descent of Dove). Initials: (i) red and blue; (ii) 2-line, red or blue. Capital letters in the ink of the text filled with yellow. Binding of s. xix. Secundo folio (p. 15) *quia non*.

Written in France, for use in the diocese of Lyons, see art. 1. Armorial book-stamp inscribed 'Ex bibliotheca J. Richard D.M.', s. xix in., pp. 1, 13, 129. Armorial bookplate of Revd Edmund Maturin, s. xix, inside front cover; given by him to Cardinal Nicholas Wiseman, STP, AD 1858, see inscription f. ii. Transferred on deposit from Westminster Cathedral in 1965.

WARRINGTON. PUBLIC LIBRARY

MS. 9. *Breviarium*   s. xiv ex. – s. xv in.

A section of a small Sarum breviary.

1. ff. 1–37 Liturgical psalter, beginning imperfectly at Ps. 12:5.

Leaves are missing at the beginning, and single leaves after ff. 1, 3, 5, 6, 9, 13, 14, 21, 25.

2. ff. 37–42 Six ferial canticles, followed by Te deum, Benedicite, Benedictus, Magnificat, Nunc dimittis, and Quicumque vult.

3. ff. 42–5 Litany: a set for each day of the week.

4. (quire added, s. xv in.) (*a*) ff. 46–8 Offices 'In festo reliquiarum sarum ecclesie', *Brev. ad usum Sarum*, iii. 451; (*b*) ff. 48–52 Office 'In festo sancte anne', ibid. iii. 539; (*c*) f. 52ʳᵛ three hymns 'In festo marie magdalene' Collaudemus, Estimauit, O maria noli flere, ibid. iii. 512, 514, 524; (*d*) f. 52 Proses for Andrew and Nicholas, ibid. iii. 18, 24; (*e*) ff. 52ᵛ–53 Sequence 'Letabundus' (Purification of B.V.M.), ibid. iii. 146; (*f*) f. 53 Prose 'Crux fidelis' (Invention of Cross), ibid.

iii. 273; (*g*) f. 53 Antiphon 'Aue prothomartir anglorum' (Alban), ibid. iii. 329.

5. (added in blank spaces, by one bad current hand, s. xv ex.) (*a*) f. 53^{rv} Lections for Chad, ibid. iii. 196; (*b*) f. 45^{rv} Forms of service for John of Beverley, and Osmund; (*c*) in art. 3 'Thomas' among martyrs, 'Chad' among confessors, etc.

ff. ii+53+ii. 148 × 106 mm. Written space 123 × 83 mm. 2 cols. 37 lines in arts. 1–3; 40 lines in art. 4. Collation impracticable; art. 3 occupies a quire of four, and art. 4 one of eight. All main beginnings gone. Remaining initials: (i) to Ps. 119, 3-line, gold on blue and pink grounds patterned in white; (ii) 2-line, blue with red ornament; (iii) 1-line, red or blue. Binding of s. xix, covered with leather of s. xvi taken from a book at least twice the size, bearing Oldham's rolls HM.a(3) and HE.a(10).

Written in England. Probably used in the diocese of Lichfield, see art. 5.

WELLS. CATHEDRAL

1. *Comment. in Constitutiones Clementinas, etc.*   s. xiv ex.

1. ff. 1–74^{v} (*begins imperfectly*) *Capitulum gracie.* Interliniar' *in v' gracie* a quocumque optente gess'. *In v' dignitate* quid sit dignitas . . . de lit' cont' in l. vna in glosa in fi per ac. explicit.

Commentary on Clementine Constitutions, beginning at I. ii. 4. In most cases the section for a new title starts with a reference 'Interliniar'. f. 75^{rv} blank.

2. (quires 7–9) ff. 76–117 De vita et honestate clericorum. Quero qualiter clerici habent viuere nota isto titulo . . . secundum ho. in lect'.

Commentary on Decretals, bk. 3 tit. i–xxvii.

3. f. 117^{v} notes on Cognacio spiritualis and Usura.

4. ff. 118–142^{v} Sequitur in rubrica pro ista rubrica addat' summa de iudic' c. nouit. . . . pulsare campanas set non (*ends imperfectly*).

Commentary on Decretals, bk. 5 tit. i–xii.23; a title, f. 118 top, appears to read 'Extraordinarius Ricardi (?) Swerston'. Each chapter begins 'Summatur . . . ', cf. L. Boyle in *Oxford Studies presented to Daniel Callus*, Oxford Historical Soc. NS xvi (1964), 161.

5. ff. 143–150^{v} De decimis in antiquis. Nouum genus. summatur sic clerici clericis equalibus . . . non fiet deduccio (*ends imperfectly*).

Commentary on Decretals, bk. 3 tit. xxx. 2–28.

ff. i + 150. Paper. f. i parchment flyleaf. Parchment strips as strengtheners between and in the middle of quires. 293 × 222 mm. Written space *c.* 230 × 175 mm. *c.* 50 long lines in art. 1; then 55–63. No ruling. Collation: 1^{12} wants 1 and almost all 2, 3 2–5^{12} 6^{18} 7^{14} 8^{12} 9^{16} 10^{12} 11^{10} 12 three (ff. 140–2, of which ff. 141–2 seem to be 1–2 of a six, with 3–6 cancelled, of which one may be f. 140 misplaced) 13^{12} wants 2 after f. 143 and 9 + two others after f. 149. Quire 10 marked 'Primus quaternus' at the beginning, f. 118. Written in current anglicana; changes of hand at ff. 76 (7^{1}), 90 (8^{1}), 118 (10^{1}), and on 143^{v}. Lemmata and headings in art. 2 washed over with yellow-brown.

Contemporary binding of wooden boards covered with white leather, now gone from front cover; 2 clasps, missing; hole as from chaining-staple at foot of back board, and corresponding mark on last leaves. Secundo folio *Episcopus*.

Written in England.

2. *Registrum brevium*   s. xv med.

1. ff. 9–158 Register of writs, preceded, ff. 3–7ᵛ, by a table of contents or 'Kalendarium'.

Text and table divided into 46 chapters. Except at the end of chapter 24 the table is very nearly the same as that in Oxford St John's College MS 256 (*MMBL* iii. 700–1), printed W. Holdsworth, *A History of English Law*, ii (1903), 617–36. Blank space left at the end of the table of chapter 44, cf. Holdsworth, p. 636.

2. (partly in the main hand) ff. 158ᵛ–163, 165 miscellaneous writs, not covered in the table to art. 1.

Bifolium (?) missing after f. 159.

3. (added, s. xv², *a* and *b* by one hand using the hybrida variant of secretary for *a* and anglicana for *b*) (*a*) f. 163ᵛ Sacramentum Scoti. I shall be trewe liegeman to my liege lord E the iiijᵗʰ king of Englond . . . and holy dome; (*b*) f. 163ᵛ Writ of protection to T.A., a Scotsman living in Suffolk; (*c*) f. 164 Writs concerning the appointment of a dean of the royal chapel at Windsor.

4. (added, s. xv, on the first quire, before and after the table to art. 1) (*a*) f. 1ᵛ Clericus in festo licite valet ipse studere . . . , 3 lines; (*b*) Copia rerum facit me Verum . . . ; (*c*) Leticie plena dormire . . . ; (*d*) Prodiga natura canotri dat sua iura . . . , 3 lines; (*e*) Miserere Miserator quia vere sum peccator Vnde preco. licet reus Miserere mei deus; (*f*) f. 2 (s. xv ex.) notes on dates of statutes; (*g*) f. 2ᵛ tables to statutes, Magna Carta – Westminster II 'In hoc volumine'; (*h*) Iesu of Nazareth/ þᵗ þoledest for mannes sowle deth . . . , 6 lines; (*i*) f. 8 Littera recommendatoria, 28 Nov. 36 Hen. VI; (*j*) f. 8ᵛ Angelus affatur virgo pauet et meditatur . . . , 4 lines; (*k*) Disce mori. Funeris in portis stat Rex dux campio fortis . . . , two 4-line stanzas; (*l*) En prince loyalte . . . En bele dame Countenaunce; (*m*) Abusiones seculi. Sapiens sine operibus . . . Nec dicat seruiens hoc agere nolo.

(*c*) Walther, *Sprichwörter*, no. 13419; (*h*) *IMEV*, no. 1739,5; (*l*) thirteen necessary things; (*m*) thirteen abuses.

ff. i + 166 + i. 260 × 182 mm. Written space 173 × 120 mm. 38 long lines. Collation: 1⁸ 2⁸ wants 1 before f. 9 3⁸ wants 1 before f. 16 and 4, 5 after f. 18 4⁸ wants 5 after f. 24 5–6⁸ 7⁸ wants 5 after f. 47 8⁸ wants 3 after f. 52 and 5–6 after f. 53 9⁸ wants 1 before f. 62 10⁸ wants 7 after f. 68 11⁸ wants 2 after f. 70, 4, 5 after f. 71 and 8 after f. 73 12⁸ wants 1 before f. 74 13⁸ wants 3 after f. 82 14⁸ wants 2 after f. 88 and 7 after f. 93 15⁸ wants 5 after f. 98 16⁸ wants 7 after f. 107 17⁸ wants 1 before f. 109 and 8 after f. 114 18⁸ wants 3 after f.116 19⁸ wants 2 after f.122 and 7 after f. 126 20–22⁸ 23⁸ wants 1 before f. 152 and 7, 8 after f. 156 24 three outer bifolia (ff. 157–62) 25⁴ 4 was pasted down. Quires 2–23 signed +, a, c, ā, d-f, f, g-r, b̄, c̄, d̄. Written in current legal anglicana. Initials: to chapters, in gold on blue and red grounds patterned with white. Binding of s. xix. Secundo folio (f. 9) *cum pertin'*.

Written in England. 'Precium istius registri ad quatuor marcas', s. xv, f. 1ᵛ. 'Treguran', f. 1ᵛ. 'Thomas Clerk legauit hunc librum Thome Bromwych vt aparet in vltima voluntate sua', s. xv ex., f. 1ᵛ. 'Henry Foxwells Books and Name', s. xvii, f. 63ᵛ.

3. *Isidorus, Etymologiae* s. xiii med.

(*begins imperfectly*) cipiunt et in naturalem sonum . . . careat. tercia enim parte inusti (*sic*) a- (*ends imperfectly*).

PL lxxxii. 78/17–713/28 (bk. 1 cap. 4–bk. 20 cap. 3). A table of chapters precedes each of the nine books still complete at the beginning, bks. 2, 4–5, 8–9, 13, 15, and 18.

ff. iii + 182 + ii. f. iii is a parchment flyleaf. 273 × 185 mm. Written space 185 × 120 mm. 2 cols. 37 lines. Collation uncertain, perhaps mainly twelves, of which two remain complete (ff. 65–76, 134–45). Initials: (i) to books, red and blue, with ornament of both colours; (ii) 2-line, red or blue, with ornament of the other colour; (iii) in chapter-lists, 1-line, red or blue. Capital letters in the ink of the text filled or lined with red. Binding of s. xix, rebacked in 1982.

Written in England. Pressmark (?) 'B', s. xv (?), f. iii. 'James Galhamton', s. xvii, f. 72 marginal scribble. 'E libris [. . .] Apr. 1 1684', f. iii. Given in 1684.

4. *Biblia* s. xiii¹

1. ff. 1–290 A Bible, in the order Genesis–2 Chronicles, 1 Ezra, Nehemiah, 3 Ezra ('Esdre ii'), Esther, Tobit, Judith, Job, Psalms (including Ps. 151, Steg-müller, no. 105, 3), Proverbs, Ecclesiastes, Song of Songs, Wisdom, Ecclesiasticus + Prayer of Solomon, Isaiah, Jeremiah, Lamentations, Ezekiel, Daniel, Minor Prophets, Baruch, 1, 2 Maccabees, Gospels, Pauline Epistles, Acts, Catholic Epistles, Apocalypse. Books written continuously, chapters beginning with an initial of type (iii). Probably eighteen leaves missing, with the loss of the beginnings, and the ends of the capitula where marked *, of: first prologue, *Isa.–5:2, *1 Macc.–2:12, *Matt.–1:4; and also Pss. 88:51–126:2, Joel 2:13–Zech. 3:4, Zech. 10:7–Mal. 2:2, Col. 4:17–1 Tim. 1:3, 1 John 5:8–Apoc. 2:7. f. 290ᵛ blank.

Unnumbered capitula precede each book except 1 Ezra–Judith, Pss., S. of S., Lam., Minor Prophets, Baruch, 2 Cor.–Heb.; those for Ezek. are after Baruch. Octoteuch, *Biblia sacra*, Series Lambda forma a, in Gen. (76), Exod. (146), Lev. (86), Num. (73), Deut. (151 ?), Josh. (31) and Judg. (16); 1, 3 Kgs, both in (81), ibid., Series B; Job, ibid., Series A; Prov., in (55), and Eccles., in (26), ibid., Series A forma b; Wisd., in (43), Ecclus., in (120) ending 'Oratio salamonis', Isa., ending imperfectly in cxv (here 99), Jer., in (173), Dan., in (33), and Ezek., in (121), ibid., Series A forma a. 1 Chr., in (106), and 2 Chr., in (73) appear to be of de Bruyne, *Sommaires*, series C; 1 Macc., ending imperfectly in 55, and 2 Macc., in (53), ibid., series A. Matt., Wordsworth and White, K, ending imperfectly in xxviii; Mark, in (42), Luke, in (77), John, ibid., D etc.; Rom., in (57), 1 Cor., in (71), first De apostolo ad unitatem (i.e. ii), ibid., A etc.; Acts, ibid., B etc.

The remaining prologues are 35 of the common set of 64 (see below Ushaw 2) and 38 others, including 19 to Psalms, shown here by *: Stegmüller, nos. 284 (in eight sections), 285, 311, 323, 328, 330, 341 + 343, 332, 335, 344 + *349, *414, *430, *Finem duobus modis dicimus . . . completiua perfectio, *424 (. . . forte pretereat), *Inter expositores psalmorum de hoc nomine . . . potuerit inueniri, *Beatus ieronimus prophetiam psalmorum v libris . . . auctoritate firmatur, *443, *426 (. . . terminatur. Nam ad numerum psalmorum complendum hebrei illum psalmum addiuit. de pusillus eram inter fratres meos), *369, *427, *384, *398, *407 + *406, *419 + *408 (27 lines: . . . mella, Sordibus expositis . . . monstrare triumphos), *418 (. . . esse dauiticos), *Liber psalmorum quamquam uno concludatur uolumine . . . ut uoluit, *440 (26 lines: . . . Qui deus es trinus regnans super omnia solus), 457, 487, 492, *498, 494, 500, *503 + *506, 507, 510 (. . . regibus quibus osee prophetauit), 511, *509, 491, *595, *601, 607, 620, 624, *651, *674, 677, 685, 707, 715, 728, 736, 772, 780 (. . . de lodicia), 783, 793, 640, *631, *633, 809, *807 (. . . in sentenciis), *806, *808, *812, *817 (. . . sapientes esse mortuos declarat . . . clarius manifestat. cf. 818), *815 (to 2 Pet.), *822, *820 (. . . duas memorias eiusdem iohannis euuangeliste esse).

2. ff. 291–306ᵛ Aaz apprehendens . . . Lamech—humiliatus (*ending imperfectly*).

The usual dictionary of Hebrew names, Stegmüller, no. 7709.

3. (? inserted from another manuscript; written space 167 × 100 mm.; 29 long lines) (*a*) ff. 307–8 Materia psalterii. Quoniam psalterium est prophecia. uideamus quid sit prophecia . . . eorum nominibus intitulentur; (*b*) f. 308ʳᵛ Superstitiosa obseruatio que aliquando communi nomine magica maesis . . . fiunt artis illius iudicia; (*c*) f. 308ᵛ Visio sancti pauli apostoli. Dies dominicus dies electus . . . alii per manus alii per ca- (*ending imperfectly after 7 lines*).

(*b*) on the different kinds of magic; (*c*) cf. Stegmüller, nos. 276, 3 and 276, 7.

ff. iii + 308 + ii. Unfoliated. 230 × 150 mm. Written space 155 × 100 mm. 2 cols., 58 lines, first above top ruled line. Collation: 1¹² 12 misbound before 2 wants 1 2–12¹² 13¹² wants 5–8 after f. 147 14¹² 15¹² wants 8 after f. 170 16–18¹² 19 five, i.e. 1–4 and another (ff. 211–15) 20 ten (ff. 216–25) 21¹² wants 7 after f. 231 22–23¹² 24¹² wants 11 after f. 270 25¹² 26 seven (ff. 284–90) 27– 28⁸ 29 two (ff. 307–8). Quires numbered at the end, also catchwords. Initials: (i) to books, some prologues, and Pss. 1, 26, 38, 51, 52, 68, and 80 (beginnings of 89–126 missing), in colours on gold grounds, decorated, or in gold on coloured grounds patterned with white; (ii) to other prologues and lists of capitula, 2-line, blue or red, with ornament of the other colour; (iii) to chapters and psalm-verses and in art. 2, 1-line, blue or red. Capital letters in the ink of the text filled with red. Binding of s. xix. Secundo folio *Samuel in heli*.

Written in France (?). Psalms 127–50 numbered in an English hand, s. xv in. A note, s. xix, kept with the manuscript suggests that in rebinding a leaf with 'Harold Nem[. .]' and 'Alfred Chipnan (?)' in a recent hand on it was lost; it 'should have stood in place of the present one 14th century 1320', cf. (?) art. 3 above. Given by the Revd Charles St Barbe Sydenham in 1863.

5. *Psalterium*   1514

1. ff. 1–328 Psalms 1–150, with an interlinear gloss in red 'contra prospera et aduersa firmus . . . de omni munere spirituali laudetur deus'.

At the end of each psalm there is a collect in the margin, the first Effice nos domine tanquam fructuosissimum lignum . . . , and the last Ermonie nostre suauissimum melos, qui nostri pectoris modulimina . . . , the *Romana series*, ed. L. Brou, *The Psalter Collects*, HBS 83 (1949), 174–227. Passage f. 224ᵛ margin 'Diuus Augustinus in Psalmum cxlviii Deditatio vite presentis nostre in laude dei esse debet . . . exhortatur vt surgant et laudent. Ait enim. Laudate do. de.'. 'Defecerunt hymni Dauid filii Iesse', Ps. 71: 20, is written as a rubric at the head of f. 159ᵛ. f. 328ᵛ blank.

2. (quires 42–5) ff. 328*–359ᵛ Six ferial canticles, followed by Te deum

'Canticum sanctorum Ambrosii et Augustini episcoporum', Benedicite, Benedictus, Magnificat, Nunc dimittis, Quicunque vult.

Interlinear gloss in red to ferial canticles, 'peccata mea. pro peccatis . . . id est ecclesie sue', and Quicunque vult 'de quocunque genere hominum effectiue . . . id est aliquid dictorum non discrediderit'.

ff. i + 357 + i. Foliated by the main scribe [i], i–cclix, (360), jumping lxxxix, cxxviii, ccxlvi, and cclxvii, repeating xciii and cccxxviii, and with xcix for xciv. f. i original flyleaf, see below. 357 × 247 mm. Written space (text) 217 × 98 mm. 20 long lines: 10 of text + gloss which is sometimes double-banked. Collation: 1–37⁸ 38⁶ 39⁶ + 1 leaf (f. 306) before 1 40–45⁸; f. (360) was pasted down. Quires signed (a)–z & (a)–(y). One picture, f. 1, 90 × 90 mm.: David kneeling faces a kneeling cleric in red cassock, alb, and grey cape, holding a scroll 'Misericordia', with God above blessing. Initials: (i) to eight divisions of Psalms, Pss. 101 and 119, and art. 2, 4-line, in gray or brown, on grounds of pink, blue, or orange, decorated with gold; (ii) 2-line, to other psalms etc., as (i); (iii) to verses, 1-line, in gold, on blue or red grounds. Borders of animals, birds and flowers: sides and foot, f. 1; c. 120 mm. down left margin of pages with type (i) initials. Contemporary binding of wooden boards covered with a leather chemise; two strap-and-pin fastenings. Secundo folio *dicio* (text), *id est ad hoc* (gloss).

'Anno incarnationis dominice Millesimo Quingentesimo Quarto Decimo scriptum est hoc Psalterium expensis Venerabilis viri domini Christophori Vrswyke Illustrissimi Principis Regis Henrici Septimi quondam Elemosynarii, magni exequutoris testamenti et vltime voluntatis Nobilis viri domini Ioannis Huddelston' Militis, et in hoc loco repositum: Anno Inuictissimi Principis Serenissimi Regis Henrici Octaui Regni sui Octauo, in memoriam perpetuam prenominati militis. D. Io. et domine Ioanne consortis sue Scriptum (inquam) manu Petri Magii Vnoculi, Teutonis natione Brabantini, oppidi Buschiducensis Leodiensis diocesis: Quorum animabus misereri dignetur ineffabili misericordia sua altissimus. Amen MISERICORDIA', f. iᵛ in red, in the hand of the humanist scribe, Peter Meghen, see J. B. Trapp in *The Book Collector* xxiv (1975), 80–96, with plates; Meghen also wrote MS 6 below. Given to Hailes Abbey in memory of Sir John Huddleston and his wife Joan; for Sir John's executor Christopher Urswick (1448–1522), see Emden, *BRUO*, pp. 1935–6, and for will PCC 21 Fetiplace. Arms forming part of the border, f. 1 foot: argent a bend sable charged with three conjoined lozenges argent each bearing a saltire gules. 'Liber Monasterii de Hayles', in red, ff. 1 top, 222 foot; 'Liber monasterii de Hayles: in Comitatu Glocestrie', in red, f. 147ᵛ. Given as MS 4 above.

6. *J. Chrysostomus, Homiliae in Matthaeum*   1517

1. ff. iii–xiᵛ Index notabilium excerptorum ex Commentariis Beatissimi Ioannis Chrisostomi Episcopi Constantinopolitani in Euangelium Beati Matthei. A Abdie interpretatio, et quid nobis conferat Abominatio . . . Zorobabelis sapientia quid apud Darium regem promeruerit: notatur folio

Spaces for leaf-numbers unfilled.

2. ff. xii–xiii Prologus Aniani in expositione diui Ioannis Chrisostomi Constantinopolitani episcopi super Euangelium beati Matthei incipit felicissime. Domine vere sancto et beatissimo episcopo Horontio: Anianus . . . possimus imitari. Finis Prologi.

PG lviii. 975–8. f. xiiiᵛ blank.

3. ff. 1–216ᵛ Homelia Prima Commentarii: ex cap. primo. Oportuerat quidem

nihil nos indigere . . . et futura bona consequamur. Gratia et misericordia domini nostri Iesu Christi Amen.

cf. *PG* lvii. 13–510. Stegmüller, no. 4348, 2. Fifty-one homilies, homily 19 divided at the Pater noster.

4. ff. 217–432^v Incipit prologus beati Ioannis Chrisostomi Constantinopolitani Episcopi in secundam expositionem super euangelium Matthei. Sicut referunt Mattheum conscribere euangelium . . . si fuerint regligentes FINIS FINIS

PG lvi. 611–946 (pseud., Opus imperfectum). Stegmüller, no. 4350. Prologue and fifty-four homilies. f. 308^v blank; homily 24 starts a new quire (43) f. 309. f. 321^v blank, before homily 28.

ff. i + 444. Foliated in the hand of the main scribe [i–xiii], [i]–cccxxxii, jumping clxxxviii and ccclxxxx, and with lxxxii for lxxxvii. ff. 1–200 damaged by damp, with little loss of text after f. 19; original foliation gone ff. 1–47. 494 × 356 mm. Written space 338 × 244 mm. 2 cols. 35 lines. Collation: 1–2^6 3–11^8 12^6 13–17^8 18^6 19–24^8 25^6 26–27^8 28^6 29^8 30^8 wants 8 (blank) after f. 216 31–35^8 36^6 37–38^8 39^6 40–46^8 47^6 48–50^8 51–52^6 53–54^8 55^6 56–57^8 58^6 59^8 wants 7, 8 (blank). Quires 3–59 signed (a)—z & A—Z ȝ a—e. Lemmata written slightly larger and more heavily. One picture, f. 1, 217 × 240 mm., divided in two vertically: on the left a bishop seated writing in front of four shelves of books, in various positions but only one with its spine outwards; on the right, as in MS 5 above, a cleric in red cassock, alb, and grey cape kneeling at a prie-dieu with 'Constantinopoli' in the background; continuous floral border, with a wounded heart in a crown of thorns in each corner, and scrolls 'Misericordia' and shields as f. ii^v, see below. Initials: (i) ff. 1, 217, 6- or 7-line, in brown decorated with gold, on pink grounds; (ii) to opening quotation of each homily, 3-line, in blue, with red ornament on f. 256^v; (iii) to text of each homily, 2-line, in red. Contemporary binding of wooden boards covered with pink-stained leather and a chemise; eight bands; five bosses on each cover, two missing; two strap-and-pin fastenings missing. Secundo folio *etiam quinque*.

'Iesus Maria [Anno Incar]nationis dominice Millesimo Quingentesimo Decimo Septimo [scri]ptum est hoc opus diui Ioannis Chrisostomi Constantinopolitani Episcopi in Mattheum, expensis Venerabilis viri domini Christophori Vrswyke; Illustrissimi Principis ac Serenissi[mi] Regis Henrici Septimi quondam Elemosynarii magni; exequutoris testamenti et vltime voluntatis viri Nobilis domini Ioannis Huddelston' militis et in hoc loco Monasterii de Hayles repositum, in memoriam perpetuam prenominati militis domini Ioannis huddelston' et domine Ioanne Consortis sue: Anno vero regni Inuictissimi Principis et Strenuissimi Regis Henrici Octaui Nono scriptum (inquam) arte Petri Magii Vnoculi, Teutonis natione Brabantini, oppidi Buschiducensis, Leodiensis dioceses: Quorum animabus ineffabili misericordia sua miserere dignetur altissimus. Amen MISERICORDIA', f. ii^v, in the hand of the scribe, Peter Meghen, as MS 5 above, q.v. The border to this inscription contains two shields, one gules fretty argent, and the other, repeated in the border f. 1, as MS 5 f. 1 above. 'Liber monasterii de Hayles: in diocesi Wygorniensi: et Comitatu Glocestrie', by Peter Meghen, f. xi^v; 'Liber monasterii de hayles in Comitatu glocestrie', f. ii in red. Given as MS 4 above.

7. *Regula S. Benedicti (in Latin and English) (frag.)*   s. xi med.

N. R. Ker, *Catalogue of Manuscripts containing Anglo-Saxon* (1957), no. 395.

his bigleofan godes . . . reuerentia que ab (ab)bate suo ei

Begins imperfectly in chapter 49 of the Old English version, which follows the Latin chapter by chapter as usual, and ends imperfectly in chapter 65 of the Latin. A. Schröer, *Die angelsächsischen Prosabearbeitungen der Benedictinerregel* (1885–8), 78. A leaf missing between ff.

7 and 8 contained the latter part of chapter 55 (Old English) – the beginning of chapter 57 (Latin). A few corrections to the Latin, s. xii. First and last pages discoloured from exposure; upper parts of leaves stained, with text illegible on f. 1.

ff. 23. 285 × 190 mm. Written space 212 × 118 mm. 23 long lines. Collation: 1⁸ wants 8 after f. 7 2–3⁸. Quire 3 signed (?) at the start: p. Initials: to chapters, 2- or 3-line, red. Capital letters in the ink of the text filled with red. No binding.

Written in England. Mentioned in a letter of 25 Sept. 1869 by F. H. Dickinson, kept with the manuscript.

8. *Hours (in German)* s. xv²

1. ff. 1–8 (*begins imperfectly in rubric*) war vmb mon sy pytet. Sancta maria ein junckfraw ob allen junckfrawen eyn muter der parmherzikeit aller wirdikeit ein suser drost aller bedrubten . . .

2. ff. 8–14 Wer diss mangnyficat (*rubric*)—(f. 8ᵛ) Gegrust seystu maria voller genaden Dein herz Ist mylt—(f. 9) Mein sel macht gross Den hern junckfraw maria . . .

3. ff. 14–20ᵛ Ein gut gepet von vnser lieben frawen (*rubric*)—Ich pit dich edele Iunckfraw Maria aller bedrubten herzen ein trosterin . . .

4. ff. 20ᵛ–24 ein scons andechtygs gepet Von Der Wirdigen muter gottes Maria mitleiden (*rubric*) O Du Kleine Zarte Erwirdige edel susse muter Und aller heilligste Iunckfraw Maria Du muter gotes Ich vnwirdyge aller creatur neig mich zu deinen genaden . . .

5. ff. 24–28ᵛ Aber Ein schon gespet—der Iunckfrawen Maria (*rubric*) O dir Aller hochste keiserin himelreichs Vnnd Ertrichs vnd Alles des das dar Inen Begriffen ist . . . (f. 27) Aber Ein schon pet (*rubric*) Gegrust seystu Maria . . .

6. ff. 28ᵛ–40 Das sein die vij tagzeit Von dem leiden christi Als vrbanus der funft heillig pabst bestetigt—Die Metten (*rubric*) Lob Ere vnd danck sagung sey dein leiden Cristi Ich gebendey vnd wolsprich dir . . .

Hours.

7. ff. 40–1 Ein gut Nuczlich gepet zu sprechen der wunden die vnser her het Auff seiner gebendeiten seyt (*rubric*) O Aller liebster her Ihesu Criste senftmuetigs lemlein gottes Ich armer sundiger Mensch . . .

8. ff. 41ᵛ–42ᵛ Item Aler die iij pater noster Mit andacht spricht (*rubric*)—Der Erst pater nostri (*sic*) O herr Ihesu Criste dise pater Noster Opfer ich dir deinem sewfczen . . .

9. ff. 42ᵛ–48 Dise pater Noster soll der Mensch All tag (*rubric*)—O du suser Ihesu ich opfer dir dis gepet zu Einem Ewigen lob . . .

10. ff. 48–51ᵛ Das sein die pater Noster von der Angst Vnsers herrn Am pfincztag (*rubric*) O Mein got vnd herr Ihesu christe Ich Erman dich vnd danck dir des Elends . . .

11. ff. 51ᵛ–60 Ein schon loblich gepet zu der heilligen hochwirdigen dryEinigkeit (*rubric*) O du Aller Ewirdigste sueste dryeinigkeit ich Arme grosse sunderin kum zu dir Mit Betrubtem herczen . . .

12. ff. 60–76 Prayers before and after communion: (*a*) O Almechtiger Ewiger got Ein schopffer vnnd Erlosser Aller welt des Ewigkeit kein Endt hat . . . ; (*b*) O Ewiger got herr himlischer vatter wer pin ich das du Mir deinem geliebt . . . ; (*c*) O herr Ihesu Christe drei Einiger liebhaber Meiner sel das Sacrament das ich Arme sunderin leider . . . ; (*d*) O mein lieber herr Ihesu Criste Mein sel lobet dich Vnd all mein Begerung loben deinen heilligen Namen . . . ; (*e*) Pis gegrust mein Aller gutigster herr Ihesu christe Mein got vnd herr Mein shopfer Vnnd Erloser . . . ; (*f*) O herr ihesu Criste gib mir ledigkeit meines herz herzen das es an keiner Creatur hasst . . . ; (*g*) O du aller durchleuchtigste vnd hochwirdigste Edle junckfrewliche Mutter vnd gepererin . . . ; (*h*) O Almechtiger Ewiger gutiger got herrn Ihesu Criste mein parmhercziger gutiger getrewer Vater ich Befilh . . .

13. ff. 76–77 Ein guten segen do mit sich der Mensch got Befelhen soll (*rubric*) O herr mein got ich opfer dir heut Mit Begirt meines herczen . . .

14. ff. 77–89ᵛ Ein schone betrachtung von dem leiden Ihesu Cristi (*rubric*) Allso spricht der Andechtig Suss lerer Sant Bernhart O mein sel er munter dich und gee vnd such dein seligmacher . . .

Seven sections, each beginning O mein sel . . .

15. ff. 89ᵛ–94ᵛ Ein gut gepet such Erkennen Item gee In dein hercz und gemuet vnd hol ablas . . .

Eleven sections, Pater noster between each.

16. ff. 94ᵛ–97 Die vij gepet vor Sant gregorius erscheinung Mit dem nach geschriben gepet O aller liebster ⁊ ist der ablas lxxxij M Iar (*rubric*) O herr Ihesu christe Ich pet dich An am Crewcz hangent . . .

17. ff. 97–98ᵛ Das Tenebre zu dewtsch Sprich Mit Andacht (*rubric*) Uinsternuss synd worden Als die Enden den her ihesum geCrewczigt hetten . . .

18. ff. 98ᵛ–99 Ein gute heylsame ver manug des leiden christi ihesu (*rubric*) O herr ihesu christe ich Erman dich der Manigfeltigen pittrigkeit die du hest am heilligen Crewcz . . .

19. ff. 99ᵛ–100 Aber Ein schon gepet von dem wirdigen leiden ihesu christi (*rubric*) O Aller suster ihesus der der du Mich an dem krewcz so Innyglich vmbfangen . . .

20. ff. 100–102ᵛ Hie Nach volgen die acht verss Sant Bernharts wer sy alle tag pett der wirt Nit verlorn (*rubric*) Herr Erlewcht Mein augen . . .

The Eight Verses of St Bernard, followed by the usual collect 'den kunig ezechias'.

21. ff. 102ᵛ–107 Die iij pater Noster fur Ein sterbenden Menschen sprich Mit an (?) Kyrieleyson—Pater noster Selig macher der werlt mach vns heyl Der du vns durch dein Crewcz vnd plut Erlost . . .

22. ff. 107–108^v Wer Das gepet spricht Mit andacht seins herczen der Erlost xv sel auss dem fegfewr (*rubric*)—O du Aussfliessender prun der Ewigen Weyssheit wie pistu so gar versigen . . .

23. ff. 108^v–121^v Prayers before and after communion: (*a*) Bis gegrust du war frondleichnam . . . ; (*b*) O Aller heilligste sel Cristi heillig Mich . . . (*ends imperfectly*, f. 109^v); (*c*) O her Ihesu christe ich glawb von ganczem Meinen herczen das du Warer got vnd Mensch hie gegenwurtig . . . ; (*d*) O du voller prun las deiner sussigkeit Newr Ein wen du Enphahen wilt . . . ; (*e*) O her Ihesu christe du aller liebster herr In welch Weyss vnd Mass mag ich dich Enpfahen . . . ; (*f*) O herr wer pin ich wer pistun was hast mir geben . . .

24. ff. 121^v–122^v Das sprich fur Ein guten freunt (*rubric*) Erschrockenlicher Erpidenlicher got den die Engel furcht . . .

25. ff. 122^v–123^v Mer Ein gut gepet fur dein frevnt (*rubric*) O Almechtiger got vnd herr ich opffer deiner gotlichen Mayestat . . .

26. ff. 124–146^v Memoriae, etc.: (*a*) Gegrusset seystu Aller heilligste Iunckfraw vnd Marterin sancta Barbara . . . ; (*b*) f. 125^v Ursula Seit gegrust vnd frolockt Ir plut Weyssen . . . ; (*c*) f. 128^v O du hochgelobte wirdige Iunckfraw Sancta katherin . . . ; (*d*) f. 130^v Die iij pater Noster am Eritag von der wirdigen muter sant anna Gegrust seystu heillige vnd Erwirdige muter sant Anna als du warlich pist . . . ; (*e*) f. 133^{rv} *unidentified: begins imperfectly*; (*f*) f. 133^v Frew dich heilliger gross scheinender Martrer Cristi Sant Iorg . . . ; (*g*) f. 136^v Eygen Engel O Du vil seliger vnd Heilger Engel . . . ; (*h*) f. 137^v Ich pit dich heiliger Sant Peter du guter getrewer hirt . . . ; (*i*) f. 139 Frew dich vnd frolock du Ausswelts vas der heilligen kirchen gotes heilliger apostel Sant Paulus . . . ; (*j*) f. 140^v O du heilliger priester vnd Bischoff Sant Nicolaus Ein Meister vnd lerer . . . ; (*k*) f. 141^v O heilliger vnd Erwirdiger Bischoff Sant Erassmus Edler Mertrer . . . ; (*l*) f. 144^v O heilliger herr vnd martrer Sant sebastian wie gross ist dein glawb . . . ; (*m*) f. 145^v Piss gegrust du heilliger Martrer Sant steffan Ein vnvberwintlicher vnd Ein erlicher zewg Cristi . . .

27. ff. 147–149^v (added, s. xvii ?) an index to the prayers.

ff. v + 160 + xi. The foliation, s. xvi (?), 1–146, does not include the first leaf or the thirteen inserted picture leaves. 100 × 78 mm. Written space c. 65 × 58 mm. 12–15 long lines. Frame ruling. Collation: 1^{10} wants 1–3 2–6^{10} 7^{10} + 4 leaves (ff. 57–60) before 1 8^2 + 1 leaf (f. 73) after 2 9^4 10–11^{10} 12^{12} 13 three (ff. 110–12) 14^4 + 2 leaves (ff. 113–14) before 1 15^4 16^{10} 17 three (ff. 133–5) 18^{10} 19 one; and thirteen inserted leaves taken from a small Latin Hours, each with a full-page picture on one side and paper pasted over the text on the other side, ff. 14* B.V.M. in stable-yard adoring Child laid on her cloak, 28* Gethsemane, 39* Betrayal, 41* Christ before Herod, 42* Scourging, 47* Mocking (verso), 76* Pilate setting Christ before the crowd (verso), 94* Christ carrying cross, 98* Christ nailed to cross, 99* Crucifixion, 102* Pietà, 106* Souls in torment, and 121* David and Goliath (verso). Change of hand, and style of decoration, on f. 22^v. Initials: (i) 2- or 3-line, in pink, blue, grey or green, shaded with white, on gold grounds, with half-figures of saints holding emblems on ff. 124 and 125^v; or, before f. 22^v, up to 8-line, in gold or (f. 9) green, on coloured grounds, with B.V.M. and Child on f. 1, extending to flowers in the margin (on all sides, f. 1); (ii, iii) 2- and 1-line, red or, less often, blue. Capital letters in the ink of the text lined with red. Contemporary (?) binding of wooden boards covered with black leather; metal corner-pieces; two clasps, missing; rebacked by Period Binders of Bath, 1980.

Written in Germany, in the dialect of northern Bavaria (Nürnberg ?).

VC/I. *Novum Testamentum* s. xiii ex.

Fragments of a large-scale copy of the New Testament.

(*a*) ff. 1–4 Luke 17:30–18:14, 19:15–37, 21:23–22:6, 22:49–70; (*b*) f. 5^{rv} Rom. 2:4–27; (*c*) ff. 6–195^v 1 Cor. 3:2–Apoc. 22:8, in the order Pauline Epistles, Catholic Epistles, Acts, Apocalypse, with gaps after ff. 21 (1 Cor. 15:4–2 Cor. 1:1), 49 (Eph. 5:3–1 Thes. 3:13), 55 (1 Tim. 2:8–5:23), 56 (1 Tim. 6:14–2 Tim. 1:9), 63 (Philem. 14–Heb. 1:9), 102 (1 John. 4:16–5:11), and 110 (Acts 2:37–3:25). Most quires are marked 'cor' at the end, preceded by two crosses, the first in red.

The remaining prologues are 7 of the common set of 64 (see above Ushaw 2) and 11 others shown here by *: Stegmüller, nos. 707, *Ephesi sunt asiani. Hos non fundauit apostolus in fide . . . passus a perfidis. Hii accepto . . . (cf. 715), 752, 765, 780 (. . . suauis modestis: scribens -), *784 (. . . sed fratrem dilectissimum), 809, *803 (. . . sub nominibus apostolorum), *810 (. . . delinquentes corrigere) + *806, *816, *818 (. . . manifestat: secundum eisdem scribens epistolam . . . hereticis non cedant), *Incarnationem uerbi et christum filium dei uerum . . . iste interfror iudicatur (to 1 John), *823, *824, *825 (Iudas apostolus qui et thadeus fratres suos fideles de corruptoribus . . . officiis innouare seruilibus), 640 and 839. All added, s. xiv, in the margins, except nos. 809, 803, 640 and 839.

ff. ii + 193 + ii. Thick parchment. Some leaves defective. 440 × 315 mm. Written space 290 × 193 mm. 2 cols. 20 lines. Writing between a pair of parallel ruled lines in (*c*). Collation: 1 two bifolia (? 1/12 and 4/9 in a quire of twelve) 2 one (f. 5) 3^{12} 4^{12} wants 5–8 after f. 21 5–6^{12} 7^{12} wants 1–3 before f. 50 and 10–12 after f. 55 8^{12} wants 2 after f. 56 and 10 after f. 63 9–11^{12} 12^{12} wants 2 after f. 102 and 11, 12 after f. 110 13–17^{12} 18^{10} + 1 leaf (f. 176) after 5 19^{12}; but as now repaired 18^{12} 19^{10} + 1 leaf after 10, so that 18^{11} is marked 'cor'. Minims 9 mm. high in (*a*), 8 mm. high in (*b*, *c*). Initials: (i) to books, 4-line, red and blue, with ornament of the both colours; (ii) to chapters, 2-line, red or blue, with ornament of the other colour. Capital letters in the ink of the text marked with red. Binding of s. xvii^1, of wooden boards covered with rough calf bearing diaper and crested rolls like Oldham's DI a.13 and CR 3, rebacked *c.*1976; large metal corner-pieces and centrepiece on each cover; two clasps, on new straps.

Written in England. 'Ex dono Willelmi Bull Armigeri, 1623', printed parchment label, under metal framed horn cover on front cover. '9. The New Testament an Anctient manuscript in Latine'; third of twelve books listed as not lost during the Civil War from the Wells Vicars-Choral library, f. 14 in the library catalogue deposited in the Cathedral Library from the Wells Museum. Transferred to the Cathedral Library in 1974, following the abolition of the Vicars-Choral as a separate corporation in 1933.

VC/II. *Hugo Floriacensis, etc.* s. xii^2

1. ff. 6–159^v Incipiunt excer(p)ta [I]uonis uenerabilis episcopi carnotensis. In primis de gestis quorundam regum assyriorum et de gestis omnium romanorum imperatorum et ad ultimum de karolo magno eiusque filio ludouico pio. Assyriorum rex igitur potentissimus fuit olim . . . aquitaniam obtinuit solus.

Explicit de omnibus imperatoribus romanis quorum quidam reges francorum fuerunt usque ad tempus uidelicet ludouici pii karoli magni filii. qui ludouicus ultimus rex francorum et imperator romanorum fuit. anno scilicet incarnationis dominice octingentesimo quartodecimo intronizatus. Deo gratias.

The later form of the chronicle of Hugh of Fleury, ed. B. Rottendorff (Münster, 1638), cf. MGH, *Scriptores*, ix. 339, 354–64. The main breaks are ff. 22^v Incipit quedam prefatio, 27 Incipiunt deflorationes ecclesiastice hystorie, 53 Incipit lamentatio egesippi: de excidio urbis ierusalem. De v libro egesippi, 73^v Incipit prologus quartus, 89 Incipit quintus de situ galliarum.

2. ff. 159^v–163^v Incipit compendiosum cronicum de regibus francorum. Francos lingua attica . . . Obiit autem anno incarnationis domini millesimo centesimo xxx^{mo}. vii^{mo}. Explicit de regibus francorum.

Thirty-three kings. This follows the preceding item in London Lambeth Palace MS 355.

3. ff. 163^v–164 Incipiunt nomina regum anglorum. Inne regnauit annis xxxvii . . . Henricus frater eius. Deo gratias.

Kings of England, Ine–Henry I.

4. f 164^{rv} Gregorius nazanzenus episcopus. Nichil reuera michi ad beatam uitam prestantius uidetur . . . credunt bonis.

On the love of God.

5. ff. 164^v–165 Ex epistola sancti Zosimi pape (*erased*) ad gallicanos episcopos: de uita et conuersatione sancti trophimi arelatensis episcopi. Illud autem quod me legisse de sancti trophimi sacra prosapia recolo . . . profectus est regionem.

Extract from the letter of Pseudo-Zozimus, *BHL*, no. 8318f.

6. (*a*) f. 165^{rv} De tropologia. Scientia. tropologia et uniuersa . . . aut in prophetia aut in doctrina. Explicit interpretatio. (*b*) f. 165^v (*in red:*) Qui iracundus est: monachus non est. Qui reddit malum pro malo: monachus non est. Qui querulosus est: monachus non est.

(*a*) Four paragraphs headed De tropologia, De prophetia, De doctrina, and Ieronimus.

Arts. 7–8 in the main hand on a preliminary quire, ff. 1–2, 5^{rv} blank.

7. f. 2^v–3 Incipit interpretatio ieronimi de philosophia. Phylosophia tripharia primordio diuiditur . . . fraudulentem et fictam.

A coloured diagram of the branches, Teoretica, Practica, Logica, occupies f. 3.

8. ff. 3^v–4^v In extremo margine uestium philosophie legebatur in textum .P. in superiori .–o–. grecum. Querendum est quare iste due littere . . . non a superiori ad imferius (*sic*).

A diagram of the branches of 'Scientia' occupies f. 3^v.

9. (added on flyleaves, s. xiii, in pencil and ink) f. 166 (*a*) Pye colamus annua huius diei gaudia . . . ; (*b*) Sospitati dedit egros olei perfusio . . . ; (*c*) Sospitati dedit multos thome beneficio . . . ; (*d*) f. 167 liturgical notes.

(*a*, *b*) *RH*, nos. 14916 (Mary Magdalene) stanzas 1–2, and 19244 (Nicholas).

ff. 165 + ii. 278 × 192 mm. Written space c. 195 × 138 mm. 2 cols. 29–31 lines. Pricking in both margins to guide ruling. Collation: 1⁶ wants 1 (? blank) 2–21⁸. Quires 2–20 numbered at the end, (i)–(xix); catchwords, mostly cropped away. Written mainly in one hand, using flex punctuation up to f. 83 and in arts. 4–7; another hand wrote ff. 133–141ᵛ and parts of ff. 80ᵛ–101ᵛ. Initials: (i) blue, green, or red, mostly in outline, with ornament of the same colour; (ii) 3-or 2-line, yellow-brown, green, or red. Capital letters in the ink of the text filled with yellow-brown. Red marginal headings framed in red or yellow-brown in art. 1. Contemporary (?) binding of thick wooden boards covered with modern leather; five metal bosses on each cover; chain, see below. Secundo folio (f. 7) *ham.*

Written in England. 'Liber Sancte Marie de Geroldonia', s. xii ex., f. 5ᵛ, *ex libris* of the Cistercian abbey of Garendon, Leics. 'Ex dono Domini Richardi Rocke de Civitate Wellen: Generosi Pridie Calend' Maij Anno Domini 1696⁽ᵗᵒ⁾', f. 2; and cf. f. 1. Wells Vicars-Choral library-chain still attached half-way down leading edge of the upper cover. Transferred to the Cathedral Library as MS VC/I above.

WIGAN. PUBLIC LIBRARY

Most of the following manuscripts were purchased at the instance of Henry Tennyson Folkard, librarian of Wigan, who initialled notes of their acquisition, see below; he also wrote in ink on the verso of the last of the preliminary leaves the accession numbers given here to identify the manuscripts.

34933. *Gregorius Magnus, Dialogi; etc.* s. xiii ex.

1. ff. 3–61ᵛ Incipiunt capitula primi libri dialogorum beati gregorii pape. . . . Quadam die dum nimis . . . ipsi fuerimus. Explicit liber dialogorum beati gregorii pape. deo gracias amen.

PL lxxvii. 149–429. In four books, each preceded by a table of chapters. The tables of bks. 1 and 2 (13 and 39 chapters) are original; those of bks. 3 and 4 (38 and 63 chapters) are on added paper leaves, ff. 27, 42ᵛ–43ᵛ. f. 62 has an uncompleted table of subjects.

2. (*a*) ff. 64–68ᵛ Apparuit gracia dei saluatoris nostri . . . saluator et ductor ihesus: cui cum patre . . . amen; (*b*) ff. 68ᵛ–69ᵛ In translatione beati francisci. Franciscus igitur seruus . . . uirtutis altissimi: cuius est . . . amen; (*c*) ff. 69ᵛ–75ᵛ De mortuis rescintatis (*for* resuscitatis). In castro montis marani . . . unius dei et terni: qui uiuit et regnat in secula seculorum. amen.

Bonaventura's life and miracles of St Francis: (*a*) the Legenda minor, divided into 63 lections, 9 for each day of the week, ed. Quaracchi (1898), viii. 565–79; (*b*) Legenda maior, cap. xv, divided into 9 lections, ibid. 547–9; (*c*) the Miracles, in 60 paragraphs, ibid. 551–64.

Arts. 3–8 are additions at the ends of quires 2 and 5:

3. (s. xiii/xiv) ff. 25–6 Incipit testamentum quod fecit beatissimus pater noster sanctus franciscus prope obitum suum: ubi tangitur breuiter aliquid sue conuersionis et admonitionis et exortationis filiorum. Dominus ita dedit michi fratri Francissco . . . istam sanctissimam benedictionem Amen.

S. Francisci Opuscula, Quaracchi (1904), 77–82.

4. (a current hand, s. xiv ex.) f. 26^v (a) Nicholaus tercius de regula et perfexionibus ipsius scilicet beati Francisci sic dicit. Hii sunt . . . notabiliter insigniri. (b) Gregorius ix de stigmatibus beati Francisci. Confes[s]or domini gloriosus Franciscus et infra. Vniuersitati vestre tenore . . . stigmata preferentur.

(a) Extract from the decree Exiit qui seminat, 14 Aug. 1274, C. Eubel, *Bullarii Franciscani epitome et supplementum* (1908), no. 1475; ed. ibid., p. 291 col. 1/13–28; (b) Decree of 5 Apr. 1237, Eubel, no. 217; J. H. Sbaralea, *Bullarium Franciscanum*, i (1759), 214.

5. (s. xiii ex.) f. 62^v (a) Austinus de gaudiis paradisi Ibi iuuentus nunquam senescit . . . propter peccatum superbie sunt eie[c]ti; (b) Christiane uir fidelis qui Regnare uis in celis . . .

(b) Memoria of Michael in 6 stanzas, not in *RH*.

6. (s. xiii ex.) f. 63 (a) O crux aue sanctissima . . . laudum preconia Amen; (b) Velato capite derisum signat amictus . . . Precipuus celator salitis prosimij.

(a) *RH*, no. 12841, the longer form, printed *AH* xlvi. 107–8; (b) 14 lines of verse.

7. (s. xiii ex.) f. 63^v In nomine domini amen. Quia ualde utile est curam habere salutis animarum. Ego frater Nicholaus ordinis minorum et episcopus albiganensis existens olim procurator eiusdem ordinis in curia romana de uoluntate et mandato fratris bonagratie tunc generalis ministri ordinis supradicti colligens omnia priuilegia generalia ordinis prefati de indulgentiis feci legi ac in conuentu romano que continebant computacione facta vii annos et vii quadrigenas et cclxxx^a dies . . .

List of indulgences issued by Popes Alexander IV, Innocent IV, Clement IV, Nicholas III, and Nicholas IV (elected 1288), compiled by Nicholas Faschinus, OFM, bishop of Albenga (1290–1302), at the direction of Bonagrazia of St John in Persiceto, minister-general 1279–83.

8. ff. 1, 76, 77, 2 (the pastedowns, now raised, and the flyleaves at each end) are the two central bifolia of a quire of a hymnal, not noted, beginning with Summi largitor (compline in Lent), and ending Beata nobis gaudia (compline at Pentecost).

s. xiii. Written space 128 × 76 mm. 30 long lines; red initials. Written in Italy.

ff. ii + 73 + ii, foliated 1–77. The medieval foliation, 1–70, of ff. 3–75 omits the paper leaves added in art. 1, ff. 27, 42, 43. For ff. 1, 2, 76, 77, see above art. 8. 170 × 122 mm. Written space c. 120 × 85 mm. 2 cols. 38 lines in art. 1, 52 in art. 2. Collation (ff. 3–75): 1–2^{12} 3^{14} 4^{12} 5^8 6^{12}; ff. 27, 42, 43 are paper leaves inserted before and after quire 3. Quires numbered primus–vj at the beginning and end in a distinctive style, see below; 'Omnes isti quaterni. sunt vj.', f. 75^v. Written in several small hands. Punctuation includes the flex in art. 2. Initials: (i) before each book in art. 1 and before art. 2, in colours on gold and coloured grounds, extended as borders in gold and colours, with busts in the lower margins; (ii) red with blue-grey ornament or blue with red ornament. Binding s. xv of thick wooden boards cut square and flush with the edge of the leaves, covered with brown leather bearing a pattern of fillets and a small round stamp containing a blank shield; one fastening, gone. Secundo folio (f. 4) ra pentare (for *pendere*) *uideatur*.

Written in Italy. The manner of quire-marking agrees exactly with that in Birmingham Selly Oak Colleges MS Lat. 2., see *MMBL* ii. 74–5, and is evidence that the manuscript belonged to the Franciscan convent at Assisi in s. xiv. Despite the absence of Pope John XXII's office of the Cross, but cf. art. 6(a), it must be no. cxxxiv in the catalogue of the 'libraria secreta' of the convent drawn up in 1381: 'Liber dialogorum beati gregorii legenda minor beati francisci cum miraculis eiusdem. Et officium crucis pape iohannis XXII. Cum postibus. in paruo uolumine. Cuius principium est Incipiunt capitula primi libri dialogorum beati gregorii. Finis vero Qui viuit et regnat in secula seculorum amen. In quo libro omnes quaterni sunt vi. B', see L. Alessandri, *Inventario dell'antica biblioteca del S. Convento di S. Francesco in Assisi compilato nel 1381* (Assisi, 1906), 70. 'A 32', inside front cover, s. xvii (?). 'CTRC' (?), round stamp, f. 2, s. xix (?).

36646. *Jeronimus; etc.* s. xiii med.

1. ff. 1–68 Incipiunt interpretationes hebraicorum nominum secundum Ieronimum. De libro Genesis. Athopiam. tenebras uel caliginem. Assiriorum . . . Symeon. Audienti tristiciam. Sodoma. pecore tacenti.

PL xxiii. 817–903. f. 68ᵛ blank.

2. ff. 69–134 Locorum que orationi sunt dicata. alia sunt sacra. alia sancta. alia religiosa. sacra: que per manus pontificum . . . causa libidinis explende.

Explanations of the meaning of ecclesiastical terms and the significance of liturgical observances, especially mass, ff. 78ᵛ–92, and the festivals of the Church from Advent to Andrew, ff. 95ᵛ–133ᵛ, and ending with marriage.

3. ff. 134–135ᵛ Miscellaneous matter, including notes on angels, on the ten names of God, ff. 134–5, and verses, on the rainy hyades, yades stelle sunt in fronte tauri site. dicte ab yeros quod est ymber. quia in earum ortu scilicet in uere ymbres id est serotine pluuie nascuntur. que lingua anglica possunt dici scrures . . . , f. 135, Ex binis constat elementis corpus idemque . . . , Si capud ebdomade mensis sit prima dierum ystorie doceas ceptis insistere clerum.

ff. iv + 136 + iv, foliated (i–iv), 1–94, 94*, 95–135 (136–9). 145 × 110 mm. Written space *c.* 120 × 82 mm. 23 long lines. Collation: 1–5¹² 6¹² wants 9–12 (blank ?) after f. 68 7–11¹² 12¹² wants 9–12 (blank ?). Initials: (i) f. 1, red and blue with ornament of both colours; (ii) 2-line, blue or red with ornament of the other colour; (iii) 1-line, plain red or blue. Binding of s. xix. Secundo folio *Aggi festiuitas.*

Written in England. Title in red capitals, ending 'Ieronimi', s. xiii, largely cropped away, f. 1 head. 'Thomas [. . .] Belcher his Book 1822', f. 135ᵛ. Bookplate of Francis Edward Freeland, s. xix, f. iiiᵛ. '£5.5.0', f. iv. Relevant slip from bookseller's catalogue tipped to f. iv. 'Bought from Quaritch Oct. 1899. H.T.F.', f. iiiᵛ.

37901. *Baldus de Ubaldis, Super usibus feudorum; etc.* 1436

1. ff. 2–145 Intellectum tibi dabo et instruam te in via hac qua gradieris . . . dominus virtutum ipse est rex glorie. Explicit utilis ac subtilis lectura super usibus feudorum baldi de perusio vtriusque iuris doctoris In inclita ciuitate papie publicata. Anno domini m°ccc°xciii° sub felici et illustri domino domino Iohanni Galeat Comite virtutum. In cuius laudem et honorem compilauit hoc opus. Deo gracias.

Printed often, Hain 2316–25. 'salvator', the last word of the 1542 edn., here f. 136, is followed by a summary of the contents, Ecclesie possunt concedere . . . , with an introductory paragraph, De proprietatibus et naturis feudorum diffuse et substancialiter dictum est sed quia gaudent breuitate moderni presertim principes magni tradam operis istius medullas per conclusiones . . . , as in Oxford Bodleian Library MS Add. D.10 (*Sum. Cat.*, no. 30286) ff. 118–25. f. 145ᵛ selective list of chapters, added s. xv, in the same hand as the running-titles, which are mostly cropped away. ff. 146–147ᵛ blank.

2. ff. 148–159ᵛ Table of the rubrics of the five books of the Decretals of Gregory IX, with references under each rubric to the allegation in art. 3 below.

3. ff. 160–258 In nomine domini nostri ihesu christi Alleg' solempnis doctoris domini lapi de florentia. Abreuiata per dominum Anthonium de butrio de bononia. Allegacio prima de appellac' In hac allegacione facit tria vel quatuor dubia Primum An sola proposicio . . . vti vtroque. Sic dico et Consulo. Ego paulus de eleagarijs de Bononia. Gracias altissimo Amen. Expliciunt Allegaciones domini lapi Script' per manus franconis de ghoole Anno 1436 die 25 Iunij. Laus deo omnipotentj.

132 numbered allegations of Lapus Castilioneus (d. 1381), in the abbreviation of Antonius de Butrio, see Schulte, ii. 272, 293. f. 258ᵛ blank.

ff. ii + 257 + i, foliated (i), 1–259. Paper, better in art. 1 with a watermark of a star of six points in a circle. 382 × 275 mm. Written space 255–60 × 165–75 mm. 2 widely spaced cols., narrower in quires 4–15 than elsewhere. 60 lines. Ruled with pencil. Collation (ff. 2–258): 1–14¹⁰ 15⁶ 16–25¹⁰ 26¹² wants 12 (blank ?). Signatures survive on quires 2 (b), 9 (i), 11–13 (l–n), and 15 (p). Written by two hands, changing after art. 1; the second, see below, less expert. Initials by one hand: (i) ff. 1, 160, pink on gold and blue grounds, decorated with two greens and red, and with borders in gold and the five colours; (ii) blue with red, or red with violet ornament. Fine binding of red morocco, gilt, s. xviii; spine-title 'Ius. Canoni- / Manuscrip: / A. Samsone / De. Gheele / Anno/M.CCCC.xxxvi'. Secundo folio (f 3) *summorum pontificum*.

Written in Italy; arts. 2 and 3 in 1436 by a Netherlander, Franco de Ghoole, see above, and art. 1 perhaps for him, 'fr. de g.' written in a current small hand below the explicit of art. 1, f 145. The arms on a shield in the border of f. 1 are gules the sun in his splendour, on a chief azure three stars argent. Armorial bookplate of Th. de Jonghe, inside the front cover, s. xix. 'Bought from Sotheran and Co. September 1900 H.T.F.', f. 1.

38346. *Albertus de Saxonia, Sophismata*   1398

(f. 2) Ob rogatum quorundam scholarium deo fauente quedam sophismata conscribam . . . (f. 113ᵛ) patet responsio ad quesitum cum querebatur utrum hominem esse asinum si possibile. Conpleta sunt sophismata alberti anno domini 1398° 8ᵃ die mensis nouembris per me fratrem Iohannem de colonia studentem pad' Ad peticionem generosi et honesti fratris nycolay de senis ordinis fratrum heremitarum sancti augustini studentis pad' etc.

Printed often, *GKW*, nos. 799–802. Part 2 begins on f. 50. The opinions of 'moderni', Pau(lus) Ven(etus) and Guglielmus, are referred to in marginalia, ff. 1–7.

f. 114ʳᵛ blank, except for a 'figura solis' f 114ᵛ; f. 115 contains a table of the 'sophismata alberti per ordinem'; f. 115ᵛ see below.

Narrow strips of a manuscript, s. xii, strengthen the central opening of each quire.

ff. i + 114 + i, foliated 1–116. Medieval foliation of ff. 2–113: 1–100.6, 100.8–100.13. Paper. 203 × 143 mm. Written space 152 × 93 mm. 2 cols. 34–9 lines. Frame ruling. Collation (ff. 2–115): 1–11¹⁰ 12 four (ff. 112–15). Written in a current cursiva. Initials: (i) red and blue, with ornament of both colours; (ii) red or blue, plain or with ornament usually of the other colour, blue not used after f. 71ᵛ; spaces for initials left blank after f. 108. Binding of s. xix. Secundo folio (f. 3) *predicatur*.

Written at Padua in 1398, see above. Three partly erased inscriptions, f. 115ᵛ: 'Iste liber est mey [. . .] studentis padue', 'Iste liber est mey S[. . .] padue precii ducatorum duorum', and '[. . .] in pigno almarolo [. . .] Th[. . .] darezo 1422 per [. . .]'. Belonged, s. xv, to the Franciscans of Feltre (custody of Venice): 'Sophismata alberti conuentus feltri ordinis fratrum minorum', f. 2 upper margin. 'Theodore Craig London', bookplate inside front cover. 'cat: Bought February 1901. H.T.F.', f. 1.

39562. *H. de S. Victore; Bernardus*   s. xv ex.

1. ff. 1–15 Ad honorem dei eterni amen. Dominus dompnus vgo de sancto victore canonicus regularis ordinis sancti augustini episcopi composuit infrascriptum librum qui intitulatur dilectio virtute orationis. Domino et patri henrico . . . debetis. Valete. Explicit prologus. Incipit liber Quo studio et quo affectu . . . in ara cordis adoletur ad lauden—amen. Explicit.

PL clxxvi. 977–88. f. 15ᵛ blank.

2. ff. 16–45 Ad honorem dei eterni amen. Dominus dompnus vgo de sancto victore canonicus regularis ordinis sancti Augustini episcopi composuit infra-scriptum librum qui intitulatur Soliloquium de ara anime. Et misit eum ad quendam seruum dei nomine geruasium. Incipit prologus Dilecto fratri Geruasio . . . exopto. Explicit prologus Incipit liber. Vgo.—Loquar secreto anime mee . . . hoc totis viribus concupisco. Ad lauden domini dei sponsi mei qui uiuit—amen Explicit.

PL clxxvi. 951–70. f. 45ᵛ blank.

3. ff. 46–69ᵛ Ad honorem dei eterni amen. Sanctus bernardus abas doctor deuotus composuit infrascriptum librum qui intitulatur Appologicus et misit eum ad quendam venerabilem virum qui vocabatur Gulielmus Venerabili patri Guilelmo—Usque modo si qua . . . precor et supplico. Valete in domino Explicit deo gratias.

PL clxxxii. 898–918.

4. ff. 70–81ᵛ Ad honorem eterni dei Amen. Sanctus bernardus abas composuit infrascriptum librum qui intitulatur Schala claustralium. ad geruasium. Dilecto fratri—Cum die quadam corporali manuum labore . . . Et qui audit, dicat. Veni. amen. deo gratias.

PL clxxxiv. 475–84 (Guiges II le Chartreux, see Wilmart, p. 230). An added note, f. 81ᵛ, includes the date 1534.

ff. i + 81. Paper, except the central bifolium of quire 5, ff. 76–7. 198 × 142 mm. Written space 124 × 80 mm. Crayon ruling. 26 long lines. Collation: 1 one (f. 1) 2¹⁴ 3³⁰ 4²⁴ 5¹⁴ wants 13, 14 (blank). Written in a current hand. Initials: 3-line, blue with red ornament, or red with violet ornament. Original binding, resewn, of bare wooden boards, now half covered with modern leather; two laces, each attached by a metal stud, replace former strap-and-pin fastening. Secundo folio *aut certe minus*.

Written in Italy (?). Slip with note of contents in hand of scribe now pasted inside front cover. 'uita et mores sunt in manu [. .]gue', f. i, s. xv/xvi. Early note of content, and 'XLII', on front board. 'from the Celotti collection' according to slip from a bookseller's catalogue pasted inside front board. 'Bought from A. Reader January 1902 H.T.F.', f. 1. Kept at Wigan Record Office, Leigh Town Hall.

39569. *De accentibus, etc.*   s. xii med.

A single quire, perhaps from the end of a larger manuscript, although f. 1 begins with a larger-than-usual initial.

1. ff. 1–8 Quoniam non solis nobis nati sumus sed toti mundo natura nos peperit educauit. instituit: compendiosam de accentibus doctrinam ad legendi peritiam rudibus tradere curaui . . . [D]efendunt sibi uiui presentis preteritique/Prouocat irritat irritat euacuat/flagrat id est ardet. fraglat id est redolet/Orate pro fratre huberto ut deus det ei requiem eternam et cito.

On accentuation etc. (. . . Quidam dicunt mulíeres antepenultimam sillabam eleuantes. Alii muliéres tenentes penultimam . . .). Bursill-Hall lists two copies (Montpellier, Bibl. de l'École de Médecine MS 322 ff. 42–52; Paris, BN MS Lat. 5102 ff. 156 *seq.*), both entitled 'Denotatio accentuum'.

Arts. 2 and 3 added s. xii ex.

2. f. 8^{rv} Versus diferentiarum perutiles. Augit asil' oues miseris succurrit asilum Artifices uiscum gummi natura (?) creauit . . . Forcipes fabrorum. forfices sartorum. forpices tonsorum.

84 lines.

3. f. 8^v Auspex inspiciens uel aiutor dicitur esse . . . Veruex est aries vesspertile

87 lines, an alphabetical series like art. 2., followed by 9 more lines, 3 out of order, more or less illegible.

ff. i + 8 + i. Slightly damaged by damp. 322 × 225 mm. Written space 224 × 152 mm. 2 cols. 33 lines. Plain red initials. Binding of s. xix.

Written on the Continent. 'Phillipps MS 22211' in ink, f. 1; '22211' inside front cover. No. 22, described as Hubert the monk on Latin pronunciation, 3.10.0, on a slip from a bookseller's catalogue tipped to f. i. 'Bought from B. Quaritch January 1902 H.T.F.', f. i. Kept at Wigan Record Office, Leigh Town Hall.

42365. *Paulus Nicoletti Venetus, Logica parva*   1439–40

(f. 2) Conspiciens in circuitu librorum magnitudinem studentis tedium . . . secundum quod in mei exordio primitus asserendo promisi. Amen. Amen. etc. Explicit lo[g]ica compila(ta) per eximium arcium sacreque theologie professorem magistrum paulum de venecijs ordinis fratrum heremitarum Sancti augustini. Scriptus et completus per me petrum Wickeran almanice nacionis. Anno incarnacionis prolis virginis Millesimo quadringentesimo quadragesimo die duodecima nouembris in insula crethe in vrbe Chanee dum ociosus ibidem degerem.

Printed 1474, etc., without the last sentence here. Below one line, now erased and undecipherable, following the colophon, the scribe wrote (*a*) Sit benedictus natus uirginis nunc et in euum; (*b*) Atonaige maian meilan am ne voede maian wargan. Thaure ne stonais po picvssen abdolenai galei ragai. Stonais po leipen zaidiantem acha peda bete medde; (*c*) Letare germannia claro felix germine. (*a*, *c*) in red, the latter the first line of *RH*, no. 10059, for St Elizabeth of Hungary. f. 104ᵛ blank.

ff. i + 103 + i, foliated 1–105; ff. 2–104 also foliated in the centre of the lower margin of each recto in large figures: 243–345, see below. Paper. 208 × 140 mm. Written space 148 × 80 mm. 33–4 long lines. Ruled in pencil. Collation (ff. 2–104): 1–7¹² 8¹⁰ 9¹⁰. Initials: (i) f. 2, dark red on olive green ground, decorated in red, green and buff; (ii) ff. 3–73ᵛ spaces left blank, ff. 77 onwards, red, no doubt by the scribe, who took the opportunity to write his name in red on blank line-ends on ff. 76ᵛ, 78ᵛ, 80ᵛ, 98, 101ᵛ. Capital letters in the ink of the text filled with yellow in quires 1–3. Binding of s. xviii, labelled on the spine 'M.Pauli / De Venet. / Logica / MS. 1440'. Secundo folio (f. 3) *terminorum*.

Written by a German scribe, Petrus Wickeran, at Canea in Crete, in 1439 and 1440, see colophons at the end of the 'tractatus . . . de probacionibus terminorum . . . Quem ego petrus wickeran scripsi anno domini 1439 in urbe chanee . . . ', f. 55, and on f. 104, see above; for decoration by the scribe, see above. 'N° 134', f. 2 head, s. xvii (?). 'N. 134' with note of content and date, on slip tipped to f. 3, Italian hand s xviii (?). Belonged probably to M. L. Canonici (d. 1805), to judge by the foliation, see above. '25/-' in pencil inside front cover. Armorial bookplate of Walter Sneyd, inside front cover; lot 599 in his sale, Sotheby's, 16 Dec. 1903. 'Bought Feb. 1904 H.T.F', f. 1, from Messrs Dobell for £1.12.0., according to slip loose at the front.

42411. *Onosander, De optimo imperatore (in Latin)* s. xv²

Ad serenissimum Regem Alfonsum Nicolai sagundini traductionem Onosandri prefatio. [S]vperiore tempore Serenissime Rex: cum apud maiestatem tuam. Incliti senati ueneti iussu . . . (f. 2) Sed iam onosandrum ipsum audiamus. Onosander ad Q. Verannum de optimo imperatore: eiusque offitio per Nicolaum sagundinum e greco in latinum traductus. [E]quitandi aut uenandi . . . (f. 28ᵛ) moderator diligentissimus.

Translation from the Greek by Nicolaus Sagundinus (d. 1463) with preface addressed to King Alfonso of Naples (d. 1458). Printed, without the preface, 1494, etc. ff. 29–30ᵛ blank.

ff. i + 30 + i. Paper. 192 × 140 mm. Written space 150 × 105 mm. 31 long lines. Collation: 1–3¹⁰. Slightly sloping humanistic hand; catchwords written vertically in lower inner margin. Unfilled spaces for initials. Binding of s. xix.

Written in N. Italy: Milan (?). Armorial bookplate of Walter Sneyd, inside front cover; lot 565 in his sale, Sotheby's 16 Dec, 1903. Bought from George Winter in 1904 for 7s. 6d., according to slip loose at front.

M.733. *Graduale* s. xv/xvi.

1. ff. VIII–CXIVᵛ (begins imperfectly) fremuerunt gentes et populi . . .

Temporal, Advent–25th Sunday after octave of Pentecost, the first seven leaves missing. Includes cues for Jocundus (30 Dec.), f. xvi. Original cross-references employ the medieval foliation, e.g. f. cxii^v.

2. ff. cxv–cli Common of a confessor; Sanctoral, Thomas ap. (21 Dec.)– Andrew.

Ursus (1 Feb.); cues for Bernard (of Menthon, 12 June); 'de sancto theodolo sicut in festo sancti iocundi' (16 Aug.).

3. ff. cli^v–cliii Dedication of church.

4. ff. cliii–clvi Missa de beata Maria a trinitate vsque ad aduentum, followed by other seasons.

5. ff. clvi^v–clxvi Pro cunctis fidelibus defunctis.

6. ff. 169–183^v Sequences: (a) six of the temporal: *beginning imperfectly* le posuit suum tabernaculum die ista for Christmas, Letabundus exultet for Epiphany, Victime paschali for Easter, Rex omnipotens die hodierna for Ascension, Veni sancte spiritus for Pentecost, and Lauda syon saluatorem for Corpus Christi; (b) three of the sanctoral: Sancti baptiste christe preconis for John Baptist, Congaudent angelorum chori for Assumption, and Natiuitas marie virginis que nos lauit for Nativity of B.V.M.; (c) prose 'pro defunctis' Dies ire dies illa.

7. ff. 184–8 Office of Corpus Christi, beginning imperfectly.

8. ff. 188–199^v Settings of Kyrieleyson, Cunctipotens, Gloria, Credo, Sanctus, and Agnus dei.

In festis sollempnibus (five), ff. 188–193^v; diebus dominicis tempore aduentus domini et a lxx usque ad pascha, ff. 193^v–195^v; de beata maria (three), ff. 195^v–198^v; in Vigilia pasche, ff. 198^v– 199; de mortuis, f. 199^{rv}.

9. Additions, s. xvi, xvii, in margins, blank spaces, and on an inserted bifolium made from an erased notarial instrument (ff. clxvii, clxviii), include (a) forms for 'Translatio S^{ti}. Grati', (27 Mar.), f. cxxxi; 'De sancto Grato', (7 Sept.), f. cxliii; and 'Alleluia de St. Grati Epis. Confes.', f. clxvii; (b) also cues for the translation of Martin, f. 183^v.

ff. 159 + ii + 31, foliated viii–clxviii, 169–99; medieval foliation to clxvi, in red to clx. 340 × 238 mm. Written space 253 × 170 mm. 8 long lines + 4-line stave for music. Collation: 1⁸ wants 1–7 2–3⁸ 4⁶ 5⁶ 6–12⁸ 13¹⁰ 14⁸ 15⁴ 16–20⁸ 21⁶ 22⁸ wants 7, 8 after f. clxvi + two added leaves (ff. clxvii, clxviii), 23⁸ wants 1 before f. 169 24⁸ 25–26⁸. Initials: (i) red and blue on a wash of pale yellow; (ii) red or blue. Cadels. Binding of wooden boards covered with leather, s. xvi (?), repaired.

Written for use in the diocese of Aosta, where Ursus, Gratus, and Jocundus were bishops, and Bernard of Menthon archdeacon, see above arts. 1, 2, 9(a). Kept at Wigan Record Office, Leigh Town Hall.

WIMBORNE. MINSTER

Regimen animarum s. xiv med.

1. ff. 3–158 Incipit liber qui vocatur regimen animarum compilatus anno domini M° ccc° xliij. Prologus. O vos omnes sacerdotes . . . Benedic domine panem istum et hunc potum et cetera. Explicit liber qui uocatur animarum regimen compilatus. Anno domini Millesimo ccc^mo quadragesimo tercio. Deo gracias.

Bloomfield, no. 0835. Part 2 begins imperfectly, f. 69, 4 preceding leaves missing; 3, f. 103^v. Other copies are BL MSS Harley 2272 and 3151; Oxford Bodleian Library MSS Hatton 11 (*Sum. Cat.* 4132), Holkham misc. 22, Laud misc. 497 (frag.), and Rawlinson C.156. Lists of chapters before parts 1 and 3. Outer margins of some leaves cut away.

2. (added, s. xv) (*a*) f. 158 a form of absolution; (*b*) f. 158^v In quadam vero Constitucione domini Stephani Archiepiscopi Cant' habetur. Sac' parochialis non potest absoluere set debet mittere ad Superiorem . . . per poculum isti habentur; (*c*) f. (160) scribbled accounts, etc.

(*b*) cf. D. Wilkins, *Concilia*, (1737), i. 597.

3. f. 159^rv a leaf from a manuscript, s. xiii, of Peter Lombard, Sententiae, bk. 4, formerly a pastedown in a smaller book; 270 × 203 mm., written space 212 × 124 mm., 2 cols., 37 lines.

ff. (vi–xiv) contain a description of Regimen animarum and this and other copies of it by Christopher Wordsworth and J. M. J. Fletcher.

ff. xviii + 158 + xi. Foliated (i–xvi), 1–7, 7*, 8–20, 20*, 21–158, (159–69). ff. 1–2, 160–1 are medieval parchment endleaves and former pastedowns; for ff. vi–xiv, 159–60, see above. 312 × 220 mm. Written space 240–53 × *c*.145–70 mm. 2 cols. 49–54 lines. Frame ruling only from f. 105. Collation of ff. 3–158: 1–5^12 6^12 wants 9–12 after f. 68 7–13^12 14^6. Written in textura to f. 86^v, and then anglicana formata. The hand changes at ff. 87, and 93 (9^1). Initials: 2-line and from f. 93 3- or 4-line, red. Capital letters in the ink of the text touched with red. Rebound by Maltby, Oxford, in 1915. Secundo folio (f. 4) *aut longitudine*.

Written in England. 'm^r Ryvet of Bryset', s. xv, f. 160. 'Rogerus tent of horham' Suffolk (?), s. xvi, f. 160 scribble. 'Franciscus Stanton hunc librum possedit', s. xvii in., f. 2. 'Johan: Talbot Ex Dono amici mei vere vrbani Edvardi Wals[h] generosi', 'Jo: Talbot', s. xvii, f. 3, No. 62 of the folios in the catalogue of the Wimborne library drawn up in 1725; the fore-edge number cannot now be read, see N. R. Ker, *The Parochial Libraries of England* (1959), 105.

WINCHESTER. CATHEDRAL

Two seventeenth-century lists of manuscripts in the Cathedral Library survive among the Library records: that compiled by Patrick Young, *c*.1625, Winchester

Cathedral Manuscripts p. 129, and a 'Catalogus MSS^{torum} Codd.' in the Catalogue of Bishop Morley's Library—1682, f. 2.

1. + BL MS Cotton Tiberius D.iv, pt. 2, ff. 158–66.
Beda, Historia ecclesiastica; etc.   s. x/xi

Arts. 1–3 were probably copied from this manuscript in Oxford Bodleian Library MS Bodley 163.

1. ff. 3–108^v Incipit historia anglorum a beato beda presbitero composita. Glorio(s)simo—(f. 3^v) mandare studuimus .i. De situ brittannię—(f. 4^v) expulerit (*table of 34 numbered chapters*). Brittania oceani insula . . . intercessionis inueniam. Anno dc°lvi. medil engli sub principe peadan fidei mysteriis sunt inbuti. Anno dc°lii penda perit et merci sunt facti christiani dc°liii—d.clxv. Finit deo gracias ago quicunque legerit hunc librum uel scrutauerit ut det benedictionem pro anima aedaelelmo (*changed to* aedelelmo). qui scripsit hoc. sit sic hoc hic in aeternum (*these two words changed to* interim ?). És cor—nŭ hęre (*18 words of very poor Irish*).

This copy is described in Plummer's edition (1896), pp. cix–cxi, as W; S. Potter in *Wessex*, iii. 2 (1935), 39–45, with a reduced facsimile of the upper part of f. 81; B. Colgrave and R. A. B. Mynors (1969), pp. l–li. As usual the last sentence of Bede's preface, Preterea . . . inueniam, is at the end of the text, f. 108^{v}a/25. Bk. 2 begins on f. 25; 3, f. 42; 4, f. 64; 5, f. 87; each preceded by an unnumbered table of chapters. Two lines for a heading left blank, f. 3; existing heading above is the guide for the rubricator.

Many corrections, some in a good upward sloping hand of s. xi using small-headed *g*, e.g. ff. 40^v, 91. As a *signe de renvoi*, ħ in the margin answers ð in the text, or vice versa; the *nota* mark 'D.M.', f. 102^v margin. To facilitate reading, abbreviations were expanded, e.g. f. 92 'amni', 'dicit', words were substituted for numerals, and 'circumflex' stress-marks were added, also punctuation, including, towards the end, instances of the flex, e.g. f. 103. Use as a lectionary is shown by 'vii *leccio*' and 'viii', f. 27, before the passages in the life of St Gregory beginning 'Rexit' and 'Nec silentio', 1969 edn. pp. 130, 132, and by 'Prestante domino nostro ihesu christo . . . ', f. 92^v margin, beside 'dona perfundat' (v.10) at the end of the story of the martyrdom of the two Hewalds.

Caedmon's hymn, in Old English, added f. 81 margin, probably by the same hand as Latin marginalia f. 93, s. xi; N. R. Ker, *Catalogue of Manuscripts containing Anglo-Saxon* (1957), no. 396. An alternative beginning of v. 9 is provided by four added lines, s. xi^2, f. 91 lower margin, 'Anno dominicę incarnationis prope modum sescentesimo nonagesimo secundo: uenerabilis quidam christi sacerdos de natione anglorum uocabulo Egberhctus . . . ', as in Oxford Balliol College MS 176. A head in red and a note below it, s. xiv, f. 45^v, draw attention to Bede's evidence (iii. 7) that Birinus was translated from Dorchester to Winchester 'per beatum [h]eddam'.

2. f. 108^v + Tib. D.iv, pt. 2 ff. 158–66 Summe pater placidus modulantis uota poete . . . uerberibusque prauans.

Aethelwulf's poem on the abbots of an unidentified northern monastery, ed. A. Campbell (1967). Only the first twelve of 819 lines remain at Winchester. The Cotton leaves are damaged by fire and mounted separately.

3. Tib. D.iv. (*a*) f. 166 Hieronimus dicit de situ babylonis.—Babylon[em fuisse]

potentissima[m] . . . [spatium solitudo]; (b) f. 166ᵛ Orosius autem hoc modo refert de eadem ciuitate. Namque babylonam anebroth . . . atque interfu[so bitumine conpactus]

Partly illegible; readings supplied from MS Bodley 163 ff. 226ᵛ–227.

4. (added, s. xi) f. 166ᵛ [. . .] doctoris Bede. Mor[. . .] . . . Obtinet exi[. . .] superna tenet.

Six lines of verse, partly illegible.

ff. ii + 115. The leaves at Winchester foliated 1–108. 370 × 270 mm. Written space 292 × 195 mm. 2 cols. 32 lines. Pricks to guide ruling in both margins. Collation of ff. 3–106: 1–13⁸. Quires numbered at the end in the middle of the bottom margin. Written in caroline miniscule, probably all by one hand, and f. 40ʳa/9–40ᵛa/32 in a firm insular miniscule with occasional horned a. Initials: (i) in red, some on a ground of pale yellow wash, zoomorphic on ff. 3 G, 4ᵛ B, and 23 Q; (ii) to each line of art. 2, in red. The initials of type (i) were not provided with the usual spaces, but gaps were left in words to allow them to be fitted in, e.g. the shoulder of H passes through the middle of 'tempori-bus' on one line and 'incarnati-onis' on the next, f. 25. Rough-calf binding, s. xvii in., uniform with MSS 8, 9, and 13 below, and similar to those on many manuscripts in Oxford college libraries rebound then; chaining-staple near the foot of the leading edge of the back board. Secundo folio (f. 4) Ut lucius.

Written in England. Probably at Winchester by s. xiv, see note added in art. 1. '50' on fore-edge. (12) in Young's list; (6) in Morley's.

2. *Augustinus, In Johannem; etc.*   s. xii in.

Römer, ii. 323.

1. ff. 1–261ᵛ Intuentes quo(d)modo audiuimus ex lectione apostolica . . . meum terminare sermonem.

PL xxxv. 1379–976. 5-line space for heading left blank f. 1. Many corrections. Twenty-one lections from ii.13–xi.47, for the occasions between Thursday in the first week of Lent and Saturday in the fifth week when the gospel is from John, some identified by pencil notes in the top margin, e.g. 'feria vi primi ebdomade xlᵉ', f. 63, and marked, ff. 37ᵛ–159ᵛ, by means of red crosses, numbers in red, and the words 'usque' and 'huc' each followed by a symbol, e.g. the passage of tractatus 15 beginning 'Oportebat ihesum transire' (edn. col. 1512), f. 56ᵛ, marked '+ II usque ☉ ', and ending 'mundi', f. 61, marked 'huc ☉'; in the homily on 2:13–25 the first twenty-three lines, 'Opportune . . . et mergit' (edn. col. 1474), f. 40, are marked 'vacat', so that the marked text runs straight on from 'serui eius' to 'Ecce audistis', and there are other 'vacat' markings, mainly in the headings. The *nota* mark 'D.M.' occurs, ff. 59ᵛ, 68ᵛ margins.

2. ff. 261ᵛ–274ᵛ Incipit uita Beati augustini episcopi hipponensis. a beatissimo possidio edita calamensi episcopo. Inspirante rerum omnium . . . cum eodem perfruar. amen.

PL xxxii. 33–66; *Clavis*, no. 358.

3. ff. 275–7 (flyleaves and last leaf of quire 35) notes and scribbles, largely s. xiii, refer mostly to the text. They include 'Nescit homo plenus quam vitam ducit egenus', Walther, *Versanf.*, no. 16561.

ff. iii + 274 + ii + 1 + ii. ff. 275–6 are medieval flyleaves, see art. 3 above. 350 × 290 mm. Written space c. 265 × 205 mm. 33 long lines. Ruled with hard point. Collation: 1–13⁸ 14–15⁶

$16–21^8$ 22^6 $23–28^8$ 29^{10} $30–34^8$ 35^8 (ff. 269–74, 277) wants 7 (blank) after f. 274. Catchword, added (?), f. 72^v. Two main hands; the second wrote quires 8–15, ff. $57–116^v$; the first is very similar to the first hand in Winchester College MS 5, see below, reduced facsimile: *Exhibition of Books, Charters and Manuscripts, Winchester 4–14 July 1951*, pl. iii. Initials: 3- or 2-line, most plain red, a few purple, some with red ornament; Sermon 99, f. 218^v, starts with an elaborate dragon *Q* in pink orange and green, on a blue ground; ff. 221–43, initials in green, red, or purple, with ornament of one of the other colours. The first line of each sermon is in capitals, most filled with red, likewise the capitals on ff. 91 and 127^v. 'Bound 1885', f. 279, as MS 14 and cf. MS 16 below. Secundo folio *et ille*.

Written in England. 'Hic liber est ecclesie Sancti Swyth*un*i Wynton' Quem qui alienauerit anathema sit amen', s. xiv in., f. 1 foot. (2) in Young's list; (1) in Morley's.

3. *Vitae SS Nicholai et Elphegi; De morte H. Blesensis*   s. xii med.

1. (quires 1–12) (*a*) ff. 2–25^v Incipit prologus Iohannis Diaconi in vitam sancti Nicholai episcopi. Sicut omnis materies si ab imperito—(f. 3) fore lętemur. Explicit prologus. Incipit vita sancti nicholai archiepiscopi et confessoris. Beatus nicholaus ex illustri prosapia . . . remearunt ad propria magnificantes dominum nostrum ihesum christum qui regnat—Amen. Huc usque libellus venerabilis iohannis diaconi de vita sanctissimi Nicholai episcopi et confessoris; (*b*) ff. 25^v–31 Excessum uero eius sicut ipse in proemio testatur ideo non scripsit: quia nusquam illum litteris mandatum inuenire potuit. Vnde manifeste colligitur quod hęc quę sequuntur ab aliis auctoribus edita sint: sicut etiam ipse textus diuerso stilo conscriptus satis aperte declarat. pręcedenti tamen libello coniuncta: eadem auctoritate qua superiora a fidelibus et recipiuntur et leguntur. (f. 26) Quodam tempore advenit quędam mulier de vico qui dicitur cyparsus . . . accipiat incrementum prestante domino—Amen. Explicit vita sancti ac beatissimi Nicholai episcopi; (*c*) ff. 31–45 Incipiunt miracula eiusdem gloriosissimi confessoris. Igitur opere pretium reor . . . seruire in perpetuum mereamur: qui cum patre— Amen. Expliciunt pauca de miraculis sancti Nicholai episcopi et confessoris; (*d*) ff. 45–77 Incipit alius libellus de uita uel uirtutibus eiusdem pretiosissimi confessoris diverso satis ordine diuersoque stilo conscriptus. Qui licet in pluribus illo superiori videatur contrarius. ob quod et a quibusdam ad recipiendum minus idoneus iudicatur: non tamen est omni modis refutandus. eo quod multa de uirtutibus sanctissimi confessoris in isto referantur quę in illo priori penitus non inueniuntur. Placuit igitur redemptori omnium seculorum . . . prestante domino nostro ihesu christo: qui cum—Amen. Explicit liber secundus De vita vel virtutibus sanctissimi Nicholai episcopi et confessoris; (*e*) ff. 77–90^v Incipit translatio eiusdem. sanctissimi Nicholai episcopi. qualiter videlicet eius Sacratissimum corpus de myrrea civitate licię delatum est in barum civitatem apulię vbi etiam nunc totius orbis excolitur veneratione. qui nos iugiter foveat sua pia intercessione. Post beati Nicholai gloriosum . . . quę fiebant cotidie. Explicit translatio sancti Nicholai episcopi et confessoris; (*f*) ff. 90^v–97^v Incipiunt miracula eiusdem. Nam primo in die . . . ad laudem nominis dei: cui est honor laus et imperium in secula seculorum Amen.

BHL, nos.: (*a*) 6104–5, (*b*) 6150, (*c*) 6172, (*e*) cf. 6179, (*f*) cf. 6192. (*a*) in 20 paragraphs, (*b*) in

11, (c) in 6, with f. 43ᵛ and some shorter sections rewritten over erasures, (d) without any breaks, (f) in 13 paragraphs.

2. ff. 98–122ᵛ Epistola de vita vel de passione Sancti Alphegi Martyris. Omnibus in fide christi manentibus. Indignus—(f. 98ᵛ) Principium nascendi splendidis-simis natalibus . . . tibi a saluatore tradita. qui cum—Amen.

Osbern's life of St Elphege, *BHL*, no. 2518. H. Wharton, *Anglia sacra* (1691), ii. 122–42.

3. (added, s. xii ex.) (a) f. 122ᵛ Contra febres + ire + aro . . . amen; (b) ff. 123–124 Solis in occisu cum lux festina recedit . . . gaudet habere suum.

(a) a charm; (b) sixty-four lines of verse, on the death, in 1171, of Henry of Blois bishop of Winchester. The only known copy, printed L. Voss, *Heinrich von Blois, Bischof von Winchester*, Eberings historische Studien ccx (Berlin, 1932), 178–9.

ff. ii + 124 + ii, foliated i, 1–126, (127). ff. 1 and 126 are medieval flyleaves. 232 × 155 mm. Written space 160 × 95 mm. 23 long lines; arts. 2–3, 27–29. Ruled with hard point. Collation difficult: ff. 2–125 probably 1–12⁸ 13–14¹⁰ 15⁸. Art. 1 mostly written in one good hand using full-bowled *a*. Initials: (i) ff. 2 green *S*, 3ᵛ blue *B*, with four small roundels in gold, 45ᵛ red *P*, 77ᵛ green and red *P*, with ornament in one or more of these colours; (ii) f. 98ʳᵛ, in red or green, with ornament of the other colour; (iii) 2-line, red or green. In art. 1, the saint's name is always in black capitals, filled or lined with red and green, or washed with yellow; the headings, ff. 2, 3, and colophon of (a), heading of (b), explicit of (c), and incipit of (d) are in green and red , or, f. 2, blue and brown, capitals. Binding of s. xix. Secundo folio (f. 3) *de eo*.

Written in England. At Winchester perhaps by s. xii ex., see art. 3 above. 'Wiliam Storton quod burton quandouer', s. xv, f. 126ᵛ; cf. Brown Candover, etc., between Winchester and Basing-stoke. 'ex dono Jo. Bridges', dean of Salisbury 1577, bishop of Oxford 1604, d. 1618, f. 1ᵛ; cf. MSS 8, 9. (8) in Young's list; (12) in Morley's.

4. *Cassiodorus, In Psalmos 1–150*   s. xii med.

Much reduced facsimile of f. 4: *Exhibition of Books, Charters and Manuscripts, Winchester 4–14 July 1951*, pl. ii. W. Oakeshott, *The Two Winchester Bibles*, 1981, pls 22a and 192 illustrate parts of two pages.

(f. 4) Diuersas notas more maiorum—inuenire. Hoc in idiomatibus—Hoc in astronomica. Magni Aurelii Cassiodori senatoris iam domino prestante conuersi: incipit prefatio expositionum in psalterium. Repulsis aliquando in rauennati urbe —(f. 9ᵛ) uerba ueniamus. Magni Aurelii—explicit prefatio. Incipit eiusdem expositio digesta psalmorum. Quare primus psalmus non habet titulum. Psalmus hic ideo non habet titulum . . . (f. 413ᵛ) semper exultat. Amen.

PL lxx. 9–1056. Stegmüller, no. 1894. Note about sigla at the beginning, but the sigla themselves are not entered. 'Incipit secunda pars explanationum Cassiodori senatoris', f. 206. Pss. 51, 76, and 101 begin on the first leaves of quires 18, 26, and 34, ff. 142, 206, and 270, respectively, and so the book could have been divided into two volumes, after Ps. 75, or three, after Pss. 50 and 100 f. 141ʳᵛ blank.

A few corrections, e.g. f. 125ᵛ, where the hand seems to be that of the corrector of MS 5 below (e.g. f. 148); f. 181ʳᵛ inner columns entirely replaced on inserted parchment. 'Si tetigit tetigit correctio te semel vna:/Ne feriat feriat: Virga secunda cave', s. xii, f. 413ᵛ in pencil.

The pastedowns are two cancelled leaves from the last quire, written by the main scribe, the exposed sides corresponding to ff. 408^v and 411^r (51^3 and^6).

ff. iii + 410 + iv, foliated 1–417. 415 × 300 mm. Written space 290 × 210 mm. 2 cols. 42 lines. Ruled with hard point up to f. 141, from f. 142 in pencil; from f. 152 onwards, lines 1–3, 10–11, 21–3, 32–3, and 40–2 are generally extended across the margins. Pricks to guide ruling in both margins from f. 142 onwards. Collation of ff. 4–413: 1–16^8 17^{10} 18–51^8. Quires 1–6 numbered, (i)–vi; quires 18–32, i–xv. Quires 7–16, 37, 40, 43–4, 46–50 have catchwords. Two hands, changing at f. 142 (18^1), Ps. 51. Initials: (i) in red, and blue (ff. 1, 142) or green (f. 270), with ornament in one or more of blue, green, and brown; (ii) in red with blue ornament, or in green or blue with red ornament, a few with brown also. The first words after an initial in quires 1–17 are in large ink capitals, some interlaced. Lemmata in red. Contemporary binding of flush wooden boards covered with white leather; three bands; projecting ears at head and tail of spine; two strap-and-pin fastenings, now missing. No mark of chaining. Secundo folio *gimur*.

Written in England. 'Iste liber est Ecclesie sancti Swuthuni Winton'. qui eum alienauerit anathema sit Amen' s. xiii, f. 4 foot, see facsimile. (9) in Young's list; (10) in Morley's.

5. *Jeronimus, In Isaiam*   s. xii med.

Incipit prologus libri primi explanationum beati ieronimi presbiteri in ysaiam prophetam. E longo uix tempore—(f. 2) Sed iam propositum prosequamur. Explicit prologus. Incipit liber primus. Uisio ysaię filii amos—Pro iuda . . . (f. 305^v) sententiam iudicis. Explicit liber octauus decimus explanationum beati ieronimi presbiteri in ysaiam prophetam.

PL xxiv. 17–704. Bk. 9 begins a new quire (16), f. 129; f. 128^{rv} blank. Corrections, s. xii, many and obvious; the same hand appears to be responsible for corrections in MS 4 above, q.v. Book-numbers and chapter-numbers of Isaiah added in pencil at the head of pages, s. xiv (?).

ff. ii + 306. 348 × 240 mm. Written space 251 × 163 mm. 2 cols., with a wide space, 24 mm., between. 42 lines. Ruled with hard point, and pencil as well, ff. 89–127, where there is a line above as well as below the writing, or in pencil alone, ff. 137–60 (quires 18–20); from f. 161 onwards the ruling generally runs across the space between the columns. Collation: 1–38^8 39^2 (2 pasted down). Several hands at first, changing on ff. 137, 143, etc., but from f. 159^{r}b one scribe appears to continue to the end. Initials: (i) f. 2, red and green with ornament of both colours; (ii) to prologues and books, red or green, some with ornament of the other colour, or both, or, f. 129, both; (iii, iv) 2- and 1-line, red or green, the latter in the text and only in bks. 1–4, the former only in bks. 1–14. Binding of bevelled wooden boards covered with white leather; three bands; central strap-and-pin fastening, now missing; chaining-staple near foot of leading edge of back board, as on MS 1 above. Secundo folio *Sicubi autem*.

Written in England. 'liber [. . .] b*eati* Iero [. . .]', s. xv^2, on back cover. With MS 4 above in s. xii, see corrections. (10) in Young's list; (3) in Morley's.

6. *G. Autissiodorensis, Summa aurea*   s. xiii^1

(f. 5) Fides est substancia sperandarum rerum—Sicut enim uera dileccione . . . qui diligunt eum uel illum. Illa gaudia nobis prestare dignetur ihesus—amen.

Glorieux, no. 129b. Bk. 2 begins on f. 35^v; 3, f. 98, a new quire (10); 4, f. 227, a new quire (21). Bk. 3 cap. 155 also begins a new quire (18), f. 196; f. 195^v blank. Numbered tables of chapters of bks. 1–2 on ff. 3^v–4^v, 82 and 163 chapters; bk. 3, ff. 96–97^v, 325 chapters; and bk. 4, f. 226^{rv},

174 chapters. Many notes on ruled lines in bottom margins, in early anglicana, s. xiii ex.; one, f. 149, refers to 'Peregrinus presbiter in libro de speculis virginum'. '+ Mentem sanctam + spontaneam + honorem deo + et patrie liberacionem +', f. 224ᵛ.

Besides tables of chapters the preliminary quire contains one piece, ff. 1–3, headed Istud capitulum est inserendum infra inter primum librum et secundum: 'De exemplari per cuius ymitationem factus est mundus iste sensibilis. et primo quid sit illud exemplar. Antequam dicamus de creatione mundi . . . et liberalis: Set in habitu', which in edns. (Paris, 1500, etc.) follows bk. 1 as Questio addita in fine primi libri; and another 'Rationes quod mundus sit eternus. Quod mundus sit eternus . . . propter hoc non sequitur'.

ff. ii + 283 + i. ff. i and 284 were pasted down. 273 × 175 mm. Written space 195 × 110 mm. 2 cols. 52 lines, the first below the top ruled line. Collation: 1⁴ 2–7¹² 8¹⁰ 9¹⁰ + 1 leaf (f. 97) after 10 10–16¹² 17¹⁴ 18–19¹² 20⁸ wants 8 (blank) after f. 226 21–24¹² 25¹⁰ wants 10 (blank). Change of hand at f. 227. Initials: (i) red and blue, with ornament of both colours; (ii) 2-line, blue or red, with ornament of the other colour. Fore-edges decorated in red and blue, in a diaper pattern, s. xiii (?). Medieval binding of thin wooden boards covered with brown leather; six bands; two strap-and-pin fastenings, now missing; mark of chaining-staple on bottom edge of front cover towards the outer corner. Secundo folio (f. 2) *prout cadit*, (f. 6) *ergo deus est*.

Written in France (?). In England by s. xiii/xiv, see script of added notes. Erased and partly torn away inscription, of ownership (?), beginning 'liber (?)', s. xv, f. ii. Probably another inscription on strip cut from f. 1 foot. 'Liber Ecclesię Cathedralis Winton' ex dono Iohannis Ebden sacrę theologię Professoris Prebendarii ibidem 1611', f. 2 foot; cf. f. iiᵛ. Not in either of the seventeenth-century lists or *CMA*.

7. *Miscellanea* s. xii/xiii–xiii in.

The earlier part, arts. 5–10, and the later part, arts. 1–4, were together by s. xiv, having marginalia in a single hand, e.g. ff. 20, 107.

1. (quire 1) ff. 1–6ᵛ [E]vax rex arabum legitur . . . eiusdem nominis herbe (*ends abruptly*).

PL clxxi. 1737–1758/1 (Marbodus, De gemmis). Marginal scholia and interlinear glosses on ff. 1–5ᵛ, e.g. 'et est lacunar anglice cop' referring to 'alta' in line 20 of the section De magnete (edn. col. 1752), f. 5.

2. ff. 6*ʳᵛ, 7–13 (*begins imperfectly*) ut rapiat columbas: de lo[. . .] . . . mortem: designat.

A moralized bestiary, etc. The first complete chapter begins 'Est volatile quod dicitur ibex', cf. *PL* clxxvii. 55 (Hugh of St Victor); the last, Nomina xii lapidum quomodo nuncupantur, is an abridgement of Rabanus Maurus, De universo, bk. 22. 7 (*PL* cxi. 465). At the foot of f. 8 is added a list of forty-eight animal noises, Leonum est fremere uel rugire . . . Noctuarum cucubire.

3. ff. 13–42ᵛ (including some margins) Six sermons, theological distinctions, and commonplaces.

The sermons are: ff. 13ᵛ–14ᵛ Quinquagesima Sunday, Egredere de terra tua—Ita debet et quilibet christianus . . . ; ff. 14ᵛ–17 Sermo de confessione. In sudore uultus tuis—Hec dictum est post parenti nostro . . . ; f. 17ʳᵛ Ash Wednesday, Dominus monens peccatores recedere ab errore . . . ; f. 20ʳᵛ Advent, Ysayas dicit. Dominus ascendit super nubem—Pater dixit formauimus . . . ; f. 36ʳᵛ Lent, Iacobus in epistola sua. In mansuetudine—Sicut ortolanus . . . ;

f. 40–42^v Advent, Venite ascendamus—Ieroboas statuit uitulos . . . , cf. Schneyer, *Rep.*, iv. 646, no. 143 (Peter Comestor).

The first distinction is on Fletus, f. 13. The commonplaces include, ff. 17^v–18, De vii horis diei, De progenie christi, De etate Sancte marie.

4. (quire 7) (*a*) ff. 43–4 Si aliquis debeat componere aliquid opus artificiale . . . ; (*b*) ff. 44^v–45^v De vii p. m. [D]icantur parochianis singulis dominicis diebus . . . ibi plus occidit; (*c*) ff. 45^v–46^v Patristic dicta; (*d*) f. 47^{rv} distinctions on the seven deadly sins; (*e*) f. 48^{rv} Memoriale inquirendorum in confessione . . .

(*a*) the introductory words are followed by a series of patristic excerpts, distinctions, etc., including verses on the plagues of Egypt, Sanguis rana culex . . . (7 lines), and on the commandments, Disce deum colere . . . (5 lines), Walther, *Versanf.*, nos. 17276, 4527; (*b*) on the seven deadly sins, cf. Bloomfield, no. 1578.

5. (*a*) ff. 49–61^v Incipit quedam defloracio cuiusdam sapientis super Missam domini scilicet Remigii An(ti)ssiodorensis. Celebratio Misse (que) in commemoratione passionis christi peragitur . . . ad propria cum pace. (Explicit); (*b*) ff. 61^v–63^v Credo in deum. Quo nomine uocatur hec doctrina? apostolica; Simbolum . . . fideliter siue fiat; (*c*) f. 64^{rv} Si contigerit pannum aliquem altaris . . . ; (*d*) ff. 64^v–71 Oportet dilectissimi ut sacramentorum christi quibus purificati . . . custodire cuius imperium permanet in secula seculorum. Amen.

(*c*) six paragraphs on the mass; (*d*) on the sacraments of baptism, chrism, and the Eucharist.

6. (*a*) ff. 71–9 Incipit liber sancti Gregorii De conflictu uiciorum atque virtutum. Apostolica uox clamat . . . narranti studium prebeto; (*b*) ff. 79–80 Sermo beati Gregorii pape. Cuiusdam religiosi relatione nuper cognoui quod dico. Vir quidam religiosus . . . et aliis tradere debes. (Explicit liber gregorii de et uiciis et uirtutibus).

(*a*, *b*), *PL* xl. 1091–106, form one piece in Eton College MS 38 art. 5, see *MMBL* ii. 670.

7. ff. 80–1 (Sermo in xl'a). Audite uerbum domini filii israhel—Osee propheta fratres karissimi cum dominum . . .

Schneyer, *Rep.*,ii. 155 no.60 (Geoffrey Babion).

8. ff. 81–7 twenty-four miscellaneous paragraphs, the first De prouerbiis salomonis. Ebr(i)etas rixas susciterat. libidinem concitat . . .

9. (*a*) ff. 87–93 De lxx^a. Legitur in ecclesiastica hystoria quod nabugodo(no)sor . . . non eicietur; (*b*) ff. 93–5 twelve short paragraphs, the first beginning Septem sunt gradus ecclesie . . . ; (*c*) ff. 95–96^v six short paragraphs, the first, De quodam sene qui dubitauit de corpore christi in altari, beginning Dixit pater noster arsenius de quodam sene qui erat magnus in hac uita . . .

(*a*) cf. Exeter Cathedral MS 3525 art. 5*a*, *MMBL* ii. 835.

10. ff. 97–109^v Incipiunt gesta saluatoris que inuenit theodosius magnus imperator in ierusalem in pretorio poncii pilati in codicibus publicis. (*a*) Mirabiliter cepit oriri arbor sancta . . . omnium credentium; (*b*) ff. 97^v–109^v Cum sero esset factum: uenit quidam diues ab arimathia . . . rapuerunt imperia. (f.

106ᵛ) Factum est in anno nono decimo tyberii (uel teodosii) cesaris . . . Et cetera que scripta sunt.

(a) printed by A. S. Napier, *History of the Rood-tree*, EETS ciii (1894), 68; (b) extracts from the Gospel of Nichodemus, extensively added to in the margins and on sewn-on slips, ff. 99–106.

11. ff. 109ᵛ–112 de expulsione Ade de paradiso. Cum expulsi essent adam et eua de paradyso: fecerunt sibi tabernaculum . . . octaginta dies. Quo nos ducere dignetur. Qui—Regnat.

Stegmüller, no. 74, 6; printed by W. Meyer in *Abhandlungen der Bayerischen Akademie der Wissenschaften Phil. -Hist.Kl.* 14, 3 (1878), 245–50.

12. ff. 112–115ᵛ Incipit liber [. .] methodi episcopi ecclesie paterensis et Martyris christi. Quem de ebreo et Greco in latinum transferre curauit id est de principio et interregna gencium et in fine seculorum quem illustrium virorum beatus ieronimus in suis opusculis collaudauit. Sciendum namque est nobis fratres karissimi quomodo in principio deus . . . eripere dignetur. Qui—amen.

Printed often, e.g. Sackur, pp. 60–96. For the title here cf. BL MS Royal 5 F.xviii art. 2. f. 116ʳᵛ blank.

ff. 113 and five slips, see art. 10 above. Foliated 1–6, 6*, 7–106, 106a, 107–16. 207–217 × 145–150 mm.; the larger leaves are arts. 1–4. Written space c. 150 × 95 mm. 39 long lines, art. 1; 32–3, arts. 2–4; 2 cols., 33 lines, arts. 5–12. The first line of writing above the top ruled line except in art. 1. Pricks or slits to guide ruling in both margins, ff. 1–6, 57–116. Collation: 1⁶ 2⁸ wants 1 before f. 6* (which is damaged) 4, 5 after f. 7 3–6⁸ 7⁶ 8–13⁸ 14⁸ (ff. 97–8, 100, 104–8) + five sewn on slips (f. 99 to f. 98ᵛ, ff. 101–3 to f. 104ʳ, f. 106*a to f. 107ʳ) 15⁸. Initials: unfilled spaces, ff. 1–48; (i) red and blue, with red ornament; (ii) 2-line, red with blue ornament, or green or blue, with red ornament or, from f. 57ᵛ, no green and little ornament; (iii) 1-line, blue or red. No covers; 3 bands; kept in a box. Secundo folio *Cristallo*.

Written in England. Not in either of the seventeenth-century lists or *CMA*.

8. *Zacharias Chrysopolitanus, Ord. Praem., Unum ex quattuor*
s. xii²

Facsimile of part of f. 11: W. Oakeshott, *The Two Winchester Bibles* (1981), pl. 31a.

1. Preliminaries to art. 2: (a) ff. 1–7 Tables of chapters to Matthew, Mark, Luke, and John, 355, 235, 343, and 232 heads; (b) ff. 7ᵛ–10 Eusebian canon tables, under arches, of which the last contains a note on chapters and tables, Ex ordine librorum iiiiᵒʳ euangelistarum capitula necnon canones . . . esse contigerit.

(a) the form of numbers such as 190, 290 is 'clxl', 'cclxl'. f. 10ᵛ blank.

2. ff. 11–191ᵛ De concordia evangelii et differentia—(f. 18ᵛ) expetunt recog-noscant. Explicit. Incipit prefacio zacharie crisopolitani in unum ex iiiiᵒʳ. Ex quatuor euangelistarum dictis euangelium claro studio—applicari oportere. Explicit Prologus. Incipiunt capitula. In principio—(*table of 183 chapters*) Expliciunt capitula. Numeri coloris rubei qui hic capitulis preponuntur: ostendunt in quoto capitulo—sint ipsa capitula. (f. 20ᵛ) [E]xpliciunt Capitula

Quatuor Librorum. Notum facimus lectori quod exposicionis lucem sumpsimus —Hucusque ieronimus. Incipit Prologus Luce. Quoniam quidem . . . tempus ascensionis. Explicit unum ex quatuor seu concordia euangelistarum. et de super expositio continua exactissima diligentia edita a zacharia chrisopolitano.

PL clxxxvi. 11–620. Stegmüller, no. 8400. Bk. 2, f. 57; bk. 3, f. 94ᵛ; bk. 4, f. 154ᵛ. See below art. 4 (a) for a detached paragraph. Well-written marginal scholia.

3. ff. 191ᵛ–194 Abraham pater uidens populum . . . Zebedeus: memoria domini. uel memor domini. uel sacrificium. uel donatus. uel fluens iste.

Alphabetical list of biblical names, often found following art. 2.

4. ff. 194–196ᵛ Ier. de membris domini. (a) Sicut ex creaturis creator . . . corrigere uelint. (b) Omnipotens deus. pater et filius . . . manifestum se demonstrare.

(a) a detached paragraph of art. 2, edn. 39–40, presumably found in the exemplar at the end of art. 3, as in BL MS Royal 4 E.iv; (b) PL xlii. 1199–1206/8 (Augustine pseud., De essentia divinitatis).

5. ff. 196ᵛ–197 Quia deus manet intra omnia . . . estibus hauelaree.

Short section; the last part concerns the ways God speaks to the devil and the devil to God. ff. 197ᵛ–198ᵛ contains notes, s. xiii, xiv, and scribbles, s. xv.

ff. i + 198. 343 × 237 mm. Written space 254 × 153 mm. 2 cols. 47 lines, first above top ruled line. Pricks to guide ruling in both margins. Collation: 1⁸ + 2 leaves (ff. 9–10) after 8 2⁸ 3⁸ + 1 leaf (f. 19) before 1 4–15⁸ 16 four (ff. 124–7) 17–24⁸ 25⁸ wants 7 (blank). Quires 2–5 numbered at the end, i–iiii, and have catchwords; quires 6 onwards have catchwords only. Arts. 1–4 in one good hand. Canon tables under handsome arches. Initials: (i) f. 11, 12-line D, gold and patterned orange, on blue, and pink ground, with the evangelists' symbols; (ii) ff. 20ᵛ, 21ʳᵛ, 25ᵛ, 57, 94ᵛ, 154ᵛ, in gold, with red, blue and green ornament; (iii) ff. 18ᵛ, 19, red or green, with ornament in two or three colours; (iv) 2-line, red, some with green ornament, or blue, some with red ornament; (v) 1-line, alternately red, and blue or (ff. 2ᵛ–20, 109ᵛ, 122ᵛ, 159) green, cf. MS 4 above. Red run-over, f. 19. Binding and chaining-staple, with 12 links of chain and ring still attached, as on MS 1 above; repaired by J. P. Gray, Cambridge, 1925, f. i. Secundo folio (f. 12) due uirtutes.

Written in England, possibly at Winchester, see initials. 'Ex dono Jo. Bridges', f. 1; as MS 3 above. (4) in Young's list. '62' on fore-edge, and in 1634 Winchester College catalogue. (2) in Morley's list. CMA iii, no. 12.

9. *Martinus Polonus; Dares Phrygius; etc.*　　　　　　　　s. xivᴵ

1. ff. 4–7 Expulsio Ade de paradiso et quomodo creuit crux christi et quomodo miracula facta sunt per lignum. Rubrica. Post peccatum Ade expulso eo de paradiso . . . a potestate inimici: dominus noster ihesus christus. qui—Amen.

Cf. Stegmüller, nos. 74, 8–9.

2. ff. 7–101 Quoniam scire tempore summorum pontificum . . . (f. 100ᵛ) et priori honori restituit. Explicit cron' (these two words cancelled). Iohannes xxiiᵘˢ qui nunc est (no more) (f. 101) cesserat in Siciliam veniens est defunctus. Explicit.

The chronicles of popes and emperors by Martinus Polonus, OP, d. 1279: MGH, Scriptores, xxii. 397–474. f. 22ʳ ends 'summo pontifice. uidelicet ihesu christo', and from f. 22ᵛ, 'Anno xlii

Octauiani . . . ', the popes, continued here to John XXII (1316–34), are on the versos, and the emperors, to the death of the king of Navarre in 1270, on the rectos opposite. One leaf missing after f. 47 contained annals of emperors 426–47 and of popes 440–59. f. 101ᵛ blank.

3. ff. 102–17 Incipit epistola cornelii ad crispum salustium in troianorum hystoria que in greco a darete hystoriographo compilata. siue facta est. Cornelius salustio crispo suo salutem. Cum multa athenis studiosissime agerem—ad pollicitum reuertamur. Incipit hystoria troianorum daretis frigii de greco translata in latinum. a cornelio. Peleus rex: in peloponensi insula . . . Andromachen et helenum: m et cc. Huc usque historia daretis frigii perscripta est. Quis troianorum quem grecorum de numero occiderit—Alax in castris. Quis grecorum quem troianorum occiderit—pentesileam. Explicit.

Cf. *Cat. of Romances*, i. 12–26. f. 117ᵛ blank.

4. ff. 118–217ᵛ Incipit hystoria britonum. Cum mecum multa et de multis—congratulatur affectu. (f. 118ᵛ) Britannia insularum optima—(f. 119) explicabitur. Eneas post troianum bellum . . . in latinum sermonem transferre curaui.

Ed. A. Griscom (1929), 219–220/3, 221–536. The heading (f. 118) is in the top margin, mostly cropped away.

5. ff. 217ᵛ–220 Anno gracie c iiiiˣˣvᵗᵒ Lucius britannorum Rex . . . Item a rege Arthuro usque coron' Regis aluredi fluxerunt anni iiiᶜ.xxxix.

Brief annals of England, AD 185–24 Feb. 1307 (coronation of Edward II); followed by notes on the numbers of years Alfred–William I: 214; William–35 Edward I: 241; the coming of the English–Alfred's coronation: 406; Arthur–Alfred's coronation: 339. f. 220ᵛ blank.

6. added on flyleaves: (a) s. xivⁱ f. 1 Nomina summorum pontificum post christum. 1. Petrus . . . 204. Iohannes xxiiᵘˢ (1316–34) (f. 1ᵛ) Nomina imperatorum qui in Natiuitate christi postmodum [. . .]. 1. Octouianus cuius tempore natus est christus . . . 100. fredericus ii (1220–50); (b) s. xv in. f. 3ʳᵛ (Revelatio Wilfredi archiepiscopi Eboracensis) Sanctus Wilfredus negociis suis . . . honorifice et dotauit.

(b) Wilfred's vision at Meaux that led to his foundation of Southwell Minster, title added by John Bridges, see below.

ff. iv + 218 + i, foliated 1–180, 180*, 181–220, (221). ff. 1–3 are medieval flyleaves, see art. 6 above. 313 × 206 mm. Written space 223 × 125 mm. 30 long lines. Collation of ff. 4–220: 1–3¹² 4¹² wants 9 after f. 47 5–8¹² 9 three (ff. 99–101) 10¹² 11⁴ 12- 19¹² 20¹² wants 9–12 (blank). Quires 1–20 signed in pencil, (a)–v. Quires 2, 5, 6, and 17 marked at the end 'corr', quire 15, 'corrig'. Initials: (i) ff. 102, 118, blue and red with ornament of both colours; (ii) 2-line, red or blue. Binding and chaining-staple with 12 links of chain and ring still attached, as on MS 1 above; repaired by Roger Powell in 1951. Secundo folio (f. 5) *manducauerat* or (f. 4) *Post peccatum*.

Written in England. 'Liber (quondam) helie de Coutonᵃ Can' Ecclesie Suthwellen' (et prebende de ouerhalle apud Northwell)', s. xiv, f. 2ᵛ; Cowton collated as prebendary of Norwell Overhall at Southwell in 1293, said to have died in 1329, see J. le Neve, *Fasti ecclesiae Anglicanae* (1854), iii. 437. 'Liber beatę Marie Suthwellię. In quo continentur . . . ', s. xv/xvi, f. 2ᵛ; the table of contents is a full one, but lines 5–6 are cut out and the last line torn away. 'Ex dono Jo. Bridges', f. 3; as MS 3 above. (3) in Young's list. '86' on fore-edge and in 1634 Winchester College catalogue. (5) in Morley's list. *CMA* iii, nos. 4–7.

10. *Vita S. Godrici* s. xv in.

Description of the manuscript by J. Stevenson in *Libellus de vita et miraculis S. Godrici, heremitae de Finchale*, Surtees Soc. xx (1847), pp. xix–xx.

(f. 4) Incipit prologus in Vita beati Godrici heremite. Dilectis in christo dominis Thome Priori et fratribus in finchale constitutis. Gaudfridus eorum in domino conseruus eternam in christo salutem. Petit a me—(f. 5) non desinit. Explicit prologus. Capitulum 1. Qualiter in locis marinis cibos perceperit et vndis preuentus euasit. Reg'. Uenerabilis confessor domini Godricus . . . in futuro conferant sempiternam Amen quod [. . .] Monachus.

BHL, no. 3602. *Acta sanctorum*, May v, 70–85. Prologue also printed by Stevenson, op. cit., pp. xviii–xix, and the text collated against *Acta SS*, pp. xxi–xxvii. The penultimate word may be 'Iohannes'. f. 3^rv contains a table of the 49 chapters.

Scribbles at the end, noted by Stevenson, op. cit., p. xx, see below.

ff. ii + 32 + ii, foliated 1–36. ff. 1^r and 36^v were pasted down. 225 × 135 mm. Written space 160 × c.85 mm. 28–32 long lines. Frame ruling. Collation of ff. 3–34: 1–4^8. Written in short-*r* anglicana. Initials: 2-line, red. Capital letters in the ink of the text lined with red. Contemporary binding of bevelled wooden boards covered with white leather; five bands; central strap-and-pin fastening, now missing; chaining-staple at the foot of the back cover. Secundo folio (f. 5) *Finchal*.

Written in England, by a monk. 'Compotus domini Willelmi Cuthb*ert* magistri de', f. 34^v, William Cuthbert senior, monk of Durham *c.* 1438–74, is not known to have held an appropriate office of account, but William Cuthbert junior accounted as master of the cell at Wearmouth 1482–6 and 1491–6, see Surtees Soc. xxix (1854), 217–18 and 221–3. 'Liber domini Rycardi Ryddell ex empcione a domini Roberto Rok', f. 2^v, erased; Riddell occurs as a monk of Durham between 1486–7 and 1504–5, Rook between 1491 and his death in 1512–13, see Durham Dean and Chapter Muniments Chamberlain's Ac. 1486–7, Holy Island Ac. 1504–5, Reg. Parv. IV f. 19 and Bursar's Ac. 1512–13. There is a second erased inscription, '[. . .] qui alienauerit [. . .]', further down f. 2^v. 'Messores in crastino sancti oswaldi. In primis Thomas scharp*er*al (?). Recepcio pecunie quam ego Recepi de tali homine manente in nouo castro x s' iii d' . . . Nomen scriptoris Will' plenus amoris . . . Nomina messorum. In primis W. Pawlyng cum homine eius', f. 35. 'C heghington Monachus Dunelm' Anno Milleno Centeno septuageno Sub Rupe de Fenkhall Godricus floruit almus', f. 35^v; Cuthbert Heighington occurs as a monk between 1517 and 1539, Durham Bursar's Rentals 1516–18 f. 85, 1539–40 ff. 146^v–147^v. 'Thoms Maxwell', f. 34^v. (14) in Young's list; (13) in Morley's.

11. *Odo de Cheriton; J. de Voragine* s. xiv/xv

1. ff. 1–139 Cum appropinquasset iesus ierosolimam—Presens euangelium bis in anno legitur . . . lingua babilonica loqueris. Erat quidam bedellus in quadam ciuitate nomine petrus. require istam narracionem in legenda sancti Iohannis elemosinarii.

On the gospels *de tempore*; Schneyer, *Rep.*, iv. 483–8, nos. 1–11, 14, 12, 15–31, 33, 35–7, 38, 40, 42, 44–7, 49 (divided in two), 50–60, 65, 63, 66, 68–71, 79, and 83, the last two assigned in the marginal notes to 'dominica xxiii'. One leaf lost after f. 63 contained the end of no. 37; no. 38 'In rogacionibus' begins a new leaf, f. 67. Interpolated on ff. 64–66* 'Omnipotens deus pater et filius et spiritus sanctus. unus atque trinus. . . . manifestum se demonstrare Iere. [31: 22] Nouum creauit—uirum', *PL* xlii. 1199–1206/8 (Augustine pseud., De essentia divinitatis). f. 66*[v] blank, outer half cut away. Marginal scriptural references often added.

2. ff. 139–354[v] Hic incipit prologus super legenda sanctorum quam compilauit frater Iacobus nacione Ianuen' de ordine predicatorum. Uniuersum tempus— usque ad aduentum domini. Incipiunt Rubrice super legendis sanctorum. De aduentu—(f. 140[v]) De sancto Bricio (*table of lives, ending imperfectly*) (f. 141) Vnde dicitur o emanuel . . . et quia deus multa (*ends imperfectly, in St Martin*).

Ed. Graesse, pp. 1, 2, 5/9–750/18. Probably 6 leaves missing before, and a quire after, f. 220, and single leaves after ff. 63, 93, 140, 175, and 178; Graesse, nos. xxii, lix–lxii, lxv were probably on these leaves, and nos. clxvii–clxxxii on leaves and quires missing at the end.

ff. ii + 355 + ii, foliated (i–ii), 1–66, 66*, 67–354, (355–6). Heavy parchment. 410 × 262 mm. Written space 281 × 170 mm. 2 cols. 40 lines. Ruled in violet ink. Collation: 1–7[8] 8[8] wants 8 after f. 63 9–11[8] 12[8] wants 8 after f. 93 13–17[8] 18[8] wants 8 after f. 140 19–22[8] 23[8] wants 4 after f. 175 and 8 after f. 178 24–28[8] 29 outermost bifolium (ff. 219–20) wanting 2–7 (?) 30–45[8] 46[8] wants 6, 7 after f. 353. Quires 1–18 and 27–46 numbered; quires 1–18 signed, a–s; 19–22, a–d; 27–44, in red, f–h k–z ꝛ ; first four leaves of quire 45 have red arabic numbers; quire 46, a. Some catchwords at the foot of the first recto, e.g. on f. 173 the last words of f. 172[v]. Written in fere-textura, with *f, s* descending slightly below the line and hair-line strokes giving the impression of loops on the ascenders of *b, h, l*. Initials: (i) f. 1, 5-line, in gold, on blue and pink ground patterned with white, with ornament in gold and colours on three sides; (ii) as (i), either with no ornament or very short marginal sprays; (iii) f. 140[rv], 1-line, blue with red ornament. Capital letters in the ink of the text lined with red in quires 1–2 and 24. Binding of s. xix. Secundo folio *liter postulat.*

Written in England. Not in Young's list; perhaps 'Lectionarius in dies dominicos et festa sanctorum' (15) in Morley's list of 1682.

12. *N. Trivet, Annales (abbrev.)* s. xiv[2]

1. (quire 1, in three hands) (*a*) ff. i–vii Index in Chronica Venerabilis Patris Nicolai Tri Abbacia de Lacock fundatur 34a Abel fratrem . . . Willemus longa spata celum scandit 38a. Finis; (*b*) ff. vii[v]–viii[v] Index in excerpta ex Nicolao Tryuet a bello Baronum vsque ad mortem Edwardi primi abbatia de monte Regali 47b Acon capitur . . . Vota militaria 49a. Finis; (*c*) f. ix[rv] Historiam de origine et gestis Britonum . . . quam polichronica voluit appellari.

(*a*) has references to leaves 23 (Galfridus de Vino saluo, Galterus Maype, Ricardi acta in Normandia) and 24 (Antiochia, Ludouicus sanctus, Ludouicus moritur, Octoboni acta london, Statuta de Marlebrige), showing that 24 should have followed f. 41, see below, and edn. pp. 272–6; (*c*) notes on British historians.

2. ff. 1–43[v] Hic incipiunt annales vi Regum Anglie annotate per fratrem Nicholaum Tryueth ordinis predi[catorum] (*repeated in black and red*) Athenien-sium Romanorumque . . . et occurrente (*ends imperfectly*)

cf. ed. T. Hog (English Historical Soc., 1845), 1–271/10 up. A note at the end 'Deest nichil at quere folium 24 quod hic poni debet', s. xv/xvi, refers to the second of the two missing leaves, ff. 23–4, cf. art. 1(*a*) above. One leaf missing after f. 41: 'hic deest folium', s. xv, f. 41[v] foot.

ff. 50, foliated, s. xv/xvi, (i–ix), 1–22, 25–43. Paper, with parchment slips strengthening the centres of quires 2–3. 300 × 222 mm. Written space *c.* 225 × 165 mm. *c.*40 long lines. Frame ruling. Collation of ff. i–ix and 1–43: 1^{10} wants 10 (blank) after f. ix 2^{22} 3^{24} wants 1, 2 before f. 25, 20 after f. 41, 23, 24 after f. 43. Written in anglicana; art. 1 in secretary. Initials: 3-line, in red. Medieval parchment wrapper; strings through four points in spine; 'Annales nicolas Triuett', s. xv (?), on front cover. Secundo folio (f. 2) *post dies.*

Written in England. 'prec' iij s' iiij d', s. xiv, f. 1 top. (5) in Young's list; added as (16) in Morley's.

13. *Elizabeth Schonaug., Revelationes; Vitae SS Edwardi et Thomae*   s. xii/xiii

1. (quires 1–6) (*a*) f. 2^{rv} Dilecto quondam magistro suo nunc autem dilectissimo patri et domino B. abbati de forda. frater Rogerus. Gustum uere salutis . . . scribi iuberet; (*b*) ff. 2^{v}–46^{v} Fuit in diebus eugenii papa . . . sancte ursule regine. Explicit liber uiarum dei et reuelationum elisabeth; (*c*) ff. 46^{v}–49^{v} Item dilectissimo magistro suo frater Rogerus. Metrum quod uobis—et presentia. Orbis opes pereant . . . uoce iubente patris.

(*b*) is the recension of the Revelations of St Elizabeth of Schonau, d. 1165, *BHL*, no. 2485, that circulated in England together with (*a*), a letter of Roger of Ford, dateable *c.*1173, and (*c*) his verses to B.V.M.; Oxford Bodleian Library MS Bodley 83 (*Sum. Cat.* 2287) and other copies have the same contents. (*a*) printed by R. Dean in *Modern Philology*, 41 (1944), 213, noticing this copy p. 22; (*c*) printed by C. H. Talbot in *Collectanea Ord. Cist. ref.*, vi (1939), 45 seq.

2. (*a*) ff. 50–80^{v} Multis veterum studio fuisse—(f. 50^{v}) optineas felicitatem. Explicit prologus. Incipit epistola aeilredi abbatis Rieuall': ad abbatem laur' westm'. Dilecto et diligendo—(f. 51) opitulatione donetur. Explicit epistola. Incipiunt capitula—(*unnumbered table of chapters*) (f. 51^{v}) Gloriosi ac deo dilecti regis Edwardi uitam . . . corda commouit; (*b*) ff. 80^{v}–82 Principante ac propugnante piissimo rege aedwardo cum nutu diuino . . . prosequebantur unanimi.

(*a*) *PL* cxcv. 737–90. This and other copies listed in A. Hoste, *Bibliotheca Aelrediana* (1962), 123–5. Forty-four numbered chapters. The text has been corrected, e.g. f. 75. (*b*) on Danegeld and the king's vision of the devil in his treasury.

3. ff. 82–89^{v} (Incipit Vita sancti thome Cantuar' archiepiscopi.) Sacro sanctam ecclesiam iugiter inpugnat . . . per longum est operante: qui solus est super omnia benedictus in secula. Amenn.

PL cxc. 195–208 (John of Salisbury). *BHL*, no. 8180.

4. (added on flyleaves, s. xiv, two hands) (*a*) f. 1 table of contents and four lines of verse, Cum diues loquitur . . . quia uilis habetur egenus; (*b*) ff. 90–91^{v} scribbles, including, f. 90^{v}, [. .] laus regina rethoris roteque ruina. lac oleum sina te collaudant katerina.

(*a*) verses printed p. 220 by Dean, loc. cit. (see art. 1).

ff. iii + 88 + iii, foliated (i), 1, 1*, 2–91, (92). ff. 1, 1*, 90–1 are medieval flyleaves, see art. 4 above. Thick parchment. 305 × 216 mm. Written space 226 × 143 mm. 2 cols. 33 lines, first above top ruled line. Pricks to guide ruling in both margins. Collation of ff. 2–89: 1–11^{8}. In quires 1 and 3 the pages except the first and last are lettered in pencil at the foot in the middle,

(a) —(o) in quire 1, aa–nn rr in quire 3; in quire 4 there are *ad hoc* letters on all but the last leaf; in quire 5 the first seven pages have crosses, one on f. 34 rising to seven on f. 37. Three main hands, changing at ff. 50 (7¹) and 56; a further hand wrote ff. 37ʳb–38ᵛa, and another part of f. 55ᵛb; bar punctuation in the second main hand. Initials: (i) ff. 50, 51ᵛ, handsome zoomorphic *M*, on a brown ground, and *G*, historiated (Edward); (ii) 2-line, or 3-line (art. 2), red, green, or less often blue, generally with red ornament; (iii) 1-line, red or green. Binding as on MS 1 above, with mark of chaining-staple in the same position. Secundo folio *centes*.

Written in England. Ownership inscriptions (?) cut from the tops of ff. 1 and 1*. Scribbles of s. xiv include 'Dilecto sibi in christo f. de Ciddsabiton (?)' cf. Sibston (Leics), f. 91, and 'Donketon', f. 91ᵛ; of s. xv, 'Wyllyame Wodeson', f. 91. (15) in Young's list; '79' on fore-edge is the s. xvii Winchester College number; (7) in Morley's list. *CMA*, 8–11.

14. *Vitas Patrum, ii* s. xii²

Companion volume to Winchester College MS 18, which is now deposited in the Cathedral Library: shared series of quire-numbers, corrections in the text, e.g. f. 51, apparently in the same hand, see W. Oakeshott, *The Two Winchester Bibles* (1981). Two phases of corrections like those in the Auct. Bible, ff. 192ᵛ, 193ᵛ, 194, see ibid., and N. R. Ker, *English Manuscripts in the Century after the Norman Conquest* (1960), pl. 22a and pp. 50–1.

1. ff. 1–3ᵛ (*begins imperfectly*) amplius me inquietetis. hominem humilem et pauperem. Illi ergo . . . ab altissimo recipiet. Celebratur autem dies depositionis sancti symeonis nonas ianuarias—amen. Explicit uita Sancti Symeonis.

The end of Winchester College MS 18 art. 13, see below.

2. ff. 3ᵛ–34ᵛ, 37–38ᵛ, 35–36ᵛ, 39–40 In christi nomine incipit prologus super uitas et consolationes Sanctorum patrum. Domino beatissimo martino episcopo paschasius. Uitas patrum grecorum—cognouerim. Explicit prologus. Incipiunt capitula. i. Contra gastrimargiam deuincendam ii. De rumpendo ieiunio in aduentu fratrum—lxxviii Que sit obseruantia heremitarum. lxxix. [I]nterrogationes et responsiones sanctorum patrum ęgyptiorum plurimę incipiunt quas de greco transtulit Martinus episcopus in monasterio dumiense. Contra Gastrimargiam et desiderium gule deuincendam. Quidam frater quemadmodum . . . pauca non sufficiunt. Expliciunt uite uel collaciones sanctorum patrum.

Substantially different from *PL* lxxiii. 1025 seq. In the table, ff. 3ᵛ–4ᵛ, the chapter-numbers are in red; some marginal guides to the rubricator for the chapter-headings written vertically. In the text an added numbering of s. xiv reaches 82 chapters, the last De cenobio et quomodo in eo uiuendum sit Cum quidam frater abbatem agathonem, see edn. col. 1057. Some marginalia, s. xvi, anti-monastic, anti-heremitical, etc., e.g. 'melius fecisset si quotidie verbum dei predicasset' of the stone in Abbot Agathon's mouth, f. 33.

3. ff. 40–9 Incipit doctrina Sancti Basilii episcopi capadocie. Audi fili ammonitionem patris tui . . . hiis qui diligunt eum.

PL ciii. 683–700.

4. ff. 49–144ᵛ Incipit prefacio Iohannis Hermite in decem collationes missas ad leoncium papam. et heladium fratrem karissimum. Debitum quod beatissimo

pape castori . . . huius meditatione seruauerint. Explicit Abbatis ysaac collacio.

PL xlix. 477–844.

5. ff. 144ᵛ–199 Incipit prologus beati Heraclidis episcopi in librum qui apellatur paradisus ad lausum prepositum palacii. In hoc libro quem de uita—nobilioris reuersos. Explicit prefacio de uita sanctorum patrum ad lausum prepositum palacii ab eraclide directa. Incipit liber qui appellatur paradisus. Multi quidem multos uariosque . . . pronus uolueris adorare. Explicit liber qui appellatur paradysus. PBX LFGFNTKBXS FT (P)AX DK(C)FNTKBXS KN XPO BMFN (*i.e.* B *for* A, F *for* E, *etc.*)

PL lxxiv. 243–342.

6. ff. 199ᵛ–200ᵛ Incipiunt capitula. i. Verba abbatis nesterotis: de religiosorum scientia. ii. De apprehendenda—xix. Quod plerumque etiam indigni gratiam salutiferi sermonis accipiant. Finiunt capitula. [I]ncipit collatio nesterotis abbatis. Sponsionis nostre et itineris . . . ita eorum laude succen- (*ends imperfectly*).

PL xlix. 953–960A (Collatio 14).

7. f. 201ʳᵛ (*begins imperfectly*) non solum actibus . . . ut post refectionem eius (*ends imperfectly*).

PL xlix. 865B–869A (Collatio 11).

ff. iii + 200 + ii, and a loose leaf, f. 201, inscribed 'Found loose in the library 1879. Evidently belongs to this book which was found hidden away in a cupboard in the Chapter room in 1882 (and then bound) F. S. M[adge]'. 432 × 325 mm. Written space 293 × 210 mm. 2 cols. 34 lines. Pricks to guide ruling in both margins. Collation: 1–4⁸ 5⁸ 3–6 reversed (*recte* ff. 37–8, 35–6) 6–25⁸ 26 one (f. 201). Catchwords; quires numbered, xv–xxxix, in continuation of the series in Winchester College MS 18. Punctuation by punctus elevatus, bar, and point. Initials: (i) f. 3ᵛ, 6-line, red with blue ornament; (ii) 3-line, red or blue, with ornament of the other colour; (iii, iv), 2- and 1-line, blue or red. 'Bound 1882', as MS 2 above.

Written in England. Probably at Winchester in s. xii², to judge by the corrections, see above. An erased inscription on f. 1, s. xvi (?) may end '[. . .] de S. Swithuno'. For content of marginalia in art. 2, see above. ' . . . thoma Wroghton / dackson my / Cousyn', s. xvi, f. 124 scribble. Annotation, f. 124 margin, by Thomas Dackomb (1496—*c.* 1572), *alias*, as a petty canon of Winchester in 1542, Dackhineson, see A. G. Watson in *The Library* 5th series xviii (1963), 205 n. and 217. f. 201 was used as a cover. (13), with Winchester College MS 18, in Young's list; (11) in Morley's. Not in *CMA*.

15. *Versus grammaticales; Theodulus; Avianus; Promptorium parvulorum (Latin and English)*   s. xv med.

1. (quire 1) ff. 1–13ᵛ Moralis philosofie. Vir nobilis cato dudum (?) experiencia operum eruditus. Aduertens quod—votis vestris. Non uane cultus intrinseca pectoris icunt Si deus est animus nobis ut carmina dicunt Est quia cunctorum . . . coniungere binos—Amen. Qui dedit expleri laudetur mente fideli Tu sibi parce deus. et miserere mei. Explicit liber Catonis cum geminatione versuum et cum Glosa peroptima Quod M. W.(?: *erased*) Grene.

146 sets of verses, nearly all 4-line, interspersed with a prose commentary in smaller script, 'appetitus humani generis . . . compulit infecundum'. Walther, *Versanf.*, no. 12214.

2. (quires 2–4) (*a*) ff. 14–36 Frequenti dominorum uicinorum supplicationem— glosulas super echeridon Magistri galfridi—compilaui—(*text*) Ad mare ne videar —(*commentary*) Cum diuisio libri sit vtilis ad faciliorem acceptacionem . . . (*text*) Ex vtero dicti germani sunt vterini—(*commentary*) ad abluo is deriuatur etc. Explicit liber sinonomorum. Quod; (*b*) ff. 36ᵛ–65 (*text*) [A]ugustus ti to— (*commentary*) In superiori libro tractauit autor de sinonomiis . . . (*text*) Est libet illa legi pueris quibus ipsa peregi—(*commentary*) ipsa equiuoca etc. Explicit liber equiuocorum Q; (*c*) f. 66ᵛ Materia parui doctinalis. Cum iste auctor plures homines . . . evitandum. Iubiter et iuno. In precedenti determinauit autor prouerbialia documenta . . . permiserit viuere Explicit.

(*a*) Text: *PL* cl. 1577–90 (J. de Garlandia, Opus synonomorum); Walther, *Versanf.*, no. 374; in the prose commentary the lemmata are at first distinguished by larger writing, or, from f. 17, by red underlining; (*b*) *Ibid.*, no. 1767, here treated as the second book of (*a*); in the prose commentary the lemmata are distinguished as on ff. 17–36; (*c*) cf. *Ibid.*, no. 9955. ff. 65ᵛ–66 blank.

3. (quire 5) (*a*) ff. 67–76 Doctrinam teneris tradere mentibus Fert ardens animus —quod manus impotens [A] Phebo phebe lumen . . . Quid plus sunt vanitas omnia queque nichil; (*b*) ff. 76–78ᵛ Sufficit exemplis preludia—ex pentametris iambico. iubiter et iuno neptunus pluto creanti/Bis duo . . . Inseruit stolidis qui sibi vita fuit. Ihesus cristus dominus noster qui cum patre—Amen. Explicit liber de parabolis philosophie.

(*a*) *PL* ccx. 581–94 (Alanus de Insulis), with each chapter preceded by an introductory paragraph. Walther, *Versanf.*, nos. 4689 and 71.

4. (quires 6–7) (*a*) ff. 79–100 [Q]uoniam in hoc opere Iter magnum sumus aggressuri—patet autoris intentio etc. (f. 79ᵛ) Ethiopum terras iam feruida torruit estas . . . ne desperacio ledat. Explicit liber theodoli. Quod magister W. (*over erasure*) Grene; (*b*) ff. 100–113 Rustica deflenti etc. Sermonum: alius naturalis—noue persone dicit ergo sic. Rustica deflenti paruo iurauerat olim . . . Expedit insignem promeruisse necem—Explicit liber Auiani Quod M. (W.) Grene. Qui eum alienauerit anathema sit.

(*a*) Walther, *Versanf.*, no. 664. The interspersed commentary in smaller script begins Ethiopes sunt populi habitantes in extremitate mundi . . . ; (*b*) *Ibid.*, no. 16951; the first piece of the interspersed commentary in smaller script follows line 16, and begins Intentio huius Apologi est ne verbis mulierum . . . f. 113ᵛ blank.

5. (quires 8–16) ff. 114–227ᵛ Isti sunt autores ex quorum libris collecta sunt vocabula huius libelli per fratrem predicatorem reclusum lenn' anno domini Mᵒ CCCCᵒ xlᵒ. Catholicon Campus florum. Vgucio Versificatus. Alexander necham. Commentarius Kylwarbi. Brito. Diccionarius Distigius. Merarius Liber Misteriorum qui dicitur anglia quo fulget Cum aliis variis libris et libellis inspectis et intellectis deo adiuuante. cernentibus sollicite clericorum condiciones—(f. 114ᵛ) misericorditer intercedant. Explicit preambulum in librum predictum secundum vulgarem modum loquendi orientalium anglorum. Incipit liber promptorius paruulorum. A Bakke or bakwarde Retro retrorsum aduerbia Abashyd . . . 30k

bestis Iugo as pri conu' cath Iniugo as aui are pri coniugacionis u' k'. Explicit promptorium paruulorum.

SOPMA, no. 1222. ed. A. Way in Camden Soc. OS xxv, liv, and lxxxix (1843–65); and, based on this copy, A. L. Mayhew, EETS extra series cii (1908).

ff. i + 227 + ii. Paper, except the endleaves; parchment strips between and at centres of quires. 345 × 250 mm. Written space 245–65 × 168–80 mm. Long lines, arts. 1–4, varying according to proportion of larger writing from, e.g. f. 78, 35 lines, to f. 79, 45. Art. 5, 2 cols.; 33–45 lines. Collation: 1²⁰ wants 1, 15–20 (blank) after f. 13 2–3²⁰ 4¹⁸ wants 13–17 (blank) after f. 65 5¹² 6¹⁶ 7²² wants 20–2 (blank) after f. 113 8–9¹⁶ 10–14¹² 15¹⁴ 16⁸. Some leaves in the first half of quires in art. 5 numbered. Arts. 1–4 well written, the larger script anglicana with textura and secretary forms (two-compartment *a* rarely), and the smaller a mixture of current anglicana and secretary; art. 5, mainly by one hand, in a mixture of current anglicana and secretary. Unfilled spaces for initials. Capital letters in the ink of the text lined with red ff. 34–8. Contemporary binding of bevelled wooden boards covered with pink leather, now faded to dirty white; six bands; two clasps, now missing. Secundo folio *Hec est*.

Written in England, arts. 1–4 apparently by a scribe called Mr W. Grene, see above colophons to arts. 1 and 4. 'Liber Sinonomorum et Equiuocorum', s. xv, upside-down on front pastedown. 'Liber (T Sylksted' *over erasure*) prec xiii s iiii d', f. iᵛ, 'Constat Thome Sylksted (Suppriori)', f. 228ᵛ; Silkstead was ordained subdeacon as a (young ?) monk of Winchester in 1468, *Compotus Rolls of the Obedientiaries of St. Swithun's Priory, Winchester*, ed. G. W. Kitchin, Hampshire Rec. Soc. (1892), 477, and became subprior between 1484 and 1492, *The Register of the Common Seal of the Priory of St Swithun, Winchester*, ed. J. Greatrex, Hampshire Rec. series ii (1978), nos. 434 and 502, holding that office when elected prior in 1498. 'Anno domini Mᵗᵒ CCCC iiijˣˣ vᵗᵒ / Iste liber est de domo Sancti Swythuni Wynton' / Ex prouidenc[. .] Will [. . .] Qui eum alienauerit anathema sit', f. 229, in a humanistic hand, perhaps that of Thomas Silkstead's inscription, f. 228ᵛ; the same *ex libris* and anathema in a secretary hand, f. 228ᵛ. Possibly 'Lexicon' (11) in Young's list; '55' on the fore-edge, and in 1634 Winchester College catalogue; added as (18) in Morley's list. Not in *CMA*.

16. *Concordantiae Bibliorum*   s. xiv²

Quilibet volenti requirere concordancias in hoc loco vnum est primitus attendendum videlicet quod cum in primis concordanciis que dicuntur concordancie sancti Iacobi quodlibet capitulum in vii—in finem capituli protenditur. Iere i a a a a domine deus ecce nescio lo[qui] . . . (f. 350ᵛ) Zelpha Ge. xxx. b. Senciens lya quod parere desisset zelfam ancillam marito tradidit. Qui scripsit librum Ion lutton est sibi nomen.

Stegmüller, no. 3605. The final form of the Concordantiae Sancti Jacobi, see R. H. and M. A. Rouse, 'The Verbal Concordance of the Scriptures', *AFP* 44 (1974), 5–30. Note, f. 227ᵛ, 'Hic deficit plenus. na. num'; the missing entries were supplied, s. xiv ex., on f. 351. f. 351ᵛ blank.

ff. v + 350 + iv. ff. v, 351–2 are medieval flyleaves. 405 × 283 mm. Written space *c*. 300 × 202 mm. 3 cols. *c*.76 lines. Collation: 1–9¹² 10 four (ff. 109–12) 11⁴ 12¹² 1–4 cancelled before f. 117 13⁴ 14¹² 1–4 cancelled before f. 129 15–19¹² 20¹² wants 3–4 after f. 198 21–32¹². Leaves in the first half of quires marked in various ways, some *ad hoc*, some systematic; quires 5–8, 15–16, and 25–30 are signed a–d, g–h, and a–f. Written perhaps in more than one hand, the last named. Initials: (i) to each new letter, in blue or deep pink, patterned with white, on decorated gold grounds, with borders on three sides of the page; (ii) to each head-word, 1-line, red or blue. Binding of s. xix, similar to that of MS 2 above. Secundo folio *Abolere*.

Written in England, partly at least by the scribe who also wrote Cambridge St John's College MS 12, and BL MSS Arundel 86 and Royal 4 C.vi. (6) in Young's list; (14) in Morley's. Not in *CMA*.

17. *Biblia* s. xii[2]

C. M. Kauffmann, *Romanesque Manuscripts 1066–1190* (1975), no. 83. Minute analysis of illumination and many illustrations, W. Oakeshott, *The Two Winchester Bibles* (1981).

A two-volume Bible in the order I: Genesis–4 Kings, Isaiah, Jeremiah, Lamentations, Baruch, Ezekiel, Daniel, and Minor Prophets; II: Psalms, Proverbs, Ecclesiastes, Song of Songs, Wisdom, Ecclesiasticus, 1, 2 Chronicles, Job, Tobit, Judith, Esther, Ezra, 1, 2 Maccabees, Gospels, Acts, Catholic Epistles, Pauline Epistles, Apocalypse. Gallican and Hebrew versions of the Psalms in parallel. One leaf missing after f. 314 contained 2 Chr. 36:1–end. Three missing leaves before Gospels, f. 375, probably contained Canon Tables; ff. 370–374ᵛ contain the three explanations of the Tables, Stegmüller, nos. 581, 601, and 595. The Song of Songs includes the rubrics 'Vox ęcclesię ad christum', 'Vox ęcclesię de christo', 'Vox ęcclesię de suis pressuris', etc. Running-titles in OT only, include 'Iosue bennun'.

The 67 prologues are: Stegmüller, nos. 284, 285, 311, 323, 482, 487, 491, 492, 494, 500, 507, 511, 515, 519 + 517 (Iacob patriarcha fratrem habuit . . .), 524, 526, 528, 527, 531, 529, 534, 532, 539 (before Haggai), 535, 540, 543, 544, 456 (In tres libros Salomonis.), 455, 457, 455 (repeated, before Wisdom, . . . dubiis commendare), 328, 344, Iob in terra Hus habitasse . . . israheliticorum iudicum tempore fuisse memoratur, 332, 335, 341, 330, 596 (. . . uiuis canendas), 590, 607, 620, 624, 640, 809 (Non ita ordo . . .), 814, 820, 826 (Iudas frater Iacobi unam paruam . . .), 662 + 663 (. . . post passionem domini tricesimo septimo. Scripsit autem quattuordecim epistolas . . .), 670, 674 (Romani sunt qui ex iudeis gentibusque crediderunt. Epistolę autem pauli ad eos causa hęc est: quod inter illos orta contentione . . .), 678 (Romani sunt partis italię . . .), 683 (. . . ęuangelicam sapientiam), 688, 699, 707, 715, 728, 736, 747, 752, 765 (Timotheum instruit apostolus . . .), 772, 780, 783, 794, 835.

Lists of capitula precede books, for OT references, see *Biblia sacra*, NT, Wordsworth and White: Gen.–Num. Series Gamma a, Deut. 'i. De iudicibus. ii. Oracio filiorum esau et moabitarum. iii. Commemoratio explorationis terrę . . . cxl. Et non fuit propheta in israhel sicut fuit Moyses seruus dei', Josh. 'i. Ubi post mortem moysi promittit deus—transi iordanen istum. ii. Ubi pręcepit iosue principibus . . . xlii. Ubi monuit iosue israel—mortuus est iosue et sepeli', Ruth Series Gamma, 1 Kings Series A i—xxv '—in sicelech. dixeruntque hęc est Pręda dauid. xxvi. De bello philistinorum in monte gelboe in quo Saul cum tribus filiis occubuit', 2 Kings 'i De planctu dauid quomodo luxit Saul et Ionathan.' ii–xviii = Series A xxvii–xliii, 3 Kings Series A i—xviii 'ioram filio Iosaphath', 4 Kings 'i. De allocutione angeli ad heliam—de tertio quinquagenario. ii. De ioram fratre ochozię . . . ' Series A xviiii–xxxv, Is. left blank, Ezek. and Dan. Series Aa, Prov. i–liiii broadly a mixture of Series Aa and Ab, Eccles. Series Ab all unnumbered jumping from mid-xx to mid-xxi 'unguenti et olei sepe mordeat eum coluber. de amicis infidelibus' with the rest crossed out and no capitals after xx, Wisd. Series Ab, Ecclus. i–'lxxi Oratio Salomonis' cf. Series Aa, none to 1–2 Chr. (text undivided) or Job, Tobit 'i. De bonis operibus tobię et quia idolatriam spreuit . . . xxix. Quomodo tobias iunior sepulta matre—in bona uita', Judith 'i. Arphaxath rex medorum superatis multis gentibus . . . xxviii. Patrata uictoria—uitam conclusit', Esther 'i. De conuiuio a(s)sueri regis. ii. Vasti regina . . . xviii. Oratio mardochei Oratio hester Quomodo regina—ingressa est. Exemplar epistolę pro iudeis directę', Ezra left blank, 1 Macc. 'i. Vbi euersa ierusalem consenserunt iudei . . . lxiii Vbi ptholomeus—occidit eos qui uenerant perdere eum', 2 Macc. 'i. Vbi occisus est antiochus . . . liiii. Vbi caput et manum nicanoris—abscidi et ierosolimam perferri', Matt. as Cod. C amalgamating x and xi, Mark 'i. De iohanne baptista et uictu et habitu eius. Baptizatur ihesus et temptatus uicit . . . xiiii De sepultura domini—baptizandi precepta dedit', Luke 'i. Visio zacharię generandi iohannem. Natiuitas domini . . . xxv. De domini passione—in medio discipulorum dominus apparuit', John 'i. Phariseorum leuitę interrogant iohannem. et iohannes testimonium perhibet . . . xvii. Vltimo hoc conuiuio—quia uerum est testimonium eius', Acts 'i. Vbi pręcepit ihesus discipulis ab ierosolimis ne discederent sed expectarent promissionem patris. ii. Vbi reuersi . . . lxxviii Vbi post menses tres—post septem dies uenerunt romam', Jas. as Cod. AB etc., 1 Pet. 'i. De regenerationis inuicta potentia et de prophetis qui . . . x. De deo qui optimum—de salutatione sancti petri apostoli', 2 Pet. 'i. De sanctis—alloquitur. ii. De septem gradibus uirtutum . . . vii. De epistolis apostoli pauli—ab indoctis promittit euerti', 1 John as Cod. BF etc. i–iv and vi–xiii, 2 John approximately as Cod. BF etc., 3 John as Cod. BF etc. adding 'i. De oratione apostoli pro gaio hospitali' and 'v. De non sectando malum. sed quod bonum est imitando', Jude approximately as Cod. BF etc., Rom. as Cod. AK etc., 1 Cor. 'i. De apostolo ad unitatem corinthios reuocante. ii. De contentione . . . xliii. De ęcclesiis asię—qui non credunt in dominum ihesum', 2 Cor. 'i. De passionibus et consolationibus et de tribulatione . . . xv. De apostolo corinthios consolante et pacem habere commonente', Gal. i–xiiii as Cod. N, Eph. 'i. De sanctis . . . xxv. De stando in omni perfectione. et fideli ministerio tichici diaconi' cf. Cod. AB etc., Phil. 'i. De omnibus in ihesum christum credentibus . . . xix De desiderio sanctorum—ęcclesia christi redemptoris', Col. 'i. De spe—in cęlis et de domino ihesu christo quod imago sit dei. ii. De errore . . . x. De apostolo mandante—et laodicensium colosenses', 1 Thess. (i–x) 2 Thess. (i–viii) 1 Tim. (i–viii) approximately as Cod. AF etc., 2 Tim. 'i. De eunice et loide matre et de domino deo . . . viii. De alexandro erario apostolum persequente. ix. De eubolo et priscilla et aquila et fratribus uniuersis', Titus 'i. De deo patre quod est ante ęterna tempora dominum nobis filium promiserit . . . de heretico homine. v. De salutatione fratrum et salutatione apostoli', Philem. as Cod. AF etc., Heb. as Cod. AB etc., Apoc. 'i. De septem ęcclesiis quę sunt in asia. ii. De sacramento septem stellarum. iii. De ostio . . . in cęlis. xxiiii. De comminatione et conclusione prophetię libri huius'.

ff. 4^v, 214^v, 231^v, 325^v, 330^v, 331, and 417 blank, cf. full-page drawings below.

Corrected in two early phases, the second, covering vol. I and only part of vol. II, in the same hand as corrections in Oxford Bodleian Library MSS Auct.E.inf.1–2, see N. R. Ker, *English Manuscripts in the Century after the Norman Conquest* (1960), 51–2, and perhaps the same as Isaiah supply leaves, ff. 131 and 134.

Originally two volumes, see quire-numbering, each now divided in two: I,1 ii + 128 + ii; I,2 ii + 86 + ii; II,1 ii + 112 + ii; II,2 ii + 135 + ii. One continuous foliation throughout, ignoring modern flyleaves, but allowing for lost leaves, I: 1–214; II: 218–314, 316–71, 375–468. *c.* 582 × 400 mm. Written space 441 × 266 mm. Ruled in drypoint, except corrections and supply leaves (ff. 131, 134) in crayon. 2 cols. 54 lines. I,1: 1–16^8; I,2: 17–26^8 27^8 wants 7, 8 (blank) after f. 214; II,1: 1^8 wants 1 (blank, intended for full-page picture ?) 2–4^8 5^{10} 6–12^8 13^8 wants 1 (f. 315) 14^8; II,2: 15^8 + 1 leaf (f. 331) before 1 16–19^8 20 five (ff. 375–9) 21–30^8 31^8 + 1 leaf (f. 468) after 8. Quires numbered in vol. I at the end, i–xxvi; in II at the beginning, i–xxxi. Two full-page drawings, (cf. the two painted pages, intended for insertion at the beginning of 1 Kings (?), New York Pierpont Morgan Library MS 619): ff. 116^v and 135^v precede Judith and 1 Macc., cf. also above blank before Ps. 51, and leaf gone before Psalms (II.1^1). Initials: (i) to most books, Prayer of Jeremiah, Hab. 3, prologue nos. 284, 285, 492, and 596 (670 blank), and in pairs to Pss. 1, 51, 101 (unfinished), and 109, (Deut. Judg., Lam., Jonah, Nahum, and Hab. cut out, also Obad., now restored, see below), in colours and gold, on gold and coloured grounds, decorated in gold and colours, historiated (some directions to illuminators still visible in margins but not all followed, e.g. Baruch, f. 169), with Ps. 109, Eccles., Ecclus., 2 Chr., 2 Macc., and all in NT and prologue no. 596 only sketched in, and Tobit, Judith, Esther, 1 Macc., 2 Pet., 1 John, 1 and 2 Cor., Gal., 1 Thess., 2 Tim., Heb. blank; (ii) to Ruth, prologue nos. 500, 539, 535, and 540, and Dan. 5: 1 (prologue no. 511 and Isa. 13: 1 cut out) as (i) but not historiated, some inhabited, 2 and 3 John, Phil. (a crane), Col. (a lion), 2 Thess., 1 Tim. and prologue no. 662 only sketched in; (iii) to other prologues, Isa. 12: 1 Confitebor (in gold), and some pairs of psalms, e.g. Ps. 118, in red, blue, or green, most with ornament of the other colour(s); (iv) to chapters, in chapter-lists, and to 'verses' in Psalms, Prov. 31: 10–31, and Gospels, red, blue, or green. Rebound in 3 volumes, s. xix[1]; in 4, in 1948.

Written in England, probably at Winchester. (1) in Young's list; (9) in Morley's. Initial to Obadiah, f. 203, cut out, but identified in 1950 in the possession of Sir Richard Sykes and returned by the National Art Collections Fund.

18. *Registrum brevium; Statuta Angliae; etc.* s. xiv in.

1. (quire 1) (*a*) ff. ii–iii[v] a leaf-by-leaf table of contents of ff. 9–45 of art. 2 below; (*b*) f. iv[rv] table of contents to arts. 2 'Registrum de Cancellaria' and 3 below; (*c*) s. xiv, ff. v–vi recipes in French and, f. vi[v], Latin.

(*c*) mainly medical, e.g. 'vn emplastre *pur* le estomak', f. v[v]. The upper part of f. vi has been cut off. ff. i[rv], vii[rv] blank.

2. ff. 2–93 (*begins imperfectly*) vobis quod sine dilacione . . .

Register of writs, with the running-title 'Registrum de Can*cellaria*'. The first leaf is missing, and the first complete writ is R. 19 in de Haas and Hall, De Recto de racionalibili parte. R' Willelmo de Bernecestre . . . There are no indications of main divisions, and the arrangement is into some 850 paragraphs, each with a marginal heading. The order up to f. 75 is generally that of the slightly later (?) Bodleian register, printed by de Haas and Hall as R.; writs of entry are followed by about 90 writs of a miscellaneous nature, the first, f. 75, 'De etate lxx', and the last in the main hand, f. 92, 'De terris et tenementis captis in manu Regis deliberandis'. The date of limitation in the writs corresponding to R. 244 and 736, ff. 27[v] and 68, is 'post Coronacionem domini H Regis patris nostri'. Names occur more often than in R.: e.g. the writs corresponding to R. 743 and 744 are 'coram Iohanne de Vallibus', f. 69[rv]; H. Tuk is named fairly frequently, cf. de Haas and Hall, p. cxv n. 11 for Henry Touk, d. 1324, and two other registers in which the Touk family are mentioned repeatedly.

Four added writs follow, ff. 92–3, the first three, and perhaps the fourth, in one hand; the first, dated 11 Mar. 1303, concerns John Tregoz deceased and is addressed to Walter de Gloucester eschaetor citra Trentam, who is named as eschaetor in the Statute of Eschaetors (1300–1), *SR* i. 142. ff. 93[v]–94[v] blank.

2. ff. 95–185[v] Magna Carta and statutes (etc.) of various dates to 1299 or without dates. Tables precede (*a, b, d–g*, and *i*): 35, 18, 11, 30, 49, 16, and 47 heads respectively.

(*a*) f. 95 Magna Carta: Henry III's confirmation, 6 Nov. 1217. *SR* i, Charters, p. 17.

(*b*) f. 98[v] Carta de Foresta.

(*c*) f. 100[v] Sentencia lata in transgressores predictarum Cartarum. *SR* i. 6.

(*d*) f. 101 Prouisiones de Merton'. *SR* i. 1.

(*e*) f. 103 Statuta edita apud Marleberg'. *SR* i. 19.

(*f*) f. 108[v] Statuta Westmon' primi. In French. *SR* i. 26.

(*g*) f. 119 Statuta Gloucestr'. In French. *SR* i. 45.

(*h*) f. 122 Explanaciones Gloucestr'. *SR* i. 50.

(*i*) f. 122ᵛ Statuta Westmonaster' secunda. *SR* i. 71, omitting clause xlv. Clause viii follows clause vii without a break. Clauses xxxiii and xlix in French.

(*j*) f. 142 Statuta de Scaccario. In French. *SR* i. 197.

(*k*) f. 144ᵛ Statuta de Mercatoribus. In French. *SR* i. 98. Followed by two writs in Latin, the second headed Breue de Acton Burnel.

(*l*) f. 147 Districtiones Scaccarii. In French. *SR* i. 197b.

(*m*) f. 147ᵛ Statuta de Emptoribus terrarum. *SR* i. 106.

(*n*) f. 148 Quo Warranto. Rex vic' Kanc' salutem. Cum in vltimo Parliamento nostro . . . Two forms of writ, followed by Ista vero proclamacio . . .

(*o*) f. 149 Statuta de Religiosis. *SR* i. 51.

(*p*) f. 149ᵛ Statuta Exon'. In French. *SR* i. 210.

(*q*) f. 152ᵛ Statuta de Iusticiariis assignatis. In French. *SR* i. 44.

(*r*) f. 153 Statuta Wynton'. Dated Winchester 20 Sept. 1285. In French. *SR* i. 96.

(*s*) f. 155 Articuli predictorum statutorum. Modus inquirendi . . . nec ne etc. *SR* i. 245.

(*t*) f. 155ᵛ Statuta de Circumspecte agatis. *SR* i. 101/1–23 porrigatur.

(*u*) f. 156 Articuli eorundem. Sub qua forma laici inpetrant . . . prohibicio eo porrigatur. *SR* i. 101/24–end.

(*v*) f. 156ᵛ Statuta de Bigamis. *SR* i. 42.

(*w*) f. 157 Statuta de presentibus vocatis ad Warr'. *SR* i. 108.

(*x*) f. 158 Statuta de vasto facto tempore aliorum. *SR* i. 109.

(*y*) f. 158ᵛ Statuta de conspiratoribus. In French. *SR* i. 216. Provisions, Dominus Rex mandauit . . . respondere, Berwick 20 Ed. I, and writ in Latin.

(*z*) f. 159 Statuta de Iuratoribus etc. *SR* i. 113.

(*aa*) f. 159ᵛ Statuta de quo Warranto vltimum. *SR* i. 107.

(*bb*) f. 160 Statutum de anno et die bisextili. Dated Windsor 9 May 1260. *SR* i. 7.

(*cc*) f. 160 Capitula Itinere Iustic'. *SR* i. 233.

(*dd*) f. 161ᵛ Placita Corone. In principio sciendum est . . . Two cases only: Alice fitz Walter v. James forestar' for rape; drowning of 7-year-old boy in Norfolk.

(*ee*) f. 162 Visus Francoplegii. In French. *SR* i. 246.

(*ff*) f. 162ᵛ Modus Faciendi homagium et fidelitatem. In French. *SR* i. 227.

(*gg*) f. 163 Statuta de Gauelecte in London'. *SR* i. 222.

(*hh*) f. 163ᵛ Interpretacio de Sock et Sack. In French.

(*ii*) f. 164ᵛ Assisa panis et seruisie . . . Assisa ceruisie . . . *SR* i. 199, 200.

(*jj*) f. 165 Iudicium Pillorie et Tumbrelli. In French. cf. *SR* i. 201/1–6.

(*kk*) f. 165ᵛ Modus calumpniandi essonia. *SR* i. 217.

(*ll*) f. 165ᵛ Dies communes in Banco. *SR* i. 208.

(*mm*) f. 166 Dies communes in Banco de dote. *SR* i. 208.

(*nn*) f. 166ᵛ Extenta Manerii. *SR* i. 242.

(*oo*) f. 167ᵛ Consuetudines Foreste. *SR* i. 243, ending as Vesp. B.vii.

(*pp*) f. 168 Noua capitula Itineris. Abridgement of *SR* i. 235.

(*qq*) f. 170 Principium Itineris. In French.

(*rr*) f. 170ᵛ Statutum de Militibus. *SR* i. 229.

(*ss*) f. 171 Statutum armorum. In French. *SR* i. 230.

(*tt*) f. 171ᵛ Pour terre enmortir. In French. *SR* i. 131 (De libertatibus perquirendis).

(*uu*) f. 172 Stat' de admittendo illos qui superuenerint ante Iudicium ad defendendum Ius suum. *SR* i. 110.

(*vv*) f. 172ᵛ Statut' de calumpniando protectiones Regis. In French. *SR* i. 217.

(*ww*) f. 173 Quedam littera pro statuto tenenda. *SR* i. 5 (Statutum Hibernie).

(*xx*) f. 173ᵛ Dictum de kenelword'. In nomine domini . . . Nullus preterea—debeat. *SR* i. 14, clauses 12–13 (. . . tres annos), 14 (Milites . . .) –16, 18–33, 35–8, 34, 11, 17, 14 (De Comite de Ferrar' . . . septem annos), 39–41. A note follows, 'Tempus guerre . . . ', on the duration of the quarrel between the king and the barons, *SR* i. 18, and of the dates of the battles of Lewes and Evesham.

(*yy*) f. 176ᵛ Statuta de Finibus. Dated Westminster 2 April 1299. *SR* i. 126.

(*zz*) f. 178ᵛ Articuli Magne Carte. In French. *SR* i. 136.

(*aaa*) f. 182ᵛ Statutum de moneta magnum. In French. *SR* i. 219.

(*bbb*) f. 183ᵛ Articuli de moneta. In French. *SR* i. 219a Ceo sunt.

(*ccc*) f. 184 Nouum statutum de Moneta. Dated 20 Ed. I. *SR* i. 220.

(*ddd*) f. 184ᵛ Composicio Monete. *SR* i. 200 n 2.

(*eee*) f. 184ᵛ Turnus vicecomitis. Also in BL MS Royal 9 A.vii art. 29; etc.

(*fff*) f. 185 Consuetudo de simplicibus Cartis. De simplicibus Cartis . . . pro debito dicti donatoris.

(*ggg*) f. 185ᵛ Quedam nota de Garde auer e Relief. In French. *SR* i. 228.

3. ff. 186–188ᵛ Quedam notabilia statutorum. Dampna adiudicanda sunt in triplo . . . ut in eodem statuto capitulo xliii.

Extracts in 82 paragraphs, under the running-title 'Dampna in duplo', as in BL MS Harley 1120 f. 79.

Arts. 4–6 added on the remaining leaves of quire 25 and on an added quire (26) of four, ff. 191–4.

4. f. 189 Statutum editum apud Westm' coram Rege in pleno parliamento suo. Come aucunes gentz . . . la forme auant dite. Irrotulatur in banco—rotulo CCliii.

SR i. 144 (Ordinacio foreste). For the record of its enrolment, cf. *Calendar of Close Rolls, 1302–7*, p. 323.

5. ff. 189ᵛ–190ᵛ Incipit Nouum Statutum Editum apud Westm' in Mense Maii Anno Regni nostri Tricesimo quarto. *SR* i. 245 (De conjunctim feoffatis).

6. (*a*) ff. 190ᵛ–192ᵛ Quia tractare intendimus de consanguinitate . . . quia non sunt dubie vel invtiles; (*b*) ff. 193ᵛ–194ᵛ Affinitas est proximitas personarum . . . Finis eiusdem Capituli Porro etc.

Begins as BL MS Royal 11 D.i f. 4. Space left, for trees of consanguinity presumably, f. 193ʳᵛ.

7. ff. 195–207ᵛ Incipit Summa Fet asauoir. Fet asauoir qe au comencement de cheisqun play . . . reuable encheson.

Ed. G. E. Woodbine, *Four Thirteenth Century Law Tracts* (1910), 53–115.

8. ff. 207^v–225^v Incipit Summa que vocatur Magna Hengham. Licet ordo placitandi . . . actio actoris.

ed. W. H. Dunham (1932), 1–50.

9. ff. 225^v–233 Incipit Summa que vocatur Hengham le petit. Notandum quod quinque . . . fuisset tenens.

Ibid., 52–71.

10. ff. 233^v–239 Incipiunt Excepciones contra breuia. Potest obici contra personam . . . non amittit nisi breue suum.

11. ff. 239^v–244 Incipit Modus componendi breuia. Cum sit necessarium conquerentibus . . . lingua romana in scriptis redigantur.

Ed. Woodbine, op. cit., pp 143–62.

12. ff. 244–248^v Incipit Summa Bastardie. Nota quod si Bastardus clamat se legitimum . . . hoc est de bene esse (f. 248^v) Nota qen bref . . . Nota qe enfaunt . . .

Cf. BL MS Royal 9 A.vii art. 36, which has different notes in French at the end.

13. ff. 248^v–255 Incipit Summa Cadit Assisa. Cadit assisa si petatur . . . possessio loco suo vt predictum est.

Preceded by a form of writ for summoning a jury, in which the limitation is the coronation of King Henry 'patris nostri'.

14. ff. 255–260^v Incipit summa Iudicium Essoniorum. Primum capitulum de difficultate . . . iuxta eorum discrecionem. Explicit Summa—.

Ed. Woodbine, op. cit., pp. 116–42.

15. ff. 261–263^v Incipiunt proprietates Narracionum. De quantitate ten' cum suis pertinenciis in qua villa de recto . . . tendatur secta etc. de recto expressum notemus . . . ad instanciam petencium.

The first part of a piece that also occurs in BL MS Harley 1120 f. 153^v: cf. *MMBL* i. 39.

16. f. 264^{rv} medical recipes (Latin).

Same hand as art. 1c above.

17. (added, s. xiv/xv) f. 264^v writ addressed by Edmund [Mortimer ?] to the sheriff of Carrickfergus.

18. (added, s. xv) ff. 264^v–265^v Statutum de Religiosis Editum apud Karliol. *SR* i. 150.

ff. 275, foliated i–vii, 2–70, 70 bis, 71–267. ff. 2–93 have a medieval foliation, on ff. 13–29 preceded by 'ro'. *c.* 250 × 173 mm. Written space 185 × 105 mm. 31 long lines. Collation: 1^6 wants 2 after f. i + a bifolium (ff. iv–v) inserted after 4 2^8 wants 1 before f. 2 3–12^8 13^8 wants 8 (blank) after f. 94 14–25^8 26^4 27–34^8 35^{10} wants 3 after f. 260. Written in anglicana, more current towards the end. Initials: (i) ff. 95, 98^v, 103^v, 195, in red, and blue or pink, patterned in white, on grounds of colours and gold, f. 98^v historiated (a huntsman), with prolongations in two margins, bearing grotesques or animals at the foot; (ii) ff. 100^v–142^v, 159, 166^v, as (i), with less gold, and shorter prolongations if any; (iii) ff. 122, 144^v–255, 2-line, blue and gold, with ornament in red and bluish-green; (iv) f. 261, 2-line, blue with red ornament. No covers; seven bands. Secundo folio (f. 2) *vobis quod sine*.

Written in England. 'Willelmus Hassheford est possessor libri istius', s. xv, f. i^v. A note, difficult to read and interpret, 'Dame Margrete poultoneye ad engrale Dame Ydonie Tourtue (?) ad Reclus' Will' Weston' ad regum et sidrac', s. xiv, f. 266. 'St John', s. xviii (?), ff. i and iii. Given by Miss Alice Bowker in 1921.

20. *Hegesippus* s. xii^2

Incipiunt quinque [lib]ri egesippi natione iudei de excidio iudeorum editi. Incipit prologus. Qvatuor libros regnorum quos scriptura complexa est—sumam exordium. Explicit prologus. Bello partico quod . . . ab ipsis prius ignis consumpsit. EGESIPPI HISTORIE LIBER QUINTUS EXPLICIT. DEO GRATIAS.

PL xv. 1961–2206. Bk. 2, f. 34^v; 3, f. 49; 4, f. 64; 5, f. 78^v. No breaks within books. Many *nota* signs and distinctive pointing hands, s. xiv, ff. 3–9^v. f. 115^v blank.

ff. 115. 289 × 207 mm. Written space 200 × 136 mm. 2 cols. 35 lines. Pricks to guide ink ruling in both margins. Collation: 1–14^8 15^4 wants 4 (blank). Quires numbered at the end; catchwords. Initials to books, in blue or red, or, f. 78^v, both, with red, blue, and green ornament. Ornamental coloured run-over mark, ff. 35, 64. Contemporary binding of flush wooden boards covered with calf bearing the same 'romanesque' stamps, see H. Y. Thompson, *Illustrations from 100 MSS, in the Library of H. Yates Thompson*, iv (1914), pls. 1 and 2, as on London Society of Antiquaries 154 (Winton Domesday) and BL MS Add. 15350, all of which have circular designs on the front cover only, see G. D. Hobson, *English Binding before 1500* (1929), 3–9 and pls. 4 and 5, and H. M. Nixon in *Winchester in the Early Middle Ages: An Edition and Discussion of the Winton Domesday* (1976), 534–40 and pls. vi and vii (reduced facsimiles of both covers); two bands; projecting tabs at the head and tail of the spine; central strap-and-pin fastening, now missing. Secundo folio *precipitandos*.

Written in England. Associated with Winchester through the binding. 'Hystoria egisippi de excidium (*altered to* excidio) Ierusalem', s. xiii/xiv, inside front cover. One of 500 manuscripts acquired by Sir Thomas Phillipps from Thomas Thorpe; 'Phillipps MS 2343', inside front cover; lot 609 in Phillipps sale, 10 June 1896, to Quaritch for £13 for William Morris, see his label dated 'June 13 1896' inside front cover. Morris sale, Sotheby's 10 Dec. 1898, to H. Yates Thompson, and '51' in his collection, see label inside front cover. Acquired by C. W. Dyson Perrins, see labels inside front cover, and given by him to Winchester Cathedral in 1947.

27. *Haymo, In epistolas Pauli* 1348

Prefatio siue expositio super titulum epistolarum beati pauli apostoli De ciuitate corintho Metropoli achaie regionis grecorum scripsit apostolus—resonabat ore. Explicit prefacio. Incipit expositio siue annotacio Heimonis super epistolam beati pauli Apostoli Ad Romanos. Paulus seruus ihesu christi. De nomine apostoli iam superius . . . uisionis patris christo duce pertingere mereamur. per eundem— amen. Explicit epistola ad hebreos. Anno ab incarnatione domini nostri ihesu christi filii dei M° ccc° xlviii° v° ydus aprilis scriptus est liber iste.

PL cxvii. 361–938. Stegmüller, nos. 3101–14. ff. 131^v–132^v blank.

ff. ii + 242 + ii. 227 × 160 mm. Written space 163 × 112 mm. 2 cols. 36 lines. Collation: 1 eleven (ff. 1–11) 2–20^{12} 21 three (ff. 240–2). The first three leaves in quires 1–3 are lettered in ink at the top right, a; in 4–6, b; 7–9, c; 10–12, d. Initials: (i, ii) 5/4-line, to Epistles, 4/3-line to prologues, red or blue, with ornament of the other colour; (iii) 2-line, red or blue; (iv) 1-line, red. Binding of s. xx. Secundo folio *genere*.

Written in Germany (?); finished 9 Apr. 1348, see above. 'pro cella predicatoris (?)', s. xv, f. 1.
'arbeiten ist das schönste Leben/Wer nicht arbeitet sollt nicht Essen/Karl Larst von Neumark
Peter Larst Wallburga Larst Egid Larst Katherina Larst Anton Larst Wer viel isst trinkt wenig',
s. xviii (?), f. 131ᵛ. 'Ad Bibl. P.P. francis Ingolst', s. xviii, f. 1, refers to the Franciscan convent
at Ingolstadt. Armorial bookplate, with motto 'Pro viribus summis contendo', s. xx, inside front
cover. Given by Edward C. Evans in 1974, inscription on Cathedral bookplate, f. i.

29. *Officium mortuorum, etc.* s. xv in.

Possibly the reordered remains of a Book of Hours.

Arts. 1–2 are on quires 1–7.

1. ff. 1–39 In uigiliis mortuorum.

Manuale Sarum, pp. 132–42.

2. ff. 39–52ᵛ Hic incipit commendacio animarum. Beati immaculati . . .

Ibid. 143–4.

3. ff. 53–60 O Domine ihesu christe eterna dulcedo . . .

Fifteen Oes of St Bridget; 'uera libertas' follows 'celestis medice'.

4. ff. 60–61ᵛ Aue domina maria gracia plena . . . permittas separari. Qui uiu' et
reg' deus per.

5. f. 62 Sancta maria regina celorum. mater christi mundi domina que nullum . . .

6. f. 62ʳᵛ Lady marye maydyn swete: that art so good fayre and fre . . . deyed for
me.

Four couplets. *IMEV*, no. 1837.

7. ff. 62ᵛ–64 O intemerata . . . orbis terrarum inclina . . . Masculine forms.

8. ff. 64–65ᵛ Memoria of apostles, Petre beatissime apostolorum maxime Me in
fide . . . , *RH*, no. 13397 (O petre).

9. ff. 65ᵛ–66 Illumina oculos meos . . .

Verses of St Bernard, with no following prayer.

10. ff 66–67ᵛ Domine ihesu christe qui septem uerba . . .

Without attribution to Bede.

11. ff. 67ᵛ–69ᵛ Domine sancte omnipotens eterne deus in illa sancta custodia in
qua commendasti . . .

12. ff. 69ᵛ–71 O sancta uirgo uirginum que peperisti dominum . . . , *RH*, no.
13694.

13. ff. 71–86ᵛ Hic incipiunt vii psalmi penitenciales (cues only of first, fourth,
and sixth), and, f. 79ᵛ, Litany.

Additional forms after the psalms are 'Memento domine dauid . . . efflorebit sanctificacio mea

Ecce quam bonum et quam iocundum . . . usque in seculum Gloria per Ecce nunc benedicite . . . fecit celum et terram A. Ne reminiscaris . . . ', and, in the last place, after Pietate tua f. 85ᵛ, 'Ista oracio dicetur post vii p' penitenc' non usum sar' sed secundum voluntatem—Domine deus omnipotens conditor vniuerse creature . . . '

14. ff. 86ᵛ–87ᵛ Salue regine, farced with Uirgo mater ecclesie, and followed by prayer Omnipotens sempiterne deus qui gloriose uirginis matris marie . . .

15. ff. 87ᵛ–92 In principio. Regula de eadem historia incipienda vbi agitur de festo loci semel in ebdomada sicut de beata maria. . . . in iiiiᵃ ebdomada cantetur. AMEN.

Cf. the rubrics in *Brev. ad usum Sarum*, i. mccxli–iv, mcclxxii–iv, mccxci–iv, mcccx–xii, mcccxx–xxiv, mccclxii–xiv. f. 92ᵛ blank.

ff. iii + 92 + iii. 183 × 120 mm. Written space 125 × 86 mm. 16 long lines. Collation: 1–6⁸ 7⁴ 8–12⁸. The hand changes at ff. 53 (8¹), and 71 for art. 13. Initials: (i) 4-line, gold with violet ornament; (ii) 2-line, blue with red ornament; (iii) 1-line, red or blue. Contemporary binding of wooden boards covered with white leather; five bands; central strap-and-pin fastening, now missing. Secundo folio *mea. Cum.*

Written in England. 'Þˢ ys petrus groue boke', s. xv, f. ii, and cf. f. 93ʳᵛ; 'Memento quod Petrus groue est [. . .] Memento quod Iohannes Mall' est bonus puer', s. xv scribbles, front pastedown. 'Thomas Danns (?) boke', s. xv/xvi, f. 94ᵛ. 'Th. Mostyn 1744 N° 92', 'Ms No 186', on Mostyn's bookplate inside the front cover; the latter is the number under which it is described in HMC (4th Report, App. p. 355). Lot 56 at Mostyn sale, Sotheby's 13 July 1920. Bought in 1974.

WINCHESTER. COLLEGE

1. *Compotus manualis*   s. xv²

1. ff. 1–17 filius esto dei celum bonis accipe grates—dicens fiet arg[. .]. compotus iste diuiditur in 6 partes quarum prima docet . . . Commemorans flamen eiusdem dic prope finem. Explicit Compotus manualis.

For mss. cf. BL MS Royal 12 E.xvi art. 11 and C. Wordsworth, *Ancient Kalendar of the University of Oxford*, Oxford Historical Soc. xlv (1904), 139, 250. The Cisiojanus, f. 9ᵛ, Cisio ian ed epi . . . , agrees with that noted by Wordsworth, p. 118 no. 5.

2. added: (*a*) f. 17ᵛ s. xvi, calendrical notes; (*b*) f. 18 s. xv ex., list of the number of days in each month; (*c*) f. 18ᵛ s. xv ex., a 'manus meditacionis', with 'Meditare debes' on the wrist and 'quod . . . ' on each of the five digits.

The old cover has a list of books, s. xvi ex., the first 'Graftons tables iiij d.'.

ff. iii + 18 + iii. Paper, and (ff. 1, 4, 7, 12, 15, 18) parchment. 124 × 93 mm. Written space *c.* 94 × 70 mm. *c.*24 long lines. One quire of 18 leaves. Written in anglicana. Spaces for initials unfilled. Bound in a marbled leaf of a printed English Psalter, s. xviii (?), with the former parchment cover pasted inside. Secundo folio *Si vis solaris.*

Written in England. 'Robertus Totte et Iohannes Stacy', in a scroll above the wrist, art. 2*c*. 'Thomas Symes', s. xvi, f. 16; cf. MS 2 below.

2. *Miscellanea theologica* s. xvi in.

Part of a larger book, presumably including a commentary on psalm-verses on 88 leaves before art. 1.

1. ff. 4ᵛ–7ᵛ Catalogus versuum psalterii dauidici ex quolibet psalmo delectorum —cum adiectione numeri foliorum ut inuentu sunt faciliores. Psalmo 1. Et erit tanquam lignum. fo. 1 . . . Psalmo 150 Laudate eum in cymbalis. 88.

f. 4, originally blank, has notes by Thomas Symes, *et al.*

2. ff. 7ᵛ–17ᵛ Tabula in expositionem mellifluam quorundam versuum cuiuslibet fere psalmi psalterii Dauidici. In qua numerus algorismicus foliorum numero seruit littere vero sequentes columnis foliorum ut A seruit prime B secunde etc. Abyssus est duplex 16.b. . . . Zelus prelati deprehenditur 75.b.

3. ff. 18–45 a miscellany of biblical history, interpretations of Hebrew names, theological commonplaces, etc., including, ff. 19–21, 'A berno hec collegit de cerimoniis ad missam pertinentibus a summis pontificibus et aliis pro tempore et occasione adiectis', a list of popes and councils and the changes that they introduced in the mass, under 35 heads. ff. 43–45ᵛ written over erased writing of about the same date.

4. Preliminary quire: (*a*) ff. 1ᵛ–2ᵛ over erasure, Contenta post psalteriana, an index to art. 3; (*b*) f. 3ʳᵛ Preparatio ad christiane et fiducialiter moriendum, a series of subject headings.

ff. 45. Contemporary foliation of art. 3, 1-(28). 150 × 114 mm. Written space *c.* 125 × 85 mm. 29–36 lines, partly in 2 cols. Frame ruling. Collation: 1⁴ wants 4 after f. 3 2⁶ + 1 leaf (f. 4) before 1 3⁸ wants 8 (blank ?) after f. 17 4–6⁸ 7⁴. Written in fere-humanistica, by several hands, mainly (arts. 1–2 and part of 3) in a very neat small hand. Initials: red. Bound like MS 1 in a leaf of a printed Psalter, with the former parchment cover made from a leaf ruled for music pasted inside.

Written in England. 'Liber collegii [. . .] Donum M' Guilielmi [Hor]mani quondam socii eiusdem coll'. s. xvi in., f. 1, erased; on Horman, fellow of Eton 1502–35, see Emden, *BRUO*, pp. 963–4. 'Liber Thomae Symes', s. xvi, f. 1, over erased Eton inscription, re-using 'Liber'. 'Liber Collegii beatae Mariae ex dono Thomae Symes', s. xvi, f. 1; cf. MS 1 above.

3. *Comment. et questiones in Hippocraten* s. xv med.

Schenkl, no. 4683.

1. ff. 1–77ᵛ *begins imperfectly with the upper half of f. 1 torn away; first complete sentence:* Quantum igitur ad primum sciendum quod hic liber taliter ab auctoribus inuenitur intitulatus. Incipit liber afforismorum quem ypocras chous de medicina composuit . . . propter hanc causam scilicet frigiditatem et humiditatem ideo non procedit contra dicta.

2. ff. 78–157ᵛ [Circ]a primam [particu]lam afforismorum [quer]itur primo vtrum [vita h]ominis sit breuis [et uide]tur quod non . . . 4° sequitur quod aqua aliqua calidior *catchword:* existens velocius (*ends imperfectly, in the Aphorism* Calidum nocet).

Questiones on the Aphorisms of Hippocrates. 'Questiones super 5ta particula', f. 149^v.

ff. iii + 157 + iii. Paper. 432 × 295 mm. Written space 236 × 168 mm. 2 cols. 60 lines. Ruled with pencil, vertical bounding lines only. Collation: 1–7^{10} 8^{10} wants 8–10 (blank ?) after f. 77 9–16^{10}. Quires signed a–q. Catchwords in centred scrolls. Written in textura rotunda, with humanistic g. Initials: (i) ff. 1 and 78, removed; (ii) blue or red, with pink ornament. Former binding of pasteboard covered with red sheepskin, s. xviii, see MS 8 below; replaced by Roger Powell in 1962. Secundo folio *nec vilipendentem*.

Written in Italy. Marginalia in an untidy English hand, s. xvi in., as in MS 51 below. '7', s. xv (?), f. 2 head. '614', fore-edge, corresponding to the 1634 College catalogue.

4. *William of Canterbury, Vita et miracula S. Thome* s. xii/xiii

The only copy of the longer version, printed J. C. Robertson, *Materials for the History of Thomas Becket*, i (Rolls Series [67], 1875).

(*a*) pp. v–vi Colloquium regis francorum et regis anglie. Sub ea tempestate apud montem mirabilem habuit rex anglorum . . . protectionis nostre subsidia non deerunt; (*b*) pp. 1–105 Incipit prologus in passionem gloriosi martyris thome Quilibet pro modulo suo tabernaculum domini—(p. 2) non refugias. Explicit prologus. Incipit passio gloriosi martyris thome cantuariensis archiepiscopi iiij kl' ianuarii. De ortu et habitu corporis thome. Beatus igitur thomas ex londoniarum ciuibus . . . amen. Explicit passio gloriosi martyris thome iiij kl' ianuarii; (*c*) pp. 105–422 Incipit secundum opus miraculorum gloriosi martyris thome Cantuariensis archiepiscopi Glorioso regi anglorum henrico . . . et dimissis equis aufugit (*perhaps ends imperfectly*).

ed. (*a*) pp. 73–5; (*b*) pp. 1–73, 75–136, bk. 2 beginning p. 66, one leaf missing after p. 48 and another after p. 50, see edn. pp. 60 and 71; (*c*) pp. 137–546, bk. 3 p. 197, bk. 4 p. 248, bk. 5 p. 294, and bk. 6 p. 326: Many corrections in text, cf. edn. p. xxxi; all quires except the last marked at the end in pencil '(*hec*) cor'. The English antiphon, Hali thomas of heuenriche . . . help us nu of ure senne, pp. 116–17 (edn. p. 151), printed C. F. Brown, *English Lyrics of the XIIIth Century* (1932), 197.

ff. ii + 212 + ii, paginated i–vi, 1–422, (423–6). 308 × 220 mm. Written space 214 × 152 mm. 2 cols. 30 lines (31–5 pp. 388–422). Pricks to guide ruling in both margins. Collation of pp. v–vi, 1–422: 1–3^8 4^8 wants 2 after p. 48 and 7 after p. 56 5^8 6^{10} 7–24^8 25–26^{10}. Quires, except the last, numbered at the end and with catchwords. Each leaf in the first half of quires lettered in pencil: a–z 7 ⁊ ÷; A–Z et est; a–z ⁊ ÷ (in red ink); a–z ⁊ ; A–K. Punctuation includes flex, but perhaps only in additions. Initials: (i) p. 2, red, on blue and green ground, framed in pale yellow, historiated (a bishop standing); (ii) blue or red, decorated in colours, or, p. 1, in blue, decorated with red and green on brown grounds framed with green, p. 106, decorated with yellow and green on brown ground framed with pale yellow; (iii) 2-line, red with blue ornament, or green or blue with red ornament. Bound by Roger Powell in 1951. Secundo folio (p. 1) *Incipit prologus*, (p. 3) *neficiis*.

Written in England. Given to the College by the founder, William of Wykeham: Liber Albus f. 34 'Item liber continens vitam Sancti thome martiris ex dono domini Fundatoris 2° folio *Neficiis* Prec' xx s.', ed. W. H. Gunner, *Archaeological Journal*, 15 (1858), 68. Recorded in College inventories of 1405, 1421–2, and 1433; '96' on fore-edge and in 1634 catalogue. *CMA* ii, no. 1351.

5. *Paschasius Radbertus, In Lamentationes*   s. xii in.

Exhibition of Books, Charters and Manuscripts, Winchester 4–14 July 1951, pl. iii is a reduced facsimile of f. 29. Schenkl, no. 4684.

(f. 3) Paschasivs Radbertvs monachorvm omnivm per ipsema seni Odilmanno Severo plvrimam et sempiternam salutem. Multo cogor longoque confectus . . . (f. 125ᵛ) excrescentibus culpis flagella cessant.

PL cxx. 1059–256. Stegmüller, no. 6262. Bks. 2–5 each begin with a prologue, ff. 29, 53ᵛ, 87ᵛ–88 and 113ʳᵛ. Conspicuous early corrections in pale ink, e.g. 'oboedire' for 'obedire', 'paradysus' for 'paradisus', 'sullimior' for 'sublimior', 'apprehendat' for 'adprehendet', 'iusticię' for 'iustitię', and a stroke added above 'p' to indicate 'ae'; punctuation by flex added, e.g. f. 9.

f. 1 is a rejected leaf, the verso largely blank, corresponding to f. 115ʳᵛ/6. f. 2 ruled as text above, but unused. f. 126ʳᵛ blank, except for a scribble 'Orate ut non fiat fuga uestra hieme uel sabbato . . . ', s. xii, and an unfinished armorial shield. Well-drawn heads in pencil, s. xii, ff. 71ᵛ, 103ᵛ margins.

ff. iii + 124 + i, foliated i, 1–127. ff. 1–2, see above. 315 × 244 mm. Written space 215 × 160 mm. 29 long lines. Ruled with hard point. Collation of ff. 3–126: 1–15⁸ 16⁶ wants 4–5 (blank) after f. 125. Quires 3–15 signed at the end on the left near foot, b–o. Written in two hands, changing on f. 59ᵛ, the first excellent, see facsimile, very similar to that of Winchester Cathedral MS 2. Initials: (i) to books, in purple, most with red ornament; (ii) to prologues, red. Former binding of pasteboards covered with red skeepskin, s. xviii, cf. MS 3 above, replaced by Roger Powell in 1948. Secundo folio *replicat*.

Written in England, perhaps at Winchester, to judge by the first hand. 'Ex dono georgii Greswold clerici', s. xvi, f. 3; Greswold gave other books in 1553, see Donations Book. '95' on fore-edge, and in the 1634 catalogue. *CMA* ii, no. 1349.

6. *Josephus, Antiquitates*   s. xii²

Schenkl, no. 4685. All leaves damaged and mended, little loss of text.

Eusebii Ieronimi laus qua Iosephus computat inter ecclesiasticos scriptores. Iosephus mathatie filius—uocabulum non deficit. Flauii Iosephi in descriptione hystoriarum antiquitatis Iudaice prologus incipit. H[istoriam conscriber]e disponentibus . . . Proposui uero uobis conscribere etiam nos (*ends imperfectly*).

Begins with an extract from Jerome, De viris illustribus, *PL* xxiii. 662–3. Ends very near the end of bk. 20. No. 118 of the 171 copies listed and described F. Blatt, *The Latin Josephus*, i (1958), 92, 110. Each book is preceded by a table of chapters. Marginalia, s. xv, include a few English words, e.g. 'loke', 'Rede', ff. 149, 150.

ff. ii + 192 + ii, (former foliation at foot: i–ii, 1–47, 47*, 48–144, 144*, 145–90). 405 × 292 mm. Written space 297 × 208 mm. 2 cols. 47–9 lines. Pricks to guide ruling in both margins. Collation: 1–24⁸. Quires numbered at the end; quires signed, A–z ⁊, and catchwords added, s. xv. Written in probably two hands, changing on f. 41ᵛ; only the first uses only ampersands for 'et'. Initials: (i) red and blue, with ornament in one or more of red, blue, green, and yellow-brown; (ii–iv) 3-, 2-, and 1-line, blue or red. *H* (f. i) on a pale yellow ground. Binding of s. xix. Secundo folio *Incipiunt*, (f. 3) *Cayn autem*.

Written in England. 'Liber sancte marie M[e]re Wallis', s. xiv, ff. 2ᵛ–3 across top: Merevale OC, Warwickshire. '680' in 1634 catalogue. *CMA* ii, no. 1348.

7. *P. Lombardus, Sententiae* s. xiii[1]

1. ff. 3–163 Incipit prologus sentenciarum. Cupientes aliquid . . . ad pedes usque uia duce peruenit.

PL cxcii. 521–962. Two leaves missing after f. 47, with the end of bk. 1 and the beginning of bk. 2. Table of chapters of all four books between the prologue and bk. 1, ff. 3–8. Text divided into distinctions by a later hand. The wide margins contain a number of notes, s. xiii–xiv, also f. 163. f. 164^{rv} blank.

2. ff. 1, 2, 165 Three leaves, presumably used in binding of this book in s. xiii, see art. 3 below, of a large Italian copy, s. xiii[1], of the Compilatio quarta of the Decretals, cf. S. Kuttner, *Repertorium der Kanonistik* (1937), 372–5. ff. 2 and 165 are consecutive, containing from the beginning of bk. 4 to bk. 5 tit. i. 1; f. 1 contains bk. 5 tit. xiv. 4–xvi. 2. Apparatus on f. 1^{rv} only. Initials left blank; 11-line spaces for those to bks. 4 and 5.

3. (added s. xiii, on binding leaf) f. 165^v Anno domini m ii^c xliii mense Ianuarii subscripti sunt articuli in presentia vniuersitatis magistrorum theologie parisien' de mandato domini Guillelmi (*canc.*, Willelmi (?) *added*) par' episcopi fuerunt examinati et reprobati per cancellarium odonem et fratrem alexandrum ordinis Fratrum minorum. Quorum primus est quod diuina essencia . . . possent stare set non proficere. He opiniones magistri non tenentur ab aliquibus scilicet quod hec nomina trinus et trinitas . . . habetur iiij li d' v.

Ten propositions in the Sentences condemned as heretical, printed Denifle and Chatelain, *Chartularium Univ. Paris*, i. 170, followed by eight propositions not held by some. There are notes in the same hand on f. 2.

ff. iv + 162 + iii, foliated (i–ii), 1–165, (166–7). For ff. 1–2 and 165, see arts. 2 and 3. 352 × 240 mm. Written space 203 × 128 mm. 2 cols. 47 lines. Collation of ff. 3–164: 1–3^{12} 4^{12} wants 10, 11 after f. 47 5–13^{12} 14^8. Initials: (i) red and blue, with ornament of both colours; (ii) red or blue, with ornament of the other colour. The blue used for ornament is pale or greenish. Capital letters in the ink of the text filled with red. Conspicuous mark from chaining-staple, ff. 1–6 foot. Former binding of red sheepskin replaced by Roger Powell, as MS 3 above. Secundo folio (f. 4) *Quid significetur*, (f. 9) *solam beatitudinem*.

Written probably in France. Notes in English hands, s. xiv, ff. 115^v, 162^v, and s. xv. 'Vltima voluntas testatoris est quod hic liber remaneat in collegio vocato Qwene Colleg' in vniuercitate Cantabr' dum taxat ad vsum studencium magis indigencium secundum discrecionem prepositi vel sui locum tenentis eiusdem collegii et quod habens vsum libri dicat deuote annuatim quater in anno psalmum de profundis. cum Inclina domine vel fidelium ad placitum pro animabus testatoris benefactorum et omnium fidelium defunctorum et ad hec perficienda prestet fidem preposito vel suo locum tenenti et quod seruet librum inde[m]pnem secundum posse suum', s. xv, f. 163. 'Liber collegii beatae Mariae Winton iuxta Winton ex dono Henrici Jurden in legibus Baccalaurei et eiusdem Collegii Vicecustodis, anno domini 1612 Aprilis 7°', f. 3 top. '575' in 1634 catalogue. *CMA* ii, no. 1355.

8. *Tabula martiniana* s. xv med.

(f. 4) Aaron quod aaron sacerdotium approbatur. di. xxii sacrosancta . . . (f. 134) Quod zizanniam inimicus homo super seminare dicitur quando diabolus inter cardinales discordiam facit ex l de eleccionibus licet. Explicit tabula marciniani.

The version, without preface, of the index to Gratian's Decretum by Martinus Polonus, in which references to the Decretals of Gregory IX are included at the end of each article, not noticed by Schulte, ii. 137. Decretals are referred to as 'extra' or 'ex': thus the last, see above, is Decretals, bk. 1 tit. vi. 6. ff. 134^v, 135 blank.

The flyleaves at the beginning and end contain diagrams, added s. xv: (*a*) f. 1^v 'aratrum spirituale', a spiritual plough with explanatory text; (*b*) trees of, f. 2 'Petenda', f. 3 'Seruanda', with the ten commandments in the central branch, and f. 3^v 'Credenda', with the twelve articles of faith in the central branch; (*c*) f. 135^v a left hand, manus diaboli, and f. 137 a right hand, manus dei; (*d*) trees of, f. 136 'Querenda', and f. 136^v 'Fugienda'.

ff. vi + 131 + vii. Foliated (i–iii), 1–137, (138–41). For ff. 1–3, 135–7 see above. Thick coarse parchment. 325 × 225 mm. Written space *c*.250 × 150 mm. 2 cols. *c*.50 lines. Frame ruling. Collation: 1^8 + 1 leaf (f. 9) after 5 2^8 + 1 leaf (f. 14) after 1 3^8 + 1 leaf (f. 27) after 5 4–16^8. Quires signed (a)–q. Written in untidy upright secretary. Initials not filled in. Binding of pasteboards covered with red sheepskin, s. xviii; repaired by Roger Powell in 1962. Secundo folio (f. 5) *iiij. fraternitatis.*

Written in England. Binding uniform with former binding of MS 3 above, etc.

9. *J. de Voragine, Legenda sanctorum* s. xiv in.

(f. 17) Incipit prologus super legendas sanctorum quas compilauit frater Iacobus nacione Ianuensis de ordine fratrum predicatorum. Uniuersum tempus presentis uite . . . habitare dignetur per gloriam quod ipse—amen. Expliciunt legende sanctorum. Explicit expliceat ludere scriptor eat. et cetera amen. (*five erased lines follow*).

The prologue is followed by a numbered list of the 179 chapters, De aduentu domini . . . De dedicacione ecclesie. Pencilled notes in French on f. 52. Attempts to improve the script, especially by adding a central horizontal bar to the single-compartment form of *a*. Chapters numbered in red in the middle of the top margin and marked with red letters, A, etc., in the margins; these are used in (*a*) and (*b*) below.

Added on preliminary quires, s. xv in.: (*a*) ff. 1–2 an alphabetical list of the saints; (*b*) ff. 2^v–15^v an index, Abscondita . . . Zelotipus, preceded by an explanatory preface to (*a*) and (*b*), Quoniam sicut dicit ysidorus . . . et sic de ceteris.

ff. ii + 315 + ii. ff. 19–311 foliated in a medieval hand 1–136, 138–169, 169–179, 179–276, 276–283, 283–290. 292 × 200 mm. Written space *c*. 205 × 134 mm. 2 cols. 43–4 lines. Collation: 1–2^8 3–26^{12} 27^{12} wants 12 (blank ?). Quires signed in ink, a, b, +, a–z, ꝛ . Initials: (i) f. 17, pink patterned with white on gold and blue ground, decorated in colours, with marginal bars in gold and colours bearing two dogs and a hare; (ii) 2-line, blue or red, with ornament of the other colour, and a bar of alternately red and blue lengths extending the height of the written space and more. Capital letters in the ink of the text touched with red. Former red sheepskin binding, as MS 3 above, replaced by Roger Powell in 1958. Secundo folio (f. 2) *Petri*, (f. 18) *De septem*, (f. 19) *iam noli.*

Written in England. 'Liber Collegii Beatae Mariae Winton iuxta Winton ex dono Henrici Jorden Vicecustodis eiusdem Collegii Maii 11° 1612', ff. 1 and 17. '699' in the 1634 catalogue.

10. *Psalterium, etc.* s. xv in.

1. ff. 2–7^v Sarum calendar in blue, red, and black, graded.

Feasts in red include Edward k. and m. 'ix lec' (18 Mar.), Anne (26 July), and Edmund k. and

m. 'ix lec. sine expositione' (20 Nov.). 'pape' and feasts of Thomas of Canterbury more or less erased.

2. ff. 8–117ᵛ Psalms 1–150.

Leaf missing after f. 44 with Pss. 50:19–52:6.

3. ff. 117ᵛ–126ᵛ Ferial canticles, followed by Te deum, Benedicite, Benedictus, Magnificat (ends imperfectly: cordis sui).

4. f. 1ʳᵛ (long in its present position, as wormholes show) Sarum hymns, antiphons, etc., of the Psalter, beginning imperfectly in Sunday Matins second nocturn 'meum et refugium' and ending imperfectly in Tuesday Lauds 'in domo dauid', cf. Brev. ad usum Sarum, ii. 24–111.

ff. iii + 126 + iii. 400 × 275 mm. Written space 257 × 178 mm. 2 cols. 20 lines (f. 1, 33 lines). Ruled in violet ink. Collation of ff. 2–126: 1⁶ 2–5⁸ 6⁸ wants 6 after f. 44 7–16⁸. Written in large handsome textura. Initials: (i) to Pss 1, 26, 38, 68, 80, 97, and 109, 5- or 6-line, in colours on gold grounds, decorated in colours, with marginal prolongations in gold and colours; (ii) to other psalms, 2-line, gold, on pink and blue grounds patterned with white; (iii) to verses, 1-line, blue with red ornament, or gold with violet ornament. Line-fillers in blue and red. Capital letters in the ink of the text in art. 1 filled with yellow. Binding by Zaehnsdorf. Secundo folio (f. 9) Tu autem domine.

Written in England.

11. *Odo de Cheriton, Sermones* s. xv med.

1. ff. 1–191 Dominica prima Aduentus domini. Cum appropinquasset ihesus ierosolimis—adducite michi etc. Presens euangelium bis in anno legitur . . . viuere valeamus: ut ad uitam glorie perueniamus. Prestante—Amen.

Sermons on the Sunday gospels, Advent–24th Sunday after Trinity. Schneyer, *Rep.*, iv. 483–7, nos. 1–7, 9–11, 14, 12, 15–29, 32–3, 35–46, 48–62, 65, 63, 66, 68–71. On f. 191ʳᵛ is the beginning of art. 2 no. 24 De dedicacione ecclesie. 'odo par[i]siens', s. xv, f. 1 top right corner. ff. 192–193ᵛ blank.

2. (quires 25–33) ff. 194–265ᵛ Incipiunt exposiciones Od' super euangelia sanctorum tam de propriis quam communibus. Apparuit dominus de monte pharan—hoc scriptum est in deuteronomio xxxiij pharan interpretatur ferox uel ferocitas . . . quam ad domum conuiuii catchword: Ibi enim finis (ends imperfectly).

Twenty-five sermons, on the gospels for the Transfiguration (2), Exaltation and Invention of Cross, Annunciation, Assumption and Nativity of B.V.M., Michael, John Baptist, Peter and Paul, Mary Magdalene, All Saints (2), Common of saints (9), Dedication of church, Pro fidelibus defunctis (2). Schneyer, *Rep.*, iv. 488–98, nos. 174–5, 178, 80, 76, 78, 176, 179–81, 186, 190–1, 182–3, 84, 184–5, 81, 74, 187, 189, 192, 86, 193.

Note, f. 174ᵛ margin, in excellent small anglicana, by the scribe of the text (?): 'Lord god be þanked I haue brouȝt to ende þᵗ I made couenaunt wᵗ ȝow of. bᵗ ȝe haue not so to me for ȝe neuer sey to me siþthe y beganne ȝour booke wᵗ no refreschinge and treweli me þinkiþ þᵗ I haue deseruid ryȝt good rewarde of ȝoᵘ for I haue writen ȝour booke bi a trewe copi. for ȝour book þᵗ ȝe sende for a copy is þe most defectyuest copy þᵗ ony man may write by. 7 þᵗ is schame for ȝoᵘ þᵗ ȝe let it not be correctid sithen [. . .]'.

ff. ii + 264 + iii. Medieval foliation, 1–138, 140–90, continued in modern pencil, 191–266. f. 266 is a medieval flyleaf. 285 × 197 mm. Written space 194 × 128 mm.; 34–6 long lines. Quires 25–33: 213 × 122 mm.; 2 cols.; 55 lines. Collation: 1–33⁸. Written in textura (art.1), or a rougher fere-textura. Quires 1–23 signed a–z; 25–33, a–j. Initials, noted by Oakeshott as being similar in style to those in Heete's copy of the College statutes: (i) f. 1, blue and red with ornament of both colours; (ii) 2-line, blue with red ornament. Cadels on top-line ascenders, ff. 88ᵛ–97, 131ᵛ, etc., in art. 1. Capital letters in the ink of the text and cadels filled with yellow (ff. 1–33) or red. Mark of chaining-staple, f. 1 centre of foot. Bound by Roger Powell. Secundo folio *lege christi*.

Written in England. Entered as an early addition in the College catalogue in the Liber Albus, f. 33, ed. Gunner p. 66: 'Item Odo Parisiensis super Euuangelia de dominicis et sanctis. ex legato domini Iohannis Wale. 2° folio *lege*. pret' xxxˢ'; Wale died in 1431, see Emden, *BRUO*, p. 2029. '307' on fore-edge and in 1634 catalogue.

12. *Petrus de Crescentiis*   s. xv in.

Uenerabili viro in christo patri et domino speciali viro summe religionis ac sapiencie. fratri aymerico de placentia—suus petrus de crescentiis ciuis bon'—iocunda. Rubrice primi libri. Incipit liber ruralium commodorum a petro de crescentiis ciue bon'. ad honorem dei omnipotentis et serenissimi regis karoli compilatus—(*rubrics of the 12 books*, ff. 1ᵛ–5ᵛ)—Cum ex uirtute prudentie—sunt in rure agenda. (f. 6ᵛ) Incipit liber primus—Quoniam Cultus ruris propter continuos eius labores . . . et rethibus diuersis ac visco. Explicit liber ruralium commodorum. Deo gratias.

The chapters are only numbered up to f. 17ᵛ.

ff. ii + 224 + ii. 293 × 200 mm. Written space 195 × c.140 mm. 2 cols. 37–9 lines. Ruled in pencil. Collation: 1–2⁸ 3¹² 4–26⁸ 27¹². Quires signed (a)–x z aa–ee. Written in cursiva. Initials: (i) ff. 1, 6ᵛ, red and blue, with ornament of both colours and black; (ii) 2-line, red or blue. Rebound by Roger Powell in 1959. Secundo folio *plantarum*.

Written in France. An erasure follows the colophon, f. 224ᵛ. Marginalia in English hands, s. xv. 'Istum librum ego Ricardus Andrew decanus Ebor' [1452–77] quondam socius Collegii beate Marie Wynton' in Oxon' dedi eidem Collegio quem qui abstulerit anathema sit maranatha', s. xv ex., f. 1; entered as the gift of Richard Andrew in the Winchester Library Donations Books under 1569, and so perhaps never received by New College Oxford. '166' on fore-edge and in 1634 catalogue.

13A. *Genealogia regum Anglorum*   s. xv²

Considerans hystorie sacre prolixitatem necnon et difficultatem scolarium quoque circa studium sacre leccionis—et ab illo usque ad henricum sextum originaliter descendendo. Adam in agro damasceno formatus . . . Henricus sextus filius henrici quinti coronatur apud Westmonasterium anno domini m° cccc xxix°. Edwardus filius et heres ricardi nuper ducis eboraci ueri heredis regnorum anglie francie castellie et legionum post decessum patris sui fuit dux eboraci et uerus heres dictarum anglie francie castellie et legionum et quarto die marcii per seniores populi et saniores fuit electus in regem anglie gracia dei et uoce eorum consurgens et recipiens regnum anglie antedictum sibi de iure tanquam hereditarium anno domini m° cccc° lxj°.

Based on the genealogy, Adam to Christ, attributed to Peter of Poitiers, Stegmüller, no. 6778, cf. P. S. Moore, *The Works of Peter of Poitiers* (1936), 97–117, 188–96. A copy of one of the rarer versions, *B* in the classification *Lyell Cat.*, pp. 82–5.

The genealogy of British kings from Japhet starts in a narrow column on the right; after the entry of the B.V.M.'s death, 'Et facti sunt omnes dies eius liiij anni', it is in the centre, with historical notices on each side. After Careticus a circular diagram shows the Anglo-Saxon kingdoms; below this the kings are set out in seven columns, joining to form three at Egbert, and one at Edred.

The front and dorse have numerous additions, s. xvi, including genealogies of the princes of North Wales, and the kings of France and of Castile, and a continuation of the line of English rulers to Elizabeth.

A roll of 9 membranes, fastened to a roller. *c.* 5,895 × 360 mm. 100 lines occupy 414 mm. Written in textura. The genealogy stems from a circular picture, 62 mm. in diameter with a 7 mm. frame, showing Adam and Eve, and in the tree the serpent, which is human and female to below the waist. Initials: (i) *C*onsiderans, pink shaded with white, on gold ground, decorated and with marginal prolongations; (ii) *A*dam, gold, on blue and pink ground patterned with white; (iii) 3- or 2-line, blue with red ornament.

Written in England.

13B. *Genealogia regum Anglorum* s. xv²

Considerans cronicorum prolixitatem necnon et difficultatem scolariumque circa studium nobilis progenie regum anglie—usque ad henricum sextum originaliter finem perduxi. Adam in agro damasceno formatus . . . Henricus sextus—de qua genuit Edwardum principem qui natus erat in festo translacionis sancti edwardi regis confessoris. anno domini m° cccc° liij°.

A copy of the commonest version of the genealogical chronicle, *E* in the classification *Lyell Cat.*, pp. 82–5.

The English royal genealogy from Adam is in the middle, and is flanked by historical notes of the kings; on the extreme left is the genealogy from Adam to Christ, cf. MS 13A above, followed by the succession of popes to Calixtus (III, d. 1458), and on the extreme right the succession of consuls and emperors of Rome and of Holy Roman emperors to Albertus (d. 1439). The arrangement and conclusion agree with BL MS Royal 14 B.viii, and Oxford Bodleian Library MS Bodley Rolls 7.

Many additions throughout in a s. xvi² hand, often with reference to Polydore Virgil, and showing special interest in Oxford and Winchester; the last note refers to the foundation of St Bernard's College, Oxford, in the time of Henry VI and its conversion into St John's College by Thomas Whyte 'sub initio regni Philippi et Marie'.

A roll of 11 membranes. *c.* 8,370 × 357 mm. 100 lines occupy 456 mm. Written in textura. The genealogy stems from a circular picture, 60 mm. in diameter with a 9 mm. frame, of Adam and Eve, and in the tree the serpent, which has a red body and a human head. Roundels surmounted by gold crowns contain names of kings. Initials: *C*onsiderans, blue shaded with white, on gold ground spreading into the margins and covered with abundant ornament; (ii) *A*dam, gold, on blue and pink ground patterned with white; (iii) gold with pale pink ornament.

Written in England.

14A. *P. Comestor, Historia scholastica* s. xiii in.

Incipit prologus epistolaris. Reuerendo patri et domino Willelmo dei gracia senonensi archiepiscopo petrus seruus christi presbiter trecensis—Incipit scolastica hystoria. scilicet prefacio. Imperatorie maiestatis . . . et in loco honorabiliori scilicet in cathchumbis. Expliciunt hystorie

PL cxcviii. 1053–722. Three leaves of Genesis missing, edn. 1131/24–1140/29. 'Incidentia' sometimes indented, e.g. f. 158, sometimes in the margins, e.g. f. 69. Tobit begins a new quire (17), f. 124, after which script is smaller. Numbers in the lower margins at intervals of about seven leaves refer perhaps to the quire numbers of the exemplar; the first is iii^{us}, f. 13^v, and the last xxxii^{us}, f. 206. Numerous marginalia in a good current early thirteenth-century hand, as far as the end of 1 Kings, f. 86^v; later marginalia, s. xiii ex. and s. xiv, in good English hands.

ff. ii + 221 + ii. 325 × 230 mm. Written space 208 × 130 mm. 2 cols. 37 lines, first above top ruled line. Collation: 1–3^8 4^8 wants 3–5 after f. 26 5–15^8 16^6 17–27^8 28^{10}. Quires numbered at the end. Initials: (i) ff. 1 (three), 124 (two), 152, 153^v, red on blue grounds, decorated with standing figures, or (f. 152) small lions, historiated on f. 1 (i: kneeling author presents book to seated bishop; ii: king; iii: 15 roundels of creation, fall, and NT scenes); (ii) to books, red and blue, with ornament of both colours or only blue; (iii) 2-line, red or blue, with ornament of the other colour. Former binding of pasteboards covered with red sheepskin, as MS 3; replaced by Roger Powell in 1948. Secundo folio *facile ut quis*.

Written in France. In England by the later thirteenth century, see marginalia. This or MS 14B entered in the Library Donations Book under 1614 as the gift of Stephen Potter. '576' in the 1634 catalogue.

14B. *P. Comestor, Historia scholastica; etc.* s. xii/xiii

1. ff. 12–154^v Incipit prologus epystolaris. Reuerendo patri et domino. Willelmo dei gracia senonensi archiepiscopo. Petrus seruus christi presbyter trecensis— Incipit prefatio. Imperatorie maiestatis . . . honorabiliori. scilicet in cathacumbis.

PL cxcviii. 1053–722. 'Incidentia' either inset or in the text; only the latter identified as 'Incidentia'. Tobit, Historia evangelica, and Acts begin new quires (13, 16, and 19), ff. 92, 112, and 138. Red marginal chapter-numbers not original. f. 111^v blank.

2. (added, s. xiii in.) (a) ff. 5–10^v Considerans hystorie sacre prolixitatem . . . sub quo dominus passus est; (b) f. 11 diagram of the descendants of St Anne in three generations, and notes on the apostles, 'Paulus et Barnabas . . . quo et petrus. Iste mathias . . . et pentecosten'.

(a) Peter of Poitiers, Compendium historiae in genealogia christi; see P. S. Moore, *The Works of Peter of Poitiers* (1936), cap. iv. f. 11^v blank.

3. (added, s. xiv) ff. 1–4^v table of chapters of art. 1, with references by leaf (fol), page (pag), and column (colump).

ff. iii + 154 + iii. Medieval foliation of art. 1: 1–100, 1–26, 1–17, i.e. fresh starts for Gospels and Acts. 367 × 250 mm. Written space c. 225 × 150 mm. 2 cols. 54 lines, first above top ruled line. Collation: 1^4 2^8 wants 8 (blank) after f. 11 3–14^8 15^4 16–17^8 18^{10} 19^8 20^6 21^4 wants 4 (blank ?). Quires 3–11 numbered at the end. First four leaves in quires 4–6, 9, 12, and 14 lettered in red, a– d. Written mainly by one hand; ff. 92–9, 100a/4–108^v perhaps by another. Initials: (i) to books, in colours or gold, on gold and/or coloured grounds, decorated with lions, or, to Judges, f. 57ᵛ, blue and red, with ornament of both colours; (ii) blue or red, with ornament of the other colour; (iii) to 'Incidentia', 1-line, red or blue. Bound by Zaehnsdorf, s. xx. Secundo folio *De chore*, (f. 13) *pyreo*.

Written probably in France. Notes in an English hand, s. xiii/xiv. This or MS 14A entered in the Library Donations Book under 1614 as the gift of Stephen Potter. No. 454 in the 1634 College catalogue.

15. *R. Higden, Polychronicon*   s. xiv ex.

Arts. 1–3 also occur in Taunton, Somerset Record Office, DD/SAS C/1193/66, see above.

1. ff. 14–220 Incipit liber primus in historiam policronicam. Post preclaros arcium scriptores . . . et quod dolendum est nimiam continuacionem postea habuerunt.

'AB' version, with continuation to 1377; ed. C. Babington and J. R. Lumby (RS [41], 1865–6). Bk. 7 cap. 44 (edn. viii. 338/16) ends and cap. 45 begins 'carceris interdixit. Huc vsque scripsit Ranulphus. Hoc anno non' Iunii natus est Regi E. Edmundus apud langele', f. 213; the last chapter is numbered 52. This copy listed Taylor, p. 158, with continuation classified as *C*, p. 178.

Five leaves after f. 44 are cancelled and the last 5 lines on f. 44ᵛ, after the words 'thamisiam qui' (ed. ii.120/2), were erased and overwritten; a marginal note 'vacat ad finem quaterni in [. . .] signo in quinto folio', and below, correctly, 'hic nichil deficit'. Bk. 4 starts a new quire (11), f. 105. f. 220ᵛ blank.

Arts. 2–4 are on the two preliminary quires.

2. ff. 1–5 Incipit Cronica bona et compendiosa de regibus anglie tantum a Noe usque in hodiernum diem. Noe fuerunt tres filii Sem. Cham. et Iaphet . . . anno etatis sue vndecimò.

Summary chronology, down to the coronation of Richard II in 1377. ff. 5ᵛ–6ᵛ blank.

3. ff. 7–12ᵛ table to art. 1, Abraham . . . De Zachario occisione.

4. f. 13 diagrammatic vesica-shaped world map with a broad green border, Jerusalem in the centre, east and paradise at the top.

f. 13ᵛ blank.

ff. ii + 221 + ii, foliated i–ii, 1–9, 9*, 10–222. 343 × 244 mm. Written space 251 × *c*.157 mm. 2 cols. 48–50 lines. Ruled in pencil. Collation: 1⁶ 2⁸ 3–4¹² 5¹² 8–12 cancelled after f. 44 6–18¹² 19–20¹⁰. Leaf-signatures in the first half of quires 2–10 in pencil and, 11–19, red: i–iiii crossed through, 1–6, a–f, ai–avi, 1–6, a–f, ai–avi, bi–bvi, ci–cvi, i–vi crossed through (quire 11), 1–6, ai–avi, bi–bvi, ci–cvi, di–dvi, ei–evi, fi–fvi, gi–gv. Written in anglicana; change of hand (?) at the beginning of quire 11, f. 105. Initials: (i) gold, on pink and blue grounds patterned with white, with marginal prolongations in gold and colours; (ii) 4-line, blue, with blue and red ornament, extending up and down margin. Capital letters in the ink of the text touched with red. 'Bound by Nutt, Cambridge', s. xix. Secundo folio *tante multitudinis*.

Written in England. Given to the College by the founder, William of Wykeham: Liber Albus f. 34ᵛ 'Item Policronicon Willelmi Cestrensis ex dono domini fundatoris 2° folio *Tante* prec' xl s', ed. Gunner, p. 70. Recorded in College inventories of 1405, 1421–2, and 1433. Notes, s. xvi in., ff. 184ᵛ–185, 189ᵛ, 192ʳᵛ, 195, 199, 207ʳᵛ, show particular interest in London and Spalding. '380' on fore-edge and in 1634 catalogue.

17. *Clemens Lanthon., Super Evangelia i*   1432

Prima pars Clement' Lanton' prime super euangelia. Prologus in Seriem collectam. Clemens lantoniensis ecclesie presbiter .N. pacem utramque. Huius operis fili karissime: causam—ordinem non demictat—(*capitula of the three parts: 15, 13, and 18 chapters*)—(f. 1ᵛ) Incipit concordia euangelistarum euangelice hystorie ordo et euangeliorum manuale breuiarium. Incipit pars prima. Capitulum primum. Iohannes. In principio erat uerbum . . . (f. 7ᵛ) incredulitatem illorum. Racio ordinis prime partis. In principio erat uerbum et cetera. Ordo necessitatis est—(f. 8ᵛ) in sinagoga docere. De nomine euangelii. Augustinus contra faustum Primum inquit nomen . . . (f. 12) metamus in celo (*patristic extracts*) Prologus in serie collecte explanacio (f. 12ᵛ) Clemens lantoniensis ecclesie presbiter. dilectis filiis suis eiusdem ecclesie canonicis: contemplatiue—omittat. Incipit tractatus primus Partis Prime. In principio erat uerbum . . . (f. 313) suscipere meruerunt. Qui cum—Amen. Explicit Tractatus Octauusdecimus. Partis Tercie.

The only known copy of parts 1–3 of Clement of Lanthony's commentary on his own harmony of the Gospels, cf. Stegmüller, nos. 1981–2. Parts 4–6 are lost; 7–9 occur in Oxford Bodleian Library MS Bodley 334 (*Sum. Cat.* 2333), s. xiii; 10–12, ending imperfectly, in Cambridge Trinity College MS B.5.13, s. xii/xiii. 'corrigitur' in pencil at the foot of f. 169, the first leaf of quire 22. f. 313ᵛ blank.

ff. ii + 313 + ii. 400 × 264 mm. Written space 285 × 193 mm. 2 cols. 52 lines. Collation: 1–39⁸ 40 one. Quires signed, a–z, ⁊ , ꝯ ; in red, a–p. Written in a rather round textura. Hand changes on ff. 138ᵛ and 153. Initials: (i) 6-line, blue and red, with red ornament; (ii) 2-line, blue, with red ornament; (iii) 1-line, blue. Capital letters in the ink of the text filled with yellow. Mark of chaining-staple, ff. 1–2 foot. Binding of s. xix². Secundo folio *precedit* altered to *precedet*.

Written in England, under the supervision of Richard Julyan, second master of the College for some years up to 1424 but 'nuper hostiarius' in 1425, apparently in Gloucester in 1432, presumably from the exemplar listed in the medieval library catalogues of Lanthony secunda in the suburbs of Gloucester, H. Omont, *Centralblatt für Bibliothekswesen*, ix (1892), 207, no. 102. Payments for the writing of this and three other volumes of Clement, their carriage from Gloucester to Winchester, the binding and illuminating of vol. 2 by John Colman (parish clerk of St John's Winchester), the purchase at Bristol of the 'veleme' for vols. 3 and 4, and the correction of 21 quires occur in the bursar's accounts for 1432–3, 1433–4, 1436–7, and 1437–8 (Mun. 22109, 22110, 22112, 22113); unmentioned in 1434–5 account, account for 1435–6 missing. See H. Chitty in *Wykehamist*, no. 561 (21 Mar. 1917), 106; and W. Oakeshott in *Library*, 5th series 9 (1954), 14–15. Identifiable in the inventories of 1609 and 1616, and probably as 801 in the 1634 catalogue under the heading Postillae.

18. *Smaragdus, etc.*   s. xii²

A companion volume to Winchester Cathedral MS 14 above, and deposited in the Cathedral Library; on the division of the manuscripts and the question of ownership, see W. F. Oakeshott in *Times Literary Supplement* (18 Feb. 1977),

193. Arts. 3–13, lives of the Desert Fathers, occur in the same order as here in Cambridge Corpus Christi College MS 36, s. xiv/xv, from Norwich Cathedral Priory, see especially art. 10 below; Oxford Bodleian Library MS Douce 351 probably had the same contents, except art. 9, but now lacks a quire. Arts. 6–8 and 10–13 occur in the same order as here in Oxford Bodleian Library MSS Bodley 386, from Shelford Priory (Notts.), and Hatton 84. Schenkl, no. 4682. Texts corrected in a good hand.

1. pp. 1–111 Hic incipit liber smaragdi de diuersis uirtutibus. Hunc modicum operis nostri libellum . . . habere mereamur. Explicit liber diadema monachorum.

PL cii. 593–690. A table of 100 chapters follows the preface.

2. pp. 111–12 Arrogantia non ita . . . pro hoc irascere.

Six short sections under the headings Augustinus contra hereticos, De inuidia, De hiis qui ad pacem nolunt reuerti, De summo honore, De diuinis scripturis, and De tractatoribus Diuinarum scripturarum.

3. pp. 112–20 Incipit vita Sancti pauli primi heremite. Inter multos sepe dubitatum est . . . purpuras cum regnis suis.

PL xxiii. 17–30 (Jerome, Vita Pauli).

4. pp. 120–72 Incipit prologus in vitam Beati Antonii. Presbiter evagrius innocentio . . . corruptionis artifices. Explicit vita Sancti Antonii monachi et heremite. primum scripta ab athanasio episcopo Alexandrino in greco. translata in latino ab euagrio presbitero vtilis ad monachos et necessaria satis ad instructionem uirtutum et informacionem regule ualde.

PL lxxiii. 125–68.

5. pp. 172–93 Incipit prologus beati ieronimi In vita sancti hilarionis. Scripturis uitam beati hylarionis . . . dilexerat. Explicit uita beati hylarionis narratio sancti hieronimi presbiteri quam ipse de ierosolimis pergens in egyptum uidit.

PL xxiii. 29–54.

6. pp. 193–264 Incipit uita sanctorum patrum. Benedictus dominus qui uult— requirant. Explicit prologus. Incipit uita Sancti Iohannis. Primum igitur tanquam . . . ostendit mirabilia. Ipsi gloria et honor in secula seculorum Amen. Explicit de sancto Iohanne.

PL xxi. 387–462.

7. pp. 264–71 Incipiunt actus Malchi Monachi captiui. Qui nauali prelio dimicaturi sunt . . . posse autem superari. Expliciunt actus Malchi Monachi captiui.

PL xxiii. 55–62.

8. pp. 271–4 Incipit vita sancti Frontonii. Qui homo dei et christi esse iam cępit . . . (p. 272) sed habebit lumen uitę. Erat quidam senex monachus . . . ut per satisfactionem delicta donentur.

BHL, no. 3192.

9. pp. 274–9 Quadam die aduesperascente cum beatus ieronimus . . . anni nec inchoantur neque finientur in secula seculorum amen.

PL xxii. 210/4–214 (extract from Vita S. Hieronymi: the story of the lions he cured).

10. (*a*) p. 280 Incipiunt capitula in uitas patrum—(*b*) pp. 280–7 Incipit liber Athanasii episcopi de exhortatione monachorum. Etsi quod gloriari in christo licet . . . pacis erit uobiscum. Explicit liber singularis Sancti Athanasii episcopi de obseruatione monachorum; (*c*) pp. 287–488 In nomine domini nostri Iesu christi incipiunt adhortationes Sanctorum patrum perfectionis Monachorum. quas de greco in latinum transtulit Beatus Ieronimus presbiter. Interrogauit quidam abbatem antonium dicens Quid custodiens . . . et suffocabat eum. Expliciunt Sermones Sanctorum patrum interpretati de greco in latinum a pelagio diacono et iohanne subdiacono sancte romane ecclesie.

(*a*) the capitula are I Liber sancti athanasii de exhortatione monachorum. II [. .] exhortationes sanctorum patrum perfectionis monachorum. III De compunctione. IIII De continentia. V Reuelationes pro cautela contra insurgentium fornicationum bella. VI Narrationes ad pęnitentiam hortantes. VII De eo ut nichil per ostentationem fieri debeat; these refer to (*b*) and the general title and *libelli* 3–5 and 7–8 of (*c*), and exactly the same list occurs in Cambridge Corpus Christi College MS 36 f. 57, where II begins 'Ad exhortationes', cf. Oxford Bodleian Library MS Bodley 386 f. 54 for a more complete and less erroneous table of nine chapters; (*b*) *PL* ciii. 665–72, cf. *Clavis*, no. 1155; (*c*) *PL* lxxiii. 855–1022 (bks. 5–6).

The marginal note 'Desit liber R. episcopi hic', s. xii/xiii, p. 480 (edn. p. 1014) could refer to a book belonging to Richard of Ilchester bishop of Winchester 1174–88.

11. pp. 488–91 Incipit epistola sancti macharii monachi ad filios. In primis quidem si cęperit . . . precepta seruare spiritus sancti. Explicit epistola.

PL lxvii. 1163–6.

12. pp. 491–4 Incipit uita Sancte marine uirginis. Frater erat quidam secularis . . . multa facit mirabilia. Explicit uita sancte marine uirginis.

PL lxxiii. 691–4.

13. pp. 494–505 Incipit uita sancti symeonis syri. qui in columpna nubis stetit. Sanctus igitur symeon ex utero . . . Cumque permissum accepisset: abiit illuc cum plurimis (*ends imperfectly*)

BHL, no. 7957a. Substantially different from *PL* lxxiii. 325–34, although beginning in the same way. Ends at a point corresponding to Oxford Bodleian Library MS Bodley 386 f. 170b/22. Continues in Winchester Cathedral MS 14 above.

ff. i + 252 + i, paginated (i–ii), 1–60, 62–505 (506–7). Neat repairs to parchment before writing, e.g. p. 286. 425 × 330 mm. Written space 292 × 210 mm. 2 cols. 34 lines. Pricks to guide ruling in both margins. Collation: 1–6⁸ 7⁶ 8–17⁸ 18⁴ + 1 leaf (pp. 278/279) after 4 19–32⁸ 33 one. Quires 1–11, 13–17, 19–32 numbered at the end, I–XVI, I–XIV, continuing, XV–XXXIX, in Winchester Cathedral MS 14. The hand changes for the worse at p. 280; pp. 504–5 are probably in the corrector's hand. Punctuation includes the horizontal bar. Initials: (i) red or blue, with ornament in both colours; (ii) red or blue, some with ornament of the other colour; (iii) 1-line, in capitula only, red or blue. Bound by Nutt, s. xix. Secundo folio *De nociua*.

Written in England. No sign of medieval provenance in this or the companion volume, but both probably belonged to Winchester Cathedral Priory. Thirteenth in Young's list of Cathedral manuscripts. Added *c.* 1660 to the 1634 College catalogue. *CMA* ii, nos. 1352–4.

20. *Augustinus, De doctrina christiana; etc.*   s. xii²

Römer, ii. 323.

1. (quires 1–13) ff. 1–105 Libros de doctrina christiana cum inperfectos comperissem—de philosophia scripsit. Incipit prologus sancti augustini episcopi. In librum de doctrina christiana. Sunt precepta quedam . . . quantulacumque potui facultate disserui.

PL xxxiv. 15–122, preceded by the relevant passage from the Retractationes; in four books. Omitted passage written by the original scribe on an inserted leaf, f. 32. f. 105ᵛ blank.

2. ff. 106–10 Ut humanam naturam per defectum bone uoluntatis miserabiliter lapsam . . . Qua potestate paulus uti uoluit.

On substance and accident, the Trinity, etc.

3. ff. 110–123ᵛ Racio. quicquid est: aut per se aut per aliud est . . . propter dilectionem. Nichil isto dono (*ends imperfectly*).

Dialogue between Ratio and Auctoritas. Only one break in text, f. 112: new paragraph, beginning Vniuersitatem etiam rerum per aliud existentium.

Arts. 2 and 3 have some Greek words.

ff. ii + 123 + ii. 197 × 148 mm. Written space c. 155–65 × 110 mm. 21 long lines, art. 1; 31, arts. 2–3; first above top ruled line. Collation: 1–3⁸ 4⁸ + 1 leaf (f. 32) inserted after 7 5–14⁸ 15¹⁰. Art. 1 in a rather clumsy hand; arts. 2–3 in a smaller hand. Initials: red or green, with ornament of the other colour. Capital letters in the ink of the text filled with red. Former binding of pasteboards covered with red sheepskin, as MS 3; replaced by Roger Powell in 1957. Secundo folio *ista precepta*.

Written in England. 'Liber Sancte Marie de Nouo Burgo', s. xiv in., f. 1 top: Newburgh Priory OSA, Yorks.

22. *Evangelia; W. de Nottingham, Harmonia evangeliorum*

s. xv med.

1. ff. 1–25ᵛ Gospels, beginning imperfectly 'teribit hec generacio' (Matt. 24: 34).

First quire, probably of eight leaves, and two other leaves missing.

2. ff. 26–27ᵛ Canon tables, lacking last five of the ten.

3. ff. 28–302ᵛ (*begins imperfectly*) Istud secundum hist' significat ebreum seruum dei . . . vespere autem facto. et sic de multis aliis.

Many incomplete leaves and more than 130 missing.

4. ff. 303–316ᵛ (*begins imperfectly*) e caᵒ 1. co. Angelus est inuisibilis . . . Iusti habent duplex lumen parte [*blank*] capitulo 1° co (*ends imperfectly*).

Index to art. 3. First leaf missing and all after Lumen. The section here corresponds to Oxford St John's College MS 2 ff. 340ᵛ–353ᵛ.

ff. ii + 316 + ii, previously foliated at foot (i–ii) 1–80, 80*, 81–187, 187*, 187**, 188–248, 250–314, (315–16). ff. 28–288, 300 have a medieval foliation in blue ink: 2–373, 371. 535 × 375 mm.

Written space 374 × 232 mm; ff. 1–28, 367 × 170 mm. 2 cols. 61 lines. ff. 1–28, long lines. Collation based on catchwords, quire-signatures, and the medieval foliation: 1⁸ 2⁸ wants 1 before f. 9 3⁸ wants 4 after f. 18 4⁸ wants 6–8 after f. 27 5⁸ wants 1 before f. 28 3 after f. 28 5 after f. 29 6⁸ wants 2 after f. 33 7⁸ wants 4 after f. 42 7 after f. 44 8⁸ wants 5–7 after f. 49 9⁸ wants 4–5 after f. 53 10⁸ wants 1 before f. 57 4 after f. 58 11⁸ 12⁸ wants 7 after f. 76 13⁸ wants 7–8 after f. 83 14⁸ wants 1 before f. 84 4 after f. 85 15⁸ wants 8 after f. 96 16⁸ wants 4–7 after f. 99 17–18⁸ 19⁸ wants 6–7 after f. 121 20⁸ wants 3 after f. 124 5–8 after f. 125 21⁸ wants 1–2 before f. 126 8 after f. 130 22⁸ 23⁸ wants 6 after f. 143 24–25⁸ 26⁸ wants 5 after f. 166 27⁸ wants 1 before f. 169 6 after f. 172 28⁸ wants 1 before f. 175 29⁸ wants 4 (?) after f. 184 30⁸ wants 1–4 before f. 189 6 (?) after f. 189 8 after f. 190 (?) 31⁸ wants 1–5 before f. 191 32⁸ wants 4 after f. 196 7–8 after f. 198 33⁸ wants 2–3 after f. 199 5 after f. 200 34⁸ 35⁸ wants 4 after f. 214 36⁸ 37⁸ wants 3–8 after f. 228 (see quire 41 for a misplaced leaf) 38⁸ wants 1–5 before f. 229 while f. 230 ('3001[.]') between ff. 229 and 231 ('20070' and '20071') belongs somewhere between ff. 251 and 253 in quire 43 or 44 39⁸ wants 4–5 after f. 235 7 after f. 236 40⁸ wants 3 after f. 239 41 one (f. 245) belongs somewhere between ff. 228 and 229 in quire 37 or 38 42⁸ wants 2–5 before f. 246 and 1 is misplaced as f. 252 in quire 43 43⁸ wants 1–2 before f. 249 5 after f. 250 7–8 after f. 251 with f. 252 misplaced from quire 42 (see quire 38 for a misplaced leaf) 44⁸ wants 1–7 before f. 253 45⁸ wants 3–5 after f. 255 7–8 after f. 256 46⁸ 47⁸ wants 8 after f. 271 48⁸ wants 1–5 before f. 272 8 after f. 273 49⁸ wants 1–4 before f. 274 50⁸ 51⁸ wants 2 after f. 286 6–8 after f. 288 and 3 is misplaced as f. 300 in quire 53 52⁸ wants 1–2 before f. 289 7 after f. 292 53 seven (ff. 294–9, 301, probably the remains of 2 quires, eee and fff; f. 301 bears a catchword to f. 302) + 1 leaf (f. 300) misplaced from quire 51 54 one (f. 302) 55⁸ wants 1 before f. 303 56⁸ wants 8 after f. 316. Quires 5–9 signed a–e; 11–25, h–y; 26–47, aa–yy; 50–2, bbb–ddd; 54, ggg. Written in two sizes of textura by several hands; arts. 1 and 4 in the same expert prickly script. Initials: (i) to parts, all missing; (ii) to each paragraph in larger textura, 3-line, in shaded blue, pink, or orange, on gold grounds, with marginal sprays, almost all removed, but see e.g. ff. 83ᵛ–85; (iii) 2- and (arts. 1, 4) 3-line, gold, on blue and pink grounds patterned with white, many with green and gold marginal sprays; (iv) 1-line, blue with red ornament, or gold with dark blue or ink ornament. Capital letters in the ink of the text filled with yellow. Line-fillers in blue and gold. Bound by Zaehnsdorf in 1890.

Written in England. Added c. 1660 to the 1634 catalogue.

24. *Medica*   s. xiii in.

1. ff. 1–22 Liber iste quem in presenciarum . . . per iii annos seruatur. Expliciunt glose magistri Iohannis platearii de salerno quas fecit super antidotarium nicholai.

Thorndike and Kibre, col. 387.

Arts. 2–6 are commentaries on texts of the Ars physica. 2–5 occur in Erfurt MS Q.175, all ascribed to Mag. Bartholomeus or Mag. B.; arts. 2, 4, 5(?) in BL MS Royal App. 6. The association in art. 3 of Petrus Musandinus (of Salerno, s. xii, cf. Wickersheimer, p. 652) with Bartholomeus indicates that the latter was a Salernitan master. Bartholomeus de Brugis wrote later, Wickersheimer, p. 60. See P. O. Kristeller in *Italia medioevale e umanistica*, 19 (1976).

2. ff. 22ᵛ–52 (Incipiunt Glosule Ihoanicii ad tengni Galieni. Sic et secundum petrum Musandini.) Rectus ordo doctrine . . . Sin autem: non conferant.

Thorndike and Kibre, col. 620 (Bartholomeus de Brugis on the Isagogae of Johannitius).

3. ff. 52–108 (Incip' Glosat' Tengni quas ad locucionem Bartho' summi theorici

in arte practh' Magister Petrus musandini composuit.) Duplex est animalium causa . . . huiusmodi tractatuum. Hic finis glosat' in tegni. quas ad loc*ucio*nem Barthol'. summi theorici in Arte phisica. Magister Petrus composuit.

Thorndike and Kibre, col. 224 (Bartholomeus de Brugis). A recipe, Ad menstrua prouocanda, follows in the main hand.

4. ff. 108ᵛ–144ᵛ (Incipiunt Glosule afforismorum ypocratis.) Triplex heresis medicorum . . . per abstinentiam magis conseruatur.

Thorndike and Kibre, col. 729.

5. ff. 144ᵛ–157 (Incipiunt Glosule pronosticorum sic.) Tria sunt medicine subiecta . . . a nobis exposite superius in tractatu periodorum.

Thorndike and Kibre, col. 729 (Bartholomeus de Brugis).

6. ff. 157ᵛ–166ᵛ (Incipiunt Glosule urinarum a uoce Theophili tali modo.) Omnium menbrorum uita et nutrimentum . . . precedentes nec continentur ab eisdem. sic sequentes (*ends imperfectly*).

ff. ii + 166 + ii. 255 × 165 mm. Written space c. 205 × 115 mm. 2 cols. 52 lines, first above top ruled line. Collation: 1–12⁸ 13⁶ + 1 leaf (f. 98) after 1 14⁸ wants 8 after f. 110 15–18⁸ 19⁸ 4 and 5 singletons 20–21⁸. Quires numbered at the end. One unusual hand. Initials: (i) green or red, with ornament of the other colour; (ii) 3- or 2-line, red, some with red ornament. Capital letters in the ink of the text touched with red. Former binding of pasteboards covered with red sheepskin, as MS 3; replaced in 1959 by Roger Powell, who observed pricks in the inner margins opposite the two bands and kettle stitches of a medieval binding, cf. Oxford Bodleian Library MS Bodley 126, Jesus College MS 43, Magdalen College MS lat. 31. Secundo folio *ficatiuam*.

Written in England. Scribbles, s. xiv, include 'Ricardus hu*n*te hoc test', f. 64; 'Willelmus Deuerol', f. 68; 'In dei nomine amen ego Iohannes Loc (?) de Kakenustone condo testamentum', f. 81ᵛ.

26. *Medica* s. xiii/xiv

Art. 9 is in French verse.

1. ff. 1–35ᵛ (*begins imperfectly: first quire missing*) bonum a G. compositum Recipe colcotar . . . (f. 35) et accidant sibi peiora prioribus. Explicit cyrurgia bruni magistri longo burgensis (*sic*) Rubrica. Incipit prologus. Anno ab incarnacione domini nostri ihesu christi M.C.C.quinquagesimo secundo mense ianuarii— melioris perducat amen. Explicit prologus.

Bruno Longobardensis, Cyrurgia, beginning five-eighths of the way through pt. 1 cap. 12 (ed. Venice, 1513, f. 79). f. 35ᵛb originally blank, contains recipes in a contemporary current hand, cf. ff. 73ᵛ–74, 112ᵛ.

2. ff. 36–42 Cogitanti michi uotum uestrum uotum bonum . . . petita licencia: vade in pace.

Thorndike and Kibre, col. 105 (Archimatheus, Practica).

3. ff. 42ᵛ–51ᵛ Cum auctor uniuersalitatis deus in prima mundi origine . . . ponatur in uase uitreo et di- (*ends imperfectly, in a recipe* Ad faciem dealbandam).

Thorndike and Kibre, col. 130 (Trotula de passionibus mulierum, pr. Strasbourg, 1544). Spaces left, where the scribe could not read (?) the exemplar, e.g. f. 51ᵛ. Part of f. 46 cut away. Lively drawings added in the margins.

4. f. 52ʳᵛ (*begins imperfectly*) midus. Qui collum durum habet . . . et firmitudinem preiudicat.

Physical signs of temperament, under the runnning-title Secreta ypocratis. Blank spaces as in art. 3.

5. ff. 52ᵛ–53ᵛ Peruenit ad nos quod cum ypocras . . . desiderio uehementi. Expliciunt secreta yp'

Ps.-Hippocrates, Capsula eburnea. Thorndike and Kibre, col. 484; printed with *Liber Rasis ad almansorem*, etc. (Venice, 1508), pt. 2 f. 41ᵛ.

6. ff. 53ᵛ–54 Clisteribus utimur. quandocumque laxatiuis . . . aceti lib' i.

7. ff. 54–66ᵛ Finis medicine dumtaxat laudabilis . . . egritudo acciderit in ipso (*ends imperfectly*).

Signa Ricardi, ed. in part H. H. Beusing, 'Leben und Werke des Richardus Anglicus' (Leipzig diss., 1922), 32–42. Thorndike and Kibre, col. 266.

8. ff. 67–68ᵛ (*begins imperfectly, in paragraph before that starting* Epar capre decoctum) Sanguinem globatum et confert flagellatis iuuamento magno . . . cum modico gariofilorum et potetur. (Explicit)

Medical properties of ram, goat, horse, ass, camel, elephant, hart, gazelle ('algagel'), bear, dog, fox, hare, 'zebo', wolf, leopard, and ferret.

9. ff. 69–72ᵛ Ci title vei de cest traitet Ki par romaunz est esclairet . . . et arest dorge uerinal (*ends imperfectly*).

768 lines of verse.

10. ff. 73–107 Circa instans negocium in medicinis simplicibus . . . in scilicia et hyspania. Explicit liber iste.

Thorndike and Kibre, col. 96 (Platearius, Circa instans).

11. ff. 107–34 Liber iste quem pre manibus . . . per ii annos seruatur. Explicit liber iste.

Thorndike and Kibre, col. 387 (Platearius, Comment. in Antidotarium Nicholai).

12. ff. 134–140ᵛ Incipit attonomia palemⁱˢ. Ex diuersis questionibus quas pre manum habui. lexi medici. aristotilis philosophi. palemont' declamatoris. qui de phisiognomia scripserunt ea elegi . . . prope modum persecuti sumus.

Cf. 'Phisionomia Pallemonis', Oxford Bodleian Library MS Digby 28 f. 150. Blank spaces left on f. 134ᵛ.

13. ff 141–144ᵛ (*begins imperfectly*) ut dictum est quedam opiate respiciunt utramque causam . . . nisi precesserunt infusiuum uel remollitiuum.

Roger de Barone, Rogerina minor. Pr. as pt. iv of Rogerina maior, see art. 14; the text here corresponds to edn. (1513), ff. 169a/4 up–171b/38. On Roger, see Wickersheimer, p. 720.

14. ff. 144ᵛ–181 Sicut ab antiquis habetur actoribus . . . et hec de sinthomatibus dicta sufficiant.

R. de Barone, Rogerina maior. Thorndike and Kibre, col. 680; pr. often after Guido de Cauliaco, e.g. (Venice, 1513), ff. 147–167ᵛ.

15. ff. 181–206ᵛ Incipit practica platearii. Amicum induit . . . et paruam moram in eo faciant. Explicit.

Thorndike and Kibre, col. 39; pr. 1488, etc.

16. ff. 206ᵛ–210ᵛ Incipit liber Iohannis de sancto paulo de uirtute simplicium medicinarum. Cogitanti michi de simplicium medicinarum uirtutibus . . . non modicam parare vtilitatem. Explicit.

Thorndike and Kibre, col. 105; pr. in *Opera Ysaac* (Lyon, 1515), and G. H. Kroener (Leipzig diss., 1920).

17. (added, s. xvi) f. 212ᵛ littere optimi viri Stephani Gardineri (dum adhuc in [.]rri esset) misse Iohanni Seton doctori capellano suo pro breuitate et elegantia digne inter tullianas epistolas annumerande. Binos a te accepi litteras . . . vale et hec depono apud vulcanum.

The use of Gardiner's surname suggests the period when he was deprived of the bishopric of Winchester, 14 Feb. 1551–Aug. 1553, when he was confined in the Tower (Turri ?) of London. For his chaplain, John Seton, see *DNB*.

ff. ii + 215 + iv, foliated (i–ii) 1–5, 5*, 6–46, 46*, 47–93, 93A, 93B, 93C, 94–214. ff. 211–12 are medieval flyleaves. 254 × 160 mm. Written space *c.* 180 × 120 mm. 2 cols. 46–9 lines. Collation: 1–4¹² 5¹² wants 6, 7 after f. 51 6¹⁰ 7¹⁰ wants 7–10 after f. 72 8–12¹² 13¹² wants 12 (blank ?) after f. 140 14–18¹² 19¹⁰. The medieval signatures, b–g, k–p, r–y, suggest the loss of one quire at the beginning, one or two after quire 6 (f. 66), and one before quire 14 (f. 141). Art. 1 written in a larger hand; at least four other hands, but principally two, one arts. 2–7, 10, and 11 to f. 127ᵛ, and the other arts. 11 from f. 128, 12–14, and 15 to f. 209ᵛ. Initials: (i) red and blue, with ornament of both colours; (ii) 2-line, blue or red, with ornament of the other colour. Binding by Katherine Adams, s. xx.

Written in England. No. 110 in the 1634 catalogue.

27. *R. Higden, Polychronicon* s. xv (1478 ?)

1. ff. 1–9 Incipit tabula libri Policronicon Abraham . . . De Zorobabel (Scriptus erat iste liber Anno domini 1478).

f. 9ᵛ blank, except for notes on Higden, s. xvi.

2. ff. 10–231ᵛ (*begins imperfectly*) teneri non poterit . . . quod multis post obitum radi(*catchword:*)auerit miraculis (*ends imperfectly*)

'AB' version, ed. C. Babington and J. R. Lumby (RS [41], 1865–6), i. 16/14–viii. 250/16 (bk. 7 cap. 37). This copy listed Taylor, p. 158. Note beside 12 blank lines, f. 51, 'In iᵗᵉ spacio (*sic*) deficit figura arche'. Bks. 2 and 7 begin new quires, 7 and 26.

ff. iii + 231 + iii. 334 × 232 mm. Written space 189 × 131 mm. 41 long lines. Collation: 1⁸ 2⁸ wants 2 after f. 9 3–29⁸. Quires signed a–z ꝛ ꝯ ∴ est Amen A. Written in short-r *anglicana*. Initials: (i) 9-line, in pink and blue patterned with white, on gold grounds, decorated in colours including green and orange, with marginal prolongations in gold and colours; (ii) f. 1, 4-line, in gold, on orange, blue, and green ground; (iii) 3-line, blue with red ornament. Capital letters in the ink of the text touched with red. Bound by Zaehnsdorf, s. xix ex. Secundo folio (f. 2) *De Bauarria*, (f. 10) *teneri non*.

Written in England, perhaps in 1478, see art. 1 added note, but the script seems earlier. 'George Greswold', s. xvi in., f. 1; see the Library Donations Book at 1553 for his gift of a manuscript Polychronicon. '698' on the fore-edge and in the 1634 catalogue.

28. *Biblia* s. xv med.

1. ff. 1–134^v A very imperfect Bible, comprising Gen. 22: 3–end, Exod., Lev. 5:3–end, Num. 3:13–29:18, 32:11–33:14, Deut. 2:31–32:5, Josh. 1:14–20:4, Judg. 1:35–18:14, 1 Kgs. 2:21–end, 2 Kgs., 3 Kgs. 4:30–21:26, 4 Kgs. 4:29 –1 Chr. 29:4, 2 Chr. 6:21–20:2, Judith 6:13–end, Esther, Job, Pss. 9:19–22:4, 55:4–63:10, 68:32–78:9, 86:3–108:22, 118:8–140:7, Prov. 9:25–end, Eccles., S. of S., Isa. 19:6–end, Jer., Lam., Baruch., Ezek. 1:1–6:12, 45:7–end, Dan., Hos. 1:1–12:4, Amos 1:1–9:8, Mic. 2:2–end, Nahum, Hab., Zeph., Hag., Zech. 1:1–12:2, 1 Macc. 11:13–end, 2 Macc. 1:1–33, 9:15–end, Matt. 1:1–21:28, Rom. 8:34–end, 1 Cor., 2 Cor. 1:1–12:19, Philem. 21–end, Heb. 1:1–9:10, Acts 9:39–22:24.

Psalms in two parallel versions, Gallican on left and Hebrew on right, with the running-title 'Psalmorum'; similarly Canticles (Exod. 15: 1–20, Deut. 32: 1 seq.), in Roman and Gallican versions. [Psalms] and Matthew begin on new pages, see space left blank at the end of Job and 2 Macc., ff. 64^v, 121^v.

The surviving prologues are 22 of the common set of 64 (see above Ushaw 2) and 5 others shown here by *: Stegmüller, nos. 341 + 343, 344, 357, *349, 462, 487, 491, 492, 494, 500, 507, 513, 528, 531, *529, 534, *532, 538, *535, 539, *540, 590, 589, 685, 699, 793.

2. (outer margins all cut away) ff. 135–151^v testis aque aut testificatorum in aqua. Adolla . . . Tithicus—aut taciturnitas.

The usual dictionary of Hebrew names, Aaz apprehendens, Stegm., no. 7709, beginning and ending imperfectly.

ff. ii + 151 + iii. 495 × 375. Written space 362 × 262 mm. 2 cols. 69–70 lines. Collation: 1 four (ff. 1–4) 2–3^8 4^8 wants 5 after f. 24 5^8 wants 3 after f. 29 7 after f. 32 6^8 wants 3–4 after f. 35 7^8 wants 7 after f. 45 8^8 wants 3 after f. 48 9^8 wants 6 after f. 58 10 three (ff. 61–3, perhaps^8 wants 1–5) 11^8 wants 7–8 after f. 69 12 twelve (ff. 70–81) 13 two (ff. 82–3, last two leaves of a quire) 14 three (ff. 84–6, first three leaves of a quire) 15 one (f. 87) 16^8 wants 1 before f. 88 17^8 18^8 wants 5–8 after f. 106 19^8 wants 1–4 before f. 107 20 six (ff. 111–16) 21 three (ff. 117–19) 22^8 wants 1–2 before f. 120 23^8 wants 1–2 before f. 126 8 after f. 130 24 four (ff. 131–4) 25^8 26 nine (ff. 143–51). Initials: (i) all missing except f. 76^v (Ps. 97), in pink and blue shaded with white, on gold grounds decorated in colours including green and orange, some with bars of gold and colour the height of the written space (e.g. f. 41); (ii) 2-line, blue with red ornament; (iii) 1-line, blue with red ornament, or red with black ornament. Line-fillers in red and blue. Binding of s. xx.

Written in England. No. 130 in the 1634 catalogue.

29. *Biblia* s. xiii^2

1. ff. 5–505 A Bible in the usual order, Genesis–2 Chronicles + Prayer of Manasses, Ezra, Nehemiah ('Explicit primus liber esdre. Incipit secundus'; running-title 'Neemie'), 2 Ezra ('Incipit liber tercius esdre'; running-title: 'Esdre

II'), Tobit, Judith, Esther, Job, Psalms, Proverbs, Ecclesiastes, Song of Songs, Wisdom, Ecclesiasticus, Isaiah, Jeremiah, Lamentations, Baruch, Ezekiel, Daniel, Minor Prophets, 1, 2 Maccabees, Gospels, Pauline Epistles, Acts, Catholic Epistles, Apolcalypse. Psalms in the Hebrew version, with Ps. 151, headed 'hic psalmus in hebreis codicibus non habetur sed a septuaginta interpretibus editus est et id circo repudiandus', Stegmüller, no. 105, 3. 2 Chr. 36: 22–3 and Prayer of Manasses written by main scribe in margins of f. 177, continuing from foot of col. a; Esdras prologue begins at the top of col. b. Romans much annotated, s. xv.

The prologues are the common set of 64 (see above Ushaw 2) and 2 others shown here by *: Stegmüller nos. 284 (divided into eight), 285, 311, 323, 328, 327, 330, 332, 335, 341 + 343, 344, 357, *430, 457, 462, 468, 482, 487, 491, 492, 494, 500, 507, 511, 510, 515, 512, 513, 519 + 517, 524, 521, 526, 528, 531, 534, 538, 539, 543, 547, 553, 551, 590, 589, 607, 620, 624, 677, 685, 699, 707, 715, 728, 736, 747, 752, 765 (. . . a macedonia), 772, 780, 783, 793, 640, 809, 839, *834.

2. ff. 505ᵛ–548 Incipiunt interpretationes hebraicorum nominum. Aaz apprehendens . . . consiliatores eorum.

The common dictionary of Hebrew names, Stegmüller, no. 7709.

3. (added, s. xv) ff. 1–4 a table of gospel and epistle lections of Sarum use, cf. art. 4. f. 4ᵛ blank.

4. (added, s. xv) f. 548ᵛ the beginning of a similar table to art. 3.

ff. ii + 548 + ii. 307 × 218 mm. Written space 198 × 140 mm. 2 cols.; 3, art. 2. 44 lines. Collation: 1 four 2–31¹⁶ 32²⁰ 33–34¹⁶ 35¹². Initials: (i) 5- or 4-line, to books and the eight divisions of Psalms, in pink or blue patterned with white, on gold and blue or pink grounds, historiated, some with bar prolongations in gold and colours; (ii) 4- or 3-line, to prologues, as (i) but decorated not historiated; (iii) to chapters, 2-line, blue or red, with ornament of both colours the full height of the page; (iv) to psalm-verses and in art. 2, 1-line, blue or red. Capital letters in the ink of the text filled with red. Former binding of s. xix¹, replaced by Roger Powell in 1963. Secundo folio (f. 6) *tamen*.

Written in France (?). Arts. 3–4 and marginalia in English hands, s. xv. Strips, bearing *ex libris* inscriptions (?), cut from f. 4 and the outer bottom margin of f. 5. 'Liber Iohannis brickhill clerici', s. xvi, f. 4; 'Bye me Iohan Brekell' scribbled, f. 4, and cf. f. 508. 'The gift of Paulet Sᵗ. John Mildmay Esq. M.P. 1827', on College bookplate inside front cover.

33. *South English Legendary, etc.* s. xv med.

Description of ff. 1–73: M. Görlach, *The Textual Tradition of the South English Legendary* (Leeds, 1974), 104–5, with the text of arts. 1–2 analysed as MS W. Description of the manuscript: N. Davies, *Non-Cycle Plays and the Winchester Dialogues* (Leeds, 1979), 135–9, with facsimile (pp. 140–78) and transcript (pp. 179–208) of arts. 3–4.

1. ff. 1–47 fourteen texts from the South English Legendary, ed. C. d'Evelyn and A. J. Mill, EETS ccxliv (1959).

(*a*) ff. 1–12 Vita de Adam. Whan it comyth in my thought . . . as he hem had seed. OT history to the death of Joseph; *IMEV*, no. 3973.

(*b*) ff. 12–15ᵛ Vita pilati. Pilatus was a lither man . . . fro so doleful cas. edn. pp. 697–706.

(*c*) ff. 15ᵛ–17ᵛ De Iuda Scarioth. Iudas was a lither man . . . there y wene his soule be. edn. pp. 692–7.

(*d*) ff. 17ᵛ–20ᵛ Vita sancti Oswaldi. Seynt Oswalde was y bore . . . þer he is in brought. edn. pp. 71–8.

(*e*) ff. 20ᵛ–23ᵛ Vita sancti Edwardi regis Anglie. Seynt edwarde the yonge / was Kynge of yngelonde . : . wᵗ hem he bringe vs there. Amen. edn. pp. 110–18.

(*f*) ff. 24–5 Vita sancti Cuthberti episcopi. Seynt Cuthberd was bore . . . to come þᵗ ioye to Amen. edn. pp. 118–21.

(*g*) ff. 25–30 Vita sancte Marie egipciace. Seynt mary gipcian / in egipte was y bore . . . þat she gan lede. edn. pp. 136–48.

(*h*) ff. 30–31ᵛ Vita sancti Gregorii pape. Seynt gregory the confessoure / in cecile was bore . . . oure nede vnderfonge. edn. pp. 81–4.

(*i*) ff. 31ᵛ–33 Vita apostolorum Philippi et Iacobi. Seynt philip And seynt Iacob . . . men doth it leve. edn. pp. 164–7 (lines 1–92).

(*j*) ff. 33–7 De festis mobilibus per Annum. Festis mobelis in the ȝeere / beth cleped fyve þere . . . that is as oure lordis oste / to make þᵉ deuel afered. edn. pp. 128–36 and 160–2. The piece consists of (i) Lent, together with 10 lines after line 80, A kinge there was in egipte / þat hiȝt pharao . . . that hymn thynkyth lore; (ii) f. 35ᵛ Easter, lines 1–52, followed by 4 linking lines, The fourtythe day þer after . . . þe feest of letanye; (iii) f. 36ᵛ Rogationtide, lines 1–48.

(*k*) ff. 37–8 Vita sancti Petri Apostoli. Seynt peter was wᵗ oure lorde . . . That many myraclis for hym / oure lorde on erthe dede wirche. edn. pp. 246–9 (lines 1–64).

(*l*) ff. 38–9 Vita sancti Pauli Apostoli. Seynt poule was a lither man . . . God graunte vs for his loue / in heuene to ben his fere. edn. pp. 264–7 (lines 1–70), followed by 8 concluding lines.

(*m*) f. 39ʳᵛ Vita sancti Mathie Apostoli. Seynt Mathi apostle is . . . that whan we henes wende / may come to his blisse. edn. pp. 70–1.

(*n*) ff. 39ᵛ–47 Historia sancte crucis. The holy rode founde was / as y ȝou telle . . . And euer more shal so. Pray we to that blissed lorde / that was nayled to þᵉ rood that we may to heuene come / þᵗ is so swete and good. Amen. *Early South-English Legendary*, ed. C. Horstmann, EETS lxxxvii (1887), 1–17 (lines 1–544), followed by 2 concluding lines. f. 47ᵛ blank.

Arts. 2–4 are on quires 5–6.

2. ff. 48–54ᵛ Here it spekith of the fruyt called Cristendom. Now blowith the newe fruyt þᵗ late began to sprynge . . . Now god brynge vs to þᵗ ioy / þᵗ þᵉ maide in ys Amen.

South English Legendary, EETS ccxxxv, 1–5, 15–25. The piece consists of (i) 70 introductory lines; (ii) 28 lines on 'the feest of circumsicion'; (iii) 12 lines on Epiphany; (iv) 24 lines on St Fabian; (v) 90 lines on St Sebastian; (vi) 176 lines on St Agnes.

3. ff. 54ᵛ–64ᵛ Interroga patres tuos et dicent tibi. Lucidus. The formyst fader' þᵗ formed ȝou all' . . . And criste hym soyleth and nat he. Non enim ipse christus per eorum officium ligat et soluit. hec elucidarius siue l[u]men laycorum.

A verse dialogue between Lucidus and Dubius. *IMEV Suppl.*, no. 3352.5 (only this copy); B. S. Lee in *Medium Aevum*, 45 (1976), 74–96.

4. ff. 65–73ᵛ Occupacion. The myȝty maker that made al thynge . . . And graunte ȝou his blissynge euerychone. Amen.

A verse discussion between Occupation, Idleness, Doctrine, and Cleanness. *IMEV Suppl.*, no. 3430 (only this copy).

5. (quires 7–8) ff. 74–93ᵛ Heere begynnyth the testemonye of Nichodeme the noble prynce of iewes / the which wrote this litel tretys in mende of cristis passioun And of his deth And of his vprisynge / And of his glorious Ascensioun. Capitulum primum. Whan pilate was reuler and Iuge of the Iewrye . . . for thei hadden it nat first. Heer endith the testament or the pistel of Nichodeme the noble prynce of iewes / the which wrote of cristis passion / of his deth of his vprisinge / And of his Ascensioun. Explicit.

Fifteen chapters, beginning as BL MS Add. 16165 (ascribed to Trevisa) and Salisbury Cathedral MS 39; cf. W. H. Hulme, *The Middle-English Harrowing of Hell and Gospel of Nichodemus*, EETS extra series c (1907), pp. xl–xlvi.

6. ff. 94–108ᵛ My dere brother and suster y se wel that many wolde be in religion . . . And blody betwene two theefys etc'. Thus endith the Abbey of the holy goste.

ed. C. Horstmann, *Yorkshire Writers* (1898), i. 321–362/2 (Abbey of the Holy Ghost, and Charter of the Abbey). f. 109ʳᵛ blank.

7. ff. 110–15 binding leaves from a copy of Erasmus, De ratione conscribendi epistolas, s. xviᴵ, beginning imperfectly in the preface, 'quum scriberet carmen', and ending abruptly in cap. 6, 'scripsisti occupato', as *Opera Erasmi* (1703), i. 343/16–349/lin. penult. The scribe wrote *e* not *ae*. The text on f. 111 is over-written on top of drawings of a king, two crowned heads, a dove, and a square diagram. f. 115ᵛ blank.

8. f. 116 a binding leaf containing two recipes in English, s. xvi: 'A good medicine for the raynes' and 'For all maner of hache'. f. 116ᵛ blank.

ff. ii + 109 + xi. Formerly bound as two volumes: ff. v + 73 + iv (MS 33A); ff. iv + 36 + xiv (MS 33B). The present foliation ignores modern flyleaves and runs continuously: i, 1–119. Paper. ff. i, 110–19 are paper binding leaves; wormholes show that ff. 110–15 (see art. 7 above), the second of the two leaves pasted together as f. 116, ff. 117–19, and f. i were originally in that order at the beginning of the manuscript. For ff. 110–16, see arts. 7–8 above. 210 × 143 mm. Written space c. 173 × 100 mm. 30–8 long lines. No ruling. Collation: 1–3¹² 4¹² wants 12 (blank ?) after f. 47 5¹² 6¹⁴ 7⁸ 8¹² 9–10⁸. Quires 1–4 signed a–d; 6–10, + a b a b. Medieval quire-numberings: (i) quires 2–4, 7–10: in blue pencil at the beginning, 2–8; (ii) quires 2, 7–10, at the beginning, 'secundus'–'sextus'. Written in anglicana, possibly by one hand, more current, with long *r* on ff. 74–93ᵛ. Initials: arts. 1*a*, *b*, and 6, red; art. 5 omitted; otherwise in the ink of the text. Bound as two volumes by Miss B. M. Forder, s. xx; rebound as one in 1978 by Richard Harsher. Secundo folio *of euery*.

Written in England. 'Thomas Smythe', s. xv/xvi, scribble, f. 116. Perhaps belonged to the College by c. 1529: the hand of art. 8 appears to occur in the Liber Albus at that date. No. 111 in the 1634 catalogue.

38. *Taxatio ecclesiastica*   s. xiv²

Cy asis (?) sensuent les extentes de toutes lesglises vicaries et autres ben*e*fices et
porcions des Abbes—les queux extentz furont faites au temps le Roy Edward
prim*e*r—sont contenuz p*ar* ordre les Euescheez et dioc' q*ue* sensuent prim*e*rement—
(*list of bishoprics in French*) Et fait a remembr*e* q*ue* verra les ben*e*fices contenuz—
et conseiller. Incipit taxacio bonorum spiritualium in prouincia Cantuar' et primo
in dioc' Cantuar' in forma que sequitur. Sequitur Decanatus Cantuar' Ecclesia de
Fordwico x marz Ecclesia de Stureya xx marz . . . (f. 84) Sequitur taxacio
Spiritualitatis tocius prouincie Ebor' in Anglia tam videlicet Antiqua taxa quam
noua . . . Ecclesia de Musegraua xx marz Ecclesia de Crosseby Gerrad' xxiiij li'
(*ends imperfectly*).

Pr. *Taxatio ecclesiastica Angliae et Walliae auctoritate P. Nicholas IV, circa* AD 1291, Record
Commission (1802). The text here ends in the deanery of Westmorland, edn. p. 319, and the
order of the dioceses is Canterbury, Rochester, Chichester, London, Norwich, Ely, Lincoln,
Winchester, Salisbury, Worcester, Exeter, Bath and Wells, Coventry and Lichfield, Hereford,
Llandaff, St Davids, Bangor, St Asaph, York, Durham, and Carlisle. f. 94ʳᵛ, former pastedown,
blank.

ff. ii + 94 + ii. 393 × 278 mm. Written space *c*. 305 × 245 mm. 2 cols. 40 lines. Collation: 1–11⁸
12⁸ wants 6, 7 after f. 93. Written in formal chancery script. No decoration. 'New-bound 1780',
f. ii. Secundo folio *Decime prioris*.

Written in England. Probably the book referred to in the College bursar's accounts for 1418–19,
when 3s. 4d. was given to John Arnold, summonitor of William of Wykeham, on bringing a
book given to the College by the founder 'in quo continentur taxaciones omnium ecclesiarum in
singulis Diocesibus per totam Angliam qui fuerat in custodia Iohannis Exham executoris domini
Thome Ayleward'; the same book is described in the same terms in the Liber Albus f. 34ᵛ (ed.
Gunner, p. 71), continuing 'modo in manibus custodis 2° folio [*blank*]', with an addition 'in
manibus Park', cf. John Park, fellow 1416.

39. *J. de Rupescissa, R. Lull, R. Bacon*   s. xv ex.

Arts. 1–2 occur together, but in different hands, in Cambridge Trinity College
MS O.8.14 (s. xv), from which the additions to the colophons and corrections
throughout here appear to derive.

1. ff. 1–34ᵛ Primus liber est de consideratione 5ᵉ essentie omnium rerum
transmutabilium. In nomine domini nostri Iesu cristi. Incipit liber de famulatu
philosophie euangelice domini nostri Iesu cristi et pauperibus euangelicis viris.
Dicit Salamon cap° vij° sapientie. Deus dedit michi horum scientiam veram que
sunt . . . vel in eius absentia aqua ardens. Explicit tractatus de 5ᵃ essentia (quem
aliqui attribuunt M° rogero bachon'. aliqui Iohanni de rucepissa (*sic*) et primum
est verisimile cum alias vidi vnum compendium quod intitulatur extractum de
libro iohannis predicti et concordat cum isto in omni capitulo secundum ordinem
et in sentencia licet sit breuior quam iste et nisi quod ibi sunt 3ᵉˢ tractatus
principales quorum 2ᵘˢ est de lapide philosophorum et quod ei correspondet ibi
iste qui est hic 2ᵘˢ Et forsan 2ᵘˢ est hic et alibi sincopatus propter inuidiam aut
occultationem cum in se videatur planus).

J. de Rupescissa, De consideratione quintae essentiae. This copy is no. 36 in the list by Singer and Anderson, p. 274.

2. ff. 35–42 Quesiuisti quis trium lapidum nobilior breuior et efficatior . . . super gramen et tandem consequi gloriam. Explicit (hoc totum quod paucis est bene notum).

Raymund Lull, Anima artis transmutationis metallorum, ed. Zetzner, *Theatrum chemicum* (1659), iv. 171–94. This manuscript is no. 18 in the list by Singer and Anderson, pp. 235–9, and described as 'another version of the text'. ff. 42ᵛ–46ᵛ blank.

3. (quires 7–11) ff. 47–85ᵛ Incipit tractatus magistri Rogeri Bacon' de multiplicatione specierum. [P]rimum igitur capitulum circa influentiam agentis . . . licet bene retineat postquam recipit. Explicit tractatus M' Rogeri Bacon' de multiplicatione specierum.

In six parts. Ed. J. H. Bridges, *The* Opus maius *of Roger Bacon* (1900), ii. 407–551/26. Diagrams in margins.

4. (quires 12–23) ff. 86–181ᵛ Pars prima huius persuasionis in qua excluduntur 4ᵒʳ vniuersales cause totius ignorantie humane—Sapientie perfecta consideratio . . . relinquit et transit in cili catchword: ciam (*ends imperfectly, in pt. iv*).

Roger Bacon, Opus maius. Ed. Bridges, i. 1–350/24.

5. (quires 24–5) ff. 182–197ᵛ Post hec sequitur operatio mathematice ad rempublicam fidelium dirigendam. Et hec directio est in 2ᵃbus maximis rebus . . . et omnem conuincere fraudulentum. Finitur 2ᵐ opus fratris Rogeri Bacon'.

Printed from this copy by A. G. Little, *Part of the Opus tertium of Roger Bacon*, British Soc. of Franciscan Studies iv (1912).

6. (quire 26) ff. 198–205ᵛ Incipit opus 3ᵐ fratris Rogeri bacon' Sanctissimo patri do° clementi—pedum oscula beatorum. Vvestre (*sic*) sapientie magnitudini duo transmisi genera scripturarum . . . pertractet de his radicibus (*ends imperfectly*).

Ed. Brewer, *Fr. Rogeri Bacon opera quaedam*, RS [15] (1859), 5–38/22.

ff. iii + 206 + iii, foliated (i–iii), 1–62, 62a, 63–205, (206–8). Paper. 307 × 214 mm. Written space 235–212 × 150–130 mm. 35–9 long lines; 2 cols., ff. 117–121ʳ. Frame ruling or none. Collation: 1–2⁸ 3⁶ 4–6⁸ 7–26⁸. Quires 7–10 numbered 1–4; 12–23, i–xii; 24–5, a–b. Catchwords from quire to quire, and, in the first half of each quire, from leaf to leaf. Written in current, but widely spaced, mixed hands; art. 4 by the same hand as MS 50 art. 1 (distinctive final *s*, hyphens of a stroke or two strokes followed by a dot). Initials: spaces unfilled. Former binding of pasteboards covered with red sheepskin, as MS 3; replaced by Roger Powell in 1958. Secundo folio *naturaliter*.

Written in England, probably in part at Oxford, as MS 50 below. 'Ex dono Willelmo Moryn quondam huius collegii Alumni 1543°', f. 1; admitted to Winchester 1491, fellow of New College 1497–1517, see Emden, *BRUO*, p. 1309 (Moren). Numerous annotations to arts. 1 and 2 and additions to their colophons are probably in Moren's hand, cf. MS 50 below. The College bursar's account for 1542–3 records payment for carrying Moren's books from Hamble-le-Rice (near Southampton). '573' on fore-edge and in the 1634 catalogue.

40. *Palladius*
s. xii med.

Palladii Rutili Tauri Emiliani viri illustris opus agriculture Incipit. Tituli libri primi—De preceptis rei rustice. Pars est prima prudencie. ipsam cui precepturus . . . tendetur aucupium. Decembrem ianuario in horis causa dispar adiunxit cum linea simili ille augeatur iste descrescat. (*two columns, one containing the word* Hora, *the other* Pedes, *repeated eleven times*) Palladii. Rutili. Tauri. Emiliani. viri illustris opus agriculture explicit.

ed. R. H. Rodgers (Teubner, 1975), 1–240.

ff. 37. Leaves formerly in the binding now MSS 40A and 40B, see below. 305 × 190 mm. Written space *c.* 210 × 153 mm. 2 cols. 49 lines. Ruled in pencil. Pricks in both margins to guide ruling. Collation: 1–4⁸ 5⁶ wants 6 (blank ?). Initials: red. Binding of limp vellum, s. xvi. Secundo folio *sunt perage*.

Written in England. 'palladius de agricultura', s. xiii, f. 1 foot. '129', f. 1 top, and in the 1634 catalogue.

40A. *Basil, Homeliae in Psalmos, (frag.)*
s. viii²

E. A. Lowe, *Codices Latini antiquiores*, ii (rev. edn., 1972), no. 261, with a facsimile of top 9 lines of f. 3ᵛ.

A single leaf (f. 1), with a strip of the leaf (f. 4) conjugate with it, and a bifolium (ff. 2–3), containing part of the homily on Psalm 1, in the translation of Rufinus, *PG* xxxi. 1725/35–1726/51 (f. 1ʳᵛ), 1726/55–1728/14 (f. 2ʳᵛ), 1730/54–1732/5 (f. 3). Two leaves missing between ff. 2 and 3.

Somewhat cut down, now *c.* 300 × 197 mm. 10 lines occupy 96 mm. Long lines: 29 + 3 (?) cut away, each 176 mm., or set out a further 9 mm. to the left. Written in uncial.

Written in France (?). Formerly binding leaves in MS 40 above, cf. wormholes.

40B. *Evangelium S. Matthei, (frag.)*
s. xii med.

Four leaves, containing Matt. 5: 28–40 (ff. 1–2ᵛ), and 6: 2–5 (f. 4ᵛ), on well-spaced short lines, with wide margins, set out to accommodate gloss (?). Text on ff. 2, 3–4 obliterated.

198 × 146 mm. Written space 150 × 43 mm. 14 lines.

Written in England (?).

41. *Leonardo Bruni, etc.*
s. xv med.

No. 250 in the descriptions of Petrarch manuscripts by N. Mann in *Italia medioevale e umanistica*, 18 (1975), 487–9.

1. ff. 1–64ᵛ Gaudeo plurimum ac letor in ea te sentencia esse . . . consilio meo tibi aliquando deere. Vale. Has litteras missiuas et responsiuas gasparini viri eloquentissimi scripsit padue damianus de pola.

166 formulary letters by Gasparino Barzizzi; ed. Furietti (1723), i. 220–336. Here the letters edn. pp. 245–6 stand fifth and sixth, and the letter edn. 316–17 is omitted, with the pair before and after it changing places. This is also the arrangement of Oxford Balliol College MS 132 art. 3 (. . . scripsit Padue Damianus de Pola . . .), from which, or from their common exemplar, this copy was made.

2. ff. 65–135ᵛ Innocencio pape linus colucius salutatus post humilem commend-acionen et pedum oscula beatorum. Nescio cui magis gratuler—(f. 65ᵛ) Leonardus colucio salutem et si sciam que tu nuper de me . . . Rem incredibilem serenissime princeps—vale decus seculi nostri xvij octobris florencie. Expliciunt luculente egregieque epistole dictate per Famosum et conspicuum virum leonardum aretinum oratorem perquam lucidum.

A letter of Coluccio Salutati to Pope Innocent VII congratulating him on his appointment of Leonardo Bruni as secretary (in 1405), followed by seventy-six letters of Bruni, the first to Salutati, and the last to Alphonso of Aragon. The opening letter and Bruni's first and last letters are the third, fourth, and last letters in the larger collection in Oxford Balliol College MS 310.

Arts. 3–4 are on quires 18–22.

3. ff. 136–52 Historia nichodemi de passione christi. Factum est in anno nonagesimo (sic, for nonodecimo) imperii tiberii cesaris imperatoris romanorum . . . quia ipsum credimus verum dei filium Qui cum patre—Amen. Explicit historia nichodemi de passione christi.

Cf. Stegmüller, no. 179, 12. This version ends with the evil fate of Pilate and Nero.

4. (a) ff. 152ᵛ–162ᵛ Erras fateor non indignus cuius ab homine non insano . . . ac ruine proximam magnitudinem perhorrescam. Explicit epistola francisci laureati poete in quendam innominatum sed in dignitate positum; (b) f. 163ʳᵛ Incipit epistola francisci petrarche laureati ad dominum Clementem papam. ex qua orta est lis inter medicum quendam ipsius domini pape. Vnde data est occasio inuectiuarum sequencium. Febris tue nuncius beatissime pater . . . saluam cupis; (c) ff. 164–175ᵛ Inuectiuarum francisci petrarche laureati de florencia contra rudem et procacem pape medicum. Quisquis es qui iacentem calamum . . . corpus infectum dampnosis humoribus exhaurire. Expliciunt quedam inuectiue Francisci petrarche laureati poete.

Petrarch, (a) Invectiva contra quendam magni status hominem, ed. Ricci, pp. 694–708; (b) Epistola ad Clementem VI, ed. Rossi, ii. 43–5; (c) Invective contra medicum, extracts (details in Mann, art. cit.), ed. Ricci, pp. 25–38, 41–2, 46–9, 89–90.

5. ff. 176–216ᵛ In lacrimas risus in luctus gaudia verto . . . (f. 216) dereliquit aspectus Natura uero ad suppremum stellantis mundi—gressus maturauerunt gloriosum. Explicit encheridion magistri Alani minimi capellani de conquestione nature.

Alanus de Insulis, De planctu nature. PL ccx. 431–82.

ff. iv + 216 + iii. Paper; some of it with a hard parchment-like glaze, e.g. f. 208. 220 × 150 mm. Written space c. 165 × 105 mm. c. 34 long lines. Frame ruling on a few leaves, otherwise none. Collation: 1⁸ wants 1 2–26⁸ 27⁸ + 1 leaf (f. 216) after 8. Written in anglicana by one hand. Initial: f. 1, red. Former binding of pasteboards covered with red leather, as MS 3; replaced by Roger Powell in 1959. Secundo folio prehendo.

Written in England. 'Thomas Symes 1583 (?)' and price (cancelled), f. 1; altered to 'liber Collegii quem dedit——1612'. 'Thomas Symes', f. 216ᵛ, and in pink ink, ff. 152ᵛ, 176. '516' on fore-edge and in 1634 catalogue.

42. New Testament (in English)   s. xv in.

1. ff. 1–15 kalendar of pistlis lessouns and gospels

The beginnings and ends of lections throughout the year, according to the use of Sarum. ff. 15ᵛ–16ᵛ ruled but blank.

2. ff. 17–294ᵛ Here bigynneþ þe prolog of mathew. Matheu þat was of Iude. . . . be wiþ ȝou alle amen Here endiþ þe apocalips of Ioon: þe eende of þe newe testament.

Four Gospels, Pauline Epistles, Acts, Catholic Epistles, and Apocalypse in the later Wycliffite version, with the usual prologues. Forshall and Madden, no. 139. Chapters subdivided in places by marginal letters. Galatians starts a new quire, 23.

3. (added, s. xv²) f. 294ᵛ These be þe commandementis of god For God spake . . . For yn six days god (ends imperfectly).

The ten commandments.

Borders cut from a Book of Hours (?), French, s. xv, pasted to several pages, ff. 218ᵛ–219, 257ᵛ–258, 275ᵛ–276, beginning of Acts, the Catholic Epistles, and Apocalypse.

ff. iv + 294 + iii. 218 × 143 mm. Written space 155 × 98 mm. 2 cols. 28 lines. Collation: 1–36⁸ 37⁶. Quires signed a b a–z ꝛ A–L. Written in textura, probably all by one hand. Initials: (i) to books and first prologue (2-line), 6-line mostly, in two styles, usually alternating: (a) e.g. f. 51ᵛ, gold on coloured grounds decorated in colours or white, with marginal prolongations in gold and colours (not green); (b) e.g. f. 1ᵛ, red and blue, with ornament of both colours and ink, prolonged into the margin as a continuous border; (ii) to 2 Peter, 2 John, and Jude, 4-line, in gold, on grounds of pink and blue patterned with white, with short marginal sprays; (iii) to chapters and prologues, 3-line, blue with red ornament. Words highlighted with yellow. Former binding of red sheepskin, as MS 3, replaced by Roger Powell in 1949. Secundo folio (f. 18) born.

Written in England. 'Liber Collegii Bᵗᵃᵉ Mariae Winton prope Winton', s. xvii, f. 1. Library Donations Book under 1609: 'Guide Dobbins huius Coll. Socius dedit . . . Novum Test. Anglic. Man: Script.' '112' on fore-edge and in the 1634 catalogue.

43. Avicenna, etc.   s. xv med.

1. (quires 1–9) ff. 1–95 In primis deo gracias agamus sicut sui ordinis celsitudo . . . et declaracio huius est quod egritudo corpori (ends abruptly).

Avicenna, Canon medicine, extracts, as far as Canon 4 Fen 2 Tract 1 cap. 2 (edn. 1522, f. 332ᵛb/9). Two leaves missing after f. 65. ff. 95ᵛ–98ᵛ blank.

2. ff. 99–103 Ad memoriam preseruandum. Memorie confortacio ac eius bona disposicio vtilis et necessaria est studentibus . . . secundum eciam fortitudinem passionis. Explicit tractatus de memoria confortanda.

3. ff. 103ᵛ–106 Liber (3ᵘˢ) retoricorum tullii (id est ciceronis) de memoria. Memoria vtrum habeat quiddam Artificii an omnis ab natura . . . et quod maxime necesse est exercitacione confirma. Explicit liber 3ᵘˢ tullii de memoria.

Ad Herennium, iii. 16. f. 106^v blank.

ff. iv + 106 + iv. Foliated at foot; paginated on rectos. Paper. 216 × 137 mm. Written space *c.* 145 × 100 mm. 35–8 long lines. Frame ruling in pencil. Collation: 1–3^{12} 4^8 5^{12} 6^{12} wants 10, 11 after f. 65 7–8^{12} 9–10^8. Art. 1 written in hybrida; arts. 2–3 in a current mixed script. Initials: spaces unfilled. Former binding of pasteboards covered with red sheepskin, s. xviii, as MS 3, replaced by Roger Powell in 1963. Secundo folio *vide Omnis.*

Written probably in the Netherlands (art. 1) and England (arts. 2–3). 'Anthony Woods (?)' blotted, s. xvii, f. 106^v. Former standard College binding of s. xviii.

44. *Petrus de Crescentiis* s. xv med.

(*begins imperfectly, in the table of chapters, at bk. 4 cap. 8*) debent colligi—(f. 3^v) Incipit ruralium commodorum liber a Petro de Crescenciis Ciue Bononie ad honorem dei omnipotentis et serenissimi domini Regis karoli compilatus atque ad vtilitatem omnium gencium et cetera. Cum ex virtute prudencie . . . (f. 166) et rethibus diuersis atque visco capiuntur. etc^a.

Twelve books. First leaf missing, and a quire after f. 95 containing bk. 6 caps. 38–84 and part of 85. Chapters numbered. ff. 166^v–167^v blank.

ff. ii + 167 + ii. 252 × 170 mm. Written space 176 × 107 mm. 42 long lines. Collation: 1^8 wants 1 2–21^8. Quires signed a–h k–n p–v (⊙ ꝛ Written in textura, with long *s*, most noticeably at first. Initials: (i) f. 4, 3-line, gold on blue, pink, and green ground shaded with white, with marginal sprays; (ii) 2-line, blue, with red ornament. Capital letters in the ink of the text filled with yellow. Mark from chaining-staple (?), f. 1 foot near spine. Former binding of red sheepskin, as MS 3, replaced by Roger Powell in *c.*1950. Secundo folio *debent* (f. 1).

Written in England. 'M S', initials (?), s. xvi/xvii, f. 167^v below Greek tag. '331' on fore-edge and in the 1634 catalogue.

45. *Tractatus de medicina* s. xiv/xv

Incipit particula 6^a que est de morbis epatis et ei seruiencium. scilicet splenis renum et vesice et continet capitula 24—(*table of 24 chapters*)—Capitulum primum de anathomia epatis—Post (quam) autem sermonem de morbis stomachi in quo prima celebratur digestio et membrorum seruiencium superfluitati prime digestionis sicut sunt intestina et anus (diximus) restat nunc commentum in ista particula [. .] tractare de morbis epatis in quo 2^e celebratur digestio . . . et statim nocumentis superuenientibus occurrat. Et dominus dirigat omnia in tranquillitate Amen. Explicit 7ma particula prime summe et hic finis istius libri.

Parts 6 and 7 of a work bearing some relation to Gilbertus Anglicus, Compendium medicinae, parts 6 and 7: the end of part 7 is the same, but not the beginning of part 6. Part 7, beginning f. 163, in 27 chapters.

Added, s. xv, f. 317^v, two recipes: 'pro podagra' and 'pro gutta'.

ff. iii + 317 + iii. Paper. 223 × 150 mm. Written space *c.* 162 × 85 mm. 37–43 long lines. Frame ruling with hard point. Collation: 1–13^{12} 14^{12} wants 12 after f. 167 15–16^{12} 17^{10} 18–26^{12} 27^8. Leaves in the first half of each quire signed at the foot, quire-number on the left and leaf-number on the right. Written in long-*r* secretary. Initials: blue. Indentation in leaves in the last third of the book from nail of strap-and-pin fastening of former binding. Former binding of red sheepskin, as MS 3, replaced by Roger Powell in 1962; title (?) on bottom edge. Secundo folio *gibbositas*.

Written in England. '326', f. 1 top, fore-edge, and in the 1634 catalogue.

48. *Horae*   s. xv in.

1. ff. 1–6ᵛ Sarum calendar in red and black, partly graded (up to ix lec').

Feasts in red include Anne (26 July). Added entries: Augustine (26 May), Erasmus (3 June), translation of Osmund (16 July), Francis (4 Oct.). 'pape' and feasts of Thomas of Canterbury cancelled.

2. ff. 7–40ᵛ Matutine beate Marie.

Hours of B.V.M. of the use of (Sarum), with Hours of the Cross and Hours 'de compassione uirginis marie', *RH*, no. 29551, worked in; the latter preceded, f. 24ᵛ, by the rubric 'Quicumque dixerit matutinas subscriptas de compassione uirginis marie cum consuetis matutinis eiusdem nulla peste peribit nec mortem miserabilem subibit et ab ipsa sancta uirgine semel ante mortem uisitabitur et per eam in celesti requie gloriabitur'. The memoriae after Lauds are Holy Spirit, Trinity, Cross, Michael, John Baptist, Peter and Paul, Laurence, Nicholas, David, Katherine, Relics, All Saints, and peace.

3. ff. 40ᵛ–41 Salve regina . . . Omnipotens sempiterne deus qui gloriose uirginis matris marie . . .

4. f. 41ʳᵛ Gaude uirgo mater christi . . . (*RH*, no. 27206) Omnipotens sempiterne deus qui diuina grabrielis (*sic*) salutacione . . .

5. ff. 41ᵛ–42ᵛ Planctus beati bernardi de dolore beate marie uirginis—Salue mater dolorosa . . . , *RH*, no. 18018.

Arts. 6–7 are on quires 5–8.

6. ff. 43–63ᵛ Penitential psalms (*beginning imperfectly* at Ps. 31: 9 lectus), fifteen gradual psalms, and (f. 51) Litanies for each day of the week.

Last confessor on Thursday Athelwolde.

7. ff. 63ᵛ–67ᵛ O ihesu christe eterna dulcedo te amancium . . . Credo in deum.

Fifteen Oes of St Bridget.

8. (quires 9–11) ff. 68–95ᵛ In uigilia mortuorum, noted.

9. (quire 12) ff. 96–103 Commendatory psalms.

At the end the rubric 'Numquam enim dicatur alia commendacio in ecclesie sarum quam ista predicta siue corpus presens fuerit siue non'.

10. (quire 13) ff. 104–115ᵛ Beatus Ieronimus hoc modo breuiter disposuit— assidue hoc psalterium cantent; et regnum dei possidebunt. Dona michi queso domine ihesu christe vt per hec sacrosancta psalterii celestis mella—(f. 104ᵛ) Uerba mea auribus . . .

Psalter of St Jerome, followed by the prayers Deus cui proprium est misereri, Omnipotens sempiterne et misericors deus clemenciam tuam, Sancta trinitas deus misereri mei, Suspice dignare domine deus omnipotens hos psalmos, Commendo animam meam et corpus.

11. ff. 116–121^v Prayers: Oracio sancti ambrosii. dicenda ante missam. Si tantum domine reatum nostre delinquencie cogitamus . . . , Miserator et misericors deus paciens . . . , Proiectis domine nobis in condempnacionem operum nostrorum . . . , Oracio cotidiana dicenda Mordacis consciencie stimulus . . . , Oracio sancti ambrosii episcopi. Summe sacerdos et uere pontifex qui te optulisti deo patre hostiam . . .

12. ff. 122–3 Oracio pulcra et deuota de beata maria. vnde versus Hec si cotidie —sepe probatum (*4 lines*). Sanctissima gloriosissima et piissima dei genitrix uirgo maria. Ego N indignus peccator . . .

13. ff. 123–5 Obsecro te . . . michi famulo tuo .N. . . .

The rubric conveys an indulgence of 100 days from Pope Innocent.

14. ff. 125–126^v Oracio bona et confessio ad beatam uirginem mariam. Sancta uirgo uirginum que genuisti dominum . . . (*RH*, no. 40774) O dulcissima maria mater misericordie . . .

15. ff. 126^v–128 O beata intemerata . . . orbis terrarum: inclina . . . Masculine forms.

The rubric states that 'cum sanctus Edmundus archiepiscopus occupatus studio vna die dicere omisisset: nocte sequenti sibi appertus beatus Iohannes euangelista cum ferula eius in manu percutteret comminatus quod defecisset'.

16. ff. 128–129^v Aue plena gracia poli imperatrix. Pelle precor . . . Amen dicat curia pie redemptoris.

Sixteen 4-line stanzas.

17. ff. 129^v–131 Aue uirgo uirginum que uerbo concepisti . . .

RH, no. 2271, in seventeen 4-line stanzas, followed by the prayer Deus omnipotens creator omnium qui gloriosam uirginem . . .

18. ff. 131–132^v Oracio de sancta maria. Aue dei genitrix et immaculata . . . (*RH*, no. 1761) Deus qui beatissimam uirginem . . .

19. ff. 133–134^v Letania metrica. Pater fili spiritus sancte tres persone . . . salubriter accipere. amen.

Twenty-four 4-line stanzas. The saints include Thomas of Canterbury, Patrick, Brandan, Columbanus, and Bridget.

20. ff. 135–6 Incipiunt septem (*altered to* nouem) gaudia beate marie uirginis— Gaude summi creatoris sponsa gloriosa . . .

Nine 4-line stanzas, followed by the prayer Omnipotens sempiterne deus qui meritis et intercessione . . .

21 ff. 136–137^v (De sancto mic[haele].) Sanctissime michael archangele princeps milicie celestis . . . Domine deus sabaoth omnium dignitatum dispensator . . . Deus qui miro ordine angelorum . . .

22. ff. 137^v–140 Incipit oracio sancti gregorii pape (*erased*)—Domine exaudi

oracionem meam quia iam agnosco tempus meum prope est . . . (f. 139ᵛ) Tibi ago laudes et gratias deus . . .

23. ff. 140ᵛ–144 Sicut uadis ad ecclesiam dic psalmum Ad te leuaui. Postea dic hos versus Gressus meos dirige secundum eloquium tuum . . . Quando intras ecclesiam dic. Domine in multitudine misericordie introibo . . . Postea flexis genibus ante crucem dicas. Domine plasmasti me et redemisti . . . Deinde osculare terram signum crucis faciens dicendo. Adoramus te christe et benedicimus tibi . . . Similiter in introitu ecclesie dicatur oracio sequens. Te adoro creatorem et te credo redemptorem . . . Oracio ante signum sancte crucis dicenda. (f. 141ᵛ) O crux aue spes vni[c]a salue arbor sanctissima . . . (RH, no. 39305, AH xlvi. 106) Salue crux gloriosa que in sacro christi corpore subtiliter es dedicata . . . (f. 142ᵛ) Aue corpus christi carum. Passum tormen hoc amarum . . . Repletos dulcedine (18 lines) (f. 143) Deus qui manus et pedes tuos . . . Domine ihesu christe qui septem uerba . . .

24. ff. 144–5 Oracio. Domine deus omnipotens qui es trinus et vnus— Commendo animam meam . . .

25. ff. 145–7 Domine ihesu christe qui in hunc mundum propter nos peccatores . . .

26. ff. 147–148ᵛ Sancta maria. sanctus Iohannes baptista Matheus Marcus— intercedant pro me peccatore N . . .

27. ff. 148ᵛ–149ᵛ memoria of Frideswide: Salue sancta femina salus infirmorum. Salue lux Oxonie . . . , six 6-line stanzas.

28. (added) (a) f. 95ᵛ prayer for the delivery of the Holy Land 'de potestate paganorum'; (b) (s. xv ex.) f. 103ᵛ Christe qui lux es et dies . . .

ff. iii + 150 + iii, foliated (i–iii), 1–85, 85*, 86–149, (150–1). 212 × 143 mm. Written space 145 × 81 mm. 24 long lines. Collation: 1⁶ 2–4¹² 5¹² wants 1 before f. 43 6–7⁶ 8 two (ff. 66–7) 9–10¹² 11⁶ wants 6 (blank ?) after f. 95 12⁸ 13¹² 14¹⁰ 15–16¹². Change of hand at ff. 68, 96, and 116. Initials: (i) 7-line, in colour, on gold grounds decorated in colour, including, f. 1, green; (ii, iii) 6- or 4-line, gold on pink and blue grounds, patterned with white and green; (iv) 2-line, blue with red ornament; (v) 1-line, blue with red ornament, or red with violet ornament. Borders, continuous on ff. 1, 68, and 96, in gold and colours on pages with type (i) initials. Elaborate cadellae (bats, etc.) in art. 8. Cadellae and capital letters in the ink of the text filled with yellow, and, ff. 116 and 128, green. Bound by Katherine Adams in 1911. Secundo folio (f. 8) sol et omnia.

Written in England. Library Donations Book under 1608 'Magister Lant medicus ex aede Christi Oxon dedit Matutinas Bᵗᵃᵉ Mariae M.Sc.' no doubt refers to this book, see heading to art. 2; John Lant, MA, 1579. '337' on fore-edge and in the 1634 catalogue.

50. A. de Saxonia, etc.   s. xv/xvi

1. ff. 5ᵛ–16ᵛ Proportio communiter accepta est 2ᵒʳᵘᵐ comparatorum . . . supersedeo gratia breuitatis. Expliciunt proportiones Magistri Alberti de Saxonia.

Printed often: GKW, nos. 786a–794.

2. ff. 18–30 Scribo vobis qui vultis de mutabilibus pronosticare elementorum . . . experimento monstrante deo dante denudaui. qui viuit—amen. Explicit tractatus subtillisime consideracionis fratris R. B. ordinis minorum qui experimentarius dicitur.

Eight Questiones, not otherwise known; Glorieux, no. 312 ay. Cf. A. G. Little in *Roger Bacon: Commemoration Essays* (1914), 410–11, no. 46. f. 31 contains a diagram. ff. 17^{rv}, 30^v blank.

3. ff. 35–36, 32–34, 37–39, 46–48, 56–63, 51–54 Haud ab re fore arbitror si preter maiorem consuetudinem . . . cum laude fructum auditores nostri consequi Valeant

Treatise on the subject of memory, apparently in three books: bk. 2, f. 46; bk. 3, f. 51. A *signe de renvoi* on f. 58 suggests that ff. 56^v/15–57^v is to be taken after ff. 58–9. The text is interrupted, f 60^{rv}, by an alphabetical list of objects, Amphigrafus id est compassus cuius caput est superior pars . . . Vomer cuius os est superius; similarly f. 41^v. ff. 54^v and 55^v contain a series of numbers, with a word above each, in Greek letters mostly; see also the stub after f. 50. ff. 32, 40, 41, 42, 43, 45, and 45^v are without continuous text and have revolving pieces of parchment bearing diagrams attached to them; that on f. 45 is marked 'Barbiton' and 'Hanc tu uertendo variabis'. ff. 31^v, 34^v, 40^v, 42^v, 43^v, 44^{rv}, 49–50^v, 55, 63^v–66 blank.

4. ff. 2–5 (flyleaves and originally blank recto of first leaf) contain a brief text, beginning Tria sunt studentibus necessaria. Nature. Exercicium. Disciplina . . . , ff. 2–3, and other notes; those on ff. 4–5 in the same hand, probably William Moren's, see below, as art. 2 above and as marginalia in MS 39 arts. 1–2 above.

ff. 66, now bound in three volumes: ff. 1–16 (MS 50A, B), ff. 17–30 (MS 50C), ff. 31–50, 50*–66 (MS 50D); formerly bound with three quarto incunabula, now S.16, (i) Obligationes Strodi cum Comento Rustici, Papiae 1494 (Hain, no. 15100), (ii) Elenchi Ioannis Scoti Duns, Venice 1499 (Hain, no. *6439), (iii) Tabule Astronomice Alfonsi Regis, Venice 1492 (*GKW*, no. 1258). Paper. 215 × 153 mm. Written space c. 160 × 105 mm. c.28 long lines. Frame ruling or none; some edges folded to produce a crease. Collation impracticable. Written in current hands; art. 1 in the same hand as MS 39 art. 4; art. 2 and part of art. 4 probably in the hand of William Moren; invocation at the start of art. 3 'Maria IHS Thomas'. Initials: spaces unfilled. Former contemporary Oxford binding of leather bearing Gibson's stamps 43, 82, 84, 85, 86 (facing right), and 87. Present bindings of s. xix.

Written in England, probably at Oxford. 'precium vj^d. W Moreyn attinet', presumably autograph, and 'Ex dono Willelmi Mory*n* quondam huius Collegii Alumni 1543°', as MS 39 above, on the title-page of Strode (incunable i above). No. 10 in the 1634 catalogue.

51. *Synonyma* s. xv/xvi

Numbered sets of synonyms of materia medica, ff. 23–48. Each set is arranged alphabetically according to the first letter. Names which come after the first in any set are not repeated under subsequent letters of the alphabet, and consequently the number of sets under each letter diminishes as the alphabet progresses: *A* 261, *B* 50, *C* 76 . . . *S* 20, *T* 5, and *V* 2. Qualities, quantities, and the English, and often the Flemish, equivalents are given, e.g. no. 2 under *A* 'Amargon Amarsel Belesis Corallus Helbesed Frigida et sicca 2 g^a A^{ce} Corall'. Some English explanations are fuller, e.g. 'Of rosis þer beþ many kyndes but the Rede rose ys vnderstond' yn makyng And yn ʒeuy*n*g of medesyns', f. 28^v.

ff. 1–22 contains an index of the names on ff. 23–48, 'Aaron a 150 Ababari a 10
Abihel . . . Zanchos f 13 Zuma m (?) 2'.

f. iii^{rv} contains notes, s. xvi in., in the same hand as notes on the title-page of Dispensarium
Nicolai, see below, and as marginalia in MS 3 above.

A later hand, that occurs in the margins of P. Hispanus, see below, added a note on the battle of
Lepanto, headed '1571', f. iii^v, verses, f. 22^v, and recipes to aid conception, etc., f. 48^v.

ff. iii + 48 + ii. Paper. f. iii belongs with printed item (ii) below, of which it is the last (blank) leaf
(sign. (n.vj)), as the watermark shows. 255 × 195 mm. Written space c. 230 × 145 mm.
Collation impracticable. Clear upright mixed hand, mainly anglicana. Initials: red. Formerly
bound between two pairs of printed books, now all separated, see nineteenth-century catalogue:
(i) C. Bovillus, *Questionum theologicarum libri septem* (etc.), Paris, 1513; (ii) *Di(s)pensarium
magistri Nicolai Prepositi*, Lyons—M. Huss, sine anno (Hain, no. 4832); (iii) P. Hispanus,
Thesaurus pauperum, Antwerp—T. Martens, 1497 (Campbell, no. 1395); (iv) *Lyf of Saint
Katherin of Senis*, London—W. de Worde, sine anno (Duff, no. 403): stamped at the end
'Robert Hedrington his Bookes. 1577'. Rebound, s. xix. Secundo folio *Alfel*.

Written in England.

102. *Horae*   s. xv^2

1. ff. 1–12^v Full calendar in French, in gold, and alternating blue and dark red.

Feasts in gold include Gervais (19 June), Denis, and Romain (9, 23 Oct.).

Arts. 2–4 are on quires 2–3.

2. ff. 13–18^v Sequentiae of the Gospels.

After John 'A. Te inuocamus . . . V. Sit nomen domini benedictum. R. Et hoc nunc et usque in
seculum. Oracio Protector in te sperancium . . . Alia oracio Ecclesiam tuam . . . '.

3. ff. 18^v–22 Obsecro te . . . Masculine forms.

4. ff. 22^v–26 O Intemerata . . . orbis terrarum. De te enim . . . Masculine forms.

f. 26^v blank.

5. (quires 4–9) ff. 29–34^v, 28^{rv}, 35–70^v Hours of B.V.M. of the use of (Rouen),
beginning imperfectly.

The memoriae after Lauds are Holy Spirit, Nicholas, and Katherine.

Arts. 6–8 are on quires 10–12.

6. ff. 71–87^v Penitential psalms, and Litany, ending imperfectly.

Thirteen confessors, (6–13) Mellone Romane Germane Maure Leobine Gilzarde Winiane
Iuliane; ten virgins, (3) Austerberta.

7. ff. 88–90^v Hours of the Cross, beginning imperfectly.

8. ff. 91–93^v Hours of the Holy Spirit.

9. (quires 13–16) ff. 94–124^v Office of the dead.

Arts. 10–11 are on quire 17.

10. ff. 125–130ᵛ Doulce dame de misericorde mere de pitie . . .

Fifteen Joys, in French; Sonet, no. 458.

11. ff. 130ᵛ–134 (*a*) Doulx dieu doulx pere saincte trinite . . . (*b*) Saincte uraie croix aouree . . . La noble ioye de paradis. A. (8 lines).

(*a*) Seven Requests; Sonet, no. 504; (*b*) ibid., no. 1876. f. 134ᵛ blank.

12. ff. 135–8 Ecce ad te confugio Uirgo nostra saluacio . . . (85 lines. *RH*, no. 5087) Famulorum tuorum quesumus domine delictis ignosce . . .

13. ff. 138–139ᵛ De saint iohan baptiste an'. Hic est precursor . . . De saint iaque ant' O adiutor omnium seculorum . . .

Memoriae of John Baptist and James.

f. 140ʳᵛ originally blank.

14. f. 27 is a leaf from another Book of Hours, in 13 long lines, containing part of Compline of B.V.M.; three borders on each page.

ff. ii + 140 + iii. 205 × 150 mm. f. 141 is an early parchment flyleaf, see below. Written space 100 × 65 mm. 15 long lines. Collation of ff. 1–26, 28–140 (for f. 27, see above art. 14): 1¹² 2⁸ 3⁶ 4⁸ (ff. 29–34, 28) wants 1 before f. 29 5–8⁸ 9⁴ 10–11⁸ 12⁸ wants 2 after f. 87 13–15⁸ 16⁶ + 1 leaf (f. 120) after 2 17¹⁰ 18⁶. Twelve three-quarter-page pictures: 7 to art. 5 (Matins missing), and one each to arts. 2 (four evangelists), 6, 8–9, and 10 (a woman kneels before B.V.M. and Child). Initials: (i, ii) in two sizes, 4- or 3-line, and 2-line, in blue patterned with white, on gold grounds decorated in colour; (iii) 1-line, in gold on grounds of pink and blue patterned with white. Capital letters in the ink of the text filled with yellow. Line-fillers in pink and blue patterned with white, and gold. Framed floral borders, including a few figures, e.g. a tumbler, f. 71: continuous on picture-pages; on three sides of pages with type (i) initials; the height of the written space in the outer margin of all other pages. Binding of s. xix. Secundo folio (f. 14) *ra que*.

Written in France. Arms in the lower border of f. 125: argent and gules barry, in fess gules five triangles or, in chief or an eagle displayed sable. 'Ces heures appartiennent a Monsieuʳ de Malabarbe qui en l'an 1580 le 23ᵉ de May espousa Elizabeth de begat fille de Monsieur de Villemorien', f. 139ᵛ, followed, ff. 139ᵛ–140ᵛ, by a list of their fourteen children, born 1581–1601. Arms in a cartouche: a castle gules, in chief an eagle displayed, f. 141 (parchment flyleaf). 'D. A. Ireby', s. xix, on a piece of paper stuck to f. i. Given by his descendant, Frederick Morshead, in July 1906, see letter from the donor, 17 July 1906, kept with the manuscript.

WINDSOR. ST GEORGE'S CHAPEL

Descriptions of MSS 1–5 by M. R. James in *The Library*, 4th series 13 (1932–3), 72–6.

1. *R. Rolle, etc.*   s. xv med.

1. ff. 1–20ᵛ Hic incipiunt duodena capitula [in] exposicione Ricardi heremite de

hampole.—(*table of 12 chapters*)—De hiis singillatim prout deus dederit prosequetur Primo. de comisione. Ne tardes conuerti ፡ . . . eternaliter laudare Cui —Amen. Explicit regula viuendi secundum Ricardum eremitam de Hampole.

This copy of the Emendatio vitae not among ninety listed Allen, *Writings*, pp. 231–40.

Arts. 2–4 are on quires 5–7.

2. ff. 29–30ᵛ These ben þe ten comaundementis. I warne eche leede þat lyf in londe . . . kindely to kepe his comaundment

Thirteen 8-line stanzas, rhyming ababbcbc. Wells, *Manual*, p. 354. *IMEV*, no. 1379.

3. ff. 30ᵛ–32ᵛ A deuout preieer to oure lord ihesu crist. A ihesu þi swetnes who miȝt it se . . . wiþ þee to wone wiþouten eende. Amen.

Fourteen 8-line stanzas, rhyming abababab. Wells, *Manual*, p. 525. *IMEV*, no. 1781.

4. ff. 32ᵛ–52ᵛ Here biginniþ þe seuen salmes. To goddis worshipe þat deere us bouȝte . . . Graunte us oo god and persoones þre. Amen.

Translation by Richard Maidstone, OFM, in 119 8-line stanzas, rhyming abababab, each preceded by two lines of Latin in red. *IMEV*, no. 3755.

5. ff. 53–87ᵛ An prolog. I Coueite to telle shortli bi þe ordre of þe hooly gospel: þe lyf of þe glorious virgin marie—and saueour ihesu crist—(*table of 40 chapters*) —(f. 54) i capitulum Of þe auncetrie of þe glorious virgin marie. Ioon damacene in lxxxviij epistle. The hooly virgin marie and more worþy to be preisid þan oþe wymmen . . . what is to saye of (*ends imperfectly in cap. 40*).

ed. S. M. Horrall, Middle English Texts xvii (1985), in parallel with the Latin text by Thomas of Hales, OFM.

6. (*a*) ff. 88–94ᵛ (*begins imperfectly*) diche / and hem forsoþe . . . Forto anointe wiþ al þe body of þe lord . . . ; (*b*) ff. 94ᵛ–95 A meditacioun of þe going of ihesu in to helle. Now it were to considre . . . redempcioun of his peple: þat regniþ— Amen.

Translation of part of pseudo-Bonaventura, Meditationes vitae Christi; it follows art. 5 in the only other copy known, Oxford Bodleian Lib. MS Laud misc. 174, which also contains art. 4 and belonged, s. xvi, to the same owner as MS 2 below. (*a*) Narrative of the Passion; four complete sections remain, the first beginning (f. 89) 'Forsoþe eftsoones þey siȝen oþere comen'; the second is marked in the margin 'cumplyn', the third 'aftir cumplin', and the fourth 'satirday'.

7. (added, s. xv ex.) f. 95ᵛ (*a*) deus qui uoluisti pro redempcione mundi . . . ; (*b*) crux fidelis arbor mitis . . . ; (*c*) Deus qui sanctam crucem ascendisti . . .

8. (added, s. xv/xvi) f. 95 At our begynyng god vs spede . . . and blow it not.

Six lines of verse, printed by James p. 74. *IMEV*, no. 432.

9. (added, s. xvi in.) (*a*) ff. 21–28ᵛ + margins 29–36 Assit huic operi presentia (p)neumatis Almi/Quod res hic cepta finem dignum sit adepta/In the begynynge of this dede/Pray we god that he us spede/. . . Als wyly as the foxe and fals; (*b*) f. 89 margins, Blame not all wemen þough one haue offendyt . . .

ed. S. M. Horrall, *Mediaeval Studies*, 45 (1983), 343–84. (*a*) Latin couplets 'for clerkes that latyn can', each followed by a quatrain in English, rhyming aabb, 'for ylke a lewde man'. James, pp. 72–3, prints lines 1–4, 20–9, 34–9, and the last 9. *IMEV*, no. 1539; (*b*) 4 lines (aabb), and other maxims in verse, in all 24 lines.

ff. i + 97. f. i is a medieval flyleaf. 193 × 130 mm. Written space *c.* 135 × 80 mm. 30 long lines. Collation: 1–3⁸ 4² + 2 leaves (ff. 27–8) after 2 5–11⁸ 12⁸ wants 4 after f. 87 13⁸ wants 5, 8 (blank). Quires 2 and 9–13 signed a and l–p. Written in textura, except art. 8 anglicana, and arts. 9 and 10 secretary. Initials: (i) 3/2-line, blue with red ornament; (ii) 1-line, red or blue. Binding of s. xx, by 'F. Vaughan'; replacing medieval binding of wooden boards covered with white leather, see Horrall (art. 5). Secundo folio *quam omnes*.

Written in England. 'Iste liber constat [. . .]', s. xv, f. i. 'Explycet Robart Bewyche' bertwyche plom*mer* Anno xxij hᶜⁱⁱ vij' 1506/1507, f. 95ᵛ. Copy of bond of William Reydon to John Smith for £10, s. xvi, f. 96ᵛ. 'William Holme His Booke', s. xvii, f. 41. 'John Holme Rector of Brewrton [Brereton] Cheshire 1638', f. 50, and '1641', f. 45, '1642', f. 73. 'John Shelmerdine His Booke Anno Dom. 1690', f. 38 and cf. f. 5. 'Isaac Ogden Anno Dom 1699', f. 50. Exhibited to the Society of Antiquaries in 1861, *Proceedings*, NS i. 340–1.

2. *R. de S. Victore; N. de Hanapis*   s. xv in.

1. ff. 1–84ᵛ Incipit prologus allegoriarum. In precedentibus premissa descripcione . . . quam nobis largiatur incommutabilitus deus. Amen. Explicit Allegoria biblie secundum Petrum commestorem. Magistrum Historiarum.

By Richard of St Victor, see P. S. Moore in *The New Scholasticism*, ix (1935), 209–25. *PL* clxxv. 633–750 (OT); 751 *seqq.* (NT). Stegmüller, nos. 3847–8. Here in ten books, in 20, 19, 22, 10, 18, 25, 42, 16, 4, and 79 chapters respectively, each preceded by a table of chapters. Bks. 1–9 OT, ending (f. 53) 'uictoriam coronari Quod idem filius dei—amen'; bk. 10 Gospels only, beginning 'Primi parentes . . . ' and the last chapter (79) 'Nemo commissuram a uestito nouo . . . ', is very different from *PL*, as in other English copies, a number of which have the attribution to Peter Comestor, see BL MS Royal 8 A.viii, etc.

2. (quires 8–10) ff. 85–113ᵛ Istud calendare transit per ordinem Alphabeti—De abstinencia et ieiunio i.—De zelo indiscreto ca. 128 Tanta pollet excellencia predicacionis officium—uocabulis determinatis registraui. De abstinencia et ieiunio ca. 1ᵐ. Precepit deus ade. gen' 3 dicens. Ex omni ligno . . . a paulo dicebantur. Actuum 13. Explicit medulla biblie in compendio. Deo gracias. Amen.

Nicholas de Hanapis, De exemplis sacrae scripturae; Stegmüller, no. 5816. Here with the chapters rearranged in alphabetical order: the first and last are nos. 88 and 53 in the original form.

ff. ii + 113 + i. f. ii former pastedown. 215 × 152 mm. Written space 150 × 100 mm. 2 cols. 40 lines. Collation: 1–9¹² 10⁶ wants 6 (blank). Quires signed a–k. Written in anglicana. The note 'Iᵃ quaterna ij d ob' ij quaterna iij d ob. ij quaternis iiij d', f. 38 foot, may be by the main scribe. Initials: (i) to books, blue and red, with red ornament; (ii) 2-line, blue with red ornament. Medieval binding of bare wooden boards, rebacked; two clasps. Secundo folio *christum inicium*.

Written in England. 'Richard Tauerner', s. xv/xvi, ff. iiᵛ, 113ᵛ. 'Ricardus pawe huius libri possessor est', s. xvi, f. 1 foot; his ownership inscription also occurs in Oxford Bodleian Lib. MS Laud misc. 174, a book with contents similar to those of MS 1 above (see art. 6).

3. *Horae* s. xv/xvi

1. ff. 1–23^v Hours of B.V.M.

At Prime the antiphon and capitulum are Maria virgo and Ego sapientia, and at None, Pulcra es and Multe filie.

2. ff. 24–39 Cursus de compassione beate Marie.

3. ff. 39–52 Cursus de Passione domini.

4. ff. 52^v–64^v Penitential psalms and, f. 58, Litany.

Forty-one martyrs, (12–31) Kyliane Maurici Bonifaci Gereon Ciriace Alexander Euenti Theodole Nazari Ferruti Cristofore Lamperte Victor Auree Viti Ignati Sergi Bache Albane Theoneste . . . (40–1) Magne Mercuri; twenty-nine confessors, (3) Gotharde . . . (27–9) Leonharde Goar Libori; twenty-nine virgins, (15) Otilia . . . (19–20) Affra Digna . . . (26) Bilhildis . . .

5. (*a*) ff. 65–79 Vespere Mortuorum; (*b*) ff. 79–81 Vigilie minores. Lectio prima; (*c*) f. 81^v Oracio dicenda In Cimiterio Avete omnes fideles anime quarum corpora hic . . . Deus fidelium lumen animarum . . . ; (*d*) f. 81^v Nota Deo omnipotenti beate marie virgini Sancto Sebastiano et patronis huius ecclesie commendo . . .

(*a*) Lectio ix is Fratres Sicut portauimus ymaginem . . . nobis victoriam per—(1 Cor. 15: 49–57); (*b*) Nine lections with responsories and verses.

6. Prayers at mass, etc.: (*a*) f. 82^{rv} Oracio sub prefatione. O domine ihesu christe fili dei viui laudo te in vnione illius supercelestis laudis . . . ; (*b*) f. 82^v Papa Innocencius dedit tres annos indulgenc' de sequenti oracione infra eleuacionem sacramenti dic' Ave verum corpus et sanguis domini . . . ; (*c*) ff. 82^v–83 Papa Innocencius dedit vij annos indulg' de sequenti oracione infra eleuacionem. Ave principium nostre creacionis. Aue premium . . . ; (*d*) f. 83 Papa clemens vi ad instan' domini Phillippi regis francie dedit omnibus vere penitentibus dicentibus sequentem oracionem infra eleuacionem corporis christi et trium agnus dei duo milia dierum indulgenciarum. Domine ihesu christe omnipotens eterne deus qui hanc sacratissimam carnem . . . ; (*e*) ff. 83^v–84^v Dominus Iohannes papa xxii ad instan' regis francie concessit omnibus vere penitentibus contritis et deuote dicentibus presentem oracionem tria milia dierum venie a peccatis mortalibus et centum annos de peccatis venialibus infra eleuacionem corporis et sanguinem ihesu christi et trium agnus dei. O verum corpus christi salue O sanguis preciosissime . . . ; (*f*) ff. 84^v–85^v De sequenti oracione dantur a papa Iohanne xxij tot dies indulgenciarum quot vulnera habuit dominus noster ihesus christus et debet dici infra eleuacionem. O dulcissime et amantissime domine ihesu christe precor te propter illam eximiam caritatem . . . ; (*g*) ff. 85^v–87 Oracionem sequentem dicens quinque annos habet indulg'. Pie ihesu recordare quam fideliter penaliter et quam care . . . ; (*h*) f. 87^{rv} In eleuacione sacramenti sequens oracio est dicenda. Ave ihesu christe verbum patris filius virginis. Agnus dei . . .

7. Devotions on the Passion, etc: (*a*) ff. 87^v–88 Ave christe vinculatus Aue false iudicatus . . . ; (*b*) f. 88^{rv} Gracias tibi ago domine ihesu christe Quia propter me factus es homo . . . ; (*c*) ff. 88^v–89 O domine ihesu christe adoro te . . . (Five Oes,

repeated *l*, and cf. art. 10*f*, below); (*d*) ff. 89–90 Ante ymaginem crucis. Domine ihesu christe rex eterne glorie qui nos in sexta die . . . ; (*e*) f. 90ʳᵛ Mundi creator et redemptor ihesu christe qui ad passionem . . . ; (*f*) f. 90ᵛ Bone ihesu sis michi hodie primus in corde . . . ; (*g*) ff. 90ᵛ–91 O domine ihesu christe fili dei viui qui voluisti pro redempcione mundi . . . ; (*h*) f. 91 O benignissime ihesu respice super me miserum peccatorem . . . ; (*i*) f. 91ʳᵛ Deus qui humanum genus in quinque vulneribus filii tui . . . ; (*j*) f. 91ᵛ Pro pestilencia. Da nobis quesumus domine pie supplicacionis effectum . . . ; (*k*) ff. 91ᵛ–92 Oratio de quinque vulneribus christi. Domine ihesu christe fili dei viui precor te per sanctissima quinque vulnera tua . . . ; (*l*) f. 92ʳᵛ Papa Greg' xx milia et xxii anni et xxiij dies de iniuncte pe' O domine ihesu christe adoro te . . . (Five Oes, repeated *c* above, and cf. art. 10*f* below); (*m*) ff. 92ᵛ–94ᵛ Oraciones de quinque vulneribus domini nostri ihesu christi. Ad vulnus dextre manus domini. Laus honor et gloria . . . ; (*n*) ff. 94ᵛ–95ᵛ Oracionem sequentem fecit et compilauit sanctus Augustinus Et conceduntur omnibus eam cum deuocione flexis genibus semel in die dicentibus Octuaginta milia anni indulgenciarum pro peccatis mortalibus et pro tempore perdito. Et benedictus papa vndecimus hoc idem confirmauit. Item Bonifacius papa octauus concessit omnibus vere confessis et contritis eandem subsequentem oracionem xl diebus continuis deuote dicentibus indulgenciam omnium peccatorum. Gracias tibi ago domine ihesu christe qui voluisti pro redempcione mundi nasci . . . ; (*o*) f. 95ᵛ Auxilientur michi queso domine septem passiones tue . . . ; (*p*) ff. 95ᵛ–96 Domine ihesu christe omnipotens eterne deus filius dei viui. Rogo te per sancta quinque vulnera . . . ; (*q*) ff. 96–8 O rex regum potentissime princeps principum . . . ; (*r*) f. 98ʳᵛ Alpha et o deus omnipotens omnium rerum principum . . . ; (*s*) ff. 98ᵛ–99 Ad ymaginem crucifixi. O artifex potentissime . . . ; (*t*) ff. 99–100ᵛ Oracio venerabilis Bede presbiteri de septem verbis—propiciatam videbit. Domine ihesu christe qui septem verba . . . ; (*u*) ff. 100ᵛ–102 Octo versus sancti Bernhardi. Sanctifica nos domine signaculo sancte crucis—in quo nos redemisti. primus versus Illumina . . . (each verse followed by a prayer, the first Omnipotens sempiterne deus splendor eterne lucis . . .); (*v*) ff. 102–3 Pie creditur quod qui sequentem oracionem coctidie deuote dixerit si fuerit in statu dampnacionis Ihesus mutabit illum statum in penam purgatorii et saluabit eum. Et est oracio Sancti Bernhardi confessoris. O Bone ihesu O dulcis ihesu O piissime ihesu . . .

f. 103ᵛ blank.

8. De Sancta Veronica (*a*) ff. 104–5 Oracio sequens edita per dominus Iohannem papam xxii qui concessit omnibus eam deuote dicentibus inspiciendo faciem christi x milia dierum indulgenciarum Et si quis eam ignorauerit dicat v pater noster inspiciendo Veronicam. Salue sancta facies . . . ; (*b*) ff. 105–6 Alia oracio de eodem Innocencius papa dicenti dedit trium annorum indulgenciorum. Ave facies preclara. que pro nobis in crucis ara . . . (memoria of the Holy Face); (*c*) f. 106ʳᵛ Alia de S. Vero. Ave facies ihesu dei in te salus nostre spei . . .

RH, nos.: (*a*) 18189, (*b*) 23474, (*c*) 23473.

9. ff. 107–120ᵛ Deuotissime ammonitiones et oraciones Beate et preclarissime

Brigitte Vidue de passione domini nostri Ihesu cristi. Fuit quedam deuotissima et sancta femina Brigitta . . . (f. 109) de profundo pelagi liberauit. Nunc sequuntur ammoniciones et oraciones—Et primo de Sancta Brigitta. O sancta Birgitta amatrix domini nostri ihesu cristi feruentissima—collocemur Amen. Hic incipiunt prefate ammoniciones—(f. 109^v) Prima ammonitio O domine ihesu criste eterna dulcedo . . . (f. 119^v) His finiuntur quindecim ammoniciones siue oraciones siue collecte beate et preclarissime Brigitte de passione domini nostri ihesu christi quas sanctissimus dominus noster papa Bonifacius nonus confirmauit—finis. Quedam deuote persona in quadam reuelacione interrogauit dominum quis fuisset suus maximus dolor—(f. 120) Sequitur oracio. O domine ihesu criste qui in cruce extendi voluisti . . . finis Mater christi conqueritur super peccatores libro primo Reuelacionum beate Brigitte capitulo xxxvii—O quam amara—finis.

10. Prayers: (a) f. 121 Per crudelissimam passionem tuam . . . ; (b) f. 121^{rv} Anima christi sanctifica me. Corpus christi salua me . . . Collect' Deus qui diuersitatem penarum tuarum . . . ; (c) ff. 121^v–122 In eleuatione Sacramenti. Ave verbum incarnatum. in altari consecratum . . . Aue ineffabile sacramentum . . . , RH, no. 2169, Alia. Salue inclita stella maris . . . ; (d) f. 122^v De sancta Trinitate. Te deum ingenitum. Te filium vnigenitum . . . (memoria); (e) f. 122^v De mane cum Surrexeris. Gracias ago tibi sancte pater omnipotens eterne deus qui me in hac nocte . . . , ending imperfectly; (f) ff. 125–6 O domine ihesu christe Adoro te . . . (7 Oes, cf. art. 7c and l above for first five), O amantissime domine pater ego offero tibi . . . , Oracio. Domine ihesu criste fili dei viui qui sanctissime passionis tue misterium beato Gregorio famulo tuo . . . ; (g) ff. 126–127^v Creator celi et terre rex regum . . .

11. Prayers: (a) ff. 128–31 Si quis habet tribulacionem vel pauperacionem aut infirmitatem vel sit detentus in ira dei vel in carcare vel in quacumque tribulacione. Si xxx^a diebus continuis hanc oracionem dixerit deuote Sit ei certum quod dominus exaudiet eum taliter quod tribulacio eius vertetur in gaudium et consolacionem siue pro se siue pro alio dixerit et fecit Sanctus Augustinus. Dulcissime domine ihesu criste verus deus qui de summo dei patris . . . ; (b) ff. 131–133^v Sequitur oracio Sancti Ambrosii de passione domine, quam Anastasius papa primus confirmauit dans singulis eam dicentibus quingentos dies indulgenciarum. Domine ihesu criste fili dei viui creator et resuscitator generis humani . . . ; (c) ff. 133^v–134 Oracio sancti Augustini sibi a spiritu sancto reuelata qui eam deuote legerit vel audierit aut circa se portauerit in illa die non peribit nec in igne nec in aqua nec in prelio nec in iudicio nec in subitanea morte interibit nec quid mortiferum ei nocebit. Et quicquid iustum a deo pecierit impetrabit, et cum anima eius exierit de corpore infernus eam non possidebit. Deus propicius esto michi peccatori et custodi me sis omnibus diebus . . . ; (d) f. 134^v Benedicat me imperialis maiestas . . .

12. Devotions to B.V.M.: (a) f. 135^{rv} Salutatio angelica Aurea. Sequens angelica Salutatio dicitur Aurea eo quod nulla ea dulcior et beate virgini Marie acceptior sensu humano dictari potest—reuelasse. Ave rosa sine spinis . . . , RH, no. 2084; (b) f. 135^v Bonifacius papa dedit omnibus sequentem oracionem deuote

dicentibus centum dies indulgenciarum. Ave maria alta stips (*sic*) lilii . . . , *RH*, no. 1871; (*c*) f. 136^{rv} De beata virgine. Saluto te beatissima virgo maria illa salutacione . . . ; (*d*) ff. 137–139^v Rosarium Marie Aureum. Incipit Rosarium Marie deauratum. Ihesu per compendium . . . ; (*e*) ff. 139^v–141 memoria, Ave mater dei pregnans . . . Ave mundi spes maria. Aue mitis aue pie Aue plena gracia afflictis da solacia . . . coll' Deus qui beatissimam virginem mariam in conceptu . . . ; (*f*) ff. 141–142^v memoria, Deuote dicente sequentem oracionem dantur a papa Bonifacio 4° vii annos indulgenciarum. Stabat mater dolorosa . . . Domine ihesu christe gloriosa maria pedes tuos . . . ; (*g*) ff. 142^v–143 Deprecor te sancta maria mater dei pietate plenissima . . . ; (*h*) ff. 143–146^v Si vis aliquid petere Domina mea sancta maria perpetua virgo virginum . . . ; (*i*) ff. 146^v–148 Hee tres oraciones sequentes possunt legi loco trium leccionum in cursu primo beate virginis. O felix maria et omni laude dignissima . . . Qvas ergo laudes tibi virgo beata . . . Tu enim in celestibus regnis . . . ; (*j*) f. 148^v Similiter et hee tres sequentes oraciones possunt eciam legi loco trium leccionum in dicto cursu. Sancta maria virgo virginum, mater et filia regis regum omnium . . . Sancta maria piarum piissima . . . Sancta dei genitrix que digne meruisti . . . ; (*k*) ff. 148^v–151 Si vis aliquid petere. Ad sanctitates tue pedes dulcissima et speciosissima virgo maria . . . ; (*l*) f. 151^{rv} Oracio deuota ad mariam virginem Aue celorum regina. Aue morum disciplina. Quia in te . . . , cf. *RH*, no. 1731; (*m*) f. 151^v Alia. Ave maria ancilla trinitatis . . . ; (*n*) ff. 151^v–152 Alia. O maria mater christi virgo pia mestorum consolatrix . . . ; (*o*) f. 152 Alia. O virgo virginum sancta sit super nos pietas tua . . . ; (*p*) f. 152^{rv} Alia. O mater clementissima, polorum regina . . . ; (*q*) f. 152^v Oracio bona. O mater indulgencie et pietatis . . . ; (*r*) f. 152^v Ave maria mitis et pia . . . ; (*s*) ff. 152^v–153 memoria, De beata virgine Pro pestilencia Regina celi letare alleluia . . . Omnipotens clementissime deus qui vite et mortis . . .

13. (*a*) ff. 153–154^v Oracio de Sancta Anna. Ave rutilans aurora apud deum Anna decora . . . Deus qui beate Anne tantam graciam . . . ; (*b*) ff. 154^v–155 Sequuntur metra deuotissima de beata Anna matre marie. O Pia matrona celesti digna corona . . . , with same collect as (*a*).

14. Devotions to B.V.M.: (*a*) ff. 155–6 De domina nostra oracio valde bona. O Certissima spes omnium in te sperancium . . . ; (*b*) ff. 156–7 De beata virgine Maria Oratio valde bona. Domina mea sancta Maria sub tuam protectionem . . . ; (*c*) f. 157^{rv} [S]ubscripta oracio est Rome in Capella Marie de febris et eam deuote dicentibus conceduntur vndecim milia annorum indulgenciarum. Quam oracionem angelus domini cuidam heremite scripsit. Sixtus quoque papa quartus confirmauit et addidit totidem annos. Oratio. Aue domina sancta Maria mater dei regina celi . . . ; (*d*) ff. 157^v–158 Hee sunt Septuaginta duo nomina beate Marie virginis. Diua. Uirgo. Flos. Nubes . . . ; (*e*) f. 158 Gaude virgo graciosa verbo verbum concepisti . . . , *RH*, no. 7006; (*f*) ff. 158–60 Oraciones de quinque doloribus beate Marie. Salue regina mater misericordie cuius cuncta viscera commota fuerunt in passione domini nostri iesu christi. Pater noster. Aue maria., followed by five prayers, each beginning O sancta maria . . . , of the sorrows of B.V.M.; (*g*) ff. 160–1 Oraciones de septem gaudiis spiritualibus beate marie virginis que nunc

habet in celis. Gaude virgo mater cristi quod tu sola meruisti . . . , *RH*, no. 7021,
Supplicacionem seruorum tuorum deus miserator . . . ; (*h*) ff. 161–163^v De
sequenti oracione habentur ccc dies indulg' ab Innocenc' papa qui eam instituit.
Et dicento quotidie vult beata virgo presencialiter astare eum consolando triduo
ante mortem suam et horam sui exitu pronunciare etc. O Clementissima domina
et dulcissima virgo sancta maria . . . ; (*i*) ff. 163^v–165 Alia oracio ad beatissimam
virginem mariam pro venia peccatorum impetranda. Sanctissima et beatissima
virgo maria dignissima . . . ; (*j*) ff. 165–166^v Oracio valde bona et deuota ad
beatam virginem mariam et Sanctum Ioannem ewangelistam. O Intemerata . . .
orbis terrarum. Inclina . . . , Masculine forms.

15. Memoriae: (*a*) ff. 168–169^v De Sancto Sebastiano. Egregie dei martir
Sebastiane princeps . . . (3 forms); (*b*) ff. 169^v–170^v De Sancto Erasmo. Sancte
Erasme qui die dominica deo oblatus fuisti . . . ; (*c*) ff. 170^v–171 Oratio de Sancto
Nicolao. Sancte Nicolae qui es refugium pauperum . . . ; (*d*) f. 172^{rv} Oratio de
Sancto Cristofero. [S]ancte Cristoferi martir dei preciose . . . ; (*e*) ff. 172^v–173 De
Sancto Antonio [A]nthoni pastor inclite . . . , *RH*, no. 1203; (*f*) f. 173^{rv} (added in
main hand) [A]ve custos m' datus . . . , *RH*, no. 23425; (*g*) f. 184^{rv} De sancta
Katherina. Gaude virgo Katherina quam refecit . . . , *RH*, no. 6993.

f. 171^v blank.

16. ff. 200–6 Cursus de spiritu sancto.

Hours of the Holy Spirit.

17. (added in main hand) ff. 206–7 [M]iserere mi domine animabus qui
singulares apud te non habent intercessores . . .

f. 207^v blank.

18. (in the main hand) (*a*) f. i^{rv} Aperi os meum . . . Pater noster . . . Ave maria
. . . Credo in deum patrem . . . ; (*b*) back pastedown Presta domine vt quisquis
hoc templum beneficia . . . Omnipotens sempiterne deus qui per vnigeniti tui filii
passionem—Fac nos quesumus remissionum indulgenciarum huic sancto templo
concessarum . . .

ff. i + 180. Medieval foliation in red, (i), i–cxxii, cxxv–clxvi, clxviii–clxxiii, clxxv, clxxxiv,
cc–ccvi, (ccvii), clxxv. f. (i) is a medieval parchment flyleaf. 130 × 95 mm. Written space *c*. 85 ×
53 mm. 20–3 long lines. Collation: 1^6 + 1 leaf (f. 7) after 6 2–15^8 16^8 wants 4, 5 after f. 122 17–
20^8 21^8 wants 8 (blank ?) after f. 166 22^8 wants 7 (blank ?) after f. 173 8 misbound after f. 207 23
one (f. 184) 24 eight (ff. 200–7). Written in a very clear German hybrida. Initials: (i) f. 1, 6-line,
blue and red; f. 52^v, 3-line, blue and red with red ornament; (ii, iii) 2- and 1-line, in blue or red.
Blue, as well as red, in headings on ff. 104, 107, 135, and 137. Capital letters in the ink of the text
lined with red. Binding of s. xx by F. Vaughan. Secundo folio *in requiem*.

Written in Germany. 'Sum Michaelis Steinmetz iunioris ex donatione venerabilis domini
Heinrici Uspyer canonici S. Stephani Mogunt. Anno domini 1564', f. 175^v.

4. *New Testament (in English)*   s. xv^1

1. ff. 1–4^v Here bigynneþ a rule þ^t telliþ in whiche chapiteris of þe bible ȝe mon'

fynde þe lessons pistlis and gospels þat ben red be al þe ʒeer aboute in holi chirche aftir þe vss of Salisbury. 1 Sonday in aduent Ro. xiii. *d* And we knowen *ende* lord ihesu crist. Mᵗ. xxi. *a* Whanne ihesus cam *ende* in hiʒe þingis . . .

Cf. Forshall and Madden, iv. 683–98, where the Sanctoral is much fuller and the Common of saints very different; many differences in wording. Leaves are missing after ff. 1, 2, and 3; what remains is Temporal, Advent–octave of Epiphany (f. 1ʳᵛ), Maundy Thursday–Whitmonday (f. 2ʳᵛ), and Wednesday after 13th Sunday after Pentecost–Dedication and during and on its octave, 'In recou*n*silin*ge*', 'Epistil to alle Apoc xxi *a* I Ion saiʒ þe *ende* all þing*is* newe', not as edn. (f. 3ʳᵛ); 'propre sanctorum', Andrew–Nicholas (f. 3ᵛ), Decollation of John Baptist–Clement (f. 4ʳ); 'common sanctorum', 28 sets, and 'Of marie', 13 sets, the last 'Luk xii De ʒe war of *ende* aungelis of god'.

2. ff. 5–264 Four Gospels, Pauline Epistles, Acts, Catholic Epistles, and Apocalypse in the later Wycliffite version, with the usual prologues.

Not known to Forshall and Madden. John begins a new quire (14), f. 101. The last 2.5 lines on f. 185 cancelled and occur again on f. 186. ff. 185ᵛ, 264ᵛ blank.

ff. 264. The back pastedown is from a roll of daily household accounts, s. xiv, entries cover Friday–Sunday, 13–15 Apr. 178 × 122 mm. Written space *c.* 126 × 83 mm. Mainly 31–2 long lines. Collation: 1 four 2–4⁸ 5⁸ wants 6 after f. 33 6–12⁸ 13⁸ + 1 leaf (f. 100) after 8 14–33⁸ 34⁴. Quires 16–33 are signed b–h b c l a a o–t. ff. 1–100ᵛ written in short-*r* anglicana; the rest in textura, larger on ff. 100–104ᵛ. Initials: 4-, 3-, and 2-line, blue with red ornament. Binding of s. xvi/xvii of wooden boards covered with brown leather, bearing an Oxford roll, Oldham, no. 525, rebacked; five bosses on each cover; two clasps. Secundo folio (f. 6) *camen to gedir*.

Written in England. 'This is John Wittingtones Bock bare witnes thomas Browne amene amen for lak of a goode [. . .]', s. xvi, f. 100ᵛ erased but legible under ultra-violet light, and cf. ff. 185ᵛ, 228ᵛ, and 257ᵛ.

5. *Gregorius, etc.* s. xii in.

The margins of arts. 1–2 have annotations of ss. xiv, xv, a profusion of the late medieval Christ Church Canterbury marks, and some letter-markings, a–d on rectos and e–h on versos, for reference, cf. art. 3 below.

1. ff. 1–96 Incipit prima pars libri ezechielis propheṭe. Et factvm est in tricesimo anno in qvarta mense—(f. 2) signum est domus israel. Dilectissimo fratri mariniano episcopo—redeatur. Incipivnt omeliae beati gregorii papae vrbis romae. super primam partem ezechielis prophetae. Dei omnipotentis . . . (f. 52) Incipit extrema pars libri ezechielis prophetae. In vicesimo et qvarto anno transmigrationis nostṛe—ante faciem templi. Incipivnt omelie beati gregorii pape svper extremam partem libri ezechielis prophetae. (f. 53) Qvoniam mvltis (curis) prementibus—carpamus. In vicesimo et quinto anno . . . perpetuam erudit. Sit itaque—amen. Explicivnt omeliḛ beati gregorii papḛ svper extremam partem libri ezechielis propheṭe.

PL lxxvi. 785–1072. The twenty-two homilies here divided into two parts, 12 and 10, the first preceded by Ezek. 1:1–4:3, the second by Ezek. 40:1–47. f. 96ᵛ blank.

2. (quires 13–18) ff. 97–146ᵛ Expositio Bedae svper parabolas Salomonis incipit. Parabolḛ salomonis . . . collaudare seruitiis. Amen.

PL xci. 937–1040. Bk. 2, f. 111^v; 3, f. 133. The sentence Qui autem–immunem, edn. 972C, is written in a 23-line space, ff. 113^v–114, in a s. xii Christ Church type hand.

3. (added, s. xiv) f. ii^{rv} index to arts. 1–2, using leaf-numbers and letters corresponding to those in the margins of arts. 1–2.

ff. ii + 146 + i. Late medieval foliation (i–ii), 1–40, 42–79, 79[*], 80–146 (147). For f. ii, see art. 3 above. 295 × 210 mm. Written space c. 225 × 135 mm. 39–43 long lines; only 38 in quire 15, top ruled line not used ff. 113–115^v and 118–120^v, bottom ruled line not used ff. 116–117^v. Ruled in pencil. Collation: 1–17^8 18^8 + 2 leaves after 8. Initials: (i) f. 2, 9-line, green decorated in mauve, red, and brown; f. 53, 6-line, mauve; f. 97, 5-line, red; (ii, iii) 3- and 1-line, red. Binding of s. xix ex., by Riviere. Secundo folio *michi et dixit*.

Written in England. Supply in s. xii Christ Church Canterbury type script, see above. Christ Church marks of ownership: '.f:', s. xii ex. (?), f. 1 top right; '.D*istinccione*.iii^a. Grad*u* xiii$^{o'}$ altered probably from '.D.iiii^a.G^a iii', 'dem*onstratione prim*^{i}', f. ii; 'Ecclesie christi cant', s. xiv, ff. ii, 1 top. This copy listed second in the medieval catalogue, M. R. James, *The Ancient Libraries of Canterbury and Dover* (1903), 32, no. 145; the first, no. 144, now Cambridge University Library MS Ff.3.9., was preferred for the reference collection, ibid., 157, no. 130, while this copy went to Canterbury College, Oxford, and is listed in inventories from 1501 to 1534, see W. A. Pantin, *Canterbury College, Oxford*, Oxford Historical Soc. NS vi (1947), i. 18, no. 26. 'De Collegio Cant' Monachorum', s. xv, f. 1 top, legible under ultra-violet light.

Schorn MS *Horae, etc.*   s. xv^I

1. ff. 1^v–2^v Sarum calendar in red and black.

Feasts in red include David 'archiepi' (1 Mar.), translation of Richard (of Chichester: 16 June), Hugh (17 Nov.); in black Chad (2 Mar.). No entries for Visitation of B.V.M. or Transfiguration. 'pape' and Thomas of Canterbury not defaced. f. 1, originally blank, see art. 53 below.

Arts. 2–10 are on quires 2–8.

2. ff. 3–20^v Hours of B.V.M. of the use of (Sarum), abbreviated.

3. ff. 20^v–21 Salue regina . . . Uirgo mater ecclesie . . . Omnipotens sempiterne deus qui dedisti gloriose semper uirginis . . .

4. ff. 21–31^v Penitential psalms, gradual psalms (cues only of first 12), and (f. 28) Litany.

5. ff. 31^v–45^v In uigiliis mortuorum.

6. ff. 45^v–53 Commendacio animarum hoc modo. Beati immaculati . . .

Pss. 118 and 138.

7. ff. 53–6 Hic incipiunt psalmi de passione domini nostri ihesu christi scilicet Deus deus meus . . .

8. ff. 56–7 Oracio ad beatissimam uirginem mariam. O Intemerata . . . orbis terrarum Inclina . . . Masculine forms.

9. ff. 57–58^v Oracio venerabilis bede presbiteri de septem uerbis . . . preparatam. Domine ihesu christe qui septem uerba . . .

10. f. 58ᵛ Isti sunt uersus beati bernardi quod docuit eum diabolus Illumina oculos . . .

Each of the eight verses has an 'O' in the margin and a holy name: O bone ihesu, O adonay, O messias, O rex noster fili dauid, O eloy, O emanuel, O christe, O ageas, O rabani.

11. (quire 9) (a) ff. 59–61ᵛ Iu (?) comencent les hores de la seinte trinite; (b) ff. 61ᵛ–65ᵛ Selui qi uodra deuote louanges de la benette uirgine marie chaunter . . . ; (c) f. 66ʳᵛ Signum sancte + crucis defendat me ab omnibus periculis . . . Ps'. Inclina domine aurem tuam. Or'. Signa me domine famulam tuam . . .

(b) Fourteen memoriae of B.V.M., at Conception, Nativity, Presentation, Espousal, Annunciation, Christmas, Epiphany, Purification, Egypt, Cross, Resurrection, Ascension, Pentecost, and Assumption; (c) cf. Lyell Cat., pp. 61–2.

Arts. 12–17 are on quires 10–11.

12. ff. 67–77ᵛ Iei commencent les matins de tuz seins.

Hours of All Saints.

13. ff. 78–80ᵛ Prayers on feast days, etc.: George, Christopher, John Baptist, B.V.M., Christmas, Circumcision, Epiphany, De presentacione christi in templo, De capcione eius, De flagellacionibus ihesu christi, De baiulacione crucis, De crucifixione eius, De deposicione eius de cruce, De posicione eius in sepulcro, De resurreccione christi, De apparicione apostolis, De ascensione domini, De pentecoste, De dei maiestate, De assumpcione sancte marie, De sancta maria.

14. ff. 80ᵛ–81ᵛ Oracio. Domine ihesu christe qui confugisti potestatem diaboli . . . michi famulo tuo . . .

15. ff. 81ᵛ–82 Cognoscatis fratres et sorores qui istam oracionem cotidie dixerit uel legerit sicut dixit gregorius quod diabolus nec malus inimicus nocere ei poterit—Pax domini uultus domini . . .

16. ff. 82–83ᵛ O pie et misericors et benigne ihesu miserere mei et esto mihi peccatori pius misericors . . . Oracio. Ihesu christe fili dei miserere mei et concede michi peccatori et infelici famulo tuo Iohanni Nut . . .

Cf. Lyell Cat., p. 389.

17. f. 83ᵛ Versus beate marie uirginis. Mater dingna dei venie uia luxque diei . . . , 6 lines.

Arts. 18–26 are on quires 12–13.

18. ff. 84–90ᵛ Incipiunt matutine de eterna sapiencia et de glorioso nomine ihesu . . .

Hours of the Eternal Wisdom and of the Name of Jesus, with the hymn Ihesus dulcis memoria distributed over the Hours.

19. ff. 90ᵛ–91 Oracio ualde deuota. Ad te dulcissime benignissime et super omnia desiderabilia suauissime ihesu . . .

20. f. 91^{rv} Oracio ualde efficax. O Dulcissima maria mater pietatis . . .

21. f. 91^v Cultor dei memento te fontis . . .

22. f. 92 Benedictat + me imperialis maiestas Protegat + me . . . Salus + et eterna proteccio Amen.

12 lines.

23. ff. 92–3 Hec sunt nomina domine nostre beatissime et gloriosissime uirginis marie quos sibi per spiritum sanctum ut fertur in eius miraculis imposita fuerunt sicuti ipsa uirgo gloriosa uiri clerico sibi deuoto semel apparuit quem dilexit qui erat episcopus unius ciuitatis qui sclauonia uocatur—Aue digna Aue virgo . . . Omnipotens sempiterne deus qui dilecti filii tui matrem per hec nomina . . .

24. ff. 93–4 Oracio ad filium. Iuste iudex ihesu christe rex regum et domine . . .

36 lines.

25. ff. 94–95^v Incipit oracio sancti Gregorii pape quicumque hanc in die cantauerit ut prefatus pater dicit nec malus homo nec diabolus anime sue nec corpore nocere poterit. Oracio. Domine exaudi oracionem meam qui iam cognosco quod tempus meum . . .

Cf. Westminster Abbey MS 39 art. 3*f*, *MMBL* i. 412.

26. f. 96^{rv} Domine deus omnipotens pater et filius et spiritus sanctus da michi N. famulo tuo uictoriam . . . or. Libera me domine ihesu christe fili dei uiui . . .

27. ff. 96^v–99^v Missus est angelus gabriel ad mariam—gracia plena *x* Missus est angelus *ut supra* Aue maria *x* Missus est. Aue maria *x* . . . or. Te ergo precor mitissimam piissimam . . .

The words in red are indicated by italics.

28. (quire 14) Prayers: (*a*) f. 100 Sancta maria mater misericordie et pietatis obsecro te per patrem . . . ; (*b*) f. 100^{rv} Oracio cuiusdam religiosi beatam mariam tamen prosertum pro uiuis et defunctis. Maria splendidior radio solari . . . ; (*c*) ff. 100^v–102 Beautz dieu douce peire seint trinite vn dieu ieo v*ous* requeor . . . ; (*d*) ff. 102–103^v Li apostle innocent fist cest orison et (*sic*) latin et ieo lai en *franceis translate. Qu*arant iors de pardon idona a touz iceus ke la dirra. Beau sire pere tut pensant ki estes vn dieu et treis persones . . .

(*c*) Seven Requests in French, Sonet–Sinclair, no. 458; (*d*) cf. Rézeau, no. R.87 (Gracias ago tibi ago).

29. (*a*) ff. 104–130^v The prayer of lothe iacob and moyses and is for them that taken ony newe grete thyng vpon hem—Oracio prima moysi legis latoris. Dominator domine deus misericors . . . ; (*b*) ff. 130^v–131 Psalterium abbreuiatum per sanctum Ieronimum debet hic inscribi cuius studium laudabile et gloriosum huius opusculum exilem compilatorem prouocauit scribere ad dei laudem cui sit laus et honor amen Uerba mea auribus . . . ; (*c*) ff. 131–2 this praier folowyng is p*er*teynyng for hem that haue atteyned the maner of p*er*fitenesse . . . Sanctus sanctus sanctus . . . ; (*d*) ff. 132–3 Now he that this compilac*i*on of orisons hath drawnen out of all holy writ . . . that lyuen after his lawe.

(*a*) Thirty-one prayers from OT, under rubrics giving them Christian intentions, e.g. 'the gode astate of holy chirche'; (*c*) marginal note: 'Apo iiii'.

30. ff. 133–4 Ky qe cestes oreysouns dira de iour de la ascensioun—O Petre beatissime apostolorum maxime me in fide . . .

RH, no. 13397, a prayer of the thirteen apostles, Peter Paul Andrew–Matthias.

31. ff. 134–135ᵛ Qui en angoisse est ou en paour ou en paine—Douce dame seint marie pur langoisse . . . Domine ihesu christe fili dei viui qui pendens in cruce . . .

Five Sorrows, cf. Rézeau, no. R.203.

32. ff. 136–8 Prayers: (*a*) Hec est oracio deuotissima dicenda mane quando quis vigilaret a suo sompno. or. Gracias ago tibi domine ihesu christe qui me miseram peccatricem . . . ; (*b*) Alia oracio deuota dicenda nocte in eundo ad lectum. In manus tuas domine . . . ; (*c*) Alia oracio deuota in gallicis Merciable dieux otroyez a moy ce que a toi sount plesauntz . . .

33. ff. 138–139ᵛ Dominus papa Iohannes vicesimus secundus indulgencias vnius anni et quadraginta dierum . . .

Brief Hours of the Trinity, with hymn Quecumque uult animam.

34. ff. 139ᵛ–140 De sancto spiritu sequatur ymnus. Ueni creator spiritus . . .

35. ff. 139ᵛ–140 De sancta maria. Stella celi extirpauit . . . or Deus misericordie deus pietatis inmense deus . . . alia oracio Omnipotens sempiterne deus te humiliter deprecor ut me famulam tuam mercia*m* (*in red*) . . .

RH, no. 19438; memoria against plague, cf. *Lyell Cat.*, p. 398.

36. ff. 140ᵛ–141 Optima oracio contra angustias et latrones. In nomine patris et filii—Rogo te pater . . .

37. ff. 141–2 Alia oracio de beata maria uirgine. Ave mundi spes maria aue mitis aue pia aue plena gracia Aue virgo singularis que per rubum . . .

38. f. 142 Memoria of Paul.

39. f. 142ʳᵛ Optima oracio de sancta maria. Saluto te sancta maria regina celorum . . .

40. (*a*) ff. 142ᵛ–144 Qui ceste orison dist souent de cuer deuot ia lanemy ne uera. Sanctissima gloriosissima et piissima uirgo uirginum Ego indigna peccatrix . . . ; (*b*) f. 144ʳᵛ Alia oracio. Ieo vus alure ma dame pie mere dieu sente marie mon corps et mon aline et mort . . . ; (*c*) ff. 144ᵛ–145 Item alia oracio deuotissima in gallicis. Biens tresdous sire i*h*esu crist pur la vo*st*re seinte graunde misericorde . . .

41. f. 145ʳᵛ Ter dicas oracionem sequentem cum oracione dominica scilicet Pater noster et Aue maria. et demones fugabuntur. or. Deus qui beate brigide virginis inimicos superare . . .

42. Hours: (*a*) ff. 145ᵛ–147ᵛ Incipit officium de omnibus sanctis qui dicitur die martis; (*b*) ff. 147ᵛ–149 Incipit officium paruum mortuorum qui dicitur die lune; (*c*) ff. 149–150ᵛ Incipit officium de corpore christi qui debet dici in die iouis.

The hymns are (a) Sancta dei genitrix mater pietatis, (b) Deitatis paternitas et eius filiacio, (c) Corporis misterium pange gloriosi, *RH*, nos. 33290, 4335, and 3936. Cf. art. 49 below.

43. f. 150^v Sequatur oracio deuota. hoc modo. Domine ihesu christe esto michi adiutor gubernator . . .

44. ff. 150^v–151 Coniuracio contra tempestates. Adiuro vos tempestates et voces et tonitrua et fulgura . . .

45. Indulgenced prayers: (a) ff. 151–3 Quicumque hanc oracionem sequentem dixerit habebit tria milia annorum venalium et tria milia annorum penalium a iohanne papa xii° hoc modo Dirupisti domine vincula . . . N. famulam tuam . . . or Domine ihesu christe fili dei viui pone passionem . . . ; (b) ff. 153–154^v Ad hanc oracionem dominus papa innocentius quartus dedit quadragintos dies indulgencie—O rosa graciosa letifica cor meum . . . ; (c) ff. 154^v–155 Bonefacius papa concessit indulgenciam xl dierum omnibus dictam infra scriptam oracionem ieiuno stomaco. Oracio. Gracias ago tibi domine sancte pater qui me N famulam tuam nullis meis meritis . . .

(a) nearly the same heading MS Lyell 30 f. 58^v, see *Lyell Cat.*, p. 64.

46. ff. 155–155a^v Incipit officium pulcrum de beata maria qui dicitur die sabbati.

The hymn is Deus qui primum hominem de limo . . . , *RH*, no. 4496.

47. ff. 155a^v–163 Memoriae of Philip and James, Bartholomew, Matthew, Matthias, Barnabas, Simon and Jude, Mark, Luke, Denis, Sebastian, Fabian, Vincent and Anastasius, Gregory, Augustine, Ambrose, Jerome, Ludouicis Marcilia 'O quam magnus pontifex . . . ', Benedict, Bernard, Louis 'rege francorum', Ivo, Julian, Maur, Thomas conf., Mary Magdalene, Martha, Agatha, Agnes, Lucy, Cecilia, Barbara, Elizabeth, Christina, and 11,000 Virgins.

48. ff. 163–164 Subscripte oraciones continent indulgencias a summis pontificibus concessas. In primis gregorius—dicenti cotidie subscriptam or. Concede quesumus omnipotens deus ut qui sancte et indiuidue trinitatis . . . Nicholaus papa—qualibet die or Nos cum prole pia: benedicat virgo . . . Bonifacius papa octauus—post comestionem or Diuinum auxilium maneat semper uobiscum. Amen. Honorius—quando surgunt a prandio et a cena Benedictus sit dominus ihesus christus Amen. Iohannes—qui deuote inclinant capita quocienscumque dicuntur Gloria patri et filio et spiritu sancto Item dedit indulgenciam x dierum cuilibet inclinanti capita quocienscumque audierit nominare nomen domini nostri ihesu christi. Item iohannes—istos versus post horas suas Fidelium anime . . .

49. Hours: (a) ff. 164–165^v de sancto spiritu que dicuntur die mercurii; (b) ff. 165^v–167 de cruce que dicuntur die ueneris.

The hymns are (a) Nobis sancti spiritus gracia sit data, (b) Patris sapiencia veritas diuina , *RH*, nos. 12022 and 14725. Cf. art. 42 above.

50. (added, s. xv med.) (a) ff. 167–9 Memoriae of apostles, martyrs, confessors, virgins, All Saints, Innocents, Anne, and Helen; (b) ff. 169–70 Ihesu þat art lord of myȝt / My loue I hure . . . And ȝeue me þe blesse whyt out ende Amen. Pater

noster Aue maria; (c) f. 170 Alle my3ty god fader and sone and holy goste as 3e be þre . . .

(b) Five 8-line sections; (c) a prayer.

51. (added, s. xv²) (a) f. 171ᵛ Thou (?) lord welle of goodness . . . My body my soule y the be taken In nomine patris—amen; (b) f. 172ʳᵛ welcum lord in forme of brede. In this is bothe lyfe and dede . . . Welcom in forme of brede; (c) f. 172ᵛ in manus tuas domine commendo animam . . .

(a) 23 lines; (b) 30 lines.

52. (added, s. xv¹, on flyleaves) (a) f. vʳᵛ De sancto petre martire. O beate martir petre ab ingressu . . . ; (b) f. vᵛ–vi De sancto thoma de alquino. Oracio Concede michi misericors deus que tibi placita sunt . . . ; (c) f. viᵛ memoria of Thomas ap.; (d) f. viᵛ memoria of George, Sancte georgi christi miles qui virtutes per viriles . . .

53. (added, s. xv²) f. 1 memoria of John Schorn, against fever, Aue gemma curatorum o iohannes flos doctorum . . .

ff. vii + 175 (foliated 1–155, 155a, 156–74) + iii. ff. iii–vii, 174 are medieval endleaves; for ff. v–vi, see art. 52 above; ff. iii and 174 probably former pastedowns. 226 × 155 mm. Written space 145 × 100 mm. 22–4 long lines. Collation: 1² 2–10⁸ 11⁸ + 1 leaf (f. 83) after 8 12–13⁸ 14⁴ 15–18⁸ 19¹⁰ 20⁸ 21⁸ + 1 leaf (f. 154) before 1 22⁸ 23⁴. Both ff. 75 and 76 are marked 'sprynget' at the foot. Quires 2–8 signed a–g; quires 9–13, +, a–c, ∴; quires 15–17, a–c; and leaf-signatures on ff. 156–7 (o iii, o iiii). Initials: (i) f. 3 8-line D, in red and blue, shaded with white, on a decorated gold ground, prolonged to form a continuous frame; (ii) 5/4/3-line, as (i), most in only one colour, marginal sprays instead of frame; (iii, iv) 3- and 2-line, gold, on red and blue grounds patterned with white, most with green and gold marginal sprays; (v) 1-line, blue or red. Line-fillers in Litany only in red and blue. Former binding of wooden boards covered with white leather and two strap-and-pin fastenings, see description by Roger Powell attached inside back cover; rebound by Powell in 1950, with an electrotype copy of the pilgrim badge of John Schorne from the original in the Guildhall London inset on the front cover. Secundo folio (f. 4) *Domine dominus.*

Written in England, probably for female use, see arts. 11c, 32a, 35, 40a, and 45c, although arts. 8, 14, 16 'Iohanni Nut', and 25 have masculine forms. On John Schorne, see Emden, *BRUO*, p. 1697.

WISBECH. TOWN LIBRARY

The catalogue of the Town Library dated 1660 contains the entry 'Manu scripta'. The library is now housed in the Wisbech and Fenland Museum, see below.

M. R. James, *On the Abbey of Bury St Edmund*, Cambridge Antiq. Soc., 8vo publ. no. 28 (1895), identifies MSS 1–7 and 9 as Bury books (nos. 177, 262, 265, 27, 264, 263, 266, and 178), but the evidence is only firm in the case of MS 1 (no. 177).

1. *Prosper, De vita contemplativa et activa* s. xii in.

Incipiunt Prosperi libri iiiᵉˢ de vita contemplativa et actiua . . . (table of 26 chapters to bk. 1) . . . f. 1ᵛ Incipit prologus. Diu multumque renisus sum . . . uerba sunt instituta.

PL lix. 415–520.

f. iiᵛ is filled by Henry de Kirkstead with a note on Prosper, mainly derived from Vincent of Beauvais, Speculum historiale bk. xxi cap. 58, facsimile: plate 14 (betw. pp. 486/487) in R. H. Rouse, 'Boston Buriensis and the Author of the *Catalogus scriptorum ecclesiae*', *Speculum*, 41 (1966), 471–99.

ff. ii + 74. ff. i, ii are medieval flyleaves. 275 × 192 mm. Written space 205 × 130 mm. 2 cols. Above top line + 27 lines. Ruled mainly with pencil. Collation: 1–8⁸ 9¹⁰. Written in two hands, the first (ff. 1–17ᵛ) of Christ Church Canterbury type, the second similar but less expert. Initials: (i) f. 1ᵛ, blue with red, green, and purple ornament; (ii, iii) 2- and 1-line, red, green, or purple, a few with a little ornament in one of the other colours, or (f. 67) blue with red ornament. Later medieval binding of bevelled boards covered with white leather; central strap (renewed) and pin shaped on a square base; no evidence of chaining. Secundo folio *Deinde*.

Written in England, presumably at Christ Church Canterbury, see above. 'Liber de refectorio monachorum sancti edmundi et legitur ad collacionem conuentus a pascha usque ad translacionem sancti benedicti Post istum ponatur liber sancti odonis de uiciis uirtutibusque anime', f. i, s. xiv; at the top of f. 1 there is a similar inscription, and a pressmark '.P. 119', s. xiv, see James, op. cit., no. 177. Scribbles on back pastedown include the names '[W]yllelmus Buri', 'Willelmus Thecsted', and 'John Melford of Bury sancti Edmundi', s. xvi.

2. *Epistolae Pauli, cum glossa Petri Lombardi*   s. xii ex.

(*preface*) Principia rerum requirenda . . . (f. 1ᵛ) a nomine dicens. (f. 2) [(*text*) Paulus seruus] . . . (*gloss*) *Paulus* a conditione *seruus* a dignitate . . . et alia dei munera sit cum omnibus uobis. Amen.

Stegmüller, nos. 6654–68. *PL* cxci. 1297–696; cxcii. 10–520. f. 191ᵛ blank.

ff. i + 191. f. i is a medieval parchment flyleaf, formerly pasted down. 344 × 252 mm. Written space *c.* 240 × 178. A line of six horizontal pricks at the head and foot of each leaf, the innermost *c.*50 mm., and the outermost *c.*85 mm., from the inner edge, provide alternative guide points for the two vertical lines separating the inner column of commentary from the text, allowing the text column to be varied in width from 13 mm. (f. 32ᵛ) to 80 mm. (f. 85); a few early leaves have two columns of gloss and no text. Text in inner column on alternate gloss lines; gloss on 50 lines. The first line of the gloss is written above, and the first line of text below, the top ruled line. Collation: 1–23⁸ 24⁸ wants 8 (blank). Quires numbered early at the end. Initials: (A) text (i) to each epistle, left blank; (ii) to 'verses', red or blue; capital letters in the ink of the text are lined with red; (B) commentary, one (f. 51ᵛ, to 1 Cor.), red, otherwise left blank; the lemmata in the commentary are underlined in red with a black dot at each end. Original slightly bevelled wooden boards, formerly bearing fragments of white leather; new bands through old slits; two strap-and-pin fastenings missing. Secundo folio (f. 2) *Paulus*; (f. 3) *filius dei*.

Written in England (?). 'Glosa in Epistolas Paulinas. G. Thompson librarian', s. xviii, f. 1. James, op. cit., no. 262.

3A. *Antiphonale*   s. xii

Seven leaves from an antiphonal, removed from the front of MS 3B.

ff. i–v^v (*a*) animam autem occidere non possunt alleluia. alleluia. evovae. A Filie ierusalem. Ps. Mag. Int. Exultent in domino. A Venite. R Tristitia uestra alleluia conuertetur in gaudium. alleluia alleluia. V Mundus autem gaudebit uos autem contristabimini . . . ; (*b*) f. i^v In uigilia apostolorum philippi et iacobi . . . V gauisi sunt discipuli In evangelio Si cognouissetis me . . . ; (*c*) f. ii de inuentione sancte crucis ad uesper' ymnus Vexilla regis. V. Dicite in natio. A O crux benedicta . . . ; (*d*) f. iii^v In uigilia ascensionis ad uesper' Vado parare uobis locum . . . ; (*e*) f. v^v Dominica .i^a. post ascenscionem domini Int Alleluia christum ascendentem. . . . *ending imperfectly* viri galilei quid ammiramini.

(*a*) Cf. Common of martyrs or confessors, Easter–Pentecost, *Brev. ad usum Sarum*, ii. 362.

ff. vi–vii^v (Pentecost) *beginning and ending imperfectly* A Emitte spiritus tuus et creduntur . . . A Spiritus quia patre pro.

There are s. xiii ex. emendations in an English hand.

ff. ii + 7 + ii; ff. 1–7, removed from MS 3B, foliated i–vii. 235 (cropped) × 153 mm. Written space 205 × 115 mm. 13 long lines + 4-line staves. Collation: 1^8 wants 6. Initials: red or green, alternately, a few with ornament of the other colour.

Written in England (?).

3B. *Sententie diverse; Lectionarium* s. xiv/xv

1. ff. 1–14 Incipiunt sentencie collecte de diuersis uoluminibus patrum catholicorum. Primo de caritate que principalis est virtus. Salomon dixit Uniuersa delicta operit caritas. Augustinus dixit Sine caritate omnia . . . Basilius Sicut enim ex carnalibus . . . nutritur ac pascitur.

Sententiae from the Fathers under various headings, the last De leccionibus; most sections begin with a quotation from 'Salomon'. Not in Bloomfield.

2. ff. 14–16^v (*a*) (Dominica prima post festum Sancte Trinitatis secundum lucam)—Homo quidam erat diues [16: 19]—Dominus ac saluator noster fratres volens omnes homines saluare . . . ; (*b*) (Dominica viij^a secundum Lucam)—Attendite a falsis prophetis [Matt. 7: 15]—In hoc loco fratres dominus noster ammouet nos ut custodiamus . . . ; (*c*) (Dominica xxij^a secundum Matheum)—Simile est factum (?) regnum celorum homini regi qui voluit racionem ponere [18: 23]—Spiritualiter iste Rex signat dominum nostrum christum ihesum. Serui huius regis sunt homines . . .

Sermons on the gospels for 1st, 8th, and 22nd Sundays after Trinity, repeated below ff. 77^v–78^v, 83^{rv}, and 93^v–94. From the anonymous set listed Schneyer, *Rep.*, ix, 150–6 from Paris BN lat. 3804, also noting three other copies.

3. ff. 17–112^v Dominica prima in aduentu domini secundum matheum In illo tempore Cum appropinquasset—Dominus ac redemptor noster fratres carissimi qui semper equalis est deo patri . . . uel aliquando timentem domini (*catchword:* ille accipiet)

Lections, apparently from the set as in art. 2 above, for the Temporal, Advent–24th Sunday after Trinity with a back-reference for Sunday before Advent, but including Purification of

B.V.M., Philip and James, and Invention of Cross (f. 71); for the Sanctoral, vigil of John Baptist –Andrew (ff. 95ᵛ–108); and for the Common of saints, ending imperfectly in a martyr. Nine lections for Circumcision, Epiphany, and Purification, otherwise three, generally numbered vii–ix, i.e. for the third nocturn at Matins, on the gospel of the day; cf. art. 2 above. Between Advent Embertide and Christmas Eve (ff. 26–7) Sermo in aduentus domini beati gregorii pape Facite ergo fructus bonos penitencie. In quibus verbis notandum . . . , and Sermo A diebus ergo iohannis baptiste regnum celorum . . .

4. f. 16ᵛ added in blank space, s. xiv med., recipe Ad destruendum vnum mormale.

ff. ii + 112 + ii; seven flyleaves removed from the front are now MS 3A. 232 × 158 mm. Written space 175–80 × 110–25 mm. 27–31 long lines. Collation: 1¹⁶ 2–9¹². Quires signed a—i in red. Written in anglicana; hand changes on ff. 14 and 38ᵛ. Initials: 2-line, red, ornamented in red in art. 1 only. Binding of s. xx; formerly 'no binding'. Secundo folio *Ubi est*.

Written in England. James, op. cit., p. 86, no. 265. 'John Handson se', f. 1, s. xvii/xviii, as in MS 7 below.

4. *Florus, In Epistolas Pauli* s. xii med.

Segregatus in euangelium dei (Rom. 1: 1)—Omnes populi gentium in talem . . . per caput nostrum recon (1 Cor. 12: 6)

Romans (ff. 1–130ᵛ) beginning, and 1 Corinthians (ff. 131–223ᵛ) ending, imperfectly. Cf. *PL* cxix. 279–340. Contemporary red source references in the margins. Contemporary marginal corrections using a range of *signes de renvoi*.

ff. i + 223 + i. f. i is a medieval parchment flyleaf. 340 × 228 mm. Written space 252 × *c*.158 mm. 2 cols. 41 lines to f. 94ᵛ (end of quire 12); thereafter 38 lines. Pencil ruling; double bounding lines outside, and single inside, columns. Collation: 1⁸ wants 1 2–28⁸; slips after ff. 33 and 77 to supply omissions. Quires numbered early at the end; some catchwords cut away. Well written, probably all in one hand, apart from the lemmata, which are probably in that of the corrector. Initials: (i) f. 131, left blank; (ii) to each passage quoted, 2-line, in red. Contemporary (?) binding of thick slightly bevelled wooden boards covered with white leather, repaired; ears at head and tail of spine; two strap and pin fastenings now missing, replaced by one. Secundo folio (f. 1) *segregatus*.

Written in England. James, op. cit., p. 46, no. 27.

5. *Innocentius, De officiis missarum; etc.* s. xiii med.

Contemporary table of contents (f. iiᵛ) lists the first items in arts. 1–11. Added, s. xv, 'Disce mori: qᵈ: do', cf. *Sum. Cat.*, nos. 1841 and 3041.

1. ff. 1–36 cui nichil est impotencie . . . totum continue censui subscribendum. Explicit tercia particula domni innocencii pape tercii de exposicione canonis.

Beginning imperfectly, *PL* ccxvii. 838/20–916.

2. (*a*) ff. 38–41ᵛ Circa penitentem tuum crebras consolationes adhibere debes— Frater: si peccasti . . . contricione confessione et opere; (*b*) f. 41ᵛ Versus de confessione Integra nuda frequens humilis discreta fidelis . . . ; (*c*) ff. 41ᵛ–42 In

tribus maxime peccat homo . . . quis quid ubi quibus auxiliis. Cur. quomodo. quando; (*d*) ff. 42–3 Petisti amice ut tibi aliquod scribendo traderem compendium quo scire potest quomodo uiri religiosi ammonendi sunt ad confitendum . . . sicut in sequentibus docebitur.

(*a*) on the seven sins and ten commandments; (*d*) the final section, *PL* ccvii. 1153–6, of the short *summa* 'Peniteas cito' often ascribed to William de Montibus; Bloomfield, no. 3901, citing four copies, all in England.

3. ff. 43–46ᵛ Glosa bernardi Bernardus dicit super cant. Sermone xvi. Confessio eo periculosius noxia . . . deterior. Que sunt necessaria penitenti. Peniteas cito— A. Sperate in eo omnis congregacio populi . . .

    a   b   c

Set cure grauitas et consuetudo ruina

Commentary on 'Peniteas cito', Bloomfield, no. 5805. ff. 46ᵛ–47 have an explanation of the line Dextra. caput. uirgo. latro. sanguis. monumentum, lists of the sins of heart and mouth, two lines of verse O fastus uitanda lues. fugienda caribdis . . . , and four Ianua peccati. uitiorum mater origo . . .

4. (*a*) ff. 47–59ᵛ Incipit summa Magistri (. . . .) Ricard' Cancelarii. De Kantebr'. Qui bene presunt presbiteri: duplici honore . . . Et sanguinem in potum. Explicit summa M. R. cancel'. De cant'; (*b*) ff. 59ᵛ–63 (i) Extracts from Augustine, Jerome, Gregory, Bernard, Origen, Seneca; (ii) lists of the beatitudes and miseries of body and soul; (iii) numerous other short pieces; (iv) finally, six lines of verse Mundi stella dei genitrix aurora diei . . . resolutum da requiei; (*c*) ff. 63ʳᵛ Effects of eight sins, inc. tristitia, De effectibus superbie. Deicit infatuat. condempnat deprimit inflat . . . deprauat honestum; (*d*) ff. 63ᵛ–71ᵛ De superbia. Origen. Sunt qui dum aliqua tranquillitas fuerit . . . ad uicia transacta reducit.

(*a*) Bloomfield, no. 4583: Richard Wetherset, here with an early form of ascription, and covering only the first 16 sections of Shrewsbury School MS 7, ending with the section on the seven gifts of the Holy Spirit, cf. art. 5 below; (*c*) Walther, *Versanf.*, no. 4225; Bloomfield, no. 1507; (*d*) extracts from the Fathers and Latin authors on sins, the pains of hell, etc., with a leaf missing after f. 69.

5. ff. 72–80ᵛ De x preceptis. Duo specialiter sunt mandata domini. scilicet duo precepta caritatis . . . si inpunitas speraretur. Explicit decem precepta.

cf. Bloomfield, no. 1827, and art. 4*a* above.

6. ff. 81–96ᵛ Prelatus negligens .I.—Irreuerentia iuxta altare .XII. Prima abusio prelatus negligens. Sunt quidam qui sciunt et possunt . . . pendet summa tocius religionis. Explicit liber de duodecim abusionibus.

PL clxxvi. 1058–1086 (Hugh de Fouilloy, De claustro anime, Bk. 2 caps. 12–end).

7. ff. 96ᵛ–106ᵛ Incipit de claustro anime liber domini hugonis de folieto prioris canonicorum sancti laurencii In pago ambianensi. Nosti karissime quod ea que de de (*sic*) ordinacione . . . tolle grabatum tuum et ambula. Explicit—.

PL clxxvi. 1085–1104/37.

8. ff. 106ᵛ–114ᵛ Incipit regula beati basilii episcopi capadocie ad filios spirituales.

Audi fili ammonicionem patris tui . . . que preparauit deus diligentibus se. Explicit—.

PL ciii. 683–700.

9. ff. 115–25 Meditaciones beati bernardi. Multi multa sciunt . . . eundemque deum glorie—Expliciunt—.

PL clxxxiv. 485–508 (pseud.).

10. ff. 125–32 Incipit liber de operibus misericordie. Primo omnium querendum est homini . . . mereatur accipere coronam perpetuam. Amen. Explicit—.

Bloomfield no. 1442 (Alcuin); *PL* ci. 614 seq.

11. ff. 135–146ᵛ Templum domini sanctum est quod estis uos. ad corinth' i. iii° . . . est esse intemperancia Explicit—.

Bloomfield, no. 5982 (R. Grosseteste).

12. (*a*) ff. 147–8 (begins imperfectly) genus mortis fugeremus . . . nobis retribuetur figurat; (*b*) f. 148ʳᵛ Sicut pupillus benignissimi patris orbatus presencia . . . quia pius est. Ipsi in gloria In secula seculorum amen; (*c*) ff. 148ᵛ– 154ᵛ Gregorius. Defecit ihesu christo in cruce pendentis . . . *ending imperfectly.*

(*a*) the latter part of a treatise on the Cross; (*b*) a meditation on the Passion; (*c*) a catena from the Fathers forming a meditation on the Passion; on f. 151ᵛ 'Caudet nudatum pectus rubet sanguineum latus . . . ' ascribed to Augustine; the last heading (f. 154) 'bernardus. Quomodo me amas deus amor meus quomodo me amas . . . '

13. f. iᵛ, added (*a*), s. xiii ex., Pone duo monadem tria penta duo duo tetras . . . et duo monos, etc; (*b*) s. xiv ex., In mundo tria sunt que sunt dignissima laude Vxor casta bonus socius sincerus amicus; (*c*) s. xiv ex., Non homo leteris tibi copia si fluat eris . . .

(*a*) a puzzle; (*c*) Walther, *Versanf.*, no. 12072, as Spalding MJ 14 f. 185ᵛ, see above.

14. added, s. xiii (*a*) f. 36 on the meaning of the words Euangelium, Kirie, Alleluia, Epiphania, Pasca, Episcopus, Epistola; (*b*) f. 36ᵛ on the five kinds of money 'de quibus nullo modo potest fieri elemosina', and ten shorter paragraphs, the last on the four woods of the Cross; f. 37 blank; (*c*) f. 37ᵛ verses: (i) Voto contempni nequeunt contenta solempni . . . 8 lines, (ii) 5 lines, Quot modis expugnat nos uicium gule Primo dampnatur qui iusto plus epulatur. Vt Sodomite. . . .

15. ff. 132ᵛ–134ᵛ, added s. xiii, notes on the seven sacraments, seven gifts of the Holy Spirit, six ages of the world, seven 'gradus ecclesiastici', seven deadly sins, ten commandments, the articles of faith.

ff. ii + 154. 205 × 166 mm. Written space 150 × 114/120 mm. 2 cols., except art. 11, long lines. 31 lines. Collation: 1¹⁰ wants 1 2–3¹⁰ 4–5⁸ 6–7¹⁰ 8¹⁰ wants 5 after f. 69 9–14¹⁰ 15¹² 16¹² wants 9– 12. Written in several neat hands. Initials: 2- or 3-line, red or blue with ornament of the other colour. Capital letters in the ink of the text touched with red. Medieval binding of bevelled boards, now bare. Secundo folio (f. 1) *cui nichil.*

Written in England. Cf. 'Libri Johannis de Etone. Innocencius de officiis missarum cum aliis . . . ' in the s. xiv ex. catalogue of Ramsey Abbey, *Chronicon abbatiae Rameseiensis*, ed. W. D. Macray, RS [83] (1886), 364. Scribbles, f. ii, refer to John Holdere of St Ives [Hunts], 8 May 1556.

6. *Pseudo-Ammonius, Harmonia evangeliorum* s. xiii in.

1. ff. 1–3^v Canon tables, beginning imperfectly in Canon secundus.

2. ff. 4–5 i. In principio uerbum deus apud deum per quem facta sunt omnia .ii. De sacerdotio zacharie . . . Ubi discipuli euntes in galileam uiderunt et adorauerunt deum et assumptus est in celis coram oculis eorum.

List of 185 capitula, numbered only up to lxxix, to art. 4 below.

3. f. 5^v (*a*) Nowm opus me facere cogitis ex ueteri . . . scies et singula; (*b*) [I]n canone primo concordant—*no more*: 8 lines blank; (*c*) Singulis uero euangeliis ab uno incipiens . . . papa beatissime ora pro me; (*d*) Sciendum etiam ne quem ignarum ex similitudine numerorum . . . eodem sensu loqu(un)tur: quotiens pre (*ending imperfectly after 16 lines*).

(*a, c, d*) Stegmüller, nos. 595, 603, 601.

4. ff. 6–175^v (beginning and ending imperfectly)
text natiuitate eius gaudebunt. Erit enim magnus coram domino . . . Docentes eos seruare omnia
gloss B. Propter altitudinem principorum dubitat . . . impossibile est. placare deo.

text: Stegmüller, no. 1280, *PL* lxviii. 255–358. Gloss sparse in places.

ff. 174, foliated 1–21, 23–175. 360 × 250 mm. Written space (text) *c.* 205 × 105 mm; overall ruled space is *c.*188 mm. wide, the gloss being in columns about 38 mm. wide. 16 double-spaced lines. Gloss on lines specially ruled as required. Double bounding lines outside gloss and separating gloss and text. Pricks in both margins. Collation: 1^6 wants 1 2^8 wants 1 3–21^8 22^{10}. Up to f. 97 and ff. 126–30 the leaves in the first half of each quire have *ad hoc* signatures in blue ink. Same good narrow hand for text and gloss, differing in size and some letter-forms. Initials: (i) blue or red with ornament of the other colour; (ii) plain blue or red. Medieval binding of bevelled boards, now bare. Secundo folio (f. 1) *Canon secundus*, (f. 6) see above art. 4.

Written in England.

7. *Speculum humane saluationis; etc.* s. xiv ex.

1. ff. 1–34 Prohemium noue compilacionis que dicitur speculum saluacionis— Expediens valde et vtile cunctis dei deuotis . . . (f. 3) Lucifer erexit se contra creatorem . . . horas sequentes dicamus amen.

Ed. Lutz and Perdrizet (1907), without Prohemium, for which see facsimile in ed. M. R. James and B. Berenson (1926). f. 34^v blank.

2. ff. 35–40 Visitacionis gracia nepoti meo karissimo morienti . . . ad deum iustificatus ab ipso qui viuit. amen

De visitatione infirmorum, attributed to Augustine, *PL* xl. 1147–58. f. 40^v blank.

3. ff. 41–76 Si in lege domini diligenter uoluerimus meditari . . . Sciendum igitur

quod sicut potest elici . . . et illic eriguntur. ad illud Regnum—amen. Explicit tractatus qui dicitur oculus moralis.

Bloomfield, no. 5532 (Peter of Limoges), in 15 chapters. f. 76ᵛ has part of a brief index to art. 3, ending imperfectly at Pulcritudo.

4. ff. 77–131ᵛ Hec est uia ambulate in ea . . . que est infinita ad quam gloriam— amen Explicit via vel dieta salutis edita a fratre Guilhelmo de lanicea equitanico de ordine fratrum minorum.

Bloomfield, no. 2301.

5. ff. 131ᵛ–138 Incipiunt themata dominicalia prima aduentus Abiciamus opera —In aduentu magni regis . . . de castitate et luxuria per contrarium. Expliciunt themata dominicalia.

Bloomfield, no. 0077; occurs between the Dieta salutis and Tabula thereto, BL MS Royal 5. F.xiv art. 4, and printed after the Dieta, Bonaventura, *Opera* (Paris, 1866), viii. 347–58.

6. ff. 138–143ᵛ Hec est magna tabula sancta diete salutis—Deformitas quam dominus detestatur Iniquitas . . . Passionem christi. Explicit—.

ff. 144ᵛ–145, added s. xv, a brief index to art. 4. ff. 144, 145ᵛ–146ᵛ blank.

7. ff.i and ii are binding leaves in a much abbreviated current anglicana, s. xiii/ xiv, 2 cols., 53 + lines, containing, upside-down, Questiones: f. iiᵛ, following a piece ending ' . . . ad ultimum patet per predictam quod . . . set sciendum quod ullum terre (?) sit sum esse', 'Queratur utrum primum principium sit notissimum in veritate quod non videtur quod si quia sit tunc esset causa veritatis in omni proposicione circa primum principium . . . ', with sentences beginning Preterea and Ad aliud.

ff. ii + 146. 255 × 163 mm. Written space *c*. 195 × 125 mm. 39–46 long lines. Frame only, in pencil. Collation: 1–3⁸ 4¹⁰ 5⁸ wants 7, 8 (probably blank) after f. 40 6–7¹² 8¹⁴ wants 13, 14 after f. 76 9–16⁸ 17⁶ (6 was pasted down). Quires signed a–r. Written in current anglicana by two hands, the second ff. 35–76ᵛ. Dark blue 2-line initials with red ornament. Capital letters in the ink of the text are filled with red in art. 4. Medieval binding of bare bevelled wooden boards; central clasp now missing. Secundo folio *duobus de ierusalem*.

Written in England. In the erased inscription, s. xiv/xv, f. 146, 'Habeat . . . eius remaneat librario . . . Cantebrig', the word after librario is not collegio, but may be conuentus. 'John Handson se', as MS 3B, f. 1.

8. *Wycliffite homilies on the epistles and gospels (in English)* s. xiv ex.

T. Arnold, *Select English Works of John Wyclif* (1869–71); A. Hudson, *English Wycliffite Sermons*, i (1983), pp. 92–94 gives a description of this MS; P. Gradon, ibid. ii (1988), pl. 4, is a reduced facsimile of f. 85.

1. ff. 1–33ᵛ Scientes quia hora est. Ro 13. We taken as bileue. þat epistlis . . . and bigilen hem fro trewe lore. Explicit

On the epistles *de tempore*, Advent–Sunday before Advent. Hudson 475–488/70, 489/89–490, 491/18–505/40, 518/34–701: part of f. 3 cut away, and two leaves gone after f. 5. f. 33ᵛ second column blank.

2. (*a*) f. 34 Assit principio sancta maria meo. Pseudo fratres publicant . . . vj^a in fine. Nota descriptionem pseudo fratris. Pseudo frater degens in seculo . . . climatus. (*b*) ff. 34–63 Dominica prima post festum sancte trinitatis Homo quidam erat diues Crist telleth in þys parable . . . ensampledge aft*ur* þe trynyte Explicit Euangelia dominicales per annum.

(*a*) *John Wiclif's Polemical Works*, ed. R. Buddensieg, ii (Wyclif Society, 1883), 405–6, 409; (*b*) On the Gospels *de tempore*, 1st Sunday after Trinity–Trinity Sunday. Hudson 223–300/4, 316/ 81–379/40, 387/83–474: two leaves gone after f. 43, one after f. 51.

3. ff. 63–87^v Incipit 2^a pars commune sanctorum. Euang'. In vigilia vnius apostoli. Ego sum vitis.—As comune þing is bett*ur* and byfore oþ*ur* þing . . . þey schul be dede Explicit—.

On the gospels of the Common of saints. Arnold, i. 165–294; listed Hudson, p. 10, as Set 2; ed. Gradon 1–177.

4. ff. 87^v–102^v Incipit proprie sanctorum. In vigilia sancti Andree Stabat Iohannes .10. This gospel telleth in story hou crist gedred hys dyscyples . . . spekyng to þere apostels and leuyng (*catchword:*) to speke

On the gospels of the saints, vigil of Andrew–James (ends imperfectly). Arnold, i. 294–377; listed Hudson, p. 11, as Set 3. The outer columns of f. 95 cut away, taking almost all New Year's Day sermon.

ff. i + 101 (foliated 1–6, 8–102) + i. 355 × 240 mm. Written space: 285 × 172 mm. art. 1; 280 × 175 mm. arts 2–4. 2 cols. *c*.60 lines. Collation: 1^8 wants 6, 7 after f. 5 2–4^8 5^4 wants 3, 4 blank after f. 33 6^12 wants 11, 12 after f. 43 7^12 wants 9 after f. 51 8–11^12. Quires 6–11 are signed d–j. Written in anglicana formata, by two hands, changing at f. 34. Initials: (i) f. 1, 6-line, blue and red with ornament of both colours forming a border on 3 sides; (ii) 3-line (f. 34: 5-line), blue with red ornament. Binding of pasteboard covered with brown leather with gilt centrepiece and corners, s. xvi; rebacked in 1950. Secundo folio *not cristis*.

Written in England.

9. *Prosper; Bede; Smaragdus*   s. xii^I

1. ff. 1–78 Incipiunt capitula librorum trium prosperi de vita contemplatiua et activa—(f. 1^v) Incipit prologus. Diu multumque renisus sum . . . uerba sunt instituta.

PL lix. 416–520. Chapter-lists before each book.

2. ff. 78^v–90^v Venerabilis Bede presbiteri In explanationem Tobiae liber incipit. Liber sancti patris tobiae . . . in terra uiuentium. Explicit liber Tobiae (presbiter *eras.*).

PL xci. 923–38.

3. ff. 91–178^v Hunc modicum libellum Smaragdus de diuersis uirtutibus collegit. et ei nomen diadema monachorum imposuit: quia sicut diadema gemmis. ita et hic liber fulget uirtutibus. Hunc modicum operis nostri libellum . . . (f. 93^v) De Oratione Hoc est remedium eius . . . habere mereamur. amen.

PL cii. 593–690. Chapter-list ff. 91^v–93^v.

ff. 178. 232 × c. 150 mm. Written space 165–175 × 100 mm. 26 and 27 long lines. Ruled with hard-point. Collation: 1–22⁸ 23 two. Written perhaps all in one moderate hand. Punctuation includes bar '—'. Initials: (i) f. 93ᵛ, red with red ornament including a dragon's head on a green ground; (ii) red or green, some with ornament of the other colour. Main headings in red in neat rustic capitals. Capitals letters in the ink of the text touched with red. Medieval binding of bare bevelled wooden boards; central strap (missing)-and-pin fastening. Secundo folio: *one susciperem*.

Written in England. James, op. cit., p. 71.

WISBECH. WISBECH AND FENLAND MUSEUM

Munby 1. *Johannes glosatus*   s. xii ex.

Marginal gloss In principio id est in patre qui est principium . . . per yperbolem.

There are many later additions in more or less current hands, s. xiii. Chapter-numbers added in black in top margin.

ff. i + 86 (foliated 1–51, 51*, 52–85) + i. 250 × 165 mm. Written space 160 × 98 mm.; the central column varies in width, but is generally 46 mm. 19 lines of text; 38 lines of gloss. Collation: 1⁶ 2–11⁸. Initials: (i) f. 1, red and blue *I* with ornament of both colours; (ii) 1-line, red, some with blue ornament, or blue without ornament. Binding of blue morocco, gilt, s. xx med. Secundo folio: *et mundus* (text), *regens quas* (gloss).

Written in France or (?) England. Sold at Sotheby's 4 Feb. 1947 as lot 491, see note f. 85ᵛ. 'EX LIBRIS A. N. L. MUNBY' label, 'A. N. L. Munby King's College Cambridge', inside front cover.

Walker 1. *Horae*   s. xvⁱ

1. ff. 4–15ᵛ Full calendar in French in red and black.

Added, s. xvi, Visitation of B.V.M., Maudety abb. (19 Nov.), Presentation of B.V.M., Clement. f. 16ʳᵛ blank.

2. ff. 17–75ᵛ Hours of B.V.M. of the use of (Paris), beginning imperfectly.

Hours of the Cross and of the Holy Spirit worked in.

3. f. 76ʳᵛ [Obsecro te] *beginning imperfectly* miter tenere credere me faciat . . . mater dei misericordie. Amen.

4. ff. 77–78ᵛ Inicium sancti euangelii secundum iohannem. In principio . . . oracio Protector in te sperantium . . .

f. 79ʳᵛ blank.

5. ff. 80–100ᵛ Penitential psalms (beginning imperfectly) and Litany.

6. ff. 101–43 Office of the dead, beginning imperfectly.

7. ff. 143–154ᵛ Exitatiuum vere contemplacionis virginis marie sic inuenitur veraciter et deuote quondam sancto et electo dei religioso viro arnaldo legitur nomine enim sic Erat quidem religiosus arnaldus . . . (f. 145) subscriptam

letaniam in honore beate marie dicendam monuit et intonauit. Kyrieleyson . . .
(f. 145^v) Pater de celis . . . Saluator mundi . . . Sancta maria clementissima regina
angelorum et hominum intercede pro nobis . . . (f. 154) Sancta maria mater
christi impetra nobis spacium penitencie et emendacionem vite, *followed by*
Sancta maria salue sancta parens salue . . . in secula seculorum Amen. Pater
noster. Aue maria.

52 paragraphs begin Sancta maria; on Arnaldus and the Five Joys, with a Litany, etc., see
Wilmart, p. 334. f. 155^{rv} blank.

ff. iii + 153 + i, foliated 1–50, 50A, 51–156. 132 × 100 mm. Written space 68 × 48 mm. 14 long
lines. Collation, ff. 4–155: 1^8 2^4 3^8 wants 8 after f. 22 4^6 5^8 6^8 wants 6 after f. 41 7^8 8^6 wants 5
after f. 54 9^8 wants 6 after f. 60 10^8 wants 3 after f. 64 and 7 after f. 67 11^8 wants 4 after f. 71 12^2
wants 1 before f. 76 13^4 wants 1 before f. 77 14^8 wants 1 before f. 80 15^8 16^8 wants 4, 5 after f. 97
17^8 wants 1 before f. 101 18–21^8 22–23^4 24^8. Three-quarter-page pictures gone, see offsets e.g.
ff. 16^v, 72. Initials: (i) gone; (ii, iii) 2- and 1-line, gold on red and blue grounds. Line-fillers in
blue and red. Capital letters in the ink of the text touched with yellow. Binding of pasteboard
covered with brown calf bearing 1 stamp, s. xvi. Secundo folio (f. 18) *in exacerbatione*.

Written in France. 'Ce presentes heures [aper]tient a francey de priemon de [. . .] Roesis dis
ploegat en poc [. . .] Qui le trouves et luy re[. . .] Il peera le vin an la [. . .] en sent martyn', f.
156, s. xvi. 'Ce presant heures apartient a moy allain le stobec de la Ville de brest seluy ou selle
qui le trouues au dict allain le stobec le rendrera le peyra le Vn alla musure de St Allain ou bien
alla musure deau qui passe desoubz le moullin faict a St Quintin le iour 2me mai 1626', f. 3. 'E(?)
Stobec', f. 1^v, s. xvii (?). 'Pour seruir a francois le stobec et a ses amis', f. 139, s. xvii/xviii.
Round stamp, 'JTK' in centre, 'LA[. .]ATELEURS' round edge, f. 2. '12/51', f. 1^v, s. xx (?). Given
to the Museum by Mr F[elix] M[endelson] Walker, Manea, Cambs., 1963.

Walker 2. *Horae*   s. xv med.

1. pp. 1–22 Full calendar in French in red and blue alternately.

2. pp. 23–31 Inicium sancti euuangelii Secundum iohannem In principio . . .
Protector in te sperancium . . . Secundum lucam . . .

Sequentiae of the Gospels.

3. pp. 34–6 o dulcissime ihesu o clementissime ihesu o ihesu fili marie uirginis
. . . quod est ihesus Amen.

4. pp. 36–41 Oroison Obsecro te . . . Feminine forms.

5. pp. 41–6 [O] intemerata . . . orbis terrarum. De te enim . . . Feminine forms.

6. pp. 47–110, 113–14, 133–70, 115–16, 171–5 Hours of B.V.M. of the use of
(Rome), beginning imperfectly in Venite . . . (p. 164) In aduentu domini officium
beate marie . . . (p. 174) a vigilia pasche usque ad ascensionem . . .

Hours of the Cross and of the Holy Spirit worked in.

7. pp. 175–8 Oroison deuote a noustre seigneur Domine ihesu christe fili dei viui
qui septem uerba . . .

8. p. 178 De saincte marguerite Antene Erat autem margareta annorum
quindecim . . .

9. pp. 179–92, 117–32, 193–8 Penitential psalms, beginning imperfectly, and Litany.

Twelve confessors, (6–8) aniane euurci uerane; twenty-three virgins, (11) radegondis . . . (18) opportuna.

10. pp. 111–12, 199–257 Office of the dead, beginning imperfectly.

11. pp. 261–2 (after three lines 'aduersa formidare . . . feliciter obtinere Per Christum') Memoria of Christopher (Sancte christofore martir dei preciose rogo te . . .), ending imperfectly.

12. pp. 263–8 Stabat mater, *beginning imperfectly* . . . Ant Aue regina celorum . . . V Post partum . . . R Dei genitrix intercede pro nobis Interueniat pro nobis quesumus . . . Oroison de nostre dame Aue cuius concepcio Solenni plena . . . V Ora . . . R Ut digni . . . Oremus Deus qui nos conceptionis. natiuitatis. annunciacionis . . .

13. pp. 268–78 Memoriae of Michael, John Baptist, John ev., Sebastian, Martin, Francis, Nicholas, Mary Magdalene, Anne, Margaret, and Avia (Auoye) v. and m.

14. added in blank spaces, s. xv (*a*) Memoriae: (i) pp. 278–9 Jaques, (ii) pp. 279–80 Piere et Poaul, Apolline, (iii) pp. 257–8 Roche, Maxima v. and m.; (*b*) p. 259 Recepte pour la grauelle.

ff. ii + 141, paginated (i–iv), 1–17, 17A, 17B, 18–280, (281–284). 167 × 106 mm. Written space 104 × 61 mm. Ruled in pink ink. 18 long lines. Collation: 1–2⁶ 3¹⁰ 5 two (pp. 43–6) 6⁸ wants 1 before p. 47 7–8⁸ 9⁶ wants 6 after p. 100 10⁶ wants 5 after p. 108 11 three (pp. 113/114 should precede quire 13, 115/116 should be quire 15⁸, and 111/112 quire 18⁵) 12⁸ 13⁸ wants 2 after p. 134, 5 after p. 140 14⁸ wants 2 after p. 146 15⁸ wants 1 before p. 159, 8 (now pp. 115/116) after p. 170 16⁴ 17⁸ wants 1 before p. 179 18⁸ wants 4, 5 (now pp. 111/112) after p. 198 19–21⁸ 22⁴ 23 one (pp. 261/262) 22⁶ wants 1 before p. 263 23⁴. Written in hybrida. Full-page pictures: p. 32, Risen Christ and Mary Magdalene, with, on facing p. 33, B.V.M. 14-line picture: p. 79 Visitation, with full border; others gone. Seventeen 5- or 6-line pictures: 4 in art. 2, 11 in art. 13, and 1 before arts. 3 and 11; spaces in art. 1 and before art. 4. Initials: (i) 2-line, grey patterned with white, on gold and red, grounds, many enclosing insects, birds, etc.; (ii) 1-line, gold on blue, red or brown grounds. Line-fillers in gold on blue, red or brown. Binding of s. xix; spine-title 'Preces Piae manuscrit sur vélin'. Secundo folio (p. 25) *nitas. V. Sit.*

Written in France. 'Cest arr seigneur de la Wilhuve Raymon le picard dit philipeaux', s. xvi, p. 1. Bound in France. Slip from English sale-catalogue stuck to p. iii. Given as MS Walker 1.

Walker 3. *Horae*   s. xiv med.

1. ff. 1–12ᵛ Calendar in red and black, rather bare.

Feasts in red include translation of Nicholas (9 May), Eligii conf. (25 June), Ludouici r. (25 Aug.), Egidii abb., Sanctarum reliquiarum constan' [Coutances] (1, 30 Sept.), Eligii ep. and conf. (1 Dec.); in black Oportune v., Petri m. (22, 29 Apr.), Maculphi abb., Brandani abb., Yuonis conf., Ortarii conf. (1, 16, 19, 21 May), Petroci abb. (4 June), Sansonis ep., Germani ep. (28, 31 July), Taurini ep. and conf. (11 Aug.), Flocelli m. (17 Sept.), Mellonis ep. and conf. (22 Oct.).

2. ff. 13–20^v; 68^v–70^v; 71–73^v, 35^{rv}, 43–48^v, 36^{rv}, 51–58^v, 74–80^v Hours of B.V.M. of the use of (Coutances), with gaps.

Hours of the Cross and of the Holy Spirit worked in.

3. ff. 80^v–81^v Memoriae of Anne (Aue domina sanctissima anna deo dignissima que clara . . .) and Margaret (Beata virgo margareta dixit ad prefectum per tormenta . . .).

4. ff. 29–34^v, 37–39^v, 41^{rv}; 50^{rv}(?); 42^{rv} Penitential psalms and Litany, beginning and ending imperfectly, with gaps.

5. ff. 40^{rv}, 21–26^v; 27^v–28^v, 60–67^v, 82–83^v, 84–88^v Office of the dead, beginning imperfectly, with gaps.

6. ff. 50^v; 49^v; 59^v Obsecro te . . . , with two gaps and ending imperfectly.

ff. i + 88 + i. 170 × 123 mm. Written space 99 × 72 mm. 16 long lines. Collation: 1–2^6 3–4^8 5^6 6^8 (ff. 35, 43–8, 36) 7 four (ff. 37–40) + a bifolium (ff. 41–2) 8 two (ff. 49–50) 9^8 10 one (f. 59) 11^8 12^8 wants 4, 5 after f. 70 13^8 14^8 wants 3 after f. 83. Several hands. Full-page pictures, over erased (?) text in arts. 5 and 6: f. 27 Christ seated teaches B.V.M. and 6 disciples; f. 49 man with halberd addresses 6 men and a woman in a castle bailey; f. 59 B.V.M. and Joseph worship Child in a field with crosses on distant hill; f. 68 haloed man holding up bag (? of money) faces two men, one in doubt, behind a table bearing 17 coins and bag. Three-quarter-page picture: f. 13 6 men attend one kneeling before an altar. Initials: (i) f. 13, in blue on decorated gold ground; (ii) 3-line, in gold, on blue and deep pink grounds patterned with white; (iii) 2-line, red with blue-green ornament, or blue patterned with white with red ornament; (iv) plain red or blue. Line-fillers in blue and red. Capital letters in the ink of the text touched with yellow. Borders in one or two margins on pages with pictures or initials of types (i) and (ii). Binding of plain vellum, s. xix (?). Secundo folio (f. 14) *omnes deos*.

Written in France. Given as MS Walker 1.

Walker 4. *Horae* s. xv in.

1. pp. 1–12 Sarum Calendar in red and black.

Feasts in red include Oswald bp. (28 Feb.), Edward (18 Mar.), Dunstan, Augustine (19, 26 May), translation of Edward k. (20 June), Anne, Oswald k. (5 Aug.), translation of Edward k. (13 Oct.), Edmund abp., Hugh, Edmund k. (16, 17, 20 Nov.); in black, Peter m. OP (29 Apr.). No Visitation of B.V.M. 'pape' and feasts of Thomas of Canterbury not defaced.

2. pp. 13–22 Memoriae of Veronica, Christopher, Michael, Margaret, Katherine; several others missing.

The antiphons are Salue sancta facies, Sancte christofore martyr ihesu christi, —, Gaude uirgo margareta que nutricis gregem leta, Gaude uirgo Katherina qua doctores lex diuina (*RH*, nos. 18189, 18445, 7011, 6991).

3. pp. 23–77 Hours of the B.V.M. of the use of (Sarum), beginning imperfectly.

Memoriae at the end of Lauds of Holy Spirit, Trinity, Cross, Michael, John Baptist, Peter and Paul, John ev., Andrew, Stephen, Laurence, Nicholas, Thomas of Canterbury (Tu per thome . . .), Mary Magdalene, Katherine, Margaret, Relics, All Saints, peace, and Cross (Patris sapiencia). p. 32 blank.

4. (a) pp. 77–9 Salue regina, followed by the versicles Virgo mater ecclesie; (b) p. 79 Omnipotens sempiterne deus qui beate gloriose semperque uirginis et matris marie corpus et animam . . . mereamur. Per dominum.

p. 80 blank.

5. pp. 81–6 (beginning imperfectly) et dei auxilium. pro nobis implora. Ad te Ad te clamant miseri . . . oracio Deus qui de beate marie utero . . .

Twenty-two 4-line verses.

6. pp. 86–9 Item de domina nostra oracio deuota. O intemerata . . . orbis terrarum. Inclina . . . Masculine forms.

7. pp. 89–93 Item alia oracio de domina nostra. Obsecro te . . . Masculine forms.

8. pp. 93–8 Quicumque hec septem gaudia in honore beate marie uirginis semel in die dixerit. Centum dies indulgenciarum a domino papa clemente qui ea proprio stilo composuit obtinebit. Uirgo templum trinitatis . . . Oracio Te deprecor sancta maria mater dei . . .

9. pp. 98–102 Oracio deuota ad crucifixum. Omnibus consideratis . . .

10. pp. 102–6 Oracio uenerabilis bede presbiteri de septem uerbis . . . preparatam. Domine ihesu christe qui septem uerba . . . Oracio. Deprecor te piisime domine ihesu christe propter illam eximiam . . .

11. (a) p. 106 Ad sacramentum salutacio. Aue domine ihesu christe uerbum patris . . . ; (b) pp. 106–7 Aue uerum corpus natum de maria . . . ; (c) p. 107 Anima christi santifica me . . . ; (d) pp. 107–8 Omnibus confessis . . . Domine ihesu christe qui hanc sacratissimam carnem . . , with heading conveying indulgence of 2,000 years granted by Pope Boniface 'ad supplicacionem Philippi regis francie'.

(b, c). RH, nos. 2175, 1090.

12. pp. 108–10 Oracio Deus propicius esto michi peccator. et sis michi custos . . .

13. pp. 111–136 Penitential psalms (beginning imperfectly) . . . (p. 120) Quindecim psalmi . . . (cues only of the first twelve) . . . (p. 124) Litany (names crossed out).

14. pp. 137–40 Vigils of the dead (beginning imperfectly).

15. pp. 141–72 Office of the dead.

16. pp. 173–89 Commendations of souls (beginning imperfectly).

p. 190 blank.

16. pp. 191–6 Psalms of the Passion (beginning imperfectly).

17. pp. 197–215 Beatus uero Iheronimus sic disposuit psalterium . . . Uerba mea auribus percipe . . . Oracio Omnipotens sempiterne deus clemenciam tuam . . .

18. (added in blank spaces, s. xv). (a) p. 136 Oratio pro peste et morbo epidimie

euitandum. Confessorum numerum Roccus ampliauit . . . DeΙ.s qui in sanctis; (*b*) p. 216 Ueni creator spiritus . . . ; (*c*) p. 217 Gaude felix anna que concepisti prolem . . . Deus qui beatos ioachim et Ιnnam . . . ; (*d*) p. 218 *badly faded* Illumina oculos meos . . . , followed by an indecipherable English note.

(*d*) Verses of St Bernard.

ff. i + 109 (paginated 1–218) + i. 167 × 133 mm. Written space 103 × 73 mm. 21 long lines. Collation: 1⁶ pp. 13–68 uncertain following the removal of singleton picture-pages 2⁸ wants 1 before p. 69 8 after p. 80 3⁸ 4⁸ wants 8 after p. 110 5⁸ 6⁸ wants 6 after p. 136 7–8⁸ 9⁸ wants 1 before p. 173 10⁸ wants 3 after p. 190 11⁸ + 1 (pp. 217/218) after 8. Initials: (i) gone, except p. 197, blue patterned in white, on decorated gold ground; (ii, iii) in two sizes, gold, on pink and blue grounds patterned with white; (iv) gold with black ornament, or blue with red ornament. Capital letters in the ink of the text filled with red. Line-fillers in Litany only in red and blue. Floral borders on pages with initials of type (i): continuous; type (ii): top and bottom, the width of the written space. Parchment binding of s. xix.

Written in England. 'Anthony clyfford', s. xvi, p. 1. 'Robert Throckmorton owe this booke', s. xvi (?), p. 190 three times. 'C.12', s. xvii (?), p. 1. Arms on front and back covers. No. 758 in a sale-catalogue, s. xix/xx, see slip inside front cover. Given as MS Walker 1.

Walker 5. *Horae*
s. xv in.

1. ff. 1–12ᵛ Calendar in red and black, rather bare.

Feasts in black include Reuercio sancte radegondis (28 Feb.), Petri m., Eutropij ep. (29, 30 Apr.), Iouini abb. (1 June), Clodoaldi (7 Sept.), Lazari ep., Gaciani ep. (17, 18 Dec.). Added s. xv/xvi, Iacobi et salome (22 Oct.).

2. ff. 13–17 Obsecro te . . . Masculine forms.

3. ff. 17–21 Inicium sancti euuangelij secundum iohannem. In principio . . . Protector in te sperancium . . .

Sequentiae of the Gospels; Luke, Matthew, and Mark (ff. 19–21) each beginning imperfectly.

4. ff. 21–22ᵛ Hymns: Vexilla regis, Crux fidelis, Pange lingua.

5. ff. 23–51ᵛ Hours of B.V.M. of the use of (? Poitiers, cf. arts. 1 and 3), beginning imperfectly.

Gaps after ff. 23, 26, 34, 35, 37, 40, 42, 43, 45, and 49. Hours of the Cross worked in.

6. ff. 52–64ᵛ Penitential psalms, beginning imperfectly, and, f. 62, Litany, beginning imperfectly.

Francisce ludouice bernardine are last among confessors; radegondis appollonia florencia last among twelve virgins.

7. ff. 65–90 Office of the dead, beginning imperfectly.

8. (added) f. 90ᵛ Memoria of Gregory (O doctor optime ecclesie sancte lumen beati gregorii diuine legis amator . . .).

ff. i + 90 + i. 190 × 138 mm. Written space 120 × 78 mm. Ruled in pink ink. 16 long lines. Collation: 1–2⁶ 3⁸ wants 7, 8 after f. 18, 4 two (ff. 19–20) ff. 21–40 uncertain 5⁸ wants 6 after f. 45

6^4 7^8 wants 1 before f. 52 8^8 wants 4, 5 after f. 61 9^8 wants 1 before f. 65, 3, 4 after f. 66 and 8 after f. 68 10 one (f. 69) 11–12^8 13^6 wants 6. ff. 13–18^v in a somewhat later hand, with initials in a different style: red or green patterned with gold, on grounds of two of blue, green, and red patterned in white. Initials: (i) 2-line, blue patterned with gold on pink grounds patterned with white, or black and gold on sky blue grounds patterned with white; (ii) 1-line, gold, on sky blue or pink grounds patterned with white. f. 90^v: gold, on blue and pink grounds patterned with white. Line-fillers: sky blue patterned with white, or pink patterned with gold. Capital letters in the ink of the text touched with yellow. Binding of plain vellum, s. xix (?). Secundo folio (f. 14) *de spiritu.*

Written in northern France. 'From the Wauchope Settlement Trust From Niddrie Marishal Edinburgh', inside front cover, s. xx. Given as MS Walker 1.

Walker 6. *Antiphonale in processionibus*   s. xv med.

In festo Purificationis . . . cum candelas inceperint distribuere . . . Lumen ad reuelationes gentium . . . Aue gratia plena . . . Adorna thalamus . . . Responsum accepit symeon . . . (f. 5) In die palmarum completa tertia et aspersione aque more solito facta Sacerdos procedit indutus sine casula cum ramis . . . Osanna filio dauid . . . pro graduali Responsorium Collegerunt pontifices . . . uel aliud R'm In monte oliueti . . . duo fratres ramos fratribus in locis suis manentibus distribuunt . . . Pueri hebreorum . . . fit processio . . . Cum appropinquaret . . . Cum audisset . . . Ante sex dies . . . Occurrunt turbe . . . Cum angelis . . . Turba multa . . . In reuersione Processionis . . . Versus. Gloria laus et honor . . . Postea intrat processio . . . Ingrediente domino . . . (f. 19) Feria quinta in cena domini . . . Diuiserunt sibi uestimenta . . . Post nudationem altarium . . . Mandatum nouum . . . Postquam surrexit . . . Dominus iesus postquam cenauit . . . Maria ergo . . . Uos uocatis me . . . Diligamus nos in inuicem . . . Ubi est caritas . . . Congregauit nos christus . . . Mulier que erat in ciuitate . . . Domine tu michi lauas . . . In hoc cognoscent . . . Maneant in uobis fides . . . Benedicta sit sancta trinitas . . . Ubi caritas et amor . . . (f. 34^v) Feria sexta in parasceue Completis orationibus . . . crucem eleuans . . . Ecce lignum . . . Versus. Popule meus quod feci tibi . . . Agios . . . Crucem tuam adoramus . . . Hymnus Crux fidelis . . . Pange lingua . . . (f. 47) Sabbato sancto . . . Deinde letania tertia . . . Kiriel' (virgins: Elisabet Aponia Clare Apolonia) . . . ad benedictionem fontium . . . Tr. Sicut ceruus desiderat . . . Oratio Omnipotens sempiterne deus respice propitius . . . letania subscripta (confessors: Gregory Martin Francis Anthony Dominic) . . . (f. 53^v) In die pasce quando egrediuntur ad fontes Rex sanctorum . . . Oratio Deus qui diuersitates . . . oratio Deus qui ecclesiam . . . (f. 57) *42 cues with one added:* Angelici secreti conscius . . . O quam suauis est domine

ff. 60 + iii. 276 × 185 mm. Written space 200 (from top of stave) × *c.*135 mm. 6 long lines + 4-line staves. Minims 6 mm. high. Collation: 1–6^{10}. Initials: (i) f. 1, in colours, with full architectural border; (ii) ff. 5, 19^v, 41, in colours on decorated gold grounds; (iii, iv) in 2 sizes, red with ornament in brown or (after f. 42) violet, or blue with red ornament, but without ornament after f. 57. Original (?) vellum binding, the front cover inscribed with a list of contents in a shield-shaped frame 'Infra Annum Antiphonae canendae in choro et extra . . . '. Secundo folio *dei genitrix.*

Written in Italy, for male mendicant use, see above 'fratres' and Litany. Given as MS Walker 1.

WOLLATON. PARISH CHURCH

Breviarium   s. xv med.

Deposited in Nottingham University Library.

A massive noted Sarum breviary without lections. Damp has damaged the edges
throughout, but the text is affected only on ff. 1–8. W. H. Stevenson, *Report on
the Manuscripts of Lord Middleton*, Historical Manuscripts Commission (1911),
236–237. A. du B. Hill, *Transactions of the Thoroton Society*, 36 (1932), 42–50.
Facsimiles: *Nottingham University Library, Department of Manuscripts: 11th Report
of the Keeper of Manuscripts* (1974–6), 11: f. 228ᵛ much reduced, with its initial
(Dixit insipiens) in colour on the cover; *Manuscripts and Readers in Fifteenth-
Century England*, ed. D. Pearsall (1983), 135: f. 34 reduced.

1. ff. 1–200ᵛ Temporal, Advent–25th Sunday after Trinity.

Three leaves are missing, two of which (after f. 52) contained the office of Thomas of
Canterbury, which begins on f. 52ᵛ where it is crossed out and a note added in the margin, s. xvi:
Nota quod hoc festum thome beykett abrogatur per totum regnum Anglie imperpetuum.

2. ff. 200ᵛ–206 Dedication of church.

f. 206ᵛ originally blank; added in red, s. xv ex., 'Orate pro anima Willelmi husse quondam
rectoris istius ecclesie de Wollaton cuius bonorum Ministratores istum librum pro decem Marcis
emerunt. Et illum librum pro diuino seruicio ibidem celebrando imperpetuum dicte ecclesie
dederunt. Insuper alienanti anathema sit', printed Stevenson, op. cit., p. 236.

3. (quire 27) ff. 207–212ᵛ Calendar in red and black, graded.

Some feasts, e.g. Francis (4 Oct.), marked 'Non Sar'; others originally so marked have 'Non'
erased, e.g. Thomas of Hereford (2 Oct.), Wenefred v. and m. (3 Nov.). Additions include
Sancti Antonij abbatis non sar' ix lc (17 Jan.), Sancti Willelmi Epi and confessoris non sar' sed
ebor (8 June), procurator' sancti Roberti K*naresborough* (?) cf. art. 15 below (29 June),
Transfiguration (6 Aug.), Translatio Sancti Antonij [*eras:* Abbatis] non Sar' (2 Sept.), Sancti
Iohannis brydyngt' (10 Oct.), Sancti Wilfridi Epi and confessoris (12 Oct.), the dedication of
Wollaton church (13 May), and thirteen obits, mainly of rectors of Wollaton, including William
Husse 17 Sept. 1460, and members of the Willoughby family, between 1460 and 1528, printed
HMC [lxix]. 236–7. 'pape' and feasts of Thomas of Canterbury crossed out.

4. ff. 213–61 Psalter.

5. ff. 261–263ᵛ Feriäl canticles, followed by Benedicite, Benedictus, Nunc
dimittis.

6. ff. 263ᵛ–266ᵛ Litanies.

In the formula beginning 'Ut dominum apostolicum et omnes gradus ecclesie' the second, third,
and fourth words are erased.

7. ff. 266ᵛ–267 Te deum, noted.

8. ff. 267ᵛ–268 Benedictions.

9. (added, s. xv/xvi) ff. 268^{rv} 'Variaciones' on the eight tones.

10. ff. 269–96 Common of saints.

11. ff. 296–300^v Vigils of the dead.

12. ff. 300^v–302 Settings of Iam lucis orto, Ihesu christe fili dei viui, Nunc sancte nobis, Rector potens, and Rerum deus.

f. 302^v blank.

13. (quires 39–52) ff. 303–410 Sanctoral, Andrew–Saturninus and Sisinus.

'Sancti Willelmi episcopi and conf' duplex festum non sarum sed eborac', 'Memoria de sanctis medardo [. . .]', added in margin, f. 338. f. 410^v blank.

14. (added, s. xv) ff. 411–413^v Office of John of Bridlington.

The hymns are Decantemus in hac die iohannis preconia (not in *RH*), Iohannis merita fideles populi (not in *RH*), Alma mater ecclesia congratuletur filio (*RH*, no. 35142); see J. E. Twemlow, *Liturgical Credentials of a Forgotten English Saint* (Paris, 1913).

15. (added, s. xvi in.) f. 413^v Fifteen memoranda in English, naming, for the most part, shrines and dates (Sundays and festivals, at which collections were taken up ?): (*a*) 'owr lady on see at sent matheu day day next mych'', (*b*) Anthony, (*d, e*) Trinity of Walsoken, (*f*) Burton Lazars, (*g*) Robert of Knaresbrough, (*h*) Our Lady of Bedlem, (*i*) Jesus of London (?), (*j*) Cornelius of Westminster, (*l*) Wilfred, (*n*) Thomas of Canterbury; four entries refers to persons or communities: (*c*) 'The frater clarke', (*k*) 'Item for an abbey in contrey of napuls distroied (?) by ye turkes' without date, (*m*) Friars of Colchester, (*n*) Proctor of St Wilfred of Ripon. Several hands.

ff. i + 410 + i. The modern foliation, 1–413, generally only on the first leaf of each quire, takes account of the missing leaves. 590 × 400 mm. Written space 370–85 × 245–52 mm. 2 cols. 39 lines, or 13 lines + 4-line stave. Collation: 1–6^8 7^8 wants 5, 6 after f. 52 8–22^8 23^8 wants 8 after f. 183 24–25^8 26–27^6 28–36^8 37^{10} 38–51^8 52^6 wants 5, 6 (blank) after f. 410 53 three (ff. 411–13). Initials: (i) in colours, extending to full or three-quarter borders in colours and gold, historiated at Christmas, Easter, Ascension, Pentecost, Trinity, Corpus Christi, Dedication, eight liturgical divisions of Psalter, Andrew, Purification, Annunciation, John Baptist, Relics (a bishop asperges a dish of bones), Assumption, Nativity of B.V.M., and All Saints (ff. 34, 133, 154, 159^v, 165, 169^v, 200^v, 213, 220^v, 224^v, 228^v, 232^v, 237^v, 241^v, 246^v, 303, 323, 331^v, 339^v, 350, 369, 375^v, 393); (ii) in gold, on blue and pink grounds shaded with white; (iii, iv) in two sizes, blue with red ornament. Line-fillers in Psalter in blue and red. Cadels often fairly elaborate. Willoughby library binding of s. xviii/xix. Secundo folio *aperiatur terra*.

Written in England. The arms in the borders and initials on ff. 1–6^v, 34, 62, 133, 159^v, 165, 213, 246^v, 303, 339^v, 369, see Stevenson, op. cit., p. 237, are those of Sir Thomas Chaworth of Wiverton (Notts.) quartered with those of his second wife Isabel de Ailesbury, whom he married in 1411; his will, proved 27 Mar. 1459, mentions several service-books, *Test Ebor* ii (1855), 225 and 227. It was bought for ten marks by the executors of William Husse, rector of Wollaton, d. 1460, and given by them to his church, see ff. 206^v and 211^v above. Given back to the church in 1926 by Lord Middleton, having been in the possession of his family (Willoughby of Wollaton), probably since the Reformation.

WORCESTER. CATHEDRAL

The complete manuscripts described below, but not the fragments, are accessions subsequent to the catalogue published in 1906 by J. K. Floyer and S. G. Hamilton (Worc. Hist. Soc.).

Q.101. *Ordinarium et Canon missae, etc.* s. xv/xvi

Presumably part of a larger book.

1. ff. 1–12ᵛ Oracio. Aufer a nobis quesumus domine cunctas iniquitates nostras . . . propiciabile. Per christum dominum.

As *Missale Romanum*, i. 198/21–201/37, 206/17–211/39.

2. ff. 12ᵛ–13 Initium sancti euangelii secundum ioannem. In principio . . . et ueritatis.

John 1: 1–14; 'Et uerbum caro factum est' in red. f. 13ᵛ blank.

ff. ii + 13 + ii. 223 × 147 mm. Written space 155 × 101 mm. 17 long lines. Collation: 1⁶ 2⁶ + 1 leaf (f. 9) after 2. Two half-page pictures, c.73 × 100 mm., with borders of Renaissance ornament: f. 7ᵛ Elevation of Host, f. 8 priest takes the Cup, in both priest assisted by black-habited monk. Initials: (i) f. 5ᵛ 3-line to Te igitur, pink and gold paint on patterned purple ground; (ii) 2-line, gold, on blue or dark red grounds patterned in white; (iii) gold or blue. Capital letters in the ink of the text touched with yellow. Binding of s. xix, on which partly gilt Italian rope-pattern covers are inlaid. Secundo folio *niam tu solus*.

Written in Italy. 'Presented to John Aylmer Esq from his very obliged serᵗ George Mullen July 1843', f. i; armorial bookplate (motto 'Steady') of John Aylmer inside front cover. Given by Canon H. P. Cronshaw in 1927.

Q.102. *Horae* s. xv med.

1. ff 1–5ᵛ Sequentiae of the Gospels, ending imperfectly at Mark 16: 14 (et duri).

The prayer Protector in te sperancium follows John.

2. ff. 6–8ᵛ Hours of the Cross, beginning and ending imperfectly.

3. ff. 9–10ᵛ Hours of the Holy Spirit, beginning and ending imperfectly.

4. ff. 11–55ᵛ Hours of B.V.M. of the use of (Troyes), beginning imperfectly.

Leaf gone after f. 38 with beginning of Sext.

5. ff. 56–74 Penitential psalms, and (f. 68) Litany, ending with only Fidelium deus omnium after Deus cui proprium.

16 confessors, (16) Florentine; 16 virgins, (10, 11) Maura, Mastidia.

6. f. 74 Ave domina sancta maria mater dei regina celi . . . et ora pro peccatis meis.

7. ff. 74^v–115^v Office of the dead.

8. ff. 116–119^v Obsecro te . . . Masculine forms.

9. ff. 119^v–121^v O intemerata . . . orbis terrarum. Inclina . . . Feminine forms.

10. ff. 121^v–122 An. Salue regina . . .

11. (a) ff. 122^{rv} Inuiolata integra et casta es maria . . . ; (b) f. 122^v Regina celi letare alleluya. Quia quem meruisti . . . ; (c) f. 122^v Aue regina celorum aue domina angelorum salue radix sancta . . .

RH, nos. 9094, 17170, 2070.

ff. i + 122 + i. A partly cropped foliation, s. xvi, runs to '130' (f. 34 is '41'). 182 × 122 mm. Written space 104 × 67 mm. 17 long lines. Ruling in red ink. Collation: 1^8 wants 6 after f. 5 2 three (ff. 8–10) 3^8 wants 1 before f. 11 4^8 5^8 wants 6 after f. 30 6^8 wants 7 after f. 38 7^8 8^6 9^2 10–12^8 13^8 8 cancelled after f. 86 14–15^8 16^8 wants 8 after f. 109 17^6 18 seven (ff. 116–22). Three 13-line pictures, to arts. 1, 5, (angel with sword above David genuflecting), and 7 (man lies at feet of Death with spear striking at a woman). Initials: (i, ii) 4- and (f. 119^v) 3-line, blue patterned in white on decorated gold grounds; (iii, iv) 2- and 1-line, gold on red and blue grounds patterned in white. Capital letters in the ink of the text filled with yellow. Line-fillers in red and blue patterned in white, and gold. Framed floral borders on four sides of picture-pages, and on three sides of pages with initials of types (i) and (ii). Binding of s. xix by Riviere. Secundo folio: *que illuminat.*

Written in France. Given by Canon Cronshaw, cf. MS Q.101.

Q.103. *Hours (in Netherlandish)*   s. xv ex.

An impressively executed collection of Hours and other pieces, entirely in Netherlandish. Quires 3–14 (arts. 10–24 and first words of rubric to art. 25) belong immediately before quires 26–7 (arts. 25–8); together these quires were presumably intended to follow quires 15–25 and 28–31 containing the principal Hours (arts. 5–9).

1. ff. 1–10 Full Calendar in red and black, with no gaps between the months.

Feasts in red include Ponciaen, Pancraes, Seruaes, Bonefaes, Odulf, Lebuyn (June and Nov.), Ypolitus, Jeroen, Lambrecht, Willeboert.

2. f. 10^v Aries Een ram regniert int hooft . . . Piscis Een visch regniert inden voeten.

List of the twelve signs of the Zodiac, and accompanying text.

3. ff. 10^v–11 Wilstu weten oft goet teiken is te laten of niet . . . dan ist twissen twien.

Table of Zodiacal signs in nineteen columns, preceded by explanatory text.

4. ff.11^v–12 Die sonnendaechse letteren.

Table of Sunday letters and golden numbers. Two roundels on f. 12. f. 12^v blank.

5. ff. 109–39 Hier beghinnen die getiden van onser lieuer vrouwen marien (use of Utrecht).

ff. 139–140ᵛ, see art. 29*e* below.

6. ff. 141–156ᵛ Hier beghinnen die seuen psalmen van penitencien.

A long Litany follows.

7. ff. 157–77 Hier beghinnen die ghetiden vanden heilighen gheest.

f. 177ᵛ, see art. 29*f* below.

8. ff. 178–95 Hier beghinnen die getiden vand*er* ewiger wijsh*eit*.

ff. 195ᵛ–196ᵛ, see art. 29*g*, *h* below.

9. ff. 211–241ᵛ Hier beghinnen die lange vigelie van ix lessen.

ff. 241ᵛ–242, see art. 29*i* below.

10. ff. 13–23ᵛ Hier beghint die getiden vanden hoghen paesdach.

11. ff. 24–34ᵛ Hier beghinnen die getiden vander vindinghe des heilighen cruus.

12. ff. 35–45 Hier beghinnen die ghetiden van ons liefs heren hemeluaerts dach.

ff. 45–47ᵛ, see art. 29*a–d* below.

13. ff. 48–58ᵛ Hier beghinnen die ghetiden vanden heilighen sacraments dach.

14. ff. 59–69ᵛ Hier beghinnen die getiden vand*er* hoechtijt vander kermisse.

15. ff. 70–81 Hier beghinnen die getiden van sinte maria magdalena.

16. ff. 81–4 Die getiden van sinte agniet.

17. ff. 84–8 Een cort getidekijn van sinte anna.

18. f. 88 Dit sijn die seuen woorden die maria sprac doe si horen lieue kint in hoer scoet hadde veel aflaets Aue. O vlietende borne der ewicheit . . .

19. Five mass prayers: (*a*) ff. 88–90ᵛ O Ouerste priester ende waerachtige biscop . . . , ascribed to St Augustine; (*b*) ff. 90ᵛ–92 O Heer ihesu christe Ic gruet dijn vleisce geheilicht . . . ; (*c*) ff. 92–3 O Heer ihesu christe lof sy dijnre onsprekeliker goeder . . . ; (*d*) f. 93ʳᵛ O Alre gem iuste ende . . . ; (*e*) ff. 93ᵛ–94 Ende ic bidde di bi dat soete . . .

20. ff. 94–5 Die paeus gregorius heest gegeue*n* . . . O Heer ihesu christe ic aenbeden . . .

Five Oes of St Gregory, indulgenced, according to the rubric, by Pope Gregory, and Pope Sixtus who added two Oes.

21. ff. 95–6 Weest gegruet heilige wonde des rechter hants . . .

Pope Gregory's indulgenced prayer of the Five Wounds, according to the rubric.

22. ff. 96–104ᵛ Ghegruet sijstu mijn salicheit O du lieue h*ere* . . .

St Bernard's indulgenced prayer of the Five Wounds, etc., according to the rubric.

23. ff. 104ᵛ–105ᵛ Weest gegruet heilige a ensicht ons verlossers . . .

Prayer indulgenced by Pope John XXII, according to the rubric.

24. ff. 105ᵛ–108ᵛ Een suuerlic gebet an onsen lieuen heer. Mi dorst O onsprekelic woert ende wonderlic allen oren . . .

25. ff. 108ᵛ, 197–9 Een beuelinge of een goet gebet ander ontfermhertiger moeder gods . . . Ende daer is veel aflaet toe. O Onbesmit ende inder ewicheit gebenedijt . . .

Translation of O intemerata.

26. ff. 199–200 Die moeder gods vol van rouwen . . .

Prayer indulgenced by Pope Boniface according to the rubric.

27. ff. 200–201ᵛ Verblide di maget ende moeder christi . . .

Seven Joys of B.V.M., as told by her to St Thomas of 'cantellenberch', according to the rubric.

28. Christmastide devotions: (a) ff. 201ᵛ–203 'Sequencie' for Elizabeth; (b) ff. 203–208ᵛ Prayers to Elizabeth, Katherine, Barbara, B.V.M. on Christ's birth, Joseph, Stephen, and John ev.; (c) ff. 208–10 'Sequencie' for John ev., and Holy Innocents; (d) f. 210ʳᵛ Memoriae of Circumcision and Epiphany.

29. Prayers and other short pieces occur after art. 12, and fill up blank spaces after arts. 5 (at the end of quire 18), 7, 8, and 9; they include: (a) ff. 45–6 In der hoechtijt van pinxter een Sequencie. Com heilige geest . . . ; (b) f. 46ʳᵛ Een suuerlike gebedekijn van dei minne ihesu. Ghegruet sijstu alre salichste minne . . . ; (c) ff. 46ᵛ–47ᵛ Dit is sinte baernaerdus oeffeninghe . . . O alre soetste heer ihesu cristi doet mi v minnen . . . (Salutations at the Hours); (d) f. 47ᵛ Van onsen lieuen here. Die keyserlike hoge mogentheyt gods moet mi gebenedien . . . ; (e) ff. 139–140ᵛ Een suuerlic ghebet van onser lieuer soeter vrouwen marien O soete maria moeder gods vol alre genaden . . . ; (f) f. 177ᵛ Van onsen lieuen heer ihesum. Gods siele heilich mi . . . ; (g) ff. 195ᵛ–196ᵛ Die dese bedingen alle dage . . . O Goedertieren ihesu O sachtmoedige ihesu . . . ; (h) f. 196ᵛ Die eerste paeus gregorius . . . O Oetmoedige ofganc . . . ; (i) f. 241ᵛ–242 Soe wie dit gebet leest een iaer lanc alle daghe ouer een siel die in purgatorien is si wert verledicht sonder twiuel ende is sekerlic waer geproest. O alre goedertierenste moeder gods maria naest christis onse enige hoep ende troest.

ff. ii + 242 + ii. 178 × 120 mm. Written space 98 × 68 mm. 21 long lines. Collation: 1–2⁶ 3–26⁸ 27⁶ 28–31⁸. Initials: (i) at the beginning of arts. 5–15, 7- or 6-line, red and blue, sometimes patterned with gold, with ornament of red, blue, green and a little gold, and enclosing flower-heads with gold centres; (ii, iii) 4- and 3-line, blue patterned with white, with ornament in red, blue, and gold; (iv) 2-line, blue or red, with ornament of the other colour; (v) 1-line, blue or red. Capital letters in the ink of the text touched with red. Pages with initials of type (i) have continuous penwork borders, each with a small picture, and some with a scroll, in the outer side-margin, e.g. f. 109 Ic ben moeder der suuerliker minnen. Binding of red morocco with gilt tooling, s. xviii; spine label 'Roomsch getydeboek'. Secundo folio (f. 110) lijc dat.

Written in the Netherlands. No. 3900 in an English sale-catalogue, s. xix: cutting pasted inside front cover. Given by Miss Cronshaw in 1932, cf. MS Q.101.

Q.104. *Horae et Psalterium* s. xv med.

1. ff. 1–6^v Ungraded Sarum Calendar in red and black.

Feasts in red include David, and Chad (1, 2 Mar.); in black, Winefred (3 Nov.). 'Obitus Iohanni Burton [. . .] uicesimo die Nouembris anno domini m¹ cccc lx', erased; 'Obitus iohannis heyron', added, s. xv/xvi, 8 Sept. 'pape' erased, but neither of the feasts of Thomas of Canterbury.

2. ff. 7–16^v Hours of B.V.M. of the use of (Sarum), beginning imperfectly.

First and five other leaves missing. Hours of the Cross worked in. Memoriae after Lauds of the Holy Spirit, Trinity, Cross, Michael, John Baptist, John ev., *leaf missing*, Margaret, Relics, All Saints, peace.

3. ff. 16^v–17 (*a*) Salue regina; (*b*) the set of versicles Uirgo mater ecclesie . . . rex pietatis; (*c*) prayer Omnipotens sempiterne deus qui de beate gloriose uirginis ac matris . . . , as a memoria of B.V.M.

(*b*) 6 four-line stanzas, cf. *RH*, no 21818, and *AH* xxiii. 57 where stanzas 1–4 are printed as stanzas 1, 4, 5, 2.

4. ff. 17–21 Penitential psalms.

5. ff. 21–2 xv psalmi.

Cues only of the first twelve.

6. ff. 22–25^v Litany.

22 virgins, (17) Sytha.

7. ff. 26–32^v In vigiliis mortuorum, ending imperfectly through the loss of a quire.

8. ff. 33–7 Commendations, beginning imperfectly at Ps. 118: 85, and ending with one prayer Tibi domine commendamus.

9. ff. 37–43^v Incipit psalterium beati Ieronimi. Uerba mea auribus . . . Oratio. Omnipotens sempiterne deus clemenciam tuam . . . ut me famulum tuum N. . . .

f. 44^{rv} blank.

10. ff. 45–138 Psalms 1–150.

11. ff. 138–139^v Canticles, imperfect.

Confitebor, Ego dixi ending imperfectly, f. 138^v, at ueritatem tuam *catchword* Uiuens, through the loss of the next quire, and Quicumque vult, beginning imperfectly at senciat Sed necessarium.

12. ff. 139^v–143^v Litany.

28 confessors, (1–4) Augustine, Julian, Botulf, Silvester; 21 virgins, (16–21) Osyth, Austroberta, Sexburga, Eadburga, Mildred, Ethelburga. In the formula 'Ut dominum apostolicum et omnes gradus ecclesie . . . conseruare digneris' the second, third, and fourth words have been erased. f. 144^{rv} blank.

Quires 4 and 19 are marked 'examinatur' at the end (bottom left), and traces show that other quires were similarly marked.

ff. iii + 144 + ii. f. iii is a medieval flyleaf. 322 × 215 mm. Written space 235 × 135 mm. 29 long lines. Collation: 1⁶ 2⁸ wants 1 before f. 17, 8 after f. 12 3⁸ wants 3–6 after f. 14 4–6⁸ 7⁴ 8–10⁸ 11⁸ wants 5, 6 after f. 72 (no gap in text) 12–19⁸ 20⁸ wants 6 and 8 (both probably blank). Initials: (i) eight liturgical divisions of Psalter, etc., in pink and blue shaded to white, on decorated gold grounds, with continuous or three-quarter border prolongations in gold and colours including green; (ii) blue with red ornament, or gold with black ornament (Ps. 51, but not Ps. 101, larger); (iii) blue with red ornament, or red with black ornament. Line-fillers in blue and red. Capital letters in the ink of the text filled with yellow in art. 12. Binding of s. xvi, rebacked; the covers bear a handsome heraldic emblems' roll, Oldham HE.f(i), a gilt centrepiece repeated in corners. Secundo folio (f. 7) *Domine dominus*.

Written in England. The name of an early owner is perhaps recorded in the art. 1 at 20 Nov. 'In piam memoriam Roberti Rashleigh Duke A.M canonici honorarii hunc librum bibliothecae dedit Ellen Savage Landor Duke filia superstes AD MCMXXXVIII', f. ii; in a letter Miss Duke recorded that she remembered it in 1866 as part of the library at her great-grandmother's home, Savage's House, Bishop's Tachbrook, Warw., where the Savage family had been long settled, cf. *VCH* Warwickshire v. 160, and that she bought it in 1893 or 1894. Noticed in *Report of Friends of Worcester Cathedral, 1937*, pp. 16–17.

Q.105. *Biblia*   s. xiii[1]

1. ff. 1–377ᵛ A Bible in the usual order: Genesis–2 Chronicles, 1 Ezra, Nehemiah, 2 Ezra (= 3 Ezra), Tobit, Judith, Esther, Job, Psalms, Proverbs, Ecclesiastes, Song of Songs, Wisdom, Ecclesiasticus followed by the Prayer of Solomon 'Et declinauit Salomon genua sua . . . peccauerit uir in te', Isaiah, Jeremiah, Lamentations, Baruch, Ezekiel, Daniel, Minor Prophets, 1, 2 Maccabees, Gospels, Pauline Epistles, Acts, Catholic Epistles, Apocalypse. Proverbs and Matthew begin new quires (13, 20), ff. 192, 308; ff. 191ᵛ, 307ʳᵛ blank. Psalms numbered in margin, s. xiv.

The prologues are 55 of the common set of 64 (see above Ushaw 2), and 24 others shown here by *: Stegmüller, nos. 284 (in 7 numbered sections), 285, 311, 328 (to Judges), 323, 328 again, 330, 332, 335, 341 + 343, 344 + *349, 357, 457, *456 (. . . se esse regem), *455, 462, 468, 482 + *480, 487, *490, *486, 491 (in margin), 492, 494, 500, *501, *504, *506, *508 (In hac propheta . . . arriperent penitenciam), 511, 510 (. . . in psalterio mistice continentur), 512, 519 + 517, *Obadiah (Abdias quanto breuior . . . mutatis quibusdam uerbis), 524, *522, 526, *525, 528, *527, *530, *529, 534 (. . . oculi mei), *532, 538, *535, 539, *540, 543, *544, 551, 590, 589, 607, 620, 624, 677, 685, 699, 707, 715, 728, 736, 747, 752, 765 (. . . ab urbe (laodicia)), 772, 780, 783, 793, 640, *807, *806, *822, *835.

Arts. 2–5 are additions at the beginning and end:

2. (s. xiii) pastedown and f. iʳᵛ Notes on the deadly sins, beginning no doubt on the side of the pastedown now attached to the cover.

3. (s. xiii) f. iiʳᵛ Table of epistle and gospel lections: (*a*) f. ii Temporal, (*b*) f. iiᵛ Sanctoral, Pro infirmis and other special occasions, Commune sanctorum.

(*b*) includes Volusianus in January, translation of Martin in July, and Dominic in August. Francis is out of place at the end and no entry of lections occurs against his name.

4. (s. xiv) ff. 378–381ᵛ Verses: (*a*) 5 lines on the ten canons of the Gospels, Quatuor est primus . . . repono; (*b*) a summary of each chapter of the Gospels,

ending imperfectly at line 290 in John 13:16, A generat B magos . . . Non seruus maior eritis faciendo beati, Walther, *Versanf.*, no. 37.

5. (s. xiv) ff. 382ᵛ–385 Notes on canon law, perhaps continuing on f. 385ᵛ now pasted down, beginning Scandalum est dictum uel factum uel signum cuius occasione trahitur quis in consensum mortalis peccati . . .

ff. ii + 385. For ff. i, ii, see above. 175 × 115 mm. Written space 120 × 75 mm. 2 cols. 53–5 lines. Collation: 1–11¹⁶ 12¹⁴ + 1 (f. 191) after 14 13–15¹⁶ 16¹⁸ 17–18¹⁶ 19¹⁸ 20–22¹⁶ 23¹⁰ 24¹² 25⁸ with 8 (f. 385) pasted down. Initials: (i) to books, red and blue with ornament of both colours and sometimes green; (ii) to some prologues and divisions of the Psalms, as (i) but smaller, or blue with red ornament; (iii) to some prologues and chapters, 2-line, blue or red, with ornament of the other colour; (iv) to psalm-verses, 1-line, red or blue. Binding of s. xviii. Secundo folio *inde compositis*.

Written in southern France (?). Perhaps in Dominican use in the region of Tours, s. xiii ex., see art. 3. 'Anno domini m cccc lxxxiij° xxviij* mensis marcii die veneris sancta fuit reperta ista Biblia per fratrem petrum de podio sacristam in capella sancti marcialis', f. 382. Belonged in s. xvi to the Celestines of Avignon: 'Celestinorum auen', with a pressmark 'Sig' A/30', f. 1 at foot. Given in 1947 by the Revd Josiah Turner Lee.

Q.107. *Evangelistarium* s. xiii²

Gospel-book of Dominican use, described by Revd E. S. Dewick, *Transactions of the St. Paul's Ecclesiological Society*, 5 (1915), 176–80, with facsimiles of ff. 14ᵛ–15.

1. ff. 3–9ᵛ Modus legendi Euangelium, noted.

2. ff. 9ᵛ–175 Temporal, Advent–25th Sunday after Trinity.

Christmas and Epiphany Genealogies and Exultet on Easter Eve noted, ff. 14ᵛ–19ᵛ, 23–28, 126ᵛ–134ᵛ. In the Exultet the words 'beatissimo papa nostro' (ff. 133ᵛ–134) have been erased and replaced by 'rege nostro henrico octauo suppremo'.

3. f. 175ʳᵛ In die consecrationis ecclesie.

4. added s. xiv, f. 176 In festiuitate corporis christi.

5. added s. xv, f. 176ʳᵛ In festo sancte katerine de senis.

6. ff. 177–207 Sanctoral, Andrew–Katherine.

Additional feasts of general Dominican and special English observance added in the margins, s. xiv–xv, including, s. xiv, Oswald (28 Feb.) and translation of Wulfstan (7 June), see Dewick, art. cit., pp. 178–180.

7. ff. 207–216ᵛ Common of saints.

8. ff. 216ᵛ–219ᵛ Votives.

9. f. 219ᵛ Pro defunctis, ending imperfectly . . . egerunt et in resurrectione iud (John 5: 29).

ff. ii + 217 + ii, foliated 1–221. 275 × 190 mm. Written space 194 × 124 mm. 2 cols. 19 lines. Each line of writing is between a pair of horizontal ruled lines. Collation: 1–9¹² 10¹⁴ 11¹⁰ 12–14¹² 15⁶ 16–18¹² 19⁸ wants 8. Minims 5 mm. high. A question-mark above the first word of an interrogative sentence, as well as at the end. Initials: (i) red or blue, with ornament of the other colour; (ii) plain red or blue. Capital letters in the ink of the text are touched with red. Medieval binding of bevelled wooden boards, now bare; eight bands, with no holes provided in boards for two central bands. Secundo folio *tori*.

Written in England (?), for Dominican use. Belonged perhaps to the Dominican convent at Worcester, as suggested by Dewick, art. cit., p. 178. 'Edwardus Pole April 17ᵗʰ 1841', f. i. Three bookplates inside front cover: 'Rev. E. Pole, Rackenford Rectory, Witheridge' Devon; William Morris Kelmscott House Hammersmith; Robert Steele Wandsworth Common. Belonged in 1915 to Revd E. S. Dewick, see above. Lot 165 in a sale-catalogue from which the a cutting, referring to Dewick's ownership, was kept with the manuscript. Given by F. E. Norris in 1952.

Q.108. *Horae* 1527

1. ff. 12–23ᵛ Calendar in red and black.

Feasts in red include Pantaleon (28 July), Victor and Gereon, 11,000 Virgins, Severinus (10, 21, 23 Oct.), and Cunibert (12 Nov.); in black 'Obitus tercii regis' (11 Jan.), and Heribert (16 Mar.). Added entries in German record the births of the owner's sons Jost in 1527, 23 May, and Diric in 1528, 13 Sept.

2. ff. 24–65ᵛ Incipiunt Hore de domina secundum vsum Colonien'

The antiphons and capitula at Prime are Quando natus es and Surge amica, and at None Ecce maria and Ego mater. Salue regina follows Compline, f. 64ᵛ.

3. ff. 66–71ᵛ Hours of the Cross.

4. ff. 71ᵛ–73ᵛ Nine Oes of St Gregory.

Rubric conveys an indulgence of Pope Gregory of 14,000 years, added to by later popes and amounting in all 'vt pie creditur' to 92,024 years and 80 days.

5. ff. 74–87 Fifteen Oes of St Bridget, beginning imperfectly.

6. ff. 87–9 Sequitur planctus beate marie virginis quem qui deuoto corde legerit consequitur annos septem indulgenciarum et quadraginta karenas a Bonifacio papa. Sic incipit oratio sequens valde deuota. Stabat mater dolorosa . . .

7. ff. 89–92ᵛ Sequuntur orationes ante sacram communionem dicende. (*a*) Omnipotens et misericors deus. ecce accedo ad sacramentum corporis . . . ; (*b*) Alia oratio. O dulcissime atque amantissime domine iesu christe quem nunc deuote . . . ; (*c*) Cum immediate vis accedere. Oratio. Domine non sum dignus vt intres . . .

8. ff. 92ᵛ–94ᵛ (*a*) Oratio post communionem. Ave sanctissima caro. summa vite dulcedo . . . ; (*b*) Alia oratio post communionem. O Benignissime domine iesu christe: respice . . .

Masculine forms in both.

9. ff. 94ᵛ–97 Oratio ad dominam nostram et sanctum Iohannem euangelistam. O intemerata . . . orbis terrarum. Inclina . . . Masculine forms.

10. ff. 97ᵛ–98 Oratio deuota ad virginem mariam. Aue gloriosa virgo virginum maria omnipotentis dei mater et filia dignissima . . .

11. Prayers in the form of memoriae: (*a*) ff. 98–9 Alia oratio ad virginem mariam que dicenda est tempore pestilencie. hec est preclarum vas paracliti spiritus sancti . . . ; (*b*) f. 99ʳᵛ Oratio pro peccatis dicenda est. Media vita in morte sumus. quem querimus adiutorem . . . ; (*c*) ff. 99ᵛ–100ᵛ Oratio ad sanctam Annam. Aue maria gratia plena . . . Alia oratio. O radix viua mire pietatis oliua . . .

12. ff. 101–120ᵛ Septem psalmi penitenciales incipiunt, followed by Litany.

Sancti tres reges follows John Baptist; 30 martyrs, (13–14) Pancras Panteleon; 19 confessors, (8–11) Severinus, Martin, Willibrord, Cunibert.

13. ff. 120ᵛ–132 Memoriae of Guardian angel, Peter, George (O Georgi martyr inclyte, *RH*, no. 7242), Christopher, Adrian, Sebastian, Anthony hermit, Roche (Ave Roche sanctissime nobili natus sanguine, *RH*, no. 2078), Cornelius, Mary Magdalene (Gaude pia Magdalena spes salutis vite vena, *RH*, no. 6895), Katherine (Ave virgo speciosa clarior syderibus, *RH*, no. 2253), Barbara (Ave martyr gloriosa. Barbaraque generosa, *RH*, no. 1915), Quattuordecim auxiliatores (Sebastian, George, Blaise, Erasmus, Panthaleon, Vitus, Christopher, Denis, Ciriacus, Achacius, Eustagius, Katherine, Barbara, Margaret), and All Saints (O Vos omnes preciosi viri sancti et gloriosi, not in *RH*).

14. f. 132ʳᵛ Avete omnes christi fideles anime . . .

With indulgence of Pope John 'cuilibet transeunti cimiterium siue ecclesiam' of as many days 'quot corpora etc'. ff. 133–135ᵛ blank, or with notes of a late date.

15. ff. 6–11ᵛ (quire 2): (*a*) ff. 7–8 John 1: 1–14; (*b*) f. 8ʳᵛ Benedictio deifica ad quam Innocentius papa iiij contulit ccc dies indulgenciarum. Benedicat me imperialis maiestas . . . ; (*c*) ff. 8ᵛ–9 Benedictio mane vel sero dicenda. Pax domini nostri iesu christi et virtus sacratissime passionis eius . . . ; (*d*) f. 9ʳᵛ Quicumque verba subscripta cotidie dixerit subitanea morte non peribit. vt legitur de sancto Edmundo. Iesus nazarenus rex iudeorum . . . miserere nobis amen; (*e*) f. 11ᵛ A circular diagram inscribed 'Incipe numerare ab anno M.ccccc.xxvij vsque ad annum currentem eadem est littera dominicalis'.

ff. 6ʳᵛ, 10–11 blank.

16. added s. xvi, ff. 1ᵛ–4ᵛ (quire 1) Sancta Maria perpetua virgo virginum. mater misericordie. mater gratie . . .

ff. 1, 5ʳᵛ blank.

A note in German of the sack of Rome, 6 May 1527, on back pastedown.

ff. 137, including pastedowns. 112 × 80 mm. Written space *c.*70 × 44 mm. 15 long lines. Collation: 1⁶ 1 pasted down 2⁸ wants 1 before f. 6 and 6 after f. 9 (both blank ?) 3–12⁶ 13⁶ wants 3 after f. 73 14–23⁶ (23⁶ pasted down). Quires 3–23 signed a–x. Single leaves cut out before ff. 24, 66, 72, 98, and 101. Written in a set hybrida. Pictures probably once before arts. 2, 3, 5, and 12 and in arts. 4 and 10, now excised. Initials: (i) gold, on pink and blue grounds patterned in white; (ii, iii) 2- and 1-line, red or blue. Capital letters in the ink of the text touched with red. Floral borders in colours and gold on pages with initials of type (i). Contemporary binding, rebacked, of wooden boards covered with brown leather: a border encloses a panel divided by diagonal fillets into lozenges, with two small ornaments (roundel and star) on spine, in and outside the border, in alternate files of lozenges; metal pieces of a central clasp remain. Secundo folio (f. 25) *spicit Iubilemus*.

Written for use in the diocese of Cologne; presumably in 1527, see art. 15*e*. Note of ownership by Lambert Snoz (?), front pastedown, s. xvi; cf. art. 1. Given by Hadyn T. Giles in 1961.

Fragments

A considerable number of fragments of medieval manuscripts survive in the Cathedral Library, now classified as Additional Manuscripts. Some are clearly from bindings not executed in Worcester but the history of others is not recorded. Those described below are those for which there is evidence, or at least a reasonable probability, that they came from books that once belonged to Worcester Cathedral Priory.

The fragments described Floyer, pp. 158–64, are now: I = Add. 5 (formerly Add. 67/2); II restored to MS Q.29; IIIa and b restored to MS Q.41; IVa = Add. 68/12; IVb = Add. 68/13a; V = Add. 68/14 (from MS Q.94); VI = Add. 68/15; VII not found; VIII = Add. 68/16; IX = Add. 4; X = Add. 10. Items subsequently added to this class are: XI = Add. 67/9, and XII = Add. 67/12 (missing).

Add. 1–4 are described, with complete facsimiles and transcripts, C. H. Turner, *Early Worcester Manuscripts* (1916).

Add. 1. Three almost complete leaves of Evangelia. s. viii².

Described, with facsimiles of parts of (b^v) and (c), *CLA* ii, no. 262.

(*a*) Matthew 28: 5 nolite–20 (vv. 10–20 cut away in part) INCIPIT—MARCVM FELICITER;

(*b*) Mark capitula (as Wordsworth and White MS J (*breues*), etc.);

(*c*) Mark 10: 26 quis potest–42 prin (vv. 26–30, 38–42 cut away in part).

Thick rough parchment. Outer edge of each leaf cut away. Written space 270–5 mm. high; 1 col. 85–90 mm. wide. 2 cols. 23 lines. Pricking in inner [and outer] margins. Ruled in drypoint. Written in Anglo-Saxon majuscule, or, for capitula, minuscule. Initials, (*b*): in red filled with brown, or purple filled with yellow; (*a*, *c*): (i) to verses at sections, in ink surrounded with red dots; (ii) to other verses, in red. Explicit—Incipit written in red capitals.

Written in England. Perhaps from the same book as Oxford, Bodleian MS Lat.bibl.d.1 (P). Formerly binding leaves in MS F.93 and Register 1 (now A.4).

Add. 2. Two bifolia (inner and outer of one quire) of Jerome, In Mattheum (23: 34–24: 28). s. vii.

Described, with facsimile of part of f. 3^v, *CLA* ii, no. 263.

PL xxvi. 173/1–1 up, 175/5 up–177/33, 179/12–6 up.

About half of outer side of ff. 1–2 cut away. Written space [235] × 172 mm. 20 [+ 4 cut from foot ?] long lines. Ruled in drypoint. Written in uncial, with Visigothic features; Gospel lemmata in red.

Written in Spain or under Spanish influence. Formerly in binding of MS F.30.

Add. 3. Three consecutive bifolia of Gregory, Regula pastoralis (bk. 3. xxvii–xxviii). s. viii.

Described, with facsimile of part of f. 3ᵛ, *CLA* ii, no. 264.

PL lxxvii. 101/20 up–105/5 up.

Outer half of ff. 1, 2, and 4 cut away; ff. 2 and 5 very washed out. Written space 220 × 160 mm. 22 long lines. Slits for ruling in both margins. Ruled in drypoint. Written in Anglo-Saxon majuscule.

Written in England. Formerly in binding of MS F.163.

Add. 4. Outer bifolium of quire 3 of Paterius, De expositione veteris ac novi testamentorum (bk. 1. xxiv–xxvi, xxxv–xxxvi). s. viii.

Described, with facsimile of part of f. 2, *CLA* ii, no. 265.

PL lxxix. 694/7–50, 697/2 up–698/40.

Thick rough insular parchment. 275 × 205 mm. Written space 222 × c.160 mm. 26 long lines. Slits for ruling in both margins. Ruled in drypoint. Quire number at centre foot of last verso, within a square formed by four triangles of parallel lines. Written in uncial, by an unpractised hand; titles of sections in red.

Written in England.

Add. 5. One almost complete leaf of Isidore, Sententiae (bk 2. xi–xiii). s. viii².

Described, with facsimile of part of verso, *CLA* Suppl., no. 1777.

PL lxxxiii. 613/1–615/29.

Written space 240 × [c.200] mm. 27 long lines. Written in insular majuscule. Capital letters in the ink of the text surrounded with red dots.

Written in England. Formerly attached to the cover of MS Q.51.

Add. 6. Damaged bifolium (?) of Notule super ius canonicum, etc. s. xiv in.

One verso blank. Includes some letter forms, one to the pope from 'prior sancti iuliani'.

Written in England. Formerly cover of MS Q.38.

Add. 7. Three almost complete consecutive bifolia and two strips of Statius, Thebaid. s. ix/x.

HMC 14th Report, App. part viii, p. 170.

Bk. x. 752–xi. 100, with Argument as ed. A. Klotz (Teubner, 1973), p.481; considerable interlinear and marginal glossing. A single line cut away at the head of most pages, and the beginnings of lines on versos. About 3 words on each strip: (i) x. 725; (ii) xi. 125 and [150].

Written space [240] × 116 mm. [25] long lines. Ruled in drypoint. Initials, to bk. xi 'Prologus' and line 1, in red.

Written in France (?), at a good centre. Formerly flyleaves in Liber pensionum, as MS Add. 25 below. Eight other leaves are flyleaves (ff. 165–72) in MS Q.8, which retains the sides of its original (?) blind-stamped binding of s. xii.

Add. 10. Three consecutive bifolia of logica. s. xiv¹.

(a) ff. 3ʳᵛ, 1–2ᵛ, 5–6ᵛ, 4 Thomas Bradwardine, Insolubilia, lacking caps. 1–2 and almost all 3; (b) f. 4ᵛ Accipiatur hoc solubilia nulla (?) sunt omnia . . .

250 × 188 mm. Written space 195–200 × 150 mm. 2 cols. 49 lines. Written in current anglicana. Initials: red.

Written in England.

Add. 11. A collection of fragments, some of manuscripts, probably from bindings.

Add. 25. One central bifolium of a troper (neums). s. xii[1].

Common of saints: sanctus meritis plurimis miraculis rutilans . . . Gaudentur—lyre cordis symphonicis. Texts in A. Hughes, *Worcester Medieval Harmony* (1928), 144–6.

282 × 190 mm. Written space 212 × 123 mm. 12 long lines + 4-line staves. Ruled in drypoint. Initials, red or green.

Written in England. Formerly flyleaves in Liber pensionum, as MS Add. 7 above.

Add. 46. Three pieces, largely blank.

One, damaged, has a few words in English, noted, including the line 'Sulde no meyde ʒat heu*ere* vere wis'. s. xiv med. A second has a note of contents, s. xiv[1], to MS Q.76, of which it is the former wrapper.

Add. 67/1–60. A portfolio of non-musical fragments brought together by Canon Cosmo Gordon *c.*1910. Some are from the bindings of identified printed books (4, 5, 7, 8, 9 (was Floyer XI), 18–25, 35–38, 43, 46, 47, 49, 56, 57, and 59), or appear to be so (traces of paper adhering: 16, 28, 33; hinge-strips: 11, 13, 28, 55); others have been moved (2 = Add. 5; 27 = Add. 47 (printed); 31 restored to MS Q.29 (was Floyer II); 44 = Inc. 39; 54 restored to MS Q.93), or are missing (3 (printed); 12 (Floyer XII); 50 (printed); 52; 53); three are documents (15 (in French), 48 (entries for Bungay and Langley on the obit-roll of Prior Simon of Worcester, d. 1223), 60 (obit-slips, s. xv)).

Add. 67/1. Last leaf of Aristotle, De sompno et vigilia. s. xiii/xiv.

307 × 215 mm. Written space 150 × 104 mm. 2 cols. 26 lines. Running title in alternating red and blue capitals.

Written in England. Formerly used in a binding.

Add. 67/6. Part of one leaf of theologica. s. xiv med.

Written space over 205 × 125 mm. 2 cols. More than 52 lines. Written in anglicana.

Written in England.

Add. 67/10. Part of one leaf of *questiones*. s. xiii ex.

The seventh *questio* is 'vtrum in angelis sit cognitio vespertina post glorificacionem'; against it was added the number '316'.

Written space over 137 × 104 mm. 2 cols. More than 35 lines.

Written in England. Formerly used in a binding.

Add. 67/14. Part of one leaf of Philosophica. s. xiv[1].

Includes a chapter beginning 'Summendum ergo conferencia et delectabilia quot et qualia . . . '.

Written space over 215 × 143 mm. 2 cols. More than 34 lines. Initial: blue with red ornament.

Written in England. Formerly used in a binding.

Add. 67/17. Two bifolia of Justinian, Digesta, bk. 9. s. xiii.

355 × 250 mm. Written space 170 × 105 mm. 2 cols. 51 lines. Initials: plain blue or red.

Written in England. 'William Nowell', s xvi, on final verso. Formerly used as a wrapper.

Add. 67/26. One bifolium of *questiones*. s. xiii/xiv.

Written space 215 × 158 mm. 2 cols. *c.* 58 lines.

Written in England. Formerly pasted down in a binding.

Add. 67/29. Parts of two leaves of *Contenta patrum*. s. xv med.

The text 'Contra faustum manicheum xiij Quantum distat de christi aduentu inter angelorum predicacionem et confessionem . . . ' is marked 'N' in the margin, and similarly, where the contents of chapters up to viii are outlined, 'Dist° iiijᵃ A' is written in the margin.

Written space over 198 × 150 mm. 2 cols. More than 47 lines.

Written in England. Scribbles include 'Thomas Archebolde', 'Goldisbrough', both s. xvi. Formerly used in a binding.

Add. 67/30. Part of one leaf of Theologica. s. xiii ex.

On 'cognitio spiritualis' and its 'gradus', including the *exemplum* 'Martinus duxit Bertam in uxorem et Lotharius Tebergam'.

Written space 173 × 130 mm. 2 cols. 44 lines. Initials: red or blue, with ornament of the other colour.

Written in England.

Add. 67/32. Part of one leaf of Casus legum in decretalibus. s. xiv med.

Written space over 200 × 136 mm. 2 cols. More than 46 lines. Blue initials and paraphs.

Written in France (?).

Add. 67/34. Parts of two leaves of a breviary. s. xiv¹.

Passion Sunday; Palm Sunday, etc.

Written space over 135 × 160 mm. 2 cols. More than 19 lines.

Written in England.

Add. 67/39. One leaf of Jus canonicum. s. xiii¹.

Variant of Compilatio III bk. 5. i–ii.

Written space 220 × 152 mm. 2 cols. 52 lines.

Written in England. Formerly pasted down (?) in a binding.

Add. 67/40. Two leaves of Comment. in librum i Metaphysicarum Aristotelis. s. xiv¹.

Written space 260 × 155 mm. 2 cols. 55 lines. Initial: 2-line, blue with red and blue ornament.

Written in England. Formerly used in a binding.

Add. 67/41. Parts of two leaves of Comment. in Decretales. s. xiv¹.

Written space 280 × 215 mm. 2 cols. 50 lines. Written in anglicana.

Written in England. Formerly pasted down in a binding.

Add. 67/42. Part of one leaf of Comment. in Decretales (bk. 3. xxix–xxx). s. xiv[1].

Written space 302 × 182 mm. 2 cols. 91 lines. Initials: (i) 3-line, blue and red, with red and violet ornament; (ii) 2-line, red with violet ornament.

Written in France (?). Formerly part of wrapper of 'Liber A Quartus'.

Add. 67/45. One bifolium of Jus canonicum. s. xiii[1].

Compilatio V bks. 2. xvi, 3. iv–viii.

Written space 217 × 120 mm. 2 cols. 51 lines. Initials: (i, ii) plain red or blue.

Written in France. Marginal annotations in English hands, s. xiii. Formerly used as binding leaves.

Add. 67/51. Two leaves pasted together of Sermones (?). s. xiii/xiv.

215 × 136 mm. Written space 160 × 105 mm. 33 long lines. Currently written.

Written in England. Formerly pasted down in a binding, with pin of fastening leaving a rust-hole.

Add. 67/58. Part of one leaf, blank save for some notes, and a letter from the bishop of Worcester's chaplain, s. xiii[2].

Formerly lower cover of MS F.106.

Add. 68/1–37. A portfolio, '1911' on label, of musical fragments brought together by Canon J. M. Wilson, librarian 1908–24. Some are printed (21, 22, 37); others are from the bindings of identified printed books (2, 3, 7, 17, 24–26, 33), or appear to be so (38, 23 (traces of paper adhering), 24, (hinge-strips)), or are from bindings of manuscripts not known to have belonged to Worcester Cathedral Priory (16, from MS F.162, and 27, from MS Q.36).

Photographs of seven of the items below form part of the compilation of c.1300 Worcester polyphony, Oxford Bodleian Library MS Lat.liturg.d.20, ff. 1–2 = Add. 68/10; (ff. 3–6: BL MS Add 25031); f. 7 = Add. 68/31; ff. 8–11 = Add. 68/28; (ff. 12–19: Oxford Bodleian Library MS Auct.F.Inf.i.3); ff. 20–1 = Add. 68/11; (f. 22: Oxford Bodleian Library MS Hatton 30; ff. 23–25: ibid. MS Bodley 862); f. 26 = Add. 68/35; f. 27 = Add. 68/9; (f. 28: as 23–25); ff. 29–33 = Add. 68/35; (ff. 34–35: as 23–25); ff. 36–39 = Add. 68/13. L. A. Dittmer, *The Worcester Fragments: A Catalogue Raisonné and Transcription*, American Institute of Musicology: Musicological Studies and Documents 2 (1957) [*WF*], 14, assigns these to between two and five separate books: I: ff. 1–22 (medieval foliation), II: ff. 25–33, III: ff. 23–24, IV: ff. 36–39, and V: ff. 34–35. Facsimiles of the polyphonic fragments are L. Dittmer, *Worcester Add. 68, Westminster Abbey 33327, Madrid Bibl. Nac. 192*, Publications of Medieval Music Manuscripts [PMMM] v (1959); and L. Dittmer, *Oxford Latin Liturgical D 20, London Add. MS 25031, Chicago MS 654APP*, PMMM vi (1960). See also A. Hughes, *Worcester Medieval Harmony* (1928); L. A. Dittmer, 'Auszug aus "The Worcester Music Fragments"' (diss. Basle, 1952); E. H. Sanders (ed.), *English Music of the Thirteenth and Early Fourteenth Centuries*, Polyphonic Music of the Fourteenth Century, ed. K. von Fischer and I. Bent, xiv (1979); for incipits, G. Reaney (ed.), *Manuscripts of Polyphonic Music (Répertoire internationale des sources musicales [RISM]* Biv[1], 1966), 541–64, 595–605; E. H. Sanders, 'Worcester Polyphony', in S. Sadie (ed.), *The New Grove Dictionary of Music and Musicians* (1980), xx. 524–8.

Add. 68/1. Inner bifolium from a missal (not noted). s. xii[1].

Temporal: Christmas third mass [Communicantes—] 'mum celebrantes'—Innocents collect 'innocentes martires' (*Missale Sarum*, Burntisland edn., pp.597, 62–7).

Written space 252 × 177 mm. 2 cols. 29 lines. Initials: 5-, 3-, 2-, and 1-line, red, green, or blue.

Written in England. Formerly wrapper (?).

Add. 68/4. A leaf from a gradual. s. xv med.

Temporal: Advent Ember Saturday gradual Excita 'regis Israel'–Advent 4th Sunday introit 'uisita nos' (*Missale Sarum*, Burntisland edn., pp.36–9).

Written space [*c*.280] × [*c*.190] mm. 12 long lines + 4-line staves. Initials: blue with red ornament, or red with ink ornament.

Written in England. Formerly wrapper of Worcester Cathedral Statutes.

Add. 68/5. Three bifolia (a–c) from a missal. s. xv².

(*a*) (from Register 1597–1603).

Canon of mass, prefaces of B.V.M. 'ultantibus animis', apostle and common 'sancte pater'; prayers at the end of mass, blessing of bread.

(*b*) (from Register 1585–95).

Sanctoral: Edmund abp. (as *Missale Sarum*, Burntisland edn., pp.970–1, not 762–3), Primus and Felician, Barnabas, Odulph *ending imperfectly*; John Baptist sequence, Leo, vigil and feast of Peter and Paul.

(*c*) (from 'Ledger 7 1566–1587').

Sanctoral: Assumption of B.V.M., octave of Laurence, Agapitus; Audeon, Thomas of Hereford, octave of Credan (abb. of Evesham), Rufus, Augustine, Hermes and Julian, Decollation of John Baptist.

415 × 300 mm. Written space 253 × 203 mm. 2 cols. (*a*) 22 lines or 7 + 4-line staves for music; (*b*, *c*) 31 lines. Initials: (i) most blue with red ornament, some red with blue ornament; (ii) 1-line, blue or red.

Written in England, under the influence of Evesham Abbey, see (*c*) Credan. Formerly wrappers.

Add. 68/6. A leaf from an antiphonal. s. xv med.

Temporal: Thomas abp. nocturn 2–Circumcision nocturn 1 (*Brev. ad usum Sarum*, I. ccliv–cclxxxvi).

Written space 405 × 265 mm. 2 cols. 21 lines + 4-line staves. Initials: gold, on pink and blue grounds patterned with white.

Written in England. Formerly wrapper.

Add. 68/8. A bifolium from a gradual (?). s. xv med.

Sequences: (f. 1ʳᵛ) [Clare sanctorum] . . . regnorum Ecclesiarum . . . impendit (*Missale Sarum*, Burntisland edn., pp.661*–662*, of an apostle), De sancto edwardo Adest nobis . . . omnia (Ibid. 704*), De uirginibus martyribus Seqᵃ Exultemus . . . sanctis que (Ibid. 721*); (f. 2ʳᵛ) Magnifice superna plenus uixit gracia . . . , Uir felix edmunde fac nos prece benigna uita fratrum eterna. De sancta katerina. Sequencia. Maiestati sit diuine . . . (cf. *RH*, no. 38793).

316 × 220 mm. Written space 212 × 150 mm. 2 cols. 20 lines. Minims 6 mm. high. Initials: (i) 2-line, blue with red ornament; (ii) 1-line, plain blue, or red with brown ornament.

Written in England. Formerly wrapper.

Add. 68/9. A leaf (cut in two vertically) of three-part music for mass. s. xiii/xiv.

Troped alleluias (common of martyrs, etc.): (*1*) recto/1–3 . . . Et honore speciali cultus . . . laudabuntur omnes, top part etc. missing, *WF*, no. 49; (*2*) recto/4–9 Al' Gaude plaude—A: Iudicab[unt] sancti, imperfect, *WF*, no. 50; (*3*) verso/1–3, recto/10–11 . . . nis et gloria in celestia —A: Fulgebunt iusti, beginning imperfectly, ending on Oxford Bodleian Library MS

Lat.liturg.d.20 f. 28/1–3 (out of MS Bodley 862), *WF*, no. 51; (*4*) verso/4–10 Alme ueneremur die preco[ni]a—A: Iusti epulentur, ending as (*3*) f. 28/4–11 and imperfectly, *WF*, no. 52, Sanders, op. cit., App. 17.

RISM, pp. 555–6. Facsimiles: Lat.liturg.d.20 f. 27; PMMM v. 20–3.

Written space *c.*165 mm. wide. At least 11 long lines + 5-line staves. Initials: (i, ii) 2-line + staves, 1-line + staves, red or blue, with ornament of the other colour.

Written probably at Worcester. Formerly in MS Q.72.

Add. 68/10. A bifolium of three-part music for mass. s. xiii/xiv.

Tropes: (*1*) f. 1^{rv} [Christe eleyson]—Christe lux mundi perpetua, one part only, beginning imperfectly, *WF*, no.1; (*2*) ff. 1^{v}–2^{v}/5 Kyrie—Lux et gloria regis celici maria, ending imperfectly, *WF*, no. 2, Sanders, op. cit., App.21; (*3*) f. 2^{v}/5–9 Benedicta domina mundi per spacia, one part only, *WF*, no. 3.

Of three Kyrie settings f. 1^{v}/8–9, two crossed out. f. 2/8–9 have added, s. xv, a faint text for B.V.M. (?).

RISM, p. 542. Facsimiles: ff. 1–2^{v}, Lat.liturg.d.20 ff. 1–2; f. 1, PMMM v. 24; ff. 1^{v}–2^{v}, Dittmer (1952), 28–30.

274 × 205 mm. Written space 204 × 153 mm. 9 long lines + 5-line staves. Initials: (i, ii) 1-line + stave, 1-line, plain red or blue.

Written probably at Worcester. Medieval foliation in red at centre of head of rectos: vi, vii. Formerly in MS F.125.

Add. 68/11. Bifolium of [three-part] music, for mass (?). s. xiii/xiv.

(*1*) f. 1 trope Salue fenestra uitrea solis illesa radio—. . . grantis fumi uirgula, top part etc. missing, *WF*, no. 34; (*2*) f. 1^{v} troped tract [Gaude Ma]ria plaude dulcis et amona—[Gaude] maria uirgo cunctas [hereses], middle part etc. missing, *WF*, no. 35; (*3*) f. 2 O [reg]ina glorie maria mater gratie, motet on a *pes*, top part missing, *WF*, no. 36; (*4*) f. 2^{v} O decus predicancium predicatorum gloria, motet on a *cantus firmus*, middle part missing, *WF*, no. 37.

RISM, pp. 550–1. Facsimiles: Lat.liturg.d.20 ff. 20–1; f. 1^{rv}, PMMM v. 25–6; f. 2^{rv}, PMMM vi. 32–3.

Dimensions, decoration, etc., as Add. 68/10 above.

Written probably at Worcester. Medieval foliation: cxxxvi, cxxxv[. . .]. Formerly in MS F.133.

Add. 68/12. A leaf of [four-part] music, for mass (?). s. xiii/xiv.

(*1*) recto Ut recreentur celitus . . . Veni creator spiritus mentes tuorum . . . (alternate phrases from vv. 1, 2, 5, and 6), motet on a *cantus firmus*, second and fourth (bottom) parts missing, *WF*, no. 78; (*2*) verso/1–6 Inter choros paradiscolarum—Virgo plaudis Wenefreda . . . Inuictis pueris inter flammas ignium, motet on a *cantus firmus*, top and bottom parts missing, *WF*, no. 79, Sanders, op. cit., App. 26; (*3*) verso/7–12 [troped kyrie] Regnum sine termino—Regnum tuum solidum . . . Permanebit Ineternum, two parts, *WF*, no. 80.

RISM, pp. 596–7. Facsimiles: recto, Floyer frontispiece; verso, PMMM v. 26.

348 × *c.*230 mm. Written space 260 × 172 mm. 12 long lines + 5-line staves. Written in short-*r* anglicana. Initials, verso: (i) pale blue, with red ornament; (ii) blue or red; recto: ink or red.

Written probably at Worcester; the second hand recurs as the second hand on Oxford Bodleian Library MS Lat.liturg.d. 20 ff. 34–5 (out of MS Bodley 862). Formerly a wrapper.

Add. 68/13. Two consecutive bifolia of polyphonic music, for mass (?). s. xiii/xiv.

(*1*) f. 1 [Pro patribus (Peter and Paul gradual versus)] Pro beati Pauli gloria—O pastor patris summi regis—O preclara patrie celestis bina luminaria, four-part motet on a *cantus firmus*, top stave gone, *WF*, no. 70, Sanders, op. cit., no. 84; (*2*) ff. 1ᵛ/1–8, 2/1–7 Te domine laudat angelicus ordo—Te dominum clamat angelicus ordo . . . michael . . . raphael . . . gabriel . . . , three-part motet on a *pes*, top staves gone, *WF*, no. 71, Sanders, op. cit., no. 47; (*3*) ff. 1ᵛ/9–11, 2/8–11 Uirginis marie laudemus preconia—Salue gemma uirginum qui portasti dominum, three-part motet on a *cantus firmus*, *WF*, no. 72, Sanders, op. cit., no. 77; (*4*) f. 2ᵛ O debilis o flebilis condicio miseri humanis—O debilis, three-part motet on a *pes*, top stave gone, *WF*, no. 73, Sanders, op. cit., no. 48; (*5*) f. 3 [Fulgens stella] . . . , two-part motet on a *pes*, beginning imperfectly, *WF*, no. 74; (*6*) ff. 3ᵛ, 4/1–2 Dulcis Iesu memoria dans uera cordis gaudia, two-part motet on a *pes*, both top staves gone, *WF*, no. 75; (*7*) f. 4/3–11 Pvellare gremium mundo fudit gaudium—Pvrissima mater domini maria, three-part motet on a *pes*, *WF*, no. 76, Sanders, op. cit., no. 49; (*8*) f. 4ᵛ Sanctus et eternus deus pater a nullo genitus, troped sanctus [reduced version of Add. 68/35 (*12*) below], two parts, top stave gone, *WF*, no. 77, cf. *Grove*, ex. 4.

RISM, pp. 562–4. (*1*) Lat.liturg.d.20 f. 22ᵛ (out of MS Hatton 30) has a different setting of same texts. Facsimiles: ff. 1–4ᵛ, Lat.liturg.d.20 ff. 36–9; ff. 1ʳ, 2ᵛ, 3ʳ, 4ᵛ, PMMM v. 28–31; ff. 1ᵛ, 2ʳ, 3ᵛ, 4ʳ, Dittmer (1952), 22–5; ff. 1ᵛ–2, *Grove*, p. 527.

Written space *c.*155 mm. wide; 10 lines + 4/5-line staves occupy 178 mm. At least 12 long lines. Initials: plain blue or red.

Written probably at Worcester. ff. 2ᵛ, 4 formerly pastedowns.

Add. 68/14. Part of a bifolium of a mass-book. s. xiii².

Sequences: f. 1ʳᵛ Advent, [Salus eterna]–Iubilemus 'tua gloria'; f. 2ʳᵛ (outer two-thirds gone, much washed out) Easter, [Fulgens preclara] and [Prome casta].

Written space 125 mm. wide; 10 long lines + 4-line staves occupy 147 mm. [13] long lines + 4-line staves. Initials: (i) red and blue, with ornament of both colours; (ii) 1-line + stave, blue, plain or with red ornament, or plain red; (iii) 1-line, to verses, plain blue or red.

Written in England. Formerly in MS Q.94.

Add. 68/15. Two consecutive bifolia of an antiphonal. s. xiii².

ff. 1–2ᵛ Conversion of Paul nocturn iii 'oculis nichil', and Purification of B.V.M. prose Inuiolata and hymn Ave maris stella; ff. 3–4ᵛ Agatha.

340 × 240 mm. Written space 261 × 158 mm. 2 cols. 13 lines + 4-line staves. Initials: blue or red, with ornament of the other colour. Capital letters in the ink of the text lined with red.

Written in England. Formerly wrappers.

Add. 68/18. Central bifolium of polyphonic (?) music, for mass (?). s. xiii².

Leaves cut down, with loss of text at top, bottom and outer edges.

(*1*) f. 1 Benedicta V Virgo dei genitrix, two parts, *largely indecipherable*, (*WF*, no. 80a); (*2*) f. 1ᵛ, 2/1–6 troped alleluia [A: Na]tiuitas gloriose uirgi[nis] Marie ex semine habrahe (Nativity of B.V.M.) . . . three-part measured *organum* with embedded motet, top stave gone, *WF*, no. 81, Sanders, op. cit., App. 16; (*3*) f. 2/7–9 Sanctus, (*WF*, no. 81a); (*4*) f. 2/10–13, 2ᵛ De sancto Edmundo Archiepiscopo et confessore Ad honorem summi regis (*RH*, no. 34908), (*WF*, no. 81b).

RISM, p. 597. Facsimiles: PMMM v. 32–5; verso, Hughes, op. cit., p. 81.

Written space at least 305 × 180 mm. At least 10 long lines + 4-line staves. Initials: (i) red and blue, with red ornament; (ii) plain red.

Written probably at Worcester. Formerly binding leaves in Book of Feofments.

Add. 68/19. Three bifolia (*a–c. b* and *c* consecutive) of three-part music for mass. s. xiii/xiv.

Outer half of the first leaf of each bifolium cut away.

(*1*) *a* f. 1, 1ᵛ/1 . . . merenti modo sitienti, *cantilena*, imperfect, *WF*, no. 82; (*2*) *a* f. 1ᵛ/2–4 [Gloria laus et honor tibi sit] (*WF*, no. 82a); (*3*) *a* f. 2/1 . . . na angelorum agmina, beginning imperfectly, *WF*, no. 90; (*4*) *a* f. 2/2–4 Be-Beata uiscera marie uirginis, *conductus*, *WF*, no. 91, Sanders, op. cit., no. 43; (*5*) *a* f. 2ᵛ Sal-Salue rosa florum, *conductus*, *WF*, no. 92, Sanders, op. cit., App.11; (*6*) *b* f. 1/1–2 *originally blank, noted later, no text*; (*7*) *b* f. 1/7–12, 1ᵛ/1 [sanctus], *WF*, no. 83; (*8*) *b* f. 1ᵛ/2–3 agnus dei, imperfect, *WF*, no. 84; (*9*) *b* f. 1ᵛ/4 and *c* f. 1 [Gloria laus et honor] tibi sit, imperfect, *WF*, no. 85; (*10*) *c* f. 1ᵛ [Gloria laus et honor] tibi sit, imperfect, *WF*, no. 86; (*11*) *c* f. 2 . . . nos sceleris sic que sanctifica, *conductus*, beginning imperfectly, *WF*, no. 87; (*12*) *c* f. 2ᵛ and *b* f. 2 [gloria], *WF*, no. 88, Sanders, op. cit., no. 44; (*13*) *b* f. 2ᵛ Re-Regina regnans regis palacio . . . fac prece, *conductus*, ending imperfectly, *WF*, no. 89, Sanders, op. cit., App. 12.

RISM, pp. 597–601. Facsimiles: ff. *a*. 1–2ᵛ, *b*. 2, *c*. 1–2, PMMM v. 36–7, 42–3, 41, 38–40; ff. *b*. 1ʳᵛ, *b*. 2ᵛ, *c*. 2ᵛ, Hughes, op. cit., pp. 60, 38, 124.

277 × 203 mm. Written space 220 × 150 mm. 4 long lines, each with three 5-line staves. *b* f. 1ᵛ final text written in anglicana, and cf. f. 1ʳ. Initials: plain red or blue.

Written probably at Worcester. (*a*) formerly in MS F.64; (*b*, *c*) formerly in MS F.37. No. 68/32 below may be a leaf from the same MS.

Add. 68/20. Bifolium of polyphonic music, for mass (?). s. xiii/xiv.

Top of both leaves and outer quarter of f. 1 cut away.

(*1*) f. 1 In excelsis gloria in terris leticia ag[itur de puero], [three]-part *conductus*, top part missing, *WF*, no. 93, Sanders, op. cit., no. 36; (*2*) f. 1ᵛ Gaudeat ecclesia cuncti iubilantque, [three]-part *rondellus*, bottom part etc. missing, *WF*, no. 94, Sanders, op. cit., no. 41; (*3*) f. 2 [Super te Ierusalem de matre virgine]—Sed fulsit uirginitas de sancto flamine . . . Primus Tenor, [four]-part motet on a *cantus firmus*, bottom part missing, *WF*, no. 95, Sanders, op. cit., no. 83; at foot, two blank staves; (*4*) f. 2ᵛ Crucifixum dominum in carne quam de virgine, [? four]-part, middle part[s] missing, *WF*, no. 96, Sanders, op. cit., no. 5; at foot, two staves with notes, no text.

RISM, pp. 601–2. Facsimiles: PMMM v. 44–7.

Written space at least 238 × 157 mm. At least 9 long lines + 5-line staves. Initials: plain red or blue. Capital letters in the ink of the text filled with red, f. 1ʳᵛ.

Written probably at Worcester. 'blacwell', s. xv², across outer side of fold. Formerly in MS F.152.

Add. 68/28. Two bifolia, continuing from Add. 68/31 below.

(*1*) f. 1/1–5 see Add. 68/31 (*2*) below, second part, *WF*, no. 10, Sanders, op. cit., no. 58; (*2*) f. 1/6–10 Senator regis curie, three-part motet on a *pes*, *WF*, no. 11, Sanders, op. cit., no. 50; (*3*) f. 1ᵛ/1–4 Uir-irgo regalis fidei merito specialis Vt iubar in tenebris Katerina (*at head:* Vt iubar in tenebris eadburga [*of Pershore*] refulsit in aruis), *RH*, no. 21877, [three]-part motet on a *pes*, middle part missing, *WF*, no. 12, Sanders, op. cit., no. 51; (*4*) f. 1ᵛ/5–10 O venie uena spes seculi—Illumina morti datis pro peccatis uirgo subueni . . . TER, [three]-part motet on a *pes*, middle part missing, *WF*, no. 13; (*5*) f. 2/1–6 Uirgo paris filium qui sine macula, trope, [three]-part, top part etc. missing, *WF*, no. 14; (*6*) f. 2/7–9 *text in red:* genitrix Quem totus non capit inde aue parens, lines 8, 9 begin with red numbers, iiij, v; (*7*) ff. 2ᵛ/1–5 and 3/1–5 Eterne uirgo memorie—Eterna uirgo mater mirabilis, three-part motet on a *pes*, *WF*, no. 15, Sanders, op. cit., no. 52; (*8*) ff. 2ᵛ/6–10 and 3/5–10 Quam—quam admirabilis et uenerabilis es uirgo regia, three-part motet on a *pes*, *WF*, no. 16, Sanders, op. cit., no. 53; (*9*) f. 3ᵛ/1–8 Sol in nube tegitur dies obscuratur—Pas (line 8), three-part motet on a *pes*, imperfect, *WF*, no. 17; line 9, blank stave, noted s. xv, as f. 4/8–9; (*10*) f. 4/1–7 Loquelis archangeli pauer puella florida [also in Add. 68/35 (*16*) below], [four]-part motet on a *pes*, [middle part and *pes*] missing, line 6 marked 'Quartus cantus', *WF*, no. 18; lines 8–9, blank staves, noted as f. 3ᵛ/9; (*11*) f. 4ᵛ Aue magnifica maria Salue saluifica deigera maria—A: Post partum uirgo integra inuiolata (vigil of Assumption of B.V.M.), troped alleluia, [four]-part, [middle part and *pes*] missing, *WF*, no. 19, Sanders, op. cit., App. 18a.

RISM, pp. 544–7. Facsimiles: ff. 1–4ᵛ, Lat.liturg.d.20 ff. 8–11; f. 1, Dittmer (1957), 63; f. 1ᵛ, PMMM vi. 18; f. 2, Dittmer (1952) 21; ff. 2ᵛ, 3, 4ᵛ upper half, Hughes, op. cit., pp. 128, 129, 71; ff. 3ᵛ–4ᵛ, PMMM v. 48–50.

283 × 205 mm. Written space up to 232 × 160 mm. 10 long lines + 5-line staves. Initials red or blue, with ornament of the other colour, or plain.

Written probably at Worcester. Medieval foliation: lxxiiii, lxxvi–lxxvii, lxxix. Formerly in MS F.34.

Add. 68/29. Two bifolia of monophonic (?) and polyphonic music for mass (?). s. xiii².

Leaves sewn together as if a regular quire. Outer edge of f. 1 cut away, also tops of all leaves, with slight loss of text.

(*1*) f. 1ʳ, 1ᵛ/1–3 Singularis et insignis mundi domina (prose of offertory of B.V.M.), three-part *cantus firmus*, *WF*, no. 97, Sanders, op. cit., App. 14, cf. *Grove*, ex. 2a; (*2*) f. 1ᵛ/1–4 Sanctus, one-part (?), *WF*, no. 97a; (*3*) f. 1ᵛ/5–9 [A]ue maria gratia plena uirgo amantissima, one-part (?), *WF*, no. 97b; (*4*) f. 1ᵛ/10–12 [Aue u]irgo concipiens angelo salutatis, one-part (?), *WF*, no. 97c; (*5*) f. 2 Uirginis marie matris, three-part, not noted, text of lines 4–5 erased, *WF*, no. 97d; (*6*) f. 2ᵛ/1–4 (over erased text using 3 staves per line, including line 5) Aue maria gracia plena, one-part (?), *WF* no. 97e; (*7*) f. 2ᵛ/6–9 (over erased text as (*6*)) Sanctus, one-part (?), *WF*, no. 97f; immediately below (*7*) is a line of text 'designatur cuius lilia ante partum et post partum sunt similia' and then 3 blank staves, with an erased line of text at the foot; (*8*) f. 3/1–7 Benedictus es celorum, one-part (?), *WF*, no. 97g; (*9*) f. 3/8–13, 3ᵛ/1–6 Sponsa rectoris omnium. Summi patris sacrarium, three-part *cantus firmus*, *WF*, no. 98, Sanders, op. cit., no. 64, cf. *Grove*, ex. 2b; (*10*) f. 3ᵛ/7–15 O sponsa dei electa esto nobis uia recta, three-part *conductus* with *cauda*, *WF*, no. 99, Sanders, op. cit., no. 21; (*11*) f. 4/1–6 [Alleluia Virga florem . . . mun]di pressuram futuram, two-part, beginning missing, *WF*, no. 100; (*12*) f. 4/7–11 Sanctus, one part (?), (*WF* no. 100a); (*13*) f. 4/11–12 and 4ᵛ O maria uirgo pia plena dei gratia stella maris (cf. *RH*, nos. 30666–7), two-part, *WF*, no. 101, Sanders, op. cit., App. 1.

RISM, pp. 602–3. Facsimiles: PMMM v. 51–8.

Written space over 200 × 125 mm. 6 long lines + 9 lines for music (f. 4ᵛ), or some other combination. Initials: red.

Written probably at Worcester. f. 4 numbered at head in red, 'xiiij', s. xiii ex. Formerly in MS F.43.

Add. 68/30. Pieces of one bifolium and two leaves of music, for mass (?). s. xiii med.

(*1*) f. 1 De spineto nata rosa arbor uite prec[. . .] (*RH*, no. 25288) two-part, end etc. missing, *WF*, no. 102, cf. *Grove*, ex. 1.; (*2*) f. 1ᵛ [. . .]m protulisti stupendo miraculo. Deum [. . .]st et ante sigillata ueri regis anulo; (*3*) f. 2 [Salue porta paradisi . . .] solacium. Et qui mente te fideli, [two]-part, top part etc. missing, *WF*, no. 103; (*4*) f. 2ᵛ [. . .] precibus sepius uocata quorum uita nescitur, two-part, beginning and end missing, *WF*, no. 104; (*5*) f. 3 [. . .]num virgo mundi lilium. lumen fidelium, one part, beginning and end missing, *WF*, no. 104a; (*6*) f. 3ᵛ [E]rgo

uirgo tam beata multis signa premor[. . .], two-part, end etc. missing, *WF*, no. 105; (*7*) f. 4^{rv}
Paranimphus salutat uirginem noui partus assignat ordinem (*RH*, no. 14567), two-part, end etc.
missing, *WF*, no. 106.

RISM, pp. 603–4. Facsimiles: PMMM v. 59–64.

Written space 110 mm. wide. Initials: plain blue or red.

Written probably at Worcester. Formerly in MS F.109.

Add. 68/31. Single leaf (beginning cut away, now Oxford Bodleian Library MS Mus.c.60,1) of polyphonic music for mass (?). s. xiii/xiv.

(*1*) recto trope Salue sancta parens uirgo pare carens–Salue sancta parens enixa puerpera (introit,
Assumption of B.V.M. / Mass of B.V.M. Purification–Advent), three-part, *WF*, no. 9, Sanders,
op. cit., no. 67; (*2*) verso O quam glorifica luce choruscas—[Add. 68/28 (*1*) above: O quam
[bea]ta domina maria clementissima]—O quam felix femina uirgo serenissima, four-part motet
on a *pes*, top stave gone, *WF*, no. 10, Sanders, op. cit., no. 58.

RISM, p. 544. Facsimiles: both sides, Lat.liturg.d.20 f. 7; recto, Hughes, op. cit., p. 63; verso,
Dittmer (1957), 62.

Dimensions, decoration, etc., as Add. 68/28 above.

Written probably at Worcester. Medieval foliation: [lxxiii]: continues on Add. 68/28 above.
Formerly in MS Q.31.

Add. 68/32. Single leaf of three-part music, for mass (?). s. xiii/xiv.

(*1*) recto/1–6 *text erased*, [. . .]due ad polor [. . .] gaudia, [beginning missing], *WF*, no. 107; (*2*)
recto/4–12 Sanctus, *WF*, no. 108, Sanders, op. cit., no. 66; (*3*) verso Grata iuuencula decora
nimium Floret vt rosula, *cantilena*, end missing, *WF*, no. 109, Sanders, op. cit., App. 13.

RISM, pp. 604–5. Facsimiles: PMMM vi. 47, 46; upper half of verso, Hughes, op. cit., p. 115.

Written space 150 mm. wide. At least 4 long lines, each with three 5-line staves. Initials: red.

Written probably at Worcester. Formerly in MS Q.24. No. 68/19 above may be three bifolia
from the same MS.

Add. 68/35. Two single leaves, and two consecutive bifolia (ff. 2/5, and 3/4) of polyphonic music, for mass (?). s. xiii/xiv.

The letters assigned by Hughes are: ff. 1, i; 2, c; 3, a; 4, e; 5, d, and 6, b.

Troped alleluias: (*1*) [Oxford Bodleian Library MS Lat.liturg.d.20 f. 25^v/10–7 and] f. 1/1–7 [. . .
In tuis laudibus spiritualibus]—. . . Gaude per quam cornu dauid stella iacob reuelauit—[A:
Gaude uirgo gaude dei genitrix . . . assi]dua et pia uirgo, three-part, imperfect, *WF*, no. 45; (*2*)
[Oxford Bodleian Library MS Lat.liturg.d.20 f. 25^v/8–12 and] f. 1/8–13 Alleluya psallat hec
familia Alleluya timpanizet—[Alleluya concinet hec familia . . .] concinet, three-part, *WF*, no.
46, Sanders, op. cit., App. 20.

(*3*) (added) f. 1^v/1–8 Peregrina moror errans in patria, [three]-part motet on a *cantus firmus*,
middle part missing, lines 6–8 without text, *WF*, no. 47; (*4*) (added) f. 1^v/9–10 Rex omnipotentie
matris precibus, [three]-part, top part only, *WF*, no. 48.

Troped alleluias: (*5*) (added) f. 2/1–9 O-O laus sanctorum felix regina polorum, [three]-part, top
part [and beginning] missing, *WF*, no. 54; (*6*) (added) f. 2/10–12, 2^v/1–9 Alleluya moduletur
syon filia—(*in red:*) A: Ueni mater gratie, three-part, imperfect, f. 2/10–11 over erased text, *WF*,
no. 55, Sanders, op. cit., App. 19; (*7*) ff. 2^v/10–12 and 3/1–10 Aue magnifica maria Aue saluifica
deigera maria—A: Aue mirifica maria—A: Dul-Dulcis mater, three-part, imperfect, *WF*, no. 56,
Sanders, op. cit., App. 18b; (*8*) f. 3/11–12, 3^v A: Regis celorum mater pia [s]pes miserorum,
three-part, imperfect, *WF*, no. 57.

Troped sanctus: (9) f. 4/1–8 [. . .] Unus tamen est diuinus dominatus licet trinus—. . . (in red:) celitus pater natus et paraclitus, [three]-part, top part [and beginning] missing, WF, no. 58; (10) f. 4/8–12, 4ᵛ/1–6 [S:]—Sanctus sanctus sanctus adonay genitor genitus—(in red:) Benedictus marie filius qui uenit, three-part, imperfect, WF, no. 59; (11) ff. 4ᵛ/7–12 and 5/1–3 Sanctus deus ens ingenitus, three-part, imperfect, WF, no. 60; (12) f. 5/4–12, 5ᵛ/1–3 Sanctus et eternus deus pater a nullo genitus [reduced version: Add. 68/13 (8) above], three-part, top part largely missing, WF, no. 61, cf. Grove, ex. 4. ; (13) f. 5ᵛ/1–10 Sanctus ex quo omnia pater ingenitus, two parts, text of line 10 erased, imperfect, WF, no. 62.

(14) f. 5ᵛ/11–12 trope Sursum corda eleuate dulci corda resonate, [three]-part, middle part etc. missing, WF, no. 63; (15) f. 6/1–6 Conditio nature [defu]it in filio Quem uirgo genuit (RH, no. 3731), no text for line 6, [three]-part motet on a pes, middle part missing, WF, no. 65; (16) f. 6/7–11 motet on a pes, as Add. 68/28 (10) above, no text for part of line 10 and all line 11, WF, no. 66; (17) f. 6ᵛ trope Salue mater redemptoris fons misericordie—Salue lux langentium consolatrix hominum—Salue sine spinas rosa flos purpureus—Sancta parens enixa puerpera (introit Mass of B.V.M. Purification–Advent), four-part, WF, no. 64, Sanders, op. cit., no. 74.

RISM, pp. 557–64. Facsimiles: ff. 1–6ᵛ, Lat.liturg.d.20 ff. 26, 29–32, 33ᵛ, 33; f. 1, Dittmer (1957) 65; ff. 1ᵛ–2, PMMM v. 70, 67; f. 2 bottom quarter, Hughes, op, cit., p. 79; f. 2ᵛ, Dittmer (1957), 66; f. 3, ibid. 67; f. 3ᵛ–4, PMMM v. 65, 69; f. 4ᵛ, H. E. Wooldridge, Early English Harmony, i (1897), pl. 40; f. 5, PMMM v. 68; f. 5ᵛ, Hughes, op. cit., p. 55; f. 6, PMMM v. 66; f. 6ᵛ, Hughes, op. cit., frontispiece.

330 × 220 mm. Written space 267 × 165–175 mm. 12 long lines + 5-line staves. Initials: (i, ii) 2- and 1-line + stave(s), blue or red, with ornament of the other colour.

Written probably at Worcester. Formerly flyleaves in Oxford Magdalen College MS 100 (a Worcester Psalter), returned c.1925. f. 1 continues from Oxford Bodleian Library MS Lat.liturg.d.20 f. 25 (out of MS Bodley 862).

Add. 68/39. Strip cut horizontally from a bifolium of polyphonic music. s. xiii/xiv.

Fragments of four motets to B.V.M. and Katherine: (1) Aʳ . . . tuis in laudibus tu celicis comenda pla– . . . ; (2) Aᵛ . . . Nunc in celis Katerina fluens deliciis . . . ; (3) Bʳ . . . archa panis angelici de quam nostra mereti– . . . stella maris regina sceuli . . . ; (4) Bᵛ . . . –d concipies paruulumque presens nec per diuis . . .

Described A. Wathey, Manuscripts of Polyphonic Music, 11th Century – 1400: A Supplement to RISM BIV¹⁻² for Collections in the British Isles, RISM (forthcoming).

64 x 275 mm. Written space at least 122 mm. wide. 5-line staves freely ruled in red. Capital letters in the ink of the text splashed with red.

Written probably at Worcester. Formerly MS F. 45. (Description kindly provided by Andrew Wathey, 1991).

WORTHING. PUBLIC LIBRARY

Registrum brevium (some regulae in French)   s. xvᴵ

henricus dei gratia Rex—Precipimus vobis quod sine dilacione plenum rectum teneatis Willelmo Selman de vno mesuagio . . . (f. 212ᵛ) Aliter super vtlagas—vt est iustum T etc.

Few names, but see 'manuel de Frisco prebendarius prebende de ampleford in ecclesia beati petri ebor' 1329–43, f. 65ᵛ, and 'Istud breue—consign' apud Ebor' anno vij°', f. 113. The second writ is dateable between 1403 and 1413 from its reference to 'Iohanne Regine Anglie consortis nostre'. ff. 35ᵛ–36, 49ᵛ, 54*ʳᵛ, 63ᵛ, 76ᵛ, 142ᵛ–143, 165ᵛ, 167ᵛ–168 blank; shorter spaces left between sections at other points.

f. 142 contains an addition, in the main hand (?), 'Breue super statutum contra illos qui fabricant falsa facta seu munimenta' referring to the statute 'A° regni n primo', cf. *SR* ii. 170–1, attested by John duke of Bedford as 'Custos Anglie' and dated 'A° r n quinto' 1417–18. ff. v–viiᵛ contain a table of contents, with folio-numbers added s. xvi; ff. iii–iv are paper leaves sewn to f. iiᵛ and contain an alphabetical index of writs.

ff . vii + 213 + v. Foliated, s. xvi: (i–vii), 1–54, (54*), 55–212, (213–17). ff. i–ii, v–vii and 213 are medieval parchment flyleaves. 278 × 203 mm. Written space *c.* 200 × 135. *c.*37 long lines. Frame ruling. Collation: 1–4⁸ 5⁸ wants 4 (blank) after f. 35 6–8⁸ 9⁸ wants 2 (blank) after f. 63 10–18⁸ 19⁸ wants 2 (blank) after f. 142 20–27⁸. Quires numbered at the end, j–ix xii–xxvij. Unfilled 5-line space for initial, f. 1. Binding, s. xvi, of pasteboards covered with brown leather; 2 green silk ties, gone. Secundo folio *Et si non.*

Written in England. 'Rob*tus* Drury est pocessor huius libri', s. xv², f. iᵛ, cf. *DNB*. 'For Mʳ Fancourt at Lincoln', s. xvii, on back cover. Deposited at the West Sussex Record Office Chichester in Oct. 1974, as Add. 24,651.

YEOVIL. HENDFORD MANOR HALL MUSEUM

Orationes in articulo mortis   s. xv²

Described, with full transcription, *Somerset and Dorset Notes and Queries* 15, 241–3.

To the alm*es* house of Yevyl for the Poeremen
Angele qui meus es custos pietate superna / Me tibi commissum salua defende guberna
In manus tuas domine commendo—deus veritatis. Amen.
Si agonizans loqui et vsum racionis habere potuerit. fundat orationes. deum primo inuocando . . . Item dicat ter istum versum Dirupisti domine vincula mea tibi sacrificabo hostiam laudis et nomen domini ihesu inuocabo. Nam iste versus secundum cassi(o)dorum doctorem creditur esse virtutis—vel similia que in summa beato augustino asscribuntur Pax domini nostri ihesu christi et virtus passionis eius . . . in hac hora mortis mee. Amen et vltimo dicat. In manus tuas— Si autem infirmus non sciat orationes dicere dicat aliquis de astantibus—Acciones nostras quesumus domine et aspirando prauem . . . O Bone ihesu respice super me peccatorem oderis tue misericordie quibus respexisti petrum in atrio . . . in paradiso te videam. Amen. Pater noster. Aue maria. Credo in deum patrem.

Roll of 1 membrane. 860 × 150 mm. Written space 490 × 105 mm. 63 long lines. 3 initials: 2-line, red. Capital letters in the ink of the text lined with red.

Written in England, for use in Yeovil, possibly at the port-reeve's almshouse; this pre-dated

Woborne's Almshouse, which was founded under licence from Edward IV dated 1476 (also at the Museum). Descended from the Hussey family of Barnhall to Major Fraeme of Gillingham (Dorset). Acquired by Hendford Manor Hall Museum from Gillingham Museum in 1954 in exchange for a barrow and spade.

YORK. MINSTER

A catalogue of the manuscripts drawn up in 1671 is Oxford Bodleian Lib., MS Tanner 88 ff. 110–111^v, cf. also BL MS Harley 695 ff. 307–9. Of *CMA*, nos. 1–57 and 65 eleven are not now readily identifiable in the collection: nos. 4–5, 10, 18, 21 (but see *sub* XVI.P.8 below), 25, 34, 47–8, 54 (cf. XVI.O.22 below ?), and 57. The library catalogue of 1774–5 was drawn up after the substantial gift made by Marmaduke Fothergill's widow in 1737, see *Brev. Ebor.* i. xii–xiii.

XVI.A.6. *R. Grosseteste, Sermones, etc.*   s. xv² (before Apr. 1483)

1. ff. 1–165 Forty-one writings of Grosseteste, mainly sermons.

Set out Thomson, *Grosseteste*, pp. 164–5. In exactly the same order, 1–6, 8, 16–20, 7, 21–3, 15, 12–13, 9–11, and 24–40, as in BL MS Royal 7 E.ii ff. 251^v–380, an older manuscript given to Brasenose College, Oxford, by William Smith d. 1514 (Emden, *BRUO*, pp. 1721–2). As in 7 E.ii two short pieces lie between nos. 30 and 31, 'Linc' in sermone. Nobis enim . . . saluatorum. Lincoln' supra epistolam Iohannis damasc' de trisagio in fine sic ait. Sentencia grecorum . . . sentencia etc', f. 113; the former is an extract from Sermon 66 (= Dictum 3: Thomson, *Grosseteste*, p. 216), and the latter the 'Notula' listed Thomson, *Grosseteste*, p. 80. No. 32 collated by S. Wenzel in *Franciscan Studies*, 30 (1970), 239–93 as Y; he notes the close relationship to 7 E.ii, as does Thomson, *Grosseteste*, p. 160. No. 26, a few lines from Pseudo-Jerome, De membris Domini (Thomson, *Grosseteste* p. 175), is followed in the main hand by 'Quod M T. Rotherham', f. 102^v. The scribe left blank spaces in the text for biblical chapter-references. He wrote 'Assit principio sancta maria meo' at the head of f. 1.

2. ff. 165–183^v Grosseteste's memorial to Pope Innocent IV, delivered at the Curia in 1250, with other related pieces, twelve in all, as in Royal 7 E.ii ff. 380–394^v; cf. Thomson, *Grosseteste*, pp. 141–7 (Curia, nos. 1–9), 212–13. (*a*) ff. 165–171^v Dominus noster . . . est attemptatum. Curia, no. 1, without introduction. (*b*) f. 172^{rv} Curia, no. 2. (*c*) ff. 172^v–173^v Letter 128, Thomson, *Grosseteste*, pp. 212–13. (*d–j*) ff. 173^v–182^v Curia, nos. 3–9. (*k*) ff. 182^v–183 Postquam . . . in hunc modum. Anno domini Millesimo CC^{mo}.1°. Feria 6^a proxima—Oxon' captata post beniuolencia . . . in hiis verbis. Dominus noster ihesus christus etc. vt supra. (*l*) f. 183^{rv} Letter 131, Thomson, *Grosseteste*, p. 213.

(*k*) is an introduction to Curia, no. 1: cf. Thomson, *Grosseteste*, p. 147; there is no break between it and (*j*) on f. 182^v. (*a, c, d, f, i, l*) are preceded by blank spaces for headings, against which are marginalia in a current mixture of anglicana and secretary that agree with the headings of 7 E.ii, and are evidently directions to the rubricator. After (*l*) the scribe wrote 'Hunc finem feci da michi quod merui quod. Schaw', f. 183^v, the same words as he wrote at the end of Cambridge Univ. Libr. MS Ff.3.15. f. 184^{rv} blank.

ff. ii + 184 + iii. 310 × 220 mm. Written space 188 × 118 mm. 42 long lines. Collation: 1–23⁸. Quire and leaf signatures of the usual late medieval sort; the quires are marked a–p, p–y. Written in textura (initial *v*); ascenders in the top line are sometimes cadels and descenders in the bottom line are sometimes prolonged, and one cadel, the D of *De* on f. 12, contains a head after which the scribe wrote '[D]omine saluum fac regem Edwardum'. Initials: (i) f. 1, *P* in gold, on blue and red ground sprinkled with groups of three white dots, decorated (eagle, head of lion), with prolongations into the margins; (ii) 5-line, blue. Binding of s. xix. Secundo folio *vsurpacio*.

Written by a scribe named Schaw, no doubt for Thomas Rotherham 1423–1500, Emden, *BRUC*, pp. 489–91, and perhaps partly at least from an exemplar written by Rotherham, see above art. 1; the same scribe wrote for Rotherham Cambridge Univ. Libr. MS Ff.3.15, in the same format and with the same number of long lines. 'Item sermones lincolniensis 2 fo *vsurpacio*', in the inventory of the books given by Archbishop Rotherham to Jesus College Rotherham, M. R. James, *A Descriptive Catalogue of the Medieval Manuscripts . . . of Sidney Sussex College Cambridge* (1895), 6, in which no. 45 'Dicta lincolniensis 2 fo *tibus*', matches Cambridge Trinity College MS O.4.40. *CMA*, no. 24.

XVI.A.7. *Josephus, Antiquitates* s. xii med.

(*beginning imperfectly very near the end of the prologue*) reminiscens primitus . . . sententia *habebit*.

Bks. 1–10. First two leaves missing, and also the beginnings of bks. 2 and 5. Eb (120) no. 169 in the list of manuscripts in F. Blatt, *The Latin Josephus*, i (1958), 93. A numbered table of chapters before each book. A large omission in bk. 9 was repaired early by a skilled scribe who rewrote parts of ff. 178ᵛ and 181ʳ over erasure and added ff. 179–80, where he wrote more closely and in slightly wider and longer columns of 33, instead of 32, lines, adding a further line below the bottom ruled line on ff. 179ᵛ–180ᵛ: written space 231 × 153 mm., f. 179, and 237 × 155 mm., ff. 179ᵛ–180ᵛ.

ff. iii + 205 + iii. Text foliated in s. xv/xvi, before the loss of leaves: 3–21, 23–77, 79–131, (131★), 132–86, (186★), 187–207. 308 × 209 mm. Written space 225 × 150 mm., except ff. 179, 180 as above. 2 cols. 32 lines. Collation: 1⁸ wants 1, 2 2⁸ 3⁸ wants 6 after f. 21 4–9⁸ 10⁸ wants 6 after f. 77 11–22⁸ 23⁸ + 2 leaves (ff. 179, 180) after 3 24–25⁸ 26⁸ wants 8 (blank). Well written in a hand with a slight backward slope. Initials: (i) to books, red, blue, or green, parti-coloured or monochrome, ornamented in the same colours and brown and pale yellow and (f. 1ᵛ) gold; (ii) to tables of chapters, red, green, blue, or brown, most with ornament in one or more of these colours; (iii) to chapters, 2-line, blue, red, green, or brown; (iv) in tables of chapters, 1-line, as (iii). Bound by Oliver Sumner in 1820 for £1 2s., see MS Add. 384 p. 65.

Written in England in a good scriptorium. Not in *CMA*. Entered in the 1775 catalogue f. 101.

XVI.A.8. *Boethius, De trinitate, etc., cum comment. G. Porretani; etc.* s. xii ex.

1. ff. 1–85ᵛ Boethius, (*a*) De trinitate i, (*b*) De trinitate ii, (*c*) de ebdomadibus, (*d*) de duabus naturis et una person in Christo, with the commentaries of Gilbert de la Porrée.

(*a*) ff. 1–2 (*prologue*) [O]mnium que rebus percipiendis . . . esse. deceptos. ff. 2ᵛ–25 (*text*) Anicii. Manlii. Seuerini. Boecii uiri clarissimi et illustris. Ex consul'. ordinarii. patricii: in [. . .] (Trinitate *added over erasure, s. xiv*) est unus deus: ac non tres dii: ad—Simmacum—socerum suum. Incipit prologus. [D]omino patri symacho: Boetius. [I]nuestigatam diutissime questionem . . . uota supplebunt. ff. 2–28 (*commentary*) [I]nuestigatam. Premittit prologum in quo . . . semper habentis uoluntatis *uota subplebunt*.

(b) f. 28ʳᵛ (prologue) Item commentum eiusdem G. super Boetium de eadem trinitate. [E]x illius de qua symacho . . . conformans ait. ff. 28ᵛ–33ᵛ (text) Item questio eiusdem Boecii. ad Iohannem diaconum: utrum Pater. et filius. et spiritus sanctus. de diuinitate substancialiter predicentur. [Q]uero an pater et filius . . . coniunge. ff. 28ᵛ–33ᵛ (commentary) *[Q]uero an pater et filius et spiritus sanctus* id est horum nominum . . . comparetur.

(c) ff. 33ᵛ–34 (prologue) Item G. super boet'. quomodo substantię in eo quod sunt bone sint. sum non sint substantialia bona. Qvod grece philosophia . . . admisit. ff. 34–46 (text) Item eiusdem ad eundem. Quomodo substantię—[P]ostulas ut . . . omnia bona. ff. 34–46 (commentary) *[P]ostulas* etc. Quid iohannes diaconus petat . . . genus: sunt bona.

(d) f. 46ʳᵛ (prologue) Item G. super boet' aduersus nestorium et euticem de una persona christi et duabus eius naturis. Non sum nescius . . . tractat. ff. 46ᵛ–85ᵛ (text) Item eiusdem Boetii liber ad eundem iohannem: de una christi persona—[D]omino sancto ac uenerabili patri iohanni diacono: Boetius filius salutem. [A]nxiete . . . causa prescribit. Ipsi honor et gloria in secula seculorum amen. ff. 46ᵛ–85ᵛ (commentary) [A]nxiete quidem. etc. Premittit . . . suę uoluntatis *prescribit.*

Boethius, Loeb edn. (1918): (a) 2–30; (b) 32–6; (c) 38–50; (d) 72–126. Prologues and commentaries of Gilbert: *PL* lxiv. 1255–334, 1353–412. Text and commentary are differentiated and arranged as in a biblical gloss: the text, in a larger script, is preceded by the prologues, and flanked on the outer side by the commentary in a single column varying in width with the *lemmata* underlined in red (shown by italics above). On f. 24 the scribe decided not to try any longer to keep the commentary level with the text: f. 24ᵛ is a full page of text and ff. 25ᵛ–28 are full pages of commentary, with the last lines of text on f. 25ʳ followed by commentary. 'Sancti spiritus assit [. . .]', f. 1 head, cropped, by the scribe.

2. ff. 85ᵛ–88ᵛ De fundamentis christiane fidei. [Ch]ristianum fidem noui ac ueteris testamenti pandit auctoritas . . . laus perpetua creatoris.

Boethius, De fide catholice: Loeb edn., pp. 52–70.

3. ff. 88ᵛ–91ᵛ [Q]vod diuina natura id est diuinitas. et eterna illa indiuisa. et simplex essentia . . . in se diuinitas accepisset.

A *catena* of patristic extracts on the nature of the Trinity, the first from Hilary, De trinitate, bk. 8. Followed by four lines that appear to introduce a work intended to come at this point: 'Prima pars huius proemii que mala si rationum communium et propriarum . . . ostendit. Secunda exempli causa nominatim . . . demonstrat. Tercia pars quare. et quibus. et unde et quomodo scribat aperit'.

ff. iii + 92 (foliated 1–70, 70*, 71–91) + iii. 308 × 205 mm. Written space 213 × 135 mm.; art. 1 text column 38–90 mm. wide. Art. 1, 39 lines of commentary with text on alternate lines; ff. 86ᵛ–88, 26 lines; ff. 89–91, 48 lines. Collation: 1–9⁸, 10–11¹⁰. Initials not filled in. Ninth in the list of manuscripts sent for rebinding, headed 'April 26ᵗʰ 1820', see MS Add. 384 p. 66: bound for 12s. Secundo folio *ne credentes.*

Written in England. 'Boecius de trinitate' set off by an L-shaped underline, s. xiv, f. 1 head, is in the same hand and position as the titles 'Eutropius in historiam regum romanorum' and 'Orosius ad Aug' de Ormesta mundi' in Lincoln Cathedral MSS 101 and 102, of which the former has a York *ex libris*, 'Ebor', at the end. No. 36 in the 1671 catalogue. *CMA*, no. 39.

XVI.A.9. *Missale Eboracense*   s. xv in.

Referred to briefly *Missale Ebor.*, i. x, and collated occasionally, e.g. pp. 8, 46. No sequences.

1. f. 1ʳᵛ Calendar for November and December in red and black, graded.

As *Brev. Ebor.*, i. (13)–(14), except Katherine in black not red and without octave of Andrew (25 Nov., 7 Dec.). 'pape' crossed out, but Thomas of Canterbury untouched. In December 'Omnino tenenda' no dedication of church, cf. *Missale Ebor.* i. xli.

2. ff. 4–121ᵛ Temporal, Advent–Saturday after Pentecost, beginning imperfectly in 2nd Sunday in Advent gospel (Luke 21: 29).

Missale Ebor. i. 4–162, lacking 29/15–32/2 and 118/8 up–125/5 up through the loss of eight leaves after f. 14 and five after f. 94; also lacking the outer halves of ff. 24 and 90. Only three remaining major initials, to *P*uer (Christmas) f. 11ᵛ, *U*iri (Ascension) f. 112ᵛ, and *S*piritus (Pentecost) f. 116.

3. ff. 121ᵛ–130ᵛ Quando presbiter lauat . . . flamma uiciorum per dominum.

Ordinary (noted), prefaces, and (f. 128) Canon of mass: *Missale Ebor.* i. 165/11–206/30. This copy, except Placeat and what follows it, printed T. F. Simmons, *Layfolks Mass Book*, EETS lxxi (1879), 90–116, 354–5.

4. ff. 131–167ᵛ Temporal, Trinity–Friday after 25th Sunday after octave of Pentecost. *Missale Ebor.* i. 213–53.

5. ff. 167ᵛ–168 In festo Dedicacionis ecclesie. Ibid. i. 257–9.

6. ff. 168ᵛ–207ᵛ Sanctoral, Vigil of Andrew–Linus.

Ibid. ii. 1–132. Major initials to *D*ominus (Andrew) f. 168ᵛ, *S*uscepimus (Purification) f. 174ᵛ, *R*orate (Annunciation) f. 178, *D*e uentre (John Baptist) f. 184ᵛ, *N*unc (Peter and Paul) f. 186, *G*audeamus (Assumption) f. 193ᵛ, and *G*audeamus (All Saints) f. 205.

7. ff. 207ᵛ–226 Common of saints. Ibid. ii. 133–58.

8. ff. 226–228ᵛ (*a–d*) Masses in commemoration of Holy Trinity, Holy Spirit, de veneracione melliflui nominis i. christi, and of Cross; (*e*) f. 228ʳᵛ Passio domini nostri ihesu christi secundum Iohannem. In illo t' Apprehendit . . . testimonium eius. oratio. Deus qui manus tuas . . .

Ibid. (*a, b, d*) ii. 158–60; (*c*) ii. 216–20; (*e*) ii. 227–8.

9. ff. 228ᵛ–230ᵛ Commemorative masses: B.V.M. in Advent, All Saints in Advent, B.V.M. octave of Epiphany–Purification, and Eastertide; Cross and All Saints in Eastertide; B.V.M. 'a festo purificacionis . . . salutis nostro sub' ending imperfectly.

Ibid. ii. 160–165/8.

10. (added, s. xvi) f. 168, after art. 5, Deus cui proprium est misereri et preces exaudire (collect), Hostias tibi domine humili supplicacione pro animabus (secret), Diuina libantes sacramenta concede (postcommunion).

Cf. *Missale Sarum*, Burntisland edn.., indices: D[rummond Castle Missal] 38–9.

ff. i + 215 + i. Modern foliation, 1, 4–14, 23–94, 100–230, takes account of leaves missing from quire 3, 4, 13, and 14, and two of the three leaves missing from quire 2. Parchment weakened by damp. 300 × 212 mm. Written space 212 × 142 mm. 2 cols. 35 long lines; 30 for Canon of mass. Collation: [1⁶ wants 1–5] 2 five (perhaps 2⁸ wants 1–3 before f. 4) 3⁸ wants 7, 8 after f. 14 4⁸ wants 1–6 before f. 23 5–12⁸ 13⁸ wants 7, 8 after f. 94 14⁸ wants 1–3 before f. 100 15–17⁸ 18² 19–23⁸ 24⁶ 25–30⁸ 31 six. Initials: (i) to *T*e igitur (f. 128), arts. 4–7 and in arts. 2 and 6 (see above), in blue and/or pink shaded with white, on gold grounds decorated in colours and with prolongations forming continuous borders; (ii) 2-line, blue with red ornament; (iii) 1-line, blue or red. Binding of s. xix in.

Written for use in the diocese of York. Annotated by Marmaduke Fothergill, d. 1731; given by his widow in 1737.

XVI.D.2. *Commentaries on the Sunday gospels (in English)* s. xv in.

Arts 1–2 are described *IMEP* vi.35–36.

1. ff. 1–219ᵛ Dominica prima aduentus domini. Mᵗ xxjᵒ. And whanne Ihesus cam nyȝ to ierusalem—he schal leeue hem. To ierusalem. Ihesus goiþ out of iericho. ful many cumpenyes led out from þennes . . . he come to take grettere þingis bede on luyk.

F. Harrison, 'A Hitherto-Unnoticed Biblical MS in the Library of the Dean and Chapter of York', *BJRL* 29 (1946), 286–303, who first pointed out that the gospel texts agree with the Wycliffite versions of NT. H. Hargreaves, 'The Wycliffite *Glossed Gospels*', in W. Lourdaux and D. Verhelst (eds.), *The Bible and Medieval Culture* (1979), 173–89, noting that the commentaries here based on Matthew and Luke are those in BL MS Add. 28026 and Cambridge Univ. Libr. MS Kk.2.9 respectively, but with some extensions, and that the commentaries based on Mark and John differ from other English commentaries. The names of authorities are written prominently in the margins, and include 'teofile', 'Alquyn', 'Odo' [of Château Roux], 'Abuyle' [John of Abbeville], and, especially at the 2nd Sunday after Easter, 'grosed' [Robert Grosseteste]; cf. Hargreaves, art. cit., pp. 186–8. Ten leaves are missing.

The last piece, for the 24th Sunday after Trinity, is followed by a notice in red 'Seke þe expocisioun of þe xxv sundai gospel aftir þe trinite: on þe fourþe sundai of lenten', and by a table of 17 heads 'Dominica iiᵃ aduentus domini. de die Iudicii . . . Dominica xxij de elemosina', cf. Hargreaves, art. cit., p. 185.

2. ff. 219ᵛ–223ᵛ Oure fadir þat art in heuenes—name Two maneris of preiynge ben/oon of preisyng . . . and is to seie feiþfuli or verili/ierom here.

Stegmüller, no. 11764. A leaf missing after f. 220. ff. 224–225ᵛ blank.

ff. v + 225 + iii. ff. iv–v are medieval flyleaves. 292 × 202 mm. Written space 204 × 133 mm. 2 cols. 50 lines. Collation 1–4⁸ 5⁸ wants 1 before f. 33 and 5 between ff. 36 (which belongs after f. 34) and 35 6⁸ wants 7 after f. 44 7–9⁸ 10⁸ wants 6 after f. 74 11–18⁸ 19⁸ wants 2 after f. 141 20–23⁸ 24⁸ wants 1 before f. 180 and 3 after f. 180 25⁸ wants 7 after f. 191 26⁸ wants 3 after f. 194 27⁸ wants 1 before f. 200 28⁸ 29⁸ wants 7 after f. 220 30⁴. Quires signed in the normal late medieval way, but with numbers, 1–29, in place of letters. Gospel quotations at first written in a larger size of textura on alternate lines, but from f. 39ᵛ underlined in red. Initials: (i) f. 1, 4-line, red and blue *A*, with saw-pattern ornament in red and blue down side margin and across top and bottom, and violet ornament; (ii) to each Sunday, 3-line, blue with red ornament. Rust–mark from chaining, ff. iii–iv on side near foot. The last of eight manuscripts listed in the bindings book at 17 Nov. 1820: 'Calf neat' cost 11s. 9d., MS Add. 384 p. 68. Secundo folio *if þei hadden*.

Written in England. 'Jasper Cyrher (?)', s. xv (?), f. 116ᵛ scribble, and cf. f. 117 scribble. 'Constat (?) Iohanni Kynt (?) presbitero et dedit fratri iohanni Waker[yn]g', s. xv, f. ivᵛ. 'Orate pro anima domini Iohannis Kynthust et pro anima magistri Iohannis Wakeryng' M. Hospitalis Sancti bartholomey' i. e. Smithfield, London: master 1422–66, s. xv, f. 225. 'Liber Oliueri Godffray sacre theologie bacularii Ex dono venerabilis patris domini Willelmi Warham' cant' Archiepiscopi' 1504–32, f. vᵛ; on Godfrey, d. 1550, see Emden, *BRUO*, p. 778. Belonged to

Marmaduke Fothergill, d. 1731, 'Homeliae Doctorum Eng.MS. D.f.3' in his catalogue, and annotated by him, f. v^v, *inter alia* with a reference to Richard Stradel, abbot of Dore d. 1346, as author of homilies on the gospels and Pater noster, misleading later cataloguers and the 1820 binder, who stamped the spine 'Dr STRADEL ON THE GOSPELS AND PATER NOST^r'. Given by Fothergill's widow in 1737.

XVI.D.5. *Aegidius Romanus, De regimine principum*   s. xiv/xv

1. ff. 1–89^v (*begins imperfectly*) decet eas esse pudicas et honestas . . . suis fidelibus qui est benedictus in secula seculorum amen. Explicit 3us liber de regimine principum editus a fratre egidio romano ordinis fratrum heremitarum.

Glorieux, no. 400*q*. Begins in bk. 2, pt. 1, cap. 19. Probably eight quires, signed a–h, missing at the beginning. Tables of chapters before each part of each book begin on ff. 3^v, 18, 31, 43^v, 71^v. Running-titles in red giving chapter numbers in a double numeration: one for an entire book, bk. 2, [1]–65; bk. 3, 1–79; and the other for each part of each book, cf. art. 2. Another chapter numbering, 85–98, on ff. 1–9^v only, presumably continues a numbering from the start of bk. 1. Erased notes for headings on ff. 1–69 and for the explicit on f. 89^v in current anglicana still clearly visible.

2. ff. 89^v–95^v S[ubs]criptam tabulam super libros venerabilis Egidii de regimine principum volens aduertare—Abstinencia quam necessaria est pugnatibus libro 3 ca^o 60 Acies . . . Zelotipus quis est et qualis nota 2° libro 22 per totum Explicit tabula.

The introductory note explains that the references are to the numbers of entire books, not parts of books, cf. *MMBL* i. 282.

ff. iii + 96 (foliated 1–54, 54*, 55–95) + iii. 290 × 190 mm. Written space 208 × 130 mm. 2 cols. 45 lines. Collation: 1–12^8. Quires signed in red, j k–(v). Written in short-r anglicana formata. Initials: (i) f. 31^v, 5-line, blue and red *Q*, with red, violet, and blue ornament, and red and blue ball-and-point prolongation; (ii) to parts, tables, and chapters, 3- or (ff. 31, 72) 4-line, blue, with red ornament. Rebound in 1820.

Written in England. At Oxford or Cambridge in s. xv^1, see erased caution notes, now blackened by reagent, f. 95^v: (i) Caucio [. . .] Anno domini M^{o}CCCCxxiiij in vigilia exaltationis sancte crucis et habet supplementum [. . .] pr xxxij s. iiij d'; (ii) Caucio M. [. . .]. No. 41 in 1671 catalogue. *CMA*, no. 43.

XVI.D.6. *H. de Bracton, De legibus et consuetudinibus Angliae*
s. xiv in.

In Rege qui recte regit necessaria sunt duo . . . (f. 312) siue inde preceptum h[ab]uerint siue non. Explicit liber de legibus et consuetudinibus Anglicanis compositus a Roberto de Bractona. etc.

Referred to as X in G. E. Woodbine's edn. (1915–42), i. 18 (repr. in the translation by S. E. Thorne (1968), I. i). Four books, each beginning with a type (ii) initial: 2, f. 105^v Cvm sint quedam crimina capitalia (edn. ii. 334), 3, f. 134^v Dictum est supra qualiter possessio adquisita est (edn. iii. 18), 4, f. 247^v Expedito tractatu de assisis (edn. iv. 47); cf. edn. i. 29. Table of chapters, ff. 312^v–318, 'Si insipiens . . . Incipit liber quartus De tractatu super breue de recto De forma breuium'. 'Assit principio sancta maria meo', f. 1 head. Table of chapters of first part of bk. 1 (to f. 74^v), contemporary addition, f. v^{rv}. ff. 264^v, 318^v–319^v blank.

ff. viii + 319 + iii, foliated in a late medieval hand, (a–c), i–v, 1–319, (320–2). ff. i–v are the medieval pastedown and flyleaves. 292 × 180 mm. Written space 228 × 120–35 mm. 31–55 long lines, increasing gradually. Collation: 1^8 2–10^{12} 11^{10} + 2 leaves (ff. 121–2) after 4 12^{10} 13–14^{12} 15–19^8 20^{12} 21–22^8 23–24^{10} 25^{14} 26–31^8 32^8 wants 8 (blank). Quires 1–23 signed a–z at foot, 24–31 a–h at top right. Written in textura by three hands, changing at beginning of bk. 2 and on f. 265 (quire 26^1); also anglicana formata for quire 25 and most of quire 24, ff. 243^v–264^r, f. 264 being only a narrow strip, the verso left blank. Initials: (i) f. 1, blue with red ornament; (ii) to books, red and blue; (iii) 2- or 3-line, red or blue. Rebound for 14s. in 1820, see MS 381 p. 66, preserving black velvet covers and s. xvi horn-covered label on front cover edged with green silk 'Bracton de le/gibus Anglie'. Secundo folio *Huiusmodi*.

Written in England. 'liber Ricardi de Basing[. . .] impig' teste (?) [. . .] pro iis viiid', s. xiv, f. iii upside down in crayon. 'Willelmus Simank (?)', s. xiv/xv, f. 318. Title derived from the explicit, s. xiv, followed by 'de librar*io* sancti Augustini dist' 16 g^a 3°', s. xv, f. iv^v, the pressmark of St Augustine's Canterbury OSB, whose late medieval catalogue seems to be incomplete at the end and probably for this reason does not mention this or the other surviving copy of Bracton from the abbey. 'N° 966', s. xvi med., f. v, pressmark of the old royal library, at Westminster (?), also used in its other copy of Bracton, BL MS Royal 9 E.xv; velvet covers and label, see above, as on books in that collection. 'Tho. Fairfax', s. xvii, f. i^v; given by 'Mr Tho: Fairfax of Yorke Atturney at Law', see Liber donorum f. 15. *CMA*, no. 49.

XVI.D.9. *W. Peraldus OP, Sermones*   s. xiv/xv

1. (quires 1–10) (*a*) ff. 1–114 Hora est iam nos de sompno surgere ro.13. Hoc tempus dicitur tempus aduentus quia cantus ecclesie . . . ornet se crinibus alienis etc. (Qui scripsit carmen sit benedictus Amen). (*b*) ff. 114^v–118 Abraham in 7 habuit se bene ad deum 97b . . . Zelus—104b.

(*a*) Sermons on the Sunday epistles, Advent–25th Sunday after Trinity, numbered 1–119. *SOPMA* ii. 143–5; Schneyer, *Rep.*, ii. 543–55, nos. 129–132 (. . . bestialis spiritus), 135–42, 143–5, 148, 147, 133, 245, 149–50, 152, 151 divided in two (. . . factum est dissiparet. Sic currite etc. 3^a solet minister intelligens perpendere . . .), 153–60, cf. 256, 162–169 divided in two (. . . arcius figit et vehemencius afficit. Christus existens—In verbo proposito docet nos apostolus 4 contra 4 genera hominum . . .), 170–6, 178 + 177 (?), 179–180 divided in two (. . . voluntas et beneplacitum dei. Fraternitatem diligite etc de hoc sermo potest fieri . . .), 181–4, 185, 186 + 187, 188–94 followed by a space of 12 lines, 195–200, 282, 201 (?: begins 'Debitores sumus deo nobis etiam proximo deo tria debemus honorem timorem et amorem . . .), 202 divided in two (. . . ad diuersas species malorum siue viciorum. Neque ydolatrie . . .), 203–11, 212–15, 309, 216–20, 221–8, 229–30, 232–3. Notes, ff. 92^v–93^v 'Iste sermo foret in ordine 117' and f. 110, draw attention to the fact that the second sermon for the 24th Sunday after Trinity, Schneyer, *Rep.*. no. 309, was copied out of place after the second sermon for the 14th Sunday, Schneyer, *Rep.*, no. 215. No. 142 is followed, f. 12^v, by 'In Die Natalis domini Sermo Multipharie vel multiphariam id est multis modis promiserat deus pater . . . sponsa per se poscat' (33 lines only); after no. 147, ff. 16^v–17, 'Qui preest—prelatis solicitudo bis appropriatis . . . in veritate ambulare'; after what seems to be a version of no. 256, ff. 30–1, 'Ecce nunc—Si quis peregrinus esset transsiturus mare . . . de facili poteris saluare animam tuam', Schneyer, *Rep.*, i. 222, no. 119 (Aldobrandinus de Cavalcantibus); after what starts as no. 178 and ends as 177, f. 48, 'Christus passus—Circa verbum propositum primo attendendum est quod non dicit petrus que et quanta passus est . . . elegit anima mea'; after no. 184, f. 54^{rv}, 'Estote prudentes etc prudentes esse debemus id est prouidentes . . . aulam regis assueri: qui beatitudo interpretatur etc'; before no. 282, f. 71, 'Debitores sumus—3^a ratione non debemus viuere ad corporis ipsum . . . vbi est timor meus etc' (35 lines only); after no. 211, f. 81, 'Svfficiencia—Qui vult saluare animam suam debet habere fixum in corde suo . . . Psalmus Saciabor cum apparuerit gloria tua

Amen'; after no. 220, ff. 99ᵛ–100, 'Obsecro vos etc Cum omni humilitate—Specificat apostolus in verbis istis ea que requirit dignitas . . . vir et mulier sibi consencientes (bene)'; after no. 228, ff. 107ᵛ–108ᵛ, 'Testis est mihi—Ecclesia in hodierno officio instruit nos circa dileccioni christi . . . per oleum signat'. For the last four of these cf. Schneyer, *Rep.*, ix. 50–2, nos 16, 30, 39 and 48 (Oxford Bodleian Library MS Laud misc. 318).

Marginal letters dividing sermons into sections, which, with the sermon numbers, are used in (*b*) a table. Outer half of f. 119 cut away. ff. 118ᵛ–119ᵛ blank.

2. (quires 11–19) (*a*) ff. 120–209ᵛ Dicite filie syon ecce rex tuus—Mᵗ 21. Consuetudo ecclesie est fere vbique vt hodie . . . a sinistris notatur timor etc'. Explicit parisiensis super euang'. Notandum quod hoc opus prescriptum extractum est integre de sermonibus dominicalibus parisiensis excepto vltimo sermone qui in paucis libris reperitur. In quo quidem opere—faciliter satis inspicere volenti. (*b*) ff. 210–215ᵛ Abeuntes pharisei . . . Zizannia—28 cg. Ad noticiam istius tabule est sciendum—intuenti patebunt. Explicit tabula.

(*a*) 53 numbered sermons on the Sunday gospels, abbreviated from the 134 of Peraldus, not noticed in *SOPMA* ii. 145–6; those that begin approximately as Schneyer, *Rep.*, ii. 533–42 are iii: no. 10, v–viii: nos. 15, 19, 21, 25, x–xi: nos. 32a, 34, xiii–xiv: nos. 40, 42, xvi–xviii: nos. 45, 50, 53, xx–xxvi: nos. 61, 66, 69, 72, 73, 77, 80, xxix–xxxii: nos. 85, 86, 88, 91, xxxiv–xlv: nos. 94, 95, 97, 101, 104, 106–8, 112, 115–17, xlvii: no. 120, xlix–l: nos. 123, 124, lii: no. 127. Those that begin with different texts are: iv 'Miserunt iudei ab ierosolimis etc io. 1[: 19] Nuncii primo interrogant de persona . . . iudicium eius sublatum est'; xviii 'Erat homo ex phariseis nichodemus nomine io 3[: 1] In hoc euuangelio primo ponitur nichodemi discripcio . . . mortis fugit exercitus etc'. Sermon liii: 'Cum subleuasset oculos ihesus etc Require litteralem exposicionem ac eciam moralem dominica in medio quadragesime bis enim legitur in anno Verumtamen aliqua moralia hic addantur. Est puer—Moraliter per istos 5 panes intelliguntur quinque que sunt necessaria cuilibet penitenti . . . '.

Marginal letters in boxes mark the main divisions of each sermon and these are subdivided by letters not in boxes; the note, f. 209ᵛ, explains this system of 'textuales' and 'parue' letters, designed 'vt cito inueniatur quod in tabulo desideratur', likewise one at the end of (*b*) a table, using these references. ff. 216–217ᵛ blank.

ff. iii + 217 + iii. 262 × 185 mm. Written space 180–90 × 130–5 mm. Frame ruling in pencil. 2 cols. 40–58 lines. Collation: 1–4¹² 5¹⁰ 6¹⁴ 7–9¹² 10¹² wants 12 (blank) after f. 119 11¹² 12⁸ + 1 leaf (f. 133) after 1 13–14¹² 15¹⁰ + 1 leaf (f. 175) after 10 16–17¹⁰ 18¹⁰ + 1 leaf (f. 206) after 10 19¹² + 1 leaf (f. 211) after 4, wants 10, 11 (blank), 12 was pasted down. Leaf catchwords in quire 11. Written in current mixtures of anglicana and secretary, by several hands, changing at the beginning of quires 6, 7, 8, 9, 11, 16, 17, and 18, and ff. 126, 171. Initials: mostly 3-line, red, generally with red or (quires 6, 9–10) violet ornament. Formerly bound on 5 bands, see marks VIV on f. 217ᵛ; rebound in 1820. Secundo folio *vel proximi sui*.

Written in England. 'vide in reportorio s howden 274fʳ, s. xv, f. 143 note: Stephen Howden, monk of Durham, d. 1444 × 1445 (Durham Bursar's Ac.). '(a/12) Parisiensis super Epistolas. Et Euangelia Dominicalia. Per Anni Circulum (in duo diuisa cum duabus Tabulis) 2° fo. vel proximi Iste liber assignatur Nouo Armariolo In Claustro Ecclesie Dunelm' Per venerabilem Patrem. Magistrum Iohannem Auklande Priorem Eiusdem Ecclesie' 1484–94, see Emden, *BRUO*, p. 76, f. 1 head and foot; one of twenty-three books so inscribed, see Ker, *MLGB*, p. 252 (B.I.36 *recte* B.II.36), of which only two, B.I.7 and 28, are entered in the late fourteenth-century catalogues of Durham Cathedral Priory, with two more having belonged to monks of the house, see Piper, p. 228 and pl. 69. Additions to inscription are in the hand of Thomas Swalwell, monk of Durham *c.*1480–1539, see Piper, loc. and pl. cit. Beside the Aukland inscription is a earlier crowned figure with a scroll inscribed in red 'A (?) viro magno et doloso custo[. . .]'. No. 37 in the 1671 catalogue. *CMA*, no. 40.

XVI.D.10. *R. de S. Victore, In Danielem; etc.*　　　s. xiii ex.

Annotated throughout, but comparatively little in art. 2, in the untidy hand of the scribe of art. 7, s. xiv med.

1. (quires 1–5) ff. 1–46 (Ri*cardus* de sancto vict*ore* super Danielem—) quid illud nabugodonosor sompnium iuxta litteram designet . . . peccati destruitur. (Explicit—).

PL cxcvi. 1229–366. Stegmüller, no. 7338. Unnumbered tables of chapters in parts 2 and 3, ff. 24–5 and 40. The annotator noted on f. 46 that there are 44 chapters in part 1, 51 in part 2, and 20 in part 3, or 115 in all. f. 46ᵛ blank; also f. 86ʳᵛ which belongs after f. 46, as appears from the column numbering.

2. (quires 6–10) ff. 47–85ᵛ (*begins imperfectly*) strantes et circumstantes. tres operum species . . . sub diuini specie sacramenti et non semper (*ends imperfectly*).

PL ccxvii. 774B–880/1 (Innocent III, De sacro altaris mysterio). The rubrics describe each book as a 'particula'.

3. (quires 11–17) ff. 87–139 (*begins imperfectly*) uirorum optime. et intelligens . . . nichil scire. Vale. Expliciunt epistole pauli ad senecam et e contrario. Expliciunt libri senece. seu epistole ad lucilium.

Letters 13.16–88. Letter 31, Agnosco . . . fuisse, is placed after letter 51, Quomodo . . . strangulent. The spaces left for initials are 3-line, rather than 1-line, perhaps for divisions, at the beginning of eight letters: nos. 33, 55, 60, 67, 72, 77, 82, and 85. Letters 48, 52, 54, 61, 67, 68, 69, 71, 74, 76, and 82 are divided into two; 59 and 72 into three; 66 into six; and 70 into seven. Letters not originally numbered.

Many marginalia at first in neat current anglicana, s. xivᶦ. 'Hic deficiunt 7 libri epistolarum ad lucilium. et vocantur epistole morales', note, f. 137 foot, s. xiv. 'Hucusque concordat cum alio libro et est epistola ultima 15 libri', f. 137 margin, opposite the end of letter 87. The annotator added book-numbers: 2 at Ep. 20, 4 at Ep. 29, 5 at Ep. 36, 6 at Ep. 45, 7 at Ep. 51, 8 at Ep. 58, and 9 at Ep. 66. For missing pieces between arts. 2 and 3 see below art. 7c. ff. 139ᵛ–140ᵛ blank.

Arts. 4–6 are on quires 18–24.

4. ff. 141–184ᵛ (Incipit liber senece de beneficiis.) [I]nter multos ac uarios errores . . . perdere et dare. (Explicit de beneficiis.)

Seven books, as usual. 'Corrige per exemplar Hauk*is*', f. 141 head, and many notes by the annotator.

5. ff. 184ᵛ–193 (Incipit liber primus annei senece de clemencia ad neronem) [S]cribere de clementia hero cesar institui . . . praua flectantur.

Two books, as usual. f. 193ᵛ blank.

6. ff. 194–6 (Seneca de 4 virtutibus.) [Q]uatuor virtutum species multorum . . . punit ignauiam. Aneii lucii senence de quatuor uirtutibus liber explicit.

PL lxxii. 21–8; ed. C. W. Barlow, *Martini episcopi Bracarensis opera omnia* (1950), 236–50. *Clavis*, no. 1080; Bloomfield, no. 4457. f. 196ᵛ blank.

7. (added after art. 6 and on endleaves by the annotator) (*a*) ff. 196ᵛ–197 subject index to art. 1, 27 entries, with references 'secundum numerum columpnarum'; (*b*) f. 197ᵛ unused lay-out for an index, a–y; (*c*) f. 198 table of contents to arts 1–6, including between arts. 2 and 3 two pieces now missing: Prouerbia Senece, Declamaciones Senece in 10 libris.

(*a*, *b*) over earlier writing in pencil.

ff. iii + 197 + v, foliated (i–iii), 1–31, 31*, 32–198 (199–201). ff. 1–31, 31*, 32–46, 86ʳᵛ, and 47ʳ have a medieval numbering of the columns, 1–198, with 193–6 on the leaf gone before f. 47. ff. 197–8 are a medieval flyleaf and pastedown. 255 × 187 mm. Written space *c*. 170 × 125 mm. 2 cols. 42–3 lines. Collation: 1–3⁸ 4¹² 5¹² (ff. 36–46, 86) 6⁸ wants 1 before f. 47 7–16⁸ 17⁶ 3 and 4 are half-sheets 18–24⁸. Quires 1–10, 12, 15, and 16 numbered in pencil at the front, i–v, i–v, vi, ix, x, showing that at least four quires, [i–iv], are missing before quire 11, see above art. 7c. Three hands: arts. 1, 4–6; art. 2; art. 3. Initials not filled in; 4-, 3-, 2-, and 1-line spaces. Capital letters in the ink of the text marked with red in arts. 2 and 3. Conspicuous vertical rust mark, *c*.55 mm. long, from chaining-staple, up from the centre of foot on ff. 196–8. Binding of s. xix. Secundo folio *minus erudita*.

Written in England. No. 24 in the 1671 catalogue. *CMA*, no. 26.

XVI.D.13. *Biblia* s. xiiiᴵ

ff. 3–325 A Bible, with signs of heavy use, in the order Genesis–2 Chronicles + Prayer of Manasses, 1, 2, 5, 3, 4, 6 Ezra, Tobit, Judith, Esther, 1, 2 Maccabees, Job, Psalms, Proverbs, Ecclesiastes, Song of Songs, Wisdom, Ecclesiasticus + Prayer of Solomon (as cap. 51), Isaiah, Jeremiah, Lamentations, Baruch, Ezekiel, Daniel, Minor Prophets, Gospels, Pauline Epistles, Epistle to the Laodiceans (Stegmüller, no. 233), Acts, Catholic Epistles, Apocalypse. Habakkuk 3, i.e. the canticle Domine audiui . . . , is in two versions, Roman and Gallican, in parallel columns, ff. 257ᵛ–258, ending respectively ' . . . in claritatem eius', ' . . . in psalmis canentem'. One leaf missing after f. 135: Esther 3:13–8:10.

Tobit, Job, Matthew, and Apocalypse begin new quires (14, 16, 27, and 33), ff. 133, 154, 262, and 321. Books are written continuously, with a 1-line coloured initial and a red and blue marginal number at the beginning of each chapter. 3 Ezra (Stegmüller, no. 94, 2) is in 24 chapters; 4 Ezra (id., no. 95, without 7: 36–105 as usual) is divided only at 6: 48 (1-line initial) Aut ex hoc mirabilia tua nationes, and 8: 21, where *E*t dixi starts a new line with a 5-line blue initial; 5 and 6 Ezra (id., nos. 96, 97) are not divided. The original running-titles jump from 2 Ezra, f. 122ᵛ, 'Esdre', to 6 Ezra, f. 132, 'Hesdre V'; gap filled later: 'iii Esdre' for 5 Ezra, '4 Esdre' 3 Ezra, '5 Esdre' and '6 Esdre' the two parts of 4 Ezra, and '7' 6 Ezra. Note s. xiv ex., f. 124, that all books after 2 Ezra 'apocrif reputantur vt patet in prologo'.

The prologues are 51 of the common set of 64 (see above Ushaw 2), and 12 others shown here by *: Stegmüller, nos. 284 (divided into eight), 285, 311, 323, 328, 327 (before 1 Chr.), 330, 332, 335, 341 + 343, 344, 357, *430, 457, 468, 482, 487, 492, 494, 500, 507, 511, *509, 515, 519 + 517, 524, 526, *525, 528, *527, 531, *529, 534, *532, 538, *535, 539, *540, 543, *544, 590, 607, 620, 624, *628, *675, 685, 699, 707, 715, 728, 736, 747, 752, 772, 780, 783, 793, *'Lucas medicus anthiocensis greci sermonis non ignarus . . . in eadem urbe librum esse compositum' to Acts (cf. *MMBL* ii. 387), 640 and 809. No prologues to Eccles., Baruch, 1 Macc., 1 Tim., or Apoc. Some prologues seem to have been added: many require more space than allowed; a few are short; some are in a different hand from the preceding and following text; e.g. f. 229ᵛ. In the margin above no. 511 was added, s. xiii, no. *510,1 continuing 'Eruca uermis . . . turbetur'.

Many marginalia in ink and pencil throughout, including some fairly long and minutely written pieces, especially in Minor Prophets and Matthew. f. 326^{rv} blank.

Added on flyleaf, s. xiii. f. 2^{rv} [. . .] methodii martiris [. . .] (*in red*). In nomine christi Incipit liber Methodii martiris ecclesie—quem illustris uir beatus Ieronimus in opusculis suis collaudauit. Sciendum namque est uobis fratres karissimi quomodo in principio . . . nos eripere dignetur. Qui cum patre et spiritu s. u. A shorter form of the text printed Sackur, pp. 60–98.

ff. iii + 326. Foliated (i), 1–223, 223*, 224–59, 259*, 260–326. 277 × 195 mm. Written space 170–80 × 119 mm., but regularly overrunning ruled width by up to 12 mm. for prologues. 58–63 lines, first above top ruled line. Collation of ff. 3–326: 1–13^{10} 14^{10} wants 4 after f. 135 15^{12} 16–32^{10} 33^{6} wants 5 after f. 325 6 was pasted down. Quires numbered at the beginning in crayon. Hands change at the beginning of Tobit, Job, and Matthew, see above, and f. 123 (13^{1}). Initials: (i) to books and main divisions of psalms, red and blue with ornament of both colours; (ii) to some prologues, as (i) but smaller; (iii) to psalms and some prologues, 2-line, red or blue, with ornament of the other colour; (iv) to chapters and psalm-verses, 1-line, red or blue. Late medieval binding of wooden boards covered with pink leather; five bands, VIV; two strap-and-pin fastenings, the lower strap missing; rust marks as from chaining-staples at head and foot of ff. i, 1, but not on the leather or board, cf. below f. 325^{v} inscription 'vt sit Cathenatus'. Secundo folio (f. 4) *samariam*.

Written in England. Erased note, f. 326, appears to be s. xiii, including a date. '3^{m} A', s. xv (?), f. i^{v}, unidentified pressmark. 'Iste liber dedit dominus Willelmus Rycherdson Ad Ecclesiam Sancti Martini in Connyngstret in Ebor'. Qui quidem Willelmus quondam fuit Persona in ecclesia Cath' sancti Petri Voluit tamen vt sit Cathenatus in Choro sancti Martini predicti ad seruiendum ibi imperpetuum. Qui vero hunc alienauerit anathema sit. Dat' Anno domini M^{I} CCCCC^{mo} x^{o} ad festum Nat' domini', f. 325^{v}. 'S^{r} you are desired to publish the bans of matremony Between Paul Rushtan in the parish of St Saver's and mary Clark of this parish', s. xviii, f. 150^{v}. 'Francis Warrword (?) writ this at Church on January 7^{the} 1743 fryday', f. 210^{v}. 'Revd John Bridges Fulford Near York 1783', f. i^{v}. 'The Reverend Wm Bulmer Vicar . . . ' cancelled, f. 325^{v}, 'Revd Will^{am} Bulmer', f. i^{v}; a vicar-choral, s. xix in. 'Presented by the Curate and Churchwardens of St Martin Coney St. York' in 1833, see Liber donorum f. 37.

XVI.D.14. *Boethius, De consolatione philosophiae (in French)*

s.xv^{I}

This copy is described by B. S. Donaghey in *Medium Aevum*, 42 (1973), 38–41.

(f. A^{rv}) [C]eluy qui bien bat les buissons / Est digne dauoir les moissons . . . Ie trouuay que lauoit extrait (f. B^{rv}) [. . .] (line 7) [A]ma malereuse viellesce . . . hec dum mecum (f. C^{rv}) [. . .] (line 6) Et respondy comme tous esmeus . . . E de chaciez et vilz t[. . .] (f. D^{rv}) Contre le Roy de ce pais . . . Mais exceptions et secours (f. 1) De droit mont failli simplement . . . (f. 175^{v}) Cellui qui vraye obeissance / Tout bon sert aime craint et croit. Amen. Explicit boece de consolation.

Translation into French verse, printed *c*.1481 (*GKW*, no. 4581). Five manuscripts in English libraries listed by L. W. Stone in *Medium Aevum*, 6 (1937), 26–7. Bk. 2 begins on f. 12^{v}, 3 on f. 54^{v}, 4 on f. 100, and 5 on f. 147. ff. A–D are damaged; the words quoted above occur in Oxford Bodleian Library MS Rawl. poet. 161 at ff. 1^{r}a/1–2; 1^{r}b/28; 2^{r}a/2 up; 2^{v}a/13; 5^{v}b/8 up; 6^{r}b/7; 7^{r}a/16; 7^{v}a/3. The text goes straight on from f. D^{v} to f. 1. Headings not filled in.

The raised pastedown, f. 178, is a damaged notarial document in French dated 6 June 1378 and signed 'Debreban' and 'Chabridel'; 'des dis enfans au prouffit du dit hugues et de ses hoirs' in line 7.

ff. 181 + i, foliated A–D, 1–178. f. 178 is a former parchment pastedown. Paper. 290 × 205 mm. Written space 173 mm. high. 28–30 long lines. Collation 1¹⁶ wants 2, 3, 5–12, 14, 15 (i.e. leaving two bifolia, the outer and another) 2¹⁴ 3–11¹⁶ 12²⁰ wants 19 (blank) after f. 176. Quires numbered at the head of each first recto, ii–xii, and also in words, e.g. 'Secundus codex' f. 1, '3ᵘˢ codex' f. 15. Written in cursiva. Initials not filled in. Capital letters at the start of each line touched with red ff. A–B and 78ᵛ–81. Contemporary binding of thick bevelled wooden boards covered with white leather divided into lozenges by triple fillets; three bands; central strap-and-pin fastening, strap missing.

Written in France. 'Ie Iehan de tilly escuier alant apie *par* defaulte de cheual', s. xvi scribble, f. 176ᵛ. Unsigned English (?) notary's mark, f. 177ᵛ. An owner's name may be concealed by scribbling on f. 177ᵛ. '30' on front cover, the s. xvii¹ York muniments number.

XVI.E.32. *Medical recipes, etc. (in English)* s. xiv ex.–xv in.

A large collection of recipes and other pieces, divisible into ten independent sections, all of which were assembled together by *c*.1500. Arts 1*d*, *g–r*, 3*a*, *c*, *e*, *g* (the last under no. 20), 4*b*, *c*, 5*a*, *c*, *d*, 6*a*, *c–g*, 7–9, and 10*a*, *b* are described *IMEP* vi. 37–49. Some pages stained but not obscured by reagent. MS Add. 198 is a transcript by Miss Elizabeth Brunskill, s. xx¹.

1. (quire 1) In various hands. (*a*) f. 1 Rex alfridus regnauit xxi annis . . . Rex henricus [IV] xiiii ann'; (*b*) f. 1 notes of plague in 1348, 1361, and 1367, of 'ventus affricus' in 1361, of famine in 1370, of insurrection in 1381 and 'Anno sequenti . . . 21 die aprilis post mediam diem fuit terremotus'; (*c*) f.1ᵛ Hic incipit Racio spere pictagori plati quam Apoliagro (?) scripsit de qua[. . .]. Res scire volueris vt puta de egris . . . si imperes dextro. Colige per numerum quicquid esse probatum . . . , 6 lines of verse; (*d*) f. 1ᵛ probata for yᵉ gowte. Tak ambrosse . . . ; (*e*) f. 2 Ad Iuracio pro febris, reciting the holy names; (*f*) f. 2ʳᵛ A charme for þe feue*r*is Cum intrasset dominus Ihesus in domum Simonis leprosi . . . ; (*g*) f. 2ᵛ To delyuer a woman of a ded childe or of a quyke; (*h, i*) f. 3ʳᵛ charms, Pro morbo caduco; (*j*) f. 3ᵛ a medical recipe; (*k*) f. 4 note of the three unlucky Mondays to be in childbirth, to begin work, etc., and of other bad days; (*l*) f. 4 an epilepsy recipe; (*m*) f. 4ᵛ To make bame Take erbe Ion . . . ; (*n*) f. 4ᵛ To distrye þe lust of lecerie. Take hemloc in þe iiii day of þe new of þe mone . . . ; (*o*) f. 5 charm, For Wemen þᵗ Trawayillit on cyldebed; (*p*) f. 5 recipe, for Sorre tethe to take þem out wᵗ out any enstrument; (*q*) f. 5 For to make a gode scyʒe; (*r*) ff. 5ᵛ–6 Here bygynis þe resoun . . . , an English version of (*c*) ending with six lines of verse, Cedir þᵘ be noumbre . . . , and a diagram, 'vita' at the head and 'mors' at the foot; (*s*) f. 6ᵛ lunar diagram recording Etas lune (in red), Signa, Gradus (in red) and Minuta; (*t*) f. 6ᵛ Aries leo sagittarius ignea colerica attractiua orientalia . . . Signa mobilia . . . Signa stabilia . . . Signa communia . . .

(*a*) After 'Rex aldredus surdus xxviii ann' is a gap of one line before 'Rex haraldus ii ann'. Rex Herdewyt ii ann'. Rex Willelmus conquestor [. . .] ann'; after Henry III 'Rex edwardus lxxvij ann' Rex ricardus'; (*c*) Thorndike and Kibre (Ratio), cf. (*r*), discussed *Chaucer Review*, 21 (1986), 291–305; (*t*) attributes of the zodiacal signs.

2. (quire 2) (*a*) ff. 7–12ᵛ Astronomical calendar, originally rather bare in the column for saints, further names added; (*b*) f. 13 Tabula eclipsium lune, 1414

(1409 interlined)–1450; (c) f. 13ᵛ Tabula eclipsium solis, 1411–62.

(a) 'Passio sante thome' in red (29 Dec.); erasure at 7 July. Swythun and Anne in black (15, 26 July). Translacio sancte etheldrede (17 Oct.), added s. xv/xvi (?).

3. (quires 3–8) (a) ff. 14–78ᵛ Si caput infirmum cetera membra dolent. Tak veruyne or betoni or wormode and make leiʒe þerof . . . þou maiste make oille; (b) ff. 78ᵛ–79 numbered table of the first 61 pieces in (a): ff. 14–37; (c–f) added on ff. 79ᵛ–80: (c) recipe þus begyns makyn of nerwell . . . ; (d) table of mutations and conjunctions of the moon; (e) charm in Latin for toothache, In honorem domini nostri ihesu christi Sancte marie et Sancte Barbore et (sancte) Apollonie dicatis . . . ; (f) Versus de virtute agni dei. Balsamus et munda: cera cum crismatis vnda . . . ; (g) added f. 80ᵛ, In this table ye schall' fynde everi thyng set owt be numbre in agram . . .

(a) A collection of recipes, first seventy numbered s. xv/xvi, closely related to that in Lincoln Cathedral MS 91, ed. M. Ogden, *The Liber de Diversis Medicinis*, EETS ccvii (1938), and also to Manchester Chetham's Library MS 27938 ff. 7–56ᵛ (see *MMBL* iii. 379–80); (e) Thorndike and Kibre (Urban V, Agni dei); (g) beginning of an index to art. 4a.

4. (quires 9–12) (a) ff. 81–108 On þis manere þow schalt make a stroctorie. R' þe Iuse of planteyne . . . in þe mouþ and ouer alle. This tretyse byfore wryten is compyled of þe tretyses of arystotel. Galyene and of ypocrase and of oþer leches of salerne. Magister Willelmus Leche de Kylingholme (*these five words in blue ink, probably by the main hand*); (b) f. 108ᵛ drawing of a 'man of signs': twelve zodiacal signs on his body with English explanations in red, 'for þe migrein . . . '; (c) f. 109ʳᵛ on the recto a grid of 13 × 12 equal squares each containing the name of a zodiacal sign written diagonally, and at the foot four erased lines, probably the beginning of the explanatory text now beginning imperfectly on the verso 'þe noumbrary in þe fyrst lyne . . . '; (d) ff. 109ᵛ–110ᵛ on days of ill-omen and the zodiacal signs to be avoided in surgery, Triginta duo dies sunt . . . in ony maner; (e) f. 110ᵛ a charm, In nomine p. et f.—coniuro vos febres . . . super hunc famulum.

(a) cf. Killingholme, Lincs., north-west of Grimsby; leaves missing before f. 105. Marginal note, s. xv, 'A medysen for my wyffys hed ache provyd trew', with a hand pointing to the text, f. 91.

5. (quire 13) (a) ff. 111–12 Of þe mones in þe ʒer heer techyn maystyr galyon and ipocras þe gode lechys of mete and drynk and tyme of bledyng. In þe month of genyuer whyht wyn is good . . . al þe ʒer from harm; (b) ff. 112–14 Hic sunt nomina herbarum Plantago agni lingua. Buglossa lingua bouis oxetong Apium Smal ache . . . Morsus galine chekyn wyd wyth þe rede flouris, in 2 cols.; (c) ff. 114–116ᵛ herbal recipes, For to make poppylyan . . . ; (d) ff. 116ᵛ–117ᵛ on the virtues of letting blood, He þᵗ letys hym blod on þe ryht arm . . . þe lemes of þe body.

(a) cf. Thorndike and Kibre, s. v. Mense Ianuarii bonum est, and other entries in cols. 867–8.

6. (quire 14) (a) ff. 118–19 Yf þe day of our lord fall vpon a Sonenday a god wynter and a wyndy lenton . . . shal skap to liue and þenk on him þat wrot þis; (b) ff. 119–20 Betonia. To telle of beteyn i haue gret mynde. An sithen of oþer herbes als I fynde . . . on erth be founde, rhyming couplets written as prose; (c) ff. 120–1

þes are þe vertues of þe rosemaryne þe wich' is both herb and tre as þe leches of salerne wrot to the Countes of henowde And che sende a copy til hir doghter qwen of Engelonde þᵗ hight qwen philippe. both þe floures and þe leues ar gode ... to vyneger. Explicit. two erased lines follow; (d) f. 121ᵛ drawing of a left hand with English explanations of the lines; (e) ff. 122–3 Of her þᵗ is euene and fayr be tokenys dwellyng ... it arn prefabele ccc 67; (f) ff. 123–5 Her be gynnyth ye ex posyssyun of dremys yᵗ danyel ye profete saw ... a man ȝyf he dreme yᵗ he se bryddis fytyn ... to haue chydyng or slaundyr; (g) f. 125ʳᵛ recipes, For to dystroye flen Take a bole horn ... , ending imperfectly.

(a) cf. Thorndike and Kibre, s. v. Die dominica si nativitas; (b) this copy of the betony verses printed by Dr Susan Powell, *Notes and Queries*, 232 (1987), 154–6; (c) Thorndike and Kibre, s. Rosa marina; (d) cf. C. Wordsworth, *Ancient Kalendar of the University of Oxford*, Oxford Historical Soc. xlv (1904), 133; (f) cf. Max Förster in *Archiv für das Studium der neueren Sprachen*, 137, (1911), 53–83, and Thorndike and Kibre, s. v. Aves in somnis; (g) the penultimate paragraph is on the virtues of the glede and the last on those of the turtle-dove; the two recipes against flies come again on f. 163.

7. (quire 15) ff. 126–128ᵛ recipes and charms: f. 126ʳ rubbed and hardly legible, f. 126ᵛ beginning in a charm against toothache, and f. 128ᵛ ending imperfectly in a recipe 'for yᵉ festur'.

8. (quires 16–17) ff. 129–144ᵛ Her techeþ Maister Galian þe leche to ponopholon his disciple of making of waters. of oynmentis. of drenches—afturward. Water of armoniak. Take þe notemuge and clow gilofre ... garlek and poun hem, ending imperfectly.

Recipes and charms. For the first cf. Thorndike and Kibre, s. v. Recipe nucis muscate. The charms crossed out on ff. 141ᵛ–142, Take þe eg' of þe Rauen ... , and 143ᵛ–144, involving the use of 'a plate of leed' and including a prayer of the Five Wounds in French 'Douce ihesu crist si verreyment ... '. A charm, Contra morbum caducum, is in the margin f. 141ᵛ.

9. (quires 18–20) ff. 145–165ᵛ For alle maner of sores wondes and postemys ... þᵗ ye werm hath mad.

A long continuously written series of recipes, with headings in red. They include 54 lines in red, ff. 162–3, on the virtues of Aqua vita perfectissima. 'þis watyr hath many fayre vertues ... ipocras and galyon þe worthy lechys', cf. Thorndike and Kibre, s. v. Aqua vite que dicitur perfectissima, and Singer and Anderson, no. 1036. Single leaves missing after ff. 153, 156.

10. (quire 21) (a) ff. 166–70 an annotated diagram of urine colours, followed by Heer is þe tabele of dyscressyun of waterrys be dyuers colourys—Vryn redysch betokenes heel ... Make þi medecynes as reson askes; (b) ff. 170–173ᵛ Þer ben fele kendys of feuerys þat norechyn in men ... þat watyr probatum est; (c) f. 173ᵛ Mef.fabis.il—fert in istis versibus predictus (sic) sunt xii dominiones ... et in tali hora est dies mala 01987654321.

ff. iv + 173 + iii. ff. 81–108 (art. 4) have a late medieval foliation, 1–28, and ff. 14–80 (art. 3) a post-medieval foliation, 1–36, 38–69. f. iv is a raised medieval parchment pastedown. 180–8 × 122–35 mm. Written space varying from 160 × 105 mm. at most, to 130 × 85 mm. at least. Collation: 1⁶ 2⁶ + 1 leaf (f. 13) after 6 3–5¹² 6¹⁰ wants 1–3 before f. 50 7–8¹² 9–11⁸ 12⁸ wants 1, 2 before f. 105 13⁸ wants 8 after f. 117 14⁸ 15⁶ (ff. 126–8) wants 1, 3 and 5 16–18⁸ 19⁸ wants 2 after f. 153 and 6 after f. 156 20⁶ + 1 leaf (f. 164) after 5 21⁸. Quires 3–12 signed in the usual late medieval way, a–k, and quires 1–20 mostly numbered at the end s. xv/xvi (?) 'quat'[ernus]' followed by a number and some with such words as 'in 8 fol': (1) quat' 1us, (2) quat' 2us cum þo huked leef, (3) quat' 3us, (4) quat' 4us, (5) quat' 5us, (6) quat' 6 in 10 fol., (7) quat' 7 in 21 (*sic for* 12), (8) *unnumbered*, (9) quat' 8 in 8 fol, (10) quat' 9us in 8 fol, (11) quat' 10 in 8 fol, (12) *unnumbered*, (13) *unnumbered: last leaf missing*, (14) quater' 13us in 8 fol, (15) [. . .] fol de quibus iii carent, (16) quat' 14 in 8 fol, (17) quat' 15 in 8 fol, (18) quat' 71 (*sic*) in 8 fol, (19) quat' 81 in 8 fol caret vnus, (20) quat' 91 in [. .] fol, (21) quat' 20 in [. .] fol. Written mainly in clear anglicana by several hands: of main pieces, art. 3*a* is current, arts 4*a* and 5–8 formata, and arts. 4*d, e*, 9 and 10*a, b* bastard; art. 10*c* textura. Initials in arts. 3*a*, 8: 2- or 3-line, red; in art. 4*a*: (i) 2-line, blue, (ii) 1-line, blue or red. Binding of cardboard covered with parchment, s. xviii.

Written in England; arts. 1–2 *c.*1414, and art. 4*a*, see above, for or by William Leche of Killingholme, as suggested in spine-title; linguistic features, see *LALME* i. 168, connect art. 4*a* with Leicestershire, arts. 4*b–e*, 5, 6*e–f*, and 9–10 with NW Norfolk, art. 6*a–c* with N.W. Derbyshire, art. 7 with Nottinghamshire (?), and art. 8 with S. Shropshire or N. Herefordshire. 'Iohannes breythe', 'Iohannes brogston (?)', s. xvi, f. 1. 'Frauncis acton (?) of churche str[e]tton', s. xvi scribble, f. 170^v upside-down. Given in 1843 by Revd. Edward Churton rector of Crayke, see Liber donorum ff. 38–9.

XVI.G.23. *P. Calo de Clugia, OP, Legenda sanctorum; Nova legenda Angliae*   1454 (?)

1. ff. 1–107 Uincula sancti petri hodie honorantur. Primo in memoriam . . . quos ponere cogitaueram finis sit ad gloriam christi quod h'. Explicit 2^a pars in 3° Volumine legendarum collectarum per fratrem petrum calo de culgia ordinis fratrum predicatorum.

Of the 857 pieces in Venice Bibl. Marciana MS lat.IX.15–20 (1173 leaves) set out by A. Poncelet in *Anal. Boll.*, xxix (1910), 48–107, this manuscript contains 243 of the 335 pieces for 1 Aug.–31 Dec., nos. 523–857 in the list by Poncelet, who notes which are in this manuscript (=E), pp. 83–107, and describes it, pp. 47–8. Some pieces are much shorter than in the Venice copy, e.g. no. 603 Hermes. No. 805 is divided in two, at 'Fuit alius Martinus . . . '. A few cross-references to another volume, e.g. after no. 564 'Fuit alius sanctus arnulphus de quo 15 kl' augusti', before no. 538 (Transfiguration) 'Sancte marie de niues quere Assumpcionis. T. etc.', ff. 15, 6.

2. f. 107^{rv} table of the pieces in art. 1, with leaf references, ending 'quod h'.

3. f. 108^{rv} Adrianus abbas greca lingua peritus floruit Aidanus . . . Ulstanus baculum in marmore fixit qui a nullo auelli potuit. etc.

List of the saints whose lives are in art. 4, with one line of information about each; the list includes Tatheus, who does not appear in art. 4, in the same way as the list in Oxford Bodleian Library MS Tanner 15, see below.

4. ff. 109–192^v Adrianus nacione affricanus comes et cooperator . . . deiectus plane dixit. Explicit quod herri.

154 lives from *Nova legenda Angliae*, ed. C. Horstmann (1901), i. 1–506; ii. 1–530. Nearly the same collection as in London BL MS Cotton Tiberius E.i, but arranged in alphabetical order, like MS Tanner 15, which was completed in 1499 for Prior·Goldstone of Christ Church Canterbury, and also lists Tatheus but does not include his life. This and the Tanner manuscript both have the lives of Theliaus and Winwaloeus, ff. 181^v–182 and 189^v–190, *pace* Horstmann, p. xvi.

ff. v + 187 + v. Foliated in a medieval hand (i–v), 1–54, 58–78, 80–87, 89–192 (193–7). ff. iv–v, 193–4 are medieval pastedowns and flyleaves. 466 × 335 mm. Written space 356 × 228 mm. 2 cols. 87–88 lines. Collation: 1–12^8 13^6 14–23^8 24^8 wants 6–8 (blank). Quires signed a–z, ⁊ . Some catchwords repeated at the foot of the facing recto of the next quire, e.g. f. 60. Written in a mixture of secretary and anglicana, by a known scribe, see below, with a few elaborated ascenders and descenders in the top and bottom margins. Initials: (i) ff. 1, 108, blue and red, with ornament of both colours; (ii, iii) 4- and 3-line, blue, with red ornament; (iv) 1-line, blue or red. Capital letters in the ink of the text filled with yellow from f. 169^v onwards. Rust mark from former chaining-staple, ff. iv–2 foot. One of manuscripts listed in the bindings books on 2 Nov. 1820: 'Russ. back Calf sides' £1 10s., MS Add. 384 p. 67. Secundo folio *deo seruierat*.

Written in England. The scribes names himself as 'H', f. 107, and herri, f. 192^v, identifiable as Henry Mere, on whom see M. B. Parkes in *BLR* 6 (1961), 654–9 and plates xii and xiii, who wrote a number of large books, also N. R. Ker, *Books, Collectors and Libraries* (1985), 317 n. 80 and 320. '1454' f. 192^v opposite his name may be the date of completion. 'Rolandus go', s. xv, f. 178. 'kyley (?)' and a face, s. xv, f. 179. 'Iste liber pertinet ad vestibulum Ebor', s. xv/xvi, ff. 193^v, 194; 'Iste liber pertinet ad vestibulum Ecclesie metropolitice Ebor', s. xvi^1, f. 194. Scribbles on the endleaves include: 'Item to Sir George Bellerbye A blewe cope', s. xvi, rector of St Wilfrid's, York, 1544–6 (*Yorks. Arch. Soc.* 73/3), f. v^v; 'Adam Bakhowsse' vicar-choral 1536–47, 'Rolandus Godsonus Thomas pennyngtonus', f. 193; 'Per me Rollandum godsonum diaconum ecclesie metrop', 'Willelmus Clyffe Thes' ecclesie metropol' Ebor'' 1538–47, 'Thomas Pennyngton of Yorke and of Ryckall', 'Iohn tuke thou lokist lyke a tuype', and drawings labelled 'monica et frater' and 'the nonne and the freer', f. 194. Probably seen at York by the antiquary Thomas Talbot (*fl.* 1580), who quotes the explicit of art. 1 in his notebook, see A. G. Watson, *The Manuscripts of Henry Savile of Banke* (1969), 78–9. No. 17 in the 1671 catalogue. *CMA*, no. 19.

XVI.I.1. *Collectanea patristica, etc.*

s. xv med.

Durham?

Arts. 1–2 are on quires 1–3.

1. ff. 1–15^v Incipit prologus libri pastoris. In hoc corpore continetur liber qui appellatur pastoris—apud latinos pene ignotus est. Liber pastoris nuncii—numero 10. Explicit prologus. Incipit liber. Qui enutrierat me . . . et virgines in domum meam. Amen. Explicit liber qui dicitur pastor.

Hermae Pastor graece addita versione latina, ed. O. de Gebhardt and A. Harnack, *Patrum apostolicorum opera*, fasc. 3 (1877); this copy is noticed on pp. xviii–xix.

2. ff. 15^v–22 Incipit sermo primus sancti Cesarii Arelatensis episcopi ad monachos. Dominis sanctis et in christo dilectis in blagiacenti monasterio . . . Explicit sermo 6us beati cesarii Arelatensis episcopi ad monachos.

(1) *CC* civ. 925–31 (no. ccxxxiii); (2) f. 16^v *PL* lxvii. 1059–1061/16 up 'tabescit'; (3) f. 17^v *CC* civ. 936–9 (no. ccxxxv); (4) f. 18 Tria sunt sub . . . benignum misericordem cui honor—, *PL* xl. 991–8, ascribed to Cesarius in Oxford Bodleian Library MS Bodley 57; (5) f. 20 *CC* civ. 940–4 (no. ccxxxvi); (6) f. 21 *CC* ciii. 21–5 (no. iv). ff. 22^v–25^v blank.

3. (quire 4) ff. 26–36^v Domino episcopo episcoporum regenti hebreorum sanctam ecclesiam—Notum tibi domine facio . . . cum omnibus vobis. Amen Expliciunt epistole beati clementis pape numero quinque.

Five letters, P. Labbe and G. Cossart, *Sacrosancta concilia* (Venice, 1728), i. 83–116. f. 37 blank; f. 37^v see art. 4.

Arts. 4–5 are on quires 5–16.

4. ff. 38–129^v Incipiunt epistole beati cipriani cartaginensis episcopi et martiris.

Epistola ad donatum. Bene admones donate . . . in communicacione retineri. Bene vale fratri in christo. Expliciunt epistole sancti martiris cipriani cartaginensis episcopi numero septuaginta due. Deo gracias quod Robertus Emylton.

One of the latest members of group 5B, which consists of ten or eleven English manuscripts, in Bévenot, pp. 9–14; he assigns the siglum 651 to this manuscript, wrongly indicating a sixteenth-century date. The pieces are numbered 1–72 and correspond to nos. 1–11, 13–73 in Cambridge Pembroke College MS 154, and, except the last letter, to nos. 1–11, 13–71 in Oxford Bodleian Library MS Laud misc. 105. At nos. 4 and 5, f. 48^v, the scribe wrote only 'Ep^a 4 scilicet de vnitate ecclesie habetur alibi in consimili papiro. Ep. 5 scilicet de oracione dominica eciam habetur alibi in consimili papiro'; the references are to arts. 7 and 15 below. f. 37^v was used by a later scribe for a partly numbered table of Cyprian's letters, which are also listed on f. 37^{*rv}, the first of two leaves inserted before f. 38, headed 'Scribantur iste cotaciones insimul ante Epistolas'. The second inserted leaf, f. 37**, blank.

5. ff. 130–161^v Incipit prefacio sancti Ieronimi presbiteri in epistola pauli ad galathas. Pauci admodum dies . . . quod docetur. Explicit liber tercius et vltimus Beati Ieronimi presbiteri super epistolam beati pauli apostoli ad Galathas Deo gracias quod Rob' Emylton.

PL xxvi. 307–438. ff. 162–167^v blank.

Arts. 6–12 are on quires 17–18.

6. f. 168^{rv} Ysidorus. Hii sunt libri veteris testamenti quos ob amorem doctrine . . . sequencia prenotabo. Explicit libellus beati ysidori hispalensis episcopi de diuinis scriptoribus.

PL lxxxiii. 746/7–750 (De ecclesiasticis officiis, part of cap. 11 and all cap. 12).

7. ff. 168^v–171^v Incipit libellus beati cipriani episcopi et martiris. de vnitate ecclesie. Cum moneat dominus . . . regnabimus. Explicit libellus beati cipriani episcopi et martiris de vnitate ecclesie. et in numero suarum epistolarum est epistola septima.

PL iv. 509–36; Bévenot, pp. 96–123; cf. art. 4.

8. ff. 171^v–179 Incipiunt omelie eusebii episcopi emiseni. Quod timende sunt pene infernales Omelia prima. Exhortatur nos sermo . . . sine fine durarent. Amen. Expliciunt omelie beati Eusebii Emiseni episcopie qui vt beatus inquit ieronimus. in de viris illustribus claruit temporibus constancii: sub quo et mortuus. antiochie est sepultus.

Sermons 35–44: PL l. 833–59; cf. Clavis, no. 966 (Faustus Reiensis).

9. (a) f. 179^{rv} Incipit epistola atthanasii episcopi alexandrini et omnium egiptiorum pontificum de vere fidei regula (propter) quam persecuti sunt eum arriani. liberio pape destinata. Domino beatissimo et honorabili sancto patri liberio—Vestre beatissime . . . pater amen; (b) ff. 179^v–180^v Incipit epistola liberii pape—Olim et ab inicio . . . ecclesiarum custodiant—Amen; (c) f. 180^v Incipit epistola atthanasii—ad Marchum sancte Romanis sedis pontificem— Domino sancto et apostolica culminis dignitate veneranda . . . conseruet temporibus. Amen; (d) ff. 180^v–181^v Incipit epistola marci pape ad suprascriptos —Doleo fratres . . . custodire Data ix^o kl' nouembris napociano et secundo viris

clarissimis consulibus; (e) ff. 181ᵛ–182ᵛ Incipit epistola Atthanasii—Felici pape directa—Vestro sancto suggerimus apostolatui . . . custodiatis in euum. Amen; (f) ff. 182ᵛ–185 Incipit epistola Atthanasii—ad episcopos per affricam constitutos. Sufficiunt quidem ea que scripta sunt et a dilectissimo et comministro nostro damaso . . . desideratissimi. Explicit.

(a–e) PG xxviii. 1467–70; 1469–72; 1445–6; 1447–50; 1473–8; (f) the Greek text is PG xxvi. 1029–48.

10. ff. 185–6 Non est ita robusta malicia vt preualeat . . . aperire. Explicit sentencia (sancti) Gregorii emiseni [exserpta *canc.*] de resurreccione exserpta de libello eius qui intitulatur de condicione hominis. quem legit gregorio nazanzeno et beato ieronimo vt idem testatur ieronimus in de viris illustribus.

Gregorius Nyssenus, De opificio hominis, cap. 21; the Greek text is PG xliv. 201–3. The reference to Jerome is to De viris illustribus, cap. 128: PL xxiii. 754.

11. ff. 186–187ᵛ Incipit epistola beati leonis pape Flauiano constantinopolitano episcopo destinata. Lectis dileccionis tue epistolis quas miramur . . . saluetur. Data Idus Iunii. Astucio et prothogone. Explicit epistola beati leonis. de qua dicit gelasius d' 15 (cᵒ Sancta romana) Si quisquam eius textum vsque ad vnum iota disputauerit nec omnia in ea contenta reuerenter acceperit anathema sit.

PL liv. 755–81; *Clavis*, no. 1656, epist. 28 ('tomus Leonis'). The Gelasius reference should be to cap. 4 of Decretum de recipiendis et non recipiendis libris: PL lix. 160C.

12. ff. 188–90 Fides atthanasii. Credere iubemur . . . cum omnibus vobis. Amen. Explicit fides sancti Atthanasii Alexandrni [*sic*] episcopi.

PL lxii. 289–98 (Vigilius Tapsensis/Eusebius Vercellensis, De trinitate bk. 10 (pseud.)). ff. 190ᵛ–191ᵛ blank.

Arts. 13–16 are on quire 19.

13. ff. 192–3 Prohemium super futuris consiliis celebrandis et prouisione aduersus futura scismata. Frequens generalium consiliorum celebracio . . . in presencia talium act' et cet'. Hec de actibus habentur constanciensis consilii sessione videlicet tricesima nona.

P. Labbe and G. Cossart, *Sacrosancta consilia* (Venice 1731), xvi. 700–4 (sections 1–4 of the acta of the 39th session of the Council of Constance in 1417).

14. ff. 193ᵛ–194 Sentencia dampnacionis doctrine Iohannis Wyclyff et articulorum quadraginta quinque. Sacrosancta constanciensis sinodus generale consilium faciens . . . a diabolo. Hec ex actibus habentur Constanciensis consilii. videlicet sessione octaua.

ibid. xvi. 119–21. f. 194ᵛ blank.

15. ff. 195–9 Incipit epistola beati Cipriani cartaginensis de oracione dominica. Euangelica precepta . . . non desinamus. Explicit epistola siue libellus beati martiris Cipriani cartaginensis—.

PL iv. 537–62. Cf. art. 4.

16. (a) f. 199ᵛ Incipit epistola sancti cirilli Episcopi Alexandrie ad Euopcium

Episcopum ad ea que a Theodorico episcopo Cirri dicta sunt contra 12 ana-
themata Epistole sinodalis sancti Cirilli contra Nestorium. Cirillus—Euopcio —
Legi que a tua sanctitate nuper . . . intencionem. Explicit epistola—ad Euopcium
episcopum; (*b*) ff. 199ᵛ–201 Incipit prefacio eiusdem in interpretacione 12
capitulorum que continentur in epistola ad nestorium conscripta. Aperta sunt
omnia . . . (f. 200) legentibus. Explicit prefacio. Incipiunt capitula et
responsiones theodorici episcopi Cirri. Anathematismus primus sancti Cirilli. Si
quis non confiteretur—Anathema sit. Reprehensio theodorici. Theodorici
episcopi cirri epistola ad iohannem episcopum antiochenum qui ei iniunxit
respondere capitulis sancti Cirilli. Valde dolui . .³. (f. 200ᵛ) assumpsit serui
formam. Interpretacio sancti Cirilli. Beati patres qui per tempora in nicenam . . .
virginem. Item oppositio sancti Cirilli. Multum valde clamauimus aduersus eos
. . . (f. 201) vtique racionali.

(*a*) *Acta conciliorum oecumenicorum*, ed. E. Schwartz (Berlin, 1914–40), I, 5 Ephesus, pp. 249–50;
(*b*) ibid. 250–255/26. (*a, b*) *Clavis patrum Graecorum*, nos. 5384, 5223. ff. 201ᵛ–213ᵛ blank.

ff. v + 214 + vii. Foliated (i–v), 1–11, 11*, 12–37, 37*, 37**, 38–89, 89*, 90–91, 91*, 92–213,
(214–16). Paper. ff. iv, v, 210–13 are contemporary paper endleaves. 290 × 105 mm. Written
space 255 × 77 mm., except ff. 1–36 275 × 82 mm. 79–92 long lines. Collation: 1¹² 2⁸ 3⁶ 4¹² 5
two (ff. 37*, 37**, both smaller leaves) 6–18¹² 19¹² + 3 slightly larger bifolia (ff. 192–4/207–9)
round outside (perhaps originally a separate quire of six). Written in current anglicana (single
compartment *a*); punctuation by point only. No coloured initials. One of manuscripts listed in
the bindings book on 2 Nov. 1820, costing 5s. 10d., see MS Add. 384 p. 67; boards now adrift.
Secundo folio *ergo clemens*.

Written in England, by a scribe who names himself at the end of arts. 4 and 5 and who also wrote
Cambridge Jesus College MS 70 and Fitzwilliam Museum MS McClean 169, and presumably
identifiable as the monk of Durham, Robert Emyldon Junior, who spent periods in Oxford
between 1435 and 1444, see Emden, *BRUO*, p. 642. 'liber dompni Roberti Wardell monachi
Dunelm', f. 209ᵛ; two monks of Durham bore this name, for the older, *c.* 1456–91, see ibid.
1981–2. No. 33 in the 1671 catalogue. *CMA*, no. 36.

XVI.I.3. *Missale Eboracense* s. xv med.

A missal, with many leaves removed presumably for the sake of initials, noticed
briefly *Missale Ebor.* i. xi, and collated occasionally, e.g. ii. 94, as F. It includes
sequences without music. Noted items in arts 2–3.

1. ff. 1–6ᵛ Calendar in red and black.

As *Brev. Ebor.* i. (3)–(14), except without Chad (2 Mar.), octave of William of York (15 June),
Laurence (10 Aug.), Exaltation of Cross (14 Sept.), Hilarion (21 Oct.), and Barbara (4 Dec.).
After January only graded for double feasts. 'pape' marked with crosses, but not erased; Thomas
of Canterbury erased at 29 Dec., but not at 7 July.

2. ff. 7–88ᵛ Temporal, beginning and ending imperfectly, 2nd Sunday in Advent
gospel – Saturday after Pentecost last lection.

Missale Ebor. i. 4–161, lacking a whole quire after f. 12, containing ibid. i. 15/18 up–35/17, two
leaves at the beginning and before f. 44, and seven single leaves. The noted Easter Eve preface
begins imperfectly 'esset uiciis', ibid. i. 121/13 up, f. 70.

3. ff. 89–92ᵛ Ordinary and noted prefaces of mass, beginning and ending imperfectly: et in vigilia epiphanie (ibid. 167) . . . deus Per (ibid. 180/last line).

One leaf missing after f. 91, and all the Canon.

4. ff. 93–114ᵛ Temporal, beginning imperfectly, Corpus Christi introit – 25th week after Pentecost.

Missale Ebor. i. 214–53. The first leaf is missing.

5. ff. 114ᵛ–115ᵛ In dedicacione ecclesie. Ibid. i. 257–9.

6. ff. 118ʳᵛ, 116–117ᵛ, 119–141ᵛ Sanctoral, beginning and ending imperfectly, Andrew sequence – Martin secret ii.

Ibid. ii. 3/7–126/22. Probably one leaf missing at the beginning and two at the end, four after f. 137 and six others.

7. ff. 142–158ᵛ Common of saints, beginning imperfectly in apostle postcommunion.

Ibid. ii. 134/13–158.

8. ff. 158ᵛ–161 (*a–e*) the same five items, in the same order, as in MS XVI.A.9 art. 8 above.

9. ff. 161–164ᵛ, 166–170ᵛ, 165ʳᵛ, 171ʳᵛ De domina in aduentu . . . oblata salute. per eundem

Ibid. ii. 160–5, 166–83 (votive masses). A leaf is missing between f. 170, which ends 'mereamur' (ibid. 177/5), and f. 165, which begins 'supplices' (ibid. 179/12 up).

10. ff. 171ᵛ–172ᵛ Masses: (*a*) pro fidelibus defunctis, (*b*) 'pro anniuersario defunctorum', ending imperfectly.

Ibid. ii. 183–185/9 up.

11. f. 173 Marriage service, beginning imperfectly 'per vnigeniti', and without the forms Propitiare and Deus qui potestate.

Ibid. ii. 191/16–23, 192/23–35.

12. f. 173ʳᵛ Holy water service. Ibid. ii. 193–6.

ff. iii + 173 + iii. 285 × 202 mm. Written space 200 × 135 mm. 2 cols. 41 lines or 14 + 4-line stave. Collation: 1⁶ 2⁸ wants 1, 2 before f. 7 3–4⁸ 5⁸ wants 3 after f. 30 6⁸ 7⁸ wants 1, 2 before f. 44 8⁸ 9⁸ wants 7 after f. 63 10⁸ wants 6 after f. 69 11⁸ wants 1 before f. 72 12⁸ wants 4 after f. 81 and 8 after f. 84 13⁸ wants 5 after f. 88 14 one (f. 92) 15⁸ wants 1 before f. 93 16–17⁸ 18⁸ wants 1 before f. 118 (which is misbound after 5 and should precede f. 116) and 6 after f. 117 19⁸ wants 1 before f. 121 and 8 after f. 126 20⁸ wants 1 before f. 127 and 8 after f. 132 21⁸ wants 1 before f. 133 and 7, 8 after f. 137 22⁸ wants 1, 2 before f. 138 and 7, 8 after f. 141 23⁸ wants 1 before f. 142 and 8 after f. 147 24–25⁸ 26⁸ wants 7 after f. 170 (8 misbound after 1 as f. 165) 27 three (ff. 171–3). Quires 2–25 signed a, (c)–z, etc. Quires marked *corrigitur* at the end, ff. 35ᵛ, 49ᵛ. Initials: (i) missing; (ii) 2-line, blue with red ornament; (iii) 1-line, blue or red. Received for rebinding by O. Sumner 17 Nov. 1820: 'calf neat' 11s. 6d., see MS Add. 384 p. 68.

Written in England, for use in the diocese of York. Marginal scribbles, s. xvii²: 'mathew Gase Scotsman treweller in inlaland in a lawfwl way to geat a lawfwll Liuelie hood yᵉ yere of owr Lord 1675 math.', f. 2; 'Mathew Gasse scotsman a treweller in ingland in the treed of Marchandise', f.

22; 'Lowing father and mother my lowe being rembered to yow and to all frens in Scotland thes
ar to Show you that I am in good', 'Edward Conheath' twice, f. 92; 'Thomas wnderwood is Scots
mas', f. 118. Annotated, like MS XVI.A.9 above, by Marmaduke Fothergill, d. 1731; given by
his widow in 1737.

XVI.I.4. *Psalmi glosati; Cantica glosata* s. xii med.

1. (*a*) f. 1ʳᵛ Prophetia est inspiratio divina . . . Christus est camelus quem nemo
sarcina passionis honoraret. nisi ipse se in terra deponeret; (*b*) f. 2ʳᵛ Christus
integer. caput cum membris . . . in libro psalmorum.

(*a*) Twenty-six short paragraphs, only some bearing on the Psalms; (*b*) preface of Gilbert de la
Porrée, In Psalmos: Stegmüller, no. 2511.

2. ff. 3–190 (*text:*) abiit in consilio—(*interlin. upper:*) ꝛ cogitando ꝛ ut adam qui
uxori consensit a diabolo concepte—(*interlin. lower:*) ꝛ consensu—(*left marg.:*)
Peccatur—(*right marg.:*) Primus psalmus bipartitus . . . (*text:*) laudet dominum—
(*interlin.:*) addit. iubilationis—(*marg.:*) Cimbala—pura mente aduertitur.

Unfilled 8-line space for initial and opening five words. Interlinear glosses arranged in two
banks. Marginal glosses, see Stegmüller, no. 11801/22 and 18.

3. ff. 190–201 (*text:*) Confitebor—(*interlin.:*) ita consolatus—(*marg.:*) Non uacat.
quod primus .l. de penitentia est . . . (*text:*) populi sui—(*interlin.:*) regnum eius—
(*marg.:*) ęcclesię misericordiam suam ostendet.

Ferial canticles, with glosses, laid out as art. 2. No relationship apparent with Stegmüller, nos.
11801, 1–6 except in the case of 5 (Domine audivi).

4. ff. 201ᵛ–204 (*text:*) Qvicumque uult—(*marg.:*) Hic beatus athanasius liberum
arbitrium posuit . . . (*text:*) non poterit—(*marg.:*) nullo scismate uel heresi et si
ita—poterit.

Athanasian Creed, with marginal glosses only, derived from *PL* cxlii. 557–68 (Bruno
Herbipolensis): Stegmüller, no. 1857; cf. id., no. 2531 (Gilbert de la Porrée), also nos. 7706
(Stephen Langton), 7313 (Richard Rolle), and 10394 (anon., s. xii).

5. ff. 204ᵛ–205 [I]eronimus. secundum lxx et teod'. Dixit dominus ei non sic sed
omnis qui occiderit cain . . . scientiam secretorum.

Two longer paragraphs on the sin of Cain, followed by nine shorter paragraphs from Jerome, Ad
Paulam on Ps. 118 (8 lines), and the significance of the Hebrew letters 'Aleph. doctrina . . . '. f.
205ᵛ blank.

ff. iii + 205 + iii. Thick parchment. 293 × 207 mm. Written space *c.* 175 × 155 mm. Ruled in
pencil: a central column, 60 mm. wide, of 47 lines for 16 lines of text with a double row of glosses
above each, except only one line ruled above the top text line; independent ruling for marginal
glosses, only where needed. Collation: 1–25⁸ 26⁸ wants 6–8 (blank). Initials: (i) to Pss. 1, 52,
102, initial and opening words not filled in, ff. 3, 64ᵛ, 128ᵛ; (ii) to all other psalms and canticles,
2-line or more, in blue, green, red, or red-brown, most with a little ornament of the same or
other colour(s); (iii) to verses of psalms and canticles, 1-line, in blue, green, red, or red-brown.
Rust mark (?) from chaining-staple, f. 205 foot. Binding by O. Sumner, who was paid £1 for
'Psalterium (clean)' and 18s. 6d. for 'Psalterium', 26 Apr. 1820, see MS Add. 384 p. 65. Secundo
folio (f. 2) *Christus*, (f. 4) *ciamus*.

Written in England. No. 25 or no. 38 in 1671 catalogue. *CMA*, no. 27 or no. 41. (References could be to this manuscript or to XVI.I.7 below.)

XVI.I.5. *P. Lombardus, In Psalmos; etc.*   s. xiii in.

1. ff. 1–193 Cum omnes prophetas spiritus sancti reuelatione . . . omnis spiritus laudet dominum. Finito christus rex libro sit benedictus. (pereat scriptor).

PL cxci. 55–1296. The commentary on Ps. 1: 6 Ideo non resurgunt ends on f. 2ᵛ 'consilium est' as edn.. col. 67B, and is continued, Ideo iob ait. Non saluat inpios . . . potestatis ostenditur, on an added leaf, f. 3, in a contemporary hand responsible for other additions. Pss. 38 and 80 begin new quires, 7 and 13, with a change of hand, ff. 59 and 117. Many marginalia, some in a s. xv English hand, among them, f. 11ᵛ, the sentences ascribed to Grosseteste printed Thomson, *Grosseteste*, p. 132, from this MS

2. (added, s. xv) ff. 193–6 Confitebor tibi domine id est laudabo te nunc . . . que constat ex populo suo. Explicit glosa super cantica secundum Ricardum Hampole.

Rolle on the six OT canticles, printed Cologne 1536, Stegmüller, no. 7302. This manuscript not among twenty listed Allen, *Writings*, pp. 165–8.

3. (added, s. xiii in.) ff. 196ᵛ–197 Anxelmus. Quod queris a me supra me est et iccirco altiora me tractare timeo ne forte . . . presumo. Idem. Ira dei non est aliud quam uoluntas puniendi. Idem sicut in bono angelo . . .

Sentences ascribed to Anselm, and a short addition, f. 197, s. xiv, Augustine.

4. (added, s. xiv ex.) f. 197 Anno m° ccc° xlviii° . . .

Notes of the pestilences of 1348, 1361 and 1368, the great wind of 15 Jan. 1361/2, the deaths of Henry duke of Lancaster in the second pestilence, and of Blanche duchess of Lancaster in the third pestilence, and the great earthquake of 21 May 1382. f. 197ᵛ blank.

5. (added, s. xiv/xv, in clear anglicana formata) f. v 25 lines of verse: (*a*) 1387 Ecce caret . . . , 1 line; (*b*) 1387 Non poterit nunc . . . , 2 lines; (*c*) 1373 M semel et ter C l.x.x. tres sibi iunge / Ryppley Ricardus fuerat tunc presbiteratus / Sed luce festo viceno postea primo / 1394 Conseruandarum regimen subit hic animarum; (*d*) Anno milleno centeno septuageno Anglorum primas . . . subire beatum, 4 lines; (*e*) 1349 Anno milleno C ter . . . , 2 lines; (*f*) 1349 vel sic Mors communis in M . . . , 2 lines; (*g*) 1361 Luce tui Maure . . . , 4 lines; (*h*) 1315 Morsque fames fit in M . . . , 1 line (*i*) 1321 M semel et ter C . . . , 2 lines; (*j*, added) 1397 dux (Glouc') comes (Arundell') ecce perit. Rex (scilicet Anglie) gaudet Presul (cantuar') et exit.

Except (*c*), and (*d*), death of Thomas of Canterbury: Walther, *Versanf.*, no. 1165, verses on major fourteenth-century events: (*a*, *b*) disturbances, (*e*, *f*) pestilence, (*g*) wind, (*h*) famine, (*i*) execution of Thomas earl of Lancaster, (*j*) arrest and deaths of Thomas duke of Gloucester and Richard earl of Arundel, and exile of Thomas Arundel archbishop of Canterbury, with interlined identifications. All, including (*j*), in one hand, no doubt that of Richard Ryppley, see (*c*), who was admitted as rector of St Peter-le-Bailey Oxford on 11 Oct. 1394, see Emden, *BRUO*, p. 1618.

ff. v + 196 + iv. Medieval arabic foliation ff. 1–193; column numbering, a, b on rectos, c, d on versos, ff. 1–80ʳ, 175ᵛ–193. ff. iv–v, 197 are a medieval pastedown and flyleaves. 287 × 220 mm. Written space 162 × 125 mm. 2 cols. 47–54 lines of commentary and half that number of text; first line of commentary above the top ruled line, except ff. 87–116ᵛ (hand 3). Pricks in both margins in some quires. Collation: 1¹⁰ + 1 leaf (f. 3) inserted after 2 2–4¹⁰ 5⁸ 6 nine (ff. 50–8; ff. 52/55 form a bifolium) 7⁸ 8–12¹⁰ 13–16⁸ 17–20¹⁰ 21⁸. *Ad hoc* pencil quire and leaf signatures. Three hands: (1) quires 1–6; (2) quires 7–8 last page (f. 76ᵛ), quire 9 pages 6–20, and quires 13–16; (3) quire 8 last page col. b/13-quire 9 page 5, quires 10–12 and 17–21⁵. Initials: (i) f. 1 and to Pss. 1 and 26, in red and blue, with green and pale yellow ornament, on pink grounds; (ii) to Pss. 38, 52, 68, 80, 97, 109, in red and blue, with ornament of both colours; (iii) to other psalms, 2-line (1-line, ff. 97ᵛ–115), in red or blue, with ornament of the other colour; (iv) to verses, 1-line, red or blue. Binding by O. Sumner for 19s. 6d. 'Lombard on the Psalms', 26 Apr. 1820, see MS Add. 384 p. 65. Secundo folio *in uia*.

Written in England. 'psalterium cum communi glosa. et glosatum per petrum lombardum precii xiii s' iiii d", s. xiv, f. 197ᵛ, and cf. a similar note, f. ivᵛ, visible under ultra-violet light. Belonged to Richard Rypley, 1394 × 1397, see art. 5. 'glosa commnis' in an open box, s. xv, f. 1 top. Belonged to Marmaduke Fothergill, d. 1731; given by his widow in 1737.

XVI.I.6. *2 Paralipomenon glosatus* s. xii ex.

1. ff. 1–68ᵛ (*begins imperfectly*: 2 Chr. 5: 10) (*text:*) ex egypto. Egressis . . . et ascendat. Explicit liber dabreiamin iiᵘˢ id est paralipomenon. hoc est verba dierum. (*marg. ends*) Finis libri paralipomenon—in ysaia reposuimus

Stegmüller, no. 11794. Glosses intermittent after f. 11ᵛ. Eight quires gone at the beginning, contained no doubt 1 Chronicles.

2. ff. 68ᵛ–70 (oracio manasses.) (*text:*) [D]omine omnipotens deus—(*marg.:*) Iustorum. omnipotens deus est non impiorum . . . (*text:*) in secula seculorum Amen. (*marg.:*) Est gloria—famulatur. Amen

Stegmüller, no. 11794, 1. f. 70ᵛ blank.

ff. ii + 70 + ii. 290 × 197 mm. Written space 200 × 175 mm.; central text column 99 mm. wide, inner gloss column *c.*27 mm. and outer 37–42 mm. wide. 20 text lines; lines for marginal gloss ruled only where required, alternately by extending text line. Collation: 1–8⁸ 9⁶. Quires numbered at the beginning in crayon s. xiii (?), ix–xvii. Catchwords centred; most cropped away. Initial, 3-line, f. 68ᵛ, not filled in. Seventh, 'Russia', of ten manuscripts listed in MS Add. 384A and apparently sent, probably in 1815 or 1816, for rebinding by Charles Lewis under T. F. Dibdin's supervision, see also MSS XVI.I.11, 12, K.6, 7, 12–14, M.6–7, N.3, 4, and 8; all have a centrepiece 'YORK MINSTER'.

Written in England. 'R.de ham*er*', s. xiv (?), f. 70ᵛ. Not in *CMA*. First listed at York in 1774–5 catalogue, f. 249.

XVI.I.7. *Psalmi et cantica, cum glossis; etc.* s. xii med.

Reduced facsimile of f. vᵛ, see art. 5.

1. ff. 1–178ᵛ (*begins imperfectly*: Ps. 2: 2) reges terrę . . . sanctis eius (*ends imperfectly* Ps. 150: 1)

Probably twelve intervening leaves are missing; gaps after ff. 51*, 81, 97, 99, 127, 128, and 139: Pss. 41:1–11, 67:35–68:9, 77:38–78:5, 79:17–80:9, 103:4–17, 103:31–104:26, 109:5–

115:18. A line of English has as its third and fourth words 'sir velcum', s. xiv, f. 168^v top.

2. ff. 179–195^v (*begins imperfectly*) Exulta et lauda . . . (*text:*) terrę populi sui—
(*marg.:*) Terre id est ecclesie misericordiam suam ostendit; (f. 187^v) Ymnus
Ambrosii et Avgvstini Te deum *without gloss*, (f. 189) Benedicite *without gloss*, (f.
190^v) Benedictus (*marg.:*) Elisabeth pacis Zacharias multis prophete . . . celestis
aperuit, (f. 191^v) Magnificat (*marg.:*) Maria primo dona . . . gloria perhennis, (f.
192) Nunc dimittis (*marg.:*) Sciebat Simeon quod beati oculi . . . israel saluus erit,
(f. 192^v) Pater noster (*marg.:*) Sciendum est quod vii uirtutes . . . seruare non
negligitur, (f. 193^v) Credo in deum patrem *without gloss*, (f. 194) Quicumque uult
(*marg.:*) Generauit equidem . . . (*ends imperfectly, text:*) unitas in trinitate

Stegmüller, nos. 4839, 2–6. The six ferial canticles, beginning in Confitebor last verse, are
missing parts of Domine audiui and Audite celi on a leaf gone after f. 183*.

3. ff. 196–197^v Litany, beginning imperfectly: Sancte Georgi or' . . . Deus qui
corda fidelium . . . Deus cui proprium est . . . Deus qui nos a seculi uanitate . . .
Omnipotens sempiterne deus: qui facis mirabilia . . . , (*added*, s. xiv:) Deus a quo
. . . Acciones . . . Adesto domine . . .

Last martyrs: Albane Oswalde Edmunde Geruasi et Protasi Iohannes et Paule Cosma et
Damiane. Thirty-three confessors: . . . (2–5) Augustine Benedicte Egidi Maure . . . (13)
Augustine . . . (15) Birine . . . (29–33) Swithune Dunstane Cuthberte Wilfride Beda. Twenty-
two virgins: . . . (19) Athe[l]drida. The thirteenth *Ut* is Vt regularibus disciplinis nos instruere
digneris.

4. (added, s. xii) (*a*) f. 198^{rv} definitions of words, the first Cimbea uasa admodum
cimbę facta, the penultimate Scemata sunt uarie figure inornatu; (*b*) f. 198^v
explanations of words, nearly all in verse, Quod pueris libo puerili carmina
scr[ibo] Sedulus ut dedam pueris compendia quedam . . .

(*b*) about 54 lines, mostly couplets and triplets, the longest 5-line 'Scimus et ambrosiam dictam
ueraciter herbam . . . '

5. ff. 199, iv, v, 200 (flyleaves and raised pastedowns) are two adjacent bifolia of
a copy of the romance of Guy of Warwick in French verse, s. xiii/xiv.

Vising, no. 212. Described by T. A. Jenkin, 'A New Fragment of the Old French *Gui de
Warewic*', *Modern Philology*, 7 (1910), 593–6, printing f. v^v with reduced facsimile. The text
corresponds to the Middle English version, ed. Zupitza, EETS extra series xxv–xxvi (1875–6),
lines *c.*959–1630, 2593–3371; f. iv begins at line 1271 and f. 200 at line 2997; lines 2819–996
printed by Jenkin. 250 × 185 mm. Written space *c.* 205 × 155 mm. 3 cols. 47–57 lines.

ff. v + 200 + vi. Foliated i–v, 1–51, 51*, 52–136, 136*, 137–83, 183*, 184–203. For ff. iv, v,
199, 200 see above art. 5; f. 198, art. 4. 282 × 192 mm. Written space 173 × 165; central text
column 64 mm. wide, inner gloss column 30 mm., outer 59 mm. 17 text lines; gloss ruled
independently. Collation: 1^8 wants 1,2 2–6^8 7^8 wants 7 after f. 51* 8–10^8 11^8 wants 6 after f. 81
12^8 13^8 wants 7, 8 after f. 97 14^8 wants 1 before f. 98 and 4 after f. 99 15–17^8 18 five (ff. 128–32,
probably 18^8 wants 1 before, and 3–4 after, f. 128) 19^8 20 three (ff. 140–2, perhaps 20^8 wants 1–
5) 21–24^8 25^8 wants 5 after f. 178 26^8 wants 4 after f. 183* 27^8 28 two (ff. 196–7). Quires 1–27
numbered at the end, i–xxvii. Three hands, changing at the beginnings of quires 21 (f. 143) and
22 (f. 151). Punctuation includes flex occasionally. Initials: (i) to Ps. 109 (f. 139^v), historiated
(God, with a small seated figure, head back and hands raised), and to Pss. 26, 38, 51, 52, 97, and
101 (ff. 29^v, 48^v, 63, 64, 120^v, and 123^v), 6-line, in gold, on variegated grounds of blue, green,
brown, red, with vine-stem and zoomorphic decoration; (ii) to Ps. 21 (f. 23^v), *D* outlined in

green, on a blue ground decorated with red and a dog head; (iii) to other psalms, 2-line, in green, blue or red, some with ornament of the same or another colour; (iv) to verses, 1-line, in red, blue or green. One of the two Psalters rebound by O. Sumner in 1820, see MS XVI.I.4 above.

Written in England, for monastic, possibly Augustinian, use, see art. 3. 'this boce belongythe to biland Abbay', s. xvi, f. 58, and again f. 124. No. 25 or no. 38 in 1671 catalogue; *CMA*, no. 27 or no. 41; (references could be to this manuscript or to XVI.I.4 above).

XVI.I.8. *Ieronimus, etc.*   s. xii²

Arts. 1–8, 10–11 are Cambridge Trinity College MSS 77 arts. 1–5, 7–11 (written at Christ Church Canterbury, s. xii in.) and 1238 arts. 1–5, 7–11 (written at Rochester, s. xii in.); arts. 1, 3–12 are Durham Cathedral MS B.II.11 (Mynors, no. 37) ff. 1–88; there are other similar collections. Arts 14–17 form a closely related group with BL MS Royal 8 A.xxi (from Kirkham, OSA) and Oxford Bodleian Library MS Rawlinson D.338 (from Durham), see art. 17 below.

A handsome, nearly contemporary, table of contents, f. vi^v, lists arts. 1–4, 6–17 followed by 'Expositio mappę mundi', now missing; entry for art. 18 added. The written space is sometimes disfigured by ill-made corrections over erasures, e.g. f. 52.

1. ff. 1–23^v Incipit prologus beati Ieronimi presbiteri in libro questionum hebraicarum. Qui in principiis librorum debebam secuturi . . . uiuant de altari. Explicit liber hebraicarum questionum sancti ieronimi in genesim.

Clavis, no. 580. Stegmüller, no. 3313. *CC* lxxii. 1–56.

2. ff. 23^v–33^v Incipit eiusdem qui supra de mansionibus filiorum israel. In septuagesimo septimo psalmo . . . corruent in eis. Explicit—

Stegmüller, no. 3319. *PL* xxii. 698–724 (Ep. 78).

3. ff. 33^v–56^v Incipit liber beati Ieronimi presbiteri de distantiis locorum. Eusebius qui a beato pamphilo . . . fontem rogel. Explicit liber locorum.

Stegmüller, no. 3304. *PL* xxiii. 903–76.

4. ff. 56^v–86^v Incipit prologus beati ieronimi presbiteri in interpretationes hebraicorum nominum. Philo uir disertissimus—in interpretatione uariare. Explicit prologus. Incipiunt interpretationes hebraicorum nominum. Ethiopam. tenebras uel caliginem . . . Sathan. aduersarius uel preuaricator.

Clavis, no. 581. Stegmüller, no. 3305. *CC* lxxii. 59–161. The turn from OT to NT (f. 79^v) reads 'Topazium. bonum noui testamentum. Abraham . . . '.

5. (a) f. 86^v Aleph. mille uel doctrina . . . Tau. signum uel subter; (b) f. 86^v P (?) . . . V (?); (c) f. 87 A alfa agricola . . . dcccc; (d) f. 87 Esse tenet sedes sanas. summus tenet arra; (e) f. 87 i mia .A. ii dia B . . . dcccc ennacosin.

(a) *Clavis*, no. 623a (pseud.). *PL* xxiii. 1365–6 (meaning of Hebrew letters); (b) 26 letters set out in three lines, not in other copies; (c) meaning of Greek letters; (d) seven palindromes; (e) Greek numbers, 1–900.

6. ff. 87^v–101 Incipit liber beati Ieronimi presbiteri de questionibus regum. Fuit uir unus de ramathaim . . . aureis emisse. Explicit—

Stegmüller, nos. 3414–15 (pseud.). *PL* xxiii. 1391–428 (On 1, 2 Kings).

7. ff. 101–115ᵛ Incipit liber eiusdem de questionibus paralipomenon. In diebus eius . . . ut ruinas templi restauraret. Explicit—

Stegmüller, nos. 3417–18 (pseud.). *PL* xxiii. 1366–402 (On 1, 2 Chr.). Note that text includes 'Narracio optima de Rege Manasse', added, s. xiv, to table, f. vᵛ.

8. ff. 115ᵛ–116ᵛ Incipit de decem temptacionibus. Hec sunt uerba que locutus est moyses . . . ad terram considerandam. Finit—

Stegmüller, no. 3411 (pseud.). *PL* xxiii. 1379–84.

9. ff. 116ᵛ–117 De sex ciuitatibus ad quas homicida fugit. Prima ciuitas est cognitio uerbi . . . israel decem.

Stegmüller, no. 8940.

10. ff. 117–19 Incipit canticum debbore. Cecineruntque debbora . . . habes in ieremia propheta. Explicit—

Stegmüller, no. 3413 (pseud.). *PL* xxiii. 1383–90.

11. ff. 119–22 Incipiunt lamentationes Ieremie prophete. Et factum est—Sicut inter omnia . . . uoluptatem carnis. Explicit exposicio super alphabeto hebreo.

Clavis, no. 630. Stegmüller, no. 3423 (pseud.). *PL* xxv. 827–32.

12. ff. 122–4 Incipit tractatus super edificium prudentii. Gratia dei adiutrice. uiciorum uoragine adnichilata: uirtutum domicilium studuit nobis describere prudentius doctor. Fides igitur . . . mens ad discretionem pertinet. Explicit tractatus.

Bloomfield, no. 2241 (Durham Cath. MS B.II.11 only).

13. ff. 124–146ᵛ Incipit prologus libri quarti de his que pertinent ad claustrum non manufactum. quod est in celis. Rogas karissime. rogas—(f. 124ᵛ) a doctrina priorum. Explicit prologus. Incipiunt capitula (39)—Incipit liber quartus magistri hugonis de folieto qui liber claustrum anime nuncupatur. De ciuitate magna ierusalem. cap' i. Ciuitatis magne . . . inmortalitati(s benedictus deus. amen.) Explicit liber qui claustrum anime nuncupatur.

PL clxxvi. 1129–82. Forty-three numbered chapters.

14. ff. 146ᵛ–161ᵛ Incipit prologus Beati Iheronimi Presbiteri In librum de illustribus Viris. Hortaris dexter—recognoscant. Explicit prologus. Incipiunt capitula (*table of 135 numbered names, Jerome last*)—(f. 148) Symon petrus . . . expleta sunt. Explicit—

Clavis, no. 616. *PL* xxiii. 631–759/8.

15. ff. 161ᵛ–171ᵛ Incipiunt cathalogi Gennadii Massiliensis capitula (*table of 97 numbered names*, Ego gennadius presbiter *the last*)—(f. 162ᵛ) Iacobus cognomento sapiens . . . urbis romę episcopum. Explicit katalogus gennadii massiliensis de uiris illustribus.

Clavis, no. 957. *PL* lviii. 1060–120.

16. ff. 171ᵛ–175ᵛ Incipiunt capitula kata(lo)gi ysidori yspalensis de illustribus

uiris (*table of 33 numbered names*)—Expliciunt capitula. Incipit katalogus ysidori yspalensis episcopi de uiris illustribus. i. Ossius cordubensis ciuitatis episcopus . . . quę necdum legi. Explicit—

Clavis, no. 1206. *PL* lxxxiii. 1086/3–1106 (caps. 5–46). In the tables here and in art. 17 the first letter of each entry is repeated in red or green before the number, e.g. 'P viii Possidius', and (art. 17) 'D i De octateuco'.

17. ff. 175ᵛ–195 Incipit prefatio Cassiodori senatoris in librum de institutionibus diuinarum litterarum. Cum studia secularium litterarum—(f. 177) breuiter intimatum. Explicit prefatio—(*table of 33 chapters*) Expliciunt capitula. Incipit liber primus—Primus scripturarum . . . pio domino supplicemus. Explicit.

Clavis, no. 906. *PL* lxx. 1105–50. Ed. R. A. B. Mynors (1937), 3–85; this copy (y) noted, pp. xlvii–xlviii, as belonging to group *phi* (Durham–Rievaulx, and, with the identification of BL MS Royal 13 A.xxi ff. 151–92 as part of MS Arundel 36, Kirkham, see A. G. Watson, *The Manuscripts of Henry Savile of Banke* (1969), 75–6).

18. (added early) ff. 195–199ᵛ Incipit relatio uenerabilis Aelredi abbatis Rieuall' de Standardo. Rege igitur Stephano . . . proiciensque ad pedes hominis accipe inquit: ut (*ends imperfectly*)

A. Hoste, *Bibliotheca Aelrediana* (1962), 119 h. *PL* cxcv. 701–12. Lacks last 15 lines of R. Howlett, *Chronicles of the Reigns of Stephen, Henry II, and Richard I*, iii, RS [82] (1886), 181–98, printed from this and two other copies.

ff. vi + 200 + iv. Foliated (i–iii), iv–vi, 1–133, 133*, 134–200, (201–3). ff. iv–vi, 200 are medieval endleaves and former pastedowns. 283 × 195 mm. Written space 202 × 140 mm. 2 cols. 34 lines, first above top ruled line. Collation: 1⁸ + 1 leaf (f. 6) after 5 2–20¹⁰ 21 one. Quires 1–20 numbered at the end, i–xx. Arts 1–4, 5a, 6–17 in one hand (?), with flex used in punctuation occasionally; arts. 5b–e and 18 probably in one hand. Initials: (i) 8- (ff. 1, 146ᵛ) and 5-line, in red; (ii, iii) 2- and 1-line, in red, green, or (ff. 70, 72ᵛ, 146ᵛ) blue. Received for rebinding by O. Sumner 17 Nov. 1820, bound 'In plain Russ.' for 18s., see MS Add 384 p. 68. Secundo folio *euuàngelio*.

Written in England. 'Liber Sanctę Marię Rievall', s. xii², f. viᵛ heading the table of contents, which is in the same hand. Listed at O, f. 4ᵛ, in the s. xiii Rievaulx catalogue, with 'de mappa' after art. 18, cf. above, M. R. James, *A Descriptive Catalogue of the Manuscripts in the Library of Jesus College, Cambridge* (1895), 50. Notes by Henry Peckitt 'This is as appears the tenth Book of the ancient Abbey of Mary Rievall—by some called Rivaulx and vulgerly Rivice', which he had visited in 1759; he 'met with this Manuscript on Velum in London 1784 and I desire it may be presented to the Dean and Chapter of St Peters commonly called York Minster, to be deposited in their Liberary', ff. ivᵛ on overlying paper, v–vi. Given in 1804 by 'Mʳ Henry Peckitt of Compton Street, London, Apothecary', see Liber donorum f. 21.

XVI.I.9. *Speculum spiritalium* s. xvⁱ

1. (*a*) (s. xv²) ff. 1–3 Ante principium Ordinis Carthusiensis Post audicionem vocis terribilis cuius[dam] dampnati doctoris parisius Venerabilis Doctor Bruno Dixit sex sociis Si lugubri . . . in infirmitate est prohibitus etc'; (*b*) (s. xvⁱ) f. 3ᵛ Iste liber est de domo Assumpcionis beatissime Marie in Monte Gracie et vocatur Speculum spiritalium . . . Orate pro compilatore et scriptore etc

(*a*) on the origin of the Carthusian Order; (*b*) note explaining that parts 1–4 of art. 2 follow, with parts 5–6 in another volume.

2. ff. 4–226ᵛ Hunc librum sequentem cui hic prologus prescribitur quidam cuius nomen diuersis ex causis in hoc opusculo retitetur (*sic*) compilauit. Quem quidem librum ex multis voluminibus—et operit multitudinem peccatorum. Explicit prologus. Incipiunt capitula prime partis huius libri (*42 numbered chapters*)—(f. 5) Incipit prima pars huius libri que tractat de diuersis temptacionibus—et primo de superbia et elacione. Capitulum primum. Superbia nichil aliud est . . . precepta seruare spiritus sancti. Explicit epistola sancti Macharii. Et sic finitur quarta pars huius voluminis. (Montis gracie liber.) In omni tribulacione temptacione necessitate et angustia succurre nobis piissima virgo maria.

Bloomfield, no. 5934 (parts 1–4); printed 1510; cf. Allen, *Writings*, p. 405. Part 2, f. 72ᵛ; 3, f. 109; 4, f. 158ᵛ; each with a table of chapters at the front: 15, 27, 36. Authorities named in the text include Walter Hilton and Richard Rolle. Names are often in the margins, not the text itself, e.g. 'Ric' Hampull' or '—oll', ff. 16ᵛ, 35, 40, 43ᵛ, 81ᵛ, 184, 185ʳᵛ, 186, 219ᵛ; 'W. —' or 'Walterus hilton', ff. 6ᵛ, 28, 37, 42ʳᵛ, 85, 159ᵛ, 186; 'Adam Cartus', f. 61; 'lincolniensis', f. 122ᵛ. The English passage on food and drink taken from Rolle's Form of Living, f. xxxviiᵛ in the printed edn., is here on ff. 107ᵛ–109.

3. (added, s. xv) (*a*) f. 226ᵛ three paragraphs, Contra maledicciones; (*b*) f. 227 Vates cuntorum sunt antiqui Monachorum . . . , 4 lines; (*c*) f. 227 Inueniuntur multe monachorum regule post tempora Apostolorum . . . Fratres heremite ordinis sancti Augustini habuerunt principium a sancto Paulo prima heremita circa annum christi M.CC.lxxx.viii.

(*a–c*) also found in Oxford Queen's Coll. MS 304 f. 66, see W. A. Pantin, 'Some medieval English treatises on the origins of monasticism', *Studies presented to Rose Graham*, 1950, p. 207 (confusing this MS with MS XVI.K.5). (*c*) on the Rule of Fructuosus and later monastic rules. f. 227ᵛ blank.

ff. vi + 224 (foliated 4–227) + iii. ff. 1–3, see art. 1 above. 277 × 200 mm. Written space *c.* 185 × 136 mm. 31–6 long lines. Frame ruling. Collation of ff. 4–227: 1–5⁸ 6⁶ 7–28⁸ 29 two. Quires signed a–y, aa–gg; another series in red on quires 13–29, a–r. Art. 2 written in current anglicana by one scribe; art. 1*a* in secretary, 1*b* in anglicana formata, and art. 3 in anglicana. Initials: (i) f. 4, 6-line, in red and blue, with ornament of both colours; (ii) to parts and chapters, 4-line, blue with red ornament. Capital letters in the ink of the text touched with red. Bound at the same time as MS XVI.I.8, q.v., for 18s. 6d., 'In plain Russ'. Secundo folio (f. 2) *heremo venerunt* (f. 5) *detraccio*.

Written probably at, and belonged to, the Charterhouse of Mount Grace, N. Yorks., see above, and 'Mons gracie', s. xv, f. 227. Given in 1800 by 'Mr James Atkinson of York surgeon', see Liber donorum f. 19ᵛ.

XVI.I.10. *Guido de Columna, Historia destructionis Troiae*

s. xivⁱ (? 1338)

Incipit prologus super Istoria Troye composita per Iudicem Guidonem de Colunna de Messana. Si et coctidie vetera recentibus obruant—(f. 1ᵛ) seriem accedamus. Explicit prologus. Incipit liber Primus de Peleo Rege Thesalie inducente Iasonem ut se conferat ad aureum uellus habendum. In Regno

Thesalie . . . (f. 112) efficaciter laboraui. Factum autem est presens opus Anno dominice Incarnacionis Mcc Octuagesimo septimo eidem prime Ind' felici, Amen. Explicit liber de casu Troye Deo gracias Amen.

In thirty-five books. *GKW*, nos. 7224–32. Some marginalia in current anglicana, s. xiv/xv, e.g. ff. 12ᵛ, 13.

f. 112ᵛ five lines on 'agens et paciens' from 'Thomas' [? Aquinas], added s. xv in a current English hand. Six more lines in two other hands.

ff. ii + 114 + ii. Foliated (i–ii), 1–29, 29*, 30–95, 95*, 96–112, (113–14). 265 × 187 mm. Written space 182 × 118 mm. 33 long lines. Collation: 1–11¹⁰ 12⁴. Written in cursiva. Initials:(i) f. 1, red and blue, with red and violet ornament; (ii) 3- or 2-line, blue with red ornament, or red with violet ornament. Capital letters in the ink of the text stroked with red. Bound at the same time as MS XVI.D.2, q. v., for 3s. 10d. 'in Parchment', see MS Add. 384 p. 68. Secundo folio *cum Mirmidones.*

Written in Italy, probably by Carlinus de Cumis, perhaps in 1338, see inscription f. 112 below the explicit, not in the ink of the text, but probably by the main scribe, 'Ego Carlinus de Cumis uendidi domino Gerardo de Rozstoch pro precio iiii flor' aur' quos habui et recepi die vii mensis Febr' Anno domini Millesimo CCC xxx viii'. In England in s. xv, see marginalia and five lines on f. 112ᵛ. 'Cauburn (?) constat liber iste', s. xv, f. 112ᵛ. No. 28 in 1671 catalogue. *CMA*, no. 30.

XVI.I.11. *Augustinus, De baptismo parvulorum; Gemma ecclesiae*

s. xii ex.

1. (quires 1–6) ff. 1–45ᵛ Sententia beati augustini episcopi de libro retractationum— Uenit necessitas—curarum estibus. Aurelii augustini de baptismo paruulorum liber i incipit. Quamuis in mediis . . . defendendo prolixius. Explicit de baptismo paruulorum liber secundus.

PL xliv. 109–86. This copy one of 17 in England listed Römer, i. 147–8. Bk. 2, f. 26ᵛ.

2. (quires 7–19) ff. 46–141ᵛ Incipit Gemma ecclesie. Agmen in castris— prodesse. quatinus tui memoriam omnium orationibus liceat iugiter interesse. Epistola auctoris ad eos qui rogauerunt eum scribere. Postquam christo fauente —uentosque tranquillat. Explicit epistola. Incipit prefatio subsequentis operis. Plerosque uesania captos—(f. 46ᵛ) decoratur. Summa totius operis de qua scripturus est. In primis igitur de missa—rite subiungamus. Incipit liber primus de missa (*table of seven distinctions, with numbered parts of each*)—(f. 47ᵛ) Quod missa quatuor causis dicatur. Missa quatuor causis—(f. 58ᵛ) affirmatur. Expliciunt distinctiones que distinguntur per septem officia usque in finem misse. Incipiunt capitula libri primi (*115 numbered chapters*)—(f. 60) Expliciunt capitula. Capitulum primum. Fertur quod olim sacerdotes . . . (f. 141) et se etiam morituros cogitent. Explicit liber quartus. de concordia officiorum. De romano usu. Iam de officiis que uidebantur christo opitulante explicuimus: nunc pauca de romano ordine adicere censuimus—in tercio nocturno reseruatur.

PL clxxii. 541–733/10 up; here with bk. 1 caps. 2–65 as the seven distinctions on ff. 47ᵛ–58ᵛ, and bk. 1 caps. 66–243/2 as the 115 chapters of bk. 1 on ff. 60–86ᵛ. Bk. 2, f. 87ᵛ, preceded by a table of 57 numbered chapters. Bk. 3, f. 101, preceded by a table of 131 numbered chapters; cap. 131, not in edn., is 6 lines long 'In uigilia sanctorum ideo flectamus genua non dicitur . . . Alleluia (uero) propter ieiunium intermittitur. His distincte expeditis de sollempnitatibus: nunc manum ad concordiam officiorum uertamus. Explicit liber tercius'. Bk. 4, f. 121^v, 'non prescribuntur capitula quia de diuersis diuerse agit', as the preface notes.

ff. ii + 142 + ii. Foliated (i–ii), 1–109, 109*, 110–41, (142–3). 265 × 185 mm. Written space 200 × 133 mm. 2 cols. 29 lines, art. 1; 32, art. 2; first above top ruled line in both. Pricks in both margins to guide ruling. Collation: 1–5^8 6^6 wants 6 (blank) after f. 45 7–18^8 19 one. Quires 7–18 numbered at the end, i–xii. Art. 1 in two hands, changing (for the better) at f. 41 (quire 6^1). Art. 2 in a third hand. Initials: (i) ff. 1, 26^v, 47^v, 60, 101, and 121^v, in red or green, decorated inside in red, blue, and green; (ii) 2-line, red, green, or (rarely) blue, most without ornament; (iii) 1-line, red, green, or blue. Binding as on MS XVI.I.6, q. v.; third on the list, 'Russia'. Secundo folio *paulatim*.

Written in England. 'Gemma ecclesie constans Capelle Hospitalis de Sh[ir]burn', s. xv ex., f. 1 top, partly erased; cf. hospitals at Sherburn Co. Durham, Sherburn-in-Elmet Yorks., Sherborne Dorset. No. 27 in 1671 catalogue. *CMA*, no. 29.

XVI.I.12. *Historica Dunelmensia, etc.* s. xiv in.–med.

1. (quire 1) (*a*) ff. 1–10 Generali nomine regio norþanimbrorum—(f. 1^v) cognoscere possunt. Incipit quedam breuis annotacio de antiquo et moderno statu Haugustaldensis ecclesie et de Pontificibus eiusdem Est in Northanymbrorum prouincia . . . et Eugenii pape; (*b*) ff. 10–12^v Incipit uita Sancti Eate Haugustaldensis episcopi. Anno ab incarnacione domini nostri Ihesu christi dcxxx.iij. interfecto in pugna Eadwyno . . . eboracum reuersus est; (*c*) f. 12^v Quomodo ecclesia Haugustaldensis ab hostili incursu Scottorum. cum suis et cum multis aliis liberata sit. Anno dominice incarnacionis m.c.xxx.viij . . . conseruacionem contulit.

(*a*) *Priory of Hexham*, ed. J. Raine, Surtees Soc. xliv (1864), 1–3, 8–58; collated as *MS. Ebor*. No book or chapter numbers. (*b*) *Miscellanea biographica*, ed. J. Raine, Surtees Soc. viii (1838), 121–5, from this copy. (*c*) *Priory of Hexham*, pp. 80 n, 79/26–81/10.

2. (quire 2) (*a*) ff. 13–14^v Reliquie ecclesie Dunelm'. De ueste . . . in diuersis locis conseruate; (*b*) f. 14^v In insula que vocatur. Farne . . . finem accepit; (*c*) f. 15 Quidam piscandi gracia Farne venerat et pullos mootarum . . . in dampnacione; (*d*) f. 15^{rv} Bonauenture. Racio eorum qui discant peccata redire: per autoritates que hoc dicere uidentur . . . studioso lectori iudicium relingquo; (*e*) f. 15 foot Illa reuiuiscunt que mortificata fuerunt Viuere non possunt quia mortua nata fuerunt; (*f*) f. 15 foot Cum sis mortali peccato: dimittere noli . . . , 4 lines; (*g*) f. 15^v Inter res certas nichil est incertius hora Mortis. morte nichil certius esse potest.

(*a*) *Historiae Dunelmensis scriptores tres*, ed. J. Raine, Surtees Soc. ix (1839), ccccxxvi–ccccxxx, from this copy; (*b, c*) two stories about poachers of eider ducks on Farne Island, both summarized in 'Vita Bartholomei', see art. 3 below, p. 314, and in slightly fuller versions in *Anal. Boll.* 70 (1952), 5–19; (*d*) Bonauentura, Chrysostom, Augustine, and 'aliorum sentencia' on sin; (*e*) Walther, *Sprichwörter*, no. 11431.

3. (quires 3–7) (*a*) ff. 16–66 Incipit proemium in Subsequentem libellum de uirtutibus et miraculis gloriosi pontificis Cuthberti Secundum Etheldredum venerabilem abbatem Rieuallensis Ecclesie et Reginaldum Monachum de

Coldingh' directum Priori et Conuentui Ecclesie dunelm'. Sepius multo(rum) sanctorum miracula patrum audiuimus . . . (f. 16ᵛ) captamus. Petimus tamen . . . (f. 17) describere De situ Insule farnee—Hoc mare magnum et spaciosum . . . (f. 18) titulus accrescat Quomodo fur—Notam fecit dominus . . . attestacione audiuimws; (b) ff. 67–70 [A]nno ab incarnacione domini dc.xxv Paulinus . . . Eanbertus ipsam rexit ecclesiam; (c) added, f. 16 foot Id solum moneo moriturum te fore scito . . . , 4 lines; (d) added, f. 66 Accipe symas vrticarum . . . in olla munda.

(a) the description of Farne Island, ff. 17–18, cf. 'Vita Bartholomei' sections 20–5 in *Symeonis Monachi opera omnia*, ed. T. Arnold, RS [75] (1882–5), i. 312–16, omitting 313a–a, and 314a–315/3 oris, and replacing 315/17 Cum–24 with Reginald (see below) p. 61/11 Nempe–24 misteria; preceded by *Reginaldi Monachi Dunelmensis Libellus de admirandis Beati Cuthberti virtutibus*, ed. J. Raine, Surtees Soc. i (1835), 3–5/29, 2/5 up–3 (part of the preface and of the dedicatory letter), and followed by ibid. 22–242, here in a different order: caps. 28–30, 23, 39–43, 26, 22, 58, 15, 62, 73–4, 80–2, 107, 64, 63, 96, 55–6, 47, 38, 50, 19, 76, 20, 31, 35, 52, 67, 71–2, 75, 76 *again*, 77, 91, and 95, out of 141 chapters in Raine edn. No numbering of chapters. The heading here, ascribing the work to Ailred as well as to Reginald, is noticed by Raine, p. xvi. f. 66ᵛ blank. (b) account of the see of Lindisfarne to 854, as London Lincoln's Inn MS Hale 114 ff. 161ᵛ–165ᵛ, s. xv, see H. H. E. Craster, 'The Red Book of Durham', *EHR* 40 (1925), 507. f. 70ᵛ blank.

4. (quires 8–9) (a) ff. 71–84ᵛ Incipit prefacio de ortu sancti cuthberti. Cum per annos plurimos . . . secula infinita. Amen. Explicit libellus de Natiuitate Sancti Cuthberti; (b) ff. 85–94 Quomodo post quadringentos. decem. et octo annos corpus beati patris Cuthberti incorruptum sit inuentum. et in nouam ecclesiam translatum. Inter hec tam frequentium miraculorum . . . ad uitam reuocauit.

(a) *Misc. biogr.* (op. cit., art. 1), 63–87, from this copy; (b) 'Historia translationum sancti Cuthberti', caps. 18–21, *Symeonis Dunelmensis opera et collectanea*, ed. J. H. Hinde, Surtees Soc. li (1868), 188–201. f. 94ᵛ blank.

5. (quires 11–17, and 10 added) (a) ff. 99–165ᵛ Incipit [. . . *c.30 letters erased*] de statu lindisfarnensis id est dunhelmensis ecclesie secundum uenerabilem Bedam presbiterum et postmodum de gestis episcoporum dunhelmie. Exordium huius hoc est dunhelmensis ecclesie—non negligat. Aydanus—(f. 99ᵛ) Robertus de insula an' ix Antonius [*Bek, 1283–1311*] ann' (xxvii) Gloriosi quondam regis northanhymbrorum . . . susceptus est;
(b) ff. 165ᵛ–182 Incipit liber Gaufridi sacriste de Coldingham de statu ecclesie Dunhelm'. Qui incipit ad obitum Willelmi episcopi de sancta barbara usque ad electionem domini Morgani. Erat Willelmus . . . elegerunt;
(c) f. 182, added, s. xiv ex., Memorandum quod beatus cuthbertus suscepit habitum monachorum apud mailros. anno domini. dcᵒli . . . Item a fundacione ecclesie que nunc cernitur usque ad annum presentem fluxerunt anni 228;
(d) added, ff. 96ᵛ–97ᵛ table of the 131 chapters of a, b.

(a) The history attributed to Symeon of Durham, with continuation to 1144, ed. T. Arnold (op. cit., art. 3a), i. 3, 17–160, but here, as in Oxford Bodleian Library MSS Fairfax 6 and Laud misc. 700, arranged as preface and 107 numbered chapters (edn. bks. 2–4 and 'Continuatio primo' beginning ff. 112, 127ᵛ, 147, and 155, at caps. xvii, xlix, lxxxv, and xcvii), and with 'Historia translationum sancti Cuthberti' (cf. art. 4), caps. 1, 4, 5, 7, and 12 inserted as caps. xxxi, xl, lxvii, lxxxiv, and lxxxix. There is no bishop's name, nor space for one, at the phrase 'illum qui in presenti est' in the final sentence of the preface, which is followed by a list of bishops of Durham and their pontifical years. The Old English words of Bede's Death Song, cap. xvi, f. 111, are collated as Y in E. van K. Dobbie, *The Manuscripts of Caedmon's Hymn and Bede's Death Song* (1937), 86.

(*b*) Geoffrey of Coldingham's history, 1144–1215, *Scriptores tres* (op. cit., art. 2), 1–31, from this copy. Chapters numbered 108–31, continuing from (*a*).

(*c*) ibid., 122–3, from this copy. The text includes the words 'usque ad annum domini 1336 quando iste liber scriptus est'. ff. 94ᵛ–96, 98ʳᵛ, 182ᵛ blank.

6. (quires 18–21) (*a*) ff. 183–225ᵛ Anno domini Millesimo. cc° xiii° Morganus . . . de ista materia; (*b*) ff. 225ᵛ–227 Ricardus de Bury natus fuit . . . tumulatus.

(*a*) The history, '1213'–1336, ascribed to Robert Greystanes, ibid., 35–122, from this copy, and so without the chapter entered as an addition in Oxford Bodleian Library MSS Fairfax 6 and Laud misc. 700 between the consecutive chapters here numbered 173, 175, see edn. p. 104 n. The chapter numbering begins at 132 in continuation of art. 5*b*, and ceases after 178, edn. p. 110, f. 218ᵛ. The English verses on ff. 219ᵛ–220, edn. p.112, are printed in *Oxford Book of Medieval Verse*, ed. C. and K. Sisam (1970), 603. The script changes at the beginning of quire 19 (f. 195), edn. p. 63/1. (*b*) The account of Richard of Bury, d. 1345, associated with William Chambre, ibid. 127–30. Written in a different ink, and perhaps a different, s. xiv², hand, from the latter part of (*a*). f. 227ᵛ blank.

ff. ii + 227 + ii. ff. 16–66 (art. 3*a*) have a s. xiv arabic foliation in pencil, 1–51. 260 × 173 mm. Written space 205 × *c.*125 mm. 2 cols. 34–40 lines. Collation: 1¹² 2² + 1 leaf (f.15) after 2 3¹⁸ 14–16 canc. after f. 28 4¹⁰ + 1 leaf (f. 40) after 9 5¹² 6¹² + 1 (f. 66) after 12 7⁴ 8–9¹² (9¹·⁹ half sheets) 10⁴ 11–20¹² (14⁶·⁷, ff. 140–1, half sheets) 21¹⁰ wants 10 (blank). Written in various hands and scripts, art. 6 later than the rest: arts. 2*a*, 3*b*, 4, 5, and 6*a* first quire (ff. 183–194ᵛ) textura, art. 5*c* from 1336 or later; arts. 2*b*–*d*, 3*a* incipient anglicana formata, *c.*1300; arts. 6*a* from f. 195 and 6*b* anglicana formata. Initials: (art. 1) 2-line, blue with red ornament; (art. 2*a*) 1-line, blue or red; (art. 3*a*) 3-line, plain red, or (ff. 63ᵛ, 65ᵛ) red or blue with ornament of the other colour; (art. 3*b*) 2-line, left blank; (arts. 4, 5*a*, *b*: ff. 16–182) 2-line, blue or red, with ornament of the other colour; (art. 6) two 2-line *A*s in red (f. 183), then spaces left blank but no spaces provided after f. 192ᵛ. Capital letters in the ink of the text touched with red in arts. 5–6. '2 vol.', *CMA*, nos. 44–5. Binding as MS XVI.I.6, q.v.; fifth in the list, 'Russia'. Secundo folio *episcopus substitueretur*.

Written in England, probably at Durham Cathedral Priory. Not identifiable in the medieval Durham catalogues; '[. . .] Capella prioris D[. .]elm', s. xiv/xv, f. 1 top, erased but partly legible under ultra-violet light. 'Duresmie', s. xiv, f. 182 foot. No. 42 in 1671 catalogue. *CMA*, nos. 44–5. Ascriptions on ff. 1 and 183 are in the hand of the Revd Thomas Rud.

XVI.K.2. *P. Riga, Aurora*   s. xiiiᴵ

[Primo facta die duo celum terra le]guntur . . . (f. 96ᵛ) Possit ut altus amor iterate uoce probari (*ends imperfectly*).

The OT books, ending with Song of Songs line 779; Stegmüller, nos. 6823 *et seq.*; ed. Beichner. Quire 12 is misplaced after quire 13, and the correct order of leaves is ff. 1–88, 97–104, 89–96; two quires missing at the end: 'In hoc libro continentur xv quaterni', s. xiv, f. 1 foot. Rubrics omitted ff. 25–32 and after f. 39. f. 1ʳᵛ and part of f. 2 hardly legible: erased (?).

ff. ii + 104 + ii. 223 × 128 mm. Written space 160 × 56 mm. 41–4 long lines; the first above the top ruled line. Collation: 1–13⁸; 6⁴·⁵ are single leaves. Quires 1–11, and 13 numbered at the end, i–xii. Initials not filled in. Third in a list of 34 books, including this and 13 other medieval manuscripts (XVI.K.3, 4, 5, 8, 10, 16; L.4, 8, 12; O.9, 11, 19, 23), sent to O. Sumner for rebinding or repair, 'Leaves not to be cut, nor end papers destroyed', 11 Oct. 1822; rebound for 5s., see MS Add. 384 pp. 71–4. Secundo folio *Sunt uiole*.

Written in England. *CMA*, no. 56 'Probatissimorum virorum Sententiae collectae per Georgium Hirmonymum', cf. the spine-title, which belongs to another book.

XVI.K.3. *Berengaudus, In Apocalypsin* s. xii²

Beatum iohannem apostolum et ęuangelistam hunc librum apocalipsin edidisse constat: quamuis extiterint aliqui . . . quam post resurrectionem sine fine (*ends imperfectly*)

PL xvii. 765–945D. Stegmüller, no. 1711. John Bale wrote 'Berengarius Turonensis archidiaconus Andegauensis genere Gallus pręsens commentarium edidit, in Apocalypsin Ioannis', f. iv^v; he made the same attribution to 'Berengarius' in Oxford New College MS 64: cf. Bale, *Index*, p. 46, and Stegmüller, no. 1708.

ff. iv + 94 + ii. ff. iii–iv are medieval flyleaves. 215 × 145 mm. Written space *c*. 165 × 100 mm. 31–3 long lines. Pricks in inner margins to guide ruling in quire 6. Collation: 1–8⁸ 9¹² 10⁸ 11¹⁰. Quires numbered at end, I–XI. Changes of hand at ff. 20^v/8 to a smaller script, 33 (4¹), and 37/11. Initials: (i) f. 1, 4-line, green *B* with red ornament; (ii, iii) 2- and 1-line, green or dark red. Ninth in the list of books sent for rebinding or repair in Oct. 1822, see XVI.K.2 above; 'in calf' 7s. Secundo folio *ecclesias*.

Written in England. '69', 'A/6', post-medieval, f. iii. 'Of T[. . .] of Chaunce (?) Dyke xxvi^s viii^d. res' of Robert Tod of homeswell xxvi^s viii^d', s. xvi scribble, f. iv. Seen by Bale, see above. Belonged to Marmaduke Fothergill in 1731; given by his widow in 1737.

XVI.K.4. *Opuscula Augustini, Bernardi, etc.* s. xiv¹

Arts. 1–3, 11–16 listed Römer, ii. 327–8.

1. ff. 1–4 Augustinus de Igne purgatorio. In lectione apostolica . . . largitate redimamus. prestante—

PL xxxix. 1946–9 (Sermo pseud., App. 104).

2. ff. 4–6 Augustinus de opere Monachorum. Nouimus monachos in quandam sanctam societatem ociocissime congregatos Quid enim agant . . . Legitur in actibus apostolorum quod operatus . . . interueniendo precipiendis.

3. ff. 6–12 Augustinus de gaudiis electorum et de penis reproborum. Tria sunt sub omnipotentis dei manu habitacula . . . deum laudabunt. Cui est—AMEN.

PL xl. 991–8 (pseud.). *Clavis*, no. 1106. *Scriptores Latini Hiberniae*, ed. A. Gwynne, i (1955), 101–25.

4. ff. 12–33^v Cornelius nepos salustii Crispo suo salutem. Cum multa athenis . . . et helenum duo milia. Huc usque daretis historia scripta est.

For manuscripts in BL, see *Cat. of Romances*, i. 12–25. 'Bellum Troge' is the running-title. No divisions.

5. ff. 33ᵛ–36ᵛ Inter ecclesias gallie constat profecto lugdunum hactenus . . . sapio paratus iudicio emendare.

SBO vii. 388–92 (Bernard, Ep. 174). 'Epistola lugdun' is the running-title.

6. ff. 36ᵛ–64 Incipit liber venerabilis Bernardi Abbatis clareuallis de gracia et libero Arbitrio. Domino Willelmo Abbati sancti Theodorici frater Bernardus. Opusculum de gracia et libero Arbitrio . . . hos et magnificauit. Explicit.

SBO iii. 165–203.

7. ff. 64–5 Epistola. Bernardus abbas dictus de claraualle dilecte in christo sorori in monasterio sancte Marie quod est trecis a suo proposito fluctuanti spiritum consilii. Relatum est michi . . . detrahencium linguas. Valete.

SBO vii. 294–5 (Ep. 115).

8. ff. 65–71 Item epistola eiusdem ad O canonicum. Dilecto fratri et uere amico suo O. canonico B. Abbas dictus de claraualle salutem. Si tibi ad tuas litteras tardius . . . et in eternum exaltet. Val'.

SBO vii. 224–31 (Ep. 87). The scribe found part of f. 67ᵛ unusable.

9. ff. 71–93 Incipit epistola Bernardi abbatis clareuallis ad Willelmum Abbatem de discreta varietate ordinis monastici et de non iudicando alterius seruos. et de superfluitate Monachorum. Uenerabili patri Willelmo. frater Bernardus— salutem in domino. Vsque modo si qua . . . omnino precor et supplico. Val'.

SBO iii. 81–108 (Apologia). The title, De discreta . . . , only found in English copies, see ibid. 75 n.

10. ff. 93ᵛ–122 Item eiusdem epistola ad ascelinum ecclesie romane cardinalem et Cancellarium de diligendo deum. Uiro illustri domino A. ecclesie romano di(a)cono Cardinali et Cancellario B. Abbas dictus de claraualle: domino uiuere et in domino mori. Oraciones a me et non questiones . . . miseracionis affectus.

SBO iii. 119–54.

11. ff. 122ᵛ–139 Incipit sentencia beati Augustini de penitencia. Quam sit utilis et necessaria penitencie medicina . . . et nullo temporalis mortis periculo mors eterna uitatur.

PL xxxix. 1535–49 (Sermo 351).

12. ff. 139–41 Penitentes. penitentes. penitentes. si tamen estis . . . Ergo dimitte incertum et tene certum.

PL xxxix. 1713–15 (Sermo 393).

13. ff. 141–166ᵛ Incipit Augustinus ad dulcitium de octo questionibus Quantum michi uidetur fili dulcissime . . . magis amo discere quam docere.

PL xl. 147–70.

14. ff. 166ᵛ–177ᵛ Addere eciam hoc quam maxime . . . in debitam prerogare.

PL xlv. 1657–64 (pseud., Hypomnesticon bk. 6). *Clavis*, no. 381. Römer, i. 102–4, lists this and sixteen other British manuscripts in which this book is found on its own, usually under the title

'De predestinatione'; in five of them, three from Durham, it follows art. 13, as here. The running-title is that for art. 13.

15. ff. 177ᵛ–190ᵛ Incipit liber beati Cypriani martiris de xii Abusionibus seculi. Hec sunt duodecim abusiua seculi . . . esse in futuro. Explicit—

PL xl. 1079–88. *Clavis*, no. 1106 (pseudo-Cyprian; Ireland, s. vii). This copy among 66 in English libraries listed Römer, i. 23–5. A table of 12 chapters precedes the text.

16. ff. 191–224 Incipit Augustinus de uera innocencia. Innocencia vera est que nec sibi . . . si teipsum respexeris Explicit tractatus de uera Innocencia.

PL xlv. 1859–98. *Clavis*, no. 525 (Prosper). f. 224ᵛ blank.

17. (quires 20–31) ff. 225–248ᵛ In dulcedine domini et saluatoris nostri ihesu christi predilecto patri suo fratri Simoni de Esseby suus frater Thomas consolacionem spiritus s. Quia iustus vitam suam indicare debet—et domini nostri—(*table of 14 chapters*)—Anno domini 1224 tempore domini honorii pape . . . est oracio sine deuo[cione].

For this copy of fr. Thomas, De adventu fratrum minorum in Anglia, see A. G. Little, *Tractatus Fr. Thome vulgo dicti de Eccleston* (1909), p. xvii; J. C. Russell, *Dictionary of Writers of Thirteenth Century England* (1936), 162; Emden, *BRUO*, pp. 623–4. f. 248 damaged by damp.

ff. v + 248 + ii. No continuous foliation until recently; art. 17 paginated 1–48, s. xvii, and arts. 1–16 foliated s. xxᴵ, mostly art. by art., cf. Römer ii. 327. Parchment sometimes defective, e.g. ff. 67, 148. ff. iii–v are medieval flyleaves; ff. iii–iv are two damaged leaves from the Temporal of a Missal, s. xiii, f. iiiʳᵛ Tuesday–Thursday after Easter, f. ivʳᵛ Wednesday–Saturday after Pentecost, written space 168 × 114 mm., 2 cols., 40 lines, plain blue or red 2- and 1-line initials. 215 × 132 mm. Written space: ff. 1–178, c. 145 × 90 mm., in 2 cols., 23–7 lines; ff. 179–224 (quires 23–8) c. 160 × 90 mm., in 2 cols. changing to long lines, f. 191ʳ actual writing, f. 191ᵛ ruling, 30–5 lines; ff. 225–48, c. 162 × 90 mm., 34 long lines. Collation: 1–11⁸ 12¹⁰ 13–26⁸ 27¹⁰ 28⁴ 29–30¹⁰ 31⁴. Catchwords flanked by penwork patterns. Written in textura, probably all by one hand, and, art. 17, anglicana formata. Initials, arts. 1–16: (i) f. 1, blue and red *I* with ornament of both colours; (ii) 2-line or more, blue with red ornament; (iii) in table (f. 177ᵛ), 1-line, red or blue. Initials not filled in, art. 17. Capital letters in the ink of the text touched with red. Twenty-third in the list of books sent for rebinding or repair in 1822, see MS XVI.K.2 above; rebound for 6s. Secundo folio *qui in nos*.

Written in England, perhaps at Durham Cathedral Priory, see art. 14 above. '.H.', 'Augustinus de Igne purgatorio et aliis tractatibus circa ix.', 'De le Spendement Dunelm', s. xiv/xv, f. 1, corresponding to the entries in the catalogues of the Spendement at Durham of 1392, *Catt. Vett.*, p. 19*H*, and of 1417, ibid. 95; in the latter it is one of 34 volumes marked 'In librar'. No. 43 in 1671 catalogue. *CMA*, no. 46.

XVI.K.5. *W. Hilton, OSA, etc.* s. xiv/xv

1. (quires 1–13) (*a*) ff. 1–36 Quod existencia hominis interior similis debet esse apparencie exteriori. Capitulum iᵐ. Dilecta soror in christo ihesu. rogo te ut contente sis uocatione qua vocauit te dominus . . . et cum illo qui edidit hunc li (*sic*) libellum .A.M.E.N. Explicit libellus Magistri Walteri hilton' canonici de thurgarton. qui obiit anno domini Mᵒ CCCᵒ lxxxx.v. In vigilia annunciacionis quem libellum transtulit de anglico in latinum Magister et frater thomas fislake

ordinis beate Marie genitricis dei de monte carmeli et constat Magistro fratri
Iohanni Pole eiusdem ordinis quem fecerat scribi ex elemosinis amicorum
suorum quorum omnium animabus propicietur deus amen; (*b*) ff. 39ᵛ–95ᵛ Quod
homo (dicitur) ymago dei secundum animam. non secundum corpus. cap. primo.
Quoniam multum desideras . . . (f. 95) in magno volumine contineri. Ecce
declaraui tibi—(f. 95ᵛ) perducat nos saluator noster—amen—Explicit libellus
Magistri Walteri hilton—(*almost exactly as above*)—propicietur deus Amen. Qui
scripsit carmen sit benedictus amen.

For this copy of the Scale of Perfection in Latin and its translator, see H. Gardner in *Medium
Aevum*, 5 (1936), 22. (*a*) bk. 1 in 92 chapters. (*b*) bk. 2 in 47 chapters, preceded, ff. 38–39ᵛ, by a
table of them. Note that (*b*) is in four parts, caps 1–16, 17–31, 32–40, and 41–7, f. 95ᵛ between
'amen' and 'Explicit'. The summary, f 95ʳᵛ, Ecce declaraui tibi . . . , is not in other copies. ff.
36ᵛ–37ᵛ, 96–97ᵛ blank.

2. (quires 14–16) (*a*) ff. 98–108ᵛ Cum aliquid boni faciendo accenderit animum
. . . habeas de te. set de sola dei misericordia A.M.E.N. (*b*) ff. 108ᵛ–113 Adhuc
de reclusis. Secunda secunde. q.c.lxxxviii videtur quod perfectior sit religio . . .
in libro de dogmatibus. quo supra. Explicit de reclusis; (*c*) ff. 113ᵛ–117 In die
quadam corporali manuum labore occupatus . . . impedimenta auferat a nobis.
Amen. Explicit. (*d*) f. 117ʳᵛ Non in aduersitate seu prosperitate frangaris. set
equalis esto in omnibus . . . et non te excruciet.

(*a, b*) printed from other copies by P. L. Oliger, OFM, *Antonianum*, 9 (1934), 37–84, 243–59; (*c*)
Guigo Carthusiensis, Scala claustralium, ed. E. Colledge and J. Walsh, *Sources chrétiennes*, 163
(1970), 82–120, here without prologue, and ending a little short. Titles cropped by binder: '[. . .
] secundum Bernard', to (*a*), and probably 'Incipit scala claustralium' to (*c*). (*d*) is on the virtue
of patience.

3. (quires 17–26) (*a*) ff. 118–19 alphabetical index to (*c*), Absolucio–Usura, with
references to chapter numbers; (*b*) ff. 119–23 a versified table of chapters of (*c*):
Incipit prohemium cuiusdam noue compilacionis Cuius nomen et titulus est
speculum humane saluacionis—Expediens videtur et utile quod primo in hoc
prohemio exponatur . . . Et sic finiantur capitula huius libelli voluminis; (*c*) ff.
123–93 Incipit speculum humane saluacionis. In quo patet casus hominis et
modus reparacionis. In hoc speculo potest homo considerare . . . gaudio
sempiterno frui. Quod nobis—Amen. Explicit tractatus dictus Speculum
saluacionis humane.

(*b, c*) Stegmüller, no. 11765 (this copy); Bloomfield, no. 2562. In long rhyming couplets. 45
chapters. 'Bis a me perlectum est totum hoc opus. Anno domini 1591', f. 193. f. 193ᵛ blank.

ff. i + 193 + i. 218 × 160 mm., heavily cropped. Written space *c.* 175 × 118 mm. 34–6 long
lines. Collation: 1–4⁸ 5⁶ wants 6 (? blank) after f. 37 6–12⁸ 13⁴ 14⁸ 15–16⁶ 17–24⁸ 25¹⁰ 26 two.
Arts 1, 3 written in textura, except ff. 1–2 in bastard anglicana and ff. 192–193 in anglicana
formata; art. 2 (*a, b*, and part of *c*) in short-*r* anglicana formata and (end of *c, d*) in current
anglicana. Initials: (art. 1) 2-line, blue with red ornament; (art. 2*a–c*) 3-line, blue or red; (art. 3)
f. 123, 4-line, blue; 2-line red; but most not filled in. Capital letters in the ink of the text marked
with yellow (art. 1) or red (art. 3). Parchment binding, s. xviii; seventh in the list of books sent
for repair or rebinding in Oct. 1822, see MS XVI.K.2 above: 'cleaned and lettered', 1s. 2d.
Secundo folio *vtentes*.

Written in England; art. 1 for fr. John Pole, Ord. Carm., who was of the Cambridge house in

1377, incepted as D.Th. in 1381, and died at the Coventry house, see Emden, *BRUC*, p. 456. Assigned, Ker, *MLGB*, p. 24, to the Cambridge house, but, more likely, given by Pole to the Coventry house, as Berlin, MS Hamilton 503. '5/15/6', s. xviii, pressmark (?), inside front cover. XVI.G.6 in the 1775 York catalogue, p. 251; not in earlier catalogues.

XVI.K.6 (formerly XVI.G.5). *Horae* s. xv in.

1. (quire 1) ff. i–vi^v York calendar in red and black (25, 27, 29 Dec. in blue), graded.

As *Brev. Ebor.*, i. (3)–(14), except omitting Chad (2 Mar.), octave of William of York (15 June), and, originally, Barbara (4 Dec.). Added, s. xv, 'sancte Cithe sancti Anastasii', 'sancti Inprobi (?)' (27, 30 Apr.), 'sancte Elene regine' (18 Aug.), 11,000 Virgins (21 Oct.), Barbara (4 Dec.); also 'festum reliquiarum secundum lincoln'' (14 July). 'Dedicacio ecclesie omnium sanctorum super Paui*mentum* Ebor'' (15 May) in the main hand. 'pape' erased, but not Thomas of Canterbury.

2. ff. 1–2^v Lord vndo my lippis ihesu heuen kyng . . . lat neu*er* my saul w^t deydly syn be sclayne—

English verses on Domine labia mea and other liturgical forms; 56 lines, the last 30 rendering the antiphons at Prime, Terce, Sext, None, and Vespers of the Passion. Printed from this copy T. F. Simmons, *The Lay Folks Mass-Book*, EETS lxxi (1879), 82–6. *IMEV*, nos. 1981, 1963; *IMEV* Supplement refers to this manuscript by its old number, XVI.G.5.

3. ff. 2^v–24^v Hours of B.V.M. of the use of (York).

Hours of the Cross worked in. *Horae Ebor.*, pp. 37–62.

4. (*a*) ff. 24^v–25 Salue regina . . . V'. Virgo mater ecclesie . . . Oratio. Omnipotens sempiterne deus qui gloriose et uirginis . . . ; (*b*) f. 25 a drawing of a rose, round it 'Hic fons ortorum: puteus et aqua uiuorum. Hic iubilus morum: hic lotrix criminorum', two scrolls 'Hic sanguis' to the left, and two 'Hec aqua' to the right; (*c*) f. 25^v a drawing of a wounded heart, 'Fili' 'Michi' to the left, and 'Da' 'Cor tuum' to the right; (*d*) ff. 25^v–26^v Salue plaga lateris nostri redemptoris . . . Oratio. Domine ihesu christe saluator mundi . . .

(*a*) *Horae Ebor.*, pp. 62–3; (*d*) *RH*, no. 18123.

5. (*a*) f. 26^v Wen tho lest wenis veniet mors te superare Thus yi graue grenis ergo mortis memorare; (*b*) ff. 26^v–27^v [F]uit quidam clericus in partibus Burgundie . . . Aue ihesu christe uerbum patris filius virginis . . . ; (*c*) f. 27^v [S]alue presul inclite speculum fulgoris . . . Oratio. [D]eus qui inter capitalis sentencie . . . ; (*d*) f. 28^rv [S]uscipe domine sancte pater hos septem salmos a sancto dauid propheta . . . quos ego indignus peccator . . . in celi gaudio Amen; (*e*) ff. 29–30 [D]eus misericordie et ueritatis suppliciter deprecor clemenciam tuam . . . ueniam peccatorum et uitam sempiternam Qui uiuis.

(*a*) *IMEV*, no. 4049; (*b*) *Horae Ebor.*, pp. 70–71/2, without the heading; (*c*) ibid. 181–2 (memoria of Archbishop Richard Scrope); (*d*) prayer to be said before the seven penitential psalms, see MS Add. 2 art. 8*e* below. f. 30^v blank.

6. ff. 31–43 Hic incipiunt septem psalmi . . . , followed (f. 37) by Litany.

Horae Ebor., pp. 88–99. Here George, Edward, and Barbara were omitted; Peter is doubled;

William precedes Wilfred. Seven names inserted, s. xv: George after Christopher, Kenelm after Oswald, Dunstan after Basil, Francis after Leonard, Martha after Mary Magdalene, Barbara after Hilda, and Bridget after Everildis.

7. ff. 43–44ᵛ Fifteen gradual psalms, cues only of the first twelve.

8. ff. 44ᵛ–45 Laudate dominum omnes gentes . . . manet in eternum (Ps. 116).

9. ff. 45–52 Psalms of the Passion (Pss. 21–30).

10. f. 52ʳᵛ Memoriae of the Holy Spirit.

Antiphons Per signum crucis, and Non autem gloriari.

11. ff. 52ᵛ–66ᵛ Office of the dead.

Horae Ebor., pp. 99–111. Here the prayer for a woman's soul, edn. p. 113, is between the prayers Inclina and Miserere, edn. pp. 110–11.

12. ff. 66ᵛ–75 Beati immaculati . . .

Commendatory psalms, followed by Tibi domine commendamus and Partem beate resurreccionis.

13. (added, s. xv) (a) f. 75ʳᵛ [G]aude barbara regina. summa pollens . . . ; (b) ff. 75ᵛ–76ᵛ Cum quadam die . . . [B]enedictus sis tu deus creator omnium . . .

(a) *RH*, no. 6714; (b) the heading relates that this prayer was given by B.V.M. to St Bridget and refers to her Revelations, bk. 1 cap. 8.

14. ff. 77–80ᵛ Ad dominum cum tribularer. Sancte petre princeps apostolorum . . .

Twelve prayers, one to each apostle, introduced in red by the opening words of Pss. 119–30 respectively.

15. Prayers to God the Son: (a) ff. 81–2 Domine ihesu christe qui de celo descendisti . . . ; (b) ff. 82–3 Domine ihesu christe fili dei viui qui pro nobis miseris peccatoribus . . . ; (c) ff. 83–4 Cuilibet dicenti hanc oracionem conceditur quod si esset in statu eterne dampnacionis deus transferat penam in purgatorii penam. Si vero fuerit in statu maxime purgatorii deus mutat hanc purgatorii penam et ipsum sine purgatorio ad eterna gaudia proculdubio perducat. Gratias tibi ago domine ihesu christe ad passionem tuam inchoasti . . . ; (d) ff. 84–85ᵛ O bone ihesu o piissime ihesu . . . ; (e) ff. 85ᵛ–86 Domine ihesu christe eterna dulcedo te amancium . . . et regnans deus—Amen.

(d) Memoria of the Holy Name. (c, d) repeated art. 23c, d below.

16. ff. 86–87ᵛ Summe trinitati simplici deo . . .

Prayers to the persons of the Trinity, jointly and separately.

17. ff. 87ᵛ–90 Incipit letania de sancta maria.

Ends with the prayer Domina dulcissima ornamentum . . . me (N *over erasure*) famulum suum die ac nocte omnibusque horis defendat amen.

18. ff. 90–1 Aue regina celorum aue domina angelorum . . . , *RH*, no. 2070.

19. ff. 91–4 Memoriae: (a) Mary Magdalene; (b) Margaret—Gaude virgo

margareta virgo casta mansueta . . . ; (c) Denis; (d) Katherine, Margaret, and Mary Magdalene—Katerina margarita virgines sanctissime . . .

20. ff. 94–98ᵛ Incipit inquisicio sancti Augustini de ista oracione in quacumque die quis cantauerit hanc non nocebit ei diabolus vel homo et quod iuste pecierit dabit ei deus. Domine ihesu christe qui in hunc mundum propter nos . . .

21. ff. 98ᵛ–99 (a) Memoria of Helen; (b) Seint Elene I ye pray To helpe me at my last day . . . And bryng my soule to requied, 6 lines.

(b) *IMEV*, no. 2891; *Oxford Book of Medieval Verse*, ed. C. and K. Sisam (1970), 402, no. 164.

22. ff. 99–100 Memoriae: (a) John Baptist—Salue sacratissime mulieris nate . . ., 20 lines; (b) Holy Name.

23. Prayers to God the Son: (a) f. 100ʳᵛ Domine ihesu christe qui hanc sacratissimam carnem . . . ; (b) ff. 100ᵛ–105ᵛ Aue benignissime domine ihesu christe. O ihesu christe eterna dulcedo . . . ; (c) ff. 105ᵛ–106ᵛ Dicenti hanc orationem . . . Gratias tibi ago . . . ; (d) ff. 106ᵛ–107ᵛ O bone ihesu . . .

(a) the heading conveys indulgence of 2,000 years; (b) Fifteen Oes of St Bridget, *Horae Ebor.*, pp. 76–80, here in the order i, iii–iv, ii, v–xv; (c, d) as art. 15c, d.

24. ff. 107ᵛ–108ᵛ Legitur in vita sancti Bernardi—Illumina oculos meos . . . Oratio. Omnipotens sempiterne deus qui ezechie regi . . .

25. (a) f. 108ᵛ Oracio in aurora dicenda. Gracias tibi ago domine domine ihesu christe qui me indignum famulum tuum . . . ; (b) ff. 108ᵛ–109 In manus tuas domine . . . ; (c) f. 109 Oracio. Aue et gaude dulcissime spiritus angelice qui es custos anime mee . . .

26. ff. 109ᵛ–110ᵛ Oracio venerabilis bede . . . preparatam. Oracio. Domine ihesu qui septem verba . . .

27. ff. 110ᵛ–112 Oracio. Domine deus pater omnipotens filius et spiritus sanctus da michi .N. famulo tuo victoriam . . . Libera me domine ihesu christe . . .

28. (added, s. xv) f. 112ʳᵛ [D]eus in nomine tuo saluum me fac. et in uirtute tua . . . oculus meus. Ps. [D]eus misereatur nostri et benedicat nobis.

Ps. 53 and the opening words of Ps. 66. f. 113ʳᵛ blank.

ff. iv + 119 + ii. Foliated A–D, i–vi, 1–115. f. D is a medieval flyleaf. 215 × 162 mm. Written space c. 150 × 108 mm. 19 long lines. Collation of ff. i–vi, 1–113: 1⁶ 2–3⁸ 4¹⁰ 5–6² 7–10⁸ 11⁶ 12–16⁸ 17⁸ wants 6–8 (? blank). Quires 7–12 signed a–f in red; 13–16, a–d in black. No pictures originally; eight cuttings from other books attached to ff. 26ᵛ (two: St Clare with gold monstrance; SS Anthony—with bell and pig, George—in armour with sword and reliquary, and Roche—as a pilgrim, with wounded thigh), 27 (IHC in a heart), 44ᵛ (tinted woodcut, inscribed 'who sum euer deuoutely / behoildith thes armys of / criste haith viᵐ viiᶜ lv yer per-.'), 45 (s. xiii, Christ before Pilate washing his hands), 94 (Holy Face), 106 (female saint and dog), and 108 (Christopher carrying Christ Child). Initials: (i) 5-line mostly, in colours on gold grounds, historiated, 12 in art. 14, 5 in art. 15 (Crucifixion; Christ with cross and banner; God seated on a throne-slab blessing; Pietà; Annunciation), 4 in art. 19, and 1 before arts 6 (wounded Christ on the rainbow with 2 swords pointing to him), 11, 12, 17 (B.V.M. crowned with Christ Child), 18

(B.V.M. with crown round red hat and with a sceptre), 23*b* and the prayers of arts. 16 and 22*a*; (ii) as (i), decorated not historiated; (iii) 2-line, gold, on pink and blue grounds patterned with white; (iv) 1-line, gold with black, or, from f. 31 onwards, violet ornament, or blue with red ornament. Continuous or part borders on pages with initials of type (i) and (ii). Line-fillers in red and blue. Capital letters in the ink of the text lightly touched with yellow. Binding as MS XVI.I.6, q. v.; eighth on the list, 'Recoverd Russia Edges no regilt'. Secundo folio *Hora prima*.

Written in England, for male use, probably by a parishioner of All Saints Church Pavement York, see art. 1; 'quod kauod', perhaps written in the hand of the text, f. 80^v after art. 14, cf. Cawood between York and Selby. Belonged in s. xvi/xvii to the Pulleyn family: records of the birth of eight children, f. D^v, Mary (1597) and William (1600) at Ulleskelf, and Elizabeth (1602), Edward (1607), Jane (1609), George (1612), Anne (1615), and Francis (1616) at Pontefract. Given as MS XVI.N.10 by 'M. Brathwait. Advoc. Ebor. 1727', see Liber donorum f. 17^v.

XVI.K.7. *Manuel de pecchez: Chasteau d'Amour (in French)*

s. xiii–xiv^I

1. ff. 1–65^v [L]a uertu del seint espirit . . . ki tant auez la teste dure (*ends imperfectly*)

Described by E. J. Arnould, *Le Manuel des péchés* (Paris, 1940), 380–1, and collated in his specimens from the text, pp. 399–436. Ends at line 12522. Vising, no. 158. Contemporary corrections and headings in the margins entered in the text in blue and red, e.g. ff. 41^v–42; the marginal note 'De [C]auntebrege fu frer hue out a noun de Wodefort frer prechur de seint conu*er*saciu*n*', f. 52, may be in the same hand.

2. ff. 66–70^v (*begins imperfectly*) Ly solayl fu en cel tens . . . Vnk*es* autr*e* ny out fors cele (*ends imperfectly*)

Robert Grosseteste, Chasteau d'Amour, lines 48–664; ed. J. Murray (1918), 90–107. Sixteen manuscripts, but not this one, listed Thomson, *Grosseteste*, p. 154.

ff. ii + 70 + ii. 212 × 158 mm. Written space 173 × *c.*125 mm. 2 cols. 37–54 lines; art. 2, 29–32 long lines. Collation: 1^8 2^{10} 3^8 4^{10} + 1 leaf (f. 37) after 10 $5–6^8$ 7^{12} 8^6 wants 6 after f. 70. Art. 1 probably in several hands, changing most obviously at f. 19 (3^1); art. 2 in a rather later hand, which, up to f. 67^r, puts two horizontal strokes through the tail of *y*. Initials: (art. 1) red mostly or blue, 2-line changing to 1-line; (art. 2) 1-line, not filled in. Binding as MS XVI.I.6, q. v.; second in the list 'Russia'. Secundo folio *ke si ducement*.

Written in England. No. 32 in 1671 catalogue. *CMA*, no. 35.

XVI.K.8. *Concordantiae Bibliae*

s. xiii med.

Incipit .A. a.a.a. Ie.i.c.xiiii.d Eze.iiii.f . . . Zorobabel—Luc'.iii.f Expliciunt concordancie de sancto iacobo.

Stegmüller, no. 3604 (Hugh of St Cher, Concordantiae minores); see R. H. and M. A. Rouse in *AFP* 44 (1974), 5–30, for the first form of the great Dominican concordance of the Bible. Lemmata underlined in red. Oxford Bodleian Library MS Rawlinson G.26 (*Sum. Cat.* 14759) is another copy also arranged in 5 columns in a small hand.

ff. v + 252 + vi. ff. iii–v, 253–6 are medieval pastedowns and flyleaves. 210 × 145 mm. Written space 160 × 100 mm. 5 cols. 62 lines. Collation $1–21^{12}$. Quires 1–20 numbered at the end. Small hand, as in a Bible. No coloured initials. Twentieth in the list of books sent to O. Sumner for rebinding and repair 11 Oct. 1822, see MS XVI.K.2 above; 7s. 6d. Secundo folio *xxxiii d*.

Written probably in England. There by s. xiv in.: marginalia in anglicana formata. 'Liber concordancie et constat magistro Iohanni Spence', s. xv ex., f. iii^v; cf. Emden, *BRUO*, p. 1742, John Spence, B.A. 1450, d. 1485. Difficult scribbles in English, s. xv/xvi, ff. iii^v, 256^rv, include 'Kyrkoswald besyd scalld brec'. No. 10 in 1671 catalogue. *CMA*, no. 12.

XVI.K.10. *Berengaudus, In Apocalypsin* s. xiii[1]

Incipit expositio beati Ambrosii episcopi super apocalipsin. Beatum iohannem apostolum et euangelistam. hunc librum apocalipsin . . . (f. 169^v) participes esse mereamur: qui cum patre et spiritu sancto—AMEN. Explicit tractatus beati Ambrosii episcopi super apocalipsin.

PL xvii. 765–970. Stegmüller, no. 1711. The edition by Cuthbert Tunstall (Paris, 1548), attributes the work to Ambrose, probably on the basis of this copy: the preface begins 'Quum monasteria multa circuirem, et bibliothecas—casu incidi in uetustum quendam librum cui titulus praescriptus erat huius modi: Incipit expositio beati Ambrosii Episcopi super Apocalypsin', and, although it goes on to say that this book ended with the words 'Explicit expositio beati Ambrosii Episcopi super Apocalypsin', the printed text ends 'Explicit tractatus . . .'. ff. 170–172^v blank.

ff. iii + 176 + iv. Foliated i–iii, 1–53, 53*, 54–96, 96*, 97–104, 104*, 105–31, 131*, 132–76. ff. iii, 173–4 are medieval pastedowns and flyleaves. 208 × 155 mm. Written space *c*. 145 × 105 mm. 19–21 long lines; the first above the top ruled line. Collation: 1–4^12 5^16 6^10 7^12 8^16 9^12 10^14 11–13^12 14^16 wants 11 (blank) after f. 170, 14–16 (blank). Quires numbered in pencil at the beginning and end. One large clumsy hand. Initials: (i) f. 1, 9-line *B*, historiated (Christ holding book in his left hand and blessing with his right), on gold and coloured ground; (ii) blue and red with ornament of both colours (visions 2 and 3), red without ornament (vision 4), or blue with red ornament (visions 5–7); (iii) 1-line, red, or occasionally blue. Capital letters in the ink of the text filled with red. Fifth in the list of books sent for rebinding or repair in Oct. 1822, see MS XVI.K.2 above; 'in calf' 7s. 6d. Secundo folio *libidine*.

Written in England. 'xxx^us vi^us', s. xv, f. 2 top left, conforms to the practice of marking at St Guthlac's Priory Hereford, cf. N. R. Ker in *Medium Aevum*, 5 (1936), 47–8. Probably seen by Cuthbert Tunstall, see above. No. 26 in 1671 catalogue. *CMA*, no. 28.

XVI.K.12, 13, 14. *Fables of Marie de France, etc. (in French)*
s. xiii med.–xiii[2]

Three volumes of Anglo-Norman verse, perhaps originally independent, put together, possibly in the Middle Ages, and then divided again into three volumes in 1815 or 1816. This copy of arts. 2–7 listed by Vising, nos. 10, 158, 128, 118, 135, and 71. Facsimiles of K.13. ff. 1 and 23, *Facsimilés de L'École des chartes*, pl. 319.

1. K.12. (*a*) ff. 1–19^v Cil kiseuent de lectrure. Si deuient bien mettre lur cure . . . Damage faire é en niuer; (*b*) ff. 19^v–22^v Ci nus cunte dune nurice . . . La v' li altre est deliurez.

K. Warnke, *Die Fabeln der Marie de France*, Bibliotheca Normannica vi (1898), collates (*a*) as Y, see p. iv; and prints this copy of (*b*), nine fables of Avianus, pp. 343–54. No break between (*a*) and (*b*).

2. K.12. ff. 23–36 Incipit uita sancti Brendani. Dame aeliz la reine. par qui

ualdrat lei deuine . . . par lui uunt plusurs mil. Amen.

ed. E. G. R. Waters (1928): this copy described pp. xvi–xvii, and collated as D. f. 36ᵛ blank.

3. K.13. ff. 1–110ᵛ En lohnur de la trinite seit cest liuere commence. A la uertu del seint esperit . . . Seur put estre kil ad peche (*ends imperfectly*).

Manuel de péchés, lines 1–6700. This copy described ed. E. J. Arnould (Paris, 1940), 392, and called I; its readings noted App. II, pp. 398–429. The text is divided only by paragraph marks.

Arts. 4–6 are on the last 3 quires in K.13.

4. K.13. ff. 111–126ᵛ La vie seint Ewstace. Un riches hum esteit en rome iadis . . . E nus tuz ensement de peche criminal. Amen.

ed. H. Petersen in *Romania*, 2 (1925), 376–96 (version de Guillaume de Ferrières).

5. K.13. ff. 126ᵛ–135 [La v]ie seinte Mar[. . .] La vie dune uirge. uus uoil issi conter . . . ke deu nus face merci. quant deuant li vendrom. AMEN.

Life of St Margaret, in 68 stanzas of varying length; ed. F. Spencer, *Modern Language Notes* 5, iv (1890), cols. 213–21. The last 13 lines on f. 128ʳ and the last 17 on f. 128ᵛ partly torn away.

6. K.13. f. 135ʳᵛ La vie seinte marie Magdalene. [S]eignurs ke deu amez. en lui aiez fiante . . . Ne lessa ele a fere. ren de sa volente (*ends imperfectly*).

Lines 1–42 only.

7. K.14. ff. 1–6ᵛ In illo tempore. Dixit iesus discipulis suis. Erunt signa in sole et lu. et stellis. Uns curtillers prudume esteit . . . La quida remeindre sanz faille (*ends imperfectly*).

The Mirrour of Robert de Gretham, sermons on the Sunday gospels, here abbreviated. Ends in the ninth sermon, for 2nd Sunday after Easter, line 61. This part of the ninth sermon and the first 36 lines of the first are printed from this copy by P. Meyer in *Romania*, 32 (1903), 29–31. This and other manuscripts noted J. C. Russell, *Dictionary of Writers of Thirteenth-Century England* (1936), 135.

K.12. ff. ii + 36 + ii. 204 × 138 mm. Written space 164 × 116 mm. 2 cols. 34 lines; the first above the top ruled line. Collation: 1–3⁸ 4 ten (ff. 25–34; ff. 27/30 and 28/29 are bifolia) 5². Quires 1–3 numbered at the end. Written in textura, s. xiii med. Initials: (i) f. 1, 3-line *C*, in red with green ornament; (ii, iii) 2- and 1-line, red or (f. 1 only) green. Binding, see below. Secundo folio *En mi*.
K.13. ff. ii + 135 + ii. 204 × 137 mm. Written space *c.* 160 × 78 mm. 26–8 long lines. Collation: 1–6¹² 7¹⁴ 8–11¹² 12 one. Quire 5 numbered at the beginning and quire 9 at the end. Written in incipient anglicana, s. xiii², see above re facsimile. Initials, red, 6-, 3- (ff. 1, 111), and 1-line; 2-line space left unfilled f. 135. Binding, see below. Secundo folio *Dis fez*.
K.14. ff. ii + 6 + xiv. 205 × 135 mm. Written space 176 × 114 mm. 2 cols. 37 lines. Collation: 1⁶. Written in textura, s. xiii². Initials, 2-line, f. 1, red; then spaces left unfilled. Binding, see below. Secundo folio *ke cil*.

Written in England. In K.13 names scribbled, s. xvi: 'Iohannes Smyth', f. 14, 'Thomas Smyth', f. 85, 'Thomas Pye', f. 105. Formed a single volume, F.8.174, in the collection of Marmaduke Fothergill, d. 1731, and so given by his widow in 1737. Ninth of ten manuscripts sent to London for rebinding in 1815 or 1816, see MS XVI.I.6 above; 'separated into 3 books', 'in 3 Books 1 DK Red 2ⁿᵈ Purple Mor. 3ʳᵈ Russia'; rebound by 1816, see dated notes f. iiᵛ in each volume by H[enry] P[etrie], Stockwell.

XVI.K.16. *Collationes quadragesimales, etc.* s. xv in.

f. iii^v 'tabula contentorum in hoc libro', s. xv in., lists arts 1–5, with additions and numbering, s. xv/xvi.

1. ff. 1–91^v Collaciones quadragesimales dominica i^a xl^e sabbato immediate post vesperas ante Completor' Sermo beati Iohannis (episcopi) quomodo homo prelatus est omni creature. Dignitas humane originis facile agnoscitur . . . Hoc autem dicebat: significans qua morte esset moriturus. Expliciunt collaciones quadragesimales secundum vsum ecclesie Ebor'.

'Deus Misereatur nostri et det nobis pacem Amen', ff. 1 head, 2^v.

2. ff. 92–103^v Incipit Speculum peccatoris. Quoniam frater karissime in huius via vite . . . prouideas. vt viuas cum eo—amen. explicit.

PL xl. 983–92. Generally anonymous, often attributed to Augustine or Bernard, or sometimes Richard Rolle, see Allen, *Writings*, p. 353. For 61 manuscripts in British and Irish libraries, not this one, see Römer, i. 173–5.

3. ff. 103^v–146^v Incipit liber sancti Edmundi qui nuncupatur speculum ecclesie. In nomine domini altissimi dulcissimi nostri ihesu christi. incipiunt materie que tanguntur—*(summary of text)*—(f. 104^v) liber et sermo. Qualiter debet homo respicere statum suum. Videte vocacionem vestram. Ista verba apostoli . . . ab origine mundi. amen. Explicit tractatus Sancti Edmundi de pontiniaco qui appellatur speculum ecclesie. et bene potest ita nominari cum in tota sacra scriptura non poterit aliquid specialius inueniri.

ed. H. P. Forshaw, SHCJ, *Edmund of Abingdon, Speculum religiosorum and Speculum ecclesie* (1973), describes this copy, p. 11, and collates it as M1; very closely related to Cambridge Emmanuel College MS 54. 30 chapters, last two unnumbered.

4. (*a*) ff. 147–152^v Instruccio simplicium sacerdotum per fratrem Iohannem Pecheham. Ignorancia sacerdotum populum precipitat in foueam erroris . . . animo contrahatur. et cetera. Explicit predicta constitucio simplicium sacerdotum; (*b*) ff. 152^v–153 In omni sacramento est inuenire aliquid quod sit sacramentum . . . mutuus consensus; (*c*) ff. 153–154^v mnemonic verses: (i) Mandata dei versificata patent. Vnum crede deum. ne iures . . . , 4 lines; (ii) Visito. poto. cibo. redimo. tego. colligo condo; (iii) Consule castiga . . . , 2 lines; (iv) Sap. intel' . . . , 1 line; (v) Ecclesie septem dat bocmepe sacra parite / Ordo baptismus et confirmacio sacra . . . , 4 lines, Ordo coniugium sunt sacramenta volentis; (vi) Virtutes cardi. sunt ius . . . , 1 line, Virtutes theologice sunt . . . , 1 line; (vii) Summere quinque scias . . . , 4 lines; (viii) Hii sunt articuli quod sit . . . , 4 lines; (ix) Fastus auaricia turpedo . . . , 2 lines; (x) Gustus et olfactus . . . , 2 lines, (Per te claudantur ne sordes ingrediantur); (xi, added) Mentis enim sensus sunt quinque . . . , 3 lines; (xii) Dat mirram qui se macerat . . . , 2 lines; (*d*) ff. 154^v–158^v Qui vere voluerit ad salutem anime sue . . . ab eis descendencia. Explicit.

(*a*) Bloomfield, no. 2501; Council of Lambeth 1281 canon 9, *Councils and Synods* II, ed. F. Powicke and C. R Cheney, ii (1964), 900–5; (*c*) on the (i) ten commandments, (ii, iii) seven works of corporal and spiritual mercy, (iv) seven gifts of the Spirit, (v) seven sacraments, (vi) four cardinal and three theological virtues, (vii) five 'sacramenta necessaria', (viii) twelve articles of faith, (ix) seven deadly sins, (x) five senses, (ix) five 'sensus anime': (i) Walther, *Versanf.*, no. 19669; (ii) Walther, *Sprichwörter*, no. 33805; (iii) ibid., no. 3235; (ix) ibid., no. 8873; (x) ibid., no. 10503; of which (i, ii, iv) occur in *Peniteas cito*; (*d*) on confessing the deadly sins.

5. (quires 22–7) ff. 159–196ᵛ Hic est libellus de emendacione vite siue de regula viuendi—prosequemur. De conuersione. Capitulum primum. Ne tardas conuerti ad dominum . . . eternaliter laudare: cui sit honor—amen. Expliciunt xii Capitula de emendacione vite secundum venerabilem Ricardum de Hanpule heremitam qui in festo sancti Michaelis Archangeli Anno domini Millesimo CCCᵒxlixᵒ migrauit ad dominum.

Allen, *Writings*, p. 238, no. 73. A copy once at St Mary's Abbey York gave Leland the exact date of Rolle's death, cf. Allen, p. 419; the same date is given in Oxford Bodleian Library MS Bodley 456 (*Sum. Cat.* 2412). f. 197ʳᵛ blank.

ff. v + 197 + iii. ff. iii–v, 198 are medieval pastedowns and flyleaves. 195 × 128 mm. Written space *c.* 128 × 78 mm. 23 long lines. Collation: 1–4⁸ 5⁶ 6⁶ + 1 leaf (f. 42) after 3 7–8⁸ 9⁴ 10⁶ + 1 leaf (f. 69) after 3 11–14⁸ 15⁴ + 4 single leaves (ff. 108–11) after 2 16–20⁸ 21 seven (ff. 153–8) 22⁶ (1 and 6 are single leaves) 23–25⁸ 26⁶ 27⁴ wants 4 (? blank). Quires 1–15, 20–1 signed in red, a–o, ꝗ, t–v; quires 22–7 signed a–f. Written in anglicana formata by one hand. Initials: (i) to arts. 1 and 5, 3- and 4-line, blue with red ornament; (ii) 2-line, as (i). Twenty-first in the list of books sent for rebinding or repair in Oct. 1822, see MS XVI.K.2 above; 6s. Secundo folio *Tibi celum*.

Written in England, presumably for use in the diocese of York, see art. 1. Inscriptions on f. 198: 'Liber Stephani Chaplayne [. . .] ex dono domini Roberti [. . .]', s. xv, and cf. 'Stephani [. . .]', in red, f. iiiᵛ below list of contents; 'Liber domini Iohannis Appilton', s. xv, cf. sub-treasurer of York Minster, d. 1453; 'Liber Magistri Thome Wencelagh Rectoris de Mydelton' super Waldam', s. xv ex., cf. Thomas Wencelagh, beneficiary in 1450 in the will, *Test. Ebor.* ii. 141, of Robert Rolleston provost of Beverley, eight miles SE of Middleton-on-the-Wolds; 'Liber domini Roberti Nod persone ex dono Magistri Thome Wencellagh quondam persone etc.', s. xv ex.; 'Liber Domini Roberti Garthom Cappellani cantarie corporis christi de beuerlaco', s. xv/xvi; his will is dated 26 Aug. 1504 (York, Borthwick Inst., Prob. Reg. 6 f. 204). Nos. 11–15 in 1671 catalogue. *CMA*, nos. 13–17.

XVI.K.19. *Horae*   s. xvⁱ

1. ff. 1–12ᵛ Calendar in French in red and black.

Feasts in red include 'Saint paul' de Léon (12 Mar., 10 Oct.), 'Saint karadoce', 'Saint yues' (16, 19 May), 'Saint hoarne' (17 June), 'Saint goluine' (1 July). 'Sancte Sythe virginis', added, 27 Apr.

2. ff. 13–17ᵛ Sequentiae of the Gospels.

Protector in te sperantium . . . , following John.

3. ff. 17ᵛ–19ᵛ Oracio beate marie uirginis. [Obsecro te] (*begins imperfectly*, f. 18) Et per illam sanctam ineffabilem humilitatem . . . bonam spem (*ends imperfectly*). Feminine forms.

4. ff. 20–3 (*begins imperfectly*) enim dei filius uerus et omnipotens suam sacratissimam fecit matrem . . . vitam et requiem sempiternam. Amen.

Prayer to B.V.M. Feminine forms.

5. ff. 23–24ᵛ Stabat mater dolorosa . . . , *RH*, no. 19416.

6. ff. 25–6 Oracio de beata maria. Ave maria gracia plena dominus tecum martir cum martiribus . . .

7. f. 26ʳᵛ Ymnus de beate maria. O gloriosa domina excelsa supra sydera . . . (*RH*, no. 13042) oratio. Deus qui uirginalem aulem . . .

8. ff. 27–80ᵛ Hours of B.V.M. of the use of (Paris), beginning imperfectly.

Hours of the Cross worked in. At least 8 leaves missing.

9. ff. 81–98ᵛ Penitential psalms, beginning imperfectly, and (f. 92) Litany, ending imperfectly (after Deus cui proprium in Pretende).

Thirty confessors: . . . (14–30) goluine hoarnee leobine albine ioeuine guillerme brioce sampson macloui paterne corentine tudguale paule vrphoede goeznouee maiane yuo.

10. ff. 99–128 Office of the dead, beginning imperfectly.

11. (*a*) ff. 128ᵛ–130 Domine ihesu christe qui pendens in cruce dixisti . . . ; (*b*) f. 130ʳᵛ Alia oratio. Domine deus qui voluisti pro redemptione mundi . . . ; (*c*) ff. 130ᵛ–131 Ante crucem. A'. Salue sancta crux preciosa . . . or. Domine ihesu christe fili dei viui qui in sancta cruce . . . ; (*d*) f. 131ʳᵛ Oratio ualde deuota ante confessionem. Domine ihesu christe creator et redemptor meus . . . ; (*e*) f. 131ᵛ Deuocio post euangelium. Deo gracias. Osanna filio dauid . . . ; (*f*) ff. 131ᵛ–132 Oratio de sanguine christi. Aue sanguis corporis domini nostri. et cetera. Sancta caro christi que pro me passa fuisti . . . ; (*g*) f. 132ʳᵛ Oratio post Agnus. Deus pius et propicius agnus immaculatus . . . ; (*h*) ff. 132ᵛ–133ᵛ Alia oratio. Aue dulcissime domine ihesu christe uerbum patris . . . ; (*i*) ff. 133ᵛ–134 Or'. Domine ihesu christe per illam amaritudinem quam sustinuisti . . . ; (*j*) f. 134 Alia or'. Salua nos dulcissime domine ihesu christe saluator mundi . . . ; (*k*) f. 134ᵛ A'. Quinque vulnera christi sint michi in adiutorium obsecro te . . . ; (*l*) ff. 134ᵛ–135ᵛ Oracio. In sacras ac uenerabiles manus tuas domine . . . Ego licet peccatrix . . . ; (*m*) f. 135ᵛ Quando leuatur corpus christi or'. Aue uerum corpus natum de maria . . .

(*a*) prayer of the Seven Words; (*d*–*m*) devotions at mass, (*h*) consisting of 5 prayers, each beginning with the same five words and followed by the same antiphon 'Benedictum sit nomen . . .'; (*m*) *RH*, no. 2175.

12. ff. 135ᵛ–146 Memoriae: Trinity, Holy Spirit, Cross, B.V.M., Matthew, Andrew, James, Peter and Paul, Evangelists, Julian, Christopher, All Saints, Mary Magdalene, Michael, John Baptist, John ev., Laurence, Paul de Léon, Goluinus, Nicholas, Yvo, Margaret, De sancto sacramento, Sebastian (O sancte sebastiane semper vespere et mane . . . , *RH*, no. 13708).

13. ff. 146–162ᵛ De sancta passione domini nostri ihesu christi . . . Ymnus. In passione domini qua salus datur . . .

Hours of the Passion; *RH*, no. 8722, etc.; *AH* l. 568–70.

14. (filling remainder of quire 24) (*a*) ff. 162ᵛ–163 Nota quod in die veneris plus debemus ieiunare quam in aliis diebus . . . ; (*b*) f. 163 Sequitur numerus vulnerum . . . LX.bis duo CCCC quibus addas milia quinque. Tot fertur christus

pro nobis vulnera passus; (c) f. 163ᵛ (added, s. xv) Memoria of Eustace.

15. Six short sets of hours, with metrical antiphons: (a) ff. 164–166ᵛ Katherine,
—Deprecare regem celi . . . , *RH*, no. 4380; (b) ff. 166ᵛ–171ᵛ John Baptist,—
Recolere precursoris memoriam cunctis horis . . . ; (c) ff. 171ᵛ–173ᵛ Trinity,—
Quicumque vult animam firmiter saluare . . . , *RH*, no. 16566, *AH* xxx. 10; (d)
ff. 173ᵛ–176ᵛ Holy Sacrament,—Corporis misterium panis gloriosi . . . , *RH*, no.
3936, *AH* xxx. 29; (e) ff. 176ᵛ–178ᵛ All Saints,—Sancta dei genitrix uirgo pietatis
Mater domini nostri riuus honestatis . . . , cf. *RH*, no. 33290, *AH* xxx. 143; (f)
ff. 178ᵛ–181 the dead,—Deitas paternitas et eius silacio (*for* filiacio) . . . , *RH*,
no. 4335, *AH* xxx. 173.

16. (filling remainder of quire 27) (a) ff. 181ᵛ–183 Hoc scriptum repertum fuit
rome retro altare beati petri . . . Ant'. Auete omnes anime fideles . . . ; (b) f. 183
Memoria of Fiacre; (c) f. 183ʳᵛ O bone ihesu per tuam misericordiam esto michi
ihesus. et quid est ihesus . . .

(a) carrying indulgence of Pope John XXII of as many years as there are bodies in the cemetery.
(b, c) added, s. xv².

17. ff. 184–187ᵛ (*begins imperfectly*) tres doulce dame et ie magenon illeray quinze
foys . . . que dieux les itienge et pour (*ends imperfectly*).

The Fifteen Joys, Sonet–Sinclair, no. 458.

18. ff. 188–9 (*begins imperfectly*) sire comme ce fu . . .

The Seven Requests, Sonet–Sinclair, no. 504, beginning in the third request.

19. f. 189ᵛ Sainte uroye crois aouree . . .

Sonet–Sinclair, no. 1876.

20. Devotions to B.V.M.: (a) f. 189ᵛ Aue regina celorum mater regis angelorum
. . . , *RH*, no. 2072; (b) ff. 189ᵛ–191ᵛ Quinque gaudia beate marie uirginis. Gaude
uirgo mater christi quem per aurem concepisti gabriele nuncio Ipsa sola . . . , *RH*,
no. 7017; (c) ff. 191ᵛ–192ᵛ Plaude potentissima parens plasmatoris . . . , *RH*, no.
31693; *AH* xv. 93; (d) ff. 192ᵛ–193ᵛ De beata maria. Maria soror. amica. sponsa.
pulchra. decora . . . Per hec sancta nomina . . . ; (e) ff. 193ᵛ–194 Aue regina
celorum aue domina angelorum salue radix sancta . . . , *RH*, no. 2070.

(c) 8 stanzas, every word beginning with *P*; (d) 45 epithets applicable to B.V.M.

21. (filling remainder of quire 29) (a) ff. 194–195ᵛ Saint christofle martir tres
doulx Pries . . . , 38 lines; (b) added, s. xv, f. 196 Magnificat miraculis in
ludouicum . . . ; (c) added, s. xv, ff. 196ᵛ–197ᵛ [M]on benoit dieu ie croy et
confesse de cueur . . . et saintes de paradis.

(a) Memoria of Christopher, Sonet–Sinclair, no. 1816; (b) Memoria of Louis; (c) Sonet–Sinclair,
no. 1150.

22. (perhaps a misplaced flyleaf; s. xv²) f. 198ᵛ Memoria of Cross, Omnes
crucem permanentes Illam atque venerantes . . . f. 198ʳ blank.

23. (on quire added, s. xv, at the end) (a) ff. 199–204 prayer of the Seven Words,

Domine ihesu christe uere deus. qui a sinu patris . . . Omnipotens sempiterne deus qui ezechie regi . . . Deus in nomine tuo saluum me fac . . . ; (b) ff. 204–6 [D]omine deus omnipotens pater et filius et spiritus sanctus da michi uictoriam . . . exaudi me miseram peccatricem . . . ; (c) added, s. xv/xvi, f. 206ᵛ Sancta maria mater domini nostri ihesu christi in manu[s] eiusdem filii tui et in manus tuas commendo hodie animam meam . . .

24. (on front flyleaf) f. ivᵛ Regina celi letare alleluya . . .

25. f. vii Flyleaf from a canon law manuscript, in an English hand, s. xv, containing part of an alphabetical table, monastic in interest, letters *L*, first entry 'Libertates ordinis impedientes excommunicamur. d.7 c.8', and *M*, beginning 'Magistri in theologia abbates post 4 primos sedeant N c.29'; written space *c.* 120 × 100 mm.; 30 long lines; one 2-line blue initial.

ff. vii + 206 + iii. ff. iv–vii, 198 are medieval flyleaves, see arts. 22, 24–5 above. 190 × 130 mm. Written space 104 × 61 mm. 15 long lines. Ruled in red ink. Collation: 1–2⁶ 3⁸ wants 6 after f. 17 4⁸ wants 1 before f. 20 5⁸ wants 1 before f. 27 6⁸ 7⁸ wants 7 after f. 47 8⁸ 9 five (ff. 57–61, only gap after f. 57) 10⁸ wants 2 after f. 62 and 6 after f. 65 11⁸ wants 2 after f. 68 and 6 after f. 71 12⁸ wants 2 after f. 74 13⁸ wants 1 before f. 81 14⁶ + 1 leaf (f. 89) after 2 15 four (ff. 95–8) 16⁴ wants 1 before f. 99 17–23⁸ 24⁶ 25–26⁸ 27⁴ 28⁴ wants 1 before f. 184 + 1 (f. 185) after 2 29¹⁰ f. 198: misplaced flyleaf 30⁸. Catchwords mostly in *lettre bâtarde*. Pictures (?) and major initials removed. Initials: (i, ii) 2- and 1-line, gold, on blue and deep pink grounds patterned with white. Capital letters in the ink of the text filled with pale yellow. Line–fillers in deep pink, blue, and gold. Longer headings, e.g. f. 181ᵛ, in the ink of the text underlined in red. Binding of s. xix. Secundo folio (f. 14) *gloriam*.

Written in France, for use in northern Brittany: see arts. 1, 9, 12, Golvenus and Hoarnus (Herveus) were the first bishops of St-Pol-de-Léon. Twelve notices, 1452–76, ff. ivᵛ–viᵛ, of deaths, or (3) marriage, or (4, 5) births, with (8) a burial 'aux Iacobins de Morllaix', (10) one 'aux Iacobins de Guingamp', of members of the Plusquelec family; they held lands at Callac, S.E. of Morlaix and SW of Guingamp, cf. Jougla y Morenas, *Grand Armorial de France*, under De Ploësquellec. *CMA*, no. 53.

XVI.L.4. *Origenes, In Iosuam; etc.* s. xii in.

1. ff. 1–80ᵛ Incipiunt omelię origenis in ihesum nave—(*numbered table of 26 homilies*) (f. 1ᵛ) Incipit prefatio origenis (*altered, s. xvi, to* diui Ieronimi presbiteri) in iesum naue. In divinis uoluminibus refertur—(f. 2ᵛ) expetis ab indoctis. Incipiunt omelie siue orationes in iesum naue adamanitii origenis de g[re]co translate xxvi. In [. . .] naue oratio prima. Donavit deus nomen . . . in christo iesu.d.n. cuius—Amen.

PG xii. 823–948. Stegmüller, no. 6181, mentions this copy. A quire gone after f. 79, containing the section between 'sicut in euangeliis designatur quia' (f. 79ᵛ) and 'illi qui per moysen eruditi' (f. 80), edn. 932C–946B.

2. (thinner parchment) ff. 81–82ᵛ [S]eptem mulieres patiuntur obprobrium. et circumeunt querentes eum recipere . . . intelligentes in deo cui est gloria—amen. Explicit.

Personifications of the seven gifts of the Spirit. f. 83ʳᵛ blank, except for a later note and scribbles.

3. ff. 84–117 Seruo dei dilectissimo suo anffredo quondam filio et amico—frater robertus. hominum minimus—Multis iam—(f. 84ᵛ) sed eam ponendam in capite indicaui. Osculetur me osculo . . . in unitate spiritus sancti deus:—amen. Explicit tractatvs in canticis canticorvm.

PL cl. 1361–70, and lxxix. 493–548. Stegmüller, no. 7488 (Robert de Tumbalena), mentioning this copy. Bk. 2, f. 96ᵛ.

4. ff. 117ᵛ–120 Incipiunt cantica canticorum quod ebraice dicitur syrasirim. Oscvletvr me oscvlo oris svi . . . aromatum. Explicit liber cantica canticorum.

'Speakers' indicated in the text in red: 'Vox synagogę', 'Vox ęcclesię ad christum', 'Vox christi ad ęcclesiam', 'Vox amicorum', etc.

5. (filling remainder of quire 16) (a) f. 120ʳᵛ Decimo die post ascensionem discipulis pro timore iudeorum cungregatis dominus promissum paraclitum misit. quo ueniente ut candens ferrum inflammati omniumque linguarum pericia repleti: sinbolum cumposuerunt. Petrus dixit credo in deum patrem omnipotentem. Vbi dicit patrem . . . egritudo neutra contristabit; (b) ff. 121–122ᵛ [Q]uia sermo qui uobis recitatus est. fratres karissimi. pro necessitate expositionis modicum prolixior . . . quod tibi iure non debetur quasi res (ends imperfectly)

(a) exposition of each phrase of the creed, ascribed to an apostle, Peter–Matthew; (b) CC ciii. 407–412/14 (Caesarius, Sermo 100); PL xxxix. 1783 (see footnote)–1786/6 (Pseudo-Augustine, De decem plagis).

ff. ii + 123 (foliated 1–66, 66*, 67–122) + ii. 195 × 102 mm.; i.e. unusually narrow. Written space c. 150 × 70 mm. 24–37 long lines. Ruled with drypoint, except ff. 108(15¹)–117 pencil; on the first 6 rectos in quire 14 the vertical bounding lines converge towards the foot, 68 mm. apart at top, 64 mm. at foot. Collation: 1–10⁸ 11⁴ 12–15⁸ 16⁸ wants 8 after f. 122. Quires 1–10 numbered at the end, I–X, and quire 11 at the beginning, XII; quires 12–16 numbered at the beginning, I–V. Several hands. Initials: in art. 1, red or (f. 72) green, or left unfilled; in arts. 3–4: f. 84, 12-line penwork S with leaf decoration, on blue, green, red, and yellow ground; f. 117ᵛ, 8-line O, green with red, and green ornament; f. 84ᵛ, 4-line O of coloured segments, green, blue, red and yellow. Lively penwork drawings of animals, ff. 87ᵛ, 89ᵛ, 91ᵛ margins, s. xii. Twenty-second in the list of books sent for rebinding or repair, Oct. 1822, see MS XVI.K.2 above; rebound for 6s. 6d. Secundo folio profutura.

Written probably in France. 'sir Anthony Jacson of Horfor[. . .]', s. xvi, f. 64ᵛ. 'John Thornton wrate this', s. xvi, f. 83ᵛ. No. 7 in 1671 catalogue. CMA, no. 9.

XVI.L.8. J. Mirk; G. de Lanicea; etc. s. xv¹

1. ff. 11–66 Incipit prefacio libelli qui dicitur Manuale sacerdotis quem conpilauit dominus Iohannes Mircus. Amico suo karissimo domino Iohanni vicario de A Iohannes dictus prior de lilleshul salutem in auctore salutis. Ex uerbis domini—(f. 12) ad laborem perpetuum. Prima pars Capitulum 1ᵐ. Inter melliflua sancti psalterii cantica . . . et esse perapto (sic) ad laudem et gloriam domini nostri—secula. Explicit libellus dictus Manuale sacerdotis.

Bloomfield, no. 2787, mentioning MS XVI.O.11 below, but not this copy; see A. J. Fletcher, 'The manuscripts of John Mirk's Manuale Sacerdotis', Leeds Studies in English n.s. xix (1988), 104–139, esp. 121–123. Five parts, preceded, ff. 9–11, by a table of chapters (18, 15, 12, 13, 20).

2. (*a*) ff. 66ᵛ–128ᵛ Dieta salutis. Hec est via ambulate in ea . . . imperium et maiestas per infinita seculorum secula amen. amen. Explicit via uel dieta salutis edita a Fratre Guillelmo de lanicea aquitannico de ordine Fratrum Minorum per R M de Twayfordton'; (*b*) ff. 128ᵛ–135 Abiciamus opera tenebrarum—In aduentu magni regis . . . et luxuria per contrarium. Expliciunt themata dominicalia per R. Martyn; (*c*) ff. 135ᵛ–137 'Diuisiones membrorum' of Dieta prima, secunda and tercia.

(*a*) Bloomfield, no. 2301; Distelbrink, no. 124 (dubia vel spuria); *GKW* nos. 4720–35; (*b*) Sermon themes on 61 texts of (*a*): Bloomfield, no. 0077, printed Bonaventura, *Opera omnia*, viii (1866), 248–358; (*c*) according to the heading there are 9 'Diete' and 50 chapters, but these divisions are not shown in (*a*).

3. ff. 137ᵛ–164 Lucidar'. Gloriose Magister rogo vt adquesita michi ne pigriteris respondere . . . et videas bona ierusalem omnibus diebus vite tue Amen. Explicit lucidar' Amen.

PL clxxii. 1109–76 (Honorius, Elucidarium); Bloomfield, no. 5429. Here without the prologue, Sepius rogatus . . .

4. ff. 164–237 Hic incipiunt sermones precioss(imas *erased*) secundum Ianuens'. Lumen ad reuelacionem gencium etc. Quia Symeon christum lumen vocauit . . . et per peccati omnimodam immunitatem amen. Expliciunt sermones Ianuensis que vocantur De proprietatibus sanctorum.

82 sermons, Purification–Assumption of B.V.M., from the Sermones de sanctis of Jacobus de Voragine, omitting all sermons for feasts of Dominic, and alternatives for lesser feasts: Schneyer, *Rep.*, iii. 251–60, nos. 376, 375, 384, 386–7, 395, 397, 394, 403, 402, 399, 405–20, 422 (Ambrose), 424, 428, 432–3, 438, 437, 439, *, 441–7, 451–5, 457–68, 470, 472, 474, 476, 478–9, 482–4, 487, 489, 497, 499–500, 503 (Hyppolitus), 504–10. No. 439 is followed by a sermon 'De diebus rogacionum. Orate pro invicem—Jac. vº [: 16] Volens ecclesia fideles inducare ad orandum isto tempore . . . per tranquillitatem et patientiam', i.e. ending as no. 440, but not for John at the Latin Gate.

5. (on a preliminary quire and filling space in quire 29) ff. 1–8, 237–42 Circa decimarum reddicionem . . . inebriari vino in quo est luxuria.

The introduction on the subject of tithes, followed by 49 tales from the 87 chapters, mostly from those on tithes, executors, the Eucharist, and drunkenness, of the *Speculum laicorum*, for which see *Cat. of Romances*, iii. 370–414, and the abbreviated text ed. J. T. Welter (1914). With eight exceptions, shown here by *, the tales can be matched to Welter's edn. caps. 174–5, 177, 176, 179, *, 360–1, 364, *, 435, 438, 440–1, *, 449, 458–9, 466–8, 495–7, 500, 517, 515, 544, *, *, 270–2, *, 274, *, *, 262–6, 268–9, 208, 210, 203, 207, 206.

Added, s. xvii, a further tale 'De diabolo quodam novitio et Ebrio homine', from 'Paul. Middleburgensis', f. 242. f. 242ᵛ blank.

6. f. 8ᵛ (*a*) a note, De nocturna pollucione; (*b*) a note on the order in which people are to be prayed for by a priest at mass.

ff. ii + 250 + ii. Foliated i–vi, 1–115, 115*, 116–247. ff. iiiʳ, 245ᵛ formerly pasted down. 188 × 130 mm. Written space *c.* 130 × 89 mm. 26–49 long lines. Frame ruling. Collation of ff. iii–vi, 1–245: 1¹² 2–23⁸ 24¹⁰ 25–26⁸ 27–29¹². Quires 1–17 signed +, a–q; quires 19–29 signed in red, +, a–k. Mixed, mainly secretary hands. Initials: 3- or 2-line, blue with red ornament. Marks of 6 bands of former binding, VVV, ff. iii, 245ᵛ. Twenty-sixth in the list of books sent for rebinding or repair, Oct. 1822, see MS XVI.K.2 above; rebound for 5s. 6d. Secundo folio *arboribus*.

Written in England, in part perhaps by 'R. M(artyn) de Twayfordton', see art. 2a, b above, cf. Tiverton (Devon), Twerton (Soms.). 'Edward Dimoke', s. xvi, f. vi. 'Si Tho scribatur et mas quoque accipiatur Shelleto et addatur qui scripsit sic nominatur 1602', f. 245. 'Ex Bibliophylacio Thomae Calverti ministri Evangelii in Eboraco. 1664', f. vi. 'Ex Dono Tho: Comber Precentoris; An: Dom: 1688', f. vi; Comber wrote a table of contents on f. v^v. CMA, no. 65.

XVI.L.12. *On the Commandments, Pater noster, Ave, etc. (in English)* s. xv med.

The texts are described *IMEP* vi.49–54.

1. (quires 1–6) (*a*) ff. 1–27 here bigynneþ þe ten comaundementis. Alle maner of men: shulden holde goddis biddingis . . . as he loueþ god and or þe blisse of heuene. her' eendiþ þe x comaund' and (*b*) ff. 27–32 bigynneþ feiþ hope and charite. For it is said: in holding of our' holiday . . . and wite who wente amys; (*c*) ff. 32–33^v Her' bigynneþ þe pater noster. We shal bileeue: þat þis Pater noster . . . euerlastinge fredom. So be it; (*d*) ff. 33^v–36^v Her' bigynneþ þe vii heresies on þe pater noster. For fals men multiplien: bookis of þe chirche . . . groundid in resoun; (*e*) ff. 36^v–37^v Her' bigynneþ þe aue marie. Men greten comynli: oure ladi . . . marie w^t our miȝht; (*f*) ff. 37^v–39^v Here bigynneþ þe crede. capitulum primum. It is soþ þ^t bileeue: is ground of alle vertues . . . lyue in blisse amen; (*g*) ff. 39^v–46 Her' bigynneþ þe seuen werkis of merci bodili. If a man were sure: þat he shulde . . . vs failiþ riȝt to dimes; (*h*) ff. 46–50 Her' bigynneþ þe seuene goostly werkis. Siþ we shulden serue oure parischens: in spiritual almes . . . techiþ cristene men.

(*a*) Expanded Wycliffite version as Harvard College, MS Eng. 378 ff. 1–30^v; see A. Martin in *BJRL* lxiv (1981), 191–217; (*b, d, g, h*) W. W. Shirley, *A Catalogue of the Original Works of John Wyclif* (1865), nos. 41, 11/8, 42, 43; (*b*) *The English Works of Wyclif hitherto unprinted*, ed. F. D. Matthew, EETS lxxiv (1880), 347–55; Jolliffe, G.11, listing this copy; 6 chapters; (*c–h*) *Select English Works of John Wyclif*, iii, ed. T. Arnold (1871): (*c*) pp. 93–96/19, (*d*) pp. 441–6, (*e*) pp. 111–13, (*f*) pp. 114–16, (*g*) pp. 168–77, (*h*) pp. 177–82; (*f*) in 3, (*g*) in 6, and (*h*) in 4 chapters. f. 50^v blank.

2. ff. 51–3 In þe bigynnyng god made of nouȝt heuene and erþe . . . of all his werke whiche he made of nouȝte þat he schulde make in werke. Heere eendit þe lessoun on estir euen.

Genesis 1:1–2:2, in the later Wycliffite version.

3. ff. 53–57^v Here bigynneþ þe holi sacrament of baptym. Alle cristene soulis þat seen or heeren þis litill tretise . . . and þan we schullen be partyners of þe baptym of cristis passioun.

4. ff. 58–69^v Listenes to me and ȝe may heere / all þat wil of wiisdom leere . . . god graunt þat it so mote be. Explicit ypotyse.

IMEV, no. 220 (Alle þat welyn: Legend of Ipotis), listing this copy as no. 13. 564 lines.

5. (quire 9) (*a*) ff. 70–73^v Here begynneþ certeyn tretis drawen out of þ^e bible. The peple of israel dwelled in deserte and seyden to aaron . . . to whome þei liken

in manes; (*b*) ff. 73ᵛ–75ᵛ [I] beleue in god father almiȝti—and lyfe endeles. We shulle*n* wete þᵗ þer is o god i*n* þᵉ trinite . . . bi þe deþe of crist; (*c*) ff. 75ᵛ–79ᵛ Blesside be god almyȝti þe fader of oure lord . . . Or þanke men for þat þei do to hem for god seiþᵉ (*sic: ends imperfectly; catchword* bi abacuk)

(*a*) on images; (*b*) on the Creed.

6. (quire 10) ff. 80–6 (*begins imperfectly*) and dwel in his loue. If ony man sey þᵗ he louiþ god . . . or his lawe or his ordinaunce Amen

On the commandments. f. 86ᵛ originally blank, annotated later by Fothergill (see below).

ff. ii + 87 (foliated 1–59, 59*, 60–86) + ii. 183 × 132 mm. Written space *c.* 138 × 86–100 mm. 2 cols. or, arts. 2–4, long lines. 21–4 lines in quire 1, 21–2 in arts. 2–4, the rest in 27 lines. Collation: 1⁸ (3 and 6 are single leaves) 2–5⁸ 6–9¹⁰ 10⁸ wants 8 (? blank). Three hands, the first becoming smaller at f. 9; changing at ff. 51 (7¹) and 70 (9¹). Punctuation in arts 1–3 includes colon, see above. Initials, 2-line, in red. Nineteenth in the list of books sent for rebinding or repair in Oct. 1822, see MS XVI.K.2 above; rebound for 5s. 6d. Secundo folio *time to kepe*.

Written in England. 'Wylli*am* lylster (?) owe thys bowke', s. xvi, f. 86. 'C Qᵗᵒ 2', f. 1, is the number assigned by Marmaduke Fothergill, d. 1731, who annotated f. 86ᵛ; given by his widow in 1737.

XVI.L.18. *Vitae Bernardi Clarevallensis; etc.* 1481

Arts. 2–3 are in the same order in Mount St Bernard MS 2, s. xii/xiii. see *MMBL* iii. 488–9.

1. ff. 1–4 Epistola Alexandri pape Tercii. ad Abbatem et Monacos Clareuallenses: De Canonizatione Beati Bernardi .Q. Abbatis primi Abbatiae Clarevallis foeliciter incipit. Alexander episcopus . . .

PL clxxxv. 624–5, 622–3, 623–4, 623: four letters of Pope Alexander III about the canonization of Bernard in 1165, to Clairvaux, prelates of the Church generally, Cistercian abbots, and King Louis of France.

2. (*a*) ff. 4–48 Incipit Prephatio Domni Guilielmi abbatis Sancti Theodorici: In vita .S. Bernardi Doctoris Clareuallis abbatis primi et precipui fundatoris. Scripturus vitam—(f. 6) (*begins imperfectly*) nemini faciebat . . . sed preoccupato. Explicit liber primus imperfectus propter mortem auctoris scribentis eam videlicet Domni Guilielmi .Q. abbatis S. Theodorici et tunc monachi Signiacensi. precipui familiaris eius: ut opere supradicto paret in pluribus locis: et in quampluribus epistolis aliis —; (*b*) ff. 48–84 Incipiunt Capitula Secundi libri—(f. 49) Incipit prefatio Domni Harnaldi Boneuallis abbatis: In Secundo Libro— Uirorum illustrium gesta non nulli scriptorum laudibus . . . desiderata serenitas: Explicit liber secundus —; (*c*) ff. 84ᵛ–145—Incipit prologus Domni Gaufridi abbatis. Clarissimi Patris nostri—(f. 86ᵛ) Innumeris quedam signis atque miraculis . . . benedictus in secula Amen. Explicit vita Sancti Bernardi—Per me Bernardum Maurocenum Decretorum Doctorem ecclesie Sancti Lucae euuangeliste Venetiarum plebanum et S. Marci Canonicum. Anno Dominice Incarnationis Millesimo Quadringentesimo Octuagesimo primo. Die vltimo Ianuarii Venetiis.

PL clxxxv. 225–227/6, 227/15–366. The life of St Bernard by (*a*) William of St Thierry, (*b*) Arnold of Bonneval, and (*c*) Geoffrey of Auxerre, in 5 books, published in 1155. This copy of the version printed by Mombritius, *c.* 1479, is described by J. Morson in *BJRL* 37 (1955), 496–8: 'recension B', also printing the table to (*a*), p. 493, and noting a reading of this copy. Tables of chapters to (*a*), following the preface, ending imperfectly; (*b*) 'Capitula secundi libri', preceding the preface, numbered 17–25 in continuation of (*a*); (*c*) before each book, numbered respectively 1–21, 22–33, 34–40, of which 40 is 'Sermones de sancto Bernardo', i.e. art. 3. One leaf missing before f. 6. ff. 145ᵛ–146*ᵛ blank.

3. (quires 16–17) (*a*) ff. 147–153ᵛ Sermo in Anniuersario Sancti Bernardi Doctoris et fundatoris primi Abbatis Abbatiae Claraeuallis. Quam dulcis hodie dilectissimi . . . gloriae redditorem Iesum—Explicit; (*b*) ff. 153ᵛ–156ᵛ, 158ʳᵛ, 157ʳᵛ, 160ʳᵛ, 159–61 Item De eodem Sermo nouus ex veteri á Sancto Hilario Arelatensi episcopo De Beato Honorato olim editus: Et Detractis versibus aliquantis. Ad beati patris nostri memoriam cumque offerre ipse uideret assumptus Capitulum lxviii (*sic*). Agnoscite dilectissimi diem publicis fidelium memoriis . . . obtinere mereamur. Amen

(*a*) *PL* clxxxv. 573–88 (attributed to Geoffrey of Auxerre); (*b*) *PL* l. 1249–72 (*Clavis*, no. 501), adapted. ff. 161ᵛ–163ᵛ blank.

4. (quire 18) ff. 164–7 Auctoritates Sancti Bernardi: De beata Virgine Dei Genitore. *Bernardus.* Nec in terris locus . . . delitiis affluens.

35 paragraphs, each with a red *B* beside it. ff. 167ᵛ–171ᵛ blank.

ff. i + 177 + i. Foliated (i), 1–46, 46*, 47–61, 61*, 62–146, 146*, 147–51, 151*, 152, 152*, 153–5, 155*, 156–71, (172). 208 × 145 mm. Written space 150 × 95 mm. 27, or (ff. 88–145) 30 long lines. Collation: 1¹⁰ wants 6 after f. 5 2–16¹⁰ 17¹⁰ (ff. 157/160 is the inner bifolium and belongs between ff. 158/159) 18⁸. Catchwords written down the page. Written in sloping current humanistica, with an unusual *g* of which the first stroke begins high above the line. Initials, to books and prefaces of art. 2, in art. 1 (four), and to arts. 3(*a*, *b*), 3-–5-line, in pink shaded with white, on gold and blue decorated grounds, lined inside with yellow, and with projections into the margins. Capital letters in the ink of the text filled with pale yellow. Parchment binding, s. xviii. Secundo folio *Vt magni*.

Written in Venice by a named scribe, see art. 2, dated at the end. '337', s. xvii (?), altered to '557', in ink, at top left of front cover. '1.10.-', s. xviii², inside front cover, an English bookseller's price-mark (?).

# XVI.L.34. *Psalterium*					s. xiii ex.

1. ff. 1–213ᵛ Psalms, beginning at 8: 5 'lis gloria et honore'.

First quire, and 6 other leaves missing.

2. ff. 213ᵛ–235ᵛ Six ferial canticles, followed by Te deum, Benedicite, Benedictus, Quicumque uult, and Magnificat ending imperfectly 'recordatus misericordie sue'.

ff. ii + 237 + ii. Foliated (i–ii), 1–43, 43*, 44–85, 85*, 86–235, (236–7). 162 × 118 mm. Written space 90 × 65 mm. 14 long lines. Collation: 1¹² wants 1 2¹² 3¹² wants 2 after f. 24 4¹² 5¹² wants 1 before f. 46 6¹² wants 9,10 after f. 64 7¹² 8¹² wants 8 after f. 85 9–19¹² 20¹⁴ + 1 leaf (f. 231) after 10. Initials: (i) to Pss. 80, 98, and 109, ff. 110, 135, 161 (defaced), (Pss. 1, 26, 38, 52, and 68 began on leaves now missing), 6-line, in blue shaded with white, on deep pink and historiated gold grounds; (ii) to Ps. 101, f. 138, 3-line, as (i) without historiation; (iii) 2-line, gold, on blue and deep pink grounds patterned with white; (iv) 1-line, gold with blue ornament, or blue with red ornament. Line-fillers in blue and red or gold, in many patterns. A streamer in blue, red, and gold in each lower margin, sloping down from outer edge towards centre, steeper on rectos. Binding of s. xix.

Written probably in the Low Countries. Name crossed out, s. xv/xvi (?), f. 1 top. 'Michaell Catesby me possidit quod Evsebeus Catesbe', s. xvi[1], f. 44; 'Ihesus marcy lady helpe me Mighell Catesby anno 1546', f. 99; 'Michaell Catesby me possedit quod Edwardus Ireland', s. xvi[1], f. 179. 'Pres. by the Dean of York 1875', f. ii: i.e. by Augustus Duncombe.

XVI.M.4. *Manuale, cum notis* s. xv in.

Collated occasionally as 'MS. York' in *Manuale Ebor*. Arts. 8*a*, 9, 10*a–b*, *d–e* are described *IMEP* vi. 54–6.

Arts. 1–5 are on quires 1–7.

1. pp. 1–5 Benediccio salis et aque. *Manuale Ebor.*, pp. 1–4.

2. pp. 6–36 Ordo ad cathecuminum faciendum. In primis . . . et ueritatis. *Manuale Ebor.*, pp. 5–19.

3. pp. 36–58 Ordo ad facienda sponsalia. Statuuntur . . . et thalamus.

Manuale Ebor., pp. 24–40. In the English, pp. 37–9, cf. ibid. p. xvi, the words 'yf holy kyrk will it suffer' are interlined after 'departe', p. 38/4. The 'papa', ibid. 33/9, erased on p. 47. On four paper leaves inserted after p. 36 Fothergill wrote the office of marriage 'secundum us: Hereford Ex Hearni Hist. Glaston. p. 309', i.e. referring to the Appendix of Thomas Hearne's 1722 edn. of Eyston's *History and Antiquities of Glastonbury*.

4. pp. 58–81 Ordo uisitandi infirmum vel ungendi. sacerdos preter casulam . . . in s. s. Amen.

Manuale Ebor., pp. 41–47/20, 49–54/4. Litany, pp. 68–70. Feminine forms interlined in red in the prayer Domine deus saluator . . . , p. 78, ibid. 51.

5. pp. 82–100 Ordo in agenda mortuorum—ant'. Subuenite . . . Fidelium deus.

Manuale Ebor., pp. 55–59/3.

6. pp. 101–61 Exequie mortuorum. antiph' Dilexi . . . Fidelium deus omnium.

Manuale Ebor., pp. 60–102. Without headings for the beginnings of the commendations (p. 145) or of the burial office (p. 149), ibid. 92, 95.

7. pp. 161–5 Blessings of bread, etc.

Manuale Ebor., pp. 103–6. The heading 'Pro iter agentibus' written in the text in black, not in red, p. 163/7.

8. (*a*) pp. 166–72 Thies poyntes folowand er þe poyntes of þe grete cursyng— and þus halykyrk vses þurgh cristendom. Att þe begynnyng . . . of þat citee; (*b*) p. 172 Quando quisquis solempniter excommunicat sic dicat. Auctoritate dei patris . . . fiat fiat. Amen. Explicit manuale secundum usum Ebor'.

(a) *Manuale Ebor.*, pp. 119–22, collating this copy; (b) ibid., 122.

9. pp. 172–7 Deprecacio pro pace ecclesie et regni in diebus dominicis. Deprecemur deum patrem—et pro pace regis et regni. We sall make . . . Fidelium anime per m'.

Manuale Ebor., pp. 123–7, in a different order, collating this copy. The marginal note referred to ibid. 125 is on p. 174.

10 (added, s. xv, in current anglicana, in blank spaces on the last leaf of quire 13 and on a flyleaf). (a) p. 177 Be autorite of god almyghti . . . euer schall' last; (b) p. 178 Der freyndes ʒᵉ sall make a speciall' prayer vn to gode allmyghty . . . and our lady and all haly kyrk; (c) p. 181 Credo in vnum deum . . . ; (d) p. 181 Freyndys (we) sall hawe apon tewysday . . . spede ʒow; (e) p. 181 Frendys yᵉ cawse off our' commyng at yⁱˢ tyme . . . now or newyr.

(e, d, a) printed *Manuale Ebor.*, pp. xvi–xvii, from this copy; (a) a form of excommunication, for ibid., line 3 'desery' read 'wery'.

11. (added, s. xvi in., on a flyleaf) p. viii (Nota) ordo ad purificandum mulierem. Ingredere in templum dei . . . per christum.

Manuale Ebor., p. 23, from this copy.

ff. iv + 18 + iv + 71 + v. Paginated (i–viii), 1–36, (four inserted paper leaves), 37–181, (182–8). pp. vii–viii, 179–82 are medieval flyleaves. 255 × 170 mm. Written space c. 175 × 110 mm. 24 long lines. Collation: 1⁸ 6 cancelled after p. 10 2⁸ 3⁸ + 4 paper leaves inserted after 3 4⁶ 5⁴ 6⁸ + 1 leaf (pp. 67–8) before 1 7–10⁸ 11 seven (two bifolia, pp. 149–50/161–2 and 151–2/159–60, and three singletons, pp. 153–8) 12⁶ + 2 leaves (pp. 175–8) after 6. A quire signature survives on 2⁴: a iiii. þ is not distinguished from y in art. 10b, d, e or the margin p. 174; th is used in place of þ in art. 10a. Initials: (i) to arts. 1–6, 4-, 3-, or 2-line, in gold, on grounds of pink and blue patterned with white, with short sprays into margin; (ii) 2-line, blue with red ornament; (iii) 1-line, blue or red. Binding by O. Sumner, for 13s. 6d., 26 Apr. 1820, see MS Add. 384 p. 66. Secundo folio *tentis*.

Written for use in the diocese of York. 'Thomas ʒorke haw Thys Bwke', s. xv/xvi, p. vii; cf. (?) Thomas son of Sir Richard Yorke, d. 1515, *Test. Ebor.* iv. 135 n. Heavily annotated by Marmaduke Fothergill, see art. 3 addition, d. 1731; given by his widow in 1737.

XVI.M.6. *Cicero, De inventione rhetorica; etc.*   s. xii med.

Arts. 1–2 disordered by s. xiv, see catchwords, with quires 8, 6, 7 following quires 9–14.

1. ff. 1–40ᵛ, 97–112ᵛ, 89 Prime rethorice liber primus incipit. Sepe et mvltum hoc mecum cogitaui . . . que restant in reliquis dicemus.

De inventione rhetorica. Bk. 2, f. 27. Some marginalia, s. xv.

2. ff. 89–96ᵛ, 41–88ᵛ Secunde rethorice liber primus incipit. Etsi negotiis . . . et exercitatione.

Pseudo-Cicero, Rhetorica ad Herennium. Bk. 2, f. 96; 3, f. 53ᵛ; 4, f. 64. Some marginalia, s. xv.

3. ff. 113–20 (Boethius de locis rethorice, *added, s. xiv/xv*) Si qvis operis titulum

diligens examinator inspiciat . . . topica a nobis translata conscripsimus: expeditum est.

PL lxiv. 1205–16 (De differentiis topicis, bk. 4).

ff. ii + 120 + ii. High quality parchment. 255 × 174 mm. Written space 172 × 91 mm. 30 long lines. Pencil ruling; single verticals. Collation: 1–15⁸ (disordered, see above). Initials: (i) f. 1, 14-line *S*, in red, patterned and with a beaked animal head at each end, on decorated blue grounds; (ii) ff. 2ᵛ, 27, 53ᵛ, 64, 89, in red, green, or brown, with ornament in these colours, often of curled leaves and small touching circles in threes; ff. 38ᵛ, 96, *I*, in blue, and green or brown, with green and (f. 96) red and blue, ornament; (iii–v), 5- (f. 113), 2- and 1-line, red, green, blue or brown. Bound *c.*1500 with MS XVI.M.7., q.v.; separated in 1815 or 1816: fourth among the books sent for rebinding then, see MS XVI.I.6. above, 'In 2 volumes bl[ue] velvet' added to the entry in MS Add. 384A. Secundo folio *postea maximis*.

Written in England. '[. . .] Mon' beate M[arie] Leycestr' in p[ra]tis', s. xv, f. 1 top, partly cropped; entered twice in the s. xv/xvi catalogue of the Augustinian abbey of Leicester, ed. M. R. James, in *Transactions of the Leicester Archaeological Society*, 19 (1936–7), 118–61, 378–440; 21 (1939–40), 1–188, as no. 604 in the general catalogue, cf. MS XVI.M.7 below, and as no. 225 in the catalogue of the 'Libraria'. *CMA*, no. 31 or no. 32 (with MS XVI.M.7), cf. MS XVI.N.4 below.

XVI.M.7. *Comment. in Ciceronem* s. xii med.

1. (*a*) f. 1ʳᵛ Tvlii C. liber rethoricorum primus incipit. Qvam greci uocant rethoricam . . . et alio modo exequitur. Hoc precedens Secundum Magistrum Menegaldvm; (*b*) ff. 1ᵛ–51 Incipit liber rethoricorum. In primis. materia. et intentio huius rethoris. scilicet ciceronis querenda est . . Que restant. in reliquis libris dicemus. quos forsitan fecit; (*c*) ff. 51–68ᵛ Et si in familiaribus (negociis). Cum t. de v. partibus rethorice se tractaturum promiserat . . . hoc pertinet ad inuentionem. et alias partes ponit similiter Explicit.

(*a*) the preface to the commentary by Manegold of Lauterbach, as in Cologne Cathedral MS 197 (Barmst. 2170); (*b*, *c*) commentaries on De inventione and Rhetorica ad Herennium (cf. MS XVI.M.6 above), as in Durham Cathedral MS C.IV.7 ff. 1–41ᵛ, both referring to Manegold's commentary; cf. R. W. Hunt in *Medieval and Renaissance Studies*, 1 (1941–3), 207 n. 3; also M. Dickey, 'Some Commentaries on the *De inventione* and *Ad Herennium* of the Eleventh and Early Twelfth Centuries', ibid. 6 (1968), 1–41, with many quotations from this copy. Two lines left blank between (*b*) and (*c*).

2. ff. 68ᵛ–69ᵛ [N]on ignotum sit M. T. rectum genus accipere ciuilem rationem in designatione rethorice . . . illico translatiua appellatvr.

On 'demonstratiuum' and 'translatiuum' and differences between Boethius and Cicero as rhetoricians.

ff. ii + 71 (foliated 1–41, 41⋆, 42–57, 57⋆, 58–69) + ii. 255 × 160 mm. Written space *c.* 216 × 130 mm. 2 cols. 45–7 lines, or (f. 41) 55-(f. 41⋆)56 lines, see below. Pencil ruling; verticals triple between columns and double outside; horizontals do not cross the space between the columns after f. 45ᵛ. Pricks in both margins to guide ruling in quires 7–10. Collation: 1–5⁸ 6² 7–9⁸ 10⁸ wants 6–8 (? blank). Quires 2–5 numbered at end. Two hands, changing at f. 42 (7¹); the first scribe completed his stint on a separate bifolium, written on more lines. Initials: f. 1, 4-line, f. 1ᵛ *I*, f. 5, 2-line, in red; unfilled spaces, ff. 28, 51ʳᵛ, 59, 60, 61ᵛ, 66ᵛ. Bound *c.*1500 with MS

XVI.M.6., see below; separated in 1815 or 1816, and bound uniformly with MS XVI.M.6., q. v. Secundo folio *accepta*.

Written in England. Entered immediately after MS XVI.M.6. in the s. xv/xvi general catalogue of the Augustinian abbey of Leicester, and apparently bound with it at about the same time: 'Exposicio super Tull' in Rethorica vtraque 2 fo. accepta (modo ligatur) cum textu', no. 604a. *CMA.* no. 31 or no. 32 (with MS XVI.M.6), cf. MS XVI.N.4 below.

XVI.M.9. *Johannes glosatus* s. xii²

(f. 1ᵛ) (*text:*) Hic est iohannes—(*marg.:*) Omnibus diuine scripture . . . (f. 3) (*text:*) seruetur (*marg.:*) posset nosci a paruulis. (f. 3ᵛ) (*text:*) In principio— (*marg.:*) Alii euangeliste describunt . . . (f. 85ᵛ) (*text:*) Et gau- (f. 86) Dixit ergo eis iterum . . . (f. 86ᵛ) beati qui non (*ends imperfectly*).

Stegmüller, no. 11830/1 to prologue, ibid., no. 624; 11830/9 to text. Contemporary interlinear gloss. Marginal gloss fairly sparse; augmented, s. xii ex. and s. xiii, partly in pencil. Gaps after ff. 86, John 16:22–20:20, and 87, John 20:29–end. 'Ouidius. Tu propera nec te venturas differ in auras Qui non est hodie: cras minus aptus erit' (Remedia amoris, lines 93–4), pencilled twice in margins, ff. 12ᵛ, 62*ᵛ, s. xiv in.

ff. ii + 88 (foliated 1–62, 62*, 63–87) + ii. 255 × 182 mm. Written space *c.* 158 × 142; central text column, 49 mm., unvarying; inner gloss column, 30 mm.; outer gloss column, 52 mm. Ruled in pencil; text in 15 lines, widely spaced for interlinear glosses on lines specially ruled as needed, with marginal gloss independently ruled. Collation: 1⁶ + 1 leaf (f. 7) after 6 2–11⁸ 12 one. Catchwords centred. Prologue and text written in same size of script. Initials: (i) f. 3ᵛ, *I* in gold, decorated in colours with eagle, four small white 'lions', two heads, a dragon and curled leaves, with edging in green; (ii) f. 1ᵛ, *H* in red. Binding of s. xix. Secundo folio (f. 2) text: *ipse erat*, gloss: *contemplatiua*.

Written in England. '(D) Iohannes Glos' xxxvi', s. xiii, with letter added later (?), f. 1 top. 'Dudley', s. xv ex., f. 1ᵛ head. 'humffrey angell of the parishe', s. xvi, f. 57ᵛ scribble. 'Geo: [. . .]', s. xvii, f. 1: a scratched out inscription, probably of ownership. First listed as an addition, before 1810, in the 1775 catalogue.

XVI.N.2. *Jo. Michael Nagonius, Pronostichon* 1496–1502

(*a–b*) on quire 1; (*c–d*) on quires 2–5.

(*a*) f. 1 DIVO HENRICO SEPTI/MO ANGLIAE FRANCIAE/QVAE REGI IN/VICTISS: / SAL: / Nunc Henricę tuum . . . amena quies :FINIS: (*b*) ff. 2ᵛ–3 ROGAT POETA LIBRVM SVVM VT EAT—Clari principis ad lares meabis . . . foues honores. :FINIS:. (*c*) f. 5ᵛ HENRICE DII TE SERVENT . . . DII TE CONSERVENT, 4 lines in blue capitals below Henry VII enthroned on a chariot drawn by two white horses, a bound kneeling figure in blue on the left, continuous border with royal arms at the foot. (*d*) ff. 6– 42ᵛ AD DIVVM HENRICVM SEPTIMVM—PRONOSTICHON. IO. MICHAELIS NAGONICI CIVIS RO. POETEQ. LAVREATI. REDDE [. . .] . . . Tu flos ille Ducum: Regum prudentia maior: / Crediderim sine te sorderent Anglica Regna :FINIS: (*e*) ff. 46– 58 AD EVNDEM DIVVM HENRICVM SEPT: ANG: ET FR: REGEM SERM LIBER SECVN: Scipio Qualis Lybicis in oris: Hannibal postquam . . . Inclite Princeps: (*f*) ff. 58– 76 AD EVNDEM DIVVM HENRICVM SEPT: ANGLIAE ET FRAN: Q . . (*sic*) REGEMIN—

Proxima tarpeo nunc spectas flauia monti . . . FINIS E.V.R.M.S. Deuotus
seruulus Io Michail Nagonius Ciuis Romanus et Poeta Laureatus.

(*a*) 6 lines; (*b*) 29 lines; (*d–f*) three books of poems addressed to Henry VII: (*d*) 1320 hexameters
without a break, (*e*) 6 poems, each headed in blue, the second and fourth 'Carmen Lyricum', and
the third on the occasion of Henry's receiving the sword and cap of maintenance from Pope
Alexander VI, 2 Nov. 1496, 'nuper sibi destinatum', (*f*) 38 poems, mostly hexameters and
pentameters, each headed in blue, the eleventh, twenty-fifth, and twenty-sixth addressed to
Arthur, prince of Wales, 1486–1502. For similar works by Nagonius, see F. Wormald in *Journal
of the Warburg and Courtauld Institutes*, 14 (1951), 118–19: Nagonius was paid £10 on 27 May in
an unspecified year, and an 'Italian a poete' £20 on 18 May 1496. ff. 1ᵛ, 2, 3ᵛ–5, 43–45ᵛ, 76ᵛ
blank.

ff. iv + 76 + iii. f. iv is a medieval parchment flyleaf. 225 × 145 mm. Written space 126 × 84
mm. 18 long lines. Collation: 1⁴ 2¹⁰ + 1 leaf (f. 5) before 1 3–5¹⁰ 6⁸ 7–8¹⁰ 9 three. Set current
humanistica in red ink. Headings in blue or, art. (*d*), gold capitals. One picture, see (*c*) above.
Initials: (i) f. 6, 2-line *R*, in gold on blue ground; (ii) to each poem, 1-line, blue. Borders: see (*c*)
above, and on facing page, f. 6, on three sides, medallions and armour in gold and colours, on a
flecked ground, framed in red. Covers of red damask worked with gold thread, s. xvi (?), pasted
to later pasteboards: fourth in the list of manuscripts sent for rebinding on 26 Apr. 1820, see MS
XVI.A.7 above; rebound for 4s. 6d., in 'old antique sides'. Secundo folio (f. 7) *Hismario*.

Written in England, between 2 Nov. 1496 and the death of Prince Arthur, 2 Apr. 1502, see (*e, f*)
above. *CMA*, no. 55.

XVI.N.3. '*La luminere as lais*', etc. (*in French and Latin*) s. xiii ex.

Facsimiles of ff. 5, 221ᵛ, 222: *Facsimiles de L'École des chartes*, no. 320; of ff. 10ᵛ,
222ᵛ: F. Harrison and R. Wibberley, *Manuscripts of Fourteenth Century English
Polyphony* (1981), pls. 213–14. The latter argue (p. xiv) that the manuscript
belonged to the Gilbertine nunnery of Shouldham (Norfolk.), but see below.

1. ff. 1–4ᵛ Calendar, March-October, in blue (Annunciation and Assumption of
B.V.M.), red and black, graded for 3 and 9 lessons.

Entries in red include Botulf (17 June) and Maurice (22 Sept.), both 9 lessons; in black
translation of Etheldreda (17 Oct.) 9 lessons, Guthlac (11 Apr.) 3 lessons, and Dominic (4 Aug.),
Francis, and translation of Gilbert (4, 13 Oct.) ungraded. Also in red after Germanus (28 May)
and running on to 30 May, 'Dedicacio ecclesie beate marie uirginis. de burwele (*or* binwele)', and
in black 'Dedicacio ecclesie Norwic' (24 Sept.). Damaged by damp.

2. ff. 11–222 Prolog[. .] Uerrey deu omnipotent . . . Amen amen issi finist. Les
quatre liures de cest romaunz furent fetz a nouel lyu en surie E les deus dreyns a
oxneford. Si fu comence a la pasche al nouel lyu. e termine a la chaundelure apres
a oxeneford. le an nostre seygnur Mil. e deus cenz. e seisaunte setyme.

For the Lumiere and its manuscripts, of which only this gives the date of composition, see M. D.
Legge, 'Pierre de Peckham and his Lumiere as lais', *MLR* 24 (1929), 37–47, 153–71; for this
copy, ibid. 46 (1951), 191–4; for Peckham, Emden, *BRUO*, p. 1447. Vising, no. 156. Some
15,000 lines of verse, divided into a prologue and 6 books: 1, f. 21 'Ici comence la luminere as
lays'; 2, f. 27; 3, f. 55; 4, f. 77; 5, f. 141ᵛ; 6, f. 187ᵛ. Books are divided into distinctions, which
are divided into chapters, and these are set out in a table, ff. 5–10, where there is no mention of
distinctions in bks. 5 or 6, and the chapters are numbered straight through, 1–69 and 1–44.

The omission of bk. 7 caps. 21 end – 23 beginning on f. 72^v, passing from, line 7 up, 'Nest par escrit ten dreyture' in cap. 21 to 'Lem puet ver apertement' in cap. 23, was supplied, before the decoration was done, in a contemporary hand on ff. 73^{rv} and 75^{rv} and on the recto of a slip inserted between them (f. 74), with the last 6 lines on f. 72^v erased and a slip pasted over (raised and previously attached to a blank space on f. 72^v) with the 6 lines, 'Ke les riches la commune gent . . . ', that should follow 'ten dreyture' written on it; the 6 erased lines were then repeated as the last six on f. 75^v.

Corrections in pencil, rewritten in ink. 'Ric' incipe ibi' in pencil, f. 182.

3. ff. 223–34 Catun esteit paen E ne saueit rien De crestiene ley . . . Eit dampne deu mercy.

The Anglo-Norman version of the Disticha Catonis in the rhyming couplets by Everart, cf. Långfors, p. 50. See *MMBL* i. 276 for other copies in England.

4. (added in blank spaces, s. xiv^1) (*a*) f. 10^v [Z]elo tui langueo virgo regia Set non ualeo . . . ob tot beneficia; (*b*) f. 10^v [In]ter amenitatis tripudia . . . desolabitur; (*c*) f. 222 twenty-eight lines of verse, mostly couplets: (i) Vita quid est hominis modo principium . . . (4 lines), cf. Walther, *Sprichwörter*, no. 33865 (couplet); (ii) Vita quid est hominis res est vilissima nimis . . . ; (iii) Si tibi sit rerum possessio larga quid inde . . . (5 lines); (iv) Nauta corrector Iuuenis . . . (4 lines); (v) Ad mare currit aqua . . . ; (vi) Stulto claustrali puero . . . ; (vii) Si dare vis suspende moram . . . ; (viii) Cum diues loquitur quamuis . . . ; (ix) Cum pauper loquitur quamuis . . . ; (x) Sepes (*sic*) calcatur ubi pronior esse putatur . . . (1 line); (xi) Nil prodest optare magis . . . , Walther, *Sprichwörter*, no. 16815; (*d*) f. 222^v Ad rose titulum ad laudem lilii . . . , *RH*, no. 22246, *AH* xxxvii. 72; (*e*) f. 234 table to find Easter; (*f*) f. 234^v Seynt cristoffe de la l[. . .] de Cananeus de noble estature e aueyt . . .

(*a*, *b*, *d*) verses with notation on a 5- or, (*d*), 4-line stave; (*f*) rubbed, but mostly legible under ultra-violet light; prose, an encounter between St Christopher and the Devil, probably incomplete at the end; the words 'un homme ke est dyt cryst' occur a few lines from the foot.

ff. ii + 234 + ii. 235 × 145 mm. Written space 180 mm. high. 34 and 35 long lines. Collation: 1 six (ff. 1–6) 2^4 3–7^{12} 8^{12} + a bifolium and a slip (ff. 73–5) inserted after 2 9–19^{12} 20^6 wants 6 (? blank) after f. 222 21^{12}. Quires 3–19 numbered at the end in red, I–XVII. Art 4*a–c*, *e–f* written in current anglicana by several hands. Small contemporary drawings, ff. 2, 3, of a mounted falconer and a scyther illustrate May and July in art. 1, and, f. 5 outer margin, of 'AVTOR' at his desk to art. 2. Initials: (i) f. 11, 6-line *U* formed by a dragon attacked by a man with sword and shield in penwork, on a blue and red ground, prolonged in a dragon and a fish in the upper margin; (ii) ff. 21 and 27, 6-/4-line, blue and red with ornament of both colours; (iii, iv) 2- and 1-line, blue or red, with ornament of the other colour. The capital letter beginning each line of verse marked with red on some pages. First in the list of ten manuscripts sent for rebinding in 1815 or 1816, see MS XVI.I.6 above; 'Crimson velvet', see MS Add. 384A. Secundo folio (f. 12) *Naueit*.

Written in England; art. 1 apparently for use in the diocese of Norwich, and perhaps associated with Burwell St Mary (Cambs.), see art. 1, where Ramsey Abbey had an interest. 'this Boke is this yer 1563 of ye age of iii^c lakinge iiii yeres William Sutton Ihon clarkeson ther' wyfis present', f. 222. Belonged to Marmaduke Fothergill, d. 1731; given by his widow in 1737. Notes f. ii^v, by H. P[etrie], dated Stockwell 1816, cf. MSS XVI.K.12–14 above, and by Paul M[ayer].

XVI.N.4. *Pseudo-Cicero; Cicero* s. xii med.

1. ff. 1–123ᵛ *(begins imperfectly)* dispositionem. elocutionem. Memoriam . . . consequamur *(altered, s. xii, to* consequemur) exercitationis.

Ad Herennium, beginning at I. 2.3. f. 7 is a supply leaf, s. xv.

2. ff. 124–246 Sepe et multum hoc mecum cogitaui . . . continet literarum: quę restant *(MS* restatē) in reliquis dicemus.

De inventione. A quire lost between 'qui peccarit potius quam', f. 242ᵛ, and 'cum animi ampla quadam', f. 243, cf. Teubner edn., §134/17 and §163/3. At f. 245/17 the text goes straight on from 'mutari potest' to 'Modo illud', Teubner edn., §170/6 and §175/1.

3. ff. 246–9 Si tam agentis persone quem rei geste turpitudine . . . interponi oportet. (f. 247) In hac insinuatione pro hominę res ponetur. Thema quod superius . . . aut pro homine rem. (f. 247) Exemplum uiri egregii: peccati uero turpissimi hoc nobis est. Marius qui antea . . . aut pro re hominem.

Advice to an advocate; 'insinuabit orator hoc modo O iudices', or the like, is repeated several times. As well as Marius, there are references to Verres, rex dacorum, cinbros et theutonicos, and Hannibal. f. 249ᵛ blank.

ff. iii + 250 (foliated 1–180, 180*, 181–249) + iii. f. iii is a medieval flyleaf. 215 × 138 mm. Written space *c.* 150 × 72 mm. 22 long lines. Pencil ruling. Collation: 1⁸ wants 1 and 8 after f. 6 + 1 supply for 8 (f. 7) 2–6⁸ 7–8¹⁰ 9⁸ 10⁶ 11–14⁸ 15¹⁰ 16–30⁸ 31⁶ + 1 leaf (f. 248) after 5. Quires 2–10 signed at the end, ii–x; quires 29–30, o, p. Initials: (i) 2-line, green or red; (ii) supplied s. xv, f. 124, 3-line *S*, in blue shaded to white, on gold ground decorated in colours, with a continuous border in colours and gold. Rust mark at back, as from pin of strap-and-pin fastening. Sixth in the list of ten manuscripts sent for rebinding in 1815 or 1816, see MS XVI.I.6 above; 'D[ar]k Blue Velvet', see MS Add. 384A. Secundo folio (f. 1) *dispositionem.*

Written in England. From an abbey: 'Tullius In Rethorica. noua et veteri (per Ricardumⁱⁱʲ Abbatem redempt' pro vj s' viij d')', s. xv in., f. iiiᵛ, perhaps recording redemption of the book from a University loan-chest at Oxford or Cambridge. *CMA*, no. 31 or no. 32, cf. MS XVI.M.6 above.

XVI.N.5. *Biblia* s. xiiiᴵ

1. ff. 1–392 A Bible in the usual order. 2 Esdras is headed Nehemiah, and 3 Esdras 2 Esdras. Apocalypse is followed by 'Explicit iste liber sit scriptor crimine liber Et qui scripsit eum possit habere deum. amen', with added to this, s. xiv, 'Scriptus est iste liber Anno post dominum incarnatum *DCXCII* tempore autem *Sergii* pontificis et *Iustiniani* imperatoris', the italicized words in red ink. Proverbs and Obadiah begin on new quires, 13 and 20.

The prologues are 57 of the common set of 64 (see Ushaw MS 2 above), omitting Stegmüller, nos. 327 (2 Chr.), 677 (Rom.), 685 (1 Cor.), 699 (2 Cor.), 707 (Gal.), 752 (2 Thess.), and 765 (1 Tim.); for the omission of nos. 707 and 765, cf. *MMBL* iii. 173. Neat early corrections in margins. f. 392ᵛ (25⁸) blank.

2. ff. 393–420 Incipiunt interpretationes hebraicorum nominum incipientium

per .A. litteram. Aaz apprehendens . . . Zuzim consiliantes eos uel consiliatores eorum. Finito libro: reddatur gloria christo.

The usual dictionary of Hebrew names, Stegmüller, no. 7709.

3. f. 420ᵛ (added, s. xiii) (a) benedictus deus . . . ; (b) Prima rubens vnda . . . nec ad ultima prolem.

(b) 5 lines on the ten plagues in Egypt, Walther, *Versanf.*, no. 14595.

ff. iv + 420 + ii. f. iv is a medieval or sixteenth-century parchment flyleaf, containing a list of the books of the Bible, s. xvi. 200 × 140 mm. Written space 140–5 × 87 mm. 2 cols., or, art. 2, 3 cols. 50–2 lines; art. 2, 51. Collation: 1–24¹⁶ 25⁸ 26¹⁶ 27¹². Change of hand at f. 193 (13¹). Initials: (i) to books except Ruth, some prologues and the usual eight divisions of the Psalms, 6-, 7-, or 8-line, in silver and colours on coloured grounds decorated with skilful birds and beasts, especially dragons, and to 4 Kgs. and 2 Tim. a nude figure with shield and sword; (ii) to some prologues and Ps. 51 (not Ps. 101), 3-, 4-, or 5-line, as (i); (iii) to chapters, 2-line, alternately red and blue, with ornament of the other colour or, in the middle of lines, with no ornament; (iv) to psalm-verses and in art. 2, 1-line, alternately red and blue. Capital letters in the ink of the text touched with red. Binding of s. xix; perhaps 'Bible 8°', for whose binding in 'Velvet' Oliver Sumner was paid 16s., 26 Apr. 1820, see MS Add. 384 p. 65. Secundo folio *nas et uirgilio*.

Written probably in France. 'Thomas Brugis', s. xvii (?), f. (iv), in an English hand. Belonged to Marmaduke Fothergill, d. 1731; given by his widow in 1737.

XVI.N.6. *Biblia*

s. xiii med.

'Libellus iste continet plenam bibliam cum interpretacionibus hebraicarum dictionum de biblia', s. xiv, f. iiiᵛ.

1. ff. 1–316ᵛ A Bible in the usual order, without 2 Ezra after Nehemiah, and with the Prayer of Solomon after Ecclesiasticus. Readings from Matthew and Luke in this copy, H. H. Glunz, *History of the Vulgate in England* (1933), 267.

Psalms are numbered. 1 Kings begins a new leaf, f. 66, but not a new quire; Tobit, f. 122, and Proverbs, f. 156, begin new quires, 10 and 14. f. 155ʳᵛ blank

The prologues are 29 of the common set of 64 (see above Ushaw 2), and 19 others shown here by *: Stegmüller, nos. 284 (undivided), 285, 311, 323, 328, *'Qui (*sic*) post incensam a chaldeis iudeam . . . ' to Ezra (see below), 332, 335, 341 + 343, 344, 457, *455 (. . . dubiis commodare, to Wisdom not Proverbs), 482, 487, 491, 492, 494, 500, *527, *529, *532, *535, *540, *544, unfilled 12-line space to 1 Macc., *596 (. . . uiuis canendas), 590, 607, 620, 624, *670, *678, *683, *701, *706, *721, *730, 736, 747, 752, *766, 772, 780, 783, *794, 640, 809, and *834. The Ezra prologue is as de Bruyne, *Préfaces*, v. 3, but continues after *repperit* 'et in epistola regis persarum artatxerxes rex regum esdre sacerdoti scribe legis dei doctissimo: salutem et reliqua', as after Nehemiah in the St Albans manuscripts Eton College MS 26 (*MMBL* ii. 653) and Cambridge Corpus Christi College MS 48.

In the blank space after Nehemiah, f. 121ᵛ, is a note, s. xiv, 'Memorandum quod sunt tres alii libri Esdre qui in isto libro non habentur quia Ieronimus super prologum Esdre dicit ipsos esse aprocrifos Et nec Magister Historiarum. nec concordanc'. vllam de ipsis faciunt Mencionem'. The same hand noted on f. 115ᵛ the absence of Jerome's prologue to Ezra, Stegmüller, no. 330.

f. 317ʳᵛ, originally left blank, contains pencil notes, s. xiii ex., from Rabanus, De naturis rerum, and Augustine.

2. ff. 318–333ᵛ Hic sunt interpretaciones hebraicorum nominum per ordinem alphabeti dispositorum et primo incipiencium per a. Aar (*sic*) apprehendens . . . Zusim consiliantes eos uel consiliatores eorum. Expliciunt interpretaciones hebraicorum nominum per ordinem alphabeti dispositorum a remigio digeste

The usual dictionary of Hebrew names, Stegmüller, no. 7709.

3. (added on the flyleaves) (*a*) s. xiii, f. iiiᵛ Post moysen. iosue . . . (6 lines); (*b*) s. xiii, ff. ivᵛ–vi, table of epistles and gospels for Temporal (Advent – 24th Sunday after Trinity), dedication of church, Sanctoral, and Common of saints; (*c*) s. xiv, f. viᵛ Versus de ordine librorum biblie Post moysen. Iosue . . . (6 lines).

(*a*, *c*) verses giving the order of books of the Bible, diverging at the end of the second line, (*a*) 'hester machabeorum', (*c*) 'hester iob quoque dauid', and the beginning of the third, (*a*) 'Iob dauid et Salomon. ysayas', (*c*) 'Et salomon sapiens ysaias', with a marginal note, s. xiv, to (*a*) 'Mentitur de libro Machab' quia est in ordine post prophetas'; (*b*) 3 cols.; 108 entries in the Sanctoral, with references not filled in for Germanus, Lambert, Francis epistle, 11,000 Virgins, Brice and Edmund, etc.

ff. vi + 333 + ii. ff. iii–vi are medieval flyleaves, see art. 3. 203 × 143 mm. Written space 135 × 86 mm. 2 cols.; 3 in art. 2. 60 lines; art. 2, 77. Collation: 1–9¹² 10¹² + 1 leaf (f. 116) after 7 11–12¹² 13¹⁰ 14–24¹² 25¹⁴ 26–27¹⁶. Initials: (i) ff. 3 and 164 (Wisdom, 7-line), in colour, on coloured grounds, historiated (f. 3, seven days of creation in semicircles abutting left column); (ii) ff. 1 and 164 (Wisdom prologue), 7-/5-line, as (i) decorated not historiated; (iii) to all other books, blue and red with ornament of both colours; (iv) to usual eight divisions of Psalms, 7-line, blue patterned with white, with red and blue ornament; (v) to prologues, 4- or 3-line, blue, with ornament in red and sometimes blue; (vi) to chapters, 2-line, blue or red, with ornament of the other colour; (vii) to psalm-verses, 1-line, blue or red. Capital letters in the ink of the text filled with red in Genesis–1 Kings and Tobit–Job. Guide-notes for the writing of initials, chapter-numbers and running-titles remain in some lower margins, e.g. f. 229. Binding uniform with MS XVI.N.4 q.v., but no Bible occurs in the list in MS Add. 384A. Secundo folio *ym: samariam*.

Written in England. 'This is William huntley his booke record of John Huntley', s. xvi, f. 155ᵛ. No. 30 in 1671 catalogue. *CMA*, no. 33.

XVI.N.7. *New Testament (in English)* s. xv in.

Arts. 1–3 are described *IMEP* vi. 57–8.

1. ff. 1–3ᵛ (*begins imperfectly*) s' vedast and Amande Ebr 7 f The oþere weren eende hym silf . . . Thus eendiþ þis kalender of lessouns Pistlis and gospels þat ben rad in þe chirche þoru þe ʒeer.

Table of the first and last words of epistle and gospel readings in the Sanctoral, ending with Linus 'pope and martir', with the running-title 'Kalender'. The text here differs substantially from the edition in Forshall and Madden, iv. 686–98, going with the earlier Wycliffite version; cf. Manchester John Rylands Univ. Libr. MS Eng. 76 (*MMBL* iii. 404) etc. The first words here come at MS XVI.O.1 f. 9/3, see below.

2. ff. 4–298ᵛ New Testament in the later Wycliffite version.

Forshall and Madden, no. 141. The prologues are the usual 21 of the common set (see above Ushaw 2), translations of Stegmüller, nos. 590, 607, 620, 624, 677, 685, 699, 707, 715, 728, 736,

747, 752, 765, 772, 780, 783, 793, 640, 809, and 839. One leaf missing after f. 10 and another after f. 102. The running-title to Apocalypse is 'Apocalips / of ihesu crist'. The beginnings and ends of lessons are shown by letter marks and strokes in the margins as in MS XVI.O.1 below, and by a yellow wash over the first and last words.

3. Here bigy*n*nen þe lessou*n*s and pistlis of the (oolde) lawe þ^t ben red in þe chirche bi al þe ȝeer þe first fridai pistil in aduent. Isaie li c° The lord god seiþ þese þingis heriþ me . . . (a) ff. 298^v–336^v Þe rule of sundaies and ferials, ending with þe feeste of relikis; (b) ff. 336^v–340 Þe rule of propre sanctorum; (c) ff. 340–343^v Þe comou*n* sanctorum; (d) ff. 343^v–344^v commemorations of B.V.M. (cues only), and votives for 'briþeren and sustren . . . pees (cue only)—cleer wedir . . . rein . . . bateils (cue only)—pestilence of bestis . . . weiferi*n*ge me*n*' and 'upon þe [masse] of requiem . . . Here eendiþ þe pistlis and lessou*n*s of þe oolde lawe'.

(b) vigil of Andrew, *Nicholas, 'candilmasse', *Annunciation of B.V.M., Philip and James, 'mydsomer' eve and day, *octave of John Baptist, *translation of Martin, *octave of Peter and Paul, Mary Magdalene, *vigil of James, vigil of Laurence, vigil, day, and octave of Assumption of B.V.M., Decollation of John Baptist, day and octave of Nativity of B.V.M., vigil and day of Matthew, *Luke; those marked * have only cues. Cf. Cambridge Univ. Libr. British and Foreign Bible Soc. MS 2, etc. (*MMBL* i. 7–8) for other copies. f. 321^v (end of quire 41) marked 'cor' at foot.

ff. vii + 344 + vii, not counting the modern blank supply leaves for missing leaves inserted after ff. 10, 102, and 337, and also wrongly after f. 337. ff. vii, 346 are medieval endleaves. 204 × 132 mm. Written space c. 142 × 83 mm. 2 cols. 29 lines. The ruling, in ink, includes a pair of lines along each margin. Collation: 1 three (ff. 1–3) 2^8 wants 8 after f. 10 3–13^8 14^8 wants 5 after f. 102 15–43^8 44^8 wants 8 (? blank). Quires 2–44 signed in the usual late medieval way, a–z, ꝫ , A–T, except that the leaf number is below and not after the quire letter, cf. Manchester John Rylands Univ. Libr. MSS Eng. 85 and 87 (*MMBL* iii. 409, 411); BL MSS Add. 10046, Harley 327, 984, Lansdowne 455, Royal 1 A.iv; Oxford Bodleian Library MSS Bodley 183 and Fairfax 6. Initials: (i) to books, 6-line, red and blue with red and ink ornament, and red and blue prolongations forming a continuous frame; (ii) to prologues and chapters, 3-line, blue with red ornament. Next capital letter after a coloured initial filled with yellow. Binding of s. xx; for possible former binding, see MS XVI.O.1 below. Secundo folio (f. 5) *ne: ben.*

Written in England. 'Emmanuel Baernes', s. xvi, f. vii^v, and cf. f. 346; given by him to Toby Matthew, dean of Durham and later archbishop of York, as a New Year's gift in 1588, see f. 3^v. 'Elizabeth Regina', f. 190, said by Forshall and Madden to be autograph. Presumably given by Archbishop Matthew, d. 1628. No. 9 in 1671 catalogue. *CMA*, no. 11.

XVI.N.8. *Psalterium* s. xiii med.

1. ff. 1^v–6^v Calendar, lacking December, in red and black, ungraded.

Entries in red include Seruacius (13 June), Boniface (5 June), Augustine (28 Aug.), Conception of John Baptist (24 Sept.), translation of Augustine, and 'Colonie sanctarum uirginum' (11, 21 Oct.); and in black Gertrude (17 Mar.), Odulf (12 June), Kylian (8 July), octave of Augustine (4 Sept.), Duorum ewaldorum (2 Oct.), Gall (16 Oct.), and Lebuin (12 Nov.). Added, s. xv, Chad —xii l', Oswin—xii l', 'Deposicio beati Cuthberti princip' (2, 11, 20 Mar.), Wilfred (24 Apr.), John [of Beverley] (7 May), and 'Translatio Sancti Cuthberti p.' (4 Sept.); also 'xii l' to Gregory (12 Mar.). f. 1^r blank.

2. ff. 9^v–85^v, 87–125 Psalms 1–150.

Leaf missing at the beginning of quire 10, after f. 72, contained Pss. 80:1–81:3. f. 9^r blank.

3. ff. 125–131ᵛ, 86ʳᵛ, 132–5 Six ferial canticles, followed by Benedicite, Benedictus, Te deum, Magnificat, Nunc dimittis, Quicumque uult.

4. ff. 135–8 Litany.

All four leaves damaged. Of remaining confessors, Servatius doubled: Sancte seruaci or'. Sancte seruacii intercede pro nobis. Twenty virgins: (1) Felicitas . . . (11–14) Barbara Walburgis Sabina Gerthrudis. The *Ut* series includes 'Vt loca nostra et omnia loca sanctorum in sancta religione conseruare digneris'. The eight prayers at the end are Omnipotens sempiterne deus dirige, Deus cui omne cor, Concede quesumus omnipotens deus ut intercessio, . . . *ending* [. .]uat libertate, [Omnipotens sempiterne deus q]ui facis [mirabilia], Ineffabilem, Fidelium, and Omnipotens sempiterne deus qui uiuorum. f. 138ᵛ blank.

ff. ii + 138 + ii. 189 × 130 mm. Written space *c.* 117 × 75 mm. 20 long lines. Collation: 1 eight (ff. 1–8) 2–9⁸ 10⁸ wants 1 before f. 73 11⁸ (ff. 80–5, 87–8, and see quire 17) 12–15⁸ 16¹⁰ 17¹⁰ wants 10 (blank) (ff. 131, 86, 132–8). Several hands. Two crude full-page pictures, ff. 7ᵛ and 8, Annunciation and Nativity; ff. 7ʳ, 8ᵛ blank. Initials: (i) full page *B*, f. 9ᵛ, in colours on gold ground, God at the top, 'EATVS VIR / QVI NON ABIIT' in right and lower borders in gold on blue ground, with 2 busts below 'NON'; (ii) 14/13/12-line and full width of written space, to Pss. 51, 68, 101, and 109, in colours on gold grounds, crudely historiated: f. 50 Scourging of Christ, f. 61 Crucifixion, f. 85 Ascension, f. 97ᵛ bishop preaching to three seated women with loaves (?); (iii) 11/10-line, to Pss. 26, 38, 52, and 97, as (ii): f. 28, kneeling figure being blessed by standing haloed figure with book flanked by others; f. 39ᵛ recumbent figure surmounted by eagle; f. 50ᵛ, bishop preaching to three white-robed clerks; f. 84, two men flanking a bishop holding up a mitre; (iv) 3-line, either gold on blue and pink grounds decorated in gold and framed in green and red, or gold with blue ornament; (v) 1-line, red or blue. Tenth in the list of manuscripts sent for rebinding in 1815 or 1816, see MS XVI.I.6 above; rebound in 'Black Velvet', now all gone except on turn-ins. Secundo folio (f. 10) *in consilio*.

Written in western Germany or the Low Countries, perhaps for Augustinian canons, see art. 1, possibly in the Maastricht region, see Servatius in art. 4. 'Liber Sancti Cuthbertı. De lez Splendement H', s. xv ex., f. 10, with 'Cancellaria' added, s. xv/xvi, above *Splendement*; these both refer to the strongroom adjoining the cloister at Durham Cathedral Priory where books were stored. Cf. *CMA*, no. 52.

XVI.N.9. *Horae* s. xv¹

1. ff. 1–12ᵛ Calendar in French in red and black.

Entries in red include Gervais (19 June) and Romain (23 Oct.); and in black Ouen, Honnoure (5, 16 May), Romain (17 June), Romain (9 Aug.), octave of Romain (30 Oct.), and 'La feste des reliques' (3 Dec.). Blanks at 30 Nov. and 8 Dec., probably for entries in gold for Andrew and Conception of B.V.M.; their octaves duly entered (7, 15 Dec.), in black.

Arts. 2–4 are on quire 2.

2. ff. 13–17 Sequentiae of the Gospels, in the order Luke, Matthew, Mark, John, followed by the prayers Protector inte sperantium and Ecclesiam tuam.

3. ff. 17–18 Les gaudes saint nicholas. Gaude sancte nicholae semel suggens lac mamille . . . (7 joys and a final stanza, Ex tuà tumba copia . . .). Oratio. Deus qui beatum nicholaum . . .

4. f. 18ʳᵛ Les gaudes saincte katherine. Gaude uirgo katherina. quam refecit lux diuina . . . (*RH*, no. 6993) Oratio. Deus qui dedisti legem moysi . . .

5. (quires 3–8) ff. 19–66ᵛ Hours of the B.V.M. of the use of (Paris).

Nine lessons at Matins. Memoriae after Lauds, headed in French, of Trinity, Cross, Michael, John Baptist, Peter and Paul, Andrew, Eustace, Laurence, Nicholas, Leonard ('lienart'), Katherine, Margaret, All Saints, and peace.

6. ff. 67–82ᵛ Penitential psalms and (f. 76ᵛ) Litany.

Twenty-five confessors: . . . (13–14) Romane Audoene . . . (18) Laude . . . (23) Mellone . . . Twenty-three virgins: (1–5) Maria magdalene Maria martha Maria egyptiaca Anna Helizabeth . . . (12) Austreberta. The prayers at the end after Deus cui proprium are Omnipotens sempiterne deus qui facis, Ecclesie tue, and Deus qui es sanctorum.

7. ff. 82ᵛ–85ᵛ Heures de la crois.

8. ff. 85ᵛ–88ᵛ Heures du saint esperit.

9. ff. 88ᵛ–112 Sequitur seruicium mortuorum.

10. ff. 112–113ᵛ Cy ensieuent deuotes oroisons a dire quant on lieuue le corpus domini. Ave domine ihesu christe verbum patris . . . Anima christi sanctifica me . . . Aue caro christi sanctissima . . . Aue sanguis domini nostri . . . Deprecor te pater piissime ihesu christe propter illam eximiam caritatem . . . Ihesu christe fili dei viui qui passus es pro me miserere michi peccatori. Amen.

11. ff. 113ᵛ–117 Deuote oroison de nostre dame. O Intemerata . . . orbis terrarum. Dete enim . . . Masculine forms.

12. ff. 117–119ᵛ Deuote oroison de nostre dame. Obsecro te . . . Masculine forms.

13. ff. 119ᵛ–123ᵛ Les xv ioies ala vierge marie. Doulce dame de misericorde mere de pitie . . .

Sonet–Sinclair, no. 458.

14. ff. 123ᵛ–126 Cy ensieuent les vii requestes. Qviconques veult estre bien conseilliez—Douls dieu douls pere tout puissant saincte trinite . . .

Sonet–Sinclair, no. 504.

15. ff. 126–8 Deuote salutation a la uierge marie. Dame ie te rent le salut Qui fist enfer rompre et destruire . . . le tien nom soit loe Amen.

72 lines; Sonet–Sinclair, no. 320. f. 128ᵛ blank.

ff. vi + 128 + i. 175 × 125 mm. Written space 110 × 70 mm. 17 long lines. Ruled in pink ink. Collation: 1¹² 2⁶ 3–10⁸ 11⁶ 12–16⁸. Twelve 13-line pictures framed, except across top, with bars of deep pink and blue patterned with white, and gold, eight in art. 5, and one before each of arts. 6–9. Initials: (i) on picture-pages, 4-line, blue or deep pink patterned with white, on grounds of the other colour and gold decorated in colours, with gold edging; (ii) to arts. 11–14, 5-line or more, gold on deep pink and blue grounds patterned with white, with a bar of gold, blue and deep pink the height of the written space; (iii, iv) 2- and 1-line, blue with red ornament, or gold with black ornament. Borders of gold flowers and ivy-leaves, full on picture pages, part on pages with type (ii) initials. Line-fillers in blue and gold. Binding of worn red velvet, and York Minster spine-label 'MANUALE PREC. CUM CAL.', s. xix in. Secundo folio (f. 14) *Fiat michi*.

Written in northern France, perhaps Normandy. 'Je apartient a Mʳ de lisle a paris', s. xviiⁱ, f.

18. 'Ces eures ont estes relies dans La ville de dinan Le 25 nouambre 1661', f. iii. 'Je suis a guillette goret dame du ual auril mere de madame de miniac Le Clauier qui sapelle a son non de batisme Janne Caliste durand', s. xvii, f. vi, see Jougla y Morenas, *Grand Armorial de France*, for Breton families of Goret and de Miniac Le Clavier. Added, before 1810, to the 1774 catalogue.

XVI.N.10. *Biblia* s. xiii med.

1. ff. 1–608 A Bible in the usual order, except without Prayer of Manasses, 2 Ezra, or Baruch, and with the Prayer of Solomon after Ecclesiasticus; also Tobit following Esther, and Acts following Gospels. Psalms are numbered, and Pss. 6, 8, 12, 23, 31, 37, 42, 44, 50, 53, 66, 90 ('lxl'), 92, 99, 101, 109–33, 137, 142, and 148–50 are abbreviated by only writing as much of each verse as would fit on to one full line. Song of Songs has the marginal rubrics 'vox synagoge', etc. Joshua, Psalms, and Matthew begin new quires, 6, 15, and 26, ff. 103, 275, and 488. f. 608^v blank.

The prologues are 37 of the common set of 64 (see above Ushaw 2), and 18 other shown here by *: Stegmüller, nos. 284 (divided into eight), 285, 311, 323, 328, 330, 335, 341 + 343, 332, 344, *349 (Interea (*sic*) quidem . . .), *350 (Iob quoque exemplar . . . , following Job as cap. 'xliii'), 457, 468, 482, 487, 492, 494, 500, 510 (. . . mystice continentur), 512 (. . . audiendi uerbum dei), *516, *522, *525, *527, *529, *532, *535, *540, *544, *595, *581, 590, *601 (Secundum (*sic*) . . .), *596, 607, 620, 624, *670, 677, 685, 699, 707, 715, 728, 736, 747, 752, 765 (. . . de laodicya), 772, 780, 783, *794, 809, and *835.

2. ff. 609–665^v Incipiunt interpretationes per a. litteram et post .a. sequitur .a. Aaz apprehendens . . . Zuzitir consiliantes eos vel consiliationes eorum.

The usual dictionary of Hebrew names, Stegmüller, no. 7709.

ff. iii + 665 + ii. f. iii is a medieval flyleaf. 151 × 99 mm. Written space 100 × 66 mm. 2 cols. 40 lines. Collation: 1–4^{20} 5^{22} 6–12^{20} 13^{18} 14^{14} 15–17^{20} 18^{24} 19–22^{20} 23^{18} 24^{16} 25^{14} + 1 leaf (f. 475) after 2 26–30^{20} 31^{20} + 1 leaf (f. 608) after 20 32–33^{20} 34^{20} wants 18–20 (blank). Catchwords in red on quires 7–11 and 18. Quires 1–5 numbered at the end in ink; 6–12 in plummet. *Ad hoc* quire marks; leaves in the first half of each quire lettered, normally a–k. Initials: (i) f. 4^v *I* 23 mm. wide, between the columns, and the height of the written space, largely deep pink and blue, on deep pink and blue ground picked out with a little gold, historiated (seven days of creation in quatrefoils); (ii) to books and eight divisions of Psalms, as (i); (iii) to prologues, as (ii) but most smaller and decorated instead of historiated, evangelist's symbol in initials to Gospels; (iv) to chapters, 2-line, blue or red, with ornament of both colours the height of the page; (v) to psalm-verses and in art. 2, 1-line, blue or red. Capital letters in the ink of the text touched with red. Binding like MS XVI.N.5; perhaps the 'Bible 12mo', for whose binding Oliver Sumner was paid 12s. 6d., 26 Apr. 1820, see MS Add. 384 p. 65. Secundo folio *et prophetis. Vnde.*

Written probably in France. Late medieval marginal notes in an English hand, e.g. f. 168. 'Mar: Brathwait Ebor Advoc. 1727', f. iii, with 'Bibliothecae Decani & Capituli Ebor' Dono Dedit' added in front.

XVI.O.1. *New Testament (in English)* s. xiv/xv

Arts. 1–2 are described *IMEP* vi. 58.

1. ff. 1–13 Here bigynneþ a rule þat telliþ in whiche chapitris of þe bible: ȝe mai fynde þe lessouns pistlis and gospels þat ben rad in þe chirche after þe vss of

salisbiri—and eendiþ at ii strikis in þe margyn. The i sondai in aduent Romans xiii d we knowen ende þe lord ihesu christ . . . a worþi man end up to ierusalem.

A table like that in MS XVI.N.7 above, but complete. f. 13ᵛ originally blank.

2. ff. 14–327ᵛ Here bigynneþ þe prolog of matheu. Matheu þat was of iude . . . Here eendiþ þe newe testament.

New Testament in the later Wycliffite version: Forshall and Madden, no. 142. Prologues as in MS XVI.N.7 above. As explained in the heading to art. 1, the beginning of a lesson is shown by a letter mark in the margin and its end by a pair of strokes in the text with a corresponding pair in the margin.

ff. iii + 332 + iii. From f. 25 the first leaf of each quire is misfoliated: 22, 30, etc.; and, from f. 57, 52, 60, etc. 169 × 113. Written space 108 × 76 mm. 2 cols. 33 lines. Collation: 1⁸ 2⁸ (all leaves now singletons) 3–41⁸ 42⁴. Quires signed twice, the original series partly erased, a–x, iia–iix. Writing smaller after a change of hand at f. 279ᵛ, in ink tending to flake; the contemporary note at the foot of f. 320 'vjᵈ c lx et vj dux cli' may be a calculation for payment. Initials: (i) to books, 4-line, blue and red, with ornament of both colours the height of the page; (ii) to prologues and chapters, 3-line, blue with red ornament. Binding of s. xix; this or MS XVI.N.7 above should be the 'New Testament', for whose binding Oliver Sumner was paid 5s. 3d. on 26 Apr. 1820, see MS Add. 384 p. 66. Secundo folio (f. 15) transmygracioun.

Written in England. 'sir chrystofer Lawdors (?)', s. xvi, f. 327 scribble. 'Elenor Bowes', s. xvi/ xvii, f. 13ᵛ. CMA, no. 51.

XVI.O.9. *Breviarium; Missale (pars)* s. xiv med.–xiv/xv

A York breviary and, arts. 6–11, missal, collated for canon, see art. 6a, in *Missale Ebor.* Probably the two singleton leaves of art. 16, ff. 306–7, now quire 40, followed art. 1 as leaves 7–8 of quire 15. Quire 39, art. 15, may have come after art. 16. Art. 17 is on quires added in s. xiv/xv: 1–2, 35–8. The lessons often differ from *Brev. Ebor.*

1. (quires 3–15) ff. 15–111ᵛ Aduentus domini nec ante quinto kal' decembris . . . In hac dominica preparacio aduentus domini est que non nisi in quinta dominica ante natale domini debet nunciari unde et ultimum officium Dicit dominus cum epistola

Temporal, Advent – rubric after the 25th Sunday after the octave of Pentecost (ending imperfectly); this rubric occurs in MS Add. 383 below, but not in *Brev. Ebor.* i. 652. Initials of types (i, ii) are used for edn., i. 1 Aduentus, 77 Primo, 161 Hec, 201 Paulus, 231 In principio, 245 Noe, 255 Hee, 273 (different first lesson) Quia, 403 In illo, 478/23 Post, 500/32 Dum, and 521 Confitemur; but type (iii) to Corpus Christi. The red marginal note, s. xiv/xv, f. 58, 'lecciones querantur in principio libri' refers to the lessons for the 1st Sunday in Lent on f. 11, in the added art. 17.

Arts. 2–3 are on quire 16.

2. ff. 112–116ᵛ Ordo officiorum dominicalium—Dominica prima lxxᵉ xi kl Febr' . . . Festum s. trinitatis xv kl Iulii—literam dominicalem G.

Brev. Ebor. i. 705–725. f. 117ʳᵛ blank.

3. ff. 118–123ᵛ Calendar in red and black, graded (iii lc and ix lc).

Brev. Ebor. i. (3)–(14), but omitting Chad and Barbara (2 Mar., 4 Dec.); all feast of 9 lessons in red. 'Festa omnino in episcopatu ebor' seruanda' noted in red at the foot of each page, cf. *Missale Ebor.* i. xxx–xli. 3 lines of verse, Vigilias quinos nos docet roma celebrare . . . neque thome, added, s. xv, f. 119ᵛ. 'obitus Willelmi Bland—1557[-8]', added f. 117ᵛ at 12 Feb.; his will, 11 Feb. 1558, requested burial at Burnsall, 7 miles NE of Skipton, *Wills in the York Registry 1554–68*, Yorks. Arch. Soc. xiv (1893), 17. 'pape' and Thomas of Canterbury untouched.

Arts. 4–5 are on quires 17–21.

4. ff. 124–63 Liturgical psalter, and (f. 160) six ferial canticles, followed by Benedicite, Te deum, Benedictus, Magnificat, Nunc dimittis, Quicumque wlt.

3 lines of verse, Quando domino psalles . . . , added, s. xiv, f. 124 foot.

5. ff. 163ᵛ–164ᵛ Litany.

As *Brev. Ebor.* i. 931–9, except Peter doubled and Radegund as last virgin after Etheldreda. The final prayer, Omnium sanctorum intercessionibus . . . , is over an erasure, f. 164ᵛ.

Arts. 6–12 are on quires 22–4.

6. (*a*) ff. 165–9 Prefaces, not noted, and Canon of mass; (*b*) f. 169 Credo in unum deum

(*a*) Canon collated as 'Breviary' in *Missale Ebor.* i. 183–205. Blank space of 25 lines left before Te igitur, f. 166ᵛ, no doubt for a crucifixion picture, perhaps on a pasted-in piece now missing, as in London Sion College MS Arc.L.40.2/L.2, etc., see *MMBL* i. 266.

7. (*a*) ff. 169ᵛ–172 Masses for Trinity, Holy Spirit, Cross, B.V.M.; (*b*) ff. 172ᵛ–173 Collects, secrets, and postcommunions for All Saints: (i) Advent, (ii) Eastertide, (iii) 'generalis', (iv) at Christmas and five other major feasts; (*c*) ff. 173–176ᵛ Collects, secrets, and postcommunions: (i) Pro quacumque tribulacione, (ii) Pro papa, (iii) Pro archiepiscopo, (iv) Pro episcopo, (v) Pro rege nostro, (vi) Pro se ipso, (vii) Pro familiaribus, (viii) Ad postulandum graciam, (ix) Pro temptacione carnis, (x) Contra cogitaciones malas, (xi) Contra iudices male agentes, (xii) Pro confessis sibi peccatis, (xiii) Pro penitentibus, (xiv) Pro benefactoribus, (xv) Pro pace, (xvi) Pro infirmis, (xvii) Generalis pro viuis et defunctis, (xviii) Generalis, (xix) Generalis. Pietate tua . . . , (xx) Generalis. Sancte dei . . .

(*a*) cf. *Missale Ebor.* ii. 158–65, in a different order; (*b*) *ibid.*, ii. 161, 163, 180–1; (*c*) (i–vi) ibid. ii. 172 (but secret Has tibi and postcommunion Per hoc, cf. *Sarum Missal*, p. 401), 173, 175, 174, 174, 175 (2nd form), (vii) *Sarum Missal*, pp. 392–3, (viii–xv) *Missale Ebor.* ii. 176, 176, 177, 178 (also 236, from this copy), 236 (from this copy), 177 (Pro peccatis), 180 (Pro vivis), 169, (xvi) *Sarum Missal*, pp. 409–10, (xvii) *Missale Ebor.* ii. 181, (xviii) *Sarum Missal*, p. 445 (but secret Oblacionibus nostris quesumus domine propicius intende . . .), (xix–xx) *Missale Ebor.* ii. 182, 182.

8. ff. 177–179ᵛ In agenda mortuorum officium. Requiem . . .

The office, *Missale Ebor.* ii. 183–5, is followed by 10 sets of collect, secret and post-communion for the dead: i, iii, v–x are ibid. ii. 185–8 nos [8, 11, 5, 2, 7, 6, 9–10], while ii, pro defunctis, and iv, In anniuersar', are *Sarum Missal*, pp. 440 and 437–8.

9. ff. 179ᵛ–181ᵛ Masses in commemoration of William (of York), Peter and Paul, and All Saints.

Missale Ebor., ii. 165–6.

10. ff. 181^v–182^v Quidam apostolus rome . . . qui missas celebrabit. or' Deus summa nostre redempcionis qui in terra . . .

Trental of St Gregory, with long introduction: cf. *Missale Ebor.* ii. 189–90.

11. ff. 182^v–183^v Mass of Corpus Christi.

Missale Ebor. i. 214–17.

12. (added, s. xiv, on space remaining in quire 24) (*a*) ff. 184–5 Summe sacerdos et uere pontifex . . . sitiam in eternum Amen; (*b*) f. 185^{rv} Domine deus omnipotens qui es trinus et vnus . . . benedictus in secula seculorum.

(*a*) *Missale Ebor.* i. 163–5 (prayer before mass). ff. 186–187^v blank.

13. ff. 188–256^v Sanctoral, vigil of Andrew – Saturninus.

Brev. Ebor. ii. 83–730. Eight initials of types (i, ii): Andrew, Nicholas, Purification of B.V.M., John Baptist, Peter and Paul, Assumption of B.V.M., Nativity of B.V.M., and All Saints: ibid., ii. 83, 100, 176, 332, 349, 479/18, 537/1 up, and 650/4. The 9 lines, Det uenie munus . . . , ibid., i. (16), added ff. 247–8 margins, beside All Saints, s. xiv².

14. ff. 257–267^v Common of saints.

Brev. Ebor. ii. 1–82.

15. (quire 39) (*a*) ff. 302–304^v offices in commemoration of B.V.M., Peter and Paul, and All Saints 'secundum usum Ebor'; (*b*) ff. 304^v–305 lessons In commemoracione sancti Willelmi.

(*a*) cf. *Brev. Ebor.* i. 675, 690, 698–706; B.V.M. here arranged Trinity–Advent, Advent, Easter; Easter lessons rewritten f. 303; (*b*) differs in part from ibid. i. 693–8. After (*b*) a heading in red, Memorandum quod . . . , erased, f. 305^{rv}, with lower part of leaf torn away.

16. (quire 40) ff. 306–307^v In dedicacione ecclesie.

Ibid. i. 656–66. Probably originally in its normal place at the end of the Temporal, i.e. art. 1 above.

17. (on quires added in s. xiv/xv: 1–2, 35–38; in 4 hands: *a*; *b–c*; *d–e* fol. 283^v; and *e* ff. 284–301^v, quires 37–8) Supplementary lessons principally: (*a*) ff. iii^v, 1–6^v supplementary lessons, Advent and Christmas, ending imperfectly; (*b*) ff. 7–14 supplementary lessons, Epiphany – Easter Eve; (*c*) f. 14^{rv} sequences at Pentecost, Alma chorus and Laudes deo, and hymn at Trinity, Saluator mundi domine; (*d*) f. 268 Regula de sancto nicholao. Notandum quod in hac nocte et in nocte beate katerine . . . ; (*e*) ff. 268–297^v supplementary lessons of the Sanctoral, Conception of B.V.M.—Clement; (*f*) ff. 297^v–301 cues for common of martyrs, confessors, and virgins, and, ff. 299–300^v, full forms 'in festo plurimarum virginum'; (*g*) f. 301^{rv} supplementary lessons of the Seruitium de domina, Purification – Ash Wednesday, and Trinity – Advent.

(*c*) *Brev. Ebor.* i. 504, 508, 520.

18. f. iii added notes of the weather 'in partibus borialibus', 1567–9: 1567 'ingens fuit pluuia magnaque humiditas' from the feast of St William 'in hyeme'; 1568 'ingens fuit aestas magnaque nix cui similem numquam vidi'; 1569 'maior fuit aestas ac contin[u]ens a festo pasche usque ad sancti Mathei' 10 Apr.–21 Sept.

ff. ii + 308 (foliated iii, 1–307) + iii. f. 308 is a medieval flyleaf. 158 × 110 mm. Written space 118 × 76 mm. 2 cols. 39 lines. Collation of ff. iii, 1–307: 1⁶ + 1 leaf (f. 6) after 6 2⁸ 3 four (ff. 15–18) 4–14⁸ 15⁸ wants 6–8 after f. 111 (7–8 probably form quire 40) 16¹² 17–20⁸ 21⁸ + 1 leaf (f. 164) after 8 22⁸ 23⁸ wants 3 (no apparent loss of text) after f. 174 24–37⁸ 38⁸ + 2 leaves (ff. 300–1) after 8 39⁴ 40 two (ff. 306–7, probably 7–8 of quire 15). Initials of arts. 1–16: (i) in arts. 1 and 13 (see above), at the eight main divisions of the Psalter (art. 4), to *Per* and *Te* igitur (art. 5, ff. 165, 166ᵛ), and to art. 14, in blue, and red, on grounds of gold, blue, and red, with wide prolongations in blocks of gold, blue and red, with colours patterned with white, ivy-leaf terminals; (ii) in arts. 1 and 13 (see above), in gold, on grounds of red and blue patterned with white; (iii) 2-line, red or blue, with ornament of the other colour; (iv) 1-line, red or blue. Initials of art. 17: 2-line, blue, with red ornament. Sixteenth in the list of books sent for rebinding or repair in October 1822, see MS XVI.K.2 above; rebound for 6s. 3d. Secundo folio (f. 1) *excitaret*.

Written for use in the diocese of York. For a West Yorkshire obit of 1558, see art. 3 above. 'Henrie Flint' scribbled, s. xvi, f. 15. Annotated by Marmaduke Fothergill, d. 1731; given by his widow in 1737.

XVI.O.10. *Herbal and medical and kitchen recipes (in English)*
s. xv²

Described and printed by E. Brunskill, 'A Medieval Book of Herbs and Medicine', *North Western Naturalist*, 1 (1953), 9–17, 177–89, 353–69. Arts. 1–5 are described *IMEP* vi. 58–61.

1. ff. 1–6 [F]ebryfuga is a erbe þᵗ men call' feuoʳfw . . . and namely of wone.

Virtues of twenty-one herbs, letters F–I, Feverfew–'[I]vsquiamus' (Henbane), of an alphabetical list. Printed on pp. 15–17, notes pp. 10, 12–15.

2. ff. 6–8ᵛ For þᵉ Emrodd Tayk a boyrd of Fyrtr' . . .

Medical recipes filling the space remaining in quire 1. Printed on pp. 17, 179–81, notes pp. 10, 177, 186–7.

3. ff. 9–31ᵛ (To clarefye suger'). Take a quart of fayr' water and put it in panne . . . and þus diagridium is made.

Mainly recipes for sweetmeats. Printed on pp. 181–6, 357–60, notes pp. 10, 177–9, 187–9, 353–4, 365–7. BL MS Harley 2378, ff. 155–168ᵛ contains the same collection, together with recipes for Clarrey, Pymente, Ypocrase, and Vernage, ff. 164/19–165/26, and Diaquilon, ff. 166ᵛ/24–167/20, which are not found here. ff. 9–22ᵛ: Harl. 155–162/23; ff. 22ᵛ–23 Take iii lb wax . . . : Harl. 166ᵛ/1–23; ff. 23ᵛ–26 (For the podagre) Take holy malwe . . . : Harl. 167/21–168ᵛ/28; ff. 26ᵛ–29ᵛ Take fayre belanger' zinzeber . . . : Harl. 162/24–164/18; ff. 29ᵛ–31ᵛ Takes benes . . . : Harl. 165/27–166/31.
'Non plus' in the margin of f. 31ᵛ opposite the last line of art. 3 appears to be a note by the original scribe. For two of the scribbles on ff. 11ᵛ, 12 see Brunskill, art. cit., p. 357; the third, f. 12, is 'Femena fax sathane fetens rose dulce venenum / Semper proua Rei que prohebentur ei', for line 1 cf. Walther, *Sprichwörter*, no. 9049a.

4. ff. 31ᵛ–40ᵛ Medical recipes, etc., filling the space remaining in quire 4 and continuing onto quire 5; the first, 'for euyll at a mans hart', is also on f. 8 in the same hand.

Printed on pp. 360–4, notes pp. 10, 354–6, 367–9. Non-medical pieces include: f. 32 Propter Nouem raciones prodest homini audire missam . . . , ending abruptly; f. 35 a recipe 'for to vryt gold letturs'; f. 36^v verse in English, 'On viii is al my lofe qwen ixg'oys before . . . ' 4 lines, in which figures stand for letters of the alphabet, and in Latin, 'Adde ihesus fine quociens tu dixeris aue . . . ' 2 lines; ff. 36^v–37 verses on the weather on 25 Jan., 'Clara dies pauli multas . . . animalia multa' 3 lines, a variant of Walther, *Versanf.*, no. 2827, and id., *Sprichwörter*, no. 2728; f. 37 verses on the weather on 2 Feb., 'Imbar si datur festo quo purificatur Virgo designatur quod yhemps exinde fugatur Si sol det radium frigus erit nimium', cf. 'The Times Diary', *Times*, 23 Mar. 1982; f. 37^v a Latin charm against thunder and lightning, 'Beatus Audoenus grauiter ferens tonitrui tempestatem . . . '. Part of f. 34 is gone.

5. (quire 6) ff. 41–43^v (*begins imperfectly*) neg' and iii sponfull' of barle mele . . . for it wyll' not fayle' if it be layd quike flesch Take (*ends imperfectly*).

Fourteen recipes remain. Printed on pp. 364–5, notes pp. 10, 356–7, 369.

ff. ii + 43 + ii. 147 × 110 mm. Written space *c.* 95 × 70 mm. 16–17 long lines. Frame ruling. Collation: 1–5^8 6 three. Every other leaf of art. 3 has a catchword. Written in current anglicana, by several hands; one scribe wrote arts. 1 and 3. Spaces for initials in art. 1 only, unfilled. Binding of s. xix. Secundo folio *Granum*.

Written in England. 'Roger Mystertu*n* Jhon Mystertu*n* Anne Mystertu*n* Mabell Mystertu*n*', f. 8, and 'Rogerus Mystertu*n* (de Durae (?))', f. 42^v, are s. xvi scribbles. 'Thomas Ellys hau thys buke quod Thoma*s* Ellys', f. 13^v, 'Thomas Ellys', f. 43^v, s. xvi.

XVI.O.11. *J. Mirk, OSA, Manuale sacerdotis*   s. xv med.

Capitula—(f. 5^v) Incipit prefacio libelli qui dicitur manuale sacerdotis. (f. 6) Amico suo karissimo Iohanni C Salutem in auctore salutis. Ex verbis domini saluatoris—(f. 8) ad laborem perpetuum Explicit prefacio Incipit Capitula—(f. 9) Incipit liber primus. Capitulum j. Quod sacerdos qui inmaculatus ordines suas recepit per viam salutis ad regnum tendit. Inter melliflua sancti psalterii cantica . . . et esse peropto ad laudem et gloriam domini nostri—(f. 160) amen. Explicit libellus Dictus manuale sacerdotis Kirkestall. (*erased:* Explicit libellus)

Bloomfield, no. 2787; see A. J. Fletcher in *Leeds Studies in English*, N.S. 19 (1988), 105–39, esp. 121–3. MS XVI.L.8 above is another copy. Five parts, ff. 9, 47^v, 77, 102^v, 126, each preceded by a unnumbered table of its chapters, with an unnumbered table of chapters of all five parts on ff. 2–5^v. ff. 160^v–168^v blank. f. 1, perhaps originally the blank leaf from the end of the last quire, has on the verso a note in the main hand of five 'consideranda in celebracione misse': 'Deuocio', 'Consideracio', 'Prouidencia', Discrecio', 'Intelligencia'.

ff. vii + 167 + iii. Paper, or, for the outer and centre sheets of each quire, parchment. ff. iii–vii and 168 are paper and parchment endleaves, s. xvi; for f. 1, see above. 144 × 102 mm. Written space *c.* 85 × 60 mm. 17–19 long lines. Frame ruling in pencil. Collation: 1^{12} + 1 leaf (f. 1) before 1 2–13^{12} 14^{12} wants 11 and 12 (? now f. 1). Written in secretary. Initials: (i) f. 6, 4-line, red; (ii) 2-line, red. Capital letters in the ink of the text lined with red. Formerly bound on 3 bands, see f. 168; nineteenth of the books sent to O. Sumner for rebinding or repair in October 1822, see MS XVI.K.2. above; rebound for 3s. Secundo folio (f. 7) *non sis*.

Written in England, by a scribe named Kirkestall. 'Ex dono Cuthberti Allen Pretium 2^s 6^d', s. xvi/xvii, f. iii; he (?) filled f. 167^{rv} with a note, 'This manuscript of Antiquitie may be cald a glassmanell for our presbitri . . . '. Belonged to Marmaduke Fothergill, d. 1731; given by his widow in 1737.

XVI.O.12. *Breviarium ad usum Sarum, pars hiemalis*   s. xv med.

A clearly organized breviary, with running-titles throughout and directions in the side margins, e.g. 'Oracio', 'Responsorium', 'Capitulum', 'Mat', 'Laud'. Rubrics are written in ink, underlined in red, some with 'Nota' in the margin. Lessons are generally shorter than edn.

Arts. 1–2 are on quires 2–19.

1. ff. 1–142ᵛ Dominica prima aduentus domini . . . Explicit temporale.

Brev. ad usum Sarum, I. v–dccviii. The Advent responses listed in *CAO*, no. 598. Office of Thomas of Canterbury untouched.

2. ff. 142ᵛ–144ᵛ Dicantur autem vigilie mortuorum cotidie cum missa in crastino . . . pietatis absterge. Per eundem christum d.d.

Cf. *Brev. ad usum Sarum*, I. xlv–xlviii. The running-title is 'Regula vig' mortuorum'.

3. ff. 145–98 Sanctoral, vigil of Andrew – Benedict.

Brev. ad usum Sarum, iii. 1–234. Lection 9 for Benedict, 'Post multos vero annos . . . denunciauit diem', is followed by a rubric 'Quando annunciacio beate marie . . . eodem tempore contingentibus'. f. 198ᵛ blank.

4. (added, s. xv) ff. iv–vi Commemoracio Omnium Sanctorum Ad vesperas A' Omnes electi dei . . . illorum rex imperpetuum. Deo gracias.

Cf. *Brev. ad usum Sarum*, ii. 94 and iii. 961, 979. Antiphons, hymns at Vespers and Lauds, capitula, etc., ending with the capitulum at None, 'Iudicabunt sancti naciones . . . ' Wisdom 3: 8.

5. (on flyleaf, f. xvi) f. 199 a page in Latin and English, rubbed and hard to read: ' . . . their (?) fortune is (?) fall on a bed of . . . (*at end*) you misrulde lord*is* make do delay etc.'

ff. ii + 204 + iv. Foliated i–viii, 1–199, (200–2). f. 199 is a medieval flyleaf. 142 × 97 mm. Written space *c*.91 × 60 mm. 28 long lines. Collation: 1⁶ 2–25⁸ 26⁸ wants 7, 8 (blank). Quires signed a–z aa ab. Well-written, in short-*r* anglicana formata; the scribe noted his expenses at the head of f. 199, '25 quaterni Summa expens' circa istum librum 28 s' 10 d''. Initials: (i) f. 2, 3-line blue and green *D*, and f. 145 blue *I*, shaded with white, on blackish grounds decorated in pink, blue, green, and (f. 1) orange, extended into three margins; (ii) 2-line, blue with red ornament; (iii) 1-line, blue, or, a few, red. Capital letters in the ink of the text filled with pale yellow. Binding of s. xix. Secundo folio *Qui viuis*.

Written in England. Annotated, f. viiiᵛ, by Marmaduke Fothergill, d. 1731; given by his widow in 1737.

XVI.O.19. *Psalterium*   s. xiii²

1. ff. 1–84 Psalms, beginning imperfectly at 20: 7 letificabis eum.

Two leaves missing after f. 4 contained Pss. 29–31:10. The upper corner of f. 3* is missing.

2. ff. 84ᵛ–92ᵛ Six ferial canticles, followed by Benedicite and Quicumque uult.

3. ff. 92ᵛ–97 Litany.

Thirty martyrs: (4) Thoma . . . (11) Romane . . . (17) Eadmunde . . . (26–30) Formunde Lamberte Oswalde Edwarde Gemini; forty-seven confessors: (1–6) Martine *doubled* Silvester Hylari Taurine Mello Edmunde . . . (36) Benedicte *doubled*; thirty virgins: (1–3) Maria magdalena Anna Wenefreda . . . (21–30) Modewenna Moderana Iuliana Radegundis Milburga Werburga Elena Editha Edburga Brigida. The 'Ut' series includes 'Ut regularibus disciplinis nos instruere digneris. Ut locum istum et omnes habitantes in eo uisitare et consolari digneris'. The prayers at the end after Deus cui proprium are Ecclesie tue, Omnipotens sempiterne deus qui facis, Pretende, Ure igni, Actiones, Deus a quo, A domo tua, Adesto domine, Animabus quesumus, Deus qui es sanctorum.

4. Hymns, canticles, etc., with unfilled lines left at the start of each hymn for music:

(*a*) ff. 97–105ᵛ Twenty-six (out of twenty-seven) dominical and ferial hymns, three canticles, and five OT lections: (*Sunday*) Primo dierum, Domine miserere nostri, Audite qui longe, Miserere domine plebi (set 1 of monastic canticles in Mearns, *Canticles*, p. 87), Eterne rerum, Iam lucis, Nunc sancte, Rector, Rerum deus, Lucis creator, Christe qui lux es, Te lucis ante; (*Monday*) Sompno refectis, Lectio. Consurge . . . et miserebitur tui (Lam. 2: 19), Splendor, Inmense celi; (*Tuesday*) Consors, Lectio. Dominus sapientia . . . concrescunt (Prov. 3: 19–20), Ales diei, Telluris; (*Wednesday*) Rerum creator, Lectio. Diligite iusticiam . . . habent in illum (Wisd. 1: 1–2), Nox et tenebre, Celi deus; (*Thursday*) Uox (*for* Nox) atra, Lectio. Qui confidunt . . . electis dei (Wisd. 3: 9), Lux ecce, Magne deus; (*Friday*) Tu trinitatis, Lectio. Benignus est . . . habet uocis (Wisd. 1: 6–7), Eterna celi, Plasmator; (*Saturday*) Summe deus, Aurora iam (*ends imperfectly*);

(*b*) ff. 106–16 Hymns and canticles, Lent–Trinity, beginning imperfectly in the third canticle of the monastic set for Lent 'ceptis meis ambuletis' (Ezek. 36: 27, Mearns, *Canticles*, p. 88), followed by (*Lent*) Dicamus omnes, Audi benigne, Iam christe sol, Dei fide, Qua christus, Ternis ter; (*Passion Sunday*) Vexilla regis, Pange lingua, Lustra sex; (*Easter*) Chorus noue, Claro paschali, Te lucis auctor, Iam pascha nostrum, Aurora lucis, Rex eterne, Ad cenam agni, Quis est iste, Uenite et reuertamur, Expecta me (set 1 of monastic canticles in Mearns, *Canticles*, p. 88); (*Ascension*) Hymnum canamus, Ihesu nostra redemptio, Eterne rex altissime, (ad horas) Nunc te precamur; (*Pentecost*) Iam christus astra, Beata nobis, Veni creator; (*Trinity*) Adesto sancta trinitas, O pater sancte, Nocte surgentes, Ecce iam noctis;

(*c*) ff. 116–117ᵛ (*Wenefred*) Christo regente secula melos (*RH*, no. 24532), (Ad horas) Qui wenefrede merita declara per miracula nos per eius suffragia (*no more*); (*vigil and feast of John Baptist*) office (cues) and hymns, Ut queant laxis, Non fuit uasti spacium per orbis (*ending imperfectly at this point*).

ff. ii + 118 + ii. Foliated: (i–ii), 1–3, 3*, 4–117, (118–19). 133 × 97 mm. Written space 88 × 57 mm. 22–3 long lines. Collation: 1¹² wants 6, 7 after f. 4 2¹² (6 and 7 singletons) 3–10¹². Initials: (i) to Pss. 26, 38, 51, 52, 68, 80, 97, 101, and 109, and to art. 2, 6/4-line, red and blue, with ornament of both colours; (ii) 2-line, blue or red, with ornament of the other colour; (iii) 1-line, blue or red. Line-fillers in blue and red. Eighteenth of the books sent to O. Sumner for rebinding or repair in October 1822, see MS XVI.K. 2 above; rebound for 3s.

Written in England, for a religious (Benedictine ?) house with Norman connections and a special devotion to SS Martin and Wenefred, see arts. 3 and 4(*c*). Scribbles, s. xvi, include, f. 80ᵛ, 'Anthony danyour of grace of almyghti . . . ', f. 22ᵛ, 'This byll maide the xiii day of october . . . ', and such like. Annotated by Marmaduke Fothergill, f. 1731; given by his widow in 1737.

XVI.O.22. *Horae* s. xiv in.

1. ff. 1–57ᵛ Hours of B.V.M.

All hours, except Matins, are imperfect at the beginning: Lauds, f. 22; Prime, f. 29; Terce, f. 37; Sext, f. 41; None, f. 45; Vespers, f. 48; Compline, f. 53. The antiphon and capitulum at Prime are Assumpta est and Regi seculorum; at None they are missing. Nine lessons at Matins, the first six, Sermo sancti ieronimi presbiteri ad paulam et eustochium , l. iᵃ. Hodie gloriosa . . . predicatur plena, *PL* xxx. 130–1, and the last three, omelia beati augustini episcopi Sanctum euuangelium . . . quam uentris, *PL* xxxviii. 616, sermo civ/1–28.

The seventeen lines of f. 33ᵛ and the last thirteen lines of f. 53ᵛ rewritten on pieces of parchment pasted over the original text; the writing is closer than elsewhere, and so the replacement texts probably include omissions in the original. On f. 35ʳᵛ the written space is wider than elsewhere.

2. f. 57ᵛ In nomine patris et filii et spiritus sancti amen. ci comence li seruices nostre dame solonc la maniere de la cort de rome et solonc la maniere des freres menors.

This heading occupies lines 8–13. Lines 14–17 blank.

3. ff. 58–66 Office of the dead.

The nine lections are Parce michi, Tedet animam, Responde michi quantas, Quis michi hoc tribuat, Spiritus meus attenuabitur, Pelli mee, Christus resurrexit, Si secundum hominem, Ecce mysterium, and the corresponding responses Domine qui, Qui lazarum, Libera me, Absolue domine, Tuam deus, Rogamus te, Requiem eternam, Ne trades domine, Deus eterne in cuius. f. 66ᵛ blank.

ff. iii + 66 + iii. 128 × 94 mm. Written space 74 × 50, or f. 35ʳᵛ 62, mm. 17 long lines. Collation: 1¹² 2¹² wants 10 after f. 21 3¹² wants 6 after f. 28 4 ten (ff. 35–44: single leaves missing after ff. 36, 40) 5¹² wants 4 after f. 47 10 after f. 52 6 three (ff. 55–7) 7¹⁰ wants 10 (blank). Initials: (i) all removed except f. 1, 11-line blue *D*, patterned with white, on a gold and pink ground, historiated (B.V.M. with sceptre holding Child with orb), in a gold frame, and extended below the text into the right margin where an angel plays a viol; (ii) 3-line, blue or pink patterned with white, on gold grounds, each containing a boy's head or, in art. 3, a girl's; (iii) 1-line, blue with red ornament, or gold with pale blue ornament. Capital letters in the ink of the text lined with red. 'Cathedral' binding by 'O.SUMNER BINDER YORK', s. xix¹; 'XVI.O.22' stamped at the head of the spine. Secundo folio *altitudines*.

Written in Flanders (?). Perhaps *CMA*, no. 54.

XVI.O.23. *Breviarium, pars aestivalis* s. xv in.

A damaged York breviary, summer part. Thirty-one leaves of text, including all principal leaves, torn out, many leaving fragments in place.

1. ff. 1–112ᵛ In vigilia Pasche completo sacramento . . . Scita (*sic*) domine quesumus.

Temporal, Easter Eve – 25th Sunday after Pentecost. *Brev. Ebor.* i. 401/29–652. Eleven leaves missing. f. 39 damaged.

2. ff. 112ᵛ–122 In dedicacione ecclesie.

Brev. Ebor. i. 656–73.

3. (a) ff. 122–135ᵛ Commemorations of B.V.M., William of York, and Peter and Paul; (b) ff. 135ᵛ–137ᵛ Memoriae at Matins and Vespers of Cross, B.V.M., Peter and Paul, William of York, relics, confessors (John, Wilfred, Cuthbert), All Saints, and peace; (c) ff. 137ᵛ–139ᵛ Benedictiones communes; (d) ff. 139ᵛ–140ᵛ Preces in quadragesima ad matutinas et ad vesperas—Ego dixi . . .

(a, b) Brev. Ebor. i. 675–702, 939–44; (c) nos. 1–46, 65–79, 47–58 of the set of verses Brev. Ebor. i. (16–18); (d) twenty forms repeated twice, the second time under the heading 'Preces minores', cf. Brev. Ebor. i. 283–4 for these prayers in prostration.

4. ff. 141–146ᵛ Calendar in red and black, graded.

Brev. Ebor. i. (3–14), but Chad omitted, Barbara (4 Dec.) added s. xv/xvi (?), and in black not red George (23 Apr.), Anne (26 July), and Katherine (25 Nov.). 'pape' and feasts of Thomas of Canterbury untouched.

5. ff. 147–245 Liturgical psalter, beginning imperfectly at Ps. 2: 2 'nerunt', followed by Benedicite, Benedictus, Magnificat, Te deum, and Nunc dimittis.

Eight leaves missing. Cf. art. 6b. Brev. Ebor. i. 729–931, here with cues only for Ps. 148, and Benedicite – Te deum.

6. (a) ff. 245–8 Litany; (b) f. 248ʳᵛ 'Isti duo psalmi carent in suo ordine supra in psalterium' heads Pss. 31 and 37: 1–10 (ends imperfectly).

(a) Brev. Ebor. i. 931–9, here with Peter doubled; (b) art. 5 has cues for Pss. 31 and 37.

7. ff. 249–428ᵛ Sanctoral, Ambrose (4 Apr.) – Saturninus (29 Nov.), ending imperfectly.

Brev. Ebor. ii. 243–729/3: the lessons are differently divided at this point. Eleven leaves missing.

8. ff. 429–463ᵛ Common of saints, beginning imperfectly.

Brev. Ebor. ii. 1/25–82. One leaf missing after f. 448.

9. ff. 463ᵛ–465ᵛ In natale undecim milia uirginum, ending imperfectly.

Supplement to ff. 389–390ᵛ above, different from Brev. Ebor. ii. 632–6.

ff. ii + 465 + ii. 125 × 87 mm. Written space 89 × 58 mm. 2 cols. 28 lines. Collation: 1⁸ 2⁸ wants 3–6 after f. 10 3–4⁸ 5⁸ wants 4, 5 after f. 31 6⁸ wants 6 after f. 39 7⁸ 8⁸ wants 1 before f. 50 5, 6 after f. 53 9⁸ 10⁸ wants 6 after f. 68 11⁸ wants 7 after f. 76 12–18⁸ 19⁸ wants 8 (blank ?) after f. 140 20⁶ 21⁸ wants 1 before f. 147 22–24⁸ 25⁸ wants 2 after f. 178 26⁸ wants 3 after f. 186 27⁸ wants 6 after f. 196 8 after f. 197 28⁸ 29⁸ wants 3 after f. 207 30⁸ wants 4, 5 after f. 215 31–33⁸ 34⁶ 35–37⁸ 38⁸ wants 3–6 after f. 274 39⁸ wants 4 after f. 279 40–44⁸ 45⁸ wants 6 after f. 328 46⁸ wants 4 after f. 333 47–49⁸ 50⁸ wants 8 after f. 368 51–52⁸ 53⁸ wants 7 after f. 390 54⁸ wants 3 after f. 393 55–57⁸ 58⁸ wants 7 after f. 428 59–60⁸ 61⁸ wants 3 after f. 447 62⁸ + 1 leaf (f. 455) after 2 63⁴. Quires 1–12 signed 1–12, in red; 13–18, a–f; 21–32, c–o; 48–49, o–p. Initials: (i) all removed except at Pss. 26, 38 and 109, and to arts. 2 and 3a, 5- and, f. 122, 3-line, in pink and/or blue, lined with white, on gold grounds decorated in blue, pink, orange, and green, extending into the margins in gold and colours; (ii) 2-line, blue with red ornament; (iii) 1-line, red or blue. Seventeenth of the books sent to O. Sumner for rebinding or repair in Oct. 1822, see MS XVI.K.2 above; rebound for 5s. 3d.; 'Clasps 1s. 9d.', MS Add. 384 p. 72. Secundo folio tas. unum.

Written for use in the diocese of York. 'Robart Rycheson aw thys boke dwellinge in moscrofte towne', s. xvi, f. 140ᵛ, cf. Molescroft, 1 mile NW of Beverley. Annotated by Marmaduke Fothergill, d. 1731; given by his widow in 1737.

XVI.O.24. *Horae*   s. xv[I]

A much damaged Sarum book of hours: arts. 1*a*, 3*b–d*, *f*, *g*, 4, 5*a*, 6*a–c*, 10*a*, *b*, 11–13 are headless. Does not conform to the standard type of book produced in the Low Countries for the English market, cf. above Powis Castle MS.

1. (*a*) p. 1 (*begins imperfectly*) milium. O corona preciosa quam cruoris tinxit rosa . . . declinans in vicium; (*b*) pp. 1–5 Ad vulnus dextre manus. Salue vulnus dextre manus. Velut physon . . .

(*a*) Crown of Thorns; (*b*) Five Wounds, cf. *RH*, no. 33260.

2. p. 5 Ad ymaginem beate marie v'. O maria plasma nati que vidisti ihesum pati . . . quia carni paruit

Four 3-line stanzas, here written as prose, *RH*, no. 30648.

3. Seven memoriae: (*a*) pp. 6–8 Ad sanctum iohannem ewangelistam. O Iohannes ewangelista. tu sacrarii sacrista . . . (*RH*, no. 28714) Oratio. Omnipotens sempiterne deus qui vnigenitum . . . ; (*b*) p. 9 (*begins imperfectly*) tue et auxiliare nobis in omnibus necessitatibus . . . celestis gaudii perducat. Amen; (*c*) pp. 11–12 John ev. (*begins imperfectly*) tibi matrem specialem committente filio . . . (*RH*, no. 27075) oratio. Ecclesiam tuam quesumus domine . . . ; (*d*) pp. 13–14 George (*begins imperfectly*) qui nos prestet uirtus trina . . . oratio. Deus qui potens es omnem languorem . . . ; (*e*) pp. 14–19 George: Salue martir gloriose aue miles preciose . . . (*RH*, no. 18011) . . . ; (*f*) pp. 21–2 (*begins and ends imperfectly*) sum christum saluatorem ne me dampnet . . . Oratio. Deus qui beatum nicholaum pium pontificem . . . ; (*g*) pp. 23–5 (*begins imperfectly*) sum. Oremus. Oracio. Sancte angele dei minister celestis imperii . . .

pp. 10, 20, 26 blank.

4. pp. 27–36 (*begins imperfectly*) ua me in tua voluntate doce me . . . me perseuerare facias qui es benedictus—Amen.

A prayer to God the Son.

5. Devotions to B.V.M.: (*a*) pp. 37–8 (*begins imperfectly*) partum uirgo in partu. virgo post partum . . . in caritate perfecta; (*b*) pp. 38–45 Alia oratio. Obsecro te . . . Et michi N famulo tuo . . . mater dei et misericordie. Amen; (*c*) pp. 46–51 Alia oratio de sancta maria. Ave mundi spes maria. aue mitis. aue pia. aue plena gratia . . . ; (*d*) p. 51 an' Alma redemptoris mater que per uia (*sic*) . . . ; (*e*) pp. 51–2 ant. Qvam pulcra es et quam decora . . . ; (*f*) pp. 52–4 Oratio. O Maria mater domini nostri ihesu christi O benedicta inuentrix gracie . . . ; (*g*) pp. 54–8 Alia Oratio. Obsecro te domina sancta maria mater dei mater immaculata . . . valeam corregare. Amen. Ihesu fili dei. miserere famulo tuo N et dirige eum secundum clementiam tuam in uiam salutis eterne. Amen.

(*c*, *d*) *RH*, nos. 1874, 861.

6. Memoriae: (*a*) pp. 59–61 Anne (*begins imperfectly, in a collect*) per illam sacratissimam . . . Oratio. Felix anna cella mundicie lumen mundi . . . (*RH*, no. 6004) Oratio. Ave mater anna plena melle canna cui marem passa . . . (*RH*, no.

1928) Responsorium. Anna mater matris christi . . . (8 lines); (*b*) pp. 63–4 Mary Magdalene (*begins imperfectly*) ti vt non solum . . . Oratio. Beata es maria que piarum vndis lacrimarum . . . ; (*c*) p. 65 Katherine (*begins imperfectly*) neramur obsequio . . . Oratio. Ave uirginum gemma katherina . . .

pp. 62 and 66 blank.

7. pp. 67–152 Hours of B.V.M. of the use of (Sarum), beginning imperfectly in Venite v. 4 'ipse conspicit'.

All hours are imperfect at the beginning: Lauds, p. 85; Prime, p. 121; Terce, p. 131; Sext, p. 137; None, missing; Vespers, p. 141; Compline, p. 145. Hours of the Cross worked in. Memoriae after Lauds of Holy Spirit, Trinity, Cross, Michael, John Baptist, Peter and Paul, Andrew, Laurence, Stephen, Thomas of Canterbury (Tu per thome sanguinem . . .), Nicholas, Mary Magdalene, Katherine, Margaret, All Saints, and peace. pp. 130 and 136 blank.

8. pp. 152–6 Ant' De domina nostra. Salue regina misericordie . . . V' Virgo mater ecclesie . . . Oratio. Omnipotens sempiterne deus qui gloriose uirginis . . .

RH, nos. 18147, 21818.

9. pp. 156–60 Septem gaudiis celestibus (*sic*) beate marie uirginis. Gaude flore virginali . . .

RH, no. 6810.

10. (*a*) pp. 161–78 Penitential psalms, beginning imperfectly in Ps. 6: 11; (*b*) pp. 179–82 Incipiunt quindecim psalmi: cues only of the first twelve, ends imperfectly; (*c*) pp. 183–90 Litany, beginning and ending imperfectly.

(*c*) All names missing; the prayers remaining at the end are the first three of the normal Sarum set, but also, in second place, Exaudi quesumus domine supplicum preces . . .

11. pp. 191–257 Office of the dead, beginning imperfectly.

p. 258 blank.

12. pp. 259–94 Commendations, beginning imperfectly in Ps. 118: 24 'et testimonia tua'.

13. pp. 295–307 Psalms of the Passion, beginning imperfectly in Ps. 21: 12 'Quoniam tribulatio'.

Cues only of Pss. 22–4, 26, and 29.

14. (added, s. xv) p. 308 Oure ladye Saynt marye sent this oryson to a bischop of Parische and warnyd hym þ^t he sulde teche þ^e peple to say itt and wha þ^t says itt fyfe sythis . . . dy w^tout shryft (*ends imperfectly, in the heading*).

IMEP vi. 61. On p. 309 there are s. xv notes of payments on five days of the week amounting to 18d.

ff. iv + 154 + iv. Paginated. pp. vii–viii, 309–10 are medieval parchment leaves. 110 × 75 mm. Written space 55 × 37 mm. 16 long lines. Collation not practicable: mainly eights. Initials: (i) none remain; (ii) 3- or 2-line, gold on blue and deep pink grounds patterned with white; (iii) 1-line, blue with red ornament, or gold with black ornament. Line-fillers in gold and blue. Capital letters in the ink of the text filled with yellow. Binding of s. xix.

Written in the Low Countries, for English use. Much annotated by Marmaduke Fothergill, d. 1731; given by his widow in 1737.

XVI.O.35. *Horae* s. xv/xvi

1. ff. 1–12ᵛ Full calendar in French in gold and alternating blue and deep pink.

2. f. 13 (*begins imperfectly*) nouis serpentes tollent . . . confirmante sequentibus signis.

8 lines only. f. 13ᵛ blank except for a heading at the foot, 'Sequitur oratio ad beatam mariam', presumably to art. 3.

3. ff. 14–15ᵛ The prayer Obsecro te, beginning imperfectly 'in uenerabilissimo utero tuo. Et in quibus . . . Et michi famule tue N impetres . . . '

4. ff. 15ᵛ–57ᵛ Secuntur hore beate marie virginis.

Use of Rome. After the heading the first leaf is gone, similarly the first leaf of each hour, before ff. 29, 38, 41, 43, 45, 47, and 52. Seasonal material begins on f. 53.

5. ff. 57ᵛ–59 Sequitur de cruce.

Hours of the Cross, beginning imperfectly after the heading. f. 59ᵛ blank.

6. ff. 60–1 Hours of Holy Spirit, beginning imperfectly.

f. 61ᵛ blank.

7. ff. 62–81ᵛ Penitential psalms, beginning imperfectly in Ps. 6: 9, and (f. 69) 'letanie'.

Twenty-six confessors: (11–26) iuste lupe eucheri germane maxime benedicte geralde maure claudi bonite domiciane egidi philiberte anthoni francisce columbane; twenty-two virgins: (11–15) radagundis florentia margarita consortia blandina. The prayers after Deus cui proprium are Deus a quo, Deus qui nos patrem, and Fidelium.

8. ff. 81ᵛ–104 In vigiliis mortuorum.

Office of the dead, beginning imperfectly after the heading.

9. ff. 104ᵛ–109ᵛ Memoriae of B.V.M., Michael, John Baptist, Peter and Paul, John ev. (headed 'de sancto iohanne baptista'), Sebastian, Christopher, Anthony hermit, Mary Magdalene, Katherine, Apollonia (Uirgo martir egregia pro nobis appolonia . . . RH, no. 21744, Virgo Christi egregia) ending imperfectly in the collect ' . . . intercessione beate marie. beati laurentii'.

10. ff. 110ʳᵛ Seven Oes of St Gregory, beginning imperfectly.

The series is: in cruce vulneratum, te deprecor, in sepulchro, descendentem, resurgentem, pastor bone.

11. ff. 110ᵛ–111ᵛ Alia oratio. Deus propicius esto michi peccatori. et custos . . .

12. f. 112ʳᵛ Illumina oculos meos ne vnquam . . .

The Eight Verses of St Bernard.

13. ff. 112^v–116^v Oratio ad beatam u(ir)ginem. Missus est gabriel angelus . . . (f. 116) Oratio. Te deprecor ergo mitissimam piissimam . . .

The central section comprises twenty sentences each beginning 'Vera uirgo et mater que filium dei genuisti. verum deum et verum hominem . . .'.

14. ff. 116^v–117^v O intemerata . . . orbis terrarum Inclina . . . , (ends imperfectly), Masculine forms.

15. ff. 118–124^v (begins imperfectly) Si ergo me queritis . . . monumentum posuerunt ihesum. Recommendatio. In manus tuas domine comendo spiritum meum redemisti me domine deus veritatis. R. deo gratias. Explicit.

John 18:8 – 19:42.

ff. i + 117 + i. Foliation jumps from 70 to 78. 214 × 148 mm. Written space 127 × 85 mm. 17 long lines. Collation: 1–2^6 3 three (ff. 13–15) 4^8 wants 1 before f. 16 5^8 wants 7 after f. 28 6^8 7^8 wants 1 before f. 38 5 after f. 40 8 after f. 42 8^8 wants 3 after f. 44 6 after f. 46 9^8 wants 3 after f. 50 10^8 wants 3 after f. 57 6 after f. 59 11^8 wants 1 before f. 62 12^8 wants 7 after f. 81 13–15^8 16^4 wants 4 after f. 109 17^8 wants 1 before f. 110 18 one (f. 117) 19^8 wants 1 before 118. Written in a mannered textura. Catchwords written vertically down in lettre bâtarde. All larger pictures missing; twelve smaller pictures, c. 55 × 40 mm.: eleven in art. 9 and one before art. 13 (man kneeling before B.V.M. and Child). Initials: A, except on ff. 45–46^v (central bifolium of quire 8) (i) on missing leaves; (ii) 2-line, blue shaded with white on red grounds patterned with gold, or red patterned with gold on blue grounds patterned with white; (iii) 1-line, gold on brown, red or blue grounds; B, ff. 45–46^v (ii) 2-line, gold; (iii) 1-line, blue with red ornament, or gold with black or mauve ornament. Line-fillers in red or blue patterned with gold, or, brown branches shaded with gold; f. 45, blue and gold. Headings in red or blue, beginning with a cadel of the other colour. Binding of s. xix by J. Winstanley 12 Queen Street Manchester.

Written in France, probably for use in the diocese of Lyons, see art. 7. '3144' in pencil, s. xix (?), f. 1^v. Item 508 in an English sale-catalogue, s. xix/xx, see cutting stuck to f. i.

XVI.P.5. *Bartolus de Saxoferrato, Lectura Codicis*   s. xiv/xv

1. ff. 1–316 [R]vbrica ista habetur diuersimode vera Rubrica est illa quam dicam uobis legendo—(f. 2^v) Cvnctos. populos. diuide 1. istam in tres partes . . . 1. prout quisque Bartolus legum doc'. Explicit lectura domini Bartoli Super Codice.

This copy listed Dolezalek, ii sub York, iii sub Bartolus. Bk. 6 starts a new quire (19). ff. 180^v, 316^v–319^v blank.

2. ff. 320–329^v In nomine ihesu christi eiusque matris marie virginis gloriose necnon beatorum anthonii nicolai tociusque curie celestis amen. Qui ubi christus non est—sequitur Rubrica de Iure fisci. Bartolus legum doctor. Glo. continuat etc. Duobus modis . . . coguntur facere exactionem ad (ends imperfectly).

Bartolus, Lectura trium librorum (Codex 10–12), ending at bk. 10. x.19.6. This copy not listed by Dolezalek.

ff. iii + 329 + iii. Paper (very clear watermark on f. 319 of a basilisk, cf. Briquet nos. 2635, 2662). 440 × 330 mm. Written space 295–305 × 180–210 mm. 2 cols. 53–71 lines. Frame ruling. Collation: 1–3^{10} 4^{12} 5–12^{10} 13^{10} wants 2, 3 after f. 123 and 8 after f. 127 14–17^{10} 18^{10} + 1 leaf (f. 180) after 10 19–31^{10} 32^{10} wants 10 (blank) after f. 319 33^{10}. Quires 1–32 marked in red at bottom right of first recto, a–z ⸾ 9 *rum* ā-f; quires 1–2 numbered at centre foot of first recto, 'Primus qu*i*nternus' and 'Secundus qu*i*nternus', and quires 20–1, 'secundus se. partis', 'iij —'; quires 15–17, at centre foot of last verso, 'qu*i*nternus xiiij', 'xv —' and 'xvj —'. Leaves in the first half of every quire numbered 1–5. Long catchwords. Written in hybrida or, by the first hand, in a set cursiva, probably by four hands: quires 1–2, 6–11 (ff. 1–20ᵛ, 53–112ᵛ), 3–5 and 19–32 (ff. 21–52ᵛ and 181–316ᵛ), 12–18 (ff. 113–180ᵛ), and quire 33 (ff. 320–329ᵛ). Initials: (i) f. 1, 27-line space, and f. 181, *c.*20-line space across both cols., unfilled; (ii) f. 320, 10-line *I* in pink, red and green, on blue ground patterned with white, extending into the margin; (iii, iv) 8/5-, and 4/3-line, red or blue, ornamented with vertical strokes of the other colour, or, in the sections by the first two hands, ink for some red initials. MSS XVI.P.5–7 are fourth–sixth among eleven manuscripts listed on 2 Nov. 1820 in the Bindings Book, 'half bound in Russia' for £1 5s. each. Secundo folio *pecuniam*.

Written in Italy, probably, with MS XVI.P.6, at the same place as MS XVI.P.7 below. Running-titles in an English hand, s. xv. Almost certainly the copy of Bartolus on the Code that John Newton, treasurer of York, d. 1414, assigned to a chest of law books to be kept in the vestry of York Minster in the codicil to his will, see *Test. Ebor.* iv (1836), 368–9, also Emden, *BRUC*, pp. 421–2. Catalogue of 1671, cf. no. 4. *CMA*, no. 7 or no. 8.

XVI.P.6. *Bartolus de Saxoferrato, Lectura Digesti novi* s. xiv/xv

(*begins imperfectly*, f. 2) de a quo. co. et idem si dico quia edifficas in meo . . . a statuto concess' filio ex disposicione (*ends imperfectly*).

A small fragment of f. 1 remains. The first words on f. 2 and the last of f. 445ᵛ are in the commentary on 39. 1.1 and 50. 16.220, Liberorum. This copy listed Dolezalek, ii *sub* York, iii *sub* Bartolus. At the end of the 'prima pars', bks. 39–44, on f. 184ᵛ the scribe wrote 'Explicit prima pars lecture domini Bartoli super ff nouo deo gracias' and a couplet 'Quod sibi quisque serit presenti tempore vite Hoc sibi messis erit cum dicitur ite venite'; the upper half of f. 185 was left blank.

ff. ii + 445 + iii. Paper. 423 × 297 mm. Written space *c.* 275 × 180 mm. 2 cols. *c.*68 lines. Frame ruling. Collation: 1¹² wants 1 and almost all 2 (f. 1) 2–10¹⁰ 11¹² 12–17¹⁰ 18¹² wants 12 (blank) after f. 184 19–25¹⁰ 26–27¹² 28¹⁰ wants almost all 3 after f. 280 29–34¹⁰ 35⁸ 36–44¹⁰. Quires 1–15 signed in red, (a)–p; 16–34, in the centre at foot, a–t; 35–44, a–k. Quires 19–41 lettered at the beginning A–Z. Leaves in the first half of each quire numbered 1–5. Catchwords surrounded by a repeated distinctive cartouche. Written in hybrida, by one scribe. Initials: (i) f. 185, 4-line space, unfilled; (ii, iii) 8- and 3-line, blue with red vertical lines, or red with ink vertical lines. MSS XVI.P.5–7 are fourth–sixth among eleven manuscripts listed on 2 Nov. 1820 in the Bindings Book, 'half bound in Russia' for £1 5s. each.

Written in Italy, probably, with MS XVI.P.5, at the same place as MS XVI.P.7 below. Running titles in an English hand, s. xv, like that in MS XVI.P.5 above. Almost certainly the copy of Bartolus on the New Digest that John Newton, treasurer of York, d. 1414, assigned to a chest of law books to be kept in the vestry of York Minster in the codicil to his will, see MS XVI.P.5 above. Catalogue of 1671, cf. no. 4. *CMA*, no. 7 or no. 8.

XVI.P.7. *Bartolus de Saxoferrato, Lectura Digesti veteris* 1401

in nomine domini nostri ihesu christi. Principium medium finem [regit alma maiestas] (*guide words in the upper margin, repeated on f. 150, whence the lacuna is supplied*) Rvbrica hec simul cum constitucione est quedam epistola . . . (f. 149ᵛ, end of bk. 11) Explicit prima pars lecture domini Bartoli de Saxoferrato legum

excellentissimi doctoris Super ff veteri. (f. 150, 16¹, *upper half blank*) [G]losa
continuat Rubricam ad precedencia. Multum breuiter Ia. . . . (f. 278) egregius
Interpres. Explicit lectura venerabilis memorie domini Bartholi de Saxoferrato
legum doctoris Eximii super ff veteri Completa sub Incarnacionis anno domini
nostri Ihesu christi Millesimo Quadringentesimo primo. die vigesimo quinto
Mensis Iunii hora vesperorum. Per Me Petrum de Colonia nunc habitatorem
Terre Montisbellii Comitatis Bon'. Id circo gracias decantare non cessabimus
Summo deo eiusque semper virgini et matri gloriosissime Marie vtriusque
Iohannis Baptiste et euuangeliste ac beatis apostolis Petro et Paulo totique celesti
yerarchie Per infinita seculorum secula Amen.

This copy listed Dolezalek, ii *sub* York, iii *sub* Bartolus. The scribe omitted 4. 4. 11–24 on f. 105,
where there is a note 'quod hic deficit vide infra post ti. de diuorc' in fi. libri presentis'; the
missing text is supplied in another hand on ff. 278–9. f. 279ᵛ blank, also f. 280ʳᵛ except for two
notes on the recto, 'Isti quinterni sunt petri de colonia et sunt quindecim numero et est prima
pars ff veteris lec. domini Barth' de Saxoferrato', 'In festo sancti Michaelis anno domini M° cccc
primo feci prouisionem vini frumenti et lignorum ad summam xx duc'.

ff. ii + 280 + iii. Paper. 435 × 298 mm. Written space *c.* 290 × 175 mm. 2 cols. *c.*60–70 lines.
Frame ruling. Collation: 1¹⁰ wants 1 (blank ?) 2–15¹⁰ 16¹⁰ wants 1 (blank ?) before f. 150 17–27¹⁰
28¹⁰ + 2 leaves (ff. 279–80) after 10. Quires 1–27 signed A–Z ꝝ ꝯ *rum tur*. Catchwords in
distinctive frames. Written in a set cursiva, by a named scribe. Initials: (i) ff. 1, 150, unfilled
spaces; (ii, iii) much as (ii, iii) in MS XVI.P.6 above. Mark from chaining-staple at centre foot of
ff. 275–80. MSS XVI.P.5–7 are fourth–sixth among eleven manuscripts listed on 2 Nov. 1820 in
the Bindings Book, 'half bound in Russia' for £1 5s. each. Secundo folio *quod est verum*.

Written by a scribe named Cologne living in Bologna. Running titles in an English hand, s. xv,
like that in MSS XVI.P.5–6 above; connected with the Northern Province, s. xv, see note, 'nota
pro quadam constitucione prouinc' Ebor que incipit sciendum etc', f. 10. Almost certainly the
copy of Bartolus on the Old Digest that John Newton, treasurer of York, d. 1414, assigned to a
chest of law books to be kept in the vestry of York Minster in the codicil to his will, see MS
XVI.P.5 above. Catalogue of 1671, no. 4. *CMA*, no. 6.

XVI.P.8. *Cinus de Pistoia, Lectura Codicis*   s. xiv/xv

Quia omnia noua placent. potissime que sunt vtilitate decora—resecatis.
Sanctissime igitur trinitatis . . . (f. 313) gloriose mecum gracias agatis. Amen.
AMEN Nomen scriptoris robertus plenus Amoris. etc.

Not listed in Dolezalek, iii. Bk. 2, f. 23; 3, f. 70ᵛ; 4, f. 102; 5, f. 152ᵛ; 6, f. 176; 7, f. 234; 8, f.
257; 9, f. 288. Bk. 6 ends, f. 233ʳa/2, in 60. 8 with the words 'duas partes. et quare secundo pars
subicia Dic ut in glosa', with f. 233ᵛ left blank; bk. 7 begins, f. 234, 'Mancipia. no. quod qui
emit rem' (26. 1), omitting 1–25. f. 313ᵛ blank.

ff. i + 313 + i. 436 × 296 mm. Written space *c.* 340 × 220 mm. 2 cols. 80–3 lines. Collation: 1¹²
2¹⁴ 3¹² 1–5 cancelled before f. 27 4–6¹² 7¹⁰ 8¹⁰ 10 cancelled after f. 88 9–19¹² 20¹⁴ wants 14
(blank) after f. 233 21–26¹² 27⁸. Quires signed in red or black with marks or letters, p per q r on
quires 10–13, and a–f on quires 14–19. The leaf-number is in ink under the signature, except in
quires 14–19 where it follows the signature. Written in anglicana, mostly anglicana formata, by
at least five scribes: changes at ff. 58, 89, 149 and 234, at the start of quires 6, 9, 14, and 21; in
quires 9–13 *d* is round-backed, not looped. Initials: (i) f. 1, 9-line *Q*, in gold, on pink and blue
ground patterned with white, extending above in a pattern of branches ending in gold blobs and

green, blue, and orange leaves to fill a space of 17 lines; (ii) to bks. 4–5, 7–9, as (i), with short marginal sprays, or, to bk 3, no 'spray; (iii, iv) 4-line, to bks. 2, 6, and 3- or 2-line, blue or red. Perhaps formerly bound in two volumes, see below the double entries in the 1671 catalogue and *CMA*; binding now like MS XVI.P.5 above, by 2 Nov. 1820: the Bindings Book records under this date (MS 384, p. 67) '1 Folio half Russ. Cynus de Sinioaldis etc Lett^d. Slips of Russia Marble P. etc.', at a cost of 1s. 8d., but seems to have no entry for the binding itself. Secundo folio *quam pauper*.

Written in England. The running-titles are set out at the top right of rectos like those in MSS XVI.P.5–7 above, although the hand is different. Almost certainly the copy of Cinus on the Code that John Newton, treasurer of York, d. 1414, assigned to a chest of law books to be kept in the vestry of York Minster in the codicil to his will, see MS XVI.P.5 above. Catalogue of 1671, no. 19; no. 18 is an anonymous law-book. *CMA*, no. 20; no. 21 is also said to be a copy of Cinus.

XVI.P.12. *Homiliarium aestivale de tempore* s. xii med.

Eighty-two homilies on the gospels, Easter Eve – 24th Sunday after the octave of Pentecost, followed by Sunday before Advent ending imperfectly. Similar to, but rather fuller than, the collections of the Benedictine houses of Bury St Edmunds, Durham, and Glastonbury, now Cambridge Pembroke Coll. MS 23, Durham Cathedral MS A.III.29, and BL MS Harley 1918, in all of which many more than half the homilies correspond to the homiliary of Paul the Deacon, see R. Grégoire, *Les Homéliaires du Moyen Âge* (1966), 93–108, or J. Leclercq in *Scriptorium*, 2 (1948), 209–13.

Here there are fifty-four homilies out of the summer series of ninety-nine, followed by the first of the winter series, listed by Grégoire, or Leclercq, for Paul the Deacon, in the order 1–2, 5, 9–13, *, 7, 15, 3–4, 6, 8, *, *, 20, *, 21–2, 24, 17, *, 19, *, 25, 27–8, 26, 29 (divided in three), *, *, 30, 33 (divided in three), 31–2, 34–6, *, *, *, *, *, *, *, 16, *, *, *, 56, 59, *, 38–9, *, 57, *, 60–2, *, 64, 69, *, 74–6, 80, 82, 81, *, 86, 90, 89, *, *, *, 95–6, ending with Winter 1, * indicating the points at which there is a homily not from this series. Thirty-two omitted here are for saints' days, outside the scope of this manuscript (nos. 23, 40–55, 65–8, 70–3, 77–9, 88, and 97–9), and the other thirteen not here are nos. 14, 18, 37, 58, 63, 83–5, 87, and 91–4.

There are twenty-seven homilies not from the Paul the Deacon series (*p, d, h* showing which also occur in the Pembroke Coll., Durham and Harley manuscripts mentioned above), among them one of the five ascribed to 'Johannes episcopus', i.e. Chrysostom:

9). f. 17. Sat. after Easter. Greg. Fractus . . . (*PL* lxxvi. 1174–81) *pdh*;

16). f. 28. *Between* oct. Easter *and* 1st Sun. after oct. Aug. Non queo . . . (*CC* lxxviii. 545–547/ 78: Jerome) *h*;

17). f. 28^v. *Between* oct. Easter *and* 1st Sun. after oct. Aug. Pascha . . . (*CC* civ. 819–22);

19). f. 31. *Between* 1st *and* 2nd Sun. after oct. Easter. Aug. Audiuimus . . . (*PL* xxxviii. 763–9: Sermon 138) *d*;

24). f. 41. *Between* Rogation Mon. *and* vig. Ascens. Joh. Clementissimus . . . (*Clavis*, 935. xx) *d*;

26). f. 45^v. *Between* Rogation Mon. *and* vig. Ascens. Aug. Audiuimus . . . (*PL* xxxviii. 618–25: Sermon 105) *d*;

32). f. 59^v. oct. Ascens. Aug. Hodie dominus—Si consurrexistis . . . (*PL* xxxviii. 1210/39–1212/ 19: Sermon 263 extr.) *d*;

33). f. 60^v. oct. Ascens.—. Promissum . . . (*CC* cxxii. 282–4 lines 87–159) *p*;

41). f. 73^v. Mon. after Pent. Aug. Non enim . . . (*CC* xxxvi. 127–9) *p*;

42). f. 74ᵛ. Tues. after Pent. Aug. De illuminato . . . (*CC* xxxvi. 388–97) *p*;

43). f. 78ᵛ. Wed. after Pent. Aug. Magna gratię . . . (*CC* xxxvi. 260–9) *ph*;

44). f. 82. Thurs. after Pent. Bede Concessa . . . (*CC* cxx. 194–6 lines 1104–98) *ph*;

45). f. 83. Fri. after Pent. Bede Ubi dominus . . . (*CC* cxx. 119–22 lines 762–882) *ph*;

46). f. 84. Sat. after Pent. Bede Si uirum . . . (*CC* cxx. 111–13 lines 447–517) *ph*;

47). f. 85. Trinity. 'cuiusdam sapientis'. Confitemur . . . (*PL* xii. 959–968/18) *h*;

49). f. 90. Wed. after Trin. Bede Die declinata . . . (*CC* cxx. 199–201 lines 1281–352);

50). f. 90ᵛ. Fri. after Trin. Bede Priori . . . (*CC* cxx. 188–91 lines 866–1005);

51). f. 92. Sat. after Trin. Jer. Multi . . . pedibus quam operibus (*PL* cx. 323–4: Rabanus Maurus, Hom. 93);

54). f. 95. 1st Sun. after oct. Pent. Greg. In uerbis . . . (*PL* lxxvi. 1302–12) *pdh*;

57). f. 109ᵛ. 4th Sun. after oct. Pent. Bede Benignus . . . (*CC* cxx. 146–9 lines 1820–932) *pd*;

59). f. 112. 6th Sun. after oct. Pent. 'excepta de diuersis tractoribus'. Iusticia phariseorum est: ut non occidant . . . ;

63). f. 119ᵛ. 10th Sun. after oct. Pent. Greg. Lectionem . . . (*PL* lxxvi. 1294–301) *pdh*;

66). f. 125ᵛ. 13th Sun. after oct. Pent. Bede Isayas . . . (*CC* cxx. 221–5 lines 2161–310) *p*;

73). f. 134. Fri. [in ieiunio septimi mensis]. Greg. Cogitanti . . . (*PL* lxxvi. 1239–46) *ph*;

77). f. 142. 20th Sun. after oct. Pent. Greg. Textum . . . (*PL* lxxvi. 1282–93) *pdh*;

78). f. 147. 21st Sun. after oct. Pent. Greg. Lectio . . . (*PL* lxxvi. 1211–13) *pdh*;

79). f. 148. 22nd Sun. after oct. Pent. Jer. Ideo assimilatum . . . (*PL* xxvi. 132B–133C) *p* (?).

Markings for use as a lectionary occur in twenty-four homilies, by paragraphing, with the paragraphs numbered only in no. 23 (i–vi), or, in nos. 53–7, 60–1, 68–70, and 75, by marginal numbers in red, some with a red *F* to mark the end of the final lection, others 'vsque hic' in crayon; the highest lection number is ix. Six lines and a column left blank on f. 61 after no. 33.

ff. iii + 152 + iii. 391 × 274 mm. Written space 275 × 173 mm. 2 cols. 36 lines, first above top ruled line. Ruled with pencil. Collation 1–19⁸. Quires 2–19 numbered at the end. Well written. Punctuation includes the short horizontal bar, here a short wavy line, e.g. f. 60ᵛ. Initials: (i) f. 1, 10-line *Q*, in penwork outline, filled with pale yellow, blue, and green, decorated with branchwork and a green dragon as the tail; f. 85, 8-line *C*, in the same style; (ii) to gospel texts and first letter of homilies, 6-/2-line, red, green or blue, with arabesque ornament in the other colours, edged with pale yellow, some pairs touching or overlapping. Capital letters in the ink of the text stroked with red on pages with lessons marked in the margins, to show the start of a lection. Fifth of eleven manuscripts sent for rebinding on 26 Apr. 1820, MS 384, p. 66: rebound for 19s. Secundo folio *mane in prima*.

Written in England, in a good scriptorium, probably not for monastic use since lection numbers do not exceed nine. Catalogue of 1671, no. 1. *CMA*, no. 3.

XVI.Q.1. *Gregorius Magnus, Moralia in Job i*   s. xi ex.

Reuerentissimo et sanctissimo fratri leandro coepiscopo. gregorius seruus seruorum dei. Dvdum te frater—(f. 4ᵛ) fulciatur. Explicit prologus. moralia beati gregorii papae (*erased, but legible*) pe(r) contemplationem sunt (*altered to* sumpta) (in librum iob) libri xxx quinquae. prima pars incipit. Inter mvltos sepe queritur . . . (f. 259 foot) procul dubio arde (*ends imperfectly*)

Bks. 1–10, of a three-volume copy, cf. MS XVI.Q.2 below. The last few lines at the end of the text were presumably at the top of f. 259ᵛ, now torn away; the remains of f. 259 are pasted to a medieval flyleaf, f. 259*. Bk. 1, f. 30ᵛ; 3, f. 60; 4, f. 79; 5, f. 104; 6, f. 133 (17¹, change of hand); 7, f. 154ᵛ; 8, f. 177; 9, f. 210; 10, f. 243.

A few corrections, also some alternative readings, marked 'al', were entered in the margins, s. xii, e.g. f. 202ᵛ 'pro aliqua necessitatis intentione' as an alternative to 'pro alia quam necesse est intentione', bk. 8 cap. 44, recorded from *Bel. Norm.* in *CC* edn., p. 438.

Guides to the reader added later: book-numbers in upper margins; chapter-numbers of Job in side margins in pencil, repeated in ink; divisions of books into chapters, e.g. bk. 7 into 25, and 8 into 38 chapters. Marked throughout, s. xiii/xiv, for a collection of extracts under subject headings entered in the margins, e.g. 'De reprehensione', f. 197ᵛ, 'De confessione', f. 198; the end of a passage to be copied was marked 'vsque huc', or, f. 149ᵛ, 'vsque huc de pace', and some of the uncials of the original were rewritten, presumably to facilitate copying, e.g. f. 177.

ff. iii + 259 + iv. f. 259* is a medieval flyleaf. Parchment poor in places, e.g. three holes in f. 195, a repaired tear in f. 179. 342 × 232 mm. Written space 255–60 × 150 mm. 33 long lines. Ruled with hard point; vertical bounding lines double. Collation: 1–6⁸ 7⁸ (4 and 5 singletons) 8–10⁸ 11¹⁰ 12–15⁸ 16¹⁰ 17–22⁸ 23⁸ (3 and 6 singletons) 24–31⁸ 32⁶ + 1 leaf (f. 259) after 6. Quires marked later in crayon at the foot of the first recto, a–l,⌐, m–z, ⁊, ⁊, est, Amen, i–iiii. Several hands, changing at ff. 64, 65 (9¹), 133 (17¹), on 172ᵛ, etc. The *rt* ligature occurs, f. 202ᵛ/13; punctuation by : at the end of a sentence. Initials: to books, 3- or 2-line, red. Letters in uncials at the beginning of each book, marked with red in bks. 5–10. First in the list of manuscripts sent for rebinding 26 Apr. 1820, MS Add. 384 p. 66: rebound for 17s. Secundo folio *pe idoneum*.

Written in England. With MS XVI.Q. 2 below, catalogue of 1671, no. 20. *CMA*, no. 22.

XVI.Q.2. *Gregorius Magnus, Moralia in Job ii* s. xii in.

In nomine sanctae trinitatis Quamuis in prolixo opere . . . spiritu feruentiore proferuntur. Explicit liber xxii.

Books 11–22 of a three-volume copy. Bk. 12, f. 12ᵛ; 13, f. 26; 14, f. 34ᵛ; 15, f. 50ᵛ; 16, f. 64ᵛ; 17, f. 81ᵛ; 18, f. 93ᵛ; 19, f. 117; 20, f. 134ᵛ; 21, f. 157; 22, f. 168ᵛ. Six leaves missing, see collation below. Text on ff. 21–43 slightly damaged by damp.

Carefully corrected, perhaps in the main hand. A longish omission by homoioteleuton supplied on a slip after f. 141. 39 lines copied twice on f. 164ʳᵛ lined off. f. 185ᵛ blank.

Guides to the reader added later, as in MS XVI.Q.1 above: book-numbers in upper margins, some perhaps in the same hand as in MS XVI.Q.1; chapter numbers of Job in side margins, inconspicuously, e.g. f. 87; divisions of books into chapters by numbers in side margins, e.g. bk. 18 into 35 and 19 into 23 chapters.

ff. iii + 185 and one slip + iii. Strong parchment, with some holes, e.g. ff. 36, 182. 370 × 255 mm. Written space *c.* 290 × 180 mm. 2 cols. 34–5 lines. Ruled with hard point; the two vertical lines bounding each column are wider apart on the outer side. Collation: 1⁶ wants 5 after f. 4 + 1 leaf (f. 6) after 6 2⁸ wants 5, 6 after f. 10 3–4⁸ 5⁸ wants 2 after f. 29 6–8⁸ 9⁸ wants 4, 5 after f. 62 10–18⁸ 19⁸ + 1 slip (f. 141*) after 4 (see above) 20–24⁸. Quire-number, 'quarta', on f. 28ᵛ probably in the main hand. Two hands, changing at f. 117 (15⁴), the beginning of bk. 19. Punctuation by : at the end of a sentence. Initials: 3-line, red. Uncials and/or rustic capitals used for the first words of each book. Sixth in the list of manuscripts sent for rebinding on 26 Apr. 1820, MS Add. 384, p. 66: rebound for 18s. 6d. Secundo folio *uerba iustorum*.

Written in England, probably rather later than, but perhaps in the same place as, MS XVI.Q.1

above, which has similar guides to the reader. With MS XVI.Q.1 above, catalogue of 1671, no. 20. *CMA*, no. 23.

XVI.Q.3. *Biblia, pars ii*　　　　　　　　　　　　　　　　s. xii med.

The second volume of a Bible, containing: 1–4 Kings, Isaiah, Jeremiah, Lamentations (f. 115^v), Ezekiel, Daniel, Minor Prophets, Job, Psalms (including Ps. 151: Stegmüller, no. 105, 3).

Psalms begin a new quire (23), f. 176. 1–4 Kings and Psalms are written in paragraphs, other books without breaks. Running-titles, except to Psalms. 1–4 Kings are so called, but in the explicit and incipit on f. 18^v 1 and 2 Kings are called Samvhel I and II. Isaiah–Daniel have a few words in red at intervals.

The prologues are 6 of the common set of 25 (see above Ushaw 2) for these books, and 6 others, shown here by *: Stegmüller, nos. 323, 482, 487, 492, *498, *494, 500, 344 + *349 (linked by 'hic additum est' after 'probet FINIT', f. 165^v, *350 (after Job), *414, and *430.

Stichometric notes at the end of all books except Ezekiel, in the form 'habet versus II ccl', 4 Kgs.: 1 Kgs., 2300; 2 Kgs., 2200; 3 Kgs., 2500; 4 Kgs., 2250; Isa., 3580; Jer., 4450, the note following Lam.; Dan., 1362; Minor Prophets, 3800; Job, 1700; Pss., 5000.

No tables of chapters. Contemporary marginal chapter-numbers in red, probably in the same hand as MS XVI.Q.4 below: 1 Kgs., 26; 2 Kgs., 18; 3 Kgs., 18; 4 Kgs., 17; Isa., 158; Jer., 162, + Lam. as 163; Ezek., 95; Dan., 26; Hos., 8; Joel, 2; Mic., 6; Zech., 15; Job, 37. Chapter-numbers, nearly as now established, added in ink or pencil, s. xiii; none to Minor Prophets.

Corrected throughout, s. xiii, etc.; 10 lines on a piece of parchment pasted over erasure, s. xiv, f. 166. Marked in the margins for lessons, s. xiii/xiv, by numbers and 'huc' or 'vsque huc', e.g. Isa. 19: 1–20 marked for three and 'huc' against 'in terra egypti', f. 73^v; 'Dominica in qua cantatur Rex autem', 'Dominica j^a Aduentus', ff. 28 and 67. f. 196^v blank, except for scribbles.

ff. iii + 196 + iii. 345 × 255 mm. Written space c. 280 × 175 mm. 2 cols. 45–7 lines. Ruled with hard point, in the same pattern as MS XVI.Q.4 below, but with a wider space, over 25 mm., between the columns. Collation: 1^8 wants 1 (blank) 2–11^8 12^8 3 and 6 are half-sheets 13–19^8 20^8 3 and 6 are half-sheets 21–24^8 25 five (ff. 192–6). One hand throughout; Psalms written smaller. Initials: (i) f. 1, 10 line *U*, in outline, filled with green and red, decorated with knotwork, foliage and two bird-beaks; a similar *F* begins 1 Kings, f. 2; unfilled spaces to 2, 3 Kings and Ps. 1; (ii) to other books and Pss. 51 and 101, in red or green, a few with ornament of the other colour; (iii) to other main psalms, 2-line, red or green, with ornament of the other colour; (iv), as (iii), smaller and, except in Psalms, almost all without ornament; (v) 1-line, in several sizes, the smallest for verses of psalms, alternately red and green. Capital letters in the ink of the text filled with red or green, ff. 95^v–96^v. Second on the list of manuscripts sent for rebinding on 26 Apr. 1820, MS Add. 384, p. 66: rebound for 17s. 6d. Secundo folio (f. 2) *Fuit*, (f. 3) *Venit autem*.

Written in England. At York probably in s. xii and certainly by s. xiv: 'Secundo pars bibliothece', s. xiv, f. 1, repeating the same title, s. xiii ex., is in the same hand as 'Tercia pars bibliothece' in MS XVI.Q.4 below; 'Constat ecclesie Ebor', s. xiv/xv, f. 2 foot. The scribbles on f. 196^v include many names, s. xiv and s. xv: Iohannes de Burgh, Willelmus schirfelde (serfelde), Willelmus Morby, Iohannes Braydday, Tomas Waryde, Tomaas Thorpe, Robartus Takell, Bramham (braman), Marschall', Crayke, Danby, Percy, Stokeslay. Catalogue of 1671, no. 6, presumably also covering MS XVI.Q.4 below. *CMA*, no. 1.

XVI.Q.4. *Biblia, pars iii* s. xii med.

The third volume of a Bible, uniform in size with MS XVI.Q.3 above but with better initials and differing from it in script, containing: Proverbs, Ecclesiastes, Song of Songs, Wisdom, Ecclesiasticus + Prayer of Solomon (as cap. 127), 1, 2 Chronicles, Ezra, Nehemiah, Esther, Tobit *ending imperfectly* (13: 16), 1, 2 Maccabees.

Probably seven leaves missing, see collation below. Esther begins a new quire (11), f. 80. Books are written continuously. Running-titles on a specially ruled line; 'LIBER EZRAE' covers both Ezra and Nehemiah. The Prayer of Solomon is marked 'va cat'. Every line of Esther 10: 4–end, except 12: 6 and 13: 7, starts with an *est*-sign, ÷.

The prologues are 5 of the common set of 12 (see above Ushaw 2) for these books: Stegmüller, nos. 457, 328, 330, 341, 332, together with no. 342, the 'Rufini' variant of no. 343, here as a separate prologue to Esther, not run on after no. 341.

Stichometric notes at the end of nine books, as in MS XVI.Q.3 above: Prov., 1740; S. of S., 280; Wisd., 1700; Ecclus., 2800 (the note after Prayer of Solomon); 1 Chr., 2040; 2 Chr., 2100; Esther, 700; 1 Macc., 2300; 2 Macc., 1800.

Tables of chapters precede six books, printed in *Biblia sacra* as indicated by sigla: Prov., A.b, here in [56]; Eccles., A.b; Wisd., A.a; Ecclus., A.a, ending imperfectly after lxxii; 1 Macc., (*begins imperfectly*) xli Ubi trifon erigit . . . lxi Vbi ptholomeus filius abobi—qui uenerant perdere eum; 2 Macc., i. Ubi occisus est antiochus . . . lvi. Vbi caput et manum nicanoris abscidi iudas precepit. et ierosolimam [mitti]. Contemporary marginal chapter-numbers in red, probably in the same hand as MS XVI.Q.3 above, in the books with tables of chapters and also 1, 2 Chr., 111 and 74 chapters respectively. Later chapter-numbers, s. xiii (?), in ink.

Corrections and marking for lessons as in MS XVI.Q.3 above. Song of Songs, ff. 13ᵛ–15ᵛ, is marked for lessons, with a note, s. xiii ex., f. 114ᵛ, that refers to it: 'Super istum librum legatur infra Octabas Natiuitatis beate Marie virginis videlicet Cantica canticorum'. The lessons from 2 Macc. 'In vigilia apostolorum Symonis et Iude' are marked on f. 108, where there is also a drawing of a queen (?) between the columns. A direction to a copyist, 'hic scribe prologum', s. xii, beside the prologue to 1 Chr., f. 40ᵛ.

Damage from damp affects the leaves at the bottom, but not the text. f. 114ᵛ blank.

Only the top third of the flyleaf, f. v, remains; it contains inscriptions, see below, the beginning of a table of the books, s. xiii ex., on the verso, and, on the recto, scribbles (alphabet) and pen-trials (minims), s. xii, and 'Omnium inimicorum suorum dominabitur' and 'Equore cum gelido zephirus fert xenia kimbis' (Walther, *Versanf.*, no. 594a).

ff. v + 114 + iii. ff. iv, v are medieval flyleaves. 350 × 255 mm. Written space *c.* 265–70 × 178 mm. 2 cols. 47 lines, first above top ruled line. Ruled with hard point; columns bounded by a pair of vertical lines and divided by three vertical lines. Collation: 1–2⁸ 3⁸ wants 7 (stub now after f. 18) after f. 22 4–11⁸ 12 two (ff. 88–9, the outside bifolium) 13⁸ 2 and 7 are half-sheets 14–15⁸ 16 one (f. 114). Traces of numbering at the end of quires, e.g. 'vii' and 'xii' on ff. 55ᵛ and 89ᵛ, or of catchwords (on quires 11, 13, and 14). Second hand starts at f. 80 (11¹). Initials: (i) f. 1ᵛ, 12-line *P*, in green-tinted outline of foliage, and knotwork, partly filled with red; (ii) to books and prologues, as (i) but smaller, some zoomorphic (e.g. f. 22), filled with red, green, and either pale yellow or bistre; (iii) to chapters, 1-line, red; (iv) in chapter-lists, 1-line, red, green or purple (Eccles.), or red or green (Prov.). Fourth in the list of manuscripts sent for rebinding on 26 Apr. 1820, MS Add. 384, p. 66: rebound for 17s. Secundo folio *omnem. preciosam.*

Written in England. Inscriptions on f. v: 'Hic est Liber sancti Petri de eborac', s. xii; 'Hic est Liber beati [. . .] malediccio [. . .]', s. xiii/xiv; and, in the same hand as the parallel inscription on MS XVI.Q.3 above, 'Tercia pars bibliothece', s. xiv. 'Qui prauo seruit penetus sua tempora perdit Quod bramham', scribbled three times, s. xiv/xv, f. 114ᵛ, as in MS XVI.Q 3 above. 'Rychard Willsone', s. xvi, f. 69. *CMA*, no. 2.

XVI.Q.5. *Ezekiel glosatus*   s. xii ex.

Described by R. A. B. Mynors, *Durham Cathedral Manuscripts* (1939), no. 140, noting the close similarity in script and decoration between this manuscript and two other gloss-books belonging to Addington, Durham Cathedral MSS A.III.2 (Leviticus and Numbers), and A.III.17 (Isaiah) Mynors, pl. 48, the latter having the same dimensions and number of lines of text and gloss. Discussed by C. F. R. de Hamel, *Glossed Books of the Bible and the Origins of the Paris Booktrade* (1984), 50–2, who further identifies the scribe and decoration of this manuscript in one of the glossed books given by Master Stephen of Rheims to the Norman abbey of Lyre, Rouen Bibliothèque Municipale MS A.198 (45), (Numbers, Joshua, and Judges); also the marginal corrector in Durham Cathedral MSS A.III.2, A.III.17, A.III.19 (Jeremiah and Lamentations) and A.III.24 (Minor Prophets), all belonging to Addington.

(*text:*) (f. 1) Ezechiel propheta—senecias. (f. 3) Et factum est . . . dominus ibidem. amen.
(*gloss:*) (f. 1) Non omnis capitiuus—esse debebant. (f. 3) In xxxº anno non etatis . . . (f. 125ᵛ) ad consumationem seculi.
(*interlinear gloss:*) tempus . . . pacis.

The prologue is Stegmüller, no. 492; the gloss to the prologue (22 paragraphs) and text, id., no. 11811 (this copy mentioned). Text and marginal gloss written on a single grid, varying in arrangement from page to page; line(s) for interlinear gloss provided throughout.

Contemporary corrections, preceded by a point, are written twice in the margins: once nearer the edge by the corrector and closer in by a more skilled scribe, see e.g. f. 83 '. hodio . hodio' in the margin beside 'ideo' expunged in the text (Ezek. 36: 11). Chapter-numbers added in upper margins in pencil, s. xiii or s. xiv.

ff. iii + 125 + iii. 355 × 237 mm. Written space 226 × 137 mm. 22 lines of text; 45 lines of gloss, first above top ruled line. Ruled with fine pencil; written space bounded by a pair of vertical lines, with a further single vertical line in the inner margin and a single and a pair of vertical lines in the outer margin; of the gloss lines, twelve are extended to the edge of each page: 1, 2, 5, 6, 20, 21, 24, 25, 40, 41, 44, and 45. Collation: 1–15⁸ 16⁶ wants 6 (blank). Quires numbered at the end. Written by one hand, in three sizes (text and prologue; marginal gloss; interlinear gloss); the nota for *et* is crossed, *a* nearly closed, and biting of *d* with *e* and *o* almost fully developed. Initials: (i) f. 1, 3-line *E* (to prologue), in red on gold ground decorated with colours; f. 3, 14-line *E* (to v. 1), in pale pink on ground of gold and patterned red; both decorated with small white 'lions'; (ii) 1-line, in text, red or blue with ornament of the other colour; (iii) 1-line, in gloss, red or blue. The paragraph marks are ornamented with red and blue sprays, in a very similar style to the ornament of coloured initials in Durham Cathedral MS A.III.17, see above. £1 5s. paid to Oliver Sumner for binding 'Ezechiel Propheta' in 'Russia extra', 26 Apr. 1820, MS Add. 384, p. 65. Secundo folio *moriturus esset*.

Written in France, probably in the 1180s for Robert de Addington: he left 'Ezechiel per se' at the abbey of St Victor, among other books, almost all of which then came to Durham Cathedral Priory, see Mynors, op. cit., pp. 78–9; de Hamel, op. cit., p. 51, reproduces the St Victor list.

'A', s. xiv/xv, and 'de le sp[en]dem[ent]', s. xv/xvi, f. 1 top, correspond to entries in the Durham Cathedral Priory catalogues of the Spendement collection, 1392 and 1417, (*Catt. Vett.*, 15 and 91).

XVI.Q.7. *Philippus de Greve, Sermones* s. xiii[1]

Incipiunt sermones Cancellarii Parisius (uel magistri Philippi de Greue *added above in main hand*); de festiuitatibus anni. Sermo in aduentu domini. Scientes quia hora est iam—etc. In ecclesiastico dicitur Hora surgendi non detrites . . . (f. 184[v]) nos saluari concedat qui cum—Expliciunt sermones magistri philippi cancellarii parisius.

123 sermons, Advent–Nicholas: Schneyer, *Rep.*, iv. 826–36, nos. 110–21, 124–6, 128–38, 140–5, 151–80, 183–203, 206, 209–13, 215, 217–20, 223–4, 231–3, 236–49, 251, 253–9, 261. Two sermons have the author's name attached to them, nos. 116 and 124, 'Sermo magistri Philippi de Greue'. In the text biblical references give only the book; chapter-numbers are in the margin.

Insufficient space was left for the headings of many sermons; guides often remain in the lower margins, e.g. ff. 109 and 142, but these appear to have been omitted in most of quire 10, to judge by 'deest ru' against sermons 172–6. 'miramumlyn' is written in the margin against a blank space on f. 132, where there was perhaps some difficulty with the exemplar. Neat patches to make good holes were stuck to many leaves before ruling; that on f. 107 is gone, with loss of text. Crayon notes in margins repeated in ink, e.g. f. 56[rv]. f. 185[rv] blank.

ff. iii + 185 + iii. 340 × 238 mm. Written space 240–55 × *c*.170 mm. 2 cols. 41–50 lines, the most on ff. 119 seq.; first line written above top ruled line on ff. 1–67[v] (quires 1–7). Collation: 1–6[10] 7[6] + 1 leaf (f. 67) after 6 8–9[10] 10[10] + 1 leaf (f. 97) after 9 11–18[10] 19[8] wants 8 (blank). Written in several hands, changing at ff. 48[v]b/14 (serm. no. 144), 92[r]a/8, 119 (13[1]), 159/1 and 22, but not at f. 68 (8[1]). Punctuation includes the flex in the first hand. Quires 1–4 are numbered at the centre of the foot of the final verso with a large roman numeral, with a conspicuous *us* suspension sign above and a circle on either side. Catchwords remain on quires 1–5 and 8–16. Leaves in the first half of quire 2 marked in pencil, i–v; in quire 3, a–e. Initials: (i) f. 1, 6-line *S*, in red and blue, with ornament of both colours; (ii) 4- (ff. 48[v]–54[v], 58, 68), 3- (ff. 56[v]–158), or 2-line, in red or blue, with ornament of the other colour. Capital letters in the ink of the text marked with red on ff. 71, 99[v]–100, 106[rv], 108, 109–110, 111[v]–170, 172[v]–173, etc. Third in the list of eleven manuscripts sent for rebinding on 26 Apr. 1820, MS Add. 384, p. 66: rebound for 14s. Secundo folio *datus est*.

Written in England. The damaged lower margin of f. 1 is inscribed in Greek 'archeepisko[. . .]', s. xvi (?). Catalogue of 1671, no. 34. *CMA*, no. 37.

XVI.Q.14. *Laurentius Dunelmensis, etc.* s. xii/xiii–xiii in.

A large miscellany, mainly of Christian poetry, ancient (Arator, Sedulius, Prudentius, Bede, Venantius Fortunatus: arts. 2–5, 12) and medieval. The latter is partly anonymous and partly ascribed to Laurence of Durham (arts. 1, 14), Hildebert (art. 6), Alexander prior 'de Essebi' (art. 8), Petrus Abaelardus (art. 11*a*), Petrus Peripateticus (art. 11*b*, *c*), Alanus (art. 16), Gaufridus Anglicus (art. 19), and Gaufridus Arthurus (art. 20).

All the pieces, except arts 6, 7 17, are set out by F. Munari, *Mathei Vindocinensis opera*, i, *Catalogo dei manoscritti* (Storia e letteratura, Raccolta di studi e testi 144,

1977), 127–30. Also M.T. Gibson and N.F. Palmer, 'Manuscripts of Alan of Lille *Anticlaudianus* in the British Isles', *Studi Medievali*, Ser. 3, 28/2 (1987), 994-7, with a facsimile of f. 83 as pl. ix.

The 1671 catalogue, followed by *CMA*, records six more pieces after art. 20 that are now missing: 'De morte et sepultura Arturi Reg. / Aug. de cognitione verae vitae / Beda de naturis Rerum ex plinio. / Athanasii disputationes cum Probo contra Arrium, Sabellium, Photinum etc. / Passio S[ti] Laurentii. / Gesta Fausti, Faustini, Clementis Faustiniani', of which the first may the 'Vera Historia' printed by M. Lapidge in *Arthurian Literature*, i (1981), 84–92; for the second, see Römer, i. 45–6; the fourth, *Clavis*, no. 807.

1. ff. 2–4[v], 16[rv], 5–18 Incipit prologus laurentii dunelmensis [in] librum sequentem. Omnis ars—illud displicere—(f. 3[v]) Incipit ypponosticon laurentii dunelmensis Monachi. [D]e deo .j. Principium rerum sine tempore tempora formans . . . desinar hic in eo. Expliciunt—.

Hypognosticon. Stegmüller, no. 3586; Walther, *Versanf.*, no. 14729; cf. also *MMBL* ii. 487. Bk. 2, f. 4; 3, f. 16[v]; 4, f. 6[v]; 5, f. 8[v]; 6, f. 11; 7, f. 13; 8, f. 14; 9, f. 15. Preceded by preface, and, ff. 2–3, numbered table of chapters to each book. Running-title in red, 'Yponosticon', above the first column of each opening, with the book number above each of the other five columns.

2. ff. 18–30[v] Incipit liber Aratoris. Domino sancto uenerabili et in christi gracia spiritualiter erudito floriano abbati arator subdiaconus Salutem. Qvi meriti florem . . . gracia palmam. Beato domino petro—indictione vii Versibus egregiis decursum clarus arator—unicus Amen E.X.P.L.I.C.I.T.

De actibus apostolorum. Ed. A. P. McKinlay, *CSEL* 72 (1951), noting this copy on p. xviii. Ends with the prose letter and nine lines of verse, edn. pp. xxviii–xxix.

3. (a) f. 30[v] Qvis fuit sedulius. Iste sedulius primo laicus fuit . . . partim in asia. partim in italia; (b) 31[rv] Incipit epistola Sedulii ad macedonium presbiterum. Domino sancto ac beatissimo patri Macedonio presbitero: sedulius in christo salutem. Prius quam me . . . immolatus est christus. cui—Amen Explicit epistola; (c) f. 31[v] Incipiunt uersus turni rufi ansterii uiri clarissimi—et diuulgauit. Summer sacer meritis . . . ore tuo (8 lines); (d) f. 31[v] Romulei ductor clari lux altera solis Eoa . . . augusta propago (15 lines); (e) ff. 32–40[v] Incipit liber Sedulii. Paschales quicumque dapes . . . ueniente patescit. Inuectio ad mortem cxxi *ending imperfectly*; (f) f. 41[rv] *beginning imperfectly* Sume pater . . . gloria magna patri. Explicit liber sedulij. Hymnus Sedulij. A solis ortus cardine . . . celis reddidit. E.X.P.L.I.C.I.T.

(b–c, e–f) ed. J. Huemer, *CSEL* 10 (1885): (b) 1–13; (c) 307; (e) 14–134 (Carmen paschale, i. 1–v. 275); (f) 156–68 (Hymni, i. 15–ii. 92). (d) ed. A. Riese, *Anthologia Latina* (1906), I. 2.196, no. 719[d] (olim 235).

4. (a) f. 41[v] Sententia ex libro gennadii de uiris illustribus. Prudentius uir secularis . . . miles fuisse; (b) ff. 41[v]–42[v] Incipiunt tituli historiarum prudentii hispaniensis quod dirocheum de utroque testamento uocatur. De adam et eua. Eua columba fuit . . . pandere solus. Explicit dirocheum prudentii de utroque testamento; (c) ff. 43[v]–48[v] Aurelius prudens uirtutum prelia clemens Cum uiciis cecinit metra scolasticus arte. Incipit liber prudentii qui psicomachia dicitur id est uirtutum uiciorumque pugna Senex fidelis . . . sapiencia regnet. Explicit psichomachia liber prudentii.

Ed. M. P. Cunningham, *CC* 126 (1966); (*a*) p. xv; (*b*) 390–400; (*c*) 149–81.

5. ff. 48ᵛ–49 Incipit meditatio venerabilis bede presbiteri de die iudicii. Inter florigeras . . . fratribus almis.

Walther, *Versanf.*, no. 9456. Ed. J. Fraipont, *CC* 122 (1955), 439–44, lacking last 2 lines.

6. ff. 49ᵛ–51ᵛ Incipiunt versus hildeberti episcopi. De Genesi. i. Quid signat quod deus—Celum factum . . . Expliciunt versus hildeberti de ueteri et nouo testamento.

Sixty-eight pieces of verse, numbered i–xlii, xliiii–lxix in red and each with a heading in red, cf. A. Wilmart in *RB* 48 (1936), assigning the sigla Vt, Nt, Sup. I, Ins., Misc., to distinguish the verses printed in *PL* clxxi. 1263–7, 1275–9, 1279–82, 1281–8, and 1381–442 respectively; also A. B. Scott, 'The Biblical Allegories of Hildebert of Le Mans', *Sacris Erudiri*, 16 (1965), 404–23. Wilmart noticed, p. 154, the very closely related manuscript, BL MS Cotton Vespasian B.xiii, ff. 82–83ᵛ, (Scott's *H*); this is damaged, and reaches only to no. 39, up to which point the only difference not due to damage is that Ins. 6 is after Vt. 25 in Vesp., and after Vt. 17 in the York manuscript. The two manuscripts represent one of many attempts to put the verses into order according to the books of the Bible to which they refer. Here biblical books are named at the beginning and at ten other points:

Genesis. i–xviii. Vt. 1, 2; Sup. I. 6, 7; Ins. 3; Vt. 3–6, 8, 9, 10², 12, 11, 13–15, 51.
Exodus. xix–xxvi. Vt. 16, 17; Ins. 6 + an item not in *PL*; Vt. 18, 19, 22, 20, 21¹.
Leviticus. xxvii–xxviii. Nt. 14; Vt. 26.
Numbers. xxix–xxxi. Vt. 24, 23, 25.
Joshua and Judges. xxxii–xxxiii. Vt. 27, 29.
Kings. xxxiv–xxxix. Misc.69; Vt. 30–2, 34, 21².
Psalms. xl–xlii, xliv–xlvii. Vt. 44; two items not in *PL*; Vt. 45–6, 41, 37.
Ezekiel. xlviii–xlix. Vt. 43; Sup. I. 11.
Proverbs. l–lii. Vt. 47–9.
Job. liii–liv. Vt. 38–9.
'De nouo testamento'. lv–lxix. Nt. 1, 19, 4, 3, 21, 5, 15, 23, 7, 13; Sup. I. 12; Nt. 10, 18, 24; an item not in *PL*.

The four pieces not in *PL* and not included by Wilmart are:

xxi. 2 Fons est de petra populo datus absque metreta Larga salus homini corpore de domini.

xli. Simul in unum diues et pauper. Nostre nature deitas unita refertur In christo sic sunt diues egensque simul.

xlii. Iusticia et pax osculate sunt. Sponte cadas pax est. bellum si mente resistis Pax et iusticia iunguntur carne subacta.

lxix. Aluus de celo. presepe recepit ab aluo. Crux de presepi. de cruce tumba deum (*repeated below, art.* 7jjj).

7. ff. 51ᵛ–55ᵛ Verses on the Bible:

(f. 51ᵛ) (*a*) Efficiens cause deus èst formalis ydea . . . (2 lines); (*b*) Lux firmamentum tellus . . . (2, cf. Walther, *Sprichwörter*, no. 14138b); (*c*) Sumpto de limo . . . (2); (*d*) Sancta docente deo . . . (2); (*e*) Acham (?) ridet dum membra uidet . . . (2); (ff. 51ᵛ–52) (*f*) Melchisedech domino panem . . . sacramenta redisse (36. Walther, *Versanf.*, no. 10865. *PL* clxxi. 1193);

(f. 52) (*g*) De circumcisione. Cor circumcidas; ne turpia . . . (17); (*h*) Ueruex mactatur . . . (2. Walther, *Sprichwörter*, no. 33210); (*i*) De agno paschali. Misterio magno . . . christi caro uitaque digno (42. Walther, *Versanf.*, no. 11545. *Latomus*, ii. 32); (*j*) De x plagis. Prima rubens unda . . . (5. Walther, *Versanf.*, no. 14595. *PL* clxxi. 1436); (*k*) De x preceptis. Ecce decem cordis . . . (9. Walther, *Versanf.*, no. 5074); (*l*) Item. Disce deum colere . . . (5. Walther, *Versanf.*, no. 4527);

(f. 52ʳᵛ) (*m*) De x plagis et x preceptis. Est homo sanguineus . . . (10. Walther, *Versanf.*, no. 5693);

(f. 52ᵛ) (*n*) De daniele. [M]ane techel phares . . . (2. Walther, *Versanf.*, no. 10647), *the rest of the column blank*; (*o*) De nouo testamento. Matheus hominis speciem generaliter implet . . . (4); (*p*) Natus homo uitulus . . . (6. Walther, *Versanf.*, no. 11625a); (*q*) Matheo. luce. marco datur atque iohanni . . . (4); (*r*) De tribus mariis. Anna tribus. Ioachim . . . (4. cf. Walther, *Versanf.*, no. 1062); (*s*) Ex ioachim. cleopha . . . (3. Walther, *Versanf.*, no. 5992); (*t*) Salue uirgo pia dominum paritura maria . . . (2); (*u*) Porta salutis aue per quam . . . (2. Walther, *Sprichwörter*, nos. 21943 + 32990);

(ff. 52ᵛ–53) (*v*) Missus ad egregiam . . . (43. Walther, *Versanf.*, no. 11115. *PL* clxxi. 166);

(f. 53) (*w*) Uirgo nouam prolem . . . sine patre parens (12); (*x*) Nectareum rorem . . . lingua potest (62. Walther, *Versanf.*, no. 11711; *PL* clxxi. 1382–3);

(f. 53ʳᵛ) (*y*) Nostre nature tunicam deus induit ipsam . . . ipse togam (42);

(f. 53ᵛ) (*z*) Sol. cristallus aqua . . . utrumque deo (22. Walther, *Versanf.*, no. 18366; *PL* clxxi. 1406); (*aa*) Lumine solari . . . (4. Walther, *Versanf.*, no. 10474); (*bb*) De tribus regibus. Primicias gentis . . . notare solet (9); (*cc*) Item. Dat magus aurum . . . mortificatur opus (4. Walther, *Versanf.*, no. 4063); (*dd*) Item. Melchio fert aurum . . . uenustat (2); (*ee*) Mistica sunt uas . . . (2. Walther, *Sprichwörter*, no. 15823); (*ff*) De oblatione domini. Corde puer. purus . . . (3. Walther, *Versanf.*, no. 3318); (*gg*) De mutatione aque in uinum. Conuiue mater. christe puer . . . (2); (*hh*) Cum nouus a domino . . . (2. Walther, *Sprichwörter*, no. 4290);

(ff. 53ᵛ–54) (*ii*) Dominus christus loquitur. Fons ego sum uitc . . . (24. A couplet cach for Christ and 11 disciples: Walther, *Versanf.*, no. 6727);

(f. 54) (*jj*) Quare turbe secute sunt dominum. Morbus. mira. cibus . . . (2. Walther, *Sprichwörter*, no. 15057); (*kk*) De martha et Maria. Marie morem. partemque . . . (2. Walther, *Sprichwörter*, no. 14444a); (*ll*) Congregate uobis thesauros in celo etc. Congregat in celis . . . (3. Walther, *Sprichwörter*, no. 3088); (*mm*) Nemo potest unquam . . . (2); (*nn*) Non sunt lentorum . . . (2); (*oo*) Est caro nostra lutum . . . (2. Walther, *Sprichwörter*, no. 7333);

(ff. 54–5) (*pp*) De decollatione sancti iohannis baptiste. Mens stupet omnimodis . . . adde beatis Amen (227);

(f. 55) (*qq*) De diuite et lazaro. Victus. uestis opumque domi dum diues habundat . . . ad celi transit amena (14); (*rr*) Parua licet mica christo . . . (2); (*ss*) De vi operibus misericordie. Panem poscenti . . . cura neget (4); (*tt*) [.]estio poto cibo tectum do uisito soluo (1. cf. Walther, *Sprichwörter* no. 33805); (*uu*) De tribus mortuis a domino suscitatis. Intro. foris. sub humo . . . mens opus usus (6); (*vv*) De cena domini. Rex sedet in cena . . . (2. Walther, *Sprichwörter*, no. 26863); (*ww*) In domini cena iude . . . (2. Walther, *Sprichwörter*, no. 11739a);

(f. 55ʳᵛ) (*xx*) Uita beata deus mortem gustauit ad horam . . . raptum soluens alienum (67. Walther, *Versanf.*, no. 20654);

(f. 55ᵛ) (*yy*) Dignos morte primi . . . (2); (*zz*) Nonne uides quanti . . . (2); (*aaa*) Quid contemplaris . . . (2); (*bbb*) Cur homo miraris . . . (2); (*ccc*) Piscator pater mundus mare . . . (4. Cf. Walther, *Versanf.*, no. 14128. *PL* clxxi. 1270 = Vt. 40); (*ddd*) In cruce tollo . . . mortificatus homo (2); (*eee*) His homo deliciis . . . morte peremi (2); (*fff*) Hoc opus hic sanguis . . . ista tulit (2); (*ggg*) Nil modo placat ouis . . . pius ipse magister (4); (*hhh*) Anteus (id est christus *interlined*) noster proprio lapsu releuatur . . . uictor dominatur (10); (*iii*) Vir. leo bos. aquila. . . . (2); (*jjj*) Alueus de celo . . . (2. As art. 6, no. lxix above); (*kkk*) Serpens femina. uir genitor . . . (4. Walther, *Versanf.*, no. 17573); (*lll*) Nascitur abluitur . . . tribuit remeabit (2. cf. Walther, *Sprichwörter*, no. 15894a).

8. ff. 55ᵛ–58ᵛ Laborem in ludum uertit—(f. 56ᵛ) inspicere poteris. Explicit prologus. Incipit breuissima comprehensio historiarum ueteris ac noui testamenti Alexandri prioris de essebj. Ante dies omnes . . . et sine nocte dies. Expliciunt versus magistri Alexandri prioris.

Stegmüller, no. 1114, listing only this copy; Walther, *Versanf.*, no. 1291. Anonymous in BL MS Royal 6 B.xi, f. 54ᵛ, Oxford Exeter Coll. MS 23, f. 184ᵛ, and Durham Univ. Lib. MS 767+(from Darlington collegiate church), f. 160.

9. ff. 58ᵛ–59ᵛ Incipit prologus in librum Methodii Martiris. In nomine domini nostri ihesu christi incipit liber methodii—collaudauit. Explicit prologus. Incipit liber. De primo milario seculi. Sciendum namque est nobis fratres karissimi quomodo in principio creauit deus . . . sine fine penam pacientur. unde nos dominus eripere dignetur. Qui cum—Amen. Explicit liber Methodii episcopi et Martiris.

Stegmüller, ix (Supplement), no. 5586, listing this copy; cf. no. 5580. Printed in 1475, etc., and Sackur, pp. 60–96.

10. ff. 59ᵛ–61ᵛ De thabernaculo federis et eius pertinentiis: Moralis tractatus Magistri Ricardi de sancto Victore. Per thabernaculum federis: intellige statum perfectionis . . . sub corona sedem accipiunt. Explicit [. . .].

Stegmüller, no. 7320, listing this copy; PL cxcvi. 191–202.

11. (a) ff. 61ᵛ–64 Incipit prologus Magistri petri Abaelardi. de sacramento Altaris. Omnibus in factis bene ceptis siue peractis . . . auctor abiuit. Explicit liber Magistri petri abailardi de sacramento altaris; (b) f. 64 Versus petri p[er]ipaticj de uera cssencia dej. Esse quod est ex se: deus est . . . competit esse (34 lines); (c) f. 64 Item eiusdem de catholica fide. Orthodoxa fides personas tres probat esse . . . non possumus esse Explicit (22 lines).

(a–c) Walther, Versanf., nos. 13305, 5550, 13497. Petrus Pictor, ed. L. van Acker, CC, Continuatio mediaevalis, 25 (1972), 11–45 (carmen ii/1–630), 69–70 (carmen vii), 73–4 (carmen viii).

12. f. 64ʳᵛ Culmina multa polos radianti lumine complent . . . Inseritur capiti radians diadema berillo (ends imperfectly).

Walther, Versanf., no. 3532. Venantius Fortunatus, Carmina, bk. 8, iii (De virginitate) lines 1–263. Ed. F. Leo, MGH, Auct. antiq. IV. i (1881), 181–8. f. 64ᵛ badly rubbed. One leaf missing.

Arts. 13–15 are on quires 9–10.

13. ff. 65–69ᵛ Incipit liber consolationis laurentij dunelmens[is] monachi de morte amicj. Lavrentivs. Sepe et supra modum . . . disputationj. Explicit de morte amicj.

Ed. U. Kindermann (1969), collating this copy as E.

14. ff. 69ᵛ–80 Incipit liber primus dialogorvm. laurentij dunelmensis monachj. Petrus. Carmina laurenti noua nunc . . . laus sit et omnis ei. Amen.

Ed. J. Raine, Surtees Soc. lxx (1880). No other copy known.

15. ff. 80–82ᵛ Exceptiones de libro Magistri [. . .] versificandi [. . .]—Orbis ad exemplum . . . studentis opus.

The poetry of the Ars versificatoria of Matthew of Vendome (i. 50–53, 55, 54, 56–8 (only lines 1–4, 9–18 of 57, which runs without a break from 56), 107–8, 111), pp. 121–32 and 146–9 in ed. E. Faral, Les Arts poétiques du xiiᵉ et du xiiiᵉ siècle (1924); fully described by Munari, op. cit., p. 129. The version here of Ars. i. 111 (f. 82ʳᵛ) collated as E by F. Munari, 'Matteo di Vendome, "Ars" I, 111', Studi medievali, series 3, 17/1 (1976), 299.

Arts. 16–17 are on quires 11–13.

16. ff. 83–105ᵛ Incipit prologus Magistri alani. Cum fulminis impetus uires suas

—explicit prologus Incipit Anti claudianus Magistri Alani de insula. Avctoris mendico . . . post fata silebit. Explicit Anticlaudianus magistri Alani de Insula: feliciter: Deo Gratias.

PL ccx. 485–574. 'Iccc xlv' is in the margin on f. 105ᵛ.

17. (added in several hands, s. xiii¹, in the blank space after art. 16) f. 105ᵛ six short pieces of verse: (*a*) Rectum redde ratum. reproba ricarde reatum . . . serie serua (8 lines); (*b*) De columbina Flosculus inuolucrum monstrat tibi quinque uolucrum . . . unus et idem (3); (*c*) Per claustralis aue . . . ad astra uia (6); (*d*) Virginis ingenite de virgine prolis honorem . . . illa dei (6); (*e*) Lingua nocet que falsa docet . . . dat uerba dura (10); (*f*) Flecte capud fili quia dicunt gloria patri . . . coripe desidiosum (4); (*g*) Immo capud perdam si deinceps lumina claudam (1).

(*a*) Each line comprises words beginning with the same letter, RICARDVS respectively; (*d*, *f*) Walther, *Versanf.*, nos. 20469, 6602. In (*f*) each line has a marginal 'Verba' in red with attribution,—boni angeli,—Mali angeli,—Abbatis, and—Christi; against (*g*) is 'Monachi', erased.

Arts. 18–20 are on quire 14.

18. f. 106 (*begins imperfectly*) Quod negat ille. negat ille: quod iste docet . . . redditur illo uiro. Explicit de Susanna.

Seven lines. 3–5 are lines of the Susanna attributed to Petrus Riga and incorporated into the 'Liber Danielis' of his Aurora (Walther, *Versanf.*, no. 7450): ed. Beichner, i, Daniel 644–6; also in J. H. Mozley's edition of Susanna in *Studi medievali*, 3 (1930), lines 198–200. Lines 1–2, not in the Aurora, occur in Oxford Bodleian Library MS Laud lat. 86, f. 124, and are printed by Mozley, p. 41 n. Lines 6–7, 'Dixerat. et celeri mors debita dampnat iniquos Dampnat et indempnis redditur illo uiro', are not in the editions. All seven lines are marked 'va cat', s. xiii, perhaps after the loss of the preceding leaf, which had apparently happened when the quires were signed, see below.

19. ff. 106–111ᵛ Papa stupor mundi—amplum. Explicit prologus. Incipit liber magistri gaufridi anglici de artificio loquendi scriptus ad papam innocencium tercium. Capitulum i. In primis ordinanda est materia. Si qvis habet fundare domum . . . longe fecundior ore E.X.P.L.I.C.I.T.

Walther, *Versanf.*, no. 13656. Geoffrey of Vinsauf, Poetria nova, lines 1–2080. pp. 197–261 in ed. Faral, see art. 15 above. Some 54 lines of the original text have been erased and replaced in smaller writing by lines 79–100, 143–53, 326–344, 990–7 and 2009–24. After edn. line 411 the scribe added in the lower of f. 107 'vel sic Versus isti non sunt auctoris Non licet accusare deum. set dicere fas sit Maiestate dei salua. deus optima rerum Hic tibi cur placuit. cur obuius nostis amicum'.

20. ff. 112–115ᵛ Incipit prologus Gaufridi arthuri in librum sequentem. Fatidici uatis rabiem. musamque iocosam—citharamque sonate. Ergo peragratis sub multis regibus annis . . . His igitur dictis. Quidem ueteranus ad illos (*ends imperfectly*)

Walther, *Versanf.*, no. 6286. *Geoffrey of Monmouth, Vita Merlini*, ed. J. J. Parry, Univ. of Illinois Studies in Language and Literature, x 3 (1925), 30–110. 1387 out of 1529 lines remain.

For items lost after art. 20, see above.

21. f. 1ʳᵛ A leaf of the Genealogia Christi of Peter of Poitiers with fourteen roundels on the main stem from 'Ozias' (Azariah) to Abiud, kings of Judah, and accompanying text, and, f. 1ᵛ, a circular diagram showing the six gates of the temple, the 'Porta Sterquilini' at the top.

Written in the main hand, and, to judge from the quire markings, perhaps the sole remaining leaf of quires that preceded art. 1, but were lost before the late medieval foliation was made.

ff. iv + 114 + iii. Foliated (i–iii), 1–115, (116–18). f. 1 was pasted down. A late medieval foliation half-way down the outer margin of each recto on ff. 2–115: 1–39, 41–89, 100–25, the first gap indicating the loss of one leaf after f. 40, the second an error. 320 × 230 mm. Written space c.260–235 mm. high; 246 × 180 mm. on f. 56 (prose); 237 × 143 mm. on f. 83; 262 × 170 mm. on ff. 59–61 (prose). 2 cols., or, ff. 3ᵛ–17ᵛ, 106–115ᵛ, 3 cols., or, ff. 2ᵛ–3 (chapter-list), 4 cols. 46–58 lines, the first above the top ruled lines. Pricks in both margins to guide ruling. Collation of ff. 2–115: 1 six (ff. 2–4, 16, 5–6) 2⁸ + 1 leaf (f. 15) after 8 3–4⁸ 5¹⁰ wants 9 after f. 40 2 and 9 (both stubs remain) were half-sheets 6¹⁰ 7 five (ff. 52–6) 8⁸ 9¹⁰ 10⁶ + 2 leaves (ff. 81–2) after 6 11–12⁸ 13⁸ wants 8 (blank ?) after f. 105 14¹² wants 11–12. Quires marked in pencil, s. xiii (?), with a letter on the last verso, repeated on the following first recto: the regular series begins with k at the end of quire 3, and, with no letter at the end of quire 9 or the start of quire 10, runs to t on the last remaining verso of quire 13 and the first recto of quire 14; before this ff. 16ᵛand 5, 5ᵛ and 6, 6ᵛ and 7, and 15ᵛ and 17 are marked f, g, h, and O with a stroke through it (not the expected i), suggesting that ff. 5 and 16 were singletons when the marks were made. Nearly all written in one small hand, arts. 18–20 probably after a lapse of time with an open bowl for g; arts. 8–12 may also be later, see use of green in initials. Initials: (i) f. 3ᵛ, 11-line P, in red and blue, with red ornament; (ii) 5-line or more, blue with red ornament, or, ff. 61ᵛ, 64, green; (iii) 2- or 1-line, in red, some with blue ornament, or in blue, some with red ornament, or, ff. 58ᵛ–64, green, some with red ornament. Seventh in the list of manuscripts sent for rebinding on 26 Apr. 1820, MS Add. 384, p. 66: rebound for 12s. 6d. Secundo folio (f. 3) [lviii De] heli.

Written in England. Scribbles: 'Iohannes Conyngesby', s. xv, f. 64ᵛ; 'Assit principio sancta maria meo Ampthyll', s. xvi, f. 57. Catalogue of 1671, no. 40. CMA, no. 42.

XVI.Q.15. *Huguitio, Magnae derivationes*   by 1279 [?]; s. xiv in.

1. (a) ff. 1–23 (*begins imperfectly*) Clanga . . . Zonula—in zona; (b) f. 23ʳᵛ list of head-words in art. 2, Augeo . . . Zaab.

(a) an alphabetical table showing the head-words under which other words are covered in art. 2, e.g. 'Parnasus mons in nosco e'. Line numbers by fives in the form 5, 1, 5, 2, 5, 3, 5, 4, 5, 5 at more or less regular intervals apply only to the column beside which they stand: they were perhaps taken over from a 3-column exemplar in which they were entered in the margin to apply to all three columns on a page.

2. ff. 24–385 Incipit summa a Magistro vguitione composita super deriuacionibus composicionibus. significacionibus. et interpretacionibus. Cum nostri prothoplasti Suggestiua—(f. 24ᵛ) sorciamur. Augeo auges . . . (f. 384ᵛ) tempore as- (*ends imperfectly, in* Xistarcha, *supplied, art.* 3a) (f. 385) finito libro reddatur gracia christo. Explicit summa Magistri vguicionis. super deriuacionibus composicionibus et interpretacionibus vocabulorum facta. Quam fecit scribi ex propriis expensis Magister Iohannes Le CRAS. Canonicus ecclesie Beati Petri Eboracensis Pro comodo et utilitate Sacerdotum et clericorum chor' eiusdem ecclesie frequent-ancium. Necnon et aliorum clericorum tam scolarium quam vacancium. vel

vagancium. Ad ponendam in loco communi tuto et honesto. vt siquis causa dubitacionis. erudicionis. vel disputacionis aliquid quesierit: Secundum litteras alphabeti de leui inueniatur. Qui vero eam a liminibus Beati Petri ecclesie Eboracensis. alienauerit. defraudauerit. appropriauerit. vel quocumque modo a communitate predicta elongauerit: Auctoritate beati Petri apostolorum principis: anathema sit. AMEN. Scribere qui fecit. et qui scripsit benefecit Hoc dicat hic scriptor quod et optimus est suus actor. Me scripsit iohannes de Gretham. pro quo oretur. Amen.

Not noticed in A. Marigo, *I codici manoscritti delle "Derivationes" di Uguccione Pisano* (1936); registered Bursill-Hall, p. 292 (as MS XVI.Q.13 ff. 1 seq.).

3. (added in one hand, s. xiv²) (*a*) ff. 385ᵛ–386 supply of the text missing after f. 384, assumpta est . . . Zorastrum unum sydus; (*b*) f. 387ʳᵛ Regula de nominibus in ar terminatis in specio . . . Malum et pomum in ops; (*c*) ff. 387ᵛ–403ᵛ In ista tabula subsequente quatuor commoda—delucidantur euidentissima. Hoc opus thorntonicum dubitans require—*10 lines of verse*—Auca . . . Zelotes emulator a zelo ibidem uel in machea. Hic ordo per se quid sit—*4 lines of verse*—olimpica dona. Explicit kalendare libri huguicionis tam de uocabulis extra ordinem libri quam littere in qua uidentur existere per magistrum Willelmum de thornton.

(*b*) selective index to art. 2, arranged under Regula de . . . , Nota de . . . (e.g. Nota de partibus brachii in barri), and Differencia inter . . . (e.g. Differencia inter Aditum posticum hostium et portam. in Iam); (*c*) a table as art. 1*a*, often giving the same information, words occasionally defined in French or English, e.g. Obstringillus ryue*li*ng, Propugnaculum b*r*etays, Psitacus iay, Sagina som*er* uel trussel de sagu*n*.

ff. iii + 403 + iii. 320 × 220 mm. Written space *c*. 235 × 140 mm. 2 cols., or, art. 1*a*, 3 cols. (art. 1*b* 6 cols., f. 23ᵛ). 48 lines. Collation: 1 seven (ff. 1–7) 2¹⁶ 3–31¹² 32¹⁶ wants 14 after f. 384 33¹² 34⁴ + 1 leaf after 4. Initials: (i) to each head-word beginning a new letter, 5-line (f. 24, 8-line), red and blue, with ornament of both colours; (ii, iii) to each head-word and for letters of rest of words with type (i) initials, 2- and 1-line, red or blue, with ornament of the other colour. Capital letters in the ink of the text marked with red. Eleventh among the manuscripts sent for rebinding 26 Apr. 1820, see MS Add. 384 p. 66; rebound for 17s.; rebacked in 1982.

Written in England, and, according to the colophon of art. 2 above, for York Minster, by a named scribe, paid by John le Gras, canon and prebendary of Bugthorpe by 1266, d. by 1279, Emden, *BRUO*, p. 1127, giving a dating regarded by Ker as questionable; art. 3, possibly by William de Thornton. No. 35 in 1671 cataogue. *CMA*, no. 38.

Add. 1. *Evangelia, etc.* (The York Gospels)   s. x ex.–xi in.

Described by E. Temple, *Anglo-Saxon Manuscripts 900–1066* (1976), no. 61, with facsimiles of ff. 22ᵛ, 23, 60ᵛ, 85 (pls. 181–4), and references to earlier facsimiles. Full facsimile, Roxburghe Club (1986), with list of previous facsimiles pp. 133–4. For art. 2, see N. R. Ker, *Catalogue of Manuscripts containing Anglo-Saxon* (1957), no. 402.

1. Gospels: (*a*) ff. 10–14ᵛ Incipit prephatio Sancti Hieronimi presbiteri In ev-vangl' Beatissimo papae damaso—Novvm opvs . . . (f. 11ᵛ) Sciendum tamen . . . (f. 12) Explicit argvmentum. Evsebius carpiano fratri in domino salvtem.

Ammonius quidem . . . (f. 13) Explicit epistl' euangelii ep*iscop*is Prologvs iiii evangeliorvm. Plures fuisse . . . canendas (*altered to* cauendas). Explicit prologvs evangeliorum; (*b*) ff. 15ᵛ–19 Eusebian canon tables; (*c*) ff. 19ᵛ–58ᵛ Incipit prologvs Matheus ex Iudea—(f. 20) Explicit prologvs. Incipit breuiarium eiusdem. i. Natiuitas christi—(f. 21ᵛ) et doctrina eius de baptismo. Explicit breviarium. (f. 23) Initivm evangelii domini nostri ihesv christi secundum matheum Liber generationis . . . ; (*d*) ff. 58ᵛ–83 Incipit argvmentvm marci evangelivm (*sic*). Marcvs euangelist\u0119 (*sic*)—(f. 59) Incipiunt capitulat' (*sic*) in evangelivm marci. i De baptismo—(f. 60) xlvii De resurrectione—discipulis apparuit. Expliciunt capitula. (f. 61) Secundum Marcvm Initivm evangelii ihesu christi . . . ; (*e*) ff. 83–125ᵛ Incipivnt (*sic*) prefat' Lvcae evangelistae. Lucas syrus —(f. 84) Incipivnt capitula in evangel' Lvcae. i Visio Zacharie\u0119—(f. 85) lxxiii De resurrectione—dominus apparuit. Expliciunt capitula. (f. 86) Secundum Lucam Qvoniam qvidem multi . . . ; (*f*) ff. 125ᵛ–156 Incipit praefatio Iohannis evangelistae. Hic est Iohannes—(f. 126) Incipivnt capitvla in evange' iohann'. i. Vbi iohannes—(f. 126ᵛ) xxxv. Vbi dominus—pasce oues meas. (f. 127) Secundum Iohannem In principio erat verbvm . . .

(*a*) comprises four general prologues, Stegmüller, nos. 595, 601, 581, and 596. Each Gospel is preceded by a prologue, Stegmüller, nos. 590, 607, 620, and 624, and a table of chapters, Wordsworth and White, pp. 18–38 (C, here not numbered beyond viii), 175–87 (K), 275–305 (K), 493–505 (K), and is followed by a stichometric note, in the form ' . . . hab' vers' II dcc', giving the numbers of verses as (*c*) 2700, (*d*) 1700, (*e*) 3800, (*f*) 1700. In Matthew and Luke, and as addition in John, the start of direct speech and of the narrative are marked by interlined *s* or, for Christ, +, and *c*. Chapter-divisions, Eusebian sections, and canon references entered in margins, ff. 24–28, 31–5, and 38ᵛ. ff. 15, 22, blank.

Some bad errors in the general prologues have been corrected, s. xii (?), e.g. 'tres' to 'tercio' f. 12, 'premio' to 'primo' f. 13ᵛ, 'probialas' to 'phialas' f. 14.

2. (added on the blank verso after John and the following five leaves, s. xi) Pieces in Old English: (*a*) ff. 156ᵛ–157 surveys of Yorkshire lands, at Sherburn-in-Elmet, Otley, and Ripon; (*b*) ff. 158–159ᵛ three short sermons; (*c*) f. 160ʳᵛ a writ of King Cnut, dateable 1019–20; (*d*) f. 161 list of service-books, etc., at Sherburn-in-Elmet; (*e*) f. 161ᵛ bidding prayers; (*f*) f. 161ᵛ list of sureties.

(*a*) printed by W. H. Stevenson, 'Yorkshire Surveys and other Eleventh-Century Documents in the York Gospels', *EHR* 27 (1912), 15–19; (*b*) A. S. Napier, *Wulfstan* (1883), nos. 59–61; (*c*) F. Liebermann, *Die Gesetze der Angelsachsen* (1903), 273 (*Cn*. 1020); (*d–f*) Stevenson, pp. 9, 10, 12. (*b–c*) are in one hand and some of (*a*) may also be in this hand, which, with that of (*e*), is earlier than that of (*d, f*). ff. 159–60 form a bifolium. Facsimiles of ff. 160 and 161ᵛ in New Pal. Soc. ii pl. 165 a, b; of f. 159ᵛ in *Early English Manuscripts in Facsimile*, xvii (1971). f. 157ᵛ blank.

3. (on leaves added probably in s. xiii) (*a–c*) f. 7 Directions for installing a canon, oath of treasurer's proctor, oath of canon; (*d*) f. 7ᵛ Carta conquestoris; (*e*) ff. 7ᵛ–8 Iuramentum inter dominum Regem Henricum filium Regis Iohannis et Decanum et Capitulum Ebor' de Iure et possessione domini Regis de hospitale Sancti Leonardi Ebor', followed by a royal writ to give effect to its findings dated Westminster 20 Oct. [1246]; (*f*) ff. 8ᵛ–9 Inspeximus of W[alter Gray], archbishop of York, reciting a dean and chapter statute of Nov. 1252 about vicars' stipends; (*g*) f. 9 (*erased*) oath of a vicar; (*h*) 9ᵛ Consuetudo residencium; (*i*) f. 9ᵛ oath of a

vicar; (*j*, *k*) two forms of admission of a vicar, the second on a piece of parchment stuck to the foot of the leaf.

(*d*) H. W. C. Davis, *Regesta Regum Anglo-Normannorum* i (1913), no. 431; (*f*, *h*, *i*) *Statutes . . . of York*, ed. J. Raine (1879/1900), 17–19, 10–11, and 19–20, (*g*) cf. ibid. 19–20.
(*a–e*, *h*) written in hands of s. xiii, (*f*, *g*) of xiv¹, and (*i–k*) of s. xv. ff. 7–8 form a bifolium.

4. (on an added bifolium, s. xiii²) ff. 166ᵛ–167 [I]n nomine domini Amen. Iste sunt Reliquie recondite in Ecclesia beati Petri Ebor' . . .

Printed by J. Raine, *The Fabric Rolls of York Minster*, Surtees Soc. xxxv (1859), 150–3; also *Historians of the Church of York*, iii, RS [71] (1894), 106–10. ff. 166, 167ᵛ blank.

5. (on two added bifolia, s. xiv) ff. 162–164ᵛ Placita De quo waranto coram W de Herle—Nottingham, Monday after St Martin, 3 Ed. III.

Extract from eyre-roll x, followed by the king's writ, dated Kenilworth 20 Nov. [1329]: the dean and chapter of York to enjoy their liberties. f. 165ʳᵛ blank.

6. (on added leaves, s., xv, xvi) Forms of oath: (*a–d*) ff. 5ᵛ–6ᵛ of dean, dean's proctor, subdean, and canon, s. xv; (*e*) f. 6ᵛ of archdeacon, s. xvi; (*f*) f. 3 of archdeacon's proctor, s. xvi.

ff. 3ᵛ–5 blank.

ff. v + 4 + 3 + 147 + 5 + 4 + 2 + iii. Foliated (i–iii), 1–167, (168–70). ff. 1, 2 are parchment flyleaves. For ff. 3–9, 157–67 see arts. 2–6 above. 268–70 × 205 mm. Written space 215 × 135 mm. 28 long lines. Collation of ff. 10–156: 1 five (ff. 10–14, probably 1⁶ wants 1 (blank ?) before 10, but all leaves have been mended) 2–15⁸ 16⁶ wants 1 before f. 127 17–18⁸ 19⁸ + 1 leaf (f. 156) after 8. Three full-page evangelist pictures, ff. 22ᵛ, 60ᵛ, 85ᵛ; the fourth missing before f. 127. Initials: (i) ff. 23, 61, 86, 127, in gold with panels of green, mauve, and red, with knotwork decoration, and, on f. 23, the symbols of the evangelists as terminals or, the angel, in a roundel on the shaft, each save the ox with a scroll, or, f. 86, a dragon as tail of the *Q*; (ii) to Gospel prologues, capitula of Matthew, Synoptic Passion narratives and f. 10, 3–5-line, in red or green; (iii) 2- or 1-line, mauve, green or red, many outside the written space. Each Gospel starts with a few words in gold capitals, followed by a single line of rustic capitals in ink, except Matthew which starts with a full page in coloured display capitals; type (ii) initials followed by a line of rustic capitals in ink. ff. 19ᵛ–156 are written in caroline minuscule; the main hand wrote ff. 24–156; ff. 19ᵛ–21ᵛ are in a different hand, and f. 23ʳᵛ is in the hand of Eadui Basan, monk of Christ Church Canterbury, see T. A. M. Bishop, *English Caroline Minuscule* (1971), p. 22, no. 24. ff. 10–14ᵛ are in handsome square Anglo-Saxon minuscule of s. x ex., with f. 10ᵛ entirely in coloured capitals. Bound at the British Museum bindery in 1959; the 1678 covers and paper flyleaves are now MS Add. 1A. Secundo folio (f. 11) *adserit* altered to *asserit*.

Written in England, one leaf by an identified monk of Canterbury, see above. At York by early s. xi, see art. 2*a* and *b*; the latter, in the same hand as art. 2*c*, which has a *terminus post quem* of 1019–20, contains a few amendments in the hand of Archbishop Wulfstan (d. 1023), see N. R. Ker, *Books, Collectors and Libraries* (1985), 24–5. Used at York Minster as an oath book until s. xvi, see art. 6 above. 'Johannes Caerlyle', s. xvi², f. 165ᵛ. Subsequently removed; returned from the executors of Henry King bishop of London by the archbishop of York on 1 Aug. 1678, see Chapter Act Book 1634–1700, ii f. 128.

Add. 2. *Horae Eboracenses* (The Bolton Hours)   s. xv¹

1. (quires 1–2, see also art. 22 below) (*a*) ff. 4ᵛ–6ᵛ Benedictum sit nomen domini

nostri—(f. 5) Aue maria. O bone ihesu. o dulcissime ihesu . . . quod est ihesus amen. Pater noster. Aue maria gracia; (*b*) ff. 6ᵛ–12ᵛ Missus est angelus angelus gabriel ad mariam uirginem desponsatam ioseph nuncians ei uerbum. Aue maria gracia etc. et sic dicitur quinquies (*preceding four words in red*). Dominus tecum. Imperatrix reginarum . . . noli me famulum tuum . . . et perduc me ad gaudium paradisi. Amen.

(*a*) O bone ihesu . . . printed *Horae Ebor.*, pp. 179–80, here preceded by a 12-line picture of a rose, in the centre 'Ihc' below a crown, in the inner circle of petals 'Maria', and in the outer circle 'Iesus'; (*b*) eight paragraphs: (2–4) Dominus tecum . . . (5) Te ergo deprecor mitissima . . . (6) Sancta maria mater misericordie . . . (7) Sancta maria regina celorum . . . (8) Rogo te domina dulcissima . . .

2. (quire 3) ff. 13–16ᵛ A.a.b c—est. amen. Pater noster . . . Aue maria . . . Credo in deum . . . In nomine patris . . . In manus tuas . . . Misereatur tui omnipotens deus . . . Confiteor deo et beate marie—quia ego peccator . . . Requiescunt in pace amen.

Formulae communes, printed *Horae Ebor.*, pp. 25–7, beginning with a 2-line picture of the Crucifixion.

3. (quire 4) ff. 17–26ᵛ Benedicciones et gracie a festo sancti trinitatis usque ad cenam domini diebus in quibus non est ieiunium—hoc modo dicantur ante prandium. Benedicite. Dominus. Oculi omnium . . . post prandium . . . (f. 19) Deinde pro defunctis—De profundis . . . persoluere possim. Amen.

Fuller seasonal provision than *Horae Ebor.*, pp. 28–31.

4. (quire 5) ff. 27–32ᵛ Calendar in red and black, graded up to ix lc'.

Very similar to *Missale Ebor.* i. xxx–xli. Additions are: 'Sancta sitha' (27 Apr.), s. xv/xvi; 'Obitus Iohannis Bolton qui obiit Millesimo iiiiᶜ xlᵒ quinto' (11 Aug.); 'Obitus alicie boltone vxoris Iohannis bolton anno domini M cccc lxxiiᵒ' (18 Sept.); 'Obitus agnetis lond' Anno domini lxxii' (22 Oct.); 'Obitus Tho[me] Scauceby Anno domini Mᴵ cccc lxxiiᵗᵒ' (30 Nov.). 'pape' and feasts of Thomas of Canterbury untouched.

Quire 6 (ff. 33–40) contains only pictures, see below. Arts. 5–7 are on quires 7–13.

5. ff. 41–75ᵛ Hours of B.V.M. of the use of (York).

Hours of the Cross worked in. *Horae Ebor.*, pp. 37–61.

6. (*a*) ff. 75ᵛ–76ᵛ Ant'. Salue regina . . . Uirgo mater ecclesie . . . Or' Omnipotens sempiterne deus qui gloriose uirginis . . . ; (*b*) f. 77ʳᵛ Gaude uirgo mater christi que per aurem . . . Oremus. Deus qui beatam uirginem . . . ; (*c*) f. 77ᵛ (filling space) Deus qui tres reges ad presepe . . . ipso adiuuante. per.

(*a*) 5 stanzas, *Horae Ebor.*, pp. 62–3, here omitting *Dele culpas*; (*b*) *Horae Ebor.*, pp. 63–4; (*c*) cf. *Horae Ebor.*, p. 35.

7. ff. 78–96ᵛ Penitential psalms and (f. 88) Litany.

Horae Ebor., pp. 88–99. Peter and Leonard doubled. 'Ursula cum socii' was added early to the list of virgins at the foot of f. 91ᵛ.

8. (quire 14) (*a*) ff. 97–9 Hic incipiunt septem psalmi et quindecim psalmi; (*b*) ff. 99ᵛ–100 Ymnus. Christe qui lux es . . . Illumina quesumus domine deus tenebras

(nostras) . . . ; (*c*) ff. 100ᵛ–101ᵛ O gemma lucis et uirtutis . . . Deus qui beatum ricardum presulem . . . ; (*d*) ff. 101ᵛ–102 Aue dextera manus christi. Perforata plaga tristi . . . ; (*e*) ff. 102–103ᵛ Ista oracio est dicenda ant[e] septem psalmos penitenciales in honore dei et omnium sanctorum pro magna dei indulgencia. Oracio. Suscipe sancte pater hos septem psalmos—Quos ego indignus peccator . . . ; (*f*) f. 104ʳᵛ In principio erat uerbum . . . et ueritatis. Vˊ. Verbum caro— Concede quesumus omnipotens deus: ut nos unigeniti tui noua per carnem natiuitas liberet . . .

(*a*) Cues only of all penitential and first 12 gradual psalms; (*b*) memoria; (*c*) memoria of Archbishop Richard Scrope, printed in *Notes and Queries*, 2nd series 1 (1856), 489, and partly in *Horae Ebor.*, p. 182, beginning with an 11-line picture of an archbishop and a kneeling woman with a scroll 'Sancte ricarde scrope ora pro nobis'; (*d*) on Five Wounds, *RH*, no. 1771; (*f*) memoria of the Nativity.

Quire 15 (ff. 105–108) contains only pictures, see below.

9. (quires 16–17) (*a*) ff. 109–22 Beati in maculati . . . Anᵃ Requiem . . . Absolue . . . ; (*b*) f. 122ʳᵛ Mentem sanctam. spontaneum . . . Deus qui inter cetera potencie . . . ; (*c*) f. 122ᵛ Angelie (*sic*) qui meus es custos pietate superna. Me tibi commissum salua defende guberna; (*d*) f. 122ᵛ Barbara nocte tua pane qui cibatur et unda Hic numquam poterit baratri sentire profunda; (*e*) f. 122ᵛ Qui scripsit scribat semper cum domino iuuat. Uiuat in celis. Iohannes nomine felix.

(*a*) Ps. 118, with only one prayer, cf. *Horae Ebor.*, pp. 111–13 (Commendationes animarum); (*b*–*e*) added space fillers: (*b*) memoria of a virgin martyr; (*c*) *AH* xliv. 40, stanza 1. Walther, *Sprichwörter*, no. 1039.

Quire 18 (ff. 123–8) contains only pictures, see below. Arts. 10–18 are on quires 19–25.

10. ff. 129–65 Office of the dead.

Horae Ebor., pp. 99–111, here with the prayers Omnipotens sempiterne, Inclina, Pro famula, Quesumus domine pro tua pietate, Animabus, Deus qui nos patrem, and Deus cuius miseracione (cues only for first three).

11. ff. 165–166ᵛ Legitur in uita sancti Bernardi abbatis quod diabolus dixit se scire octo uersus psalterii—Illumina . . . Omnipotens sempiterne deus qui ezechie regi . . .

Eight Verses of St Bernard.

12. Prayers: (*a*) ff. 166ᵛ–167 Si quis dicat hanc oracionem cotidie flexis genibus numquam in peccatis mortalibus morietur. Oracio deuota ad sacramentum. Anima ihesu christi sanctifica me . . . ; (*b*) f. 167ʳᵛ Iohannes papa xxii concessit— iijᵃ milia annorum indulgencie ad supplicacionem philippi Regis Francˊ Domine ihesu christe qui hanc sacratissimam carnem . . . ; (*c*) ff. 167–169ᵛ Oracio uenerabilis Bede presbiteri de vii verbis—Domine ihesu christe qui septem uerba . . . ; (*d*) ff. 169ᵛ–171ᵛ De beata maria et sancto Iohanne euuangelista. Oracio. O beata intemerata . . . orbis terrarum. Inclina . . . Masculine forms; (*e*) ff. 171ᵛ– 172ᵛ Bonifacius papa concessit omnibus deuote dicentibus hanc oracionem sequentem septem annos indulgencie. Stabat mater . . . ; (*f*) ff. 172ᵛ–173ᵛ

Clemens papa in consilio laterensi concessit omnibus deuote dicentibus hanc oracionem cc dies et lx^a indulgencie. Deprecor te sancte maria mater dei pietate plenissima . . .

(a–d) Horae Ebor., pp. 127 (another version), 72, 140–2, 67–8, but without the headings of *(a–b)*.

13. ff. 173^v–174 Gaude uirgo que de celis per os dulce . . . Omnipotens sempiterne deus qui diuina gabrielis salutacione . . .

Memoria of Five Joys. *RH*, no. 27220.

14. (*a*) ff. 174–5 In honore veronice conceduntur xxi^{us} (*sic*) anni indulgencie et papa Bonifacius concessit iii annos. Salue sancta facies . . . Deus qui nobis signatis . . . ; (*b*) ff. 175^v–176 Salue plaga lateris nostri redemptoris . . .

RH, nos. 18189, 18123. *Horae Ebor.*, pp. 174–175/18 (no heading), 175. Pictures precede (*a, b*): 5-line to (*a*), 6-line, a heart with five wounds, to (*b*).

15. ff. 176–7 Fuit quidam clericus in partibus Burgundie qui cotidie—hec uerba salutacionis. Aue ihesu christe uerbum patris . . . uita perhennis. Aue ma.

Horae Ebor., pp. 70–71/2 (no heading).

16. f. 177 Say yis kneland befor ye crucifix ilk day anse and y^u sal se y^e ʒates of heuen opyne in ye owre of y^i dyinge. Domine ihesu christe adoro te in cruce uulneratum . . . Domine ihesu christe adoro te in sepulcro positum . . . Crux bona crux digna lignum super omnia ligna.

IMEP vi. 62.

17. ff. 177^v–181 Memoriae of Holy Spirit, Trinity, Cross, Michael, John Baptist, Peter and Paul, John ev., Laurence, Nicholas, Katherine, Margaret, Mary Magdalene, and peace.

18. ff. 181–184^v Memoriae: (*a*) the Passion (Crucem coronam spineam . . .); (*b*) Anne (Gaude felix anna que concepisti prolem. Que erat paritura . . .); (*c*) Anthony (O antoni summi boni contemplator sedule . . .); (*d*) William [of York] (O willelme pastor bone cleri pater et patrone . . .).

(*a*) cf. *Horae Ebor.*, pp. 176–177/14, 12-line picture, instruments of the Passion, on f. 181; (*b–d*) *RH*, nos. 6773, 30216, 13077.

Quire 26 (f. 185) contains only pictures, see below.

19. (quire 27) ff. 186–193^v Hic incipit (*sic*) matutinas de spiritu sancto. Spiritus sancti assit nobis gracia . . . Explicit seruicium de spiritu sancto.

Hours of the Holy Spirit.

20. (quire 28) (*a*) ff. 194–195^v In nomine patris et filii et spiritus sancti. amen. Marcus. Matheus—et signo tau. T Hoc signum crucis—uenerit. Per crucis hoc signum . . . ; (*b–h*) ff. 196–199^v Memoriae of Thomas of Canterbury (Gaude thoma martir christi. die martis qui fuisti . . .), Andrew, Stephen, Blaise, Cuthbert, Apollonia, and John of Beverley; (*i*) f. 199^v Oracio ad proprium angelum. Sancte angele dei ministri celestis imperii . . . ; (*j*) f. 200 Aue et gaude uirgo maria . . . ; (*k*) ff. 200–201^v Alma chorus domini nunc pangat nomina

summi Messyas Sother . . . Domine deus omnipotens qui consubstancialem . . .
Or' Benedictio dei patris . . . ; (*l*) f. 201ᵛ Aue ihesu rex celorum fili regis
angelorum . . . Or'. Domine sancte pater omnipotens eterne deus qui manes in
trinitate . . .

(*a*) Longer than *Horae Ebor.*, p. 26, and ending with three prayers: Domine miserere nostri,
Sancta maria mater domini and Domine ihesu christe fili dei uiui; (*d–h*) start with 4-line pictures;
(*k*) *RH*, no. 822.

Quire 29 (ff. 202–205) contains only pictures, see below.

21. (*a*) ff. 206–7 Als ofte as men says yis orison Betwen agnus dei and ye leuacion
Twa thowsand wynt*er* of pardon' Mon yai haue to y*er* cron'. Ihesu my lord
welcome yᵘ be . . . (38 lines) Aue et gaude maria . . . ; (*b*) f. 207ʳᵛ De sancto
Iohanne de Brydl*ington*. O Iohannes speculum uite christo care . . . (10 lines)
Oracio Deus qui piissimum famulum . . .

(*a*) *IMEV*, no. 1734; printed from this copy C. Brown, *English Lyrics of the Fifteenth Century*
(1939), 181–3 (no. 115).

22. (added in space at the beginning of quire 1 and the end of quire 30, s. xv
med.) ff. 1–4, 209–210ᵛ Benedicite. Dominus. I knawe me gilty to god almyghty
. . . þᵗ dos þh*a*m wondyr

Form of confession, rehearsing the 'seuen dedely syns' and the sins by failure to observe the 'ten
commandment*is*', 'vij sacrament*is* of haly kyrke', 'vij vertus' and 'artykyls of þe trouth', and 'I
haue noght fulfylyd þe vij werk*is* of m*er*cy'; *IMEP* vi. 61–2; fuller than *Horae Ebor.*, pp. 150–4.

ff. iv + 210 + iv. 150 × 104 mm. Written space 107 × 70 mm. 16 long lines. Collation (before
present binding): 1 four (ff. 1–4) 2 eight (ff. 5–12) 3 four (ff. 13–16) 4¹⁰ 5⁶ 6 eight (ff. 33–40) 7–
14⁸ 15 four (ff. 105–8) 16⁸ 17⁶ 18 six (ff. 123–8) 19–25⁸ 26 one (f. 185) 27–28⁸ 29 four (ff. 202–5)
30 five (ff. 206–10). Written in textura, or, art. 22, a mixture of anglicana and secretary; in arts
16, 21 and 22 þ is made like *y*. Forty-seven rather crude full-page pictures, all except two (ff.
185, 208) now arranged on the rectos and versos of the leaves in four quires (6, 15, 18, 29), with
two original bifolia (ff. 124/127 and 125/126): ff. 33–40ᵛ Trinity (including four kneeling figures,
each with a scroll: son 'O pater o nate tu spiritus alme uocate', father 'Quod petimus a te concede
tua pietate', mother 'Celica magestas trinus deus vna potestas', daughter 'Premia qui prestas nos
castas fac et honestas' / George (reproduced in Quaritch catalogue, see below), Gethsemane /
Betrayal, Visitation / Annunciation, Nativity / Resurrection, Ascension / Pentecost, Peter
('Pretre') / Thomas of Canterbury, John Baptist / William of York, Cuthbert / Sytha (including a
suppliant woman in blue); ff. 105–108ᵛ Peter 'de Melane' / Mary Magdalene, Nicholas / Lucy,
Martin / Giles, Gregory / Bridget (in brown holding a pen and scroll 'Ecce sponsa christi'); ff.
123–128ᵛ Michael (including a suppliant woman in blue) / Margaret, Edmund k. and m. / Paul,
Thomas ap. / James the less, James the great / John ev., Philip / Matthew, Simon / Thadeus; f.
185ʳᵛ Dominic / B.V.M. with Child and eagle; ff. 202–205ᵛ Anthony / Richard (? Scrope:
archbishop with a windmill in his right hand), Leonard / Katherine, Laurence / Bartholomew,
Andrew / Christopher; and f. 208 Christ on the rainbow flanked by angels blowing trumpets and
below ten figures naked save two in crowns and one in a mitre flanked by Peter holding up key at
a fortified gate on the left and bear-like hell's mouth on right (verso blank). Each apostle, martyr,
and confessor is named at the foot in red, in a contemporary hand except 'Lucia' (s. xv) and
'Dominicke' (s. xvi). Eleven smaller pictures to arts 1*a*, 2, 8*c*, 14*a*, *b*, 18*a* and 20*d–h*, q.v. A dove
in the upper margin of f. 186. Initials: (i) to each hour of art. 5 and to arts. 7 (seated tonsured
figure with a hand on the head of a kneeling woman), 9*a* (God holding up a sheet containing 14
faces) and 10, 6- or 5-line, pink or blue shaded with white on gold grounds, historiated (in art. 5,

B.V.M. and Child at Matins, kneeling man at Lauds, and Passion series Prime–Compline, ff. 41, 49, 57^v, 62, 64^v, 66^v, 69, 71^v); (ii) 2-line, in gold, on deep pink and blue grounds patterned with white; (iii) 1-line, gold with violet ornament, or blue with red ornament. Line-fillers in Litany in blue and gold with red and violet ornament. Continuous borders on pages with type (i) initials. Binding in careful medieval style by John Henderson of York, c.1970. Secundo folio (f. 5) *O Amen.*

Written for use in the diocese of York, perhaps for John Bolton, merchant, alderman and mercer of York, d. 1445, see art. 4, and (?) the picture on f. 33; for his will, see *Yorkshire Archaeological Soc.*, Record Series vi (1889), 20. The will of Thomas Scauceby, mercer of York, was proved on 4 Dec. 1471 Ibid. 146; cf. art. 4. Lent by Mr Thomas Fairfax of London to Dr (George) Harbin, 21 July 1715. Sotheby sale, 12 Apr. 1927, lot 527. Quaritch, *Catalogue of Illuminated and other Manuscripts* (1931), item 36, £550. Bought by the dean and chapter in 1943, see Friends of York Minster, *16th Report* (1944), 14–18, and *17th Report* (1945), 27–8.

Add. 3. *Manuale* s. xv/xvi

Bound after a printed book of 8 leaves in quarto: Chr. Schrevrelius, *De vita et obitu Antonii Kressen* (Nuremberg, 1515).

1. ff. 2–8 Exorcismus salis et aque

f. 1^{rv} blank, except for an inscription on the recto, see below.

2. ff. 8^v–29^v Ad cathetizandum statuentur masculi ad dextram. femelle ad sinistram—Quis vocaris . . . Pax tecum.

Ordo of baptism.

3. ff. 30–31^v Incipit ordo ad baptizandum puerum infirmum.

4. ff. 31^v–33 Notandum tamen pro cautela quod aliquis non debet baptizare aliquem . . .

Rubrics on baptism.

5. ff. 33^v–35 Ad introducendum mulierem ad ecclesiam post partum. Ps. Leuaui oculos meos in montes . . .

6. ff. 35^v–41 Benedictio peregrinorum dicatur primo. Adiutorium . . .

7. ff. 41–3 Predeuntibus ex peregrinacione intronisacio primo dicatur Adiutorium . . .

8. ff. 43–5 Secuntur exequie mortuorum. Kiriel' . . .

f. 45^v blank.

9. (added, s. xvi) inside the back cover In Solemnizacione matrimonii solet hoc ordine procedi.

ff. 45. 185 × 144 mm. Written space 120 × 90 mm. 12 long lines. Collation: 1–5^8 6^4 + 1 leaf (f. 45) after 4. Minims 7 mm. high. Initials: (i) f. 2, 3-line, blue with deep pink ornament; (ii, iii) 2- and 1-line, blue or red. Contemporary German (Nuremberg) binding of wooden boards covered with pigskin bearing a panel filled with two stamps (thistle, wish-bone) repeated in a uniform pattern and enclosed in a border formed by a floral roll; five bosses on each cover; central clasp. Secundo folio (f. 3) *ignem. amen.*

Written in Germany. 'Anno Millesimo Quingentesimo decimo. comparatus est iste libellus ad ecclesiam parrochialem S. Lawrencii Sub Reuerendo ac viro prestantissimo domino Anthonio Kress V. I. docto. Preposito et plebano ecclesie prefate etc', in red, f. 1; 'Iste liber pertinet ad Ecclesiam diui Laurencii Nurmberge' crossed out, and sketch of a gridiron, s. xvi, inside front cover; 'Sum Michaelis Ruppin: prouisoris aedis laurentianę Normbergae', s. xvi, inside front cover; on the parochial library of St Laurence, Nuremberg, see *MBDS*, iii. 671. Apparently still in Nuremberg, in the City Library, in 1786, cf. C. T. de Murr, *Memorabilia bibliothecarum publicarum Norimbergensium*, i (1786), 252, which records the inscription on f. 1. Believed to have been given to York Minster by J. R. Walbran, cf. MS Add. 33 below.

Add. 5. *Horae*   s. xv²

1. ff. 1–12ᵛ Calendar in red and black.

Without Visitation of B.V.M., Transfiguration, Anne, or Mary Magdalene. The last added, s. xvi (?).

2. ff. 13–19 Sequentiae of the Gospels.

Luke in last, not second, place. f. 19ᵛ blank.

3. ff. 20–113 Hours of B.V.M. of the use of (Rome).

First and seven other leaves missing. The psalms proper to specified days of the week are included in Matins with rubrics in French. Hours of the Cross and of the Holy Spirit worked in. 'Incipit officium aduentus', f. 102. ff. 113ᵛ–115ᵛ blank.

4. ff. 116–37 Penitential psalms, beginning imperfectly at Ps. 6: 6 'tibi', and (f. 129ᵛ) 'Letania'.

Eight monks and hermits: Benedict Victor Clement Francis Bernardine Dominic Anthony Bernard; eleven virgins, not Anne or Mary Egyptiaca. The only prayers after Deus cui proprium are Deus a quo and Fidelium.

5. ff. 137–90 Incipit officium mortuorum.

6. ff. 190–194ᵛ Oracio valde deuota. Obsecro te . . . Masculine forms.

7. (quire 25) ff. 195–201ᵛ (*begins imperfectly*) cum excommunicatis—misereatur mei. Misereatur nostri omnipotens deus et dimissis . . . (f. 195ᵛ) Non nobis domine non nobis . . . Salue sancta parens enixa . . . (f. 201ᵛ) Graciam tuam quesumus domine mentibus nostris . . . Benedicamus domino deo gracias.

A devotion for male use, the framework of which is taken from the daily mass of B.V.M., but taking the postcommunion for B.V.M. in Advent as the final prayer from this source, together with Gloria in excelsis after Salve, Credo in unum deum after Loquente, and Sanctus and Agnus dei after Felix namque.

8. ff. 202–208ᵛ Memoriae, the first, third, and sixth beginning imperfectly: James, Mary Magdalene, Stephen, Laurence, Anthony hermit, Holy Face ([Salve sancta facies . . .] niuei candoris *line 3* . . . *RH*, no. 18189).

f. 209ʳᵛ blank, ruled.

ff. ii + 209 + v. Very neatly foliated in ink, s. xviii (?), after loss of leaves. 110 × 80 mm. Written space 50 × 35 mm. Ruled in pink ink. 14 long lines. Collation: 1¹² 2⁸ wants 8 after f. 19 3–6⁸ 7⁸ wants 5 after f. 55 7 after f. 56 8⁸ wants 1 before f. 58 8 after f. 63 9⁸ wants 8 after f. 70 10⁸ wants 7 after f. 76 11–12⁸ 13⁸ wants 1 before f. 94 14⁸ 15⁸ wants 6 (blank) after f. 113 16⁸ wants 1 before f. 116 17–25⁸ 26⁸ wants 1 before f. 195 27 four (ff. 202–5) 28⁴. Written in a set hybrida close to *lettre bâtarde*; change of hand for art. 6, f. 190. Most pictures now missing; six 11-line pictures: ff. 42ᵛ (Visitation), 83 (Flight), 137ᵛ (burial), 203 (Mary Magdalene), 204ᵛ (Laurence), 205ᵛ (Anthony). Initials: (i, ii) 3- and 2-line, in gold and red on blue grounds; (iii) 1-line, in gold on grounds alternately blue and red. Line-fillers in blue and red decorated with gold. Continuous framed floral borders on pages with 11-line pictures; mirror-image floral borders the height of the written space in the outer margin of all other pages. Contemporary binding of wooden boards covered with brown calf, bearing a border of rosette stamps enclosing a panel containing three vertical rows of small stamps (i, iii seated lion; ii standing dog); three bands, between each a stamp, 17 × 23 mm., of a pineapple-flower (?) between two facing seated griffins; central decorative silver clasp, s. xix (?). Secundo folio (f. 14) *mundus eum.*

Written in France. 'Ebriart', s. xv², f. 208ᵛ, perhaps the name of the scribe of arts. 6–9. 'srihnmla' on the entablature of the building in the picture on f. 42ᵛ. 'A MS Roman Catholic Prayer Book. given by Mʳ and Mʳ Dallin', York Minster Liber donorum, f. 34 *sub anno* 1826, is likely to refer to either MS Add. 5 or MS Add. 6.

Add. 6. *Horae*   s. xv²

1. ff. 1–12ᵛ Calendar, in alternating blue and red.

Entries include six bishops of Angers: Licinius (13 Feb.), Albinus (1 Mar.), Benedict (15 July), Maurilius (13 Sept.), Magnobodus (15 Oct.), and Renatus (12 Nov.); and translations of Renatus (18 Apr.), and Maurilius (16 Aug., 19 Oct.).

2. (quire 2) (*a*) ff. 13–17ᵛ Sequentiae of the Gospels, in the order Luke, Mark, Matthew, omitting John 1: 1–14 (see art. 3*a*); (*b*) f. 18 (*begins imperfectly*) tis et corporis sanitate gaudere . . . perfrui leticia. Per christum dominum nostrum amen.

ff. 18ᵛ–19ᵛ blank.

3. (quire 3) (*a*) ff. 20–21ᵛ John 1: 1–14, followed by the prayer Protector in te sperantium; (*b*) ff. 22–6 (Obsecro te, *beginning imperfectly*) qua exultauit spiritus tuus . . . Masculine forms.

f. 26ᵛ blank.

4. ff. 27–98ᵛ Hours of B.V.M. of the use of (Rome) beginning imperfectly.

First and six other leaves missing. Seasonal material begins f. 89.

5. ff. 99–124ᵛ Penitential psalms, beginning imperfectly at Ps. 6: 6 'tebitur', and (f. 114) Litany.

First leaf missing. Thirty confessors: (1) Martiale . . . (15) Glaude . . . ; twenty-three virgins: (14) Anna. The Angers saints in art. 1 do not occur here. The prayers after Deus cui proprium are Pretende, Ure igne, and Omnipotens sempiterne deus qui facis mirabilia.

6. ff. 125–127ᵛ Hours of the Cross, beginning imperfectly.

7. ff. 128–130ᵛ Hours of the Holy Spirit, beginning imperfectly.

8. ff. 131–170ᵛ Office of the dead, beginning imperfectly.

9. f. 171^{rv} Memoria of Sebastian, beginning imperfectly.

10. (added, s. xv ex.) ff. 172–173^v O bone ihesu christe. Illumina oculos meos . . . O adonay. In manus . . . O messias. Locutus . . . O eloy. Et numerum . . . O emanuel. Dirupisti . . . O rex christe. Periit . . . O agios. Clamaui . . . O raboon. Fac mecum . . . Omnipotens sempiterne deus qui ezechie regi . . .

Eight Verses of St Bernard adapted as a memoria of Holy Name. f. 174^{rv} blank, recto ruled.

ff. iv + 174. ff. i–iv are medieval endleaves. 123 × 85 mm. Written space 55 × 38 mm. Ruled in pink ink. 15 long lines. Collation: 1^{12} 2^8 wants 6 after f. 17 3^8 wants 3 after f. 21 4^8 wants 1 before f. 27 5–6^8 7^8 wants 2 after f. 50 8^8 9^8 wants 1 before f. 65 6 after f. 68 10^8 wants 3 after f. 72 7 after f. 75 11^8 wants 3 after f. 78 12^8 wants 3 after f. 85 13^8 14^8 wants 1 before f. 99 15–16^8 17^8 wants 4 after f. 124 8 after f. 127 18^8 wants 4 after f. 130 19–22^8 23^8 wants 5–7 after f. 170 24^4 wants 3 (blank) after f. 173. Written in a set hybrida close to *lettre bâtarde*. Initials: (i) all removed except on f. 20, 5-line, in blue and gold, historiated (St John); (ii) 2-line, blue or pink patterned with white, on decorated gold grounds; (iii) 1-line, gold on grounds of deep pink and blue patterned with white. Floral borders in colours and gold: continuous on page with type (i) initial; the height of the written space in the outer margin of pages with type (ii) initials and of rectos in art. 1; some have at the mid-point a figure, grotesque, unicorn (f. 42^v), bird or beast; borders on two sides of a single leaf are mirror-images. Binding of s. xvi. Secundo folio (f. 14) *finis Dixit*.

Written in France, for use in the diocese of Angers, see art. 1. Erased notes on ff. i–ii. 'EME', interlaced with the first *E* backwards, f. ii^v. 'Ty[. .] T[. . .]' erased, s. xvii, on back pastedown. In a letter kept with the manuscript dated Jesus College Cambridge 26 Jan. 1897 'Arthur' [Quiller Couch ?] reports to 'William' that the calendar is of Angers according to M. R. James. 'A MS Roman Catholic Prayer Book. given by M^r and Mr Dallin', York Minister Liber donorum, f. 34 *sub anno* 1826, is likely to refer to either MS Add. 5 or MS Add. 6.

Add. 7. *T. Aquinas, In quartum librum Sententiarum; etc.*   1286

1. ff. 1–251^v L IIII FRATRIS THOME SUPRA SENTENCIAS (*in red and blue capitals*) Misit uerbum suum et sanauit eos . . . omnia ordinantur. cui est honor et gloria in secula seculorum amen. Explicit quartus sententiarum secundum fratrem thomam de aquino ordinis fratrum predicatorum. Deo gracias [. . . *two lines in red erased*].

Glorieux, no. 14*f*/iv. Pecia-numbers, some cut off, occur in the margins throughout, e.g. 'xiiii p^a', f. 44; they show that the exemplar was divided into ninety-three peciae, as laid down in the Paris taxation-list of 1304, Denifle and Chatelain, *Chartularium Universitatis Parisiensis*, ii (1891), 108. The same series is found in Brussels, Bibl. royale MS II.934, copied in Paris in 1286, and in Oxford New College MS 118.

2. ff. 252–256^v D.I Quid sit sacramentum . . . de penis dampnatorum. Explicit expliceat (suple) ludere scriptor eat. Expliciunt tituli questionum super quartum sententiarum fratris thome de aquino ordinis fratrum predicatorum. Nota quod in istis articulis vbicumque est paragraphus est signum quod debes querere in principali articulo illius distinccionis. et vbicumque est *ulterius* sine paragrapho debes querere in illo articulo principali sub quo est positum illud *ulterius* et vbicumque inueneris *an.* debes querere in articulo aliquo illius articuli sub quo ponitur an et iste modus querendi potest seruari in iii° et iiii° fratris. Explicit modus siue ars querendi questiones prenominatas.

A table of art. 1 in which distinctions, but not chapters, are numbered; followed by an explanatory note. The entries under each chapter are questions, the first beginning Vtrum, and the rest either Vtrum, Vlterius utrum, or An.

3. ff. 256ᵛ–263ᵛ Questio est utrum sit possibilis resurreccio mortuorum et uidetur quod non . . . et hec de hac questione sufficiant. Hic liber est scriptus qui scripsit sit benedictus.

Glorieux, no. 400*ab* (Giles of Rome, OESA). Seven 'Tituli questionum precedencium' added in red ink, f. 263ᵛ.

ff. iii + 263 + iii. 332 × 245 mm. Written space 228 × 168 mm. 2 cols. 52 lines. Outer side of each column bounded by a pair of vertical lines, with a further pair down each side margin. Collation: 1–21¹² 22¹² wants 11, 12 (blank). Initials: (i) f. 1, 9-line *M*, in blue patterned with white, on ground of deep pink patterned with white and of gold, historiated (Christ pours from jar to restore recumbent man, cf. Good Samaritan), extended to bars in three margins, in the lower margin supporting a dog and hare, and in the upper margin a grotesque and a lion (?); (ii, iii) 4- (to distinctions) and 3-line, alternately blue and red, with ornament of the other colour, extended, with 4-line initials, as red and blue saw-pattern ornament nearly the height of the page. Binding of s. xix in.: 'Relié par Bozerian', in small capitals at the foot of the spine. Secundo folio *gister addit*.

Written in Paris, for use at Cîteaux, in the first place for Hugh de [. . .] monk of Cîteaux: 'Vsus huius libri est fratris hugonis De [. . . *erased*] Monachi Cistercii. Quandiu suus abbas sibi permiserit proprietas vero: beate Marie Cistercii. fuit autem completus parisius anno ab incarnacione domini M° CC°. lxxx°vi° In festo beatorum apostolorum Symonis et Iude', in red, f. 263ᵛ, much more crudely written than the text. 'De secundo armario', s. xiv (?), f. 263ᵛ. Listed in the 1480 Cîteaux catalogue: *Catalogue général des manuscrits des bibliothèques publiques de France, Départements*, v (1889), 381, no. 403. Entered in the York Liber donorum, *sub anno* 1864: 'Presented by Rev J. Raine', to which Raine himself added 'and others'.

Add. 8. *Pseudo-Isidorus, Collectio decretalium* 1469

Arts. 1–16 are a copy of the B type, see Hinschius, *Decretales Pseudo-Isidorianae* (1863), pp. lvii–lx, going along with Paris BN (St Victor 184) in art. 3 and in omitting 'mercator' after 'Isidorus' in art. 6.

1. ff. 1–3 Ysidorus de consiliis ecclesie [. . . *1 word erased*] Nomina prouinciarum et nomina imperatorum vsque ad corrardum (*sic*) tercium et nomina paparum . . . Nomina episcoporum qui eidem consilio interfuerunt. Petrus apostolus linus martir. B.o. Lusinaus lucon.

Table of contents of arts. 2–18, but including 'Decreta gregorii Iunioris', cf. art. 7.

2. ff. 3–4 lists of ten countries, Italia . . . Britannia, of 113 provinces, Campania . . . Valentiana, and of cities, Lugdunum . . . Vencio

3. f. 4ʳᵛ lists of emperors, Iulius . . . Conradus iii Fredericus (1152–90), and of popes, Petrus . . . Innocencius [II] (1130–43).

4. ff. 4ᵛ–5ᵛ Quo tempore concilia celebrari ceperunt. et de quatuor conciliis. Canones generalium conciliorum . . . episcopus extitit.

PL cxxx. 3–6, continuing 'Vigesima aruernensis—maxime honoratus briuatensis episcopus', and 'Vigesima prima maticensis—priscus lugudensis'.

5. ff. 5ᵛ–6 (*a*) Incipit epistola aurelij cartaginensis episcopi ad damasum papam; (*b*) Rescriptum damasi pape ad aurelium carthaginensem episcopum.

Ibid. 5–6.

6. ff. 6–7ᵛ Incipit prefacio Isidori In sequenti opere. Isidorus seruus christi lectori conseruo suo et parenti in domino fideli salutem. Compellor . . . sequens ordinem suum.

Ibid. 7–12.

7. ff. 7ᵛ–8 table of 124 numbered chapters, covering arts. 9–16.

Cap. cxx is Decreta Gregorii minoris, i.e. *PL* cxxx. 1139–41, which should be, but is not, the last piece in art. 9, cf. Hinschius, op. cit., pp. lviii–lix.

8. ff. 8–9ᵛ Incipiunt canones id est Regula ecclesiastica a sanctis patribus constitute. et ab ysidoro in vnius codicis corpus collecte. Ordo de celebrando concilio. Ante solis ortum . . . cum omni fiducia loqui.

PL cxxx. 11–16.

9. ff. 9ᵛ–426ᵛ Incipiunt canones apostolorum per clementem papam prolati. Episcopus a duobus . . . appetit seruitutem.

Ibid. 15–1132, with differences: cf. Hinschius, op. cit., pp. lviii–lx, and xxvi–xxviii for the 39 letters of Leo (ff. 309ᵛ–345). f. 372ᵛ (47⁸) blank, also originally ff. 345ᵛ–348ᵛ (44³⁻⁶).

Arts. 10–16 are on quires 55–6.

10. ff. 427–30 Dei ordinacionem accusat . . . permiserit uiolandam.

'Liber capitulorum ex diuersis conciliis siue decretis Romanorum pontificum collectorum ab Agistrammo (*sic*) metensi episcopo', cap. cxxi, in art. 7; ed. Hinschius, pp. 759–69, and cf. pp. lxviii, clxvi for the ascription to a bishop of Metz.

11. ff. 430–431ᵛ Excepciones ex diuersis constitucionibus de rebus ecclesiasticis ex concilio toletano. Hec sancta synodus . . . ac disciplina secularis emendet.

12. ff. 431ᵛ–436ᵛ Incipiunt excepciones de gestis calcedon' concilii. Cum in dei nomine sub die viii idus octobris . . . cum deo nos iudicatis.

13. ff. 436ᵛ–438ᵛ Collectiones diuerse. ex eodem concilio. Eusebius religiosissimus episcopus doriiei . . . non suscipit Anathema sit.

14. ff. 438ᵛ–441ᵛ Actio vndecima. Consulati domini nostri ihesu marciani piisimi augusti . . . consultum. Finitur actio xi kl' aprilis.

15. f. 441ᵛ que secuntur ex concilio constantinopolitano sumpta sunt. Cum leditur fides . . . congressus est corporaliter.

16. ff. 441ᵛ–442ᵛ Incipit altercacio liberii pape et constantini Imperatoris. Constantinus imperator dixit Nosse . . . missus exilio est. Hic finitur liber conciliorum ysidori Secundum tabulam in principio libri.

Cassiodorus, Historia tripartita, v. 17.

17. (*a*) f. 443 Incipit nicenum concilium: cp. i. Facta est hec synodus apud

niceam . . . ; (b) ff. 443–444ᵛ Incipiunt capitula niceni concilii. De eunuchis—De non flectendo genu. Nicena synodus—ante calcedonensis synodus. Incipit sanctum ac uenerabile concilium. habitum sub constantino imperatore. Si quis in egritudine . . . et eadem beato pape recitauerunt.

(a) four short chapters, the fourth consisting of 10 lines of verse, Concilium sacrum uenerandi . . . dulcia mella fuit: ed. Hinschius, p. 257; (b) 20 chapters, preceded by a table, cf. Hinschius, pp. 258–60.

18. (a) ff. 444ᵛ–445ᵛ De prouincia tuscie. Victor apocrisarius Vincentius . . . Candidus bofforon; (b) f. 445ᵛ Ageus urbensis Longinus colimbrasensis . . . Palladius Apollo Elias; (c) f. 445ᵛ De prouincia tuscie ij. xxxi De prouincia ispanie . . . Sardie xvi exceptis corepiscopis De prouincia anquire xxxi.

Three lists: (a) Ecclesiae occidentalis monvmenta ivris antiqvissima, ed. C. H. Turner, I. i (1899), 36–90 (bishops subscribing at Council of Nicea), with Type I features (e.g. at [40b], 64, [66], 110, [110b]), but omitting 151 see and 152 name, 184–6 and 206–7; (b) Ibid. II (1907), 450–4 (bishops subscribing at Council of Constantinople), nos. 83–91, 82, 'Dasinus', 103–10 (without sees), much corrupted, and followed by 14 further names (Stacianus . . . Elias); (c) twenty-eight provinces with number [of bishops to be summoned ?]. f. 446ʳᵛ originally blank, see below.

ff. iii + 446 + iii. ff. iii, 447 are parchment endleaves; f. 447ᵛ was pasted down. 350 × 250 mm. Written space 263 or (quires 13–57) 250 × 178 mm. 2 cols. 46 lines. Ruled in deep pink, quires 1–5 and 16. Collation: 1–8⁸ 9⁶ 10–43⁸ 44⁶ 45–53⁸ 54⁶ 55–56⁸ 57⁴. Catchwords to quires written vertically down the page, quires 3–4, 6–7, and 14 onwards; similarly to leaves in first half of quires 4, and 14 onwards. Written in set hybrida. 12-line picture before art. 2, 72 × 83 mm.: a kneeling bishop gives a book to a pope flanked by two cardinals. Initials: (i) 7- or 13-line (the larger ff. 82–310), blue patterned in white, on decorated gold grounds ('lectres dor', see below), c. 175 in all, the last on f. 377; (ii) 7- or 5-line, or (ff. 285–9) up to 15-line, in blue and red with ornament of both colours; (iii, iv) 3- or 2-, and 1-line, blue or red. Short, framed floral borders in colours and gold to type (i) initials, in vertical margin or space between columns, extending into top or bottom margin. Binding of s. xviii. Secundo folio re potest.

Written in France, over a period of 2 years, see below, perhaps by a scribe signing at the end of art. 1. Commissioned: 'diligentia S. Radin Regis consiliarii scriptus anno millesimo ccccᵒlxixᵒ', in a current hand, f. 445ᵛ; with a note of the costs of material, lettering, and writing, in another hand, f. 447: 'En parchemin xxv liures tournois (?) Les lectres dor viii l t Les petites lectres vi l t Rellieure et couuerture xxv s t A lescriuain qui a mis deux an a lescripture chacun an xx escuz pource xl escuz'. Simon Radin (d. 1510) was the second husband of Robine Chevalier; the manuscript passed to her great-great-granddaughter Geneviève Chippard, who married Gabriel Chassebras on 10 April 1628, see notes written in 1664 or later, ff. 445ᵛ, 447. 'Sum Ex Bibliotheca Gabrielis Chassebras', f. 1; engraved portrait of 'Gabriel Chassebras, de la Grand' Maison, Cvriae Monetarvm Franciae Senator', with his arms, cf. Rietstap, Planches ii.65, pasted to f. iiiᵛ; he died 20 Oct. 1649, aged 53, according to a pedigree set out on f. 446ᵛ. Coloured armorial bookplate of 'Louis Joseph de Mandia, Ecuier', s. xviii, inside front cover. 'Thomas Jessop', f. 1, 'T. Jessop, Bilton Hall. York. July. 1826', f. iii. Bequeathed by T. Jessop, d. 1864, see extract from his will on loose sheet inside front cover.

Add. 14. *Leonardo Bruni, Della prima guerra punicha (in Italian)*
s. xv²

Della prima guerra punicha Il primo libro incommincia felice mente. Opera di leonardi aretini. prafacione. Principio dellibro primo. E parra forse amolti—(f. 1ᵛ) per mare. Della prima guerra punicha finisce. Illibro primo e incommincia Il secundo felicemente opera da leonarda darizzo. La prima guerra punicha cioe liprima guerra . . . (f. 20ᵛ) afare guerre. Della prima guerra punicha desinse libro terzo felicie mente opera de donni lionardi Aretini. Per la risposta dimarco attilio . . . (f. 35ᵛ) non fu guerecgiato. Delle guerre fatte—guerre notabile auute Opera da lionardo darizzo. Finita laprima guerra punica laquale 24 anni per [mare *del.*] terra continui et per mare . . . (f. 54) abandonare ilpaese. finis laus deo patri. Leonardi aretini liber primi belli punici.

Printed *c.*1471 (*GKW*, no. 5604), etc.; ed. A. Ceruti in *Scelta di curiosità letterarie*, 165 (1878). Here the preface is treated as bk. 1, chapter 1 as bk. 2, and chapter 2 as bk. 3. Annotations, s. xvi, ff. 4–9. ff. 54ᵛ–60ᵛ blank.

ff. ii + 60 + ii. Paper. Watermark of a tulip, not any of Briquet, nos. 6636–84. Contemporary (?) foliation. 286 × 213 mm. Written space *c.* 208 × 115. 29–31 long lines. No ruling, vertical bounders formed by folds. Collation: 1–6¹⁰. Catchwords written vertically down. Written in current cursiva, with *a* like a medieval 7. Initials: ff. 1, 1ᵛ, 20ᵛ, 35ᵛ, 3-line, blue or red, with reserve-work decoration. Binding of s. xix in. Secundo folio *chelfortt crano*.

Written in Italy. '685' in ink on a round label at the head of the spine. Given by J. F. Walker, fellow of Sidney Sussex College, Cambridge, according to York Liber donorum, f. 54 *sub anno* 1873.

Add. 22. *Liber practice in Registr' alicuius Episcopi*　　　s. xv in.

Arts. 1–2 are on two preliminary and partly empty quires.

1. (quire 1) (*a*) f. iiiʳᵛ Summons by the official of York to Robert Brompton 'vni capellanorum parochialium de Ripon', York, 5 Apr. 1466; (*b*) f. iiiᵛ Forms of institution and of commission to induct; (*c*) f. iv 'Constitucio de electione', and 'Forma electionum' under eleven heads, the first 'In primo celebretur Missa de spiritu sancto'; (*d*) ff. ivᵛ–v On elections, 'Quia propter . . . '

(*a*) is in the hand of John Pakenham, see below. ff. i–iiᵛ, vᵛ–viiiᵛ blank.

2. (quire 2) (*a*) f. 1ʳᵛ Premunire. Breue super statuto contra Cistercienses uolentes dare decimas de prediis et terris suis datis ad firmam vel per alios cultis. R. Vic' Salop' salutem. Cum in statuto in parliamento . . . ; (*b*) f. 3ᵛ Ad orandum pro Rege laborante extra regnum pro re publica eiusdem. Philippus etc. Miserator et misericors dominus . . . ; (*c*) ff. 3ᵛ–4 Littera ad faciendum processiones etc. P. etc. Iustus dominus . . . ; (*d*) f. 5 Nomina Episcoporum Lincoln' Hugo secundus (Welles) . . . Philippus de Repyngdon (1404–19), with Richard Flemmyng, William Grey and William Alnewyk (1436–49) added, perhaps by John Pakenham, see below; (*e*) f. 5ᵛ 'Kalendare': a table to art. 3 under twenty-four heads (the eighth, referring to art. 3(*h*) below, added), the first twenty-two have added leaf-numbers up to '93', which coincide with the present numbers up to '58', with '93' now f. 80; (*f*) added, s. xv med.: (i) f. 5 probate document, written down the page; (ii) f. 5ᵛ part of a form appropriate to [the archbishop of]

York; (g) added, s. xv²: f. 5ᵛ (i) prec' xiiiˢ iiiiᵈ'; (ii) liber practice in Registr'
alicuius Episcopi.

ff. 2–3, 4ᵛ blank. Erased note of content (?) f. 2.

3. ff. 6–123 A formulary of letters under twenty-three heads: (a) ff. 6–12ᵛ De
Indenturis obligacionibus acquietanciis Attorn' Garantis Et litteris diuersorum
Officiorum cum pertinentibus etc'; (b) ff. 13–14 De Oratoriis Et Confessionalibus;
(c) ff. 14ᵛ–15 De dimissoriis et litteris ordinum; (d) ff. 15ᵛ–18 De Approbacionibus
testamentorum cum Acquietanciis etc'; (e) ff. 18ᵛ–19 De litteris ad predicandum
et contra lollardos cum pertinen'; (f) ff. 19ᵛ–22 De matrimonialibus; (g) ff. 23–
25ᵛ De sequestracionibus diuersis racionibus interponendis; (h) f. 26ʳᵛ (Commissio
pro vicario in spiritualibus generali); (i) f. 27ʳᵛ De indulgenciis diuersis etc'; (j) ff.
28–31ᵛ De commissionibus tam pro officiariis quam pro causis discuciendis etc';
(k) ff. 32–45 De Collacionibus Institucionibus Induccionibus tam ex causa
permutacionum quam simpliciter et aliis litteris diuersis pertinentibus etc'; (l) f.
48ʳᵛ Composicio (per submissionem) inter Religiosos et parochianos suos de
modo decimandi; (m) ff. 50–7 De diuersis formis Citacionum; (n) ff. 58–67ᵛ De
diuersis formis suspensionum excommunicacionum aggrauacionum et aliarum
execucionum ad forum correccionis pertinentibus et al'; (o) ff. 68–69ᵛ De
execucionibus mandatorum metropolitan' et Collectoris domini [pape] ac eciam
ipsius domini et Cur'; (p) ff. 70–1 De dispensacionibus; (q) ff. 72–74ᵛ De
execucionibus breuium regiorum; (r) ff. 75–7 De Inhibicionibus ac generalibus
monicionibus et sentenciis; (s) f. 78ʳᵛ De litteris pro clericis conuictis et cetera; (t)
f. 79ʳᵛ De litteris testimonialibus conuersacionis alicuius et alias et cetera; (u) ff.
80–87ᵛ De litteris in negociis eleccionum et aliis actis Religiosorum; (v) ff. 88–94ᵛ
De litteris pertinentibus ad visitacionem; (w) ff. 96–123 De instrumentis—(f.
106 *in red*) De diuersis instrumentis.

Mainly letters emanating from the registry of Philip Repingdon, bishop of Lincoln (1404–19), cf.
the formularly described in *MMBL* ii. 989. The old leaf-number '70' is given in art. 2e above for
section (o), before which it records a section now missing 'De sentenciis et Articulis obiciendis
per iudicem', with no leaf-number added against it.

A few pieces in (a) are in French, including, f. 9, one of the few dated letters: Bishop Repingdon
about 'vñ annuell garrant p*ur* certainez damez' of deer 'in nostro park de Buk*don*' to Sir William
T., 'principall Iustice de le commune bank', Sleaford Castle, 12 June [1411]. (w) contains forms
of procuration, f. 97ᵛ; appellation, f. 99; appropriation of a church, f. 102; for union of a chantry
to a parish church, f. 104; general procuration for exchange of benefice, Sleaford Castle, 26 Nov.
1412, f. 106; creation of notary, f. 114; and resignation, f. 120.

Blank spaces were left at the end of many sections and some contain additions of s. xv, e.g.
citations on f. 56, after (m); an overflow of testimonial letters on f. 49ʳᵛ, after (l), with a cross-
reference to f. 72, which is also cross-referred to on f. 60ᵛ. The whole of (h), cf. art 2(e) above, is
added. One addition was made by sewing a piece of parchment to the foot of f. 97. Three
additions are in the hand of art. 1(a), distinguished by the use of a double hyphen at the
beginning of a line as well as at the end, and identifiable as that of John Pakenham, see below:
after (j), f. 31ᵛ, presentation by I.P., treasurer of York and perpetual farmer of St Laurence
church York, of W. Warde as vicar on the death of Richard Hawkesworth, 31 Jan. 1465/6 (York,
Dean and Chapter Acts 1427–1504, f. 124ᵛ records Warde's appointment as vicar on the same

day); after (*m*), f. 56ᵛ letter of Robert Ing 'armiger', proctor of William Ingleton rector of Titchmarsh, 9 Sept. 1465; after (*t*), f. 79ᵛ 'Testimonialis in negocio peregrinacionis' by Thomas [Kempe] bishop of London for John Lacy 'litteratus', Canterbury, 21 Mar. 1454/5. ff. 22ᵛ, 46–47ᵛ (quire 4¹⁹⁻²⁰), 57ᵛ, 71ᵛ, 77ᵛ, 95ʳᵛ, and 105ᵛ blank.

4. ff. 123ᵛ–136ᵛ blank, save for a list of fourteen 'Casus in quibus percutiens clericum non est excommunicatus', etc., f. 128ᵛ; and a 3-line note 'De censibus', f. 129ᵛ. f. 136ᵛ was pasted down.

ff. 144, with a slip sewn to f. 97. Foliated i–viii, 1–136. A medieval foliation, 1–64, is continued in modern pencil, 65–136; the former evidently continued, see art. 2e above, but as a result of damp has been partly obliterated or lost, but is partly legible on ff. 71–2, 74, and 75–101: '73' '74' '67' '88'–'114'. 165 × 120 mm. Written space *c.* 145 × 98 mm. *c.*35 long lines. Collation of ff. i–viii, 1–136: 1⁸ 2⁴ + 1 leaf (f. 5) after 4 3¹⁶ + 6 leaves (ff. 7, 10–11, 22–4) added after 1 3 and 13 4–5²⁰ 6¹² 7⁸ 8¹⁶ 9¹⁸ + 1 misplaced (?) leaf (f. 104) before 1 10⁶ + 1 leaf (f. 129) after 6 11⁸ wants 5 (blank) after f. 133. Some leaf-catchwords on versos to next recto; a few page-catchwords on rectos to versos, e.g. ff. 38, 42, 44, 50, 52. Written by several hands in current mixtures of anglicana and secretary; single-compartment *a* as a rule. No coloured initials. Contemporary binding of pads made from six layers of parchment and leather covered with red skin; three bands. Secundo folio (f. iv) *Quia propter*.

Written in England, presumably in the diocese of Lincoln, see arts. 2b–d and 3. Erased inscription(s) (?), ff. iᵛ, 135ᵛ. 'Iohannis Pakenham 1454', f. 136; for his additions, see arts 1a and 4; canon of York from 1445 and treasurer from 1459, official of York from 1455, admitted as rector of Titchmarsh in 1459, d. 1477, see Emden, *BRUO*, pp. 1418–20, and *Test. Ebor.* iii, Surtees Soc. xlv (1865), 229–31. 'Willelmi Fothergill' d. 1611, notary public, s. xvi/xvii, f. ii; see *Yorkshire Parish Register Soc.* i (1899), 118 (St Michael le Belfrey). 'For my good Freinde Mʳ Thomas Thompson Keeper of yᵉ Records att Yorke from C. Fairfax' d. 1673, f. iiᵛ; on Thompson, 1669, see C. B. L. Barr in *Yorkshire Archaeological Soc.* xlii (1970), 487.

Add. 30. *Missale*   s. xv med.

A large missal of the use of York. Noted items in arts. 3 and 13.

1. ff. 4–9ᵛ Calendar in red and black, graded up to ix lc'.

Brev. Ebor. i. (3)–(14), but here Anne is in black not red (26 July), and Barbara (4 Dec.) omitted. 'Eu-' is consistently rendered as 'Ew-', e.g. 'Ewsebii', also 'Ewrcii'. 'pape' and feasts of Thomas of Canterbury untouched.

2. ff. 11–113 Temporal, Advent, beginning imperfectly in Wednesday of first week in Advent epistle (James 5: 7 'serotinum')–Saturday after Pentecost.

Missale Ebor. i. 3–162. Marginal corrections in crayon in current anglicana, repeated in ink in textura in margin, between lines or over erasure, e.g. f. 43; cf. supply f. 62ᵛ top margin of Saturday after Passion Sunday epistle, omitted in text. No music for sequences. Type (i) initials for *Ecce* (Epiphany) f. 24ᵛ, *Resurrexit* (Easter) f. 88ᵛ, *Uiri* (Ascension) f. 102ᵛ, and *Spiritus* (Pentecost) f. 107.

3. (*a*) ff. 113–14 Ista oracio est deuota sacerdoti ad dicendum ante missam quam sanctus Augustinus composuit. Summe sacerdos . . . sciciam in eternum. Amen; (*b*) ff. 114–119ᵛ, 121–123ᵛ Quando presbiter lauat . . .

(*a*) *Missale Ebor.* i. 163–5; (*b*) Ordinary, noted prefaces, and Canon of mass, lacking a leaf after f. 119 containing *Missale Ebor.* i. 181/1 'em tuam'–186/12 up.

4. ff. 123ᵛ–156 Temporal, Trinity–Friday in the 25th week after the octave of Pentecost.

Missale Ebor. i. 213–53. Type (i) initials for *B*enedicta (Trinity) f. 124ᵛ, and *C*ibauit (Corpus Christi) f. 125ᵛ.

5. f. 156ʳᵛ In dedicacione ecclesie.

Missale Ebor. i. 257–9.

6. ff. 156ᵛ–190ᵛ Sanctoral, vigil of Andrew–Linus.

Missale Ebor. ii. 1–132. Type (i) initials for *D*ominus (Andrew) f. 157ᵛ, *S*uscepimus (Purification of B.V.M.), f. 163, *R*orate (Annunciation of B.V.M.) f. 165, *D*e (Nativity of John Baptist) f. 171, *N*unc (Peter and Paul) f. 172, *G*audeamus (Assumption of B.V.M.) f. 178ᵛ, *G*audeamus (All Saints) f. 188ᵛ.

7. ff. 190ᵛ–207 Common of saints.

Missale Ebor. ii. 133–58.

8. ff. 207–218ᵛ Commemoracio sancte trinitatis.

Missale Ebor. ii. 158–83 (commemorations and votive masses). One leaf missing after f. 217 contained *Missale Ebor.* ii. 179/17 up 'tectore'–181/8 up 'liber'.

9. ff. 218ᵛ–221ᵛ Missa pro fidelibus defunctis.

Missale Ebor. ii. 183–9.

10. ff 221ᵛ–222 Quedam mulier in omnibus deuotissima—euanuit. Deus qui es nostra redempcio . . .

Missale Ebor. ii. 189–90 (St Gregory's Trental).

11. ff. 222–224ᵛ In celebracione nupciarum. Sacerdos prius inquirat—nos separauerit. Benediccio anuli . . . (f. 223) coniungat Per christum dominum nostrum. Missa de sancta trinitate. Officium. Benedicta . . . in nomine. Amen. Tunc secundum morem antiquam: thurificentur chorus et thalamus.

The mass is *Missale Ebor.* ii. 190–3 and the heading 'In celebracione . . . ' p. 193 n. (from Stonyhurst MS 3). The blessing of ring and following office as far as 'coniungat' are *Manuale Ebor.* 27/15–29/5, but here without the English forms, and with the prayer Deus qui mundum crescentis before Deus Abraham (ibid. 28/12 up).

12. ff. 224ᵛ–225 Benediccio salis et aque.

Missale Ebor. ii. 193–196/8 up.

13. f. 225ʳᵛ Settings of Ite missa est (ten) and Benedicamus domino (three).

14. f. 225ᵛ Diebus dominicis benediccio panis.

Missale Ebor. ii. 196.

15. ff. 226–7 Officium. In nomine ihesu omne genu flectatur . . . promoueant per eundem—christum.

Missale Ebor. ii. 216–20 (Mass of Holy Name).

16. f. 227ʳᵛ Missa pro euitanda mortalitate quam dominus papa clemens fecit et constituit in collegio—Recordare domine . . .

Missale Ebor. ii. 233, here with a heading conveying an indulgence of 270 days.

Arts. 17–20 are on quires 29–30.

17. ff. 228–242^v Sixty-nine sequences, without music.

Eight, *Missale Ebor.* i. 213, 214, 217, 218, 218, 219, 219, and 232, go with art. 4; one, ibid. i. 257, with art. 5; thirty-nine, ibid. ii. 3, 4, 12, 14, 14, 20, 30, 34, 211, 36, 42, 44, 45, 47, 48, 48, 56, 59, 66, 68, 72, 78, 82, 83, 84, 86, 86, 87, 88, 90, 93, 96, 98, 102, 108, 117, 121, 125, and 130, with art. 6; thirteen, ibid. ii. 197, 197, 200, 198, 199, 201, 202, 203, 204, 204, 205, 205, and 205, with art. 7; and eight for feasts of B.V.M., ibid. ii. 206, 206, 208, 208, 208, 209, 210 and 210, with art. 8. Celi enarrant is headed 'Sequencia proximo sequens non dicitur in choro Ebor', cf. ibid. ii. 200 n.

18. ff. 242^v–243 Collect, secret, and postcommunion in childbirth.

Missale Ebor. ii. 230–1.

19. f. 243 Blessings of bread: Domine sancte pater omnipotens eterne deus qui fecisti . . . Benedic domine creaturam istam panis . . . Domine deus celi et terre . . .

20. f. 243^v Rege quesumus domine famulum tuum Radulphum . . . Suscipe domine munus . . . Adesto domine supplicationibus . . .

Collect, secret, and postcommunion, each naming Ralph.

ff. v + 235 + iv. Modern foliation: (i–ii), 1–9, 11–18, 20–119, 121–3, 125–56, 158–243, (244–8), allowing for presumed gaps; there are in fact none after ff. 123 or 156. ff. 1–3, 244–5 are medieval endleaves. Heavy parchment. 418 × 292 mm. Written space *c.* 270 × 160, or, from f. 132, 170–200 mm. 2 cols. 35–6 lines, or, ff. 129–131^v, 33 lines; 28 lines in the Canon of the mass, ff. 121–3. Collation of ff. 4–243: 1^6 2^8 wants 1 before f. 11 3^8 wants 2 after f. 18 4–14^8 15 eight (ff. 114–19, 121–2) 16–26^8 27^8 wants 6 after f. 217 23–30^8. Quires 2–30 signed, (a)–z ꝫ ꝯ ꝫ est do*minus* pa*ter*. At least seven hands: ff. 1–114^v and 116–25; 115^{rv}; 127–128^v; 125^v–126^v (164$^{4–5}$) and 129–147^v; 148–204^v; 205–235^v; and 236–243^v (quire 30). Initials: (i) in arts. 2, 3 (*Per omnia secula*), 4, and 6, and to art. 7, 4–7-line, in blue and pink or orange shaded to white, on decorated gold grounds; (ii) 2-line, in gold, on pink or pink and blue grounds patterned with white, a few with marginal sprays; (iii) 1-line, gold with brown ink ornament, or blue with red ornament, or, after f. 211, without ornament. Continuous or part borders on pages with type (i) initials. Contemporary binding of wooden boards covered with white skin, repaired; seven bands; two strap-and-pin fastenings, straps renewed and one pin missing; chemise. Secundo folio (f. 11) *serotinum*.

Written in England, for use in the diocese of York, for a man named Ralph, see art. 20. 'Thomas Lemyng dwellyng in Yorke', s. xv, partly cut off, f. 132 (17^1) lower margin, may record the name of the scribe responsible for part of the manuscript.

Add. 33. *N. Weigel, De indulgentiis; etc.*   1476

1. ff. 1–410^v Prologus. Reuerendo in christo patri ac domino domino iohanni dei gracia Misnen' ecclesie episcopo—Nicolaus weigel arcium liberalium magister inmeritus. sacreque theologie baccalaureus formatus ecclesiarum *wratitis'* et sancti sepulcri dominici lignicen' canonicus—Reuerende pater et domine graciose Cum postquam pridem sacra sinodus basilien'—(f. 6) in visceribus caritatis. Iohannes dei gracia misnen' ecclesie Episcopus—Nicolao Weigel—

collegii nostri b. marie uirginis alme vniuersitatis studii lipzen' collegiato—(f. 7)
nos recommendantes. Datum in castro nostro Episcopali Stolpen' die ultima
mensis Marcii Anno domini etc' M° quadringentesimo xli° nostro sub sigillo—(f.
31) Capitulum primum Varias ponens acceptiones—Quia equiuocatio erroris est
mater et origo ut dicunt gramatici . . . edocent sanctiones.

For the author, d. 1444, see *Lexicon für Theologie und Kirche*, vii (1962), 1001. Sixty-three
numbered chapters on indulgences in five principal parts, followed by sixteen chapters on
suffrages for the dead. The prologue is followed by a table of the 79 chapters, ff. 7–9, and by an
alphabetical index, ff. 9ᵛ–30, Absolucio–Ymago, ending 'Finis Registri', furnished with chapter
and letter references, the latter corresponding to red letters subdividing chapters in the text.
ff. 228*, 372*, and 376* are slips supplying omissions, in the same hand as marginal supplies,
e.g. ff. 218, 348ᵛ. f. 372* is headed in red 'Iste defectus in hac cedula recuperatus applicandus est
ad 2ᵃᵐ columpnam ante A n', with on f. 372ᵛ 'vide in cedula hic desunt due columpne'. On f. 408
in the margin is 'hic passus per duas columpnas sequentes numeratus usque ad k in aliis libris
non habetur' against the rubric 'Nota bene utilia pro defunctis obsequia'. Tabs for main
divisions. f. 30ᵛ blank.

2. (*a*) ff. 410ᵛ–425ᵛ Sequentes quatuor questiones habite sunt et determinate in
vesperiis et aula Anno domini M° cccc.xlii xxix die mensis Maii et sequenc' a
Reuerendo in christo patre ac domino domino Iohanne episcopo Misnen' in
studio lipczn' ad dandum birretum pro magisterio in theologia magistro Nicolao
Weygel. que questiones quia quo ad m*ater*ias principales fere in toto recepte sunt
ex compilacion' ideo hic sunt anotate cum remissionibus ad loca sua ut patebit. (f.
411) Utrum episcopus in sua dioc' dare possit indulgencias—Arguitur primo
quod non Episcopus non potest dare . . . compilacione premissa; (*b*) f. 425ᵛb
(added in blank column) Sciendum quod qui totam penam seu penitenciam suam
seruauit . . . tantum ualent quantum fiunt (?).

(*a*) On indulgences, numbered 80–3 in continuation of art. 1.

3. ff. 425ᵛ–429 Sequitur de diuersis hereticorum condicionibus. (f. 426) Diuerse
sunt condiciones hereticorum . . . ut spolium dyabolo efficiat. Finita sunt hec sub
Anno domini M°.cccc°.lxxviᵗᵒ feria 2ᵃ post dominicam Ad te leuaui que et prima
est aduentus domini scripta uero per iodocum grasbach de Herbipoli pro tunc
(*these two words erased*) degentem in villa Stotternhen.

ff. 429ᵛ–430ᵛ blank.

4. The offsets from the missing back pastedown show that it was from the same
large breviary (?), s. xiv (?), of which strips are used as strengtheners at the quire-
centres; the strip after f. 6 is from the Sanctoral for 21 July, 'Praxedis uirginis.
Deus qui beate praxedis uirginis . . . ', that after f. 30 'De sancto Allexio'.

ff. 430 and 3 slips, see art. 1 above. Paper. Parchment strengtheners at quire-centres from a
manuscript, see art. 4 above. 328 × 218 mm. Written space 240 × 136 mm. 2 cols. 44 lines.
Vertical bounding-lines in ink, or, from f. 277 (24¹), with the change of scribe, apparently none.
Collation: 1–35¹² 36¹² wants 10–11 (blank). Quires 1–22 signed, on the first seven leaves of each
quire, a–y. Initials: (i, ii, iii) to prologue and parts, 6/5-line, to chapters, 4/3-line, and in chapter-
list, 1-line, red. Capital letters in the ink of the text lined with red. Contemporary binding of
square-cut wooden boards covered with pink pigskin, bearing six stamps, four of them being

Theele, plate after p. 40, nos. 18, 22, 26, and 27; three stamps on the spine; metal corner-pieces; marks of 5 round bosses on each cover, and of a chaining-staple at the head of the back cover; 4 bands; 2 clasps, missing; paper label at the head of the spine, and another on the front cover, both illegible. Secundo folio *presentes manipulos*.

Written in Germany, partly at Studerenheim, near Weimar, by a named scribe, see art. 3 above; Dr Sigrid Krämer, who identified Studerenheim, reports five other manuscripts written by Grasbach, four dated between 1462 and 1475 with inscriptions specifying place of residence, of which the 1475 book, now in Nuremberg, was written at Studerenheim and is one of the books that Grasbach appears to have put together for the Carthusians of Erfurt. No. 59 in the 1783 catalogue of St Peter's Erfurt, OSB: 'Weigil Nicol: Liber Indulgentiarum 1476', Theele, p. 61. 'Bibl. Bülov, Beyern. / III.57 / G. H. Schr', f. 1 foot; lot 57 in the Bülow sale-catalogue, 1 Oct. 1836, drawn up by G. H. Schäffer. 'fc/m' above a horizontal line, 'cx/m' below it, in pencil, s. xix, inside front cover. '(154)', '426', inside front cover. 'John Richard Walbran Fall Croft Ripon 1856' in ink, f. 429ᵛ; his (?) shelfmark 'QQ.43' on a loose label. Bought from Walbran's widow by Edward Akroyd of Halifax and given by him 1873, see *A Catalogue of . . . the Library* (York, 1896), pp. xxii–xxiii.

Add. 34. *'Tractatus de gratia dei'; Mainauer Naturlehre, etc. (partly in German)* s. xiv²

'Tractatus diuersi et multum vtiles', s. xv, erased, beside *ex libris*, f. 17.

1. (quires 1–2) (*a*) ff. 1–11 (Tractatus de gracia dei et vita eterna,) Gracia dei vita eterna. Dua sunt quorum [. . .] . . . peruenitur ibi. Et hoc sit vocando Deo graciarum; (*b*) ff. 11ᵛ–12ᵛ On 'voluntas Dei'; (*c*) f. 12ᵛ Recipes for powders against pestilence; (*d*) f. 13 a dozen heavily blotted out lines, on an otherwise blank page; (*e*) ff. 13ᵛ–14 Notes of historical events, 1100–1311 (council of Vienne); (*f*) ff. 14ᵛ–16ᵛ Notes on the Sentences from Giles of Rome.

(*a–b*) are in one hand; (*b–f*) fill the space remaining in quire 2. Top corner of f. 1 missing.

2. ff. 17–79 De creacione angelorum. Omnes angelos deus fecit bonos . . . que euasit difficile redit ad malum.

Short extracts from authorities on many subjects; very largely patristic, but also Bernard, Hugh, Seneca, 'Tulius' (f. 52ᵛ), Salustius (f. 61), Agellius, Pythagoras (f. 67ᵛ), Peter of Blois (f. 68ᵛ). Subjects and authorities are written in *textura*, also ten lines of verse, f. 26, 'In male formato sapiunt bona nulla palato . . . non didicere sales'.

3. ff. 79–97ᵛ Incipiunt auctoritates sanctorum philozophorumque secundum ordinem a[l]phabeti. Abstinencia. Quid prodest atenuari corpus per abstinenciam . . . dum equaliter sit occupatus. Expliciunt auctoritates sanctorum et philosophorum de diuersis materiis.

Bloomfield, no. 0148.

4. ff. 97ᵛ–105 [Hono *del.*] Hic animam nosse si vis dabitur tibi posse—sit ei vas. Honorius papa dicit in mappa mundi—(f. 98ᵛ) Hic incipit cractatus de congnicione anime et suarum potenciarum generalis. Quid sit anima secundum diffinicionem nota Remigius . . . viuificat totum corpus. Explicit opusculum de anima.

The five couplets before the incipit are repeated f. 105 margin.

5. ff. 105–15 Incipit tractatus Beati Bernha[r]di de interiori homine quomodo deum invenit et sibi exponit. Multi multa sciunt . . . aut dominum glorie. Qui viuit—Expliciunt meditaciones beati Bernhardi abbatis.

PL clxxxiv. 485–508 (pseud.).

6. ff. 115^v–123 Incipit liber beati Gregorii pape de conflictu viciorum et virtutum. O quam durus O quam amarus . . . in sompnis sepius vera Explicit—.

Bloomfield, no. 3550.

7. ff. 123^v–132^v Incipit liber de effectu et proprietate viciorum et uirtutum. Si queris filia viciorum furias . . . expectari suspicantur. Explicit—.

After a series of definitions, the second section begins 'Ecce theodora que quesisti . . .', f. 126^v.

8. (*a*) f. 133 Tree of vices, headed 'Vetus adam', Luxuria at the top and a devil at the bottom; (*b*) f. 133^v Tree of virtues, headed 'Nouus adam', Humilitas and a drawing of Christ at the top, an angel with a candle (?) at the foot, and four lines of verse 'Arbore sub quadam dictabat clericus adam . . . ', Walther, *Versanf.*, no. 1410.

9. ff. 134–41 Five sermons: (*a*) Ave hoc verbum dulce melos protulit angelus . . .; (*b*) f. 138 Ave maria gracia plena dominus tecum. Dicit propter specialissimam dei presenciam . . . ; (*c*) f. 139 Ave benedicta tu in mulieribus propter gracie plenitudinem . . . ; (*d*) f. 139^v Aue quia benedictus fructus . . . ; (*e*) f. 140^v Homo quidam nobilis decore . . .

10. ff. 141–51 Nota de annunciacione beate virginis marie per uetus et nouum testamentum. Legitur in genesi in 3° capitulo Quod dominus dixit ad serpentem . . . iuxta se collocauit. Explicit vetus testamentum et nouum.

OT types of NT events, beginning with the Annunciation, cf. Stegmüller, no. 9764.

11. (*a*) ff. 151^v–169^v Incipit tractatus de vii sacramentis sine quibus nemo saluari potest. Misericors et miserator dominus. cuius misericordie non est numerus— Quid sit sacramentum. Sacramentum est ut ait augustinus Invisibilis . . . in coniugali coitu Vnde versus Quinque modis peccat—condicione modo (2 lines: Walther, *Sprichwörter*, no. 25342) Expliciunt septem sacramenta etc; (*b*) ff. 169^v– 171^v Hic agitur de donis spiritus sancti. Licet omnes habitus dari diuinitus possent . . . per sapienciam maturam. Explicit tractatus de vij donis spiritus sancti; (*c*) ff. 171^v–173 Incipit tractatus de viij^o beatitudinibus in genere. Beatitudines vij sunt secundum dictinccionem graduum . . . ad perfectionem vtriusque; (*d*) f. 173 De latera et dulia. Latera est reuerencia . . . ymagines adoramus; (*e*) ff. 173–177^v Incipit tractatus de suffragijs mortuorum. Commemoracio omnium fidelium defunctorum semel in anno . . . de medio abstulerunt. Explicit tractatus de suffrag(ijs) mortuorum.

12. ff. 178–9 Incipit metrum de morte que est terminus vite. Vado moti res certa quidem nil certius illa . . . sic bene vado mori. Oracio dicit.

Cf. Walther, *Versanf.*, no. 19965. 57 lines.

13. ff. 179–80 Incipit regimen sanitatis. Dicit ypocras quod sanitas tocius corporis . . . ista sunt collecta. Explicit regimen sanitatis.

14. (a) ff. 180–1 A table, with explanation, 'Hec tabula suprascripta docet in quo signo sit luna singulis diebus in celo . . . incipit ingrossari Et hec de signis sufficiant' (b) f. 181ʳᵛ Nota versus. Tangere crura caue dum luna tenebit aquosum . . . (34 lines), Walther, *Versanf.*, no. 19012.

15. ff. 181ᵛ–182ᵛ Nota de stella que dicitur Cometes . . .

Notes on comets, the star that led the Three Kings, hail, etc.

16. (added) (a) f. 183ᵛ Dese Tafel ist gemach do man czalce noch christi geburte Mccc iar dor noch in den liij iare . . . , but no table follows; (b) f. 183ᵛ Domine Hermanne plebane Mercacoram beniuole rogito . . . ; (c) ff. 183ᵛ–184 On the moral sense of the story of Jacob and Joseph.

(b) Nicholas asks for Hermann's prayers, that he may learn to live a good life, 'sancto Bonifacio patrono nostro placante'. f. 183ʳ blank, save for note of contents of caps. (?) iiij, vj, and vij.

17. (quire 24) ff. 185–192ᵛ Des menschen leib ist gemachet von vier elementen da von wil ich dir sagen welche sye sein. Daz erst ist di erd die ist kuguleich . . . (f. 185ᵛ) Nu hoer dez firmamentis. der planeten. vnd such der sterne lauft. Daz firmamentum get vmb von Origente . . . (f. 189ᵛ) gleichen dinge beweget werdent.

Part of the so-called 'Mainauer Naturlehre', known only in Basle, Univ. Libr. MS B.VIII.27, ff. 293–304; ed. H. R. Plante, M. Rowlands, and R. Burkhart (Göppingen, 1972) (Litterae, 18). Illustrated with neat diagrams, one of Primum mobile, Celum stellatum, seven planets, and four elements in thirteen circles (f. 186ᵛ), two showing solar and lunar eclipses (ff. 187ᵛ, 188), and others showing phases of the moon, signs of the zodiac, climates, winds, 'Quomodo causetur halo' (a man seated at point *a* looks to the sun at point *b* and says 'Video'), the 'spericitas' of air and water, etc. The last six pages, ff. 190–192ᵛ, consist entirely of diagrams.

18. f. 193 (a loose leaf, s. xv) Dies minucionum electi

The list specifies approximately one day per week, running from Wednesday and Thursday after Circumcision to Saturday after Christmas. f. 193ᵛ blank.

19. (a) Pastedowns, now missing save for narrow strips, also leaving clear offsets; (b) strips used as strengtheners at quire-centres, and round some quires; (c) repair patch on f. 168ᵛ.

From (a) a small Gradual (?), neums, s. xii/xiii, 'Fer. vi Repleatur os meum laude tua . . . ' Ps. 70: 8; (b) various manuscripts, one in Hebrew (quires 4, 6–8), and two in German (quires 1 and 17–22), the second with names (hir Thiderick de Grawe, quire 20; Jacopes Weghen, 21; Meyster Albrechte, 22); (c) a medical (?) text, s. xiii.

ff. 192 + 1 (see art. 18). Medieval foliation of ff. 17–192, 'ı'– 'lxxxix' 'xcj'–'177'. Paper. Parchment strengtheners at quire-centres, see art. 19 above. 270 × 200, or (ff. 14–16, partly folded in) 220 mm. Written space 192 × 135 mm., or, from f. 113 with the change of hand, 190 × 130 mm.; in quire 2, art. 1*f* up to 265 × 210 mm. *c.*30 long lines. Frame ruling. Collation: 1–24⁸. Quires 3–23 numbered 1–21. Written in an older German cursive, ff. 17–192ᵛ, by two hands, changing at f. 113 (15¹); arts 1*a*–*b*, perhaps slightly later, in a current cursive. Penwork drawing of the Annunciation, f. 134. No coloured initials. Capital letters in the ink of the text touched with red. Medieval binding of wooden boards, chamfered except at corners, covered with damaged brown leather, bearing five or six indistinct stamps of different shapes, one like that of a stamp on MS Add. 33 above (Theele, no. 26); marks of five metal pieces (four pins each) on the back cover, but none on the front; 3 bands; central clasp, missing; trace of paper label at the top of front cover; label at the head of the spine 'Tractatus de gratia dei', s. xviii (?). Secundo folio *paro*.

Written in Germany. 'liber Sancti petri in erfordia', s. xv, f. 17, refers to the Benedictine abbey of St Peter at Erfurt; no. 157 in the catalogue of 1783, see Theele, p. 65. '(143)', inside the front cover, and 'QQ 42' on a loose label; cf. MS Add. 33 above. Given as MS Add. 33 above.

Add. 35. *Sermones, etc.*   s. xv med.

1. ff. 10–243 A more or less developed collection of sermons on the Sunday gospels and epistles, Advent–25th Sunday after the octave of Pentecost. The arrangement is often four leaves for a Sunday, a quire for three Sundays, with extra space provided by inserting slips; the 1st, 4th, 7th, 10th, 13th, 16th, 19th, and 22nd Sundays after the octave of Pentecost begin on the first leaves of quires 10–17 respectively. The epistle or gospel text is often written in textura in the centre of the page, widely spaced for interlinear glosses and surrounding apparatus; there is often a short introduction, e.g. 'Quia opera misericordie . . . ', 4th Sunday after the octave of Pentecost, f. 155. In places there is no more than the text (f. 149^v), or text and apparatus (f. 95^{rv}, octave of Easter), especially for the later epistles, for which there are very few sermons for Sundays after Pentecost, the most notable exception being the 23rd Sunday after the octave which has 'Sermo de conuersacione animali', 'Sermo de conuersacione spirituali', and 'Sermo de conuersacione celesti', ff. 236^v–239^v. The last Sunday has only an entry for the gospel and that simply refers back to the 4th Sunday in Lent 'folio 77'. Many blank leaves.

The provision for the first Sunday in Advent is: (f. 10) Karissimi hodie iuxta institucionem sancte matris Ecclesie incipimus venerando peragere aduentum christi . . . (f. 10^v) Sequitur sermo. ERunt signa—In hiis verbis 3^a sunt notanda primo quod multa signa precedent diem iudicii . . . (cf. Schneyer, p. 243: Munich Clm 8210) (f. 11) Nicolaus de lira in postillacionibus dominicalibus. Iudicium dei precedunt signa . . . (f. 11^v, *added*) Sequitur ex Iacobo carth'. Erunt signa etc. Quedam signa fient in celo . . . (f. 12) Fratres scientes—Fratres hoc scientes tempus gracie quod est acceptabile etc. Quia hora est id est opportunitas . . . Induamur arma lucis. Vbi videte armatos in aciem . . .

Ascriptions tend to come among additions, e.g. slip after f. 12 'Sequitur postilla Alberti de padua ord' fratrum heremitarum aug'. Consuetudo est cum aliquem videmus . . . '; f. 36 'Sermo ex Iordan' [of Quedlinburg]. Nupcie facte sunt etc. Verba ista exponendo tropologice de nupcys spiritualibus . . . ', Schneyer, *Rep.*, iii. 809, no. 35; f. 106^v 'Ex hugone de *prato*'; f. 108^v 'Sequitur ex sermonibus th*es*auri noui sermone 91 de tempore. Cum venerunt. ille arguet mundum . . . '; f. 131^v 'Dominica 2^a in aduentu Sermones Gilberti ord' sancti francisci'; f. 137 'De sermonibus discipuli [J. Herolt]: dominica 14'; f. 154^v 'Gorram'; f. 166^v 'Postilla Hugonis Cardinalis'; f. 171^v 'Sermo magistri Holkoth'; f. 174^v 'Sermo holkoth'; f. 229^v 'Sermo ex peregrino'; f. 233^v 'Sermo viator'.

Some epistle and gospel texts are rendered in German, e.g. on the added leaves, ff. 45^v and 157^v, 'Vulguratio euangelii', 'wlgarizacio eiusdem epistole'. The added notes include glosses in

German of words and short phrases. The slip forming f. 106* was cut from a theological (?) text in German.

2. ff. 244–334^v A series of sermons, like art. 1 above, for a rather small number of saints' days, etc.: Andrew, John ev., sixth day after Christmas, Epiphany, Purification of B.V.M., Vincent, Matthew, Benedict, John Baptist, Peter and Paul, Mary Magdalene, James, Hugh bp. (added), Katherine, and Martin.

The provision for Andrew includes pieces 'Ex Iord*ano*', f. 244^v, 'Ex succo de sanctis', i.e. Conradus de Brundelsheim, and 'Ex peregrino'; f. 246. Gerson 'in quodam tractatu' on Visitauit Maria, f. 274^{rv}; 'Sermo in die sancti Hugonis' [of Lincoln], ending with the collect, is pasted to f. 326; a sermon for Katherine 'Ex iordano', f. 326^v. f. 247 is headed for Nicholas, but is blank, as are a number of other leaves. Only a proportion is in the hand of art. 1.

Notices, s. xv, 'Sermones de Natiuitate Marie et aliis eius solempnitatibus in generalis (?) vide In Candore Marie Et habetur A 50 set incorrecti sunt multum' f. 275, 'De exaltacione crucis prolixus sermo H.141', f. 297, 'Quomodo debemus sequi christum vide pulcra in libraria ll.5 ante medium libri in sermone de martiribus' f. 302, refer to books entered in the catalogue of the Erfurt Charterhouse, *MBDS* ii. 264/5–8, 428/34, and 442/17–18.

3. ff. 346–347^{v}a/16 Albertus super Iohannem. In principio erat verbum. Hic ostenditur eterni verbi ad intellectum paternum inseperabilitas . . . valde est in contrariis (?) (*ends abruptly*: on John 1: 3)

Apparently not from Stegmüller, no. 1001.

4. ff. 348–82 Exerptum ex summa Wilhelmi Antisiodoren' (Altisio *interlined*) Episcopi Super libros sentenciarum. Fides est substancia rerum sperandarum argumentum non apparencium ad heb' xi. Cum fides acquiescat prime veritati . . . talia possunt priuari bono fine.

The abbreviation of the Summa of William of Auxerre attributed to Herbert of Auxerre, d. 1259: Stegmüller, *Sent.*, no. 344; Glorieux, no. 157. Here the last chapter, 'Si bona actio est a deo', begins 'Secundum predicta. Potencia naturaliter'.

5. (in a blank space of art. 1) ff. 141^v–142 Nouus mundus. Seu planctus mundi. 'Hec possunt inseri sermonibus: tamen fiat valde caute sine derogacione prelatorum et ceterorum in speciali' ('—' *in red*). Viri fratres serui dei Vos non turbent verba mei . . . Deus ei miseretur.

157 couplets. Walther, *Versanf.*, no. 20575. *RH*, no. 34664. *AH* xxxiii. 269–71 (Dolus mundi: 240 lines).

6. (in blank spaces of art. 2) (*a*) f. 267^{vr} On the 'Decem gladii qui animam b. virginis pertransierunt'; (*b*) ff. 275–6 on Virgo singularis inter omnes mitis; (*c*) f. 335^v In peccatis quidam nascimur omnes . . .

(*a*) Ten swords; (*c*) on the virtues.

ff. 320 and 31 slips. Paper; quire-centres strengthend with parchment strips cut from s. xii manuscript. Contemporary foliation, before removal of blank (?) leaves: 10–37, 37*, 38–79, 90–100, 102, 102(*), 103–74, 174(*), 175–247, 255–60, 266–79, 283–90, (295), 297, 300–3, 310–14, 314(*), 315–29, 331–5, 346–65, 367, (368–83); this includes seven of the inserted slips, ff. 25, 30, 37(*), 42, 45, 50, and 66, and omits the others, ff. 12*, 12**, 12***, 16*, 16**, 46*, 55*, 60*, 92*, 92**, 92***, 94*, 106*, 108*, 108**, 118*, 119*, 128*, 143*, 146*, 155*, 232*, 269*, and 322*. 292 × 210 mm. Written space *c.*242 × *c.*167. Frame ruling. 2 cols., *c.*60 lines, or, on some leaves in arts. 1–2, a central column, *c*.63 mm. wide, of text in 18 widely spaced lines, with apparatus in a column on each side and also, at the start of each gospel or epistle, across the top *c*.30 mm. of the written space, e.g. f. 147. Collation: 1¹² wants 1 (blank ?) before f. 10 + 3 slips (ff. 12*, 12**, 12***) after 4 2 slips (ff. 16*, 16**) after 8 2¹² + 1 bifolium (forming a slip (f. 25) after 4 / a slip (f. 30) after 8 3¹⁶ + 1 bifolium (forming a slip (f. 37*) after 3 / a slip (f. 50) after 13) 1 bifolium (forming a slip (f. 42) after 7 / a slip (f. 45) after 9) 1 slip (f. 46*) after 10 4¹⁴ + 1 bifolium (forming a slip (f. 55*) after 2 / a slip (f. 66) after 12) and 1 slip (f. 60*) after 7 5¹² 6¹⁴ + 3 slips (ff. 92*, 92**, 92***) after 2 1 slip (f. 94*) after 4 7¹² + 1 slip (f. 106*) after 2 2 slips (ff. 108*, 108**) after 4 8¹⁴ + 1 slip (f. 118*) after 2 1 slip (f. 119*) after 3 1 slip (f. 128*) after 12 9¹² 10¹² + 1 slip (f. 143*) after 1 1 slip (f. 146*) after 4 11¹² + 1 slip (f. 155*) after 1 12¹² 13¹⁴ 14–16¹² 17¹⁶ + 1 slip (f. 232*) after 5 18¹² wants 5–11 (blank ?) after f. 247 19¹² wants 6–10 (blank ?) after f. 260 20¹⁶ wants 13–16 after f. 279 + 1 slip (f. 269*) after 2 21¹⁴ wants 9–12 after f. 290 14 after f. 295 22 wants 2–3 after f. 297 8–12 after f. 303 23¹⁴ 24¹² wants 8 after f. 329 + 1 slip (f. 322*) before 1 and sheet pasted over recto of 4 (f. 326) 25¹² wants 2–12 after f. 335 26¹⁴ 27¹² 28¹² wants 12 (blank ?) after f. 383. Written in textura for epistle and gospel texts, and cursiva, or, art. 4, current hybrida. A main hand in art. 1 and some of art. 2, with many additions in other hands; arts. 3–4 are in one hand. Punctuation includes the flex added in red in places, e.g. ff. 300–3. Initials: 4-line or less, red, or, ff. 264ᵛ–265, green, or, f. 265ᵛ, blue. Medieval binding of wooden boards covered with pigskin bearing a pattern of double fillets. Secundo folio *de operibus*.

Written in Germany. Adapted for Carthusian use, s. xv, see added punctuation, also addition in art. 2 for Hugh of Lincoln. Belonged, s. xv, to the Erfurt Charterhouse, see notices added in art. 2, and entry O.13 in its catalogue, *MBDS* ii. 492/7–11; John Hagen, Ord. Carth., who made notes on ff. 1–3ᵛ etc., died there in 1475.

Add. 54. *Horae* s. xiv ex.

A defective Sarum book of hours.

1. pp. 5–16 Sarum calendar in red and black.

Early York additions in red: Wilfred (24 Apr., 12 Oct.), John of Beverley (7 May, 25 Oct.), William of York (8 June); no entries for Everildis or York relics. Many entries for births and deaths, the earliest at 2 Nov. 'Obitus Isabell' de Hilton anno domini cccᵒ Nonagesimo Primo'; from the births [5 months apart], 16 Nov. 1395 and 25 May 1396, of Thomas and John, sons 'Iohannis Mountnay Militis', the entries refer to members of the same family, down to John Mountenay of Stonecroft Northumb., d. 14 Mar. 1657/8, buried in 'our Blessed ladyes Chappell' Newbrough according to the long note by John Widdrington, his mother's brother. 'pape' and feasts of Thomas of Canterbury untouched.

Arts. 2–6 are on quires 2–6.

2. pp. 17–56 Hours of B.V.M. of the use of (Sarum), beginning imperfectly (in Venite last verse).

Probably six leaves missing. Hours of the Cross worked in. Memoriae after Lauds of Holy Spirit, Trinity, Cross, Michael, Peter and Paul, John Baptist, Laurence, Mary Magdalene, Katherine, All Saints, and peace.

3. pp. 56–8 Salue regina . . . Uirgo mater ecclesie . . . (first three verses only) . . . Omnipotens sempiterne deus qui gloriose uirginis . . .

RH, nos. 18147, 21818.

4. pp. 58–61 Hic incipiunt matutine de compassione beate uirginis marie

omnibus dicentibus easdem vna cum matutine dicte uirginis c^m anni venie conceduntur. Matris cor uirginium trena totum triuit . . .

RH, no. 29551. *AH* xxx. 106–7.

5. pp. 61–2 In principiio erat uerbum . . . et ueritatis.

John 1: 1–14.

6. (filling the space in quire 5, added, s. xv) (*a*) p. 63 A long tau cross, flanked by texts: (i) Octuor (? *sic*) sunt cause quibus adoratur crux . . . (*ends abruptly*); (ii) Memoria: Salue decus paruulorum. miles regis angelorum O sacer marter cerice . . . Deus qui gloriosis martiribus tuis cirice et Iulitte . . . ; (*b*) p. 64 A drawing of bleeding Christ rising from the tomb, with below in red 'Summa omnium indulgenciarum istarum uiginti sex milia annorum et xxx^a de uera indulgencia'.

7. pp. 65–80 Penitential psalms, beginning imperfectly (Ps. 31: 7), (p. 72) gradual psalms (cues only of the first twelve), and (p. 75) Litany, ending imperfectly.

Sixteen virgins, not Anne: (1) Maria magd' . . . (16) Mildreda.

8. pp. 81–104 Office of the dead, beginning imperfectly, in the prayer concluding Vespers (Fidelium . . .).

Four leaves missing after p. 100. The final prayers at Lauds are Deus qui nos patres and Inclina domine.

9. pp. 105–21 Commendatory psalms, beginning imperfectly (Ps. 118: 23).

10. (added, s. xv) (*a*) pp. 122–4 Oracio sancti Augustini. Confiteor deo celi— omnia peccata mea. mea culpa . . . ; (*b*) p. 125 [D]eus qui uoluisti pro redempcione mundi . . . ; (*c*) pp. 125–6 [A]ue ihesu christe uerbum patris . . . uita perhennis; (*d*) p. 126 (*stained*) [U]iua uirgo. flos . . . mulier. magna. alumnus Maria

(*c*) Five (?) aves; (*d*) Names of B.V.M.

11. (added on endleaves, in various hands, s. xv) (*a*) p. 2 (a paper leaf pasted to the blank verso of the raised pastedown) Directions in English for saying of masses for deliverance of souls from Purgatory, one on each day of the week; (*b*) p. 3 reckonings in French that 13 pence and three farthings a day is £20 17s. a year, and that 14 pence a day is £21 4s. 7d. a year, and a Latin couplet 'Quadrantes sabato quot nos despendimus anno Tot crescunt solidi cum tot minimus numerati'; (*c*) p. 3 a prayer for intercession: 'Sebastine christi athleta . . . '; (*d*) p. 3 memoria of Archbishop Richard Scrope: 'Gaude decus sanctitatis. Eboraci ciuitatis . . . [D]eus qui beatum Ricardum . . . '; (*e*) p. 4 Secundum Matheum. In illo tempore. Respondens vnus de turba: dixit ad ihesum. Magister attuli filium meum . . . et ieiunio; (*f*) p. 4 a charm 'pro morbo caduco Bealbaguth + heglaton + . . . et in medio maris demergat +++'; (*g*) p. 127 repeated scribbles, including 'Ecce maria genuit nobis saluatorem quem iohannes uidens exclamauit dicens ecce agnus dei ecce qui tollit peccata mundi' twice.

(*a*) The masses are Sunday, Trinity; Monday, Michael and All Angels; 'On tysday gar' syng a

messe of Iohn Baptyst And in þᵉ honour of all [patri]arches and prophetis and lyght iiij candylis
... and gyf iiij almis ...'; Wednesday, Holy Spirit; Thursday, Peter, Paul, and twelve apostles;
Friday, Cross; Saturday, B.V.M.; (b) cf. Walther, *Sprichwörter*, no. 22940b; (d) nearly as *Horae
Ebor.*, p. 182; (e) Mark 9: 16–28; (f) against enemies.

ff. ii + 62. Pagination, not entered on versos, 1–(70) (70*) (70**) 71–(90) 93–(128). For the
pastedown and flyleaf (pp. 1–4), see art. 11 above. 200 × 130 mm. Written space 130 × 84 mm.,
or, pp. 87–8 (supply leaf), 122 × 50 mm. [to spread text]. 21 long lines. Collation of pp. 5–122:
1⁶ 2⁸ wants 1 before p. 17 7–8 after p. 26 five 3⁸ wants 7 after p. 38 4⁸ wants 1–2 before p. 41 5⁶ 6⁸
wants 1 before p. 65, 8 after p. 74 + 1 leaf (now missing) after 6 7 three (pp. 75–80, first three of
quire) 8⁸ wants 1–3 before p. 81 8 after p. 90 + 1 half-sheet supply (pp. 87–8) after 6 9⁸ wants 5–8
after p. 100 10⁸ wants 3 after p. 104 11⁴. Initials: (i) missing; (ii) 6- or 5-line, gold on grounds of
blue and pink patterned with white; (iii) 2-line, blue with red ornament, washed over with
yellow; (iv) 1-line, blue or red. Capital letters, etc. in the ink of the text splashed with yellow.
Collapsed medieval binding of wooden boards, covered in s. xvi with brown leather bearing a
barely visible roll of Oldham's FP or RP type, most like no. 676; 4 bands; 2 clasps, missing.
Secundo folio (p. 17) *nouerunt*.

Written in England. Belonged, s. xiv ex.–s. xvii med., to the Mountenay family of Wheatley
near Doncaster, and Stonecroft, see art. 1; their arms occur alone at the foot of pp. 38 and 48,
and impaled with others at the foot of pp. 18, 21, 26, 32, 43, 61, 64, and 104, with other arms on
pp. 44, 45, 47, 49, 53, and 58. For a 'missal', 'primarium', belonging to the family, see Jas
Hunter, *Hallamshire* (1869), 391. 'This Book was given to me by Thoˢ Stokoe Skiner in Hexham
in the year 1775 J. Carr', p. 9. 'Harris WoodBank', s. xix, in ink on a label on the front cover.

Add. 67. *Horae, etc.*   s. xv in.

Art. 3 noted. Enlarged facsimile of f. 102ʳᵛ in Friends of York Minster, *37th
Report* (1965), pls. III, II.

1. ff. 1–30 Hours of B.V.M. of the use of (York).

Hours of the Cross worked in. *Horae Ebor.*, pp. 37–61.

2. ff. 30–48ᵛ Septem psalmi penitenciales and (f. 39) Litany.

Horae Ebor., pp. 88–99, differing in the names in the Litany only in doubling of Peter, having
Felicitas in place of Barbara, and omitting Anne.

3. ff. 48ᵛ–80 Pro fidelibus defunctis.

Horae Ebor., pp. 99–111/7.

4. ff. 80ᵛ–91 Commendacio. [Be]ati immaculati ... respirent. Per christum.

Horae Ebor., pp. 111–113/4 up.

5. ff. 91–7 De passione domini. Psalmi. Deus deus meus ...

Psalms of the Passion, cues only of Pss. 22–4, 26, and 29. *Horae Ebor.*, pp. 114–15, here ending
with a versicle, 'Omnis terra ...', in place of prayers.

6. ff. 97–8 Bonefacius papa xᵘˢ concessit cuilibet dicenti oracionem sequentem
xxᵗⁱ diebus continuatis corde contrito omnium peccatorum suorum remissionem
et sic scribitur rome in monasterio sancti pauli ad maius altare vbi corpus
eiusdem requiescat. or'. Domine ihesu christe fili dei uiui qui uoluisti pro
redempcione mundi ...

7. ff. 98–100ᵛ Canticum graduum quindecim psalmi.

Gradual psalms, cues only of the first twelve.

8. (*a*) f. 101ʳᵛ Aue ihesu christe uerbum patris . . . perhennis. Amen; (*b*) ff. 101ᵛ–102 Oracio. Salue ihesu mi saluator. Salue mundi tu plalmator (*sic*) . . . piissime. Amen; (*c*) f. 102 Oraciones ad eleuacionem corporis christi dicende. Aue lux mundi uerbum patris . . . *one only*.

(*a*) *Horae Ebor.*, pp. 70–71/2; (*b*) eighteen lines, rhyming aab.

9. f. 102ʳᵛ De sancto Ricardo scrupe martire et confessore. Alme Ricarde dei . . . Or. Deus qui beatum et electum martirem tuam Ricardum . . .

Printed from here, *Horae Ebor.*, pp. 182–3.

10. ff. 102ᵛ–104ᵛ Quicumque contritus et confessis. dixerit uel audierit istam passionem subsequentem CCC dies indulgencie a Iohanne papa xxij ei concedu[n]tur. Passio domini n. i. christi. secundum Ioh. In illo tempore. Apprehendit pilatus . . . testimonium eius—Or. Deus qui manus tuas . . .

Horae Ebor., pp. 123–4 (John 19: 1–34), but without the heading here.

11. ff. 104ᵛ–107 De sancta maria. Oracio. O intemerata . . . orbis terrarum. Inclina . . . Masculine forms.

12. ff. 107–8 De sancta Anna matre gloriose uirginis marie memoria. Gaude felix anna: que concepisti prolem . . . Oracio. Deus qui beatam annam . . .

RH, no. 6773.

13. ff. 108–118ᵛ Or. Aue benignissime domine ihesu christe. eterna dulcedo te amancium iubilus—plenam remissionem. Pater noster Dicenti oracionem dominicam cum salutacione angelica post quamlibet oracionem sequentem xlᵃ dierum ueniam conceditur inspirata. or'. O ihesu mundi fabricator . . . (f. 117) Gracias tibi ago domine ihesu christe propter passionem tuam . . . (f. 118) Dicenti has oraciones cum intima cordis contricione conceditur quod si esset in statu eterne dampnacionis. deus transferret penam eternam in purgatorii penam . . . uiuit et regnat. Amen.

The Fifteen Oes of St Bridget, in the order 1, 3, 4, 2, 5–15; cf. MS XVI.K.6, art. 23*b* above. Here (1) runs on from the Ave that precedes it, and is followed by a heading to (3); (15) is followed by a grace and heading which occur in MS XVI.K.6 in reverse order so that 'Dicenti hanc oracionem . . . ' refers there to the 'Gracias tibi . . . ' that follows.

14. ff. 118ᵛ–125ᵛ Memoriae: Blaise (Martir christi preciose . . .), Holy Name (O nomen suauissime . . .), Stephen, William [of York] (O Willelme pastor bone cleri pater . . .), Peter (Salue pastor g[r]egis christi . . . twelve 6-line stanzas, *RH*, no. 18099), Thomas of Canterbury (Opem nobis o thoma porrige . . .), Ninian, Laurence, John of Beverley (Ave doctor nobilis: presul eboraci . . . *RH*, no. 23453).

ff. v + 126 + v. Foliated (i–v), 1–82, 82*, 83–125, (126–30). 128 × 85 mm. Written space 83 × 62 mm. 14 long lines, or 5 + 4-line stave. Collation: 1–15⁸ 16⁶. Initials: (i) 4- or 3-line, gold on blue and faded pink grounds patterned with white; (ii) 2-line, blue with red ornament; (iii) 1-

line, alternately blue and red. Capital letters and cadels (art. 3) in the ink of the text lined with red. A good substitute *B* is stuck on f. 80ᵛ where supply parchment makes good the loss of the top corners of ff. 79–80. Bound by W. H. Smith, s. xx. Secundo folio *me patres*.

Written in England, for use in the diocese of York, after Archbishop Scrope's execution in 1405, see art. 9. 'Richard Redman aw this Booke if any man fynde it . . . ', s. xvi, f. 125ᵛ; he may be identified, thanks to scribbles 'John Redman of Keyrbey', ff. 64ᵛ- 65, 73 and 108ᵛ–109, with Richard Redman of Kirkby Overblow near Wetherby (Yorks.), whose will was proved 14 July 1524, *Yorkshire Archeological Assoc.*, Record Series xi (1891), 143. 'Thomas Redman', s. xvi, f. 120ᵛ. 'Wakefield', s. xvii, upside-down f. 125ᵛ. 'Joh. C. Jackson 1851', f. 1; 'J. C. Jackson S. Johns', f. v. 'Mary Willett. Cullwells, Lindfield', f. ivᵛ; also referred to in her possession by H. Littlehales in EETS cix (1897), p. liv 'Mrs Willett's Hayward's Heath', and *Horae Ebor.* (1920), 60, 182, etc. 'Given to Gwendolen Harmsworth by R. L. Harmsworth 7 March 1926', f. ivᵛ. Sotheby's 12 Apr. 1927, lot 527. Bought through Messrs Quaritch at Sotheby's, 6 July 1964, lot 232 (£750), see Friends of York Minster, *37th Report* (1965), 28.

Add. 68. *Breviarium* s. xiv med.

A breviary of York use. Facsimile of f. 17, Friends of York Minster, *38th Report* (1966), pl. IV. A scribe, better than the main scribe, added, s. xiv², many rubrics in the margins and, by erasure, in the text, e.g. ff. 26ᵛ, 28ᵛ, 32ᵛ, 33, where the strong red stands out, and also arts. 2–4, 5*a*, 6, 8, and 12, and many pieces elsewhere, e.g. the Christmas prose, f. 17 foot. This scribe refers in art. 13 to Art. 11, also added, but in another hand, as a new quire.

Arts. 1–5 are on quires 1–12.

1. ff. 1–127ᵛ Temporal, Advent–25th Sunday after Pentecost.

Brev. Ebor. i. 1–652. Some text erased or crossed out, e.g. ff. 32ᵛ–33, where new rubrics replace lections i and vi for William of York. Two leaves missing after f. 25 contained most of the office of Thomas of Canterbury; what remains is scuffed, f. 25ᵛ. Two type (i) initials: to *A*dventus, f 1, and *P*rimo (Christmas), f. 17.

2. ff. 127ᵛ–132 In commemoracione beate marie virginis . . .

Commemorations of B.V.M., Peter and Paul, and William of York. *Brev. Ebor.* i. 675/17–702, with the rubric on pp. 690–692/22 at the end here.

3. ff. 132ᵛ–137 Ordo officiorum dominicalium . . .

Brev. Ebor. i. 705–26.

4. ff. 137ᵛ–138ᵛ Ad matutinas memoria de cruce A'. Per signum . . .

Memoriae of Cross, B.V.M., apostles (Peter and Paul), William of York, relics, confessors (John, Wilfred, Cuthbert), All Saints, and peace. *Brev. Ebor.* i. 940–4.

5. (*a*) ff. 138ᵛ–140ᵛ Benedicciones et gracie a festo sancte trinitatis . . . ; (*b*) (added, s. xv) f. 140ᵛ Oracio de sancta maria in paschali tempore. [P]rosit nobis semper omnipotens pater . . .

(*a*) Mainly a rubric setting out the common blessings, Trinity–Maundy Thursday, Maundy Thursday–Trinity, followed in 54 lines of verse, written as prose, blessings for six special occasions: (1) Assumption of B.V.M.: Nos benedic gracia . . . ; (2) Nativity of B.V.M.: Nos hodie nata . . . ; (3) Purification of B.V.M.: Purificans pura . . . ; (4) Annunciation of B.V.M.:

Hec cui clamat aue . . . ; (5) Corpus Christi: Nos qui uiuificat . . . ; (6) All Saints: Det venie munus . . . , of which (3) and (6), and some of (4) are the verses in *Brev. Ebor.* i. (16)–(18); cf. art. 7 below, and MS Add. 115, arts. 3*b* and 5 below.

Arts. 6–8 are on quire 13.

6. Three rubrics: (*a*) ff. 141–142ᵛ Rubrica post oct' epiphanie In profestis vero diebus . . . in ijᵃᵐ feriam; (*b*) ff. 142ᵛ–143ᵛ Rubrica de festo corporis christi. Notandum quod prima feria vᵃ post festum sancte trinitatis . . . conuenit. dicatur Gloria—de virgine; (*c*) ff. 143ᵛ–145 [Rubrica] post oct' trinitatis. Notandum autem quod . . . in eis contingente nisi memoria tantum.

Brev. Ebor. i. 195/8–200, 229 seq., 528–9, 540/22–543, 545, 552–558/1.

7. (added, s. xv²) ff. 145ᵛ–146 De omnibus sanctis. Det venie munus . . .

54 lines of verse (four nines followed by six threes): blessings for All Saints, Purification, Annunciation and Assumption of B.V.M., and within the octave of the Assumption. As *Brev. Ebor.* i. (16)–(17). Cf. art. 5*a* above. f. 146ᵛ blank.

8. ff. 147–152ᵛ Calendar in red and black, graded.

Brev. Ebor. i, here omitting Chad (2 Mar.), 11,000 Virgins (21 Oct.), Felicity (23 Nov.), and Barbara (4 Dec.); in red, Ambrose, Wilfred (4, 24 Apr.), Barnabas (11 June), Augustine (28 Aug.), Maurice, Jerome (22, 30 Sept.), relics, translation of John of Beverley (19, 25 Oct.); in black, George (23 Apr.); Edward k. and conf. on 7, not 5, Jan. Two obits added: 'Obitus M' Iohannis de Burton', s. xiv ex., 23 May, perhaps the man collated to the York Minster prebend of Warthill in 1393, see Fasti ecclesiae Anglicanae, vi (1963), 87; 'Obitus M' W. Felter quondam decanus istius ecclesie' i.e. of York, 10 Apr., d. 1451, see Emden, *BRUO*, pp. 675–6. 'pape' erased, also apparently Thomas of Canterbury at 7 July, but not 29 Dec. Seventeen lines of verse on leap-years, 'Altitonans dominus diuina gerens . . . ', Walther, *Versanf.*, no. 869, added, s. xiv ex., f. 147ʳᵛ at foot.

Arts. 9–10 are on quires 14–19.

9. ff. 153–221 Liturgical psalter, followed by Te deum, Benedicite, Benedictus, Magnificat, Nunc dimittis.

The five canticles of *Brev. Ebor.* i. 927–31 are here in the order 4, 1, 3, 2, 5; cf. MSS Add. 70 art. 6, Add. 115 art. 7 below. Only a corner of f. 209 remains.

10. ff. 221–222ᵛ Litany.

Brev. Ebor. i. 931–9, here with Eustace before Maurice, Edmund before Sampson, Spes before Caritas, and Vincent, George, Edward, and Anne interlined.

Arts. 11–12 are on quire 20.

11. (added) Offices and (*c–d*) rubrics for eleven feasts: (*a*) f. 223ʳᵛ Depositio sancti edwardi regis et confessoris semper celebrabitur in crastino epiphanie . . . ; (*b*) ff. 223ᵛ–224 translation of Wilfred (24 Apr.); (*c*) f. 224ʳᵛ Magna rubrica de sancto Willelmo (8 June), with text of lection Adolescentula . . . ; (*d*) ff. 224ᵛ–225ᵛ Magna rubrica ante festum natiuitatis sancti iohannis baptiste (24 June); (*e*) ff. 225ᵛ–226 Everildis (9 July); (*f*) ff. 226–7 Anne (26 July); (*g*) f. 227ʳᵛ Seven sleepers (27 July); (*h*) ff. 227ᵛ–228ᵛ Thomas of Hereford (2 Oct.); (*i*) ff. 228ᵛ–229ᵛ In translacione sancti edwardi regis et confessoris vespere fiant de sancto

Wilfrido cum memoria de sancto edwardo . . . (13 Oct.); (*j*) ff. 229ᵛ–230 In nat' beate marie virginis matutine et hore cantentur de sancto ewrcio fiant cum nocturno propter vigiliam. quia hec vigilia de nouo facta est . . . (Evurcius, 7 Sept.); (*k*) f. 230ʳᵛ In vigilia apostolorum symonis et iude matutine et hore dicantur de feria cum legenda de muliere cum vij filiis . . . (27 Oct.).

(*a*) diverges from *Brev. Ebor.* i. 171–4; (*c–d*) cf. ibid. ii. 305–7, 328–30.

12. Rubrics for six feasts: (*a*) ff. 230ᵛ–231 Rubrica de translacione sancti Willelmi (Sunday after Epiphany); (*b*) f. 231ʳᵛ Si festum s. Cuthberti . . . (20 Mar.); (*c*) f. 231ᵛ Si festum annunciacionis . . . (25 Mar.); (*d*) ff. 231ᵛ–232 Sestum (*sic*) sancti Willelmi archiepiscopi si ante festum . . . (8 June); (*e*) f. 232ʳᵛ Rubrica de festo s. petri ad vincula. Octaue autem iste non habentur omnino precipue . . . (1 Aug); (*f*) ff. 232ᵛ–233 Rubrica de festo sancti martini. Sciendum autem quod si festum s. martini . . . (11 Nov.).

(*a–f*) Cf. *Brev. Ebor.* i. 179, 185–7; ii. 221–2, 233–4, 295–6, 435–7, 679–80. Added, s. xvi in., f. 233ʳᵛ, a prayer invoking a saint, etc. in each clause, effectively erased on recto. f. 234ʳᵛ blank.

Arts. 13–14 are on quires 21–32.

13. ff. 235–354 Sanctoral, vigil of Andrew–Saturninus.

Brev. Ebor. ii. 83–730. An inserted leaf, f. 271, contains in the principal revising hand the office of Ambrose (4 Apr.), continuing on f. 272a/1–12 over erasure; other leaves in this hand are ff. 235 and 313, the latter mainly office of Giles, continuing on f. 314 over erasure of col. a; erasures also on ff. 300 (Donatus) and 330ᵛ–331 (Justus). The principal revising hand noted, f. 268ᵛ, 'Hic defecit rubrica de annunc' (et de s. cuthberto) sed quere post psalterium', i.e. art. 12*b–c* above; and for Wilfred 'quere post psalterium', f. 272ᵛ, for Everildis 'quere in nouo quaterno. Post Psalterium', f. 291, and similarly for Thomas of Hereford, f. 325ᵛ, i.e. art. 11*b, e, h.* Added, s. xiv and xv, collects of Wilfred, ff. 272ᵛ and 329ᵛ–330 lower margins; also, s. xv, collect of Theodore, f. 342 foot. One type (i) initial: *Si*, f. 235, see below.

14. ff. 354–374ᵛ Common of saints, ending imperfectly in a matron.

Brev. Ebor. ii. 1–77, with substantially different offices for a confessor and for confessors. The principal revising hand wrote a new leaf, f. 369, continuing over erasure on f. 370a/1–11, with f. 370a/12–23 (*Brev. Ebor.* ii. 47 lection ix Non potest . . .) crossed out.

ff. ii + 374 + ii. 147 × 87 mm. Written space 115 × 62 mm. 2 cols. 36 lines. Collation: 1–2¹² 3¹² wants 2, 3 after f. 25 4–11⁸ 12¹⁰ 13–17¹² 18¹² wants almost all 9 (f. 209) 19¹⁰ 20¹² 21¹² [1 and 12 half-sheets] 22¹² 23¹² + 1 leaf (f. 271) after 12 24–26¹² 27¹² + 1 leaf (f. 313) after 5 28–31¹² 32 six (ff. 369–74). Leaves in the first half of quire 11 numbered in ink, j–iij; similarly quires 12–13, j–v, in blue. Considerable sections in a principal revising hand, see above. Initials: (i) in art. 1 (see above), to principal psalms in art. 9, and, better than the rest, to art. 13 on a leaf in the principal revising hand, 4-line or more, in blue and/or pink patterned with white on decorated gold grounds, extended to form part borders; (ii) 2-line, blue with red ornament, or red with violet or, quires 8–16 and 28, blue, ornament; (iii) 1-line, alternately red and blue. Binding of s. xix; spine-label 'M.S./BIBLE'. Secundo folio *Pˢ Nunc d*'.

Written for use in the diocese of York. Belonged apparently to associates of the cathedral chapter, perhaps by *c.*1400, see art. 8. Subsequently in the Tollemache collection at Helmingham Hall and sold at Sotheby's, 14 June 1965, lot 11; bought then through Quaritch with help from the Friends of York Minster, see *38th Report*, pp. 23–4.

Add. 69. *Breviarium cum notis* s. xv²

A large breviary of York use, with some deviation in its lections from *Brev. Ebor.* Musical items in arts. 1–2, 10–11, and 13–14, and antiphons and Te deum in art. 8, noted. Quires 7, 9, 12, 28, 29, and 31 marked, later (?), at the end 'le^r', (? legitur). Some correction and supplementation, s. xv/xvi, by erasure (e.g. f. 339) or in margins (e.g. ff. 214ᵛ, 225ᵛ, 284, 321). Defective through the loss of the first quire of art. 8, the removal of initials, and the removal or erasure of offensive or superfluous (?) texts; also damaged by wear and tear, but with little harm to the written space.

1. ff. 1–136 Temporal, Advent–25th Sunday after Pentecost.

Brev. Ebor. i. 1–652. Easter begins a new quire (11), f. 82. Type (i) initials to *A*duentus (Advent), *P*rimo (Christmas), *D*ominus (cut out, Circumcision), *H*ec (cut out, Epiphany), *E*go (Easter), *E*leuata (Ascension), *N*on (cut out, Pentecost), *G*loria (Trinity), *F*ructum (Corpus Christi): *Brev. Ebor.* i. 1, 77, 139, 161, 403, 477, 497, 518, 532.

Two leaves missing after f. 5 probably contained the text approximating to ibid. i. 27/21–35/14; the office of Thomas of Canterbury, lections 1–3 and 7–9 for Pope Silvester, the office of translation of William of York and lections 4–6 for Corpus Christi are damaged by cutting out parts of leaves and by erasure, ff. 26ᵛ–29ᵛ, 38ᵛ–39, 111. f. 136 col. b blank.

2. ff. 136ᵛ–139ᵛ Dedication, and through octave, ending imperfectly in Quarto die lection iii.

Brev. Ebor. i. 656/9 up–668 (a different set of lections). Initial *S*anctificauit cut out.

3. ff. 141–5 Commemorations of B.V.M. (beginning imperfectly), of William of York (lections crossed out), and of Peter and Paul.

Brev. Ebor. i. 676/3–702.

4. ff. 145–8 Ordo officiorum dominicalium . . .

Brev. Ebor. i. 705–26.

5. f. 148 Benedicciones communes dicende . . .

22 lines of verse, with rubrics. *Brev. Ebor.* i. (16)–(18), i–All Saints ix.

6. ff. 148ᵛ–149 Memoriae of Cross, B.V.M., apostles (Peter and Paul), William of York (a little deleted), relics, confessors (John, Wilfred, Cuthbert), All Saints, and peace.

Brev. Ebor. i. 939–44. Outer col. of f. 149 cut away; f. 149ᵛ inner col. blank.

7. (quire 20) ff. 150–155ᵛ Calendar in red and black, graded up to ix lc.

Brev. Ebor. i. (3)–(14), here omitting Barbara (4 Dec.); 'Festum dulcissimi nominis ihesu duplex festum' (7 Aug.) in the main hand in red, also Chad (2 Mar.); Anne (26 July) and Katherine (25 Nov.) in black. 'pape', 11,000 Virgins (21 Oct.), and Silvester (31 Dec.) erased; also both feasts of Thomas of Canterbury (7 July, 29 Dec.), but both restored, s. xvi. Added, Patrick (17 Mar.), Bernard (20 Aug.), 'Festum dedicationis ecclesie dominica prima octobris celebrabitur', f. 154 (Sept.); 'Orate pro anima domini Rogeri ott*r*ingham' (22 Jan.); 'obitus pro sacerdote' (29 July); '[. . .] of Wallsowken' (28 Dec.).

'Omnino tenenda' at the foot of each page; cf. *Missale Ebor.* i.xxx–xli, here omitting George

(Apr.) and Dedication of church (Dec.), and adding 'Tres dies pent' ubi eueniunt' (May), Corpus Christi (June) and 'Commemoracio animarum' (Nov.). Erased: translation of William of York, Conversion of Paul (Jan.); Cathedra S. Petri (Feb.); Invention of Cross, John of Beverley (May); William of York (June); Thomas of Canterbury (July); Vincula S. Petri, Laurence, John Baptist (Aug.); Exaltation of Cross (Sept.); Wilfred (Oct.); and Martin (Nov.).

8. ff. 156–79 Liturgical psalter, beginning imperfectly 'Vigilate et orate' (Monday Lauds chapter: *Brev. Ebor.* i. 774/1), followed by Benedicite, Benedictus, Magnificat, Te deum, and Nunc dimittis.

ff. 156, 161, and 167 damaged by removal of initials to Pss. 36, 68, and 97.

9. f. 179^{rv} Letania.

Brev. Ebor. i. 931–9. 'thoma' erased in the list of martyrs.

10. (quires 24–26) ff. 180–201 Common of saints.

Brev. Ebor. ii. 1–82. Two leaves missing (ff. 195–6). f. 201^v blank.

Arts. 11–15 are on quires 27–46.

11. ff. 202–350^v Sanctoral, vigil of Andrew–Saturninus.

Brev. Ebor. ii. 83–730. Type (i) initials for *Si* (cut out, Andrew), *Adest* (Annunciation of B.V.M.), *Gloriosi* (cut out, William of York), *Ex* utero (John Baptist), *Felix* (Assumption of B.V.M.), *Hodie* (Nativity of B.V.M.), and *Laudem* (All Saints): ibid. ii. 83, 236, 298, 330, 476, 537, and 647.

Two leaves missing contained parts of the office of William of York and the feast of relics (8 June, 19 Oct.); the office of Cuthbert, Benedict, John of Beverley, William of York and octave, Thomas of Canterbury, Margaret lections 6–9, Giles lections 8–9, translation of Cuthbert, relics, 11,000 Virgins are damaged and in some cases altogether removed by excision, erasure, or deletion, ff. 238^v–241, 252^{rv}, 255–7, 259^{rv}, 275, 277, 307–8, and 330–1. On f. 290 a note 'Quere festum de nomine ihesu in fine libri' refers to art. 13 below.

12. ff. 350^v–351 Nine lections for Chad.

Not as *Brev. Ebor.* ii. 213–14: here the lections begin Temporibus Oswy, Interea tuba, Consecratus ergo, Peragrans autem, Interea prouincie merciorum, Cumque uir dei, Nolite timere (Luke 12: 32), Predictus autem, Cumque hoc et huiusmodi.

13. ff. 351^v–355^v Festum dulcissimi nominis ihesu fiat septimo Idus augusti— Antiphona. A solis ortu . . .

Brev. Ebor. ii. 764–780/14, followed by a small excision.

14. f. 356^{rv} Primum querite regnum dei Evouae . . .

Nine settings of Euouae, etc., with the introductory metrical lines.

15. (*a–d*) f. 356^v (added, s. xvi^1) Sanctorum meritis inclita gaudia . . . Aue regina celorum . . . Hi pro te furtas . . . Que uox que poterit lingua . . .

Pieces for martyrs, noted.

ff. 348, foliated 1–356, s. xx, to include eight of the ten missing leaves, see Collation below. Heavy parchment. 490 × 350 mm. Written space 345 × 234 mm. 2 cols. 54 lines, or 18 long lines + 4-line stave. Collation: 1^8 wants 6, 7 after f. 5 2–3^8 4^8 wants 5 (f. 27) 5–9^8 10^{10} + 1 leaf (f. 81, bound into quire 11) after 10 11–17^8 18^8 wants 3 (f. 140) 19^4 20^6 21–24^8 25^8 wants 8 (f. 195) 26^6 wants 1 (f. 196) 27–30^8 31^8 wants 6–7 (ff. 239–40) 33^8 wants 7 (f. 256) 34–42^8 43^8 wants 1 (f. 330) 44–45^8 46 three (ff. 354–6). Quires 3–10, 12–18 signed c–r; 27–43, A–R; 45, v; numbers only in quires 11 and 19. No catchwords on quires 23–4. Several hands, changing at arts 8, 10 and 11, ff. 338 (44^1) and 346 (45^1), and on f. 298^v. Initials: (i) in arts. 1, 11 (see above), to principal psalms (five gone) in art. 8, and to arts. 2 and 10, 10-line or less, blue, deep pink, orange, and green with comb-like shading to white, on decorated gold grounds, extended in gold and colours into one or two borders; (ii) 3/2-line, blue with red ornament; (iii) 1-line, blue or red. Some cadels are human profiles. Capital letters in the ink of the text lined with red in arts. 1–7. Contemporary binding of wooden boards, the outer half of the front missing and the back broken, covered with tattered white leather; 8 bands, VVVV; three large metal bosses, out of eight (?); a piece of leather for the spine secured the length of the front board 50 mm. from the inner edge by 11 metal studs. Secundo folio *gloriosam*.

Written for use in the diocese of York, probably after 1489 when the feasts of the Name of Jesus and the Transfiguration were promulgated in the diocese, see arts. 7 and 13. 'Thomas Sherston Capellanus', s. xv, f. 85. As well as 'Bays', f. 61, 'Thomas Iu', f. 142^v, 'Robert', f. 200, scribbles, s. xvi, include 'be it knowen to all men by these pres' that I Randall knowlls of swyne hat by hy[s] oun conse[n]t . . . ', f. 347, 'Memorandum to pay ye tenth at brandisborton ye xxix^t day off Ianuarye', f. 150, apparently referring to places north of Hull; the obit (?) referring to Walsoken (Norf.) in art. 7 presumably concerns a migrant to the northern province. '[. . .] save queene Mary the fyrst', f. 166^v, suggests use in or soon after 1553.

Add. 70. *Breviarium* s. xv^1

A breviary of York use, without music. Lessons tend to be longer than in *Brev. Ebor.* Corrections either over erasures, e.g. ff. 12a/1–7, 165a/6–17, or by marginal additions in ink or crayon, e.g. ff. 19, 69, 149, 178, 225, 228.

1. ff. 1–145^v Temporal, Advent beginning imperfectly in Compline–25th Sunday after Pentecost.

Brev. Ebor. i. 6/2–652. Type (i) initials to *S*citote (vigil of Christmas), *H*ec (Epiphany), *U*ado (vigil of Ascension), *N*on (vigil of Pentecost), *G*loria (Trinity), *S*acerdos (Corpus Christi): ibid. i. 74, 161, 475, 497, 518, 529. Only a scrap of the first leaf remains and the inner column of the second. ff. 122–44 damaged by damp.

2. ff. 145^v–149^v Dedication, and through octave.

Brev. Ebor. i. 652–73.

3. (*a*) ff. 149^v–153^v Notandum vero quod a festo sancte trinitatis . . . ; (*b*) ff. 153^v–154 Memoriae at Matins and Vespers, Trinity–Advent, of Cross, B.V.M., Peter and Paul, William, relics, confessors (John, Wilfred, Cuthbert), All Saints, and peace.

(*a*) Commemorations of B.V.M., William of York, Peter and Paul, and All Saints, cf. *Brev. Ebor.* i. 673–706; 'O wylelme pastor bone cleri pater . . . celestis da gaudia', added, s. xv/xvi, f. 152^v foot, also in the same hand 'Claudi (?) recti redemit furor effugatur epilencis passio . . . ' (5 lines); (*b*) ibid. i. 939–44.

4. f. 154 Benedicciones communes.

The first ten of *Brev. Ebor.* i. (16).

5. ff. 154–8 Ordo officiorum dominicalium . . .

Brev. Ebor. i. 705–26 (Pie). Two leaves missing after f. 155 contained all from ibid. i. 715 'Peto domine', to ibid. i. 725 'Ferialiter jᵃ xij kl'. f. 158ᵛ blank, save for 'Kalendare': catchword to art. 6.

6. (quire 21) ff. 160–162ᵛ Calendar in red and black, two months to a page, graded up to ix lc, d.f.

Brev. Ebor. i. (3)–(14), here omitting Chad (2 Mar.), Barbara (4 Dec.); with Agatha (5 Feb.), commemoration of Paul (30 June) and Edmund (16 Nov.) in red; Anne (26 July) and Katherine (25 Nov.) in black. 'Dedicacio ecclesie de harwod' in red in the main hand at 2 July. Five obits added, s. xvi¹, (2)–(4) in one hand: (1) 'Obbitus (domini) thome lyndlay M ccccc visissimo quarto' (4 Apr.); (2) 'Obitus Thome Iohnson militis qui obiit anno domini M ccccc xliiijᵒ' (20 Aug.); (3) 'Obitus domine Mawde Gascoynge que obiit in festo sancti Mychaelis archangeli anno domini Mᵒ cccccᵒ xliij'; (4) 'Obitus Briani palmes qui obiit anno domini Mᵒ ccccc xviijᵒ' (21 Oct.); (5) 'Iohannes Chamly (?) laicus obiit coram patriam in monte vocat' boith (?)', in pencil below Mar.–Apr., f. 160ᵛ. 'pape' erased, but not feasts of Thomas of Canterbury.

'Omnino tenenda' at the foot of each page, without title; cf. *Missale Ebor.* i. xxx–xli, here omitting William (Jan.), Crucifixion (Mar.), all April feasts, Luke (Oct.) and Dedication of church (Dec.), and adding 'iii dies Pasche vbicumque fuerint inuenti' (Mar.), 'iii dies pent' (May), Corpus Christi (June) and 'Commemoracio animarum' (Nov.).

7. ff. 163–198ᵛ Liturgical psalter, followed by Benedicite, Te deum, Benedictus, Magnificat, and Nunc dimittis.

The five canticles of *Brev. Ebor.* i. 927–31 are here in the order 1, 4, 3, 2, 5; cf. MS Add. 68 art. 9 above, MS Add. 115 art. 7 below.

8. ff. 198ᵛ–199ᵛ Litany, ending imperfectly in Deus a quo.

Brev. Ebor. i. 931–939/1 'quam', with Peter doubled.

9. (quires 27–8) ff. 201–214ᵛ Common of saints.

Brev. Ebor. ii. 1–82. One leaf missing after f. 205. f. 214ᵛ blank save for first 4 lines of col. a.

10. (quires 29–42) ff. 215–335ᵛ Sanctoral, vigil of Andrew–Martin pope, ending imperfectly in rubric for octave 'de eo dicitur'.

Brev. Ebor. ii. 83–680/19. The remaining type (i) initials are *U*nus (Andrew), *H*odiernus (Purification of B.V.M.), *S*piritus (Annunciation of B.V.M.), *Q*uem (vigil of Peter and Paul), *F*elix (vigil of Assumption of B.V.M.), *E*xcelsi (Michael): ibid. ii. 84, 176, 234, 345, 476, 580. f. 333 is a small fragment, and f. 335 is damaged; 39 (?) leaves missing, including 8 (?) after f. 222, 7 (?) before f. 262 and 11 (?) after f. 278, containing ibid. ii. 117–48, 294–323, and 399–451.

ff. 301. The modern foliation, 1–335, takes account of one of the two missing quires (the one between quires 36/37, but nȯt the one between quires 29/30) and other leaves presumed to be missing: 156–7, 159 (no evidence for a lost leaf here but return stub of a half-sheet), 200, 206, 209 (no evidence for a lost leaf here), 235–6, 248, 254–61, 263, 265, 279–89, 293, 302, 306, and 330. 420 × 278 mm. Written space 282 × 182 mm. 2 cols. 41 lines. Collation: 1⁸ wants almost all 1 and half of 2 2–19⁸ 20⁶ wants 4, 5 (ff. 156–157) 21² + 1 leaf (f. 162) after 2 22–24⁸ 25⁶ 26⁸ wants 8 (f. 200) 27⁸ wants 6 (f. 206) 28⁴ + 1 leaf (f. 214) after 4 29–30⁸ 31⁸ wants 5, 6 (ff. 235–6) 32⁸ 33⁸ wants 2 (f. 248) and 8 (f. 254) 34 one (f. 262) 35⁸ wants 2 (f. 265) 36⁸ wants 8 (f. 279) 37⁸ wants 1, 2 (ff. 288–9) and 6 (f. 293) 38⁸ wants 7 (f. 302) 39⁸ wants 3 (f. 306) 40–41⁸ 42⁸ wants 3 (f. 330). Quires 1–21 signed a–v and (in red) x; 22–6, A–E with 'psalt' after each leaf number; 27–8, A–B;

29–41, A–P lacking B and K, with 'sanctorum' after each leaf number. Changes of hand for arts. 6, 7, and 10 and at f. 227^v/18. Initials: (i) in arts 1 and 10 (see above), to principal psalms in art. 7, and to arts. 2 and 8, 7-line, in blue and red, with red and pale brown ornament, including hatching; (ii) 2-line, blue with red ornament (fishes, f. 129^v); (iii) to verses of psalms and hymns, 1 line, alternately blue and red. Capital letters in the ink of the text lined with red. No covers; old sewing and 7 bands remain. Secundo folio *V*. *Custodi*.

Written for use in Harewood church (8 miles N. of Leeds, Yorks.), see art. 6. 'matris catherall ys my', f. 65, 'ion boitell', f. 81, 'Anthony', f. 241, 'Mastre Henry ininyright (? *or* nunyright, *etc.*), f. 245^v, 'Bryan', f. 250, 'Wylelmus Grene', f. 325^v, among numerous scribbles, s. xvi, mostly in one hand. Perhaps already in the possession of the Gascoigne family of Lotherton Hall, Aberford (10 miles E. of Leeds), see art. 6; deposited by them in York Minster Library *c.* 1955.

Add. 115. *Breviarium*   s. xv med.

A breviary of York use.

Arts. 1–3 are on quires 1–16.

1. ff. 1–116 Temporal, beginning imperfectly in Epiphany vigil lection v 'nisi quod spiritus'.

Brev. Ebor., i. 159/25–652. Type (i) initials for *U*ado (vigil of Ascension), *N*on (vigil of Pentecost), *G*loria (Trinity), *S*acerdos (Corpus Christi): ibid. i. 475, 497, 518, 529; type (ii) for *H*ec (Epiphany) and *A*ngelus (Easter): ibid. i. 161, 404.

2. ff. 116–121^v Dedication, and through octave.

Brev. Ebor. i. 652–73. The initial on f. 117 torn out.

3. (*a*) ff. 121^v–122^v Memoriae, as in MS Add. 70 art. 3*b* above; (*b*) ff. 122^v–123 Benedicciones communes dicende sunt; (*c*) ff. 123–132^v Commemorations of William of York, Peter and Paul, and B.V.M.

(*a*) *Brev. Ebor.* i. 939–44; (*b*) the first set ibid. i. (16), repeated in art. 5 below; (*c*) as MS Add. 70 art. 3*a* above, but in a different order.

Arts. 4–6 are on quires 17–18.

4. ff. 133–137^v Ordo officiorum dominicalium . . . Explicit hic pica rudibus bona semper amica.

Brev. Ebor. i. 705–26.

5. ff. 137^v–139 Benedicciones dicende sunt per totum annum . . .

Brev. Ebor. i. (16)–(18), in the same order; cf. art. 3 above. ff. 139^v–140^v blank.

6. ff. 141–146^v Calendar in red and black, graded up to ix lc'.

Brev. Ebor. i.(3)–(14), here including Alexander bp., Oswald bp. (26, 28 Feb.) and Perpetua and Felicitas (7 Apr.), all three subsequently erased; omitting William of York (Sun. after Epiphany) and Barbara (4 Dec.), also Philip and James (1 May) added s. xvi; with Ambrose (4 Apr.), John before Latin Gate, Augustine (6, 26 May), Barnabas, commemoration of Paul (11, 30 June), Augustine (28 Aug.), translation of Cuthbert (4 Sept.), Thomas of Hereford, Paulinus, 11,000 Virgins, translation of John of Beverley (2, 10, 21, 25 Oct.) in red; Katherine (25 Nov.) in black. 'pape' and feasts of Thomas of Canterbury erased.

Arts. 7–10 are on quires 19–46.

7. ff. 147–213 Liturgical psalter, followed by Te deum, Benedicite, Benedictus, Magnificat, Nunc dimittis.

The five canticles of *Brev. Ebor.* i. 927–31 are here in the order 1, 4, 3, 2, 5; cf. MSS Add. 68 art. 9, Add. 70 art. 6 above.

8. ff. 213–215ᵛ Litany.

Brev. Ebor. i. 931–9, Peter doubled here.

9. ff. 216–231ᵛ Common of saints, ending imperfectly with chapter respond of a matron 'Regnum mundi'.

Brev. Ebor. ii. 1–77/9.

10. ff. 232–370ᵛ Sanctoral, beginning imperfectly in vigil of Andrew rubric 'apostoli. ad vesperas' – [Saturninus].

Brev. Ebor. ii. 84/19–730. Type (i) initials for *S*pecialis (Purification of B.V.M.), *F*elix (vigil of Assumption of B.V.M.), *L*audem (All Saints): ibid. ii. 175, 476, 647; and type (ii) for *C*onceptio (Conception of B.V.M.), *C*xcelsi (*sic*, Michael); ibid. ii. 110, 580. The upper part of f. 370 missing.

ff. vii + 371 + vii. Foliated (i–vii), 1–53, 53*, 54–370, (371–7). 158 × 113 mm. Written space 108 × 72 mm. 2 cols. 36–8 lines. Collation: 1–2¹⁰ 3–5⁸ 6¹⁰ 7–15⁸ 16⁸ wants 8 (blank ?) after f. 132 17⁶ 18⁸ 19–28⁸ 29⁸ wants 6 after f. 231 30–45⁸ 46¹⁰ wants 10 (blank). Quires 1–6 signed a–k; and quire 33, k. Initials: (i) in arts. 1 and 10 (see above), and to the eight principal psalms in art. 7, 6-/9-line, in blue and/or pink or orange or green, shaded with white, on decorated gold grounds, extended into the margins in colour and a little gold; (ii) 4- or 3-line, gold on blue and pink grounds patterned with white, most with short marginal sprays; (iii) 2-line, blue with red ornament; (iv) 1-line, blue or red. Binding of s. xvii ex.; spine label 'MISSALE/M:S:'.

Written for use in the diocese of York. Obit of Mag. John Collman, s. xv/xvi, scribbled beside feast of relics, f. 349 margin. Armorial bookplate of Sir William Strickland, 6th baronet, of Boynton Hall, north Yorkshire (1753–1834), inside front cover. Sotheby's sale, 11 July 1966, lot 222; bought for £605 with help from Friends of York Minster, see *39th Annual Report* (1967), 28.

Add. 256. *P. Pictaviensis, Genealogia; etc.*   s. xiv ex.

A roll of four membranes, probably related to the earlier rolls, BL MS Royal 14 B.x, and Liverpool Merseyside County Museums MS 12017 (*MMBL* iii. 226–8), in which arts. 2c and 1 are also found together.

1. Hic incipit figuracio sacre historie veteris testamenti succincte et compendiose compilatus etc. Sed auctor ig[. . .] Prologus. Considerans historie sacre prolixitatem . . . eodem die quo et petrus.

Stegmüller, no. 6778; cf. P. S. Moore, *The Works of Peter of Poitiers* (1936), 97–117, 188–96. A genealogical stem in red runs from Adam to Christ, with side-shoots on both sides. On the left two columns of text as far as Iste nathan, and again from Tempore Osee, with a single column between these points. On the right one column of text. The first four paragraphs in the leftmost column begin Considerans, Caym agricola, Iste lameth, and Iste iabel; the first four in the second column, Istum seth, Iste enoch, Iste nemroth, and Iste loth; and the first four in the right column, Adam in agro, Sexcentesimo anno, Post diluuium, and Prima etas fuit.

The last paragraph of the text has a 4-line note beside it, found in the same position in the Liverpool manuscript, 'Sciendum est cibos a domine sumptos post resurreccionem . . . aliter radius solis candens'.

2. (added, perhaps in the main hand, on the space remaining on the fourth membrane, covering about *c*.620 mm.) (*a*) A nearly square diagram, 262 × 252 mm., 'Pater noster qui in celis' in the centre, surrounded by the seven vices (Superbia at the top), petitions, gifts, virtues, and beatitudes, in a panel framed by the four 'times', of deviation, revocation, reconciliation, and peregrination, and the four corresponding seasons of the church's year; (*b*) Linee iste quatuor exteriores que faciunt quadratum quatuor tempora representant uobis que fluunt ab inicio mundi usque ad diem iudicii in quibus hec uicia nos impugnant et beneficia uirtutum et donorum contra hec expugnancia . . . postea ueniet christus ad iudicium; (*c*) Hec oracio dignior est aliis . . . retrahit timor et paupertas spiritus.

(*b*) Explanation of (*a*): Bloomfield, no. 2965 (*Septenarium pictum*. Ms: Philadelphia Free Library M66, f. 16a); (*c*) fourteen paragraphs on the Lord's Prayer, Bloomfield, no. 8378.

Four membranes, stuck together: *c*.290 mm. wide, and *c*.855, 860, 870, and 995 mm. long respectively. Written space 215 mm. wide; in the two-column arrangement each column is *c*.100 mm. wide, and in the three-column arrangement the written space on the left is divided between a column 43 mm. wide on the left and one 20 mm. wide on the inside of it. Written in textura, except the first five paragraphs on the left which are in short-*r* anglicana formata. Six pictures on hatched grounds, (3–6) in roundels: (1) Adam and Eve (with fruit and fig-leaf) at the tree, around which a human-headed serpent is coiled; (2) Noah's ark and Noah tending vines; (3) Abraham's sacrifice, 65 mm. diameter; (4) David harping, 50 mm. diam.; (5) King Zedekiah, 50 mm. diam.; (6) B.V.M. and Child, with Joseph, 73 mm. diam. Initials: (i) 3- (for first 3 paragraphs on the right only) or 2-line, blue with red ornament; (ii) 1-line, blue or red, a few only. Capital letters in the ink of the text filled with yellow.

Written in England. Transferred from the Yorkshire Philosophical Society in 1969.

Add. 383. *Breviarium*   s. xv in.

A breviary of York use. Running-titles throughout, in red. Over thirty leaves missing. Facsimiles of ff. 160 and 170^v see Friends of York Minster, *53rd Annual Report* (1981), 25, 24.

1. ff.1–51^v, 53–146^v Temporal, beginning imperfectly in 3rd Sunday in Advent lection vii 'uero in carcerem'–25th Sunday after Pentecost.

Brev. Ebor., i. 42/1–652, here with a shorter rubric at the end, beginning 'In hac dominica pre-paracio . . . '. Type (i) initials remain at *S*citote (Christmas), *A*fferte (Epiphany), *U*ado (Ascension), *N*on (Pentecost), *S*acerdos (Corpus Christi): ibid. i. 74, 161, 475, 497, 529. The first and eight other leaves missing.

Arts. 2–8 are on quires 20–31.

2. ff. 52^{rv}, 147–148^v Dedication of church, ending imperfectly at respond to Lauds chapter.

Brev. Ebor. i. 652–664/10.

3. ff. 149–152^v Ordo officiorum, beginning imperfectly 'Dominica j^a vj kl' febr' . . .'.

Brev. Ebor. i. 711/5 up–726.

4. ff. 152^v–153^v Benedicciones communes . . .

Brev. Ebor. i. (16)–(18), here without the last two for the Annunciation, for which the scribe left a blank space. 'Creator omnium rerum . . . ', is headed 'In festo s. katerine et s. nicholai quando non pronunciatur euangelium ad matutinas dicitur vii^a benediccio'. At the end is a rubric that the blessings at the Conception of B.V.M. are those at the Nativity 'mutato nomine'.

5. ff. 154–159^v Calendar in red and black, graded for principal feasts and for feasts of nine lessons.

Brev. Ebor. i. (3)–(14), here omitting octave of William of York (15 June), 11,000 Virgins (21 Oct.), and Barbara (4 Dec.), and also Chad (2 Mar.), added s. xv ex.; with John before Latin Gate 'quasi ix lc' (6 May), Barnabas (11 June), translation of Cuthbert (4 Sept.), Edward k. and conf., relics (13, 19 Oct.), and Edmund (16 Nov.) in red; George 'quasi ix lc' (23 Apr.) and Anne (26 July) in black. Added at 2 Sept.: 'Obitus thome savage archiepiscopi Ebor' qui obiit iiii^{to} Nonas septembris cuius anime propicietur deus'; he died in 1507. 'pape' and feasts of Thomas of Canterbury untouched.

'Omnino tenenda' at the foot of each page, without title; cf. *Missale Ebor.* i. pp. xxx–xli, here omitting translation of William (Jan.), Crucifixion (Mar.), 'Tres dies Pasche', George (Apr.), Thomas ap. and 'Dedicatio' (Dec.), and adding 'Tres dies pent' (May), and 'Commemoracio animarum' (Nov.), and with Stephen, John, Innocents, Thomas specified for 'quattuor dies' after Christmas.

6. ff. 160–220^v Liturgical psalter, followed by Benedicite, Benedictus, Magnificat, Te deum, and Nunc dimittis.

Five leaves missing.

7. ff. 220^v–222^v Litany.

Brev. Ebor. i. 931–9, here doubling Peter, and adding Martha as second virgin.

8. (*a*) ff. 222^v–232^v Commemorations of B.V.M., William of York, and Peter and Paul; (*b*) ff. 232^v–233^v Memoriae, under running title 'Suffragia consueta', of Cross, B.V.M., apostles (Peter and Paul), William of York, relics, confessors (John, Wilfred, Cuthbert), All Saints, and peace; (*c*) ff. 233^v–234 Office of three lections 'In commemoracione s. Iohannis Baptiste'.

(*a, b*) *Brev. Ebor.* i. 673–702, 939–44. f. 234^v blank.

9. ff. 235–351^v Sanctoral, Andrew–Katherine, ending imperfectly in third Lauds antiphon 'te gla-'.

Brev. Ebor. ii. 83–726/28. The remaining type (i) initials are for *U*nus (Andrew) and *S*pecialis (Purification of B.V.M.): ibid. ii. 84 and 175.

10. ff. 352–368^v Common of saints, beginning imperfectly in rubric for apostles 'ante portam latinam' and ending imperfectly in vespers of a matron 'extinguetur'.

Brev. Ebor. ii. 1–81/6.

ff. ii + 368 + ii. 168 × 118 mm. Written space 117–20 × 77–80 mm. 2 cols. 35 lines. Ruled in violet ink. Collation: 1^8 wants 1 $2-4^8$ 5^8 wants 7, 8 after f. 37 $6-9^8$ (quire 7 is ff. 46–51, 53–4, cf. quire 20) 10^8 wants 1 before f. 71 11^8 wants 7 after f. 83 12^6 wants 5 after f. 88 13^{10} 14^8 15^8 wants 4 after f. 110 $16-19^8$ 20^8 (ff. 52, 147–51) wants 4, 5 after f. 148 $21-22^{10}$ 23^8 24^8 wants 2 after f. 180 25^8 wants 6 after f. 191 26^6 wants 5 after f. 197 27^8 wants 6, 7 after f. 203 $28-30^8$ 31^6 32^8 wants 7 after f. 240 33^8 wants 2 after f. 242 34^8 35^8 wants 7 after f. 262 36^8 wants 4, 5 after f. 266 37^8 38^8 wants 1 before f. 278 5 after f. 280, 7, 8 after f. 281 $39-40^8$ 41^8 wants 7 after f. 303 42^8 wants 8 after f. 311 43^8 wants 5 after f. 315 44^8 wants 7, 8 after f. 324 45^8 46^6 wants 4 after f. 335 47^{10} 48^8 wants 5 after f. 351 49^6 50^8. Traces of signatures, e.g. d on quire 3, indicate the loss of one quire at the beginning, while 'e 1' in red on f. 264 etc. show that a fresh series in red began at quire 32, running to + on quire 50; traces of red markings are associated with the first series which is in ink. Changes of hand for quires 48 and 50, ff. 348 and 361. Initials: (i) to art. 2, in arts. 1 and 9 (see above), and to principal psalms (4 remaining) in art. 6, in pink or blue patterned with white, on decorated gold grounds, extending to continuous borders; (ii) 2-line, blue with red ornament, or gold with violet ornament, or, in art. 6, gold, on blue and deep pink grounds patterned with white, with marginal sprays; (iii) in arts. 6–7, 1-line, blue or gold. Line-fillers in blue and gold in art. 7. Small grotesques in many lower margins, most commonly on the first and last page of a quire, in violet, or occasionally red, ink. Binding of s. xix. Secundo folio (f. 1) *uero in carcerem*.

Written for use in the diocese of York. Circular impression of pilgrim-badges (?) on ff. 176 (30 mm. diameter), 180^v, and, smaller, f. 170. 'Bibliothecae Ivesianae 1772', f. 1 top; John Ives sale, 3 Mar. 1777, lot 380 (?). '31', '58', '649', inside front cover, and '17', f. i; sale-room numbers (?). Sold at Puttick's, 10 July 1861, as lot 767, to Jones. Belonged to Thomas Kerslake, see *Missale Ebor.* i, pp. xxx, xxxii–xxxiii. N. C. S. Poyntz sale at Sotheby's, 30 June 1921, lot 561. Sale at Sotheby's, 15 June, 1959, lot 193. Bought at Sotheby's, 24 June 1980.

Add. 533. *Historia ecclesiae Eboracensis* s. xiv/xv

Add. 533 and 534 are the two folding tables discussed by J. S. Purvis, 'The Tables of the York Vicars Choral', *Yorkshire Archaeological Journal*, 41 (1966), 741–8; see also F. Harrison, *Life in a Medieval College* (1950), 65–7, and Friends of York Minster, *38th Annual Report* (1966), 20–1. There is no evidence to connect the tables with the vicars-choral of the minster.

A central panel flanked by two side panels.

1. Central panel. Prologus de origine et statu ecclesie Eboracensis. Hic [. . .]

512 lines of verse, in six columns, with headings, now very hard to read. Printed by J. Raine, *Historians of the Church of York*, RS [71] (1886), ii. 446–63 (Chronicon metricum ecclesiae Eboracensis [auctore Johanne de Allhallowgate?]), from the copy in BL MS Cotton Titus A.xix ff. 6–11. It also occurs in BL MS Cotton Cleopatra C.iv ff. 15–19^v, followed by parts of art. 2 below. Here it is possible to identify some 70 lines from their initials, the columns beginning: 2 with line 84, 3 with 168, 4 with 253 under the heading 'De recuperacione pallii per sanctum Egbertum archiepiscopum', 5 with 339 under a heading, and 6 with 425. The text is divided into stanzas, ranging in length from 2 to 14 lines.

2. Side panels. Ten somewhat illegible paragraphs on the left, and thirteen on the right, with headings in red that are mostly legible: (*a*) Galfridus in historia britonum (5 lines); (*b*) Uenerabilis Beda de gestis Anglorum et henricus archidiaconus Hundryngton (3); (*c*) Willemus Malmesberien' de regibus (4); (*d*) Martinus in cronicis de pontificibus (2); (*e*) Galfridus monemutensis de gestis

britonum (20); (*f*) Alfridus beuerlacens' thesaurarius (9); (*g*) Bulla beati Gregorii pape (10); (*h*) Bulla honorii pape (14); (*i*) Bulla Calixtij [pape con]cernens sentenciam de libertate ecclesie Ebor' latam (11); (*j*) Priuilegium deseruiendi (?) crucem et regem (?) [. . .] (? 4 lines);

right-hand panel: (*k*) Bulla [Innocencii pape episcopis Scocie] in generali (7); (*l*) Bulla Adriani directa omnibus episcopis scocie in specie et nominatim (10); (*m*) Episcopis scocie quod obediant metropolitano suo Ebor' archiepiscopo (7); (*n*) Regi Scocie quod ipse et episcopi parcant Ebor' archiepiscopo metropolitano suo (6); (*o*) Recognicio Regis scocie super subieccione episcoporum Scocie Ebor' ecclesie (12); (*p*) Recognicio (?) ecclesie Mannie et Insularum (6); (*q*) Supplicacio regis Orchad' Decano et capitulo Ebor' (6); (*r*) Recognicio Comitis Orchadens' (3); (*s*) Carta regis Adelstani (4); (*t*) Carta regis Edwij (3); (*u*) Carta Edgari regis (6); (*v*) Carta knut regis (3); (*w*) Carta sancti Edwardi regis et confessoris (11 lines).

(*k–o*) follow art. 1 above in BL MS Cotton Cleopatra C.iv ff. 19ᵛ–21ᵛ.

Three pieces of parchment, each 960 mm. high, the central piece 750 mm. wide, the side pieces 360 mm. wide. Mounted on three wooden panels, hinged together, each 1,435 mm. high, and 1,720 mm. wide in total when open, the top in the form of a concave gable when closed. Written in short-*r* anglicana. Minims 4 mm. high. Initials: (i) 2-line, blue (?) with red ornament; (ii) 1-line, blue (?).

Written presumably at York, like Add. 534, which was seen fixed up in the Minster in 1534. Recovered from a coal-cellar *c.*1920 and drastically cleaned.

Add. 534. *De etatibus mundi; etc.* s. xiv/xv

Discussed as Add. 533 above. Picture, see Friends of York Minster, *38th Annual Report* (1966), pl. III. A central panel flanked by two side panels. Bale, *Index*, p. 347 ascribes to Richard Garsdale four works, with their incipits, closely resembling, and in the same order as, arts. 1–4 below: *De etatibus mundi* In principio creauit Deus celum . . . , *De regnis et ciuitatibus* Ante ortum Christi per 2320 a', *De dilatatione fidei* Licet per Apostolos et alio disci, and *De preliis famosis* Circa AD 330 passus est Al', extending to AD 1390; on Garsdale, admitted vicar of Rudstane in 1413 and of Kirby Underdale in 1420, both Yorks., d. 1439, see Emden, *BRUO*, pp. 744–5.

1. Left-hand panel. (*a*) De etatibus mundi et eius notabilibus In principio creauit deus . . . quam etas mundi uel seculi; (*b*) [. . .] per fidelitatem Willelmi conquestoris [. . .] (4 lines, in smaller writing).

(*a*) 70 lines. On the seven ages, concluding with a passage about other versions, in thirteen paragraphs, the second beginning 'Anno mundi xv natus est caym . . . ', the third 'Anno mundi cxxx natus est seth . . . ', described by Purvis, art. cit., pp. 746–8, as the right-hand panel; (*b*) partly illegible.

2. Central panel, col. 1. (*a*) De regibus et ciuitatibus. Ante ortum . . . ; (*b*) Anno domini MCCC[lxxvij] mensis Iunii obiit Edwardus tercius anglie rex . . . (2 lines, in smaller writing).

(*a*) 70 lines, divided into thirteen paragraphs, the tenth beginning 'Post ortum . . . ', probably extracts from Geoffrey of Monmouth, Historia Britonum. Cf. Purvis, art. cit., p. 745; (b) barely legible.

3. Central panel, col. 2. (a) L[. . .] . . . ; (b) De (?) quibusdam personis famosis et [. . .]is Circa anno domini CCCxxx passus est Albanus . . . Ceadda—apud Lechefeld est sepultus.

(a) 61 lines, divided into short paragraphs, each beginning either Circa annum domini or Anno domini, and extending to Anno domini mccx, mostly concerning English events, but also with paragraphs under the heading 'De ortu religionum' (line 34) referring to Jerome, Augustine, Benedict, etc. Cf. Purvis, art. cit., pp. 745–6. In a letter dated 5 June 1534 George Lawson reported to Thomas Cromwell that he had cut and rased out the passage referring to King John's surrender of the kingdom to the pope, *Letters and Papers Foreign and Domestic of the Reign of Henry VIII*, vii (1883), 637. (b) 10 lines, of which the first five concern Alban, Oswald k. and m., Edmund k. and m., Edward k. and m., and Thomas of Canterbury respectively.

4. Right-hand panel. Anno domini Dclxxxv consecratus—translatum apud Beuerlaycum . . . opus corporis ecclesie Ebor'—completum per Willelmum de Melton—opus chori ecclesie Ebor' per Iohannem de Thoresby archiepiscopum [d. 1373].

Brief entries on archbishops, kings, battles 'De preliis tardi temporis', etc. Cf. Purvis, art. cit., pp. 744–5 'left-hand panel'.

Four pieces of parchment, each 960–1015 mm. high, the central two pieces each 305 mm. wide, the side pieces 255 mm. wide. Mounted on three wooden panels, hinged together, each 1,150 mm. high, and 1,400 mm. wide in total when open, the top in the form of a concave gable when closed. Written in textura. Minims 5 mm. high. Initials: (i, ii) 2- and 1-line, blue with red ornament, or plain red. Line-fillers in red. Two iron butterfly-nuts for closing the panels; iron loop at top centre of central panel, for hanging.

Written presumably at York, and seen fixed up in the Minster in 1534, see art. 3a above. Recovered from a coal-cellar c.1920 and drastically cleaned.